KB271079

高麗時期土地制度研究

—土地稅役體系와 農業生産—

李 景 植

저자 **李 景 植**
- 서울大學校 師範大學 歷史科 敎授
- 저서
《朝鮮前期 土地制度研究－土地分給制와 農民支配》
《朝鮮前期 土地制度研究－農業經營과 地主制》
《韓國 古代·中世初期 土地制度史－古朝鮮~新羅·渤海》
《韓國 中世 土地制度史－朝鮮前期》
《高麗前期의 田柴科》
《韓國 中世 土地制度史－高麗》
《韓國 中世 土地制度史－朝鮮前期》 增補版

高麗時期土地制度研究
－ 土地稅役體系와 農業生産 －

초판 1쇄 인쇄 2012. 11. 15.
초판 1쇄 발행 2012. 11. 22.

지은이   이 경 식
펴낸이   김 경 희

경 영   강 숙 자
편 집   송 인 선
영 업   문 영 준
경 리   김 양 헌
펴낸곳   ㈜지식산업사
　　　　본사 • 경기도 파주시 교하읍 문발리 520-12
　　　　　전화 (031)955-4226~7 팩스 (031)955-4228
　　　　서울사무소 • 서울시 종로구 통의동 35-18
　　　　　전화 (02)734-1978   팩스 (02)720-7900
　　　　한글문패   지식산업사
　　　　영문문패   www.jisik.co.kr
　　　　전자우편   jsp@jisik.co.kr
　　　　등록번호   1-363
　　　　등록날짜   1969. 5. 8.

책값은 뒤표지에 있습니다.

ⓒ 이경식, 2012
ISBN 978-89-423-1157-6 (93910)

이 책을 읽고 지은이에게 문의하고자 하는 이는
지식산업사 전자우편으로 연락 바랍니다.

高麗時期土地制度研究

― 土地稅役體系와 農業生産 ―

李 景 植

지식산업사

序

　이 책은 고려시기 土地制度를 토지의 지배·수취, 생산·소유 및 그 변동에 초점을 맞추어 여러 방면에서 고찰한 것이다. 그동안 필자는 우리나라 중세사회의 발달 및 그 해체의 문제에 관해 조선전기를 중심으로 토지분급제와 농민지배, 농업경영과 지주제에 초점을 두어 살펴왔고 그 결과를 두 권의 책자로 묶어낼 수 있었다. 이러는 가운데 조선전기의 토지·농업이 그렇게 되는 배경을 이해할 필요가 있고, 나아가 이 선상에서 우리의 중세토지제도사의 체계가 수립되어야 하겠다고 생각하였다. 그러다 보니 자연스럽게 고려시기의 토지제도가 관심사가 되었다.

　고려시기의 토지제도에 관해서는 일찍부터 연구가 착수·진행되어 현재 많은 성과가 축적되어 있다. 연구는 크게 분석이론, 사실고증, 성격파악 등 세 가지가 얽혀 특징 있게 이루어졌으며, 이 속에는 다양한 논의가 동반되고 논증·해석이 상충하는 곳이 적지 않아 異見 역시 많다. 이러한 현황은 직접 관련 자료가 극히 零星한 위에, 각 연구자가 갖고 있는 우리 고대·중세에 대한 歷史像에 따라 접근방법, 실증방식, 해석방향을 달리하는 데서 연유하는 바가 크다. 田柴科 분급전토의 형태와 경작·수취방식, 私的 土地所有의 有無·强弱, 이와 연계된 농민의 처지, 농법·농지이용의 수준, 田租率의 내역, 고려후기 농장발달의 실체, 과전제도의 시행과정, 고려사회의 성질 등에서 두드러진다.

　고려시기 토지제도 연구의 이러한 동향과 실태는, 이 연구가 단순히 토지의 제도 차원에 머무는 것이 아니고 新羅下代에서 고려·조선초에 이르는 기간의 역사를 체계를 세워 인식하고, 우리 문화의 특질과 그 추진력의 所在를 基底에서 그리고 사회구성원 전체에서 총체로서 파악하는 데 매우 중요한 과제로 자리 잡고 있음을 반영한다. 또한 우리 역사를 이웃 중국·일본, 나아가 세계 각국의 중세적 사정과 비교·대조하는 가운데서 그 특징·발전과정을 이해하게 하는 구조적 체제적 인식확립에 직결되어 있는 것이라 하겠다. 그러므로 필자는 관심의 구체부분을 토지분급제의 운영원리 및 이와 상관하여 수립한 稅役체계, 농업생산에서 농지의 유형, 권농, 농민의 처지, 이와 연계한 토지소유 및 토지·농업론에 두고 이를 유기적으로 인식할 필요성을 느꼈다. 이는 다시, 해당자료는 거의 없다시피 하지만, 고조선·열국기에서 삼국기를 거쳐 통일신라·고려에 이르는 시기의 토지제도 및 그 추이와 연계시켜 이해하여야 한다고 여겼고, 그러기 위해서는 직접 작업을 해야 했다. 이에 위와 같은 부문의 여러 사항에 관하여 틈틈이 자료를 수집하고 음미·분석하는 가운데, 일부는 논고로서 몇 차례 발표도 하고, 근자에는 최소한의 기초 작업을 조그만 책자로(《高麗前期의 田柴科》, 서울대학교출판부, 2007. 8) 내어놓기도 하였다.

본서는 이상과 같은 관심에서 작업한 글들을 다섯 방면으로 編을 엮어 한 권의 論文集으로 간행하는 것이다. 이 가운데 II편에 〈高麗時期의 稅役運營과 足丁·半丁〉, 〈高麗時期의 丁田制〉, III편에 〈高麗時期의 '佃戶' 農民〉, IV편에 〈高麗時期 土地의 私的 所有〉, 〈高麗時期의 土地改革論議〉, 〈高麗王朝의 土地觀과 農政〉 등 6개 논고는 미발표한 新稿이다.

I편은 고려 토지제도의 성립·운영의 背景·系統으로서 통일신라 및 삼국, 더 소급하여 열국·고조선기에 이어지는 토지조세체계 및 그 발전과정에 관해 片鱗으로나마 전하는 관련사항을 검토하여 추정한 것이다. 핵심은 封地·邑落 사회단계에서 보이고 성장하는 私的 소유권에 입각한 自營小農制 및 大農·地主佃戶制와, 이 바탕 위에서 齊民的 부세제도의 확립과 더불어 수조권에 근거한 田主佃客制가 중첩하여 운영·발달하는 추이를 고찰한 데 있다. 논고 1은 토지의 소유나 지배형태 바로 그것은 아니지만 부세제도상에서 이와 연결되는 食邑에 관해 통일신라·고려를 중

심으로 그 형태 및 농민지배의 실제를 살피고, 이의 계통과 기반이 고조
선·열국기의 封地·邑落, 諸加·下戶의 구성에 있음과 祿邑制와의 상관을
고찰하여 우리나라 古代·中世 토지제도의 전개상황을 조망한 것이다. 논
고 2는 신라시기 祿邑을 등장배경, 토지소유권의 진전과 조세제도의 발
전, 집권관료제의 정비 속에서 그 실체 파악을 시도한 것이고, 논고 3은
丁田의 作定·量給을 검토하여 토지와 농민을 稅役으로 긴박하고 이런 가
운데서 농민·농업의 안정을 꾀하고 있던 조치로서 정리하였다.

　Ⅱ편은 고려시기 토지제도의 기본 특징을 국가의 편성·경영상에서 운
영하는 토지제도의 골격과 원리, 즉 토지의 경리·분급·수취의 세 가지를
하나의 제도로 組合하여 운용하는 田柴科에 있다고 보고, 이를 몇 가지
각도에서 고찰한 것이다. 논고 1·2는 각각 전시과의 始定을 신라말·고려
초의 토지·부세·농업 및 이를 둘러싼 정치·사회 사정과 결부하여 살피
고, 그러는 가운데서 정비된 전시과의 운영원칙을 국가·양반·농민의 상
호관계에 즉하여 검토하였으며, 논고 3은 집권왕조국가의 토지경리원칙
속에서 居京官僚兩班에 대한 토지정책상의 배려와 그 특징을　논구한 것
이다.

　Ⅲ편은 고려왕조의 전시과 체제를 바탕에서 부지하고 있는 토지 파악
과 세역운용의 체계·원리가 前朝의 것을 이어 토지를 田結로 민인을 人
丁으로 파악하여 엮은 田丁(足丁·半丁)과 丁田에 있다고 보고, 그 관련사
항을 살핀 것이다. 논고 1은 田丁 마련의 절차인 作丁, 이 丁이 분급전
토 수조지의 실체이고 수득자의 토지로 간주되는 사정을 분석하고, 논고
2는 租·布·役 세역의 부과·징수방식과 足·半丁의 관계를 추구하였다. 논
고 3은 稅役제도가 이루어지도록 소유지를 丁戶와 밀착시켜 파악하는 丁
田의 내용·운영 및 그 쇠퇴에 관해 고찰하고, 논고 4는 丁田·丁戶의 외
곽에서 差役되는 白丁과 그에 대한 분급전토, 즉 代田을 검토한 것으로
위 田丁·丁田 이해에 보완이 된다.

　Ⅳ편은 고려시기 이러한 토지·세역체계가 수립·운영되는 현실기반이
농업생산력의 수준, 정부의 농사독려정책, 생산자 농민의 처지라는 세
부문과 상호연계에 있다고 보고, 이것을 해당 구체사항을 통해 고찰한

것이다. 논고 1에서는 平田과 山田의 실체, 常耕 및 歲易農法과의 관계를 점검하였고, 논고 2는 고려왕조 권농정책의 실제와 전시과 운영과의 관계를, 논고 3은 고려시기 '佃戶'라고 부르던 농민존재의 기본 형태를 수조권과 소유권의 조화·분리관계에서 논구한 것이다.

Ⅴ편은 고려에서 이와 같은 경제제도·농업생산이 진행되는 前提는 實田, 즉 소유경작지를 파악하고 취급하는 기본자세와 이념에 있다고 보고, 이를 토지·농업론의 선상에서 검토한 것이다. 논고 1은 고려시기 토지·농업론의 입각기반인 토지의 私的 所有를 법제·관습·경영·정책 등에서 분석·종합하여 역사형태로서 추구한 것이고, 논고 2는 限田을 위시하여 井田·均田과도 상관된 토지개혁 논의가 전해오는 記事를 시대변동의 추이에서 推描하여, 고려시기 토지소유 규모의 분화정도와 이로 인한 사회문제를 파악하고 이에 대한 인식방향·처리방식에 여러 차이와 이견이 있었음에도 유의하였다. 논고 3은 고려왕조가 전국의 토지를 파악하는 자세·이념, 그리고 이 위에서 수립·진행한 각종 農業開發施策을 농정 차원에서 살펴, 고려왕조의 土地觀과 農政에 나타난 인식체계와 토지·농업문제 타개방향에 주목한 것이다.

이 책에 수록한 논고는 이러한 과정의 소산이다. 막상 단행본으로 엮어보니 부족한 곳이 한두 군데가 아니다. 오랜 세월 틈틈이 발표한 글들은 미흡한 곳을 제대로 보완하지 못했고, 중복되는 곳 역시 크게 조정하지 못한 채, 몇몇 군데 착오를 시정하거나 자료를 보완하고 논지를 새로 다듬는 데 그쳤다. 특히 논문집의 구도 및 편목과 관련해서, 고려 토지제도의 변동·모순, 이에 관한 각종 대책 등이 결여되어 動態性 부문이 빈약하게 느껴진다. 다만 이 아쉬움은 필자가 오래전에 발표한 〈高麗末期의 私田問題〉(《東方學志》 40, 1983. 12), 〈高麗末의 私田捄弊策과 私田法〉(《東方學志》 42, 1984. 6)의 두 논고(후에 《朝鮮前期 土地制度研究—土地分給制와 農民支配》Ⅱ·Ⅲ편, 一潮閣, 1986. 5)에서 대강의 요체를 다룬 적이 있었고, 근년에 후삼국기에서 고려 최말까지 고려 全 기간에 걸친 토지제도의 구조와 변동을 분류사식으로 通觀·정리하여 낸 책자(《韓國 中世 土地制度史—高麗》, 서울대학교출판문화원, 2011. 9)에서 미진했던 부분은 다시 새로 보완하였으므로, 이 작업들로써 대신할 수 있겠다고 위안한다.

　미숙하고 결함이 많은 연구이지만, 본서와 같은 단행본으로 정돈하기까지 이번에도 여러 분에게 많은 도움을 받았다. 崔敬煥 박사생은 부탁하는 자료의 수집을 성심껏 도와주었고, 蔡푸르니, 鄭在善 助敎를 비롯한 대학원 석사생과 학부 고학년생은 난삽한 원고를 수차례씩 고칠 때마다 打字·修正하는 수고를 하였으며, 책의 출간에 따르는 校正·索引 등 번잡한 작업도 꼼꼼히 처리하여 주었다. 그리고 金昌成·梁豪煥 두 교수는 이번에도 깔끔한 英文槪要를 작성하여 주었다. 또한 지식산업사의 金京熙 사장은 본서의 간행을 흔쾌히 맡아주었고 同社 편집부 宋仁瑄 씨는 출간작업에 세심한 노고를 아끼지 않았다. 이 자리를 빌려 진심으로 감사의 뜻을 전한다.

2012년 11월

著　者

Ⅱ 土地分給制의 運用과 原理

Ⅲ　土地把握과　稅役體系

Ⅳ 農業生産과 農民

V 土地所有와 土地·農業論

Ⅰ 高麗 土地制度 成立의 淵源·背景

古代·中世 食邑制의 構造와 展開

新羅時期 祿邑制의 施行과 推移

新羅 時期의 丁田制

古代·中世의 食邑制의 構造와 展開

1. 序言

　近代 이전, 우리나라 왕실·귀족·관료 등 상급신분의 農民支配는 土地를 매개로 이루어지고 있었다. 직접 토지를 소유·집적하고 奴婢나 佃戶를 사역함으로써, 혹은 租稅制度를 통해 토지와 그 소유경작자를 지배함으로써였다. 특히 後者와 관련해서 상당한 기간 동안 국가는 제도상으로 이를 일정하게 보장하는 정책도 시행하였다. 祿邑·田柴科·科田 등 토지분급제가 그런 제도였다. 그러나 이들이 농민을 위시한 제 생산자층을 신분계급적으로 지배하고 수취하던 제도는 이뿐만이 아니었다. 토지의 소유나 지배와는 일단 무관한 또 하나의 제도가 있었다. 食邑이었다.

　식읍은 토지의 소유나 점유와 견주어 볼 때, 농민지배에서 차지하는 위치는 미약하고 授受 범위 역시 심히 제한되어 있었다. 관계 자료가 극히 零星·疏漏한 까닭의 하나도 여기에 있겠다. 그래서 관련 연구 또한 한둘에 그치고 있는 형편이다. 그러나 식읍 이 자체는 상고기부터 고려시기까지 엄연히 하나의 경제제도로서 농민지배에 한 몫을 담당하고 있었고, 등장 當初의 사회단계도 반영하고 있어 그 變動推移를 통해서 사회변화를 살펴볼 수 있다. 그러므로 古朝鮮·列國期에서 고려시기까지, 곧 우리나라 古代에서 中世 前半에 걸친 시기의 사회경제 구조와 그 단계변화를 이해하자면, 이상의 토지소유 관계나 토지분급제에 대한 파악과 함께, 이 식읍에 대해서 考究할 필요가 있는 것이다.

이 작업은 이상과 같은 목표와 방향에서 착수하였지만 서술 순서는 시간의 선후에 따르지 않았다. 現傳 자료가 매우 빈약하기 때문이다. 작업 순서는 우선 통일신라·고려시기의 식읍 기사를 통해 식읍의 授受 및 形態·收取 등 구조를 검토한 다음, 이를 삼국초기 및 조선초기의 식읍 자료 그리고 祿邑 등 土地分給 기사와 연결시켜 식읍제 연원 및 전개의 前後事情을 추적하는 방식으로 진행하였다.

2. 食邑의 授受와 形態

食邑은 授與 대상이 王子·王孫 등 宗親이 주였고, 이 밖에는 왕실의 戚臣이나 공로가 큰 高位官僚였다. 왕족 전체나 관료 전반을 대상으로 한 제도는 아니었다. 자료가 비교적 다소 전하고 있는 高麗時期, 식읍은 公·侯·伯·子·男 등 5等의 爵位에 受封된 이들 가운데 일부 특별한 자들에게 수여되었다. 또한 법제상 5등의 작위에 따라 분급되는 封戶數가 차등 있게 규정되어 있었으나, 이 수효가 준수되지 않았다. 적기도 하였고 많기도 하였다. 그리고 식읍 수득자라 하여도 실제는 名目·名儀에 그치는 경우가 허다하였으며, 설혹 封戶를 받았다 하더라도 冊封에 정해진 액수대로 받는 경우는 드물었다.[1]

식읍수여의 의미는 왕족에 대한 冊封文에서 잘 나타난다. 그것은 王室의 本支를 돈독히 하고 王家의 藩屏으로서 공고한 위치를 갖게 하는 데 있었다. 즉 '伊制理之惟艱 必宗藩而是賴'[2]하다거나, 또는 '將圖社稷之寧 必賴本支之固'[3]하고 '興祖業者 必固本支 壯王室者 順資藩輔'[4]하다 함과 같이, 왕조의 社稷·祖業을 융흥시키고 왕실의 制理·壯麗를 도모하고자

---

1) 白南雲,《朝鮮封建社會經濟史》上, 改造社, 1937, p. 3, pp. 228~230, pp. 350.
   河炫綱,〈高麗食邑考〉,《歷史學報》26, 1965.
   姜晋哲,《高麗土地制度史研究》, 高麗大學校出版部, 1980, pp. 14~15, pp. 164~172.
2)《高麗史》90, 列傳 3, 宗室 1, 文宗, 常安公 琇, 下冊, p. 44(延世大學校 東方學研究所 影印本, 1961-以下同).
3)《高麗史》90, 列傳 3, 宗室 1, 文宗, 扶餘侯 㸩, 下冊, p. 46.
4)《高麗史》90, 列傳 3, 宗室 1, 肅宗, 帶方公 俌, 下冊, p. 47.

이들을 藩輔·藩屛으로 삼는 바였다. 그 방식은 '授之大邑 進以崇資'5)하고 '疏以土茅 賜之戶食'6)하며 '分以土茅 爵高於五等'7)한다는 표현처럼 土茅, 즉 封土를 나누어 戶食을 賜與하는 형식을 취하고 있었다. 그러므로 명분상 국왕의 단순한 私恩이 아니었다. 식읍수여는 으레 '非特私骨肉之好 思以奉宗廟之靈'8)하다거나 '恩雖立愛 義亦在公'9)하다고 하듯이, 宗廟의 奉供을 생각한 것이고 그 義는 公에 있다고 천명하는 것이었다. 국왕의 恩이나 私는 국왕·왕실을 중심으로 한 統一權力의 구축이라는 대원칙 속에서 발현되는 바였다.

이러한 食邑授與의 의미·형식이 왕족에 한하는 것만은 물론 아니었다. 빼어난 功勳이 있는 고위관료에 대한 식읍수여에서도 마찬가지였다. 예컨대 고려초 景宗은 敬順王 金傅를 尙父로 책봉하고 식읍은 加給하면서, 이를 周가 聖業을 열던 해에 呂望을 封하고 漢이 王都를 열던 때 蕭何를 책봉하여 이로부터 '大定寶區 廣開基業'하게 되었음에 견주고, 金傅가 태조 王建에게 歸附한 사실을 '家國旣歸於一統 君臣宛合於三韓'이라 하여 家와 國이 一統하고 君과 臣이 三韓에서 합쳐졌다고 表彰하고 있는 것이다.10) 이른바 '立侯 所以屛王家'11)라 함에서 나타나듯이, 식읍수여는 왕실의 藩屛을 굳게 한다는 방침에서 행해지는 것이었으므로 그것이 왕족에만 해당할 이유는 없다.

고려는 식읍수여의 이 같은 정신을 古代 중국의 周·漢의 제도를 사례로 원용함으로써 더욱 공공연히 하였다.

周開五等之封 增恢茂業 漢置七王之輔 永耀丕圖12)

---

5) 주 2와 同.
6) 주 3과 同.
7) 주 4와 同.
8)《高麗史》90, 列傳 3, 宗室 1, 肅宗, 大原公 侾, 下冊, p. 49.
9) 주 3과 同.
10)《三國遺事》2, 紀異, 金傅大王.
11) 주 8과 同.
12) 주 2와 同.

하고,

周樹維藩 所以保緜興之運 漢崇盤石 所以臻炎盛之期13)

하다는 등, 으레 授封에는 周·漢의 古事가 거론되었다. 그리고 이러한 古制度는 모두 '是其義也'14)인 것으로 義로서 인식하고 있었다. 고려시기에 식읍의 수여는, 이러한 중국의 옛 典例와도 결부시킬 만큼 그 자체가 예부터 내려오는 常典이고 令則이었다. '是古之常典 非朕之私恩'15)이며, '實國家之令則'16)인 것이었다. 왕족을 위시한 식읍 수득자는 이를 통해 '念骨肉之恩 體君臣之義'함으로써 祖業을 光贊하고 왕실을 尊獎하도록 勸勵되었다.17)

사실 식읍은 上古의 오랜 제도였다. 기록이 다수 전하는 중국에선 戰國時代 이후 대체로 역대 왕조에서 계속 시행하여 왔다. 周代의 封建制度 아래에서 王族과 功臣에게 분봉하던 封土에 기원을 두고 있는 것으로 采地·采邑이라고 불렀다. 戰國·秦·漢 이후의 食邑은 바로 이 采地·采邑과 계통을 함께 하는 것이었다.18) 우리의 식읍도 그 정신에서 이것과 다를 것이 없었다. 그리고 출현시기도 버금하고 있었다. 통일신라는 물론 삼국초에도 있었으며, 기록상으로도 B.C. 9년 이전으로 소급되고 있다.19)

食邑의 구성단위는 戶였다. 식읍의 수여를 표현하여 '土茅'를 分與한다고 하였지만, 이는 上古에 있던 封建制度를 그 원리와 정신에서 계승하고 있음을 천명하는 데 그치는 것이었다. 즉, 토지면적이 급여 단위는 아니었다. 그리하여 食邑幾戶, 혹은 食邑幾戶食實封幾戶 등 封戶의 형식으로 수여되는 것이었다. 高句麗에서는 燕의 慕容氏 침입 때 큰 軍功을

---

13) 주 3과 同.
14)《高麗史》90, 列傳 3, 宗室 1, 肅宗, 遍儀侯 僑, 下冊, p. 50.
15)《高麗史》90, 列傳 3, 宗室 1, 元宗, 順安公 琮, 下冊, p. 56.
16)《高麗史》90, 列傳 3, 宗室 1, 元宗, 始陽侯 珆, 下冊, p. 56.
17) 주 4와 同.
18) 楊寬,《戰國史》, 1955, p. 73.
19)《三國史記》13, 高句麗本紀 1, 瑠璃明王 11년 4월.

세운 高密에게 高姓과 함께 食邑 3천 戶를 사여한 기록이 전한다.[20] 통일신라 前後에도 이와 같았다. 金庾信은 文武王 8년(668)에 백제·고구려 倂合의 功으로 17관위 이상의 太大角干을 제수받고 식읍 500호를 받았고,[21] 金仁問은 太宗 3년(656)에 押督州 摠管으로서 獐山城을 구축한 공으로 식읍 300호를, 文武王 8년에도 김유신과 같은 공로로 故 大琢角干 朴紐의 식읍 500호를 받았다.[22] 張保皐는 神武王 원년(839) 국왕 즉위의 공으로 食實封 2,000호를 사여받았다.[23] 김유신은 金官伽倻의 末王 金仇亥의 曾孫이었고, 문무왕은 그의 甥姪이었다. 김인문 또한 태종의 二子였고 對唐外交에서 주역으로 활동한 인물이었다. 朴紐 역시 왕실과 姻戚關係였을 것이다. 장보고는 淸海鎭大使로서 근 1만 명의 私兵을 거느리고, 大商으로서 巨富를 누리던 인물로 왕권과 깊이 밀착되어 있었다. 식읍은 이런 처지에 있는 이들에게 수여되는 것이었다.

물론 식읍기사 가운데는 고을 자체를 수여한 것으로 표현한 것도 더러 있다. 고려 太祖代에 복속하여 온 甄萱을 尙父라 칭하여 그 位를 百官의 上에 놓고 '賜楊州爲食邑'하여 楊州를 식읍으로 준 것, 金傳에게 政丞을 봉하고 그 位를 太子 위에 두고 '除新羅國爲慶州 仍賜爲食邑'함으로써 慶州를 식읍으로 준 것,[24] 또한 高宗代에 崔怡의 식읍을 '怡食邑晋州'[25]라 하여 그의 식읍이 晋州였다고 하는 것 등이 그런 예이다. 그러나 이 경우도 실제 내용은 封戶로서 세어 받은 식읍으로 다만 해당 고을 내에서 규정된 수의 봉호를 받을 뿐이었다. 김부가 식읍으로 慶州를 받았다고 하지만, 경주 관할 고을 全域이 완전히 그가 지배하고 수취하는 대상은 아니었다. 이런 식의 식읍 授與는 行政體制의 원리상으로도 그리될 수 없었다. 그는 경주 관내에서 일정 수의 封戶만을 식읍으로 받았다. 구체

---

20) 《譯註 韓國古代金石文》Ⅰ, 高慈墓誌銘, 韓國古代社會硏究所, 1992.
21) 《三國史記》 43, 列傳 3, 金庾信 下.
22) 《三國史記》 44, 列傳 4, 金仁問.
23) 《三國史記》 10, 新羅本紀 10, 神武王 원년.
24) 《高麗史》 2, 世家 2, 太祖 18년 6월, 上冊, p. 51.
　　《高麗史》 2, 世家 2, 太祖 18년 12월, 上冊, p. 52.
25) 《高麗史》 129, 列傳 42, 叛逆 3, 崔沆, 下冊, p. 810.

적으로 8,000호였다. 이는 같은 사실을 다른 기록에서,

拜傳爲觀光順化衛國功臣上柱國樂浪王政丞食邑八千戶26)

라 밝히고 있음에서 확인된다. 이 8,000호의 봉호는 경주에 있던 호 전
체가 아니라 일부였다. 그래서 그는 다시 景宗 즉위년(975) 10월 尙父로
加號되면서 식읍을 더 加曾받을 수 있었다. 이때 그는 '食邑通前爲一萬
戶'27)라 하여 이전 봉호와 합쳐 10,000호를 갖게 되었다. 2,000호를 더
받은 셈이다. 2,000호나 더 加授할 수 있었던 것은 경주의 모든 민호가
그의 봉호가 아니었다는 조건에서 시행이 가능한 일이었다. 崔怡의 식읍
晋州도 형편이 같았다. 최이는 高宗 21년(1230) 江華遷都의 공로가 명분
이 되어 晋陽侯에 봉해지고 진주를 식읍으로 받았는데,28) 동왕 29년
(1242)에 와서 爵이 公으로 오르면서 식읍도 加受되었다.29) 진주 내에
는 그의 봉호 외에 일반 민호가 여전히 있었다. 당시 최이가 받은 식읍
의 봉호 수가 실제 얼마였는지는 알 수 없다. 그러나 그에 앞서 역시 이
고을을 식읍으로 받았던 崔忠獻의 경우, 그가 晋康侯로 봉해졌을 때 식
읍 3,000호 食實封 300호였다.30) 아마 최이의 식읍도 이 수를 크게 넘
지는 않았을 것이다. 甄萱의 식읍 楊州도 실제 내용은 이상과 같았을 것
이다.

　　고려시기만이 아니라, 통일신라기에도 고을이 식읍으로 사여된 기록은
있다. 金周元의 식읍 기사가 그 예이다. 김주원은 王位爭覇에서 元聖王
에게 패하여 溟州로 退居하였는데, 2년 뒤 국왕은 그를 溟州君王으로 봉
하고

---

26) 《高麗史節要》1, 太祖 18년 12월, p. 25(亞細亞文化社 影印本, 1971-以下同).
27) 《高麗史》2, 世家 2, 景宗 즉위년 10월, 上冊, p. 63.
28) 《高麗史》129, 列傳 42, 叛逆 3, 崔怡, 下冊, p. 803.
　　《高麗史節要》16, 高宗 21년 10월, p. 422.
29) 同上.
30) 《高麗史》129, 列傳 42, 叛逆 3, 崔忠獻, 下冊, p. 796.

　　　割溟州翼領三陟斤乙於蔚珍等官爲食邑[31]

하였다. 溟州 管下의 翼嶺縣(襄陽)·三陟郡·斤乙於郡(平海)[32]·蔚珍郡 등의 여러 고을을 떼어 식읍으로 사여한 것이다.[33] 기록에 의하면 당시 溟州는 명주의 領縣 4개와 그 管下의 郡 9개(所屬領縣은 總 21)로 이루어져 있었다.[34] 이 가운데 3개 군과 1개 현이 그의 식읍이었다. 그러나 김주

---

31) 《新增東國輿地勝覽》 44, 江原道, 江陵大都護府, 人物, 金周元, p. 791(古典刊行會 影印本, 1958-以下同).

32) '斤乙於'는 《三國史記》 地理志에는 보이지 않는다. 그러나 《新增東國輿地勝覽》 45, 江原道 平海郡, p. 802에 이 郡의 建置沿革을 기술하고 있는 대목에 '本高句麗斤乙於'라고 밝혀져 있다.

33) 原文의 내용을 이와는 달리 파악하는 연구자도 있다. 예컨대 姜晋哲 교수는 본 기사 속의 '翼領'을 '管轄의 領地란 뜻'이라고 풀어 전체 내용을 '溟州管下에 있는 三陟·斤乙於·蔚珍 등 세 고을이 金周元의 食邑으로 되었다'고 보고 있다(姜晋哲, 〈新羅의 祿邑에 대하여〉, 《李弘稙博士回甲紀念 韓國史學論叢》, 1969, p. 89). 그러나 文脈上 翼領이 관할하의 '領地'를 뜻하는 述語로 보기는 어렵다. 오히려 原文의 翼領은 고을명인 '翼嶺'의 誤記·誤刻인 듯하다. 실제 翼嶺은 溟州 관할하 9개郡 가운데 하나인 守城郡(杆城)의 領縣 2개 가운데 하나였다(《三國史記》 35, 雜志 4, 地理, 溟州). 지금의 襄陽 부근인 듯하다.
　　한편 翼領을 翼嶺고을로 보면 혹 溟州까지도 食邑으로 준 것이 아닐까 생각될 수도 있다. 그러나 두 가지 점에서 그렇게 볼 수는 없겠다. ① 溟州는 新羅 9州의 하나로서 都督이 설치되어 있었던 行政中心治所인데, 이 행정체제를 부인하면서까지 國王이 金周元을 封王하고 식읍을 사여할 리가 없었다. 食邑은 원리상 國王과 臣下의 관계가 전제된 상태에서 수여되는 것이다. ② 문맥상으로도 의미가 잘 통하지 않는다. '割'이라는 표현이 있음을 보아, 이는 溟州 관할하의 몇 고을을 떼어 식읍으로 주었다는 뜻이다. 그리고 만일 溟州 全城이 그의 식읍이었다면 전체 문장은 '賜溟州爲食邑' 정도로 표기하면 그만인 것이다.

34) 이 내역을 《三國史記》 35, 雜誌 4, 地理 2, 溟州의 기록에 의해 표로 작성하면 다음과 같다.

溟州의 州郡과 領縣

州·郡	領　　縣
溟　　州	㫌善縣, 棟隄縣, 支山縣, 洞山縣
曲城郡	緣武縣
野城郡	眞安縣, 積善縣
有隣郡	海阿縣
蔚珍郡	海曲縣
奈城郡	子春縣, 白烏縣, 酉泉縣
三陟郡	竹嶺縣, 滿卿縣, 羽谿縣, 海利縣
守城郡	童山縣, 翼嶺縣
高城郡	豢豕狠縣, 偏嶮縣
金壤郡	習谿縣, 隄上縣, 臨道縣, 派川縣, 鶴蒲縣

※여기에 斤乙於까지 합치면 溟州管下의 郡은 10개가 된다.

원의 이 식읍도 실체는 봉호였을 것이다. 州·郡·縣 등 지방행정체제가 엄연히 운영되고 있었고 그것이 중앙정부와 연계를 갖고 있었기 때문에, 해당 고을의 人口·土地·物産이 모두 김주원의 지배하에 들어갔다고 볼 수는 없다. 溟州를 위시하여 식읍에서 제외된 郡·縣은 물론, 식읍으로 사여된 고을에서도 신라의 行政力은 여전히 행사되고 있었다. 金周元의 식읍은 封戶는 多大하였겠지만 일정한 액수가 정해져 있었을 것이고, 이 것이 이들 여러 군현에 분산·배정되어 있는 상태에서 수취되고 지배되었 을 것이다. 삼국시기 신라 法興王 19년(532), 來降한 金官伽倻王 金仇亥 에게 '以本國爲食邑'[35]한 것도 같은 내용이었겠다.

이와 같이 식읍의 규모는 봉호의 수로 정해졌다. 따라서 군·현 등 고 을 행정단위와는 일단 관계가 없었다. 규모가 큰 식읍은 몇 개 고을에 걸쳐 있고 적은 것은 한 고을의 일부에 그쳤겠다. 식읍수여에서 각 고을 은 실제 봉호가 배정되는 지역이란 점에서 의미가 있었다.

식읍을 구성하고 그 형태를 이루는 封戶는 自然戶가 아니었다. 課戶였 을 것이다. 과호의 내역이 어떠하였는지 현재로선 직접 알 길이 없다. 다만 매우 시기가 뒤늦은 朝鮮初의 예지만, 이를 통해 짐작은 할 수 있 다. 端宗 원년(1453) 10월, 首陽大君은 식읍 1,000호 食實封 500호를 받았다.[36] 이 중 실제 수여받은 봉호는 實封으로서의 食實封 500호였 다. 그리고 이 500호는

擇富實戶 每一戶一名充定[37]

하는 방식으로 배정되고 있었다. 富實戶로서 500호를 택하고 그 가운데 서 每戶마다 1명씩을 봉호로 充定하는 것이었다. 조선초는 食邑制가 완 전히 소멸되던 시기여서 식읍의 내용이나 기능이 상당히 凋殘되어 있었 으므로 이를 바로 기준으로 삼기는 위험한 일이겠으나, 그렇다고 식읍

---

35) 《三國史記》 4, 新羅本紀 4, 法興王 19년.
36) 《端宗實錄》 8, 端宗 원년 10월 己亥, 6冊, p. 630.
37) 《端宗實錄》 9, 端宗 원년 11월 癸亥, 6冊, p. 641.

수여 방식의 원칙마저 없어졌다 보기도 어렵다. 한편 중국 唐나라 식읍의 경우 과호는 3丁까지가 한도였다.[38] 이런 사례로 보아, 통일신라와 고려전기의 식읍의 課戶도 3丁에서 1丁 사이가 아니었을까 생각해 본다.

봉호의 실체가 이러하다면 이는 곧 丁戶와 유사한 것이었겠다. 그러고 보면 신라말 李怱言이란 이가 碧珍(星州)郡을 잘 고수하고 고려 태조를 도와 後百濟征討에 참여하여, 태조가 그를 本邑將軍으로 除拜하면서 아울러

加賜傍邑丁戶二百二十九[39]

하였다는 기사의 丁戶 229도 실은 저와 같은 식읍의 封戶와 성격이 비슷한 戶였을 것이다. 李怱言의 功이 커서 碧珍郡의 將軍을 拜授하여 주는 데 더하여 근처 고을에서 정호 229를 떼어내어 그에게 賜與한 것이 아닐까 한다. 단 그의 처지가 식읍 자체를 수여할 만한 경우는 아니어서 그저 정호 229를 사여하는 방식에 그쳤을 듯하다. 고려 건국 초의 사정으로 보아 이총언의 예와 같은 대우를 받은 이들은 더 있었을 것이다.

3. 食邑과 農民支配

식읍의 受得者는 食邑主로서 봉호로 책정된 食邑民을 경제적으로 지배하고 수취하였다. 수취 내용은 租·布(調)·役(庸) 등이었다. 국가가 민인에게 부과하던 賦稅目 전부였다. 崔怡의 식읍에서 ‘晋州祿轉·稅布·徭貢’[40]이 징수됨은 그 예이다. 祿轉은 租에, 稅布와 徭貢은 각기 調와 庸에 해당하는 세였다. 그래서 다른 기록에서는 崔怡의 식읍에서 징수하는

---

38) 仁井田陞, 〈唐代의 封爵 및 食封制〉, 《東方學報》 10~1(東京), 1939.
　　今屈誠二, 〈唐代封爵制拾遺〉, 《社會經濟史學》 12~4, 1942.
39) 《高麗史》 92, 列傳 5, 李怱言, 下冊, p. 75.
40) 주 25와 同.

이 稅目들을 '稅'[41] 혹은 '稅貢米', '稅貢'[42]이라고 통칭하기도 하였다. 또한 忠宣王이 雞林·福州·京山府를 자신의 식읍으로 삼고 郎將 仇懽을 파견하여 수세를 독려한 사실을 '督其賦稅'[43]라 하여 賦稅로 표현함도 세의 내역이 이러하였기 때문이다. 식읍의 수여는 이와 같이 봉호에서 租·布·役 등 부세 일반을 징수하는 권한을 주는 것이었다. 이는 식읍 본래의 성질이었다. 중국에서도 마찬가지였다. 漢·唐의 식읍도 이러하였고,[44] 또 이전에 있던 采地·采邑도 실은 해당 고을의 토지·인민은 가질 수 없고 다만 조세만 采取하는 것이었다.[45]

봉호에서 부세를 수취하는 방식은 행정기관을 거치지 않고 食邑主가 직접 징수하는, 곧 식읍에서 식읍주에게 直納하는 형식이었다. 고려 高宗 37년(1250) 정월, 국왕이 崔怡의 식읍인 晋州의 祿轉·稅布·徭貢을 崔沆家에 직납하라고 下制하였는데, 沆이 사양하고 받지 않았다고 한 기사에서 이 원칙을 알 수 있다.

制 晋陽公食邑 晋州祿轉·稅布·徭貢 直納崔沆家 沆辭不受[46]

沆이 사양하고 받지 않았다는 사실은, 본래 식읍의 稅貢은 官에서 거두어 해당 식읍주에게 다시 분급하여 주는 것이 원칙인데 국왕이 이를 무시하고 沆에게는 직납하도록 특별한 혜택을 내렸기 때문에, 그가 이 특혜를 사양하였다는 내용으로 이해되기 쉽다. 그러나 실은 沆이 이런 사유에서 直納을 사양한 게 아니었다.

사정은 다른 데 있었다. 崔沆은 崔忠獻이나 崔怡와는 달리 이때까지 封爵을 받지 않고 있었다. 그런데 고종은 최이가 사망한 뒤 그의 식읍을

---

41) 《高麗史》 129, 列傳 42, 叛逆 3, 崔怡, 下冊, p. 808.
42) 주 49의 원문 참조.
43) 《高麗史》 34, 世家 34, 忠宣王 3년 8월 庚午, 上冊, p. 691.
44) 仁井田陞, 주 38의 논고.
   牧野 巽, 〈西漢의 封建相續法〉, 《東方學報》 3(東京), 1932.
45) 《春秋》, 公羊傳, 襄公 15년, 漢 何休의 註.
   '所謂采者 不得有土地·人民 采取其租稅爾'
46) 《高麗史節要》 16, 高宗 37년 정월, p. 431.

그대로 沆에게 넘겨주어 그 수취를 연속할 수 있도록 조처하였다. 당시 국왕의 처지에선 이렇게 할 수밖에 없었을 것이다. 최이가 前年 11월에 사망하자 고종은 곧이어 沆으로 代를 이어 鎭定하도록 하고, 그 位는 官等을 뛰어넘어 政丞을 제수하였다.47) 그리고 封爵도 수여하려 하였다. 그러나 최항은 끝내 受封만은 사양하였다.48) 이 상태에서 고종은 최이의 食邑租稅만이라도 沆에게 직납하도록 명을 내렸던 것이다. 그렇지 않으면 이 조세는 國庫收入이 되는 것이었다. 이런 사정에서 沆이라 하더라도 원칙상 이를 수락할 처지는 못 되었다. 후술하듯이 식읍은 子孫이 사사로이 傳受할 수 없었다. 자손이 封爵을 받고 여기에 특별히 식읍까지 수여하는 冊封節次를 거쳐야 그 傳受가 겨우 가능하였다. 沆이 사양하고 받지 않은 이유는 바로 이 점에 있었다. 곧 식읍 자체를 사양한 것이다.

　식읍의 조세를 식읍주의 家에서 직접 징수함은 대원칙이었다. 최이의 식읍에 관한 또 다른 逸話도 이 점을 분명히 하여준다. 고종 30년(1243) 5월에 있던 일이다.

左倉納晋陽稅貢米 王以晋陽已爲崔怡食邑 命黜倉別監王仲宣 所司又請論仲宣 及倉官 怡奏曰 臣重違上命 雖已受封 今年稅貢 請依舊納倉 赦仲宣等罪 王從之49)

　당시 左倉에서 晋陽稅貢米를 거두었는데, 왕은 晋陽이 이미 최이의 식읍이 되었으므로 倉의 別監 王仲宣을 罷黜하도록 명하였다. 그런데 所司에서 또 仲宣과 倉官을 論罪하자고 청하였다. 이에 최이는 上奏하여, 臣이 上의 命을 어기기 어려워 비록 受封하긴 하였으나, 今年의 稅貢은 그전대로 左倉에서 거두도록 하고 仲宣 등의 罪는 赦하여 달라고 청하여 왕이 이를 따랐다.

　食邑租稅의 수취방식과 관련해서 볼 때, 사건 발단의 요체는 두 가지

---

47)《高麗史節要》16, 高宗 36년 11월, p. 431.
48) 이에 관해서는 주 75를 참조할 것.
49)《高麗史節要》16, 高宗 30년 5월, p. 427.

이다. 우선 좌창 측에선 晉州가 최이의 식읍인 줄 미처 몰랐거나 혹은
어떤 착오를 하여 종전대로 稅貢을 거두었다는 점, 그리고 좌창의 이 같
은 처사는 처벌대상이 된다는 점이다. 사단은 이 두 가지 사정이 얽혀
발생한 것만은 분명하다. 崔怡가 이런 상황에서 그 수습책으로 금년만은
종전대로 하자고 한 청은 내년부터는 원칙대로 崔怡家에서 걷겠다는 전
제에서 나온 것이었다.50) 또 다른 예로서 忠宣王이 자기 식읍에 收稅를
督責하고자 郎將 仇懽을 파견하였던 것도51) 식읍조세의 징수방식이 食
邑主의 직접 수취였기 때문에 행해지는 사태였다. 식읍주가 자기 식읍의
조세를 직접 수납함은 원칙이고 관례였다.52) 고려시기에 이러하였다면
통일신라기나 그 이전 시기에는 더 말할 것도 없겠다.

　물론 식읍의 조세가 식읍주의 直接收取라 하여 그것이 시종일관, 그리
고 전적으로 식읍주만에 의해 이루어지지는 않았다. 당연히 해당 地方官
에서 행정상 식읍주의 조세수취에 협조하고 그 物量도 감독했을 뿐만 아
니라 輸納 과정에서도 직접 간접으로 독려하면서 협력하였을 것이다. 그
리고 전시과의 田租收取 방식이 전주의 직접징수였듯이,53) 이런 사실은
식읍조세의 食邑主 直接收取라는 원칙·관례와 배치되는 것이 아니었다.

---

50) 原文의 기사가 내포하는 있는 사정을 좀 더 구체적으로 추적하면 다음과 같은 것
　　이 아니었을까 한다. 그것은 특수한 사정이 배려되어야 하겠다는 생각이다. 다름 아
　　니라 崔怡가 처음 식읍을 받은 때는 高宗 21년(1230) 10월이었다(주 28과 同). 그
　　리고 본 사건이 일어난 것은 同王 30년 5월이었다. 이 사실과 原文의 기록을 직결시
　　켜 보면 崔怡는 10년간 식읍의 조세를 아예 징수하지 않거나 최소한 받지 않았다는
　　게 된다. 그러나 이점은 납득할 수 없다. 혹 만에 하나 그렇다고 가정하여도 이것이
　　왜 10년을 지나서야 事端이 되었을까 하는 의문이 다시 생긴다. 본 사건은 바로 이
　　무렵에 있었던 특수한 형편이 고려되어야 풀릴 듯하다. 즉 崔怡는 高宗 29년 10월,
　　사건발단 7개월 전쯤에 食邑이 加授되고 侯에서 公으로 進爵되었다(주 29와 同). 左
　　倉에서 收納하여 말썽이 난 晉州稅貢米는 바로 이 加授된 食邑封戶에서 징수할 몫이
　　아닐까 한다. 연유는 알 수 없으나 左倉 측이 이전대로 자신들이 받아야 할 租稅인
　　줄로 착각한 데서 일어난 사건으로 예측된다. 崔怡가 너그럽게 사태를 처리하고 있는
　　것도 이런 형편에서라면 잘 이해가 된다.
51) 주 43과 同.
52) 그러나 이와 상반하는 견해도 있다. 河炫綱, 주 1의 논고, pp. 129~130에서는
　　식읍의 租稅는 左倉에서 거두어 食邑主에게 나누어주는 것이 일반 관례라고 보고 있
　　다. 이에 의하면 食邑의 租稅는 官收官給되고 있었던 셈이다.
53) 拙稿, 〈科田의 占有와 그 原則〉, 《朝鮮前期土地制度研究-土地分給制와 農民支配》,
　　一潮閣, 1986, pp. 118~124.

이에 더하여 규모가 큰 식읍의 소지자들에겐 부세징수를 용이하게 하고 그 수입을 관장·처리할 수 있는 조건도 있었다. 開府, 즉 府를 설치하고 여기에 官員을 배속시키는 배려가 취해졌다. 이는 국가가 공식으로 승인하였던 제도였다. 식읍수여가 결부된 受封에 開府가 부수되는 경우가 그것이었다. 고려시기엔 이런 封號가 적지 않았다.[54]

식읍과 관련해서 실제 開府하고 있던 예 역시 崔忠獻과 崔怡에게서 확인된다. 최충헌은 熙宗 2년(1206), 前年에 晋康郡開國侯食邑 3,000호 食實封 300호를 수여받고,[55] 실제 책봉은 이해에 받았다. 그러면서 立府, 곧 開府가 허여되었다.

遣使冊忠獻 爲晋康侯 立府曰興寧 置僚屬 以興德宮屬之[56]

府名은 興寧府였다. 僚屬을 두었으며 興德宮을 이에 소속시켰다. 최이도 高宗 21년(1234) '封侯立府'[57]되었다. 封號는 晋陽侯였다. 府名은 晋陽府라고 부르지 않았을까 추측된다.[58] 여기에도 관원이 배속되었을 것이다. 崔氏들의 경우 외에도 仁宗朝에 李資謙은 朝鮮公에 봉해지고 食邑 8,000호 食實封 2,000호를 받고 역시 開府하여 '府號崇德 置臣僚'[59]하고 있었으며, 元宗代에 국왕은 그의 子 順安公 琮을 上柱國順安郡開國侯 食邑 200호 食實封 100호에 봉하면서 '府曰 大寧 置典籤·錄事各一人'하였다.[60] 開府와 食邑과의 관계는 이상의 예에서 짐작되지만, 이를 좀 더

---

54) 《高麗史》의 列傳 특히 宗室條에는 '開府儀同三司守太保兼尙書令上柱國樂浪侯 食邑 三千戶'(《高麗史》 90, 列傳 3, 宗室 1, 靖宗, 樂浪侯 王敬, 下冊, p. 43) 등 受封名 號에 '開府儀同三司'라는 명칭이 붙어 수여되는 예가 수다하게 散見된다. 이들 封戶의 수득자가 실제 모두 府를 열었는지는 알 수 없다. 여기서는 開府가 확인되는 것에 한해서만 거론하기로 한다.

55) 주 30과 同.

56) 同上.

57) 주 28과 同.

58) 이는 《高麗史節要》 16, 高宗 37년 2월, p. 431의 '沆衷甲領兵 自長峯宅馳馬 移于 見子山晋陽府 不入正門 由東偏 小戶入 盖畏人也'라는 기사에서 그렇게 생각된다. 이 때는 崔怡가 사망한 바로 직후였고 沆 자신은 '封侯立府'하지 않던 시기였다.

59) 《高麗史》 127, 列傳 40, 叛逆 1, 李資謙, 下冊, p. 762.

60) 《高麗史》 91, 列傳 4, 宗室 2, 元宗, 順安公 琮, 下冊, p. 56.

확실하게 하는 사례가 있다. 忠烈王의 妃 齊國大長公主의 冊封사실을 전하는 기사이다.

冊公主爲元成公主 宮曰敬成 殿曰元成 府曰膺善 置僚屬 以安東·京山府爲湯沐邑[61]

齊國大長公主는 元成公主로 책봉되면서 府를 膺善이라 하고 僚屬을 두었으며, 安東·京山府를 湯沐邑으로 받았다. 탕목읍은 식읍을 이름이었다.[62]

이상과 같은 내역과 방식으로 수취되는 食邑의 封戶가 어떠한 기준에서 선정되었는지 분명히 알 수는 없다. 그러나 식읍이 봉호에게 租·布·役 등 국가가 징수하는 租稅 일반을 受封者가 수취하도록 한 것임을 보면, 봉호의 선정은 家戶의 土地·人力, 기타 財産 등의 소유상태를 고려하여 국가가 집행한 게 확실하다고 하겠다. 적어도 租·布·役을 부담할 수 있는 家戶에 封戶가 설정되어야 하는 까닭이다. 貧寒한 家戶는 물론이고 토호나 양반관료 등 상급 신분층의 家戶는 대상에서 제외되었을 것이다. 결국 平民戶 가운데 租·布·役을 감당할 수 있는 비교적 안정된 호가 중심이 될 수밖에 없었다. 조선초 戶曹는 首陽大君의 食實封 500戶를 富實戶에서 택하여 주도록 하였는데,[63] 이 역시 이러한 기준에서 취해진 조처로 보인다. 아마 식읍은 대개 이런 조건이 가능한 잘 갖추어진 군·현 내에 설정되었을 것이다.

한편 이런 점과 연관하여 볼 때, 식읍도 民田 가운데 국가에서 조세를 징수하되 그것이 國用·供上·祿俸·軍須 등에 충당하도록 책정된 토지에 설치될 수밖에 없었다. 莊·處나 宮院 소속의 전지, 각급 行政·軍事機關

---

61) 《高麗史節要》 19, 忠烈王 원년 정월, p. 504.
62) 湯沐邑은 원래 중국 上古期 당초에는 方伯들이 天子를 朝觀하였는데, 이들에게 齋戒沐浴을 명목으로 하여 지급한 畿內의 邑이었다. 그러나 戰國時代를 거치면서 漢에 와서는 이미 天子의 親族들, 즉 漢室一門의 私奉養費로 수여하는 食邑을 이르는 용어로 변하여 있었다(曾我部靜雄, 《中國律令史의 研究》, 吉川弘文館, 1971, pp. 435~450).
63) 주 37과 同.

의 전지, 그리고 兩班官僚나 각종 國役 부담자의 전지 등에는 설정할 수 없는 일이었다. 고려시기에 左倉에서 조세를 징수하여 오던 토지가 식읍으로 수여된 사실은 이를 말해 준다. 앞서 말한 것처럼 高宗 30년(1243) 崔怡 식읍의 조세를 좌창에서 종전대로 징수하였다가 문제가 일어났는데, 이는 최이의 식읍이 설치된 晋州 내의 일정 토지가 그 이전까지는 左倉에 조세를 납부하고 있던 전지였음을 전하는 예이다. 그리고 忠惠王後 5년(1344) 5월, 李齊賢이 都堂에 上書를 통하여 三食邑이 설치된 후 百官祿俸이 不備하게 되었으니 이를 혁파하여 廣興倉(左倉)에 還屬시켜 君臣의 봉록에 충당하도록 하여야 한다고 했던 것도 같은 사정에서 나오는 주장이었다.

三食邑 旣立之後 百僚俸祿不備 夫以一國之主 取群臣養廉之資 以實私藏 豈不貽譏後世 請聞諸兩宮 罷食邑 還屬廣興倉 充其俸祿[64)]

三食邑은 忠宣王 이후 국왕 소속으로 내려오던 雞林·福州·京山府의 3개 식읍이었다.[65)] 식읍의 수여는 그만큼 祿俸收入의 감축을 초래하고 있었다. 그리하여 때로는 위와 같이 지배층 내부에서 반발을 야기하고 갈등을 유발하기도 하였다. 食邑의 규모가 클 경우 이러한 문제는 더욱 심각하게 일어날 것이었다.

　식읍은 봉호 수로 구성되고 설치에 따른 이해상반도 커서, 그 所持에는 여러 제한이 따랐다. 우선 수취는 수여된 봉호의 수에 대해서만 허용되었다. 그러므로 시간이 지남에 따라 해당 戶에서 새로 증가하는 人口에 대해서는 수취가 허락되지 않았다. 이미 식읍을 수여받고 있는 이에게 다시 봉호가 加授되는 경우가 더러 있는데,[66)] 이는 이러한 제한이 원칙으로 되어 있기 때문이기도 하였다. 郡·縣 등 한 고을, 혹은 몇 개 고을을 통틀어 한 개인의 食邑으로 줄 수 없는 사정은 여기에도 있었다.

---

64) 《高麗史節要》 25, 忠惠王 後 5년 5월, p. 654.
65) 주 43과 同.
66) 한 예로 金仁問, 金傅, 崔怡 등이 그리하였다(주 21·27·29 참조).

만일 그렇게 하면 이는 중대한 문제를 야기하게 되는 것이었다. 고을 내의 家戶·人口는 자연적 혹은 사회적 여러 요인으로 增減을 계속하기 마련인데, 이 같은 제한이 없다면 식읍주는 될 수 있는 한 자기 봉호수를 늘리려고 갖가지 수단·방법을 전력하여 동원할 것이고, 나라는 이를 방지할 길이 없었다. 이런 이유에서 식읍은 일정 고을의 民戶를 대상으로 설치하더라도, 그 내용은 전체 총 민호 가운데 일정 기준하에서 일정 수의 봉호만을 擇出하는 형태를 띨 수밖에 없는 것이다.

식읍소지에 따른 또 하나의 중요한 제약은, 그 기한이 受封者 본인 當代에 한한다는 점이었다. 고려시기에도 그러하였지만,67) 이전 시기에도 마찬가지였다. 신라에서 文武王 때 金仁問이 사망한 朴紐의 식읍을 받은 것이나,68) 金庾信 死後 그 妻에게 南城租를 매년 1,000石씩 주도록 한 것,69) 고구려에서 東川王 때 毌丘儉 군대의 침입을 격퇴하여 論功 1等에 오른 密友·紐由 가운데 식읍은 密友와 그 다음 功을 세운 劉屋句에게만 주고 戰死한 紐由는 다만 九使者로 추증하고 그의 아들 多優를 大使者로 삼은 사실들은70) 통일신라·삼국시기의 食邑도 본인 當代에 한하여 소지함이 원칙이었음을 전하여 준다.

식읍소지의 受封者 當代 원칙은 식읍의 의미, 그리고 그 수수의 원리상 당연한 규정이었다. 식읍은 君臣關係를 전제로 하고 이 위에서 특별한 왕족, 극히 뛰어난 勳功官僚에게 수여되는 것이었다. 더욱이 대개는 封爵과 병행해 사여되고 있었다. 국왕은 이런 이들에게 공식적으로 식읍을 사여하고 아울러 金石之盟의 忠誠을 요구하였다. 또한 식읍은 '因官食地 故曰采地'71)라고 하는 바처럼 官爵으로 인하여 授受되는 것이었다. 그러므로 본인의 사망과 동시에 식읍은 그 수수의 명분·근거도 함께 소멸하여 식읍은 回收됨이 마땅하였다. 수봉자가 자기가 受得한 식읍이라 하여 사사로이 자손·형제에게 분할하고 相續할 수는 없었다.

---

67) 河炫綱, 주 1의 논고 참조.
68) 주 22와 同.
69) 《三國史記》 43, 列傳 下, 金庾信 下.
70) 《三國史記》 17, 高句麗本紀 5, 東川王 20년 8월.
71) 《漢書》 23, 刑法志 3, p. 172(景仁文化社 影印本, 1975).

드문 일이긴 하나, 父의 식읍을 자식들이 이어받는 예가 간혹 있기는 하였다. 통일신라기에 金周元의 식읍을 그의 子 金宗基가 계승한 것, 고려시기 崔忠獻의 식읍 晋州를 역시 그의 아들 崔怡가 이어받은 것이 이런 경우였다. 그러나 이 두 경우도 본인 當代에 한하여 소지하며 상속할 수 없다는 원칙은 여전히 준수되고 있었다. 어느 쪽도 부자간에 사사로이 수수하고 상속한 것이 아니었다. 金宗基는 신라 조정에서 '襲封爲王'72) 곧 溟州君王이란 封을 다시 이어받음으로써, 崔怡 또한 고려조정에 의해 '封侯立府'73)됨으로써 傳受할 수 있었다. 국왕과 이들이 군신의 처지에서 재차 封爵의 授受節次를 공식으로 거친 뒤에 식읍은 授受될 수 있는 조건이 구비되는 것이었다. 그나마도 국왕이 父의 封戶를 그대로 사여할 때라야 실현될 수 있었다. 즉, 특별한 경우였다. 그러므로 다시 그 다음 자손에까지 식읍이 傳受되지는 못하였다. 金周元의 孫 金貞茹나 曾孫 金陽은 모두 朝官에서 出仕하여, 후에는 각각 중앙의 최고 관직인 上大等, 侍中까지 지냈으나 식읍은 수여받지 못하였다.74) 이와 사정은 다르지만 崔忠獻의 孫 崔沆도 결과는 같았다. 그는 死後까지 수차에 걸친 국왕의 '封侯立府'의 특전을 사양함으로써 끝내 식읍을 이어받지 못하였다.75)

식읍을 통한 농민지배는 이상과 같은 형태와 제한 속에서 이루어지는 것이었다. 식읍은 국가의 행정체계 내에서 존재하였고, 행정단위인 군·현 등 고을과 직접 관련 없이 여기저기 散在되어 있었다. 봉호를 단위로 租·布·役 등 부세징수에 한하였고, 봉호 내에서 자연 증가하는 人口에 대한 수취는 허락되지 않았으며, 수득자 본인 當代에 한하여 소지하게 되어 있었다. 식읍은 土地와 人民을 떼어주는 제도가 아니었다. 즉, 私領

---

72) 주 31과 同.

73) 주 28과 同.

74) 주 31과 同.

75) 崔沆은 生前에 무려 5차례나 '封侯立府'하도록 국왕의 下制를 받았으나 그때마다 사양하여 거절하였다. 이유는 不明이나 아마 그도 차마 자기까지 3대에 걸치게 되는 封侯立府를 할 수는 없었던 듯하다. 식읍이 없더라도 田莊·財貨가 수다하여 物力을 걱정할 바도 아니었다. 그는 고종 44년(1257) 死後에 가서 晋平公에 追贈되었을 뿐이다(《高麗史》42, 叛逆 3, 崔沆, 下冊, pp. 810~816 참조).

地나 直領地가 아니었다. 조건상 그렇게 될 수가 없었다. 食邑主는 일정 지역의 통치권 전체를 永續하여 장악하는 게 아니라 국가의 賦稅徵稅權을 봉호로써 당대에 한하여 이양받았을 뿐이었다.

식읍을 명목이 아니라 실제 受得한 경우, 여기서 들어오는 수입은 대단하였다. 租·布·役을 징수하는 것이므로 일반 收租地에서 들어오는 수입보다 물량면에서 다대하였다. 식읍주의 식읍민에 대한 지배는 이만큼 강력하였다. 그러므로 식읍 농민의 반발 또한 시기가 지날수록 심하였을 것이다. 그리고 식읍을 통한 富의 집적이나 農民支配는 이에 머무는 게 아니었다. 식읍은 다른 측면에서 식읍주에게 부를 축적하고 농민을 지배할 수 있는 기회를 제공하고 있었다. 식읍주는 封戶의 인력과 징수한 물력을 통하여 식읍 내에서 자신의 私的인 경제기반을 닦을 수 있었다. 新田을 개척·개발하고 田地를 매득함으로써 소유지의 규모를 확대할 수 있었고, 奴婢의 다량 확보도 가능하였다. 다음의 사례는 이런 사정을 반영하고 있는 내용이 아닐까 한다.

> 有一寺在熊川州坤隅 是吾祖臨海公〔祖諱仁問 唐酬伐濊貊功 封爲臨海君公〕受封之所 間刱燼流薗 金田半灰76)

이는 金仁問의 8代孫되는 金昕이란 이가 郞彗和尙에게 熊川州 坤隅에 있는 한 寺刹에 住居하여 달라고 청하는 대목의 一節이다. 여기서 주목할 것은 '受封之所'와 '金田半灰'라는 구절이다. 受封之所라는 표현으로 보아, 이 사찰이 있는 웅천주 坤隅는 김인문이 식읍으로 사여받은 곳이거나 그 일부였겠다.77) 賜田은 아니었을 것이다. 受封한 식읍이라면 '金田', 즉 寺地는 이와 직결되어 조성된 것일 수도 있다.78)

---

76)《朝鮮金石總覽》上, 聖住寺郞慧和尙白月葆光塔碑, p. 77(景仁文化社, 1974).

77) 金仁問은 앞서 언급한 바처럼 두 차례에 걸쳐 식읍을 받았다. 太宗 武烈王 때 獐山城 修築의 功으로 300호를 받았고, 文武王 때 백제 및 고구려 征討의 功으로 500호를 받았다(주 21 참조). 熊川州 坤隅가 어느 때 受封한 식읍에 해당하는지는 알 수 없다. 다만, 臨海公에 관한 註釋으로 비추어보아 後者로 봄이 좋을 듯하다.

78) 물론 이는 추정할 수 있는 몇 가지 경우 가운데 하나이긴 하다. 이외에도 ① 受封 이전에 이미 金仁問家에서 이 지역에 가지고 있던 寺刹일 수도 있고, ② 또 식읍이

그러므로 식읍이 국가에 다시 회수된 뒤에도, 食邑主의 자손은 祖父의 食邑地를 鄕貫으로 삼아 해당 고을 일대에서 커다란 門閥勢力으로 성장하고 大土豪로 발전하기도 하였다. 溟州 관하의 여러 고을을 식읍으로 받은 金周元의 경우, 그 자손들이 '因以府爲鄕'[79] 함으로써 江陵 金氏의 一門을 이루었던 것은 대표적인 사실이다. 善山 柳氏도 이 집안의 식읍이 善州여서 마침내 州人이 되었다는 사실도[80] 이런 예에 속한다. 이 모두는 식읍의 受封을 계기로, 그리고 이를 하나의 기반으로 삼아 토지를 집적하고 세력을 형성하여 門閥로서 위치를 굳혀감으로써 수행되는 일이었다.

4. 食邑의 系統과 그 基盤

통일신라·고려시기에 식읍의 수수와 이를 통한 농민지배의 방식은 대체로 이러하였다. 特例로서 수여되었고 대상도 극소수였다. 封戶를 단위로 지급되었으며 租·布·役을 수취하는 것이었다. 그러므로 식읍은 이 두 가지 점에서 볼 때, 이미 이 시기에는 일반적인 제도가 아니었다. 삼국시기에도 일정 시기 이후에는 그러하였던 듯하다. 식읍의 비중이 크고 그 존재가 큰 사회적 의미를 갖던 것은 이 이전 시기였다. 곧 식읍은 본래 단계를 달리하던 社會條件에 系統을 대고 있고, 동시에 그런 사정을 반영하고 있는 제도였다. 아마 그것은 諸加가 下戶에게서 賦稅를 수취하고 邑落을 지배하고 있던 사회단계의 所産이겠다.

이는 곧 식읍의 出現 基盤 및 起源인 것으로, 다음의 두 가지 사실에서 그렇게 類推된다. 우선 식읍의 존재는 高句麗에서 기록상 위로는 B.C. 9년 이전에서, 밑으로는 A.D. 293년까지의 시기에 걸쳐 나타나

회수되고 난 이후의 어느 때 子孫들이 조성한 寺地일지도 모른다. 그러나 受封 후에 획득한 토지일 가능성도 크다. 여기서는 前後 論旨上 이 편으로 생각해 본 것이다.

79) 주 31과 同.

80) 《大東野乘》 12, 乙巳見聞錄, 柳希春傳.
　　'柳希春 字仁中 文化人也 柳甫積都僉議贊成事之後也 善州食邑 遂爲州人'

고 있는 점이 그 하나이다.81) 우리나라 3세기 이전, 더 올라가 紀元 이전 시기에도 식읍은 있었다. 다른 하나는 現傳하는 諸加의 下戶收取와 邑落支配의 기사도 최소한 3세기 이전의 사회상태를 전하고 있는 점이다. 식읍제는 후자의 사회·경제·정치적 조건에서 이미 운영되고 있었던 것이다.

사실 그러고 보면 封戶에게서 租·布·役을 징수하는 식읍은 諸加의 下戶收取와 그 방식·형태, 그리고 내용에서도 동일하였다. 예컨대 고구려에서 大家로서 佃作을 하지 않고 坐食하는 이들이 萬여 명에 달하였는데, 이들에겐 하호들이 멀리서 米糧·魚鹽을 날라 공급하고 있었다.

其國中 大家不佃作 坐食者萬餘口 下戶遠擔米糧·魚鹽供給之82)

하호가 대가에게 공급하는 米糧·魚鹽 등은 '賦稅'였다. 이는 하호가 직접 생산자이면서 동시에 대가에게 예속된 처지에 있어서 義務로서 납부하는 것이었다. 징수기준이 정해져 있었으리라고 생각되는 부세가 제가·대가 등 개별 지배층과 하호 사이에 수취·납부되고 있는 이 사실은 식읍주와 봉호, 즉 식읍민과의 관계 그것과 크게 다를 바가 없다. 더구나 諸加와 이러한 지배예속관계로 맺어져 있는 下戶는 그 처지가 奴婢에 비유되고 있었다. 그러므로 이러한 下戶收取의 실정을 다른 기록에선

大家不佃作 下戶給賦稅 如奴客83)

하다고 밝히고 있다.

사정은 夫餘에서도 마찬가지였다. 이곳의 하호 역시 제가에게 擔糧하여 이들이 坐食할 수 있게 하고 있었다.

---

81) 주 95·96·97·98 참조.
82)《三國志》30, 魏書 30, 烏丸鮮卑東夷傳 30, 高句麗, p. 843(景仁文化社 影印本, 1975-以下同).
83)《太平御覽》783, 東夷 42, 高句麗.

有敵諸加自戰　下戶俱擔糧　飲食之[84]

이는 戰時의 사정을 전하는 예이지만, 부여의 제가라 하여 꼭 전쟁 중에
만 하호를 수취하지는 않았을 것이다. 하호의 처지도 같았다.

國有君王　皆以六畜名官　有馬加·牛加·豬加·狗加·大使·大使者·使者　邑落有豪
民　民(名)下戶　皆爲奴僕[85]

즉, '下戶는 모두 奴僕이라고 한다' 또는 '下戶라고 부르는 이들은 모두
奴僕처럼 삼는다' 하듯이 처지는 노비와 유사하였다.

고구려·부여에서 下戶가 노비에 비유됨은 제가의 하호수취가 혹심하였
음을 말함이기도 하지만, 아울러 제가가 하호의 上典, 곧 主人과 같은
처지에 있었음을 반영하는 것이었다. 하호는 奴婢 그것은 아니었으나 지
배층인 제가와의 사회경제적 관계에서 이에 버금하는 층이었다.[86] 이 두
나라에서는 제가계급이 中央官位를 통해 序列化되어 있을 만큼 분화되었
는데,[87] 이들은 이런 상태에서 하호를 저와 같이 직접 지배하고 있는 것

---

84) 《三國志》 30, 魏書 30, 烏丸鮮卑東夷傳 30, 夫餘, p. 841.
85) 同上.
86) 이 시기의 下戶에 대한 성격 파악은 연구자에 따라 다양하다. 대체로 ① 奴隷的 存
　　在, ② 夫餘에서는 奴隷的 存在이고 高句麗에서는 農奴的 存在, ③ 氏族社會 및 그
　　解體期의 被征服共同體員·氏族共同體員, ④ 小經理를 소유한 封建的 農奴 및 封建的
　　隷屬農民 등 諸見解로 나뉜다.
　　① 說: 白南雲, 《朝鮮封建社會經濟史》, 改造社(東京), 1933, pp. 157~158.
　　　　　　서울大學 國史研究室, 《朝鮮史概說》, 1946, 弘文書館, pp. 42~47.
　　　　　　崔虎鎭, 《韓國經濟史概論》, 日新社, 1962, p. 33.
　　② 說: 金三守, 〈韓國社會經濟史〉, 《韓國文化史大系》Ⅱ, 高麗大學校 民族文化研究所,
　　　　　　1965.
　　　　　　李址麟, 〈朝鮮古代社會의 性格〉, 《古代朝鮮의 基本問題》(日譯本), 1974.
　　③ 說: 金洸鎭, 〈高句麗社會의 生産樣式〉, 《普專學論文集》 3, 1937.
　　　　　　趙璣濬, 《韓國經濟史》, 1962, pp. 46~56.
　　　　　　金哲埈, 〈韓國古代國家發達史〉, 《韓國文化史大系》Ⅰ, 高麗大學校 民族文化研
　　　　　　　　究所, 1964.
　　　　　　武田幸男, 〈魏志東夷傳에 보이는 下戶問題〉, 《朝鮮史研究會論文集》 3, 1967.
　　④ 說: 金錫亨, 《朝鮮封建時代 農民의 階級構成》(日譯本), 1960, p. 100.
　　　　　　金柄夏, 〈韓國의 奴隷制社會問題〉, 《韓國史 時代區分論》, 乙酉文化社, 1970.
　　　　　　金錫淡, 《朝鮮史教程》, 乙酉文化社, 1948.

이었다. 두 나라의 建國基礎도 여기에서 마련되었다. 제가는 하호를 '統主'하였다.[88] 이는 邑落 내의 豪民을 통해서, 그리고 자신이 거느리고 있는 家臣을 통해서 이루어졌을 것이다. 부여·고구려의 호민은 원래 東沃沮·挹婁·濊·三韓 등 후진지역의 大人·渠帥 등과 같은 부류의 층이었겠는데, 사회분화에 수반한 諸加階級의 분화에서 이미 읍락에 대한 독립적인 政治支配力은 상실한 처지였다. 이들 두 나라에서 읍락은 제가에게 統主되고 服屬되어 있었다.

其邑落 皆主屬諸加[89]

그리고 후진지역에서도 시간이 지남에 따라 이렇게 되어갔다. 신라에선 3세기경 국가권력에 의해 豪民의 상당수가 한꺼번에 거주지를 이동하는 사건이 전해온다. 儒禮王 10년(293), 前年에 倭兵의 공격으로 함락·파괴된 沙道城을 이해 2월에 改築하고 '移沙伐州豪民八十餘家'[90]함으로써 沙伐州의 豪民 80餘家를 이 성으로 이주시킨 것이다.

우리의 식읍은 이상과 같은 조건에서 제가가 하호를 지배하는 사회단계에서 출현하고, 성립하였다.[91] 그러나 그렇다고 제가가 모두 식읍주이고 하호가 모두 식읍민이고 읍락이 모두 식읍인 것은 물론 아니었다. 諸加에게는 자신들이 본래부터 지배하여 오던 읍락이 있었고, 또 이와는 별도로 官僚임에서 통치하는 읍락이 있었다. 夫餘에서

諸加別主四出道 大者主數千家 小者數百家[92]

---

87) 金光洙,〈高句麗 前半期의 '加'階級〉,《建大史學》6, 1982.
88)《三國志》30, 魏書 30, 烏丸鮮卑東夷傳 30, 濊, p. 849.
89)《後漢書》85, 東夷傳 75, 夫餘國, p. 2811(景仁文化社 影印本, 1975).
90)《三國史記》2, 新羅本紀 2, 儒禮尼師今 10년 2월.
91) 이 점에 관해서는 최근 아래의 두 연구에서도 간략히 피력하고 있으므로 참고 바람.
   金光洙, 주 27의 논고, pp. 20~22.
   李玉,《高句麗 民族形成과 社會》, 教保文庫, 1984, pp. 227~234.
92) 주 84와 同.

라 하여, 諸加는 별도로 四出道를 統主하는 데 수천 가 수백 가에 이른
다 함이 그것이었다. 제가가 별도로 관할하는 수천 가·수백 가도 하호였
겠다. 별도로 통주하는 관할구역의 설정은 대개 征服戰爭을 통해 확대된
영역을 통치하는 방식의 하나로, 제도로서 시행된 것으로 생각된다. 統
主, 곧 수취와 지배의 방식은 고구려가 그에 臣屬시킨 東沃沮에 대해

　　　句麗復置其中大人爲主者　使相主領　又使大加　統責其租賦　貊布·魚鹽·海中食
　　　物　千里擔負致之

하고, 또한 열국기 부여가 漢代 이래로 그에 臣屬된 挹婁에서

　　　自漢以來　臣屬夫餘　夫餘責其租賦重[93]

하다 하여 租賦를 統責하던 것과 같은 형태였을 것이다.
　이들 국가의 정치체제는 諸加의 독립적인 지배영역과 諸加의 累層的인
聳立의 상태에서 성립한 王權을[94] 중심으로 布列되어 있는 지배영역이
並存하는 二重構造였다. 식읍은 이러한 지배구조와 관련하여 王族이나
훈공이 큰 官僚에 대한 특전으로 출현하였다. 그러므로 방향도 두 가지
였겠다. 하나는 諸加가 별도로 관할하는 구역을 갖고 下戶를 수취하던
것과 같은 형태이나 다만 일정 수의 民戶를 분급하고 이에 대한 지배·수
취를 허용하는 형식이고, 다른 하나는 諸加가 스스로 臣屬하여 중앙관료
화되었을 때 그 공로를 인정하여 본래부터 그들이 지배하여 오던 영역
내의 민호 가운데 일정 수에 대해 수취를 용인하는 형식이다. 따라서 식
읍의 설정지역은 주로 征服地·臣屬地였을 것이고, 또 邊方으로 군사적으
로도 요긴한 곳이었을 것이다. 식읍의 수여에 수반하여 늘 거론되는 '分
茅胙土'니 '王室藩屛'이니 하는 형식과 명분도, 이런 사정에서 훌륭하게

---

93)《三國志》30, 魏書 30, 烏丸鮮卑東夷傳 30, 東沃沮, 挹婁, p. 846.
94)　金光洙, 〈高句麗　古代集權國家의　成立에　관한　研究〉, 延世大學校　博士學位論文,
　　1983, p. 187.

세워질 수 있었겠다.

요컨대 식읍은 애초 諸加의 下戶收取方式에 의거한 형태로 등장한 제도였다. 고구려에서 瑠璃明王 11년(B.C. 9)에 鮮卑를 屬國으로 하는 데 공을 세운 扶芬奴에게 重償으로 식읍을 내리려 하였던 것,[95] 神大王 8년(172) 國相 明臨答夫에게 漢의 大兵을 坐原에서 大敗시킨 공으로 坐原 및 質山을 식읍으로 수여한 것,[96] 東川王 20년(246) 毌丘儉의 침입을 격퇴하는 데 大功을 세운 密友에게 巨谷·靑木谷을 그리고 劉屋句에게 鴨綠杜訥河原을 식읍으로 사여한 것,[97] 烽上王 2년(273) 慕容廆의 來侵을 鵠林에서 격퇴한 高奴子를 大兄으로 올리고 아울러 이 고을을 식읍으로 준 것[98] 등은 모두 이런 내용이었겠다. 그리고 新大王 2년(166) 국왕이 次大王의 아들 鄒安을 讓國公으로 봉하고 사여한 狗山瀨, 婁豆谷 등 두 곳의 封地[99]도 이러한 食邑이었을 것이다. 말하자면 왕족이나 관료에 대한 重償의 한 방법으로 별도로 統主하고 그 民의 일부를 下戶로 지배할 수 있도록 일정 지역 내의 收稅對象을 사여하는 게 식읍이었다. 그러고 보면 식읍의 출현은 우리나라 최초의 國家段階, 곧 古朝鮮 시기로 소급되리라 생각된다.

이 무렵의 식읍에서 食邑主의 食邑民에 대한 수취는 매우 가혹하였을 것이다. 제가의 하호에 대한 부세징수를 일러 '奴僕', '奴'처럼 한다 하였음에서 이런 사정이 짐작된다. 고구려 慕本王의 暴惡과 그를 살해한 慕本原人 杜魯에 얽힌 逸話도 이런 상태를 반영한다고 보겠다.[100] 사실, 이 시대의 사회는 殉葬制가 시행되던 사회였다.[101] 순장제는 기원전 8·

---

95) 주 19와 同.
96) 《三國史記》 16, 高句麗本紀 4, 新大王 8년 11월.
97) 《三國史記》 17, 高句麗本紀 5, 東川王 20년 8월.
98) 《三國史記》 17, 高句麗本紀 5, 烽上王 2년 8월.
99) 《三國史記》 16, 高句麗本紀 4, 新大王 2년.
100) 金光洙, 주 87의 논고 참조.
101) 金貞培, 〈中·日에 比해 본 韓國의 殉葬〉, 《白山學報》 9, 1969.
   趙仁成, 〈慕本人 杜魯—高句麗의 殉葬과 守墓制에 관한 一檢討〉, 《歷史學報》 87, 1980.
   주용립, 〈한국고대 순장고〉, 《孫寶基博士停年紀念 韓國史學論叢》, 知識産業社, 1988.
   宋基豪, 〈渤海의 '多人葬'에 대한 연구〉, 《韓國史論》 11(서울大), 1984.

7세기 古朝鮮 시기에도 있었던 것으로, 인간에 의한 인간지배의 직접성을 최고로 상징하는 제도였다. 말하자면 제가와 하호 사이의 奴隷制的 생산관계를 기반으로 우리나라의 식읍은 출현하였다.

　이 단계의 식읍 역시 수취의 기준·단위는 戶였다. 諸加가 統主하는 영역의 규모가 數千家·數百家 등 민호 수로써 표현되고 있음으로 보아, 식읍도 민호의 수를 헤아려 분급하였을 것이다. 그렇기 때문에 식읍민을 奴婢·奴隷처럼 수취하고 지배할 수 있는 것이었다. 이런 사정의 식읍민은 국가에 예속되지 않은 民이었다. 시대가 엄청나게 뒤지지만 조선초 端宗朝에 首陽大君의 식읍 食實封 500호를 선정할 때, 京畿·全羅·忠淸·慶尙 등 4개 道에 각 100호씩, 江原·黃海 2개 道에 각 30호씩, 그리고 咸吉道에 40호 등 전국 여러 道에 分定하는 방법을 택하였는데, 그 이유는

若定于一州 則無以得閑民 請分定諸道102)

함에서였다. 500호를 모두 한 고을에 배정하면 閑民을 얻을 수 없기 때문이었다. 下戶를 곧바로 조선초의 封戶에 견줄 수는 없겠으나, 적어도 식읍민이 閑民으로 충당된다는 점만은 食邑制가 출현·존속하는 기간 동안 불변의 원칙이었을 것이다. 국가에 부세부담을 지지 않는 민이 食邑民임은 어느 시기의 식읍에서나 마찬가지일 수밖에 없었다.

　식읍의 수취대상·구성단위가 戶였음은 당초 식읍이 등장하던 이 시대의 부세징수의 단위가 人·戶였기 때문이다. 식읍은 稅法上 부세징수의 단위가 人戶로 되어 있던 단계에서 출현한 것이기도 하다. 시기가 다소 뒤떨어진 때의 기록에 전하는 내용으로 실제 어느 때쯤의 稅制인지 불분명하지만,

---

102) 주 37과 同.

人稅布五匹·穀五石 遊人則三年一稅 十人共細布一匹 租戶一石 次七斗 下五斗103)

하였다는 高句麗의 稅制는 이런 원칙을 반영하는 것으로 보인다. 稅 부과의 기준이 人과 戶로 되어 있는 것이다. 이는 개인 곧 人戶의 생산량이나 소득을 稅額 책정의 기본 지표로 삼고 있는, 즉 개인의 생산능력을 기준으로 하여 제정된 세제였다. 이와 같은 부세제는 地多人少한 조건, 곧 인구압박과 토지겸병이 사회·경제·정치상 중요한 문제로 부각되지 않고, 그보다 勞動人力이 중시되던 사회단계에서 시행될 수 있는 제도였다. 토지소유의 多寡나 農牛·農具 등 생산도구 및 노비 소지의 有無多少에 따른 貧富差는 있겠지만, 일반적으로 개인이 경작능력만 갖추면 어느 정도의 농지는 개간·경작하는 것이 용이하였던 여건의 사회에서 마련될 수 있는 것이었다.

고구려에서 遊人인지 아닌지, 그리고 戶의 貧富差 정도만을 구분할 뿐 人과 戶를 기본단위로 세액을 책정하고 있음은 그 현실이 이러하였기 때문이겠다. 다른 기록에서 이 같은 고구려의 稅制를

賦稅 則絹布及粟 隨其所有 量貧富 差等輸之104)

한다 하여, 絹布 및 粟을 그 소유에 따라 貧富를 헤아려 차등을 두어 輸納하였다고 설명하고 있는데, '隨其所有 量貧富'하는 기준도 이런 정도를 말함이겠다. 물론 제가가 하호를 지배·수취하던 단계의 사회에서 그 성원은 이미 여러 계층으로 분화되어 있었고, 분화는 갈수록 진전되고 있었다. 坐食하는 諸加·貴族官僚層, 奴婢 혹은 傭作農民을 사역하는 豪民層, 力田自給하는 自營小農層, 傭作에 생계의 전부 혹은 일부를 의존하고 있는 貧農層 및 無田農民層, 그리고 奴婢層 등 구성이 다양하였다.105) 고구려의 세제는 이러한 계층구성을 전제로 제정된 것이었다. 부

---

103)《隋書》81, 列傳 46, 東夷, 高麗, p. 1813(景仁文化社 影印本, 1976).
104)《周書》49, 列傳 41, 異城上, 高麗, p. 885(景仁文化社 影印本, 1976).

세는 당시에도 '租·調'로 표현하였다.106) 식읍은 출발부터 원칙상 이 부세를 수취하는 것이었다.

5. 祿邑制의 施行과 食邑의 推移

諸加와 下戶의 지배예속관계를 바탕으로 출현하고 운영되던 식읍은 사회가 변동하고 발전함에 따라 성격에 변화가 일어나고 형태도 바뀌어갔다. 생산력이 한층 발달하고 생산의 영역도 확대되면서 土地所有를 중심으로 사회분화가 진행되었고, 이와 병행하여 정치체제는 더욱 강력해지는 王權을 頂點으로 관료제·군현제를 통해 중앙집권적으로 개편되고 새롭게 질서화 되어가는 데서 야기하는 변동이었다. 하호에 대한 제가의 奴隸的 지배는 쇠퇴하고 殉葬制도 폐지·소멸되어 갔으며, 대신 土地所有關係를 중심으로 한 지배예속관계가 浮上하고 확산되어가는 것이었다. 여기에 하호농민의 부단한 항거가 있었다.107) 왕실·귀족·관료의 大土地所有 및 田莊經營이 발달하고, 국가는 結負制를 매개로 사적 소유지 및 그 소유경작자에 대한 지배·수취를 내용으로 하는 토지분급을 통해 관료제의 物的 基盤을 제도화하는 방책도 수립하여 나갔다.

이에 따라 功勳者에 대한 포상은 별개의 형태로 이루어졌고, 이것은 점차 일반화되어 갔다. 田地의 사여, 곧 賜田의 분급은 그 한 형태였다. 사전의 존재는 일찍부터 나타난다. 고구려에서는 瑠璃明王 37년(17) 4월 溺死한 王子의 屍身을 찾아낸 沸流人 祭須에게 '金十斤 田十頃'108)이 下

---

105) 이에 관해서는 주 86의 諸研究를 참조할 것. 그리고 姜晋哲, 〈韓國土地制度史〉上, 《韓國文化史大系》Ⅱ, 高麗大學校 民族文化研究所, 1965, pp. 1161~1194; 洪承基, 〈1~3世紀의 '民'의 存在形態에 대한 一考察〉, 《歷史學報》63, 1974; 金杜珍, 〈三韓時代의 邑落〉, 《韓國學論叢》7, 國民大(1985)도 참고됨.

106) 高句麗의 사례는 아니지만 新羅 奈解王 3년(198) 5월 '國西大水 免遭水州縣一年租調'(《三國史記》2, 新羅本紀 2, 奈解尼師今 3년 5월)의 기사에 租·調가 보인다. 고구려도 마찬가지였겠다.

107) 金光洙, 주 87·94의 두 논고 참조.

108) 《三國史記》13, 高句麗本紀 1, 瑠璃明王 37년 4월.

賜된 예가 전한다. 신라에서도 助賁王 7년(236) 이전으로 소급된다. 이 해 2월 骨伐國王 阿音夫가 來降하자 ‘賜第宅·田莊安之 以其地爲郡’[109] 하였다. 규모와 의미에서 비교하긴 어렵지만, 法興王 때 來降한 金官國主 金仇亥에게 本國을 식읍으로 삼게 하였던 것과는 현저한 대조를 보인다. 眞興王 23년(562) 伽倻征服에 首功을 세운 斯多含에게 ‘賞以良田及所虜二百口’[110]한 사실도 있다.

賜田의 수여는 삼국이 角逐期로 접어들고 統一戰爭期로 다가서면서 각국에서 더욱 빈번히 행하여졌을 것이다. 신라의 경우, 文武王 원년(661) 백제의 達率 助服과 恩率 波伽가 來降하자 ‘賜田宅衣物’[111] 하였다. 金庾信·金仁問은 고구려 征戰의 功으로 문무왕 2년(662)에 本彼宮의 財貨·田莊·奴僕을 나누어 받았다.[112] 김유신은 이듬해 백제 倂合의 공로를 인정받아 또 사전을 받았는데, 500結이나 되었다.[113] 김유신의 사전수득은 그가 식읍을 받기 이전에 있었던 일이다. 두 차례에 걸친 사전만으로도 그의 전지는 막대한 규모에 달하였을 것이다. 그리고 이 무렵에는 다른 勳功官僚에게도 사전이 지급되었을 것이다. 神文王 3년(683) 국왕은 報德王 安勝을 京都에 머물게 하고 그에게 ‘賜甲第良田’[114]하였다.

戰功者 및 기타 勳功者에 대한 우대는 이와 같이 전지의 賜給을 통해 이루어짐이 관례로 되어 갔다. 그리고 여기에 때때로 官位의 陞級, 財貨의 分給, 捕虜의 分配 등이 수반되기도 하였다. 특히 통일전쟁이 일단락되고 唐軍이 완전히 축출된 뒤, 賜田의 분급은 대대적으로 시행되었다. 확대된 영토, 증가된 인구를 바탕으로 新國家를 운영하게 되면서, 제도·문물을 다시 새롭게 정비하고 신설함과 함께 관료에 대한 포상도 뒤따라야만 하였다. 神文王 7년(687) 5월의 일로, 이때는 蘇判 金欽突의 반란[115] 그리고 金馬渚에 있던 安勝의 族子 大門의 반란[116] 등 통일 후

---

109) 《三國史記》2, 新羅本紀 2, 助賁尼師今 7년 2월.
110) 《三國史記》4, 新羅本紀 4, 眞興王 23년 9월.
111) 《三國史記》6, 新羅本紀 6, 文武王 원년 9월.
112) 《三國史記》6, 新羅本紀 6, 文武王 2년 2월.
113) 《三國史記》42, 列傳 2, 金庾信 中.
114) 《三國史記》8, 新羅本紀 8, 神文王 3년 10월.

있던 국내 반대세력의 항거도 진정된 시기였다.

　　　教賜文武官僚田有差[117]

　　王이 '下教하여 文武官僚에게 田을 賜하기를 差等있게 하였다'는 이 시책은, 그간 심화된 지배층 내의 경제적 不均과 이로 인한 격심한 대립·갈등을 조정하고, 이들 전체의 공로를 기리는 취지에서 취해진 조처로 보인다. 아마 문무관료의 官位와 功勞를 배려하여 사전은 차등 있게 지급되었을 것이다. 후대에 功勳田·功臣田의 賜給과 같은 맥락에 속하는 조치였겠다.[118] 고려초 太祖는 귀순한 敬順王의 隨從者들에게 '並收錄優賜田祿'[119]하는 시책을 취하였다.

　　勳功者에 대한 보상이 賜田을 중심으로 이루어지고 있음은 사회의 경제기반·재정기초 그리고 농민지배 등이 토지를 중심으로 구축되고 있고, 또 그리 되어감을 뜻하는 것이었다. 사실 관료 일반에 대한 물적 보장도 여기에 입각하여 취해지고 있었다. 신라에서는 三國時期에 이런 제도를 시행하였다. 祿邑制가 그것이었다. 녹읍제는 이 시기의 이러한 사회변동을 집약하는 제도의 하나였다. 이 제도는 관료제도와 結負制에 의한 토지제도가 정비되는 삼국시기의 어느 시점에서 출현한 것으로 추찰된다.

　　녹읍은 통일 후 神文王 9년(689)에 이르러 일단 혁파되었다.

　　　下教 罷內外官祿邑 逐年賜租有差 以爲恒式[120]

---

115)《三國史記》8, 新羅本紀 8, 神文王 원년 8월.

116)《三國史記》8, 新羅本紀 8, 神文王 4년 11월.

117)《三國史記》8, 新羅本紀 8, 神文王 7년 5월.

118) 본 '教賜文武官僚田有差'의 기사에 대한 이해는 크게 두 갈래로 나누어져 있다. ① 文武官에 대한 賜田의 擴大를 의미한다고 보는 견해, ② 官僚田 혹은 職田의 분급으로 이해하여 後代의 田柴科나 科田制度에 가깝거나 그 취지가 비슷하다고 파악하는 견해이다. ①은 白南雲, 주 1의 논저, 1933, p. 431에서 피력된 의견이고, ②는 論者마다 조금씩 차이가 있긴 하나 현재 모든 연구자가 공동으로 취하고 있는 견해로, 대표적인 논고를 들면 아래와 같다. 旗田 巍, 〈新羅의 村落〉,《歷史學研究》227, 1959, p. 15; 金哲埈, 〈新羅貴族勢力의 基盤〉,《人文科學》7(延世大), 1962, pp. 233~234; 姜晋哲, 주 33의 논고, 1969, pp. 54~60.

119) 주 24와 同.

內外官의 녹읍이 폐지되고 대신 매년 租를 差等있게 賜給함이 恒式으로
되었다. 그러나 70년쯤 지나 景德王 16년(757) 3월 녹읍은 다시 복설되
었다. 대신 이번에는 內外群官의 月俸이 폐기되었다.

除內外群官月俸 復賜祿邑121)

歲租와 月俸은 결국 같은 것으로 모두가 녹봉이었다. 세조 자체가 처
음부터 一年 總租額을 月別로 나누어주는 것이었는지, 아니면 당초에는
그 전액을 어느 달에 일시에 지급하다가 후에 月마다 分給하는 것으로
바뀌었는지는 알 수 없다. 아마 전자였을 것이다. 녹읍은 그 수득자인
祿邑主에게 租를 징수하여 사용하도록 허여한 것이었다. 祿邑과 歲租(月
俸)가 서로 交遞되고 置廢되고 있음에서, 그리고 양자 모두 지급대상이
官僚 일반임에서 이렇게 생각된다. 따라서 녹읍은 설정단위가 토지였다.
  녹읍은 세조, 곧 녹봉과 대치될 수 있는 것이나 이 사실이 곧 祿邑이
歲租와 같음을 뜻하는 것은 아니었다. 녹읍은 관료들에게 일정 고을 내
의 토지를 떼어주고 여기서 租를 수취하도록 한 제도였다. 昭聖王 원년
(799) 3월, 菁州(晋州) 老居縣을 學生祿邑으로 삼았다 함은 이런 예였
다.122) 그러나 한 개 혹은 몇 개의 고을 전체 토지 일체를 녹읍으로 삼
지는 않았을 것이다. 식읍의 수여가 그러하였듯이 녹읍도 地方行政 및
中央統制의 정치체계 내에서 제도로 설치되는 것이므로 그렇게까지 할
수는 없었다. 해당 고을 토지 가운데 일부만 실제 祿邑으로 편성되는 형
태였겠다. 老居縣도 그 전체의 토지가 모두 학생녹읍으로 편성되지는 않
았을 것이다. 또한 가능한 여러 관료들의 녹읍이 한 고을에 混在되도록
배정하였을 것이다. 이러한 분급방식은 首都 및 國王을 중심으로 전국의
지배체제가 편제되고 있던 사정에서, 녹읍수득자가 자기 녹읍을 기반으
로 割據할 소지를 예방하기 위해서도 필요한 조치였지만, 財政經理의 체

---

120) 《三國史記》 8, 新羅本紀 8, 神文王 9년 정월.
121) 《三國史記》 9, 新羅本紀 9, 景德王 16년 3월.
122) 《三國史記》 10, 新羅本紀 10, 昭聖王 원년 3월.

계상으로도 이렇게 할 수밖에 없었다.

　본래 郡·縣 등 각 고을은 재정체계상 그 자체가 단위가 되어 經理되는 게 아니었다. 원칙상 하나의 郡縣 내에서 國用, 供上, 王室經費, 該當官衙·官員의 費用, 祿俸, 軍須 등 용도에 따라 각기 여러 명목으로 토지를 분할하여 수취하도록 경리하는 것이었다. 이러한 사실은 고려시기의 사례에서 쉽게 확인된다. 祿邑 바로 그것의 예는 아니나 이와 交遞關係에 있던 녹봉의 경우를 보면, 이는 각 군현 내의 토지 가운데 左倉에 배속된 전지에서 징수하는 租로 충당되었다. 중앙 百官의 祿은 이로써 분급되었다.123) 그리고 이 稅米는 다른 것과 구별하여 '祿轉米'124)라고 불렀다. 外官의 녹봉은 文宗朝를 전후한 때까지는 左倉과 해당 고을에서 각각 半씩 지급하였으며,125) 이후에는 아예 해당 고을의 公須租로 全給하였다.126) 또한 分司制가 실시되던 西京의 外官인 留守員 및 法曹一員의 녹봉은 龍國·咸從·成州 등 諸邑의 전지 가운데 '祿位餘田'의 租로서 분급하였다.127) 녹봉의 租를 수취하는 토지는 별도로 지목되어 있었다. 그런가 하면, 관료의 祿과는 계통이 다르긴 하지만, 西京의 土官이나 東北面의 吏民에게는 地祿이란 이름의 전토가 이들 지역의 토지로 분급되었고 官에서 徵稅하지 않았다.128) 고려시기는 신라시기보다 관료제·군현제가 발달하였는데도 이러하였다.

　祿邑도 고을의 名을 띠고 있다 하여도, 실체는 해당 고을의 일부분이었을 것이다. 고려 건국 초 太祖時, 高思葛伊城主 興達과 그의 子 俊達·

---

123) 白南雲, 前揭《朝鮮封建社會經濟史》上, pp. 574~596.
　　　李熙德, 〈高麗 祿俸制의 研究〉, 《李弘稙博士回甲紀念 韓國史學論叢》, 新丘文化社, 1969.
　　　崔貞煥, 〈高麗 祿俸制의 運營實態와 그 性格〉, 《慶北史學》 2, 1980.
124) 주 46과 同.
　　　《高麗史節要》 20, 忠烈王 9년 2월, p. 535.
　　　《高麗史節要》 21, 忠烈王 17년 정월, p. 550.
　　　《高麗史節要》 21, 忠烈王 18년 3월, p. 554.
125) 《高麗史》 80, 食貨 3, 祿俸, 序, 中冊, p. 751.
126) 《高麗史》 80, 食貨 3, 外官祿, 肅宗 6년 2월, 中冊, p. 756.
127) 《高麗史》 80, 食貨 3, 西京官祿, 明宗 8년 4월, 中冊, p. 755.
128) 《高麗史》 79, 食貨 1, 田制, 祿科田, 恭讓王 3년 정월, 中冊, p. 714.
　　　《高麗史》 79, 食貨 1, 貢賦, 辛禑 9년 8월, 中冊, p. 729.

雄達·玉達에게 田宅의 사여와 함께 수여하였다는 靑州祿과 晉州祿·寒水祿·長淺祿,[129] 그리고 連山昧谷人으로 本邑將軍이던 龔直에게 급여하였다는 白城郡祿[130] 등은 바로 녹읍을 가리키는 것인데, 이 역시 이들 고을의 세조 전액을 모두 이들이 징수하도록 허여되지는 않았겠다. 여러 명목의 세목으로 책정된 田地 외의 것이 실제 녹읍이었을 것이다.

녹읍의 收取狀은 다음의 기사를 통해 대략 짐작할 수 있다.

> 宜爾公卿將相 食祿之人 諒予愛民如子之意 矜爾祿邑編戶之氓 若以家臣無知之輩 使于祿邑 惟務聚斂 恣爲割剝 爾亦豈能知之 雖或知之 亦不禁制 民有論訴者 官吏徇情掩護 怨讟之興 職競由此若不改過 追其祿俸 或一年二三年五六年 以至終身不齒[131]

이는 고려 太祖 17년(934) 5월 국왕이 禮山鎭에 巡幸하였을 때, 신라말 이래 農民의 慘狀을 걱정하면서 公卿將相에게 특별히 愛民하도록 당부한 詔勅의 중요 대목이다. 이에 의하면, 녹읍의 租는 祿邑主가 직접 징수하였다. 家臣을 통해서였고, 奴婢도 동원되었을 것이다. 수취대상은 녹읍에 편입된 토지, 결국은 그 소유경작자였다. 이들을 '祿邑編戶之氓'이라고 한 것을 보아도, 녹읍민은 해당 고을의 농민 가운데 일부였다. 녹읍은 旣述한 바처럼 고을의 전체가 아닌 일부로 이루어졌다.

수취의 정도는 국가의 그것보다 가혹하였다. 徵收物量에 대한 기준이 정해져 있었지만, 이를 넘어서 濫收되고 雜物도 징수됨이 상례였다. 그리하여 녹읍 농민들은 때때로 所在官衙에 나가 부당한 수취를 호소하기도 하였다. 그러나 官員은 이를 제대로 처리하지 못하고 있었다. 이와 같은 녹읍주의 농민수취는 신라말·후삼국시기에는 더욱 심하였고, 따라서 농민의 반발·항거도 거세었다. 다소 과장된 표현이긴 하겠지만, 태조가 즉위 34일 만에

---

129) 《高麗史》 92, 列傳 5, 興達, 下冊, p. 76.
130) 《高麗史》 92, 列傳 5, 龔直, 下冊, p. 76.
131) 《高麗史》 2, 世家 2, 太祖 17년 5월, 上冊, pp. 50~51.

近世暴歛 一頃之租 收至六石 民不聊生 予甚憫之 自今宜用什一[132]

한다 하여, 근세에 1頃의 租가 6石에까지 달하고 있다고 개탄하고 마땅히 什一稅를 써야 한다고 하였음은 바로 녹읍에서 일어나는 과도한 수취를 지목한 것으로 보이다. 녹읍은 본래부터 토지의 收租權을 분급한 收租地였다.[133]

한편 歲租는 신라 통일 직후까지 녹읍과 並存하였던 사정으로 보아 최소한 녹읍과는 관계없는 토지의 租로써 지급되었을 것이다. 太宗 武烈王이 有司에 命하여 强首에게 ‘歲賜新城租一百石’하고, 文武王이 그에게 沙湌벼슬을 내리고 ‘增俸歲租二百石’하였던 것,[134] 文武王 13년(673) 金庾信의 妻에게 ‘餞南城租 每年一千石’[135] 하였던 것 등은 이러한 歲租賜給의 예이다. 그리고 백제에서 腆支王 2년(406) 9월 鮮忠을 達率로 삼고

---

132) 《高麗史》 78, 食貨 1, 田制, 祿科田, 辛禑 14년 7월, 趙浚上書, 中冊, p. 715.
133) 신라의 祿邑에 관해서 직간접으로 언급하고 있는 연구는 많다. 이 가운데 참고가 되는 논고는 아래와 같다.
　　金哲埈, 〈新羅貴族勢力의 基盤〉, 《人文科學》 7(延世大), 1962.
　　姜晋哲, 〈新羅의 祿邑에 대하여〉, 《李弘稙博士回甲紀念 韓國史論叢》, 新丘文化社, 1969.
　　〃 , 〈新羅의 祿邑에 관한 若干의 問題點〉, 《佛敎와 諸科學》(東國大開校 80周年論叢), 東國大學校出版部, 1987.
　　武田幸男, 〈新羅의 村落支配-正倉院所藏文書의 追記를 둘러싸고〉, 《朝鮮學報》 81, 1976, p. 234.
　　木村誠, 〈新羅의 祿邑制와 村落構造〉, 《歷史學硏究》 別冊, 1976.
　　井上秀雄, 《古代朝鮮》, 日本放送出版協會, 1982, p. 223.
　　이들 여러 硏究가 갖는 祿邑의 분급이나 수취내역 그리고 성격에 대한 견해는 모두 다양다기하다. 우선, ① 분급방식에서 (ⅰ) 官僚 個人에게 급여한 것이 아니라 각자 소속한 官衙를 통해서 지급한 것이 아닐까 하는 견해(武田幸男) 및 (ⅱ) 神文王 9년(689) 이전까지 下級官僚에 대해서는 共同의 支配地域으로 祿邑이 지급되어 오다가 그 후 租米給與로 改編되고 高級官僚에 대하여는 이에 앞서 神文王 7년(687) 이래 職田이 지급되었다는 견해(井上秀雄)가 있다. 그리고 ② 수취내역에 관해선 (ⅰ) 收租權은 물론 貢賦·力役까지도 포함한 일체가 흡수되었을 것이고 따라서 일정지역에 사는 人間에 대한 지배였다는 주장(姜晋哲)이나, (ⅱ) 收取內容 중 租는 포함되지 않는다는 주장(武田幸男, 木村誠)이 있다. 또한 ③ 녹읍 시행단계의 사회 성격을 (ⅰ) 自然成的 世帶共同體로 이해하려는 발상(武田幸男)도 있고, (ⅱ) 최근에는 이와 비슷하게 9세기 전후는 토지의 私的 所有가 제대로 성립되지 못한 단계의 시기, 즉 地緣團體로서의 村落共同體社會가 아직 완전히 전개되지 못한 시기라는 가설까지도 제시(姜晋哲)되어 있다.
134) 《三國史記》 46, 列傳 1, 强首.
135) 주 69와 同.

'賜漢城租一千石'한 사실이 있음에서,136) 세조제는 여기서도 시행되었을 것으로 짐작된다. 고구려도 마찬가지였을 것이다. 세조는 强首의 예에서 알 수 있듯이 관료의 녹봉으로 지급되는 것이었다. 강수의 세조를 加增함을 '增俸'이라고 하였음도 이 때문이었다. 다만 김유신 妻의 歲租나 鮮忠의 賜租는 지급 대상이나 量으로 보아 국왕의 특별한 은혜로 사여되는 것이었겠다. 관료 가운데는 歲租에만 의존하여 생계를 유지하는 이도 있었을 것이며 그 수는 통일전쟁기로 다가갈수록 늘어갔을 것이다.

歲租는 南城租·新城租·漢城租 등 일정 고을의 租로 분급되었다. 이 조는 국가가 國用·供上 등에 사용하고 국왕도 임의로 처리할 수 있게 각 고을 내에 책정되어 있는 稅目의 토지에서 징수되어, 南城·新城·漢城 등 각 중심 고을의 倉庫에 비축된 세곡이었겠다. 신라 孝昭王代에 竹智郞에 얽힌 故事에는 이 점을 좀 더 확실하게 하는 내용이 전해 온다. 당시 죽지랑의 郞徒 得烏라는 이가 富山城 倉直으로 차출되어 幢典牟梁 益宣阿干의 田에서 役使되고 있었는데, 죽지랑과 郞徒 137인이 부탁한 그의 休暇를 益善이 허락하지 않자, 이를 딱하게 여긴 使吏 侃珍이 賄賂로 주었다는 能節租 30石이 그것이다. 이는 본시

時有使吏侃珍 管收推火郡能節租三十石 輸送城中137)

하던 租였다. 推火郡(密陽) 能節 마을에서 거두어 富山城 창고로 수송되는 조로서, 부산성이나 해당 지방관의 경비와는 관련 없이 중앙 조정과의 관계에서 처분·소비될 세곡이었겠다. 그러므로 使吏 侃珍이 '郞之重士風味'138)함을 아름답게 여겨 益善에게 뇌물로 줄 수 있었을 것이다. 使吏는 중앙에서 지방에 파견되어 고을의 조세를 管收하는 임무를 띤 이였다. 이런 명목의 租는 여러 고을 여러 마을에서 징수되어 중심 관할 고을의 倉庫에 비축되었을 것이다. 能節租 30석은 富山城租의 일부를 이루

---

136) 《三國史記》 25, 百濟本紀 3, 腆支王 2년 9월.
137) 《三國遺事》 2, 孝昭王, 竹智郎.
138) 同上.

는 세곡이었겠다. 歲租로 분급되던 南城租·新城租·漢城租도 바로 이렇게 收合된 租였을 것이다. 시기를 내려와 고려 태조가 碧珍郡의 將軍 李悤言에게 주었다는 忠州·原州·廣州·竹州·堤州 등 여러 고을의 倉穀 2,200석도139) 이와 같은 내용의 세곡이었으리라고 생각된다. 세조는 官에서 징수하여 官에서 분급하였음은 말할 나위도 없다.

　祿邑과 歲租는 관료 일반에 대한 대우방식이고 그 내용이 租였다는 점에서 같은 측면을 가지고 있으면서도, 經理土地, 形態, 收取方式 등에서는 커다란 차이가 있었다. 나라에선 行政力의 不及, 輸送困難 등 정치·지리상의 조건으로 관료에 대한 대우는 한 고을 혹은 여러 고을 내의 일정한 토지를 떼어주거나, 中心治所에 소재하는 城의 倉庫穀을 차등 분급하는 방식으로 해결하고 있었다. 그리고 관료제가 정비·확대되고 지배영역과 인구가 증가하면서, 될 수 있는 한 녹읍의 분급은 축소·중단하고 대신 歲租로 대치하는 방침을 취하였을 것이다. 그리하여 神文王代에 와서, 集權化에 따른 관료제·군현제의 조정·개편과 결부하여 녹읍은 폐지되고 모두 歲租로 단일화하는 정책이 수립됨에 이르게 되었다. 종래의 녹읍은 세조를 징수하는 토지로 融合되어버렸을 것이다. 그러나 녹읍은 폐지된 지 70년이 채 못 되는 景德王 때 다시 복구되었다. 녹읍을 통한 개별관료의 土地支配·農民收取가 세조로는 보장될 수 없는 바였다. 약 70년 동안 貴族官僚의 기왕의 녹읍이나 그 所持에 따른 농민지배 기반이 파괴·부정되고, 그사이 丁田制 시행으로 농민토지 파악에 대한 조정도 있은 후, 景德王代 일련의 정치제도 개편·정리에 수반해서 다시 새롭게 분급되는 녹읍이었다. 녹읍의 廢止와 復設이 갖는 의의는 여기에 있다.

　賜田 특히 祿邑 및 歲租의 시행은 당시의 재정체계·수취기반이 토지를 중심으로 하고 있고 나아가서 사회경제의 구성도 그러하였음을 말해준다. 식읍은 이런 속에서 존속하고 수여되고 있었다. 이제 식읍은 宗親이나 大勳功者에 대한 特待로 수여되고 설정지로 郡縣 등 고을이 고려되면서도, 지급 범위는 축소되었다. 분급형태도 租·調(布)·役의 濟民的 조세제도하

---

139) 주 39와 同.

의 封戶로 바뀌어 갔다. 수취의 실태는 과거 食邑主가 食邑民을 下戶로서 지배하던 그런 식이 아니었다. 봉호로서 식읍민은 일차로 국가가 직접 파악하는 '民'이었고, 그 권한은 국가의 새로운 조세제도로서의 租·調·役의 몫을 징수하는 것이었다. 신라의 경우, 통일 이전에 이미 식읍은 封戶로써 표시되고 있었다.140) 고려전기에 식읍은 封爵制와 결부되어 체계 있는 면모를 갖추고 왕족·관료들에게 사여되었지만 대부분 명목에 그치고, 실제 봉호가 지급되는 경우에도 책정 수에 현저히 미달되는 게 보통이었다.141) 식읍이 수수되어도 대개 물적 가치는 상실되어 있었다.

고려 仁宗朝에 우리나라를 見聞한 宋使 徐兢은 왕족·궁실에 대해 상세한 기록을 남기면서도, 정작 이들의 식읍 所持 및 收取에 관해서는 한마디도 언급하지 않고 있다. 오히려 왕족에게 田을 사여하는 사실과 이를 '湯沐'으로 삼게 하고 있다는 점을 적어놓고 있었다.142) 외형상 식읍 受封者의 절대다수를 이루고 있던 왕족에게 田地를 지급하고 이를 湯沐으로 삼게 한 실상은, 土地의 分給이 식읍의 기능을 명분상으로나 실제상으로나 대신하고 있음을 말함이었다.

사실 이러하였다. 고려 건국 초 太祖는 公卿將相에게 행하는 녹읍의 수여를 '錫之以分茅胙土'143)라고 표현하였다. 원래 식읍의 賜與를 말하는 '分茅胙土'가 이미 녹읍으로 옮겨져 여기서 발현되고 있었다. 전시과·과전제도도 이와 같은 정신을 구현하고 있는 제도였다. 고려의 役分田이나 田柴科는 '古者 世祿之意'144)로, 조선의 科田은 '遠述成周圭田·采地之法'145)으로 모두 이러한 의미가 부여되고 있는 분급전지였다. 역분전·전시과와 과전 모두는 仕者의 世祿田인데,146) 이는 상고기 周代의 圭田·采地의 法을 遠述한 바로 설명하는 것이었다. 채지는 卿大夫의 封邑, 곧

---

140) 주 21 참조.
141) 이에 관해서는 고려의 정치제도와도 연관하여 별도로 검토할 필요가 있겠다.
142) 徐兢, 《宣和奉使高麗圖經》 6, 宮殿 2, 別宮 및 同 26, 雜俗 2, 種蓺.
143) 《高麗史》 1, 世家 1, 太祖 원년 8월 辛亥, 上冊, p. 39.
144) 《高麗史》 2, 世家 2, 景宗, 李齊賢賛, 上冊, p. 65.
145) 《高麗史》 78, 食貨 1, 田制, 祿科田, 辛昌 원년 12월, 趙浚上書, 中冊, p. 722.
146) 拙稿, 주 53의 논고.

식읍이었다. 규전은 井田制下에서 卿에서 士에 이르기까지 祭祀의 俸供을 명목으로 지급하는 전지였고 世傳되었다.147) 우리의 世祿田인 역분전·전시과·과전은 규전의 世傳性과 채지의 分茅胙土 및 王室藩屏의 정신이 결부된 데 견줄 수 있는 전지였다. 녹읍도 마찬가지였다. 이들 諸田地는 모두 수조지로서의 분급전지였고 전주전객제를 기본구성으로 하여 성립되는 토지였다. 食邑의 쇠퇴와 祿邑의 출현, 그것은 諸加가 下戶를 지배하던 농민지배에서 토지를 매개로 田主가 농민을 佃客으로 지배하는 방식으로 사회단계가 변동되어 감을 반영하는 端初였다. 식읍은 전주전객제, 그리고 지주전호제 내에서 잔존할 뿐이었다.

고려후기로 넘어오면서 왕족에 대한 식읍수여조차 완전히 중단되었다.148) 조선초에 와서는 開國 1等功臣 가운데 극히 일부에게,149) 그리고 왕족에게도 상징적 의미로 소규모가 분급되는 정도였고,150) 端宗朝 首陽大君의 식읍을 마지막으로 영영 사라졌다. 그나마 이 무렵엔 收取物도 축소되어 '役'에 한하여 허용될 뿐이었다.151) 그리고 한편에서는 오히려 식읍제를 軍事上 혹은 地方行政上에 이용하자는 의견도 나오고 있었다. 고려말 禑王 14년(1388), 西海道都觀察使 趙云仡이 倭·胡로 둘러싸인 우리나라의 防禦策으로써, 西海 전역에 걸쳐 있는 大小의 여러 섬(島)들이 沃壤·魚鹽의 利를 가지고 있으므로 이를 五軍將帥·八道軍官 그리고 千戶·百戶 등에게 식읍으로 주는, 곧

---

147) 同上, pp. 103~104.
148) 기록상 高麗後期에는 忠烈王의 妃 齊大長公主의 食邑인 安東·京山府와 이를 다시 자기 것으로 한 忠宣王의 食邑이 나타날 뿐이다. 이 시기엔 이들 食邑으로 인하여 國王과 官僚 사이에 대단한 갈등이 빚어지고 있었다(주 61·64 참조).
149) 朝鮮에서 관료들에 대한 食邑授與는 太祖 원년(1392) 9월 開國功臣에 대한 論償으로서 1等功臣 가운데 裵克廉·趙浚에게 田地·奴婢와 함께 각기 '食邑一千戶食實封三百戶'한 사실이 전한다(《太祖實錄》 2, 太祖 원년 9월 乙未, 1冊, p. 30).
150) 實例로는 定宗 2년(1400) 2월에 太祖의 4子 懷安大君 芳幹을 安山에 移置시키고 '賜食邑五十戶'한 기록 하나가 전한다(《定宗實錄》 3, 定宗 2년 2월 戊申, 1冊, p. 166).
151) 首陽大君은 즉위한 후, 곧 戶曹에 傳旨하여 '在前食實封民戶 自明年各還本役'하도록 명하고 있다(《世祖實錄》 2, 世祖 원년 10월 戊戌, 7冊, p. 89). 이들이 本役에 돌아간다 함은 다시 '定役'함을 말하는 것이었다(《世祖實錄》 2, 世祖 원년 12월 癸亥, 7冊, p. 101).

> 仍以大小海島爲其食邑 傳諸子孫[152]

하자고 한 것, 조선 世祖末·睿宗初에 梁誠之가 土姓이 없어 行政이 不備
한 兩界지방의 각 고을을 宗親 및 親功臣과 原從功臣 2品 이상에게 식읍
으로 사여하되,[153]

> 實不食租稅 但歲時通刺 仍各置奴子一戶 州中之事 同心布置 使內外相維 體
> 統相制 至于子孫亦襲其號[154]

라 하여, 실제는 租稅를 取食하지 말고 단지 歲時에 通刺하고 奴 1戶씩
두어 官內의 일을 처리하면 좋겠다고 한 것 등이 이런 의견이었다. 趙나
梁의 제안은 시행되지 않았다. 食邑이 가지고 있는 藩屏으로서의 기능을
활용하자는 데서 나온 발상으로, 역시 본래의 식읍이 소멸된 단계에서
나오게 되는 안이었다.

6. 結 語

類推를 거듭하면서 정리하여 본 우리나라 古代에서 中世에 걸친 食邑
制의 構造 및 推移는 대략 이와 같다.
食邑은 잘 알려진 바와 같이, 지급대상은 王族·戚臣 그리고 大功勳者
로서 고위관료 가운데 일부였다. 이의 授與는 土茅, 즉 封土를 나누어
戶食을 사여하는 형식을 취하고 있었다. 국왕은 이를 통해 受封者에게
王室藩屏으로서 金石之盟의 충성을 勸勵하였다. 우리의 식읍은 그 정신
이 중국 古代의 식읍과 같고, 출현 시기도 紀元以前으로 소급되고 있다.

---

152) 《高麗史》112, 列傳 25, 趙元仡, 下冊, p. 466.
153) 《世祖實錄》40, 世祖 12년 11월 庚午, 8冊, p. 47.
    《睿宗實錄》2, 睿宗 원년 6월 辛巳, 8冊, p. 394.
154) 《世祖實錄》40, 世祖 12년 11월 庚午, 8冊, p. 47.

더 소급하면 상고기 封地·采邑에 이어진다. 식읍의 구성단위는 戶였다. 土茅를 나눈다고 하였지만 토지의 급여는 아니었다. 일정 고을 내의 民戶 가운데 일부를 떼어 封戶로서 지급하는 것이었다. 한 사람의 식읍은 규모의 大小에 따라 여러 고을 내에 여기저기 散在하는 유형도 있었고, 단지 한 개 고을의 일부에 그치는 형태도 있었다. 그러므로 식읍은 郡·縣 등 고을 행정단위와는 일단 無關하였다. 식읍수여에서 해당 고을은 실제 봉호가 배정되고 있는 지역이란 점에서 의미가 있었다.

봉호는 課戶로서 3丁에서 1丁 사이 정도였다. 식읍은 수득자인 食邑主가 이들 봉호에게서 국가가 정한 租·布·役의 부세를 징수하는 게 내용이었다. 수취는 식읍주가 직접함이 원칙이었고 여기에 해당 고을 지방관이 협력하였다. 봉호는 平民戶 가운데 가능한 한 富實戶로 선정하였다. 따라서 식읍은 이런 조건이 잘 갖추어진 고을에 설정되었는데, 租·布·役의 부담능력 때문이었다. 또한 토지와 연관해서 보면, 식읍은 民田 가운데 國用·供上 등 국가 稅收入源으로 책정된 토지에 설치되어 늘 관료들의 반발을 동반하였다. 식읍 실체가 이러하였으므로 그 所持上에는 여러 제한이 따랐다. 수취는 수여받은 封戶數에만 허용되었다. 기한은 受封者 본인 當代에 한하였고 자손의 傳受는 不可하였다. 집권관료국가의 체제 내에서는 당연한 규정이었다. 식읍은 국가의 행정체계 속에서 존속하고 운영되는 제도였으므로 어느 시기 어느 경우에도 私領地·直領地는 아니었다.

식읍의 봉호를 실제 받았을 경우 그 수입은 대단하였다. 租·布·役의 징수이므로 일반 收租地의 그것보다 物과 量에서 多大하였다. 식읍주의 식읍민에 대한 지배는 그만큼 강력하였다. 그리고 식읍은 그 자체로 식읍주에게 富를 집적할 수 있는 또 다른 조건을 제공하고 있었다. 식읍주는 봉호의 人力과, 이들에게서 징수하는 物力을 바탕으로 식읍 내에서 자신의 경제기반을 私的으로 구축할 수가 있었다. 新田의 개척·개발, 田地의 매득 등을 통하여 소유지를 집적·확대할 수 있었고, 奴婢의 多量 확보도 가능하였다. 그리하여 封建地主로서의 위치를 굳혀갔다. 식읍이 回收된 뒤에도 그 子孫이 해당 고을 일대에서 門閥勢力·大土豪로 성장할 수 있던 배경은 여기에 있었다.

그러나 식읍은 이미 통일신라·고려시기에 일반적인 제도가 아니었다. 삼국시기에도 일정 시기 이후는 그러하였다. 식읍의 비중이 크고 또 이의 존재가 우리 역사에서 큰 의미를 갖던 때는 이전 시기였다. 이 제도는 諸加가 下戶를 수취하고 邑落을 統主하던 국가사회의 所産이었다. 그 출현·기원은 古朝鮮 시기로 소급될 것이다. 식읍주가 식읍민을 수취함은 형태상 제가가 하호를 수취함과 다를 게 없었다. 諸加는 본래부터 지배하고 있는 지역과 이와는 별도로 관할하는 구역을 가지고 있었는데, 식읍은 이와 관련하여 지급되었을 것이다. 제가가 중앙관료로 臣屬되었을 때, 본래부터 지배하던 지역에서 일정 수의 民戶를 떼어 계속 수취를 허용하거나, 혹은 勳功官僚에게 諸加가 별도로 統主하고 수취하던 지역과 같은 형태로 분급하였을 것이다. 그러므로 대개는 臣屬地·征服地가 사여의 대상이었겠다. 이 당시 食邑主의 食邑民에 대한 수취는 제가가 하호에게서 賦稅를 징수하는 정도가 奴婢와 같다고 지적될 정도였음으로 보아, 이와 비슷하거나 혹은 그 이상이었을 것이다. 당시는 殉葬制가 존재하던 시기였다. 이를테면 식읍은 제가와 하호 사이의 奴隷制的 생산관계, 그리고 그러한 사회관계를 기초로 한 위에서 출현한 제도였다.

이러한 단계에서 출현한 식읍은 시대가 진전함에 따라 성격과 내용이 변동되어 갔다. 諸加의 下戶支配가 쇠퇴하고 殉葬制도 폐지·소멸되면서, 그리고 국왕을 頂點으로 관료제·군현제가 일층 정비되고 土地를 중심으로 그리고 結負租稅制에 근거한 상하의 지배예속관계가 浮上하면서 야기되는 변동이었다. 勳功者에 대한 포상은 주로 賜田을 통해 행해졌다. 사회의 경제기반·재정기초, 농민지배는 토지를 중심으로 구축되고 있었고, 祿邑制의 등장은 그 指標였다. 이제 관료 일반에 대한 대우도 토지를 매개로 하여 이루어지는 것이었다. 신라에서는 三國時期에 이 제도가 시행되었다. 녹읍은 租의 징수, 곧 收租權을 분급하여 주는 제도였다. 식읍이 그러하였듯이 일정 고을 내에서 일부 토지에 설정되었다. 또한 고을 내에도 여러 관료의 녹읍이 混在되도록 배정하였을 것으로 추측된다.

이런 속에서 식읍은 封戶의 數로써 급여되고 租·調·役을 수취하는 형태로 변모하였다. 三國統一 이전 이미 식읍은 봉호로써 사여되고 있었다. 그리고 그 위치는 미약해졌고, 지급대상은 더욱 축소되어 갔다. 高麗前期에 대부분의 식읍은 물적 가치가 상실되어 있었다. 외면상 식읍 수득자의 절대 다수였던 왕족의 경우, 실제는 田地를 지급함으로써 이를 식읍으로 대치시키고 있었다. 전지의 분급이 식읍의 급여를 대신하고 있는 것이었다. 사실 役分田·田柴科 그리고 科田 등은 식읍이 가진 본래의 정신, 곧 分茅胙土·王室藩屏의 정신에 仕者世祿의 정신이 합쳐진 전토로 설명되었다. 祿邑도 마찬가지였다. 食邑의 명분 및 실질은 分給田地로 옮겨져 발현되고 있는 것이었다. 식읍의 쇠퇴와 녹읍의 출현은 諸加가 下戶를 지배하고 수취하던 식의 농민지배에서, 土地를 매개로 통치층이 田主로서 농민을 佃客으로 지배하는 방식으로 사회단계가 변동됨을 반영하는 端初였다. 이후 식읍제는 전주전객제 그리고 지주전호제 속에서 特例로 잔존하다가 사라졌다.

(《孫寶基博士停年紀念 韓國史學論叢》, 1988. 3. 揭載, 1999. 補, 2011. 追補)

新羅時期 祿邑制의 施行과 推移

1. 序 言

　우리나라 中世의 토지제도는 私的 소유지, 토지의 私的 소유권 위에 收租地·收租權이 얹혀서, 양자가 서로 조화·대립하는 가운데 성립하고 운영되고 있었다. 그러므로 토지제도의 골격도 이 수조지·수조권의 배분과 분급 및 관리 등을 요체로 한 토지분급제에 있었다. 토지분급제는 토지 자체를 절급하기도 하지만 중심은 수조지의 할급이었다. 三國時期 이래 역대 왕조는 이를 통해 관료를 대우하고 각급 행정기구의 물적 기반을 조성하였다. 수조지는 수득자에게 해당 토지와 농민에 대한 지배와 수취를 田租徵收로서 보장하고 있는 분급전토로, 그 권한은 토지소유 관계에서 所有權의 上位概念으로 자리 잡고 있었다. 官僚制·郡縣制와 더불어 체제상 王朝國家를 集權封建國家·集權封建社會로 구축하는 大支柱였다.

　이러한 사실은 우리나라 토지·조세제도의 커다란 특징으로 西洋은 물론 中國·日本과도 구별되는 역사전통이었다. 현재 수조권은 고려의 田柴科制度와 조선의 科田制度가 일찍부터 연구되어, 이를 통해 그 형태, 분급방식, 수취내용, 授受의 원칙 및 質·量의 제한 등 개념에 대해 상당히 깊은 이해에 이르렀다. 그러나 이의 登場緣由나 기원·배경에 대해선 충분한 검토가 이루어져 있지 않았고, 따라서 이에 대한 파악이 명료하지 못한 상태이다. 이 문제는 토지제도를 통해 우리나라 역사의 발전을 체계를 갖추어 인식하려면 반드시 구명되어야 할 宿題였다.

　이러한 수조권의 기원 내지 등장배경과 관련해서 주목하게 되는 역사 사실은 祿邑이다. 녹읍은 삼국시기, 통일신라기를 거쳐 고려 건국 초까지 존속하던 토지제도였다. 이에 관해서는 그간 국내외에서 많은 연구 및 검토가 있고 여러 측면에서 考究되었다. 관심은 주로 녹읍의 분급대상·수취내역·시행단계에 집중되었고, 연구자에 따라 그 이해는 다양하고 때로는 심한 간격을 보이고 있다. 이는 직접 관련 자료가 極少하고 그 내용마저 太略한 까닭이기도 하지만, 연구자가 가지는 이 시기 역사상의 차이에서 연유하는 바가 크다. 그러면서도 검토방식에는 공통된 성향이 있다. 녹읍을 신라의 정치사정, 관료제와 왕권의 대립과 변동, 촌락구조 등 정치·사회정황과 결부시켜서 혹은 未熟한 혈연공동체를 상정하여 이 선상에서 성립·구조·성격을 추론하고 있는 점이다.1) 그러나 이러한 검토는 결국 신라 中代·下代의 정치·사회상을 추구하는 방도에 머물러, 녹읍제 자체 및 그 시행과 추이를 경제제도의 발전과정 속에서 파악하려면 시각을 달리하는 별도의 작업이 필요하다.

　녹읍은 그 施行과 推移를 우리나라 古代·中世 사회경제의 발전선상에서 검토하여야 한층 깊이 해명할 수 있다. 부족한 자료나마 추정을 거듭하면서 이 제도의 실체, 그 변동의 배경과 단계를 추적하면 迷宮 속에 있는 이 시기의 토지제도에 좀 더 가까이 다가갈 수 있어 녹읍의 형체나 그 授受의 의미는 물론 우리 역사에서 수조권의 출현, 곧 토지분급제의 기원과 등장배경을 파악할 수 있다. 겸하여 위로는 上古期의 食邑, 밑으로는 고려초의 田柴科와의 연계도 內的 繼起에서 전망할 수 있다.

---

1) 그간 녹읍 연구의 이러한 경향에 관해서는 아래 논고가 참고된다.
　　拙稿,〈古代·中世初 經濟制度硏究의 動向과 「국사」敎科書의 敍述〉,《歷史敎育》45, 1989.
　　李喜寬,〈新羅의 祿邑〉,《韓國上古史學報》3, 1990.
　　全德在,〈新羅 祿邑制의 性格과 變動에 관한 연구〉,《역사연구》창간호, 구로역사연구소, 1992.

2. 祿邑의 實體와 語義

신라의 祿邑에 관해 현재 전하는 직접 자료는 주지하듯이 다음의 3개
이다.

   (1) 神文王 九年(689) 春正月 下敎罷內外官祿邑 逐年賜租有差 以爲恒式[2]
   (2) 景德王 十六年(757) 三月 除內外群官月俸 復賜祿邑[3]
   (3) 昭聖王 元年(799) 春三月 以菁州居老縣 爲學生祿邑[4]

녹읍은, 이들 기록이 전하는 내용만으로는, 土地 내지 그 賦稅에 근거하
여 운영되던 제도라는 점 외엔 賜給의 실체가 애매하다. 명칭조차 科田·
職田·祿田 등과 같이 田이 아니라 邑으로 표현하고 있어 모호성은 한층
더하다.

祿邑은 字意로 보면 祿을 징수하는 고을 정도의 뜻이고, 따라서 고을
을 떼어 관료에게 주어 녹을 取食하도록 한 것으로 생각할 수 있다. 그
리고 이러한 이해에 자료 (3)이 근거로 원용되기도 한다. 그러나 녹읍이
邑 자체를 할급한 것은 아니었다. 고을의 할급이라면 그것은 封土의 수
여와 封邑의 사여인데, 이는 정치형태가 建國封侯하는 封建制·封國制에
서 가능한 것이었다. 그러나 녹읍제 시행시기 신라의 정치형태는 이렇지
않았다. 신라는 郡縣制와 官僚制에 입각한 王朝國家였다. 물론 군현제의
집권관료국가에서 고을의 사여와 관련 있는 정치·경제제도가 없는 바는
아니었다. 식읍이 있었다. 그러나 식읍도 실체는 封戶를 헤어 받는 것이
었다. 더구나 녹읍은 식읍이 아니었다. 신라는 三國期나 統一期 모두 식
읍제를 실시하면서 녹읍제도 함께, 그러나 별개로 운영하고 있었다. 양
자가 동일한 제도였다면 구태여 명칭을 달리하고 별개로 운영할 까닭도
없었다.[5]

---

2)《三國史記》8, 新羅本紀 8, 神文王 9년 春正月.
3)《三國史記》9, 新羅本紀 9, 景德王 16년 3월.
4)《三國史記》10, 新羅本紀 10, 昭聖王 元年 春 3월.

고을 자체의 할급이 아니라면 해당 고을 내의 토지 자체[實田]를 지급하는 형태일 수 있다. 그러나 이 역시 현실 여건상 불가능하였다. 이 시기는 이미 토지 자체를 관료에게 제도로서 절급할 수 있는 사회단계가 아니었고 그럴 형편도 못되었다. 이미 토지의 사적 소유권이 엄존하여, 토지는 私有制의 원칙 속에서 존재하고 있는 까닭이었다.6) 토지 자체를 지급함은 타인의 소유권·소유지를 침탈하는 행위였다. 왕조국가에서는 이를 국가제도로 마련할 리도 없고 또 그럴 수도 없었다.

녹읍이 고을의 할급도 아니고 토지 자체의 절급도 아닌 이상, 이는 賦稅收取와 직결되어 운영되는 제도일 수밖에 없다. 부세 가운데서도 전토를 대상으로 하는 租의 징수가 그 본체였을 것이다. 녹읍이 封戶를 사여받는 식읍이 아닌 까닭이다. 실제 녹읍은 ‘逐年賜租’, 즉 ‘歲租’나 ‘月俸’ 등 곧 祿俸과 서로 交替되고 있었다(자료 2·3). 세조의 租는 田租의 租였다. 세조는 武烈王이 出仕한 强首에게 ‘歲賜新城租一百石’하고, 文武王 때 그에게 다시 沙湌 벼슬을 제수하고 ‘增俸歲租二百石’하였던 예7)처럼 봉록이었으며, 그 단위는 石이었다. 즉, 녹봉은 歲租 幾十·幾百石으로 정하여 이를 月俸으로 나누어 지급하는 것으로 그 자원은 田租에 있었다. 녹읍의 분급은 수취내용으로 볼 때 전조, 즉 전토의 租稅를 징수하는 收租地·收租權의 절급이었다.8)

---

5) 拙稿, 〈古代·中世의 食邑制의 構造와 展開〉, 《孫寶基博士停年紀念 韓國史學論叢》, 知識産業社, 1988(본서 Ⅰ편).

6) 李載龒, 〈土地制度〉, 《韓國史論》 3, 國史編纂委員會, 1975.
　　金容燮, 〈土地制度의 史的 推移〉, 《韓國中世農業史研究》, 知識産業社, 2000.
　　허종호, 《조선토지제도발달사》[Ⅰ], 과학백과사전종합출판사, 1991(서울版, 민족문화사, 1997).

7) 《三國史記》 46, 列傳 1, 强首.

8) 지금까지 신라시기 녹읍의 수취내역에 대해서는 ① 田租 외에 力役·貢賦까지 징수하는, 곧 人間에 대한 지배, ② 田租를 제외한 力役·貢賦만의 징수, ③ 田租만의 징수 등 3개의 견해가 있다.
　① 說: 金哲埈, 〈新羅貴族勢力의 基盤〉, 《人文科學》 7, 1962.
　　　姜晋哲, 〈新羅의 祿邑에 대하여〉, 《李弘稙博士回甲紀念 韓國史論叢》, 新丘文化社, 1969.
　　　　〃 , 〈新羅의 祿邑에 대한 若干의 問題點〉, 《佛敎와 諸科學》, 東國大學校出版部, 1987.
　② 說: 武田幸男, 〈新羅의 村落支配〉, 《朝鮮學報》 81, 1976.
　　　木村誠, 〈新羅 祿邑制와 村落構造〉, 《歷史學研究》 別冊, 1976.

녹읍이 수조지이면서도 그 명칭을 田이라 하지 않고 邑으로 표현한 것은 이 시기 정치·경제의 특징에서 기인한다. 즉 여기에는 그럴 만한 정치배경과 경제사정이 있고, 또 이와 연관하여 토지분급제가 갖는 일정한 역할과 의의가 함축되어 있는 것이다.

우선 유의할 바는 녹읍의 설정이 일단 郡縣 등 邑(고을)을 범위로 삼아 이루어진다는 점이다. 昭聖王 원년(799) 3월 '청주의 居老縣을 學生祿邑으로 삼았다'는 기사(자료 3)가 이런 사실을 전한다. 학생의 녹읍을 菁州(晋州)의 居老(老居)縣에 설정한다는 의미이다. 실제 내용은 이 고을 내의 전조를 學生祿邑으로 배분하여 지급한다는 것이겠다. 그리고 보면 녹읍의 邑은, 녹읍이 군현 등 고을을 일단 설정범위 행정단위로 삼고 그 내부의 田土로써 분급됨과 관련이 있는 명칭이다. 그리고 토지, 정확하게는 수조지의 授受 속에 이것을 읍의 분급·수득으로 간주하고 인식한다는 정신 및 원리를 반영할 필요가 있어서 祿邑이라고 지칭하였을 것이다. 이러한 점은 邑의 用例가 지닌 내력과 의미를 음미하면 한층 적절히 이해할 수 있다.

군현 등 邑은 본시 邑落이었다. 이 읍락은 원시사회 말기 農業共同體社會가 분해하면서 해체와 통합을 거듭하는 과정을 기초로 형성된 사회였고, 아울러 小國으로 발달하였다. 그리고 다시 이러한 읍락사회의 형성·변화를 배경으로 諸邑落 및 小國을 통합·연합하면서 古朝鮮 및 辰國이 성립 발달하고, 이어서 이들 지역에서 夫餘·高句麗·東濊·沃沮·馬韓·辰韓·弁韓·百濟·新羅·伽倻 및 이 밖에 수다한 列國이 성장하였다. 그사이 邑은 크게 두 단계의 변모를 거치며 발전하였다. 小邑 및 國邑 등 諸加·渠帥가 거주하면서 주변의 邑落과 家戶를 統主하고 收取하는 형태,

---

③ 說: 金容燮, 〈前近代의 土地制度〉, 《韓國學入門》, 大韓民國 學術院, 1983.
　　　拙稿, 주 5의 논고.
　　　金基興, 〈新羅村落文書에 대한 新考察〉, 《韓國史硏究》 64, 1989.
　　　李喜寬, 주 1의 논고.
　　　全德在, 주 1의 논고.
　　　허종호, 〈녹읍제도의 실시〉, 주 6의 논저.
　　　朴時亨, 《조선토지제도사》(상), 과학원출판사, 1960, p. 121(서울版, 신서원, 1994).

그리고 이를 배경으로 하되 이들 諸加·渠帥가 서로 연대하여 國王을 聳立하여 國家의 형태로 성장하고 변화하면서 이른바 初期古代國家로 진전하는 것이었다.9)

그 후 다시 集權官僚國家 王朝國家로 발전하는 과정(三國鼎立期)에서 小國·國邑·小邑들은 郡縣制上의 縣으로 작정되어 國-都-縣의 체계로 편성되어 갔다. 이 단계에서 邑은 행정구역으로서의 현 혹은 군을 지칭하게 되었다.10) 기능도 王京에 대해 정치·군사상으로 股肱·藩屛, 사회경제상으로는 租稅·貢賦의 조달처로 확고히 자리 잡았다. 이제 邑은 제가·거수에 계보를 대고 있는 귀족·관료의 근거지이면서 동시에 국가의 행정단위이고 부세징수처였다. 삼국시기의 군현은 그 계통과 기원에서 성격상 古朝鮮·辰國시기의 國邑·別邑·小邑을 새로운 형태로 구현하고 있는 邑이었다.

한편 읍은 국가·국왕이 臣僚로서의 諸加·渠帥에게 분급하는 封地·封邑이기도 하였다. 이는 위의 읍이 갖는 기능·전통에서 必然하는 것임은 말할 것도 없다. 古朝鮮 末期(紀元前 195년) 準王이 西漢에서 망명한 衛滿이 고조선의 西界에 있으면서 그 藩屛이 되겠다고 한 청을 들어 博士를 제수하고 圭를 하사하고 '封之百里'한 故事,11) 馬韓王이 당초 기거할 곳이 없던 溫祚에게 '割東北一百里之地'하여 安堵하게 하였다는 기록12)은 이러한 사실을 전하는 사례이겠다. 百里는 古制에서 公侯에게 封國하는 규모였다.13) 100里의 땅을 封하거나 할양하였다는 것은 형식이 天子가

------

9)《三國志》30, 魏書 30, 烏丸鮮卑東夷傳 30.
　　尹乃鉉,《한국열국사연구》, 지식산업사, 1998.
　　李賢惠,《三韓社會形成過程研究》, 一潮閣, 1984.
　　金杜珍,〈三國時代의 邑落〉,《韓國學論叢》7(國民大), 1985.
　　盧重國,〈韓國古代의 邑落의 構造와 性格〉,《大丘史學》38, 1990.
10) 金英心,〈5~6세기 百濟의 地方統治體制〉,《韓國史論》22, 1990.
　　全德在,〈新羅州郡制의 成立背景研究〉,《韓國史論》22, 1990.
　　李宇泰,〈新羅中古期의 地方勢力研究〉, 서울大學校 博士學位論文, 1991.
　　徐毅植,〈新羅 '上古'初期의 辰韓諸國과 領土擴張〉,《李元淳教授停年紀念 歷史學論叢》, 1991.
　　姜鳳龍,〈新羅地方統治體制研究〉, 서울大學校 博士學位論文, 1994.
11)《三國志》30, 魏書 30, 烏丸鮮卑東夷傳 30, 韓, 魏略記事.
12)《三國史記》23, 百濟本紀 1, 溫祚王 24년.

諸侯에게 封侯建國하는 모습이다.14) 이 봉국 내에서는 다시 諸加·渠帥급의 家臣에게 일정 수의 邑落 및 家戶를 분급하여 統主하도록 하였을 것이다. 고구려의 관직제도에서 大加도 王家와 마찬가지로 스스로 使者·皂衣·先人을 두되 명단은 왕에게 올렸으며, 會合 때 좌석 차례에선 왕가의 사자·조의·선인과 同列에 앉지 못하는데, 당시 이웃 나라에선 이들을 마치 자기들의 卿이나 大夫의 家臣과 같다고 하였다. 정치조직의 형태가 이런 것도 위와 같은 전통과 관습을 바탕으로 조성된 것이겠다.15) 우리나라 食邑의 기원 역시 여기에 있으리라고 추정되는데,16) 식읍이란 용어가 있기 이전에 무엇이라고 칭하였는지는 아직 알 수 없다. 商·周에선 이를 采邑·采地라고 불렀다.17) 중국에서도 邑은 國·都·郡縣의 명칭이면서 동시에 大夫의 采地, 卿大夫의 家邑을 지칭하였다.18) 采地·采邑·家邑은 卿大夫의 封邑으로서 官職에 따라 절급하던 토지였으며, 실제 土地와 人民은 소유할 수 없고 그 租稅만 采取하는 것이었다.19) 그러므로 '田祿'이라고도 불렀다.20) 采地인 邑의 田에서 祿을 징수하여 취식한다는 의미에서였겠다. 邑은 采邑·封邑 등의 의미로서 조세를 취식하는 곳이었고, 따라서 封侯·封國制가 소멸되고 郡縣制로 변화하면서는 국왕과 신료 사이에 토지를 매개로 한 授受에 여전히 그 정신과 원칙으로 작용하였다.

이와 같이 邑은 초기 古代國家에서 國邑·邑落의 의미와 함께 封國·采邑을 뜻하고 있었는데, 集權官僚制의 왕조국가로 진입한 뒤에는 郡縣의 고을을 지칭하는 동시에 여전히 후자, 즉 封土의 의미를 함유하고 있었

---

13) 《孟子》(朱子集註) 10, 萬章章句下.
   '天子之制 地方千里 公侯皆方百里 伯七十里 子男五十里 凡四等 不能五十里 不達於 王子 附於諸侯曰附庸'
14) 鄭寅普, 《朝鮮史研究》上, 서울신문社, 1947, pp. 77~83.
15) 《三國志》 30, 魏書 30, 烏丸鮮卑東夷傳 30, 高句麗.
16) 拙稿, 주 5의 논고.
17) 尹乃鉉, 《商周史》, 民音社, 1984, pp. 106~120.
18) 《中文大辭典》, 邑部, 9冊, p. 263(中國文化大學, 臺北, 1992-以下同).
19) 拙稿, 〈科田의 占有와 그 原則〉, 《朝鮮前期土地制度研究-土地分給制와 農民支配》, 一潮閣, 1986, p. 103.
   林耀曾, 《周禮賦稅攷》, 學海出版社, 臺北, 1977.
20) 《中文大辭典》, 田部, 5冊, p. 627.

다. 두 사회단계에서 모두 邑이 갖는 부세징수처로서의 단위라는 공통성과 연속성이 常存하며 작용하고 있음은 물론이었다. 그러므로 녹읍이라는 명칭은 군현을 설정단위로 하여 그 속의 전지를 관료의 수조지로 삼아 祿으로 지급하는 邑, 곧 내용과 형태는 다르지만 采地·采邑, 더 소급하면 封國·封土의 정신에 이어지고 있다는 명분을 직접 표출하고자 작정한 것으로 사료된다.

이 명분은 '分茅胙土'하고 '藩屛王室'하는 국왕과 신료 사이의 義理關係였다. 上古期 封國·采邑 授受가 갖는 이 명분은 신라말 고려초까지 祿邑 授受의 이념이 되고 있었다.[21] 녹읍은 신라 귀족·신료들이 종래 諸加들이 邑落을 통주하던 역사전통과 내력을, 이제 관료제·군현제·골품제와 연계하여 관철시켜 國王과 연대하고 국가통치에 협조하는 처지에서, 古來 諸侯·卿大夫가 封邑·采地를 통해 食祿食租하며 王室의 藩屛으로 존재하던 처지, 곧 封建의 원리와 정신으로 名分을 삼아 具現한 제도였다.

이러한 정신과 명분에서 보면 祿邑은 食邑과 授受의 의미는 같았다. 그러므로 중국에서 祿邑은 封土의 다른 표현이기도 하였다. 封地의 收入으로 俸祿을 삼는 까닭이었다.[22] 그러나 우리나라에서 食邑은 祿邑과 별개였다. 식읍은 녹읍보다 훨씬 이전, 우리나라 최초의 국가 古朝鮮 건국 때부터 있었던 것으로 추측되며, 그 후 녹읍이 있던 시기는 물론이고 그것이 폐지된 이후에도 상당히 오랜 세월 존속하여 朝鮮初까지 이어졌다. 지급대상, 수취형식 등 내용과 형태도 물론 달랐다. 식읍은 특정 왕족이나 功勞가 현격한 高級貴族 등 극히 한정된 지배층에게 封爵과 함께 사여하였고, 그 수취도 分封받은 封戶에게서 租·調·役의 부세 전체를 징수하는 것이었다.[23] 신라에서 官僚制 일반과 결부된 물적 대우는 祿邑으로써 조성하고 있었다. 녹읍이 식읍과 授受의 의미나 정신에서는 같고 내용과 형태에서 차이가 있는 사실은, 녹읍이 기원상 食邑的인 전통과 封邑的인 傳例에 이어지고 이것이 삼국의 형성·발전기에 집권관료제의 추

---

21) 주 110의 논고 참조.
22) 《中文大辭典》, 示部, 祿邑, 6冊, p. 1456.
23) 拙稿, 주 5의 논고.

진, 군현제의 재편성 등과 결부되어 일반화하고 질적으로 변모하면서 土
地分給으로 자리 잡게 된 것으로 이해하게 한다.

이상과 같이 녹읍의 실체가 고을을 설정단위로 하고 있는 점, 收租地
로서 分給田土이면서 그 語義가 封邑·食邑의 의미를 명분으로 하고 있는
점은 이 시기 우리나라 역사현실에서 연유하는 것이었다. 그것은 邑을
녹읍 설정의 일정범위로 하여야 하는 당시 사회경제의 여건과 단계였다.
이러한 사정은 삼국시기 祿邑制의 시행을, 古朝鮮 이후 邑落 및 小國이
聯盟國家·古代王朝國家로 통합하고 발전하는 과정과 연계하여 토지·부세
차원에서 그 기원과 기반을 추구하는 데서 살필 수 있다.

3. 三國期 齊民的 租稅制度의 定立과 祿邑制의 施行

신라에서 녹읍제가 처음 시행된 것은 三國時期 어느 시점에서였다.[24]
녹읍의 기원 및 출현배경을 원시사회 말기에서 삼국시기에 걸치는 때의
토지·조세제도의 발달과 변동에서 이해하려면, 邑落·小邑·小國 등 邑의
구조와 변화 그리고 이 읍락·소국이 연맹국가 및 왕조국가로 통합하고
발전하는 형태·방식 및 그 과정도 함께 배려하여야 한다. 이 시기의 토
지·조세제도는 이 점과 깊이 결부되어 있는 까닭이다.

우리나라 원시사회 말기에는 農耕이 현저히 발달하기 시작하였다. 木
器·骨器를 위시하여 石器·金屬器 등의 각종 생산도구가 개발·개량됨과
함께 농업은 정착되고 集約化가 추진되었다.[25] 五穀과 稻의 재배를 중심

---

24) 녹읍제 시행의 시기에 관해서는 ① 三國時期, ② 統一新羅期의 두 견해가 있다. 이
   는 대개 녹읍폐지 두 해 전 神文王 7년(687) 5월에 있은 '敎賜文武官僚田有差'(주
   58) 기사내용을 官僚田의 분급으로 해석하고, 이 위에서 이 토지를 祿邑과 별개로
   보는가, 녹읍 바로 그것으로 보는가에 따라 전자와 후자로 나뉜다. 상세한 내용은 姜
   晋哲, 주 8의 〈新羅의 祿邑에 대하여〉 가운데 2장(pp. 54~61)을 참조.
25) 申叔靜, 〈新石器時代의 社會經濟發展段階試論〉, 《韓國 古代·中世의 支配體制와 農
   民》, 知識産業社, 1997.
   尹乃鉉, 《古朝鮮研究》, 一志社, 1994, pp. 723~738.
   장국종, 《조선농업사》, 농업출판사, 1989.
   李賢惠, 〈韓國古代의 犁耕에 대하여〉, 《國史館論叢》 37, 1992.

으로 한 농업의 진전은[26] 당초 농업공동체 사회를 더욱 해체시켰으며
그 주방향은 농민, 곧 父家長的 小家族農民의 浮上化와 그에 따른 私的
所有의 발달이었다. 이미 농업공동체 사회단계에서 가족의 분할은 이루
어져 있었고, 이와 함께 재산에 대한 공동체적 소유는 무너지면서 개별
적 사적 소유가 성장하고 있었다. 이를 통해 직접 생산자들은 自己勞動
의 私的 所有와 그 自由를 토지에서도 차츰 확대하고 향유하여 나갈 수
있었으며, 이는 농업의 지속적인 발달과 因果하여 더욱 진전하였다.

공동체 성원은 소가족의 농민이 自立性을 띠면서 주축을 이루고 邑落民
으로 구성되어 갔다. 이 과정은 계급분화를 점차 심화시켰다. 경제적으로
私的 대토지 소유자가 등장하고 傭作農民・無田農民이 배출되었으며, 정치
사회적으로는 諸加・豪民・民・下戶・奴婢 등으로 분화되고 편성되었다. 諸
加・渠帥層은 대토지 소유자의 대표격으로 성립하였다. 제가・거수는 읍락
을 統主하였다. 토지를 위시한 각종 物貨의 私的 대소유자들은 소농민을
일방적으로 해체하여 奴隷로 삼고 이들을 私的 所有의 형태로 지배하고
수취할 수 없었다. 集約農業의 개발・진전과 사적 소유를 근거로 한 농민
의 성장기반이 든든하여, 정치・경제상의 지배세력은 성장하면서도 이들을
완전히 장악하고 압박하여 자신의 私的 權力을 거대하고 굳건히 구축할
여건이 아니었다. 諸加・渠帥는 서로 연대하여, 처음 출발은 느슨한 상태
나마 공동체를 邑落으로 묶어 행정기구 통치단위로 삼아 농민을 지배하고
수취하는 방도밖에 없었다. 邑落은 한 지역이 보통 10개 내지 20・30개
안팎의 공동체를 통합하고 있는 정치・경제의 사회였다.[27] 그러므로 생산
의 중심은 농민(民・下戶)이었고 노비는 이에 부수하여 머물렀다.

공동체의 기능 자체도 변모하였다. 공동체는 본래 지닌 관리・통제의
기능이 정치권력화하여 이탈하면서, 성장하는 소농민의 생산성 자립성을
보완하고 보조하는 처지가 되었다. 邑落社會가 이것이었으며, 이러한 邑
落은 더욱 성숙하여 數個 혹은 10여 개를 단위로 하는 小國이 등장하고

---

26) 《조선기술발전사1》, 원시・고대편, 과학백과사전종합출판사, 1997(서울版, 白山자
료원).
27) 尹乃鉉, 주 23의 논저, pp. 482~483.

다시 國家로 발전하고 통합되어 갔다.

농업생산의 수준은 농지이용도에서 不易田 및 一易田·再易田을 근간으로 하는 단계였다. 常耕과 歲易耕이 병존하는 농법단계에서 우리의 초기 고대국가는 수립하고 있었다. 이러한 경작단계는 중국에서 商·周의 井田制나 그 후 春秋戰國期의 정치기반이었는데,[28] 같은 시기의 우리나라에서는 古朝鮮·辰國 및 그 후의 夫餘·高句麗·沃沮·濊·三韓 등의 국가가 성립하여 浮沈하고 있었다. 삼국정립기에 보이는 농지운영방식의 하나인 常耕的 代田式 農法은[29] 이러한 농법수준에서 개발된 것이다.

소농민의 私的 土地所有는 족장 및 공동체가 읍락민을 완전노예로서 일방적으로 지배하도록 용인하지 않았다. 그리고 이 점은, 華北地方에서 春秋戰國의 진행, 秦漢帝國의 출현, 民人의 大移動 등의 정세와 함께 貊族·濊族의 安堵를 동반한 읍락사회의 결집, 나아가 국가단위로의 결속을 촉진시켰다. 예컨대 이 무렵 고구려에서 '家家自有小倉'[30]하다 하고 부여에서 '家家自有鎧仗'[31]하다 하여, 집집마다 스스로 小倉〔桴京〕을 가지고 있고 鎧仗을 마련하고 있다는 것은 이러한 소농민의 成長度와 자립성을 잘 전하여 준다. 여기서 말하는 家家는 '諸加別主四出道 大者主數千家 小者數百家'[32] 云云에서 諸加가 統主하는 邑落民戶의 家였다. 농업발달이 뛰어났던 辰·韓지역에서도 사정은 마찬가지였을 것이다.[33]

토질이 상대적으로 척박하고 지역에 따라 肥堉差가 심한 우리나라에서 農民家族이 이를 극복하면서 자립화할 수 있었던 힘은 小農的 노동집약

---

28) 《漢書》 23, 刑法志 3〔《二十四史》 2冊(中華書局, 北京, 1997-以下同), p. 1081(281)〕.
   《漢書》 24上, 食貨志 4上, 2冊, p. 1117(290).
   《孟子》(朱子集註) 5, 滕文公章句 上.
   趙岡·陳鍾毅, 《中國土地制度史》, 臺北, 聯経出版社業公司, 1982.
   李成珪, 《中國古代帝國成立史研究》, 一潮閣, 1984.
   尹乃鉉, 주 17의 논저.
   西嶋定生, 《中國古代의 社會와 經濟》, 東京大出版部, 1981.
29) 서울대학교 博物館篇, 《美沙里》 4, 美沙里先史遺蹟發掘調査團, 1994, pp. 208~214.
   金基興, 〈미사리 삼국시기 밭유구의 농법〉, 《역사학보》 146, 1995.
30) 《三國志》 30, 魏書 30, 烏丸鮮卑東夷傳 30, 高句麗.
31) 《三國志》 30, 魏書 30, 烏丸鮮卑東夷傳 30, 夫餘.
32) 同上.
33) 李賢惠, 〈三韓社會의 농업생산과 철제농기구〉, 《歷史學報》 126, 1990.

과 근검절약이었다. 이웃 중국인들이 부여·동옥저·변진에 관해 '土地宜五
穀'하고 '其土地肥美 背山向海 宜五穀 善田種'하며 '土地肥美 宜五穀及稻'
하다고 한 것,34) 신라에 관해 '田甚良沃 水陸兼種'하다고 지목한 것35)
등은 노동집약의 결과에서 말미암은 농업생산성의 고조를 力說한 것이
고, 고구려에 대해 '無良田 雖力佃作 不足以實口服 其俗節食'36)한다 함은
근검절약의 측면을 각별히 강조한 바였다.

　　邑落·小國은 諸加가 統主하였다. 그리고 下戶를 奴婢처럼 지배하고 수
취하였다. 그 방식은 고구려에서 大家들에게 '下戶遠擔米糧·魚鹽供給之'
하고 혹은 '下戶給賦稅 如奴'37)하다고 한 것처럼 제가·대가가 직접 수취
하고 하호가 직접 납부하는 형태였다. 그리고 점차 집권화되면서 아울러
왕조국가가 공고해져 가면서 諸加는 貴族·官僚層으로 民·下戶는 百姓으
로 전화되어 갔고, 이를 배경으로 官僚制·郡縣制가 편제되어 갔다.38) 수
취제도도 새로운 지배와 피지배의 처지에서 그에 적합한 형태로 조정되
어야 했다. 왕조국가의 貴族·官僚 처지에서 土地와 民人을 수취하는 단
계에서, 종래 제가가 하호 및 그 토지를 지배하고 수취할 때 邑落을 통
해 직접 부과하고 직접 징수하던 방식을 대신하여 마련할 수 있는 방도
는 郡縣 등 고을의 토지에 대한 租稅徵收權을 할급하는 길이었다.

　　그러나 이러한 작업은 단지 통치층의 성격변동, 생산층의 처지 변화에
따른 형태의 변화에서 연유하는 것만은 아니었다. 이것은 전체로서 그리
고 방향상에서 볼 때, 民人을 齊民의 차원에서 통치하는 원칙의 수립이
고 그 지향에서 연유하는 것이었다. 왕조국가는 농업환경, 생산관행, 수
세방식, 기후풍토를 달리하는 우리나라 諸地域의 邑落을 彊域으로 통합
하고, 邑落民을 國王 지배하의 身分制로 재정비하여 나가면서 발달하고
있어서 그 지역차·읍락차를 승인하고, 다른 한편으로는 여기서 오는 不

---

34)《三國志》30, 魏書 30, 烏丸鮮卑東夷傳 30, 夫餘, 東沃沮, 弁辰.
35)《北史》94, 列傳 82, 新羅.
36)《三國志》30, 魏書 30, 烏丸鮮卑東夷傳 30, 高句麗.
37)《三國志》30, 魏書 30, 烏丸鮮卑東夷傳 30, 高句麗.
　　《太平御覽》783, 東夷 2, 高句麗.
38) 金光洙,〈新羅官名 '大等'의 屬性과 그 史的 展開〉,《歷史教育》59, 1996.

均衡을 균등히 하는 조처를 동반하여야 하는 것이었다. 삼국시기의 왕조 국가는 國土主的, 곧 帝王의 齊民的 統治를 이념으로 삼아야만 했다.[39]

　三國鼎立期 그리고 三國統一로 이어지는 三國間의 抗爭期에 고구려·백제·신라는 다투어 이 이념을 추구하고 각종 제도로서 확립시켜 갔다. 통치의 영역이 확대되고 民戶와 百姓은 늘어나고 稅源 역시 그만큼 증대하는 데에 따라 이를 확실하게 관장하고 또 시급한 전쟁을 적절히 수행하기 위해서는 특히 직접 생산자 노동력의 제고, 백성의 인민된 自尊의 고취, 군사의 忠信勇猛의 함양이 절대적으로 필요하였다. 이를 조직화하는 근본 방략은 이 길뿐이었고, 국가가 이를 달성하기 위해서는 民人에게 그에 상응하는 조처, 납득할 수 있는 정책이 동반되어야 했다. 그것은 기본적으로 경제제도로써 강구될 수밖에 없었다. 그러므로 官僚制, 郡縣制가 시행됨에 수반해서 토지·조세제도의 변경·조정은 필수 사안이었다. 특히 私的 토지소유가 전제되어 있는 體制上 조세제도의 조정은 통치제도의 정비나 民心의 흡수, 權力의 안정을 도모하는 捷徑이었다.[40] 이를테면 齊民的 租稅制度의 지향과 운영이었다.

　왕조국가가 제민의 통치이념에서 조세제도를 제정할 때 근본과제가 되는 사항은 농업환경의 차이, 토지의 肥堉差를 均一하게 파악하고 처리하는 일이었다. 그러나 이는 획일하여 一時에 거행할 수 없는 것이었다. 이전의 聯盟國家·初期古代國家 단계에서 각 邑落 및 小國이 각기 운영하여 오던 收取傳統을 한편으로 승인하면서 다른 한편으로는 조정하되, 장기간에 걸쳐 몇 단계를 거치면서 추진하여 나가는 것이 순리였고 그럴 수밖에 없었다.

　토지·조세제도의 제민적 정비는 일차적으로 結負制의 조정에서 시작되었다. 결부제는 본시 所出을 기준으로 토지면적을 파악하고 부세를 제정하던 데서 출발하여 초기 古代國家形成과 함께 所出 중심으로 정착하고 있었다. 이러한 결부제는 삼국시기 중반인 이 시기에 오면 조세

---

39) 金光洙, 〈高句麗 古代國家의 成立에 관한 研究〉, 延世大學校 博士學位論文, 1983.
　　 金容燮, 〈結負制의 展開過程〉, 주 6의 논저.
40) 金容燮, 同上論考.

부과의 齊民性이 농업생산력의 측면에서 새롭게 적절히 반영되도록 하기 위해 재조정되어야 했다. 그 결과 결부제는 稅穗 1握이 산출되는 농지 단위인 '把'(발)의 척도를 분명히 하여 이제까지 所出 중심의 단순한 結·負·束·把와 결부시킴으로써 地積과 所出이 결합되었고, 이런 점에서 한층 一括性을 갖추었다. '把'로 표기하는 한 '발'의 尺을 量田尺으로 하여 '方100把＝1結'이 되게 하는 地積과 所出을 파악하고, 租稅를 부과하게 된 것이다.41) 결부제는 소출·면적·수세를 종합한 하나의 체계인데, 이제 소출 기준의 부세징수라는 원칙에 이 소출액을 지역특성과 농지의 비척을 배려하는 면적단위로 파악하는 하나의 원칙을 대동하게 된 단계에 접어든 것이다. 조세를 토질의 비척차·지역차 내지 농지이용 빈도의 차 등을 전제로 가능한 균등히 부과하려 할 때, 그 방도는 결부제가 最上이었다.

　결부제의 조정과 함께 각 新·舊 군현에 대해 量田이 행해지고 전국의 토지가 經理되었다. 국가는 나라에서 公式으로 수취하는 범위와 귀족·관료 및 각급 통치기구가 수취하는 범위를 정하여 구획하고 배분하였다. 신라에선 收租上의 公田과 私田, 所有上의 公田과 私田이 서로 조화되어 定型化하고 있었는데,42) 이것이 작정된 것은 이 무렵이었을 것이다. 公·私田의 이러한 개념은 王朝의 토지·농민에 대한 帝王的 지배·수취의 통치관념이 그 대상에 대한 所有觀念으로 확대되는 데서 오는 것으로,43) 이는 齊民的 조세제도가 정립되는 가운데 가능한 일이었다. 여기에는 우리나라 古來 國家生成에서 있던 상위 통치층의 '天帝之子', '日子'의 표방과44) 그 확장에서 형성된 王土·王民의 思惟도 그 논거로 새롭게 작동하

---

41) 同上.
　　이 시기 농업생산의 발달에 관해서는 李賢惠, 〈三國時代의 농업기술과 사회발전〉, 《韓國上古史學報》 8(1991); 全德在, 〈4∼6세기 농업생산력의 발달과 사회변동〉, 《역사와 현실》 4(1990)가 참고된다.

42) 李佑成, 〈新羅時代의 王土思想과 公田〉, 《趙明基博士華甲紀念論文集》, 1965.

43) 拙稿, 〈朝鮮前期 土地의 私的 所有問題〉, 《朝鮮前期 土地制度研究》〔Ⅱ〕, 지식산업사, 1998, pp. 186∼191 참조.

44) 金庠基, 〈國史上에 나타난 建國說話의 檢討〉, 《東方史論叢》, 서울大學校出版部, 1984. 尹乃鉉, 주 23의 논저, pp. 699∼706.

였을 것이다.

토지의 경리와 분급은 郡縣을 단위로 하여 이루어졌을 것이다. 군현을 설치할 때 그 준거가 戶口와 함께 田丁이었던 것은 이의 반증이기도 하다.45) 후술하듯이 양전을 통해 이루어지는 田品査定은 지역차, 곧 군현차를 전제로 한 토지의 비척차에 입각하여 수행하고 이를 田丁으로 묶었을 것이기 때문이다.46) 따라서 祿邑의 절급, 즉 귀족·관료에게 과거에 제가·거수가 邑落을 통주하는 가운데 下戶를 직접 지배하고 수취하던 전통과 관례를 토지·조세의 측면에서 신분계급상 보장하는 방식으로서 군현을 조세징수처 설정의 행정단위로 함은 이렇게 하여 마련된 것으로 추정된다. 신라에서 녹읍이 시행된 때는 이와 같이 제민적 통치가 體制로서 정립되고 있는 시기, 곧 결부제가 전국 범위로 통괄 사용되는 시기였다. 법제적으로는 재정·부세 관련 기관이 정비 신설되고 군사동원 체계도 정돈되어, 모든 儀章이 律令으로 정비되는 무렵이었을 것이다.47)

녹읍은 읍을 단위로 설정하지만 실제 징수물은 田土의 租로서 賦稅 가운데 일부였다. 三國時期 신라의 賦稅에는 租·調가 있었다.48) 백제도 마찬가지였다.49) 신라·백제에서 租·調의 실제 수취물은 직접 알 수 없으나 고구려의 예로 유추할 수 있다. 고구려에서는 絹布 및 粟을 가진 바에 따라 貧富를 헤아려 부세를 거두었다.50) 人은 稅布 5匹 穀 5石, 游人은 3년에 한 번 10인이 함께 細布 1匹, 그리고 租는 上戶 1石 次 7斗 下 5斗씩인 것으로 전한다.51) 수취물로서의 '絹布', 즉 '稅布'는 調에 해

---

45)《新增東國輿地勝覽》7, 驪州牧, 古跡, 登神莊.

46) 주 75 참조.

47) 姜鳳龍,〈三國時期의 律令과 民의 存在形態〉,《韓國史研究》78, 1992.

48)《三國史記》2, 新羅本紀 2, 奈解尼師今 3년 5월.
　　'國西大水 免遭水州縣一年租調'
　　《三國史記》4, 新羅本紀 4, 眞興王 16년 10월.
　　'至自北韓山 教所經州郡 復一年租調'
　　《三國史記》7, 新羅本紀 7, 善德王 2년 정월.
　　'大赦 復諸州郡一年租調'

49)《三國史記》24, 百濟本紀 2, 古爾王 15년.
　　'冬 民饑 發倉賑恤 又復一年租調'

50)《周書》49, 列傳 41, 異域上, 高麗.
　　'賦稅 則絹布及粟 隨其所有 量貧富 差等輸之'

당하고 '粟', 곧 '穀'과 '租'는 租에 해당한다.52) 백제도 布·絹絲·麻 및 米 등으로 농사의 풍흉을 헤아려 차등 있게 징수하였고,53) 따라서 租·調의 내용도 고구려와 같았다.54) 신라의 租·調도 동일한 내용이었을 게 틀림 없다. 그러므로 삼국의 부세제도는 大同小異하였다. 調는 稅라고 하기도 하여 租와 합쳐서는 租稅라고도 하였다.55) 이 調는 人頭稅로 토지에 부과한 것이 아니었다. 租만이 토지소출에 부과되는 부세로서 田租였다.

이러한 租·調는 초기 고대국가 이래의 전통이고, 그 계통을 잇고 있는 부세제도였다. 諸加·大家가 下戶에게 부세를 징수함을 일러 '下戶遠擔米糧·魚鹽供給之'하다 하고 달리 표현하여 '下戶給賦稅 如奴客'이라고 하며,56) 고구려가 東沃沮에서 수취하는 형태를 '統責其租賦·絹布·魚鹽·海中食物 千里擔負致之'57)라고 하고 있는데, 여기서 보이는 '賦稅'·'租賦'가 租·調에 해당하는 것이겠다. 다른 기록에서 후자와 같은 내용을 전하면서 租賦를 '租稅'라고 표기하고 있는 것58)도 이 때문으로 보인다. 이러한 부세의 징수는 앞에서 말한 바처럼 邑落差·地域差가 있는 가운데 수행되었고, 이는 齊民的 조세제도가 정립되는 단계에 와서는 각 民戶 家家의 빈부를 헤아리는 기준에 그대로 배려되어 운영되었을 것이다. 이런 점에서 고구려에서 租의 징수 대상을 나눈 上·次·下의 戶는 標準戶 내지 編戶였을 것이다.59) 결부제가 시행되는 속에서도 이러한 지역차·토질차 및 豊凶差를 배려하여 그 소출의 다과와 빈부를 헤아려 등분한 호였겠다. 곧 이 호는 百濟人 都彌家처럼 '編戶小民'60)이었고, 따라서 郡縣民61)이

---

51) 《隋書》 81, 列傳 46, 東夷, 高麗.
　　 '人稅布五匹·穀五石 游人則 三年一稅 十人共細布一匹 租戶一石 次七斗 下五斗'
52) 金容燮, 주 39의 논고.
53) 《周書》 49, 列傳 41, 異域上, 百濟.
　　 '賦稅以布絹絲麻及米等 量歲豊儉 差等輸之'
54) 《舊唐書》 199, 列傳 149 上, 東夷 百濟.
　　 '凡諸賦稅及風土所産 多與高麗同'
55) 《三國史記》 8, 新羅本紀 8, 聖德王 2년(703) 정월의 '大赦 增文武官爵一級 復諸州郡一年租稅'의 租稅는 주 48에 인용한 '租調'의 다른 표현이다.
56) 주 37과 同.
57) 《三國志》 30, 魏書 30, 東夷傳 30, 東沃沮傳.
58) 《後漢書》 85, 東夷列傳 75, 句麗.
59) 金容燮, 주 39의 논고.

고 帝王의 ‘齊民’的 戶였다.

租·調 가운데 관료에게 녹으로 절급할 수 있는 것은 물론 租, 즉 田租였다. 녹읍의 수취가 租 이외에 調 그리고 力役에까지 걸쳤다면 이는 녹일 수 없었고, 또 그러했다면 人戶도 지급단위로 하여야 하는데 그렇지 않았다. 이 시기 인호를 분급하는 것은 食邑이었다. 녹읍은 이 租, 곧 田地의 소출 중 일정 몫을 징수하는 권한을 할급한 토지였다. 이 권한은 수조권 그것이고 이 토지는 수조지 그것이었다. 收租는 본시 국왕·국가가 王土인 밑에서 齊民으로서의 토지소유주에게 행사하는 것이었다.

祿邑制는 신라가 제민적 조세제도를 지향하며 발전하는 속에서, 地域差를 전제로 한 田品制를 기준으로 원칙상 郡縣을 행정단위로 설정하고 田租를 수취하는 권한을 관료·통치기구에 분급하는 토지체계였고, 토지분급제와 結負制를 결합시켜 이로써 토지·농민을 지배하고 수취하도록 마련한 조세체계였다. 이는 계통상으로는 읍락국가·초기고대국가 시기에 諸加의 邑落·下戶에 대한 지배·수취와 연계되고, 명분상 기능상으로는 國王·國家와 臣僚 사이 義理關係를 待遇와 奉供으로 묶은 采地·封邑의 정신에 이어지는 것이었다. 이런 점에서 녹읍제의 시행은 收租地 분급제도의 등장, 收租權 절급제도의 대두였다. 물론 이 체계 속에서 사정에 따라 所有地로 所有權이 절급되는 예도 있고, 반드시 그렇게 해야 하는 경우도 있음은 말할 것도 없다. 즉, 官有地·國有地도 녹읍제와 모순 없이 병존하는 것이다.

삼국시기 녹읍제의 시행은, 토지의 사적 소유의 성장과 함께 邑落·小國의 郡縣化, 諸加·大家의 貴族·官僚化, 下戶의 百姓化, 그리고 이에 입각한 帝王的 齊民的 統治國家의 지향이 서로 얽혀 진전하면서, 새로운 정치·사회의 경제제도로서 토지의 분급, 곧 收租地의 절급을 새로운 의미의 ‘邑’의 배분으로 작정한 것이었다. 그러므로 녹읍의 邑은 자연스럽게 ‘家邑’, 곧 臣僚의 ‘世祿’이란 의미와 기능을 그대로 함유하고 보장하고

---

60) 《三國史記》 48, 列傳 8, 都彌.

61) 梁起錫, 〈《三國史記》 都彌列傳 小考〉, 《李元淳教授回甲紀念 史學論叢》, 教學社, 1986.

있었다. 이런 점에서 녹읍의 祿도 단순한 俸祿의 정도를 넘어선 世祿으로서의 祿이라는 의미였다. 곧 귀족·관료의 世家로서의 대우조치, 이것이 祿邑施行의 정신이었다. 신라는 이러한 배경에서 그리고 이러한 내용으로 녹읍을 시행함으로써 封建의 정신, 즉 分茅胙土·王室藩屛의 명분을 새로운 集權官僚國家의 조직원리로서 계속 존속시켜 나갈 수 있었다. 고구려·백제에서도 유사한 제도가 있었을 것이다.

4. 統一期 祿邑의 廢止와 復設

삼국시기에 시행된 녹읍제는 오래도록 유지될 가능성은 적었다. 삼국의 정립은 삼국간의 전쟁으로 이어져 전쟁은 갈수록 빈번해지고 그 규모도 방대하여 갔으며, 급기야는 국가의 存亡을 가늠하는 統一戰爭으로 치달았다. 실제 통일전쟁을 거친 후, 神文王 9년(689)에 녹읍은 일단 혁파되었다(자료 1). 三國과 唐이 서로 얽혀 싸운 전쟁기간만도 십수 년(660~ 676), 이 전국 규모의 전란을 치루면서 농업형편·정치사정·국가규모·사회편성 등 모든 부면에 대변동이 일고 또 진행되고 있어, 종래의 녹읍은 이미 이 새로운 조건에 적합한 제도가 될 수 없었을 것이다.

신라가 고구려·백제유민과 연대하여 唐軍逐出을 완료한 文武王 16년(676) 이후 인구의 감소와 농지의 황폐, 촌락의 파괴 등으로 戰前의 생산수준은 현저히 파괴되고 경제는 파탄되었으며 민심은 극도로 소란스러웠다. 직접 전투가 벌어지고 패잔·멸망까지 한 백제와 고구려의 지역에선 특히 극심하였다.62) 이런 상태에서 신라는 백제와 고구려의 일부를 통합하여 국가영역은 확대되고 새로운 인민은 급작스럽게 늘어났다. 統一新羅는 전자와 관련해선 농업을 위시하여 산업 전반의 再建·復舊作業을 계획하여 추진하여야 했고, 후자와 연관해서는 국가기구, 신분질서를

---

62) 이러한 형세는 百濟滅亡 직후 唐이 그 進駐施策을 美化한 기록이지만, '兵火之餘 比屋凋殘 殭屍如莽 仁軌始命瘞骸骨 籍戶口 理村聚 署官長 通道塗 立橋梁 補堤堰 復坡塘 課農桑 賑貧乏 養孤老……民皆悅 各安其所'(《三國史記》 28, 百濟本紀 6, 義慈王 20년 6월)에서 넉넉히 짐작할 수 있다.

새롭게 편제하여 재조직하여 나가야 하는 처지였다.

이러한 재건작업 개편사업에는 物力의 조달과 이의 적절한 배분이 전제되어야 했으므로 의당 토지·농민에 대한 파악과 수취도 변동하지 않을 수 없었고, 따라서 개정이 수반되어야 했다. 토지제도의 개편은 골품제의 정돈과 함께 통일신라의 골격을 세우는 일이었다. 토지제도의 정비는 세 방면에서 진행되어야 했다. 우선 귀족·관료 등 지배층의 토지소유에 관한 것, 둘째는 농민 등 일반 민인의 토지소유에 관한 것, 그리고 국가재정의 파악·확충은 물론 위 두 개의 문제를 수습하기 위해서도 필요한 전국 규모의 量田事業과 勸農策의 착수와 시행이었다. 이 가운데 녹읍제와도 관련된 첫째 사항은 셋째 사항이 완료되고 둘째 사항도 정비되는 데서 새롭게 정리될 수 있는 것이었다. 그러나 귀족·관료층의 토지소유 조정 문제는 대단히 중요하고 시급한 사태로, 物資·人力과 함께 時日도 多大하게 소요되는 量田이 착수되어 완료될 때까지 마냥 방치할 수 없었다.

귀족·관료의 토지소유는 삼국간의 相爭이 恒時化하는 때부터 부쩍 편차가 심해지고 있었다. 전쟁공로의 포상, 점령지에서 토지점거 등으로 이 격차는 커지고 있었고, 통일전쟁을 치른 후에는 대단히 극심하였다.63) 특히 심각한 사태는 이들의 物的 보장으로 운용하던 祿邑이 통일전쟁기로 다가갈수록 授受·還受 및 收取가 제대로 운영되지 못하고, 전쟁 후에는 완전히 마비되고 파괴되었을 것이라는 점이다. 전쟁 이전에도 새로 出仕하는 이들은 祿邑을 받지 못하고 歲租만 받고 있었다.64) 통치층의 토지소유는 소유권·소유지 측면에서도 수조지·수조권의 측면에서도 어느 부면에서나 모두 커다란 不均을 이루었고, 이는 그간의 戰爭이 극렬했던 만큼이나 이들 서로 간 절박한 利害相撲을 야기하였다.

귀족·관료층의 이러한 사정은 국가유지, 정치운영에 중대한 문제였다. 그러나 국가가 제도 차원에서 조정할 수 있는 것은 후자, 곧 收租地·收

---

63) 金容燮, 〈土地制度의 史的 推移〉, 주 6의 논저.
　　安秉佑, 〈6~7세기의 토지제도〉, 《韓國古代史論叢》 4, 1992.
64) 주 7 참조.

租權이었다. 전자의 문제는 후자를 통해 간접으로 조정되는 영향을 받을 수 있었다.

통일전쟁 직후 신라로서는 이들의 토지문제부터 일단 수습하는 게 순리였다. 우선 지급범위가 慶州 귀족·관료에 한정되어 있고 운용은 마비된 기왕의 祿邑부터 혁파하였다. 그 대신 歲租를 지급하는 방도를 수립하였다. 이 준비는 차분하고 치밀하였다. 녹읍 폐지 2년 전인 神文王 7년(687)에 文武官僚에게 대대적으로, 그리고 差等있게 田土를 賜給하여 주었다.

教賜文武官僚田有差[65]

이는 賜田을 통해 統一後 그간 귀족·관료들의 토지소유 不均에 따른 불만의 완화, 전쟁승리에 대한 보상, 재건작업에 필요한 心氣合一 등을 목표로 시행한 勳田의 배분이었다.[66] 이 조치가 있은 후 뒤이어 녹읍을 폐지하고 歲租, 즉 녹봉으로 公式待遇를 單一化하였다. 이 제도는 결부제가 정비되고 量田이 완료되어 토지소유와 부세부담의 연계작업이 정리되는 기간까지 관료층에 대한 唯一의 대우책으로 지속되었다. 그러나 이 녹읍의 폐지가 그로써 상징되는 신라 토지제도 전체의 폐기는 아니었다. 녹읍제로 지칭할 수 있는 신라 토지제도상의 여러 地目 가운데 '內外官僚'의 녹읍만 혁파한 것이었다.

녹봉은 官僚에 대한 대우로는 제도상 손색이 없었다. 더구나 통일전쟁 후 신라의 국왕 및 그 지지세력은 전쟁 승리를 발판으로 국왕을 정점으로 집권관료제를 더욱 적극 추구하고 또 이 과정에서 唐의 文物制度를 참작하고 있어서, 기왕의 녹읍은 이 자체만으로도 관료제도에 부적절하다고 판단하였을 것이다. 하물며 이 녹읍조차 과거 경주 중심의 귀족·관료를 위주로 한 그러한 녹읍이었다. 국왕·국가로서 관료에 대한 최적격의 물적 대우로 착목할 수 있는 형태는 祿俸이 아닐 수 없었다.

---

65) 《三國史記》 8, 新羅本紀 8, 神文王 7년 5월.
66) 拙稿, 주 5의 〈古代·中世 食邑制의 構造와 展開〉, p. 154(본서 Ⅰ편, p. 45).

그러나 녹봉은 귀족·관료의 家格·門地의 측면에서 보면 매우 불만스럽고 부족한 대우였다. 녹봉은 현직관료에 한하여 지급되고 있어[67] 관료직무에 대한 보상으로는 합당하지만, 관료제도의 기반이 되고 있는 귀족적 門閥, 그 신분적 우월의 지속까지 승인하는 것은 아니었다. 封建으로서의 格, 그리하여 世家로서 그 위치를 계속 유지할 수 있고 이를 명분 있게 하는 世祿의 대우는 보장하지 않았다. 녹읍의 폐지는 결국 封建으로서 世家의 처지를 부정한 조처였다. 귀족·신료들은 녹읍의 폐지와 녹봉으로 대치라는 정책결정과정에서 심하게 반발하였을 것이고, 녹읍 혁파 후에도 자신들의 토지·농민지배를 국가가 제도상으로 다시 복구하여 보장할 것을 강인하게 또 집요하게 요구하고 요청하여 갔을 것이다. 그러므로 통일 후 녹읍은 혁파되었지만 다시 복구될 소지는 항상 있었고, 결국 그렇게 될 것이었다. 골품제하에서 王權이 귀족·관료의 힘을 억제하는 데는 근본적인 한계가 있었다. 다만 이러한 요구·요청이나 그에 따른 조처는 새로운 量田과 그에 의한 田品策定, 사유지에서 所有와 稅役의 一致作業이 완료될 때까지는 지연되고 유보될 수는 있었다.

통일 후 신라는 생산증가를 도모하고 농민안집을 꾀하는 勸農策을 시도하였다. 민심안정과 농민정착을 위한 각종 安集策이 마련되고, 농지개간과 농법개량, 山田開發, 堤堰 및 河川堤防의 보수·신축이 지속하여 추진·권장되었으며, 牛馬 등 가축의 사육, 桑木·果樹의 재배가 독려되었다.[68] 또한 군현제, 군사제도, 관료조직이 새롭게 확대·개편되고 증설되었고 이와 병행해서 骨品制의 조정이 행해졌음은 물론이었다.[69] 아울러 통일신라는 전국 규모의 量田을 결부법으로 수행하여야 하는 큰 宿題와 농민의 토지소유를 안정시키고 이를 조세수취와 연계시켜야 하는 과제도 안고 있었다.

量田은 集權國家가 토지의 면적과 생산성을 파악하고 稅役을 확보하여

---

67) 주 7과 同.

68)《조선전사》5, 과학백과출판사, pp. 250~252.
　　李仁在,〈新羅統一期 土地制度研究〉, 延世大學校 博士學位論文, 1995, pp. 7~25.

69) 徐毅植,〈新羅骨品制의 構造와 그 變化〉,《韓國古代·中世의 支配體制와 農民》, 知識産業社, 1997.

국세를 要覽하도록 하는 기초작업이었다. 양전은 평시에도 번잡하고 시일과 경비가 막대하게 소요되고 민인이 꺼리는 바였다. 전쟁을 치룬 신라로서 그 중요성만큼이나 더욱 힘든 작업이었다. 전쟁 이전에 비해 백제 지역과 고구려 지역의 일부가 통합되어 영토가 최소 倍 이상 증대하여 종래의 국가별 군현별에 따른 부세징수의 지역차, 토질의 비척차는 더욱 현저하였기 때문에 이 사태를 조정하여 나가면서 수행하여야 하는 까닭이었다. 신라는 神文王 5년(685) 九州 五小京을 축으로 군현제를 재편제하였는데,70) 이때 그 소속 군현 및 그 안의 村落 농지의 비척도의 차이를 분간하여 收租率에 타당성과 균등성을 갖추어 주어야 했을 것이다. 또 결부제의 운영에 신축성을 가하는 정비작업이 병행되어야 했다. 그리하여 삼국기 중반 이후 제정된 量田尺, 즉 把를 단위로 所出과 地積과 稅額을 조합한 尺을 그대로 이용하되 中部 이북의 土品을 고려하여 다소 느슨하게 則量함으로써 되도록 넓은 쪽이 結實積이 되도록 원칙을 세우고, 그 운영은 州別 내지 郡縣別로 지역차를 두어 합리성을 유지하려 하였다.71)

　神文王 6년(686)에서 景德王 16년(757) 사이 夫餘郡의 명칭인 所夫里郡의 量田關聯帳籍 '田丁柱貼',72) 文武王 원년(661) 백제 멸망(660) 일년 후 首露王陵廟의 王位田으로 사급한 '近廟上上田三十頃(結)',73) 景德王 15년(755)[혹은 孝昭王 4년(695) 혹은 憲德王 8년(815)] 西原京 부근의 村政帳籍에 보이는 村別 각종 田畓 및 그 結負 數의 기록74)은 이러한 사정을 담고 있는 예들이다. 양전은 郡縣單位로 하되 군현 안에서는 村

---

70)　林炳泰, 〈新羅小京考〉,《歷史學報》35·36合輯, 1967.
　　　李文基, 〈統一新羅의 地方官制研究〉,《國史館論叢》20, 1990.
　　　姜鳳龍, 〈新羅地方統治體制研究〉, 서울大學校 博士學位論文, 1994.
71)　金容燮, 주 39의 〈結負制의 展開過程〉.
72)　《三國遺事》2, 南夫餘, 前百濟.
73)　《三國遺事》2, 駕洛國記.
74)　주지하듯이 이 문서는 李弘稙, 〈日本正倉院發見의 新羅民政文書〉,《學林》3(1954) 및 崔南善 編,《增補 三國遺事》附錄(1954)에 活字本으로 소개된 후 지금까지 十數편의 관련 논문이나 자료집에 活字本 혹은 寫眞本으로 수록되어 있다. 문서 작성 연도 가운데 孝昭王 4년(695)說은 최근 尹善泰, 〈正倉院 所藏 「佐波理加盤文書」의 新考察〉,《國史館論叢》74(1997)를 참조할 것.

落別로 행하고 이를 전제로 토질의 비척을 上中下로 나누어 田品은 上上에서 下下에 이르는 총 9等으로 작정한 듯하다. 군현단위의 파악은 舊來의 收稅方式에 이어지고 있음은 물론이지만, 현실로서는 收稅上 여전히 郡縣의 土豪 및 토착성을 가진 貴族閥閱의 힘을 승인하고 그 협조를 얻어야 하는 사정에서 그렇게 되는 것이었다.

이러한 量田原則 아래서 각 개인 소유의 田畓을 筆地마다 査量하고 結負와 稅額을 정해주면서 그 결과를 量田帳籍으로 成冊하였다. 이때 量田尺으로 측량한 結負가 매겨진 토지를 收租上의 토지로 재파악하는 작업도 함께 행하였다. 田丁柱貼은 이 작업을 정리한 帳籍이었다.75) 전정주첩은 결부로 파악되고 있는 개개 토지의 稅額을 田丁 속에 일정관계로 묶어 들여와서 징수하고 있었기 때문에 마련하였을 것이다. 田丁은 結을 일정한 收租額을 기준으로 삼아 한 단위로 묶은 것〔作丁〕으로서, 田租는 이를 근거로 부과하고 수납하고 있어, 結負制로 토지·조세제도를 운영하던 集權王朝에서 이 작업은 매우 중요한 사항이었다.

量田이 전국 규모로서 일단락된 후 그다음 착수하여야 할 사항은 농민 토지소유에 대한 안정과도 상관되는 稅役의 부과였다. 이 일은 量田過程에서 파악한 平田과 山田의 구분, 常耕田을 중심으로 하면서 歲易田에 대한 一易田·再易田의 분간, 그리고 起耕田과 陳荒田·新墾田의 조사 등을 稅役賦課와 결부시켜 수행될 수밖에 없었다. 이는 크게 두 방향에서 진행되었을 것으로 추측된다. 하나는 無田農·貧農의 끊임없는 발생과 그 증가와 관련해서였고, 다른 하나는 有田者·自營小農의 安着과 연관해서였다. 그러나 이 모두가 하나의 방침에서 始終되는 것은 물론이었다.

신라에서는 토지소유에서 탈락·소외되는 無田農·貧農이 갈수록 증대하였다. 이는 그간 私的 토지소유제가 원칙이면서 여기에 身分階級性이 작용하는 농촌사회에서 대토지 소유가 신분·권력과 연계되어 발달하는 데 수반한 사태였다. 지속되던 戰亂, 연속하는 각종 災害는 이를 더욱 촉발하였다.76) 신라조정이 이들을 토지에 안착시키는 길은 우선 토지를 소유

---

75) 拙稿, 〈高麗時期의 作丁制와 祖業田〉, 《李元淳敎授停年紀念 歷史學論叢》, 1991, pp. 185~186(본서 Ⅲ편, pp. 287~288).

하게 하는 것이었다. 그 방도는 私的 토지소유가 엄존하는 속에서 각 고을에서 이들이 황무지나 陳荒田을 개간하여 소토지 소유자가 되도록 각 종 物資를 지원·조달하게 하거나, 아예 적극적으로 황무지에 민인을 모집하거나 新開拓地에 徙民하여 개간하되 屯田式 개발과 井田·均田式의 농지배분을 통해 自營小農으로 육성하는 것이었다. 한편, 有田者·小農民에 대해서는 이들을 토지에 고착시켜 파악함으로써 동요를 저지하는 것이었다. 그것은 일정 부담의 稅役을 정하여 토지와 그 소유농민에게 부여하는 방식이었다.

　稅役을 정하여 토지소유에 부여하는 조처는 무전농·빈농의 新所有地에 대해서도 취해졌다. 稅役의 작정과 부과는 농민토지소유의 안정과 조정이면서 궁극에는 收稅源의 조성이고 확대였다. 그것은 量田을 통해 개개인의 소유지를 結負의 土地로 파악하고, 이로써 稅役을 정하는 형식이었을 것이다. 신라는 토지와 민인의 결합, 곧 結負와 稅役의 결합을 통해 농민을 토지에 堅縛하고 동시에 安堵하는 처지의 민인으로 만들어갔다. 聖德王 21년(722) 8월부터 '始給百姓丁田'[77] 한 丁田制의 실시는 바로 이러한 사업으로 이해된다. 이제 토지는 丁田이고 농민은 丁田農民이었다.

　量田事業과 丁田分給을 통해 신라는 새롭게 전국의 토지와 농민을 파악하고 수세원을 확보할 수 있었다. 이 시기는 唐軍逐出로부터 45~46년이 지난 때로, 이만한 기간이면 농경지 회복, 농민의 정착·안정이 어느 정도 이루어질 수 있었다.[78] 聖德王 35년(736) 6월 불안요소이던 北方 國境問題가 唐과 일단락되어 浿江以南의 地境이 확실해지자 신라는 이에 관해 '遂使墾闢有期 農桑得所'[79] 하다고 하여 농토를 개간할 기대가 생기고 농사지을 터전을 얻게 되었다고 특별히 강조하고 있는데, 그 배

---

76) 주 63의 논고 참조.
77) 《三國史記》 8, 新羅本紀 8, 聖德王 21년 8월.
78) 이 점과 관련해서는 조선시기 壬辰倭亂이 끝난 후(宣祖 33년, 1600) 양전은 부분적으로 있었으나 본격적인 양전은 35년이 지난 仁祖 12년(1634)에 있었고, 농경지가 전쟁 이전 수준으로 회복되었다는 지적이 나오기 시작하는 때는 45~46년이 지난 仁祖 24년(1646)경부터였음을 상기할 필요가 있다(拙稿, 〈17世紀 農地開墾과 地主制의 展開〉, 《韓國史硏究》 9, 1973, p. 95).
79) 《三國史記》 8, 新羅本紀 8, 聖德王 35년 6월.

경에는 그간의 농업생산의 회복 및 안정과 그에 따른 경제제도의 재건이 자리 잡고 있을 것이다.

이제 신라는 그간 폐지하였던 祿邑을 다시 실시할 수 있는 여건에 도달하였다. 귀족·관료들은 토지분급을 통한 世祿의 회복을 요구하였을 것이고, 이는 儒敎의 政治思想 經濟理念이 한층 보급되고 발달하면서 더욱 타당성과 정당성을 갖추어 나갔을 것이다. 景德王 16년(757) 3월 內外官 月俸의 폐지와 祿邑의 復賜, 즉 祿邑制의 재시행은 이러한 단계에서 있었던 조처로 사료된다(자료 2). 月俸은 歲租를 달마다 俸祿으로 지급한 것이겠다. 녹읍이 폐지되었던 70여 년 동안 기왕의 토지제도 내지 토지소유에서 발생하던 여러 문제나 분쟁도 정리·수습되고, 특히 과거 녹읍에 있었던 지배·수취관계상의 각종 연고나 관습도 청산되었을 것이다.[80]

새로 실시되는 新祿邑은 삼국기의 祿邑과 분급의 원리나 운영의 원칙에서는 동일하였을 것이다. 그러나 결부제의 조정과 田品의 재사정, 丁田制의 실시 및 州郡縣의 개편·정돈, 농업생산의 증대와 田莊의 발달, 과거 경주귀족 중심의 녹읍주와 녹읍농민의 관계파기 등 새로운 환경과 조건에서 제정한 통일신라의 녹읍임에서 한층 정돈되고 성숙한 것이었겠다. 녹읍제가 복구된 이해 12월에 州郡縣의 명칭을 새로 변경하고 소속 小京·郡·縣을 재조정,[81] 다시 滿 1년 뒤 각급 중앙관제를 재정비하고 있음[82]도 이러한 사정과 궤도를 같이하는 조처였을 것이다.[83]

---

80) 녹읍과 관련한 이런 사정과 결부해서는 태봉에서 출발한 고려에서 役分田이 지급되는 것이 太祖 23년(940)이고 田柴科가 初定되는 것이 景宗 원년(976)으로서, 太祖 19년(936) 고려의 後三國 통일부터 전자는 4년 뒤이고 후자는 40여 년 뒤였음을 참고할 필요가 있다(《高麗史》 78, 食貨1, 田制, 田柴科).

81) 《三國史記》 9, 新羅本紀 9, 景德王 16년 12월.

82) 《三國史記》 9, 新羅本紀 9, 景德王 18년 정월.

83) 趙二玉, 〈統一新羅 景德王代 專制王權과 祿邑에 대한 再解釋〉, 《東洋古典硏究》 1, 1993.

5. 祿邑制의 運用과 羅末麗初의 祿邑問題

녹읍의 절급대상은 모든 官僚였다. 녹읍의 수득자가 '內外官'(자료 1), '內外群官'(자료 2)으로 표기되고 있음에서 일단 그렇게 추정되지만, 學生 祿邑의 존재(자료 3)는 이 점을 분명히 하여준다. 學生祿邑은 國學 유지 경비의 염출을 위해 절급한 것이 아니고, 여기서 수학하는 學生 개개인 에게 분급하는 녹읍이었다. 學田이 아니고 學生田이었다. 학생은 고려말 조선초까지도 토지분급의 대상이었다. 조선 太祖初 科田制度가 시행될 때 이들은 令同正과 함께 18科에 속하여 5結의 과전을 절급받았다.84) 조선초의 학생과전은 계보상 신라의 학생녹읍에까지 소급되는 것이다. 학생은 고려시기에는 散職 다음에 놓였고 出仕하는 층이었다.85)

학생녹읍의 존재는 녹읍의 지급대상이 모든 관료층, 그것도 時·散職에 준하는 관료층에서 관료 후보층에 걸쳤음을 전한다. 녹읍의 지급범위가 이러하였음은 이것이 世祿으로서 절급한 것임을 재삼 짐작하게 한다. 녹 읍의 분급은 중앙·지방관의 官等과 骨品을 참작하여 일정 원칙하에 액수 를 단계별로 작정하고 이를 기준으로 차등 있게 행하였을 것으로 보인 다. 녹읍소지의 기한은 본인 當代에 한하고 사망이나 중대범죄 등으로 俸供이 중단되거나 파기될 때는 국가에서 회수하고 몰수함이 또한 원칙 이었겠다.

녹읍의 설정지역은 郡縣 등 邑을 한 범위로 하였다. '以菁州居老縣 爲 學生祿邑'(자료 3)하였다는 기사는 居老縣 전체를 학생녹읍으로 지급한다 는 것이 아니고, 학생에게 지급할 녹읍을 菁州 관하의 居老縣 안에 설정 한다는 내용이다. 그리고 실제 녹읍은 그것이 설정된 고을 내의 토지 가 운데 일부가 절급되었다. 한 고을은 文武官, 學生, 그리고 혹 軍人, 吏胥 등 동일 계통의 職役에 속하는 녹읍으로 묶어 설정하였을 것이다. 학생

---

84) 《高麗史》74, 選擧 2, 凡崇奬之典, 文宗 30년 12월, 中冊, p. 614.
　　《龍飛御天歌》8, 第72章.
85) 許興植, 《高麗科擧制度史硏究》, 一潮閣, 1981, pp. 69~72.
　　　〃 , 《高麗社會史硏究》, 亞細亞文化社, 1981, p. 91.

녹읍을 居老縣에 설정하듯이, 官僚祿邑도 일정 군현별로 설정되어, 그러한 군현이 적게는 한 개에서 여러 개 많게는 십수 개씩 있었을 것이다.

또한 한 고을에는 여러 관료의 녹읍이 混在하도록 절급하여, 관료 한 사람의 녹읍은 특히 규모가 클 경우 여러 고을에 散在하였을 것이다. 이는 정부와 녹읍수득자 모두의 이해관계에서 그렇게 하였을 것이라고 생각된다. 우선 정부로서는 녹읍은 집권관료국가의 통치원칙, 군현제의 운영을 전제로 시행하고 있어, 고을 행정의 공공성을 유지하고 녹읍수득자의 割据를 방지하며 收租 때 濫收의 방지도 다소 기대할 수 있었다. 한편 녹읍수득자로서는 농사의 豊凶에 따라 발생하는 지역별 收入損失의 차이를 줄여 그만큼 안정된 收租를 보장받을 수 있었다. 한 고을에, 그것도 한 촌락에 자기의 녹읍이 집중하여 설치되면 凶荒時 收入은 그만큼 축소되고 심하면 완전 포기하여야 하는 경우도 발생하는 것이었다.

녹읍의 설정처가 고을인 것은 단지 행정상의 이유에 머무는 게 아니었다. 그럴 만한 사유가 더 있었다. 이는 收稅와 관계되는 사항이었다. 다름 아니라 이 당시 결부제에 의한 토지파악, 면적산출, 부세징수는 지역차를 전제로 田品의 肥堉을 나누고 있어서, 녹읍 등 토지분급의 운영 또한 郡縣別 田品의 差를 원칙상 참작하여야 했다. 이런 까닭에 녹읍의 지급처는 某某郡 혹은 某某縣으로 표현되는 것이다. '上上田'86)이란 田品이나 '平田'87)이라는 肥堉을 구분하는 呼稱 등이 존재하는 것도 토지의 肥堉差를 고려한 토지파악과 상관이 있어서였다. 녹읍의 분급단위는 토지면적과 소출을 結負로 환산하고 이 結을 일정수로 묶어 丁으로 만든 田丁이었을 것이다.

결부제는 田品의 筆地別 等分, 郡縣別 구분을 통하여 전체를 참작하여 형식상 공정하다고 하더라도, 실제 結收租額의 不均으로 인한 收入의 불균형은 있었다. 녹읍은 結實積을 收租地로서 절급하는 토지인 까닭에,

---

86) 주 73과 同.
87) 同上.
    平田에 관해서는 拙稿, 〈高麗前期의 平田과 山田〉, 《李元淳敎授華甲紀念 史學論叢》 (敎學社, 1986)을 참고할 것(본서 Ⅳ편).

원칙상 어느 때 어느 곳에서나 향유하는 結收益은 균등해야 했다. 그러므로 이와 같이 田丁을 작성하여 이를 보완하고 수익을 보장하는 조처가 동반되는 것이었다. 그리고 실제 녹읍의 절급은 그 收租額[石數]에 초점을 두고, 해당하는 양의 結負 數를 田丁으로 맞추어 주는 방식으로 이루어졌을 것이다. 이 시기의 結負制가 把 단위의 소출중심제이고, 量田은 이 把를 기초 척도로 하여 方100把＝1結의 實積으로 삼아 수행하고 있는 여건에서, 녹읍수득자가 지역차 필지차에 따라 받게 되는 收租額의 편차를 해소시켜야 하는 까닭이다. 녹읍이 歲租[月俸]와 서로 交替될 수 있던 것, 녹읍의 사여를 菁州祿·白城郡祿 등 某某(州·郡)祿으로 지칭하던 것도 모두 녹읍의 실체가 田丁으로 지급되는 收租地이면서도 그 초점은 收租額에 두고 있었기 때문일 것이다.

또한 녹읍은 가능한 慶州나 小京에서 거리가 먼 고을에 분급하지 않았을까 한다. 녹읍 시행기에 이미 신라는 전국의 私有地를 收租權 개념으로 파악하여, 收租地로서의 '公田'과 '私田'으로 경리하고 있었다. 당시 교통·운수의 여건상 국가 수조지, 곧 公田은 田租의 수취가 편리하고 수송이 용이한 경주에 가까운 주변 군현이거나 혹 멀더라도 운수가 편리한 고을에 배정하였을 것이다. 반면에 국가 재정과 직접 상관없는 개인 수조지 私田, 즉 祿邑은 경주에서 먼 고을에 절급하는 것이 일반이었겠다. 學生祿邑을 居老縣에 설정한 것도 이런 사정에서였겠다. 신라말 高思葛伊(聞慶)의 城主 興達이 그의 아들 俊達·雄達·玉達 등과 함께 太祖 王建에게 귀의하고 四父子 모두 녹읍을 받았는데, 父는 青州(開寧)祿, 長·次·三子는 각각 珍州(珍山)祿, 寒水(?)祿, 長淺(長端)祿이었다.88) 이 고을들은 聞慶은 물론 開京을 기준으로 하여도 먼 거리이다. 신라말 燕山昧谷(懷仁)의 本邑將軍이던 龔直도 太祖 15년(932)에 來朝하여 大相 벼슬을 제수받고 自城郡(安城)祿을 받고 있다.89)

---

88)《高麗史》92, 列傳 5, 興達, 下冊, p. 76.
　　《高麗史節要》1, 太祖 10년 8월, p. 17.
　　이 가운데 青州는 清州 혹은 開寧으로 파악하는 두 견해가 있다. 전자는 洪承起, 〈高麗初期의 祿邑과 勳田〉,《史叢》21·22合輯, 1977, p. 158에서이고, 후자는 허종호, 주 6의《조선토지제도발달사》[Ⅰ], p. 233에서이다. 여기서는 후자를 취한다.

이런 운영원칙이 祿邑主에게 불편한 것만은 아니었다. 자기 녹읍에 대한 관리와 수취에서 중앙의 감시를 피하기 좋았고, 고을의 협조를 얻기도 더욱 유리하였다. 租米의 운반이 어려우면 布나 기타 여러 雜物로 환산하여 징수하고, 일정지역을 지정하여 그곳에 수송하도록 하면 되는 것이었다. 신라시기 財買井宅, 長沙宅, 金楊宗宅 등 39개의 金入宅[90]들은 지방에 邑司를 갖추고 있었는데, 아마 각종 재산의 관장 및 增殖과 함께 외방에 있는 녹읍의 수입도 관리하였을 것이다.[91]

녹읍에서 조세수취는 수득자가 직접 하였다. 실무는 家臣이나 幹事奴婢가 담당하고 각 고을에서 그 편의를 돌보았을 것이다. 신라말 고려의 祿邑에서는 '家臣'을 이용하여 징수하고 있다.[92] 직접 수취는 諸加가 下戶 및 邑落을 직접 통주하고 부세를 수취하던 전통의 계속이며, 采地·采邑의 명분으로서도 당연한 행위였다. 녹읍수득자는 상급신분으로서 녹읍민을 지배하며 수취하고, 관료로서 이 권한을 '王土'로 할양받아 坐食하는 '食祿之人'[93]이었다. 이런 점에서 녹읍수득자는 祿邑主였고 따라서 '田主'였다.

수취대상은 토지소유자이며 郡縣民, 즉 百姓으로서 編籍되어 있는 編戶였다. 그러므로 '爾祿邑編戶之氓'[94]이라는 지칭이 있는 것이다. 이들은 小農民으로 '編戶小民'[95]에 속하는 층이었다. 그러므로 課戶이면서 田地와 함께 丁으로 묶여 있는 丁田農民의 일부였을 것이다. 祿邑編戶는 자기 토지 丁田의 소유농민이면서, 동시에 이 丁田을 田丁으로 소지하여 수취하는 녹읍주를 가지고 있어 그에게 납조하여야 하는 예속농민이었다. 이러한 처지는 聯盟國家 初期古代國家 시기에 下戶農民이 奴·奴客과 같은 위치에서 諸加·大家에게 생산물의 일부를 賦稅로 납부하던 처지에

---

89)《高麗史》92, 列傳 5, 龔直, 下冊, p. 76.

90)《三國遺事》1, 紀異 1, 辰韓.

91) 徐毅植,〈新羅統一期의 開府와 眞骨의 受封〉,《歷史敎育》59, pp. 109~113.

92)《高麗史》2, 世家 2, 太祖 17년 5월, 上冊, pp. 50~51.

93) 同上.

94) 同上.

95) 주 60과 同.

서 토지를 매개로 田租를 제공하는 것으로 변경되는 데서 오는 현실이었
다. 이런 점에서 녹읍민은 '佃客'이었다.

　녹읍의 수취율은 田土所出의 什一이 원칙이었을 것이다. 什一稅는 집
권왕조국가에서 적정으로 여기는 稅率로서 '堯舜之道'[96]였고, '天下通
法'[97]이었다. 국가는 이의 준수를 요구하고 또 틈틈이 강조하였을 것이
다. 文武王 때 왕의 庶弟 車得公은 宰相이 되기 전 경륜을 쌓기 위해 국
내를 潛行하여 여러 고을의 民政을 살폈는데, 그 주요사항은 '民間徭役之
勞逸 租賦之輕重 官吏之淸濁'[98]이었다. 녹읍에서는 녹읍주가 상급신분층
으로서 하위신분층인 녹읍민을 직접 무상으로 수취하므로, 收斂이 규정
을 넘어서 濫收하고 가혹한 경우가 수다하였을 것이다. 車得公의 故事로
보아 녹읍민은 田租의 남수나 수탈의 혹독함을 제도상 官衙에 호소할 수
있었겠으나, 실제 守令이 녹읍주인 귀족·관료의 힘을 누르고 녹읍민의
편에 설 수 있는 여건은 빈약하였을 것이다.

　녹읍의 수수와 형태, 수취와 관리의 대강은 이러하였다. 녹읍제의 시
행은 귀족·관료와 국왕·국가의 義理上에서는 分茅胙土하는 封建의 상징
이자 藩屛에 대한 의례의 표현이었으며, 국가 및 귀족·관료층의 토지지
배 농민수취를 편제한 田主佃客 관계의 성립이고 그 전개과정이었다. 이
田主佃客制는 '祿邑主-家臣-佃客'의 체계로 구성된 관계로서, 그 성립기반
은 自營小農을 축으로 하고 토지를 매개로 하는 국가의 수취제도에 있었
다. 이는 舊來 人·戶를 중심으로 한 '諸加-家臣-下戶'의 노예제적 지배·
수취 체계가 재편되고 소멸되고 발전하여 오면서 토지를 중심으로 정비
되는 租·調·役 중 租의 수취·납부를 바탕으로 묶은 관계였다. 調·役까지
모두 망라하여 징수하는 것은 특별히 食邑으로 잔존하였다.

　이러한 선상에서 녹읍의 시행 그리고 그 폐지와 재시행은 우리나라 收
租權分給制의 개시이고 성립의 과정임을 더욱 분명히 인식할 수 있다.
녹읍은 새로운 사회관계로의 진전을 전망하게 하는 토지제도, 새로운 경

---

96)《孟子》(朱子集註) 11, 告子章句.

97)《高麗史節要》1, 太祖 원년 7월, p. 11.

98)《三國遺事》2, 文虎王 法敏.

제제도로서 우리나라 中世土地所有關係의 커다란 특징, 즉 수조권과 소유권이 병존하면서 서로 조화·대립하는 단계의 형성이고 그 進化의 端初를 뜻하는 것이었다. 실제 신라시기 녹읍제의 시행과정은 소유지·소유권에 입각한 지주전호제의 보급과 병행하고 있었다. 지주제가 보급되면서 전주전객제는 함께 발전할 수 있는 것이었다. 統一戰爭 종료 이후 田庄의 발달은 그 예였다.[99]

이러한 녹읍제는 그간 살필 수 있었듯이 정치·경제·사회 등 그 성립조건 운영여건이 변동하면 폐기되기도 하고 재정비되기도 하는 등 변화하게 되어 있었다. 景德王대에 복구된 녹읍도 마찬가지였다. 언제까지나 본래대로 유지되고 운영될 수는 없었다. 신라 下代로 들어서면서 王位를 둘러싼 진골귀족 간의 군사적 相爭과 정치적 浮沈이 격화하는 속에서,[100] 祿邑의 授受는 다시 停滯되고 관료 사이에 祿邑所持의 不均은 극심해질 수밖에 없었다. 宰相家는 '不絕祿 奴僮三千 甲兵稱之'[101]한 처지였다. 녹읍의 回收와 再配分은 정상대로 수행될 수 없었고, 이미 한 번 절급한 녹읍은 해당 녹읍주의 家産으로 변하였을 것이다. 政爭에서 패배한 이들의 祿邑은 그들의 田宅·家財·奴婢와 함께 勝者 사이에서 다시 재분배되었을 것이다. 그리고 이러한 형세에서 勢弱者·寒微者의 녹읍은 보호받지 못하고 勢强者·權勢者에게 피탈되었을 것이다. 간혹 회수된 녹읍이 있어 재절급하더라도 上位級 官僚부터 우선 시행하였을 것이다.

이와 함께 녹읍의 정상적 유지를 어렵게 한 것은 부세제도의 혼란과 농민층의 반발 및 항거였다. 녹읍지배·수취의 직접 기반이 동요하고 와

---

99) 金容燮, 주 63의 논고.
　　金昌錫, 〈新羅統一期 田莊에 관한 研究〉, 《韓國史論》 25(서울大), 1991.
　　金琪燮, 〈新羅統一期 田莊의 經營과 農業技術〉, 《新羅文化祭學術發表論文集》 13, 1992.
　　李炳熙, 〈三國 및 統一新羅期 寺院의 田土와 經營〉, 《國史館論叢》 35, 1992.
　　李仁在, 〈新羅統一期 田莊의 形成과 經營〉, 《韓國 古代·中世의 支配體制와 農民》, 知識産業社, 1997.
100) 李基白, 〈新羅 惠恭王代의 政治的 變革〉, 《新羅政治社會史研究》, 一潮閣, 1974.
　　李基東, 〈新羅下代의 王位繼承과 政治過程〉, 《新羅骨品制社會와 花郎徒》, 韓國研究院, 1980.
　　주 8의 논고.
101) 《新唐書》 220, 列傳 145, 東夷, 新羅.

해되고 있는 것이었다. 이 가운데 중심이 된 것은 녹읍주의 수탈강화와
녹읍민의 격렬한 항쟁이었다. 녹읍제는 신라의 集權力이 郡縣制를 통해
발현되어 녹읍주와 녹읍농민을 적절히 통제하고 보호할 수 있어야 제대
로 운영될 수 있는 제도였는데, 연속되는 귀족관료의 상호항쟁과 王權의
불안은 이 모든 것을 불가능하게 하였다. 下代 末期로 갈수록 신라 朝廷
에는 州郡의 貢賦가 제대로 輸納되지 않았다. 그리고 眞聖王 3년(889)의
대대적인 賦稅督促은 급기야 豪族의 발호와 農民의 叛亂을 전국 규모로
촉발시켰다.102) 신라 조정은 녹읍주의 권한을 통제도 못하지만 보장도
할 수 없는 처지였다.

녹읍농민이라고 농민의 동요·항쟁과 무관하게 존재할 수는 없었다. 농
민항쟁은 귀족·토호에게 토지가 집적되고 부가 집중됨에 따라 몰락농민·
전호농민이 증가하고 빈농·무전농이 群盜化하면서, 小農民이 몰락의 不
安에 처하여 그 위기감으로 지배층 나아가서는 지배기구에 대한 항쟁의
대열에 나서고, 호족 등 신흥세력은 이들의 投托과 보호를 통해 세력을
육성하고 조직화함으로써 발발하는 것이었다. 기층농민의 동요·항쟁과
분화는 귀족·호족의 할거를 유발하여 독자적인 정치·사회세력으로 성장
시킴으로써 權力의 분해·분산이 급속히 진행되어갔다. 정국은 後三國의
등장, 신라의 壞滅로 이어지고 있었다.

新羅之末 田不均而賦稅重 盜賊群起103)

하다는 지적은 그간의 이러한 사정을 簡明하게 설명하여 준다.

이런 속에서 부세수취는 수탈로 화하여 갔다. 신라에 대항하여 일어난
新興國 泰封에서조차 '惟事聚歛 不遵舊制 一頃之田 租稅六碩'104)하는 등
부세수탈은 시대조류였다. 정상적인 부세징수는 붕괴한 것이다. 부세수탈

---

102) 《三國史記》 11, 新羅本紀 11, 眞聖王 3년.
103) 《高麗史》 78, 食貨 1, 祿科田, 昌王 즉위년 7월, 中冊, p. 715.
　　　《高麗史節要》 33, 昌王 즉위년 7월, p. 829.
104) 《高麗史》 78, 食貨 1, 租稅, 太祖 원년 7월, 中冊, p. 726.
　　　《高麗史節要》 1, 太祖 원년 7월.

의 혹독성은 부세제도 혼란의 원인이면서 그 결과이기도 하였다. 정치사
정·경제형편이 변동하는 속에서 부세제도만 제대로 작동할 리는 없었다.
결부제의 조정, 量田사업, 丁田실시 등으로 부세행정의 공평을 시도하였
지만, 이로써 지역차 및 지역내 농민의 부담이 충분히 참작되어 公平하
고 合理的인 데 이르기는 아직 멀었다. 부세제도의 혼란은 이 시기 결부
제의 이러한 문제에서 수조권의 행사자인 國家·祿邑主와 납조자인 農民
의 이해관계가 서로 얽혀 일어나는 총체적인 양상이기도 하였다.105)

　신라말 녹읍제는 완전 소멸되는 데까지 이르지는 않았지만 정상에서는
아주 멀리 이탈하여 있었다. 後三國期의 고려에서도 녹읍제는 시행하고
있었다. 물론 食邑制도 있었다.106) 泰封에서 이미 신라의 관례를 본받아
녹읍제를 수용하고 있어 태조 왕건이 계승한 것이었겠다.107) 그러나 고
려도 녹읍을 모든 官僚와 軍士에게 절급하지는 못하였다. 신라에서 이미
운영 자체가 마비되고 있는 터이고, 고려 자신은 후백제와 전투에 여념
이 없고 겹쳐서 契丹에 대비하고 신라를 회유·공략하여야 하는 형편이었
기 때문에 녹읍의 官僚制的 편성과 운영은 불가능하였다. 태조가 녹읍수
득자를 일러 '爾公卿將相食祿之人'108)이라고 하고 있음을 보면, 지급대상
은 高級官僚에 머물렀을 것이다. 실제 후삼국기 고려에서 녹읍수득자로
전하는 이들은 城主·將軍이었다. 이들은 大相 등 高職을 받고 있다.109)
公卿將相은 바로 이런 층을 지칭하는 것이었다.110)

　후삼국 통일전쟁기에 전국적으로 안정된 토지파악이 이루어지지 못하
고 따라서 균등한 농민수취를 시행하기 곤란한 상태에서 城主·將軍 출신
의 公卿將相級 등 大豪族만이 녹읍을 부지하고 수취할 수 있는 실력을

---

105) 金容燮, 주 71의 논고.
106)《高麗史》1, 世家 1, 太祖 원년 6월 乙丑, 上冊, p. 39.
107) 박시형, 주 8의 논저.
　　盧明鎬,〈羅末麗初 豪族勢力의 經濟的 基盤과 田柴科體制의 成立〉,《震檀學報》74,
　　1992.
108)《高麗史》2, 世家 2, 太祖 17년 5월, 上冊, p. 50.
109) 주 88·89 참조.
110) 김영두,〈高麗 太祖代의 祿邑制〉,《韓國史研究》94, 1996.
　　洪承基, 주 88의〈高麗初期의 祿邑과 勳田〉.

갖추고 있었다. 그리고 전쟁기에 太祖에 협조하여 藩屛·服肱의 처지와 역할을 主任할 수 있는 이들 역시 이러한 층이었다. 고려에서 녹읍의 수득자는 대부분 官班制의 독자적인 官府를 결성하고 스스로 토지·인민을 정치·경제적으로 지배하고 있는 豪族官僚였다.111) 태조 원년(918) 8월 국왕이 즉위에 공훈이 있는 臣僚를 1·2·3등으로 나누어 표창하면서 이를 일러 高勳者에게 '錫之以分茅胙土 褒之以峻秩崇班'하는 것이며, 이는 百代의 떳떳한 법이요 千古의 훌륭한 규례라고 천명함112)도 녹읍지급의 대상이 이러함을 시사하는 것이다.

녹읍에서 수탈이 심하였던 것은 고려에서도 마찬가지였다. 태조 왕건은 즉위 직후 민심안정과 국정쇄신의 첫 조치로 租稅征賦를 天下通法에 입각한 舊制를 따르도록 하여113) 田 1負에 租 3升씩 징수하는 什一稅의 준용을 선포하였지만,114) 녹읍에서는 준수되지 않았다. 녹읍주의 남수는 여전하였다. 신라 최말 敬順王 8년(934)인 태조 17년(934) 5월, 국왕은 禮山鎭 순행 때 각별히 조칙을 내려 녹읍주의 家臣들이 녹읍에서 '惟務聚斂 恣爲割剝'하고 있고 녹읍민이 군현에 호소하여도 관리는 '徇情掩護'하고 있어 怨讟이 치솟고 있음을 지적하고, 녹읍주가 이를 시정하지 않으면 祿俸을 추탈하고 1년, 2·3년 혹은 5·6년 심하면 종신토록 出仕시키지 않고 그 罪가 子孫에게 이르게 하겠다고 激言할 정도였다. 그리고 이러한 훈계가 '予嘗誨之'라 하듯이 이전에도 내린 적이 있을 만큼115) 수탈이 혹심하였다.

羅末麗初 후삼국기의 녹읍은 관료 사이에 점유의 不均衡이 심각하였고, 아울러 收租에서 濫奪이 심하여 녹읍농민의 동요와 반발이 격동하는 등 여러 폐단을 야기하고 있었다. 이런 사태는 우선 군현제가 다시 조정되고 관료제가 새롭게 정비되면서, 이와 병행하여 결부제의 재정비를 수

---

111) 金光洙, 〈羅末麗初의 豪族과 官班〉, 《韓國史硏究》 23, 1979.
112) 《高麗史》 1, 世家 1, 太祖 원년 8월 辛亥, 上冊, p. 39.
113) 주 104와 同.
114) 《高麗史》 78, 食貨 1, 祿科田, 辛禑 14년 昌王 즉위 7월, 中冊, p. 715.
　　《高麗史節要》 33, 昌王 즉위년 7월, p. 829.
115) 주 108과 同.

반한 量田事業과 새로운 賦稅行政이 수행되고 토지분급도 재시행되어야 수습될 수 있었다. 결부제의 정비는 收取를 什一稅에 준하도록 結負의 所出·地積·尺度를 다시 정리하는 것이면서 동시에 田主佃客 간의 관계를 새로 설정하는 일이었다. 고려초 정부는 陳田개간 시에 私有地에서 행해지는 地主佃戶 사이의 地代收取까지 간여하고 있을 정도였다.116)

　이상의 작업을 통해 녹읍이 지닌 문제를 해결할 경우, 토지분급은 더 이상 邑을 설정단위로 할 수 없었다. 이제 녹읍은 한층 적절한 형태의 토지분급제로 개선되어야 하는 것이었다. 후삼국을 통일한 고려는 호족의 직접적인 군현지배 농민지배를 해체시켜 나가면서, 이 근거에서 허용하던 녹읍지배도 파기하여야 했다. 그러므로 한층 진전된 형태, 즉 호족의 정치적 지배력을 배제하고 지주로서의 경제적 지배만이 남는 현실에서, 부세제도상으로 그런 형식을 마련함으로써 豪族官僚에 대한 물적 대우를 보장하는 토지분급제가 필요하였다. 그것은 地主-佃戶의 관계만 남는 것으로, 형태상 현실에서 발달하고 있는 地主佃戶制에 대한 조응이었다. 그러므로 녹읍 속에 담겨 내려오던 諸加·豪民의 邑落支配的 형식은 여기서 한 단계 더 탈각하여 소멸되었고, 封邑으로서 갖고 있는 義理·藩屛의 측면은 국왕·신료의 처지를 더욱 분명히 설정하는 보편가치로, 그리고 현실명분으로 한층 강조되었다. 收租地의 분급은 이제 祿邑이란 용어나 표현으로 더 이상 적절하지 않았다. 田結 자체가 설정단위로서 正面에 부상하는 것이다. 아울러 녹읍이 지니고 있던 祿俸的 측면은 별도로 독립하여 祿俸制로 정비되어 갔다. 이때 고려는 이 선상에서 녹읍제의 청산, 결부제의 조정, 토지분급제의 제정 등을 구상하면서 高句麗·渤海의 토지·부세제도도 검토하고 참작하였을 것이다.117) 고려가 송악을 발판으로 泰封에서 일어났고 고구려 계승을 표방한 만큼 당연한 일이었다.

---

116) 《高麗史》 78, 食貨 1, 田制, 租稅, 光宗 24년 12월, 中冊, p. 726.
117) 허종호, 주 6의 논저, pp. 166~181, p. 188, p. 236에서는 발해와 고려의 토지제도상의 계승관계를 적극 지적하고 강조하고 있다. 이 지적은 근거자료로 삼고 있는 《陝溪太氏族譜》, 〈渤海國王世畧史〉의 眞僞 논란과 상관없이, 이런 점에서 음미하고 숙고할 사항이다.

그러므로 토지분급제는 이념상 采地·采邑의 정신이 圭田의 전통을 강화하는 속에서 관철되도록 하는 선에서 제정되었다. 圭田은 井田制하에서 卿에서 士에 이르기까지 祭祀俸供의 명목으로 지급하고 世傳하는 土地였다.118) 이러한 작업은 太祖 23년(940) 3월 군현제 조정,119) 步를 단위로 한 새로운 結負制와 그에 의한 量田과 田品策定120)에 입각하여 科田과 口分田 및 柴地를 설정하고 각기 外方과 京畿로 분리하여 분급121)함으로써 진행되었다. 통일 후 4년 뒤인 태조 23년(940) '庚子年田科'122)라고도 지칭하는 役分田의 初定123)은 그 첫 착수였고, 그 후 36년이 지난 景宗 원년(976) 田柴科의 始定124)은 첫 단락이었다. 李濟賢이 이 전시과를 평하여 '古者 世祿之意'125)라고 말함은 이런 의미를 상기시킨다. 이사이 祿俸制도 마련, 정비되고 있었음은 물론이었다.126) 이리하여 고려에서는 전시과의 시행을 통해 국왕과 신료의 義理를 횡으로 하고 농민지배를 종으로 하는 集權封建制가 典型으로 발달할 수 있었다.

6. 結 語

신라시기 祿邑制의 시행과 그 추이를 음미하고 추정하면 이상과 같이 이해하게 된다.

녹읍은 설정단위를 고을로 하는 分給收租地이고 그 語義는 封邑에 이어진다. 祿은 世家의 世祿을, 邑은 采邑을 상징하는 의미를 함유하는 것

---

118) 拙稿, 〈科田의 占有와 그 原則〉, 주 17의 논저, pp. 103~104.
119)《高麗史節要》1, 太祖 23년 3월, p. 28.
120) 金容燮, 주 39의 〈結負制의 展開過程〉.
　　　〃 , 〈高麗時期의 量田制〉,《東方學志》16, 1975.
　　　〃 , 〈高麗前期의 田品制〉,《韓㳏沂博士停年紀念 史學論叢》, 知識産業社, 1981.
121) 拙稿, 〈高麗時期의 兩班口分田과 柴地〉,《歷史教育》44, 1988.
122)《高麗史》93, 列傳 6, 崔承老, 下冊, p. 86.
123)《高麗史》78, 食貨 1, 田制, 田柴科, 太祖 23년, 中冊, p. 707.
124)《高麗史》78, 食貨 1, 田制, 田柴科, 景宗 원년 11월, 中冊, p. 707.
125)《高麗史》2, 世家 2, 景宗, 李濟賢贊, 上冊, p. 65.
126) 崔貞煥, 〈高麗 祿俸制의 成立過程〉,《大邱史學》15·16, 1978.

으로 단순히 職田類에 비길 수 있는 게 아니었다. 첫 시행 시기는 삼국 시기 중반으로, 結負制가 所出에 地積이 합쳐져 조정되고 齊民的 租稅制가 정립하는 시점이었다. 來歷를 보면, 邑落을 기반으로 한 聯盟國家·初期古代國家시기 諸加가 邑落을 통해 직접 부과하고 징수하던 형식으로 下戶를 지배하고 수취하던 단계에서 王朝國家의 귀족·관료의 처지에서 土地와 民人을 지배·수취하는 단계로 들어오면서, 郡縣 등 邑의 토지에 대한 조세징수권을 할급하는 것으로 변화한 것이었다. 그러므로 租·調·役의 부세 가운데서 租를 징수하는 것이었다. 調·役까지 수취하는 것은 食邑이었다. 고구려·백제에서도 녹읍과 유사한 제도가 있었을 것이다.

이렇게 시행된 녹읍은 통일전쟁 종료 후 神文王 때 일단 혁파된다. 장기간 대규모의 전란을 거치면서 정치·경제·사회 전 부면에 대변동이 있었고 통치의 영역과 인구는 최소 倍 이상 증가한 여건에서 종래 경주귀족 위주의 녹읍은 적절하지 않았을 것이다. 이에 녹읍에 대신해서 祿俸을 지급하였다. 신라는 이보다 2년 앞서 勳田으로서 文武官僚들에게 대대적인 賜田을 행하여 이들의 토지소유의 불만과 욕구를 완화시키는 조처를 취하였다. 녹읍의 혁파가 녹읍의 완전 소멸은 아니었다. 녹봉은 國王 위주의 集權官僚國家體制를 추구하는 데는 손색이 없었으나, 정작 統治에서 국왕이 연대하고 있는 귀족·관료들의 家門·門閥, 곧 世家의 유지에 대한 승인이 없는 제도였다. 귀족·관료층의 녹읍 복구 요구는 절실하고도 강력하였을 것이다. 녹읍은 다시 復設될 素地를 안은 채 폐지된 것이었다. 다만 복구 시점은 통일왕조에 적합하게 量田制와 賦稅制의 정비가 완료되고 丁田制로써 농민 소유지에 대한 조절과 안정이 이루어진 후이어야 했다. 그리하여 녹읍은 景德王대에 다시 재시행되었고, 운영원칙이나 분급정신은 이전과 같았을 것이다.

녹읍의 절급대상은 관료층 전체였고 當代에 한하였다. 설정단위는 郡縣이었고 그 속의 田丁이 절급단위였다. 田丁은 군현 등 지역차를 전제로 한 田品의 肥塉差를 배려하여 結 단위로 묶은 收稅中心의 토지파악 단위였다. 신라에서는 戶口와 함께 이로써 郡縣設置의 준거로 삼고 있었다. 실제 녹읍의 절급은 그 收租額에 초점을 두고, 해당 결부 수를 田丁

으로 맞추어 주는 방식으로 이루어졌을 것이다. 한 고을에는 여러 관료의 녹읍이 混在되도록 하였다. 관료 개인의 녹읍을 한 고을에 집중 지급하지 않고 여러 고을에 分散시킨 것이다. 정부는 군현제의 行政力을 유지하고 녹읍관료의 할거를 방지할 수 있었으며, 녹읍주는 농사의 凶豐에 따른 地域別 稅收入의 손실과 차질의 위험을 다소 회피할 수 있었다. 그러나 文武官僚·學生 등 같은 계열 職役者의 녹읍은 각각 함께 묶어 한 고을에 집중 배치하였을 것이다. 녹읍의 설정 고을은 경주에서 먼 곳이었다. 收租過程 일체는 녹읍주가 家臣·奴婢를 동원하여 직접 수행하였고, 稅率은 什一이었으나 濫奪이 그치지 않아 수탈이 심하였다.

새로 복구된 祿邑制도 下代로 들어서면서 운영이 마비되고 폐단이 극심하였다. 回收와 再分給은 停滯되고 또 家産化되어 상급지배층과 하급지배층 사이 占有不均이 갈수록 심화되었다. 또한 국가의 부세행정이 붕괴하여 대규모의 農民抗爭마저 촉발되면서 녹읍주에 대한 녹읍민의 반발·저항도 그만큼 커져 존립기반이 와해하고 있었다. 신라는 국가의 처지에서는 녹읍을 운영할 능력을 완전히 상실하였고, 녹읍은 완전 퇴락하여 정상궤도에서 멀리 이탈하였다. 신라말의 고려에서도 녹읍은 시행하고 있었으나, 大豪族 출신이 대다수인 公卿將相 등 고위관료에 대한 우대책이었고 수탈도 극심하였다. 이 시기 녹읍은 이러한 力量이 있는 인물들이나 유지하고 수취할 수 있었다. 녹읍은 후삼국이 통일되는 단계에 이르러 새로운 형태의 토지분급제로 변모할 처지에 있었다. 그리고 그 방향은 豪族의 郡縣支配를 타파하고 이들을 통합함을 계기로 군현 단위의 설정방식이 무너지고 田結 자체가 설정단위로 등장, 이 선상에서 圭田의 전통이 새롭게 강화되고 采邑의 정신은 이 속에서 관철되는 것이었다. 祿邑의 소멸과 田柴科의 등장, 祿俸制의 정비는 이 과정이었다.

신라시기 녹읍제를 이와 같이 파악하면 그 의미를 다음과 같이 정리하고 전망할 수 있다. 녹읍은 국왕과 귀족·관료의 관계에서 分茅胙土하는 封建의 정신과 藩屛의 儀禮의 표현이었고, 국가 및 귀족·관료의 토지지배 농민수취에서는 田主佃客制의 수취납조 관계의 성립이며 그에 입각한 지배예속관계의 등장이었다. 전주전객제는 '祿邑主-家臣-編戶農民'의 체계

로 구성된 관계로서 自營小農을 기축으로 하고 토지를 매개로 하는 王朝
國家의 帝王的 齊民統治 및 그 租稅制度에 근거하는 것이었다. 이는 舊
來 人·戶를 중심으로 한 '諸加-家臣-下戶'의 노예제적 지배·수취의 체계
가 해체되고 재편되어 발전하면서 토지를 중심으로 정비되는 租·調·役
중 租의 수취·납부를 기초로 하여 엮어지는 관계였다. 그러므로 녹읍은
새로운 사회단계로의 진전을 전망하게 하는 정치경제의 제도이며, 우리
나라 中世 土地所有關係로서 수조권과 소유권이 병존하고 조화·대립하는
특징 형성의 첫 단계였다. 따라서 녹읍제는 지주전호제의 보급에 병행하
고 있었다. 통일전쟁 후 田庄이 급속히 발달함은 그 예였다.

(《歷史敎育》 72, 1999. 12. 揭載, 2011. 補)

新羅時期의 丁田制

1. 序 言

　우리나라가 古朝鮮, 辰國 등 고대국가 성립부터 그리고 그 후 諸列國이 浮沈하고 三國으로 발전하는 과정에서, 토지제도와 부세제도는 邑落差, 地域差를 전제로 하면서도 이 차이를 조정하여 均一性을 부여하는 방향으로 제정·운영하여 왔다. 이는 장기간에 걸쳐 단계적으로 추진되었다. 특히 고구려, 백제, 신라의 鼎立을 전후하여 帝王의 齊民的 統治가 王朝國家로서의 理念으로 확고히 자리 잡으면서, 국가의 토지 및 人丁에 대한 조직적 파악, 부세의 체계적 부과와 그 징수·관리는 더욱더 세밀하여졌다. 結負制의 발달, 田丁制의 운영, 戶等制의 細分은 이러한 과정에 조성되었고, 이는 이후에도 오랫동안 토지·부세제도의 주요 골격이 되었다.

　본래 우리나라는 원시농업공동체의 해체부터 토지의 私的 所有를 바탕으로 諸所有形態 및 關係가 형성되고 전개되어, 국가의 형성과정에서 토지제도는 이를 바탕으로 하되 그 조직은 부세제도와 깊이 연계되어 작정되어 왔으며, 그 중심에는 항상 해당 稅役의 직접 담당자인 농민이 자리잡고 있었다. 삼국정립 이후에도 토지제도는 부세제도와 결부하여 크게 두 방면에서 마련·운영되었다. 하나는 부세의 수취와 관련해서이고 다른 하나는 부세의 배정과 연관해서였다. 전자는 귀족·양반관료층 및 통치기구를 주축으로 이루어지는 토지의 배분, 곧 신라의 祿邑, 고려의 田柴科

등으로 대표되는 소위 收租地의 분급제도였고, 이 밖에 起源이 上古로 소급되는 食邑制도 해당한다. 후자는 농민을 丁 중심으로 파악하고 이를 이들의 토지소유와 결부시켜 稅役을 작정하는, 곧 토지와 농민을 稅役을 통해 긴박하여 총체로 파악하는 丁田制가 그 제도였다. 전자가 우리나라 中世前半期의 王朝國家를 集權封建國家로서 존립하게 하는 大支柱라면 후자는 그 기초조직이었다. 집권봉건국가에서 稅役, 곧 諸役人의 안전한 확보 및 규모 있는 관리는 軍事를 위시하여 驛站·貢納·徭役 등의 운영에 절대요건이었는데, 그 기본은 토지와 농민의 연계조직에서 마련되는 까닭이었다.

우리 역사에서 祿邑·田柴科와 함께 丁田에 주목하는 까닭은 이것이다. 특히 丁田制의 성립·운영과 연관하여 관심을 갖게 하는 것은 신라시기의 '丁田'이다. 丁田은 신라시기를 거쳐 고려말기까지 존속하였던 제도로서 祿邑이 고려초에 폐지되고 田柴科가 제정되는 것과는 달랐다. 그간 이 시기의 정전에 관해서는 국내외에서 직접 간접으로 많은 推定과 檢討가 행해졌다. 초점은 丁田의 語義, 분급대상과 목적, 의의 등에 집중되었다. 정전의 분급이 신라에서 시작한 것으로 전하는 까닭이다. 그러나 관련 자료가 唯一하고 기사조차 甚短하여 연구자가 가지는 이 시기의 정치·사회像과 연계하여 이해되고 있어, 견해도 다기하고 때로는 커다란 隔斷도 보인다. 그러면서도 통일 후 신라의 사정, 촌락 파악(9等戶制, 烟受有田畓), 균전제 등과 결부하여 추론하고 있는 점이 공통이다. 이는 丁田에 관해 대단히 심도 있는 이해를 갖게 하였으나, 전체적으로 丁田의 시행과 그 추이를 둘러싼 基底的 이해는 미약하다.1)

丁田은 그 시행과 추이를 이 시기 우리나라 사회경제의 발전과정과 단계 속에서 추정하여야 더욱 분명히 파악할 수 있다. 그러기 위해서는 丁田을 그 作定과 背景, 그리고 量給과 成立基盤에서 음미하는 작업이 필요하다. 이렇게 하면 이 제도가 운영되던 시기의 토지제도·부세제도의 특징과 운영에 한걸음 더 접근할 수 있고, 농민층의 토지소유와 존재형

---

1) 拙稿, 〈古代·中世初 經濟制度의 動向과 「국사」敎科書의 敍述〉, 《歷史敎育》 45, 1989, pp. 109~126.

태를 이해할 수 있으며, 나아가 이에 先後하는 토지제도와의 연속성과
차이성도 전망할 수 있는 것이다.

2. 丁田의 作定과 그 背景

현재 신라시기의 丁田에 관한 직접 자료는 다음의 기사가 唯一하다.

　　　聖德王 二十一年 秋八月 始給百姓丁田[2]

　　聖德王 21년(722) 8월에 비로소 百姓에게 丁田을 지급하였다는 기록
이다.[3] 이 기사로 알 수 있는 사실은 丁田을 지급하였다는 점, 그리고
대상은 百姓, 시기는 統一期 신라 中代 下半이라는 것뿐이다. 정전에 관
한 극히 표면의 단편의 기록으로, 정전제의 중요성은 시사하지만 그 내
용, 운영방식, 대상, 성격 등은 직접 파악할 수 없다.
　　자료의 사정이 이러하여, 신라의 丁田은 일찍부터 用語의 吟味와 함께
촌정문서의 '烟受有田·畓'이나 '丁·丁女'와 연계 및 北魏·隋·唐과 倭 등
주변국의 均田制的 토지제도 범주에서 추정하여 보기도 하고, 아울러 통
일 후의 농업·토지사정과도 결부시켜 검토하여 왔다. 그러므로 해석은
늘 이 시기에 대한 연구자의 歷史像에서 始終되고 있는데, 대략 다음과
같이 몇 계열로 정리할 수 있다.
　　우선 丁田의 지급에 관해 토지의 실체에 관련해서 (1) 耕地의 분급으
로 이해하되 그 대상이 壯丁,[4] 혹은 平民[5]이라고 보는 견해, (2) 唐의
均田制와 유사하다고 보되, 그 내용은 ⅰ) 지급량은 2結 이하였을 것,[6]

---

2)《三國史記》8, 新羅本紀 8, 聖德王 21년 8월.
3) 위 문구의 이와 같은 해석에 異議가 있을 수 있다. 이 문구만으로는 '百姓丁田을 지
　급하였다'로 새길 수도 있다. 그러나 일찍이 林建相,〈신라의 정전제에 대하여〉(1)·
　(2),《역사과학》4·5(1977, 1978)에서도 지적하였듯이 위와 같이 이해하여야 마땅
　하겠다.
4) 白南雲,《朝鮮社會經濟史》, 改造社, 1933, p. 432.
5) 金哲埈,〈新羅貴族勢力의 基盤〉,《人文科學》7(延世大), 1962, p. 234.

ii) 혹은 烟受有田畓이 바로 丁田으로서, 個別自然村落的 基準에 근거하여 수여된 또는 畓을 기준으로 2결 내외를 計烟對象丁數를 제외한 丁에게 준, 원칙상 철저한 그러나 신라식의 均田이라는 것7)이라는 관점, (3) 원래 농민이 가지고 있는 토지를 '나누어 주는' 형식의 법적 조처로 파악하되, ⅰ) 이것이 貢賦·徭役 등 부역 징수와 관련된다거나,8) ii) 형식은 均田을 모방한 것일 것,9) iii) 농민 자연호를 編戶化(孔烟=丁戶)하여 이를 단위로 소유권을 인정하듯이 지급한 형식10)이라는 논의, 그리고 丁田의 丁의 의미와 상관해선 (4) 丁은 노동력으로서 부세 부과의 기준이며 그 내역은 두 가지로, 丁을 기준으로 토지 자체를 지급함(특수·제한)과 민이 소유하고 있는 토지에 丁을 지워주는 것(일반·보편)이었겠다는 의견11) 등이다. 이상의 추정들은 크게 보면 丁田은 土地支給(耕地 자체이든 均田式이든) 혹은 賦稅作定 어느 편에 중점을 두어 파악하는가로 兩分할 수 있지만, 국가권력이 농민에게 취한 토지제도로 보는 점에서는 모두 일치하고 있다.12)

한편, 丁田支給의 목적·의의에 관해서는 연구자 모두 부역징발과 농지경작을 위한 농민의 토지긴박책으로 인식하되 특별히 이유를 (1) 통일전란 후 인구 감소와 유리, 토지황폐, 그리고 성덕왕 때 빈발하는 天災地

---

6) 朴時亨, 〈정전제도의 실시〉, 《조선토지제도사》(상), 과학원출판사, 1960, pp. 106~116(서울版, 신서원, 1994).
　허종호, 〈정전제도의 실시와 소농경지의 발전〉, 《조선토지제도발달사》[1], 과학백과사전종합출판사, 1991. pp. 190~203(서울版, 민족문화사, 1997).
7) 崔吉成, 〈新羅의 自然村落的 均田制〉, 《歷史學研究》 237, 1960.
　兼若逸之, 〈新羅 均田成冊의 研究〉, 《韓國史研究》 23, 1976.
8) 林建相, 주 3의 논고.
9) 姜晋哲, 〈韓國土地制度史(上)〉, 《韓國文化史大系》Ⅱ, 高麗大學校 民族文化研究所, 1965, p. 1206.
　　〃, 《高麗土地制度史研究》, 高麗大學校出版部, 1980, pp. 1~11.
10) 李仁哲, 〈新羅 統一期의 村落支配와 計烟〉, 《韓國史研究》 54, 1986.
11) 金容燮, 〈前近代의 土地制度〉, 《韓國學入門》, 學術院, 1983.
　　〃, 〈結負制의 展開過程〉, 《韓國中世農業史研究》, 知識産業社, 2000, pp. 180~182.
12) 다만 李喜寬, 〈統一新羅土地制度研究〉, 西江大學校 博士學位論文, 1994에서는 제(3)의 견해에 서되, 신라에서 丁田은 없었고 삼국사기의 撰者가 '통일신라의 烟受有田畓을 고려시대의 地目인 丁田으로 기록한 것'(p. 132)이라고 하여 丁田의 존재를 부정한다.

變으로 인한 荒蕪地 개간을 위한 조처,13) (2) 혹은 토지집중이 아직 사회문제로 두드러지지 않아 人力이 중시되는 여건에서, 신라가 중앙집권체제를 편성·강화하면서 전국 토지에 대한 '왕토'관념의 선전 유포14)로 유추하기도 한다. 그리고 이러한 긴박의 의미는 (1) 신라 專制權力에 의해 上代的 諸豪族 私有地의 收公을 前提로 한 村落民의 公田民化의 지렛대의 역할,15) (2) 과거 농민에 토지지급을 村主·族長이 하던 것을 국가에서 처음 지급한 것으로서, 촌장·호족들의 세력이나 그 지방에 있는 귀족의 莊園에 平民의 토지가 흡수되는 것을 막기 위한 방법으로16) 이해하거나, 혹은 (3) 백성의 토지이탈이 전제되고, 나아가 농업생산 및 課稅法의 合理化를 예상하고 土地私有制의 普遍化를 간취할 수 있는 시책으로17) 정의한다. 이상의 견해들도 정전의 지급이 부역징발과 농지경작 어느 쪽에 중점을 두는가에 차이가 있지만, 그 基調는 모두 국가권력이 농민을 부역을 매개로 토지와 결박시키는 데 목적이 있고, 그런 점에서 국가의 토지·농민에 대한 公的인 파악이란 것은 동일하다.

丁田을 이해하는 데, 일단 우리는 위의 여러 논의를 참작하고 공통된 사항을 배려하되, 이 명칭에 丁과 田이 결합하여 있다는 점에 유의할 필요가 있다. 통상 丁은 일정 범위 내의 연령을 기준으로 賦役을 부담〔當〕할 수 있는 成年을 지칭하는 것으로18) 대략 16~60세의 人丁(丁男·丁女)이었다.19) 丁田의 丁도 이와 상관이 있을 것이다. 그러나 丁田이 丁이라는 壯丁, 이것에 직결시켜 지급한 토지는 아니었다.

신라는 정치·경제·사회 여건상 토지 자체의 절급은 원칙상 시행할 수 없었다. 신라에서는 토지의 소유가 私的 所有制였다.20) 그러므로 국가가

---

13) 朴時亨, 허종호, 주 6 및 姜晋哲, 주 9의 논고.
14) 林建相, 주 3의 논고.
15) 崔吉成, 주 7의 논고.
16) 金哲埈, 주 5의 논고.
17) 白南雲, 주 4의 논고.
18) 《中文大辭典》, 丁部, 丁1冊, p. 144(中國文化大學, 1992-以下同).
　　《說文解字注》, 丁部, 上海古籍出版社, 1988, p. 740.
19) 金基興, 《삼국 및 통일신라세제의 연구》, 역사비평사, pp. 83~94, pp. 187~194.
20) 金容燮, 주 11 및 허종호, 주 6의 논고.

백성 壯丁을 대상으로 전국에 걸쳐, 그것도 장기간 토지분급을 통해 각 계층 간 토지소유 관계의 不均을 조정하는 일은 불가능하였다. 실제 이 시기 신라사회는 한편으로 田莊 등 大土地所有와 地主制가 발달하면서 다른 한편으로는 傭作農民, 無田農民 등이 광범히 배출되는 속에서 운영되는 그러한 사회였다.21) 그뿐만 아니라 신라는 神文王 9년(689)까지 시행하던 祿邑制를 景德王 16년(757)에 復設하여 이후 계속 운영하고 있었다. 녹읍제는 收租權 분급제로서 토지의 私的 所有, 私的 토지소유 관계를 전제로 그 위에서 실행하는 것이었다.22) 녹읍제를 시행하면서 토지의 私的 소유 규모에 직접 변경과 제약을 가하는 토지정책을 집행하기는 불가능하였다. 혹 8세기 초 聖德王 때 토지소유 관계의 격차를 타개하기 위해 토지소유 규모를 一律로 재편하는 조처를 취했다면, 이는 대대적인 變革으로서 토지의 명의를 丁田이라고 칭하지 않았을 것이다. 均田的 限田的인 명칭, 곧 田地의 授受 내지 管理를 반영하는 표현을 택하였을 것이다. 丁田은 토지의 私的 所有制를 원칙으로 하고 아울러 대토지 소유와 토지겸병을 현실로서 승인하는 위에서 시행한 제도였다. 따라서 농민에 대한 토지지급이라 하더라도 이에 저촉되지 않는 범위 안에서 시행된 정책이었다.

丁田이란 語義에는 이 丁田이 壯丁·人丁과의 관련성을 포함하면서도 이를 넘어서, 이의 지급을 제도로서 주관하고 운영하는 왕조국가의 주체적 처지가 함축되어 있을 것이다. 그리고 그것은 丁田이 토지소유 규모 자체의 조정과 상관없는 이상, 국가가 토지·농민에게 부과하는 賦稅次元의 내용일 수밖에 없다. 실제 丁은 字義上 人丁이란 뜻과 함께 이 人丁이 국가에 대해 담당하고 부담하는, '丁賦'·'丁科', '丁夫'23) 등의 표현처럼 正役·徭役의 의미를 간직하고 있다. 丁田이란 명칭은 국가가 농민 소

---

21) 金昌錫,〈통일신라기 田莊에 관한 연구〉,《韓國史論》25, 1991.
　　金琪燮,〈新羅統一期 田莊의 發達〉,《高麗前期 田丁制研究》, 釜山大學校 博士學位論文, 1993.
　　李仁在,〈私的 土地所有權의 성장과 田莊經營〉,《新羅統一期 土地制度研究》, 延世大學校 博士學位論文, 1995.
22) 拙稿,〈新羅時期 祿邑制의 施行과 그 推移〉,《歷史教育》72, 1999(본서 Ⅰ편).
23)《中文大辭典》, 丁部, 1冊, pp. 144~155.

유지에 人丁을 표준으로 한 稅役을 부과하고,24) 이 선상에서 파악하고
있는 토지라는 점을 나타내기 위해 제정한 것으로 추찰된다. 농지절급을
동반한 丁田도 물론 마찬가지이다.

　이러한 추정을 더욱 확고하게 하는 것은 田丁制가 시행되고 있었던 점
이다. 전정제의 운영 사실은 백제의 夫餘지역에서 量田·徵稅의 자료로
작정하였을 小夫里郡田丁柱貼의 존재,25) 신라에서 州縣을 설치할 때 戶
口와 아울러 田丁을 준거로 하였다는 것26)에서 확인할 수 있다.

　田丁은 토지의 結을 일정한 收租額을 기준으로 단위를 삼아 丁으로 造
作한 것[作丁]으로, 田租의 납부·징수의 근거였다. 이는 우리나라 토지·
부세제도 운영의 오랜 전통인 結負式 量田에서 由來한다. 결부식 양전은
삼국정립 이후에 한층 더 개선되어 각 筆地의 田品을 村落·郡縣 등 지역
별 차이를 전제로 한 토지의 肥堉差에 입각하여 査定하고, 이를 把 단위
의 單一量田尺으로 측량한 다음 그 수치를 結負로 산정하여 收租上의 토
지로 재파악하고 있었다. 그러나 이로써 稅政이 바로 수행될 수는 없었
다. 정부는 私的 토지소유제하에서 항시 발생하는 농민의 각종 租稅拒納
에 대처하여, 그리고 국가 발생 이래 있어 온 읍락을 단위로 한 부세징
수의 오랜 전통에 입각하여 조세의 共同納付制, 곧 조세납부의 共同責任
制를 시행하였다. 그리고 그 방편으로서 徵稅上의 절차를 간편히 하기
위해서 일정 넓이의 結을 십수 개 혹은 수 개씩으로 엮어 한 단위로 작
정하는 일이 더 있어야 했다. 더구나 이 시기는 1結의 實積이 후대와 달
리 토지의 비척에 상관없는 同一面積이고, 田租는 田品別로 差等있게 액

---

24) 주 11의 논고.
25) 《三國遺事》 2, 南夫餘, 前百濟.
　　이 田丁柱貼의 작성시기에 관해서는 소부리군을 百濟시기의 지명으로 보아 백제가
泗沘에 서울을 옮긴 聖王 16년(538) 이전 시기부터로 설정하는 견해(1)와, 통일 후
新羅의 지명으로 보아 神文王 5년(686)~景德王 16년(757) 혹은 惠恭王 12년
(776)~興德王 9년(834)으로 파악하는 견해(2)가 있다.
　① 說: 허종호, 주 6의 논고, p. 136.
　② 說: 林建相, 주 3의 논고(1). p. 31.
　　　　李仁哲, 〈8·9세기 新羅의 支配體制〉, 《韓國古代史硏究》 6, 1993, pp. 148~
　　　　149.
26) 《新增東國輿地勝覽》 7, 驪州牧, 古跡, 登神莊(古典刊行會, 1958, p. 136).

수를 책정하며 징수하는 여건이었다. 이 조건에서 토지를 파악하고 收稅
하려면, 同一實積이지만 田租額이 상이한 結負로서의 각 筆地를 均一한
量으로 짓는 단위가 절실히 필요하였다. 이와 같이 결부로 파악한 토지
의 稅額을 일정 액수, 일정한 관계로 엮어 徵稅의 단위 및 준거로 삼은
것이 田丁이었다.27) 이러한 田丁制는 결부제의 변동, 수취제도의 개정에
따라 구체내용에서는 다소 변동이 있지만, 기본 기능은 먼 후대 조선시
기까지 계속 유지되었다. 田丁의 丁은 田租가 부과되어 있는 丁, 그리고
그 징수단위로서의 丁이었다.

丁田의 丁은, 田丁의 이 丁과 연관되어 있다. 신라는 田丁을 祿俸·軍
須를 위시하여 각종 용도별로 배정하고 또 각급 통치기구 및 文武官僚
등에게는 奉供의 대가로 분급함으로써 토지·농민에 대해 收租權上의 지
배와 수취를 도모하였다. 그러나 이 시기에는 이러한 수조단위의 작정만
으로 부세행정이 집행되기는 어려웠다. 이와 함께 또 하나의 工作이 필
요하였다. 한 田丁 내에 포괄된 여러 토지의 소유경작자인 농민에게 그
들이 부담하여야 하는 국가의 세역을 책정하여 주되, 이를 토지와 결부
시켜 부세담당을 확고부동하게 하는 일이었다. 그리고 이는 농민의 세역
부담과 연관하여 지급되는 것이므로 丁田이 되는 것이었다. 이 시기 국
가는 하나의 農地를 수조권·수조지상으로는 田丁으로 파악하고, 소유권·
소유지상에서는 丁田으로 작정하고 있는 것이다.

이러한 丁田의 지급은 租와 調·役 등 부세별로 부과대상에 대한 파악
방식이 상이하고, 또 單一量田尺에 의한 同一實積의 토지파악과 田品區
別, 그에 입각한 差等收租가 結負制 운영의 公式으로 자리 잡고 있는 현
실에서 연유하는 것이었다. 우선 租는 田野·農作地域의 농지에 대한 조
세로서 結負로 파악하고 있었고, 調·役은 村落·住居地域에 대한 부세로
서 步로 파악하고 있었다. 兩 지역에 대한 稅役 부과는 계통이 서로 상
이한 채 이루어지고 있었다. 이는 고대국가 성립 이래 量田事業·賦稅策

---

27) 金容燮, 주 11의 〈結負制의 展開過程〉, p. 191 및 〈高麗時期의 量田制〉, 주 11의
　　논저, pp. 94~98.
　　　拙稿, 〈高麗時期의 作丁制와 祖業田〉, 《李元淳教授停年紀念 歷史學論叢》, 教學社,
　　1991, pp. 169~170(본서 III편).

定의 來歷差異, 그리고 歷史傳統의 差異에서 유래하는 것이었다.28)

이와 같이 租·調·役 부과의 계통, 대상 및 기준이 다르므로, 국가는 양자를 묶어 부세를 파악하는 정책을 강구하여야 했다. 더욱이 삼국시기 이후 농업생산의 提高와 병행하여 부세행정이 한층 토지중심 결부제 위주로 진행하고, 이 과정에서 齊民性이 관철되면서29) 이 점은 더욱 절실하여졌다. 그 방법은 농지와 人·戶를 묶는, 즉 농지에 調·役을 함께 묶되 그 기준을 丁으로 하여 전체 稅役을 작정하고 그 총량을 分別·綜合하여 관리하는 것이었다. 이뿐만이 아니었다. 토지파악과 조세징수의 지표인 結負制는 村落·郡縣 등 지역차가 전제된 토지의 肥塉差를 승인하여 운영되고 있었다. 그리고 농지는 아직 單一量田尺으로 측량하고 이를 結負로 환산하므로, 租는 田品의 차이에 따라 차등 있게 부과·징수하였다. 이런 여건에서 稅役의 부과가 均一性을 기하도록 배려하여야 했고, 그러자면 토지와 稅役을 적절하게 결합하여 均等하게 하여야 하는 것이다. 여기서 丁田의 작정과 지급은 한층 절박하였다. 농민 소유지는 丁을 정해 받아 丁田이 되었고, 해당 토지의 민호는 丁을 받아 烟이 되었다. 이러한 시책은 국가 부세수취의 조직성 균등성을 기하기 위해서는 물론이고, 收租地가 收租額을 기준으로 文武官僚에게 祿邑의 명의로 절급되고 있어30) 절대 필요한 것이었다. 당시까지 중국 역대 왕조에선 田丁이란 어휘가 없었다. 토지세역의 체계가 달랐던 까닭이다.

3. 丁田의 量給과 成立基盤

이와 같이 丁田이 丁을 기준으로 稅役이 정해진 전토이므로, '始給百姓丁田'의 '給'은 字義上 지급·절급으로 새겨지지만 좀 더 정확하게는 量給

---

28) 金容燮, 주 11의 논고, pp. 185~188.
29) 拙稿, 〈古代·中世의 食邑制의 構造와 展開〉, 《孫寶基博士停年紀念 韓國史學論叢》, 知識産業社, 1988(본서 I편).
    〃 , 주 22의 논고.
30) 拙稿, 주 22의 논고, p. 28 참조.

의 의미로 파악된다. 토지를 量田하고 그 人丁과 결부시켜 稅役을 배정
하여 그 부담량과 부담자를 명백히 하는 절차, 이것이 丁田의 지급인 까
닭이다.31) 그러고 보면 성덕왕 때 정전의 量給은 신라왕조가 통일 후 더
욱 심각하여진 有田者와 無田者, 대토지 소유자와 소토지 소유자, 傭作
農民 사이의 토지소유 규모의 격차 및 益富益貧의 사태를 원칙상 稅役配
定의 合理化를 꾀하여 수습하고자 하는 선에서 수행한 제도였다고 하겠
다. 一言하여 均賦均役에 이념과 목표를 둔 것이었다.

그러므로 丁田量給은 신라정부가 壯丁 개개인을 파악하고는 있었지만
직접 대상은 戶로 하고, 여기에 근거하여 稅役을 부과하고 差出하는 방
식으로 이루어졌을 것이다. 그리고 이 戶가 丁戶였을 것이다.32) 丁戶의
설정은 地步로 파악한 村落·住居와 結負로 파악한 田野·農地의 지역 이
양자를 합쳐서 산출하여 부과한 總稅役額을, 戶籍上의 家戶를 人丁 및
田畓의 多寡를 기준으로 戶等을 짓되 역시 지역차·군현차를 배려하였을
9等烟戶制(上上烟~下下烟)에 준하여 배분하는 위에서 수행되었을 것으로
생각된다. 실제 대상은 주로 토지의 소유 규모 및 財力·人力에서 稅役을
감당하고 동원할 家勢를 표준으로 제정하여야 했을 것이다. 田少者, 單
寒者, 貧農 및 無田者로 할 수는 없었다. 지급대상을 표현하여 '百姓'이라
고 한 것도 이런 이유에서였을 것이다. 단순히 일반 농민이 아니라 농민
상층을 지목함이었다.

丁田量給의 실제가 이러하여 한 개 郡縣, 村落 안의 모든 개개 농지,
개개 家戶가 丁田 및 丁戶로 묶이지는 않았을 것이다. 배정된 稅役額數
를 수납하는 데 소요되는 數만큼만 책정하는 형식으로 운영하였을 것이
다. 戶籍·量案·田丁帳籍·丁田文書 기타 각종 촌세관련 문서를 종합하여

---

31) 고려전기의 기록이지만, 靖宗 7년(1041) 정월, 文宗 13년(1059) 2·3월에 量田한
   지 오래되어 結負의 多寡, 田品의 高塘이 不均하여진 고을의 民田을 量田使를 파견하
   여 새로 양전하여 '食役'을 균등히 작정할 때 이 조처를 '民田量給'이라고 표현함이 바
   로 이런 사례가 되겠다(《高麗史》78, 食貨 1, 田制, 經理, 中冊, p. 706).

32) 신라시기 丁戶의 존재는 丁·丁夫 등 人丁으로서 '丁'의 用例가 列國時期初 三國 모
   두 있었음(金基興, 주 19의 논저)에서, 그리고 신라 최말 고려 태조가 碧珍郡 將軍
   李悤言에게 사여한 傍邑의 '丁戶二百二十九'의 예가 있음(《高麗史》92, 列傳 5, 李悤
   言, 下冊, p. 75)에서 확인할 수 있다.

작성한 것으로 보이는 신라후기의 '村政文書'에 근거하여 추상화한 방식
을 참고하면, 이는 6丁과 24.9結의 仲上烟을 기준으로 이루어지지 않았
을까 한다. 가령 '當縣薩下知村'의 경우 丁數는 26명, 農地는 179.040結
로 計烟 4, 餘分 2였다. 計烟 4에서는 최소 1에서 최고 4까지의 徵稅調
役이 가능하다. 그리고 이와 관련해서 묶여지는 토지는 17~18결 가량
이 한 단위가 되어 최소 17~18결에서 68~72결이 된다.[33] 計烟의 '計'
는 '計結爲丁', '計數作丁'[34]하고 '計口授業', '計民授田'[35]하는 경우의 計
와 같은 의미로 새겨지며, 따라서 '計烟'은 徵稅調役時 그 집행단위로서
의 烟으로 이해된다. 촌락의 諸民戶가 실제 개별의 토지소유와 생산활동
을 통해 존재하면서도 丁田을 量給받고 이를 근거로 調役되는 형식은 이
러하였을 것이다. 丁田은 농민 소유지에 稅役이 책정된 토지이고, 丁戶
는 丁田으로 편성된 농민 소유지를 일정 결수로 묶은 田丁 위에서 출급
되는 稅役을 擔當하는 자가 형성하는 戶였다.

　촌정문서 속의 '烟受有田·畓'이라는 地目은 바로 이러한 내역을 담고
있는 호칭이었다. 즉, 烟으로서 稅役을 부여받아 丁으로 量給받은 田土
의 의미이다. 그러므로 '烟'도 단순한 人家의 호칭이 아니었다. 稅役으로
서 丁이 정해진 戶의 뜻이었다. 고구려의 '看烟', '國烟'[36]이나 '赤城烟'[37]

---

33) 尹漢宅, 〈고려 전시과 체제하에서의 농민신분〉, 《泰東古典研究》 5, 1989.
　　李仁哲, 〈新羅統一期의 村落支配와 計烟〉, 《韓國史研究》 54, 1986.
　　李仁在, 〈統一新羅期 土地制度研究〉, 延世大學校 博士學位論文, 1995, pp. 146~
　　151.
　　반드시 이러한 數値대로 운영되었는지는 다소 의문이 있으나, 대략의 방법·방식으
　　로서 한정하여 볼 수는 있겠다.
34) 《高麗史》 35, 兵 1, 兵制, 五軍, 恭愍王 5년 6월, 中冊, p. 783.
　　《高麗史》 78, 食貨 1, 田制, 祿科田, 恭讓王 3년 5월, 給科田法, 中冊, p. 723.
35) 《宋史》 487, 列傳 246, 外國 3, 高麗〔《二十四史》 16冊(中華書局, 北京, 1997-以
　　下同), p. 14054(3573)〕.
　　《三峰集》 7, 朝鮮經國典 上, 賦典, 經理.
36) 《譯註 韓國古代金石文》 I, 廣開土王陵碑, 韓國古代社會研究所, 1992.
　　손영종, 〈광개토왕릉비문에 보이는 《수묘인연호》의 계급적 성격과 립역방식에 대
　　하여〉, 《력사과학》 86-3, 1986.
　　趙仁成, 〈廣開土王陵碑를 통해 본 高句麗의 守墓制〉, 《韓國史市民講座》 3, 1988.
　　金賢淑, 〈廣開土王陵碑를 통해 본 高句麗守墓人의 社會的 性格〉, 《韓國史研究》 65,
　　1989.
　　林起煥, 〈광개토왕비의 國烟과 看烟〉, 《역사와 현실》 13, 1993.

등의 烟과 같이 일정한 力役을 부담하도록 책정받은 戶의 지칭으로 사료
된다. 본 문서에서 기재된 4개 촌의 村勢記事 중 '當縣沙害漸村'의 경우
田畓의 사정을

合畓百二結二負四束〔以其村官謨畓四結　內視令畓四結〕　烟受有畓九十四結二
負四束〔以村主位畓十九結七十負〕　合田六十二結十負五束〔並烟受有之〕　合麻
田一結九負[38]

라고 기록하고 있다. 이 기록 가운데 烟受有田畓의 성질과 관련하여 주
목되는 사항이 있다. 烟受有畓이 94결 2부 4속이고, 이 가운데 村主位畓
이 19결 70부임을 각별히 細註로써 표기한 부분이다. 이러한 기재의 내
용과 방식은 바로 烟受有畓이 烟으로서 稅役을 부여받아 丁으로 量給받
는다는 원리에서 설정하고 책정한 성질의 토지임을 전하는 사례라 하겠
다. 村主位畓은 村主가 촌주로서의 職役을 부담하는 행위와 연관하여 국
가가 공식으로 설치한 토지로 생각된다. 본 문서에서 해당촌 烟受有畓의
총액을 기록하고 그 뒤에 세주로 이 村主位畓을 額數와 함께 각별히 적
기한 것은, 村主位畓이 신라가 파악하는 토지의 성질로 보아서는 烟受有
畓과 같되 다만, 그 부과한 稅役이 보통 稅役이 아니고 村主로서의 職役
이어서 군현 행정상 혹은 세역 부과상 분간해서 파악하여야 할 특별한
烟受有畓이기 때문으로 추정된다. 신라는 稅役의 징발을 村主位畓을 제
외한 보통 烟受有畓에서 수행하였을 것이다. 그리고 畓과 달리 田은 合
田 62결 10부 5속이 '並烟受有之'라 하여 전부 烟受有田인 것으로 보아,
村主의 職役은 생산성이 안정되고 稅租의 대표가 되는 米가 생산되는 畓
에 우선 배정한 듯 하고, 아마 이는 관례였을 것으로 추측된다.

　　　趙法鋒, 〈廣開土王陵碑文에 나타난 守墓制研究〉, 《韓國古代史研究》 8, 1995.
　　　李仁哲, 〈4~5世紀 高句麗의 守墓制廣〉, 《淸溪史學》 13, 1997.
　37) 《譯註 韓國古代金石文》Ⅱ, 丹陽 赤城碑, 韓國古代社會研究所, 1992.
　38) 崔南善 編, 《增補 三國遺事》, 附錄 新羅帳籍零簡, 民衆書館, 1954. ·〔　〕는 浹注.
　　　兼若逸之, 《新羅 '均田成冊'의 分析을 통해 본 村落支配의 실태》, 延世大學校 博士
　學位論文, 1984, p. 17의 자료.

　　정전의 양급과 운영은 稅役의 합리적 부과와 징수에 근본 목적이 있는 것이었지만, 부수하여 중소토지 소유자나 소농민의 토지소유권을 안정시키고 그리하여 각종 겸병의 위협도 다소 방비할 수 있는 시책이었다. 국가의 稅役을 담당하는 토지로서, 그리고 그러한 민인으로서 처지가 정립되는 까닭이었다. 이에 따라 각종 사유로 몰락하여 향리를 떠나는 貧農을 제지하고 이미 각처로 流移乞食하는 無田農을 정착시키는 데도 유효하였을 것이다. 토지와 人丁을 묶어 稅役 속에서 파악하기 때문이었다. 이뿐만 아니었다. 국가에서 征服地·邊方·新開拓地 등에서 徙民 혹은 募民을 동반한 크고 작은 각종 拓境事業 開拓事業을 끊임없이 진행함에 따라 이 開拓·開墾에 참여한 농민에게 농사와 정착에 필요한 제반 물자의 지원과 함께 농지를 配分하여야 하는데, 이때 역시 丁田方式을 이용하였을 것이다. 屯田式 농지개발과 井田·均田式의 농토배분을 통해 無田農·貧農을 자영소농으로 전환하고 稅役을 부과하여 丁을 지어줌으로써 丁田農民으로 안착시키는 것이었다. 이런 경우는 토지 자체의 분급을 동반한 丁田의 量給인 셈이었다. 이때 지급되는 토지의 면적은 지역 조건, 개척 농지의 규모와 토질의 비척, 참가 家戶의 다과 및 家戶 내의 丁의 다과 등에 따라 다소 차이는 있었겠지만, 대략 1丁을 기준으로 그 경작능력에 비추면 기왕에 추정하였듯이 2결 안팎[39])이지 않았을까 한다.

　　정전의 量給은 量田에 동반하여 농민 개개인의 토지를 田丁으로 파악함과 함께 이를 기초로 그 세역을 책정·부과하고 이 과정에서 正役·徭役, 즉 軍役·驛役·吏役·其人役 등 諸國役을 각각 一連으로 담당할 丁戶를 抄出하고 설정하는 제도였다. 이러한 丁田의 의의는 컸다. 첫째, 국가는 이 제도로서, 稅役 특히 職役·力役 부담층을 토지에 긴박시켜 안정성 있고 지속성 있게 확보하고, 이를 통해 그 소유권을 부세 차원에서도 분명하게 보증할 수 있어, 토지와 농민을 왕조국가의 公的 영역으로 확실히 참여시키는 체계를 갖출 수 있었다. 둘째, 稅役의 관리 및 수취가 古

---

39) 朴時亨·허종호, 주 6의 논고 및 兼若逸之, 주 7의 논고.

代社會에서 諸加를 중심으로 邑落·國邑·郡縣만을 통해 이루어지고 국가 권력은 외곽에서 간접 파악하던 데서 丁田을 통해서 직접 장악하는 방향으로 전환하여, 진전하고 그 강도도 증대하는 것이었다. 셋째, 稅役 부과를 통해 토지의 任意移動이 간접으로 방지됨으로써 농민 소유지가 토지 겸병의 와중에 휩쓸리는 위험이 다소 감소될 수 있었다. 그러므로 토지·농민에 대한 귀족관료·토호의 지배력이나 관여 정도 및 범위에 제약이 가해졌을 것이다. 요컨대 丁田은 우리나라 中世 初의 國家와 農民의 관계를 특징 있게 발현하는 제도, 즉 토지의 私的 소유관계를 인정한 위에서 帝王의 齊民的 統治를 이념으로 하고 稅役을 주축으로 하여 수립한 王朝國家의 토지제도였다.

丁田의 量給·機能·意義를 이상과 같이 추찰하고 이해하면, 丁田 내지 이런 형식의 토지제도는 우리나라에서 삼국 통일 후 聖德王朝 이 시기에 처음 시행되었던 것은 아니었겠고, 신라에서만 있었던 것도 아니었겠다. 丁田的인 토지의 파악이나 분배, 그리고 운영·관리는 일찍부터 있었다고 사료된다. 늦어도 三國時期 어느 시점에서 시행되었으리라고 생각된다. 삼국기 고구려에서 개척지에 시행하던 '佃舍法'도 그 한 예일 것이다. 이 佃舍에는 丁의 존재를 전제로 하여야 있을 수 있는 '烟' 그리고 '子·女', '小子·小女'층이 실재하고 있었다.40) 이곳의 '佃舍'는 단순히 語義上의 일반 自營農家 내지 借耕佃戶家를 지칭함이 아니었다. 이 佃舍는 고구려가 丹陽 赤城 일대를 척경하고 설치·운영한, 군사상 경제상의 농토와 관련한 것이었다. 그러므로 이 佃舍의 佃은 해당 농지의 소유 및 관리를 주체로 하였을 때 그 대칭에 있는 객체인 佃戶, 곧 耕作農夫(佃夫) 혹은 借耕農民, 요컨대 봉건적 隸屬農民이나 佃戶農民과 연관되는, 그리고 舍는 해당 농지와 경작민을 실제 관리·운영·수취하는 등의 실무를 관장하는 舍音, 舍主[마름]와 직접 상관되는 의미로 보아야 합당하다. 이런 점에서 이러한 소유관계에서 운영하는 이 토지는 莊土, 그것도 軍·官의 莊土로서 屯田인 것이다.41) 고구려의 이 佃舍法은 고구려가 6세기 초 이전 어

---

40) 〈丹陽新羅赤城碑特輯號〉, 《史學志》 12, 1978.
41) 佃舍에 관해선 이런 이해와 관련하여 다음 사실이 참고될 것이다. 통상 일반 農家

느 시기부터 國有地나 無主田, 혹은 前方地域이나 邊境地帶 그리고 新開拓地 등 특정 토지나 특정 지역에서 농민에게 토지를 분급하여 경작하게 하되, 그것을 屯田式의 개발에 均田·井田式으로 均給하여 佃作하는 농지의 경영·관리·운영에 관한 規式으로 추정된다.[42]

고구려에서 이러한 원칙하의 농업·농민의 편성규정이 佃舍法으로 제정되고 있음을 보면, 여기서도 신라의 丁田制와 같은 원리에서 운영되는 토지제도가 시행되고 있었을 것이다. 丁田制는 토지에 농민을 긴박하되 이를 稅役의 작정으로 하고 있는 제도이면서, 그 일환으로서 荒蕪地 내지 新開拓地에서는 均田的 내지 屯田式에 입각하여 농민에게 토지를 均給하고 稅役을 부과하여, 국가의 公民으로서의 自營小農 및 佃戶農民으로 존재하게 하는 시책인 까닭이었다. 佃舍는 丁田制的인 토지제도의 운영 속에서 그 일환으로 마련된 농업·농민의 단위로 추측되는 것이다. 실제 삼국은 私的 소유에 근거한 토지소유제, 結負制에 의한 토지파악과 조세 부과가 모두 원칙으로서 같았고, 租·調·役의 부세제도 내역 및 운영 역시 기본은 동일하였다.[43] 그러므로 농민을 토지에 稅役을 작정하여 주고 긴박시키는 원칙에 차이는 없었을 것이다. 赤城지역에서 행하던 고구려의 佃舍法을 신라가 다시 그대로 이어 운용함(眞興王代)도[44] 여건이

를 지칭하는 표현으로는 佃舍 외에 '田舍'를 쓰기도 한다. 田舍는 字義上 田地와 屋舍를 말하며(《中文大辭典》, 田部, 5冊, p. 622) 따라서 '田家', 즉 農家를 지칭[이희승, 《국어대사전》, 민중서관, 1961, p. 2498; 《조선말사전》(중), 과학원 출판사, p. 2738(서울版, 동광출판사, 1990)]하는 표현이다. 그리고 경작농민 일반을 '田舍兒' '田舍子'(《譯註 韓國古代金石文》Ⅲ, 聖住寺 朗慧和尙 白月葆光塔碑, 韓國古代社會硏究所, 1992, p. 118; 《中文大辭典》, 田部, 5冊, p. 622)라고도 부른다. 田舍兒는 '田舍奴'처럼 농부 일반을 鄙薄하는 호칭이지만, 아울러 田莊에 소속한 佃夫나 佃戶를 주체로서 그리고 그 처지에서 표현할 때도 으레 사용한다(同上). 田舍 역시 농가 일반의 의미와 함께 '莊', '屯田'의 의미로도 쓴다. 가령 '家莊'에서 '莊, 田舍'이고 '官莊'은 '卽 官屯田也'라 하듯이(《吏文輯覽》 3·4의 家莊, 官莊) 田舍는 개인이나 국가 내지 그 기구의 田莊으로서 莊土·屯田도 지칭하였다. 이 佃舍法의 佃舍는 바로 이 후자의 田舍, 즉 莊·屯田과 동일한 의미이다.

42) 金容燮, 〈土地制度의 史的 推移〉, 주 11의 논저, p. 15.
43) 金容燮, 주 11의 〈結負制의 展開過程〉.
　　 허종호, 주 6의 논저, pp. 114~119, pp. 134~139, pp. 161~166.
　　 金基興, 《삼국 및 통일신라 세제의 연구》, 역사비평사, pp. 27~108.
　　 拙稿, 주 22의 논고, pp. 15~16.
44) 주 37·40과 同.

이러하였기 때문이었을 것이다.

佃舍法과 丁田制의 관련성을 이렇게 살펴보면, 丁田制 제정의 기반과 그 의의가 새삼 분명하여진다. 그것은 이 제도하에서 농민은 국가의 稅役을 부담하는 自營小農으로, 빈농·무전농민은 예속농민이나 佃戶農民으로서 국가에 稅役을 바치는 농민으로 존재한다는 사실이다. 이 점은 종전 三國形成期 諸加와 下戶農民으로 상정되는 노예제적 예속관계 생산관계의 사회와는 단계를 달리하는 여건 조성이고 시책이었다. 이는 諸加 내지 豪民의 지배와 邑落的 통제 속에서, 소농민이면서도 奴隸的 처지에 있던 下戶農民의 성장이고 분화의 과정이었다. 下戶는 멀리 고대국가 성립시기부터 분화하여 왔겠지만, 諸列國의 浮沈을 거쳐 특히 삼국이 정립기와 항쟁기로 돌입하는 시기에 이르러서는 각국은 다투어 官僚制에 입각한 중앙집권화와 郡縣制에 의한 齊民的 통치체제를 구축하면서 王朝國家의 체제를 정비하여 나갈 때 사회안정 생산력 증대가 필수요건이었는데, 이와 기본적으로 연관되는 事案이 이 下戶농민의 분화와 항쟁을 흡수하고 무마하는 일이었다.45) 그리고 그것은 결국 부세 부과의 균등과 토지제도의 안정으로 귀착되는 것이었다. 丁田制는 이 단계에서 이런 목적으로 제정한 것으로 추정된다. 이 점은 諸加와 豪民의 貴族化 官僚化와도 궤도를 같이하는 양상이었다. 丁田과 표리에 있는 田丁制의 시행 위에서 실시가 가능한 祿邑制도 통일 이전 三國鼎立期 무렵에 있었다.46)

丁田制는 오랜 기간 지속하지는 못하였을 것이다. 삼국 간의 전쟁이 치열하여지고 다시 統一戰爭으로 치닫는 기간에, 丁田의 운영은 거의 마비되고 量給 또한 어려워 끝내 중단되었을 것이다.

丁田量給이 새로 開始되자면 통일전쟁 종료 후 신라의 再建作業이 성과를 거두고, 土地·人丁에 대한 기초조사가 확실히 정리되고 나서야 가능하였다. 이때는 신라의 영역으로 통합된 백제지역과 고구려 일부지역

---

45) 이러한 사회경제의 변동에 관해서는 金容燮, 주 41의 논고, pp. 1~16; 拙稿, 〈古代·中世의 食邑制의 構造와 展開〉, 《孫寶基博士停年紀念 韓國史學論叢》, 지식산업사, 1988, pp. 146~159(본서 Ⅰ편) 및 주 22의 논고, pp. 9~18(본서 Ⅰ편)을 참조 바람.

46) 拙稿, 주 22의 논고.

에서 量田事業 戶籍調査 등 토지·부세상의 주요한 기초작업이 새롭게 수
행되어야 했고, 이를 바탕으로 새로운 국가의 새로운 경제제도를 구축하
여야 하는 커다란 과제를 동반하고 있었다. 神文王 5～7년(685～687) 사
이에 9주제가 정비·개편되어 일단락되고,[47] 동왕 9년(689) 정월에 內外
官의 녹읍을 혁파하고 歲租制로 恒式을 삼는 조처를 취함도 이 일환이었
을 것이다.[48] 형세가 회복되어 안정기에 들어오는 것은 神文王을 거쳐
孝昭王代를 지난 聖德王代로, 그 21년(722) 秋 8월에 丁田의 지급이 始
作될 수 있었다. 唐軍 축출 후 45·6년이 경과한 무렵이었으며, 이때 稅
役을 새로 작정·부과하자면 적절한 시기는 추수철이 지난 후였다.

 '始給百姓丁田'의 '始給'도 이러한 저간의 사정을 함축하여 표기한 字句
일 것이다. 즉, 오랜 기간 丁田의 量給이 중단되었다가 이때 이르러 비
로소 시작한 사실을 전하는 뜻에서 始給이라고 표현한 것이겠다. 또한
전국적으로 일시에 모든 토지를 丁田으로 묶은 것이 아님도 시사한다.
시간적 지역적으로 선후를 두어 단계 단계 진행하였을 것이고, 稅役 부
과가 되는 토지에만 국한하였을 것이다.

 통일기 신라에서만 丁田制가 시행된 것은 아니었을 것이다. 비슷한 시
기 고구려의 영토·주민과 제도·문물을 계승한 渤海에서도 유사한 제도를
시행하였을 공산이 크다. 실제 발해에서는 宣王 大仁秀 때에 이르러
(823) 渤海國典法九事를 제정하고, 그중 한 항목으로 '今始行井田法 以租
民三十而稅一'[49]한 조처를 마련하고 있었는데, 이는 上古期의 井田式이
아니라 均田制的인 토지정책, 즉 신라의 丁田制와 같은 내용이었을 것으
로 추정하기도 한다.[50] 사실 滿洲 대륙과 沿海州, 그리고 한반도 북부에
걸쳐 大帝國을 건설하고 있는 발해가 盛國期로 접어들면서 황무지, 무주
지 등 새로운 지역을 개척하여 갈 때, 의당 강구할 수 있는 방법이었다.
隋·唐에서 均田制를 실시하고 日本에서 班田制를 시행하는 등 당시 東아

---

47) 《三國史記》 8, 新羅本紀 8, 神文王 5·6·7년.
　　姜鳳龍, 〈新羅地方政治體制研究〉, 서울大學校大學院 博士學位論文, 1994.
48) 《三國史記》 8, 新羅本紀 8, 神文王 9년 春正月.
49) 《陝溪太氏族譜》, 〈渤海國王世略史〉.
50) 허종호, 주 6의 논저, pp. 179～181.

시아 세계의 국제환경은 각기 그 여건에 따라 여러 방식의 토지 정책을 취하고 있었지만, 그 원리나 정신은 같았다.51)

성덕왕 21년(722) 이후 丁田의 量給은 계속되었을 것이다. 토지의 伸縮, 人丁의 增減이 끊임없었기 때문에 丁戶 또한 보충하고 증가시켜야 稅役徵收는 지속되고 확보되는 까닭이다. 실제 丁田制는 下代新羅, 後三國期의 高麗에서도 운영되고 있었다.52) 고려의 丁田이고 丁田制이다.

4. 結 語

신라시기 丁田制를 丁田의 作定과 背景, 그리고 그 量給과 成立基盤에서 음미하고 유추하면 이상과 같다. 이제 그 내용을 정리할 차례이다.

신라의 丁田은 농민 소유지를 9等戶制에 의해 人丁을 기준으로 稅役을 정하여 量給한 것이었다. 곧, 稅役과 그 부담 勞動力의 총체로서 丁이 작정되어 있는 토지였다. 丁田量給의 기준은 戶였고 실제 대상은 百姓, 즉 농민 상층이었으며, 형식은 田丁 17결~18결에서 1丁을 배출하는 것이었다. 이렇게 실제 세역을 부담하는 자가 형성하는 戶가 丁戶였다. 丁戶의 설정은, 地步로 파악한 村落·住居와 結負로 파악한 田野·農地의 지역을 합쳐서 부과한 租·調·役의 總稅役額을, 호적상의 家戶를 人丁 및 田畓의 多寡를 기준으로 戶等을 짓되 역시 지역차·군현차를 배려하였을 9등호제에 준하여 배분하는 위에서 수행되었을 것이다. 그러므로 대상은 기본적으로 토지의 소유 규모 및 財力·人力에서 稅役을 감당하고 동원할 家勢를 표준으로 제정하였다. 당초 丁田의 量給은 시간상 지역상 先後를 두어 단계별로 시행하였고, 군현별 촌락단위로 부과된 稅役總額을 수납하는 데 필요한 數만큼만 책정하였을 것이다.

丁田制는 單一量田尺에 의한 同積異稅의 田品別 差等收租가 결부제

---

51) 同上 및 金容燮, 주 11의 〈結負制의 展開過程〉, pp. 197~198.
52) 下代新羅, 後三國期에 丁田의 존재는 碧珍郡의 傍邑에 있던 '丁戶 229'(주 32 참
    조)에서 그렇게 짐작할 수 있다.

운영의 公式으로 자리 잡고 있는 데서 오는 田租徵收의 불균형과 번잡성, 그리고 田野·農作지역에 대한 부세 租와 村落·住居地域에 대한 부세 調·役이 각각 結負와 步라는 상이한 기준에서 부과되고 있는 데서 오는 稅役의 乘離性을 조정하여, 부세행정에 均一性과 統合性을 기하려는 목적에서 結負와 稅役을 一致시켜 파악하는 제도였다. 稅役의 합리적 부과와 원활한 징수를 근본 목표로 하여 강구한 것이었다. 그러나 부수하는 효과도 적지 않았다. 稅役과 土地가 연계되어 있어 당분간 농민의 토지소유권을 안정시키고 세가·토호의 토지겸병 위협도 다소 방지할 수 있었다. 그리고 국가·군현 주도의 각종 開拓事業, 新田開墾에서 屯田式 농지개발과 井田·均田式 농토배분을 통해 공사에 참여한 無田農·貧農을 자영소농으로 전환하고 稅役을 정해주어 丁田農民으로 안착시킬 수 있었다. 이 경우 지급되는 토지면적은 1丁을 기준으로 대략 2결 내외였을 것이다.

그러므로 丁田制는 부세제도가 結負制와 田丁制에 의해 토지 중심으로 운영되는 단계, 그리고 부세행정이 갖고 있는 오랜 전통인 지역차·군현차에 均一性을 도모하는, 즉 帝王의 齊民的 統治理念이 원리로 정립되는 단계에서 착수할 수 있는 것이었다. 그 시기는 대략 삼국정립 무렵이었을 것이다. 그리고 신라만이 아니라 고구려·백제 삼국 모두 유사한 제도를 시행하고 있었던 것으로 보인다. 고구려의 佃舍法은 신라처럼 丁田制式 토지제도가 운영되고 있어야 집행될 수 있는 제도였다. 사실 삼국은 토지의 私的 所有制, 結負式 量田, 租·調·役의 부세제도 등 경제의 제도 및 운영이 원칙상 같았다. 신라가 고구려의 佃舍法을 그대로 이어받아 운영할 수 있었던 것도 여건이 이러하였기 때문일 것이다.

丁田制 시행하에서는 몰락농민 무전농민도 隸屬農民이나 借耕하는 佃戶農民으로서 郡縣制下에서 국가의 稅役을 부담하는 존재가 될 수 있었고, 실제 그렇게 진행되었다. 이는 삼국이 王朝國家로서 더욱 발달하는 과정에서 시도하는 바이기도 하였지만, 근본 내력과 계통으로는 그간 諸加·豪民 아래서, 그리고 邑落에서 奴隸的 처지에 있던 下戶農民의 성장과 분화가 새로운 사회단계를 조성하고 새로운 농민형태로 전화하는 과

정의 소산이었다. 下戶農民의 처지 변화와 丁田制의 시행은 諸加·豪民의 귀족·관료화와, 이에 수반한 祿邑制의 실시와 체제상 궤도를 함께하는 양상이었다.

이러한 사회단계와 목적에서 작정한 丁田은 三國이 통일전쟁으로 돌입하면서 量給이 마비되고, 신라가 통일 후 戰後 복구사업과 개편작업을 일단 마무리하는 동안은 분급이 중단되었다. 丁田量給이 다시 開始되는 것은 唐軍축출 후 45·6년이 지나고 文物이 정비된 聖德王 21년(722)이었다. 고구려의 영역과 주민, 문물제도를 계승한 大帝國 渤海도 유사한 제도를 시행하였을 것으로 사료된다.

새로 量給하는 정전은 이전과 기본 내용은 같았을 것이다. 다만 이때는 신라가 백제의 영역과 고구려 영역의 일부까지 망라하고 있어서, 그에 따라 토지제도 부세제도도 한층 주밀하고 均一한 방향으로 운영하고 있었으므로 그만큼 조정되고 마련된 형태였을 것이다. 그리하여 丁田制는 신라말·후삼국기를 거쳐 고려말까지 중요한 토지제도의 하나로 운영되었다.

(《歷史敎育》 82, 2002. 6. 揭載, 2011. 補)

Ⅱ 土地分給制의 運用과 原理

羅末麗初의 土地問題와 田柴科의 始定

1. 序言

　우리 역사에서 고려왕조의 성립은 크게 두 방향에서 특징을 가지고 진행되었다. 하나는 고려가 후삼국의 하나인 泰封을 직접 계승하여 성립한 국가라는 점이다. 태봉은 신라하대 왕위쟁패로 표출되는 중앙귀족의 갈등과 變亂, 이와 연관하여 발생하는 진골귀족의 外方移居와 신세력 구축, 농민봉기와 지방호족의 할거, 부세행정의 지방화 등 權力의 분산과정과 이 가운데서 새롭게 지향해 나오는 통합과정이 교차하는 단계에서 커다란 단락으로 등장하여 一國으로 건설된 나라였다. 고려는 태봉을 그대로 계승하여 후삼국 통합을 추구하면서 발전하였다. 다른 하나는 고려가 이 통합의 추진 발판을 옛 고구려 지역과 민인에 두고, 그 방향을 신라의 쇠퇴사정, 고구려·백제의 멸망과 발해의 쇠락과 패망, 각 고을 호족의 이해관계와 처지, 농민의 동태와 항거 등 왕조경험·사회문제·경제모순 속에서 설정하고 추구해 갔다는 점이다.

　고려의 정치체제, 사회편제, 사상형태는 이상의 두 선상에서 점진적으로 모색되고 수립되어 갔다. 토지제도와 부세제도도 마찬가지였다. 이 둘은 모두 그 기반이 토지와 농민이며, 항상 서로 밀접하게 관련되어 있다. 더욱이 고려 토지제도의 골격인 田柴科는 양반층이 조세수취에 입각하여 토지와 농민을 지배함을 핵심내용으로 하여 정립하는 것이었다. 그러므로 고려초 전시과의 제정 및 성립과정은 고려 토지조세체계 구축과

정의 일환이기도 하다.

전시과는 고려의 토지·조세를 체계로써 집약하고 있다. 이는 토지의 私的 所有와 그 關係를 바탕으로 수립하고 운영하는 賦稅行政 租稅收取에 근거하여 작정한 토지분급제로서, 前代의 토지분급 및 부세운영의 전통과 연계되면서도 형태와 내용은 후삼국 통합 후 새롭게 조정하여 제정한 것이다. 신라시기 토지분급제의 중심은 祿邑制였고 태봉 역시 그러하여, 고려도 처음에는 그대로 유지하고 있었다. 전시과가 始定된 것은 고려가 건국 후 삼국 통합을 완수하고서도 4년 후에 役分田制度를 初定하고, 그로부터 다시 36년이 지난 뒤였다. 그리고 녹읍제가 폐기된 뒤에 제정되었으며, 명칭조차 종전과는 判異하다. 전시과의 始定은 그만큼 羅末麗初의 격동, 곧 신라하대 사회의 붕괴과정과 후삼국의 등장 및 고려왕조의 통합과정을 토지제도로서 내포하고 그 성격을 역사적으로 구현하고 있다.

이와 같이 고려초기의 田柴科 자채는 그것이 가지고 있는 정치·경제적 위치와 의의로 인하여 일찍부터 여러 방면에서 많은 검토와 다양한 해석이 있어 왔다. 그러면서도 대부분 고려시기 정치·경제의 골격과 추이를 전시과의 구조와 관련하여 접근하는 가운데 이해하려 하거나,[1] 혹은 전시과제도의 편성을 고려 관제 및 정치제도의 정비와 연관하여 취급하였다.[2] 따라서 신라말·고려초의 사회변동과 관련한 추구는 약소하다. 자료의 빈약이 직접 일차 이유임은 물론이다. 다만 전시과의 성립과정을 歲易農法의 안정화와 丁戶層과 白丁層의 兩分化를 설정하는 데서, 혹은 호족의 경제기반과 그 收取權에 주목하여 배경을 탐색하는 시도가 있고,[3]

---

1) 白南雲,《朝鮮封建社會經濟史》上, 改造社(東京), 1937.
   周藤吉之,〈高麗朝에서 朝鮮初期에 이르는 田制의 改革〉,《東亞學》3, 1940.
   姜晋哲,《高麗土地制度史硏究》, 高麗大學校出版部, 1980.
   　〃　,《韓國中世土地所有硏究》, 一潮閣, 1989.
   浜中 昇,《朝鮮古代의 經濟와 社會》제2편 5·6장, 法政大出版局, 1986.
   朴國相,〈高麗時代의 土地分給과 田品〉,《韓國史論》18(서울大), 1988.
2) 金塘澤,〈崔承老의 上書文에 보이는 光宗代의 '後生'과 景宗元年 田柴科〉,《高麗光宗硏究》, 一潮閣, 1981.
   全基雄,〈高麗 景宗代의 政治構造와 始定田柴科의 성립기반〉,《震檀學報》59, 1985.
   黃善榮,〈高麗 始定田柴科의 再檢討〉,《釜山史學》10, 1986.

이외에 祿邑을 勳田(功蔭田柴)에 이어지는 것으로 정리한 것4)이 이에 상
관된다. 전시과의 성립과정 및 배경은 신라말·후삼국기의 토지재도·부세
제도 속에서 직접 구명해야 할 국면에 있다. 그리고 그 핵심은 녹읍제의
운영·폐기 및 여타 토지분급제와 전시과의 등장을 계통적으로 정리하는
데 있다.

　여기서는 이러한 목표를 바탕으로 우선 後三國期의 토지문제 농민문제
의 실상과 所在를 추적하고, 둘째, 부세제도의 조정과 그 선상에서 착수
하는 田制의 정비, 이에 입각한 녹읍의 소멸과 役分田의 시행을 추정하
고, 셋째, 역분전에서 田柴科로의 발전과정 및 그 계통을 파악하고자 한
다. 이와 같이 하면 고려초기 전시과의 제정을 통해 신라하대 사회변동
의 의미, 녹읍제의 단계적 성질, 전시과의 의의 등을 우리 역사의 行程
에서 전망할 수 있다.

2. 後三國期의 土地問題와 農民抗爭

　신라사회는 下代, 특히 9세기로 들어서면서 많은 문제를 露呈하고 있
었다. 진골귀족 상호 간의 왕위쟁탈, 지방세력의 사회적 성장과 정치적
할거, 농민의 離散과 蜂起는 두드러진 사태였다. 더 큰 문제는 이러한
사태가 신라사회를 체제적으로 집약하고 있는 集權官僚制에 모순을 격발
시키고 그 와해를 동반하고 있는 점이었다.

　통일기 신라의 집권관료제는 骨品制를 바탕으로 수립하고 있었는데,
이 무렵 바로 이 기반이 구조적으로 변동하고 궤멸하고 있었다.5) 이와

---

3)　金琪燮, 〈高麗前期 農民의 土地所有와 田柴科의 性格〉,《韓國史論》 17(서울大),
　　1987.
　　盧明鎬, 〈羅末麗初 豪族勢力의 경제적 기반과 田柴科體制의 성립〉,《震檀學報》 74,
　　1992.
4)　洪承基, 〈高麗初期의 祿邑과 勳田〉,《史叢》 21·22合輯, 1977.
5)　李基東,《新羅骨品制社會와 花郎徒》, 一潮閣, 1984.
　　李鍾旭, 〈新羅中古期의 骨品制〉,《歷史學報》 99·100合輯, 1985.
　　徐毅植, 〈新羅上代 '干層'의 形成·分化와 重位制〉, 서울大學校大學院 博士學位論文,

병행하여 몰락 혹은 外居한 진골귀족이나 六頭品, 村主·軍人 등에서 출신한 이들이 官班制를 통해 지방군현을 정치적으로 통치함으로써 지방세력이 성장하여 중앙정부의 통치권력은 분산되고 왕조의 집권력은 약화되어 갔으며,6) 농민의 이산과 봉기는 이러한 형세와 因果되면서 갈수록 광범히 확산하여 신라의 정치·사회는 기층에서 동요해 나갔다.7) 신라하대 사회는 쇠퇴와 몰락의 과정에 있었다. 당시의 실정을 일러,

新羅衰季 政荒民散 王畿外州縣 叛附相半 遠近群盜 蜂起蟻聚8)

하였다 하여, 정치·사회상을 '政荒民散'이라고 한 것, 그리고 王畿 밖의 州縣은 '叛附相半'하며 遠近의 群盜가 '蜂起蟻聚'하다고 한 것은 이 같은 사정을 적절히 집약하여 묘사하고 있다. 전자는 중앙 진골귀족의 相爭, 飢荒과 貢賦督促 등으로 政事는 황폐하고 농민은 몰락·유이함에서 오는 형세였다. 眞聖王 때 時政을 비판하는 榜이 朝路에 나붙고, 崔致遠이 時務策 10여 조를 上奏함9)도 이 속에서 나오는 사태였다. 후자는 이러한 政荒 사태와 병행하여 지방세력이 각 고을을 근거로 雄據하면서 신라조정에 대해 叛附하는 정경과, 민인의 몰락·유이와 함께 곳곳에서 群盜가 봉기하는 형상을 지목하는 것이다. 신라말에 衣冠의 후예들이 다투어 豪武를 써서 주현에서 制覇하였다는 지목10)도 같은 형세에 관한 또 다른

　　　1994.

　　　　〃 , 〈9세기 말 신라의 '得難'과 그 成立過程〉, 《韓國古代史硏究》 8, 1994.

　　　　〃 , 〈統一新羅期의 開府와 眞骨의 受封〉, 《歷史敎育》 59, 1996.

　　　　〃 , 〈新羅骨品制의 構造와 그 變化〉, 《韓國 古代·中世의 支配體制와 農民》, 지식산업사, 1997.

　6) 金光洙, 〈羅末麗初의 豪族과 官班〉, 《韓國史硏究》 23, 1979.

　　　尹熙勉, 〈新羅下代의 城主·將軍〉, 《韓國史硏究》 39, 1982.

　　　金周成, 〈新羅下代의 地方官司와 村主〉, 《韓國史硏究》 41, 1983.

　　　全基雄, 〈羅末麗初의 地方社會와 知州諸軍事〉, 《慶南史學》 4, 1987.

　7) 李弘稙, 〈羅末의 戰亂과 緇軍〉, 《史叢》 12·13合輯, 1971.

　　　金哲埈, 〈後三國時代의 支配勢力의 性格에 대하여〉, 《李相佰博士回甲紀念論叢》, 一潮閣, 1964.

　8) 《三國史記》 50, 列傳 10, 弓裔.

　9) 《三國史記》 11, 新羅本紀 11, 眞聖王 2년 2월.

　　　《三國史記》 11, 新羅本紀 11, 眞聖王 8년 2월.

기술이다. 결국 상황은 신라의 쇠망과 분열, 후삼국의 등장과 相爭으로 치달았다. '自三韓分裂 群盜競起'[11])하였다 함도 그간의 이러한 사정을 簡要하게 표현한 기록의 하나이다.

이와 같은 신라하대의 여러 양상은 이 시기가 정치·사회적으로 종래의 骨品官僚制가 해체·소멸되면서 兩班官僚制가 부상하고 정착하는 과정, 곧 集權官僚制의 봉건왕조가 재편성 재조직되는 단계이고, 아울러 그 추진은 地方勢力이 주도하고 기반은 農民層이 제공하여 진행되는 것임을 말해 준다. 그런 만큼 이러한 정치적 변동이나 사회적 변화에는 그럴 만한 체제적 여건이 작용하고 있었다. 다름 아니라 그 밑바탕에 土地問題 農民問題가 자리 잡고 있었고, 각 변동을 주도하던 여러 세력은 이를 배경으로 하여 등장하고 또 추진력으로 삼아 성장하고 있는 것이었다. 진성왕 11년(896) 국왕이 왕위를 禪讓하면서 그 이유로 백성의 곤궁과 도적의 봉기를 들고 있는 것[12])도 문제의 所在가 이러하였기 때문이다. 그리하여 훗날 이러한 역사 현실은 한마디로

　　新羅之末 田不均而賦稅重 盜賊群起[13])

하다고 하였다. 신라말에 田制의 문란과 賦稅制의 중압, 群盜의 봉기를 그 핵심문제로 지목한 것이었다.

이 시기에 田制의 문란, 곧 '田不均'은 여러 원인에서 말미암지만 근본은 크게 두 방면에서 발생하고 진행해 오는 것이었다. 하나는 귀족관료에 대한 토지분급제로서의 祿邑制와 농민의 소유지에 대한 稅役賦課制인 丁田制의 운영이 국가의 통제력을 벗어나서 마비되고 균열된 속에서, 이

---

10)《椽曹龜鑑》1, 吏職名, 目解, 戶長.
　　'興陽李氏譜曰 羅末 衣冠之裔 競用豪武 覇於州縣'
11)《高麗史》92, 列傳 5, 洪儒, 下冊, p. 67(延世大學校 東方學研究所 影印本, 1961以下同).
12)《三國史記》11, 新羅本紀 11, 眞聖王 11년 6월.
　　'王謂左右曰 近年以來 百姓困窮 盜賊蜂起 此孤之不德也 避賢讓位 吾意決矣 禪位於太子嶢'
13)《高麗史》78, 食貨 1, 田制, 辛禑 14년 7월, 趙浚等上書, 中冊, p. 715.

들 사이에 갈등이 야기·증폭되고 세역 담당층이 동요·파탄되는 사태이
다. 다른 하나는 이러한 사태와 상관하여서 중앙귀족은 물론 외거귀족
내지 지방토착세력의 소유지 확대, 곧 土地兼幷이 심해지고 특히 후자의
대토지 집적은 郡縣과 그 民人에 대한 정치적 지배의 기반마저 되고 있
어, 소유 규모애 變轉과 불균등이 극심한 것은 물론이고 이것이 정치지
배력의 강약을 좌우하고 있는 사정이었다. 더욱이 사태가 심각한 것은
이 양자가 서로 별개로 전개되는 것이 아니라 긴밀히 얽혀서 진행되고
있어 토지재도의 문란과 토지소유의 격차, 한마디로 田制不均이 구조적
으로 촉발되고 있는 형세였다.

　祿邑은 토지의 私的 소유와 경영을 전제로 하고 농민층의 다양한 처지
를 현실로 하여 이 위에서, 그리고 국가가 이들에 대해 수취하는 租·調·
役의 부세 가운데 租의 징수에 근거하여 귀족관료에게 지정해 준 郡縣
(邑)의 토지에서, 祿으로 命名한 일정한 액수만큼 租를 취득하도록 收租
權으로 분급한 제도였다. 그 정신과 원리는 소급하면 고조선 이래 있어
온 封建의 世祿과 封邑·采邑式의 읍락·토지지배로 이어지는 것이었다.
녹읍제도는, 이러한 정치·사회원리의 편제가 열국기·고대왕조국가 단계
를 지나면서 그것을 구성하는 민인과 사회가 전체적으로 변모하는 가운
데, 다시 말해 삼국시기에 그간의 諸加·豪民이 중앙정부의 貴族·官僚로
전화하고, 邑落·小國이 郡縣으로 변모하고 下戶·邑落民이 국왕·국가의
民人으로 전환하며 租稅制度가 齊民的 차원에서 마련되면서 새롭게 강구
되었다.14)

　녹읍은 삼국시기에 설치하고 있었고, 신라 통일 후 神文王 9년(689)에
폐지하고 歲租로 대신하였다가 景德王 16년(757) 다시 복설하여 시행하
였다.15) 이러한 녹읍은 신라말엽으로 갈수록 왕실 및 진골귀족 서로 간

---

14) 拙稿, 〈新羅時期 祿邑制의 施行과 그 推移〉, 《歷史敎育》 72, 1999(본서 Ⅰ편).
　　　〃 , 《韓國 古代·中世初期 土地制度史-古朝鮮~新羅·渤海》, 서울대학교출판부, 2005,
　　pp. 21~105.
15) 《三國史記》 8, 新羅本紀 8, 神文王 9년 정월.
　　'下敎 罷內外官祿邑 逐年賜租有差 以爲恒式'
　　《三國史記》 9, 新羅本紀 9, 景德王 16년 3월.
　　'除內外群官月俸 復賜祿邑'

에 군사적 爭鬪가 격화하고 정치적 出沒이 빈번해지자, 그 授受는 정체되고 回收와 再配分 또한 정상으로 수행될 수 없었다. 한번 절급한 녹읍은 이에 대한 신라정부의 운영·관리가 마비됨에 따라 녹읍주의 家産으로 변하고, 나아가 이를 기반으로 田莊으로까지 발달하는 경우도 생겼겠고, 군사적·정치적으로 패배하고 탈락한 이들의 녹읍은 그들이 소유하던 田宅·家財·奴婢와 함께 勝者들 사이에서 다시 분배되었을 것이다. 이러한 와중에 勢弱者·寒微者가 혹 녹읍을 소지하였더라도 勢强者·權貴者에게 점탈되었을 것이고, 간혹 회수되는 녹읍이 있더라도 權勢貴族 및 上位官僚부터 우선 차지하였을 것이다. 녹읍의 소지 여부 및 그 규모의 대소에서 귀족관료 사이의 격차는 현저해졌고, 이로 인하여 반목과 알력 또한 격렬해져 政爭으로 이어질 수밖에 없었다. 이뿐만이 아니었다. 이와 함께 녹읍주의 녹읍민에 대한 수취가 가혹해져 收奪화되었고, 녹읍 농민의 피폐와 저항 역시 극심해져 녹읍제의 기반마저 붕괴되어 가고 있었다.16)

　녹읍이 諸加·豪民의 귀족관료화와 邑落·小國의 군현화에 병행하고 집권관료제와 상관하여 제정되고 있던 것과 같은 시점 같은 여건에 별도의 궤도에서 작정·시행한 제도가 또 있었다. 丁田制였다. 丁田은 諸加·豪民에 對極하는 처지이던 下戶農民이 성장하고 분화하여 왕조국가의 民人農民으로서 전화하는 과정에서, 이 농민에게 稅役을 부과하되 이것을 結負와 일치시켜 丁으로 작정하여 量給한 토지였다. 정전제는 조세행정상 결부와 세역을 일치시켜 均一性과 統合性을 기하였고, 나아가 이를 통하여 농민의 토지소유권을 안정시키고 勢家·土豪의 토지겸병의 위협도 다소 방지하며, 때때로 중앙정부나 지방 군현에서 각종 土地開拓, 新田開發의 사업을 주도할 때, 屯田式 농지개발을 통해 無田農·貧農을 공사에 참여시키고 그 개간·개척한 농토를 井田式 혹은 均田式으로 배분해 줌으로써 이들을 자영소농으로 전화시키고 稅役을 정해 주어 丁田農民으로 안착시키는 제도였다. 녹읍제가 私的 소유지로서의 농지를 수조권상에서 파악하면서 운영하는, 즉 租稅의 수취와 관련한 것임에 반해, 정전제는 私的

---

16) 拙稿, 주 14의 논고.

소유지로서의 농지를 소유권상에서 파악하면서 시행한, 즉 조세의 配定과 연관한 것이었다. 그러므로 정전제 역시 유사한 제도는 삼국시기에 시행하였을 것으로 사료되며, 그 후 통일과정에서 중단되었다가 聖德王 21년(722)에 量給하기 시작하였다.17)

丁田制가 이러한 여건과 원칙에서 시행된 것이므로 녹읍제와 마찬가지로 토지소유 관계에서 소농민의 토지소유가 변동하고 위축되며, 政情이 불안하고 중앙권력이 지방을 제대로 통제하지 못하여 지방세력이 군현을 지배하고 좌우하는 양상이 증대할수록 곧바로 그 영향을 받게 되어 있었다. 그리하여 丁田農民은 토지소유에서 동요 혹은 탈락하고 세역부담에서 회피 또는 도망함으로써 土地와 人丁과 稅役의 一致는 훼손되어 제각기 괴리되고, 이로 인하여 세역의 부담과 그 부과 및 수취에 커다란 혼선과 차질이 일어날 수밖에 없었다. 사태는 여기서 그치지 않았다. 이와 함께 丁田에서 유리·도망한 농민은 지방의 有力者나 勢力者에 投托하였고 이는 커다란 조류가 되었다. 이들을 흡수하는 지방세력은 이미 자신이 정치적 군사적으로 制覇하고 있는 군현 내에서, 그리고 군현 내의 촌락별로 세역을 다시 작정하고 정전을 다시 量給함으로써 세역의 부과나 그 징수는 자기의 힘과 능력으로 수행해 나갔다. 신라말까지도 정전제도 자체는 존속하였지만, 신라왕조 부세행정의 기반은 현저히 축소되어 가는 것이었다.18)

녹읍제·정전제의 운영마비와 혼란은 신라말·후삼국기의 커다란 토지문제였고 폐단 또한 다대하였다. 그러나 이는 어디까지나 賦稅制度와 상관한 범위 속에서 야기되는 사태였다. 더 큰 토지문제는 다른 데 있었다. 그것은 이러한 사태와는 별도의 선상에서, 그러나 서로 밀접히 연계되면서 진행되는 소유지의 兼幷에서 오고 있었다. 더욱이 이 시기 토지겸병

---

17) 拙稿, 〈新羅時期의 丁田制〉, 《歷史敎育》 82, 2002(본서 Ⅰ편).
　　《三國史記》 8, 新羅本紀 8, 聖德王 21년 8월.
　　'始給百姓丁田'

18) 朴時亨, 《조선토지제도사》(상), 과학원출판사, 1960, pp. 141~143(서울版, 신서원, 1994).
　　林建相, 〈신라의 《정전제》에 대하여〉(1)·(2), 《역사과학》 1977년 4호, 1978년 1호.
　　拙稿, 同上論考.

은 지방세력이 군현을 지배하는 정치적 기반과 경제적 역량이 되고 있어, 이것이 차지하는 비중은 막대하였다.

신라하대에 소유지 확대를 통한 토지겸병은 귀족관료들로서는 녹읍의 소지자이든 미소지자이든 모두 절실한 바가 있었다. 특히 중앙의 政爭이 군사적 힘에 의해 勝負가 갈리고, 직접 혹은 간접으로 패배하거나 권력에서 탈락하는 귀족관료는 지방으로 外居하면서, 家門의 유지와 그에 따른 세력확보를 도모하는 데 있어 소유지의 확대는 절실하였다. 그런가 하면 骨品制的인 신분사회의 말단에 있는 寒微한 골품귀족이나, 지방에서 성장하는 村主, 軍鎭勢力 등 지방세력은 더하였다. 이들은 신라사회에 대해 反체제 反골품적인 사회세력으로 대두하고 어느덧 후삼국기를 열고 지방할거하는 데까지 이르고 있었는데, 이 과정에서 대토지의 소유 및 집적은 군현에 대한 군사적·행정적 지배를 가능하게 하는 배경이었다. 토지겸병은 이들에게 독자의 정치적·경제적 기반이 되는 田莊造成의 기초공사였던 것이다.

田莊은 통일 이후 사회안정과 농경증진이 이루어지는 속에서 왕실·귀족·사찰·토호 등에 의해 본격적으로 발달하였고, 말기로 갈수록 귀족들의 落鄕과 外居가 현저해지고 외방에서 지방세력의 대두가 두드러지면서 각처에서 급속히 확산되었다. 田莊의 소유는 先祖代부터 이어온 상속이나 개간·매득 혹은 이에 가탁하고 권력을 통해 수행하는 탈점이나 타인의 寄託 등 여러 방법과 경로로 이루어졌다.19) 특히 微弱한 진골귀족이나 지방호족은 田莊의 마련과 경영에 周密하였다. 지방세력의 정치적 성장을 전하는 기록 대부분은, 그들이 당초 力農에서 시작하여 立身하고 大地主에 이르거나 혹은 巨大地主였다고 전한다. 본디 金氏姓이었던 甄

---

19) 金容燮, 〈土地制度의 史的 推移〉, 《韓國中世農業史研究》, 지식산업사, 2000.
　　金昌錫, 〈新羅統一期 田莊에 관한 研究〉, 《韓國史論》 25(서울大), 1991.
　　金琪燮, 〈新羅統一期 田莊의 經營과 農業技術〉, 《新羅文化祭學術發表論文集》 13, 1992.
　　李炳熙, 〈三國 및 統一新羅期 寺院의 田土와 經營〉, 《國史館論叢》 35, 1992.
　　李仁在, 〈新羅統一期 田莊의 形成과 經營〉, 《韓國古代·中世의 支配體制와 農民》, 지식산업사, 1997.
　　李仁哲, 〈統一新羅期 私的 土地所有關係의 展開〉, 《歷史學報》 165, 2000.

萱의 父 阿慈介가 '以農自活'하여 家를 일으켜 將軍에 이르렀다는 것,[20] 淸州 韓氏의 시조 太尉公은 '服田力穡 積穀巨萬'하고 고려 太祖의 三軍이 餉糧을 缺食하는 위기를 구하게 할 정도였던 것,[21] 陽川 許氏의 시조 許宣文이 孔巖에 世居하면서 '務農積穀'하고 왕건이 甄萱을 징벌할 때 곡식을 날라 軍餉을 구제하게 하였다는 것,[22] 그리고 文化 柳氏의 시조 車達은 왕건이 南征할 때 車乘을 다수 내어서 糧道를 통하게 하였다는 것[23] 등은 모두 이들의 세력기반이 力農과 大田莊의 소유·경영에 있었음을 직접 간접으로 알려주는 故事이다.

田莊은 중소지주·대지주·거대지주에 따라 규모에 차이가 있었고, 대규모일수록 여러 지역에 산재하여 발달하였다. 이런 경우 관리기구로서 莊舍를 설치하여 운영하였고, 담당관리자로 知莊을 배치하였다.[24] 田莊의 경작은 奴婢나 몰락·투탁하는 良人農民을 勞役佃戶·並作佃戶 등 農奴 혹은 隸農으로 사역함으로써 이루어졌고, 수확의 일부를 地代로 징수하는 방식으로 수행하였다. 莊舍는 이러한 경작·수확·보관을 관리하고 담당하는 기구였고, 知莊은 이 모두에 상관된 사항을 지휘·감독하고 수확물을 경리하고 貨息하는 소임을 맡은 이였다. 務農에서 起家하고 力田으로 出身한 이라면, 그 주요하고 또 중심이 되는 산업기초는 이러한 田莊이었다. 그리고 그 경영은 地主佃戶關係에 입각한 並作制로서의 分半打作이 대부분일 수밖에 없었다.

이러한 田莊의 보급·발달은 소토지 소유농민의 토지상실을 동반하고 몰락농민·빈농의 배출을 수반하였으며, 또 그것을 전제로 하면서 진행되는 것이었다. 실제 신라하대 말기로 갈수록 전장의 증대, 富民의 증가와 함께 농민의 몰락과 이산도 확산하고 있었다. 완전 몰락한 無田農民, 더 나아가 소가족 구성조차 해체당하고 一身 하나 부지하기 어려운 농민의

---

20) 《三國史記》 50, 列傳 10, 甄萱.
21) 《淸州韓氏世譜》, 始祖太尉公神道碑銘.
22) 《增補文獻備考》 235, 職官考 22, 鄕吏(古典刊行會 影印本, 1959-以下同).
    李睟光, 《芝峰遺說》 16, 雜事部, 姓族.
23) 《新增東國輿地勝覽》 42, 黃海道 文化縣, 人物, 柳車達(古典刊行會 影印本, 1958-
    以下同).
24) 《三國遺事》 3, 塔像 4, 洛山二大聖觀音·正趣·調信.

존재, 그리하여 傭作農民 내지 傭田農民 또한 널리 분포하고 증가하였
다.25) 관료 가운데서도 이런 와중에 휩쓸리는 이들이 나타났다. 특히 舍
知 向德의 예에서26) 보듯이 하급관료로 내려갈수록 심하였다. 傭作農民
은 날품을 팔아 양식을 얻는 이들이었고, 傭田農民은 富家의 토지를 경
작해 주는 대가로 스스로 경작하여 수확 전부를 취득할 수 있는 토지를
받는 作人, 이를테면 勞役佃戸였다. 傭作·傭田農民은 借耕農民, 곧 타인
의 토지를 借耕하고 수확을 半分하거나 그 일부를 떼어서 地代로서 납부
하는 농민의 대열에도 들지 못하는 층이었다. 이 시기에는 이 傭作農이
하나의 사회계층으로 존재하였던 것으로 추측되며, 따라서 병작전호는
더 넓은 범위를 차지하고 있었을 것이다. 용작농민이 이렇게 사회계층의
하나를 조성하기 위해서는 그 조건으로 이보다 훨씬 광범한 並作佃戸의
분포를 전제하고 있어야 했다. 용작·용전농민은 생산수단의 조달과 가족
형성의 능력과 여건을 결여하고 있어, 佃戸조차 되기 어려워 奴婢로 전
락하거나 그 직전에 있는 층이었다.

　이러한 사회분화 속에서 최상의 경제력을 소유하고 있는 이들은 최고
의 신분층이고 통치권력층인 王室과 宰相家였다. 왕실은 물론이고 宰相
家의 富力은 방대하여 이웃 나라의 史冊에서까지 소개하고 있을 정도였
다. 이들의 家에는 祿이 그치질 않았고 奴僮이 3,000에 이르고 甲兵·牛
馬猪의 수도 이에 미쳤으며, 息穀으로 이득을 취하였고 갚지 못하는 이
는 庸(傭)作을 시켜 奴婢로 삼고 있었다.27) 祿邑과 田莊을 소유하고 高
利貸를 경영하면서 富貴를 누리고 있는 것이었다. 9세기 후반 신라 전성
기 때 '富潤大宅'으로서 財買井宅, 長沙宅, 金楊宗宅 등 39개의 金入宅은

---

25)《三國遺事》5, 孝善 9, 眞定師孝善雙美.
　　《三國遺事》4, 義解 5, 二惠同塵.
　　《三國遺事》5, 孝善 9, 貧女養母.
　　《三國遺事》5, 孝善 9, 順孫埋兒 興德王代.
　　《三國史記》48, 列傳 8, 孝女知恩.
26)《三國史記》9, 新羅本紀 29, 景德王 14년.
　　《三國遺事》5, 孝善 9, 向德舍知割股供親.
27)《新唐書》220, 東夷列傳 145, 新羅.
　　'宰相家不絶祿 奴僮三千人 甲兵牛馬猪稱之 畜牧海中山 須食乃射 息穀米於人 償不
滿 庸爲奴婢'

지방에 邑司를 갖추고 있었는데, 이 邑司는 아마 이와 같은 각종 재산을 관장하고 이를 增殖하는 사무를 담당하였을 것이다.28) 憲康王(874~886) 때 기록에 따르면, 宰相家 富潤家가 집중하여 거주하던 慶州는 초가가 없고 모두 기와집으로 추녀가 맞붙고 담장이 연이었으며 숯으로 밥을 지으며 노래와 풍류가 가득 차 밤낮으로 그치지 않았다.29)

신라말, 토지점유의 불균형과 토지소유의 불균등 및 그 격차의 심화는 益富益貧의 형세도 갈수록 심화시켰다. 그리하여 왕조국가의 지배층인 귀족관료 사이에 조화와 질서를 무너뜨려 이들을 분열과 갈등으로 몰아가고, 국가·사회의 기반인 농민층을 토지에서 이탈시켜 그 존재 자체를 파괴하는 등 커다란 문제가 되고 있었다. 더욱이 官商·官市 및 民間市場으로서의 私商 등 상업자본이 부세물의 유통 및 부세징수 제도에 연계하고 편승함이 성행하고 아울러 농촌으로의 침투가 깊어지면서, 사치의 성행과 함께 농민의 피폐는 더욱 조장되어 갔다.30) 그리고 사태는 여기서 멈추지 않았다. 이는 賦稅行政의 불공정, 부세부담의 과중 등 또 다른 중대한 문제를 야기하며 진행되었다. 앞에 나온 '田不均而賦稅重'하다 함은 이러한 사정에 대한 지적이었다.

신라의 부세제도 특히 租는 직접 토지를 대상으로 부과하는 稅制였고 실제 사유지의 규모 및 경영형태를 바탕으로 이 위에서 운영하는 것이었다. 또한 貢賦·力役도 토지와 결부되어 책정되고 조달되었다. 그러므로 부제제도는 부세 담당자인 농민의 생계 및 이들의 토지소유가 안정되어야 원활하게 유지되고, 그에 따라 녹읍을 통한 收租, 국가재정의 세입도 안전하고 균일할 수 있었다. 이 기반과 조건이 와해되고 있는 여건에서

---

28) 《三國遺事》 1, 紀異 2, 辰韓.
　　李基東, 〈新羅金入宅考〉, 주 5의 논저.
　　徐毅植, 주 5의 〈統一新羅期의 開府와 眞骨의 受封〉, pp. 109~113.
29) 《三國遺事》 1, 紀異 2, 又四節遊宅.
　　《三國史記》 11, 新羅本紀 11, 憲康王 6년 9월.
30) 洪喜裕, 《조선상업사》(고대·중세), 과학백과사전종합출판사, 1989, pp. 59~65.
　　　〃 , 《조선 중세 수공업사 연구》, 과학백과사전종합출판사, 1979, pp. 5~81(서울版, 지양사, 1989).
　　金昌錫, 《삼국과 통일신라의 유통체계연구》, 일조각, 2004.

는 부세제도나 녹읍이 제대로 작동하지 못하고 파탄으로 치달았다. 녹읍에 대한 국가의 통제가 약화되고 무력해지며 그 회수와 재분급이 정체되고 마비되는 가운데, 녹읍주의 녹읍 소지는 家産化하고 녹읍민에 대한 수조는 收奪化하는 양상도 여기서 연유하는 사태의 하나였다. 이것은 다시 국가가 收租權을 행사하는 公田에도 영향을 미쳤다. 겹쳐서 지방세력의 정치·경제적인 독자영역의 구축과 확장 역시 그만큼 국가 수입원을 감소시켰고, 이 추세는 급속히 확산되고 있었다.

　부세의 행정, 곧 부세의 배정과 징수는 郡縣 등 고을 단위로 집행하고 그 내부에서는 다시 村落別로 구획하여 수행되었으리라고 사료된다. 이런 구조 속에서 위와 같은 부세행정의 난맥으로 인하여 稅入은 督促과 收奪로써 확보하게 되고, 그러자면 수조자·징수자는 징수의 기초가 되고 근거가 되는 結負의 산정, 田丁의 작정, 丁田의 책정을 그만큼 變造하고 僞改해야만 하였다.31) 실제 신라하대의 부세제도는 징수과중이라는 폐단을 야기하면서 수취과정과 운영과정에서 각종 협잡과 농간이 만연하였고, 이로 인하여 제도 자체가 矛盾으로 변하는 지경에까지 도달하고 있었다. 신라말·후삼국기 泰封에서 법제상 1結(頃)에 2石을 받아야 할 조세를 6石씩이나 거두어 3배나 수취하고 있었다 함32)도 이와 같은 사정에서 행해진 暴斂行爲였다.

　盜賊蜂起는 이러한 토지문제와 부세폐단을 배경과 조건으로 발발한 농민항쟁이었다. 9세기 전반인 憲德·興德王 때 이미 주로 신라의 西部 지역에서 草賊과 盜賊이 遍起하였고,33) 9세기 후반 定康王대(886~887)를

---

31) 崔南善 編, 《增補 三國遺事》, 附錄 新羅帳籍零簡, 民衆書館, 1954.
　　拙稿, 〈古代·中世의 食邑制의 構造와 展開〉, 《孫寶基博士停年紀念 韓國史學論叢》, 知識産業社, 1988, pp. 155~156.
　　李仁在, 〈신라통일 전후기 조세제도의 변동〉, 《역사와 현실》 4, 1990.
　　金基興, 《삼국 및 통일신라세제의 연구》, 역사비평사, 1991.
　　金容燮, 〈結負制의 展開過程〉, 주 19의 논저, pp. 192~203.
32) 《高麗史》 78, 食貨 1, 田制, 租稅, 太祖 원년 7월, 中冊, p. 726.
　　《高麗史節要》 1, 太祖 원년 7월, p. 11(亞細亞文化社 影印本, 1971-以下同).
　　《高麗史》 75, 食貨 1, 田制, 祿科田, 辛禑 14년 7월, 趙浚等 上書, 中冊, p. 715.
　　《高麗史節要》 33, 昌王 즉위년 7월, p. 829.
33) 《三國史記》 10, 新羅本紀 10, 憲德王 7년 8월, 11년 3월, 17년 정월, 興德王 7년 8월.

지나 眞聖王대(887~897)에 들어와서는 전국 규모로 농민봉기가 만연하
였다.34) 진성왕 3년(889)에 여러 州郡에서 貢賦를 輸納하지 않아 國用
이 결핍되어 使者를 파견하여 독책하였다. 그 이전부터 신라의 부세행정
은 파탄되어 있었다. 부세독책은 수탈을 동반하는 일이었고 이로 인해
각 고을에 소재하고 있던 도적들이 봉기하고 이는 叛亂으로 이어지더니,
어느덧 元宗·哀奴, 梁吉, 甄萱, 弓裔 등 大叛亂 勢力이 등장하고 할거하
는 데로 전환하였다.35)

이러한 사태는 그 내부에 외방에서 성장하고 있던 外居貴族, 土豪 등
이 세력가로서 소농민의 부세를 자신들이 징수하고 중앙의 부세독촉에
저항하며, 소농민층 또한 몰락한 상태에서 혹은 그러한 위기상태 속에서
지방세력인 城主·將軍에게 投托하고 依附하는 행위가 있어서 발발하는
것이었다. 賦稅拒納은 이상과 같은 신라말의 사회적 정치적 경제적 여건
과 구조에서 야기되는 사태여서, 그 형태는 이와 같이 농민봉기, 호족의
항거·할거로 나타났다. 지방세력의 정치적 경제적 분립추세와 농민항쟁
이 토지제도의 파탄과 폐단에서 서로 因果하고 있어서, 부세거납은 그만
큼 이들의 정치적 할거화와 사회적 세력화를 동반하게 되는 까닭이다.
신라는 왕조로서의 기반을 상당 부분 상실하고 국정 운영이 거의 마비될
만큼 체제가 파국으로 격류하고 있었다. 결국 진성왕 11년(897)에는 이
로 인해 국왕이 讓位하는 사태에 이르렀다.36)

신라말의 盜賊蜂起는 그저 몰락한 농민이 群盜化하여 발생하는 현상이
아니었다. 이 시기 盜賊은 群盜와 賊帥를 아우르는 호칭이었다. 군도는
주로 몰락농민 내지 私兵이 무리를 지어 蜂起의 대열에 참여하고 있는
데서 나오는 표현이고, 적수는 城主·將軍 등 지방에서 신라조정에 항거
하고 그 복속을 거부하며 독자의 통치영역을 수립하는 세력자, 이른바
豪族을 지칭하는 이름이었다. 기록상으로도 농민봉기 내지 그에 입각하
여 반란을 일으키던 층을 함께 일러 '盜賊蜂起', '盜賊遍起' 등으로 표현하

---

34) 《三國史記》 11, 新羅本紀 11, 眞聖王 3년.
35) 《三國史記》 11, 新羅本紀 11, 眞聖王 3~11년.
36) 주 12와 同.

되,37) 그 군도의 특징을 지목해서는 '草賊' 혹은 '赤袴賊'이라 하고,38) 그 주도자를 특히 그 반란에 초점을 두어서는 '高達山賊 壽神', '北原賊帥 梁吉', '完山賊 甄萱'39) 등에서 보이듯이 賊·賊帥로 지목하고 있다.

도적의 봉기는 빈농·무전농의 퇴락을 배경으로 群盜化가 이루어지는 데서 발발하는 것이지만, 이렇게 군도화가 광범히 확산되는 데는 촌락사회가 사회경제 변동 속에서 더 이상 몰락농민·무전농민을 借耕 혹은 傭作으로 흡수할 수 없는 상태로 진전하고 있는 사정에 있었다. 그리하여 오히려 일부는 상업활동이나 귀족·토호의 교역물·수취물에 의존하고 일부는 이를 탈취하여 살아갈 수 있던 여건에 있었다. 그러나 이것을 규모가 크고 州縣에 걸치는 농민봉기, 호족 할거로 발전시키고 전개시킨 이들은 대다수 小農民層, 中小地主層이었다. 이들은 大地主·巨大地主의 발달 및 부세 과중 속에서 위협받고, 한편으로는 빈농·무전농의 몰락증가와 群盜化를 목도하면서 커다란 불안을 갖게 되고, 불원간 자신들의 처지도 이처럼 될 것이라는 탈락의 위기에 직면함으로써 신라 권력과 그 통치기구에 항거하는 대열에 섰다. 각지에서 일어나는 豪族에게 土地와 妻子를 들어 그 휘하에 들어가 投托하고, 지방세력은 이들을 흡수하고 보호하였다. 신라말 群盜의 성행과 농민봉기는 자영소농이 최후로 자기를 보호하고자 꾀하는 농민가족경영의 사회적 관철행위 가운데서 전개되는 양상의 하나였다.

농민의 투탁, 도적의 만연, 離叛豪勢의 할거는 민인의 安危如何 내지 利害如否에 좌우되는 것이었다. 弓裔는 몰락한 王族으로 '盜賊'에서 봉기하였고, 甄萱은 '軍鎭'에서 雄據하여 각각 王國의 건설에까지 이르렀으며, 王建 및 수다한 각지의 호족은 '海上'에서 혹은 '力農'에서 立身하고 출세한 이들이었다.40) 이들 모두 농민의 安業을 표방하고 있었다. 그중에서

---

37) 《三國史記》 10, 新羅本紀 10, 憲德王 7년 8월 및 興德王 7년 8월.
　　주 12.
38) 《三國史記》 10, 新羅本紀 10, 憲德王 10년 3월.
　　《三國史記》 11, 新羅本紀 11, 眞聖王 10년.
39) 《三國史記》 10, 新羅本紀 10, 憲德王 17년 정월.
　　《三國史記》 10, 新羅本紀 10, 眞聖王 5년 10월, 6년.
40) 李純根, 〈新羅末 地方勢力의 構成에 관한 연구〉, 서울大學校 博士學位論文, 1992.

도 力農과 海上商業으로 출신한 층은 특히 農·商·工의 安堵와 이를 위한 政事의 추구가 최우선의 基礎課業임을 잘 인식하고 그러한 방향으로 정책을 운영해 나갔다. 이러한 범주 속에서만 새로운 사회의 새로운 주도세력으로서 그 立地를 넓히고 경륜을 펼쳐 나갈 수 있었다. 지방토호의 정치적 대두, 후삼국의 출현은 자영소농이 群盜化·沒落化의 위기에 당면하여 취하던 자기보존의 도모행위에 의해 그 전망과 의의를 부여받고 있는 것이다.

배경과 형태로 볼 때 농민봉기는, 귀족관료 사이에서나 피지배층에 있어서나 모두 大變動을 야기하는, 그리하여 사회 전체에 커다란 激動을 유발하는 추진력이었다. 신라하대의 농민반란은, 地主佃戶制의 성장에 따른 사회경제의 병폐 악화 속에서, 무전농·빈농의 群盜化로 상징되는 몰락농민의 형세와 이 가운데서 함께 동요하는 소농민의 위기를 안정시키고 진정시켜야 한다는 점을 정치방향과 국가과제로서 제시하고 있었다. 농민항쟁은 새로운 집권관료국가의 구축, 집권봉건제의 재확립을 요구하고 지향하는 것이었다.

농촌사회의 동요, 농민층의 항쟁에 起乘하여 각 고을에서 立身한 지방 정치세력 호족은 浮沈을 반복하고 分離와 倂合을 되풀이하였다. 신라 중앙권력의 분화와 지방통제력의 상실, 즉 權力의 분산이 급속히 진행되자, 이들은 官府組織과 官班體系를 갖추면서 私兵을 위시한 軍事體制를 구축하는 등 정치·관료·군사상의 편제를 갖추며 웅거하였다.41) 그리하여 새로 국가를 결성하는 데로 진전하고 마침내 後三國으로 각기 連帶하는 데 이르렀다. 이 시기의 호족은 군현의 민인에 대해 경제적 지배와 함께 정치적·군사적 지배도 수행하는 정치경제의 지방세력이었다. 호족의 정치적·군사적 지배의 현실은 신라왕조가 입각해 온 토지의 私的 소유와 그 경영, 그리고 地主·小農·傭作農, 貧農·無田農 등 다양하게 분화되어 있는 농촌사회였다. 신라는 말기로 갈수록 地主와 佃戶로서 혹은 祿邑主와

金哲埈, 〈後三國時代의 支配勢力의 性格〉, 《韓國古代社會硏究》, 知識産業社, 1975.
金昌錫, 주 19의 논고, pp. 150~164.
　41) 金光洙, 주 6의 논고.

祿邑民으로서 얽혀 있는 호족층과 농민층의 사회경제적·정치경제적 관계에 대해 통제력을 상실하게 됨은 말할 나위도 없었다. 이는 토지·농업·농민에 대한 국가통치력의 이완·마비현상이었다. 그리고 후삼국의 성립은 농민봉기를 수습하고 진정시키면서 등장하는 '將軍', '城主' 등 호족층이 규합되고 통합되어 가는 과정이었다.

그런 만큼 농민·토지에 대한 장군·성주의 독자적인 정치·군사·사회·경제의 지배가 一時는 수행되고 유지될 수 있지만, 계속 전진하는 농민의 사회적 성장과 시대변화의 연속에서 恒久的으로 지속될 수는 없었다. 호족층은 자신들이 이와 같은 지방세력으로 존재할 수 있게 하는 權力分散이 농민의 성장과 항거에서 오는 것이고, 이 항거는 窮極에는 종래의 骨品制的 지배수취의 질서, 村主 위주의 촌락사회의 통제를 脫殼해 나가고 있어 새로운 집권봉건국가의 재확립을 방향상 요구하고 있었으므로, 농민의 요구를 용납할 수밖에 없었다. 그리고 이 선상에서 농민지배를 하려면 다시 군현지배의 범위를 넘어서 서로 연대하고 질서를 편제하여 統一權力下의 집권관료제의 국가·사회를, 좋든 싫든 의식하든 의식하지 못하든 간에 수용하고 추수해 가야만 했다.

농민의 安業과 농업의 증진을 지속성 있게 보장하자면 王朝國家 차원의 안정이 필요하였다. 언제까지 호족과 농민 사이의 投托과 保護로 유지할 수 있는 것이 아니었다. 성주·장군도 그러하였고, 농민도 그러하였다. 이러한 구조와 원리 속에서 호족 사이의 대결과 통합·합병은 필연의 사태였고, 大豪族이면서 정치력과 군사력을 國家權力의 형태로 구현하는 인물에게 集輳함은 당연한 추세였다. 이는 과정상 새로운 통일국가의 지향이었고, 사실상 그 건설이었다. 통합권력의 재구성과 농민안정의 재추진은 정치·사회·조세·군사 등 여러 부면에 걸쳐 체계성을 갖추고 진행되어야 하되, 구체방략은 장구한 세월에 걸쳐 경험하고 운영해 온 집권관료국가에 계통을 대고, 이 선상에서 강구되어야 함은 물론이었다.

토지제도와 부세제도, 곧 田制·經界 釐整作業의 커다란 방향은 農法改良, 水利開發, 農地開墾 등 농업생산의 증대책과 함께 여기서 잡혀 나갔다. 그러므로 이 작업의 실제와 방향 그리고 강도는 이의 主導層이고 中

心層인 지방세력의 동태와, 이들이 새로운 집권관료제와 갖게 되는 이해
관계와 관련하여 마련되고 작정될 것이었다.

3. 統合後 祿邑制의 廢棄와 役分田의 初定

신라하대 말, 후삼국기의 토지문제·농민문제는 두 방면에서 연유하는
사태였다. 하나는 田莊의 확산과 地主佃戶制의 확대, 다른 하나는 부세
운영의 기초인 결부제·정전제의 혼란과 부세행정 단위인 郡縣의 離叛이
었다. 이 양자는 각각 그 하나만으로도 문제 유발의 요인이 되는 것이었
지만, 이 당시에는 서로 불가분의 관계에서 交叉되고 錯綜되어, 사태의
본질은 총체적 파국인 동시에 재건이었다.

이러한 현실여건에서 후삼국 각 나라에서 토지제도를 운영하거나 정비
해 나갈 때 형태상 기준이 되고 참작이 되었을 것은, 우선 국가의 토지
경리 내지 토지파악을 반영하고 오랜 세월 동안 전통으로 내려오고 있는
내용, 즉 각종 地目 및 관련 제도이다. 현재 통일기 신라나 후삼국기의
토지제도의 全貌를 직접 파악할 수 있는 자료는 아직 없지만, 단편으로
전하는 地目 및 관련 용어를 수집하고 분류·종합하면 대략의 원칙과 윤
곽은 추정할 수 있다. 이 지목이나 관련용어는 본래 토지제도의 體形을
구성하고 있는 부분으로서 그 편성의 기본원칙과 형식을 반영하고 있다.
그것은 우선 크게 두 측면으로 구획할 수 있다. 하나는 身分制를 전제로
하여 국가통치와 직접 연계를 갖고 설정한 것이고, 다른 하나는 소유지·
소유권 일반과 관련하여 사용한 것이다. 前者, 곧 신분직역제를 직접 반
영하며 국가운영과 직결하여 편성한 것은 다시 ① 귀족관료 내지 국가의
각종 통치기구 및 그 담당 職役人에 관계되는 것과 ② 일반 민인 주로
생산자 농민에 관한 것으로 구분된다. ① 가운데서 (ⅰ) 귀족관료에 상
관되는 것으로는 '食邑', '賜田', '祿邑', '口分田', '祿' 등이 전하고, (ⅱ)
국가의 중앙·지방의 각급 행정·군사기구 및 公役 담당자에 관한 것은 '官
謨田畓', '內視令畓', '麻田', '村主位田畓', '上守燒木田', 그리고 왕실, 사찰

등 주요 고위집단에 관한 것에는 '陵位田', '寺院田' 등이 보인다. 그리고 ② 농민층 등 민인 일반에 해당하는 것으로는 '丁田', '烟受有田畓' 등이 있다. 한편 後者, 곧 소유지·소유권 일반과 관련해서는 '我田', '公田', '王土', 그리고 '田莊', '傭田' 등의 용어가 전해온다.42)

현재 전하는 地目 및 토지 관련 용어가 이와 같이 분류됨을 보면, 신라는 전통적으로 크게 두 계통에서 토지제도를 편재하고 운영해 왔음을 알 수 있다.

첫째, 토지를 實田으로 절급하기도 하지만 주로 賦稅制度와 상관하여 토지를 분급하거나 파악하는 것으로서 전자가 이에 해당한다. ①의 (ⅰ)·(ⅱ)의 地目은 土地租稅의 경리 및 분급체계 속에서 갖추어진 것으로 (ⅰ)은 私處 부분이 대상이고 (ⅱ)는 公處 부분에 해당한다. 그러나 (ⅰ) 역시 귀족관료가 제공하는 職務와 忠誠이 갖는 公共性과 상관있음은 물론이다. (ⅱ) 가운데 '村主位田畓'도 그 所受者가 개인인 점에서 私處 부문의 성질도 가지고 있다. 분급내용은 ①과 ② 모두 收租權의 할급 내지 배분이 주축이고 원칙으로 되어 있다. 물론 賜田, 陵位田, 寺院田처럼 實田과 收稅 양자 모두에 상관하는 것도 있다. 公處 부분의 地目도 내용으로 들어가면 各自收稅地, 自耕無稅地, 無稅地 등 여러 유형이 있었을 것이다. 官謨畓, 內視令畓은 군현 각 고을 官衙의 公共所用 및 해당 地方官의 각종 備用에 쓸 경비를 조달하도록 배정된 토지여서 各自收稅地였을 것이고, 麻田은 고을 촌락민의 徭役勞動이나 관아 소속의 노비노동 등을 통해 공동으로 경작함을 원칙으로 하였을 토지로서 自耕無稅地였겠으며, 村主位田畓은 촌주의 직역수행과 관련하여 설정한 토지이므로 無稅地였을 것이다. ①이 이와 같이 신분제·관료제와 연계하여 국가 및 그 통치기구 내지 담당층에 대한 租 혹은 租·調·役의 수취권한의 할양 및 허여가 중심이며 따라서 국가운영기구 및 그 담당층에 관한 물적 조처의 소산임에 대해, ②는 토지조세 배분체계상의 토지이기는 하되,

---

42) 이상의 地目이나 토지제도와 상관한 제도 및 토지용어에 관해서는 개별 혹은 전체로, 그리고 직접 혹은 간접으로 여러 논저와 논고에서 수다한 검토와 언급이 있어 왔음은 널리 잘 알려진 바여서 일일이 典據를 들고 각 견해를 거론하는 것은 생략한다.

그 대상이 피지배 신분의 처지이고 국가·사회 속의 생산자·납조자 위치에 있으므로 국가의 토지·농민파악, 즉 稅役의 配定 및 徵收에 입각하여 설정한 地目이다.

둘째, 토지의 소유주·소유권에서 소유관계의 차원에서 인식하는 것은, 그 기준이 토지의 私的 所有 및 경영에 근거하는 것이었다. '我田'은 내 땅, '公田'은 나라 땅이다. 그리고 '王土'는 해당 我田과 公田의 私的 소유권이 개인에 혹은 나라에 있느냐에 따른 구분임을 개념상 전제하고 公認하면서 그에 따른 賦稅策定, 소유권의 보호와 통제 등 통치행위를 구사한다는 사실관계를 함유하고 있는 용어였다. 그러므로 신라시기 王土라는 어휘 자체는 이미 국가통치관념이 土地·民人的으로 發現된 것이다. 이때는 토지의 사적 소유를 收租權의 선상에서 크게 귀족관료에 대한 분급지를 私田, 국가통치기구에 관한 분급지 및 국가의 재정상의 수조지를 公田으로 구획하여서도 인식하고 있었을 것이 틀림없다.43) '傭田'은 사적 토지소유제하에서 지주전호제가 보급되는 가운데 主家에서 傭作農民에게 그 노역의 보상으로 穀食 대신 약간의 田土를 俵給하여 그 수확을 취식하도록 하는 경영형태에서 오는 토지였고, '田莊'은 田畓·柴地·莊舍 등으로 구성되고 각 지역에 散在하되 주로 왕실·사찰·귀족관료·승려 등 상급 신분층의 地主經營의 典型이었다.

사적 소유지를 조세체계 속에서 收租地로 배분하고 稅役을 책정해 파악하는 것, 私的 소유관계에서 私田·公田으로 구분하는 것, 이 두 가지

---

43) 이와 같은 我田·公田·王土의 개념 및 수조지상의 公田·私田에 대한 추정과 관련해서는 다음 두 자료와 논고가 참고됨.

　《譯註 韓國古代金石文》Ⅲ, 崔致遠, 大崇福寺碑, 韓國古代社會研究所, 1992.
　'其成九原 則雖云王土 且非公田 於是括以邇封 求之善價 益丘隴餘弐百結 酬稻穀合二千苫〔斛除一斗爲苫 十之斗爲斛〕'
　崔致遠, 鳳巖寺 智證大師塔碑, 同上書.
　'我家匪貧 親黨皆歿 與落路行人之手 寧充門弟子之腹 遂於乾符六年(憲康王 5년, 879) 捨莊十二區 田五百結 隷寺焉……雖曰我田 且居王土 始資疑於王孫韓粲繼宗 執事侍郎金人元·金咸熙及正法大統釋玄亮 聲九皋 應千里 贈太傅獻康大王 恕而允之 其年九月 教南川郡僧統訓弼 擇別墅 劃正場'
　朴時亨, 주 18의 논저, pp. 143~144.
　李佑成,〈新羅時代의 王土思想과 公田〉,《趙明基博士華甲紀念論文集》, 1965(同,《韓國中世社會研究》, 一潮閣, 1991).
　拙稿, 주 14의《韓國 古代·中世初期 土地制度史》, p. 37, pp. 93~94.

는 이 시기 集權王朝國家의 토지제도가 가지고 있는 커다란 골격이었다. 후삼국기에도 이 골격은 마찬가지였다. 국가의 존속과 군현제의 운영이 원칙으로 존속하는 가운데 의당 그러하였을 것이고, 호족지배하의 官班制 속에서도 이와 같은 점은 그대로 準行되었을 것이다. 종래의 군현적 촌락적 토지파악이나 租·布(調)·役의 부세행정의 큰 원칙을 변경해서는 지방세력이 호족으로서 將軍·城主의 정치적 통치력을 유지할 수는 없는 일이었다. 후삼국에도 祿邑이 존속하고 丁田이 존재함은 이러한 사정을 전하는 실제 사례이다. 문제는 각 토지의 명목, 특히 收租權上의 분급전토나 稅役配定의 丁田이, 부세제도의 혼란과 수취과중과 연관하여 법제 및 평상을 넘어서 收奪이 심하고 그 부담자가 流移하는 것이었다.

지주전호제와 대토지소유제가 보급되고 그것이 사회경제의 한 추세를 이루는 과정에서 정치적·경제적 지배세력으로 대두·성립하고 있는 층이 지방호족이어서, 신라왕조는 물론이고 泰封(高麗)·後百濟는 더욱더 소유권·소유지의 調整을 통해 난국을 打開하기는 불가능하였다. 더구나 전쟁기였고 聯合과 分裂의 시기였기 때문에 논의조차 어려웠을 것이다. 수습의 방도는 부세제도 차원에서 폐단을 제거하고 문제를 정리하는 길이었다. 토지제도 역시 이 선상, 이 범주에서 조정되고 마련될 수밖에 없었다. 이는 이 시기 새로운 정치세력들의 중요한 정치적 숙제였다. 특히 삼국이 통합과정으로 치달으면서, 뒤이어 그 통합이 고려에 의해 軍事的 疆域的으로 일단락된 후에는 더욱더 토지문제를 조세체계 속에서 재조정·재정비하는 길이 새로운 통합국가 통일국가의 기틀을 꾸미는 작업이 되었다. 우리나라는 고래로 재산소유의 규모가 법적으로 신분에 따라 정해지거나 제약받은 일이 없었다. 골품제 아래서도 토지 및 노비 소유의 규모나 수에는 제한이 없었다. 사회변동은 이 원칙에서 일어나고 있는 것이었다.

당시 토지문제를 조세체계 속에서 수습하고 정비하는 일은 두 가지 과제를 안고 추진해야 하는 사안이었다. 첫째는 조세제도의 운영과 그 행정에서 수취의 과도성을 제거하고 그 적정성을 수립하여 균등성과 공평성을 회복하는 것이었다. 곧, 조세제도의 정비였다. 祿邑의 收奪性도 이에 얽혀 있는 문제였다. 둘째는 지배층에 대한 새로운 토지배분의 시행이었다. 신라하대·후삼국기 지배층 사이에 불균등한 祿邑의 소지가 서로 반목과 알력을 야기하였고, 더욱이 이제 통일국가의 官僚制를 다시 편성함으로써 新王朝 고려의 체제를 조직해 나가고 있는 국면에서, 새로운 토지분급은 극히 절박하고 중대한 과제였다. 이 역시 조세제도와 직접 밀착되어 있는 문제였다.

　토지문제의 처리는 조세제도의 정상화와 결부되어 있었다. 그리고 조세제도의 정상화는 이념상 농민의 안정을 배려하고, 적어도 표방하는 선을 방향으로 삼아야 했다. 고려 太祖 王建이 즉위(918) 후 우선 '取民有度'하도록 하였다는 것44)은 바로 이런 상황에서 취하는 조처였다. 태조정부의 조세폐단에 대한 釐整作業은 국가, 왕실, 귀족관료 등 徵稅上에서 폐단을 유발하는 주체를 대상으로 두루 착수하였다. 먼저 즉위 7월에 그간 국가의 賦稅濫奪로 租稅는 1結(頃)에 6石, 管驛戶의 賦는 絲 3束에 달하던 것을 금지하고 '舊制', '舊法', '天下通法'에 따라 什一制로 수납하여 1負에 租 3升씩으로 하고,45) 뒤이어 8월에는 3년간 租·役을 放免해 주었다.46) 태조는 이러한 조처에 앞서 6월에 國用의 절약과 검소를 지시하고, 이로써 水旱이나 饑饉에 대비하도록 하였으며,47) 솔선하여 內庄 및 東宮食邑에 비축한 곡식을 조사시켰다. 또한 부세과중과 穀價騰貴로 몰락농민이 급증하고 있어 自身과 妻子息을 남의 노비로 팔아 連命하는 이를 조사하여 1,000여 명을 內庫의 布帛을 내어 贖身시켜 주었고,48) 內屬奴婢 가운데 宮中에서 供役하는 자들을 제외하고 모두 郊外로 나가

---

44)《高麗史》78, 食貨 1, 序, 中冊, p. 705.
　　'三國末 經界不正 賦斂無藝 高麗太祖卽位 首正田制 取民有度 而惓惓於農桑 可謂知所本矣'
45)《高麗史》78, 食貨 1, 租稅, 太祖 원년 7월, 中冊, p. 726.
　　《高麗史節要》1, 太祖 원년 7월, p. 11.
　　《高麗史》78, 食貨 1, 祿科田, 辛禑 14년 7월, 趙浚等上書, 中冊, p. 715.
　　《高麗史節要》33, 昌王 즉위년 7월, p. 829.
46)《高麗史節要》1, 太祖 원년 8월, p. 12.
　　《高麗史》78, 食貨 2, 農桑, 太祖卽位之初, 中冊, p. 733.
47)《高麗史》1, 世家 1, 太祖 원년 6월 乙丑, 上冊, p. 39.
48)《高麗史》1, 世家 1, 太祖 원년 8월 辛亥, 上冊, p. 39.

살며 '耕田納稅'하도록 함으로써49) 徭役減縮과 農耕獎勵의 뜻을 적극 보였다. 왕실의 경비를 근검절약하고 그 財産을 덜어냄과 함께 公卿將相 등 고급관료에 대해서도 압박을 가하였다. 이들이 수득하고 있는 祿邑의 祿邑民에 대해 聚斂을 일삼는 행위에 대해 따로 治罪하는 '染卷'을 작성하여, 그간 징수한 祿俸을 追奪하고 심한 경우 終身토록 등용하지 않겠다고 준엄한 경고를 내려 과도한 수탈을 중지하도록 촉구하였다.50)

이상은 모두 부세과중과 부세폐단, 이로 인하여 民生 諸般에서 야기하는 반발과 저항을 완화하고 民人이 安業에 종사할 수 있게 하는 시책이었다. 그러나 어느 것이나 개별적이고 표면적인 처사였다. 후삼국기 조세제도의 혼란은 그 기준과 원칙이 되고 있는 結負制가 큰 폐단을 안고 운영되고 있는 데서 연유하고 있었다. 결부제는 태봉의 궁예정부 아래서 농지 1결에 2석을 받아야 할 것을 그 3배인 6석으로 받았을 만큼 量田과 結負策定에 농간과 奸僞가 심하였다.51) 이는 궁예정부에서만이 아니라, 정도의 차이는 있었겠지만 후삼국기 우리나라 전반에 걸친 사태였을 것이다. 더구나 이 시기의 결부제는 稅役을 토지에 배정하는 丁田制와 직결되어 있어서 그 재정리는 더욱 절실하였다. 賦役·租稅의 과중과 人丁의 유리·도산으로 丁田에서는 稅役과 그 담당자가 괴리되는 사태가 극히 심했을 것이다.52)

結負租稅制가 정상적으로 운영되려면 우선 해당 토지의 肥瘠을 가능한 한 정확히 파악하고 그 實績과 所出에 합당한 田品·稅額을 정해 주어야 하는데, 수취자는 부세수탈을 강화하고 국가나 관아는 경작농지를 파악할 힘조차 상실하고 재지세력이나 농민은 이에 저항하는 상태에서 그 철저한 수행은 기대하기 어려웠다. 이 작업은 고려가 국초부터 추진했지만 통합전쟁이 끝나고 제반 질서를 수립하는 때에 가서야 본격화하였다. 고려는 什一稅制의 회복·준수를 바탕으로 所出에 地積을 조합하는 종전의

---

49)《高麗史》93, 列傳 6, 崔承老, 成宗 원년, 下冊, p. 86.
50)《高麗史》1, 世家 1, 太祖 17년 5월 乙巳, 上冊, pp. 50~51.
51) 金容燮,〈結負制의 展開過程〉, 주 19의 논저, pp. 202~203.
52) 拙稿, 주 17의 논고.

원칙에서 地積 중심으로 전환하여 方 33步＝1結로 작정하고, 田品은 종래대로 지역차를 두고 농지의 비옥도에 따라 3等으로 구분하며, 租稅는 이에 준거하여 差等收租하는 방식으로 結負量田制를 정리하였다.[53] 그 결과 고려에 와서 결부제는 소출보다 田結이 한층 浮上하게 되었다.

한편, 이상과 같은 조세제도의 矯正은 王權을 정점으로 한 官僚制·郡縣制에 의거하여 집행될 수 있는 사항이었다. 그러나 이 관료제와 군현제는 단순히 종전의 관료제와 군현제를 복구하는 것일 수 없었다. 관료제·군현제의 정비는 사회변동 속에서 요구되고 있는 사태였던 만큼 그 절차 및 방향이 신라의 骨品制的 관료제를 청산하면서 이루어져야 했다. 동시에 城主, 將軍 등 지방세력의 할거성도 배격하고 그 官班的인 정치 지배력을 회수하고 봉쇄하는 선상에서 추구되어야 하는 當爲도 내포하고 있었다. 이뿐만이 아니었다. 새로운 국가의 새로운 관료제에 적합한 토지분급제를 마련하고 강구해야 하는 과제가 얹혀 있었다. 조세제도의 정비와 결부제의 조정은, 토지분급제를 적합하게 제정하고 적절히 운영할 수 있게 함으로써 관료제와 군현제를 기둥으로 하는 集權王朝國家의 정치적·물질적 토대를 닦는 데에 연결되고 있었다.

고려국가로서 토지분급제의 새로운 조정·마련은 이러한 배경과 선상에서 반드시 수행해야 할 사업이었다. 당시 관료에 대한 토지분급으로 중심을 이루고 상징이 되던 것은 祿邑이었다. 녹읍은 태봉에서도 시행하고 고려왕조 개창 후에도 그대로 계승되었다. 후백제에서도 마찬가지였을 것이다. 신라국가의 廢亡은 일시에 새 국가들이 부상하고 일거에 이것이 통합하는 양상으로 진행된 것이 아니었다. 신라의 지배영역과 지배력이 차츰 축소되고 이완되는 가운데서 태봉·후백제 그리고 고려가 등장하고 있었으므로, 통치·수취의 제도적 형식이나 내용은 신라의 것을 계승하거나 참작하면서 자신의 것을 모색해 가고 있었다. 그런데 이 시기의 이러한 녹읍은 국가의 토지분급제로서는 크게 두 가지 점에서 중대한 결함이 있었다.

---

53) 金容燮, 주 51의 논고, pp. 202~223.

우선 녹읍에서 租의 징수가 혹독하였다. 이는 후삼국기 부세징수의 혼란, 수탈의 혹심과 병행해서 그리고 그 지배의 신분적 占有性으로 인해 국가수취의 과도성을 훨씬 넘어서 집행되었을 것이다. 그러므로 고려 太祖는 후삼국 통일 전부터 몇 차례나 이 점을 녹읍주에게 警告하고 녹읍민을 愛撫하도록 타일렀다.54) 폐단은 또 있었다. 녹읍은 구조적으로 官僚制에 즉하여 上下官僚에 차등을 두며 운영하던 제도였다. 그리고 신라 하대·후삼국시기에는 이 균등성과 차등성이 毁破되어 수득자와 미수득자 사이에 알력과 대립이 고조하는 가운데 실제 행사할 수 있는 실력을 갖춘 이에게나 절급이 허여되었다. 이 당시 국가는 녹읍제의 시행 및 녹읍을 통한 지배층의 농민에 대한 수취와 지배를 여전히 승인하고는 있었지만, 이를 보장하고 또 녹읍의 수수·회수 및 田租를 위시한 雜物의 濫徵이나 기타 수취행위에 대해 간여하고 제지할 힘이 없었다. 따라서 녹읍을 절급받는 이들은 녹읍의 지배와 수취를 朝廷의 賜與名分하에 실제 스스로의 힘으로 수행할 수 있는 능력을 가진 인물이어야만 했다. 후삼국시기 고려에서 녹읍 문제가 거론되는 속에서 그 대상으로 지목되는 이들이 '公卿將相', 또는 '本邑將軍', '大相' 등이었음은55) 이런 사정을 전하는 것으로 사료된다.

당시 녹읍의 수득자는 대부분 신라의 기준에서 이를 소지할 만한 傳來의 家格과 位置를 가진 이들이었을 것이다. 그러므로 개인적 氣量과 才幹으로 功을 세운 官僚·將帥·軍士에 대한 포상은 주로 賜田으로 시행한 듯하다. 이는 申崇謙이 태조 왕건을 따라 畋獵하던 중 三灘이라는 곳에서 기러기 3마리를 命대로 쏘아 맞추자 平州를 사여하여 鄕貫으로 삼게 하고, 기러기를 쏘아 맞힌 傍近의 田 300결을 賜給하여 대대로 그 租를 取食하게 하였고 이로 인하여 그 토지를 '弓位'라고 하였다는 것,56) 卜智

---

54) 주 50과 同.

55) 同上.
　　洪承基, 주 4의 논고.
　　김영두, 〈高麗 太祖代의 祿邑制〉, 《韓國史研究》 94, 1996.
　　拙稿, 주 14의 논고.

56) 《新增東國輿地勝覽》 41, 黃海道, 平山都護府, 人物, 申崇謙.

謙이 裴玄慶과 더불어 太祖를 추대하고 開國功臣이 되자 沔川郡의 田 300頃(結)을 사여받아 子孫 대대로 取食하였다는 것57) 등의 사례에서 이렇게 짐작된다. 신라 敬順王 金傅가 귀속하자 그 수행자를 우대하여 田·祿을 후히 절급한 것58)도 마찬가지 예겠다.

이러한 문제점만으로도 녹읍은 이미 관료에 대한 토지분급제로서 적합하지 않았다. 그러나 녹읍제가 토지분급제로서 부적당한 더 본질적인 국면이 있었다. 그리고 오히려 이 점이 저러한 사태를 유발하는 근본원인이기도 하였다. 그것은 녹읍제가 본시 사회구성원의 骨品的 신분 편성을 바탕으로 하여 제정된 官僚制를 기준으로 작정되고, 또 폐지·복설되며 운영되어 온 것 자체와 상관있다. 신라하대 王位爭覇의 연속에서 眞骨을 필두로 진행되는 신라 권력층의 相爭, 지방 豪族의 성장과 할거, 농민의 이산과 蜂起는 신라왕조를 骨組로서 집약하고 있는 集權官僚制의 모순을 격발시키고 그 와해를 주도하였고, 이에 수반하여 골품적 기반이 구조적으로 붕괴·변동해 갔다. 이 과정에서 관료의 본질이 더욱 부각·표출되는 새로운 兩班官僚制가 浮上하고 있었다.

8세기 중반 이후, 이미 본래 干層인 骨族에서 분화하여 독자의 신분층이 된 眞骨은 第1骨과 第2骨로 분화하여 王族과 非王族으로 갈리고 왕족은 第1骨만으로 좁혀지면서, 이들 내부에서 왕위쟁패가 군사적으로 전개되어 이후 신라말까지 全 기간을 일관하였다. 아울러 이 과정에서 본래 5頭品 정도이면서 眞骨의 후원과 비호 아래 阿湌까지의 干群官等을 소지하는 층으로서 성립했고 직무로서는 진골의 補佐役이나 外官職을 담당하던 6頭品층의 중앙정계 진출이 현저히 확산되었으며, 왕위쟁패전에 직접 참여하지 않았던 제2골, 즉 대다수 일반 진골은 정치적 변동과 무관하게 꾸준히 관료로서 出身을 추구하였다. 그리하여 9세기 말경에는 得難이라는 신분으로 성립하였다.

9세기 말에 들어오면 진골은 王室 자체로 존재하고 대부분의 高位官職은 官僚群으로 전화한 得難層이 차지하고 있었다. 6·5·4두품은 구별이

---

57) 《新增東國輿地勝覽》 19, 忠淸道, 沔川郡, 人物, 卜智謙.
58) 《高麗史》 1, 世家 1, 太祖 18년 12월 辛酉, 上冊, p. 52.

있었지만 신분으로서의 성격은 퇴색하여 官等에 따른 分類에 가까웠다.
아울러 6두품은 상당수가 벌써 得難으로 승격하여 더욱더 이 방향으로
가고 있었다. 요컨대 眞骨이 그 내부에서 王族, 다시 王室로 축소·고착
되는 층과 得難으로서 관료군, 특히 고급 관료군으로 出身하는 층으로
분화하고, 종래 진골의 家臣集團의 중추를 이루던 6두품이 진골에서 獨
自化하고 계열화하여 公的 관료군으로 성장하였으며, 이에 따라 6·5·4두
품은 신분성보다 관등으로서의 성질을 더욱 강하게 띠어 갔다.59) 골품제
의 이러한 경과는 이 자체가 골품제적 관료제 해체·붕괴의 골자이며 새
롭게 人品과 文武散階에 근거하는 집권관료제가 대두하는 배경이자 과정
이었다. 신라말, 그간 최고 신분층이 스스로의 처지를 餘他 신분층과 구
별하면서 조성한 골품제는, 이제 골격에서나 이념에서나 모두 완전히 와
해되고 퇴색하였다.

　앞에서 말하였듯이(본고 2절) 녹읍제는 본디 이러한 관료제와 직결하여
관료층의 통치성과 신분층을 정치적으로 보장해 주는 物的 要素로서, 삼
국시기부터 등장하여 그 후 廢止와 復設을 거듭한 제도였다. 이 과정의
구체사정은 애초 종래 諸加[干]가 일정 지역의 王者로서 해당 영역의 諸
邑落을 統主하면서 租賦의 統責을 구사하던 기능이 점차 大等이 주도하
는 州郡의 역할로 옮겨 감에 따라 관료제·군현제가 재차 본격 정비됨에
짝하여, 그간 諸加는 干으로서 개별적으로 유지하던 지배기반에서는 정
치적 위치가 현저히 위축되고 국왕을 표상으로 하는 집권적 정치구조 속
에서 臣僚로서의 지위가 훨씬 비중이 커져 大等으로서 公室로 승인받았
고, 이와 함께 이들이 지녀 온 지배기반 역시 국가의 공식 통치기구로
활용되는 단계, 그리하여 齊民的 租稅制가 추구되고 結負制가 조정되는
삼국기 일정 시기(신라, 智證王~法興王 무렵)에 제정·운영한 것으로 추찰
된다. 그리고 통일 후 神文王 9년(689) 정월 그간 왕권 위주의 集權官僚
制의 재정비 과정에서 한동안 폐지하고 관료의 경제적 대우는 그 직무수
행과 관련하여 祿俸 하나로만 一元化하다가 景德王 16년(757) 3월 다시

---

59) 徐毅植, 주 5의 諸논고 참조.

설치한 녹읍제는, 그동안 骨品性이 저하하고 人格性이 부상하여 양자가
서로 조화하는 관료제에 부응하여 제정한 것이어서 그만큼 내용이 보완·
수정되었을 것이다. 昭聖王 원년(799) 3월 菁州(晋州) 居老縣에 學生祿邑
을 설정한 것은 이러한 저간의 사정을 반영하는 사례로 보인다. 학생녹
읍은 國學에서 수학하는 학생에게 지급하는 녹읍으로서 학생을 準官僚의
처지에서 대우하는 것이었다.[60]

그러나 녹읍은 성립의 기반이 眞骨을 주축하는 골품제적 신분성을 정
면으로 배려하는 토지분급제였다. 신라말, 골품제가 와해됨에 병행하여
경주 중심의 중앙집권관료제가 폐퇴하고 지방 각지에서는 官班制가 운영
되고 태봉·후백제에서는 새로운 官等·官僚組織을 작정하고 시행하면서,
이제 녹읍은 그것이 지니는 신분성과 관련해서만 기능의 역할이 있고 존
재의 의미가 있었다. 그러므로 새로운 집권관료제가 관등·관직에서 골품
제를 배제하고 신료성을 중시하면서, 여기에 그 구성주체인 호족의 割據
性은 제거하되 지방세력으로서의 향촌지배성은 배려하여, 조직되어 가는
형세에서는 더 이상 적합하지 않았다.

후삼국기 녹읍은 公卿將相이 소지하고 있었으며 녹읍민이 따로 編戶로
서 작정되어 있었고[祿邑編戶之氓], 녹읍주는 녹읍에 家臣[衙內]을 파견하
여 聚歛하였다.[61] 녹읍편호민이란 토지에 농민을 고착시켜 編戶하여 녹
읍편호로 고정해 놓은 민인이라는 의미로 사료되며, 그만큼 隷農的 結博
性이 확고하였을 것이다. 녹읍주는 관료이면서 녹읍지배에서 군현제의
통제를 배격하고 있었고, 태조는 이를 제지하고 그 명분으로서 녹읍민도
국왕의 民임을 들었다. 그러나 태조는 녹읍주의 녹읍민에 대한 과도한
수탈행위에 맞서서, 그 정도에 따라 1년간 혹은 2·3년 내지 5·6년간에
걸쳐 祿을 追奪할 것이고 심할 경우 終身토록 不仕하겠다고 엄중히 경고
하고 있었으나 녹읍 자체를 몰수한다는 조치는 취하지 않았다.[62] 녹읍편

---

60) 《三國史記》 10, 新羅本紀 10, 昭聖王 원년 3월.
　　　拙稿, 주 14의 논고.
61) 주 50.
　　　《高麗史節要》 1, 太祖 17년 5월, p. 23.
62) 同上.

호농민의 존재, 가신을 통한 녹읍에서 聚歛, 녹읍점유의 보장은 당시 녹읍주의 할거성과 신분성을 그대로 반영하는 것이었다.

집권관료제의 새로운 편성에 맞추어 토지분급제가 귀족의 관료성을 부각하고 호족의 할거성·분립성을 배제하려면, 종래 군현 등 고을을 단위로 토지에 농민을 묶어 編戶한 녹읍민에게서 租米를 수취하는, 즉 收祿하는 녹읍식의 수조권·수조지에서 田結을 한층 더 부각시키고 전면에 제시하는 쪽으로 변경되어야 했다. 아마 후삼국기의 각국은 가능한 이러한 방향으로 토지분급제를 수정·개편하려고 구상하였을 것이다. 고려는 이 과제를 농민을 토지에 고정하고 결박시켜 설정하던 녹읍에서 농민을 일단 분리하여 이제는 분급 수조지도 토지를 단지 田結로서만 파악하는 위에서 설정함으로써 해결해 나갔다. 그리고 관료제와 관련해서는 토지지급의 대상인 官僚의 受田資格 및 규준을 性行과 功勞에 두었다. 骨品은 이미 와해되고 또 거부되는 가운데서, 새로운 왕조국가의 世臣·世家를 결성하고 육성하는 준거는, 그간 성장하며 구축한 豪族으로서의 家格과 官僚로서의 功勞였다. 따라서 관료에게 토지를 분급하는 기준 역시 우선 여기에 두는 것이 통합 후 內外官僚의 범주를 정하고 그 존재를 前提할 수 있는 점에서 현실성과 타당성이 있었다.

이 작업은 太祖 23년(940) 여러 州·府·郡·縣을 名號의 개정을 통해 조정하고,63) 三韓功臣 策定을 일단락 지음과 더불어64) 役分田制度를 시행함으로써 구체화되었다. 녹읍제는 신라 경덕왕 16년(757) 복설된 후 근 180여 년 만에 완전 소멸되었다.

---

63) 《高麗史節要》 1, 太祖 23년 3월, p. 79.
　　'以慶州爲大都護府 改諸州郡號'
　　《高麗史》 2, 世家 2, 太祖 23년, 上冊, p. 54.
　　'改州府郡縣號'
　　朴宗基, 〈高麗 太祖 23년 郡縣改編에 관한 研究〉, 《韓國史論》 19(서울大), 1988.
　　朴恩卿, 〈高麗時代의 郡縣制와 鄕村支配單位〉, 《仁荷史學》 1, 1993.
　　金日宇, 《고려초기 국가의 地方支配體系 연구》, 일지사, 1998.
　　具山祐, 〈高麗 太祖代의 地方制度 개편양상〉, 《釜山史學》 22, 1998.
　　尹京鎭, 〈高麗 郡縣制의 構造와 運營〉, 서울大學校大學院 博士學位論文, 2000.
64) 《高麗史節要》 1, 太祖 23년, p. 29.
　　《高麗史》 2, 世家 2, 太祖 23년, 上冊, p. 54.

初定役分田　統合時　朝臣·軍士　勿論官階　視人性行善惡　功勞大小　給之有
差65)

　　役分田은 후삼국 統合時(936)의 朝臣·軍士에게 차등 있게 지급한 토지
였다. 역분전의 차등지급 기준은 官階가 아니라 性行의 善惡과 功勞의
多少였다. 그러나 이는 단순한 논공행상이 아니었다. 役分田 지급의 실
제 중심 대상은 三韓功臣과 그에 연계되는 臣僚·軍士였다. 역분전을 지
급받은 군사는 통합전쟁에 참여한 모든 兵額이 아니었을 것이다. 아마
馬軍을 위시한 전문군인이 중심이었을 것으로, 유사시 일시 동원되는 농
민보병은 아니었겠다. 三韓功臣66)은 태조정부가 후삼국 통일 4년 만에
그 統合의 功役者를 功臣群으로 일괄하여 포상하는 과정을 일단락 지음
으로써 지배층을 고려왕실을 頂点으로 하여 편성하여 君臣의 忠信關係를
王朝國家의 관료제 운영의 원리로 제시하고, 이로써 割據性이 강한 호족
적 정치사회에 集權性에 의한 질서·순차를 관철시키는 작업에 본격 착수
하면서 설정한 중추세력이었다. 고을 名號의 개정 역시 단순히 명칭의
변경에 그치는 것이 아니었다. 州·府·郡·縣의 改名은 해당 고을 邑格의
昇降을 동반함이 일반이고, 이는 여러 부면에서 고을 내부에 정치적 사
회적 변동을 초래하였다. 그 가운데 특히 주요한 사항은 役分田 등의 시
행·운영에 직결되어 있는 토지조세체계와 불가분의 관계를 갖는 田丁·戶
口의 策定規模가 좌우되고 있는 점이었다. 고려의 후삼국 통합과정에서
정복되거나 귀순하는 호족들은 太祖에게 歸附할 때 자신이 관할하고 통
치하던 고을의 量案·戶籍을 비롯하여 邑勢에 관한 여러 근거를 바쳤을
것이고, 이때 해당 고을에서 제공할 租·布·役을 위시한 각종 부세의 부
담액을 田丁·戶口를 주축으로 엮어 책정하고 또 그 납부를 서약했을 것
이다. 그리고 통합이 완료된 후에는 이를 전국적으로 재정리하는 일이
절실해졌고, 그 첫 단계가 邑號의 개정으로 착수되는 것이었다.

---

65)《高麗史》78, 食貨 1, 田制, 田柴科, 太祖 23년, 中冊, p. 707.
66) 太祖代의 三韓功臣에 관해서는 金光洙,〈高麗 太祖의 三韓功臣〉,《史學志》7(1973)
　　을 참고할 것.

邑勢의 작정은 束丁制로 이루어졌다. 束丁制는 신라애서도 사용하던 것으로, 고려조정에서는 州郡에 대해 1,000丁, 500丁, 100丁 혹은 50丁, 20丁 등 束丁制를 통해 그 邑勢를 작정하고 이에 근거해 조정에 대한 부세부담과 행정적 처지를 차등 있게 자리매김하고 있었다. 公廨田의 액수, 事審官·鄕職·貢擧人員 및 驛長의 수효 등도 이에 준해 제정하였다.67) 이런 두 가지 점에서, 役分田의 제정과 분급은 고려에 들어와서 토지분급제가 새롭게 운영되는 첫 단계였다. 따라서 役分田은 분급전토로서의 地目이면서도, 나아가서는 때때로 田柴科를 대표하는 용어로 고려말까지도 사용되었다.68)

역분전 지급에서 官階를 따지지 않았다는 표현이 벼슬 사이의 等差관계를 아주 무시하였다는 의미는 아니다.69) 토지분급은 일차로 관료제에 입각하여 시행하는 것으로서 원리상 官階를 아주 도외시할 수는 없었다. 官階를 論하지 않았다 함은 역분전 지급대상의 준거가 우선 朝臣·軍士이고 官階 자체가 아니었다는 내용이다. 급전대상이 朝臣·軍士라 함은, 이제 급전은 그간 녹읍제의 운영이 입각하던 수득자의 개별 능력과 고급신료의 자격을 넘어서서, 대상의 보통성과 균등성을 지향하되 개개 관료의 왕조에 대한 충성 정도와 건국 내지 통합에서 발휘한 공로대소는 이들의 官階에 곧바로 부합되지는 않는다는 현실에서, 이 관계를 上位에서 下位

---

67) 《新增東國輿地勝覽》 7, 驪州牧, 古蹟, 登神莊.
　　《三國史記》 12, 新羅本紀 12, 敬順王, 論讚.
　　'敬順之歸命太祖……而乃不待告命 封府庫 籍郡縣以歸之'
　　盧明鎬 외, 《韓國古代中世古文書硏究》(上), 慶州司首戶長先生案序, 서울대학교출판부, 2000, p. 341.
　　《高麗史》 78, 食貨 1, 田制, 公廨田柴, 成宗 2년 6월, 中冊, p. 713.
　　《高麗史》 75, 選擧 3, 銓注, 事審官, 成宗 15년, 中冊, p. 652.
　　《高麗史》 75, 選擧 3, 鄕職, 顯宗 9년, 中冊, p. 653.
　　《高麗史》 75, 選擧 1, 科目 1, 顯宗 15년 12월, 中冊, p. 590.
　　《高麗史》 82, 兵 2, 站驛, 中冊, pp. 801~802.
68) 李齊賢, 《益齋亂藁》 9(下), 策問(《高麗名賢集》 2冊, p. 333, 成均館大學校 大東文化硏究院, 1973-以下同).
　　《高麗史》 78, 食貨 1, 田制, 祿科田, 禑王 14년 7월, 李行上疏, 中冊, p. 719.
　　鄭道傳, 《三峯集》 7, 朝鮮經國典 上, 賦典, 經理.
69) 役分田에 대한 기왕의 연구로는 아래와 같은 논고가 있어 참고된다.
　　姜晋哲, 〈建國 직후의 상태와 役分田의 設置〉, 주 1의 논저.
　　黃善榮, 〈고려초기 役分田의 성립〉, 《나말여초 정치제도사 연구》, 국학자료원, 2002.

로 順次로 배열하고 이에 따라서 지급액에 차등을 두는 방식을 채택하지 않았다는 의미로 사료된다. 이러한 점은 이 당시 朝臣·軍士의 직무가 계통상 아직 多岐한 까닭에, 이들 각 계통 내 관계의 上下와 계통 사이에서 관계의 上下가 서로 一律로 일치하지 않던 당시 관계상의 특징에서도 연유하는 바였겠다. 性行의 善惡, 功勞의 大少가 기준이었다는 기사는 이런 사정에서 이해할 수 있다.

性行의 善惡은 표면상으로 品性과 行實의 善惡을 뜻하므로 간단명료하고 어느 시기에나 통용할 수 있는 도덕적 보편적 準規이지만, 구체내용이 그렇게 분명한 것은 아니다. 품성·행실의 선악은 관료층 국정참여층으로서의 暴惡如否, 즉 仁政·仁道 그리고 그 정치적 상징으로서 王道에 입각하여 판정하는 성품과 행실로서, 표방하는 기본 지향점은 새로운 왕조국가의 새로운 신료성을 촉구하고 추구하는 노선이었다. 그 善惡은 이 선상에서 비로소 가려지는 것이었다. 사실 王建은 국왕 즉위 前後에 틈만 있으면 인정과 왕도 속에서 정치를 논하고, 臣僚의 처신을 경계함이 각별했던 것으로 전해 온다. 즉위 직후 國用의 節儉에 힘써 水旱·饑饉 등 災患에 대비하도록 하고 內庄과 東宮食邑의 歲久積穀을 심사하게 한 일,70) 泰封主가 백성을 멋대로 부리고 조세를 暴歛함을 비판하고 舊法이며 天下通法으로서의 什一稅制를 恒例로 삼겠다고 한 것,71) 3년간 租·役을 면하여 민인에게 休息을 주고 農桑에 힘쓰게 한 것,72) 태조 17년 (934) 公卿將相에게 자신의 '愛民如子'하는 뜻을 헤아려 녹읍에서 과도한 수탈을 중지하도록 경고한 것73) 등은 구체정책으로 찾아지는 사례이다. 이와 같은 조처나 천명은 새로운 왕조의 건국에서 최고 통치자로서의 善政의 표방과 民心 회유의 시늉이기도 했겠지만, 그 방향과 목표를 天下通法 내지 仁政에서 찾고 있음은, 王建政府의 정치방략 내지 국가경륜의 지표가 집권관료제에 의한 왕조국가의 재확립에 있었음을 분명히 한 것

---

70) 주 47과 同.
71) 주 45와 同.
72) 주 46과 同.
73) 주 50과 同.

이다.74)

役分田의 役은 '戰役'·'功役'의 의미로 추정된다.75) 朴守卿은 역분전 지급 때 특별히 田 200결을 사여받았는데, 그 직접 동기는 견훤과 전투 때 '曹物郡及勃城之役 皆力戰有功'한 것이었다.76) 分은 이 戰役·功役에 따른 '몫', 그리고 그로 인하여 처하게 된 처지로서의 '分數'를 뜻하는 것으로 짐작된다. 역분전 지급기준으로 성행의 선악과 함께 삼았다는 공로 대소의 내용은 이런 것이었다. 역분전제는 統合戰役의 공로로 고려왕실의 藩屛을 조직한다는 목표와 기준에 서서 朝臣·軍士를 대상으로 행한 토지분급으로, 시행 시작부터 論功行賞의 요소를 가지면서 官僚性을 원칙으로 관철시키고 있었다. 따라서 역분전 제도를 일러 '庚子年 田科'라 하여77) 田科로 표현하는 것이다. 田科는 고려의 토지분급제가 역분전을 시작으로 녹읍과 같이 祿, 곧 收租上의 수조권이 아니라 收租地上의 수조권으로 자리 잡아 가는 첫 단계였다.

役分田의 제정 방향과 목표는 이러하였다. 우리 토지분급제의 발달단계는 이념상 분급전토는 종래 封邑, 즉 采地的인 명분을 띠고 그 수득자는 卿·大夫的인 위치로서 처신하면서 군현 등 고을을 설정기준으로 하는

---

74) 이러한 점은 왕건이 즉위하기 이전 궁예 휘하에 있으면서 견훤의 군대를 격퇴하고 羅州에 주둔할 때(909), 金言 등이 자신들이 功이 많은데 賞이 없다고 불평하며 기강이 풀리자 '愼勿怠 唯戮力無貳心 庶可獲福……今主上 恣虐多殺不辜 讒諛得志 互相浸潤 是以在內者 人不自保 莫如外事征伐 殫力勤王以得全身之爲愈也'(《高麗史》 1, 世家 1, 太祖 1, 天祐 3년, 丙寅, 上冊, p. 35)라 하여 경계하고 무마시키고, 후(913)에 지위가 百官 가운데 제일의 首位에 올랐으나 정부출입이나 국정을 논의할 때 언제나 감정을 억누르고 조심하며 군중의 민심 얻기에 힘쓰고 '好賢嫉惡'하였으며 참소를 입는 이를 보면 반드시 모두 구출하였다는 일화(《高麗史》 1, 世家 1, 太祖 1, 乾化 3년, 上冊, p. 35), 그리고 태조 15년(932) 西京을 復舊한 뒤 不祥事가 일어나자 이는 賦役이 그치지 않고 貢納이 과중하여 하늘이 시킨 것이니 여러 신료들이 '各宜悛心 毋及於禍'하도록 하라고 한 申諭(《高麗史》 2, 世家 2, 太祖 15년 5월 甲申, 上冊, p. 48)에서도 짐작할 수 있다.
75) 朴時亨, 주 18의 논저, p. 159.
　　姜晋哲, 주 1의 논저, pp. 26~27.
　　허종호, 《조선토지제도발달사》[1], 과학백과사전종합출판사, 1991, p. 242(서울版, 민족문화사, 1997).
76) 《新增東國輿地勝覽》 41, 黃海道, 平山都護府, 人物, 高麗.
　　《高麗史》 92, 列傳 5, 朴守卿, 下冊, p. 74.
77) 《高麗史》 93, 列傳 6, 崔承老, 下冊, p. 86.
　　庚子年은 太祖 23년(940)임.

祿邑으로서 존재하고 운영해 오던 것이, 이제 이 정신은 그대로 이어지되 이것이 食田, 곧 圭田的 성질을 띠고 그 수득자가 士의 처지로 대우받는 형식에서 관철되면서 역분전으로 대치된 셈이었다.[78] 따라서 역분전의 분급에는 그만큼 官僚性의 강화도 동반되어, 장차의 토지제도를 가늠하게 하는 것이었다. 시간이 지남에 따라 새로운 관료가 속속 진출하고 관료제도는 한층 정비되어, 옛 신료는 퇴락하면서 논공행상식의 분급요소 역시 쇠퇴·소멸하게 됨으로써 고려의 토지제도, 특히 토지분급제는 그때그때 재차 修整하여 일정 시점까지는 調整을 반복할 수밖에 없었다. 수차례에 걸친 田柴科의 始定·改定·更定은 이 과정이고 연속이었다.

4. 田柴科의 始定과 그 基盤

역분전은 고려가 후삼국 통합 후 4년 그간 統一戰役의 공로자에 대해 三韓功臣의 제정을 통해 정치지배층의 중추를 편성하고 아울러 이들을 주축으로 통합 때 朝臣·軍士에게 차등 있게 절급한 토지로서, 功勞大小에 따른 포상적 측면과 性行善惡에 의거한 忠信的 측면을 가지고 있었다. 이 제도는 왕조국가가 臣僚에 대해 취한 물적 대우라는 전통적 慣例에서 보면 두 가지 점에서 큰 특징이 있다. 첫째는 신라의 祿邑制와는 다른 고려 토지제도의 기틀을 가늠하는 토지분급제의 始發이었으며, 둘째는 이의 운영기초로서 田結을 전면에 내세운 것이다. 역분전의 절급을 고려 田柴科의 '初定'으로 자리매김[79]한 까닭도 여기에 있을 것이다.

역분전은 성립과 본체가 이러하였으므로 이 자체가 아직 고려 토지분급제의 定型化는 아니었다. 고려는 후삼국 통일 후 官制 및 官僚制의 조정, 郡縣制의 정리, 兵制의 편성 등 체제정비를 착수하되, 이 추진은 그동안 戰亂과 社會紛擾 속에서 할거와 연립으로 점철하던 정치·사회세력

---

78) 拙稿, 주 14의 논고, pp. 36～37.
79) 《高麗史》 78, 食貨 1, 田制, 田柴科, 太祖 23년, 中冊, p. 707.
　　《高麗史節要》 1, 太祖 23년, p. 28.

을 관료적으로 계열화하고 또 등급화하면서, 그 관료성을 강화해 가는
선에서 진행해 나갔다.[80] 이 작업은 豪族層과 그들에 의한 官班的 지방
통치의 현실을 基底로 한 위에서 착수하고 있었다. 官班的 지방지배는
이들 城主·將軍 등 지방세력이 官班支配層으로서 처신하고 있는 데서 구
현되는 것이었다. 신라말·고려초 호족은 지방에서 스스로 독자성을 견지
하면서, 종래의 村主的 직제를 탈피하여 格式上 중앙관제를 援用하여 새
로운 행정·통치의 官制를 조성하고 官班이라 호칭하며, 이 정치지배층으
로서의 처지를 유지하는 구비책의 하나로 族系를 한층 명확히 해 나갔
다. 姓氏 사용이 경쟁적으로 이루어지고 氏族譜의 제정이 성행하였다.
아울러 貫鄕의 표기가 뒤따랐다. 지방토호의 처지와 위세의 정도는, 전
국적으로 이들 상호 간에 그리고 왕조와의 관계 속에서 公論으로 인정되
고 승인되었다. 고려왕조는 이와 같은 지방정치세력을 그 현실적 지위애
따라 等次를 두면서 통합하고 一元化해 나갔다. 이 사업이 완수되는 데
는 상당 기간이 소요되었다. 이사이 호족의 官班支配層的 속성은 그대로
지속하였고 일부 鄕吏職은 중앙직제에 포함시켰으며, 그 最下位의 無職
者라도 百姓이라는 호칭을 붙여 官班의 氏族으로서 身分의 所從來를 명
백히 하였다.[81] 城主·將軍을 정점으로 하여 구축되던 官班職은, 후삼국
통합과정을 거치면서 그 정치적·직무적 요소가 약화·해소되어 지방세력

---

80) 邊太燮, 《高麗政治制度史研究》, 一潮閣, 1971.
　　李基白, 《高麗兵制史研究》, 一潮閣, 1968.
　　金光洙, 〈高麗時代의 同正職〉, 《歷史敎育》 11·12合輯, 1969.
　　　〃 , 〈高麗時代의 胥吏職〉, 《韓國史研究》 4, 1969.
　　　〃 , 〈高麗時代의 權務職〉, 《韓國史研究》 30, 1980.
　　　〃 , 〈中間階層〉, 《한국사》 5, 國史編纂委員會, 1975.
　　朴龍雲, 《高麗時代臺諫制度研究》, 一志社, 1980.
　　　〃 , 《高麗時代 尙書省 研究》, 景仁文化社, 2000.
　　河炫綱, 《韓國中世史研究》, 一潮閣, 1988.
　　旗田巍, 《朝鮮中世社會史의 研究》, 法政大出版局, 1972.
　　朴宗基, 《高麗時代部曲制研究》, 서울대학교출판부, 1990.
　　蔡雄錫, 《高麗時代의 國家와 地方社會》, 서울대학교출판부, 2000.
　　許興植, 《고려의 과거제도》, 一潮閣, 2005.
81) 金光洙, 주 6의〈羅末麗初의 豪族과 官班〉.
　　尹京鎭, 〈高麗前期 鄕吏制의 構造와 戶長의 職制〉, 《韓國文化》 20(서울大), 1997.
　　河日植, 〈고려초기 지방사회의 州官과 官班〉, 《역사와 현실》 34, 1999.

의 향리직으로 정착하고 기능하였다.

고려의 중앙집권왕조체제는 이러한 가운데서 이루어져 갔으며, 많은 곡절과 파란을 겪었다. 특히 太祖死後 惠宗·定宗·光宗代까지 王位·國王을 둘러싸고 王室 및 功臣勢力 그리고 新進士類가 서로 교차하며 爭覇와 謀叛이 끊이지 않았다. 쟁패·모반은 政爭이되 그 바탕은 豪族的 爭鬪에 입각한 相爭이었다. 그런 만큼 상쟁에 수반하여 호족층이 축소되고 그 세력은 감소했으며, 호족세력의 관료화와 함께 정치지배세력의 분포 및 판도에 굴곡과 出沒이 無常하였다.82)

역분전의 분급에서 기준으로 삼고 있는 朝臣·軍士의 功役의 等次, 性行善惡, 功勞大少는 한동안 계속하여 관료 및 지배층의 有力한 표징이었다. 역분전제가 전면 해체되고 토지제도가 본격 정비단계에 들어간 것은 光宗代를 지나 景宗朝에 와서였다. 이사이 토지제도, 특히 가장 시급하고 절실한 지배층에 대한 토지분급제가 다시 작성될 조건과 전망이 갖추어져 갔다. 三韓功臣 및 役分田의 제정 3년 뒤쯤 태조가 사망하고 惠宗·定宗朝 6년간을 거치고 특히 광종 재위 26년간에 이와 상관되는 각종 조처가 착수·시행되었다. 아울러 정치참여층 사이에, 그리고 사회지배세력 간에도 커다란 교체와 변모가 있었다.

광종조의 조치는 착수의 순서와 대상에서 크게 세 단계로 구분하여 파악할 수 있다. 첫째는 호족층의 독립성을 그 사회적 기반에서부터 약화시키고, 이들과 고려집권왕조와의 臣屬관계를 제도상 확정하는 조치였다. 광종 즉위년(949)에 취한 州縣歲貢額의 제정과 7년(956)에 실시한 奴婢按檢의 시책이 그런 것이다. 州縣歲貢額 제정의 구체내용은 알 수 없다.83) 그러나 그 의의는 분명하다. 貢賦는 본디 지방행정기구가 된 州縣

---

82) 金杜珍, 〈高麗光宗代의 專制王權과 豪族〉, 《韓國學報》 15, 1979.
　　李基白 編, 《高麗光宗研究》, 一潮閣, 1981.
　　河炫綱, 〈光宗의 王權强化策과 그 意義〉, 주 80의 논저.
　　金甲童, 《羅末麗初의 豪族과 社會變動研究》, 高麗大 民族文化研究所, 1990.
　　嚴成鎔, 〈高麗初期 王權과 地方豪族의 身分變化〉, 《高麗史의 諸問題》, 三英社, 1986.
　　〃 , 〈왕권의 확립과정과 호족〉, 《한국사》 12, 國史編纂委員會, 1993.
　　黃善榮, 주 69의 《나말여초 정치제도사 연구》, pp. 149~405.
83) 《高麗史》 78, 食貨 1, 田制, 貢賦, 定宗 4년 光宗卽位, 中冊, p. 729.

의 위치가 중앙정부, 특히 國王·王朝에 대해 奉供의 처지에 있음을 전제
로 운영되는 稅制였다. 그러므로 이 歲貢의 制定은 고려조정이 전국 규
모에 걸쳐 각 고을별로 歲貢의 액수를 책정하여 부과하고 이를 납입하도
록 함으로써 이 관계를 실현하는 조치였다. 각 고을에서 자기 고을에 책
정·부과된 歲貢을 실제 民에 배정하고 징수하여 奉供의 責務를 수행하는
것은 在地官班層이었다. 각 고을의 官班은 왕조국가의 집권체제가 정비
되는 속에서 歲貢의 조달과 관련하여 더 분명히 말단 행정체계로 편성되
는 처지로 진입하였다. 이 과정을 통하여 고려왕조는 그만큼 토지와 민
인을 더 철저히 파악하고 國勢의 대강을 要覽할 수 있었을 것이다. 奴婢
按檢의 추진84) 역시 이러한 정세와도 상관되는 시책이었다. 노비의 신분
과 그 귀속 소유주를 둘러싼 시비와 분쟁을 살펴 처결하는 정책을 폄으
로써, 고려 창업 초기에 臣僚가 포로나 庄良 등으로 노비를 늘려 구축한
재지세력의 근거 하나를 동요시키고 약화시켰다. 이는 太祖가 즉위 후
俘虜를 良人으로 만들려다 이들을 노비로 삼고 있는 功臣·群臣의 반발을
우려하여 그만두었던 사안85)으로, 이때에 다시 착수되어 실행된 셈이다.
광종조의 노비안검은 노비층의 사회의식을 한동안 북돋아 주는 계기가
되었다. 賤隷가 뜻을 얻어 尊貴를 능욕하고 다투어 허위를 꾸며 본 주인
을 모함하는 자들이 헤아릴 수 없었다86)는 개탄이 나올 정도였다.

　둘째는 城主·將軍 등 지방세력과 그 정치적 조직, 즉 堂大等·大等 예
하의 戶部, 兵部, 倉部의 관부 및 侍郎, 卿, 郎中, 員外郎, 史 등의 직제
를 관료제 속으로 흡수·편제하고, 이 위에서 이들 세력을 중앙관료직과
지방향리직을 대강으로 구분하는 가운데 계열화하고 등급화함으로써 관
제를 새롭게 질서화해 나간 것이다. 광종 9년(958) 5월 科擧制의 시행과
11년(960) 3월 百官公服制의 재조정이 이 시책이었다. 과거제는 이미 차
등 있게 서열화된 鄕豪의 官班的 편제 속에 있는 상급신분층이, 이제는

　　　'命元甫式會　元尹信康等　定州縣歲貢之額'
　84)《高麗史節要》2, 光宗 7년, p. 36.
　　　《高麗史》93, 列傳 6, 崔承老, 成宗 원년, 下冊, p. 88.
　85) 同上.
　86) 同上.

서로 간에 적어도 형식에서는 等距離에서 동등한 위치에서 관료로 진출
할 수 있는 기회와 원칙을 공유하고, 이를 통해 당당함을 과시할 수 있
게 하였다.87) 이로써 新進官僚가 대거 대두하였고 이 규모와 세력은 커
서 종래 舊官과 大別되고 점차 간극이 커져 갔다. 그리하여 광종조에 과
거제 시행으로 文士를 존중함이 지나쳐서 非才가 외람되게 진출하고 서
열을 뛰어넘어 갑자기 승진되어 한 해 안에 卿相이 되고, 後生이 다투어
진입하고 옛 덕망 있는 이들이 점차 쇠진했다는 탄식마저 있을 지경이었
다.88) 公服制의 조정89)은 관료층을 貴賤과 尊卑에서 辨別하여 계열화하
고 차등화하였다. 紫·丹·緋·綠衫의 4色으로 작정하였는데, 太祖 때 이미
紫·丹·緋衫의 公服은 사용되고 있었다.90) 광종조의 이 시책은 아마 그
간 각급 상위신분층이 관료층으로 진출하는 과정에서 文班·武班·雜業 및
軍人·鄕吏 등 여러 계통으로 구획되고 분화된 것을 4色 公服 속에서 재
정리한 것이라고 생각된다.91) 고려의 중앙·지방관제는 지배세력을 職務
에서 계열화함으로써 관료성, 특히 그 服務性을 지향하는 표징이 이제
더욱 확연히 나타나는 것이다.

셋째, 국가가 재정기반을 확충하고 통치의 범위 및 심도를 확대하는
토지소유 관계의 파악, 농업생산관계의 안정을 시도하고 있는 점이었다.
광종 6년(955) 무렵 전국 규모로 착수된 것으로 여겨지는 量田事業과,
24년(973) 12월에 있었던 陳田開墾에 수반한 免稅年限과 收益配分에 관
한 判旨가 그것이다. 광종 6년을 전후하여 전국 범위의 양전사업이 있었
으리라는 점은 見州와 若木郡에서 양전이 있었던 사실에서 추정된다.92)

---

87) 《高麗史》 2, 世家 2, 光宗 9년 5월, 上冊, p. 61.
　　《高麗史節要》 2, 光宗 9년 5월, p. 36.
　　許興植, 주 80의 논저.
　　金光洙, 주 80의 논고, pp. 227~228.
88) 《高麗史》 93, 列傳 6, 崔承老, 成宗 원년, 下冊, p. 81.
89) 《高麗史》 72, 興服 1, 公服, 光宗 11년 3월, 中冊, p. 565.
　　'定百官公服 元尹以上紫衫 中檀卿以上丹衫 都航卿以上緋衫 小主簿以上綠衫'
90) 黃善榮, 〈고려초기 公服制의 성립〉, 주 82의 논저.
91) 《高麗史》 78, 食貨 1, 田制, 田柴科, 景宗 원년, 始定田柴科, 中冊, p. 708.
　　黃善榮, 〈高麗 始定田柴科의 分析〉, 주 82의 논저.
　　金塘澤, 주 2의 논고.
　　全基雄, 주 2의 논고.

見州와 若木郡은 顯宗 9년(1018) 각각 楊廣道 楊州界內에, 그리고 慶尙道 尙州界內 京山府의 屬縣으로 편제되는 고을이다.93) 해당 邑司에서는 양전의 실무를 담당하고 量案도 작성하여 보관하였다. 양전은 토지의 소유주 및 면적·위치를 확정하고 起田과 陳田을 분간하며 田品을 査定하고 結負를 책정함으로써 國富를 가늠하고, 國用·上供·祿俸 등 각종 용도에 소요되는 財源을 계량하는 기초조사였다. 이 당시 양전도 마찬가지였겠으며, 이보다 앞서 광종 즉위년(949)에 있었던 州縣歲貢額의 책정과도 결부하여 후속하여 취한 사업이었을 것이다. 陳田開墾에 관한 判旨는 私田, 곧 私的 소유권자[田主]가 있는 농지를 개간할 경우 陳田墾耕人, 즉 개간경작자는 첫해 수확[所收] 전액을 취득하고 이듬해부터 해당 토지의 田主와 수확을 半分하도록 하고 公田, 곧 국가기관에 소유권이 있는 토지 및 無主地의 경우 개간자는 3년간 수확을 취득하고 田租는 4년째부터 法에 따라 납부하도록 한다는 규정이다.94) 이 규정은 고려가 우선 농지개간을 독려하고자 개간지에 대해서는 3년간 免稅 조처를 취해 주고, 여기에 더하여 無主地의 경우 그 納租를 통해 이 토지의 소유권을 승인하는 혜택을 보장하고, 한편으로는 私有地로서의 陳田에서 他人의 간경도 장려하되, 이때 田主와 수립되는 地主·佃戶關係 및 양자 사이의 收益配分에서 농지가 경작지로서 안정될 때까지 개간자인 作人[佃戶]에게 역시 간경 노력에 따른 혜택을 부여한다는 방침을 법제로써 확고히 마련해 놓은 것이었다.

---

92) 《高麗史》 78, 食貨 1, 田制, 經理, 文宗 13년 2월, 中冊, p. 706.
　　李基白 編, 《韓國上代古文書資料集成》, 〈淨兜寺五層石塔造成形止記〉, 一志社, 1987.
　　金容燮, 〈高麗時期의 量田制〉, 주 19의 논저, pp. 59~62.
　　浜中 昇, 〈高麗時期의 量田制에 대하여〉, 주 1의 논저, p. 284.

93) 《高麗史》 56, 地理 1, 楊廣道 南京留守官 楊州, 中冊, p. 256.
　　《高麗史》 57, 地理 2, 慶尙道 尙州牧, 京山府, 中冊, p. 279, p. 281.
　　《新增東國輿地勝覽》 27, 仁同縣, 屬縣, 若木縣.

94) 《高麗史》 78, 食貨 1, 田制, 租稅, 光宗 24년 12월, 中冊, p. 726.
　　'判 陳田墾耕人 私田則初年所收全給 二年始與田主分半 公田限三年全給 四年始依法 收租'
　　이 자료의 이해를 놓고 '私田', '公田'의 실체 여하와 상관하여 두 계통의 논란이 있다. 이에 관해선 본서 Ⅴ편의 논고 〈高麗前期 土地의 私的 所有〉 3절 및 각주 84를 참고할 것.

이 무렵 농지개간은 매우 중요한 산업문제이며 사회문제였다. 신라말·고려초, 장기간에 걸친 戰亂과 사회불안으로 농지의 황폐는 심하였고 人丁의 감소도 컸다. 그러므로 후삼국 통합 후 국가체제가 어느 정도 정비되고 국왕을 중심으로 紀綱이 잡혔을 무렵, 농업생산의 고양과 생산인구의 安集을 위해서 고려로서 농지개간은 반드시 독려하고 권장해야 할 사항이었다. 토지의 私的 所有가 원리·원칙으로 되어 있는 고려사회에서 정부가 개간을 유도하고 촉진할 수 있게 하는 방도는 하나였다. 개간한 농지가 正田化·熟田化될 때까지 면세 연한을 넉넉히 부여하고, 私有地에서 발생하는 地代의 收取·納付에도 국가권력이 간여하는 것이었다. 전자는 그간 군현에 따라 달랐을 면세 혜택의 여부와 기한 차이에서 오는 불균형을 정돈하고, 후자는 신라말·고려초 地主佃戶 사이에 地代의 수납을 둘러싸고 발생하였을 많은 분쟁을 위와 같이 조정함으로써 기준을 제시하여 陳荒된 농지의 개간을 도모한 것으로 사료된다. 신라하대 호족의 토지·농민에 대한 지배가 地主的 지배뿐만 아니라 政治的 지배까지 함께 수행하고 있었고, 고려초에 정치적 지배는 중앙관료제와 군현제로 흡수되면서도 강도에 차이는 있었겠으나 그 本色은 지주제 속에 여전히 존속하고 있어서, 地主佃戶 사이 수익배분을 둘러싼 갈등·대립은 커다란 사회문제이고 경제문제였을 것이다. 有主陳田의 개간자는 원소유주와의 관계에서 佃戶가 되지만, 그에게 개간 첫해는 수확 전부를 취득하게 하고 이듬해부터 원 토지소유주 地主와 半分하도록 시달한 이 시책은 無主陳田의 개간에 관한 혜택조치와 함께 당시 호족적 지배하에서 발생하는 농지황폐, 인구이산, 무전농민의 증가 등 농업문제 토지문제를 수습하는 방법의 하나이면서, 아울러 오랜 농촌관행인 分半打作·並作半收를 그대로 승인하고 이 범위 속에서 地主와 佃戶 모두를 안정시킨다는 취지의 소산이다.

이상의 부세·관제·토지에 대한 제반 조치는 어느 것이나 고려가 국왕을 頂上으로 한 관료제의 추구와 전국의 토지·민인에 대한 통일적 파악을 통해서, 새롭게 집권왕조국가 체제를 본격 수립하는 과정이었다.95) 이 과정은 단순히 제도상의 추진에 그치는 것이 아니었다. 이 속에서 새

로운 정치세력이 진출하고 이로 인하여 관료층 구성에 변동이 야기되었
고, 이것은 새로운 토지분급제의 제정을 요청하는 사태로 이어졌다. 과
거제의 시행 후 고려정계는 과거관료가 증가하여 커다란 정치세력으로
등장·활동함과 함께, 태조 때의 三韓功臣 등 舊臣 및 그 子孫은 권력에
서 제거 혹은 배격되었다. 惠宗·定宗·光宗 初에 개경·서경의 文武官吏
半이 殺傷되고, 광종 말년에는 歷世의 勳臣宿將이 誅鋤를 면치 못한 채
모두 사라졌으며 그 骨肉親姻 또한 翦滅하여 景宗 즉위 때 舊臣으로 생
존해 있는 이가 겨우 40여 명뿐이라고 할 지경이었다.96) 이와 같은 변
동은 관료제에 근거한 물적 요소의 마련을 촉구하고 새로운 방안을 강구
하게 하는 쪽으로 작용할 수밖에 없었다.

그것은 세 가지 점에서 그렇게 판단된다. 첫째는 三韓功臣의 주류이고
태조 役分田 지급 시 그 수득자인 朝臣·軍士였을 舊臣宿將이 대거 쇠잔
하고 숙청됨에 따라 忠信의 표시·조건으로 이들에게 절급되었던 役分田
이 몰수되었을 것이라는 점에서이다. 몰수한 역분전의 일부는 이들 勳臣
의 제거에 有功한 이에게 분급하거나 加給하였겠으며, 대개는 王室이나
國家에 귀속시켰을 것이다. 이러한 사태는 토지분급제가 갖는 政治的 의
의, 즉 君臣 간의 忠信을 상당히 파괴하고 퇴락시켰을 것이다. 둘째는
반면에 '後生'으로 지목되고 토지분급의 혜택에 참여하지 못한 신진관료
의 수가 증대하고, 그에 따라 정치적 立地도 차츰 든든해지면서 기왕의
役分田 점유자와 갈등도 고조되었을 것이다. 그리고 이 가운데서 관료제
일반과 연관하여 君과 臣, 國家와 官僚의 忠信·義理를 명분으로 宣揚하
는 조치로서 정치경제적 우대가 뒤따라야 한다는 요구가 커지고 있었을
것이다. 셋째는 몰락·쇠멸하는 舊臣宿將의 자손들은 물론이고 生存한 相
將 및 그 자손들 역시 光宗政府와 後生官僚에 대한 불만과 함께 고려정
부에 다시 종전과 같은 대우와 보장을 요망하고 있었을 것이고, 이로 인

---

95) 光宗朝에 있던 이상의 여러 조처가 갖는 이와 같은 의미는 光宗에 대한 최승로의
　　다음과 같은 評 '常抑豪强 無弃踈賤 而惠鮮鰥寡'(《高麗史》73, 列傳 6, 崔承老, 成宗
　　원년, 下冊, p. 81)라 하여 항상 豪强을 억누르고 踈賤을 버리지 않고 鰥寡에 혜택
　　을 베풀었다는 지적을 유념하면 더욱 부각된다.
96)《高麗史》93, 列傳 6, 崔承老, 成宗 원년, 下冊, p. 82.

해서 상황은 토지분급을 제도적으로 다시 정비하여 실행해야 할 사정에 있었으리라는 점이다.

이러한 세 가지 정황은 고려조정이 과거를 통해 진출한 관료 일반과 태조대의 功臣家系에 대한 새로운 物的 대우책을 강구하게끔 하는 요인이었다. 광종대 지배층의 上下관계와 君臣관계는 '上下離心 君臣解體'[97]라고 지적될 만큼 갈등이 심각한 상태였다. 광종조 고려국가는 이러한 정치적 사정에서 사회경제상으로는 물적 조처를 다시 마련할 조건을 육성하고 기반을 견고히 해 나가고 있었다. 앞서 말하였듯이 州縣歲貢額의 제정, 奴婢按檢의 시행, 量田事業의 추진, 陳田開墾의 장려와 地主佃戶間의 수익배분에 대한 조정 등은 생산안정성을 지속적으로 증가시켰고, 고려왕조의 토지·인정에 대한 파악은 이전에 비해 상당히 단단해졌다. 광종조 조정의 1년 經費는 태조대 10년간의 비용이 족히 되었다[98]는 기록이 있을 정도였다. 국가의 세입은 증대하고 재정은 현저히 확충되었다. 이제 고려는 집권왕조에 적합하게, 각 班列이 갖는 官僚性·臣僚性을 전제로 하고 이를 명분으로 삼는 가운데서, 관료·향리·군인 등이 본시 지녀 온 豪族的 自立性을 보장하는 물적 대우를 새롭게 강구하고 시행해야 할 현실에 처해 있었고, 실제 실행할 수 있는 여건도 갖추고 있었다.

집권국가의 지배층 일반에게 그 職役과 상관하여 물적 혜택을 제공하는 일은 역시 토지분급제로서 착수되었다. 시기는 光宗이 사망하고 景宗이 즉위(975)한 이듬해 원년(976)이었고, 형태는 田柴科의 始定이었다. 役分田이 제정된 지 36년 뒤였다.[99] 본 田柴科 제정의 배경은 위에서 설명한 여러 사정과 여건에 있었다. 그러나 이의 제정이 신진관료의 요구에만 초점을 맞춘 것은 아니었다. 태조대의 舊臣宿將 및 그 子孫의 반격이 만만하지 않았고, 국가 성립과정의 전통상 이들의 功勞와 名望을 무시하고 배격할 현실이 아니었다. 광종 26년(975) 5월 경종이 즉위할

---

97) 同上, p. 81.
98) 同上.
　　'略計常時一歲之費 足爲太祖代十年之費'
99) 주 102와 同.

때 舊臣으로 생존한 이가 40여 인 정도였지만, 이들 및 그 자손 그리고 이미 사망·축출된 舊臣의 자손이 再起하고 그 政敵에 대한 반격이 수행되어 이때 제거된 세력이 또한 衆多하였다. 제거된 측은 모두가 後生으로서 이른바 '讒賊'한 이들이었다.100) 경종 즉위 후 고려조정은 舊臣勢力이 後生勢力의 일부를 제거하는 과정을 밟으면서 舊와 新을 절충하는 형태로 정계 구성을 꾀하고 있는 셈이었다. 고려의 관료층은 歷世 臣僚로서의 功臣的 豪族世家와 科擧官僚로서의 士大夫가 班列로 계통화되고 서열화되었다. 고려국가 集權官僚制 및 郡縣制의 토지제도로서 田柴科는 이와 직결하여 제정되었다. 전시과가 전시과로서 갖는 특징도 여기서 마련되었다.

전시과는 분급대상이 본시 향촌사회 내지 고려국가에서 지녀 온 독립적 처지와 관련하여 이 점은 승인하되, 이를 국왕을 중심으로 臣僚로서 집권왕조국가 속에 자리매김하는 제도로 始定될 수밖에 없었다. 그러자면 전시과는 기본방향이 종전 役分田이 지닌 褒償的 측면을 官僚性을 통해 구현하는 내용의 토지분급제가 되어야 했다. 즉, 태조가 즉위 직후 표방한 '錫之以分茅胙土 褒之以峻族崇班'101) 함은 관철시키되, 이제는 과거의 祿邑이나 役分田式이 아니라 그 수득자의 人臣性을 官僚制 속에서 官人의 형태로 부각시키고, 이를 해당 수득자의 신분적 지위와 사회적 위치를 體現할 수 있는 家格으로써 그 기준을 가늠하여, 지배층 전체를 班列별로 토지분급제 속에 포괄하는 형식이었다. 경종조의 토지분급제를 일러 '始定職散官各品田柴科' 혹은 '始定各品田柴科'라고 하여102) 各品田柴科로 표현하고 있는 데는 이러한 여러 사정이 내포되어 있다고 사료된다.

각품전시과는 官僚 일반과 雜吏를 포괄하는 전 지배층의 品을 기준으로 제정한 전시과라는 의미였다. 職散官·雜業 내지 雜吏 등 官人層을 대

---

100) 주 96과 同.

101) 《高麗史》1, 世家 1, 太祖 즉위년 8월 辛亥, 上冊, p. 39.

102) 《高麗史》78, 食貨 1, 田制, 田柴科, 景宗 원년 11월, 中冊, p. 707.
　　《高麗史節要》2, 景宗 원년 11월, p. 39.
　　《高麗史》2, 世家 2, 景宗 원년 11월, 上冊, p. 64.

상으로 田柴를 차등 있게 분급하되, 그 官品의 高低로 等次를 정하지 않고 人品으로 구획하여 작정하였으므로 이렇게 표현한 것이었다. 그러므로 이 전시과의 제정을 기술하여

始定職散官各品田柴科 勿論官品高低 但以人品定之 紫衫以上作十八品〔…〕文班丹衫以上作十品〔…〕緋衫作八品〔…〕綠衫以上作十品〔…〕殿中·司天·延壽·尙膳院等雜業丹衫以上作十八品〔…〕緋衫以上作八品〔…〕綠衫以上作十品〔…〕武班丹衫以上作五品〔…〕以下 雜吏 各以人品 支給不同 其未及此年科等者 一切給田十五結[103]

이라 하였다. 각품전시과의 내용을 적으면서 서두에 그 기준을 설명하여, 官品의 高低를 따지지 않고 단지 人品으로 제정하였다는 점을 特記하고 있는 것이다. 경종 원년의 田柴科에선 官僚는 官品은 있지만 이것으로써 전시과의 科等을 一律로 제정하고 이 속에서 과등에 따른 配置를 하지 않았다. 경종조 전시과에서 官品의 高低는 아마 이 人品의 범위와 그 등차를 우선하는 가운데 이에 부수하는 선에서 작용하는 데 그쳤을 것이다. 이런 점에서 그 후 穆宗朝와 文宗代에 改定·更定되는 전시과와 차이가 있었다.[104]

위의 기록에 의하면, 各品田柴科는 紫·丹·緋·綠衫의 公服에 근거하여 각각 諸官僚, 雜業 및 雜吏를 달리 배속하고 있다. 그러므로 제정의 기준은 일차적으로 官品의 高低가 아니었다. 紫衫 18품 가운데 그 10품에 丹衫의 文班 1품이, 그 13품에 緋衫의 文班 1품이, 그리고 그 14품에 綠衫의 文班 1품이 같이 等置하는 식으로 배열하고, 雜業의 丹·緋·綠衫, 丹衫의 武班도 같은 방식으로 차등을 지워 등치시켰다.[105] 인품으로 전

---

103) 《高麗史》 78, 食貨 1, 田制, 田柴科, 景宗 원년 11월, 中冊, pp. 707~708.
　　〔 〕는 각 品別 田柴의 結數로서 생략함. 자세한 사항은 본편 附錄의 〈表 1〉을 참조.
104) 《高麗史》 78, 食貨 1, 田制, 田柴科, 穆宗 원년~文宗 30년, 中冊, pp. 708~711.
105) 이 내용은 그간 여러 논고에 圖表化되어 있어 쉽게 파악할 수 있다(본편 附錄의 〈表 1〉 참조). 그중에서 전시과 일반과 관련해서 아래의 논고가 특히 참고된다.
　　姜晉哲, 주 1의 논저, p. 32.
　　金載名, 〈전시과제도〉, 《한국사》 14, 國史編纂委員會, 1993, p. 40.

시과의 各品을 제정하였다는 것은, 이 인품이 바로 公服에 의해 구분하고 그 속에서 배열한 바의 品秩로서 各品이라는 의미로 이해된다. 紫·丹·緋·綠衫의 4色公服制는 태조 때 이미 있었던 것을 광종대에 와서 定式化하고, 그 적용을 職散官 및 기능적 계통의 雜業의 界線으로 확정한 제도로 추정된다.106) 광종대에 작정한 公服制에 의하면 紫衫은 국초 이래 있어 온 16등급 관계 가운데 10위에 속하는 元尹以上의 복색이고 丹衫은 中檀卿, 緋衫은 都航卿, 綠衫은 小主簿 이상으로 한 복색이었다.107) 都航卿 이하의 官職은 현재로선 실체를 알 수 없다. 경종조의 始定田柴科는 人品을 위의 4服色별로 구분하여 배속시키고, 이런 원칙에서 文班과 雜業은 丹·緋·綠衫 세 복색에만, 武班은 丹衫에만 편성하였다.

이 人品은 멀리 소급하면 읍락사회, 소국이 고대국가로 전환하면서 諸加·豪民層이 貴族官僚·村主 등 정치지배층 내지 사회지배세력으로 전화하는 가운데 정치적 사회적으로 조성된 家系, 門地, 門閥 등에 기원하는 것으로 사료된다. 신라의 경우는 이러한 家格이 골품제로서의 骨과 頭品에 의해 각각 그 처지에 따라 배치되고 이동하였으며, 통일기 이후 특히 下代에 골품제가 와해하고 후삼국기에 와서는 소멸된 채 貴賤을 분간하는 호칭으로만 남았을 것이다. 이제는 호족층을 위시한 제 세력이 스스로 구축한 사회적 군사적 경제적 위세가 自他 사이에 새로운 家格으로 통례화되고, 고려 건국 및 후삼국 통합과정을 지나면서 그 名聲과 功勞의 大小에 따라 人品의 高低로 작정되었으리라 본다. 인품을 편성하는 이들은 現實勢力으로 농민과 촌락과 토지를 지배하고 고려사회의 권력기반과 정치중심을 형성하고 있었다. 신라가 祿邑을 통해 骨品的 官僚制의 물적 대우책을 운영하였듯이, 고려왕조는 이 人品的 官僚制에 짝하는 물적 요소를 작정하였다. 더욱이 광종 때 과거제를 통해 官品으로서 급속히 진출한 자들 역시 그 人品的 기반을 갖추고 있었겠으므로, 이들을 견

　　　朴時亨, 주 18의 논저, pp. 161~189(서울版, pp. 197~225).
　　　허종호, 주 75의 논저, pp. 243~253.
106) 黃善榮, 주 90·91의 논고.
107)《高麗史》721, 輿服 1, 公服, 光宗 11년 3월, 中冊, p. 565.

제하고 조정할 수 있는 것 또한 인품일 수밖에 없다.

이와 같이 인품은 신라하대 및 고려초 治者層을 그 정치적 사회적 위세와 명망을 근거로 上下로 等次化하고 그 세력과 기반을 家格으로 公論化한 層階로 사료되며, 이 等次·公論에는 고려왕실에 대한 충성도 공헌도가 전제되고 배려되었음은 물론이겠다.108) 인품은 이러한 현실에서 조성된 것이었다. 다음의 사례에서 이러한 점은 잘 드러난다. 太祖 24년(941) 撰한 慈寂禪師塔碑에 이 禪師 金洪俊의 族系를 말하여 '其先辰韓茂族 兎郡名家'이며 '瑤源別派 玉樹分技'109)라 하여 우리나라의 茂族이고 名家이며, 帝王의 別派이고 風采의 分枝라고 지적하고 있는 것, 光宗 13년(962)에 撰한 龍頭寺幢竿記에 堂大等 金芮宗의 家系를 일러 '州里豪家 鄕閭冠族'110) 즉 고을의 豪家이고 冠族이라고 한 것, 동왕 26년(975)에 찬술한 元宗大師碑에서 大師의 家門을 '孫孫著族 代代名家'111)라고 하여 자자손손 대대로 著族·名家라고 적고 있는 것 등에서 보이듯이 名家系列이 있었다. 名家는 治者로서의 위세·위엄뿐만 아니라 이와 함께 仁義, 積德, 奉公, 孝義 등 도덕·인륜의 모범이 되는 德目을 구비하였다는 점이 각별히 강조되었다.112) 고려 국초에 설치하였다는 事審官이 직무의 하나로 流品을 명확히 구별하는 일[甄別流品]을 수행하고 있었던 것113)도 이와 같은 人品과 그에 연관된 家格이 公論上 등차와 순서가 있었기 때

---

108) 고려초 전시과 분급과 상관한 人品·家格에 대해서는, 이러한 이해와 함께 盧明鎬, 주 3의 〈羅末麗初 豪族勢力의 경제적 기반과 田柴科體制의 성립〉, pp. 31~45를 참고할 것.

109) 한국역사연구회 편, 《譯註 羅末麗初金石文》(上), 原文校勘 篇, 境淸禪院慈寂禪師凌雲塔碑, 혜안, 1996.

110) 龍頭寺幢竿記, 同上書.

111) 高達院 元宗大師慧眞塔碑, 同上書.

112) 李智冠, 《校勘譯註 歷代高僧碑文》(高麗篇 1), 鳳巖寺 靜眞大師圓悟塔碑, 伽山文庫, 1994.
　　　同上, 〈普願寺法印國師寶乘塔碑〉.
　　　盧明鎬 외, 《韓國古代中世古文書硏究》(上), 大安寺廣慈大師碑, 서울대학교출판부, 2000.
　　　盧明鎬, 주 3의 논고.

113) 《高麗史》 84, 刑法 1, 職制, 忠肅王 5년 5월, 中冊, p. 845.
　　　旗田 巍, 〈高麗의 事審官〉, 《朝鮮中世社會史의 硏究》, 法政大出版局, 1972.
　　　李純根, 〈高麗時代 事審官의 機能과 性格〉, 《高麗史의 諸問題》(邊太燮 編), 三英社, 1986, p. 218.

문일 것이다.

　경종조 시정전시과가 그 科等을 品으로 하고 규준을 人品으로 하여 운영한 배경은 이러하였을 것으로 추찰된다. 그러나 내용과 형식이 이와 같이 작정되는 데는 또 하나의 경험이 있었겠다. 그것은 과거 역대 王朝의 토지분급제와의 연계에서 오는 것이었다. 이미 性行善惡功勞大小에 근거하여 役分田制를 시행한 고려는, 재차 토지분급제를 강구하려 할 때, 당연히 우리 역사상 諸王朝의 토지제도를 검토하고 이웃 나라의 것도 참작하였을 것이다. 그리고 이때 신라·후백제 및 고려 건국 초에 운영하던 祿邑은 前述한 바와 같은 한계와 문제로 再施行할 수 없었다. 따라서 검토·참조한 제도 가운데서 실제 본보기로 삼을 수 있었던 모형이 있었다면 아마도 그것은 渤海의 토지제도가 아니었을까 한다. 발해의 토지제도는 우선 私的 토지소유 및 결부제를 바탕으로 하고 고구려 사회경제의 전통을 계승하고 있었으며, 이에 근거하여 중앙의 집권관료기구(3省 6部 7寺)와 지방행정기구(5京 15府 62州 및 縣)에 각종 명목의 토지를 배정하였다. 아울러 관료에 대해서는 官品의 高低는 人品으로 정하고 이를 丹·緋·綠衫의 公服에서 계열화하고 文班·武班·雜業으로 계통화하여 田柴를 절급하였던 것으로 추정된다. 중앙군 10衛를 위시한 각급 軍人에게도 절급하였을 것이다. 田柴의 지급은 결부조세제에 입각하고 있어서 그 실체는 수조지일 수밖에 없었다. 柴地는 樵採地로서 중앙에 出仕하고 있는 관료의 住居生活에서 취사 및 온돌·난방, 그리고 牛馬飼育에 소용되는 섶〔柴〕·숯〔炭〕·꼴〔蒭〕을 조달할 수 있게 배려하여 지급한 것이겠다.114)

---

114) 발해의 토지제도가 結負制를 바탕으로 토지·조세를 파악해 각급 행정·군사기구에 각종 토지를 배정하고 특히 관료에겐 田柴의 분급을 행하였다는 추정의 근거는, 발해 성립의 역사·문물적 그리고 민족·지역적 배경과 과정 외에도, 근자에 소개되어 자료로서 가치가 논란되고 있는 《陝溪太氏族譜》(丁卯本) 가운데 〈渤海國王世略史〉에 전하는 結負制, 田柴, 井田, 屯田 등 토지제도 관련 기사이다.
　　필자는 근년에 현재로서는 1·2차 자료에 의한 검토는 완전 불가능한 여건에 있는 발해 토지제도의 모습을 찾아보고자 하면서, 이 자료를 발해의 성립사정, 정치·문물제도 등과 관련시켜 음미할 때 그것이 전달하고자 하는 실제와 본체의 윤곽을 추적할 수 있겠다고 판단하여 이 선상에서 이용하여 素描해 본 적이 있다(拙稿, 〈渤海 土地制度의 推描〉, 주 14의 《韓國 古代·中世初期 土地制度史》, pp. 167~177). 여기서는 고려 전시과와 연계하여 그 내용을 다시 정리하여 기술하였다. 자료 및 내용에 관한 논의에 관해서는 필자의 논고와 함께 아래 논고를 참고할 것.

발해에서 이와 같은 토지제도를 시행하게 된 배경은 여러 가지였겠지만, 그 실제 절급대상인 귀족관료층을 중심에 놓고 살펴보면 두 가지 점이 추찰된다. 하나는 고구려 말기에 연달아 점철되는 안팎의 戰亂, 뒤이은 唐의 파괴와 박탈, 그리고 발해의 건국과정에 수반한 새로운 정치세력의 대두와 규합 등을 거치면서 종래 고구려의 귀족관료가 干의 전통하에서 가졌을 邑落的 諸加的인 토지·농민지배나 그 보장은 더 이상 수행하게 될 수 없었던 점이다. 또 하나는 이러한 사정에 병행해서 발해의 정치지배층은 諸加的 干等的 전통을 잇고 있는 고구려 시기의 귀족관료가 대부분 몰락하고 소멸한 후 그 뒤를 이어 등장하는 세력이어서, 종래의 신분적 규준과는 구별되는 家系를 스스로 결성하고 이에 입각하여 촌락사회를 영도하고 있었을 것이며, 이로써 사회적으로나 관제상에서나 上下의 格을 구별하여 家格에 따라 그 出身者의 신분·처지가 일정 범위 내에서는 좌우되었으리라는 점이다.115) 이러한 형편은 고려도 마찬가지였다. 그리고 여기서 고려는 祿邑制를 대신하는 토지분급제로서 田柴科를 대폭 참작하게 된 것이 아닐까 사료된다.

고려의 始定田柴科는 공복제와 人品에 의한 차등 구분, 土田과 柴地의 분급 등 골격에서 발해의 田柴分給制와 유사하다. 발해는 고려와 並存하고 있었고, 멸망 뒤[고려 태조 8년(926), 신라 경순왕 즉위년], 王室과 귀족·장군 및 유민들은 대거 고려로 來歸하여 睿宗 11년(1116)에 이르기까지 무려 191년간에 걸쳐 斷續으로 수십만 명이 귀부하였다. 고려는 발해

<hr>

허종호, 〈발해의 토지제도〉, 주 75의 논저, pp. 166~181.
金容燮, 〈渤海 結負制의 推定〉, 주 19의 논저, pp. 193~201.
115) 고구려 말기 및 발해시기의 사회주도세력의 변동을 이렇게 이해하는 데는 아래의 논고가 참고된다.
朴時亨, 《발해사》, 김일성종합대학출판사, 1979(서울版, 이론과실천, 1989).
盧泰敦, 〈渤海國의 住民構成과 渤海人의 族源〉, 《韓國 古代의 國家와 社會》, 一潮閣, 1985.
宋基豪, 〈渤海 首領의 성격〉, 《韓國 古代·中世의 支配體制와 農民》, 지식산업사, 1997.
金光洙, 〈高句麗의 '國相職'〉, 《李元淳教授停年紀念 歷史學論叢》, 教學社, 1991.
    〃 , 〈新羅官名 '大等'의 屬性과 그 史的 展開〉, 《歷史教育》 59, 1996.
徐毅植, 주 5의 논고.
拙稿, 주 114의 〈渤海 土地制度의 推描〉.

의 문물제도 그리고 그 역사에 대해서 잘 파악하고 있었을 것이다.116) 經世濟民의 으뜸인 토지제도에 대해서는 더욱 그러하였을 것이다. 그리고 토지분급제의 틀을 구상하면서 골품제의 해체 속에서 호족을 주축으로 하며 이루어진 왕조건립의 배경이나 결부제에 입각한 양전, 조세운영 등 사회경제의 조건으로나, 태봉의 관제 위에서 출발하여 나아간 3省 6部式 중앙정치제도의 시행 및 그에 따른 集權 관료제가 추진하던 정치노선으로나,117) 또한 고구려 계승을 주창하고 그 광역회복을 추진하던 이념과 정책으로나,118) 여러 형세상 발해의 토지제도를 검토하고 이를 참작하였을 것으로 예상된다. 고려에서 토지분급제를 마련하면서 그 명칭을 종래의 祿邑과는 전혀 달리 '田柴科'라고 한 것도 이유는 여기에 있었을 것이다.119)

---

116) 李鍾明, 〈高麗에 來投한 渤海人考〉, 《白山學報》 4, 1968.
　　　盧明鎬, 〈高麗 支配層의 渤海遺民에 대한 認識과 政策〉, 《汕耘史學》 8, 1998.
　　　朴玉杰, 《高麗時代의 歸化人 硏究》, 國學資料院, 1996, pp. 89~122.
117) 邊太燮, 《高麗政治制度史硏究》, 一潮閣, 1971.
　　　〃 , 〈高麗初期의 政治制度〉, 《韓沽劤博士停年紀念 史學論叢》, 知識産業社, 1981.
　　　李泰鎭, 〈高麗宰府의 成立〉, 《歷史學報》 56, 1972.
　　　鄭景鉉, 〈高麗太祖代의 徇軍部에 대하여〉, 《韓國學報》 48, 一志社, 1987.
118) 金光洙, 〈高麗朝의 高句麗繼承意識과 古朝鮮認識〉, 《歷史敎育》 43, 1988.
　　　朴龍雲, 《고려의 고구려계승에 대한 종합적 검토》, 일지사, 2006.
119) 이와 같이 고려의 토지제도 田柴科를 발해의 田柴分給制와 연계하는 추정과 상관하여 유의하고 음미할 기록사항이 있다. 《高麗史》 78, 食貨 1, 田制의 序에 '高麗田制 大抵倣唐制 括墾田數 分膏塉 自文武百官至府兵閑人 莫不科授 又隨科給樵採地 謂之田柴科 身沒並納之於公 唯府兵年 滿二十始受 六十而還 有子孫親戚 則遞田丁 云云 하여 조선초 《高麗史》 편찬 때 고려의 田制에 대해 총괄적인 槪觀과 論評을 하면서, 그 首頭에 '고려의 田制는 대체로 唐의 제도를 본떴다'고 한 구절이다.
　　　이 구절은 고려의 전시과가 唐의 토지제도의 하나인 職(分)田制와 文武官僚 및 각급 행정기관에 토지를 차등 있게 지급한 점에서 외관상 유사하여 타당성이 있어 보인다. 그러나 형식과 실제 어느 편으로도 理致에 맞는 합당한 지적이 아니다. 고려의 전시과는 唐의 職田制와 분급토지의 종류와 성질, 기반 및 기능이 달랐다. 즉 本色이 달랐다. 전시과는 국가의 租稅收取權을 收租權으로 양도·분급한 수조지이고 柴地도 함께 절급했으며, 그 기반은 結負量田制·結負租稅制였으며, 분급전토는 受田者 家系 內에서 職役의 傳受와 함께 토지도 함께 傳受하는 世祿으로서 토지 수득자가 각기 收租하는 토지이며, 소급하면 유형과 정신에서 圭田·采田, 그리하여 封地에 계보가 이어진다. 반면에 唐의 職(分)田制는 均田制 속에서 국가 소유지인 公田을 頃畝制에 의해 職事官에 한하여 경작권으로 분급하고 관리는 국가, 곧 중앙의 工部의 屯田郎中이 소관하고 州·府·郡·縣의 官吏의 집무하에 均田農民 혹은 自營農民이 佃作하였다. 自佃도 있었지만 대부분은 佃作이었다. 佃作을 강제하지 말라는 勅令이 종종 하달될 정도였다. 그리고 수확물의 半分 정도에 해당하는 양을 해당 受田官吏에게 급여의 일종으로 곧 祿俸으로 지급하는 것이었다. 均田制와 병존함과도 인연하여 토지부족에 고려에서 신라의 녹읍제나 태조 초의 역분전제와 달리 양반층에게 田土와 더불어 柴地를 분급한 것 역시 그럴 만한 사정이 있었다. 후술하는

봉착하고 空閑地나 陂澤可耕地가 지급되기도 했고 아예 職田을 절급받지 못한 관료에게는 해당 토지액수의 수확물만큼을 국가재정에서 절급하였다. 職田은 성질상 녹봉의 일부로 간주되는 '祿田'이었다(《通典》 2, 食貨 2, 田制下;《魏書》 110, 食貨 6 第 5;《唐會要》 92, 內外官職田;《新唐書》 55, 食貨 5; 柳馨遠, 《磻溪隧錄》 6, 田制攷說下; 趙綱·陳鍾毅, 《中國土地制度史》, 臺北, 聯經出版事業公司, 1982; 李埏·武建國, 《中國古代土地國有制史》, 雲南 人民出版社, 1997, pp. 165~219; 谷川道雄, 〈唐代의 職田制와 그 克服〉, 《東洋史研究》 12-5, 1953; 周藤吉之, 《唐宋社會經濟史研究》, 東京大學校出版會, 1965, pp. 1~146; 堀敏一, 《均田制의 研究》, 岩波書店, 1975, pp. 211~227; 金裕哲, 〈均田制와 均田體制〉, 《講座中國史》Ⅱ, 서울大 東洋史學研究會 編, 1989).

고려의 전시과와 당의 직전제가 서로 유사한 점이 있다면, 따라서 《고려사》 찬자의 기술이 전하고자 하는 本意를 음미하면, 그것은 집권관료제의 봉건 왕조국가가 공통으로 가질 수밖에 없는 토지분급제의 운영원리에서 연유하는 것이다. 이 점은 渤海와 唐 사이에서도 마찬가지이다. 발해는 당과 관료제도, 군현제, 군사제도 등 제도문물을 대등한 선에서 운영하고 있었다[朴時亨, 《발해사》, 1979(서울版, 이론과 실천, 1989); 宋基豪, 《渤海政治史研究》, 一潮閣, 1995]. 토지제도 역시 그러하였을 것이다. 그리고 고려에서 개인 분급 科田을 간혹 職田이라고 부른 것도 이 같은 배경에서였을 것이다. 실제 고려초기 우리나라가 唐의 문물제도를 검토하고 파악하고는 있었지만 그 토지제도를 모방한 적은 없다. 원시사회 이래 고대국가 형성부터 민족형성 및 구성, 기후풍토가 다르고 정치편제, 부세편성이 다르고 농업생산, 농민지배방식에 특징과 차이가 있어 설혹 모방하려 해도 할 수가 없는 것이었다. 사실 고려는 건국 초부터 이런 점에 대단히 유의하고 조심하였다. 단적인 예로 태조 왕건은 생전에 唐文物이나 契丹風俗의 수용·모방을 극히 삼가고, 이를 후대에도 길이 경계로 삼도록 각별히 주의를 주고 있다. 태조 26년(943) 4월 내린 訓要 가운데 '其四曰 惟我東方 舊慕唐風 文物禮樂 悉遵其制 殊方異土 人性各異 不必苟同 契丹是禽獸之國 風俗不同 言語亦異 衣冠制度 愼勿效焉'(《高麗史》 2, 世家 2, 太祖 26년 4월, 上冊, p. 55)이 그것이다. 경종 원년(976) 전시과가 始定된 지 수년이 지난 성종 원년(982) 崔承老가 時務 28條를 조정에 올려, 고려사회의 經世方針의 새로운 방향을 제시하고 中華를 본받되 이를 전통과의 연계 속에서 할 것을 강조하면서, 특히 제11조에서 '華夏之制 不可不遵 然四方習俗 各隨土性 似難盡變 其禮樂詩書之教 君臣父子之道 宜法中華 以革卑陋 其餘車馬衣服制度 可因土風 使奢儉得中 不必苟同'(《高麗史》 93, 列傳 6, 崔承老, 成宗 원년, 下冊, p. 85)이라 하여, 사방의 습속이 각기 土性을 따르는 까닭에 모두 변경하기는 곤란하다고 한 것도 같은 사정을 전한다. 토지제도는 속성상 특히 그리하였을 것이다. 이러한 점은 고려뿐만 아니라 신라도 그러하였고(祿邑制) 渤海도 그러하였다(田柴分給制).

그리고 보면 序文의 본 論評은 오히려 고려가 실제 참작하고 계승한 토지제도는 발해의 것이었던 사정을 반영한다고 생각된다. 《고려사》 편찬자는 고려와 당의 토지제도가 외형상 서로 유사한 점이 있어 이렇게 표현한 것이겠는데, 이와 같이 외관상 유사성을 가졌다고 보게 한 그 실질은 다름 아니라 바로 고려가 발해와 정치제도가 비슷하고, 그 토지제도를 참작·승계한 데 있는 것은 아닐까 하는 것이다.

참고로 하나 덧붙이면, 위의 序에서 말하는 唐制의 唐이 '唐'王朝의 지칭인지 혹은 中國의 범칭인지 하는 논란이 있을 수 있으나, 혹 후자라 하더라도 본 田制에서는 사실상 전자로 귀결한다.

바와 같이 고려는 토지분급을 중앙 稅收의 안전과 외방 漕運의 난관을 우선 고려하여, 公田은 京畿에 설정하고 私田(科田)은 外方에 절급한다는 원칙에서 경리하였다. 그리고 이 원칙을 유지하려고 과전절급자에게 별도의 부속조치를 취해 주었다. 고려는 양반 등 관료지배층을 王京인 開京에 집중 거주시켜 王室을 輔翼한다는 원칙으로 관료제를 운영하고 있어서, 이들이 宿衛를 실현하게끔 여러 여건을 마련해 주어야 했다. 그 가운데 하나는 이들의 居京生活에 소요되는 물자를 조달할 수 있게 하는 일이었다. 고려는 糧食을 조달하게 하는 조치로서 畿內에 이들이 원래 수득하는 科田의 총액에서 약간 액수를 떼어 '口分田'의 이름으로 절급하고, 아울러 난방·취사 등에 긴요한 섶[薪]·숯[炭]·꼴[草] 등을 취득할 樵採地를 절급하였다. 그리고 이것을 '柴科'로 정비하고, '田科'(役分田)에 함께 묶어 田柴科로서 정리·운영하였다.120) 중앙 및 지방의 관서, 역, 사찰, 왕실기구에 公廨柴地가 배당되었음은 말할 것도 없다.

　경종조 田柴科의 始定은 이상의 배경, 계통, 사정 등 여러 형세를 담고 이루어진 것이다. 고려의 전시과는 발해의 田柴分給制와 내용·형태가 매우 유사하면서, 성질과 계통상 수조권의 절급과 배분이라는 점에서 종래의 녹읍과 역분전의 내용도 계승하고 있어, 토지제도상 신라와 발해를 포괄하여 승계하고 있다. 그리고 그 실체는 人品으로서 京·外 지배층의 사회적 위엄과 정치적 권위를 원칙상 승인하고 이 선상에서 等第하며, 이와 관련하여 田柴를 분급함으로써 토지·농민지배의 체계로서 定型化한 것이었다. 그러므로 전시과는 정부의 지방군현통제에도 기여하였다.

　始定田柴科는 관료 일반에 대한 토지분급제였다. 그러므로 종전의 役分田과 분급기준과 범위 그리고 목적에서 일치점과 함께 차이점이 있었다. 무엇보다도 분급기준이 人品인 까닭에 역분전이 지닌 性行善惡·功勞大小가 이 범위 속에서 다소 계승되었겠으나,121) 朝臣·軍士의 動功에 대

---

120) 전시과의 운영 가운데 경기 내 柴地 및 口分田의 절급에 관한 자세한 사정은 拙稿,〈高麗時期의 兩班口分田과 柴地〉,《歷史敎育》 44, 1988(본서 Ⅱ편) 참조.

121) 조선 건국 초 鄭道傳이 '前朝田制 有苗裔田·役分田·功蔭田·登科田·軍田·閑人田 以食其田租之入' 하다고 고려 토지제도를 말하면서, 役分田에 관해 '役分田不論實階 定以人品'(鄭道傳,《三峯集》 7, 朝鮮經國典, 賦典, 經理)하다 하여 役分田을 人品으로

한 포상의 부면은 제도 자체로서 배려하지 않는 점이었다. 역분전은 관료제의 형식에 훈공포상의 실질을 담아 제정한 것이었다. 분급 당시 朴守卿에게 그의 功이 유독 컸기 때문에 특별히 200결을 사여한 것[122]은 이 점을 상징적으로 전한다. 역분전의 분급은 朝臣·軍士의 신료성에 대한 厚生的 보상의 의미가 컸다. 후에 李齊賢은 太祖대의 役分田을 가리켜 '口分之法'[123]이라 하여 口分이라 표현하였다. 이 역시 역분전의 이러한 성격에서 나온 호칭일 것이다.

이와 같은 차이점은 조정의 朝臣·軍士를 관료성과 공로성을 연결시켜 하나로 파악하고 있던 것이 시간의 진전과 더불어 경종 초에 이르러서는 양자가 분리되어 있음에서 야기되는 것으로 보인다. 그러므로 役分田이 해체되고 田柴科가 제정되는 이상 人品으로서, 그리고 관료로의 대우로는 포괄할 수 없는 功勞多大者에게 포상 차원에서 별도로 토지를 분급하는 조처가 뒤따라 취해져야 했다. 더욱이 광종대의 險難을 견디고 경종조에 살아남은 태조대의 勳臣宿將 40여 명 및 그 자손들의 불만과 물적 特惠 요구는 팽배했다. 이들은 태조대의 역분전 분급대상에 포함되었겠고 대개는 開國功臣이었겠는데, 이들 功臣에 대하여 고려정부는 건국 후부터 경종조 田柴科의 始定에 이르기까지 功臣田의 명분을 세워 전토를 절급하는 형태로 이들의 功을 기리고 그 자손의 榮祿을 보장한 적은 없었다. 태조 원년(918) 8월 즉위 두 달 뒤쯤 국왕은 詔書를 통하여 즉위 때 勳功者 2천 수백 명을 1·2·3등으로 나누어 포상하면서 포상물로 金銀器錦, 繡綺被褥, 綾羅, 布帛 및 穀米 등을 차등 있게 절급했을 뿐이었다.[124] 혹 1·2등 가운데 따로 각별히 祿邑을 지급받는 이도 있었겠지

정했다고 하였는데, 이는 경종조 이후의 전시과를 역분전과 연속관계에서 파악하고 이 전제 속에서 관료에 대한 給田을 이해하고 있었던 사례라 하겠다. 전시과에 의해 관료 일반에게 분급된 토지 科田을 역분전이라고 호칭한 예는 李齊賢의 한 策問에서 '役分·口分·加給·補給之名'이라 한 것(주 68), 고려 최말 李行의 전제개혁 상소에서 '役口之分 戶別之丁 皆爲國田'(《高麗史》 78, 食貨 1, 田制, 祿科田, 辛禑 14년 7월, 中冊, p. 719)이라 한 것 등에도 보인다.

122) 《高麗史》 92, 列傳 5, 朴守卿, 下冊, p. 74.
123) 《高麗史》 2, 世家 2, 景宗 6년, 李齊賢 讚, 上冊, p. 65.
124) 《高麗史》 1, 世家 1, 太祖 원년 8월 辛亥, 上冊, p. 40.

만, 녹읍 자체는 勳功의 보상제도가 아니었다. 당시 공신으로 고려조정
의 토지제도 속에서 전토를 절급받기는 三韓功臣의 冊封과 함께 시행된
役分田 지급 때였다. 이 공신 가운데 중도에 권력에서 배제되거나 공신
에서 제거된 이들은 대상이 되지 못했을 것이고, 혹 그렇지 않더라도 그
자손만이 남은 경우에도 이 대열에 참여하지 못했을 것이다. 役分田이
功勳田 자체는 아니었다.

　태조대의 功臣이 고려정부에 의해 공식으로 재차 물적 혜택을 받는 것
은 光宗 즉위년(949) 8월 功役者를 제정했을 때였다. 당시 王命으로 大
匡 朴守卿에게 '國初有功役者'를 攷定하도록 하여 四役者, 三役者, 二役
者, 一役者의 4分으로 각기 米 25, 20, 15, 12碩을 사여하고 '例食'으로
삼게 한 조처였다.125) 광종이 즉위하던 시점에서 國初라면 아마 고려의
開國 初를 가리킨 것으로 보이며, 그럴 경우 朴守卿 등에게 살펴 확정하
도록 한 有功役者는 개국공신을 위시한 이들이었을 것이다. 이 功役은
그 등차를 넷으로 나누어 미곡을 차등을 지어 사여하고 있음으로 보아
아마 勳功의 등차를 구분하는 의미로서의 役分이었을 것이다. 役分田 분
급 시의 차등도 이런 정도의 등분으로 보인다. 例食이란 일정액의 米穀
을 국가에서 관료·군인 등 개인이나 기관에 恒例로 사여하는 각별한 제
도로 보이며 태조대에도 있었다.126) 이런 점에서 보면 광종 즉위 때 攷
定한 役分例食은 고려 개국의 功役人物에 대한 포상적 조처였겠다. 그러
나 개국의 功臣·功役人에 대해 그 家系의 存養 차원에서 영구한 崇尙을

125)《高麗史》2, 世家 2, 光宗 즉위년 8월, 上冊, p. 60.
126) 例食賜與의 사례로는 개인의 경우 崔承老가 聰敏好學하여 일찍이 太祖가 元鳳省 學
　　生에 소속시키고 鞍馬와 함께 '例食二十碩'을 사여한 것(《高麗史》93, 列傳 6, 崔承
　　老, 下冊, p. 78), 고종 40년(1253) 6월 전쟁 중 지급이 중단되었던 兩界州鎭의 將
　　相, 將校의 祿俸과 例食을 다시 사급하게 한 것(《高麗史》80, 食貨 3, 賑恤, 恩免,
　　高宗 40년 6월, 中冊, p. 746) 등이 있다. 例食 20碩은 광종 때 四役等分에선 三役
　　에 해당한다. 기관의 경우는 광종 원년(950)의 형편으로 추정되는 大安寺 廣慈大師碑
　　末에 당시 이 사찰의 僧侶數, 本傳, 財穀數, 田畓柴數, 鹽盆數, 奴婢數 등 규모를 기
　　재한 사항 중 '例食, 布施, 燈油無'(《譯註 羅末麗初金石文》(上), 原文校勘 編, 大安寺
　　廣慈大師碑, 혜안, 1996, p. 201)하다 하고, 高宗 17년(1230) 전후에 작성된 것으
　　로 추정되는 修禪社形止案의 마찬가지 사항 가운데서 '例食, 布施, 並只無'(盧明鎬 외,
　　《韓國古代中世古文書硏究》(上), 修禪社形止案, 서울대학교출판부, p. 389)라고 한 기
　　록 등이 있다. 양자 모두 국가에서 당해 사찰에 특별히 사여한 例食은 없다는 의미로
　　이해된다.

상징하는 물적 조치, 이를테면 太祖가 奇略과 高勳이 있는 신하에게 '錫之以分茅胙土'[127] 하는, 곧 封建의 대우로서 封土를 사급하는 의미·정신이 담긴 시책은 아니었다.

그러므로 광종 死後 景宗朝가 들어서면서 관료 일반에 대해 田柴를 지급하는 제도를 시행함과 병행해서, 이들 功臣·功役人에게 별도로 토지를 절급하는 길도 마련해야 했다. 시책은 시정전시과 시행 후 약 5개월 뒤 景宗 2년(977) 3월에 있었다. 개국공신 및 向義歸順城主 등에게 勳田으로 50결에서 20결에 이르는 전토를 차등 있게 사급하였다.

賜開國功臣及向義歸順城主等勳田 自五十結 至二十結 有差[128]

開國功臣 및 向義歸順城主는 모두 고려 건국에서 삼국 통합 후까지의 功役者들이었다. 분급전지의 규모가 50결에서 20결 사이로 공신전의 명분으로는 적은 편이나, 경종조에 勳田의 명의로 사여되고 있음에서 그 공훈을 追思하는 뜻에서 취해진 것이 아닐까 생각된다. 이 勳田은 본인 사망 후 子孫에 傳受되었을 것이다. 그리고 시간이 지나면서는 그 兩班家의 功蔭을 기리는 功蔭田으로 진전하고, 그 후 柴地도 함께 절급되어 文宗 3년(1049) 5월에 兩班功蔭田柴法으로 정착하였다.[129] 이사이 일반 田柴科도 몇 차례 개정을 거쳐 文宗 30년(1076)에 일단 최종 정비되었다.[130]

경종조 田柴科와 勳田을 통해서, 고려의 관료 일반과 기타 여러 職役層은 '人品'으로 구현된 사회적 위세와 신분적 우위에 적합한 대우로서의 토지·농민에 대한 지배를 收租權의 授受로서 공식 승인받았다. 이는 계통상 신라 祿邑의 후신이고 발해 田柴分給制의 계승이며, 그 정신은 上

---

127) 주 124와 同.

128)《高麗史》78, 食貨 1, 田制, 功蔭田柴, 景宗 2년 3월, 中冊, p. 712.
　　 '開國功臣'이란 대체로 太祖 등극 후부터 활약했던 幕僚系統의 功臣號였던 것이 후에 三韓功臣에 포함된 뒤에도 때때로 歸順城主 계통과 구분할 때 사용된 호칭으로 추정한다(金光洙, 주 66의 논고).

129)《高麗史》72, 食貨 1, 田制, 功蔭田柴, 文宗 3년 5월, 中冊, p. 712.

130)《高麗史》72, 食貨 1, 田制, 田柴科, 文宗 30년, 中冊, pp. 709~711.

古期 ‘仕者世祿’으로 사여되던 采地·圭田에 상당하고 ‘分茅胙土’에 해당하는 것이었다. 이제현이 태조대의 역분전 지급을 ‘口分’에 그친 바라 하면서, 경종조의 전시과에 대해서 ‘雖有疏略 亦古者世祿之意’[131]라고 하여 世祿이라고 평함은 이러한 원리와 의미를 지적한 것이었다.

5. 結 語

지금까지 신라말·고려초의 토지문제와 이 가운데 성립하는 고려 田柴科 제도를 사회변동과 결부하여 검토하였다. 이제 그 내용을 요약·정리하여 결어에 대신하고자 한다.

신라말 토지문제는 토지제도의 破損과 부세제도의 破局, 두 가지로 집약할 수 있다. 토지제도의 파손은 크게 두 방면에서 진행되고 있었다. 하나는 祿邑制와 丁田制가 신라 집권통치력의 와해와 더불어 운영이 이완·마비되고 그만큼 수득자·지방세력의 파악력이 증대함으로써 균열이 심해지고 있는 것, 그리고 전자의 경우 때문에 귀족관료 등 지배층 사이 그 소지 여부와 다과를 놓고 알력이 증폭하고, 후자로 말미암아서는 稅役 담당층이 동요·파탄하는 사태였다. 다른 하나는 이러한 양상과 밀접하여 그간 중앙귀족은 물론 외거귀족 내지 지방호족 사이 성행하는 토지 겸병과 田莊擴大가 농민층의 몰락을 동반하면서, 이것이 이들의 해당 토지·농민에 대한 사회경제적 지배에 그치지 않고 郡縣과 그 民人에 대한 정치적 지배의 기반마저 되고 있는 현실이었다.

부세제도의 파국은 이상과 같은 토지제도 파손과 표리로써 야기되는 양상이었다. 외방 州縣의 貢賦輸入이 거부 혹은 중단되고, 중앙과 지방의 부세독책과 수탈은 더욱 가중되어 농민부담이 격증함으로써 사회분열로 이어지고 대규모 농민항쟁으로 발전하였다. 녹읍·정전의 마비와 균열도 부세제도 파탄의 한 징표였다. 農民抗爭은 본질상 소농민의 안정을

---

131) 주 123과 同.

갈구하는 농민의 사회적 동태로서, 권력의 분산과 호족의 성장 및 이들 연합정권의 등장 그리고 후삼국의 출현을 齎來함과 함께 다시 이들이 통합하여 새로운 집권국가·사회의 건설을 지향하게 하는 대격동이었다. 후삼국기에서 고려조로 통합까지 상당 기간 토지문제의 釐整은 큰 숙제였고, 실제 여러 시책이 취해졌다.

토지문제의 타개는 부세제도 차원에서 시작하여, 이 基調에서 토지제도 차원으로 진행하였다. 私的 토지소유 관계의 조정·개혁을 통한 처리는 지극히 어려운 일이었다. 지주전호제, 전장의 발달은 사회변동을 격발시키는 基底的 요인이 되고 나아가서는 호족이 대두하여 이들이 정치권력을 행사하는 데까지 이르게 한 경제적 기반이었다. 田租率의 什一制 준수 촉구, 結負量田制의 재정돈, 그리고 후속하는 役分田의 시행, 田柴科의 始定은 그 구체적 조처였다. 그리고 이는 한편으로 고려의 토지분급제가 마련되는 과정이었다. 토지분급제의 강구는 신국가 고려의 지배층 관료의 物的 요소를 마련해 주는 제도로서 그만큼 시급하고 긴요하였다. 고려는 국초에 태봉을 이어 신라와 마찬가지로 녹읍제를 운영하고 있었지만, 이미 그 신분적·조세적 기초는 붕괴된 상태여서 녹읍농민을 수취할 능력이 있는 대호족 公卿將相에게, 그것도 제한적으로 절급하는 상태였고 그나마 녹읍민에 대한 수탈이 과도하여 계속 유지할 수 없었다. 더욱이 대상은 후삼국 통합의 功役層으로서의 朝臣·軍士들이었다. 고려정부는 이들이 본시 호족적 처지에서 행하던 토지·농민에 대한 收取의 전통을 집권관료제 내에서 보장하려면 새로운 형태의 토지분급제를 강구해야 했다. 이 작업은 상당한 시간에 걸쳐 여건의 성숙에 바탕하여 단계 단계 추진하였고, 호족층의 관료화와 향리화 그리고 관료제의 완비 정도 여하와 상관하여 진행되었다.

우선 태조 23년(940) 朝臣·軍士에게 官階를 따지지 않고 性行善惡 功勞大小를 살펴 田結로 차등을 두어 절급하는 역분전 제도를 실시하였다. 역분전 제도는 三韓功臣의 제정과 병행하여 시행된 것으로 統合戰役의 공로를 王室의 藩屛으로 삼음을 목표로 한 '田科'였다. 포상적·후생적 성질을 지닌 점에서 곧 '口分'이었다. 토지분급제가 관료제도·군현제도 全

般과 상관하여 제정되기 시작하는 것은 그 후 36년이 지난 景宗 원년 (976) 田柴科의 始定부터였다. 이사이 新舊 정치세력의 相爭이 격렬하였다. 이에 수반하여 역분전은 몰수되고 회수되었을 것이다. 그리고 科擧 官僚로서의 士大夫와 功役臣僚로서의 舊臣宿將 두 계열의 新舊지배층이 절충되면서, 그 人臣的 위치가 班列별로 관료의 형식으로 한층 부각되고 정돈되었다. 경종 원년에 제정한 이 전시과는 이러한 관료제를 바탕으로 하되 실제는 수득대상의 신분적 지위와 사회적 위치를 體現하는 家格, 즉 人品을 기준으로 토지와 산판을 할급한 것이었다. 官階가 절급의 직접 기준이 되려면 더 시일이 지나야 했다. 이 과정에서 토지조세의 근본 원칙이 같고 고구려의 전통을 잇고 있던 발해의 田柴分給制를 대폭 참작하였을 것으로 사료된다. 토지제도의 계통으로도 고려는 신라와 고구려·발해를 함께 승계하고 있었다.

고려는 이 시정전시과의 시행을 통해 국왕을 정점으로 하는 집권관료국가의 柱礎를 비로소 세웠다. 토지의 경리는 원칙상 중앙의 稅入安定과 輸稅원활을 꾀하여, 개인 절급지 私田은 외방에 절급하고 국가 수조지 公田은 경기에 주로 배치하되, 양반 등 관료지배층을 開京에 집중·거주시켜 王京·王室을 輔翼한다는 것이 관료제 운영의 원칙이어서, 이들의 居京生活에 필요한 糧食과 薪·炭의 조달편의를 배려하여 수득할 科田에서 약간의 액수를 口分田으로 떼어 樵採地와 함께 畿內에 절급하였다. 고려 전시과가 집권관료제와 결착하고 있는 정치적 위치는, 수조권의 분급이 갖는 忠信을 바탕으로 하는 君臣關係의 매개, 직역에 근거한 상급 신분층의 토지·농민에 대한 지배와 수취와 함께 이러한 지역적 배치와 분급에서도 확연하게 드러난다.

한편, 일반 관료의 전시과 제정과 함께, 전시과로 대우할 수 없는 開國功臣 및 向義歸順城主에게 勳田을 절급하는 제도를 작정하여 고려왕조의 紀綱을 천명하였다. 이후 전시과는 수차례 조정되고 개정되어 시행되었고 文宗末에 更定田柴科로 일단락되었으며, 勳田 역시 이사이 功蔭田으로 진전하고 문종 초에 功蔭田柴로 정착한다.

(《高麗前期의 田柴科》, 2007. 8. 收錄, 2011. 補)

高麗前期 田柴科의 運營原則

1. 序 言

田柴科는 고려왕조가 신라말·후삼국기 토지·조세의 제반 폐단을 수습
하면서 제정한 토지의 경리 및 분급제도였다. 이는 계통과 형식에서 신
라의 祿邑과 발해의 田柴分給 등 前代의 토지제도와 연계되고, 祿科田
과 함께 고려 최말 科田制度로 승계되는 토지·농민지배의 체계이다. 그
러므로 고려시기는 물론 우리나라 전체의 역사발전을 토지제도 내지 사
회경제구성에서 이해하려면 이의 체계 및 원칙을 정확히 이해할 필요가
있다.

전시과의 체계 및 원칙에 관해서는 일찍부터 여러 부문에서 연구가 이
루어져 현재 상당한 성과가 축적되어 있고, 그 내용과 성격·의의 등에
많은 해명과 깊은 이해가 이루어졌다. 그러나 한편으로는 부분적 혹은
전면적으로 다양한 논의를 동반하고 여러 意見이 다기하게 叢立하고 있
다. 논란은 특히 分給土地의 性質에 집중되어 있다. 이것은 주로 公田과
私田, 田主와 佃戶, 民田, 農莊, 收租率, 柴地, 平田과 山田 등 용어나
관련 자료에 대한 해석에서 큰 차이가 생기고, 이 차이가 田柴科에 관한
이해를 좌우하여 야기되고 있다.1) 말하자면 고려시기 토지제도의 기초사

---

1) 高麗前期의 田柴科를 위시한 토지제도의 연구 및 여러 논의에 관해서는 아래의 논
고에서 잘 정리하고 있다.
　李炳熙, 〈高麗時期 經濟制度 研究의 動向과 「국사」敎科書의 敍述〉, 《歷史敎育》 44,
1988.

항에 관해서 異見이 분분한 것이다. 이러한 현상은 우선 이에 관한 고려 전기의 자료가 매우 적고, 그나마 그 기록 내용조차 극히 소략한 데 연유하지만, 더 나아가선 각 연구가 입각하고 있는 고려사회의 역사적 단계 및 그 성질에 대한 인식에 편차와 간격이 넓고 깊은 데 원인이 있다.

　전시과는 해당 자료를 고려국가의 토지·조세의 체계 및 원칙에서 파악하고 우리나라 토지분급제의 生長盛衰에서 역사형태로서 인식할 때 本色을 잘 해명할 수 있다. 필자는 오래전에 고려말기의 私田問題 및 조선전기의 科田制度를 토지분급제와 농민지배라는 시각에서 고찰하는 가운데, 고려 田柴科에 관해서도 필요한 범위 내에서 부분 부분 살피고 분석한 적이 있었다.2) 그리고 몇몇 관련 부문에 대해선 개별 검토도 하였다.3) 소견이 다소 중첩되고 재론하는 면도 없지 않지만, 본고를 통해 고려전기의 전시과를 양반층의 科田을 중심으로 토지분급제로서의 位置, 授受의 의미, 設定土地와 分給地域, 분급형태와 수조방식 등에 초점을 두고 그 운영원칙에서 정리해 봄으로써 고려 토지·조세제도의 체계와 원리를 추구하고, 아울러 이것이 고려시기 내지 우리 中世社會經濟에서 갖는 의미를 음미해 보고자 한다.

2. 田柴科의 位置와 '世祿'

景宗 원년(976) 11월에 人品을 기준으로 始定한 職散官 各品田柴科는

　　　〃 , 〈전시과제도와 농장〉, 《한국역사입문》 2, 풀빛, 1995.
　　金載名, 〈전시과 체제〉, 《한국사》 14, 1·2·3장(國史編纂委員會, 1993-以下同).
　2) 拙稿, 《朝鮮前期土地制度研究-土地分給制와 農民支配》 II·III·IV장, 一潮閣, 1986.
　3) 拙稿, 〈高麗前期의 平田과 山田〉, 《李元淳教授華甲紀念 史學論叢》, 敎學社, 1986(본서 IV편).
　　　〃 , 〈古代·中世의 食邑制의 構造와 展開〉, 《孫寶基博士停年紀念韓國史學論叢》, 知識産業社, 1988(본서 I편).
　　　〃 , 〈高麗時期의 兩班口分田과 柴地〉, 《歷史教育》 44, 1988(본서 II편).
　　　〃 , 〈高麗時期의 作丁制와 祖業田〉, 《李元淳教授停年紀念 歷史學論叢》, 敎學社, 1991(본서 III편).
　　　〃 , 〈高麗末期의 白丁代田〉, 《學藝誌》 3, 1993(본서 III편).

成宗朝 이후 중앙과 지방의 정치·행정 및 제반 제도·문물의 재정비[4]를 거친 뒤, 穆宗·顯宗·德宗朝에 걸쳐 수차례 개정을 겪었다. 개정은 文宗 30년(1076) 更定田柴科까지 계속되었다.[5] 고려에서 전시과 운영은 매우 중대하여 給田都監이라는 독립기구가 실무를 전담하였다.[6] 그동안 양반, 군인·향리 등의 人品·家格이 이들의 職役 속에 흡수·융해되어 갔고, 아울러 職役이 그 人品·家格을 구현하는 지표로 부상하였으며, 그때마다 전시과의 내용과 체계도 한 단계 한 단계 규모 있게 짜여 갔다. 이러한 진전은 고려의 전시과가 職務性과 服役性을 위주로 개정되고, 이를 바탕으로 臣僚가 王室藩屛으로서 忠信을 발현해 가는 과정이었다. 이 점은 크게 두 가지 측면에서 확인할 수 있다.

첫째는 전시과의 분급대상과 기준에서 이 점이 뚜렷해지고 있는 것이다. 경종 원년 전시과를 始定할 당시 분급대상과 기준을 人品에 입각하여 4色 公服으로 계열화하는 속에서 紫衫을 제외하고 丹衫에서는 文班·武班과 雜業이, 緋衫과 綠衫에서는 文班과 雜業이 각각 분화되고 이 속에서 각기 정해진 品에 따라 田柴를 지급하였던 것[7]이, 목종 원년(998) 12월에는 '改定文武兩班及軍人田柴科'하다 하여 人品과 公服은 사라지고 文班·武班, 軍人을 주축으로 하고 吏屬層을 포함하여 이들을 官銜別로 1과에서 18과에 걸쳐 배치하고 전시를 차등 있게 절급하는 원칙이 등장하였다. 이보다 9개월 앞서 3월에 郡縣의 安逸戶長에게 職田의 半을 사급하였다. 이후 전시과는, 이 목종조의 것이 대강의 규준과 골격이 되는 가운데, 현종 5년(1014) 11월에 가서는 文武兩班·雜色員吏에게 田柴科를 加給하고, 덕종 3년(1034) 4월에는 다시 '改定兩班及軍·閑人田柴科'라 하고 있어 閑人이 하나 더 별도로 설정되었다. 그리고 문종 30년(1076)에 와서 '更定兩班田柴科'함에 이르고, 아울러 武散階에 대한 給田規定과 別

---

4) 《高麗史》 3, 世家 3, 成宗, 上冊, pp. 66~81(延世大學校 東方學硏究所 影印本, 1961-以下同).
　　《高麗史節要》 2, 成宗, pp. 41~61(亞細亞文化社 影印本, 1971-以下同).
　　金庠基, 《新編 高麗時代史》, 서울大學校出版部, 1985, pp. 49~56.
5) 《高麗史》 78, 食貨 1, 田制, 田柴科, 中冊, pp. 708~711.
6) 《高麗史》 77, 百官 2, 諸司各色都監, 給田都監, 中冊, p. 692.
7) 《高麗史》 78, 食貨 1, 田制, 田柴科, 景宗 원년, 中冊, p. 707.

賜田의 절급대상이 정비된다.8)

그사이에도 틈틈이 세부적 부분적으로 변경·개편이 있었겠지만, 전시과 개정의 추세는 분급대상이 役分田 단계의 '朝臣·軍士'에서 文武兩班, 軍人, 閑人, 雜業, 鄕職, 鄕吏 등 職役別로 계열화하고 武散階·別賜田의 수득자가 分岐하고 있었다. 고려의 집권관료제와 군현제가 정비·발전함에 맞추어 토지분급제 역시 함께 정리되고 개편되어 갔던 것이다.

둘째는, 이상의 이러한 추세와도 관련해서, 田柴科가 관료제·군현제에 입각하여 집권왕조국가의 큰 골격을 구성하는 토지분급제로 진전하고 있는 점이었다. 무엇보다 公廨田柴의 정비는 이 상징이었다. 전시과는 단지 문무양반, 군인, 한인, 향리 등 고려의 국가·국왕에 대해 봉사하는 지배층 내지 직역자층에 대한 給田制度가 아니었다. 집권관료제의 왕조국가로서 전시과 분급의 중심과 운영의 핵심에는 항상 이들의 개인 분급전시가 자리 잡고 있었지만, 이 자체는 전체의 일부였다. 전시과는 국가의 존속과 활동에 직접 관계하는 중앙과 지방의 兩京, 州縣, 鄕·部曲, 館·驛, 鎭 등 각급 각종의 行政·軍事機關, 그리고 庄宅·宮院 등 王室機構의 그 소요경비를 조달하도록 田柴를 배분하여 토지지배와 농민수취를 보장하였다.9) 이러한 田柴가 公廨田柴였다. 국가기관과 왕실기구에 토지를 분급하는 제도는 古來 국가 성립 이래 있어 온 것으로, 고려의 공해전시도 이의 계승이었다.

양반, 군·한인 전시과와 마찬가지로 공해전시 역시 국왕·왕실의 기구,

---

8) 《高麗史》 78, 食貨 1, 田制, 田柴科, 穆宗 원년 3·9월, 顯宗 5년, 德宗 3년, 文宗 30년, 中冊, pp. 708~711.

　　본편 附錄의 〈表 1〉, 〈表 2〉, 〈表 3〉.

　　이상 景宗朝에서 文宗朝에 걸친 田柴科의 개정과 그 내용 및 특징에 관해서는 수다한 연구자에 의해 많은 검토와 지적이 있어 왔다. 그 가운데 아래의 논고는 이를 체계 있게 정리하고 있어 특히 참고가 된다.

　　姜晋哲, 《高麗土地制度史硏究》, 高麗大學校出版部, 1980, pp. 31~61.

　　金載名, 〈전시과 제도〉, 《한국사》 14.

　　朴時亨, 《조선토지제도사》(상), 과학원출판사, 1960, pp. 161~189(서울版, 신서원, 1994).

　　허종호, 《조선토지제도발달사》[1], 과학백과사전종합출판사, 1991, pp. 243~263(서울版, 민족문화사, 1997).

9) 《高麗史》 78, 食貨 1, 田制, 序, 中冊, p.705.

　　'田柴科……又有公廨田柴 給庄宅·宮院·百司·州縣·館驛 皆有差'

중앙 各司와 部署 및 지방 郡縣·鎭·館驛 등이 확장·정비됨에 따라 그때그때 전면 혹은 부분적으로 조정되고 재분급되었겠는데, 이것이 일차 일단락되는 것은 成宗 초 지방 공해전시의 배정이었다. 穆宗 원년(998) 改定田柴科보다 15년 앞선 시기였다. 성종 2년(983) 6월 '定州·府·郡·縣·館·驛田'이라 하여 公須田, 長田, 紙田 등을 차등 있게 절급하고, 동왕 12년(993) 8월에 '給諸州·府·郡·縣·驛路公須柴地'하여 公須柴地를 지급하였다.10) 성종정부는 이에 앞서 4개월 전인 2월에 12牧을 설치하고 今有·租藏을 혁파하였다.11) 공해전시의 절급은 이와도 상관하여 이루어진 조치였다.

고려는 전국의 토지를 양반, 군인·한인 등의 개인 田柴와 국왕·왕실 및 중앙·지방 행정기구의 公廨田柴와 함께 祿俸, 軍須, 供上 등의 용도로 경리하였다.12) 고려초기 전시과의 제정과, 이것이 갖는 정치·경제적 위치는 이러하였다. 전시과의 제정은 신분직역제, 관료제, 군현제, 군사제도, 녹봉제, 공상제 등 고려 집권관료국가의 체제구성과 토지·조세의 부면에서 긴밀히 상관되어 진행되었다. 전시과제도는 고려국가 토지조세의 全體系였다. 그리고 이러한 성질을 절급 규모와 분급대상에서 가장 잘 집약하여 대표하는 것이 양반관료를 위시하여 군인·한인 등에게 科等에 따라 차등 있게 절급한 田柴科였다. 그러므로 고려의 토지제도 전체를 一言하여 통상 전시과라고 부르되, 이들에 대한 분급전시가 항시 그 상징이 되는 것이다.13)

---

10)《高麗史》78, 食貨 1, 田制, 公廨田柴, 成宗 2년 6월, 12년 8월, 中冊, p. 713.
　　朴時亨, 주 8의 논저, pp. 238~262.
　　허종호, 주 8의 논저, pp. 274~279.
　　姜晉哲, 주 8의 논저, pp. 194~203.
　　安秉佑,《高麗前期의 財政構造》, 서울대학교출판부, 2002, pp. 184~200, pp. 296~322.
　　金載名,〈공전의 여러 유형〉,《한국사》14.
11)《高麗史》3, 世家 3, 成宗 2년 2월, 上冊, p. 66.
　　《高麗史節要》2, 成宗 2년 2월, p. 49.
12) 주 8의 諸論考.
　　朴鍾進,《고려시기 재정운영과 조세제도》, 서울대학교출판부, 2000.
　　旗田巍,〈高麗時代의 王室의 莊園-莊·處〉,《朝鮮中世社會史의 研究》, 法政大出版局, 1972.

　이러한 전시과는 집권관료제를 정치조직의 근본으로 삼고 있는 고려에
서 국왕과 신료 사이의 군신관계를 토지 사여와 수득을 통해 매개해 주
는 제도였다. 절급대상은 일단 양반, 군인·한인 등 개인이지만, 분급의
목표는 受田者로 상징되는 해당 家系의 存養에 있었다. 이는 大義이고
名分이었다. 太祖 17년(934) 5월, 국왕이 禮山鎭 행차 때 詔書를 내려
민인의 安撫·矜恤을 강조하면서, 公卿將相에게 이들이 祿邑民에 대해 자
행하고 있는 과도한 수탈을 재차 훈계하고 이를 고쳐 奉公에 뜻을 간절
히 하고 시종일관 허물이 없으면 '生享榮祿 後稱名家 至於子孫 優加旌
賞'14) 하겠다고 함에서 살아서는 영화와 녹봉을 누리고 죽어서는 名家로
칭하게 하고 자손에 이르기까지 우대하여 旌賞을 줄 것이라고 한 것, 그
리고 즉위년(918) 8월 開國에 忠臣의 절개를 다한 이들을 賞賚하여 그
勳勞를 褒獎함을 비유하여 '錫之以分茅胙土 褒之以峻秩崇班'15)이라면서
分茅胙土를 거론함이 바로 이런 것이다. 名家는 臣僚의 家系가 사회적
모범과 신분적 우위를 대대로 이어 옴을, 分茅胙土는 諸侯에게 封土를
절급함을 이르는 것이다. '名家'·'分茅胙土'는 고려가 臣僚를 처지상 諸侯
의 格으로 대우한다는 뜻을 함축하고 있고, 그리하여 家系의 存養을 도
모함으로 이어지는 것이었다. 그리고 그 물적 요소의 마련으로 제정한
것이 전시과였다.

　물적 요소의 제공으로 가장 직접적이고 효과적인 방식은 토지를 절급
하는 것이었다. 그러나 토지 자체의 할급은 현실적으로 불가능하였다.
토지를 절급한다면 소유주가 있고 경작자가 있는 사유지를 떼어 주어야
하는데, 이는 私的 토지소유 관계가 오랜 전통이고 사회관습이며 국가원
칙이던 고려에서 民田侵奪이었다. 민전의 탈점은 고려국가로서 용납할
수 없는 행위였다. 肅宗 7년(1102) 南京을 새로 건설할 때 고려정부는
山水의 形勢를 좇아 경계를 삼도록 하였다. 그렇지 않으면 땅을 넓게 차

---

13) 이러한 점에서 본고에서 검토하는 田柴科 역시 특별한 설명이 없는 한, 중심은 양
　　반, 군인·한인 등의 전시과이다.

14)《高麗史》2, 世家 2, 太祖 17년 5월, 上冊, p. 51.

15)《高麗史》1, 世家 1, 太祖 즉위년 8월 辛亥, 上冊, p. 39.

지하게 되어 '多奪民田'하는 사태가 야기되는 까닭이었다.16) 私有地를 할급할 수 없는 사정에서 토지 자체를 절급할 수 있는 길이 전혀 없는 것은 아니었다. 無主地·荒蕪地를 떼어 줄 수는 있었다. 그러나 이것이 실제 방안은 될 수 없었다. 우선 무주지나 황무지가 전시과로 분급할 만큼 그 양이 廣大하지 않았고, 토질이나 水利의 여건이 좋아 농지로 경작할 수 있는 곳은 민인들이 속속 개간하여 자기 소유지로 하고 있었다. 고려 전기에 벌써 갈고 일구기 힘든 山間까지 개간하여 田土開發은 극성한 지경이었다. 山田까지 크게 발달한 것이었다.17) 설사 多大하다 해도 황무지만 절급해서는 토지분급제를 운영하는 실질과 의의가 달성될 수 없었다. 경작 노동력이 없는 무주지·황무지는 職役을 제공하는 양반, 군·한인으로서는 지배하고 수취할 대상이 없어 거의 無用之物이었다.

분급전지는 우선 신라나 발해의 녹읍이나 전시처럼 소유경작자가 있어 농지로 경영되고 있는 경작지여야 했다. 이러한 토지여야 양반을 위시한 여러 職役層이 그 처지를 보장받는 여건을 제공할 수 있었다. 이들에게 토지와 농민을 지배하고 수취함을 보장하는 제도로서 給田을 마련해 주는 방도, 그것은 私的 所有耕作地에 대해서 신분적 지배와 경제적 수취가 함께 실현될 수 있게 하는 권한, 즉 收租權의 차원에서 토지절급을 꾀하는 길이었다. 收租地로서의 토지분급이었다. 고려의 급전제도는 臣僚 일반을 그 家系의 存養이라는 명분에서 대우하는 방식으로서 집권왕조국가 통일권력의 토지·민인에 대한 통치의 실현체인 租稅體系를 기반으로 하고 그 일환으로 제정함이 가장 유력하였다. 이러한 점에서 일단 祿俸과 같았다.

전시과는 관인층 家系의 存養을 위한 授祿의 성격을 띠었다. 전시과를 옛날 '世祿'의 遺意라고 지적함은 이러한 성질에 입각한 것이었다. 고려 후기에 李齊賢이 경종조 各品田柴科의 始定을 평하여 '雖有疎略 亦有古者

---

16) 《高麗史》 11, 世家 11, 肅宗 7년 3월 庚辰, 上冊, p. 236.
17) 《高麗史》 78, 食貨 1, 田制, 經理, 文宗 8년 3월, 中冊, p. 706.
　　徐兢, 《宣和奉使高麗圖經》 23, 雜俗 2, 種藝.
　　拙稿, 주 3의 논고.

世祿之意'라 하고, 조선초에 議政府에서 고려의 전시과를 지목하여 '前朝世業之田 乃世祿之遺意 亦可謂仁厚矣'하다고 함이 모두 그런 것이다.18)世業田은 전시과에 의한 분급전지가 명분상 名家·世家의 永續과 存養을 위해 절급되므로 세업전이며, 또한 家內에서 職役을 매개로 傳授됨이 일반이어서 사유지로서의 祖業田에도 비길 수 있어서 世業田이고, 또 祖業田이었다.19) 世祿은 대대로 祿秩[爵祿]을 누리는 臣僚·名家, 그리하여 世臣·世家의 祿이란 뜻을 지녔다. 그러므로 국왕·국가가 仕者, 즉 士大夫를 物的으로 우대하는 형식이었고, 그런 만큼 신료가 職務와 상관하여 수득하는 녹봉과는 계통이 다르고 차이가 컸다. 이 정신은 즉위 직후 太祖도 천명한 '分茅胙土'의 遺法, 곧 上古期의 封建에 그리고 그 采邑·圭田에 이어지는 것이었다.20) 世祿이 양반사대부에 대해 갖는 명분과 의의가 이러한 반면, 이것이 국왕·국가에 대해 지니고 있는 봉사와 가치는 王室에 '藩屛'이고 국가에 '忠信'이었다. 고려말 공민왕 원년(1352) 李穡은 당시 토지제도의 폐단을 극구 논하는 상소에서 전시과의 이러한 의미를 달리 표현하여, 受田家는 모두 王臣이며 이 受田은 이들 신료가 '陳力之餘 所以代耕'한 것이라 하였다. 受田은 양반사대부가 나라에 복무한 끝에 代耕으로 받은 것이었다.21)

　국왕·국가와 신료의 관계만이 이러한 것은 아니었다. 王京과 郡縣의

---

18) 《高麗史》 2, 世家 2, 景宗, 李齊賢贊, 上冊, p. 65.
　　《太宗實錄》 25, 太宗 13년 4월 壬申, 1冊, p. 669.
19) 拙稿, 〈高麗末期의 私田問題〉, 주 2의 논저.
　　〃, 주 3의 〈高麗時期의 作丁制와 祖業田〉.
　　고려의 世業田이 이러한 내용의 전토임은 고려말 裵尙謙이란 한 儒生의 家産化한 分給私田을 통해서도 알 수 있다. 裵는 興海郡에 籍을 가지고 있었는데, 그의 曾祖 晋이란 이에 이르러 비로소 登第하여 田土를 받고 대대로 取食하여 내려왔다[受田世食之]. 尙謙의 부친은 이름이 得儒로서 中軍 벼슬을 시작으로 그 후 공민왕 14년 (1365) 沃州[沃川]고을을 다스림을 끝으로 은퇴한 이인데, 후대까지 '政績最著'하다고 하여 名宦으로 전하는 인물이다(《新增東國輿地勝覽》 15, 忠淸道, 沃川郡, 名宦, 高麗, 裵得儒). 尙謙이 겨우 글을 알 만할 때 倭寇를 피해 다니다가 부친의 喪事를 당하여 家産이 거의 탕진되고, 그나마 世傳해 오던 田地마저 私田改革 때[禑王 14년 (1388) 8월~恭讓王 즉위 원년(1389) 12월] 혁파되어 국가에 귀속되어[田又革制歸公] 매우 곤궁하게 지냈다(權近, 〈儒生裵尙謙傳〉, 《東文選》 101, 민족문화추진회, 1998, 8冊, p. 31).
20) 拙稿, 주 3의 〈古代·中世의 食邑制의 構造와 展開〉.
21) 《高麗史》 115, 列傳 28, 李穡, 下冊, p. 522.

관계도 마찬가지였다. 집권왕조국가에서 君臣關係의 내용은 義理였고 그 실현은 藩屛이었다. 의리는 臣僚가 지배층의 정치적 주축으로서 국왕권력과 연대하여 그를 頂点으로 집권권력을 구축하고 행사함을 실질로 하고 그 명분으로 작용하는 것이었는데, 바로 이 집권권력은 郡縣制를 통해서 실현되고 지지되는 것이었다. 고려의 군현제는 신라의 군현제가 마비·파탄되고 후삼국의 전란 속에서 城邑으로 分立하고 있는 군현을 수습함으로써 재건되었다. 그 정비까지는 제법 상당한 시간을 두고 조직되고 획정되었지만,22) 방향은 전국을 중앙의 王京과 외방의 州郡으로 행정상 구획하고 연계하는 원칙에 있었다. 그 형식은 王京(京畿)을 위주로 하고 군현을 이에 集轄시키는 편제였고, 이 집주를 관통하는 명분은 藩屛이고 忠信이었다. 王京과 군현의 관계는 君臣의 義理關係와 마찬가지였다. 王京은 '一國之本'23)이었다. 穆宗 원년(998)의 改定田柴科에서 각 科의 토지 지급대상은 中央官吏만이고 外官은 제외하였는데, 유독 開城府尹만은 5科에 편입하고 있다.24) 개성부가 지방기구이지만 王都를 통치하는 특별구이므로 중앙기관의 하나로 자리 잡고 있어서였다.25) 王京에 대해 외방의 州郡은 이를 輔翼하고 貢賦를 供納하는 위치였다.26) 이것이 藩屛의 처지였다.

  원칙상 국가·국왕은 이러한 통치체계가 제대로 운영되도록 군신관계는 늘 절대성을 유지하게끔 긴장하였고, 신료 역시 藩屛으로서 정치적 권위와 사회적 우위를 부지하도록 忠信을 다해야 했다. 고려는 관리에게 국

---

22) 邊太燮,《高麗政治制度史研究》, 一潮閣, 1971.
　　李樹健,《韓國中世社會史研究》, 一潮閣, 1984.
　　河炫綱,《韓國中世史研究》, 一潮閣, 1988.
　　朴宗基,《高麗時代 部曲制研究》, 서울대학교출판부, 1990.
　　蔡雄錫,《高麗時代의 國家와 地方社會》, 서울대학교출판부, 2000.
　　尹京鎭,〈高麗 郡縣制의 構造와 運營〉, 서울大學校大學院 博士學位論文, 2000.
　　具山祐,《高麗時期 鄕村支配體制 研究》, 혜안, 2003.
23)《高麗史》84, 刑法 1, 職制, 忠烈王 24년 정월, 忠宣王 즉위 下敎, 中冊, p. 844.
24)《高麗史》78, 食貨 1, 田制, 田柴科, 穆宗 원년 12월, 中冊, p. 709.
25) 邊太燮,〈高麗時代 京畿의 統治制〉, 주 22의 논저, p. 241.
26) 同上.
　　《高麗史》104, 列傳 17, 金士衡, 恭愍王, 下冊, p. 296.
　　'按廉·守令職 掌貢賦 近來州縣多闕貢 或至三四年 請論如法'

가의 收租權에서 그 일부를 할애해 줌으로써, 국가의 토지·농민지배가
군현제를 통해 원활히 이루어지도록 협조를 받아내고 있는 셈이었다. 그
리하여 신료에게 科田을 지급함과 함께 군현의 재지 세력가이고 행정 실
무자인 향리에게도 田地를 절급하되, 군현제 운영과 상관하여 이들이 각
자 지닌 번병의 처지와 일치되도록 하였다. 후술하듯이(본고 3절) 양반의
分給田地 科田을 外方에 절급하되 그 가운데 약간을 口分田으로 떼어 京
畿에 절급하여, 外方과 京畿로 각기 지역도 다르게 배정한 사정도 여기
에 상관한다.

　전시과의 분급전토는 科에 따라 액수에 차등을 두고 양반, 군·한인,
향리 등 각자의 職役과 연계하여 수수되므로 '職田'이었고, 職田인 까닭
에 '國田'이었으며, 또한 해당 가계에 전수되는 세록이므로 '永業田'이었
다. 전시과의 분급전토 과전은 신료에게 그 가계의 存養과 국왕·국가에
직역을 통한 忠信의 봉공을 명분과 목적으로 하여 절급하는 것이었다.
그러므로 수득자의 子孫에 의한 지속적인 所持가 허용되었다. 그러나 私
的 소유지와는 성질이 달라서 사사로이 임의로 상속하거나 증여할 수 없
었다. 이의 소지는 직역의 履行이 전제가 되어, 전수자는 그 직역의 계
승·수행을 조건으로 官의 승인하에 자기 소지로 하는 공식 절차를 밟아
야 그 受得이 승인되었다. 肅宗朝에 乙科에 급제한 安城郡人 李永은, 본
시 그 父가 이 고을의 戶長이었다가 京軍에 선발되었는데, 어려서 선생
에게 글공부를 하다가 부친이 작고한 후 그 永業田을 繼受하여 胥吏가
되고자 문서를 갖추어 政曹主事에게 제출한 적이 있었다. 父의 永業田을
이어받기 위해 역을 승계하는 사례이다.27)

　과전의 소지자는 자신이 직역을 이행할 여건이 소멸되거나 혹 상실되
면 관아에 나가서 해당 전토를 '納公', 곧 나라에 반납하는 수속을 밟고,
해당 직역을 승계하는 이 역시 관아를 통하여 이 전토를 국왕·국가에 의
해 새롭게 授受, 곧 '遞立'하는 형식을 반드시 거쳐야 했다. 이는 전시과

---

27)《高麗史》97, 列傳 10, 李永, 下冊, p. 165.
　　'李永　字大年　安城郡人　父仲宣　以本郡戶長　選爲京軍　永幼從師學　父沒　欲繼永業田
　　爲胥吏　以狀付政曹主事　揖不拜　主事怒且罵　永卽裂其狀　曰吾可取第仕朝　何禮汝輩　爲
　　肅宗朝擢乙科直史館'

운영의 커다란 원칙 가운데 하나였다.28) 고려정부는 과전의 이러한 수수·전수·계승관계를 제대로 잘 파악해야 전시과 운영에 정상을 기할 수 있었다. 과전분급의 단위는 丁이었고, 따라서 분급전지는 사적 소유지 實田과 형태상 구분하고 직역지·수조지임에 중점을 두어 지칭할 때는 통상 田丁이라고 하여 왔다. 고려에서는 이의 관리를 위해서 분급전정에 수득한 이의 姓名을 달아 놓아 그 소지자를 확실히 하였고, 이 田丁이 다른 사람에게 넘어가 전수되면 朱筆로 이 遞受 사실을 적어 그 傳受의 순차·내력을 파악할 수 있게 하였다. 이 文簿를 田丁柱貼(柱案)이라고 불렀다.29)

科田傳受의 자격자는 우선 수득자의 妻·子孫이었다. 그러나 사정이 여의치 않으면 壻, 養子, 外孫 등이 전수할 수 있었다. 전수할 수 있는 과전의 대상은 親父母田을 위시하여 妻父母田, 外祖父母田, 養父母田, 妻養父母田 등이 되는 셈이었다. 그러나 자격대상이 이렇다고 이들 모두 누구나 함께 전수할 수 있는 것은 아니었다. 과전의 소지에는 직역의 봉공과 世家의 存養이 전제로 작용하고 있는 까닭에, 그 전수는 系統이 반듯하게 서야만 했다. 그것은 다름 아니라 국왕·국가가 기대하는 忠信=職役의 봉공 의무는 어느 한 사람에게 집중시켜 부과하는 편이 유리하므로, 전수는 嫡室 우선, 嫡長子 우선의 단독전수 내지 子孫 가운데 어느 한 사람의 단독전수가 일반이었다. 따라서 兩班家의 경우 出仕한 子가 여러 명이라도 임의로 과전을 분점하여 소지할 수 없게 되어 있었고, 더구나 그 최소 단위인 丁을 분할해서는 안 되었다. 다음의 기사들은 이러한 사정과 원칙을 담고 있다.

(1) 門下省奏 舊法 凡有罪者 不得受永業田 上將軍 李洪叔 曾犯憲章 流配嶺表 其妻子孫 不當給田30)

---

28) 《高麗史》 78, 食貨 1, 田制 序, 中冊, p. 705.
'自文武百官 至府兵·閑人 莫不科受 又隨科 給樵採地 謂之田柴科 身沒並納之於公 唯府兵 滿二十始受 六十而還 有子孫親戚 則遞田丁……又有功蔭田柴 亦隨科以給 傳子孫'
29) 拙稿, 주 3의 〈高麗時期의 作丁制와 祖業田〉, pp. 168~187(본서 Ⅲ편).

(2)（喬桐縣君高氏）仁宗 元年……其夫遞口此妻之養父田丁31)

(3) 諸田丁連立 無嫡子則嫡孫 無嫡孫則同母弟 無同母弟則庶孫 無男系則女孫32)

(1)과 (2)는 科田은 일반적으로 수득자의 妻·子孫, 壻, 養子, 外孫이 전수할 수 있음을, (3)은 이것이 계통적 순차적으로는 嫡子孫 및 同母弟에게 전수하되 만일 男系孫이 없으면 女孫에게 전수될 수 있다는 점을 바탕으로 하고 있는 내용이다. (3)의 이러한 전수원칙은 立嗣規定과 동일하다.33) 世家의 系統은 그 家系의 立嗣와 직결해야 하는 것이었다. 이 모두는 전시과의 성질상 당연한 바였다.34)

그러므로 전시과의 소지에는 여러 제한과 원칙이 따랐다. 그중에서도 世祿과 관련하여 가장 대표되는 사항은 분급전지의 回收 및 還給에 관한 것이었다. 과전 일반은 수득자 본인이 死亡·疾病·年老 등으로 혹은 중대

---

30)《高麗史》78, 食貨 1, 田制, 田柴科, 靖宗 7년 정월, 中冊, p. 711.
31) 李蘭暎 編,《韓國金石文追輔》, 喬桐縣君高氏墓誌, 亞細亞文化社, 1979, p. 157.
32)《高麗史》84, 刑法 1, 戶婚, 靖宗 12년, 中冊, p. 853.
33)《高麗史節要》4, 靖宗 12년 2월, p. 119.
　　'凡人民依律文 立嗣以嫡 嫡子有故立嫡孫 無嫡孫立同母弟 無母弟立庶孫 無男系者亦許女孫'
34) 전시과 분급전토의 이런 성질은 특히 그 職役·世祿의 구체적 형태로서 祖父母田의 子孫遞受의 형식을 통한 傳受, 그리고 이 전수가 官僚의 科田은 예외가 있겠지만 嫡子孫 우선의 단독전수 등이 관례이고 원칙인 데서 오는 것임은 일찍이 조선의 과전제도를 고려의 전시과제도와 함께 토지분급제의 원리상에서 통관하여 拙稿, 주 2의 논저, pp. 13~14, pp. 152~160 및 주 3의 〈高麗時期의 作丁制 및 祖業田〉에서 詳論한 적이 있어 새삼스러운 지적은 아니다. 그러나 본고의 논지를 분명히 하기 위해서는 시기를 고려전기로 한정하고 그 요지를 피력하는 것이 필요하다고 사료되어 이 범위에서 재정리하였다. 좀 더 자세한 것은 이 논고를 참조하기 바라며, 이와 함께 盧明鎬, 〈高麗時代의 土地相續〉, 《中央史論》 6, 1989, pp. 3~22, 그리고 金載名, 〈사전의 여러 유형〉, 《한국사》 14 및 朴京安, 〈田丁連立의 구조와 존재형태〉, 《高麗後期 土地制度研究》(혜안, 1996), 그리고 武田幸男, 〈高麗時代의 口分田과 永業田〉, 《社會經濟史學》 33-5(1967) 등도 영업전의 범위설정에 차이는 있으나 이 점을 이해하는 데 참고가 된다.
　　한편 '職田'이란 용어(주 106 함께 참조 요망) 자체는 오늘날 中國大陸에서 건립되었던 王朝 가운데 北魏 이래 隋·唐에 걸쳐 발전한 外官·京官의 職(分)田制하의 '職(分)田'과는 토지분급제 속의 분급전토의 명칭이라는 점에서는 相通한다. 물론 분급전토의 내용이나 그 의미는 전혀 다르다(《魏書》 110, 食貨 6, 第 15; 《新唐書》 55, 食貨 5). 고려의 전시과와 당의 직(분)전의 차이에 관해서는 拙稿, 〈羅末麗初의 土地問題와 田柴科의 始定〉(본서 Ⅲ편)의 각주 119를 참조.

한 犯法·犯罪로 인해 職役俸供이 해소·중단되거나 파기되면, 국가에서 回收·半收하거나 沒收하여 그 점유관계를 부정하였다.35) 이 가운데서도 특히 전시과의 위치와 본질을 적나라하게 반영하고 있는 것은 몰수 및 이와 관련한 환급의 규정이었다.

沒收는 刑法으로 집행하였다. 관리가 감찰에 임하여 偸盜하거나 뇌물을 받고 법을 제대로 집행하지 않은 자는 徒刑·杖刑을 막론하고 職田을 몰수하고 歸鄕시켰다.36) 조정에선 이를 원칙으로 철저히 준수하고자 하였다. 顯宗 16년(1025) 무릇 범죄로 職田을 몰수당한 자에게도 그가 사면되면 직전을 환급하되, 眞盜, 公私文書僞造, 受財枉法, 臨監自盜, 諂曲邪奸의 죄를 범한 자는 제외한다는 교지37)가 그 예이다. 仁宗 5년(1127) 3월 少府少監 韓令臣이 일찍이 典解庫 判官으로 있으면서 품질 낮은 자기의 麤布를 몰래 官布 30匹과 바꿔 넣은 행위가 발각되자 그의 직전을 회수하고 시골로 추방한 것은 몰수의 예이고, 동왕 8년(1130) 李資謙을 제거한 拓俊京(인종 4년 5월)을, 그가 일전에 李資謙과 더불어 대궐을 침입하였던 일(동년 2월)로 죄를 다스려(인종 5년) 谷州에 유배시켰다가, 이해에 지난 功이 적지 않다 하여 그 妻子와 함께 모여 살도록 하고 아울러 '給還其子職田'하여 그 아들의 직전을 돌려준 것은 환급의 예이다.38) 選軍給田도 물론이었다. 수전자가 자손이 있으면 자손이 傳受하고 자손이 없으면 다른 사람이 代受하되, 죄가 있으면 의당 전지를 몰수

---

35) 田柴科의 回收 혹은 半收의 원칙은 고려 田制의 大綱을 말하는 주 28의 기사와 '諸州縣長吏 病滿百日 依京官例 罷職收田'(《高麗史》 75, 選擧 3, 銓注, 鄕職, 顯宗 16년 2월, 中冊, p. 654)한다는 것, 그리고 '賜郡縣安逸戶長職田之半'(《高麗史》 78, 食貨 1, 田制, 田柴科, 穆宗 원년 3월, 中冊, p. 707) 함에서 확인된다. 그리고 沒收의 원칙은 '凡士大夫受給者 有罪則收之'(《高麗史》 78, 食貨 1, 田制, 祿科田, 辛禑 14년 7월, 中冊, pp. 714~717)라든가 '凡有所犯者 不給田'(《高麗史》 120, 列傳 33, 尹紹宗, 恭讓王, 下冊, p. 628)하다 함에서 분명하다.

36)《高麗史》 84, 刑法 1, 職制, 中冊, p. 840.
  '官吏臨監自盜及臨監受財枉法者 徒杖勿論 收職田歸鄕'

37)《高麗史節要》 3, 顯宗 16년 12월, p. 94.
  '敎 凡犯罪收職田者 蒙赦 除眞盜 及僞造公私文書 受財枉法 監臨自盜 諂曲奸邪所犯外 並聽還給'

38)《高麗史》 17, 世家 17, 仁宗 5년 3월 戊辰, 上冊, p. 360.
  《高麗史》 127, 列傳 40, 叛逆, 拓俊京, 下冊, p. 768.

하였다.39) 그러므로 文宗 34년(1080) 윤 9월 選軍別監에서 각별히 上奏하여, 무릇 전투에 임하여 敵軍에 항복했다 도망하여 돌아온 사람의 직전은 奪收하지 말고 그대로 지급하도록 하는 특혜를 제정하기도 하였다.40) 전시과의 운영원칙은 이와 같았다. 靖宗 7년(1041) 정월 門下省에서는 국왕이 憲章을 범한 上將軍 李洪叔의 田地를 妻子에게 移給하려 하자 이에 반대하고, 그 근거로

　　舊法 凡犯罪者 不得受永業田41)

---

39) 李穡, 《牧隱文稿》 15, 高麗國大匡完山君謚文眞崔公墓誌銘(《高麗名賢集》 3冊, p. 921, 成均館大學校 大東文化研究院, 1973-以下同).
　　'一人受田 有子孫 子孫傳之 無則他人代受 有罪當收其田'
40) 《高麗史》 78, 食貨 1, 田制, 田柴科, 文宗 34년 윤 9월, 中冊, p. 711.
　　'選軍別監奏 定凡臨戰陷敵逃還人職田 勿奪仍給'
41) 주 30과 同.
　　이 자료를 포함하여 고려시기의 '永業田' 기사에 관해서는 본고와는 다른 견해가 있다. 李佑成, 〈高麗의 永業田〉, 《歷史學報》 28, 1965(同, 《韓國中世社會研究》 收錄, 一潮閣, 1991)에서 개진되고 이후 이 선상에서 다른 여러 연구자에 의해 제시된 견해가 그것이다. 李 교수의 논고는 《高麗史》 78, 食貨 1, 田制, 序의 기사(주 28)에서 그 핵심논지를 수립한 것으로 骨子는 크게 세 가지로 정리된다. ① 고려시기 田柴科 체제는 受田者가 사망한 뒤 國家에 반납해야 하는 토지, 즉 '納公'土地와 子孫 대대로 相續되는 즉 '傳遞'土地로 구성되어 있으며, 이 가운데 후자가 바로 '永業田'이다. ② 이 '傳遞' 토지는 신라시대의 私有地가 고려 전시과 체제 속에 吸收된 것으로서 고려왕조는 종래의 모든 사유지를 전시과 체제 속에 포괄함으로써 사유지의 독자적 존재를 否定하였으나, 전시과 체제를 통해서 '傳遞' 토지가 설정됨으로써 사유지가 지니고 있는 無期永代的 性格은 永業田이라는 이름 밑에 다시 肯定될 수 있었다. ③ 이러한 永業田에는 兩班永業田(功蔭田柴)과 鄕吏·軍人永業田이 있었으며, 이는 無期永代的, 곧 私有的 성격의 토지로서 그 경영은 양반 및 향리의 영업전은 佃戶制(小作制)로 경영되고 收租는 田主가 직접 하였다. 반면에 科田은 佃軍(村留二三品軍)의 集團的 勞動으로 경영되고 그 收租는 국가의 官吏에 의해 官收官給하고 있어 서로 달랐다. 그러나 군인의 영업전은 科田과 같았다는 것 등이다.
　　李 교수의 고려시기 전시과 및 영업전에 대한 이와 같은 인식과 논지는 같은 시점에 同一軌道에서 진행한 姜晋哲, 旗田 巍(日) 교수 등의 연구와 함께 고려시기 사회경제 검토가 정력적으로 개척·천착되게 했으며, 그 후 전시과 내지 고려시기의 전체 역사상을 구조적으로 인식하고자 하는 연구의 대부분은 이 궤도와 깊은 계승관계에서 始終하고 있다. 예컨대 개개 연구자에 따라 약간씩 차이는 있지만 ① 고려시기 田柴科의 分給私田은 본시 受田者의 私有地이거나 국가에서 토지 자체를 절급하여 이루어졌으며 그 경영은 국가가 佃戶를 差定해 주는 小作制이고 稅率은 1/2이라는 것, ② 그러므로 전시과의 18科分給은 결국 田租를 면제하는 免租地의 절급이라는 것, ③ 반면에 民田은 '公田'이며 농민층이 未分化된 상태의 農民保有地로 혈연집단으로서의 共同體的 성격을 가진 村落이 集團的으로 王朝權力에 예속되어 族團的 血族的 집단으로 존재하며, 土地私有는 未熟하다는 것 등으로 전시과 및 그 기반인 촌락·토지·농민의 像이 이어지고 있는 점이 바로 그런 것이다(주 51의 ②說 및 주 60의 ②說의

하다는 규정을 들었다. 무릇 범죄자가 永業田을 소지할 수 없음은 舊法
으로서 오래전부터 있어 온 法章이었다.

職田의 몰수는 官吏·軍人, 요컨대 士大夫 資格의 박탈을 뜻하였고, 곧
바로 世家·世臣의 위치를 부정하는 데로 이어지는 것이었다. 文宗 12년
(1058) 開城의 監牧直 李啓란 이가 어떤 일로 사사로이 사람을 보내 府
軍 金祚를 체포하게 하였더니 祚가 강물에 빠져 자살한 사건이 발생한
적이 있었다. 이때 刑部에서 李啓의 죄상이 畏懼致死罪에 해당하므로 법
규대로 등에 곤장 쳐서 섬으로 귀양 보내야 한다고 주장하였으나, 門下
侍郎 平章事 王寵之가 피해자가 자살한 점을 들어 啓의 처벌은 刑部의
판정대로 할 수 없다고 理致로써 변호하여 왕이 畏懼致死罪만은 면하고
'除名收田'에 그치도록 制勅하였다.[42] 除名收田은 범법·범죄의 관료를 官
吏의 版籍에서 除名하고 분급전지를 회수하는 조치였다. 관인자격이 박
탈된 상태에서 과전을 그대로 소지할 수 없었다. 이는 전시과의 목적과
명분에 따라 당연한 것이었다. 神宗 2년(1199) 6월, 明宗 17년(1187) 7
월 叛亂을 꾀한 曹元正·石冲의 무리를 진압하고 그 가운데 죄상이 가벼
워 귀양에 처하였던 餘黨들이 신종 즉위(1197) 직후인 11월 초에 내린
大赦令으로 풀려나게 되었을 때 中書省에서, 이들이 비록 王命으로 귀양
은 면제되었으나 職田은 다시 사급하지 말자고 奏請하여 국왕도 좇았다.
亂賊을 懲戒함이었다.[43] 신료의 德目과 資品을 갖추고 名家의 품위와 世

제 논고). 이러한 연구동향에 관해서는 閔賢九, 〈土地制度〉, 《韓國史論》 2, 國史編纂
委員會, 1981 및 본고 각주 1의 논고들도 참고됨.
  李 교수의 논고는 발표 당시 우리 역사상의 토지제도 원리에 대해 內外 일각에서나
마 여전히 가지고 있던 公田論(土地國有論)에 이견을 제시하고 私有制論을 제기한
연구의 하나인 점에서 의의가 있다. 그러나 영업전이 私有地를 전시과의 傳遞土地로
서 공인한 分給土地는 아니었다. 영업전은 科田을 위시하여 전시과의 분급전토가 職
役 履行과 상관하여 주로 자손·인척 사이에 傳受·遞受되는 까닭에 부르는 호칭이다.
李洪叔의 이 '永業田'을 포함하여 고려시기의 영업전이 전시과의 분급 수조지 科田 일
반임에 관해 상세한 설명은 拙稿, 주 2의 논저, pp. 13~14 및 pp. 152~157을 참
조할 것.
  42) 《高麗史》 84, 刑法 1, 殺傷, 文宗 12년, 中冊, p. 855.
    《高麗史》 95, 列傳 8, 王寵之, 文宗, 下冊, p. 127.
  43) 《高麗史》 20, 世家 20, 明宗 17년 7월, 上冊, p. 413.
    《高麗史》 128, 列傳 41, 叛逆 2, 曹元正, 石隣, 下冊, p. 787.
    《高麗史》 21, 世家 21, 神宗 2년 6월, 上冊, p. 426.

家의 풍모를 닦도록 하는 토지분급의 명분과 취지가 廢毀되어 버린 까닭이다.44)

　전시과의 점유원칙 일반은 이와 같았다. 그러면서도 犯罪·犯法한 본인에게서는 전지를 몰수하되 해당 家系內의 他人, 즉 자손 내지 친척에게 전토의 전수가 허락되는 경우가 있었다. 그 구체사정은 여러 가지였으나 유형으로 보면 크게 두 가지였다. 하나는 전시과제도상 공식으로 인정된 것이고, 또 하나는 국왕의 特旨로 허여될 때였다. 전자는 功蔭田柴의 경우였다. 공음전시는 勳田의 名儀로서 특별한 공훈자 및 그 가계에 분급하여, 功蔭으로서 자손에까지 功臣家로 대우하는 토지였다.45) 그러므로 일반 전시과와 傳受·遞受의 조건이 같을 수 없었다. 가령 顯宗 때 直子가 죄를 범하면 그 子孫에 옮겨 지급하도록 하는 判旨가 있었고, 文宗 3년(1049) 功蔭田柴法을 제정할 때는 그 자손 가운데서 社稷을 謀危하거나 謀叛大逆하거나 延坐 및 公私의 여러 罪를 범하여 除名당하는 처벌 이외에는, 비록 그 子가 죄가 있어도 孫이 죄가 없으면 1/3을 사급하는

---

44) 고려 최말 공양왕 때 左常侍 尹紹宗이 전시과와 관련하여 '祖宗之制 凡有所犯者 不給田 以礪士行'(《高麗史》 120, 列傳 33, 尹紹宗, 恭讓王, 下冊, p. 628) 한다 함은 나라의 제도 給田은 그 뜻이 士로서의 行實을 닦도록 한 것이라는 의미를 전제로 한 발언으로서 역시 같은 점을 지적한 것이다.

45) 功蔭田柴에 대해서는 여러 연구가 있으며, 《高麗史》 78, 食貨 1, 田制, 功蔭田柴, 文宗 3년 5월 '定兩班功蔭田柴法' 기사의 그 분급등분인 '品'의 내용과 그 대상자의 범위를 놓고 대략 ① 品은 官品으로서 대상은 5品 이상 모든 官僚, ② 品은 단계로서 대상은 전체 관료 가운데 특별한 功勳者, ③ (ⅰ) 品은 品種이며 대상은 全 관료 혹은 (ⅱ) '職田'이 바로 공음전시이며 전시과와 달리 관료신분의 보장을 위한 것으로 대상은 역시 모든 관료 등으로 의견이 나누어져 있다.

　① 說: 李佑成, 〈閑人·白丁의 新解釋〉, 《歷史學報》 19, 1962(同, 주 41의 논저 수록).
　　　〃 , 〈高麗의 永業田〉, 《歷史學報》 28, 1965(同上書 수록).
　　　武田幸男, 〈高麗朝에서 功蔭田柴科의 意義〉, 《仁井田陞博士追悼論文集》 1, 1967.
　　　姜晋哲, 〈兩班功蔭田柴科〉, 주 8의 논저.
　② 說: 朴菖熙, 〈고려의 「兩班功蔭田柴法」의 해석에 대한 재검토〉, 《韓國文化研究院論叢》 22, 1973.
　　　金東洙, 〈고려의 兩班功蔭田柴法의 解釋에 대한 검토〉, 《全南大論文集》 26, 1981.
　③ 說: (ⅰ) 末松保和, 〈高麗初期의 兩班에 대하여〉, 《東洋學報》 36-2, 1953(《青丘史草》 1 수록, 1965).
　　　(ⅱ) 최연식, 〈高麗前期의 職田과 그 支給形態〉, 《韓國史研究》 70, 1990.
　이들 諸說의 내용 및 문제점에 관한 자세한 사항은 李炳熙, 〈공음전〉, 《한국사》 14에 李 교수의 견해와 함께 잘 정리되어 있으므로 참고하기 바람.

특혜조치를 취하여 주었다.46) 후자, 즉 국왕의 특지로 이루어지는 경우
로는 文宗 34년(1080) 3월 죽음이 두려워 적군에 항복한 군인·장수의
토지는 親子가 連立하지 못하도록 하고 친척 가운데 그 役을 감당할 만
한 이를 택하여 절급하고 諸衛軍에 充補하게 한 判旨,47) 明宗 즉위년
(1170) 10월 大赦令을 내려 功臣을 추가하고 朝臣의 爵位를 한 급씩 올
려 주고 犯法으로 처벌된 이들을 소환하여 모두 職田을 다시 돌려주었던
것48)이 그런 예이다. 전자 공음전시의 사례는 공신가의 보존과 尊崇의
표시이고, 후자 가운데 전자는 전쟁수행을 위한 軍人充補를 우선 軍人家
의 안정·확보 선상에서 처리한다는 원칙의 발로였다.

  고려에서 兩班, 軍人·閑人, 鄕吏에게 科田所持의 의미는 크게 두 가지
였다. 하나는 상위신분층으로서 일반 민인과 구별되어 그 우위를 정치경
제적으로 승인받고 있는 것이고, 다른 하나는 忠信과 廉恥의 의리를 직
역을 통해 고려 왕조국가의 집권체제 속에서 이행해야 한다는 것이었다.
전시과는 단순히 官人層의 職務修行에 따른 報償이 아니었다. 보상의 차
원을 넘은 世祿으로서, 이들이 본시 가지고 있는 사회적 신분적 상급층
의 처지를 封建으로 공인하는 崇尊이었다.

3. 田柴科의 設定田地와 分給地域

  전시과는 전국의 토지를 收租地 차원에서 財用別로 경리한 토지조세체
계이고, 국가기구 및 그 담당층에게 배분한 토지분급제였다. 이 중심에
는 양반, 군·한인의 田柴科가 자리 잡고 있었다. 이 분급전지는 그 受田
者가 직역을 奉供하고 이와 함께 子孫에 전수·체수하며 토지·농민을 지

---

46)《高麗史》78, 食貨 1, 田制, 功蔭田柴, 顯宗 12년 10월, 文宗 3년 5월, 中冊, p.
   712.
47)《高麗史》78, 食貨 1, 田制, 功蔭田柴, 文宗 34년 3월, 中冊, p. 712.
   '判 諸畏死降敵軍將田 勿許親子連立 擇給親戚堪役者 諸衛軍 充補'
   이 조치는 같은 해 윤 9월의 判旨, 즉 적군에 항복했다가 도망하여 돌아온 자에 대
   해서는 그대로 직전을 절급하도록 한 조처(주 40)와 상관된다.
48)《高麗史》19, 世家 19, 明宗 즉위년 10월, 上冊, p. 398.

배하고 수취함으로써, 世祿의 臣, 世祿의 家로서 名家의 名實을 제도적
으로 存養해 주는 토지였다. 祿은 본시 그 명분이 士大夫에게 '以養廉恥'
하고 職役者에게 '以代其耕'하도록49) 작정한 것이었다. 이런 점에서 '食
田'이었고 일반 민인이 '食力'함과 대조되었다.50) 世祿으로서 전시과의
분급전지는 食田·代耕으로서의 食祿 차원에서 민인의 소유경작지 위에
설정하는 世業의 土田이었다.

　고려에서 소유경작지는 국가, 기관, 개인 등 그 소속·소유의 귀속처를
직접 표현하지 않는 이상 所耕田으로 지목하였다. 그리고 통상 개인 소
경지는 民田으로 통칭하였다.51) 소경전 민전은 量田을 통해 그 소유권자

---

49)《高麗史》80, 食貨 3, 祿俸, 序, 中冊, p. 749.
　　崔貞煥,《高麗·朝鮮時代 祿俸制 研究》, 경북대학교출판부, 1991.
　　李鎭漢,《고려전기 官職과 祿俸의 관계 연구》, 일지사, 1999.
50)《高麗史》78, 食貨 1, 田制, 祿科田, 辛禑 14년 7월, 趙浚等 上書, 中冊, p. 715,
　　p. 718.
　　　'旣食役分 又食閑人 又食軍田', '父死 其子不還父所食田者'
　　同上, 李行等上書, 中冊, p. 719.
　　　'坐食國田'
　　《世宗實錄》87, 世宗, 21년 11월 庚戌, 4冊, p. 250.
　　　'勤身於農 各食其力'
　　《國語》10, 晋語 4, 文公 元年 春.
　　　'公食貢 大夫食邑 士食田 庶人食力 工商食官 皁隸食職 官宰食加'
51) 고려 民田의 실체를 놓고, 公田·私田의 의미 및 그 收租率(1/10, 1/4, 1/2)에 관
　　한 이해의 방향 내지 연구의 진전에 수반하여(주 54 참조), 논의가 다양하다. 대략
　　① 均田制 혹은 公田制下에서 量給된 耕作權的 土地支配, ② 민인이 집단적·단체적으
　　로 소유하는 속에서 미분화된 일반 농민의 保持地 혹은 耕作地 혹은 耕作「所有」地이
　　되, 公田(수조율 1/4)의 一種, ③ 國民의 私的 所有地이나 고려 후반(忠惠王)까지는
　　嫡長子相續, ④ 사회성원인 民人 모두의 私的 所有地 등 네 가지 단계 및 계열로 견
　　해를 분간할 수 있다. 해당 주요 논고는 다음과 같다.
　　① 說: 深谷敏鐵,〈高麗時代의 民田에 대한 考察〉,《史學研究》69-1, 1960.
　　　　　有井智德,〈高麗初期의 公田制〉,《朝鮮學報》13, 1958.
　　② 說: 旗田 巍,〈高麗의 民田에 대하여〉,《朝鮮學報》48, 1968(同, 주 12의《朝
　　　　　　鮮中世社會史의 研究》수록).
　　　　姜晋哲,〈高麗前期의 公田·私田과 그의 差率收租에 대하여〉,《歷史學報》
　　　　　　29, 1969.
　　　　〃 ,〈高麗時代의 農業經營形態〉,《韓國史研究》12, 1976.
　　　　〃 ,〈公田支配의 諸類型〉, 주 8의 논저.
　　　　浜中 昇,〈高麗田柴科의 一考察〉,《東洋學報》63-1·2, 1981(同,《朝鮮 古
　　　　　　代의 經濟와 社會》, 法政大出版局, 1986 수록).
　　　　〃 ,〈高麗前期의 小作制와 그 條件〉,《歷史學研究》570, 1982(同書
　　　　　　수록).
　　　　〃 ,〈高麗後期의 賜給田에 대하여〉,《朝鮮史研究會論文集》19, 1982

를 확인하고, 면적·경계·결부·전품 등을 조사하여 賦稅徵收源으로 파악
하였다. 私的 소유지는 그 소유자가 소유의 주체였다. 모든 사회구성원
은 신분에 상관없이 개개인은 물론이고, 국가 혹은 각급 행정·군사기구,
학교, 사찰 등 특정 기관 누구나 토지소유주가 될 수 있었다. 토지는 소
유주의 의사대로 매매, 분할, 저당, 상속, 기증 등 각종 처분을 자유롭게
할 수 있었으며 量案에 '金某畓', '朴某田', '某寺田', '某軍田' 등으로 기재
되었다.52) 경영 또한 自耕하거나 奴婢나 佃戶를 통해 借耕하거나 자유였
다. 국가에게 소유지는 개인이든 기관이든 소유경작자가 있는 토지여서
'所耕田'이었고, 절대 다수는 양인, 노비를 위시한 양반, 군인·한인, 향리
등 民人 일체의 소경전, 곧 고려 全 민인·국민 개개인의 私的 소유지로
서 통틀어 '民田'이었다. 일부 왕실, 중앙·지방의 행정군사기구, 사찰 등
의 소유지를 제외하면 전국 농지는 거의 모두 민전이었다.

고려왕조는 고래의 전통과 관습대로 私的 소유지, 私的 소유권을 원칙
과 법제로써 계승하고 보호하였다. 그리고 이를 바탕으로 사유지와 소유
주를 분급전지와 납조자로서 지배하고 수취하는 방식을 마련하여 官人層
의 食田, 世祿으로 절급하였다. 물론 이 食田, 世祿의 절급은 국가 전체

(同書 수록).
　〃　, 〈高麗民田의 租率에 대하여〉(同書 수록).
　〃　, 〈高麗前期의 土地利用方式에 대하여〉, 《朝鮮學報》 176·177合輯,
　　　2000.
　宮嶋博史, 〈朝鮮史研究와 所有論〉, 《人文學報》 167(東京都立大), 1984.
　魏恩淑, 〈고려시대 토지개념에 대한 재검토〉, 《韓國史研究》 124, 2004, p.
　　　80.
③ 說: 有井智德, 〈高麗朝에 民田의 所有關係에 대하여〉, 《朝鮮史研究會論文集》 8,
　　　　1971(同, 《高麗·李朝史의 研究》, 國書刊行會, 國書刊行會, 1985
　　　　수록).
④ 說: 金容燮, 〈高麗時期의 量田制〉, 《東方學志》 16, 1975(同, 《韓國中世農業史
　　　　研究》, 지식산업사, 2000 수록).
　　〃　, 〈高麗前期의 田品制〉, 《韓㳓劼博士停年紀念史學論叢》, 1981(同書).
　盧明鎬, 주 34의 〈高麗時代의 土地相續〉.
　金載名, 〈공전·사전과 민전〉, 《한국사》 14.
　安秉佑, 〈高麗時期 民田의 經營〉, 《韓國中世의 支配體制와 農民》, 지식산업
　　　사, 1997.
52) 金容燮, 金載名의 同上論考.
　旗田 巍, 〈新羅·高麗의 田券〉, 《史學雜誌》 79-3, 1970(同上書 수록).
　浜中 昇, 〈高麗前期의 量田制에 대하여〉, 《朝鮮學報》 109, 1983(同上書 수록).

經理의 하나로서 그리고 中央官職, 鄕職, 軍職의 진출에 엄격한 제한을 가하는 속에서 結負 數로 수행하였다.

고려 田制의 要綱을 지적하고 있는 아래 기사,

高麗田制……括墾田數 分膏塉 自文武百官 至府兵·閑人 莫不科授 又隨科給樵地 謂之田柴科……又有功蔭田柴 亦隨科以給 傳子孫 又有公廨田柴 給庄宅·宮院·百司·州縣·館驛 皆有差53)

즉, 양반·군인·한인의 田柴, 功蔭田柴, 公廨田柴 등 전시과 내의 諸田地分給은 모두 '括墾田數'하고 '分膏塉'함으로써 시행한다 함은, 이 같은 사실을 大體로 집약하여 전하고 있다. 전시과의 전지는 墾田을 括結하고 그 肥塉을 等分하여 조성한 토지였다. '括墾田數 分膏塉'의 표현이 내포하고 있는 실제는 다음과 같다.

우선 '括墾田數'에서 '墾田'은 耕墾田이었다. 荒蕪地·無主地가 아닌 소유경작자가 있는 토지이다. 바로 所耕田이며 절대 다수는 民田이었다. '數'는 所耕田의 액수이다. 그러나 단순한 액수가 아니었다. 量田을 통해 量田步尺으로 개개 농지의 면적을 헤아리되 이를 다시 結負로 환산하여, 이를 개인별·촌락별·군현별·도별로 그리고 전국 규모로 그 數를 확정하고 파악한 소경전의 액수로서 墾田數였다. '括'은 括束, 括結의 뜻으로 '묶음'을 이른다. '括墾田數'는 이러한 墾田數를 束結한다는 의미이며, 따라서 경작농지의 結負 數를 일정한 규모와 단위로 묶는 작업을 내포하고 있는 표현이다.

다음 '分膏塉'한다 함은 이렇게 농지를 파악하는 과정에서 토지의 肥塉, 즉 토질의 上下를 분간하고 이를 田品으로 等分하는 작업을 이름이었다. 특히 고려전기에는 농지를 結負로 환산하면서도 이는 單一量田尺으로 조사한 實積을 전제하고 있어서 收稅는 同積異稅였다. 結負量田과 그 徵稅原則이 이러하여, 토지의 비척도를 적절히 살펴 田品을 구분하되

---

53) 《高麗史》78, 食貨 1, 田制, 序, 中冊, p. 705.

타당성 있게 차등을 설정하는 것이 납조자인 소유권자 개개인은 물론 이를 科田으로 절급받는 수전자 양반 한 사람 한 사람의 이해득실도 고르게 하는 일이었다. 말하자면 納租와 收租 모두에 均等性을 기하는 중요한 작업이었다. 이 작업이 不實하면 납조자와 수조자 모두 불만이 고조되고, 이런 상태가 심화되고 장기화되면 정치적·사회적 갈등의 증폭으로 이어질 수밖에 없었다. 따라서 '分膏堉'함은 단지 농지의 비척도를 등급으로 나누는 것이 아니고, 田品査定을 거친 뒤 실제 전토의 분급에 앞서서 분급전지의 結數가 나타내는 예상 收租量을 수취할 수 있도록, 분급할 각급 品等의 농지를 적절히 조정하고 비교하여 가능한 한 受田者 상호 간에 불균형을 적게 하고 그로 인하여 발생할 수 있는 損實이 최소화되도록 조절하는 과정이었다.

고려에서 法定收租率은 田品分等의 高下에 상관없이 同一하였다. 同一實積에 田品의 高下에 따라 田租額을 差等 있게 징수하도록 하고 있는 터에 田租率을 田品마다 다르게 할 수 없었다. 수조율은 田 1負에 租 3升씩을 최상으로 하는 1/10稅制였다.[54] 집권왕조국가 고려가 운영하는

---

54) 《高麗史》 78, 食貨 1, 租稅, 太祖 원년 7월, 中冊, p. 726.
　　《高麗史節要》 1, 太祖 원년 7월, p. 11.
　　金容燮, 〈高麗前期의 田品制〉, 주 51의 논저.
　　李成茂, 〈高麗·朝鮮初期의 土地所有權에 대한 諸說의 檢討〉, 《省谷論叢》 9, 1978.
　　金載名, 〈고려시대 什一租에 관한 一考察〉, 《淸溪史學》 2, 1985.
　　허종호, 주 8의 논저, pp. 235~241, pp. 334~337.
　　주지하듯이 고려시기의 田租率 특히 전시과제도상의 收租率에 대해서는 이상의 公田·私田 모두 1/10租率(什一稅)과 현저히 대조되는 주장이 있다. 그것은 우선 太祖 즉위년 '什一'租率의 시행기사(同上)와 光宗 24년(973) 12월 및 睿宗 6년(1111) 8월의 判에 보이는 陳田開墾時 '私田'의 경우 그 田主와 墾耕者 사이에 '所收分半'한다는 기록(《高麗史》 78, 食貨 1, 租稅, 中冊, pp. 726~727), 그리고 成宗 11년(992)의 判旨의 '公田租四分取一'(同上)의 기사 등에 관한 해석 및 이해에서 말미암은 것으로서 아래 (1), (2)처럼 크게 두 갈래로 갈린다.
　　(1)은 태조 연간의 1/10租率의 시행을 긍정하나 이 속에서 ① 이것이 성종 연간 또는 그 후에 이르면서 1/4세율로 개정되었다고 보며 私田의 수확 반분은 개간농지에서의 地代 규정이라는 것, ② 성종 연간에 세율은 1/4로 증가하나 실제 收租量은 1/10租率 때와 비슷한 2石 내외여서 태조 때의 1/10租率은 기만이거나 혹은 표방일 뿐 실제 조율은 1/4이라고 보며, 私田은 분급 수조지로서 수확의 반분은 1/2租率이라는 것 등 두 계열로 나뉜다. 어느 경우나 고려시기 토지국유제론 내지 사적 토지소유 부재론 속의 견해이다.
　　① 說: 白南雲, 《朝鮮封建社會經濟史》上, 改造社(東京), 1937, pp. 404~405.
　　　　今掘誠二, 〈高麗賦役考覈〉, 《社會經濟史學》 9-3·4·5, 1939.

② 說: 朴時亨, 주 8의 논저, pp. 272~328.
　　　深谷敏鐵, 〈高麗의 私田租率에 관한 의문〉, 《社會經濟史學》 11-11·12合輯,
　　　　　1942.
　(2)는 태조 연간의 什一稅의 기록 자체를 신빙성이 없는 것으로 보고 捨象하거나
혹은 무시하여 결국 否定하고, 전시과제도 속의 公田과 私田의 租率을 각각 1/4,
1/2의 것만으로 한정하는, 곧 公田·私田 각기 差率收租라고 함을 공통으로 하되 논
의는 약간의 차이가 있어 역시 두 방면으로 나누어진다. ① 고려 전 시기에 걸쳐 私
田租率 1/2, 公田租率 1/4라는 견해, ② 고려전기에는 私田 1/2, 公田 1/4의 租率
이었으나 (i) 고려후기에 와서 모두 1/10租率로 변동되었다거나(변동의 기점에 대
해서는 13세기 후반, 12세기 초반 등 차이가 있음) (ii) 12세기 후반경 民田='公田'
의 租率 1/4과 같아졌다고 함과 함께 1/10租率로 하강은 이후 언제인가 이루어진
듯 여운도 갖는 견해이다.
　① 說: 姜晋哲, 〈高麗前期의 公田·私田과 그의 差率收租에 대하여〉, 《歷史學報》 29,
　　　　　1965.
　　　　" , 〈高麗前期의 地代에 대하여〉, 《韓國中世土地所有硏究》, 一潮閣, 1989.
　　　宮嶋博史, 〈朝鮮農業史上에서 十五世紀〉, 《朝鮮史叢》 3. 1980.
　　　旗田 巍, 〈高麗의 公田〉, 《史學雜誌》 77-4, 1968(同, 주 12의 논저 수록).
　　　魏恩淑, 주 51의 논고.
　② 說: (i) 姜晋哲, 〈公田·私田의 差率收租의 問題〉, 주 8의 논저, pp. 389~423.
　　　　　李榮薰, 〈高麗佃戶考〉, 《歷史學報》 161, 1999, pp. 70~75.
　　　　(ii) 浜中 昇, 〈高麗末期의 田制改革에 대하여〉, 《朝鮮史硏究會論文集》 13,
　　　　　　1976.
　　　　　　" , 주 51의 〈高麗田柴科의 一考察〉.
　　　　　　" , 주 51의 〈高麗前期의 小作制와 그 條件〉.
　　　　　　" , 주 51의 〈高麗後期의 賜給田에 대하여〉.
　　　　　　" , 주 51의 〈高麗民田의 租率에 대하여〉.
　(1)과 (2) 가운데 현재 연구동향상 고려시기의 田租率論議에서 風靡하며 무게를
갖는 것은 (2)이다. 그리고 이 (2)의 ①, ② 兩說 모두 특히 ②說의 논지는 고려전
기 전시과의 분급사전이 (i) 토지 자체의 절급 내지 수득자가 본시 가진 소유지가
분급전지화한 토지(姜晋哲)이거나 혹은 이런 토지에 免租가 취해지는 토지(浜中 昇,
李榮薰) 즉 實田이며 이 토지는 1/2租率의 佃戶制(小作制)로 경작·경영하고 있었다
는 것, (ii) 이러한 佃戶制는 農莊의 發達과 王政復古(姜晋哲) 혹은 連作農法의 보급
(浜中 昇, 李榮薰)에 의해 붕괴되어 갔고, 이 과정에서 公·私田 모두 租率이 1/10로
하락하고 같아진다는 것이 그 주요 골자이다.
　이러한 (2)의 주장의 주요 근거는, 고려전기까지 農作은 歲易休閑이거나 혹은 連作
制이나 항상 陳田을 발생시키는 농업기술수준에 있었다는 가정 아래, ①, ②說 모두
《高麗史》 79, 食貨 2, 農桑條, 睿宗 3년 2월의 制勅 자료 특히 그 가운데 '各定佃戶'
의 구절을, 私田이 국가가 差定해 주는 것에 의해 혹은 이 토지 자체가 國田임으로
인하여, 그 경작민이 佃戶가 됨으로써 私田은 전호제로 경영하였다고 해석한 위에,
위에서 언급한 光宗 24년 12월 및 睿宗 6년 8월의 判旨로 나오는 陳田開墾에 따른
免租措置 및 收益配分에 관한 기록과 이 가운데 나타나는 私田·公田의 용어를 전시
과에 의해 경리되고 절급된 토지로 파악하되 이 私田도 租率 1/2인 것으로 이해하고
이를 여기에 얹혀 앞의 해석을 頑强하게 한 데 있다.
　그러나 이들 조세 관련 자료를 전시과의 公·私田經營이나 그 租率에 관한 내용으로
해석하는 데는 큰 무리와 난점이 있다. 이에 관해서는 (1)의 견해도 포함하여, 위의
金容燮, 李成茂, 金載名, 허종호 교수의 논고와 함께 拙稿, 〈高麗前期의 勸農과 田柴
科〉(본서 Ⅳ편), 특히 그 附論을 참조할 것.

전시과 체계 속에서 수조지, 곧 分給田地상의 각종 地目의 收租率은 같았고 또 의당 그래야만 하였다.

'括墾田數'는 결부양전제에 입각하여 파악한 私的 소유의 농지를 結負數를 기준으로 일정 단위로 묶는 작업이고, '分膏塉'은 이와 함께 田品制에 의해 등급화한 농지를 분급 결수의 收租額에 도달하도록 꾀하는 組合의 조치였다. 이러한 절차는 고려국가가 파악하고 지배하는 전국의 농지를 여러 용도로 나누어 경리하기에 앞서서 당연히 이루어지고, 또 이루어져야 하는 것이었으며 양반, 군인·한인 등 개인 분급전토는 더욱 세심하게 유의해야 할 부문이었다. 더구나 납조자인 소유경작자 농민에게 이 절차는 한층 이해상반이 컸다. 그러므로 각 고을에서 民田이 '累年水旱', '量田已久' 등으로 膏塉의 不均이 심해지면, 고려왕조는 다시 양전하여 食役이 균등하게 작정되도록 조치를 취하였다. 또한 전시과의 운영원칙이 무너지고 수조지의 겸병은 심해져 공전·사전의 배속상황이 현저히 훼손되면, 그 타개책의 일환으로 우선 '點數民田'함으로써 租賦의 均定을 꾀하기도 하는 것이었다.55)

고려말, 趙浚과 함께 私田改革을 주도하면서 고려 歷代의 田制와 그 변천을 조사하고 관련 자료를 검토하였던 鄭道傳은 이상과 같이 전시과의 전지절급이 收租地의 절급이고 民의 所耕田은 사유지라는 점, 전시과는 이 사유지 民田 위에서 운영된 것임을 직접 전하는 기록을 남기고 있다.

前朝田制 (1) 有苗裔田·役分田·功蔭田·登科田〔俠註略〕軍田·閑人田 以食其田租之入 (2) 而民之所耕 則聽其自墾自占 而官不之治 力多者 墾之廣 勢强者 占之多 又從强有力者 借之耕 分其所出之半 是耕之者一而食之者二 富者益富而貧者益貧56)

---

55) 《高麗史》 78, 食貨 1, 田制, 經理, 靖宗 7년 정월~文宗 18년의 기사, 中冊, p. 706.
　　　주 62 참조.
56) 鄭道傳, 《三峰集》 7, 朝鮮經國典, 賦典, 經理(인용문 속의 번호는 편의상 添記).

여기서 정도전은 고려의 田制를 토지제도상 (1)과 (2) 두 계통으로 나
누어 설명하고 있다. (1)은 전시과의 분급전지 가운데 개인에게 지급된
각종 地目과 그 실체가 田租의 收入을 取食하는 것임을 밝히고 있다. 위
에서 살핀 墾田結負數를 묶고 田品을 분간하여 절급한다는 전시과가 바
로 이러한 형태, 곧 收租地임을 말하고 있는 것이다. 한편 (2)는 민인의
所耕田은 개인이 능력만 있으면 얼마든지 耕墾하고 소유하며 官은 이에
간섭하지 않는다는 것, 따라서 力多者나 勢强者는 토지를 廣墾하고 多占
하며 반대로 弱者는 이들에게서 땅을 빌려 경작하고 소출을 반씩 나눈다
는 것으로, 고려 일대에 걸친 토지의 私的 所有原則과 民田의 성질 및
그 소유경영관계의 자유성과 다양성을 확연히 인식하게 한다. 그리고 정
도전이 (1)과 (2) 구절을 연속하는 하나의 기사로 묶은 것은 다름 아니
라 전시과의 분급전토가 民田 위에 설정되어 있는 收租의 田地이기 때문
이었다.57)

전시과 분급전지의 설정처는 民田이되 受田者 측에서 보면 他人의 소
유경작지 내지 소유지였다. 혹 이 원칙 속에서 收租地 수득자가 토지소
유권자로서의 중소지주나 대지주일 경우, 자신들의 소유지 위에 이 자신
이 수득할 수조지를 얹혀 받을 수도 있었을 것이다. 이런 경우 자기 收
租地에 들어온 자신의 소유지는 수조권자가 소유권자이고 수조자가 납조
자인 토지였다. 물론 모든 개인의 수조지가 이런 형태로 지급되지는 않
았겠고 그럴 수도 없었으나, 여건이 구비되고 受田者가 원하면 이런 식
의 지급이 고려정부로서도 편리하였다.58) 당초 개인의 분급전토는 兩界
를 제외하고 전국에 걸쳐 배정되었으므로59) 실제 사례로는 드물지 않았
을 것이다. 물론 이러한 사례가 있다 하여 이것이 전시과의 분급 골격이

---

57) 이뿐만 아니라 鄭道傳은 바로 뒤이어 '及其法壞之益甚 勢力之家 互相兼幷 一人所耕
    之田 其主或至於七八 當輸租之時 人馬之供億 求請抑買之物 行脚之錢 漕運之價 固亦
    不啻倍蓰於其租之數'(同上) 하다고 하고 있어, 이 점을 더욱 분명히 해 준다. 그 法,
    곧 田柴科의 여러 운영원칙이 무너지고 그 정도가 심해짐에 따라 勢力家의 수조지
    겸병(私田兼幷)이 일어나, 1인의 소경전에 그 田主 收租權者가 7·8에까지 이르기도
    하고 輸租에 부수하여 징수하는 것만도 본래 田租額의 서너 배가 넘는다는 것이다.
58) 拙稿,〈高麗末期의 私田問題〉, 주 2의 논저, pp. 31~32.
59) 주 72·73·75·77 참조.

국가가 개인 사유지 내지 국·관유지에 대해 취하는 免租措置 자체는 아니었다. 결과는 그리될 수도 있는 경우가 있겠지만, 收租地·收租權의 절급은 田租의 取食으로, 免租 조치와는 계통과 운영과 의미, 곧 체계가 전혀 다른 별개이다.[60]

---

60) 고려말·조선초에 고려의 田制를 깊이 검토한 鄭道傳이 고려 토지제도의 기본을 '前朝田制 有苗裔田·役分田·功蔭田·登科田·軍田·閑人田 以食其田租之入'(주 56)이라 설명하여, 고려의 田制에 苗裔田·役分田·功蔭田·登科田·軍田·閑人田 등이 있어 그 田租의 收入을 取食하였다고 함도 전시과의 실체가 이런 까닭이었다.

한편, 이와는 달리 고려전기 전시과의 과전절급을 수득자 본래 소유의 사유지에 대한 免租 조치 내지 免租地의 할급인 것으로 파악하는 논고가 몇몇 있다. 이들 논고는 기본착상이 토지이용도에서 출발하고 있는 점에서 모두 공통되나, 다만 그 수준설정(농민의 생산적 처지)에 다소 차이가 있다. 이는 요체로 보아 두 가지로 나눌 수 있다. 하나는 분급과전의 실체는 田租免除의 특권이 부수된 토지 자체[實田]의 절급이며, 이 토지는 국가가 受田資格者가 종래 상속·취득해 온 토지를 전시과 지급 규정액의 범위내에서 科田으로 인정하고 이를 할급한 것으로 追認한 것이라는 점, 그리고 과전의 경영은 전주의 自作에 의한 自家經營인데 주로 佃戶制(1/2租의 小作制)로 수행하였으며, 이 소작농은 경영자립성이 부족한 自小作農이라고 보는 점이다(①). 다른 하나는 전시과의 토지분급은 수조권의 분급이 아니고 수전자의 소유 토지를 토지분급의 형식으로 인정하여 免租의 혜택을 주거나 혹은 그 소유지 위에 상한적으로 설정하여 租가 면제되는 것이고, 경작자는 자립성의 성장이 제한된 농민이라고 파악하는 점이다(②).

견해 ①은 고려전기는 계급분화가 거의 진전되지 않고 농법은 비록 連作法이나 안정되지 않아 항상 陳田을 발생시키는 농업기술수준에 있는 단계로서, 바로 이 소산으로서 田主 내지 지방관이 이들을 매년 모집하였고 따라서 並作半收制하의 佃戶와는 峻別된다고 보고 있으며, 견해 ②는 고려전기는 농법이 休閑단계였고 여기서 보편적인 농민층(대체로 白丁層)으로서 자립적 성장의 제한이 齎來하는 것으로 이해하며, 혹 이 범주 내에서 단지 수전 자격자가 본래 상속·취득하여 소유한 토지가 해당 전시과의 분급 규모에 미치지 못할 때 公田을 가급하였으며 이 경우에 한해 收租權(1/10租)을 지급하였다고 추정하기도 한다. 각각의 해당 논고는 아래와 같다.

① 說: 浜中 昇, 〈高麗田柴科의 一考察〉, 주 52의 논저.
    〃 , 〈高麗前期의 小作制와 그 條件〉, 同上書.
    〃 , 〈高麗의 歷史的 位置에 대하여〉, 同上書.
    〃 , 〈高麗前期의 土地利用方式에 대하여〉, 《朝鮮學報》 176·177合輯, 2000.
  六反田 豊, 〈科田法의 再檢討〉, 《史淵》 134, 九州大學文學部, 1997.
② 說: 朴國相, 〈高麗時代의 土地分給과 田品〉, 《韓國史論》 18(서울大), 1988.
  金琪燮, 〈高麗前期 農民의 土地所有와 田柴科의 性格〉, 《韓國史論》 17(서울大), 1987.
  李相國, 〈高麗時代 兩班田 分給의 一樣相〉, 《韓國史研究》 128, 2005, pp. 94~98.
이 ①, ②說은 본장 주 54에서 거론한 (2)-①, ②說과 기본골격과 입론에서 서로 근사하며 특히 계통상 (2)-①설에 연계된다. 이러한 免租論 및 해당 논고가 지닌 논지상 문제점에 대해서 盧明鎬, 〈田柴科體制下 白丁農民層의 土地所有〉, 《韓國史論》 23(서울大, 1990)에서는 토지상속제와 관련하여 깊이 있게 지적하고 있다.

이상과 같이 고려는 所耕田인 民田을 바탕으로 전시과의 토지조세체계를 수립하고 운영하였다. 그리고 이를 크게 公田과 私田으로 분간하였다. 明宗 26년(1196) 崔忠獻·忠粹 형제가 上奏한 封事의 한 조목에서

> 先王制 土田除公田外 其賜臣民各有差 在位者貪鄙 奪公私田 兼有之 一家膏沃 彌州跨郡 使邦賦削而軍士缺[61]

하다고 한 가운데, 先王의 제도에 토지는 公田을 제외하고 臣民에게 각각 차등 있게 사급하였으나 벼슬자리에 있는 자들이 탐욕스럽고 야비하여 公田과 私田을 탈취하여 겸병한다고 함에서 지적한 公田과 私田이 바로 그 예이다. 여기서 私田은 臣民에게 차등 있게 사급한 전지이며, 公田은 이를 제외한 토지로서 국가의 軍須·祿俸·供上 내지 국가 활동을 담당하는 각급 행정·군사기관에 소속되어 수조지로 점유되고 있는 토지였다. 그러므로 公田을 제외한 土田을 臣民에게 차등 있게 사여하였다는 표현이 있게 되고, 公私田의 탈점·겸병으로 인하여 나라의 賦稅가 깎이고 군사가 결핍한다는 탄식도 나오게 된다. 이른바 收租地·收租權上의 公田이고 私田인 것이다. 이 기사의 公田 속에는 국가 내지 그 기관이 소유하고 있는 소유지도 포함될 수는 있으나, 이러한 공전은 소유권 차원의 國·官有地로서 내용과 계통이 다른 公田이다.[62]

전시과로서의 고려 토지제도가 結負制로서의 量田制·租稅制를 바탕으로 수립하고 있던 그 설정원칙과 경리방식이 이러하였으므로, 형편에 따라서는 公田과 私田이 교체되고 公田·私田 각각 내부에서도 用度가 변동되고 地目도 교역되었다. 아래는 그러한 몇몇 사례이다.

---

61) 《高麗史》 129, 列傳 42, 叛逆 3, 崔忠獻, 明宗 26년, 下冊, p. 791.

62) 고려에선 전시과를 이와 같이 사적 소유지, 곧 民田을 바탕으로 운영하고 그 수조권의 귀속처에 따라 크게 公田·私田으로 분간하였으므로, 충렬왕 34년(1308) 11월 忠宣王 復位 下敎에서 이르기를 근래 奸民에게 '公私田民 倂爲所奪'하여 민인이 艱食하고 官廩이 空虛한데 私門의 富는 더욱 넘친다고 하고 그 대책으로서 '擇遣使人 點數民田 均租定賦 遹追前式'(《高麗史》 33, 世家 33, 忠宣王 1, 忠烈王 34년 11월 辛未, 忠宣王 復位下敎, 上冊, p. 680)하라 하여 公田·私田의 올바른 귀속처를 분간하기 위해 民田을 點數하도록 지시하는 조치가 있게 되는 것이었다.

(1) 自庚戌用兵以來 增置軍額 由是百官祿俸不足 兪義與中樞院使張延祐建議
奪京軍永業田 以充祿俸 武官頗懷不平 上將軍崔質 又以邊功 累拜武職而
不得爲文官 居常怏怏……遂與上將軍金訓·朴成·李恊·李翔·李暹·石邦賢·崔
可貞·恭文林猛等 以奪田激衆怒 誘諸衛軍士 鼓譟闌入禁中 縛兪義及延祐
捶撻垂死詣閤中 面訴云 兪義等 占奪我輩田 實謀自利 殊非公家之利[63]

(2) 判 諸衛軍人 家貧而名田不足者頗衆 今邊境征戍未息 不可不恤矣 其令戶
部 分公田加給[64]

(3) 判 神步班屬諸白丁 願受內外族親田地者……許令充補[65]

　　(1)은 현종 5년(1014) 11월에, 동왕 원년(1010) 이래 거란과 전쟁을
치르면서 軍額이 늘어 관리의 녹봉이 부족해지자 京軍의 永業田을 회수
하여 祿俸에 충당한 처사와 이에 불만이 커진 武官들이, 그사이 있던 다
른 불평사건까지 겹쳐, 奪田을 빌미로 삼아 여러 사람을 격노시키고 諸
衛의 軍士를 꾀어 무리를 모아 난(上將軍 金訓·崔質의 亂)을 일으켜 대궐
로 달려가 국왕을 면대하고 당초 건의자 皇甫兪義를 誹謗한 내용이다.
내막은 아마 군인 및 군량의 증액에 동반하여 軍須費用과 軍人生計費가
그만큼 늘어야 했겠으며, 비용을 마련하는 방도 가운데 하나로 百官의
祿俸源, 즉 祿位田으로 책정한 公田의 일부를 떼어 軍須田으로 충당한
듯하다. 그러나 이로 인해 관료의 불만이 일자 다시 그 代捧으로 京軍의
永業田, 곧 私田을 회수하여 녹봉전에 충당한 것이다. 경군의 영업전이
란 경군이 전시과로서 받은 토지, 즉 軍人田이다.[66] 소유지라면 국가가
회수할 수 없었다. 고려정부로선 祿位田을 軍須田으로, 軍人田을 祿俸田
으로 전환시킴은 원리상 해당 토지의 田租를 떼어 부족분에 보충하여도
토지의 성질이나 수조율에 차이가 없는 여건, 다시 말해 농민의 조세부
담에 경중이 발생하지 않는 전제에서라야 취할 수 있는 행위였다. 곧 이

---

63) 《高麗史》 94, 列傳 7, 皇甫兪義, 下冊, pp. 102~103.
　　《高麗史節要》 3, 顯宗 5년 11월 癸未, p. 81.
64) 《高麗史》 81, 兵 1, 兵制, 靖宗 2년 7월, 中冊, p. 777.
65) 《高麗史》 81, 兵 1, 兵制, 睿宗 4년, 中冊, p. 781.
66) 拙稿, 주 2의 논저, pp. 12~13, pp. 153~157.

들 公·私田의 地目이 서로 이전될 수 있는 것은 개인 수조지 私田이나
국가 수조지 公田이 設定田土 및 收租率에서 모두 같은 民田, 같은 1/10
稅率이었기 때문이었다.

(2)는 靖宗 2년(1036) 7월 중앙군인 6衛의 軍人 가운데 家勢가 빈한
한 데다 名田마저 부족한 자가 자못 많아 公田을 加給하도록 戶曹에 명
을 내린 判旨이다. 이 명전은 나라에서 諸衛軍人에게 절급한 軍人田으로,
집안이 궁핍한 데다 이것마저 定額에 못 미치게 받은 군인에게 공전을
더 절급하여 부족분을 보충해 주는 조치이다. 名田은 전시과상의 분급
수조지 일반에 대한 總稱으로서 이는 분급전토의 실제를 구성하는 田丁
이고, 이 전정에 수득자인 田主의 姓名을 달고 있어 이것이 名號가 되면
서 소유지와 독립한 상태로 존재하고 있었기 때문에 사용하는 용어이
다.67) 전시과의 분급전지 科田은 앞서 말한 바와 같이 그 수득자에 대한
世祿性 부여와 상관하여서는 永業田이라고 했으며, 이 수득자의 名號와
관련해서는 名田인 것이었다. 지방이나 각처의 군인들은, 兩班이 그러하
였듯이, 자기 소유지인 家田과 분급 수조지인 永業田 가운데 어느 하나
만 가질 수도 있고, 양자 모두 가질 수도 있었다.68) 물론 양자 모두 없
는 경우도 있었을 것이다. 그러나 정부가 가난한 군인의 처지를 배려하
려 할 때, 그들의 개인 소유지 자체를 마련해 주거나 확대해 줄 수는 없
는 일이었고, 설혹 마련해 준다 하더라도 아주 특별한 사정에서 드물게
있는 일이었다. 따라서 할 수 있고 또 해야 할 시책은 부족한 군인전이
나마 보충해 주는 것이었다. 군인전을 보충해 주고자 더 지급하는 公田
은 국가 수조지였다. 다른 토지가 있을 수 없었다. 추측하건대 공전 가
운데서도 거의 대부분 軍須田에서 떼어 충당하였을 것이다. 戶曹에게 명
을 내린 것도 이 공전의 실체가 이러하였기 때문이다. 이는 국가 수조지
가 개인 수조지로 이전되는 경우이다.69)

---

67) 拙稿, 주 3의 〈高麗時期의 作丁制와 祖業田〉.

68) 주 77의 본문 인용문 참조.

69) 국가 수조지 公田이 宮院의 田地로 移給되는 것도 이와 유사하다. 文宗 12년
　　(1058) 7월, 국왕이 '以景昌院所屬田柴 移屬興王寺'한 조처에 대해 中書門下省에서
　　不當하다고 하자, 田柴를 이미 三寶에 들였으니 돌리기 어렵다고 하고 '宜以公田 依

(3)은 別武班의 한 구성인 神步班에 속한 諸白丁을 充補하는 대상에
內外族親의 田地를 받고자 하는 이들도 포함시킨다는 判旨로서, 전시과
의 토지분급이 他人의 소유전지 곧 所耕田으로 이루어지되, 이 소경전의
본시 소속은 公田인 것임을 전하는 예이다. 개인 수조지 私田은 그리 될
수 없다. 여기서 받고자 하는 內外族親의 전토는 내외 친족이 가지고 있
는 개인 수조지(軍人田)가 아니었다. 고려에서 白丁에게 職役을 담당시키
려면 公田을 주어 丁戶로 편성함이 원칙이었으며,70) 이러한 公田으로 절
급이 가능한 토지는 국가의 수조지였다. 이 내외족친의 토지가 개인 수
조지라면 이를 수득하는 것은 遞受인데, 族親 사이에 遞受는 元 소지자
가 子孫이 없이 사망하거나 犯罪로 몰수되었을 경우에 가능하였다.71) 이
판지에서 神步班 白丁隊 充補의 중요 방편으로 이러한 특수하고 희소한
경우를 거론할 리는 없다. 내외족친의 토지는 그 실체가 이들의 소유경
작지, 곧 民田이며 신보반 소속의 諸白丁이 받을 수 있는 토지임에서 收
租地上으로는 국가 수조지, 즉 公田이었다. 국가에서는 토지분급만 생각
하면 이러한 公田 가운데 어느 토지나 백정에게 할급하면 되었다. 그러
나 신보반이라는 특별 군대를 편성하고 그 군인을 충당하는 처지에서는
해당 군인 및 그 가족의 軍須·糧食이 원활히 조달되도록 給田을 각별히
배려해야 했다. 그럴 경우 적절한 대상이 되는 토지는 우선 내외친족의
전토였다.

　전국의 토지를 收租地로 파악하고 경리 차원에서 公田·私田으로 구분
한 고려는 그 설정지역을 대략 구획하여 배치하였다. 물론 전국 각 고을
에는 公田과 私田에 각기 해당하는 여러 명목의 토지가 混在되어 있었
다. 그러므로 무릇 고을에서 수령이 권농을 하는데 宮院田·朝家田만 우
선하고 軍人田은 태만히 한다는 물의도 빚어지는 것이었다.72) 그러면서
도 배정에는 큰 원칙이 있었다. 公田은 국가 수조지이므로 전국에 걸쳐

　　元數給之'하도록 한 조처(《高麗史》 8, 世家 8, 文宗 12년 7월 乙卯, 上冊, p. 166)
　　가 그 한 예이다.
　70)《高麗史節要》 2, 成宗 9년 9월, p. 55.
　71) 주 33·41 참조.
　72)《高麗史》 79, 食貨 2, 農桑, 睿宗 3년 2월, 中冊, p. 734.

설정하였다. 특히 兩界에는 본시부터 모든 田土를 軍須로 배정하여 그 田租를 전부 軍糧에 충당하였다. 말하자면 私田을 설정하지 않고 모두 公田으로 삼은 셈이다.73)

　한편 양반, 군·한인의 科田, 즉 수조지 私田은 원칙상 王京 및 그 주변 京畿74)에는 분급하지 않았다. 外方 州縣에 설치하였다. 우선 仁宗 원년(1123), 文宗 30년(1076) 田柴科 更定 후 47년쯤 지난 때, 고려를 다녀간 宋나라 사신 徐兢이 남긴 한 기록이 이를 잘 전한다.

　　內外見任受祿官三千餘員　散官同正無祿給田者　又一萬四千餘員　其田皆在外州
　　佃軍耕蒔　及時輸納　而均給之75)

　內外職의 現任으로서 녹을 받는 관원이 3,000여 원이고 散官同正으로서 녹 없이 田地를 절급받는 이 또한 14,000여 원인데, 其田은 모두 外州에 있다는 내용이다. 여기서 其田의 田에는 無祿의 산관동정이 절급받은 전토만이 아니라 受祿官이 분급받은 전지도 포함됨은 물론이다. 無祿給田者는 녹 없이 토지만 받기 때문에 특별히 給田이라고 적은 것뿐이었다.76) 明宗 18년(1188) 3월 권세가의 토지겸병 폐단을 억제하라는 制勅에 있는

　　凡州縣　各有京外兩班軍人家田·永業田77)

---

73)《高麗史》82, 兵 2, 屯田, 辛禑 원년 10월, 中冊, p. 813.
　　'北界 舊無私田 官收租以充軍粮 後勢家爭占 爲私田'
74) 고려시기 京畿의 성립, 구역, 행정 전반에 관해서는 邊太燮, 주 25의 논고와 함께 朴龍雲,《고려시대 開京 연구》(一志社, 1996)를 참고할 필요가 있다.
75) 徐兢,《宣和奉使高麗圖經》16, 官府, 倉廩.
76) 혹시 본 기사가 倉廩條에 있음에 주목하여 '其田'의 田을 祿位田이 아닐까 생각할 수도 있다. 그러나 倉廩條의 전체 기사 구성을 보면, 王京에 있는 창름의 종류, 보관 상태, 녹봉절급방식 등을 적고 나서 본 기사를 마지막에 적고 있다. 이는 전시과에 의한 분급전지 또한 '世祿'의 祿으로서의 성질이 있어 이 점을 의식하여 給田을 添記한 것으로 추정되며, 그런 까닭에 본 기사의 내용도 농지의 경작과 전조의 운반주체와 급여에 초점을 두고 기술하고 있는 것으로 사료된다.
77)《高麗史》78, 食貨 1, 田制, 田柴科, 明宗 18년 3월, 中冊, p. 711.

이라는 지적도 마찬가지 사정을 전한다. 무릇 주현에는 각기 서울과 외방에 사는 兩班·軍人의 家田 즉 소유지와 永業田, 즉 분급 수조지가 있다는 것이다. 外方의 고을이라고 하지만 대략 私田 설치의 중심 지역은 下道였다. 외방의 州縣이라면 王京과 京畿는 제외되고 외방 가운데서 北界는 본시 私田을 설치하지 않았으므로, 결국 토지의 분포, 토질의 비옥도, 물산의 풍성, 운수편의 등으로 보아 私田을 설치할 지역은 주로 이곳일 수밖에 없었다.

실제로 北界와 함께 王京과 京畿의 토지도 원칙상 公田으로 충당하였다. 다만 分給私田에서 약간의 액수를 떼어 양반의 口分田으로 삼아 이곳의 토지로써 절급하였다. 조선초 太宗 3년(1403) 당시 私田의 下三道 移給論議에서, 사전이급 문제를 고려의 田制와 상관해 검토하는 가운데, 고려시기 畿內에는 士大夫의 口分田만 약간 있었고 모두 公田이었으며 私田은 모두 下道에 있다고 하였다.[78] 구분전의 액수는 達官이라야 10결 정도였다.[79]

京畿의 토지를 公田으로 하고 私田을 外方 下道에 설치한 데는 그럴 사정이 있었다. 국가 용도에 충당하는 公田의 租를 중앙으로 운수하는 데는 경기가 편리하고 하도는 이에 비해 어려운 점, 반면에 私田은 下道에 있어도 그 수조권자가 雜物로도 징수하고 他物로 貿易도 하므로 佃客이 輪轉하는 폐가 없다는 점이 주요하였다. 고려 건국 직후 太祖가 王都를 開州라 했다가, 成宗朝에 이를 開城府로 개편하고 赤縣과 畿縣을 둔 것, 顯宗朝에 京畿를 정한 것, 그리고 文宗朝에 와선 京畿의 범위를 4~5배 넓힌 것[80]도 중앙기구가 확대·정비됨에 병행하여 국가의 國用, 祿俸, 公須·公廨 등에 필요한 公田의 수요가 증대한 것에 따른 시책으로,[81] 전시과제도의 改定·更定이 이와 선후하고 있다. 다만 그럼에도 불

---

78) 《太宗實錄》 5, 太宗 3년 6월 壬子, 1冊, p. 267.
79) 《太宗實錄》 5, 太宗 3년 6월 乙亥, 1冊, p. 270.
　　고려시기 士大夫의 용례에 관해서는 朴龍雲, 〈고려후기 權門과 世族 및 士大夫·士類의 用例와 그 성격에 대한 재검토〉, 《高麗社會와 門閥貴族家門》(景仁文化社, 2003)이 참고됨.
80) 《高麗史》 56, 地理 1, 王京 開城府, 中冊, pp. 252~253.
　　邊太燮, 〈高麗時代 京畿의 統治制〉, 주 22의 논저.

구하고 양반, 군인, 한인에게 경기의 토지로써 口分田을 절급한 것[82]은, 이들이 王京에 집중하여 관료·군인으로 활동하며 王室을 宿衛하는 까닭에[83] 이들의 居京生活에 소요되는 糧食을 조달하도록 배려함이었다. 그러므로 口分田의 절급과 함께 이들의 居京生活에 또 하나 중요한 물자의 조달처가 분급되었다. 다름 아니라 섶[薪]·숯[炭]·꼴[蒭] 등 땔감을 조달할 樵採地로서 柴地의 할급이었다. 이 시지는 開京 2日程 이내에서 설정하였다.[84]

고려 田柴科의 公田·私田의 구획과 배정, 특히 개인 분급전지 私田의 외방 절급과 口分田의 畿內折給 등 이 원칙을 가지고 있는 구체사정은 이러하였다. 이러한 사정은 크게는 王京 위주의 관료제도, 군현제의 자치성 등에서 오는 것으로, 고려왕조가 갖고 있는 집권관료국가의 封建分

---

81) 金庠基, 주 4의 논저, p. 237.
82) 이 兩班, 軍·閑人의 口分田이 田柴科의 分給私田의 일부임은 지금까지의 검토와 주 78·79의 조선 태종조 초의 자료로 분명하지만, 고려 최말 典法判書 趙仁沃 등이 田制改革上疏에서 祖宗의 分給制度를 地目別로 그 지급대상과 의미 그리고 당시 실제 상황에서 설명하는 가운데서도 확인할 수 있다.
　　'竊惟祖宗分田之制 躬耕籍田 所以奉天地宗廟之祀也 三百六十莊處之田 所以奉供上也 田柴·口分之田 所以優士大夫礪廉恥也 州·府·郡·縣·鄕·所·部曲·津·驛之吏 以至凡供國役者 莫不受田 所以厚民生而殖邦本也 四十二都府四萬二千之兵 皆授以田 所以重武備也 世守成憲 社稷盤安 垂五百年 近來貪墨擅權 莊處·田柴·外役·軍田 皆入其門'（《高麗史》 78, 食貨 1, 田制, 祿科田, 辛禑 14년 7월, 中冊, p. 720）
　　이 기사 가운데 '田柴·口分之田'의 口分田이 이것이다. 여기서도 이 口分田은 田柴와 함께 士大夫를 대우하여 염치를 닦게 하고자 분급한 것임을 명백하게 밝히고 있다. 사대부의 礪行을 위해 설정한 이 구분전은 일단 子孫이 없어 職役傳受나 家系繼承이 단절된 受田者 본인이나 본인이 사망한 후, 그 妻나 未嫁女子의 휼양을 배려하여 所受田의 일부를 口分田으로 삼게 하여 일정 조건과 기간 속에 取食하게 한 恤養口分田과 구별되며, 더욱이 鄕吏·津尺·驛子의 雜口分田과는 계통이 다른 地目이다. 후자의 雜口分田인 外役田이나 府兵의 軍田은 뒤에 따로 거론하고 있다.
83) 고려시기 양반관료 및 지배층이 王京에 집중하고 京官 중심으로 활동하고 편제되어 있음은 중앙 및 지방 관제, 法制 등에 잘 나타난다. 이에 관해서는 다음 여러 논고가 참고된다.
　　文炯萬, 〈麗代 歸鄕考〉, 《麗史學報》 23, 1963.
　　邊太燮, 주 22의 논저.
　　蔡雄錫, 〈高麗時代의 歸鄕刑과 充常戶刑〉, 《韓國史論》 23(서울大), 1983.
　　〃 , 주 22의 논저.
　　朴龍雲, 《高麗時代尙書省硏究》, 景仁文化社, 2000.
　　〃 , 《고려시대 中書門下省硏究》, 일지사, 2000.
84) 필자는 일찍이 고려시기 田柴科 제도와 관련하여 兩班口分田을 柴地와 함께 검토한 적이 있었다(拙稿, 주 3의 논고). 여기서는 전체 논지를 분명히 하고자 그 요지를 다시 정리하였다.

割性의 발현이고 편성이었다. 外方 私田의 원칙을 통해서는 臣僚의 王室
藩屏을 정립하고 畿內 口分田·柴地를 통해서는 官僚의 王京輔翼을 달성
한다는 것, 이것이 고려 전시과의 기본구도이고 구상이었다.

4. 田柴科의 形態와 收租

　전시과는 토지를 수조지 수조권으로서 절급하는 토지분급제였다. 이
제도의 운영기반 및 성립기초는 結負量田制, 結負租稅制 등 結負制였다.
결부제는 토지면적을 파악하고 측정하는 단위이지만, 이 단위는 稅를 낼
수 있는 알곡이 아직 禾秆에 달려 있는 상태에서 稅禾恩(벼다발) 1握(한
줌)을 산출할 수 있는 田畓을 把로 하는 것, 곧 일정량의 소출을 기준으
로 하고 그만한 양을 생산하는 토지면적을 전제로 하여 제정한 것이며,
동시에 이 수확의 1/10에 해당하는 액수를 田租徵收의 理想·原則·準據
로 삼아 작정한 조세수취의 규준이었다.85) 결부제는 토지의 實積, 곡물
의 生産量, 전조의 收取額 이 세 가지가 하나로 合致되어 있고, 그 중심
은 始終 收租額에 있었다. 이것은 결부제의 본질이고 불변적 요소였다.
이 점에서 결부제는 수조지 분급에 가장 걸맞은 제도였다. 그러나 결부
를 數値로 환산한 토지측량의 基準尺은 농업생산력, 토지소유 관계, 수
취형태가 시대에 따라 발전하고 변화함에 따라 調整되었고 결부제의 운
영방식도 변모하였다.
　고려전기도 사정은 마찬가지였다. 결부의 本色 세 가지는 유지하되,
量田은 삼국시기 이래 '把' 단위의 소출 중심 결부제에서 전환한 '步' 단
위의 地積 중심 결부제로 변통한 가운데 진행하였다. 地積은 일단 步(量
田尺 6尺)를 단위로 하는 單一量田尺 하나로 結 實積을 파악하였다.86)

---

85) 이와 같이 우리나라 結負制를 그 本質에 접근하여 검토한 연구로는 아래의 논고가
　　있어 특히 참고된다.
　　朴時亨, 〈結負제도의 발생과 발전〉,《과학원 창립 5주년 기념논문집》, 과학원, 1957.
　　金容燮, 〈結負制의 展開過程〉, 주 51의 논저.
86) 金容燮, 同上論考, pp. 201~217.

그리고 여기서 야기되는 문제, 다름 아니라 소출과 토지의 실면적이 불일치하는, 즉 토질의 肥堉이 상이하여 정한 바의 準據에 어긋나는 토지가 수다하게 발생하는 사태를 수습하고자, 고려는 田品의 等第를 정하고 이에 입각하여 同一所出 同一收租의 원칙을 관철시키고 농지의 結 實積을 파악해 나가는 방침을 취하였다. 이러한 고려전기의 量田制 租稅制로 인하여 조세정책은 '同一實積에 差等收租', 즉 '同積異稅' 형식을 띠었다. 그 구체내용은 單一量田尺으로 파악한 結 實積에 대해 그 토질의 비척도를 분간하여 所出의 多寡를 헤아리되 우선 크게 上·中·下等으로 지역별 등차를 정하고 이 지역 내에서 토지를 다시 上·中·下等으로 田品에 차등을 두어 지역차를 전제로 한 3等田品, 전체로서는 9等田品制로 운영하는 것이었다.87)

田柴科의 운영, 다시 말해 科田의 분급은 이와 같은 量田制, 租稅制, 田品制 속에서 시행되는 것이었다. 그러므로 과전의 분급은 結을 일단 기준단위로 하여 그 액수를 差等지어 행하였다. 그러나 이 과정은 간단하지 않았다. 同積異稅가 조세징수의 원칙이고 분급전지의 실체가 수조지의 절급이므로 結數의 분급, 즉 농지의 結 實積의 배정만으로는 완결될 수 없었다. 농지의 비척 차이로 인한 結當 전조액의 多寡問題를 해결하는 작업이 동반되어야 했다. 그렇지 않으면 受田者가 절급받은 과전 내부의 각 전토 사이에, 그리고 각 수전자의 과전과 과전 사이에 收益上 커다란 차이가 있어 균등해야 할 수조지 분급제도에 큰 불균형이 발생하기 때문이다. 이러한 불균형을 조정하려면 종래의 祿邑처럼 分給田土의 結數에 상응하는 收租額에 초점을 두어 전시과를 운영하는 길이 순탄한 방법이었다.88) 이런 경우 그 방식은 아마 우선 오랜 세월 田租收取의 모범이며 원칙으로 내려오는 1/10稅率로써, 작정한 上上田 1負에 租 3升을 푯대로 삼아 分給田結의 수조액을 산출하는 것이었겠으며, 이와 함께

---

87) 金容燮, 同上論考 및 〈高麗前期의 田品制〉, 上揭書.
88) 拙稿, 〈新羅時期 祿邑制의 施行과 그 推移〉, 《歷史教育》 72, 1999, p. 28(본서 Ⅰ편).
　　金容燮, 주 85의 논고, p. 218.

편의상 되도록이면 한 절급처의 분급전지는 같은 田品의 토지로 묶어서 주었을 것이다. 이런 방식하에서 양반, 군인·한인, 향리 등에 대한 전지 분급도 職役別로 각각 계통을 구별하고 이와 같은 요령으로 집행하였을 것이다. 諸州縣의 義倉米 收斂 때, 公田을 1科, 2科, 3科로 科等하고 宮院·寺院·兩班의 田과 軍·其人戶丁을 분간하여 각각 2科, 3科에 병렬시켰는데,89) 이 역시 給田의 방침 및 경리원칙이 이와 같은 田品配定을 동반함에서 연유하는 사정으로 사료된다. 그리고 의창미의 징수를 科等에 따라 각기 結當 징수하는 租額數에 3斗, 2斗, 1斗로 차등을 두는 방식으로 집행한 것은 신분별·직역별 上下에 따라서 달랐을 家計收益의 大小 내지 田品의 통상적 차이를 배려한 까닭이 아닐까 한다.

고려는 이렇게 함으로써 결부제하에서 田柴科 운영이 갖추어야 할 큰 요건인 質的 均給을 꾀하였을 것이다. 분급과전의 實形도 여기서 작정되었다. 우선 분급전지는 실제 수조단위를 만들어 이것을 합산·조합해 총 결수에 맞추었을 것이다. 토지를 경리하고 전지를 분급하는 量的 단위는 結이었으나, 이 자체는 收租를 전제로 하여 이루어져야 하는 收租地 경리의 실제 單位數로는 적당하지 못하였다. 1結은 실제 수조의 단위로는 수치가 작았다. 더욱이 田租는 국가가 無償·强制로 배정하고 징수하는 통치적 실현물이어서 그 징수에는 늘 토지의 소유주 내지 경작자의 저항이 따르고 있었다. 고려는, 중앙권력이 민인 한 사람 한 사람씩 개별적으로 파악하고 통제하지 못한 채 재지세력 및 향리층의 협력을 얻어야 군현을 통제하고 지배할 수 있었던 사회단계에서, 이 두 가지 문제를 해소하면서 원활히 收租하고 輸租하기 위해서 結을 넘어서 일정 규모의 人爲 行政의 수세 단위를 하나 더 제정하고 여기에 租稅徵收責任者를 작정하여 이를 통해 해당 규모에서 수취할 田租의 총량을 納租하도록 하는 장치를 운영하였다.

그것은 개개인이 소유하고 있는 농지의 토지결부 수는 파악하되 수조

---

89)《高麗史》80, 食貨 3, 常平義倉, 顯宗 14년 윤 9월, 中冊, p. 761.
　　‘判 凡諸州縣 義倉之法 用都田丁數收斂 一科公田一結租三斗 二科及宮寺院兩班田租二斗 三科及軍其人戶丁租一斗 已有成規 脫遇歲歉 百姓阻飢 以此救急 至秋還納 毋得濫費’

시에는 이와 직접 관계없이 量田 때 수 결, 십수 결 혹 수십 결씩을 한 단위로 묶어 이로써 조세를 징수하고, 또 토지분급의 실제 단위로 사용하는 방식이었다. 이렇게 하여 묶인 것을 '丁'이라 하였고 이 丁으로 이루어진 토지를 '田丁'이라 하였다.[90) 그리고 丁마다 租稅納付責任者를 두었으며 이를 養戶라고 불렀다. 이러한 양호에 관해서는 睿宗 3년(1108) 2월, 女眞征伐이 끝난 직후 軍人에 대한 우대조치가 배려될 때, 조정에서는 軍人의 飢寒逃散을 거론하고 이들을 안정시키는 방책의 하나가 守令이 軍人田에 대해서 각별히 勸農하도록 이르는 制勅에서 잘 확인되고 이해된다. 고려정부가 특별히 군인전을 들어 이 토지에서 수령의 권농을 독책한 것은, 권농의 책임자인 州縣官이 군인전에 대해, 그 토지가 비록 高腴하여도 '不用心勸稼 亦不令養戶輸粮'하다[91) 하여, 고을의 수령이 마음 써서 勸稼하지 않고 또한 養戶로 하여금 輸粮하도록 하지 않아 군인이 飢寒해진다고 본 까닭이었다. 이 군인전의 양호는 收租地로서의 軍人田에서 徵租한 稅粮을 수조권자인 田主(軍人)에게 輸納하는 임무를 가진 이였다. 이는 徭役의 하나였을 것이다. 그러므로 세량수납의 독책은 권농과 함께 수령의 책무가 되는 것이었다. 이 군인전이 군인 개인의 私的 소유지라면 군인에게 輸粮하는 양호가 있을 리 없고 더욱이 조정에서 그 稅粮의 不輸事態를 우려하거나 수령이 그의 輸納을 감독·지시할 까닭이 없었다. 양호는 해당 丁 안에 있는 토지소유자, 곧 납조자 중에서 선택하였을 것이다.[92)

고려시기의 田丁은 結의 묶음이면서, 이 자체는 足丁과 半丁으로 파악하고 있었다. 양호는 일단 足丁 하나에 2인씩 설정하였을 것으로 생각된다. 文宗朝의 한 기록에 의하면 '命州鎭入居軍人 例給本貫養戶二人'[93)이

---

90) 金容燮, 〈高麗時期의 量田制〉, 주 51의 논저.
　　尹漢宅, 〈高麗 田柴科 體制下의 農民의 身分〉, 《泰東古典硏究》 5, 1989.
　　拙稿, 주 3의 〈高麗時期의 作丁制와 祖業田〉.
　　金琪燮, 〈高麗前期 田丁制硏究〉, 釜山大學校大學院 博士學位論文, 1993.
　　李仁哲, 〈高麗時代 足丁·半丁의 新解釋〉, 《東方學志》 85, 1994.
　　朴鍾進, 〈조세제도의 구조〉, 주 12의 논저, pp. 93~101.
91) 《高麗史》 79, 食貨 2, 農桑, 睿宗 3년 2월, 中冊, p. 735.
92) 拙稿, 〈科田의 占有와 그 原則〉, 주 2의 논저, pp. 119~120.

라 하여, 州鎭에 와서 사는 軍人에게 養戶 2인씩을 주도록 명하고 있고
이는 이전부터 있어 온 관례였다. 양호 2인의 설정은 入居軍人이 소지한
군인전 경작 및 그 田租輸納과 관련하여 취하는 조치였겠다. 軍人은 대
략 1足丁(17결)을 단위로 1丁씩 出給하게 되어 있었다.[94] 1足丁에 양호
2인은 아마 足丁의 折半 곧 최하의 수조단위인 半丁[95]에 1인의 양호가
있어야 하는 데서 마련된 수효가 아닐까 한다.

　이와 같은 收租의 장치가 田丁制였다. 忠烈王 24년(1298) 정월 忠宣王
즉위 교서의 한 조목 가운데서

先王制定內外田丁　各隨職役　平均分給　以資民生　又支國用[96]

하였다 하여, 역대 조정에서 중앙과 지방의 田丁을 제정하여 각각 職務
와 服役에 따라 골고루 나누어 주어 民生의 밑천으로 삼고 또한 국가의
여러 용도에 쓰도록 하였다는 지적은, 전시과 분급의 실제가 이러하였음
에서 나오는 표현이다. 전정제 자체는 신라시기에도 운영되었다. 형태에
차이는 있었겠으나, 그 기원은 아마 國邑制의 古代國家로 소급되지 않을
까 한다. 추정하건대 농촌공동체·읍락·소국 단계에서 이루어지던 공동체
적 징세방식이, 고대집권왕조국가로 들어오면서 종래의 농촌공동체·읍
락·소국 등이 鄕村 및 郡縣으로 변모·편제되고, 이에 수반하여 구래의
징세방식도 군현제·향촌제 속의 수세운영형식으로 변화되면서 형태는 田
丁制·養戶制로 정비된 것으로 사료된다.[97]

---

93)《高麗史》81, 兵 1, 兵制, 文宗 27년 3월, 中冊, p. 779.
94)《高麗史》35, 兵 1, 兵制, 恭愍王 5년 6월, 中冊, p. 783.
95)《高麗史》78, 食貨 1, 田制, 租稅, 恭愍王 11년, 中冊, p. 728.
　　'國田之制　取法於漢之限田　十分稅一耳　慶尙之田　則稅與他道雖一　而漕輓之費　亦倍
　　其稅　故田夫之所食十八　其一　元定足丁則七結　半丁則三結加給　以充稅價'
　　주 90의 제 논고.
96)《高麗史》78, 食貨 1, 田制, 經理, 忠烈王 24년 정월, 忠宣王 즉위, 中冊, p.
　　707.
97)《新增東國輿地勝覽》7, 京畿, 驪州牧, 古跡, 登神莊.
　　'今按 新羅建置州郡時 其田丁戶口 未堪爲縣者 或置鄕 或置部曲 屬于所在之邑'
　　拙稿, 주 88의 논고, pp. 14~18.

고려전기 同積異稅의 결부조세제 아래서 田丁이 갖는 기능은 특별한 바가 있었다. 전정은 일정액의 수조액에 초점을 두고 이에 해당하는 양의 結負 數를 맞추어 주는 방법으로 作丁한 것이므로, 그 실제는 郡縣 등 고을 사이에 토질의 비척에 따라 있었을 그 세부 운영 내지 수효의 차이, 그리고 그 내부에서 足丁·半丁의 구분과 그 차이를 적절히 이용하여 結數와 差等收租 사이에서 생기는 괴리와 불균형을 보완하고 조정해 나가지 않았을까 한다.98) 좀 더 추측하면, 가령 과전 100결을 절급한다고 할 때, 그 收租額을 수조율 1/10에 입각하여 책정하되 전조액의 理想이고 상한이었을 '田1負 出租三升', 즉 1결당 전조 30斗의 기준에 맞추면 수조액상으로는 3,000斗=200石에 해당하는 토지가 된다. 이 수조액을 놓고 각 군현별로 그리고 그 내부에서 구역별로 同積異稅의 원칙에서 上上에서 下下의 9등급으로 소출의 高下를 算定하여 等分한 농지, 곧 實소출과 납조액에 차등이 있는 結負의 농지를 足丁·半丁별로 구분하여 편성해 놓은 田丁 속에서, 각 고을에서 한두 개 혹은 서너 개씩의 丁을 뽑아 이로써 그 科田 100결의 수조액 200석에 산술적으로 합치되도록 적절히 양을 맞추어 배분하였을 것으로 짐작된다. 혹 여분이 있고 그것이 丁에 미달하는 수이면 일단 結을 단위로 절급하였을 것이다.

각 丁 안에는 여러 소유주의 田과 畓이 混在해 있었다. 그리고 1결당 2석씩의 1/10稅法을 집행하는 과정에서 실제 收納의 기준은 국가 수조지나 양반 수조지나 곧 公田과 私田 모두 春精한 米로서 2석이었다. 그런데 畓穀 米는 同量의 田穀, 黃豆 등 雜穀에 비해 折價가 倍였다.99) 그러므로 수전자가 수조지를 田으로만 받거나 田의 양이 畓보다 많으면, 또한 다른 受田者에 비해 田의 비율이 높으면 그만큼 손해이고 이로 인해 不平이 야기될 수밖에 없었다. 그러나 고려는 국가의 수조원칙, 그리하여 전시과의 운영원칙을 본시 일정량의 소출을 기준으로 성립·운영하는 결부제의 전통 속에서 田租는 古來로 항시 '所出'을 바탕으로 하여 책

---

98) 金容燮, 주 85의 논고, pp. 222~223.
99) 金容燮, 〈高麗前期의 田品制〉, 주 51의 논저, pp. 131~134.
　　拙稿, 주 3의 〈高麗前期의 平田과 山田〉, p. 31(본서 Ⅳ편, pp. 438~439).

정하고 있고, 또한 現物納을 전제로 하여 一定量으로 액수를 정해 오고
있을 뿐만 아니라 실제 용도에서는 田穀이 차지하는 비중이 米에 비해
떨어지지 않았으므로, 혹 토지분급 때 田畓 비율의 불균형이 심하지 않
도록 가급적 배려는 하였을지 모르나, 이 점을 제도상으론 문제 삼지 않
았던 듯하다.100)

　元宗 3년(1262) 尙書都官에서 衛仕功臣 柳璥에게 賜給한 貼子에, 4년
전 최씨정권을 축출한 金仁俊 이하 13인에 대해 그 후 功臣田을 지급하
는 사정을 적고 있는데, 그 표기를 '田丁乙良 田畓幷一百結' 혹은 '田丁乙
良 各田畓幷五十結'101)이라고 하고 있다. 田丁은 田畓 합쳐서 모두 幾結
을 사급한다는 기술이다. 이는 사여전토인 田畓의 실체가 전정임을 밝혀
줌과 함께 그 이면에서는 바로 이상과 같은 분급방식과 田畓比率의 不相
關관계를 바탕으로 하고 있음을 짐작하게 한다. 전정은 受田者의 所受田
이었다. 私的 소유경작자가 있는 所耕田의 所受였다. 수전자로서는 이
소수전이 자기의 '田'이었다. 그러므로 田丁도 그저 '田'이라고도 하였고
따라서 수전자는 '田主'였다.102) 분급전지의 소지자로서 그리고 所受田의
實田과 그 소유경작자를 신분계급적 통치원리에서 물리적으로 지배하고
무상으로 수취하는 점유자로서 '食田'하는 田主였다. 해당 所耕田의 실제
소유경작자이고 납조자는 이런 측면에선 受田者 田主의 所受田을 경작하
고 수확의 일부를 納租하는 위치, 곧 '食力'하는 佃戶로 간주하였다. 이러
한 처지의 佃戶는 田主에 대해 엄격히 표현하면 佃客이었다.103) 田과는
佃으로 엮이고 主와는 客으로 묶이는 관계, 그리하여 田主佃客關係인 것
이다. 고려는 군현 단위로 田丁의 내역을 적은 田丁柱貼을 작정하여 관

---

100) 고려 최말 科田制度 제정 때에도 收租原則은 '凡公私田租 每水田一結 糙米三十斗
　　　旱田一結 雜穀三十斗'(《高麗史》78, 食貨 1, 田制, 祿科田, 恭讓王 3년 5월, 中冊,
　　　p. 735)라 하여, 모든 公私의 수조지에서 田租는 水田과 旱田에서 각각 米와 雜穀으
　　　로 징수하되 그 量은 30斗로서 同量이었다. 아마 오랜 관례였을 것이다.
101) 盧明鎬 外,《韓國古代中世古文書研究》(上), 尙書都官貼, 서울대학교출판부, 2000.
　　　許興植,《韓國의 古文書》, 民音社, 1988.
102)《高麗史》84, 刑法 1, 職制, 中冊, p. 841.
　　　'判 鎭人犯歸鄕罪者 仍留配本處 若受田丁者 收其田與他人'
　　　拙稿, 주 3의 〈高麗時期의 作丁制와 祖業田〉, p. 178.
103)《高麗史》78, 食貨 1, 田制, 祿科田, 恭讓王 3년 5월, 定給科田法, 中冊, p. 723.

리하고, 해당 丁 소지자의 姓名을 달아 파악하였다.104) 田丁의 분급·소지·체수·수수 등의 운영과 그 규준은 바로 田柴科의 분급전토 收租地의 占有와 그 원칙이었다.105) 전시과의 개인 분급전지는 科田이면서 職役과 상관하므로 통상 職田으로 지칭하였고, 때로는 職務와 服役을 분간하여 전자는 職田 후자는 단지 田丁이라고 하였다. 그런가 하면 아예 양반·군인·한인의 所受田을 구분 없이 田丁이라고 凡稱하기도 하였다.106)

科田占有의 실현체는 受田者가 田主로서 수취하는 物種과 그 量 그리고 수취를 강제하는 諸權限이었다. 수취물 가운데 가장 근본이 되는 것은 말할 것도 없이 田租였다. 1/10稅率에 의거하여 結當 米 혹은 雜穀으로 2石을 取食하는 것은 막대한 양이었다. 전시과는 그 田地만 최하 18과가 21결(始定), 20결(改定), 17결(更定)이고 科外가 15결(始定), 17결(改定)이며, 최고 1科가 110결(始定), 100결(改定, 更定)이었다.107) 산술하면 최소 30~40석, 최고 220~200석의 米豆가 租 명의로 無償으로 매년 전주의 家宅 혹은 農舍로 輸入되는 것이었다. 수익은 이에 그치지 않았다. 田租 외에 여러 名目의 物種을 징수하였다. 우선 짚[藁草]을 징수하였다. 藁草收納의 명목은 養馬였고, 이 역시 수조권의 하나였다.108) 收藁額 역시 작정된 규준이 있었을 것이나, 고려전기 전시과에서 구체 액수가 얼마인지 현재로선 알 수 없다. 고려말에 제정된 과전제도에서 藁草는 田地實數(踏驗實數) 10負당 1束씩이었고 米로는 1束에 1되로 쳤다. 藁草는 민인의 徭役提供의 한 형태로서 이는 私田에도 해당되는 것이었다.109)

---

104) 拙稿, 주 102의 논고, pp. 169~175, pp. 180~187.
　　金容燮, 주 85의 논고, p. 191.
105) 拙稿, 同上論考, pp. 175~180.
106) 職田으로 凡稱한 사례는 주 35·36·37·39를 참조하고, 職田과 田丁으로 분간한 사례는 '其自敵中歸順人 有職者還職田 軍人還田丁 雜類人 從願特加優恤'(《高麗史》 27, 世家 27, 元宗 12년 10월, 上冊, p. 550)이 있으며, 田丁으로 通稱한 사례로는 朴京安, 〈田丁制와 田丁連立〉, 《高麗後期 土地制度史研究》, 혜안, 1996, pp. 25~27에 열거된 田丁資料를 참조할 것.
107) 주 8과 同.
108) 《世宗實錄》 58, 世宗 14년 12월 戊子, 3冊, p. 429.
　　'從仕者 專以私田之藁養馬……前朝之時 非唯收藁 籠山絡野 以爲私田 弊不可紀'
　　《高麗史》 84, 刑法 1, 職制, 辛禑 14년 8월, 中冊, p. 849.

田租·藁草는 畿內 구분전의 경우는 田主의 家宅까지, 下道 科田의 경우는 일정 한도의 거리를 기준으로 지정한 輸納處에 佃客이 직접 운반·납부함이 원칙이었다. 인종 원년(1123) 宋使 徐兢이 官員의 所受田이 모두 外方 고을에 있다고 하고 뒤이어

田軍耕蒔 及時輸納 而均給之110)

한다고 하여, 田租輸納의 納租者 직납원칙을 언급하고 있다. 佃軍이 농사지어 때에 맞추어 날라다 내면 고루 급여한다는 내용이다. 이 '佃軍'은 절급한 田地의 실제 소유경작자이지만 受田者 官員의 처지에서는 耕作納租者인 까닭에 佃農·佃夫이며, 따라서 그 관계가 佃戶(佃客)이고 아울러 그 수가 한두 명이 아니라 한꺼번에 群稱하여 부른 집합 호칭이었다. 물론 국가 수조지 公田에서도 마찬가지였다. '及時輸納'은 정해진 田租納入期限에 미쳐 운반하여 납부하는 과정을 지적한 것이다. 田租는 납조자가 직접 운수함이 의무였다. 납조 책임자로서 養戶도 이들 佃客 가운데 丁마다 한두 명씩 택하였겠으며, 운반노역 자체는 公田과 私田 구분 없이 전객농민의 요역노동 일환이었다.111) 그리고 '均給之'란 해당 官員이 받은 田結로서의 田地에 맞추어 전조를 공급받게 한다는 표현이다.

이 기사는 외방 下道에 있는 私田의 田租輸納 및 그 收納 상황을 묘사한 것이다. 외방사전의 전조는 居京하는 田主의 家까지 佃客이 직접 輸納할 수 없어 전주가 일정거리 내에 輸納處를 지정하였을 것이다. 그리고 형편에 따라서는 漕運을 이용하여 이 전조를 수납할 수 있었다. 고려 정부도 居京官僚의 편의를 배려하여 京中으로 운수해 주었다.112) 文宗 때 조운미의 漕轉時 敗船溺水에 관한 判旨 가운데 한 구절에 '公私漕運穀米'113)라는 문구가 있음을 보면, 이 가운데 私田의 稅穀도 함께 운수하

---

109) 拙稿, 〈科田의 占有와 그 原則〉, 주 2의 논저, pp. 128~129.
110) 주 75와 同.
111) 주 91~95 참조.
112) 拙稿, 주 109의 논고, 주 2의 논저, pp. 119~120.
    金容燮, 주 99의 논고, 주 51의 논저, pp. 131~134.

고 있는 사실을 짐작할 수 있다. 高宗朝에 郎中 卜章漢과 隊正 權守平 사이에 있던 科田의 遞受와 返還에 얽힌 美談 가운데, 해당 토지의 전조가 강가에 운반되고 수조자는 '租簿'를 가지고 가서 이를 급여받고 있는 정황이 바로 이에 해당한다.114) 租簿에는 受田者의 성명, 所受田의 結數 및 소재지, 그 田丁의 위치 등 수조에 필요한 人的 物的 사항이 기재되어 있었겠으며, 조운된 租穀石에도 역시 납부처 및 납조자, 輸納額 등 유사한 관련 사항을 요령 있게 분간하여 표시하였겠고, 또 이를 일괄하여 점검하는 장부가 있어서 서로 대조하는 과정을 거쳐 授受가 이루어졌을 것이다.

전객농민이 田租를 운수·납부하는 것은 田主의 직접 收租의 원칙에서 오는 강제였다. 그러므로 매년 農形을 살펴 전조의 實數를 책정하는 踏驗과 정작 徵租하는 행위 자체도 田主의 권한이었다. 납조자 전객이 전조를 전주에게 직납하는 것이 원칙이고 책무였듯이, 수조자 전주가 전조액을 査定하고 수조과정 일체를 감독하는 것 또한 법례이고 권한이었다. 이 역시 전주의 直接收租의 한 부면이었다. 실제 답험과 징조작업은 노비나 家臣 등이 담당하고 해당 고을의 수령이나 향리가 협조하였음은 물론이다.115) 예종 초 開州人 高令臣은 散騎常侍 벼슬에 있을 때, 경상도에 큰 水災가 나서 使命을 받고 내려가 백성을 按撫하면서 조정에 '蠲公田稅'하도록 건의하여 백성이 회복하게 한 적이 있었다.116) 高가 조세

---

113)《高麗史》79, 食貨 2, 漕運, 文宗 33년 정월, 中冊, p. 750.

114)《高麗史》102, 列傳 15, 權守平, 下冊, p. 253.
　　'權守平 安東人……嘗爲隊正貧居 有郎中卜章漢以非罪見竄 守平遞食其田有年 及章漢遇赦還 守平素不相識 且其田租已漕于江 守平袖租簿 就與之 章漢曰 當吾竄謫 君雖不食 豈無他人 君今哀我 還其田足矣 何用租爲 守平曰乘人之災 食其田 猶恐不義 今旣還尙忍食耶 遂投其簿 章漢不受閉門而入 守平以簿繫石擲之而去'

115)《高麗史》129, 列傳 42, 叛逆, 崔忠獻, 明宗 26년, 下冊, p. 791.
　　'公私租賦 皆由民出 民苟困竭 顧安所取足 吏或不良 惟利之徒 動輒侵損 又勢家奴㕽 爭徵田租 民皆嗷然愁痛'
　　《高麗史》78, 食貨 1, 田制, 祿科田, 辛禑 14년 7월, 趙浚等上書, 中冊, p. 716.
　　'兼幷之家 收租之徒……及其履畝之際 則負結高下 隨其意出 以一結之田 爲三四結 以大豆(斗)而收租 一石之收 以二 石 而充其數 祖宗之取民 止於什一而已 今私家之取民 至於十千'
　　拙稿, 주 109의 논고, pp. 123～124.
　　〃,〈高麗前期의 勸農과 田柴科〉(본서 Ⅳ편).

감면을 公田稅에 한하여 요청한 것은 私田稅의 배정·감면이 私田 田主의
소관이었기 때문이다.

田主의 農形踏驗權은 그 범위가 收租額의 高下가 좌우되는 데 그치는
것이 아니었다. 고려전기 田主의 직접답험, 직접수조의 권한은 고려 부
세제도 租·布(調)·役 전반에 두루 미쳤다. 고려에서는 초기부터 田地災傷
[田損]의 정도가 4分이면 租를 면제하고 6分이면 租·布를 7分이면 租·
布·役, 곧 課役을 모두 면제하도록 되어 있었다.117) 이러한 부세제도 속
에서 私田의 전주는 여건이 주어지고 세력이 있으면 전객을 압박하거나
유혹하여 농사의 損實査定을 조작하여 官에서 수취하게 되어 있는 布·役
을 그대로 혹은 田租로 전환시켜 자신의 몫으로 수취할 수 있었다. 布·
役의 私取였다. 그리하여 심하면 권세가가 수조지를 겸병하면서 租에
庸·調까지 합쳐 '以逋三稅'하는 사태를 야기하였고, 이것이 忠烈王代에는
조정의 커다란 논란거리가 되기도 하였다.118) 고려에서 田主의 佃客支配
는 이만큼 강력하였다.119)

---

116)《高麗史》97, 列傳 10, 高令臣, 下冊, p. 160.
117)《高麗史節要》2, 成宗 7년 12월, p. 53.
　　'是歲蝗 蠲減財賦 田損四分以上免租 六分免租布 七分租布役俱免'
　　《高麗史》80, 食貨 3, 賑恤, 災免之制, 成宗 7년 12월, 中冊, p. 765.
　　'判 水旱虫霜爲災 田損四分以上免租 六分免租布 七分租布役俱免'
　　《高麗史》80, 食貨 3, 賑恤, 災免之制, 文宗 4년 2월, 中冊, p. 666.
　　'西北面興化道監倉使奏 去戊子年(文宗二年) 道內昌州 有蝗灾 其年已納租稅者 請依
　　令文 以損分多少折放 從之'
　　《高麗史》78, 食貨 1, 田制, 踏驗損實, 文宗 4년 11월, 中冊, p. 726.
　　'判 田一結 率十分爲定 損至四分除租 六分除租布 七分租布役俱免'
　　《高麗史》80, 食貨 3, 賑恤, 災免之制, 肅宗 7년 3월, 中冊, p. 766.
　　'三司奏 東京管內州·郡·鄕·部曲十九所 因去年久旱 民多飢困 乞依令文 損四分以上
　　免租 六分以上免租調 七分以上 課役俱免 已輸者 聽折減來年租稅 制可'
118)《高麗史》28, 世家 28, 忠烈王 4년 7월 乙酉, 上冊, p. 581.
119) 이상 전시과제도하에서 科田을 위시한 私田의 收租가 그 주체를 기준으로 할 때
　　田主의 直接收取로 파악함과는 다른 견해가 기왕에 있어 온다. 이는 두 가지로서 ①
　　私田 田租는 官이 수납하여 田主에게 배급하였다는 이른바 官收官給制라는 것, ② 고
　　려전기에는 田主의 直接收租였지만 고려후기 전시과가 변질되면서 官收官給制로 변
　　화하는 토지도 있다는 것이다.
　　　① 說: 周藤吉之,〈高麗朝에서 李朝初期에 이르는 田制의 改革〉,《東亞學》3, 1940,
　　　　　pp. 139~142.
　　　　姜晋哲, 주 8의 논저, p. 264, p. 325.
　　　② 說: 浜中 昇, 주 51의〈高麗田柴科의 一考察〉, pp. 47~56.
　　　그러나 ①, ②의 兩說이 논거로 하고 있는 자료의 내용이 田主의 직접수조를 부정

그뿐만이 아니었다. 납조과정과 수조과정에 소요되는 경비 또한 佃客農民의 부담이었다. 이 과정에서 田主 측에 의해 여러 명목의 수취가 행해졌다. 전조의 납부·운수 노역에는 모든 납조자 전객이 참가하는 것이 아니었다. 전객농민 대다수는 이 田租를 漕倉까지 운반하는 노역을 직접 담당하는 수고 대신에, 그 대가로 각종 비용을 現物로 田租穀에 附帶하여 납부하였다. 이는 요역의 하나로서 실제 부담은 足丁, 半丁을 기본단위로 하여 매겨졌다.120) 예컨대 輸租에 따른 行脚·漕運의 비용으로 船馬·脚力·雇賃의 경비를 부담하였고, 더하여 踏驗과 收租를 집행·감독하러 내려온 人·馬의 접대, 전주 측의 抑賣物件의 비용을 치렀다. 고려말, 鄭道傳은 이 輸租에 따른 徵斂이 전조액의 두서너 배라고 개탄할 지경이었다.121) 한편 지방에서 개경의 京倉으로 稅米를 수송할 때는 漕船價를 부과하였다. 성종 11년(992)에는 이 값을 1石을 기준으로 삼아 운수할 수 있는 稅穀을 지역별로 5석부터 20석 사이로 책정하였다. 조선가는 물론 이전부터 있어 왔다.122) 또한 부가세로서 耗米도 징수하였다. 당초 稅米 1섬에 耗米 1되씩이었는데, 12漕倉의 조운제가 정돈됨에 따라 수송 도중 축이 많이 나 운반자가 배상하는 폐단이 커져서 문종 7년(1053)에 10말(1斛)에 7되로 증가시켰다.123) 이 조선가와 부가세는 일차 국용에 귀속되는 수조지 公田의 稅米를 조운할 때 징수 규준이지만, 혹 私田

하거나 고려후기 전시과의 변질과 그에 따른 관수관급제의 대두를 설명하는 것은 아니다. 이들 자료는 위에서 검토한 바와 같이 田主의 직접답험 직접수조의 원칙, 그리고 그 수조과정에서 郡縣制·漕運制 등에 의한 지원 및 이용 사실을 포괄하여서 혹은 일면에서 전하고 있을 뿐이다. 곧 서로 상충되는 자료가 아닌 것이다. 고려후기에도 田租의 징수는 해당 토지의 수조권자가 행함이 원칙이고 일반이었다. 예컨대 禑王 원년(1375) 10월의 기사에서 北界의 軍須調達의 원칙을 말하는 가운데 '北界舊無私田 官收租 以充軍粮 後勢家爭占爲私田 以故轉餉不繼 取粮於民 民甚苦之 安州以北 尤受其害'(《高麗史》82, 兵 2, 屯田, 辛禑 원년 10월, 中冊, p. 813)하다고 함도 私田은 해당 田主가 수조한다는 점을 사실로 전해준다.

120) 《高麗社》78, 食貨 1, 田制, 租稅, 恭愍王 11년, 中冊, p. 728.
121) 鄭道傳, 《三峰集》13, 朝鮮經國典 上, 賦典, 經理.
　　'當輸租之時 人馬之供億 求請抑買之物 行脚之錢 漕運之費 固亦不啻倍蓰於其租之數 甚爲盜賊'
122) 《高麗史》78, 食貨 2, 漕運, 成宗 11년, 中冊, p. 749.
123) 《高麗史》78, 食貨 1, 田制, 租稅, 文宗 7년 6월, 中冊, p. 727.
　　'三司奏 舊制 稅米一碩 收耗米一升 今十二倉米 輸納京倉 累經水陸 欠耗實多 輸者 苦被徵償 請一斛增收耗米七升 制可'

主가 官船을 이용하여 자기가 수취한 稅米를 개경으로 운수 할 때도 마찬가지로 적용되었을 것이다. 정도전의 표현은 私田의 과도한 수탈 폐단을 부각하려는 의도에서 나온 지적이지만, 원래 규정량 자체도 컸을 것이다. 이외에 雜物의 橫斂도 빈번하였을 것이다.

私田에서 田租·藁草의 납부 및 輸納時 부대경비부담 등의 납조자 직납과 수조권자 측의 農形踏驗과 直接收租 등 전조수납과정은 公田의 경우와 동일하였다. 공전·사전이 모두 같은 원칙과 절차였다. 다만 收租의 主體, 納租의 對象이 달랐다. 전시과의 분급사전이 受田者 家系의 永業田이며 世祿田이고, 그 受田者가 田主임에 당연한 바였다. 분급전지의 조세징수와 그 輸納이 수전자 측의 직접 수조와 관리라는 원칙에서 수행됨은 양반 등 私處分給田에서만이 아니라 중앙·지방의 각급 기관, 요컨대 公處의 折給田에서도 마찬가지였다. 해당 수득처가 田主인 까닭이다.

공처절급전은 庄宅·宮院 등 왕실 및 중앙정부의 各司, 그리고 州·府·郡·縣, 鄕·部曲, 館驛 등 지방 각급 관아의 수조지 公廨田柴가 주종이었다.124) 각 관청은 해당 公廨田의 경작 및 납세를 독려하는 관원을 파견 혹은 책정하고, 그 稅入의 收納을 감시하는 이도 배정하고 있었다. 이러한 사실은 睿宗 14년(1119) 國學의 경비조달 사무를 위해 설치한 養賢庫에서 이곳에 배속된 전토를 관리하는 방식에서 그 예를 살필 수 있다. 설치 당시 관원은 判官을 두되 丙科의 權務職으로 하였으며, 高宗 30년(1243)에는 그 인원을 4명 더 늘려 2명은 양현고의 소속 전토가 있는 곳으로 보내 勸農과 輸稅를 장려하고 독책하였고, 2명은 양현고에서 稅穀을 받아들이는 일을 감독하도록 하였다.125) 직접수조의 원칙을 고종조 시기에 와서 집행과 관리에서 한층 주밀히 하는 조치로 여겨진다. 양현고는 대학인 國學에 절급한 수조지 學田의 수조 및 학교경영에 소요되는

---

124) 주 10과 同.
125)《高麗史》77, 百官 2, 諸司都監各色, 養賢庫, 中冊, p. 692.
   '睿宗十四年 置判官丙科權務職 高宗三十年 加設四員 分二員 遣庫屬田地所在 使勸農輸稅 令二員在庫監收 歲終 國子監考勤慢 升黜'
  《高麗史》74, 選擧 2, 學校, 睿宗 14년 7월, 中冊, p. 626.
   '國學始立養賢庫以養士'

경비사항을 관장하는 기구로서 公廨의 하나였고, 따라서 그 절급전토는 公廨田이었다.

田租의 수취·납부가 이러한 이상, 科田의 所受者와 이 과전이 설정되어 있는 민전의 소유경작자의 관계는 단순한 收租者와 納租者의 관계가 아니었다. 전조의 수취·납부는 양자가 토지를 매개로 하여 이루어지는 신분적 권력적 정치적 지배예속관계에 입각하여 수행되는 것이었다. 그러므로 각 주체가 田主와 佃客으로 간주될 만큼 관계는 밀접하고 분명하였다. 이러한 관계가 성립되고 유지되기 위해서는 지배신분 전주의 피지배신분 전객농민에 대한 强制가 필연적으로 수반되고 행사되었다. 전객농민에 대한 강제는 전주가 신분계급적 우위와 정치적 위세를 통해 개별로 직접 집행하고 있었다. 물론 이 배후에는 국가권력이 郡縣制, 徭役制, 養戶制, 漕運制 등을 통해 전체적으로 포괄적으로 田主를 지원하고 있었다. 전주의 직접적인 전객강제는 大小 사안에 따라 여러 형태로 발휘되었겠으나 모두 목표는 두 가지로 귀착되는 것이었다. 하나는 농지가 항상 성실히 경작되어야 한다는 점이고, 둘째는 그리하여 田租를 위시한 제반 納付物을 착실히 공급해야 한다는 점이었다.

전자를 위협하는 사태는 대부분 전객이 死亡·移徙하여 그 戶가 絶滅되거나 天災地變이나 賦稅過重, 負債, 田租滯納 등으로 散逸·流亡하거나 아니면 경작능력에 넘치게 농지를 多占하여 餘田을 고의로 荒蕪시키는 데서 유발되었다. 이렇게 되면 田主는 자기 私田收入에 손실이 발생하고 규모가 크면 所受田의 實質이 소멸해 버릴 수도 있는 큰 문제였다. 田主는 이런 사태에 처하여 사정에 따라서는 해당 농지를 그 소유경작자 佃客에 앞서 우선 처분할 수 있었을 것이고 고려도 이 점을 승인했을 것이다. 그것은 형편에 따라서는 그리고 전주의 위세가 강력하게 발휘되면, 奴婢를 사역하거나 혹은 收益半分을 조건으로 他人에게 借耕시켜 경작하고 그 농지의 소유권 자체를 자기 소유로 할 수 있는 지경까지도 이르렀을 것이다.

그러나 전주의 이러한 처사는 일방적이고 통상적일 수는 없었다. 고려 국가가 성립하고 있는 기반이 토지의 私的 所有 원칙 및 그 관계에 있었

고, 국가가 전국의 토지를 수조권 차원에서 파악하여 경리하는 토지조세
체계의 원리에서는 보편성을 가질 수 없었다. 사적 소유지 民田과 그 소
유경작자 佃客은 田租 외에 布·役을 부담하는 토지이고 민인이었고,126)
따라서 전국의 토지와 민인은 원래 이러한 기준과 전제에서 作丁되고 編
戶되고 있는 國田이고 公民이었다. 고려는 이런 점에서 民田의 소유권을
보호하고 민인을 토지에 안정시키려고 법제 및 권농에서 노력하였다.127)
또한 분급과전인 私田은 어디까지나 국가 부세제도 내에서 田租收取로
한정한 수조지가 본질이므로, 이 전조를 제대로 징수할 수 있는 여건을
조성하는 선에서 전주권이 행사되어야 하는 한계를 안고 존재하는 것이
었다. 이와 같은 두 가지 제한과 한계에서 田主가 이 원칙을 무시하고
함부로 소유권을 자기 것으로 장악하는 것은 法制로서나 公論上으로나
수월하진 않았을 것이다.128) 고려 최말의 과전제도에서 佃客의 농지경작
포기 및 荒蕪化 사태에 대해 '其田聽從田主任意區處'129)라 하여 그 토지
는 전주가 임의로 분간해서 처리함을 官이 듣고 허용한다고 한 것은 종
래부터 있어 온 관례를 재강조한 것으로 추정되며, 그 실제 처리는 이상
의 범주 내에서 이루어졌을 것으로 짐작하게 한다.

　所受田의 황폐에 대해 전주가 취할 수 있는 조처는, 마치 수조지 公田
에서 소유주가 없어지고 황폐한 해당 소경전을 無田者나 代役者에게 절
급하듯이,130) 새로운 佃客에게 절급하여 繼戶하고 역시 公田에서처럼 당
분간 田租를 면제하고 감면하여 경작에 따른 혜택을 부여하는 방식이 일
반적이지 않았을까 한다. 고려말 李穡은 자신이 새로 절급받은 賜田에
과거 조세독책으로 황폐된 곳이 많아지자, 그 전객농민에게 勸耕하면서
廣耕하면 田租를 가볍게 거두겠다고 약속하고 있다.131) 고려전기라 하여

---

126) 朴鍾進, 〈조세제도의 성립과 조세체계〉, 주 12의 논저.
127) 주 51 가운데 제 ④설의 논고.
128) 고려후기 私田弊害의 하나로 등장하는 收租權을 통한 소유지의 겸병과 이에 대한
　　　비난사태도 그 한 국면은 이러한 원칙이 무너지는 가운데서 야기되고 있던 현상이었
　　　다(拙稿, 〈高麗末期의 私田問題〉, 주 2의 논저).
129) 《高麗史》 78, 食貨 1, 田制, 祿科田, 恭讓王 3년 5월, 定給科田法, 中冊, p. 725.
130) 《高麗史》 78, 食貨 1, 田制, 經理, 高宗 41년 2월 및 43년 12월, 忠烈王 24년 정
　　　월, 中冊, p. 707.

형편이 별로 다르지는 않았을 것이다.

田租의 未納이나 滯納에 대해서도 전주는 심하면 해당 토지의 소유권을 점탈하는 수가 있었을 것이고, 그런 행위는 官에서 묵인하거나 방조하였을 것이다. 그러나 전객농민의 전조미납이나 체납은 징세과정에서 수시로 발생하는 일이었겠지만, 이 사태가 곧바로 전주에게 손실을 끼치는 경우는 거의 없었을 것이다. 앞에서 언급하였듯이, 본시 田租收納은 개개 토지소유자 한 사람 한 사람이 전주에게 직접 납부하는 절차가 아니고 여러 납조자의 농지를 묶어 數 結, 十數 結, 幾十 結씩을 한 단위로 作丁한 田丁을 단위로 징수하되, 丁에는 그 총전조액을 납조하는 책임자로서 養戶가 책정되어 있어, 이를 통해 丁別 총액을 輸納하는 구조였다. 미납·체납이 있어도 해당 田丁 내에서 자체의 각종 수단과 방법으로 踏驗에서 査定한 實田租額을 채워서 납부해야 했다. 이 과정에서 많은 분란과 폐단이 발생하지만 전주는 徵租 자체만 독책할 뿐 그 내부의 收納에 직접 상관하거나 介入할 필요는 적었다. 그러므로 이러한 徵稅組織이 제대로 운영되는 한, 전조를 미납·체납한 전객에게서 전주가 그 소유경작지를 임의로 처분하거나 점거하는 처사는 일반적인 형세일 수 없었다. 이는 토지의 사적 소유 및 그 관계를 부정하고 이러한 징세체계를 무시하고서야 가능하였을 것이다.132)

고려전기, 국가는 하나의 토지를 所受田과 所耕田의 二重으로 파악하면서, 지배층과 피지배층을 田租의 수취와 납부를 통해 田主와 佃客이라는 上下關係로 兩立시키고 그 권한을 收租權과 所有權, 田主權과 佃客權으로 분리하되 또 서로 조화되도록 조정하고 운영하고 있었다. 그리고 이 조정·운영의 제반 장치로서 군현제, 조운제, 전정제, 양호제, 결부제, 요역제 등이 유기적으로 적절히 얽혀 작동하는 가운데, 전주와 전객이 각자의 分數를 지키도록 할 수 있는 여건에서 田柴科는 제대로 유지되고

---

131) 李穡, 《牧隱詩藁》 28, 賜田勸耕有感(《高麗名賢集》 3冊, p. 678).
132) 고려후기 收租權을 통해 자기 科田의 所耕田을 자신의 소유지로 하는 겸병행위가 폐단으로 거론됨도 이와 같은 田租收納의 편제와 원칙이 국가권력에 의해 제대로 운영·관리되지 못하는 지경에서도 기인한 것이라고 하겠다(주 128과 同).

기능을 발휘할 수 있었다. 그러나 이러한 제반 장치가 사회경제조건의 변동과 함께 규각이 생기고 작동에 무리가 심해져 폐단이 커지고 국가가 전주와 전객에 대해 통제의 힘을 잃으면, 田主 양반의 수탈이 강화되고 佃客 농민의 저항이 고조됨으로써 전시과는 마비되고 혼란될 뿐만 아니라 나아가 국가의 체제 전체가 동요하고 파탄되는 길로 접어들 수밖에 없었다. 고려말기의 私田問題는 이것의 집약이고 폭발이었다.133)

5. 結 語

고려전기의 전시과를 양반, 군인, 향리 등 상급신분의 科田을 중심으로 원칙에서 검토하면 이상과 같이 정리할 수 있다. 고려의 전시과는 국가 통치활동 내지 그 노력에 참여하는 諸職役層 그리고 국왕·왕실 및 중앙·지방의 각급 행정기구에 전지를 분급하고, 녹봉·군수·공상에 소요되는 토지를 배분하여 경리한 것이다. 이런 점에서 전시과는 고려 토지제도의 全體系였고 그 중심은 개인에게 분급하는 양반, 군인·한인의 전시과였다. 전시과는 臣僚를 처지상 諸侯의 格으로 대우한다는 의미에서 土茅로서 제정한 것으로 世家의 祿, 곧 世祿이었다. 世祿은 名家·世家의 영속과 存養을 목표로 절급하는 臣僚家系의 祿이었다.

고려는 이를 통해 신료에게 국왕에 忠信과 왕실에 藩屛을 奉供하도록 요구하였다. 이러한 관계는 王京과 郡縣 사이도 마찬가지였다. 양반의 분급전지도 이에 입각하여 外方과 畿內로 지역을 분할하여 배정하였다. 전시과의 분급전지는 職役과 상관해서는 職田이고 따라서 國田이며, 世祿인 까닭에 永業田이었다. 그러므로 이의 점유에는 여러 제한이 따랐다. 그중에서 점유의 성질을 잘 나타내는 것은 분급전토의 子孫傳受 그리고 職役奉供의 如否에 따른 回收 및 還給이었다. 분급전토는 妻, 子孫을 위

---

133) 拙稿, 주 128의 논고.
　　姜晋哲, 〈高麗의 權力型 農莊에 대하여〉, 《韓國中世土地所有硏究》, 一潮閣, 1989.
　　《高麗史》 78, 食貨 1, 田制, 祿科田, 辛禑 14년 6월~辛昌 원년 12월, 中冊, pp. 714~723.

시하여 사정에 따라서는 女壻·養子도 전수할 수 있었으며, 이는 君臣 간의 직역봉공이 지속되는 한에서 허용되었다. 군신 간의 직역봉공이 受田者의 死亡·年老·疾病 혹은 犯法으로 해소·중단되거나 혹 파기되면, 분급전토는 回收·半收 혹은 沒收하여 그 점유관계가 부정되었다. 이 가운데 수전자로서 가장 절실한 것은 犯罪로 인한 沒收와 赦逸에 의한 還給與否였다. 고려왕조는 전시의 분급·회수·몰수·환급을 통하여 양반·군인·향리 등 왕조국가의 지배세력을 집권봉건적으로 통제하고 파악하였다.

世祿은 '代耕'이고 '食田'이었다. 그러므로 전시과 성립의 실제는 私的 소유지 所耕田이며, 그 절대 다수는 개인 소유지인 民田에 대한 국가 收租權의 할급이었다. 고려는 전국의 토지를 수조지상으로도 크게 公田과 私田으로 구분하여 경리하였고, 양자는 형편에 따라 서로 교체되고 移給되기도 하였다. 收租率은 토지의 성질상 당연히 같았고, 또 경리상 그래야만 하였다. 전국 각 고을에는 공전과 사전에 해당하는 각종 地目이 混在하였다.

그러면서도 큰 원칙이 있었다. 公田은 국가 수조지이므로 전국에 걸쳐 존재했으며, 특히 兩界의 토지는 모두 軍須에 충당하는 원칙에 따라 공전뿐이었다. 王京 및 畿內의 토지도 漕運 및 財政의 편의상 공전으로 하였다. 다만 臣僚의 居京生活에 필요한 糧食과 薪·炭·蒭를 조달하도록 원래의 분급사전에서 약간의 액수를 떼어 樵採地와 함께 이곳에서 절급하였다. 口分田과 柴地였다. 반면에 분급사전은 下道에 설치하였고 수전자는 田租를 米 대신 雜物로 징수하거나 他物로 交易할 수 있었다. 고려는 外方私田의 원칙을 통해서 臣僚의 王室藩屛을 정립하고, 畿內의 口分田·柴地를 통해서는 관료의 王京輔翼을 달성한다는 구도를 수립하고 있는 셈이었다. 이러한 형태는 곧 집권관료왕조국가 고려 封建分割性의 발현이었다.

전시과는 單一量田尺에 의한 結負量田制, 지역차를 전제로 한 9等田品制와 1/10稅率에 의한 同積異稅의 結負租稅制에 근거하여 수립되고 있었다. 그러므로 토지분급의 단위는 結이었지만, 농지의 비옥·척박의 차이로 인한 결당 田租額의 차이를 조정하고자 분급전토의 結數에 상응하는 收租額에 초점을 두어 운영하였을 것이다. 그것은 아마도 上上田 1負 租 3升을 푯대로 삼아 해당 분급전토의 수조액을 산출하고, 作丁制를 통해 同一田品으로 실제 結을 人爲의 수조단위로써 묶어 여기에 조세납부 책임자로 養戶를 설정한 丁〔田丁〕으로써, 이에 맞추어 절급하지 않았을까 한다. 한편 田畓의 비율은 원칙상 조정하지 않은 듯하다. 소출기준과 現物納이 조세징수의 전제였던 까닭이다.

수전자는 田丁의 수득자이고 해당 丁을 구성한 실제 토지와 그 소유경작자를 지배하고 수취하는 占有者로서 '食田'하는 田主였고, 소유경작자는 實田의 소유주이되 수조권자의 이런 처지와 상관해서는 경작자이고 납조자로서 '食力'하는 佃客이었다. 科田占有의 田主的 實現은 수취하는 物種과 量, 그리고 수취를 강제하는 諸權限이었다. 수취율은 田租를 위시하여 藁草, 그리고 納租·收租過程에 수반한 諸般輸轉價가 米를 기준으로 징수되었으며, 그 수행원칙은 납조자 直納이었다. 전주는 農形을 답험하고 직접 수조하는 권한을 지녔다. 그리고 농사의 損失 정도에 따라선 租 이외에 布·役도 감면·면제되므로, 사전전주는 여기서도 자신의 몫으로 취득할 기회를 가졌다. 국가가 수조권을 가진 공전과 主體가 다를 뿐 수조의 원칙과 실제가 같았다.

이러한 점유관계, 主客관계를 국가는 군현제, 조운제, 요역제, 작정제, 양호제 등을 통해 유지하고 지원하였다. 田主의 佃客强制力도 컸다. 이는 事案에 따라 여러 형태로 발휘되었겠으나, 그 목표는 항상 두 가지였다. 所受田이 항상 성실히 경작되도록 해야 한다는 점과 田租 등 각종 수취물이 착실하게 공급되도록 해야 한다는 점이었다. 경작포기, 전조체납 등에 대해서는 심하면 해당 토지의 소유권까지도 奪占할 수 있었을 것이다. 물론 전주의 이런 행위가 토지의 私的 所有를 법제로 보장하고 농민의 경작안정이 권려되고 있는 고려에서 일반적 현상일 수는 없었다.

전시과는 이와 같은 제반 장치와 관습·법제가 적절히 유기적으로 기능하는 위에서 운영될 수 있었다. 그러므로 이러한 장치에 규각이 생기고 작동에 무리가 심해져 폐단이 증대하고 관습과 법제가 폐퇴하고, 아울러 이에 따라 전주와 전객의 대립이 조화·조절을 상실하고 국가는 이들에 대한 통제를 잃으면 田主의 수탈과 佃客의 항거가 고조되어, 전시과는 마비·혼란되고 급기야 이를 바탕으로 구축되어 있는 국가의 체제가 동요할 수밖에 없는 지경에 이르는 것이었다. 고려말의 私田弊害는 바로 이러한 사태에서 기인하는 矛盾現象이었다.

《高麗前期의 田柴科》, 2007. 8. 收錄, 2011. 補)

高麗時期의 兩班口分田과 柴地

1. 序 言

고려시기 兩班, 軍·閑人 등 상급신분은 治者로서, 전시과제도를 통해 田土를 분급 받고 있었다. 이 분급전토는 수조지로서 私田이었는데 내역이 독특하였다. 특정 명목의 토지가 일부 포함되어 있었고 또 별도로 樵採地가 부수하여 절급되어 있었다. 口分田과 柴地였다. 이 구분전은 사전수득자가 男子 子孫 없이 연로한 경우 혹은 그가 사망한 후 그 妻 및 未嫁女子에 대한 恤養으로 절급하던 구분전과 구별되고, 특히 鄕吏·津尺·驛吏 등 특정 國役의 담당자에게 분급하던 구분전과는 계열과 성질이 다른 토지였다. 일단 兩班口分田이라고 부르기로 한다.

兩班, 軍·閑人에 대한 분급전토에 구분전이란 명칭의 토지가 일부 설정되고 柴地가 또한 병행하여 절급됨은 고려 토지분급제의 기본 특징이었다. 이 구분전과 분급시지는 고려 최말 과전제도가 마련되는 단계에서 소멸되었다. 그러므로 고려시기 전시과의 운영 원칙과 이를 수립하고 있던 사회경제의 특징을 이해하는 데 양반구분전 및 시지에 대한 검토는 불가결한 작업이 된다. 여기서는 이 문제를 고려시기 구분전의 종류와 양반구분전의 위치, 양반구분전과 분급사전과의 관계, 그리고 시지의 설정과 양반구분전과의 연관, 양반구분전과 분급시지의 소멸 사정 등에서 고찰함으로써 그 대략을 정리하고자 한다. 고려의 전시과제도와 조선의 과전제도가 모두 동일한 토지분급제이고 전주전객제를 공통의 내용으로 하고 있는 정치·경제제도이면서도, 양자가 갖는 차이점도 이를 통해 파악할 수 있을 것이다.

2. 口分田의 三型과 兩班口分田

자료상, 고려시기 口分田 기사로서는 우선 顯宗·文宗朝의 판지에 유의하게 된다. 즉

(1) 判 凡無子·身歿軍人妻 給口分田[1]

(2) 判 六品以下·七品以上 無連立子孫者之妻 給口分田八結 八品以下·戰亡軍人 通給妻口分田五結 五品以上戶夫妻皆死無男而未嫁女子者 給口分田八結 女子嫁後還給[2]

(3) 判 軍人年老身病者 許令子孫親族代之 無子孫親族者 年滿七十 閒屬監門衛 七十後 只給口分田五結 收餘田 至海軍亦依此例[3]

등의 기사에 보이는 구분전이다. 이는 田地의 수득자가 자손이 없이 사망한 경우 그 妻나 未嫁한 女息에게 혹은 자손·친족이 없는 府兵 가운데 70세가 넘은 이에게 지급되는 토지였다. 고려는 전시과를 운영하면서 職役傳受나 家系繼承이 단절된 수전자 본인이나 그 처 또는 미가여자의 恤養을 배려하여 수득전지의 일부를 구분전으로 삼도록 하여, 일정 조건하에서 일정 기간 田租의 取食을 허여하는 방침을 수립하고 있었다. 恤養口分田이라고 할 수 있겠다.

그러나 고려시기에 구분전이란 명칭의 토지는 이것만 있었던 것이 아니었다. 이와는 구별되는 구분전이 두 개 더 병존하고 있었다. 이러한

---

1)《高麗史》78, 食貨 1, 田制, 田柴科, 顯宗 15년 5월, 中冊, p. 711(延世大學校 東方學硏究所 影印本, 1961-以下同).
2)《高麗史》78, 食貨 1, 田制, 田柴科, 文宗 원년 2월, 中冊, p. 711.
3)《高麗史》78, 食貨 1, 田制, 田柴科, 文宗 23년 10월, 中冊, p. 711.

사실은, 고려후기의 자료이지만 忠穆王 원년(1345) 8월 都評議使司의 한 보고에서 확인된다. 당시 도평의사사에서 京畿內 祿科田의 설치 사정을 말하여

先王……罷畿縣兩班祖業田外半丁 置祿科田 隨科折給[4]

이라고 한 후, 이어서 이후 賜牌田의 濫受와 冒受로 인하여 녹과전과 각종 전지가 피탈되었음을 지적하고, 재차 녹과전의 확보 방안으로 제시하여 制可받는 내용에서이다.

乞依先王制定 京畿八縣土田 更行經理 御分·宮司田 鄕吏·津尺·驛子雜口分位田 考覈元籍折給 兩班·軍·閑人口分田 元宗十二年以上公文考覈折給 其餘諸賜給田 並皆收奪 均給職田 餘田 公收租稅 以充國用[5]

여기서 구분전은 두 종류가 거론되고 있다. 元籍을 考覈하여 量給하도록 하자는 鄕吏·津尺·驛子의 口分田,[6] 그리고 元宗 12년(1271) 이상의 公文을 考覈하여 折給하자는 兩班·軍·閑人의 口分田이다. 이 두 개의 구분전은 앞서 말한 恤養구분전과는 계통이 확실히 다른 토지였다. 전자는 雜口分田으로, 후자는 兩班口分田으로 부를 수 있겠다.

그리고 보면 고려시기에 구분전이란 이름을 가진 토지는 세 개의 型이 있었다. ① 恤養口分田 ② 雜口分田 ③ 兩班口分田이었다. 이 가운데서 전시과상의 토지분급, 곧 양반관료를 위시한 諸識役層 개인을 대상으로 한 분급전지와 직결되는 구분전은 ①의 휼양구분전과 ③의 양반구분전이다. ②의 잡구분전도 크게 보면 역시 전시과의 체계 내에서 존재하는 전

---

4) 《高麗史》 78, 食貨 1, 田制, 祿科田, 忠穆王 원년 8년, 中冊, p. 714.

5) 同上.

6) 原文에는 '雜口分位田'으로 표현되어 있다. 口分位田은 口分田과 같은 의미로서, 鄕吏·津尺·驛吏 등 특정 國役의 담당자에게 口分으로서 분급한 位田이란 뜻이다(拙稿, 〈朝鮮前期 驛田의 經營變動〉, 《邊太燮博士華甲紀念 史學論叢》, 三英社, 1985, pp. 351~352 참조).

토이지만, 절급대상이 鄕吏·驛吏 등 특정 국역의 담당자들로서 ①·③의 구분전과는 성질이 달랐다. 고려 최말 趙浚이 그의 田制改革案에서 이를 外役田과 驛田의 항목으로 분류하여 처리하고 있음도,[7] 토지의 계통·성격이 그러하였기 때문이었다. 그리고 이 구분전은 조선에 가서도 마찬가지 대상에게 분급되면서 존속하고 있다.[8] 고려 토지분급제의 특징을 잘 구현하고 있는 구분전은 휼양구분전과 양반구분전 두 개였다.

恤養口分田은 고려전기부터 있었던 전지로서 전시과제도를 보완하는 기능을 가진 토지였다. 現傳하는 자료의 내용상 이 구분전에 대해서는 수득대상자나 지목의 구성 등을 놓고 여러 異見이 있지만,[9] 한 가지 분명한 사실은 이 토지의 지급대상이 노령이나 사망한 수전자에게 男子孫이 없다는 공통점이다. 즉, 有子孫·親族者에게는 상관없는 구분전이었다. 祖父의 所受田을 자손이 傳受·遞受한다는 전시과의 世祿精神이 전제되고서 존재하는 그런 토지였다. 좀 더 부연하면 祖父의 과전이 처·자손에게 자연스럽게 傳授·傳受될 수 있는 사정에서 벗어나, 특수한 처지에 있게 된 家의 현 수전자 본인이나 그 처 혹은 未嫁女의 생계를 위해 설정되고 있는 특별한 구분전이었다.

휼양구분전은 설정 목적이나 분급대상이 이러하였으므로, 특성상 그때그때 잠시 존속할 수밖에 없는 토지였다. 그리고 전토의 절급·회수가 국가에 의해 관장되고 운영되는 상태를 조건으로 존속할 수 있는 토지였다. 만일 이러한 조건이 무너져 국가의 田土管理가 마비되고 所受田이 부자·친족 사이에 사사로이 수수되게 되면, 이 구분전의 분급과 회수 역시 중단될 수밖에 없었다.[10]

---

7)《高麗史》78, 食貨 1, 田制, 祿科田, 辛禑 14년 7월, 趙浚上書, 中冊, p. 717.

8) 武田幸男,〈高麗·朝鮮時代의 邑吏田〉,《朝鮮學報》39, 1966.
　　拙稿, 주 6의 논고.

9) 특히 上述한 자료 (2)에 관한 해석에서 논란이 심함은 널리 알려진 일이다. 그중에서도 李佑成,〈閑人·白丁의 新解釋〉,《歷史學報》19(1962)와 朴昌熙,〈「閑人田」論에 대한 再檢討〉,《韓國文化論叢》27(1976)에서 제시된 李·朴 두 교수의 견해차는 대표적인 예이다.

10) 휼양구분전의 분급·회수에 관한 좀 더 상세한 내용에 관해선 拙稿,〈科田의 占有와 그 原則〉,《朝鮮前期土地制度硏究-土地分給制와 農民支配》, 1986, pp. 152~154를 참조할 것.

이런 점에서 휼양구분전은 전시과 내에서 큰 위치를 점하는 토지는 아니었다. 그러나 전시과를 보완하여 준다는 기능면에서 무시될 토지도 아니었다. 전시과 운영의 기본상 빠질 수 없는 바였다. 軍人의 경우는 특히 그러하였다. 그러므로 《高麗史》 食貨志 田制 序에서도 고려의 토지제도를 개관하여, 文武百官에서 府兵·閑人에 이르기까지 전지를 科에 따라 받지 않음이 없고 본인이 사망하면 納公하되, 오직 부병만은 20세에 받아 60세에 반환하며 자손·친척이 있으면 이를 遞受한다고 밝히면서, 아울러

無者籍監門衛 七十後給口分田 收餘田 無後身死者及戰亡者妻 亦皆給口分田11)

한다고 하여, 이 恤養口分田을 특별히 거론하는 것이었다.

고려 토지분급제와 농민지배의 체계, 곧 전시과의 대체상 큰 자리를 차지하고 있는 구분전은 兩班口分田이었다. 이 구분전은 《高麗史》 食貨志의 田制 序에서는 물론 다른 어느 곳에서도 거의 언급하고 있지 않다. 처음으로 그리고 가장 분명하게 나타나는 기록이 前述한 고려후기 忠穆王代의 기사이다. 그러나 양반구분전 역시 前期부터 존속하던 토지였다. 이 점은 다음의 한 두 사실을 보면 확실하다. 우선 양반구분전은 京畿 내에 녹과전이 신설될 때, 그 설정 대상의 토지에서 제외하고 있었다. 이 구분전은 '罷畿縣兩班祖業田外半丁 置祿科田'12) 그리고 '京畿土田 除祖業口分 餘皆折給 爲祿科田'13)의 두 기사에서 말하는 '兩班祖業田'이고 '祖業口分'이었다. 이미 양반구분전은 고려후기 녹과전제도가 시행될 때 祖業田으로 간주되고 있었다. 수전자 家系의 자손이 벌써부터 世傳하고 있었던 것이다.

元宗 14년(1273)의 한 제칙에서 云謂하는 '兩班·軍·閑人之世傳田地'도

---

11) 《高麗史》 78, 食貨 1, 田制, 序, 中冊, p. 705.
12) 주 4와 同.
13) 《高麗史節要》 25, 忠穆王 後 5년 12월, p. 654(亞細亞文化社 影印本, 1971-以下同).

바로 이런 사정에 있던 토지였다.

今屬兵糧之田 元是諸宮·寺院所屬及兩班·軍·閑人之世傳而權臣所取者也 己巳
年 辨整都監 推辨不究 或有給非其主 由是 怨者頗多 其兵糧都監 詳考兩造文
案 公正以決14)

여기서 말하는 權臣이 탈취하였다는 兩班, 軍·閑人의 世傳田土는, 다름
아니라 충목왕 원년의 기사에 보이는 양반·군·한인의 구분전을 지칭하는
것이겠다. 이들이 세전하고 있었다는 전지는 수조지로서의 전토였으므
로,15) 그것은 분급전지가 수득자 家內의 世傳土地, 곧 祖業田으로 되어
버린 상태하에서의 구분전일 수밖에 없었다. 위 자료상의 口分田이 휼양
구분전으로도 생각될 수 있지만 그런 게 아니었다. 휼양구분전은 그 수
득자의 특수한 처지상 세전될 수도 없고, 더구나 조업전으로는 될 수 없
는 까닭이다.

 己巳年, 즉 원종 10년(1269) 전민변정 당시 양반·군·한인의 구분전은
이미 世傳田地로 되어 있었고, 또 그렇게 간주되고 있었다. 양반층의 子
孫이 대대로 傳受하고 있음은, 이 구분전이 원칙상 祖父子孫의 家系關係
가 실재하여 傳授·傳受할 수 있는 토지임을 말하여 준다. 고려후기에 국
가는 양반의 소수전이 세전되고 조업화된 현실을 승인하고 있었는데, 이
는 전시과의 분급전토가 國田이지만 수득자의 家內에서 직역을 통한 忠
誠과 奉供을 전제로 하여 세록전으로서 자손에게 전수된다는 사전점유의
기본원칙에서 가능할 수 있었던 일이었다. 곧 양반구분전은 전시과 내의
분급토지로 자손에게 전수할 수 있는 성질의 토지였다.

 앞서 언급한 충목왕 원년, 勢家의 사패전에 피탈된 양반·군·한인의 구
분전을 考覈할 때, 원종 12년(1271) 이상의 公文에 근거하도록 하였던
조처도, 이 전지의 성질이 본래 이러하였던 데서 수립될 수 있었던 방침
이었다. 원종 12년 이상의 공문이란 이해 이전에 작성되어 이들에게 절

---

14)《高麗史》27, 世家 27, 元宗 14년 2월, 上冊, p. 559.
15) 拙稿, 주 10의 논저, p. 11.

급된 구분전소지의 公證文書를 이름이었다. 이른바 '公文朱筆'의 公文으로, 수득자에 대한 전지분급의 사항 및 후에 加給·補給·遞受되는 사정 등이 朱筆로 標注되어 있어 그 傳受關係나 世傳來歷을 알 수 있는 문서였다.16) 그런데 하필 원종 12년 이전의 공문을 구분전의 피탈상황에 대한 점검 및 재절급의 기준으로 삼는 데는 그럴 만한 사정이 있었다. 원종정부는 대몽전란이 종식된 뒤, 동왕 10년(1269) 戶口와 田地에 대한 파악을 서두르는 한편, 田民辨整都監을 설치하여 누적된 토지분쟁의 해결에 착수하였다.17) 그리고 12년(1271) 이해에 들어와선 녹과전을 절급하였다.18) 이 과정에서 기왕의 양반·군·한인 구분전도 그 전수·점유의 상황이 다시 점검되고 재절급하게 되었을 것이다. 그리고 이에 따라 文書도 작성되었겠고, 이는 종래의 문서에 첨부되어 보관하였을 것이다. 公文은 바로 이것을 가리킨다. 그러므로 충목왕 때에 양반·군·한인 구분전을 考覈하려 할 때, 그 기준으로 이 공문을 포함하여 이전의 공문을 근거로 삼음은 의당한 일이었다.19)

　양반구분전은 이상과 같이 양반·군·한인 본인에게 분급되는 토지이므로 휼양구분전과는 달랐다. 그러나 이 두 개의 구분전이 전혀 별개의 實田으로 경리되고 제각각 절급되는 토지는 아니었던 듯하다. 양반구분전을 수득한 家系 內에 男子孫이 없어 그 傳受가 단절되고 恤養하여야 할 대상이 발생하였을 때, 이 가운데 일부가 死亡 때까지 혹은 守信 또는 出嫁 때까지 恤養口分田으로 남겨져 있지 않았을까 생각된다. 즉 휼양구

---

16) 拙稿, 同上書, pp. 73~75.
17) 《高麗史》 78, 食貨 1, 田制, 貢賦, 忠肅王 원년 정월, 中冊, p. 693.
　　주 14 및 《高麗史》 77, 百官 2, 諸司都監各色, 中冊, p. 693.
18) 《高麗史節要》 19, 元宗 12년 2월, p. 492.
19) 兩班口分田은 이와 같이 高麗前期부터 있었다. 그러나 이에 상치하는 견해도 있다. 武田幸男, 〈高麗時期의 口分田과 永業田〉, 《社會經濟史學》 33-5(1967)에선 양반·군·한인의 구분전이 고려후기 자료에 처음 보이고 기사 구성이 祿科田과 병행하고 있는 점에 집착하여, 이를 이 시기에 새로 등장하는 異質의 口分田으로 파악하여 '後期口分田'이라 칭하고, 前期資料에 나타나는 恤養口分田은 '前期口分田'이라 하여 兩者를 시간상으로 구분하고 있다. 그리고 고려전기에는 前期口分田이 田柴科·永業田과 서로 보완하는 관계에 있다가 祿科田 창설 이후 13세기에 永業田은 소멸하고 前期口分田은 내용변화를 일으켜 영업전의 성격을 계승하여 後期口分田이 등장하게 되며, 이것이 科田法으로 계승된다고 想察함으로써 混線을 빚고 있다.

분전은 양반구분전 중에서 절급되는 토지였겠다. 예를 들어 고려 최말에 조준이 그의 1차 전제개혁안에서 兩班士大夫에 대한 給田으로 祿科田과 함께 口分田을 설정하면서, 이의 소지기한에 관해

　　　皆終其身　其妻守節　亦皆許終身[20]

이라 하여, 수전자 본인의 사망 때까지로 하고 혹 그 처가 守節하면 역시 終身까지 점유하도록 한다는 조항을 부수하며 마련하고 있음은 양반구분전과 휼양구분전의 이와 같은 연관에서 연유한다고 보겠다. 또 文宗 23년(1069) 無子息親族의 軍人으로서 年滿 70이 지나면 監門衛에 閒屬시키고, 口分田 5結만 지급하고 나머지 전토는 회수한다는 판지[21]도 같은 사정을 전하는 게 아닐까 한다. 兩班口分田과 恤養口分田은 분급의 대상이 다른 점에서 별개의 구분전이라고 할 수 있겠으나, 이러한 연계상에선 하나의 전지일 수 있는 셈이다.

3. 兩班口分田의 畿內折給과 私田

　양반구분전은 고려전기부터 있었던 개인 수조지이고 자손이 전수할 수 있는 세록전이었다. 곧 분급사전에 속하는 전토였다. 그런데 이 구분전은 설정지역이 王京 주위, 이를테면 京畿內였다. 이러한 사실은 뒤에 援引하는 조선초기의 기록에서 분명히 확인되지만, 고려 이 시기의 자료를 음미하여도 확실히 알 수 있다. 거듭 인용하는 바이지만, 충목왕 원년(1345) 8월 경기 8현에서 녹과전을 정비할 때 재경리할 토지로 거론되던 전지는 御分·宮司田, 鄕吏·津尺·驛子의 雜口分田 그리고 兩班·軍·閑人의 口分田이었다. 餘他의 전지나 양반·군·한인의 科田은 거론되고 있지 않다. 이는 사전 일반은 경기 내에선 분급하지 않았던 까닭이겠다. 과전

---

20) 《高麗史》 78, 食貨 1, 田制, 祿科田, 辛禑 14년 7월, 趙浚上書, 中冊, p. 717.
21) 주 3의 本文 참조.

등 사전 일반이 畿內에 분급되었다면 의당 云謂될 텐데 그렇지 않은 것
이다. 사실 兩班層의 모든 사전이 기내에 있었다면, 녹과전의 설치나 사
패전의 절급이 경기 안에선 원칙상 이루어질 수 없는 일이었다. 忠烈王
34년(1308) 忠宣王이 즉위하면서 한발에 대비하여 양곡의 비축을 도모하
는 방편으로 경기 8현 전토의 租를 收畜하도록 시달하면서도 유독 祿科
田과 口分田 두 토지에 대해서만은 대상에서 제외시키고 있었는데,

　　　京畿八縣 祿科·口分外 其餘田租 疾旱收畜22)

이 역시 기내의 양반사전은 녹과전과 구분전뿐이었음을 전하는 예이다.
　양반구분전은 기내에 분급되던 사전이었다. 그러므로 이는 양반·군·한
인이 본래 해당 科에 따라 절급받는 私田의 전부가 아니었다. 이들이 수
득하는 과전을 畿內에서만 절급하였다면, 구태여 구분전이라는 명칭을
사용할 이유도 없었다. 고려는 양반에게 분급하는 사전 가운데 일부를
畿內에서 절급하고, 이것을 구분전이라고 불렀던 것이다. 이런 점에서
보건대 액수는 소액이었을 것이다. 그리고 사전의 대부분은 경기 밖의
外方州縣에 분산하여 설치하였다. 明宗 18년(1188)의 한 기록에

　　　凡州縣 各有京外兩班·軍人家田永業田23)

하다는 구절은 이런 형편을 반영하는 표현이었다. 외방 각 고을에 양반·
군인의 家田과 永業田, 즉 사적 소유지와 함께 점유 수조지가 있었다는
사실을 알려주고 있다. 사전이 설치된 외방은 하도였을 것이다. 兩界는
원칙상 '舊無私田'24)한 지역이었다. 고려의 사전은 外方折給이 원칙이었
다. 口分田과 永業田의 실체 및 양자의 관계도 여기서 드러난다.
　고려시기 국가는 양반·군·한인의 전시과를 외방절급의 원칙하에 운영

---

22) 《高麗史》 33, 世家 33, 忠宣王 1, 忠烈王 34년 11월 辛未, 上冊, p. 682.
23) 《高麗史》 82, 兵志 2, 屯田, 辛禑 원년 10월, 中冊, p. 813.
24) 《高麗史》 78, 食貨 1, 田制, 田柴科, 明宗 18년 3월, 中冊, p. 711.

하고 있었다. 그러면서도 이에 부수하여 예외조치를 병행하였다. 경기 내에 小額이지만 사전 가운데 일부를 떼어 절급하는 제도를 함께 시행하고 있었던 것이다. 경기는 中心治所이고 王京을 補翼하는 곳이었다. 이 조처는 일차로 居京하는 양반 지배층의 생활유지에 필요한 物的 保障策으로 취해진 것으로 보인다. 그리고 이유가 이러하였으므로 畿內에 분급하는 양반의 사전을 일러 특별히 구분전이라고 하였던 것이겠다. 구분전이란 원래 용어 자체가 생계유지, 휼양 등에 상당하여 지급되는 토지라는 뜻이다. 경기 내에 설정된 양반·군·한인의 과전을 구분전이라고 불렀음은 자연스러운 바였다.

고려의 토지분급제는 사전을 외방에 설치하되, 그중 약간 부분을 경기 내에 절급하여 양반·군·한인의 居京生活에 소요되는 생계경비를 조달하도록 하는 원칙에서 수립하고 운영되고 있었다. 고려말엽에 諫官 李行 등이 전시과를 논하여,

> 役口之分　戶別之丁　皆爲國田　父子不得與之子　必告有司而與之　如其無子且或有罪　則必歸於公　不敢私也[25]

라 하고, 典法判書 趙仁沃 등이

> 田柴口分之田　所以優士大夫礪廉恥也[26]

라고 말함은 모두 전시과의 운영방침이 본래 이러하였기 때문이었다. 役分과 口分, 田柴와 口分을 구별하여 표현하면서도 한데 묶어, 그것이 國田이고 士大夫家의 염치를 권려하기 위해 절급되었다고 설명하고 있는 것이다.

이와 같은 전시과 운영의 기본방식은 後代의 기록에서 한층 명백하게
전해 온다.

  (1) 前朝田制 畿內之地 土大夫口分外 皆公田地 而私田則 皆在下道[27]
  (2) 前朝私田 皆在下道 而京畿則雖達官 但口分田十數結而已 亦是賴以遂其
      生矣[28]

  (1)·(2)는 모두 조선초 太宗 3년(1403) 6월 司諫院에서 外方田租의
운수 곤란으로 京畿의 私田을 外方으로 移給할 것을 제안하면서, 그 타
당한 근거로 고려시기 田制를 예로 들고 있는 대목이다. 고려시기에 私
田은 下道에 두었다는 것, 경기 내에 사대부의 전지는 단지 구분전뿐이
고 이외는 모두 公田이었다는 것, 구분전의 액수는 소액이어서 達官이라
도 십수 결에 지나지 않았다는 것, 그러나 이 정도의 결수로도 생활을
유지할 수 있었다는 것이다. 지금까지 살펴본 고려시기 양반구분전의 畿
內 折給과 사전의 外方分給 및 양자의 관계는 여기서 명확하여 진다.
  기내에 분급된 양반구분전의 규모는 達官의 경우가 십수 결에 불과하
였다. 달관이라면 文宗朝의 경정전시과를 예로 하여 1科 내지 2科에 속
하는 이들이었겠는데, 그 受田의 액수는 각각 100결·90결씩이었다.[29]
官班과 品階에 따라 增減率에 차이가 있었겠고, 下位科는 예외였겠으나
대략 총 受得私田額 가운데 산술상 1/8 내지 1/7정도 내외가 양반구분
전의 액수였다고 보겠다. 그러나 이 정도 규모의 구분전만으로도 生計資
養은 넉넉하였다. 그러므로 조선 태종 3년(1403) 당시 司諫院에선 경기
내 과전의 半을 하삼도로 移給하자는 제의를 하면서, 이렇게 하여도 人
心의 浮動은 없을 것이라고 강조할 수 있었다.

  今科田雖減其半 移於下道 在京畿者 當倍蓰於口分田之數 尙何人心之浮動哉[30]

---

  27)《太宗實錄》5, 太宗 3년 6월 壬子, 1冊, p. 267.
  28)《太宗實錄》5, 太宗 3년 6월 乙亥, 1冊, p. 270.
  29)《高麗史》78, 食貨 1, 田制, 田柴科, 文宗 30년, 中冊, p. 710.

경기 내에 남게 되는 과전의 반은, 고려 양반구분전의 결수에 비하면 아직도 두서너 배나 되는 규모였다.

고려의 토지분급제가 이러한 방식으로 운영되고 있었던 데는 사회경제적 사정이 있었다. 여기에는 농민, 兩班層의 이해관계와 국가의 처지가 서로 깊이 얽혀 있었다. 그 實狀은 앞에 든 자료 (1)의 기사에 바로 뒤이어, 사간원에서 이와 같은 전시과의 분급 방침의 이유와 과전의 하삼도 이급의 효과를 결부시켜 설명하고 있는 구절에서 대강 파악된다.

所以然者 公田之租 必用民力以輸之 京畿易而下道難 若私田則雖在下道 其田之主 各自任意 收其雜物 故佃客無輸轉之弊 而田主亦不憚其貿易之煩[31]

고려시기에 경기전의 대부분을 공전으로 경리하고 사전은 외방에 절급한 것은, 첫째 공전의 租는 반드시 民力을 써서 수송하는 데 경기는 쉽고 하도는 어렵기 때문이었고, 둘째, 그리고 사전은 비록 하도에 있어도 그 田主가 각자 임의로 雜物로 징수하여 佃客은 輸轉하는 폐해도 없고 전주 역시 貿易하는 번잡함을 꺼리지 않는 형편에서였다.

이러한 고려의 사전 배치와 분급의 방식은 국가나 사전전주 모두에게 편리한 처사였고, 이들의 이해관계를 반영하고 있는 조치였다. 국가로서는 田租輸納의 어려움 때문에 私田을 외방에 설치한 것이었다. 곧, 漕運未備 때문이었다. 조운의 미비는 그만큼 고려의 중앙권력이 지방파악을 할 수 없었던 사정에서 연유하는 사태였다. 당초 在地勢力者 豪族의 존재 위에서 성립한 고려는 중앙의 행정력을 각 지방에 행사하는 데 한계가 있었다. 시간이 지남에 따라 행정력의 지방침투가 강화되고 이에 따라 漕運制도 정비되고 있었으나 충분한 정도는 아니었다. 그리고 이 정비는 호족의 지방 지배를 부분 용인하면서 이들이 장악하고 있는 各浦를 얼개로 하여 이루어져 가는 것이었다.[32]

---

30) 주 28과 同.
31) 주 27과 同.
32) 고려시기의 漕運에 대해서는 아래의 논고가 참고된다.

정부는 될 수 있으면 租穀運般의 부담을 줄이는 방향에서 대책을 세워
야 했다. 그리하여 당초부터 토지분급제는 사전을 외방에 설치하고 그
전주 개개인이 直接收租하도록 맡겨버리고, 王都의 股肱인 畿內 및 그
부근은 가능한 한 공전으로 확보하여 재정의 안정을 기하는 선에서 운영
하여 나갔다. 그리고 이에 더하여 양반층의 居京生活 유지를 명목으로
해당 科田에서 약간의 면적을 口分田으로 畿內에 절급함도 이러한 輪轉
事情에선 필요한 조치였다. 전시과가 成宗朝의 外官派遣 이전부터 제정·
운용될 수 있었던 것은 바로 사전의 이와 같은 배치방식을 통해서였다.

사전의 이러한 배치와 분급은 田主에게도 유리하였다. 또한 運輸만 생
각한다면 佃客農民에게도 편리하였다. 田主는 外方私田에서 임의로 전조
대신 雜物로 징수하였고 이러한 무역의 번거로움을 꺼리지 않았다. 田主
가 임의로 전조 대신 잡물을 징수하여 무역한다 함은, 조세를 穀物 그대
로 징수하여 운반함이 불편하여 布나 기타 다른 물건으로 換易하여 수송
함을 이름이었다. 이러한 輪納方式은 정부가 외방에서 조세를 징수할 때
도 사정에 따라 이용하고 있었다. 그런 사례를 경상도 지방에서 행하던
租稅輪納에서 볼 수 있다.

慶尙道 阻山隔海 其租稅輪納之難 實倍他道 故自高麗氏以來 因其地産之宜
或收紬布 或收綿絮 而未嘗收其粟米……垂五百年 行之無弊[33]

山海로 阻隔해 있는 이 지방에서는 조세의 輪納이 어려워 高麗 이래로
이 지방의 土産인 紬布·綿絮 등으로 징수하고, 粟米로는 거두지 않는 게
관례였다. 500년을 내려오며 시행해도 폐단이 없었다. 물론 경상도 전체
가 그러하지는 않았겠고, 지역에 따라 이런 방식이 채택되고 있었을 것

九龜金作, 〈高麗의 十二漕倉에 대하여〉, 《靑丘學叢》 21·22, 1935.
孫弘烈, 〈高麗漕運考〉, 《史叢》 21·22合輯, 1977.
北村秀人, 〈高麗初期의 漕運에 대한 考察〉, 《古代東아시아論集》上, 1978.
　〃　, 〈高麗時代의 漕倉制에 대하여〉, 《朝鮮歷史論集》上, 龍溪書舍, 1979.
崔完基, 〈高麗朝의 稅穀運送〉, 《韓國史硏究》 34, 1981.

33) 《太宗實錄》 4, 太宗 2년 8월 甲辰, 2冊, p. 264.

이다. 稅布는 黃豆를 기준으로 折價되어 징수되었다. 黃豆 30斗는 布 1 匹에 해당하였다.[34) 旱田 1결에서 布 1필씩을 징수하는 셈이었다. 조선 世宗朝, 司諫院에서 당시의 세법이 水田 1결에 糙米 30두, 旱田 1결에 雜穀 30두를 징수하는 것임을 말하면서 '又旱田一結 收布一匹'[35) 한다고 添言함은 바로 이러한 징수 방식과 기준을 가리키는 것이다. 고려 이래 국가의 이러한 수세방식은 兩班田主가 자신의 외방사전에서 관습으로 행하던 전조수납방식을 본떠서 제도로 삼은 것이었겠다. 실제 조선 太宗末期내 사전의 1/3이 하삼도로 이급되어 사전의 배치가 고려시기와 비슷하였던 때, 전주는 이급된 외방사전에서 바로 이와 같은 방식으로 전조를 징수하고 있었다.

　　　各品科田……其水路阻隔遠道 皆以布帛徵納[36)

　사전전조의 전주직접수취의 원칙 아래서,[37) 양반전주는 외방의 자기 사전에서 징수하는 전조로서의 穀物을 布帛이나 기타 물건으로 환산하여 수취하였다. 그리고 사정에 따라서, 특히 물가의 변동 및 지역 간의 격차에 따라서는 이들 租穀이나 雜物을 바탕으로 他物로 교환하는 商行爲도 병행하면서 수납하기도 하였고, 勢家나 大田主의 경우는 이 사전을 거점으로 하여 주변지역을 대상으로 독자적으로 물자를 교역하는 商業圈까지 형성하고 있었다. 고려 이 시기에 勢家·寺院·兩班이 사전수조 시에 전객농민 혹은 주현을 대상으로 물자를 抑賣·抑買하던 행위, 곧 田主的 强制를 동반한 교환경제를 구축하고 있었던 현실도, 다름 아니라 이러한 구조와 상황에서 진행된 사태였다.[38)

　이러한 여건과 사정으로 사전이 외방에 설치된 속에서, 경기 내의 구

---

34)《睿宗實錄》7, 睿宗 원년 8월 丁卯, 8冊, p. 411.
　　'慶尙道用布子 舊法 每一匹准稅黃豆三十斗'
35)《世宗實錄》86, 世宗 21년 7월 丁卯, 4冊, p. 228.
36)《世宗實錄》2, 世宗 즉위년 10월 己卯, 2冊, p. 272.
37) 고려에서 私田田租는 全 기간에 걸쳐 田主가 直接徵收하였다(拙稿, 주 10의 논저, p. 43 및 pp. 119~124 참조).
38) 拙稿, 〈16世紀 場市의 成立과 그 基盤〉,《韓國史硏究》57, 1987, pp. 74~85 참조.

분전은 양반전주에게 두 가지 점에서 커다란 物的 기능을 발휘하고 있었다. 하나는 앞서 말한 사전전주가 居京하면서 양반으로 생활을 유지하도록 하는 점이었다. 아마 이 口分田에서 조세는 대개 米·豆·粟 등 곡물 그 자체로 하였을 것이다. 약간의 구분전에서 조세는 穀物 그대로 수취하여야 家口의 양식을 충당할 수 있었다. 외방의 사전이 雜物의 수취 및 交易行爲의 근거였다면, 畿內의 구분전은 糧食調達의 기반이었다. 그러나 구분전이 이런 기능만 가진 토지는 아니었다. 구분전은 居京하는 양반전주들의 물적 중심체였으므로, 이를 거점으로 외방사전에서 수취하는 諸雜物이나 交易物이 集轉하고 다시 회전하며 유통하는 곳, 즉 農舍로서도 운영되었을 것으로 예상된다. 조선 태종 초, 領議政府使 成石璘은 경기의 兩班私田을 모두 외방으로 移給하고, 단지 기내에는 官品에 따라 구분전만을 지급하고 그 願에 따라 農舍를 만들게 하자는 안을 제시하고 있다.

只給隨品口分田於京圻 隨其所願 使爲農舍[39]

이는 고려시기 畿內口分田의 기능이 바로 이러하였던 데서 제기한 발상이었을 것이 틀림없다.

전시과는 고려의 사회구조와 밀접하게 관련을 맺으며 수립된 제도였다. 이는 당초 在地勢力者로서 豪族의 정치경제적 위치를 君臣關係를 전제로 給田을 통해 제도상 재보장하는 한편, 이들을 중앙에 집중시켜 居京하게 하고 왕실을 補翼하는 데 지장이 없도록 물적 요소를 마련하여 주는 선에서 운영되었다. 사전의 외방절급은 전자에, 구분전의 경기 내 분급은 후자에 각각 연결되는 바였다. 양반전주의 사전이 간혹 이들의 出身地나 緣故地에, 또는 그 所有地 위에 절급되는 경우도 있었겠다는 예상도[40] 전시과 운영방식이 이와 같았기 때문에 나올 수 있는 추측이다.

전시과를 둘러싸고 나타나는 국가와 양반지배층의 이러한 이해관계를

---

39)《太宗實錄》13, 太宗 7년 정월 甲戌, 1冊, p. 383.
40) 拙稿, 주 10의 논저, pp. 31~34 참조.

생각할 때, 사전을 외방에 분급하는 시책은 반드시 전시과 체제의 출현
에서부터 起源하는 것은 아니었을 것이다. 그것은 더 소급하여 三國時期
이래 내려오는 祿邑의 분급방식 및 그 전통에 연계된다고 보겠다.41)

4. 柴地의 設定과 畿內分給

고려에서 경기에 양반층의 구분전을 설정한 사정은 이러하였다. 그러
나 경기 안에서 양반·군인·한인 등의 생활이 원활히 유지되자면 이 구분
전의 절급만으로는 부족하였다. 糧穀調達의 보장에 수반해서 또 다른 물
적 지원이 뒤따라야 했다. 糧食을 제외하고 생활에 필요한 물자는 여러
가지가 있었으나, 가장 긴요한 것은 섶[薪]·숯[炭] 등 땔감 및 꼴[草·蒭]
이었다. 토지분급제의 운영목표가 제대로 달성되기 위해서는 이에 관한
시책도 반드시 수립되어야만 했다. 고려는 이 점을 山坂, 곧 柴地[나무갓,
말림갓, 묏(멧)갓]를 설정하고 양반층에게 분급하는 제도를 마련함으로써
해결하고 있었다. 고려의 토지분급제를 일러 田柴科라고 함은 바로 이런
까닭에서였다.

　　高麗田制……自文武百官　至府兵·閑人　莫不科受又給樵採地　謂之田柴科　身沒
　　　並納之於公42)

柴地는 이와 같이 양반층에게 柴·炭·草 등을 마련하도록 절급한 樵採
地였다. 그러므로 이 역시 구분전과 마찬가지로 王京 주변, 곧 기내 및
그 부근에서 분급하는 게 당연한 일이었다. 문종 30년(1076) 경정전시과
의 기록 末尾에는 시지의 설정처가 明記되어 있다. 이에 의하면 시지는
1日程과 2日程으로 구분한 諸郡縣에 설치하고 있었다.43)　1日程·2日程은

---

41) 拙稿, 〈古代·中世의 食邑制의 構造와 展開〉, 《孫寶基博士停年紀念 韓國史學論叢》,
　　　知識産業社, 1988, pp. 152~161, pp. 43~54 참조(본서 Ⅰ편).
42) 《高麗史》 78, 食貨 1, 田制, 序, 中冊, p. 705.

兩京 특히 開京을 중심으로 한 四方의 道程이었겠는데, 그 한계선의 하나는 함경도 남쪽 德源 부근에 있는 馬首嶺이었다.

　　制 兩京百僚樵蘇地 限馬首嶺 樹禁標 違者痛理[44]

柴地를 이용하고 땔감·꿀을 수취하고 조달하자면, 분급처는 道程上 이 거리 이상을 넘어설 수 없었을 것이다. 양반의 분급시지는 시지 설정의 목적상 또는 채취물의 운반상에서도 외방의 사전절급처에는 설치될 게 아니었다. 물론 地方官衙나 寺院·宮院 등의 公廨柴地는 외방에도 있었다.

　　又有公廨田柴 給庄宅·宮院·百司·州縣·館·驛 皆有差[45]

그리고 개인 사유지로서의 시지는 京外를 가리지 않고 어디에나 있었다. 고려후기 李承休는 頭陀山麓 龜洞 龍溪라는 곳에 家屋을 짓고 '躬耕奉母'하고 있었는데, 이 토지는 바로 그의 外家에 世傳되어 오던 私有柴地였다.[46]

---

43)《高麗史》78, 食貨 1, 田制, 田柴科, 文宗 30년, 中冊, p. 711.

柴地의 分給處

1日程	開城　貞州(開豊郡內)　白州(白川)　鹽州(延安)　幸州(高陽郡內)　江陰(金川郡內)　兎山(金川郡內)　臨江(長湍郡內)　新恩(新溪郡內)　麻田(漣川郡內)　積城(漣川郡內)　坡平(坡州郡內)　昌化(楊州郡內)　見州(楊州)　沙川(楊州郡內)　峯城(坡州)　臨津(長湍郡內)　長湍　交河(坡州郡內)　童城(金浦郡內)　松林(長湍郡內)　通津(金浦郡內)　德水(開豊郡內)
2日程	安州(載寧)　洞州(瑞興)　鳳州(鳳山)　樹州(富平)　抱州(抱川)　楊州　東州(鐵原)　遂安　土山(中和)　唐城(南陽)　仁州(富川)　金浦　梁骨(永平)　洞陰(同上)　荒坪(楊州?)　僧旨(?)　黃先(?)　道尺(?)　阿等坤(安俠?)　安俠(伊川郡 安俠)　守安(通津)　孔巖(陽川)

　　※ 姜晋哲,《高麗土地制度史研究》, 高麗大學校出版部, 1980, p. 59에서 轉載.

44)《高麗史》8, 世家 8, 文宗 13년 5월 丙辰, 上冊, p. 168.
　　《新增東國輿地勝覽》49, 咸鏡道, 德原都護府, 山川(古典刊行會 影印本, 1958. p. 877)의 기사에 '馬樹嶺'이 보이고 '一名馬息嶺 在府西三十里'라고 註記되어 있다.
45) 주 42와 同.
　　이 기사와 관련된 구체적인 사례는《高麗史》78, 食貨 1, 田制, 公廨柴地의 항목에서 확인된다.
46)《動安居士集》雜著, 葆光亭記.

分給柴地의 규모는 컸다. 景宗 원년(976)의 始定田柴科에서 紫衫以上 18品의 경우 1品에서 14品까지는 柴地의 액수가 田地와 같았다. 예컨대 1品은 田 110결·柴 110결, 14品은 田 45결·柴 45결이었다. 15品에서 18品까지는 전지에 비해 각각 2·4·6·7결씩 적었다. 15品 田 42결·柴 40결, 18品 田 32결·柴 25결이었다. 丹衫·緋衫·綠衫의 文班·雜業·武班 의 경우도 最下의 품까지 모두 시지가 절급되었다. 다만 각품마다 전지 에 비해 최고 11결에서 최하 5결 정도씩 적게 배정되고 있었다.47)

睿宗朝·文宗朝에 전시과가 다시 개정되고 또 경정되면서, 시지의 분급 결수는 전지에 비해 점차 그러나 현저하게 감축되었고 下位의 科에는 절 급하지 않았다. 睿宗 원년(998)의 전시과에서는 田地에 비해 柴地가 대 략 최고 30결에서 최하 20결 정도씩 축소하여 절급하였고, 16과 이하는 급여에서 제외되었다. 가령 1科는 田 100결·柴 70결, 9科 田 60결·柴 33결, 15科 田 30결·柴 10결이었다.48) 대체로 田地結數의 1/3정도 적 었다. 문종 30년(1076) 전시과 경정 때 시지는 더욱 축소되어, 전지에 비해 대략 최하 1/2에서 최고 1/6정도에 머물렀다. 1과에서 18과에 걸 쳐 50결~25결 정도씩 적었다. 1과 田 100결·柴 50결, 14과 田 30결· 柴 5결이었고, 15과 이하는 분급하지 않았다.49)

전시과가 개편을 거듭하면서 시지의 분급결수는 감축되고 대상도 축소 되어 갔다. 경종 원년에서 문종 30년 사이 分給柴地는 대략 半으로 감축 되었다. 분급중단은 하위관료에서부터 이루어졌다. 시지를 절급받지 못한 科의 兩班은 薪·炭의 수취에 관한 한 일반 농민과 처지가 같았다. 이러 한 변화는 약 90년간에 일어났다. 시지분급액의 감축 이유는 여러 가지 로 추측된다. 우선 관료제·군현제가 점차 정돈되어 감에 따라 호족층에 대한 국가 통제력도 증대하면서, 시지에 대한 양반층의 지배 수취를 제

　　'沿溪兩 有田二頃 是動安居士外家所傳柴地也 地雖埼薄 可以資數口之家 乃結茅於溪
　　西田之短原上'
　47)《高麗史》78, 食貨 1, 田制, 田柴科, 景宗 원년 11월, 中冊, p. 708.
　48)《高麗史》78, 食貨 1, 田制, 田柴科, 穆宗 원년 12월, 中冊, pp. 708~709.
　49)《高麗史》78, 食貨 1, 田制, 田柴科, 文宗 30년, 中冊, pp. 710~711.
　　이상 景宗·穆宗·文宗田柴科의 各科에 따른 柴地給與의 내역은 姜晋哲, 주 43의 논
　저, p. 32, p. 39, p. 48의 圖表를 참고할 것.

약하는 시책에서 오는 현상으로 보인다. 그리고 이 같은 시책은 다른 한 편으로 일반 농민의 柴地利用에 대한 욕구가 증대하고 있었음에서 유발되는 조치이기도 했다. 농민의 시지이용 욕구는 山林藪澤을 그대로 이용하는 면에서도 증대하고 있었겠지만, 이와 더불어 農地確保策으로서도 점증하고 있었다. 인구증가, 토지겸병의 압박이 갈수록 심해지는 상황에서 새로운 농지의 개척은 반드시 필요한 바였다. 농지를 확보할 수 있는 방도는 여러 가지였으나, 그중의 하나는 山地를 개간하고 山田으로 경영하는 것이었다. 특히 貧農이나 沒落農民에게는 절실하였다. 실제, 山田開墾의 추세는 고려전기에 이미 성행하였다. 문종 8년(1054)에 고려정부는 山田에 대해 平田, 즉 常耕農地50)를 기준으로 한 전품경리의 준거를 작정하여 공포할 정도였다.51) 또한 仁宗朝에 오면 당시 農地利用狀態를 말하여, 평지가 적어 산지에 治田하고 있는데 형세가 '遠望如梯磴'52)하다고 할 만큼 대단하였다. 양반에 대한 시지절급은 이런 여러 이유에서 차츰 감축되어 갔을 것이다. 그러나 감축해 분급된 시지의 결수도 규모가 작은 게 아니었다.

柴地의 분급단위도 結이었다. 이 결은 전지의 결과 實積이 같을 것이라고 추론된다. 시지는 과전과 함께 토지분급제의 일환으로 절급되는 토지였으므로, 그 결적도 전지의 결과 동일한 실적으로 산정하고, 이를 기준 단위로 삼아 분급하는 게 자연스러웠다. 新羅時期 예이지만, 文武王 대에 慶州 星浮山下를 특별히 '武珍州上守燒木田'으로 삼고 '禁人樵採 人不敢近'하였다는 故事가 전한다.53) 이 燒木田은 上守하는 武珍州吏에게 설정하여 준 토지로, 그 내역은 柴地로 보이는데 이것이 '田'으로 표현되

---

50) 拙稿, 〈高麗前期의 平田과 山田〉, 《李元淳教授華甲紀念 史學論叢》, 1986(본서 Ⅳ편).
51) 《高麗史》 78, 食貨 1, 田制, 經理, 文宗 8년 3월, 中冊, p. 706.
52) 徐兢, 《宣和奉使高麗圖經》 23, 雜俗 2, 種蓺.
53) 崔南善 編, 《增補 三國遺事》 2, 紀異 2, 文虎王 法敏.
    본 기사의 구절 가운데 '武珍州上守燒木田'의 '燒'字는 原文에 '繞'字로 되어 있다. 그러나 辭典, 字典에 '繞木'이란 어휘는 없고 '燒木'이란 용어는 있다. 아마 燒木이 옳을 것이다. 더욱이 이 구절 뒤에 다른 사람이 '나무하는 것'을 금하였다는 설명이 이어지고 있는 것, 上守吏에 계보를 잇고 있는 '其人'의 役이 薪·炭의 조달이었던 것에서 그렇게 추정한다.

고 있다. 이는 시지분급의 단위가 전지와 같았기 때문이라고 생각된다. 燒木田이 水田·旱田 등과 같이 田으로 간주되고 있는 까닭이다. 사실 조선시기에는 苧田·楮田·荒田과 菓園·漆林·竹林 등의 打量은 일반 水田·旱田의 농지와 같은 예로 행해졌다.[54] 그뿐만 아니라, 분급시지는 과전과 같은 성격과 처지에 있는 토지였다. 수득자 양반의 사유지가 될 수 없었다. 그래서 수득자가 사망한 후에는 전지와 함께 이 시지도 '並納之於公'[55]하도록 하는 방침이 수립되어 있는 것이다. 시지는 일정량의 薪·炭·草 등만을 수취하는 한에서 절급되는 토지였다. 그러자면 역시 전지의 결적을 기준단위로 하고 結當 收取樵量을 정하여 그만큼만 無償으로 징수하도록 함이 가장 무난한 방도였겠다.

　柴地에는 국가에서 禁標를 세웠다.[56] 벌목이나 火耕등 柴地의 기능 및 위치를 훼손하는 행위를 금지하는 것이다. 分給柴地는 私有가 될 수 없었다. 그러므로 타인의 이용을 금지하는, 곧 독점행위 역시 규칙상 허용되지 않았을 것이다. 시지는 대개 민인의 共同利用을 전제로 하여 無主空山에 설정되고, 경우에 따라서는 개인사유의 산지에도 배정되었을 터였다. 有主柴地의 독점은 물론이고, 無主柴地라도 이는 주변 마을에서 공동으로 이용하고 있었겠으므로 독점은 원칙상 허용될 수 없는 일이었다. 山林은 川澤과 더불어 고려나 조선에서 '與民共利者也' 혹은 '一國人民 所共利者也'[57]라 하여 특정 개인이 독점할 수 없었다. 공동 이용이 관례였다. 산림의 獨占이나 私占은 法制로 금지된 행위였다.[58] 시지를 토지분급제의 일환으로 절급하던 고려였지만, 이러한 기본원칙과 관례를

---

54) 한 예로 조선 世宗朝에 제정하고 孝宗朝에 다시 정해진 것으로 생각되는 《田制詳定所遵守條劃》(奎 9915, 9916)의 節目 중에 平田·山田의 打量方法을 제시하면서, 뒤이어 '私處家舍坐地及苧·楮·荒田·菓園·漆林·竹林 凡有利益處 依他田地例打量'이라 하여 이들 토지도 일반 田畓과 같은 방식으로 打量하도록 하고 있다. 고려에서도 이 점은 같았을 것이다.

55) 주 42와 同.

56) 주 44 참조.

57) 《高麗史》85, 刑法 2, 禁令, 忠肅王 12년 2월, 中冊, p. 865.
　　《太祖實錄》11, 太祖 6년 5월 丁未, 1冊, p. 105.

58) 《經國大典》5, 刑典, 禁制.
　　'私占柴·草場者 並杖八十'

부인할 수는 없었을 것이다. 고려말 恭愍王 5년(1356) 6월

> 賊臣之黨 擅占山澤 重收其稅 國用日乏 民生益凋 自今山林屬繕工 澤梁屬司
> 宰 弛禁輕稅[59]

라 하여, 勢家에서 산림을 擅占하고 사사로이 무겁게 세를 거두고 있어
나라의 씀씀이가 날로 핍박해지고 민생이 더욱 凋落하여지므로, 그 대책
으로 繕工監에 소속시킨다는 판지가 내려짐도 이와 같은 시지 공동 이용
의 원칙이 있었으므로 취할 수 있었던 조처였겠다. 대개 시지의 이용은
이에 참여하는 마을에서 年中 일정 시기와 기한 내에만 하도록 공동으로
정한 규정이 있었을 것이다. 분급시지에 대한 兩班田主의 권한은 적어도
법제상으로는 이러한 범위를 초월하여 행사될 수는 없었다. 만일 분급시
지를 수득양반이 독점하도록 허여되었다면, 국가 기관이나 농민은 畿內
고을의 山林에서 薪·炭·草를 조달할 길이 없었다.

시지에서 수취하는 薪·炭·草의 양은 結當 몇 뭇[幾束] 정도로 책정하
여, 결국 몇 짐[幾負]·몇 동[幾同]으로 산정하지 않았을까 추정된다. 가령
조선초기 경기 諸邑의 민인은 徭役으로서 여름에는 生草, 겨울에는 穀草
를 납부하는 부담을 지고 있었고,[60] 국가는 이를 司僕寺·司畜署·典牲署·
瓦署·司圃署 등 여러 기관에 각각 납부할 額을 貢案上에 작정하여 주고
징수하도록 하였다. 이때 그 징수단위가 각각 生草 幾萬幾千幾百幾十同
혹은 幾千幾百幾十同 등 '同'이었다.[61] 그리고 수령이 이를 민호의 所耕
結數에 따라 분정할 때도 결당 징수할 수량이 책정되어 있음은 물론이었
다. 結當 '幾束幾斤' 등으로 작정되고 있었다.[62] 고려시기에도 시지에서
薪·炭·草의 징수는 이와 같은 단위로 규정된 수취수량을 기준으로 행하

---

59)《高麗史》78, 食貨 1, 田制, 貢賦, 恭愍王 5년 6월, 中冊, p. 731.
60)《睿宗實錄》6, 睿宗 원년 6월 辛巳, 8冊, p. 394.
61)《成宗實錄》485, 成宗 원년 4월 丁巳, 8冊, p. 485.
62) 同上.
　　'國用田 則水田一結 穀草四束 重四十斤 生草一同七束 重一百十斤 田二結 穀草四束
　　重四十斤 生草一同七束半 重一百十斤'

여 졌을 게 틀림없다.

분급시지에 대한 양반전주의 권한 범위와 수취 기준이 이러한 이상, 실제 薪·炭·草의 採取에서 輸納에 이르는 전 勞役은 民力을 통해 수행될 수밖에 없었다. 시지가 開京 2日程 이내의 여러 고을에서 절급되고 있음은 이런 까닭도 있었겠다. 이러한 사정에서 볼 때, 구체적인 형태는 두 가지로 想定된다. 우선 예상되는 형태는 분급시지가 소재한 주변 마을의 民人이 이 시지를 이용하면서 그 代價로 일정량의 薪·炭을 稅로서 해당 양반전주에게 납부하는 방식이다. 앞에서 언급하였듯이 공민왕대에 勢家에서 山林을 擅占하고 그 곳을 이용하는 民人에게 重稅를 걷는 사태가 문제된 적이 있었다.63) 이때 문제가 된 것은 山林을 '擅占'함과 '重稅'를 징수하는 행위였다. 이는 山林을 정상으로 점유하고 이용자에게 定稅를 징수하는 원칙 및 그 현실이 전제되고, 이 양자 모두 위배됨으로 야기되는 문제였다. 정상의 경우에는 사유지로서의 시지도 해당하겠지만, 전시과의 일환으로 분급된 양반의 점유시지가 포함됨은 물론이었다. 이 경우 양반전주는 자신의 분급시지를 이용하고 있는 농민에게 規定의 稅로서 薪·炭·草를 採取하고 輸納하게 함으로써 수취를 해결하였을 것이다. 더불어 또 하나 예상되는 바는 自己 구분전 佃客의 勞役을 사역하는 형태이다. 조선초 과전의 田租 및 薪·炭·草 등은 전객이 전주가까지 직접 납부하게 되어 있었고, 외방과전에서도 150里 이내에선 그러하였다.64) 고려에서도 구분전의 전객이 이런 근거에서 자신의 兩班田主에게 일정량의 薪·炭·草를 공급하지 않았을까 한다. 薪·炭·草의 채취 수납이 이러하였다면, 국가는 가능한 한 구분전과 시지가 서로 인접하도록 분급하였을 것이다.

시지 이용 민인에게서 세로써 징수하는 것과 구분전 佃客의 사역으로 공급받는 것, 이 두 가지 방식 가운데 어느 것이 분급시지에서 행한 薪·炭·草 收取의 형태인지, 아니면 두 가지 모두 병행되었는지는 현재로선 단언하기 어렵다. 다만 후자 쪽은 조선초 科田에서 이루어지던 薪·炭·草

---

63) 주 59와 同.
64) 拙稿, 주 10의 논저, p. 120.

의 수취·납부방식과 계통을 같이하고 있음으로 보아, 일단 원칙은 前者
가 아니었을까 暫定하여 둔다.

양반관료에게 시지가 분급되었다 하여 이들이 이곳에서만 薪·炭·草를
조달하고 있는 것은 아니었다. 이들 가운데 사유지로서 시지를 소유하고
있는 이들은 여기서도 조달하였을 것이다. 또 無主空山에서 노비를 시켜
채취하기도 하였다. 神宗朝에 萬積과 여러 家僮, 즉 家奴들이 개경 부근
의 山에서 叛亂을 모의하고 준비할 때, '樵于北山'65) 하고 '因樵蘇分
隊'66)하는 등 採樵하면서 하였다는 예가 그런 것이다.

한편 분급시지에서 수취가 규정대로 薪·炭·草만, 또 정해진 수량에만
그치지 않았을 것이다. 시지 내에서 산출되는 여러 物種도 징수하였을
것이고, 부근에 川澤이 있으면 이에 대한 이용권도 행사하였으리라 추정
된다. 물량도 규정 이상으로 濫收하는 일이 허다하였을 것이다. 또한 시
지 중 土質이 다소 비옥하고 傾斜가 완만한 곳에서는 田畓도 일구어 농
지로 경작하는 경우도 있었겠고,67) 이와 함께 農民이 개간한 火田이나
山田에 대해 收稅함으로써 지배력을 행사하는 예도 있었겠다.

고려시기 양반은 전시과를 통해 농민의 소유지에 대한 지배와 함께
공동 이용지에 대한 지배도 아울러 행사하던 治者層이었다. 그리고 농
민은 이러한 사회관계 경제관계 속에서 생산하고 생활하고 있던 生産層
이었다.

5. 私田改革과 兩班口分田·柴地의 消滅

전시과 운영의 기본원칙과 내용은 이상과 같았다. 그리고 전시과제도
가 토지분급·전주전객 양면에서 변화함에 따라 양반구분전과 시지도 마

---

65)《高麗史節要》14, 神宗 원년 5월, p. 366.
66)《高麗史節要》14, 神宗 6년 4월, p. 372.
67) 최근 洪淳權,〈高麗時代의 柴地에 관한 考察〉,《震檀學報》64(1987)에서 분급시지
　　는 開墾可能한 荒蕪地를 절급한 것이라고 피력한 견해는 이런 점에선 참고가 되겠다.

찬가지로 변모하여 갔다. 이들 토지는 전시과 체계 내에서 그 일부로 존
재하고 기능하는 것이어서, 전시과의 수수·관리 등이 제대로 운영되고
유지되지 못하면 그 영향을 받을 수밖에 없는 처지였다.

　이러한 사태는 고려후기로 넘어가면서 현저해졌다. 사전의 수수가 규
정대로 이루어지지 않고 그 운영이 마비되는 등 전시과 전반에 대한 국
가의 관리능력이 해이되면서, 私田 一般은 사사로이 傳授되고 兼幷되고
있었으며, 이는 커다란 조류를 이루어 갔다. 이른바 '私田' 問題였다. 분
급사전은 조업전, 곧 양반전주가의 가산화하였고, 양반층 서로간의 수조
지 점탈은 京畿·外方 그리고 公田·私田을 가리지 않고 어디서나 경쟁적
으로 진행되었다. 특히 장기간에 걸친 대몽전란을 치른 후, 농지개간책
과도 연관되어 마련되었던 사패전의 절급제도는 사전겸병의 主宗을 이루
었다. 畿內에 있던 양반구분전도 사패전의 점탈대상이 되었음은 말할 나
위가 없었다.68) 柴地도 마찬가지 형편이었다.69)

　양반구분전은 존립이 순탄하지 않았다. 그러나 이 토지는 居京兩班의
직접적인 물적 기반이라는 점에서 자리가 매우 중요한 토지였다. 전시과
의 운영 관리능력을 거의 상실한 고려이지만, 최소한 양반구분전만은 확
보하고 보호하고 있어야 했다. 관료의 녹봉이 不足해지고 분급조차 할
수 없게 되자 祿科田을 창설하여 대치시키고, 이의 유지·존속에 노력한
것과 마찬가지 사정이었다. 정부는 녹과전과 함께 이 양반구분전만은 계
속 보호하여 유지하려고 늘 애썼다. 사패전의 분급에 제한을 가하고, 또
사패모수로 탈점된 口分田·祿科田을 다시 회수하여 元田主에게 환급했으
며, 때로는 사패전 자체를 몰수한 적까지 있었다.70) 고려후기에 양반구
분전은 사전문제가 격화되는 속에서도 국가의 이와 같은 노력과 조치하
에서 그럭저럭 유지되었다.

　양반구분전과 분급시지는 고려 관료제운영에서 이만큼 중요한 토지였

---

68) 拙稿, 주 10의 논저 Ⅱ장.
69) 가령 '山林川澤 與民共利 近來權勢之家 自占爲私 檀禁樵牧 以爲民害'(《高麗史》 85,
　　刑法 2, 禁令, 忠肅王 12년 2월, 中冊, p. 864)하다거나 '近來貪墨擅權 庄處田柴外
　　役軍田 皆入其門'(주 26과 同)하다는 기사 등이 이런 사정을 전하는 예이다.
70) 주 68과 同.

다. 그러므로 고려 최말 사전문제의 처리방안을 놓고 朝野가 떠들썩하였을 때, 그 구폐책을 사전혁파의 방향에서 강구하던 조준 등은 1차 전제개혁안에서, 祿科田과 함께 이 兩班口分田을 개혁방향의 指針으로 삼았다. 그는 私田弊害를 極論한 후, '正田制之目'을 제시하면서 양반층에 대한 給田을 祿科田과 口分田 두 전지를 통해 수행한다는 원칙을 세웠다.

　一 祿科田柴 自待中至庶人 在官各隨其品 計田折給 屬之衙門 當職食之
　一 口分田 在內諸君及自一品至九品 勿論時散 隨品給之 其受添設職者 考其
　　實職給之 皆終其身其妻守節亦許終身 現任外 前銜與添設受田者 皆屬五軍
　　其在外者 只給軍田充役 凡受田者 有罪則納之於公 陞級以次加給71)

　조준의 전제개혁 구상은 경기에 절급되던 양반의 분급전지인 녹과전과 구분전을 새로운 토지분급의 골격으로 삼고, 外方에 소재한 사전은 일체 혁파한다는 것이었다. 그리하여 畿內에만 양반의 사전을 두되, 그 내역은 實職官僚에 한해서 祿科田을 주고 이는 해당관료가 소속한 衙門에 속하게 하여 職에 따라 取食하도록 하며, 양반층 전체에 대한 대우 및 守節하는 妻의 휼양은 구분전을 통해 해결한다는 구상이었다. 전제개혁의 골격이 이러하였으므로 시지의 분급도 그대로 존속시키고 있었다. 祿科田을 '祿科田柴'로 표현하고 있음은 그래서였다. 다만 조준 등은 시지를 在職中에만 소지하도록 계획하였던 듯하다.

　그러나 전제개혁은 조준의 이 방안대로 추진되지 않았다. 외방에 사전을 점유하고 있는 양반 대부분은 이 안에 극력 반대하고 나섰다. 사전구폐책을 둘러싸고 論戰이 격렬하게 진행되었고, 사전혁파의 방향과 내용에 修整이 가하여졌다. 恭讓王 3년(1391) 科田制度의 제정은 이 결말이었다.72) 그리고 이 과정에서 양반구분전과 시지는 녹과전과 함께 토지분급제의 체계에서 탈락하여 소멸되었다.

　과전제도는 사전의 분급과 그 점유관계를 그대로 승인하고 수립된 제

---

71) 《高麗史》 78, 食貨 1, 田制, 祿科田, 趙浚上書, 中冊, p. 717.
72) 拙稿, 주 10의 논저 Ⅲ장.

도로서 전시과와 다른 게 아니었다. 鄭道傳이 고려말의 전제개혁 과정을 개관하고 과전제도에 언급함에 이르러, 이 제도가

講求前代之法 參酌今日之宜[73]

한 것이었다고 함도 이런 사실의 지적이었다. 다만 과전제도는 지금까지 外方下道에 설치되던 사전을 京畿 안에 집중시켜 재배분하고 있는 점에서 전시과와 차이가 있었다. 私田京畿의 원칙인 셈이었다. 그리고 이 정신은 조준의 1차 전제개혁안에서 추구되었던 바였다.

과전제도의 제정·시행으로 양반구분전은 그대로 존속할 근거와 명목을 상실하게 되었다. 양반의 사전 모두가 경기 안에서 절급하게 된 이상, 종전처럼 특별히 구분전이란 명의의 전토를 사전에서 일부 떼어내어 별도의 분급전지를 마련할 필요가 없어진 까닭이다. 양반구분전의 처지만 이런 게 아니었다. 柴地도 같은 길을 걸었다.[74] 시지의 절급은 양반구분전이 경기 내에 설정되면서 병행하여 행해지던 것이었는데, 전자가 소멸됨으로써 이 역시 존속할 근거가 없어졌다. 더구나 시지는 고려중기부터 분급액수가 감소되고 대상이 축소되는 길로 들어서던 토지였다. 祿科田 또한 양반구분전·시지의 폐지와 더불어 폐지되었다. 경기 내 토지의 절대 다수가 과전 등 양반의 사전으로 充滿되는 형편에서 이러한 여러 명목의 분급토지가 병립할 이유는 없었다.

고려 일대를 통해 시행되던 양반구분전·시지의 절급은 이러한 사정에서 중단되고 폐기되었다. 그러나 이들 토지가 폐지되고 명칭도 사라졌지만, 그 물적 기능 자체마저 소멸된 것은 아니었다. 토지분급제와 전주전객제가 존속하는 한, 그렇게 될 수는 없었다. 이들 토지가 가지고 있던 물적 기능은 과전 속에 그대로 계승되어 발현되었다. 양반구분전이 가지고 있는 거경 양반가의 생활유지 기능은 당연히 과전 속에 옮겨 갔지만

---

73) 《三峯集》 7, 朝鮮經國典 上, 賦典, 經理.
74) 《經國大典註解》(淸州本), 後集 下, 刑典, 私占柴草場.
　　'高麗時 各品皆有柴科 至本朝廢止 私占者並禁之'

또 하나의 기능, 곧 수전자 본인의 사망 후 守信하는 妻나 未嫁女子에 대한 휼양의 기능도 역시 과전의 전부 혹은 일부를 守信田·恤養田으로 삼는 제도가 마련됨으로써 계속 유지되었다.

> 凡受田者 身死後 其妻有子息守信者 全科傳受 無子息守信者 減半傳受 本非守信者 不在此限 父母俱亡 子孫幼弱者 理合恤養 其父田全科傳受 待年二十歲 各以科受女子則夫定科受 其餘田 許人遞受[75]

柴地의 기능 역시 마찬가지였다. 시지를 별도로 절급하던 제도는 파기되었지만, 양반가의 薪·炭·草 수취가 중단되고 부정되지는 않았다. 양반전주는 자기 科田의 구역 내나 그 주변에 있는 柴地에서 계속 이들 물자를 확보하고 조달할 수 있었다. 자기 점유과전 전객농민의 勞役을 통해서였다. 전객농민의 노력을 사역하여 조달하는 방식은 法外의 처사가 아니었다. 이는 과전제도가 보장하고 있는 것으로서 田主權의 하나였다. 과전제도의 규정 가운데

> 京畿公·私田四標內 有荒閑地 聽民樵牧漁獵 禁者理罪[76]

한다는 구절은 이러한 사실을 전제하고 마련된 조항이었다. 공전·사전의 四標 안에 들어 있는 荒閑地에서 樵牧漁獵하는 행위를 일반 민인에게도 보장한다는 취지의 이 조항은, 그 저변에 사전의 전주가 이를 이용한다는 내용을 우선 보장하고 있는 것이었다. 말하자면 이 조항은 私田四標內에 있는 시지에 대해 해당 전주가 독점하는 행위나 그럴 가능성을 금지하고 저지하는 조치에 지나지 않는 규정이었다.

실제 양반전주는 자기 과전 내에서 전객농민을 통해 材木이나 薦·薪·炭·草 등 잡다한 물자를 無償으로 수취하고 있었다. 조선초에 사전전객

---

75)《高麗史》78, 食貨 1, 田制, 祿科田, 給科田法, 中冊, p. 724.
　　이 조항의 실제 운영 사정에 대해서는 拙稿, 주 10의 논저, pp. 141~158.
76) 同上, 中冊, p. 725.

에게 행하는 전조수취의 실태를 전하는 기록에서, 전조 징수 외에 '稅外 材木與雜物橫斂者 亦有之'[77]하다 하여 材木과 雜物을 횡렴하거나, 혹은 '又有橫斂 如薦·炭·薪·草 所需非一'[78]하다고 薦·薪·炭·草의 횡렴을 添言 하고 있음은 이런 것이었다. 材木·薦·薪·炭·草 등의 징수를 橫斂이라고 표현하고 있는데, 이는 이들 雜物의 징수 자체가 不法임을 뜻하는 것이 아니었다. 太宗 14년(1414) 2월, 한 地方官이 이 같은 雜物의 징수로 탄 핵된 적이 있었다. 이때 그 사유가

　　　定額之外 嬴收穀草·炭·燒木之罪也[79]

였던 데서 알 수 있듯이, 이 '橫斂'이란 표현은 규정된 징수량을 초과하 여 濫收하는 사태를 지목하는 것이었다. 材木 및 각종 잡물의 수취는, 전조의 수취와 함께 전주가 전객을 정치 경제적으로 지배하는 실현 형태 가운데 하나였다.

　사전의 외방절급의 폐지와 경기 내 분급원칙의 수립은 명분상 古制의 采田制度에 준한 것이었다.

　　　古制 卿大夫采田 皆給於畿內 畿外則無古制也[80]

　이와 같은 분급방침은 형태상으로만 보면 사전절급 지역의 변경에 지 나지 않는다. 그러나 이러한 변경의 기저에는 전객농민의 사회적 성장, 국가권력의 양반통제 강화, 중앙행정력의 지방 침투 및 이에 따른 漕運 體系의 정비 등 그간에 정치 사회적 조건의 성숙이 자리하고 있었다. 그 러므로 사전의 外方設定과 양반구분전·시지의 畿內折給을 골격으로 한 전시과제도가, 전자가 京畿原則으로 변경되고 후자가 소멸되는 과전제도

---

77) 《太宗實錄》30, 太宗 15년 8월 甲戌, 2冊, p. 81.
78) 同上.
79) 《太宗實錄》27, 太宗 14년 2월 庚戌, 2冊, p. 75.
80) 《太宗實錄》28, 太宗 14년 8월 辛酉, 2冊, p. 32.

로 變改됨은, 이 무렵의 우리나라가 토지분급제와 전주전객제를 공통의 體制로 하고 있는 범위 내에서 단계상의 차이를 갖는 사회로 變轉하고 있는 사실을 전하는 하나의 역사현상이었다.

6. 結 語

고려시기, 兩班口分田은 전시과제도를 통해 양반·군인·한인 등 각급 지배층에게 분급되던 수조지로서 私田의 일부였다. 다만 私田은 외방, 즉 下道에 절급한 데 대해 양반구분전은 경기에 분급하였다. 액수는 小額이었다. 양반의 분급전지를 외방에 사전, 경기에 구분전으로 구분하여 절급하고 운영한 데는 몇 가지 이유가 있었다. 우선 국가로선 외방의 전조를 중앙으로 운수하기가 벅차, 開京 부근 각 고을의 전지는 가능한 공전으로 경리하여야 하는 데서였다. 그리고 양반전주는 외방사전에서 전조를 穀物 대신 布나 기타 雜物로 換易하여 징수하거나 혹은 貿易하였으므로 별다른 불편이 없었다. 오히려 자기의 수득사전과 그 전객농민에 대한 지배·수취가 그만큼 자유스러울 수 있었다. 한편 양반관료를 위시한 개경에 거주하고 있는 각급 직역층에겐 생활유지에 필요한 물적 지원도 최소한 보장되어야 했다. 이를 위해 설정한 토지가 양반구분전이었다.

양반의 구분전은 이러한 이유와 목적에서 경기 안에 설정한 토지였다. 구분전이라 칭한 까닭도 여기에 있었다. 그러므로 전조도 곡물 그대로 징수되었다. 또 이는 외방사전에서 수취하는 각종 잡물이나 교역물이 集輳하고 다시 回轉하는 곳, 즉 農舍로서 운영되었다. 양반구분전 역시 세록전이었다. 자손·친족 간에 傳受됨이 원칙이었다. 그리고 남자 자손이나 친족이 없는 본인, 혹은 그가 사망한 후 수절하는 처나 미가여자에게는 이 중에서 일정 몫이 死亡, 守信, 出嫁할 동안 휼양의 명목으로 절급되었을 것이다. 이때 餘田은 국가에서 회수하였고 恤養으로 절급된 구분전 역시 그 점유 사유가 없어진 후에는 회수하였다.

전시과가 고려 건국 초 外官派遣 이전부터 제정·운영될 수 있었던 것은 사전의 분급·배치방식이 이러하였던 데서 가능하였다. 전시과는 在地勢力者로서의 豪族의 위치를 君臣關係를 전제로 한 속에서 토지분급을 통해 제도상으로 승인하는 동시에, 이들을 居京시켜 왕실을 輔翼하는 데 지장이 없도록 물적 지원을 마련하여 주는 방향에서 수립된 급전제도였던 것이다. 사전의 外方折給은 新羅 이래 내려오던 祿邑의 分給方式 및 그 전통에 계통을 잇는 방침으로 생각된다.

그러나 居京 양반가의 생활이 원활히 유지되자면 구분전만으로는 부족하였다. 糧穀의 조달 외에 材木 및 蒭·薪·炭·草[꼴·섶·숯·풀] 등 필수물자를 공급받을 수 있는 조처도 동반되어야 했다. 또한 樵採地로서 柴地가 개경 2日程 내에서 병행해 분급되었다. 시지의 분급 역시 이들 물자를 수취할 수 있는 권리만 절급한 것이었다. 분급단위는 結이었다. 이 결은 전지의 결과 實積이 같았을 것이다. 결당 수취량도 幾束幾負幾同 등 정해진 액수가 있었을 것이다. 이들 물자의 채취와 輸納은 시지를 공동 이용하는 민인들에게 그 대가를 세로 징수하는 형식으로 이루어졌으리라고 추측된다. 그러나 구분전 전객농민의 요역노동의 일부로써 수행되었을 가능성도 없지 않다. 분명한 사실은, 분급시지는 양반전주의 私有는 물론 獨占 또한 될 수 없었고, 材木·蒭·薪·炭·草의 수납은 民力에 의존할 수밖에 없었겠다는 점이다.

고려의 양반층은 외방에서 사전을 분급받고 경기 안에서 구분전과 시지를 절급받아 생활하면서 王室을 保衛하고 王京을 輔翼하고 있었다. 양반구분전과 시지는 이런 점에서 중요한 분급전지였다. 그러므로 고려후기 전시과의 운영·관리가 거의 마비된 시기에도 국가는 이 구분전만은 녹과전과 함께 항상 확보하고 보호하려고 노력하였다. 그리고 고려 최말 趙浚같은 이는 당초 사전혁파 후 토지 배분을 바로 이 양반구분전과 녹과전 그리고 시지를 중심으로 구상하고 있었다.

이와 같은 양반의 구분전과 분급시지는 과전제도의 제정을 거치면서 폐지되었다. 외방의 사전이 혁파되는 대신 이것이 경기에 집중되어 재배분하게 되는 가운데, 양반구분전 따라서 시지도 이제는 그 분급의 근거와 명분을 상실하게 된 까닭이었다. 농민의 私有土地는 물론 共同利用地

까지 지배하던 고려 양반층의 田主權은 위축되었다. 그러나 이들 토지가 가지고 있던 물적 기능 자체마저 소멸된 것은 아니었다. 토지분급제가 존속하는 한 그렇게 될 수 없었다. 이 기능은 모두 科田 속에 계승되어 발휘되었다. 양반구분전이 가지고 있는 양반가 생활유지의 기능은 과전 속에, 그리고 휼양의 기능은 守信田, 恤養田을 통해 유지되었다. 또 柴地에서 전객농민의 勞役을 통해 계속되고 있었다.

　이상의 여러 사실들은 고려와 조선전기의 국가·사회가 모두 토지분급제와 전주전객제를 체제의 한 골격으로 하고 있는 점에서 동일한 集權的 封建國家·封建社會이면서도, 이 범위 내에서 단계적인 차이를 가지고 있음을 말하여 준다.

(《歷史敎育》 44, 1988. 12. 揭載, 1999. 補, 2011. 追補)

附: 田柴科 관련 諸分給田土 一覽

表 1〉景宗 원년(976) 始定職散官各品田柴科

紫衫		文班									雜業									武班		
田	柴	丹衫			緋衫			綠衫			丹衫			緋衫			綠衫			丹衫		
		品位	田	柴	品位	田	柴	品位	田	柴	品位	田	柴	品位	田	柴	品位	田	柴	品位	田	柴
110	110																					
105	105																					
100	100																					
95	95																					
90	90																					
85	85																					
80	80																					
75	75																					
70	70																					
65	65	1	65	55							1	65?(60)	55							1	65	55
60	60	2	60	50							2	60?(缺)	50?(缺)							2	60	50
55	55	3	55	45							3	55	45							3	55	45
50	50	4	50	42	1	50	40				4	50	42	1	50?(缺)	40?(缺)				4	50	42
45	45	5	45	39	2	45	35	1	45	35	5	45	39	2	45	35	1	45?(缺)	35?(缺)	5	45	39
42	40	6	42	30	3	42	30	2	42	33	6	42	30	3	42	30	2	42	33?(32)			
39	35	7	39	27	4	39	27	3	39	31	7	39	27	4	39	27	3	39	31			
36	30	8	36	24	5	36	30	4	36	28	8	36	24	5	36	20	4	36	28			
33?(32)	25	9	33	21	6	33	18	5	33?(32)	25	9	33	21	6	33	18	5	33	25			
		10	30	18	7	30	15	6	30	22	10	30	18	7	30	15	6	30	22			
					8	27	14	7	27	19				8	27	14	7	27	19			
								8	25	16							8	25	16			
								9	23	13							9	23?(22)	13			
								10	21	10							10	21	10			

以下 雜吏 各以人品支給不同 其未及此年科等者 一切給田十五結

備考: 1) 이 표는 현존 《高麗史》78, 食貨 1, 田制, 田柴科, 景宗元年, 中冊, pp. 707~708의 기사에 근거하되, 朴時亨, 《조선토지제도사》(상), 과학원출판사, 1960, pp. 161~168(서울版, 신서원, 1994) 및 姜晋哲, 《高麗土地制度史研究》, 高麗大學校出版部, 1980, pp. 31~38의 연구 및 도표를 중심으로 하고, 全基雄, 〈高麗 景宗代의 政治構造와 始定田柴科의 성립기반〉, 《震檀學報》59, 1985, p. 50의 도표를 참작하여 작성한 것임.

2) 괄호 속에 넣은 숫자 (32), (60), (22) 등은 현존 《高麗史》의 해당 原文인데, 전후의 수치로 보아 다시 산정하여 본 것이고, (缺) 부분의 숫자 역시 전후 수치로 미루어 추정한 것임(姜晋哲, 同上書 참조).

3) 朴時亨, 同上書, p. 162에선 현존 《高麗史》의 원문에서 雜業과 武班의 位置가, 앞뒤의 文意로 판단하거나 당시 문관·무반·잡업의 각기 위치로 미루어 보아, 서로 바뀌어졌다고 봄. 姜晋哲 교수도 같은 의견을 가져 이렇게 보면 武班은 丹衫以上(10品), 緋衫以上(8品), 綠衫以上(10品)으로 되어 各衫別 田柴의 受給額이 文班의 各衫과 완전히 一致하고 雜業만이 丹衫(5品) 單一階로 되어 文·武兩班에 대한 待遇體系가 매우 整然하게 이해되나, 雜業이 丹衫 單一階로 되는 이유는 여전히 不明하다고 보아 원문대로 둠.

<表 2> 穆宗 원년(998) 改定文武兩班及軍人田柴科

科	支給額數		受給者
	田地 (結)	柴地 (結)	
1	100	70	內史令 侍中
2	95	65	內史侍郎平章事 門下侍郎平章事 致仕侍中
3	90	60	參知政事 左右僕射 檢校太師
4	85	55	六尙書 御史大夫 左右散騎常侍 大常卿 致仕左右僕射 致仕太子太保
5	80	50	秘書監 殿中監 少府監 將作監 開城尹 上將軍 散左右僕射
6	75	45	左右丞 諸侍郎 諫議大夫 大將軍 散六尙書
7	70	40	軍器少卿 大商少卿 給舍中丞 太子賓客 太子詹事 散卿 散監 散侍郎
8	65	35	諸少卿 諸少監 國子司業 諸衛將軍 太卜監 散軍器監 散上將軍 太子庶子
9	60	33	諸郎中 軍器少監 秘書丞 殿中丞 內常侍 國子博士 中郎將 折衝都尉 太醫監 閣門使 宣徽諸使 判事 散少卿 散少監
10	55	30	諸員外郎 侍御史 起居郎 起居舍人 諸局奉御 內給事 諸陵令 郎將果毅 太卜少監 太史令 閣門副使 散郎中 散大將軍 散閣門使 散太醫監 散太子諭德 散太子家令 散太子率更令 散太子僕
11	50	25	殿中侍御史 左右補闕 寺丞 監丞 秘書郎 國子助敎 太學博士 太醫少監 尙藥奉御 通事舍人 宣徽諸使使 太子中允 中舍人 散員外郎 散太卜少監 散太史令 散諸奉御 散閣門副使
12	45	22	大常博士 左右拾遺 監察御史 內謁者監 六衛長史 六局直長 軍器丞 太子洗馬 四官正 散諸衛將軍 散寺丞 散監丞 散太醫少監 散尙藥奉御 散宣徽諸使使
13	40	20	主書 錄事 都事 內侍伯 寺注簿 監注簿 四門博士 太學助敎 中尙令 京市令 武庫令 大官令 大倉令 典廐令 供御令 典客令 大樂令 諸陵丞 別將 太卜丞 太史丞 侍御醫 尙藥直長 內殿崇班 大理評事 閣門祗候 宣徽諸使副使 散直長 散中郎將 散折衝都尉 散四官正 內藏郎 典膳郎 內直郎 宮門郎 典設郎
14	35	15	六衛錄事 正八品丞 正八品令 內謁者 東西頭供奉官 散員 指揮使協律郎 太子監丞 散注簿 散監注簿 散郎將 散果毅 散內殿崇班 散閣門祗候 散太卜丞 散太史丞 散侍御醫 散尙藥直長 散宣徽諸使副使
15	30	10	(從)八品丞 (從)八品令 秘書校書郎 四門助敎 諸衛校尉 靈臺郎 保章正 挈壺正 太醫博士 太醫博士 律學博士 左右侍禁 左右班殿直 散正八品 散別將 散指揮 散供奉官
16	27		大祝 司廩 司庫 九品丞 九品主事 九品錄事 秘書正字 製述登科將仕郎 明經登科將仕郎 書學博士 算學博士 司辰 司曆 卜博士 卜正監候 食醫 醫正 醫佐 律學助敎 篆書博士 宣徽諸使判官 諸衛隊正 殿前承旨 中樞別駕 宣徽別駕 銀臺別駕 散校尉 散左右班殿直 散侍禁
17	23		諸業將仕郎 令史 書史 監事 監作 書令史 楷書內承旨 客省承旨 閣門承旨 借殿前承旨 親事 內給事 馬軍 散殿前承旨 散隊正
18	20		散殿前副承旨 大常司儀 大常齋郎 國子典學 知班 注藥 藥童 軍將官 通引 廳頭 直省 驅官 堂引 追仗 監膳 引謁(等流外雜職) 諸步軍
科外	17		'不及此限者 皆給田十七結 以爲常式'

<表 3〉 文宗 30년(1076) 更定兩班田柴科

科	支給額數		受給者
	田地(結)	柴地(結)	
1	100	50	中書令 尙書令 門下侍中
2	90	45	門下侍郎 中書侍郎
3	85	40	參知正事 左右僕射 上將軍
4	80	35	六尙書 御史大夫 左右常侍 太子詹事 太子賓客 大將軍
5	75	30	七寺卿 秘書監 殿中監 國子祭酒 尙書左右丞 司天監 太子少詹事 諸衛 將軍 右少詹事
6	70	27	吏部諸曹侍郎 將作監 少府監 軍器監 太醫監 左右庶子 左右諭德 諸中郎將
7	65	24	七寺少卿 秘書少監 殿中少監 將作少監 少府少監 司天少監 給事中 中書舍人 御史中丞 國子司業 太子僕 太子率更令 太子家令
8	60	21	諸郎中 太醫少監 軍器少監 內常侍 閣門引進使 太子左右贊善大夫 太子中允 太子中舍人 閣門使 國子博士 諸郎將
9	55	18	秘書丞 殿中丞 閣門副使
10	50	15	諸員外郎 起居郎 起居舍人 侍御史 六局奉御 殿中內給事 太史令 諸陵令 太廟令 內謁者監 太學博士 中尙令 四官正 太子藥藏郎 典膳郎 太子洗馬
11	45	12	通事舍人 左右補闕 殿中侍御史 七寺丞 三監丞 司天丞 秘書郎 六衛長史 國子助敎 京市令 內直郎 典設郎 宮門監 侍御醫 諸別將
12	40	10	監察御史 左右拾遺 閣門祗候 門下錄事 中書注書 軍器丞 六局直長 四門博士 詹事府司直 內侍伯 內殿崇班 諸散員 大相 左丞
13	35	8	尙書都事 七寺主簿 三監主簿 太學助敎 太官令 大樂令 大盈令 典廐令 內園令 供驛令 掌冶令 太史丞 諸陵丞 大廟丞 司天主簿 東西頭供奉官 諸校尉 元甫 正朝
14	30	5	六衛錄事 軍器主簿 四門助敎 京市丞 中尙丞 武庫丞 大樂丞 大盈丞 大倉丞 大官丞 典廐丞 內園丞 供驛丞 掌冶丞 秘書校書郎 良醞令 司儀令 守宮令 典獄令 都染令 雜織令 都校令 掌牲令 太醫博士 太醫丞 挈壺正 保章正 律學博士 左右侍禁 左右班殿直 諸隊正 元尹
15	25		都染丞 雜織丞 都校丞 掌牲丞 守宮丞 司儀丞 典獄丞 良醞丞 司廩 司庫 太史司辰 太史司曆 太史監候 尙食食醫 律學助敎 書學博士 算學博士 司天博士 太醫醫正 司天卜正 秘書正字 諸主事 御史臺 錄事 中樞院別駕 門下待詔 文林郎 將仕郎 殿前承旨 都知 船頭 典丘官 司引 馬軍
16	22		諸令史 書史 主事 中書書藝 秘書書藝 史館書藝 太史書藝 醫計師 司天卜師 卜助敎 副殿前承旨 禮賓承旨 閣門承旨 獸醫博士 堂印 堂直 監膳 典食 典設 役步軍
17	20		諸書令史 諸史 尙乘內承旨 副內承旨 太史 典史 注藥 藥童 通引直省 知班 呪禁師 供膳酒食 供設 掌設 堂從 追仗 引謁 計史 試計史 試書藝 監門軍
18	17		閑人 雜類

<표 4〉 武散階田柴科〔文宗 30년(1076)〕

級	支給額數	受給者
1	田 35結, 柴 8結	冠軍大將軍 雲麾將軍
2	田 30結	掌武將軍 宣威將軍 明威將軍
3	田 25結	寧遠將軍 定遠將軍 遊騎將軍 遊擊將軍
4	田 22結	耀武校尉 耀武副尉 振威校尉 振威副尉 致果校尉 致果副尉 翊麾(威?)校尉 翊麾(威?)副尉
5	田 20結	宣折校尉 宣折副尉 禦侮校尉 禦侮副尉 仁勇校尉 仁勇副尉 陪戎校尉 陪戎副尉
6	田 17結	大匠 副匠 雜匠人 御前部樂件樂人 地理業 僧人

〈表 5〉別賜田柴科〔文宗 30년(1076)〕

等級	支給額數		受給者
1	田 40結,	柴 10結	大德
2	田 35結,	柴 8結	大通
3	田 30結		副通
4	田 25結		地理師
5	田 20結		地理博士
6	田 17結		地理生 地理正

〈表 6〉柴地折給處〔文宗 30년(1076)〕

1日程	開城 貞州(開豊郡內) 白州(白川) 鹽州(延安) 幸(高陽郡內) 江陰(金川郡內) 兎山(金川郡內) 臨(長湍郡內) 新恩(新溪郡內) 麻田(漣川郡內) 積(漣川郡內) 坡平(坡州郡內) 昌化(楊州郡內) 見(楊州) 沙川(楊州郡內) 峯城(坡州) 臨津(長湍郡內) 長湍 交河(坡州郡內) 童城(金浦郡內) 松林(長湍郡內) 通津(金浦郡內) 德水(開豊郡內)
2日程	安州(載寧) 洞州(瑞興) 鳳州(鳳山) 樹州(富平) 州(抱川) 楊州 東州(鐵原) 遂安 土山(中和) 唐(南陽) 仁州(仁川) 金浦 梁骨(永平) 洞陰(同上) 坪(楊州?) 僧旨(?) 黃先(?) 道尺(?) 阿等坤(峽?) 安俠(伊川郡 安峽) 守安(通津) 孔巖(陽川)

〈표 7〉口分田〔文宗 원년(1047) 2월〕

品	田(結)	對象
5品 以上	8	夫妻皆死無男者의 未嫁女子
6品 以下	8	無連立子孫者의 妻
7品 以上	8	〃
8品 以下	5	〃
戰亡軍人	5	〃

〈표 8〉功蔭田柴〔文宗 3년(1049) 5월〕

品	田(結)	柴(結)	備考
1	25	15	門下侍郎平章事 以上
2	22	12	
3	20	10	參政 以上
4	17	8	
5	15	5	

* '散官 減五結'
** '樂工·賤口·放良員吏 皆不得與'

〈표 9〉西京 公廨田〔明宗 8년(1178) 4월 更定〕

部署	內譯
留守官	公廨田 50結, 紙位田 272結 37負 7束
六 曹	公廨田 20結, 紙位田 15結
法曹司	公廨田 15結
諸學院	公廨田 15結, 書籍位田 50結
文宣王	公廨田 15結
先 聖	公廨田 50結
藥 店	公廨田 7結
僧錄司	公廨田 15結, 紙位田 15結

〈표 10〉州·縣 公廨田〔成宗 2년(983) 6월〕

等級	公須田(結)	紙田(結)	長田(結)
1,000丁 以上	300		
500丁 以上	150	15	
200丁 以上	缺	缺	
100丁 以上	70	10	
100丁 以下	60		
60丁 以上	40		
30丁 以上	20		
20丁 以下	10	7	

11〉鄕·部曲 公廨田〔成宗 2년(983) 6월〕

等級	公須田(結)	紙田(結)	長田(結)
,000丁 以上	20		
100丁 以上	15		
50丁 以下	10	3	2

〈表 12〉 館·驛 公廨田〔成宗 2년(983) 6월〕

等級	公須田(結)	紙田(結)	長田(結)
大路驛	60	5	2
中路驛	40	2	2
小路驛	20	2	
大路館	5		
中路館	4		
小路館	3		

13〉 州·縣 公須柴地〔成宗 12년(993)〕

等級	結
1,000丁 以上	80
500丁 以上	60
500丁 以下	40
100丁 以下	20

十二牧 勿論丁多少 一百結'
知州事 雖百丁以下 六十結'

〈表 14〉 驛 公須柴地〔成宗 12년(993) 8월〕

驛等 / 驛區	東西道	兩界	東西南北
大路驛	50結	40結	
中路驛	30結	20結	
小路驛			15結

Ⅲ 土地把握과 稅役體系

高麗時期의 作丁制와 祖業田

1. 序 言

고려시기의 경제구조와 그 변동을 파악하는 데 田柴科, 民田, 農莊 등 토지제도와 田租, 賦役, 貢納 등 부세제도 그리고 結負制 및 量田制 등 은 반드시 이해하여야 할 주요 주제이다. 그뿐만 아니라 村落 및 郡縣制 의 실태를 해명하는 것도 밀접한 연관을 가지고 있다. 그러므로 일찍부 터 여러 방면에서 많은 연구가 진행되어 왔고, 지금에 와서는 전체로 혹 은 부분으로 견해가 상충되는 부문도 많다. 이는 전하는 직접 자료의 소 략과 연구 시각 및 방법의 차이가 현격한 데서 오는 것이다. 고려사회를 체계 있게 인식하고 정당하게 파악하자면, 현재로선 이 여러 주제를 전 체로 관련지어 이해할 필요가 절실하다. 이런 점에서 관심이 가는 것 하 나가 作丁制이다.

작정제는 토지·부세제도가 결부제 양전제에 입각하여 수립·운영되던 시기에 큰 의미와 기능을 갖던 제도였다. 舊來 우리나라에서는 토지를 國用, 供上, 軍須, 祿俸, 科田 등 여러 용도에 맞추어 적절히 經理하고 각급 관청과 양반층 및 여러 직역담당자에게 분급하였다. 이때 경리단위 와 분급단위로 기능하던 것이 丁이었다. 정은 토지를 數 結 혹은 數十 結 등 일정 결수로 묶은 농지단위였다. 作丁은 바로 이 丁을 짓는 작업 이었고, 이렇게 해서 파악된 토지가 田丁이었다. 작정제는 재정, 토지분 급, 수세 등과 불가분의 관계를 가지고 있어, 우리나라 중세 집권봉건국가 토지·농민지배의 원리와 방식을 구현하고 있는 것이었다. 이 제도는 고려나 조선에서 모두 운영하였지만 작정의 방식과 전정의 파악에서 고려는 조선과 다른 바가 있었다. 그리고 심각한 토지문제가 야기되었는데, 고려후기에서 말기에 이르는 시기의 祖業田 問題였다. 이는 개인 소지의 田丁, 즉 私田이 家産化한 데서 온 것으로서, 여기에는 고려 특유의 作丁法과 田丁支配의 변동이 서로 얽혀 작용하고 있었다.

그러므로 이 시기의 作丁과 田丁, 祖業田 문제를 전주전객제 지주전호제와 연관하여 검토하고 과전제도하의 작정제와도 비교하여 정리하면, 전시과 운영의 원리와 그 마비 그리고 농장발달 등의 사태를 한층 깊이 해명할 수 있고, 사전혁파와 과전제도의 성립에 관해서도 더욱 분명하게 이해할 수 있다. 다만 본고에서는 목표가 이러하고 또 자료상 한계도 있어 작정제 자체를 전반에 걸쳐 검토하지 못하고, 그 一斑으로서 丁과 그 受得者의 관계 및 丁의 授受·管理에 한정하여 작업하게 되었다.

2. 高麗 作丁制의 吟味와 名田

고려시기에 '丁'이란 용어는 人丁을 지칭하기도 하고, 이와는 별개로 土地를 가리키기도 하였다는 것은 주지된 사실이다. 그리고 이 토지를 지목하는 丁의 의미·내용을 좀 더 분명히 할 필요가 있을 때는 田丁, 足丁·半丁 등으로 표현하기도 한다는 점 역시 잘 알려져 있다.[1] 이런 丁은, 용어의 연유나 의미는 별도로 考究하여야 할 중요한 宿題이지만, 고려의 경제제도 속에서 土地의 파악과 분급, 賦稅의 징수, 職役의 부과 등의 기초단위가 되고 있었다.

---

1) 金載珍, 〈田結制研究—第二編 高麗田丁考〉, 《慶北大論文集》 3, 1958.
　　金容燮, 〈高麗時期의 量田制〉, 《東方學志》 16, 1975.
　　尹漢宅, 〈고려 전시과 체제하에서의 농민의 신분〉, 《泰東古典研究》 5, 1989.
　　深谷敏鐵, 〈高麗足丁·半丁考〉, 《朝鮮學報》 15, 1960.
　　　〃　, 〈高麗足丁半丁再考〉, 《朝鮮學報》 102, 1982.
　　武田幸男, 〈高麗田丁의 再檢討〉, 《朝鮮史研究會論文集》 8, 1971.

예컨대 祿科田을 설치할 때 '罷畿縣兩班祖業田外半丁'[2]하여 畿縣의 양반조업전 외 半丁을 혁파하였다 함은, 종전의 丁을 破碎하고 새로 작정하여 이로써 녹과전을 분급한 사실을 말하는 것이다. 丁이 토지파악의 단위이며 동시에 분급의 단위였음을 전한다. 또한 州縣에서 義倉米를 수렴하는 기준으로 '都田丁數'[3]를 쓰던 방침이나, 고려말에 제정된 과전제도 하에서 收稅行政이 '千字字號'로써 作丁하여 수행함[4]은, 조세수취 또한 丁을 단위로 집행되고 있었던 사실을 일러준다. 그리고 諸衛軍人의 부족을 兩班 및 內外白丁人子 중 15세 이상 50세 이하에서 선출하여 充補하면서 選軍別監에 이들이 이전 田丁連立하던 데 따르게 하도록 명하고 있는 것,[5] 其人選上의 기본지침을 足丁·半丁에 두고 있는 규칙은[6] 丁이 군인·기인 등의 職役賦課 시에도 기준단위가 되고 있음을 알려준다. 토지를 뜻하는 丁이 갖는 기능은 이러하였다. 丁이 토지 분급제나 부세제도 등 고려의 경제제도 내지 그 운영에서 차지하는 자리는 막중한 것이었다.

이 같은 丁이 제정된 데는 그럴 이유가 있었다. 이는 경제제도 전반이 결부제와 직접 간접으로 결부되어 설정되고 운영되는 것과 관련이 있었다. 결부제는 본질상 일정량의 所出을 내는 농지의 넓이를 토지의 면적으로 산출하는 量地法이었고, 아울러 이 수확량에 대해 일정 비율에 의한 일정액의 세를 징수하는 收稅法이었다. 토지와 인정에 기반을 두고 이를 신분계급에 입각하여 파악하고 있던 국가로선 부세 행정상 더 없이 유용한 제도였다. 그러면서도 결부제는 어디까지나 토지의 면적을 산출하고 표시하는 데 일차 기능을 가진 제도였다. 그러므로 토지파악과 부세징수가 이에 의거하여 수행되긴 하지만, 개개 州縣이나 民人이 소유하고 있는 結負 數가 田品, 面積에서 천차만별한 까닭에 결부 단위만 가지고는 현실상 어려움이 컸다. 이를 적절히 집행하기 위해서는 합당한 人

---

2)《高麗史》78, 食貨 1, 田制, 祿科田, 忠穆王 원년 8월, 中冊, p. 714.

3)《高麗史》80, 食貨 3, 常平義倉, 顯宗 14년 윤 9월, 中冊, p. 761.

4)《太祖實錄》14, 太祖 7년 7월 己亥, 1冊, p. 129.

5)《高麗史》81, 兵 1, 兵制, 五軍, 靖宗 11년 5월, 中冊, p. 777.

6)《高麗史》75, 選擧 3, 其人, 文宗 31년, 中冊, p. 652.

爲 行政의 농지단위를 새로 제정하여 이용할 필요가 있었다. 여기서 案出한 것이 개개인이 소유하고 있는 토지 결부 수에 상관없이 數結 혹은 十數結 혹은 數十結씩을 한 단위로 묶어, 이로써 부세를 징수 징발하고 토지를 분급하는 방안이었다. 그리고 이 단위를 丁이라고 칭하였다. '計結爲丁'7)한다든가 '計數作丁'8)한다 하여, 結數를 셈하여 丁으로 짓는다 함은 이런 작업을 가리키는 것이었다.

作丁은 量田時 함께 행하는 게 원칙이었다.9) 그러나 양전 후에도 필요에 따라선 수시로 행하였다. 가령 고려말 조선초에 경기도의 荒遠田이나 開墾田을 有職從仕者가 科受할 때 '告官作丁'하거나, 양전 후에 打量하지 못한 토지 및 法대로 타량하지 않아 생긴 餘剩田·新墾田을 매해 해당 道에서 '踏驗作丁'함이 그런 예였다.10) 작정제는 고려나 조선 모두 있었고 그 기능이나 원리도 같았다. 결부제에 의해 토지를 파악하고 양전을 거행하여 부세를 징수하던 시기에는 늘 필요한 까닭이었다. 특히 토지분급제가 존속하던 조선전기 이전까지는 더욱 중요하였다.

그러나 作丁의 방식이나 丁을 파악하고 관리하는 데 있어서 고려는 조선과 차이가 있었다. 아래 자료를 보면 쉽게 알 수 있다.

凡作丁 公私之田 一切革去 或以二十結 或以十五結 或以十結 每邑丁號 標以千字文 不係人姓名 以斷後來冒稱祖業之弊 量田旣定 然後分授之以法 公私收租 一結米二十斗 以厚民生11)

고려 최말 禑王 14년(1388) 7월 昌王 즉위 후 趙浚이 올린 제1차 사전개혁상소의 한 구절이다. 조준은 이 상소에서 전시과의 내력을 언급한 후 私田의 폐를 극론하고 이의 혁파와 재배분을 주장하면서, 구체방안으로 '正田制之目'을 첨부하고 作丁을 그중의 한 조목으로 작성하였다. 田

---

7)《高麗史》35, 兵 1, 兵制, 五軍, 恭愍王 5년 6월, 中冊, p. 783.
8)《高麗史》78, 食貨 1, 田制, 祿科田, 恭讓王 3년 5월, 給科田法, 中冊, p. 723.
9) 同上.
10) 同上. 中冊, pp. 724~725.
11)《高麗史》78, 食貨 1, 田制, 祿科田, 辛禑 14년 7월, 趙浚上疏, 中冊, p. 718.

制之目은 우선 祿科田柴, 口分田, 軍田, 外役田, 位田, 白丁代田, 寺社田, 驛田, 外祿田, 公廨田 등 양반사대부·군인·향리 및 기타 國役擔當人 그리고 寺社·驛·官廳에 절급할 토지의 名目과 授受原則을 열거하여 설명하고 난 후, 이어 이 作丁條目을 기술하고 있다. 그리고 뒤이어 漏田·匿田 등 諸田地의 授受時에 발생하는 불법행위와 增收·濫收 등 收租 때에 야기하는 부정행위에 대해 엄한 처벌 규정을 첨기하는 것으로 마무리 짓고 있다. 이 무렵은 이미 사전혁파의 기초작업으로 양전이 결정되어 있었고, 실제 다음 달 8월부터 착수되던 때였다.[12) 이른바 己巳量田이다.

　조목 하나하나가 그러하지만, 특히 이 작정조목은 사전의 폐를 제거하는 데 요체가 있다. 내용은 ① 무릇 作丁은 종래 公私田의 丁을 일체 혁거하고 20결 혹은 15결 혹은 10결로써 하자는 것, ② 각 고을마다 丁의 名號는 千字文으로 표시하고 사람의 姓名을 係하지 말아 후에 祖業을 冒稱하는 폐단이 일어날 소지를 끊자는 것, ③ 양전이 결정되었으니 정의 분급은 양전 후에 하되 法으로 하자는 것, ④ 公田·私田의 收租는 1결에 米 20斗로 하여 민생을 도탑게 하자는 것이다. 이 방안은 그대로 시행되어 조선 作丁制의 골자가 되었다. 다만 田租額만은 1결에 米 30두로 上向되는 선으로 조정되었다.[13) 이 조목 가운데 특히 고려시기의 作丁方式으로 주목되는 대목은 ②이고, 그 가운데서도 사전문제와 연관되는 ‘不係人姓名 以斷後來冒稱祖業之弊’의 문구이다. 丁의 분급 후 예상되는 祖業田 冒稱의 폐단을 미리 斷裁하려는 조처로, 사람의 성명을 係하지 말자는 안이다. 그간 고려에선 丁에 사람의 성명을 係하여 왔던 것이 틀림없다. 고려 작정제의 특징으로는 여러 가지가 거론될 수 있지만, ‘係人姓名’함도 그 하나였다. 그리고 이것은 매우 중요한 점으로, 이로 인해 분급 수조지가 조업전으로 冒稱되는 사태가 일어나고 있을 정도였다.

　고려의 作丁이 조선과 다른 점은 여기서 확인된다. 그러나 그 실체는 직접 알 수 없다. 관계 자료가 극히 적고, 내용도 作丁의 실제나 丁의

---

12)《高麗史》78, 食貨 1, 田制, 經理, 辛禑 14년 8월, 中冊, p. 707.

13)《高麗史》78, 食貨 1, 田制, 祿科田, 恭愍王 3년 5월, 給科田法, 中冊, pp. 723~725.

형태에 관해선 전혀 언급이 없어서이다. 현재로선 본 작정조목이 그나마 유일하게 실마리를 제공하고 하고 있다. 그러므로 위태로우나 이 자료를 음미하고 유추함으로써 고려시기 작정의 특징을 素描하는 데서 시작할 수밖에 없다. 우선 '係人姓名'의 내용·의미를 풀어내는 일이 핵심이다. '人의 姓名을 係한다'는 표현의 대상, 방식, 의미는 어떤 것이고 무엇일까. 관련 자료가 거의 全無한 형편에서 答을 얻자면, 먼저 이 기사를 反芻하면서 한두 가지 가능성 있는 假定을 얻은 다음, 그중 어느 것이 무리 없고 丁에 관한 여타 자료들과 연결되는지 분별하는 게 순서이겠다.

우선 '凡作丁…以厚民生' 云云하는 본 조목 전체의 내용이 作丁은 量田 事業과 병행해서 착수한다는 점만은 확실히 전하고 있다. 그러나 이것이 양전 때 새로 작성하게 되는 토지대장 量案에 丁을 지어 기재함을 뜻하는지, 혹은 이러한 작업도 행해지기는 하지만 이와는 상관없이 별도로 諸名目의 토지를 분급하는 데 관계되는 것인지가 의문이다.

전자라면, 이 조목은 作丁 때 현실의 실제 토지소유자의 성명에 相關 하지 말고 20·15·10결 등으로 묶어 丁을 짓고 이를 天字丁, 地字丁 등 으로 양안에 표기하라는 의미가 된다. 이 같은 방식은 조선 시기의 양안 작성법과 유사하여 이 방향의 풀이는 일단 자연스럽다. 그러므로 지금까지의 연구들도 이렇게 이해하고 있다.14) 그러나 己巳年 이후 양안작성이 이렇게 되었다 하여 본 조목의 具體事案이 바로 이것을 지목하는 것이라고는 볼 수 없다. 量案上의 作丁法으로 파악하기 힘든 큰 난국이 있다. 먼저 조준 상소 속 '正田制之目'의 조목 전체는 모두 수조지의 授受·還納 및 收租原則에 관한 사항이고, 이에 앞서 나오는 주장도 한결같이 私田 과 그 兼幷에 관한 내용뿐이다. 그러나 양안은 양전을 통해 토지의 소유 자를 파악하고 조세징수의 기초를 수립하기 위해 작성되는 토지대장으로 서, 토지분급과 결부되어 있는 본 조목을 이와 연관짓기는 매우 부자연 스럽다. 의문은 또 일어난다. '不係人姓名'함으로써 얻고자 하는 목적, 곧

---

14) 浜中昇, 〈高麗後期의 量田과 土地臺帳〉, 《朝鮮學報》 112, 1984(同, 《朝鮮古代의 經濟와 社會》 수록, 法政大學出版局, 1986).
　　姜晉哲, 〈高麗末期의 私田改革과 그 成果〉, 《震檀學報》 66, 1988(同, 《韓國中世土 地所有研究》 수록, 一潮閣, 1988).

'以斷後來冒稱祖業之弊'의 성과를 얻을 수 없다는 점이다. 祖業을 冒稱하는 폐단이란 분급받은 丁, 즉 諸私田을 수득자가 소유지처럼 주장하고 있던 고려후기의 겸병사태를 이름이었다.[15] 이 조목이 양안상에서 이루어지는 丁號의 제정과 그 기재 방식에 관한 내용이라면, '係人姓名'하고 있던 이들은 현실의 토지소유주, 토지소유권자인데 이들이 조업을 모칭하는 폐단을 일으키고 있었다는 게 된다. 이는 事理에 닿지 않는다. 토지소유권자가 자기 소유의 토지를 祖業이라 칭함은 당연한 행위로,[16] 이를 '冒稱'하는 폐단으로 지적함은 語弊가 있다. 본 조목은 양안 작성법과는 직접 관계가 없는 것이다.

이 작정조목은 후자 쪽으로 돌려 궁리하여 볼 수밖에 없다. 丁의 授受와 관련하여, 그리고 이를 前提로 하여서 마련된 내용이겠다는 것이다. 양안과 직접 상관이 없는 이상 연관될 수 있는 것은 이쪽뿐이다. 그러고 보면 당연한 바이지만, 고려시기나 조선시기에는 수조지의 授受·還納 등 그 점유상황을 파악하는 帳籍이 있었다.[17] 방향을 이렇게 정하고 검토할 때 앞서 정리하고 가야 할 점이 있다. '不係人姓名'에서 '係'字의 새김이다. 係는 매다·묶는다[縛], 이어 놓는다[繼], 連續한다는 뜻이다. 記錄·記載의 뜻이 아니다. 係字의 이러한 용례는 作丁과 결부되어 이 글자가 쓰인 다음 기록을 살피면 더욱 확실해 진다.

> 我國田制　十束爲卜　百卜爲結　每五結而係之以字號　分屬于各處　而各驛公須田……雖度田改籍　而仍給田　已有著令　曩者　量田之時　富平府使李孝禮　曾受科田字號　係於東坡驛田　法當仍屬驛　而孝禮改受他字[18]

조선 世宗 初 과전제도가 시행되던 당시의 기사로, 係字는 두 군데서 사용되고 있다. '每五結而係之以字號'와 '曾受科田字號　係於東坡驛田'이다.

---

15) 拙稿, 〈高麗末期의　私田問題〉, 《朝鮮前期土地制度研究-土地分給制와　農民支配》, 一潮閣, 1986.

16) 주 90 참조.

17) 주 46·50 참조.

18) 《世宗實錄》74, 世宗 18년 9월 甲午, 4冊, p. 28.

앞의 것은 5결마다 千字文의 字號로 '묶는다'는 뜻이다. 이른바 五結一字丁의 원칙이다. 뒤의 것은 부평부사 李孝禮란 이가 일찍이 자신이 받은 과전의 자호가 양전으로 인해 그때까지 수조하던 所耕實田을 떠나 東坡驛田으로 옮겨진 사정을 표현하고 있는 것으로, '매였다'·'매달렸다'로 새겨야 제격이다. 作丁과 연관한 係字의 용례는 이와 같다. 그러므로 '不係人姓名'은 천자문의 자호로 표기한 丁에 사람의 姓名을 '달지 말라'는 의미이다.

'係人姓名'은 이 점을 염두에 두고 丁의 수수·점유와 연결시켜 실제 내용이 추구되어야 한다. 丁에 係하는 人의 姓名은 해당 정을 수득하는 사람, 즉 田主의 성명이겠다. 祿科田·口分田·軍田 등 분급전지를 절급받는 이들은 양반사대부를 위시한 직역봉공자 전주인 까닭이다. 이는 전시과에서도 마찬가지였다. 그러므로 이 구절은 양안과는 별도로 丁의 배속·수수·관리를 위해 작성한 作丁關係의 帳籍에 各丁을 점유하는 사람의 성명을 적어, 이를 貼聯하여 놓는 형상을 이르는 것이다. 고려시기에 작정은 足丁과 半丁으로 행하고 每邑마다 그 臺帳을 작성하였으며, 여기에 기재된 各丁에 전주의 성명을 箋紙에 적어 얽혀 붙게[繳連] 하여 두고, 이를 관리하고 파악하였던 것이겠다. 말하자면 고려에선 각 丁의 名號가 그 田主의 성명으로 표기되는 것이었다.

고려 作丁制가 가지고 있던 큰 특색의 하나는 이것이었다. 각 고을의 정은 그 수득자 田主의 성명을 달고 있었고, 이로써 해당 정이 某某의 所受·遞受·傳受田地, 곧 점유지임이 공인되고 보장되었다. 그러므로 정으로 파악되고 구성되는 이 전토는 '名田'이었다. 실제 고려시기엔 名田이라고 부르는 토지 이름이 있었다. 名田은 田主가 名付된 토지라는 뜻이다. 고대 중국·일본에서는 소유지를 이렇게 불렀다.[19] 그러나 고려에서는 아래의 사례에서 볼 수 있듯이, 명전이란 용어가 개인에게 분급되는 수조지 일반을 지칭하는 데도 썼다.

---

19) 仁田井陞, 《中國法制史研究—土地法·取引法》, 東京大學出版會, 1960, pp. 5~37.
   竹內理三, 《土地制度史Ⅰ》體系日本史叢書 6, 山川出版社, 1973, pp. 301~338.

(1) 諸衛軍人 家貧而名田不足者頗衆……其令戶部 分公田加給[20]

(2) 國家服事皇元 中外無虞……民日以殷 野日以闢 化斥鹵以水耕 刊薈蔚以
　　火耕 豈非庶矣乎 而受名田供賦役者 百無二三焉[21]

(3) 所謂內外足半之丁 轉祿之位 役分·口分·加給·補給之名 租稅之數 肥饒磽
　　薄九等之品 五種之宜[22]

　(1)은 靖宗 初에 諸衛의 군인들 가운데 家勢가 빈한하고 名田마저 부
족한 이들이 자못 많아 公田을 더 나누어 줌으로써 채워주고 있는 조처
이고, (2)는 李齊賢이 元과 강화한 이후 전토가 거의 개간되고 개척되었
음에도 불구하고 부역 제공자들이 당연히 받아야 할 名田을 대부분 받지
못하고 있는 세태를 걱정하는 내용이다. (1)의 名田은 군인들에게 절급
되는 군인전을 이름이며, (2)의 것은 군인을 위시한 향리 등 국역 담당
자들이 所受하는 전지를 가리키는 것이다. 그러나 물론 名田이 이런 유
의 분급전토만을 지칭하는 용어는 아니었다. 자료 (3)의 기사는 이점을
분명히 하여준다. '役分·口分·加給·補給之名'이 그것이다. 역분전, 구분
전, 가급전, 보급전 등을 통칭하여 명전이라고 표기하고 있는 것이다. 가
급전이나 보급전의 예는 다른 자료를 열거할 것도 없다. 바로 자료 (1)
에서 부족한 名田의 수를 채우기 위해 戶部에서 공전을 나누어 加給하도
록 하고 있는 처사가 이것이다.
　고려에서 분급 수조지를 名田이라고 총칭하였던 것은 이를 구성하는
丁이 전주의 성명을 달고 있고, 또 이것이 名號가 되면서 소유지와 독립
하여 대립·조화하는 위치에서 존재하고 있었기 때문이겠다. 조준의 作丁
條目을 음미하여 얻은 이러한 類推는 丁의 본체, 즉 그 수수 및 점유원
칙과 관리방식을 살펴보면 타당성을 한층 더 인식할 수 있다.

---

20) 《高麗史》 81, 兵 1, 兵制, 靖宗 2년 7월, 中冊, p. 777.
21) 《益齋亂藁》 9(下), 策問(《高麗名賢集》, 成均館大學校 大東文化研究院, 1973-以下
　　同, 2冊, p. 333).
22) 同上, p. 331.

3. 分給田丁과 田丁帳籍

丁으로 묶은 전지는 諸人에게 직역에 따라 분급되었고 또 諸處에 절급되었다. 이것이 田丁이었다.

先王制定內外田丁 各隨職役 平均分給 以資民生 又支國用[23]

과전·공신전·군인전·녹과전 등 분급전지는 실체가 모두 이 전정이었다. 그러므로 이들 토지를 반급할 때는, 그것이 田丁으로서 田畓임을 밝혀 實田과 구분하기도 하였다. 元宗 3년(1262) 衛仕功臣 柳璥에게 내린 〈尙書都官貼〉에서 예를 찾을 수 있다. 이 貼子에는 金仁俊을 위시하여 최씨 무인정권을 무너뜨린 一般功臣 13인에 대해 공신전을 지급하는 내용이 간단히 기재되어 있는데, 그 기술을 대상에 따라

田丁乙良 田畓幷一百結 奴婢乙良 各十口 賜給敎是齊

혹은

田丁乙良 各田畓幷五十結 奴婢幷十口式以 賜給爲良於敎是齊[24]

라고 하고 있다. 田丁은 田畓 幾結을 사급한다는 것이다. 賜與田畓이 田丁임을 밝히고 있는 셈이다.[25]

전시과의 분급이 신분 직역에 따라 結數에 차등이 있었다 함은, 바로 이 전정의 절급액수가 그러함을 말하는 것이었다. 전시과의 所受者는 적

---

23)《高麗史》78, 食貨 1, 田制, 經理, 忠烈王 24년 정월, 中冊, p. 707.

24) 許興植,《韓國의 古文書》尙書部官貼, 民音社, 1988, pp. 93~96.

25) 이와는 달리 田丁＝足丁 17결로 한정하고 이것이 超身分的 平均分給地로서 중국의 職分公田에 淵源한 것으로 想定하려는 견해도 있다. 呂恩暎,〈高麗時代의 田丁〉,《嶠南史學》3(1987)이다. 그리고 최연식,〈高麗前期의 職田과 그 支給形態〉,《韓國史研究》70, 1990도 呂 씨와 같은 발상에서 직전관계의 기사를 다루고 있다.

게는 1개의 丁에서 많게는 수십 개의 丁을 받았다. 그리고 丁에는 足丁과 半丁이 있어 토지의 분급, 즉 전정절급은 이것이 적절히 배분되어 행해졌다. 족정·반정에 미치지 못하고 남은 몫은 결부 수를 단위로 지급하였을 것이다. 17결을 1족정으로 하여 軍一丁을 내게 함도 같은 원칙에서 오는 방식이다.26) 忠烈王 24년(1298) 정월 忠宣王이 즉위 교서에서, 종래의 功臣田 가운데 당시 孫外人에게 占取된 것은 年限을 물론하고 환급하게 하면서 아울러 同宗中 1戶가 合執하고 있는 것에 대해선 ‘辨其足丁半丁均給’27)하도록 함은 이런 이유에서였다. 공신전으로 절급한 足丁, 半丁을 변별하여 골고루 분급하라는 것이다. 그러면서도 중심이 되는 丁은 足丁이었다. 충렬왕 34년(1308) 11월 역시 충선왕이 기왕에 절급한 賜牌田 중 濫給·剩受된 것에서 수조하도록 하는 下教에서, 이를 ‘其足丁剩於本數者’로28) 표현하고 있음이 한 예이다. 本數를 넘는, 곧 공식으로 분급된 수효 이상으로 足丁을 가진 이들에 대해 剩數만큼의 족정은 公田으로 한다는 의미이다.

丁의 제정은 一定結數를 단위로 하는 게 원칙이었지만, 실제 作丁過程에선 기준 결수에 조금씩 넘치기도 하고, 모자라는 경우도 있었다. 이런 예는 조선시기의 양안에선 흔히 볼 수 있다. 아마 고려에서도 이러하였을 것이다. 한 고을의 농지는 그 분포가 소유주의 소유 농지 규모나 위치에 따라 다르고 지형에 따라서도 다양한 까닭에, 모든 丁마다 일정 결수를 반드시 준수하여 묶기는 기술상 어려웠고 꼭 그럴 필요까지도 없었다. 田丁을 분급할 때에 기준 결수에 부족하거나 넘치는 丁들은 서로 적당히 섞어 加減되도록 하여 총 절급결수에서만 대략 비슷하게 조정하여 주면 되는 것이었다.29)

丁은 토지분급·조세징수의 단위였고 田丁은 수조권이 지급되는 수조지인 까닭에, 각 丁에는 여기서 징수할 전조 총액을 일괄하여 수조권자 전

---

26) 주 7과 同.
27)《高麗史》33, 世家 33, 忠宣王 1, 忠烈王 24년 정월 戊申, 上冊, p. 672.
28)《高麗史》33, 世家 33, 忠宣王 1, 忠烈王 34년 11월 辛未, 上冊, p. 682.
29) 주 150 참조.

주에게 輸納할 책임자가 정해져 있었다. 이들이 養戶였다. 군인전의 경우 1足丁에 양호 2명이 책정되어 있었던 것으로 추측된다. 아마 半丁마다 양호 1명씩 있지 않았을까 한다. 전조는 전주가 직접 답험하고 직접 수취하며 그 납부는 납조자가 의무로서 스스로 담당하게 되어 있었으므로, 수조상의 편의를 도모하고 무상 수취에 따른 납조자의 반발을 緩衝할 목적에서 납조 책임자를 정해 놓은 것이겠다. 양호는 해당 정내의 농민 가운데 擇出하였다. 과전제도에선 5결 1자정마다 1명의 양호를 두었다.[30]

丁 하나하나에는 境界가 있었다. 이 역시 전지였기 때문이었다. 四標·四至가 있어, 당해 丁의 田主가 지배 수취할 수 있는 실제 범위가 정해져 있었다. 고려후기에 勢家 가운데는 자기 賜田에서 '凡人田在四地中者幷收其租'[31]하는 이들이 있어 물의를 일으킨 경우가 많았다. 자기 賜牌田의 4표 안에 들어 있는 民田에서 수조하고 있었던 것이다. 이 무렵 사패전은 몽골전란 후 농지 개간책의 일환으로 진황지로 절급되고 있어, 해당 절급지 내에 이미 있는 민전은 公田으로 이들의 수조지가 아니었다. 이런 행위는 권력을 배경으로 이루어지는 것이지만, 여기에는 4표가 갖는 경계의 기능이 빌미로 이용되고 있는 것이다. 고려말 과전분급 때 경기의 公·私田 '四標內'에 있는 閑曠地에 대해서 村民과 공동 이용할 것을 특별히 규정하고 있음도[32] 이 때문이었다. 또한 이 당시 己巳量田에선 陳地를 '續字丁'으로 묶었는데 이것이 과전절수 때 함께 들어가기도 하여, 조선 태종 초에 이를 분간하여 수조하는 조처가 시달된 적이 있었다. 이때도 4표가 이용되었다. '各其官四標相考'[33]하도록 함으로써 丁의 四標를 相考하여 처리하는 것이었다. 丁의 4표는 소유지의 그것과 기능·의미가 같았다.

田丁은 토지 자체는 아니었지만, 그 수득자는 이를 통해 당해 농지를

---

30) 拙稿,〈科田의 占有와 그 原則〉, 주 15의 논저, pp. 118~124 참조.
31) 《高麗史節要》 20, 忠烈王 8년 8월, p. 534.
32) 《高麗史》 78, 食貨 1, 田制, 祿科田, 恭愍王 3년 5월, 給科田法, 中冊, p. 725.
33) 《太宗實錄》 4, 太宗 2년 9월 丙戌, 1冊, p. 245.

지배하고 그 농민을 수취하므로 그저 '田'으로도 불렀다. 이 시기 鎭人으로서 歸鄕罪를 범한 이들에 대한 처벌 중 '若受田丁者 收其田與他'[34]하도록 한 判旨는 단적인 예이다. 따라서 그 수득자는 '田主'라고 칭하는 것이었다. 元宗 12년(1271) 田民辨正에 착수할 때 都監에서 과거 權臣에게 피탈당한 諸宮院·寺院 및 兩班·軍·閑人의 수조지 가운데 잘못 처리하여 軍須로 소속시킨 사정을 일러 '或有給非其主'[35]라 하였다. 원래 점유자를 '主'로 표현하고 있는 것이다.

전정은 職役奉供의 物的 要素로서 소지하는 토지였다. 그러므로 이의 점유에는 여러 제한과 원칙이 따랐다. 전정의 분급·체수·전수는 같은 계통의 직역자 안에서 이루어지도록 함이 원칙이었다. 이른바 田丁連立이니 田丁遞立이니 하는 표현이 있는 것은 이런 사정에서였다. 군인은 군인의 전정을, 향리는 향리의 전정을 告官遞受하고 父祖子孫 사이에 世傳하였다. 양반의 경우도 마찬가지였다.[36] 이런 점에서 전시과의 여러 분급사전은 職田으로 國田이면서, 동시에 世祿田으로서 永業田이었다. 사회 구성원을 신분계급으로 편성하고 전정을 통해 이에 직결시켜 토지를 분급하고 있던 고려에선 의당한 방침이었다. 人의 배분과 土地의 배분이 國王을 頂点으로 신분 직역에 입각하여 계층 있게 이루어진 사회에서, 전정의 분급·체수에 이 같은 질서가 없으면 체제상 큰 혼란이 올 수밖에 없는 일이다.

일단 분급받은 전정은 死亡, 年老, 重大犯法犯罪 등으로 직역봉공이 해소되거나 파기되지 않는 이상, 그것이 자기 전토였다. 양전이나 기타 여러 사유로 인해 종래 자기가 받은 丁이 다른 곳으로 옮겨지면, 그 옮겨진 곳의 所耕田이 그의 所受田이었다. 이 역시 田丁連立制의 운영상 반드시 필요한 조건이었다. 충선왕 즉위 시에 종래의 공신전 가운데 同宗中 한 戶가 合執하고 있는 것은 족정·반정을 변별하여 균분하고, 또 타인이 占取하고 있는 것은 원래의 공신자손에 還受하는 시책을 세울 수

---

34) 《高麗史》 84, 刑法 1, 職制, 中冊, p. 841.
35) 《高麗史》 27, 世家 27, 元宗 14년 12월 庚申, 上冊, p. 559.
36) 拙稿, 주 30의 논고, pp. 155~159 참조.

있었던 것은37) 이런 원칙이 있어 가능한 일이었다.

전정은 이러한 屬性上 田主의 家系 내에서 임의로, 또 사사로이 世傳해선 안 되었고 分割占有 역시 금지하였다. 반드시 告官授受하여야 했으며 家內의 1인만이 단독으로 遞受하여야 했다. 職役은 한 곳에 집중되어 부과되어야 하는 것이었다. 그러므로 전정의 체립은 嫡長子 우선 아니면 최소한 가족 내에서 單獨傳受함이 원칙이었다.38) 혹 양반의 경우 父祖나 他人의 전정 일부를 전수·체수할 때라도 丁을 단위로 해야 했다. 공신전의 均分을 足·半丁을 변별하여 하도록 함도 그래서였다. 丁 자체를 파괴하여 분할해서 점유해서는 안 되었다. 토지분급·조세징수·직역부과의 단위인 까닭이다.

고려는 이러한 전정으로서의 私田을 兩界를 제외한 여러 도, 특히 下道에 절급하였다. 兩界의 토지는 軍須에 專屬시키고, 王京 주위 京畿一圓의 토지는 주로 公田으로 편성하였다. 당시로선 지리 교통조건상 공전이 外方遠地에 偏在하면 조세의 輸納이나 漕運 등이 심히 불편했기 때문이었다. 또한 여러 고을에 散在시켰다. 고려말 私田爭訟이 산적하고 문란하여 안에서는 版圖·典法이, 밖에서는 守令·廉使가 그 본직은 폐기하고 날마다 田訟만 청리하고 있는 사태,39) 田民辨整때 담당 別監을 楊廣·全羅·慶尙道로 나누어 보내고 있는 것40)도 마찬가지였다. 이런 방침에서 추측하건대, 해당 전토의 田丁 역시 각 고을에 분산시켜 분급하였을 것이다. 한 사람의 私田을 구성하고 있는 여러 개의 丁을 모두 한 고을에 집중하여 지급하지는 않았을 것으로 생각된다. 고려말의 과전제도는 실제 이와 같이 운영되었다.41) 그리고 혹 형편에 따라서 자기 소유지 위에 설정된 丁을 자기 전정으로 받거나 혹 그렇게 되는 경우도 있었겠으나, 원칙은 아니었겠고 아마 여건이 닿으면 할 수 있는 관례였을 것이다. 따라서 일반 현상은 아니었을 것이다. 이런 경우라도 그런 丁은 전체 수득

---

37) 주 27과 同.
38) 拙稿, 주 30의 논고, pp. 157~162 참조.
39) 《高麗史》 78, 食貨 1, 田制, 祿科田, 辛禑 14년 7월, 趙浚上疏, 中冊, p. 716.
40) 《高麗史》 78, 食貨 1, 田制, 經理, 恭愍王 2년 11월, 中冊, p. 707.
41) 주 150 참조.

전정 가운데 일부였을 것이다. 한 개인의 사전을 한 고을이나 한 지역에 집중하여 절급한다면, 그 州縣이 존립할 人的 物的 기반이 축소되거나 아예 없어져 행정상 커다란 곤란이 생길 것이었다. 그뿐만 아니라 田主의 割據를 自招할 위험도 컸다. 전정을 수득자의 소유지에 얹히게 지급함도 마찬가지였다. 忠肅王 3년(1316) 海州에서 王璹란 이가 이 고을의 田 5000여 결을 탈점하자 아예 官印을 都堂에 반납하였던 것은,[42] 田丁이 집중됨으로써 야기된 사건의 하나로 보인다.

이러한 作丁·田丁의 제도는 國初에 이미 운영되고 있던 제도였다.[43] 고려후기 李齊賢은 '內外足半之丁'을 위시하여 토지·조세·전품 등 여러 田制가 당시에 '踰四百年旣久矣'[44]하다 하여, 400년이 넘게 오래되었다고 술회하고 있다. 이는 사실이었다. 거듭 인용하는 바이지만, 충렬왕 24년(1298) 정월 충선왕이 당시의 功臣田 소지를 정돈하는 시책의 하나로 同宗中 한 戶에서 合執하고 있는 토지에 대해선 족정·반정을 변별하여 균급하도록 이르고 있는데, 이들 공신전은 태조 왕건이 통일활동을 전후하여 책봉한 三韓壁上功臣을 위시하여 이후의 三韓後代代壁上功臣·配享功臣 등에게 사급하여 이때까지 자손에게 傳持되어 오고 있는 토지였다.[45] 토지의 분급이 족정·반정 등 田丁으로 행하여짐은 태조 때도 마찬가지였다.

전정의 수수 및 점유에 따른 제 조건과 원칙은 이와 같았다. 전정은 고려의 국가체제를 集權封建의 형태로 구현하는 정치·경제의 요소였다. 그러므로 전정의 수수 및 관리는 국가의 중요한 임무로서 항상 공정하고 주밀해야만 했다. 고려는 이를 위해 제도상 여러 장치를 하고 있었다.

---

42) 《高麗史》90, 列傳 3, 宗室 1, 順正大君 璹, 忠肅王 3년, 下冊, p. 41.

43) 作丁·田丁制는 혹 운영·내용에선 차이가 있었겠으나, 제도 자체는 新羅時期에도 있었을 것으로 推察된다. '今接 新羅建置州郡時 基田丁戶口 未堪爲縣者 或置鄕 或置部曲 屬于所在之邑'(《新增東國輿地勝覽》7, 京畿道, 驪州牧, 古跡, 登神莊, 古典刊行會, 1958, p. 136)이라는 기록이 참고된다.

44) 주 22와 同.

45) 주 27과 同.
　　이 諸功臣에 대해선 金光洙,〈高麗太祖의 三韓功臣〉,《史學志》7(1973)에서 소상히 검토하고 있다.

그중에서도 골격이 되는 것은 각 丁의 수수·점유사정을 기록하여 파악하는 帳籍의 마련과 정비, 그리고 수득자에게 이 사실을 공인하여 주는 證憑文券의 발급이었다.

이는 공민왕 원년(1352) 李穡이 당시 私田爭奪이 극성하여 1田의 田主가 수명씩 중첩하고 농민의 궁핍이 잇따른다고 개탄하고, 田制의 정비가 急務임을 역설하면서 捄弊策을 제시하고 있는 대목에서 찾아볼 수 있다. 甲寅柱案과 公文이 그것이다.

> 乞以甲寅柱案爲主 參以公文朱筆 爭奪者 因而正之 新墾者 從而量之 稅新墾之地 減濫賜之田 則國入增 正爭奪之田 安耕種之民[46]

내용은 甲寅柱案을 위주로 하고 公文朱筆을 참작하여 쟁탈되고 있는 토지의 田主를 바로 하고 새로 개간한 토지는 打量하자는 것, 그리하여 新墾田에 세를 물리고 濫賜한 전토를 감축하면 국가의 세입은 늘고 爭奪田地를 바로 잡고 耕種農民을 편안하게 할 수 있다는 것이다. 여기서 ‘甲寅柱案’은 갑인년에 전지를 타량하고 작정하여 파악한 전정의 점유상황, 즉 체수·반납·가급·보급 등의 사정을 기록한 장적일 것으로 생각된다. 그리고 바로 이 장적에는 앞서 우리가 추정하였던바, 각 정에 그 田主의 성명을 달아 丁號를 삼고 있었을 것이다. 甲寅年은 忠肅王 원년(1314)으로서 이해에 量田이 있었다.[47]

甲寅柱案이 이런 유의 장적임은 이것이 수조지 점유분쟁의 정비자료로 제시되고 있는 데서 우선 그렇게 생각되지만, 이와 함께 다음과 같은 이유로 더욱 그렇게 예측된다. 첫째, 이 구폐방안은 이색이 公文朱筆만으로 田訟을 처리하는 데는 한계가 있다고 지적한 후 제시하고 있다. 그는 비록 관청에서 토지쟁송에 대해 공문주필을 살펴 그 先後로써 田主를 판별하더라도 권력·세력의 압박으로 올바르게 처리되지 못하며, 공문주필 자체도 대부분 眞僞가 뒤섞여 있어 기준이 되기 힘들다고 하였다.[48] ‘公

---

46)《高麗史》15, 列傳 38, 李穡, 恭愍王 원년, 下冊, p. 522.
47)《高麗史》78, 食貨 1, 田制, 貢賦, 忠肅王 원년 2월, 中冊, p. 730.

文朱筆'의 公文은 전정점유의 증빙문권이었다. 朱筆은 해당 전정의 丁이 妻·子孫에 傳受되거나 그 일부가 他人에게 移給될 때, 혹은 새로 丁을 加給 補給하게 되었을 때, 이 사실을 관에서 原卷上端에 所受하는 이의 성명과 그 丁을 標注하는데, 이를 朱色으로 기재함을 이름이었다.[49] 이 공문은 公案, 文契, 公牒, 契券 등 여러 명칭으로 불렀다. 과전제도하에선 田關, 科田單字, 都田單字라고도 하였고, 結數·字號 등이 기재되었다.[50] 이는 田主의 田丁所持來歷을 확인할 수 있는 문서로서 田訟 때엔 근거자료가 되었다. 이러한 공문 및 그 주필이 先後와 眞僞가 의심스럽고 섞여 있으면, 이로써 수조지 쟁탈분쟁을 처리한다는 것은 큰 곤혹이었다. 이 같은 형편이면 해당 丁의 공문주필을 대조할 수 있는 대장, 곧 丁의 분급 당초부터 田主의 성명을 달고 그 상황을 적은 作丁帳籍 田丁帳籍이 기준자료가 될 수밖에 없었다. 이색이 田制整備 최선의 근거로 갑인주안을 거론 한 것도 이 柱案이 이러한 조건을 갖춘 전정장적이었기 때문이겠다.

다음, 갑인주안을 통해 新墾田을 조사하고 그 課稅를 계획하고 있는 점도 또 하나의 근거이다. 여기서 신간전이란 갑인년 양전 후 새로 개간한 전지를 이름이겠다. 갑인주안 작성 시에는 진황지로서 역시 丁으로 묶여 관리되고 있었을 것인데, 그 후 개간이 진행되었을 것이다. 앞에서 말한 바와 같이 고려말 己巳量田 때 진황지는 타량하지 않고 續字丁으로 묶어 관리하도록 하였다. 그리고 개인에게 과전을 절급할 때 그 四標 內에 들어가 있기도 하여 田主가 加耕하여 자기 所有地로 하고 납세를 하지 않아, 조선 태종 초에 조사가 행해진 적이 있었다.[51] 이런 사정은 고려시기에도 마찬가지였을 것이다. 더구나 이 시기에는 賜牌, 加給, 補給 등을 冒稱하여 閑曠地를 점유하고 개간하는 일이 많았다.[52] 이색도 이런 사정

---

48) 주 46과 同.

49) 《高麗史》 78, 食貨 1, 田制, 祿科田, 恭愍王 3년 5월, 給科田法, 中冊, p. 724.

50) 拙稿, 주 15의 논저, pp. 229~230.

51) 주 33과 同.

52) 拙稿, 주 15의 논고, pp. 16~29.
　　朴京安, 〈高麗後期의 陳田開墾과 賜田〉, 《學林》 7(延世大), 1985.

을 지목하고 갑인주안에 의거하여 打量收稅하자고 주장한 것으로 보인다. 전정의 소지와 결부하여 이루어진 신간전과 그 전주를 조사하여 전조를 징수하자면, 역시 作丁臺帳에 의거할 도리 밖에 없는 것이다. 공문의 記載如何에 관계없이 이 장적에 등록된 정으로서 전주가 名付되어 있지 않으면, 그 정은 사전이 아닌 까닭에 徵租함은 당연한 처사였다. 실제 갑인주안은 부세징수 및 그 행정에 직접 근거가 되는 장부였다. 우왕 원년 (1375) 2월, 한 宥旨에서 갑인년 양전 이후 三稅之田이 누차에 걸친 員將들의 誅流로 인하여 倉庫로 몰입되어 三稅를 들이지 않는데, 해당 官司에선 오로지 '一據元案徵納'하고 있어 州郡이 고통받는다고 지적하고 있다.53) 元案은 갑인주안이겠다. 갑인년 이후의 양전은 기사양전뿐이다.

　조준의 작정조목에 있는 '係人姓名'이란 문구는 갑인주안의 내용·형태가 이러하였고, 나아가 이전 시기의 田丁帳籍이 이러하였음에서 근거한 표현이겠다. 고려시기의 작정장적이 전주의 성명을 繼連하고, 이로써 해당 정의 명호로 삼고 그 수수·전수·체수의 사정을 파악하고 있었으며, 본 갑인주안은 갑인년 양전 때 작성된 이러한 장적이라는 추정을 더욱 신빙하게 하는 것은 다음의 자료이다. 고려말의 〈張戩所志〉이다. 이 소지는 마멸된 부분이 많아 판독에 어려움이 크나 대강 요지는 파악할 수 있다. 洪武 18년(禑王 11년, 1385) 11월, 前中正大夫 三司右尹 張戩이 慶尙道按廉使에 낸 田土訴訟文書로서, 興安府(京山府) 任內의 仁同縣에 있는 한 田土를 놓고 元田主 張戩이 奪占者 判書 李之泰를 상대로 제소하는 내용이다. 爭訟田地가 수조지로 사료되고, 또 甲寅年帳付와 결부될 뿐만 아니라 그간의 소송 경과 및 절차를 알 수 있어 지금까지의 類推에 보완과 도움이 된다. 필요한 대목을 抄錄하면 아래와 같다.

(1) 右啓矣段 道內興安府任內仁同縣〈接,人〉今音尙田乙 祖判典校寺藝文館提學同知春秋館事 張 備□□□是如乎 甲寅年帳付田乙〔矣身以傳持喫持是臥乎置乙〕…… (2) 同府接判書李之泰…□□余 年乙 出食……如前出食…… (3) 前

---

53)《高麗史》78, 食貨 1, 田制, 租稅, 辛禑 원년 2월, 中冊, p. 728.

矣文字相考爲遣　公文無齊　大帳不付齊　(4)　延祐四年據審陳省內矣　祖資瞻司
副使時　帳付頉下陳省齊　李之泰矣　洪思普時據審　癸卯年陳省分是乎等用
良……　(5)　持　音文字及大帳等乙　宜當敎是分　官上爲有臥　田出還給54)

　　(1)은 당해 田地의 내력, (2)는 李之泰가 전의 두 차례에 걸친 소송을
官權을 동원하여 좌절시키면서 계속 수년간 奪占하고 있는 사정, (3)은
본 소지 이전에 제출한 소송에 대한 府의 처리 결과, (4)는 본 田地傳持
의 근거와 그 타당성, (5)는 본 소지에 첨부한 증빙문서의 종류에 관한
것이다.

　　이에 의하면, 소송 전토는 사적 소유지가 아니고 私田 收租地이다. 이
점은 소지의 前後內容으로 일단 짐작되지만, 이지태가 田을 탈점하고 있
는 사정을 일러 '出食'이라고 표기한 데서 알 수 있다(2). 여기서 '出'은
소출·수확의 뜻이 아니고, 稅 혹은 出稅의 뜻이다. 앞서 인용한 바 있는
〈尙書都官貼〉에　崔沆의 탐학을 열거하는 가운데 있는 '荒年及遠年陳田畓
出乙　豊年例同亦　高重捧上爲沙餘良'55) 중 '陳田畓出乙'의 出이나, 또한
忠定王 원년(1349)　淸州牧 관내의 菩薩寺에 이속시킨 應天寺·化林寺의
田地를 開京에 있던 龜山寺에서 自寺에 속한 전토라 하여 兩寺 사이에
田訟이 일어났을 때 忠惠王妃 德寧公主가 청주목에 내린 분쟁확정 문서
에 보이는 '龜山寺屬田地是如　出食收齊向事以'56)라는 문구의 出食과 같은
용례이다.　前者는 '陳田의 租稅를 풍년의 예와 같이 高重으로 받았다'는
의미이고,　後者는 '龜山寺에 소속한 전지라 하고 租稅를 거두는 일로'라
고 새겨지는 내용이다. 張戬의 전지는 전조를 取食하는 수조지 사전이었

---

54)《動産文化財指定報告書》89,　年指定篇, 張戬所志, 文化財管理局.
　　※ 인용문 가운데 〔　〕부분은 '甲寅年帳付田' 구절 위에 小子로 添記한 것임.
　　본 소지는 張東翼,〈麗末鮮初 田畓·奴婢관계 古文書 硏究〉,《嶠南史學》1(1985)에
　서 全文이 소개 검토되고 있고, 許興植, 주 24의 저서에도 수록되어 있다. 張·許 두
　교수의 字體判讀에는 다소 차이가 있다. (1)의 〈接, 人〉도 그 하나다. 接은 전자의,
　人은 후자의 판독이다. 위 문화재 관리국의 보고서에 실린 色彩寫眞을 보면 字體가
　해어져 알아보기 힘들다.
55) 주 24와 同.
56) 許興植, 주 24의 논저, 淸州牧官文書.

다. 田丁인 것이다. 그러므로 張戩도 전토의 환급을 요청하면서 이를 '田
出還給'이라고 표현하고 있다(5).

이 토지는 戩의 祖 '備'가 지녀온 것으로 甲寅年帳付田인데, 소송 당시
엔 戩이 '傳持喫持'하고 있었다(1). 祖業田인 것이다. 備가 이 토지를 자
기 所持로 문서를 작성한 것은 延祐 4년, 곧 忠肅王 4년(1317)으로 帳付
에 빠져서 관가에 청원하여 작성[陳省]한 것이었다. 갑인년 量田 당시였
다. 그리고 이지태가 탈점하여 그의 것으로 한 때는 癸卯年으로 恭愍王
12년(1363)이었다(4). 所志 原文에 보면 李는 府使의 官權을 배경으로
張을 압박하고 있는데, 아마 閑田을 칭하거나 문권을 조작하여 탈점하였
을 것이다.57) 明宗 18년(1188) 3월에 있은 한 제칙에서, 각 州縣에 있
는 京外 兩班·軍人의 家田, 永業田을 姦黠吏民이 '欲托權要 妄稱閑地 記
付其家'하고 권세 있는 자는 또한 '稱爲我家田 要取公牒'하며 고을의 수령
들은 '不避干請 差人徵取'하여 1田에서 徵租가 2·3차에 이른다고 한 지
적58)은 본 田訟의 경우에도 걸맞는 것이겠다. 閑地는 해당 토지가 연고
권자가 없음을 이르는 것이고, 記付는 帳籍에 權要家의 명의로 貼付하는
행위이며, 公牒은 당해 전토의 公文이다. 勢家의 奪田은 그의 威力에 守
令의 협력과 文契의 조작이 겹쳐 이루어지고 있는 것이다.

이와 함께 본 소지에서 주목되는 것은 '甲寅年帳付田', '公文', '大帳' 등
의 존재이다. 갑인년장부전이란 갑인년 양전 때 작성한 田丁帳籍에 記付
된, 다시 말하면 전주의 성명이 貼付된 전지라는 의미이겠다. 李穡이 말
한 갑인주안은 바로 이 장부였을 것이다. 그러므로 府에서도 종전의 田
訟에 대해, 그 公文이 있는지 또 大帳에 名付된 전지인지부터 살펴 처결
하고 있는 것이고(3), 戩은 금번 소송에선 大帳도 제출하고 있는 것이다
(5). 여기의 '大帳' 역시 甲寅大帳, 곧 전정장적으로서의 갑인주안을 말
함이겠다.

甲寅柱案과 같은 작정·전정관계의 장적은 바로 《三國遺事》에 전하는
'田丁柱貼'인 듯하다. 전정주첩이란 용어는 一然이 扶餘郡의 지명이 과거

---

57) 拙稿, 주 15의 논고 참조.
58) 《高麗史》78, 食貨 1, 田制, 田柴科, 明宗 18년 3월, 中冊, p. 711.

에 所夫里郡이기도 하였다는 사실을 소개하면서, 근거로 들고 있는

　　　又按量田帳籍曰　所夫里郡田丁柱貼[59]

이라는 대목에 보인다. 물론 이 기사는 量田帳籍이란 표현이 있어, 田丁柱貼이 量案을 지칭한다고도 생각할 수 있다. 그러나 전정주첩이라고 한 명칭표기로 보아 양전과 관련 있는 문서이긴 하나 양안 자체는 아니었을 것이다.[60] 一然은 부여군에서 보관하고 있던 토지·양전에 관련된 여러 장적들을 살피던 중 〈所夫里郡田丁柱貼〉이라고 명명된 본 장적을 찾아내고, 이것이 부여의 舊名을 전하는 근거가 되므로 소개한 것으로 추측된다. 甲寅柱案의 名이 있듯이, 이 전정주첩은 字義 그대로 이 고을의 量田·作丁과 더불어 작성된 전정장적으로 짐작된다. 柱貼·柱案이란 본 帳籍이 갖는 일반 형태에서 오는 표현일 것이다. 아마 모양이 두루마리로 작성하여 기둥처럼 생겨 이런 명칭이 사용된 것으로 보인다.

　지금까지의 검토에서, 고려시기엔 作丁 및 그 丁의 분급 사정을 파악하는 장적이 있었으며 여기에는 丁의 소지자인 전주의 성명이 繼連되어 있었고, 이를 田丁柱貼이라고 하였을 것이라는 想定을 하게 된다. 다음의 자료는 이 형식의 일면을 전하는 것으로 짐작된다. 역시 《三國遺事》에 전하는 것으로, 太祖 16년(943) 정월에 작성되었다고 소개된 '淸道郡界里審使順英·大乃末水文等 柱貼公文'과 그 기록 내용이다. 이 공문에 관해 일연은 '右公文 淸道郡都田帳傳准'이라고 浹注하여 놓고 있다.[61] 淸道郡都田帳에 전해오는데 확실하다(비준하였다)는 것이다. 이 都田帳 역시 양안이라기보다는 都田丁帳籍으로 이해되며[62] 전정주첩이었겠다. 위 공문은 여기에 貼付되어 있었던 듯하다. 본 柱貼公文에는 '雲文山禪院長生

---

59) 《三國遺事》2, 南夫餘 前百濟.
60) 朴京安, 〈甲寅柱案考〉, 《東方學志》66(1990)에선 고려초 양전 실시 때 작성한 量案으로 보고 있다.
61) 《三國遺事》4, 義解 5, 寶壤梨木.
62) 고려에서 州縣 義倉米를 收斂할 때 '用都田丁數'하고 있었는데(주 3과 同), 지금까지의 검토나 이 표현으로 보아 이때 근거가 된 장부는 都田丁柱貼이었을 것이다. 여기서 말하는 '都田帳'은 바로 이 都田丁柱貼이 아닐까 한다.

南阿尼岾 東嘉西峴' 그리고 '同藪三剛典 主人寶壤和尙 院主玄會長老 貞座 玄兩上座 直歲信元禪師' 등 雲文寺 長生의 所在方位와, 이 절의 주인·원주·정좌·직세 등의 人名이 기재되어 있었다고 한다.63) 정에 '係人姓名'하였다는 방식이나 내용은 이와 유사하였지 않았을까 한다. 그리고 보면 이색이 갑인주안을 위주로 하고 공문주필을 참고로 하여 田主를 가려내자고 한 것은 타당한 방안이었고, 張戩의 訴狀에 보이듯이 田訟에서 公文有無와 甲寅大帳에 名付與否를 조사하는 것도 절차상 의당한 것이었음을 다시 확인하게 된다.

갑인주안과 같은 田丁柱貼은 고을마다 작성해 비치하고 있었을 것이다.64) 부세행정이 州縣을 단위로 집행되고, 전정의 분급 또한 각 주현에 분산시켜 행하고 있었기 때문이다. 조준의 作丁條目에서도 丁號를 천자문으로 표기하되 每邑마다 하자고 하였다. 지방관은 전정의 增減이나 배속·소지사정에 변동이 있으면 이 장적을 修整하는 게 임무였다. 忠穆王 즉위년(1344) 崔宰는 興州를 맡아볼 때 田籍이 오래된 데다 문드러져 이를 잘 다듬어 정리하고 舊本은 그대로 보관하여 서로 맞추게 하여, 듣는 이들이 歎服하였다는 稱頌이 전한다.65) 또한 중앙 開京에는 별도로 각 도와 고을의 전정주첩이 있었을 것이고, 그 전체를 파악할 수 있도록 한 要覽도 있었을 것이다. 각 신분·직역별로 분급한 전정을 계통 있게 파악 관리하려면 반드시 갖추고 있어야 할 것이었다. 이러한 전정주첩을 통상 '田案'이라고 불렀던 것 같다. 武人政權 초기에 慶大升은 그의 父 珍이 貪鄙하여 다른 사람의 田을 많이 탈취하였다가 사망하자 '悉以田案納選軍 一無所取'하여 사람들이 그의 청렴에 감복했다는 逸話가 있다.66) 田案을 選軍에 들였다는 것으로 보아 이는 군인의 전정장적이었을 것이다. 과전제도가 시행되던 때에 과전의 수수상황을 기재한 장적도 '田案'이라고 하였다.67)

---

63) 주 61과 同.

64) 이는 앞서 살핀 〈張戩所志〉에 興安府 甲寅年 '大帳', 《三國遺事》에 '所夫里郡田丁柱貼' 등의 존재로 알 수 있다.

65) 《牧隱文藁》 15, 碑銘, 高麗國大匡完山君諡文眞崔公墓誌銘幷序.

66) 《高麗史》 100, 列傳 13, 慶大升, 下冊, p. 222.

4. 田丁의 祖業田化와 그 經營實體

분급전정의 수수·점유 및 관리는 이상과 같은 원칙과 운영 속에서 이루어지는 것이었다. 그러나 시대가 진전하고 사회가 변동하면서 이러한 원칙의 준수나 운영의 방침은 흔들리고, 끝내 파탄되는 지경에까지 이르렀다. 고려중기에서 말기로 갈수록 사태는 심화되었다. 사전의 조업전화, 그리고 그 겸병·상실은 이런 사태의 집약이고 상징이었다.[68] 사전의 조업전화는 다름 아니라 분급전정의 家産化, 바로 그것이었다.

전정의 가산화는 그 점유가 父祖子孫 사이에 世傳됨에 바탕을 두고 있었다. 전정의 세전은 고려중기에 벌써 있던 현상이었다. 무인정권기에 崔沆의 田土奪占을 전하는 아래 기록에서 이를 살필 수 있다.

崔沆……大臣等及兩班員將等乙 不多年間良中 數多誅戮流竄令是遣 田民家財乙良 奪取自持爲齊內 外兩班·軍·閑人等矣 父祖傳持田丁乙 侵奪爲㫆[69]

최항이 大臣 및 兩班員將의 田民家財를 탈취함과 함께 침탈하였다는 內外 兩班·軍·閑人의 '父祖傳持田丁'이 그것이다. 이 전정들은 元宗 14년(1273)에, 4년 전에 있던 田民辨正이 잘못되어 다시 전주를 바로 정리하도록 할 때 대상으로 지목된 '兩班·軍·閑人之世傳'田地[70]와 同類였다. 무인 집권기에 이미 양반, 군인, 한인들은 父祖가 수득한 田丁을 傳持하고 世傳하고 있었다.

물론 전정세전의 현상 자체는 전시과제도가 정상으로 운영되던 때에도 얼마든지 있을 수 있는 일이긴 하였다. 양반은 관직을 통해서, 군·한인은 역의 승계를 통해서 '必告有司而與之'[71]의 절차를 거쳐 祖父의 전정을 체수하고 연립할 수 있는 까닭에 결과가 그렇게 되는 것이었다. 그러나

---

67) 주 50과 同.
68) 拙稿, 주 15의 논고 참조.
69) 주 24와 同.
70)《高麗史》27, 世家 27, 元宗 14년 12월, 上冊, p. 559.
71)《高麗史》78, 食貨 1, 田制, 祿科田, 辛禑 14년 7월, 李行上疏, 中冊, p. 719.

사전의 가산화 현상은 이와는 형편이 달랐다. 전정의 수수가 祖父子孫 사이 직역의 계승 여부에 상관없이, 또는 관의 승인 여하에 관계없이 사사로이 이루어져 갔다. 이를테면 '其先世私授之田 謂之祖業'72)하고 '自成 契券'73)하며, 또한 '子之於父母一畝之求'하고 '求其某田之公文'74)한 것이었다. 公文·契券의 私受自成은 직역봉공에 따른 전정의 수수·점유 제 원칙을 무너뜨리고 있었고, 公私田丁의 겸병 및 그 조업전화 또한 여기서 말미암고 있었다. 이러한 사태는 고려의 전시과 운영·관리능력의 마비인 것으로, 이렇게 된 배경에는 두 가지 커다란 요인이 겹쳐서 자리하고 있었다.

하나는 고려중기 이후 전시과제도가 정비되지 못한 데다가 특히 對蒙戰亂을 치룬 이후 전정장적은 燒失·紛失·腐爛된 채 정리되지 못한 속에서 공문·문권이 전정소지의 주요한 근거가 된 데서였다. 전시과는 文宗 30년(1076) 更定된 뒤 최말기에 이르도록 한 차례도 재정비 재배분된 적이 없었다. 고려전기 문종대까지 전시과는 수차에 걸쳐 개정되었고, 그 때마다 다시 정비되고 분급되었다. 太祖 12년(929)의 役分田 지급, 景宗 원년(976)의 전시과 始定, 穆宗 원년(998)과 德宗 3년(1034)의 두 차례 改定, 그리고 문종 30년의 更定 등 모두 5차례, 여기에 顯宗 5년(1014)에 있던 田柴加給까지 치면 전부 6차례의 큰 개편이 있었던 셈이다.75) 이 시기 수차에 걸친 전시과 개정은 관료제도 통치기구의 정비·개선과정에 병행한 작업이면서도, 동시에 이를 통해 전시과의 수수·관리가 더욱 마련되어 한층 정확과 공정을 기할 수 있었다.76)

그러나 文宗朝를 지난 후엔 이런 작업이 없었다. 태조 이래 문종대까지 근 1세기 반 동안에 전후 6차례의 커다란 개정이 있었던 사실로 보아, 적어도 한두 차례의 조정은 있어야 했다. 전시과의 수수 및 관리는 시간이 지날수록 원칙에서 벗어났다. 더구나 이 무렵 이후 고려는 안팎

---

72) 同上, 趙仁沃上疏, 中冊, p. 720.
73) 《高麗史》 120, 列傳 33, 尹紹宗, 下冊, p. 628.
74) 주 39와 同.
75) 《高麗史》 78, 食貨 1, 田制, 田柴科, 中冊, pp. 707~712.
76) 《高麗史》 78, 食貨 1, 序, 中冊, p. 705.

으로 큰 難局과 混亂을 연속하여 겪었다. 肅宗·睿宗朝에는 女眞의 侵寇
와 이에 대한 征伐이 거국으로 시행되었고, 仁宗·毅宗代엔 李資謙, 妙淸
등의 난리로 政情의 분란이 극에 달하였으며 뒤이어선 武人專壇의 시기
가 닥쳤다. 아울러 賤隷를 주축으로 한 농민봉기가 전국을 휩쓸었다. 그
리고 다시 蒙古侵入과 이에 대한 抗爭이 장기간 겹쳤다. 이 一聯의 大國
難들을 거치면서 전시과의 운영·관리가 마비되고 파탄되었을 것은 물론
이었다. 수다한 量案과 田案이 遺失·燒失·破損되었겠고, 文券을 분실·훼
손한 이들도 적지 않았을 것이다. 수시로 있어야 하는 전정소지 상황의
정비는 생각 조차할 수 없는 정황이었다. 田訟은 심하여져 이미 毅宗 원
년(1147)에 '積年未決田民爭訟'77)하는 사태가 다가오고 있었고, 兼并 역
시 대단하여 崔忠獻마저 벼슬아치의 탐학과 야비함을 개탄할 정도였
다.78)

  큰 난리 중엔 말할 것도 없고, 그것이 끝난 후에도 전정의 파악과 관
리는 극히 혼란스러웠다. 高宗末·元宗朝에 祿科田 제도가 설치되는 것
은,79) 고려가 종래와 같은 전시과의 운영 관리를 사실상 포기함을 뜻하
는 대전환이었다. 이러한 형편에서 田丁占有의 유력한, 그리고 때로는
유일한 근거가 될 수 있던 것은 우선 개인이 소지하는 文券이나 田丁帳
籍이었다. 이 문권들은 先代의 것으로, 이 무렵엔 그 자손에게 넘어가
있었다. 이른바 '高曾契券'80)이었다. 이들은 이 공문을 근거로 高曾祖父
의 전정을 조사하고 자기의 점유로 확인받고, 또 그 소재처도 찾았을 것
이다. 문권을 분실하거나 아예 당초부터 없던 이들은 혹 전정장적이 남
아 있으면 이에 의거하여 공문을 다시 작성하였겠고, 아니면 按廉使나
守令들의 관권을 동원하거나 혹은 佃客이나 古老의 보증에 의거하여 새
로 작성하였을 것이다.81) 또 각 고을 전정장적의 정비도 분급사전의 경

---

77)《韓國金石文追補》, 尹彦頤墓誌, 亞細亞文化社, 1976.
78)《高麗史》130, 列傳 42, 崔忠獻, 下冊, p. 791.
79)《高麗史》78, 食貨 1, 田制, 祿科田, 中冊, pp. 713~714.
80) 주 71과 同.
81) 이런 사정은 私田占有紛爭을 官에서 처결할 때 文券, 證左를 살피며 '訊之佃戶 訊
   之故老'(주 39와 同)하고 있는 데서도 짐작된다.

우 이들이 소지하고 있는 문권에 입각하여 수행하거나 아니면 역시 佃客이나 古老에게 물어 작업하였을 것이다. 이런 정황에서 의도하였든 우발이었든 국가나 타인의 전정을 탈점·침식·은닉하는 등 제반 兼幷 또한 자연스럽게 유발되었다. '各執高曾之券 互相爭奪'82)하고 '造作文契 奪人奴婢田丁'83)하여 '稱以雜件 以爲己有'84)하는 것이었다. 이 모두가 祖業田의 확인·확보 행위였다. 조준이 지적한바, '丁에 田主의 성명을 달아 후에 祖業을 冒稱하는 폐단'이란 바로 이런 형편을 이름이었다.

開京還都 후 조업전의 확인·획득·겸병은 더욱 성하였다. 田訟 또한 급증하여 늘 누적 만연하였고, 이로 인해서 지배층 간의 분란은 심각한 정도로 치달았다. 환도 이후 양전이 행해지고 전정장적이 다시 작성되는 때는 충숙왕 원년(1314) 갑인년 양전이 거행되면서였다. 이 양전은 호구의 파악도 겸하여 '計點民戶'하면서 진행되었으며85) 근 6년이나 걸려 완수되었다.86) 사정은 이만큼 어렵고 힘들었다. 고려정부로서는 전란 이후 처음으로 행한 토지·인정에 대한 대규모 파악으로, 극히 중요한 사업이었다. 그리고 전시과제도에서 보면 이때까지의 전정소지 상황을 기정사실로 승인한 데 의미가 있었다. 丁의 몰수와 이의 破碎를 동반하지 않은 까닭이었다. 이때의 이러한 형편을 정리하고 각 丁에 전주의 성명을 달아 정비한 田丁柱貼이 다름 아닌 甲寅柱案이었겠다. 이색이 田制整備의 출발을 여기서 찾은 것도 이 때문이었다.

그러므로 공문 및 전정장적을 근거로 한 전정의 획득·확인, 그리고 그 조업전화는 政情의 혼미와 元의 제 압박이 가중되어 감에 따라 더욱 심해져 갔다. 토지겸병 또한 마찬가지였다. 이런 형세는 당시의 기록에서 수없이 散見되는데, 다음의 사례는 이를 명백하게 전하고 있다. 즉, 忠穆王 원년(1345) 8월, 녹과전의 재정비와 사패전의 조사를 위해 경기 8현의 土田을 다시 경리하면서 그 한 작업으로, 御分·宮司田, 鄕吏·津尺·驛

---

82)《高麗史》 78, 食貨 1, 田制, 祿科田, 辛禑 14년 7월, 黃順常上疏, 中冊, p. 720.
83)《高麗史》 84, 刑法 1, 職制, 忠烈王 34년, 忠宣王復位下教, 中冊, p. 844.
84) 주 71과 同.
85)《高麗史》 78, 食貨 1, 貢賦, 忠肅王 원년 정월, 中冊, p. 730.
86)《太宗實錄》 10, 太宗 5년 9월 丁酉, 1冊, p. 335.

子의 雜口分位田은 '元籍'을 상고하여 量給하고, 兩班, 軍·閑人의 口分田은 元宗 12년(1271) 이전의 '公文'을 考覈하여 절급하도록 하는 조처이다.[87] 경기 내에 있는 양반, 군·한인의 구분전은 본시 外方에 절급하는 전시과의 사전 가운데 소액을 떼어 대부분 공전으로 경리하고 있는 이곳에 절급하여, 柴地와 함께 이들의 居京生活에 필요한 양식과 물자를 조달하도록 배려하였던 중요한 토지였다.[88] 이 양반구분전에 대한 경리를 宮司田이나 雜口分位田과 달리 元籍, 곧 갑인주안에 의거하지 않고 훨씬 시기가 앞서는 元宗 12년 이전의 공문에 입각하도록 하고 있는 것은 다름 아니라 這間 전정점유의 사정이나 파악이 극히 혼란하여 甲寅柱案 가지고는 처리할 수 없는 형편이기 때문이었을 것이다. 실제 갑인년 양전시에 작성된 田籍들은 조잡하였고, 이로 인해 민인들은 살 수 없다고 할 정도였다. 이 사업을 맡았던 五道巡訪計定使 蔡洪哲에 관한 아래 기록은 이 사실과 함께 그의 탐학도 전하여 준다.

> 巡訪一年 五道田籍粗畢 然新舊貢賦多不均 民不聊生 又貪婪喜營私 多取民田 遂致鉅富[89]

결국 고려 중기에 이미 전정의 세전과 가산화는 기성사실이 되었다. 문제가 되는 것은 전정의 겸병뿐이었다.

고려후기, 사전이 가산화하고 쟁송이 산적하게 된 큰 배경의 하나는 이러하였다. 그러나 공문의 私受·自成으로 인해서만 그런 것은 아니었다. 이것만이 이유였다면 사태의 해결은 이렇게 어려운 게 아니었다. 일체의 공문을 몰수하여 폐기하고 전정을 다시 분배하면 되는 것이었다. 전정의 가산화에는 또 하나 깊은 원인이 게재하여 있었다. 그리고 공문의 私授·自成도 실은 여기에 입각하여 자연스럽게 이루어지던 현상이었다.

祖業田이란 본시 先祖 대대로 業이 되어오고 있는 사적 소유지를 이르

---

87) 《高麗史》 78, 食貨 1, 田制, 祿科田, 忠穆王 원년 8월, 中冊, p. 714.
88) 拙稿, 〈高麗時期의 兩班口分田과 柴地〉, 《歷史教育》 44, 1989.
89) 《高麗史》 108, 列傳 21, 蔡洪哲, 中冊, p. 375.

는 용어로서, 상속·처분·경영이 자유로운 토지였다.90) 분급전정을 소유
지처럼 父祖子孫이 사사로이 授受하고 祖業이라고 칭하는 행위는 이런
점에선 부당한 것이었다. 그러나 문권을 私受自成하면서 祖業을 주장하
고, 고려에서 이를 용인하고 있던 데는 그럴 만한 사유와 근거가 있었다.
그것은 田主와 田丁支配의 강화 및 지배형태의 변화였다. 사전의 조업전
화는 단순한 전정 단순한 수조지에서 벗어나, 그 실체는 田主의 佃客支
配가 한층 강화되고 나아가 새로운 경영관계 소유관계를 형성하고 수립
하고 있었던 것이다. 전자는 전정·전객에 대한 수취강화를 통해서, 후자
는 해당 전정이 설정된 소유지의 소유권을 취득·확보함으로써 이루어졌
다. 고려후기 田丁 家産化의 실체는 여기에 있었다.

　전주의 전정·전객에 대한 지배 강화는 그간 있어 온 田丁의 傳持와 신
분의 우위를 배경으로 하고, 수취의 강화를 중심으로 진행되는 것이었다.
田租의 濫收·重斂이었다. 이는 여러 통로를 통해 다양하게 수행되었다.
전조는 踏驗·量槪에서 結負를 늘리고 大斗를 써서 법정 수조율 1/10을
넘어서 징수하였다. 濫收는 짚, 즉 草價徵收, 세곡의 운반 및 漕運에 따
른 비용징수에서도 자행되었다.91) 이상의 濫收는 전주에게 허용된 法定
稅目 안에서 이루어지는 행위였다. 사적 토지소유권이 엄연히 존재하여
이로써 佃客權이 보장되고 있던 고려에서, 공식으로 전주가 전객을 지배
하고 수취할 수 있는 근거를 바탕으로 이루어지는 濫收였다. 전객농민의
토지소유는 田券·文券의 제도로 보호되고 있는 터였다.92) 따라서 전주는
전객수취를 私的으로 행할 수 있는 길을 마련하여 지배를 강화하여 나갔
다. 高利貸, 抑賣·抑買 등 교환경제의 장악을 통해93) 전객농민의 잉여물
의 처리를 흡수하고 독점하는 방법이 구사되었다.

　田主는 자기 전정 내에서 전조를 위시한 諸稅의 濫收, 고리대, 상업행

---

90) 拙稿, 주 15의 논고, pp. 9～10.
91) 同上, pp. 42～45 및 pp. 126～127.
92) 金容燮, 주 1의 논고.
　　旗田巍, 〈新羅·高麗의 田券〉, 《朝鮮中世社會史의 研究》, 法政大出版局, 1972.
93) 金三洙, 〈高麗時代의 經濟思想〉, 《淑明女大論文集》 13, 1973.
　　徐吉洙, 〈高麗時代의 貸借關係 및 利子에 관한 研究〉, 《國際大論文集》 9, 1981.
　　拙稿, 〈16세기 場市의 成立과 그 基盤〉, 《韓國史研究》 57, 1987, pp. 72～87.

위 등을 통해 농민을 경제상 신분상으로 장악해 지배하고 있었다. 지배의 정도는 대단하였다. 세력 있는 전주는 '凌轢守令 摧折廉使'[94]하여 전정 및 전객지배에 있어서 관권의 통제를 배제할 만큼 위세가 컸다. 그리고 심하면 양계 지방의 私田에서 볼 수 있듯이, 전객의 소유권마저 마음대로 與奪하는 경우도 있었다. 본래 이 지역은 사전을 설치하지 않고 모두 軍須로 충당하였는데, 고려후기에는 여기서도 사전을 濫執하고[95] 조업전을 冒稱하면서 '壇自與奪於窮民'[96]하는 행위가 일어나고 있었다. 《高麗史》食貨志 序에서 '田柴之科廢 而爲私田'[97]하였다 함은 전주의 전정지배가 이상과 같았음에서 나온 기술이다. 이런 전정지배에서 農莊도 발달하였다. 농장 자체는 소유지만이 아니라 科田이나 口分田 등 분급 수조지를 기반으로 해서도 운영되고 있었으므로,[98] 이런 정도의 토지·농민지배라면 얼마든지 가능하였다. 이 시기 극심하였던 公私 수조지 및 그 전객농민에 대한 겸병도 이러한 형편에서 전개되는 양상이었다.[99]

조업전으로서 한 걸음 더 나간 형태는, 아예 해당 전정이 설정된 소유지의 소유권까지 획득한 경우였다. 수조지와 소유지를 일치시켜 전토를 소유하는 것으로, 완전한 조업전이었다. 방식은 개간, 매득 그리고 이를 빙자한 탈점 등 여러 가지가 동원되었다. 어느 것이나 사적 소유의 원칙에 즉한 방법이었다. 이런 현상은 고려전기에도 있었겠다. 그러나 두드러지게 나타난 때는 후기에 들어서였다. 특히 주요하였던 것은 개간이었다. 대몽전쟁으로 많은 농지가 황폐되고 많은 농민이 사망·유산하였기 때문이다. 전란 직후 형편은

---

94)《高麗史》78, 食貨 1, 田制, 祿科田, 辛禑 14년 7월, 趙浚上疏, 中冊, p. 716.
95)《高麗史》78, 食貨 1, 田制, 租稅, 恭愍王 5년 6월, 中冊, p. 728.
　　《高麗史》82, 兵 2, 屯田, 辛禑, 원년 10월, 中冊, p. 813.
　　《高麗史》78, 食貨 1, 田制, 祿科田, 辛禑, 14년 6월, 中冊, p. 714.
96)《太宗實錄》2, 太宗 원년 7월 戊申, 1冊, p. 210.
97)《高麗史》食貨 1, 序, 中冊, p. 705.
98) 田主權이 고려에 비해 약하였던 조선초에도 科田은 농장으로 운영된 예가 있고(주 18 참조), 고려시기 京畿에 분급한 兩班口分田도 農舍로 운영되었다(주 88의 논고 참조).
99) 拙稿, 주 15의 논고, pp. 29~42.

民口之存者 百不一二 土毛之斂者 十無八九[100]

하다고 일컬을 정도였다. 개인 所持의 전정도 피해가 컸을 것임은 물론
이었다. 장기간에 걸친 戰亂으로 상당수의 분급 수조지가 황폐되고, 전
객 농민의 逃散·流移는 헤아릴 수 없을 만큼 심각하였을 것이다.

　農土가 황폐되고 佃客이 없어진 수조지는 그 수조권자인 田主가 임의
로 처리할 수밖에 없었다. 고려말 과전제도에선 佃客이 사망·이사하여
戶絶한 토지는 이점하여, 고의로 荒蕪하게 한 토지와 더불어 해당 전주
가 처리할 수 있도록 규정하고 있다.[101]

　이런 규례가 과전제도에서 처음 제정된 것은 아니었을 것이다. 고려
全 시기에 걸쳐 운영된 通例였을 것이다. 개간은 어느 신분층이나 참여
할 수 있었지만, 개인 수조지의 경우는 田主가 있으면 그에게 우선 연고
권이 돌아갔을 것이다. 임의 처리에는 여러 방식이 있었겠다. 그러나 어
느 경우든 개간을 하여야 한다는 점만은 마찬가지였다. 개간의 추진이나
그 조건의 제시는 田主에 의해 이루어졌을 것이다. 더욱이 이 무렵 정부
당국에선 이런 형태의 개간을 정책으로 추진하고 있었다. 정부는 농지개
간을 촉구하고 독려하고자 특별히 왕족·사원·세가에게 陳荒地를 賜牌田
으로 절급하고 있는 터였다. 賜田은 본래 수조지로 분급되는 토지였으나,
당시에는 개간을 전제로 하여 절급되는 까닭에 소유권도 함께 부여되었
다.[102] 이 시기에 문권·사패를 통해서 전정으로 진황지를 획득하고, 아
울러 이를 造作하거나 冒受하여 민전까지 침탈하여 토지를 廣占하고 田
民을 겸병하는 행위가 극성하였음은 이 같은 형세에선 당연한 사태였다.

　이렇게 여러 방식으로 획득한 소유지의 개간이나 경작에는 노비노동도
이용하였겠지만, 그것이 여의치 않거나 농지의 규모가 클 경우에는 민인
을 모집한 뒤 정착시켜 필요한 노동력을 확보하였다. 崔沆이 內外 양반·

---

100)《高麗史》25, 世家 25, 元宗 4년 4월, 上冊, p. 516.
101)《高麗史》78, 食貨 1, 田制, 祿科田, 恭愍王 3년 5월, 給科田法, 中冊, p. 725.
　　'如有死亡移徙戶絶者 移占餘田故令荒蕪者 其田聽從田主'
102) 拙稿, 주 15의 논고, pp. 16~29.

군·한인의 父祖傳持田丁을 침탈하고 그 경영을

色掌員 別定爲 責役各別爲在 外民乙用良 耕作令是置 自利爲旀 先齊 荒年及
遠年 陳田畓出乙 豊年例 同亦 高重捧上爲沙餘良103)

하였다는 것은 이런 경우를 가리키는 예로 생각된다. 농지의 운영 관리
자[色掌員]를 두고 外民을 써서 경작하여, 私利를 우선하며 陳荒田畓의
稅를 풍년과 같이 받고 있는 것이다. 그리고 이러한 과정에서 전주와 경
작농민 사이에는 새로운 사회관계 경제관계가 형성되었다. 이는 모집조
건, 개간방식, 민인의 처지 등에 따라 형태에 차이가 있었다. 특히 개간
지에서 그러하였다.

　하나는 流亡民이나 인근의 民田農民들 가운데 토지 부족자나 餘力이
있는 이들을 모아 耕墾에 참여시키는 경우였다. 이런 田主는 대개 세력
있는 이들이어서, 墾耕民人들에게 賦役免除를 모집조건으로 제시하였다.
농민들은 自己 소유지를 그대로 소유하면서 국가의 부역을 非法이나마
면제받는 대신 노력을 제공하였다. 유망민의 경우는 개간 경작지의 일부
를 자신의 所耕田으로 받고 경작노동에 참여하는 예가 일반이었던 듯하
다. 어느 경우나 부역노동을 私的인 농업노동으로 전환하는 속에서 이루
어지는 地主佃戶關係였다. 고려 충렬왕 때 폐지가 논의되던 문제의 '處
干', 그리고 조선 태종 초에 와서 잠시 혁파되는 陰竹 國農所의 '干農夫'
는 이런 처지의 농민으로 사료된다.104) 이들 전호는 소출을 지주와 반분
하는 並作佃戶가 아니었다. 부역만을 면제받거나, 여기에 더하여 所耕田
을 절급받고 田主=地主의 농지를 경작하는 그러한 전호였다. 勞役佃戶
라고 하겠다. 고려후기 勢家가 '影占人戶 聚作莊舍 私其貢役'105)하고 '驅
其貢戶……不付公籍 私置農莊 而役使之 若奴隷然'106)하며, 국왕이 朝臣을

---

103) 주 24와 同.
104) 拙稿, 주 15의 논고, pp. 49~50 및 〈朝鮮初期 屯田의 設置와 經營〉, 《韓國史研
　　究》 21·22合輯, 1979, pp. 106~107 참조.
105) 《高麗史》 124, 列傳 37, 申靑, 下冊, p. 699.
106) 《高麗史》 84, 刑法 1, 職制, 辛禑 14년 8월, 中冊, p. 849.

各道에 파견하고 勸農使를 칭하게 하여 '擇公私良田 聚民耕種 除其貢賦'[107]한다는 등의 기사는 이러한 방식의 농지경영과 농장운영이 성행하는 정경을 전하는 것이겠다.

　다른 하나는 田主가 민인을 並作半收의 조건하에 모집하여 전호로 삼아 간경하는 형태였다. 사패전에서 전하는 예이지만, 틈틈이 閑曠地를 사여받아 많을 경우 수백 결에 달하고 있던 세가들이 '誘齊民爲佃'[108]하고 있다 함은, 이렇게 병작전호를 이용한 농지경영을 이름이었다. 그리고 諸院·寺社·忽只·鷹坊·巡馬 및 兩班 등이 有職人員이나 殿前上守를 '分遣田莊 招集齊民'[109]하고, 또 세력 있는 이들이 민인을 '招集以爲農場'[110]한다는 등의 기사도 같은 정황을 전하는 것이겠다. 조선 태종 초에 한 기록에서 고려시기의 큰 폐단으로 병작반수를 거론하고 그 폐해를 私田에 대비하여

廣占土田 招納流亡 並作半收 其弊甚於私田[111]

하다고 하고 있음은 이런 형세를 가리키는 것이었다. 여기서도 부역은 면제되는 예가 많았다. '廣置田莊 招匿人民 不供賦役'[112]하고 '流移者 托此避役 影占者 托此容隱'[113]하고 있는 것이었다. 이러한 농장은 모두 典型있게 地主佃戶制로 경영되는 것들이었다.

　이 가운데에서 중심이 되고 기본이 되던 경영형태는 후자였다. 대부분은 병작반수에 입각하여 佃戶勞動으로 경영하였다. 농민을 處干에 빗대어 지배하고 수취하는 행위는 특수하고 일시적인 형태였다. 이는 집권통치체제를 위협하는 형태여서 개인들의 대토지 경영에선 원리상 용인될

---

107)《高麗史》79, 食貨 2, 科斂, 忠烈王 15년 2월, 中冊, p. 745.
108)《高麗史》123, 列傳 36, 廉承益, 忠烈王 8년 8월 丁丑, 下冊, p. 675.
109)《高麗史》85, 刑法 2, 禁令, 忠烈王 12년 3월, 中冊, p. 864.
110)《高麗史》84, 刑法 1, 職制, 忠烈王 24년 정월, 忠宣王卽位下敎, 中冊, p. 844.
111) 주 119와 同.
112)《高麗史》79, 食貨 2, 戶口, 忠肅王 12년 10월, 中冊, p. 732.
113) 주 119와 同.

수 없는 것이었다. 국가의 농민 파악 능력이 감퇴하고 지배층의 개별권력이 강화되던 형편에선 발생할 수 있었다. 더구나 이런 처지에 있는 농민들은 자기 농지와 타인의 농지를 時空上에서 分離하여 경작하면서 田主=地主에서 私的으로 예속당하는 데서 오는 불만과 항거는 매우 심하였다. 충렬왕 초에 處干革罷의 여론이 비등하였음은114) 간접으로나마 농민의 이 같은 동향을 짐작하게 한다.

이에 반해 병작반수제는 일찍부터 발달하고 있던 농업관행이었다. 이는 結當 소출이 20石 정도면 성행할 수 있는 생산방식이었다.115) 신라말·고려초의 결당 수확은 이 수준을 벌써 넘어서 있었다.116) 고려초 光宗代엔 판지로써 진황지 개간을 대상으로 지주와 전호 사이에 수익배분에 대한 조정안이 나올 정도였다.117) 이러한 관례와 관습에 따라 전주들은 농지를 개간하거나 경작함이 일반이었을 것이다. 농민층이 국가에 의해 부역제를 통해 파악되고 있고 토지의 소유권이 수조권에 의해 지배받고 있는 경제체제 아래서, 농업경영의 주축은 소농민의 自耕이나 전호농민의 幷作에 의한 地主·大農經營일 수밖에 없는 것이었다. 더구나 농업생산력은 시대의 진전과 더불어 증대하고 있었다. 병작반수제에 입각한 지주제 경영은 널리 확산되어 갔고, 고려말 전제개혁 논의가 일어나면서는 이미 농민몰락, 富益富 貧益貧의 사태를 초래한 가장 큰 요인으로 지목되었다.118) 그리하여 조선초에 가서는 前朝의 民弊로서 심각한 물의를 빚는 것이었다.119)

佃客의 처지에 있는 농민들은 여러 명목과 방법으로 생산물을 濫奪당

---

114)《高麗史》28, 世家 29, 忠烈王 24년 6월, 上冊, p. 581.
115) 주 119 참조.
116) 金容燮,〈高麗前期의 田品制〉,《韓㳓劤博士停年紀念 史學論叢》, 1980.
117)《高麗史》78, 食貨 1, 田制, 租稅, 光宗 24년 12월, 中冊, p. 726.
118)《三峰集》7, 朝鮮經國傳 上, 賦典, 經理.
　　‘民之所耕 則聽其自墾自占 而官不之治 力多者墾之廣 勢强者占之多 而無力而弱者
　　又從强有力者借之耕 分其所其之半 是耕之者一 而食之者二 富者益富 貧者益貧 至無
　　以自存 去而爲遊手 轉而爲末業 甚爲盜賊 嗚呼 其弊有不勝言者’
119)《太宗實錄》12, 太宗 6년 11월 乙卯, 1冊, p. 379.
　　‘前朝之季 民弊多端 至于我朝 漸次革去 民間尙有餘弊……品官·鄕吏 廣占土田 招納
　　流亡 並作半收 其弊甚於私田 私田一結 豊年只收二石 幷作一結 多取十餘石 流移者
　　托此避役 影占者 托此容隱 賦役不均 專在於此’

하고 있었다. 처간전호나 병작전호도 지주에게 投托하고 影占될 때, 이들의 부담이 노역의 제공이나 분반지대의 납부로만 그칠 리 없었다. 良人을 公籍에 不付하고 농장에서 私役하는 모습이 '若奴隷然'120)하다고 묘사되고, 그 행위를 '壓良爲賤'121)하다거나 '認民爲隷'122)하다 하여 奴婢로 삼는다 함은, 이들 投托農民과 影占田主 사이는 전주전객 혹은 지주전호의 관계이면서도 主奴關係로 묘사할 만큼 강한 신분성과 지배 예속성이 관철되고 있었음을 전하는 것이겠다. 전정의 조업전화는 佃客·佃戶의 조업화, 곧 祖業奴婢化를 동반하면서 진행되고 있는 것이었다. 이 시기 田民兼幷의 실체는 이것이었다. 이러한 형세는 고려말에 이를수록 예사로웠다. 공민왕 10년(1361) 都僉議使司에선 당시 흉년으로 인해 유랑하는 농민의 생활대책으로서 이러한 投托·影占關係를 전제로 한 방안을 공식제기하고 있을 정도였다.

> 都僉議使司啓曰　年凶餓莩甚多　無以賑活　良人不能自食者　令富人食而役止其身123)

良人으로 自食할 수 없는 이는 富人이 거두게 하되, 使役은 본인 當代에 그치도록 하자는 것이다. 이 제안은 국왕이 저들이 富人의 노비가 될 것을 싫어하여 거부되었으나,124) 이럴 만큼 현실은 심각하였다.

　한편 田丁의 겸병은 개인의 전정을 한 곳으로 집중시켜 갔다. 다소 극단적인 경우였겠으나, 이 시기 토지겸병을 일러 '指山川爲標　連阡陌而爲界'125)한다 하고 '跨州包郡'126)하다는 등 山川으로 경계를 짓고 고을 넘고 둘러싼다는 묘사는 이런 사태를 반영하는 것으로 보인다. 분급전정은

---

120) 주 106과 同.
121) 《高麗史》 85, 刑法 2, 奴婢, 忠烈王 24년 정월, 忠宣王 卽位下敎, 中冊, p. 878.
122) 《高麗史》 132, 列傳 45, 辛旽, 下冊, p. 787.
123) 《高麗史》 39, 世家 39, 恭愍王 10년 5월, 上冊, p. 787.
124) 同上.
　　'王惡其認民爲隷　焚其書'
125) 주 71과 同.
126) 주 39와 同.

분산시켜 절급하는 게 원칙이었는데, 이것이 지켜질 형세가 아니었다. 충목왕 원년(1345) 都評議使司에서 功臣·勢家가 사패를 冒稱하여 스스로 본래 땅(本田)이라고 하여 '山川爲標 爭先據執'한다 하고 이를 '有違古制'라 하여 古制에 어긋난다고 비난하였음127)도 이런 연유였겠다. 전정의 겸병은 극단으로 확대되면 西海道에서처럼 州郡으로 공허하게 되는 것이 5·6에나 이르고, 해주에선 아예 官印을 都堂에 반납하는128) 등 행정 자체의 마비까지 초래하였다. 국가는 양반·세가들이 田丁을 祖業化하고 겸병하는 행위에 대해 사실상 통제 기능을 상실하였다. 勢家에선 나라에서 민전을 計點·點數하여129) 정한 州郡의 三稅를 '拒而不納'130)하고 있었고, 수령·안렴사가 民戶의 招集·隱匿을 조사하여도 '抗拒守令 以至歐攝差人'131)할 지경이었으며, 稅法을 更正하고 量田增賦하려는 고려의 노력을 '恐其所占田園入官'132)하여 좌절시키기도 하였다.

전정의 가산화에서 나타나는 이러한 경제관계와 사회관계는 소유지에서 진행되던 地主制의 발달추세로 인한 현상이었다. 이상과 같은 경영·소유관계를 실체로 하고 있는 田丁이 고려후기의 분급전정이었다. 이러한 전정은 말 그대로 祖業田이었다. 田丁은 종래의 전정이 아니었고, 그 田主·佃客 역시 과거의 전주나 전객이 아니었다. 이 시기 문제의 農莊 역시 여기에 직결되어 급증하는 것이었다. 그러므로 이는 고려시기 '농장으로서의 未熟性'133)이 아니었다. 토지분급제와 집권신분관료제를 기둥으로 수립되어 있는 고려 集權封建國家體制에서 수조지 집적에 근거한

---

127) 주 87과 同.
128) 주 42와 同.
129) 《高麗史》 33, 世家 33, 忠烈王 34년 11월 辛未, 忠宣王 復位下教, 上冊, p. 680.
　　 《高麗史》 78, 食貨 1, 田制, 貢賦, 忠肅王 원년 정월·2월, 中冊, p. 730.
　　 《高麗史》 108, 列傳 21, 蔡洪哲, 中冊, p. 375.
130) 《高麗史》 78, 食貨 1, 田制, 租稅, 忠肅王 5년 5월, 中冊, p. 727.
131) 주 109와 同.
132) 《高麗史》 78, 食貨 1, 田制, 租稅, 忠宣王 2년 11월, 中冊, p. 727.
133) 旗田巍, 〈高麗時代의 王室의 莊園〉, 《歷史學硏究》 246, 1960(同, 주 92의 논저 수록).
　　 宋炳基, 〈高麗時代의 農莊〉, 《韓國史硏究》 3, 1969.
　　 姜晉哲, 〈高麗의 農莊에 대한 一硏究〉, 《史叢》 24, 1980(同, 주 14의 논저 수록).
　　 姜晉哲, 〈高麗後期의 地代에 대하여〉 《震檀學報》 53·54合輯, 1982(同上).

농지경영이 도달할 수 있는 최종 형태였다. 사적 토지소유권이 嚴存하고, 따라서 이제 기반을 둔 농장과 병존하고 혹은 서로 합치하면서 존속하는 그러한 농장이었다.

고려후기 가산화한 전정의 실체는 이러하였다. 이것이 문제의 私田이었으며, 祖業으로 冒稱한다고 지탄받던 토지였다. 정도의 차이는 있었겠으나 分給田丁 일반은 본래 가지고 있던 授受·占有의 제 원칙과 내용에서 심하게 괴리되고 상당히 변화하여 있었다.

5. 祖業田의 革罷와 作丁方式의 變更

전정의 조업전화는 田主가 제도 및 형식에서 田丁帳籍 및 公文에 근거를 세우고 있었고, 현실에서는 전정을 所有地에 필적할 정도로 수취지배하며 혹은 그 소유권을 완전히 확보하고 면세면역의 토지로 경영하는 데 있었다. 특히 후자는 수조권과 소유권이 겹쳐 있어 완전 조업전이었다. 田主는 地主였고 佃客은 佃戶였다. 王室·權貴 등 세력 있는 이들의 田丁은 특히 이런 형태가 많았다. 이는 수조권에 의한 소유지의 지배가 존속하던 시대에 지주제의 발달이 가져온 유형인 동시에 특징이었다.

고려후기의 이러한 조업전을 정부가 폐지하고 개혁하기는 심히 힘들었다. 정부는 문제의 사전, 즉 조업전이 비록 법의 근거나 제도의 계통으로 보아 전시과제도하에서 설정된 분급전정이긴 하였으나, 그 경영내용 및 실체가 이러한 터에 무조건 이를 '破丁'하고 몰수하여 재분배할 수는 없었다. 몽골戰爭이 끝나고 開京으로 돌아온 고려는 우선 田制의 정돈에 착수하고, 그 일환으로 전시과제도를 정비하고 재분배하여야 했으나 力不足이었다. 그러자면 선행작업으로 조업화한 전정을 혁파해야 하는 까닭이었다. 오히려 고려정부는 終戰 직후 농지 황폐, 인구 유망이 극심한 상태에서 이의 복구 작업을 왕실 및 양반층을 위시한 諸田丁占有者, 곧 전주층이나 지주층의 힘에 의거하여 수행할 수밖에 없는 형편이었고, 복구 사업이 끝난 후에는 이 과정에서 도도히 흘러온 私田 家産化의 추세

를 부정하기는 더욱더 어려웠다. 전정의 가산화를 부정하는 것은 전정
자체만의 몰수에 그치는 것이 아니라 田主들이 그간 그 내부에 구축하여
놓은 私的 경제관계마저 괴멸시키는 처사였다.

　종종 私田의 겸병이나 祖業을 모칭하는 행위만이라도 정비하자는 논의
가 일고 있었으나 이마저 그때마다 제동이 걸렸다.

　　　富人之田　難以亟奪　積年之弊　難以遽革[134]

하다든가

　　　富强失利　怨謗難弭　士族失業　生理難繼[135]

하다는 등 반대 여론이 비등하는 것이었다. 사전 자체의 폐지 논의가 아
닌 데도 이러하였다. 富人의 田이라 하여 급작스럽게 빼앗을 수 없었고,
또 이를 강행한다면 怨謗이 극심하여 감당하기 어려웠다. 전정 내부의
경영관계와 소유관계는 전주와 전객의 私的 關係에 즉하여 변화하였고,
그리하여 私受와 祖業化는 관행이 된 지 이미 오래였다. 전정 소지자는
父祖高曾 이래 점유하고 경영하고 있는 전정은 당연히 조업전이라고 인
식하고 있었다. 그들로서는 이것이 '本國田法'[136]이고 '祖宗私田之法'[137]
이었다. 그러므로 '不可一朝遽革'[138]한 것이었고 '不可輕改舊法'한[139] 것
이었다.

　고려 왕조가 田丁을 몰수하고 혁파한다는 것은 실로 至難한 일이었다.
이 시기 정부로서는 兩班口分田을 유지하고 祿科田을 설치 운영하는 일
조차도 매우 힘겨웠다. 특히 녹과전은 경기 8현 내의 토지에서, 그것도

---

134) 주 46과 同.
135) 주 71과 同.
136) 《高麗史》 78, 食貨 1, 田制, 租稅, 辛禑 9년 2월, p. 728.
137) 《高麗史》 78, 食貨 1, 田制, 祿科田, 恭愍王 2년 9월, 中冊, p. 723.
138) 《高麗史》 78, 食貨 1, 田制, 祿科田, 辛昌 원년 8월, 中冊, p. 722.
139) 《高麗史》 118, 列傳 31, 趙浚, 下冊, p. 589.

겨우 半丁만을 혁파하고 墾地에 절급한 것인데도 시행과정 내내 權貴의
반대가 심하였고, 또 탈점되기 일쑤여서 수시로 재조사 재배분이 행해지
고는 하였다.140) 고려말 과전제도의 시행을 놓고 朝野에서 야기되었던
대논쟁은, 조업화한 사전을 둘러싼 이해대립이 얼마나 절실하고 그 혁파
가 얼마나 어려운 일인가를 克明하게 보여준다.141) 사전의 혁파는 王朝
의 변혁이었다.

　　형편이 이러한 터에 고려후기의 역대 조정에서 취할 수 있는 최선의
시책은 전정 가산화의 현실을 승인하되, 다만 여기서 야기하는 田民兼幷
田民爭訟을 억제하고 변정하는 일이었다. 정부는 出陸하기 1년 전 원종
10년(1269)에 즉시 田民辨整事業부터 착수하였다.142) 사정은 그만큼 급
박하고 절박하였다. 오랜 전란 후 국가를 재건하여야 하는 정부로서 양
반 지배층의 전정 겸병·상실·점유 등 제 상황을 정비 정리하는 일은 시
급한 과제였다. 이후 이의 처리는 중앙이나 지방을 가릴 것 없이 각급
관청의 중요 임무가 되었고, 都監 등 특별 전담기구의 置廢 또한 누차
반복되었다. 이는 새로운 田訟이 다시 일어나고 또 누적되는 사태가 되
풀이되는 까닭이었다. 田丁의 兼幷, 實田의 兼有가 성행하고 있는 가운
데, 이의 처리엔 李穡의 말대로 權勢가 압박하고 公文朱筆의 先後·眞僞
가 뒤섞여 있었으며, 李行이 지적하듯이 '田地廣多　審覈難悉', '簿書煩考
核難精', '奸吏隱匿　覺察難及'143)한 사정이었다. 田民辨整은 성과가 클 수
없었으나 중단할 수도 없는 것이었다.

　　田民兼幷의 형세는 날로 더하였다. 고려말 元天錫은 이 勢를 '田民兼幷
之徒蜂起'라고 하여 '蜂起'라고 일컬을 정도였다. 그리고 그 감회를 이렇
게 읊었다.

---

140) 深谷敏鐵,〈高麗祿科田考〉,《朝鮮學報》 48, 1968.
　　　閔賢九,〈高麗의 祿科田〉,《歷史學報》 53·54合輯, 1971.
　　　拙稿,〈高麗末의 私田捄弊策과 科田法〉, 주 15의 논저, pp. 56~60.
141) 拙稿, 同上, pp. 66~83.
142) 주 70 및《高麗史》 77, 百官 2, 諸司都監各色, 田民辨正都監, 中冊, p. 693 참조.
　　　자료상 田民의 '辨整'과 '辨正'은 혼용되고 있으나 본문에선 '辨整'으로 편의상 통일
　　　하여 표기함.
143) 주 71과 同.

奪占山川如芥席 窮捜奴婢似探囊 鷄虫得失何時了 注目天涯已夕陽[144]

기를 써서 山川을 점거하기가 멍석을 말듯하고 奴婢를 뒤져내기가 주머
니 더듬듯 하며, 이러한 탈점·겸병이 그칠 날은 바랄 수 없는데 고려 왕
조는 이미 기울어졌다고 애달파 하는 것이다.

　조업전 문제가 해결되는 것은 사전혁파와 과전제도의 단행을 통해서였
다. 과전제도는 한마디로 '革世業 以爲科田'[145]한 개혁이었다. 개혁 추진
세력의 표현을 빌리면 '祖宗授田受田之法'의 복구였고, '後人私受兼并之弊'
의 혁거였다.[146] 田丁을 그 授受 및 占有의 제 원칙을 회복시키는 선에
서 재분배한 제도였다. 이 과정에서 政敵이나 개혁에 장애가 되는 표본
격 인물에 대해선 소유지까지 몰수하였겠지만 대부분은 수조지, 곧 丁의
몰수에 그치고 소유지 소유권은 그대로 용인하였다.[147] 그러므로 조업전
이 가지고 있던 田丁의 측면은 재조정되었으나, 실체와 내용을 이루던
경영관계 소유관계는 온존하였고 오히려 소유권 전반의 안정에 수반하여
더욱 발달할 가능성을 부여받았다.

　이런 점에서 과전제도는 철저하게 田丁 차원의 田制改革이었고 고려의
전시과와 운영원리, 토지·농민지배의 방식에선 동일하였다. 당초 전제개
혁을 구상할 때 鄭道傳·趙浚 등 주축세력은 조업전의 완전한 폐지까지
계획하였다. 計民授田의 원칙에서 均田·限田의 실시를 도모하고 있었다.
이는 소유권 차원의 개혁으로 농민의 몰락과 富의 不均을 시정한다는 점
에서 보면 사태를 한층 명확히 파악한 구상이었다. 당시 토지문제 所在
의 본질이 지주전호제에 있다고 본 것으로서, 이 방향에 섰을 때 조업전
의 實質 또한 아울러 부정됨은 물론이었다.[148]

　전정 차원의 개혁에 서서 사전혁파를 통해 조업전 문제를 처리하게 됨

---

144)《耘谷詩史》3, 詩, 有感八(《高麗名賢集》5冊, p. 330).
145)《太宗實錄》25, 太宗 13년 4월 壬申, 1冊, p. 669.
146)《高麗史》78, 食貨 1, 田制, 祿科田, 辛禑 14년 7월, 趙浚上疏, 中冊, p. 715, p.
　　717.
147) 拙稿, 주 15의 논저 3·4장 참조.
148) 拙稿,〈朝鮮前期의 土地改革論議〉,《韓國史研究》61·62合輯, 1988.

에 따라, 이에 부수하여 정리하여야 할 과제가 있었다. 다름 아니라 바로 作丁制의 정비였다. 양반, 군인 그리고 여러 국역 담당자에게 수조지를 재분급함에 있어서 전정은 다시 제정되어 운영되어야 했다. 그리고 여기서 종래 전정의 祖業田化가 그 관리 운영의 마비에 한 요인이 있었던 만큼 절급받고 난 후에 '祖業'으로 冒稱하는 폐단이 등장할 사태를 출발부터 제도로써 방지해야만 했던 것이다. 전정이 가산화하게 되는 단서를 차제에 삭제하는 일이었다. 맨 앞에서 음미한 조준의 作丁條目은 이런 목표에서 마련된 방안이었다. 조준 등 사전 개혁론자들은 丁을 20·15·10결 등을 단위로 삼아 짓고 각 고을마다 丁號를 千字文의 순서로 표기하며, 田丁帳籍에는 해당 丁을 수득한 전주의 성명을 激連하지 않게 하였다. 종전에 作丁을 足丁·半丁으로 하고 이 丁을 절급받는 이들의 성명을 달아놓았던 방식이 후에 分給田丁을 祖業으로 모칭하게 하는 근거의 하나가 되었기 때문이었다.

己巳量田과 科田制度의 시행을 기점으로 이제 전정은 족정·반정을 가려 제정·분급하거나 이를 살펴 加給·均給하고 또 收稅하는 일이 없게 되었다. 천자문의 자호순으로 각 고을의 정호를 표기하므로 수득자의 인명을 달아 둘 필요도 없어졌다. 그리고 科田, 功臣田 등 분급전지의 수득자들에게 부여되는 문권에도 해당 丁의 所在處, 그 字號, 結負 數만 기록하면 되었다. 이러한 사실의 일면은 定宗 원년(1399) 2월 漢川君 趙溫(1347~1417)의 〈定社功臣田券〉에서 찾아볼 수 있다. 이 田券은 조온이 太祖 7년(1398) 제1차 왕자의 난 때 수훈을 세워 定社功臣의 錄券과 함께 사여받은 것이다. 당시 趙는 정사공신 2등급으로 올라 있었고 田 150결을 절급받았다.149) 본 문권에는 이 전토 150결의 분급내역이 두루 기재되어 있어, 고려말 과전제도 시행 초기의 作丁과 그 분급방식에 대해 여러 점을 살필 수 있다.

---

149)《太祖實錄》15, 太祖 7년 10월 癸卯, 1冊, p. 139.

　　　　　　　　　　〔今彩〕　　　　　　　　　　　　　　〔今積福寶〕
功臣錄券付 楊洲府土 古漢陽 業字丁 伍結肆束 古見州土 文字丁 拾陸結參
　　　　　　　　　　　　　　　　　〔今志眞〕
拾負參束 人字丁 拾結肆拾貳負玖束 交河土 習字丁 拾結 開城留後司土 古
　　　〔今兵〕　　　　　　　　　　〔今見機朝〕
開城第肆 位字丁 肆結拾肆負 廣州土 簾字丁 貳拾結壹束 招字丁 內始面
　　　　　　　　　　　　　　　　　　〔今閑處沈〕
拾結壹負柒束 延安府土 草字丁 拾結參拾肆負玖束 利川土 禍字丁 拾伍結
　　*〔今服乃衣〕　　　　　　　　　　　　〔原平今靡恃〕　　　　〔今盈〕
江華土 歲字丁 拾肆結玖拾貳負參束 端原地 皇字丁 拾結 麻田土 月字丁
　　　　　　〔今辰〕　　　　　　　　　　　　　〔今甲帳對〕
伍結捌負伍束 盈字丁 伍結玖負玖束水原任內永新土 臣字丁 拾結 水原任內
　　　〔今罪伐〕
松莊土 張字丁 伍結合田畓幷壹佰伍拾壹結參拾捌負乙 賜與爲臥乎事是等

子孫傳持鎭長喫持是良於爲敎 建文元年貳月初八日伏奉[150]

　우선 作丁과 직결해서 볼 때 실제 각 정은 20·15·10·5결 등으로 단
위를 엮고 千字文의 字號로 표기하였다. 정의 결부 수가 4개 단위인 것
은 己巳量田 때 작정을 조준의 3단위 제안에 5結1字丁의 단위를 하나
더 첨가하여 행하였을 것이기 때문이고,[151] 이어 太祖 2년(1393)에 新
都京畿의 전지를 改量하면서 10결, 5결로 차등 있게 作丁하여 절급[152]
하게 된 데서였다. 그러나 1字丁이 꼭 20·15·10·5결씩의 액수로 지어지
진 않았다. 이는 기준상 원칙상의 作丁單位였다. 실제 운영에서는 준수
되기도 하고 혹은 조금 넘거나 미달하기도 하였다. 지세나 지형, 전답의
분포 등 고을 형편에 따라 편의상 작정하므로 조금씩은 차이가 생길 수

---

150) 〈趙溫定社功臣田券〉, 《藏書閣》, 史部, 2-880.
　　　이 田卷에 대해서는 千惠鳳, 〈朝鮮定宗下賜의 趙溫定社功臣祿券〉, 《國學資料》 創
　　刊號(1972)에 전문의 소개와 함께 간략히 解題되어 있고, 許興植, 주 24의 논저에도
　　소개되어 있다.
151) 己巳量田 때 5결 단위의 丁이 하나 더 첨가되어 운영되었겠다는 것은 과전제도 시
　　행 때 閑良官에 대한 軍田의 절급을 '隨其本田多少 各給軍田十結 或五結'(《高麗史》
　　78, 食貨 1, 田制, 祿科田, 恭讓王 3년 5월, 中冊, p. 724)하여 5결 단위의 토지분
　　급이 있음에서 추측된다.
152) 《太祖實錄》 4, 太祖 2년 8월 己丑, 1冊, p. 48.

밖에 없었다. 토지를 분급할 때는 일단 정으로 하되, 그 實結負 數를 참작하여 서로 加減되도록 함으로써 대략 總額에 맞추어 지급하였다. 趙溫의 경우 150결의 전지를 賜給하게 되어 있었지만 실제 지급 결수는 151결 38부로, 1결 38부가 더 붙어 있다. 지급 방식이 이러하였기 때문이겠다.

字號上端에 있는 小字는 箋紙에 墨書하여 貼付되어 있는 부분인데, 이는 얼마 후에 작정이 5결 단위로 단일화된 것 때문에 자호에 변경이 생겨 표시한 것이 아닌가 한다. 5결만으로 작정하여 1자정 5결[一字五結]로 단일화된 것은 太宗 5년(1405) 乙酉量田 때인 듯하다.153) 양전 자체로 인해선 한번 절급한 자호는 변경하지 않는 것이 원칙이었다. 字丁 그것이 바로 전주의 전지인 까닭이다. 箋紙가 붙어 있지 않은 곳은 혹 箋紙가 떨어져 나갔거나 한 데일 것이다.154) 작정의 단위 결수가 점차 축소되고 단일화됨은 전주권의 약화 추세를 반영하며 동시에 土地把握 내지 收組行政의 편의에서, 요컨대 집권체제의 발전추이에서 말미암는 것이었다.

조온의 공신전은 20결, 15결, 10결, 5결 등 모든 단위의 丁이 섞여 지급되고 있다. 150결 혹은 100결 등 대규모의 토지를 분급할 때는 으레 이러하였을 것이다. 그리고 소규모의 토지분급에선 10결, 5결 등 소단위의 丁이 이용되었을 것이다. 한편 분급전지는 그 전액을 한 고을 한 곳에 집중하여 절급하지 않았다. 조온의 공신전 150결은 한 고을에서 한두 字丁씩 지급하여, 여러 고을에 散在하는 방식으로 절급되어 있다. 楊洲 내의 漢陽, 見州, 交河, 開城, 廣州, 延安, 利川, 江華, 瑞原(坡州),

---

153) 조선 世宗 18년(1436) 9월의 한 기사에서 '我國田制……每五結而係之以字號 分屬于各處'(주 18과 同)한다는 기록으로 보아 5結1字丁으로 作丁을 단일화한 것은, 이전에 있던 양전 때 이미 시행되었을 것으로 보인다. 그 양전은 太宗 5년의 乙酉量田이다(《太宗實錄》 10, 太祖 5년 9월 壬寅, 1冊, p. 336 및 《太宗實錄》 11, 太宗 6년 5월 壬辰, 1冊, p. 356).

154) 일례로 최근 이 문서를 조선초기 功臣田을 검토하면서 다룬 李正守, 〈朝鮮初期 功臣田의 運營樣態〉, 釜山大學校大學院 碩士學位論文, 1990, p. 13에서 江華지역의 歲字丁 14결 92부 3속의 부분에 千惠鳳 교수가 본 문서를 소개할 당시에는(주 148의 논고) '乃·服·衣의 字號가 붙어 있었다고 하였으나, 그 후 許興植 교수나 李 씨가 확인할 때는 字號變更한 箋紙가 없었다고 한 기술도 참고되겠다. 본문 중 *부분이 이것임.

麻田, 水原 등 京畿一圓의 여러 고을에 고루 배치되어 있는 것이다. 11 개 고을 15곳에 분산되어 있다. 이 중에서 畿內의 고을이 아닌 것은 延安의 草字丁뿐이다. 이른바 사전경기의 원칙이 관철되고 있는 것이다. 한두 고을에 한 개인의 田丁을 통틀어 절급하면 고을 행정이 마비되고 田主의 세력강화를 보장하는 게 되는 것이었다.

恭讓王 2년(1390) 정월, 給田都監에서 '始頒給各品田籍'155)하여 과전 수급대상자에게 반급한 전적, 곧 田丁文券의 형식은 조원의 공신전권과 같았을 것이다. 과전제도 시행 이후, 분급 수조지가 조업으로 모칭되는 폐단은 제거되었고 족정·반정의 용어도 사라졌다. 이제 丁은 더 이상 名田이 아니었다. 이런 변화는 기본으로는 사전의 혁파와 그 재배분, 사전의 경기집중 등이 가져온 소산이지만, 이상과 같은 작정방식의 변경도 한 역할을 하였다. 작정방식의 변경과 더불어 祖父文券을 통한 조업전 冒稱의 길을 차단하는 조처는 또 있었다. 旣受田者 중에서 犯罪를 짓거나 後嗣가 없는 경우, 또 科額外로 餘田을 갖거나 한 科田占有缺格者의 전지는 祖父文契의 有無를 論하지 않고 몰수하여, 과전 절급 이후에 생긴 科不足者나 未受田者가 체수하게 한다는 규정이었다.156) 이는 고려 전시과에도 있던 규정들이었으나, 후기에 와서 文契所持를 통해 私田占有紛爭, 祖業田爭訟이 허다하였던 사정이 고려되어 특히 명문화한 것으로 보인다. 이런 여러 사실들은 전정의 점유를 통한 양반전주의 토지지배와 농민수취가 약화되고 반면에 전객농민의 소유권이 강화되어 가던 사정과 맥을 함께 하는 모습이었다.

그러나 당연한 바이지만, 田丁 자체는 그대로 존재하였고 기능 역시 그대로 이어졌다.157) 丁의 분급을 통해 지배신분층과 피지배신분층이 전주전객관계로 얽히는 체제가 여전히 존속하였기 때문이었다. 또한 조업

---

155)《高麗史》45, 世家 45, 恭讓王 2년 정월, 上, p. 874.
156)《高麗史》78, 食貨 1, 田制, 祿科田, 恭讓王 3년 5월, 給科田法, 中冊, p. 724.
　　'今辛未年受田科不足者 辛未年以後新來從仕未受田者 不論祖父文契有無 將其或犯罪 或無後 或科外餘田 隨科遞受 無所仕閑良者 不在此限'
157)《太祖實錄》1, 總書, 1冊, p. 11.
　　《世宗實錄》54, 世宗 13년 10월 甲辰, 3冊, p. 347.
　　《世宗實錄》82, 世宗 20년 7월 辛卯, 4冊, p. 153.

전에서 관철되고 있던 지주전호제를 위시한 제 경영형태도 일층 확산되어 갔다. 조선 건국 초부터 竝作禁令이 논의되어 시달되고, 限田·均田 등 소유지 소유권 차원에서 토지개혁 논의가 제기되는 사정은 여기에 있었다.158)

6. 結 語

우리나라 作丁制는 결부제 및 양전제와 더불어 신라시기부터 조선시기까지 운영되었다. 고려시기의 작정제도 원리·기능은 같았다. 그러면서도 방식상에선 여러 가지 차이가 있었다. 우리가 추구하여 본 丁의 관리·파악방식도 그러하였다. 전시과제도하의 고려 작정제에서는 고을마다 量案과는 별도로 작성하고 있던 作丁帳籍, 곧 田丁帳籍(田丁柱貼)에 丁마다 그 所受者인 전주의 성명을 달았다. 箋紙로 貼聯한 듯하다. 각 丁의 名號는 전주의 성명으로 표기되고 있었다. 과전제도하의 작정제에서 丁號를 천자문만으로 표시하고 있던 것과는 달랐다. 고려에서는 이를 통해 각 丁의 授受·傳受·遞受·還收·沒收·加給·補給 등 여러 변동사항을 정리하고 파악하였다. 분급전정의 점유분쟁, 즉 私田爭訟이 발생했을 때는 개개 전주에게 丁의 수수 시에 발급한 公文(文契, 田券)과 함께 전정장적이 기본 근거자료가 되었다.

고려에서 정에 그 전주의 성명을 繳連하고 있었음은 단순히 丁파악의 형식에 머무는 것이 아니었다. 분급전정이 소수자의 토지로 名義가 되고 있는 것으로서, 소유지·소유권에 대하여 수조지·수조권의 지배성 점유성이 강력하였음을 뜻하는 것이었다. 그러므로 고려에서는 전시과에 의해 분급된 諸私田을 名田이라고도 칭하였다. 田主가 名付된 토지라는 의미이다. 그리고 이로 인해 커다란 토지문제가 야기되고 만연하였다. 고려 후기를 특징짓는 사전의 祖業田化와 兼幷, 그것이었다. 이는 분급전정의

---

158) 拙稿, 주 148의 논고.

가산화였다.

　본래 전정은 직역봉공의 물적 요소였다. 職田으로서 國田이었고, 世祿田으로서 永業田이었다. 그러므로 소유지와 달리 이의 점유에는 여러 원칙과 제한이 있었다. 그중에서 가장 중요한 골자는 職役과 상관해서 告官하여 授受하여야 하고, 田主의 家系 내에서 자의나 임의로 世傳·分割할 수 없다는 점이었다. 人의 배분과 土地의 배분이 국왕을 頂點으로 신분직역에 입각하여 계층 있게 이루어지는 集權封建社會에서 田丁은 이를 구현하는 정치·경제의 요소였으므로, 이러한 질서가 없으면 고려는 체제상 큰 혼란이 오고 심하면 붕괴로 이어지는 것이었다. 전정의 가산화는 이와 같은 제 원칙을 무너뜨렸고, 말기에 이르러 괴리가 현격하여 전정의 私受, 分割 그리고 兼幷이 만연하였다.

　전정의 가산화는 두 가지 커다란 배경에서 야기되고 전개되었는데, 그 하나는 바로 저와 같은 정의 파악 방식과 깊이 연계되어 있었다. 그것은 전시과제도가 文宗代 이후엔 한 차례도 개정되어 재배분되지 못하여 이미 각 분급전정을 자손이 傳持하고 있었던 데다가, 특히 장기간에 걸쳐 몽골과 戰爭을 치르면서 이후 京外의 田丁帳籍 상당수가 紛失·燒失·腐爛되어 정비되지 못한 채 전정소지의 유력한 근거가 高曾祖父 등 先代의 公文으로 된 데서였다. 자손들은 이 高曾契券을 근거로 先代의 전정을 조사하고 확인하여 점유하였다. 문권을 분실하거나 아예 당초부터 없었던 이들은 혹 남아 있는 田丁帳籍에 의거하기도 하고, 安廉使 및 守令을 움직이거나 혹은 佃客과 故老의 보증을 받아 작성하였다. 소멸된 각 고을 田丁帳籍의 정비도 이 공문이나 전객·고로에 의존하여 이루어질 수밖에 없었다. 이 틈에 공문의 私受·自成·造作 등이 성행하고 국가나 타인의 田丁, 곧 公私田의 兼幷이 유행함은 말할 것도 없었다. 이 모두는 어느 것이나 祖業田을 칭하여 정당성을 주장하고 있었으며, 그 근거는 丁에 田主의 성명을 달던 데 있었다. 이러한 전정점유의 상황은 忠肅王 원년(1314) 甲寅量田이 거행되면서 田丁帳籍이 작성될 때 기정사실로 고착되었다. 이 장적이 甲寅柱案이었다. 여기에 당시 전정의 소지자가 田主로서 名付되었음은 물론이었다. 녹과전의 창설이 상징하듯이 고려의 전시과 운영 관리 능력은 사실상 마비되었고, 이후 전정의 私受·世傳은 일층 성하였으며 겸병 또한 극성하였다.

그러나 공문의 私受·自成으로 인해서만 이런 사태가 일어난 것은 아니었다. 田主로서는 이런 주장과 행위를 할 만한 사정이 있었고 근거도 있었다. 그것은 田丁이 가산화되면서 단순한 분급 수조지에서 벗어나 전주의 佃客支配를 한층 강화하고 있거나, 나아가 새로운 경영·소유관계를 형성하고 수립하고 있었던 사실이었다. 전자에선 전주가 自己田丁 내에서 田租를 위시한 諸稅의 濫收, 그리고 高利貸 및 商業獨占 등 교환경제를 통해 官權의 통제도 배제하였고, 심하면 전객의 소유권조차 與奪되는 사태도 없지 않았다. 후자는 전정의 소유지 소유권마저 획득하여 완전한 祖業田으로 삼아 경영하는 것이었다. 開墾, 買得, 高利貸, 그리고 이것들을 빙자한 奪占 등 여러 방법이 구사되었다. 특히 중요하였던 것은 개간이었다. 전란으로 농지의 황폐와 인구의 유망이 혹심하였던 까닭이다. 황폐된 수조지, 전객이 유리·사망하여 버린 전정을 전주는 경작지로 복구시켜야 했다. 이런 속에서 文券·賜牌를 통해 田丁으로서 陳荒地를 획득하거나, 혹은 이를 造作하거나 冒稱하여 타인의 전답, 전정을 침탈하는 겸병도 당연히 야기되었다.

후자의 경우 개간 및 경작은 奴婢勞動도 이용하였겠지만, 대개는 流亡民 혹은 인근의 민인을 모아 수행하였다. 형태는 대략 두 가지였다. 處干·干農夫 등과 유사하게 職役을 면제하거나 혹은 더하여 所耕田을 절급하고 무상으로 동원하는, 말하자면 勞役佃戶에 의한 것, 收益半分의 조건에서 사역하는 並作佃戶에 의한 것이었다. 역시 세력 있는 이의 토지에선 官權이 배격되었다. 이 가운데 중심이 되던 경영형태는 병작반수제였다. 병작반수제는 結當 소출이 20石 정도면 성행할 수 있는 생산방식으로서, 신라말 고려초엔 벌써 농업관행으로 자리 잡고 있었다. 免役은 여기서도 물론 있었다. 佃客, 處干, 并作佃戶 등 投托農民과 影占田主 사이는 전주전객, 혹은 지주전호의 관계이면서도 主奴關係로 비유되어 신분적 지배 예속성이 관철되고 있었다. 이 시기 전정의 조업화는 전객·전호의 조업화, 즉 祖業奴婢化를 동반하면서 전개되었고, 田民兼幷의 사태는 이를 이름이었다.

고려후기 가산화한 전정의 실체는 이것이었다. 이는 수조권에 의한 소유지의 지배가 존속하던 시대에 地主制의 발달이 가져온 유형인 동시에 특징이었다. 전정은 종래의 전정이 아니었다. 田主도 과거의 전주가 아니었고 佃客도 과거의 전객이 아니었다. 특히 후자의 경우에 전주는 동시에 地主였고, 전객은 동시에 佃戶였다. 이러한 전정은 말 그대로 祖業田이라고 하여도 손색이 없었다. 이 시기 문제되는 農莊 역시 기반은 여기에 있었다. 이들 농장은 토지의 私的 소유가 嚴存하는 집권봉건국가의 체제에서 수조권 집적에 근거한 농지경영이 도달할 수 있는 最終의 형태로서, 소유권 집중에 기반을 둔 농장과 병존하고 혹 합치하면서 존재하는 그러한 농장이었다. 고려 농장의 未熟性이 아니었다.

고려정부는 조업전화한 私田이 비록 법의 근거나 제도의 계통에선 전시과제도하에서 절급된 분급전정이긴 하였으나, 경영내용 및 소유실체가 이러한 탓에 이를 破碎하여 몰수하고 재분배하기란 극히 어려웠다. 전정가산화의 부정은 전정 자체만이 아니라 전주들이 그 내부에서 구축하여 놓은 私的인 지배관계와 소유관계까지 동요시키고 파괴하는 처사였다. 더구나 전란 후 고려의 재건작업은 이들 전주층·지주층의 힘에 의존하여 이루어진 터였다. 정부는 京畿 내에서 兩班口分田을 유지하거나 祿科田을 설치 운영하는 일조차 힘겨운 처지였다. 고려 조정이 택할 수 있었던 최선의 유일한 방도는 田民辨整의 反復뿐이었다.

조업전 문제가 해결되는 것은 과전제도 시행을 통해서였다. 이는 전정의 수수·점유의 제 원칙을 회복시키는 선에서 수행된 제도로서, 京畿內에서 科田으로 재분배하였다. 그러므로 이 개혁에 수반하여 作丁方式의 변경이 행해졌다. 丁에 전주의 성명을 달던 방식이 후에 田丁을 조업전으로 칭하는 폐단이 되었으므로, 새로운 토지분급제의 시행에서는 이 위험은 반드시 차단하여야 했던 것이다. 그리하여 각 고을의 丁을 20·15·10·5결 등으로 묶고 천자문의 字號만으로 丁號를 표시하는 字丁制가 시행되었다. 전정은 더 이상 名田이 아니었다. 이러한 변경은 전주권의 약화 전객권의 강화 추세와 맥을 함께 하는 예이기도 하였다.

그러나 전정 자체와 그 기능은 그대로 존속하였다. 토지분급제 전주전
객제가 중요한 경제제도로서 건재하고 있었던 까닭이다. 또한 조업전화
한 田丁 속에서 관철되고 있던 지주전호제를 중심으로 한 제 경영관계와
소유관계 역시 그대로 온존하고, 오히려 더욱 확산될 여건에 놓였다. 전
정 수준의 개혁이었던 까닭이었다. 장차 토지문제와 그 개혁의 문제는
소유지의 차원, 지주전호제의 차원으로 넘어가고 있는 것이었다.

(《李元淳敎授停年紀念 歷史學論叢》, 1991. 8. 揭載, 2010. 補)

高麗時期의 稅役運營과 足丁·半丁

1. 序 言

우리나라 역대 왕조에서 정치의 근본은 전토 및 농민에 대한 파악과 관리에 있었다. 토지와 민인의 사회적 처지도 이 속에서 매겨졌다. 전토·농민에 대한 파악은 부세제도를 주축으로 職役, 郡縣, 鄕村 등 여러 부면이 서로 연계되어 구조적으로 토지조세의 체계를 구성하고 있었다. 이 체계는 국가권력이 소유관계와 경영형태에 대해 收取로 강제하는 통치형태로서, 왕조의 先後, 시대의 진전에 병행하여 구체내용과 운영방식에는 차이가 있고 그만큼 특징이 있으나 기본골격은 어느 시대에나 큰 차이가 없었다. 전토와 농민을 각각 結負와 戶口, 그리하여 田結과 人丁으로 관리함이 그것이다.

고려에서는 이 전결과 인정을 서로 묶어 稅役을 책정함으로써 민인의 토지소유에 따른 租·布·役의 배정과 수취 등 부세제도 운영의 기초를 다지고, 이 위에서 토지경리, 토지분급, 직역배정 등을 행하였다. 전결과 인정을 파악하는 기초조사는 量田事業과 戶籍作成이었다. 부세제도는 이 두 조사를 통해 이루어졌고 그 중심 단위는 '丁'이었다. 丁은 고려왕조가 前朝에 이어 私的 소유 토지의 다양한 규모 및 신분·직역의 다기한 계층을 조건으로 하고 있는 사회경제의 신분계급적 현실에서, 토지를 주축으로 하여 전토와 인정을 통치 차원의 수취체계로 파악할 수 있도록 일정 형식의 얼개를 제정하여 묶은 工作物이었다. 고려에서 丁은 크게 두 계통에서 분간되어 제정되고 이용되고 있었다. 하나는 전국의 농지에 대해 田結을 기준으로 租稅를 책정하고 그 징수단위를 짓고[作] 收租地로서 파악하는 것이고, 다른 하나는 人丁을 준거로 삼아 그 所有田結에 세역을 배정하고 전자와 연계시켜 역시 稅役地로서 파악하는 것이다. 전자는 이른바 '田丁'으로서 田租는 이에 직결하고 있고, 후자는 '丁田'으로서 稅役 전체가 이에 부착되어 있다. 토지, 인정, 부세는 田結을 매개로 불가분의 처지에 있었다.

고려에서 조세수납, 과전분급, 군인출급, 부역징발 등 항상 토지제도와 부세제도 운영의 기준으로 기능한 것은 田丁이었다. 그러나 이 전정이 기능을 발휘하는 데는 이에 상관되는 별개의 제도가 동반되어 작동하였다. 고을 단위로 각기 부담할 稅役量을 변별하여 차등 지워 매겨놓은 束丁制, 이를 人丁의 稅役으로써 계산하여 토지에 量給하는 丁田制가 이와 결부되어 있었고, 여기서 田地의 經理, 丁戶의 出給, 田租의 收納이 이루어짐으로써 토지조세 체계는 비로소 실제 기능을 발휘할 수 있었다. 그러므로 전정제에는 이러한 여러 제도와 상관하여 그 구체적인 운영단위가 마련되어 있었다. 이른바 足丁·半丁이다. 고려시기 토지조세 운영과 족정·반정은 긴밀하게 연계되어 있는 것이다.

고려의 족정·반정은 이 시기 사회경제를 窮究하면서, 여기에 그 어휘·용어가 갖는 특이성도 겹쳐서, 일찍부터 수다하게 언급되고 또 검토되었다. 현재는 그 기능과 규모를 놓고 분분하게, 그러나 매우 심도 있게 논의되는 단계에 있다.[1] 논의가 분분한 것은 족정·반정의 실체를 제대로

---

1) 고려시기의 足丁·半丁에 관한 연구동향은 대략 애초 ① 人丁으로 간주하여 足丁을 成年, 半丁을 未成年으로 해석한 데서 출발하여, ② 人丁에 토지가 포함된 것 내지 일정 면적(구획)의 토지라고 대상이 전환하였고, 그리하여 ③ 丁戶 내지 丁田, ④ 分給田丁의 滿額(足丁)·未滿額(半丁), ⑤ 賦稅徵收·土地分給의 단위 등으로 정리됨에 이르고, 근자에는 ⑥ 족정은 私有地(民田), 반정은 국유지(公田)의 양전단위이며 조세수취단위, ⑦ 토지와 이를 경작하는 人丁을 포함한다는 의론이 제기되는 등 관점·내용이 다양하게 진전하고 또 개진되어 있다. 이 과정에서 족정 17결, 반정 7~8결(⑤), 또는 족정 17결, 반정 6.8결(⑥), 혹은 족정은 17결과 9人丁, 반정은 12결과 6人丁을 단위로 하여 役을 수행하는 것(⑦)이라 하여, 족정·반정의 구성 규모에 대한 의견도 제시되었다. 이러한 연구추이와 각 견해는, 관점이 같더라도 구체내용은 현격히 다르기도 하며 그 관련 논고의 수효도 많으나, 아래의 것이 대표되는 것으로 참고하기 바람.

직접 전해주는 자료가 아직 발견되지 않았고, 그나마 전하는 관련 자료
의 기사마저 극히 내용이 단편인데 일차 이유가 있지만, 이와 아울러 대
부분의 연구가 足丁·半丁을 고려 국가·사회의 체제와 관련시켜 검토하기
보다는 그 자체만 놓고 기능·규모를 추구하려는 데도 큰 원인이 있다.
족정·반정은 고려의 사회경제체제, 특히 그 토지조세체계의 운영원리와
연계하여 접근할 때 그 本色에 한걸음 더 다가갈 수 있겠다.

　필자는 일찍이 고려시기의 田丁을 作丁 및 祖業田을 통해 살핀 적이
있었다.[2] 그러면서 주제의 범위상 족정·반정에 관해선 간단히 언급만
하고 지나쳤다. 이제 이 묵은 宿題를 위와 같은 방향에서 정리하고자

---

① 說: 白南雲, 《朝鮮封建社會經濟史》(上), 改造社(東京), 1937, p. 255.
　　　麻生武龜, 《朝鮮田制考》, 中樞院, 1940, p. 88.
　　　韓㳓劤, 〈麗代足丁考〉, 《歷史學報》 10, 1958(同, 《其人制硏究》 收錄, 一志
　　　　社, 1992).
　　　金成俊, 〈其人의 性格에 대한 考察〉, 《歷史學報》 10·11, 1958, 1959(同,
　　　　《韓國中世政治法制史硏究》 收錄, 一潮閣, 1985. pp. 67~68).
② 說: 有井知德, 〈高麗朝 初期의 公田制〉, 《朝鮮學報》 13, 1958.
　　　旗田 巍, 〈高麗時代에 土地의 嫡長子相續과 奴婢의 子女均分相續〉, 《東洋文
　　　　化》 22, 1957(同, 《朝鮮中世社會史의 硏究》 收錄, 法政大學出版局,
　　　　1972).
　　　金載珍, 〈田結制 硏究-第二編 高麗田丁考〉, 《慶北大論文集》 3, 1958.
　　　李佑成, 〈閑人·白丁의 新解釋〉, 《歷史學報》 19, 1962(同, 《韓國中世社會硏
　　　　究》 收錄, 一潮閣, 1991).
③ 說: 深谷敏鐵, 〈高麗 足丁·半丁考〉, 《朝鮮學報》 15, 1960.
　　　　〃　, 〈高麗 足丁·半丁再考〉, 《朝鮮學報》 102, 1982.
　　　金琪燮, 〈高麗前期 田丁制 硏究〉, 釜山大學校 博士學位論文, 1993.
　　　오일순, 〈高麗前期 足丁의 성립과 그 변화〉, 《韓國 古代·中世의 支配體制와
　　　　農民》, 지식산업사, 1997.
　　　李榮薰, 〈韓國經濟史 時代區分 試論〉, 《韓國史의 時代區分에 관한 硏究》, 精
　　　　神文化硏究院, 1995, pp. 366~378.
④ 說: 武田辛男, 〈高麗田丁의 再檢討〉, 《朝鮮史硏究會論文集》 8, 1971.
⑤ 說: 金容燮, 〈高麗時期의 量田制〉, 《東方學志》 16, 1975(同, 《韓國中世農業史硏
　　　　究》 收錄, 지식산업사, 2000).
　　　呂恩暎, 〈高麗時代의 田丁〉, 《嶠南史學》 3, 1987.
　　　尹漢宅, 〈고려 전시과 체제하에서의 농민의 신분-그 제도적 기초로서의 足丁
　　　　制의 성격과 성립〉, 《泰東古典硏究》 5, 1989.
　　　朴京安, 〈高麗時期 田丁連立의 構造와 存在形態〉, 《韓國史硏究》 75, 1991.
⑥ 說: 李仁哲, 〈高麗時代 足丁·半丁의 新解釋〉, 《東方學志》 85, 1994.
⑦ 說: 權斗奎, 〈高麗時代 足丁과 半丁의 規模〉, 《한국중세사연구》 5, 늘함께, 1998.
　2) 拙稿, 〈高麗時期의 作丁制와 祖業田〉, 《李元淳教授停年記念 歷史學論叢》, 教學社,
　　1991(본서 Ⅲ편).

한다. 검토의 초점은 족정·반정이 고려왕조 토지조세 운영체계의 일환으로 활용되었다는 것, 그러므로 족정·반정은 稅役의 種目과 그 운영현실에 따라서 규모와 역할에 伸縮을 가졌다는 것, 그리고 이 두 가지는 모두 田結과 稅役의 결합, 곧 田丁에 귀착되고 있는 사항이라는 것 등이며, 이를 자료가 허락하는 범주로서 田結의 作丁, 軍人·其人 등 丁戶의 選上, 田租의 徵輸 세 부면에서 음미함으로써 그 얼개나마 이해하여 보고자 한다. 이렇게 하면 족정·반정의 실제, 기능, 위치, 나아가 고려시기 토지제도를 그 부세운영체계의 측면에서도 좀 더 가까이 인식할 수 있을 것이다.

2. 田結의 作丁

고려의 토지조세체계는 田柴科로서 구현되고 집약되어 있었다. 전시과는 토지가 私的 소유권자에 의해 소유권 차원에서 소유·지배되고 있는 현실을 기반으로 국가가 조세제도와 직결하여 제정한 토지분급제였다. 분급토지는 實田으로 이루어지기도 했지만, 중심과 대체는 수조권을 절급한 수조지였다. 전국의 농지는 수조지로 파악하고 용도에 따라 크게 公田과 私田으로 구획하였으며, 이 속에서 祿俸田, 軍須田, 公廨田(庄宅·宮院·百司·州·縣·館·驛), 學田, 宗廟田, 內莊田, 宮院田·寺院田 및 科田·功蔭田·別賜田·登科田·軍人田·閑人田·其人田·投化田·入鎭田, 그리고 鄕·津·驛吏田, 紙·匠田 등 여러 地目을 설정하여 경리하였다. 전시과는 신분계급제와 함께 국가를 지탱하는 大支柱였다. 고려조정은 전시과가 제대로 존속하고 정상으로 운영되도록 관리에 유의하고 군현제, 요역제, 양호제, 조운제, 권농책 등 여러 방면에서 지원하였다.3)

각종 토지의 경리·절급·수조 등 토지분급제의 시행에 관계된 제반 사항은 田結로서 이루어졌으며, 이 전결은 結負量田制를 통해 파악되었다.

---

3) 拙稿, 〈高麗前期 田柴科의 運營原則〉, 《高麗前期의 田柴科》, 서울대학교출판부, 2007(본서 Ⅱ편).

그러나 단순히 結負로써 토지의 경리·분급·수세 등이 수행된 것은 아니었다. 量田을 통해 量案을 작성함과 함께, 檢査한 농지를 수조 차원에서 일정 규모의 結數로 묶고, 이를 전시과 운영의 기초단위로 삼아 實務에 사용하였다. 이 기초단위를 '丁'이라 호칭하였고, 이 丁을 만드는 것을 作丁이라고 하였다. 전결의 작정인 것이다. 그리고 이 丁의 파악과 관리에 만전을 기하고자 作丁台帳을 별도로 작성·보관하였다.4) 전결은 작정을 통해 丁으로 지어져서야 토지조세의 운영체계 속의 한 요소로 자리 잡을 수 있었다.

丁은 어휘상 본시 稅役을 부과하는 대상이면서 이를 부담하는 주체, 곧 人丁을 뜻한다. 그러나 고려에선 이러한 용례와 함께 위와 같이 또 하나 별개의 의미로서, 租稅를 부과하기 위해 人爲로 조작한 일정 면적·구획으로서의 토지단위로도 쓰고 있었다. 그리고 이 어휘만으로는 丁이 人丁, 즉 稅役을 지칭하면서도 다른 한편에선 土地, 곧 田結도 지목하고 있어서, 그저 丁이라고만 표현하면 사정에 따라서 때로는 人을 가리키는지 田을 지시하는지 분명하지 않을 경우가 있고, 혼선마저 일어날 수 있었다. 그리하여 이런 경우에 대비하여 의미를 분명히 할 필요가 있을 때는 각별히 구분하여 전자를 '人丁'이라고 하고 후자는 '田丁'이라고 부르기도 하였다.5)

고려시기에 본뜻과 개념이 이와 같이 稅役을 담당하는 人丁을 가리키는 이 丁이란 용어를, 혼선을 야기할 소지가 있음에도 불구하고 토지에 대한 지칭으로도 함께 사용한 것은, 부세제도의 운영으로서나 원리로서나 그렇게 함이 오히려 이치에 닿고 타당성도 가질 수 있었기 때문이겠다. 그것은 人丁의 稅役과 田結의 租稅가 모두 고려 부세제도의 기본 구성요소였고, 아울러 함께 토지와 직결되어 책정되고 징발·징수되던 사정에서 연유하는 것으로 추정된다. 人丁의 세역은 단지 인정 자체에 매긴 것이 아니었다. 세역은 人丁이 가지고 있는 토지, 곧 田結을 대상으로

---

4) 金容燮, 주 1의 논고.
　　拙稿, 주 2의 논고.
5) 同上.

책정하였고, 이 세역의 種類·類型에 따라 그것을 담당할 役戶를 供給하
도록 여러 계열로 丁을 분간·설정한 속에서 이루어졌다. 이렇게 세역이
책정되고 배정되어 있는 토지를 '丁田'이라고 하였다.6) 한편 田結의 租稅
역시 量田을 통해 묶여진 수조단위를 통해 징수·납부되었다. 이 수조단
위를 구성하고 있는 실체는 實田이었고, 이 실전은 丁田으로서 세역을
책정받은 여러 납조자의 소유경작 전토였다. 田租와 稅役을 국가나 관아
에 제공하고 부담하는 것은 이 실전의 소유경작자였다. 고려말 恭愍王 7
년(1358) 4월 도평의사사에서 안찰사·수령이 기강을 세우지 못하여, 각
도의 향리가 마음대로 욕심을 채운다고 탓하며, 그런 사태의 하나로 '匿
京丁爲其田'하는 행위를 거론하고 있다.7) 京丁을 감추어 자기 전토로 만
든다는 내용인데, 匿占 대상으로 지목되는 '京丁'은 아마도 서울(開京) 사
람의 소유지이되 丁田으로 파악된 토지임을 각별히 나타내고자 한 표현
일 것이다. 고을 향리는 자기 고을 내 토지의 소재처에 소유주가 不在한
채 遠居하고 있는 틈을 타서 이 토지를 자기 것으로 삼고 있었던 듯하
다. 田丁과 實田의 관계는 이러하였다.

　고려는 부세제도 租·布·役, 곧 전조와 세역을 그 대상으로 바꾸어 말
하면 토지와 민인을 田丁과 丁田으로 분간하여 묶되 양자를 조합·연관하
여 일치·통합하는 속에서 배정·징수하였다. 이러한 형식의 부세운영체계
는 고려에서 처음 제정·시행한 것이 아니었다. 丁田制와 田丁制는 삼국
시기에는 이미 시행하고 있었던 것으로 추정되며,8) 따라서 이 당시 부세
운영의 기본체계 역시 이와 같았을 것이다. 후삼국기 고려왕조는 이 전
통을 바탕으로 이 범위 안에서 부세제도를 개선하였던 것으로 사료된다.

　고려는 토지와 농민을 묶어 稅役을 책정하여 丁田으로 파악하면서, 아
울러 이 정전을 포함한 소유지 일반을 田租와 관련해선 전결로 엮어 田
丁으로 파악하여 租·布·役의 배정·징수가 이 가운데서 균등하게 이루어
지도록 조정하고 있었다. 부세부담자를 지칭하는 丁이 곧바로 부세 자체

---

6) 拙稿, 〈高麗時期의 丁田制〉(본서 Ⅲ편).
7) 《高麗史》 85, 刑法 2, 禁令, 恭愍王 7년 4월, 中冊, p. 866.
8) 拙稿, 〈新羅時期의 丁田制〉, 《歷史敎育》 82, 2002(본서 Ⅰ편).

도 뜻하는 체계 속에선 인정과 전결이 불가분의 처지에 있게 됨으로 丁
은 세역부담의 단위 人丁을 뜻함과 함께, 그것이 책정되어 있는 토지가
다시 田租 부담의 단위토지로 묶이면서 이 후자의 田租收取單位 역시 丁
으로 호칭하고, 이 자체만으론 전정이라고 부르게 되었을 것이다. 세역
책정을 뜻하는 丁이 수조단위의 명칭으로도 사용된 사정은 이와 같은 부
세운영체계의 편성과 특성에 있다고 하겠다. 실제 고려에선 租·布·役의
부세 모두를 매년 田畓農形의 답험손실을 통해 損分率에 의해 가늠하고
작정한 뒤, 이에 입각하여 징수하고 있었다. 전토의 災免을 1결당 10分
損率로 하여, 損 4푼 이상은 租를, 6푼 이상은 조·포를, 7푼 이상이면
조·포·역 모두 면제하는 방식이었다.9) 租·布·役의 三稅 전체, 곧 부세
전반을 農事의 損實, 곧 토지의 실수확에 근거하여 損分을 가리는 제도
는 정전과 전정이 이상과 같이 연계되어 있는 데서 수립될 수 있는 정책
이었다.

　양전과 더불어 이루어지는 作丁, 이 작정을 통해 조성되는 전결의 묶
음 丁, 곧 전정은 오직 전토의 租稅만 징수하는 수세단위가 아니었다.
이 시기 전정 내부에는 세역을 책정받은 實田과 그 소유경작자인 丁이
묶여 있어 租와 함께 布·役도 함께 부담하였다. 고려시기 전정의 丁은
토지와 민인을 조·포·역의 三稅 속에서 함께 지배하고 수취하는 단위였
다. 한마디로 부세수취의 단위였다. 고려는 이러한 丁을 특정기관, 개인,
혹은 기타 용도별로 구분된 여러 대상에게 배속시킬 때, 그 受得者의 姓
名·職役을 달아 놓아 그 귀속처를 명확히 관리하였다. 그리고 이를 文簿
로 작성하여 놓았는데, 통상 田丁柱貼이라고 불렀다.10)

　작정한 丁에 그것을 분급받은 이의 성명을 달아 놓는 것은 丁 속에 이
것을 구성하는 실전, 즉 所耕田과 이 丁으로 이루어지는 수조지, 즉 所
受田이 量田이나 기타 수조지 경리의 변경 등으로 인해서 지금까지 서로

---

9) 《高麗史》80, 食貨 3, 賑恤, 災免之制, 成宗 7년 12월, 中冊, p. 765.
　《高麗史》78, 食貨 1, 田制, 踏驗損實, 文宗 4년 11월, 中冊, p. 726.
　《高麗史》80, 食貨 3, 賑恤, 災免之制, 肅宗 7년 3월, 中冊, p. 766.
10) 拙稿, 주 2의 논고.

연결되어 온 상태가 어긋나 乖離하는 사태가 발생하지 않게 상호결착 관계를 분명히 하는 조처로 사료된다. 이 점은 토지 관리의 커다란 원칙이었을 것이다. 고려 국가로선 國王·宮院·寺院, 兩班, 軍·閑人, 鄕吏, 津·驛·館吏 등 왕실·사원, 관료, 군인, 향리 및 각종 供役者는 그 家系·門地가 고정화 범주화되어 있고, 이 위에서 신분제, 관료제, 과거제, 군현제, 본관제, 군사제도 등이 운영되었다. 이들 신분·직역층의 배출과 진출이 이 속에서 이루어짐이 관습·법제로서 常例로 되어 있는 형세에서,11) 분급전토와 이를 구성하고 있는 개인 소유지 민전을 가능한 서로 일치시켜 놓는 조치가 토지조세의 운영체계상 반드시 필요하였다. 한번 所受田과 所耕田으로 서로 결성된 토지는, 특별한 사유가 없는 한 될 수 있는 대로 오래 고정시켜 서로 분리되는 일이 없도록 하여야 왕실·사원·양반관료 및 공역자와 이들이 수득한 분급전토가 계통별로 각각의 범위 속에서 정돈될 수 있고, 그리하여 職役과 해당 분급전토가 항상 일치하여 수수되고 전수되어 국가의 체제가 부지될 수 있었다.

실제 전시과제도에 의해 개인에게 분급되는 각종 전토는 명분이 '世祿'이었고, 호칭은 통상 永業田 혹은 祖業田이라고 지칭하였다.12) 수득자 家系에서 子·孫에 걸쳐 3·4代에 걸쳐 傳受되면 조업전이 되는 것이었다. 본시 祖業·祖業田은 집안 대대로 世傳하며 業으로 삼아 오는 토지라는 의미로, 그러한 내력을 지닌 소유지를 가리키는 용어이다. 이것이 전수되어 오는 科田 등 분급 수조지 일반을 지칭하는 데도 사용되는 것이었

---

11) 고려시기의 신분제·직역제 및 家系·門閥 그리고 관료제·과거제·중앙행정기구, 군현제·본관제·군사제도·향리제도 등에 관해선 해당 개별 연구가 수다하나, 이 전체를 망라하여 이해하는 데는 아래의 논고가 도움이 된다.

　白南雲, 주 1의 논저.

　邊太燮, 《高麗政治制度史硏究》, 一潮閣, 1974.

　金光洙, 〈中間階層〉, 《韓國史》 5, 국사편찬위원회, 1975.

　〃, 〈羅末麗初의 豪族과 官班〉, 《韓國史硏究》 23, 1979.

　李基白, 《高麗兵制史硏究》, 一潮閣, 1968.

　洪承基, 〈신분제도〉, 《한국사》 15, 국사편찬위원회, 1995.

　蔡雄錫, 《高麗時代의 國家와 地方社會》, 서울대학교출판부, 2000.

　〃, 〈고려 '중간계층'의 존재양태〉, 《고려·조선중기 중인연구》(연세대학교 국학연구원), 신서원, 2001, pp. 180~186.

12) 拙稿, 주 3의 논고.

다. 이런 까닭에 고려후기에서 말기에 이르는 사이에는 과전을 위시하여
군인전, 한인전, 투화전 등이 그 점유자의 자격과 어긋난 채 자손에게
전수됨으로써 분급전토의 有無·多少의 격차와 불균등, 이로 인한 관료·
군인 등 지배층 사이의 갈등 고조가 조업전화의 병폐로 커다란 물의를
빚기도 하였다.13)

　作丁을 통해 이루어지는 고려왕조의 토지·부세파악의 골자는 이상 두
가지 점이다. 다시 말하면 전결을 丁으로 묶어 조성한 田丁과 인정의 세
역을 전결에 결부시켜 책정·양급한 丁田을 하나로 엮어, 이를 근거로
租·布·役의 부세를 배정하고 부담하고 징수한다는 것이다. 그리고 토지
분급제하에서 용도별, 직역별로 배정·분급한 전정, 곧 각종 所受田과 이
것이 입각하고 있는 기반인 정전, 즉 개인 소유지 所耕田을 항상 일치되
도록 관리하여 가능한 서로 분리 혹은 괴리되지 않게 하여, 일단 丁으로
파악하여 경리한 토지는 長久·久遠한 상태에서 租·布·役의 수취와 납부
를 수행하게 한다는 것이다. 토지소유자·부세납부자 내지 생산자 농민의
처지에선 자신의 소유 전토가 수조권과 관련해선 田丁으로, 소유권과 결
부해선 丁田으로서 존재하고 있는 셈이었다.

　토지파악과 부세운영이 작정을 통해 丁을 바탕으로 이루어지고 있고,
이 丁이 전결로서의 田丁이면서 다른 한편으론 인정과 결부하여 丁田으
로서 구성되어 있어서, 고려로서는 이 丁을 조·포·역의 부세 전부를 아
울러 하나의 부담단위로 하는 그러한 丁으로 구획하여 토지분급, 收稅,
稅役 등에 운용하였다. 丁 구획의 구체단위는 足丁·半丁이었다. 전시과
의 토지조세체계에서 토지경리 내지 분급전토와 전정, 그리고 족·반정의
이러한 처지와 상관은 다음의 세 자료를 통해서 추정할 수 있다.

(1) 先王制 土田除公田外 其賜臣民有差 在位者貪鄙 奪公私田 兼有之 一家
　　　膏沃 彌州跨郡 使邦賦削而軍士缺 惟陛下 勅有司 會驗公文 凡所見奪 悉
　　　以還本14)

---

13) 拙稿, 〈高麗末期의 私田問題〉, 《朝鮮前期土地制度研究》, 一潮閣, 1986.
14) 《高麗史》 129, 列傳 42, 叛逆 3, 明宗 26년, 下冊, p. 791.

(2) 先王制 定內外田丁 各隨職役 平均分給 以資民生 又支國用15)

(3) 我祖宗垂統守成四百年於此矣 經國之謀 取民之制 要皆合於古而可傳於後
也 所謂內外足半之丁 轉祿之位 役分・口分・加給・補給之名 租稅之數 肥饒
磽薄九等之品 五種之宜 與夫曰負曰結 所以量地者 曰斗曰石 所以量穀者
其與古者經界井田什一法 有同不同乎 不能無所弊 或仍或改有不可不乎16)

자료 (1)은 明宗 26년(1196) 당시 조정의 최고 권력자 崔忠獻・忠粹
두 형제가 올린 封事 10條 가운데 한 조목으로, 토지겸병의 폐해 및 그
대책을 국가의 재정・군사 궁핍 및 그 확보 차원에서 파악하여 제시하고
있는 것인데, 서두에서 고려 토지제도의 원칙을 말하고 있다. 본래 나라
의 전토 가운데 公田으로 편성한 것을 제외한 나머지는 臣民에게 사급하
였다는 것이다. 토지를 사여받은 臣民이란, 고려의 전체 민인이 아니었
다. 그것은 양반, 군인・한인, 향리 등이었다. 전시과에 의해 토지를 분급
받는 이들이다. 이들에게 분급한 전토는 이른바 公田의 범주와는 구별되
는 범주, 곧 私田이었다. 그러므로 뒤이어 벼슬아치들이 탐오하고 비루
하여 토지겸병을 하고 있는 사정을 일러 한마디로 '奪公私田'이라 하여
公私의 전토를 탈점한다고 하는 것이다.

자료 (2)는 忠烈王 24년(1298) 정월 忠宣王이 즉위하여 弊政改革17)을
선포하고 중요 사항을 조목을 들어 下敎하는 가운데, 豪猾이 賜牌를 빙
자하여 행하는 토지겸병과 이로 인하여 야기되는 부세폐단을 바로 잡을
것을 지시하면서, 역시 고려 토지제도의 기본원칙을 밝히고 있는 대목이
다. 고려에선 본시 內外에 田丁을 작정하여 職役에 따라 고르게 나누어

---

15) 《高麗史》 78, 食貨 1, 經理, 忠烈王 24년 정월, 忠宣王 卽位, 下冊, p. 791.

16) 李齊賢, 《益齋亂藁》 9(下), 策門(《高麗名賢集》 2冊, p. 331, 成均館大學校 大東文
化研究院, 1973-以下同).

17) 고려 忠宣王대의 폐정개혁에 관해선 다음의 논고를 통해 그 경위, 내용, 성과, 성
격을 이해할 수 있다.
李基男, 〈忠宣王의 改革과 詞林院의 設置〉, 《歷史學報》 52, 1971.
朴鍾進, 〈忠宣王代의 財政改革策과 그 性格〉, 《韓國史論》 9(서울大), 1983.
李益柱, 〈충선왕 즉위년(1298) 관제개혁의 성격〉, 《14세기 고려의 정치와 사회》(박
종기 외 13인), 민음사, 1994.

주어 民生을 돕고 또 國用을 부지하였다는 것이다. 직역은 곧 양반, 군인·관인, 향리 등이고 國用은 곧 녹봉·군수·각급 공해의 경비 등이며, 이 직역·국용에 절급하고 배정한 것이 田丁이었다. 전정은 전국에 걸쳐 제정되었다. 그러므로 '內外田丁'이라고 하는 것이다.

(1)과 (2)에서 전하는 고려 토지제도는 표현만 다를 뿐 실제 골격은 하나임을 말하고 있다. 자료 (1)의 臣民은 (2)의 職役에, 公田은 國用에 바로 해당한다. 그리고 그 土田은 곧 田丁이다. (1)과 (2)는 어느 것이나 田柴科로 구현되는 고려 토지제도에서 토지의 경리와 배분, 절급의 대상, 분급전토의 형태 등 그 기본원리를 밝혀 주고 있다. 전자는 土田, 곧 實田의 수세상 경리 측면에서 귀속별로 公田과 私田으로, 후자는 實田의 作丁, 즉 田丁 측면에서 용도별로 職役과 國用으로 각기 토지분급의 원칙을 말하고 있는 것이다.

전정은 경리·분급 차원의 토지이면서 아울러 수세·징세 차원의 토지로서, 이 단위인 丁을 구성하고 있는 實田과 그 소유경작자는 丁이 부담하고 있는 田租總額을 공동으로 책임지고 있다. 예종 3년(1108) 2월, 전국 여러 고을에서 公私田에 냇물이 들어와 쓸려 손실하고 나무가 빽빽이 들어차 경간하거나 파종할 수 없는 곳에 대해, 관리가 그 佃戶 및 전호의 族類·隣保人에게 田租를 징수하여 침해하고 병폐를 지으면 중앙 및 지방의 소관 관청에서 살펴서 금지하라는 제칙을 조정에서 내린 적이 있다.18) 水災로 인해 농사가 손실되었는데 지방관이 해당 佃戶는 물론 그 族類·隣保人에게서까지 田租를 징수하는 행위는 순전히 지방관리의 임의 행동이 아니었다. 이들의 田租 징수의 행위에는 그럴 만한 근거가 있었다. 다름 아니라 바로 각 고을 公·私田 수조지를 구성하는 수세단위 丁에서 그의 결수 총액에 해당하는 만큼의 전조를 수납하고 또 납부하는 공동책임을 지고 있는 데 입각한 것이다. 그러므로 관리들은 농지의 조세를 제대로 낼 수 없게 된 처지의 丁 안에서 소유경작자이되 수조권상

---

18) 《高麗史》 78, 食貨 1, 田制, 睿宗 3년 2월, 中冊, p. 717.
　　'諸州縣 公私田 川河漂損 樹木叢生 不得耕種 如有官吏 當其佃戶及諸族類隣保人 徵斂稅粮 侵害作弊者 內外所司 察訪禁除'

의 佃戶＝佃客에게서는 물론이고, 여의치 않으면 이 전호의 族親이나 隣
保한 이웃에게까지 거두어 총액을 맞추는 것이었다. 예종정부는 수재가
극심한 까닭에 징세 관례인 이 방식에 제동을 걸고 있는 셈이다. 위 예
종 3년 2월의 제칙과 함께 내려졌으리라 추측되는 조치로서, 이해에 王
太后를 책봉하였다 하여 여러 州·郡·縣 고을에서 進奉長吏·從卒 등이 각
田丁에서 직접 가져다 바치는 稅布를 국왕의 恩免으로 방면하여 주었
다.19) 전정이 布를 징수하는 근거로 기능하고 있는 것이었다. 이들이 전
정에서 거두어 바치는 세포는 부세의 物目상으로는 布(調)의 부문으로
배정된 것이었겠다. 稅布는 조·포·역의 三稅 가운데 이른바 '調布'이며
貢物에 해당하는 부세였다.20) 조·포와 함께 역도 마찬가지로 전정에 근
거하였을 것이다.

　자료 (3)은 李齊賢이 忠穆王 3·4년(1347·1348)에 있던 整治都監의 설
치 및 활동21)과 관련해 국왕의 토지문제에 관한 求言策問을 代筆한 속
에서, 그간 400여 년 내려 온 고려왕조 토지제도의 기본골조를 摘記한
내용이다. 여기서 이제현은 고려 토지제도를 給田·租稅·田品·穀種·量田·
量穀 등 여러 방면에 언급하면서도, 이에 앞서 맨 처음 거론하고 있는
것은 '內外足半之丁'이다. 아마 이 內外의 足·半丁은 토지분급, 조세, 전
품, 양전, 양곡 이 모든 것을 포괄하고 있던 까닭에, 그만큼 고려 토지제
도에서 기초가 되고 중심이 되어 首先에 열거하였을 것이다. 그리고 보
면 이 족정·반정은 곧 자료 (2)에서 말하고 있는 '內外田丁'이고, (1)에
서 언급하고 있는 公·私田의 土田인 것이다. 족정·반정은 田丁의 실제
구체의 구성단위였다.

---

19) 《高麗史》80, 食貨 3, 賑恤, 恩免之制, 睿宗 3년 2월, 中冊, p. 763.
　　'以封王太后 諸州郡縣進奉長吏從卒等 各田丁稅布全放'
20) 朴京安, 《高麗後期 土地制度研究》, 혜안, 1996, p. 29.
　　朴鍾進, 《고려시기 재정운영과 조세제도》, 서울대학교출판부, 2000, pp. 69~70.
21) 閔賢九, 〈整治都監의 設置經緯〉, 《國民大學論文集》 11, 1977.
　　　〃 〈整治都監의 性格〉, 《東方學志》 23·24合輯, 1980.
　　변은숙, 〈고려 忠穆王代 整治都監과 정치세력〉, 《명지사론》, 14·15合輯, 2004.
　　이정란, 〈정치도감의 활동에서 드러난 家 속의 개인과 그 외 활동방식〉, 《한국사학
　보》 21, 2005.
　　이강한, 〈整治都監 운영의 제양상에 대한 재검토〉, 《역사와 현실》 67, 2008.

전정의 분급 및 구성은 일정 면적 일정 규모의 結數로 구획한 족정과 반정을 기본단위로 이루어졌다. 元宗代 몽골과 강화 후 개경으로 환도한 뒤, 그간 마비된 전시과 및 심히 부족해진 백관녹봉을 타개하는 방책으로 京畿 8縣에 祿科田을 설치하였는데,22) 토지조달을 '除兩班祖業田外罷半丁'23)하는 방식으로써 하였다. 이 조치는 고려조정이 국가 재건의 비상사태에 당면하여, 과거에 作丁하여 고정시킨 정을 半丁 가운데 양반의 祖業田만 그대로 남기고 나머지 地目에선 불가피하게 혁파하여 폐기하고 이를 녹과전으로 새로 절급한 것이다. 이때 절급한 녹과전은 반정이 혁파된 토지에 새롭게 다시 족정·반정을 짓고, 이로써 분급한 토지였을 것이다.

족정·반정은 분급전토 田丁의 단위를 구성하고 있었고, 그것은 일정한 면적·규모로 구획되어 있었다. 다음 세 사례는 이 점을 확실히 하여준다.

(1) 田丁乙良 田畓幷一百結 奴婢乙良 各十口 賜給敎是齊……田丁乙良 各田畓幷五十結 奴婢幷 十口式 賜給爲良於敎是齊24)

(2) 功臣之田 子孫徵劣 孫外人占取者 勿論年限 依孫還給 同宗中若一戶合執者 辨其足丁半丁均給25)

(3) 下旨于典農司……豪勢之家 始以賜給 占籍土田 因稱祖業者及其足丁剩於本數者 令各道務農使 盡行打量 納租本司26)

자료 (1)은 元宗 3년(1262) 衛仕功臣 柳璥에게 내린 〈尙書都官貼〉 기

---

22) 祿科田에 관해선 다음의 논고가 참고된다.
　　深谷敏鐵, 〈高麗祿科田考〉, 《朝鮮學報》 48, 1968.
　　閔賢九, 〈高麗의 祿科田〉, 《歷史學報》 53·54合輯, 1971.
　　오일순, 〈고려후기 토지분급제의 변동과 祿科田〉, 주 17의 《14세기 고려의 정치와 사회》.
23) 《高麗史》 78, 食貨 1, 田制, 祿科田, 忠穆王 원년 8월, 中冊, p. 714.
24) 盧明鎬 외, 《韓國古代中世古文書硏究》(上) 尙書都官貼, 서울대학교출판부, 2000. p. 8.
25) 《高麗史》 78, 食貨 1, 田制, 功蔭田柴, 忠烈王 24년 정월, 忠宣王 卽位下敎, 中冊, p. 712.
26) 《高麗史》 33, 世家 33, 忠烈王 34년 11월, 忠宣王 復位下敎, 上冊, p. 652.

사의 일부분으로, 金仁俊을 위시하여 최씨 무인정권을 전복시킨 일반 공신 13인에 대해 공신전을 지급함을 기술한 문구이다. 이에 의하면 功臣田으로 사여되는 전답은 實田이 아니고 전정임을 분명히 밝히고 있다. 전정은 田畓 幾結을 사급한다는 표기이다. 공신전은 科田 일반과 같은 수조지이지만 이 자체로서 子孫에 世傳이 보장됨이 달랐다. 자료 (2)·(3)은 이러한 功臣田의 田丁이 단순한 田結 數가 아니고 足丁·半丁의 단위로 분간되어 절급되고 있었음을 전해주고 있다.

전정은 전결이되 족정·반정으로 구성되고, 토지분급은 이것으로써 수행되었다. 이 점은 해당 자료를 살피면 한층 분명히 알 수 있다. 자료 (2)와 (3)은 모두 忠宣王의 下教 가운데 일부 기사로서 전자는 충렬왕 24년(1298) 정월 즉위 때, 후자는 역시 충렬왕 34년(1308) 11월 복위 때의 것이다. 우선 (2)는 功臣田이 후대에 와서 그 子孫 밖의 사람에게 占取된 것은 年限에 상관없이 모두 後孫에게 돌려주며, 同宗 가운데서 어느 한 집[一戶]에서 合執하고 있으면 그 족정·반정을 변별하여 골고루 절급하라는 것으로, 足丁·半丁에 대하여 다음 네 가지 주요 사실을 시사하여 준다. 첫째, 功臣田이, 나아가 여러 분급전토 모두가 족정·반정으로 구성되어 있다는 점이다. 그러므로 後孫에 均給할 때 이 족정·반정을 판별하여 집행할 것을 각별히 당부하고 있는 것이다. 둘째, 족정·반정을 판별하도록 당부하고 있는 것은, 田丁은 均給하더라도 結 단위까지 내려가서는 안 되며, 족정·반정을 분할의 최하한으로 하여야 하는 것이 원칙임을 전해 준다. 셋째, 이와 같이 족정·반정을 분할의 최하한으로 하는 것은 이 丁이 租·布·役 등 부세의 부과·징수·납부에서 실제 집행의 기본단위인 까닭이라는 점이다. 그리고 넷째, 족정·반정은 한번 지급받은 후 그 내용·면적에 변경이 없이 충렬왕 24년까지 그대로 내려오고 있으며, 이후에도 변동·변화는 없다는 것이다. 사실 본 자료 (2)에서 언급하고 있는 공신전은 고려 건국 초 太祖 王建이 후삼국 통합이 마무리 된 뒤 책봉한 三韓壁上功臣을 위시하여 三韓後代代壁上功臣·配享功臣 등에게 사급하여 이때까지 자손에게 傳持되어 오고 있는 토지 가운데 그 소지의 자격 및 계통에 문제가 있는 것들이다. 이제현이 본인 당대에 '內外足半之丁'을 비롯하여 급전·조세·전품 등 田制의 여러 부문이 400년 넘게 오래되었다고 함27)도, 이상 족정·반정의 불변사실에 근거하는 술회이다.

다음, 자료 (3)은 豪勢家에서 賜牌를 빙자하여 토전을 점취하여 文籍에 올리고, 세월이 지난 후에 祖業이라고 칭하는 것 및 사패받은 토지의 足丁이 本數를 넘는 것은 각 도의 務農使가 모두 打量하여 典農寺에 納租시키라는 명령이다. 이 賜牌田은 고려조정이 몽골과 강화한 뒤 전란복구책의 하나로 농지개간을 독려·장려하고자 국왕이 賜牌의 형식으로 물력과 인력이 풍부한 왕실·사원·재상 등에게 황무지 내지 閑田을 절급한 것으로, 收租權이 허여된 토지여서 田租가 사실상 면제되는 것이 원칙인데, 공신전도 본시 사패전토에 속한다.28) 그런데 세력 있는 이들 가운데 이를 빌미로 實田을 점취하고는 자기 집안에서 누대에 걸쳐 業으로 삼아온 조업이라 지칭하고 그 소유권을 주장하여 물의가 빚어지고 있는 경우, 그리고 사패받은 토지의 족정이 본래의 數를 넘는 경우 등이 적지 않아 이런 토지는 모두 打量하여 徵租하라는 조처이다. 이에 의하면 사패전은 그 구성 속에 足丁이 자리하고 있었고 이는 本數를 가지고 있었다. 사패전은 분급전토이고 원리상 수조권의 절급에 근거하여 이루어지는 토지이므로 그 족정이 구성요소로서 자리 잡고 있었던 것이다. 다만 本數는 1족정을 구성하는 結 단위로서의 일정수인지 혹은 본래 사패로 받은 전토, 즉 田丁 속에서 차지하고 있는 족정의 수효인지 선뜻 헤아리기 어렵다. 그러나 어느 쪽의 경우도 족정이 일정한 규모의 결수로 이루어져 있었다는 점은 공통이다.

족정·반정은 전정의 실제 구성단위였다. 이것은 고려시기 토지조세의 운영체계에서 丁田과 결부되어 토지분급의 단위, 수조단위, 토지경리 등

---

27) 주 16과 同.
28) 姜晋哲, 〈高麗의 權力型 農莊에 대하여〉, 《韓國中世土地所有研究》, 一潮閣, 1989.
　　拙稿, 주 13의 논고.
　　朴京安, 〈祿科田 및 賜田의 지급〉, 《高麗後期 土地制度研究》, 혜안, 1996.
　　李淑京, 〈高麗後期 賜牌田의 분급과 그 변화〉, 《國史館論叢》 49, 1993.
　　浜中 昇, 〈高麗後期의 賜給田에 대하여〉, 《朝鮮史研究會論文集》 19, 1982.

일체에 기능하고 작용하였다. 그런 만큼 단순히 田租收取로서의 전정에 머무는 것이 아니었다. 족정·반정은 그 속에 세역이 책정된 정전이 있었고, 실제 부세는 여기서 담당하고 있어 供役과 연계되고 따라서 職役捧上, 稅役負擔의 기준단위로도 작동하였다. 그리고 여기에 고려 및 이전 시기의 田丁이 갖는 특징이 있었다. 이러한 사실은 軍人, 其人, 驛吏 등의 選上, 즉 丁戶의 出給에서 살필 수 있고 그 실제도 일부 추정할 수 있다.

3. 丁戶의 選上

전결과 세역을 일치시킨 고려의 토지세역체계에서 田租의 부과·배정과 함께 丁役의 奉仕·出給도 전정을 바탕으로 이루어졌다. 丁役은 그 담당자가 자신의 신분 및 직역적 처지에 입각해서 각각 책정받은 사회적 권리와 의무를 수행하며, 이의 이행이 불가능하거나 포기할 사정이 없는 한 자손·친족이 이를 傳受하여 복무함으로써 신분직역적으로 전수됨이 관례이고 법식이었다. 軍人·鄕吏·其人·驛吏 등이 부담하는 諸役이 대표되는 사례이다. 이들은 각기 담당하는 바의 정역을 토지절급과 상관하여 배정받고 출급하였다. 고려에서는 향촌의 中堅層을 정호로 묶고 향리·군인·기인·역리 등 奉役者를 확보하여 전정의 절급과 遞(連)立의 원칙29)을 통해 자손이 役과 함께 전정을 전수하게 함으로써 家系에 이 정역을 갈마가며 이어가도록[遞襲] 시켰다. 곧 差役되어 전정이 지급되었을 경우로, 이렇게 하여 이들을 丁戶 삼는다고 한다 함30)이 이런 사실을 가리키는 것이었다. 이들의 供役이 토지절급과 관련하여 이루어지는 점은 文武兩班, 胥吏·雜類 등 官職者 일반의 奉職의 조건과 같다. 內外田丁을 제정하고 각기 직역에 쫓아 평균으로 분급함으로써 민생을 돕고 국용을 부지

---

29) 拙稿, 주 2의 논고, pp. 178~179.
　　金容燮, 주 1의 논고, p. 101.
30) 주 92·93 참조.

하였다31) 함은 이를 이르는 것이다. 職役은 官員·胥吏·雜類·鄕吏·軍人·其人·驛吏 등이 담당하는 官職, 丁役이었다.32) 그러나 후자 丁役人의 경우, 전자 官員이 족정·반정을 수조지 私田으로 절급받고 있는 것과 달리, 役과 직결하여 족정·반정에서 설정되고 選上되었다. 이들은 이런 점에서 직역이 없는, 따라서 토지가 절급되지 않는 白丁과도 구분되었다. 족정·반정과 결부되어 정호가 출급되고 있는 사실은 군인·기인 및 역정의 경우에서 살필 수 있다.

軍人 - 군인, 곧 軍丁戶의 출급과 田丁과의 연계에 관해서는 다음의 기사가 여러 가지 사정을 알려준다. 이 기사는 恭愍王 5년(1356) 6월, 고려 조정이 奇轍 一黨을 제거하고 征東行省理門所를 철폐하는 등 고려 내 元의 人的 物的 세력을 박살하고, 아울러 元의 침략에 대비하고자 軍事組織을 점검하고 그 정비를 도모하면서 그 방책의 하나로써 軍丁의 충실과 확보를 꾀하고자 시달한 下敎 가운데 한 조목이다. 내용은 (1)과 (2) 두 가지로 나눌 수 있다.

(1) 國家 以田十七結 爲一足丁 給軍一丁 古者田賦之遺法也 凡軍戶素所連立 爲人所奪者 許陳告還給 (2) 又奸詐之徒 雖無兒息 妄稱閑人 連立土田 無有限極 仰選軍別監 根究推刷 以募戌卒 其逆賊之田 計結爲丁 亦給募卒33)

(1)은 나라에서 田地 17결로써 1足丁을 지어 軍 1丁에게 주는데 이것은 옛날 田賦의 遺法이라는 것, 그러므로 무릇 軍戶로서 평소 연립하던 토지를 다른 사람에게 빼앗긴 이는 관에 신고하여 돌려받을 수 있게 하라는 것이고, (2)는 간사한 무리가 兒息이 없음에도 망녕되이 閑人이라고 칭하여 전토를 연립함이 끝이 없으니, 選軍別監에서 뿌리부터 밝혀 그것으로써 戌卒을 모집할 것, 그리고 그 역적의 토지도 結을 계산하여

---

31) 주 15와 同.
32) 오일순, 《高麗時代 役制와 身分制 變動》, 혜안, 2000, pp. 23~28.
33) 《高麗史》 81, 兵 1, 兵制, 恭愍王 5년 6월, 中冊, p. 783.

丁을 만들고 역시 모집한 군졸에게 주라는 것이다. 군호의 확보와 안정을 꾀하되 이것을 군호가 17결로 지어진 1足丁의 連立과 일치되어 존속함이 원칙임을 밝히고, 이를 확립하여 가는 선상에서 추진한다는 것이 본 하교의 樞要이다.

이 하교는 足丁과 軍戶의 관계가 토지 및 군역의 수수·부담에서 이루어지고 있는 사실을 간결하게, 그러나 분명히 전해주고 있다. (1)에서 足丁을 軍 1丁에게 給한다는 구절은 일단 17결의 토지를 한 丁으로 묶어 軍丁 하나에게 준다는 문구로 해석되지만, 이 정도의 이해로는 그 본체가 충분히 드러나지 않는다. 여기에는 별개의 의미가 함께 포괄되어 있고, 오히려 이것이 본 기사의 핵심이다. 이 핵심은 '給'字의 原義와 이 기사 속의 用例를 음미하고, 아울러 뒤이어 나오는 '古者田賦之遺法也'의 문구가 전하는 定義와 연계하여 이해함으로써 제대로 짚을 수 있다.

우선 첫째, 給의 字義와 용례부터 살피면, 이 글자는 어의상 본래 '相足', '足', '贍'의 뜻이다. 여기에 더하여 '賜與'의 의미가 있다. 전자는 저쪽의 부족한 것을 이쪽에서 넉넉히 하여 주는 것, 그리하여 나아가 사물이 그 처지에서 지탱하고 존립하도록 요건을 마련하여 주는 바를 지목하며, 후자는 저쪽 대상이 넉넉하도록 이쪽 주체가 요건을 갖추게 하여 주는 행위를 가리킨다. 한편 給은 이러한 어의와 함께 '供給'이라는 의미를 내포하고 있다. 공급은 '給'字가 지닌 足과 賜與의 의미 두 가지 경우가 합쳐져 있는 상황을 담고 있다. 어의상 足·賜與·供給의 내용을 담고 있는 '給'字의 原義는 대상을 풍족하게 하고 그렇게 되도록 그 조건을 공급하여 준다는 것이다.[34] 다음 둘째, '古者田賦之遺法也'의 구절은 이러한 給의 행위 및 의미를 본 기사 (1)의 문구 속에서 摘示하고 이 사실관계의 구체단서를 제공하여 준다. 田賦는 용어 자체가 우선 토지에서 나오

---

34) '給'字의 이러한 語義 및 그 전체 의미에 관해선 다음의 자료가 참고된다.
　　崔世珍, 《訓蒙字會》下, 雜語, 給, 檀國大學校附設 東洋學硏究所 編, 檀大出版部, 1971, p. 117, p. 332.
　　許愼撰(段玉裁 注), 《說文解字注》13編 上, 糸部, 給, 上海古籍出版社, 1985, p. 647.
　　《中文大辭典》, 糸部, 給, 7冊, p. 384(中國文化大學, 1992-以下同).
　　張三植, 《大漢韓辭典》, 糸部, 給, 博文出版社, 1975, p. 1131.

는 모든 조세, 곧 ‘田稅’로서의 ‘田地之賦稅’를 지칭하는데, 上古에는 稅(租)와 賦는 구별되어 세는 민인이 생산한 곡물의 일부를 君主의 宗廟祭祀를 위하여 봉납하는 것이었고, 賦는 軍役을 제공하는 것이었으나 나중에는 물품으로 대신 납부하고 이를 특별히 ‘賦’라고 불렀다.[35] 그런데 이 상고기에 軍制는 田制와 밀접하여 분리가 어려웠다.[36] 이러한 여러 사정에서 賦는 ‘斂’, ‘取’, ‘稅’ 등 부세 일반 및 그 수취의 뜻과 함께 특별히 전지에서 부세로써 兵을 내는 것, 곧 兵賦·軍賦의 의미를 가졌다.[37] 田에서 兵, 이를테면 車·馬·車兵·步兵·甲冑·防牌 등 兵備 전반을 내는 것이다.[38]

---

35) 宮崎市定, 〈古代中國賦稅制度研究〉, 《아시아史研究》, 同朋舍(京都), 1975.

36) 侯家駒, 《周禮研究》, 臺北, 聯經出版事業公司, 1987. pp. 183~196.

37) 《中文大辭典》, 貝部, 賦, 8冊, p. 1382.
　　　　　〃　　　, 車部, 軍, 軍賦, 8冊, p. 1679.

38) 賦의 이러한 軍賦·兵賦의 의미는 아래의 몇몇 자료를 통해 구체적으로 확증할 수 있다.
　《論語》(朱子集註) 5, 公冶長, 第 5.
　‘孟武伯問子路人乎　子曰不知也……又問　子曰由也　千乘之國　可使治其賦也　不知其仁也’(本文)
　‘賦兵也　古者以田賦出兵　故謂兵爲賦’(集註)
　《漢書》 23, 刑法志 3〔《二十四史》 2冊(中華書局, 北京, 1997-以下同), p. 1081(281)〕.
　‘畿方千里　有稅有賦　稅以是食　賦以是兵’
　《漢書》 24上, 食貨志 4上, 2冊, p. 1120(291).
　‘有賦有稅　稅謂公田什一及工商衡虞之人也　賦共車馬甲兵士徒之役　充實府庫　賜予之用　稅給郊社宗廟百神之祀　天子奉養百官祿食庶事之費’
　蔡沈, 《尙書蔡典》.
　‘賦　田所出穀米兵車之類’
　尹乃鉉, 《商周史》, 民音社, 1984, p. 185.
　요컨대 賦는 그로써 ‘足兵’하는 것인데 車馬·甲兵·士徒의 役에 이바지(共, 供)하는 것으로서 府庫, 곧 나라 재정을 충실히 하고 賜與의 용도에 쓰는 것이다. 朱子는 孔子가 子路를 일러 千乘의 나라에 그 賦를 다스릴 수 있다고 한 구절의 賦를 ‘兵也’라 하고, 옛적에는 田賦로써 兵을 내었던 까닭에 兵을 賦라고 하는 것이라고 하였으며, 蔡沈은 賦는 田에서 穀米·兵車의 종류를 내는 것이라고 하였다. 두 사람 모두 賦를 出兵으로써의 田賦로 지적하고 있는 것이다.
　조선 顯宗·肅宗朝의 儒者 林泳은 《孟子》를 읽으면서 《漢書》 23, 刑法志 3에 실린 殷·周의 井田과 田賦의 상관기사를 논하여 ‘漢志一甸六十四井　有戎馬四匹　兵車一乘　牛十二頭　甲士三人　卒七十二人　一井八家　五百一十二家　出士卒七十五人　殷周之制　不及七家給一兵也　又兵車一乘　有牛馬共十六　計三十二家　又出一馬或牛也　按古者兵制如此　宜其民有餘力而兵亦克詰也’(林泳, 《滄溪先生集》 22, 讀書箚錄, 孟子)라고 하였다. 田賦와 관련하여 주목되는 이 논의는 ‘1井은 8家이며 1甸 512家에서 士卒 75인을 낸다. 은과 주의 제도는 7家가 미처 못되는 데서 1兵을 공급했고, 또 兵車 1승 牛馬

나라에서 전토 17결을 묶어 1足丁으로 하여 軍 1丁에게 給하는데, 이
는 옛 田賦의 遺法이라는 이 표현에서 給은 1족정의 田丁으로써 군정 하
나에게 지급·절급한다는 행위를 넘어서 군정 하나를 넉넉하게 한다는 것
을 摘示하고 있다. 요컨대 '足'의 뜻이 담겨 있다. 給足인 것이다. '足丁'
이란 용어도 이런 내용을 적합하게 표현한 어휘이다. 군 1정을 足히 한
다함은 軍丁 하나를 粮·兵 모두에서 滿足시켜 軍役을 '堪任'[39]하게 하는,
즉 감당하여 책임질 수 있게 하다는 뜻이다. 그러므로 이 구절에서 1족
정과 군 1정의 관계가 갖는 본체는 17결=1족정으로, 군 1정의 兵備를
넉넉히 갖추도록 하여 군역을 감당하고 책임지게끔 한다는 것이다. 즉 1
족정으로써 군 1정을 供給한다는 원칙이다. '給'字가 갖는 語義가 이와
같아서, '以田十七結 爲一足丁 給軍一丁'에 대한 문구상의 해독은 ①'1足
丁을 軍一丁에게 절급한다'는 것, ②'1足丁에서 軍一丁을 낸다(出給·供給)'
는 것 두 갈래로 갈릴 수 있으나, 실제 내용은 ①과 ②를 모두 포함하고
있다. 구체적으로 말하면, 고려에서는 17결을 1족정으로 삼고 이것으로
군 1정을 出給하되, 이 1족정의 賦稅로써 출급되는 군 1정의 兵備 일체
를 공급하게 함이 법제였다. 이런 점에서 田制와 軍制는 일치관계에 있
었다. 그리고 이는 그 정신이 옛 田賦出兵의 원칙과 이어진다고 할 만큼
유래도 오래되었다.

　고려에서도 軍丁의 출급과 그 粮兵의 공급이 족정을 통해 이루어짐은
원칙과 법식으로 오랜 세월 유지되었다. 禑王 14년(1388) 7월 私田捄弊
를 필두로 전제개혁 논전이 격심할 때 大司憲 趙浚 등이, 兵이란 王室을
輔衛하고 邊虞를 防備하는 것이어서 나라에선 비옥한 토지를 떼어 42都
府의 甲士 10만여 人에게 봉록을 주었다 하고 그리하여 '其衣糧器械 皆
從田出 故國無養兵之費'라 하여 그 衣·糧·器·械의 兵需 일체가 모두 田에
서 나온 까닭에 나라에선 養兵하는 비용이 들지 않았다고 하며, 典法判

　16을 낸다'는 구절이다. 고려에서 전지 17결을 1족정으로 하여 '給軍一丁'한다는 것,
　그리고 이것이 '古者 田賦之遺法'이라는 것의 내용, 정신 및 의미는 林泳의 이 논의에
　서도 드러난다.

39) 《中文大辭典》, 足部, 足, 8冊, p. 1551.

書 趙仁沃 등은 42도부 4만 2천 兵에게 모두 田土를 주었는데 이는 '所以重武備也', 곧 武備를 소중히 하는 까닭이라고 하는 것이었다.40)

1족정에서 군 1정을 출급한다는 것은 1족정에서 군 1정을 선상시킨다는 의미이다. 17결 1족정에서 1丁의 군인을 내도록 稅役을 책정받은 戶가 軍戶였다. 그런 만큼 이 軍戶는 단순 자연가호가 아니었고, 編戶 일반과도 거리가 있었다. 군호는 軍 1丁으로 상징되었다. 이런 까닭에 靖宗 11년(1045) 5월 한 軍事關聯 揭榜의 기사 속에서, 軍丁을 일러 '丁人'이라 하기도 하고 '丁人戶'라고 하기도 하였다. 정인은 군정의 의미이고 정인호는 군호 및 정호의 의미이다.41) 1족정을 단위로 選給되는 군정은 일정기한 복역하면 交遞·遞立되었다. 仁宗代에 宋使로서 고려를 잠시 견문하였던 徐兢이 고려 군제에 관해 남긴 기록에서, 군인을 官府에 常留하는 六軍·上衛와 餘軍으로 분간하고 있고,42) 이웃나라의 史冊《宋史》에선 고려의 병제 및 군사복무를 말하여 六軍·三衛가 常留官府하되 '三歲以選'하고 西北을 防戍하는 鎭軍은 '半歲而更'한다고 한 것43)은 이러한 사정을 전하고 있다 하겠다. 서긍이 말하는 육군·상위와 여군의 복무 기사는 각각《송사》에서 지목하는 3년마다 選遞하고 반년마다 更迭한다는 것에 연계된다. 육군·상위는 항상 官府를 留守하는데 3년마다 교체하고, 여군은 西北을 방수하되 반년마다 바꾸는 것이다.44) 그리고 군인이 전쟁 중 전사하거나 병사하면 給償하고 本戶의 군역은 1년 혹은 반년씩 存恤한 뒤 이 군호의 '其次人丁'으로 보충하였다. 이는 오랜 관례였다.45) 군역 복무

---

40)《高麗史》78, 食貨 1, 田制, 祿科田, 辛禑 14년 7월, 中冊, pp. 715~720.

41)《高麗史》81, 兵 1, 兵制, 靖宗 11년 5월, 中冊, pp. 777~778.

42) 徐兢,《宣和奉使高麗圖經》11, 仗儀 1.
  '其制 民十六以上 充軍役 其六軍上衛常留官府 餘軍皆給田受業 有警則執兵赴敵 任事則執役赴勞 事已則復歸田畝 偶合前古鄕民之制'

43)《宋史》487, 列傳 246, 外國 3, 高麗〔《二十四史》16冊, p. 14054(3573)〕.
  '國無私田 民計口受業 十六以上 則充軍 六軍三衛 常留官府 三歲以選 戍西北 半歲以更 有警則執兵 任事則服勞 事已復歸農畝'

44)《宋史》의 본 기사에 관해 洪承基, 鄭景鉉 두 교수 역시 방수군에 초점을 두고 3년마다 선발되어 6番으로 나누어 6개월씩 수자리를 하게 하였던 것으로 파악하고 있다.
  洪承基,〈高麗初期 中央軍의 組織과 役割〉,《高麗軍制史》(陸軍本部), 1983, p. 59.
  鄭景鉉,〈高麗前期 二軍六衛制 硏究〉, 서울大學校大學院 博士學位論文, 1992, p. 176.

45)《高麗史》29, 世家 29, 忠烈王 6년 10월, 上冊, p. 597.

를 담당하던 軍丁 1戶에 사고가 발생하면 이를 보충할 人丁이 차례로 준비되어 있었다. 전제개혁 논전 때 고려시기 田賦出兵의 사실을 언급하고 있는 조준과 조인옥의 상소에서 그 軍丁 數를 지목하여, 조준은 '四十二都府甲士十萬餘人'이라 하고 조인옥은 '四十二都府四萬二千之兵'이라 하고 있어,[46] 각기 10만여 인과 4만 2천 병으로 수효 차이가 있는 것도 다름 아니라 바로 이러한 選遞·更迭에 대한 배려 여부에서 연유하는 것으로 판단된다. 전자는 42도부 소속의 총 軍丁 數를, 후자는 총 군정 수 가운데서 실제 選上되어 복무하고 있는 수를 지적한 것으로 보인다. 실제 고려시기 2군 3個領과 6위 42個領의 편제상 45개령 총군액은 4만 5천으로 추산한다. 領은 都府라고도 하였다.[47] 조준과 조인옥 두 사람이 거론하는 숫자 비율이 대략 2.4:1정도인 것도 이런 까닭일 것이다.

軍戶는 1족정에서 출급되면서 동시에 이 1족정의 田賦로 해당 군호의 兵備·粮食을 마련하므로, 실제로는 田丁으로서의 토지를 절급받는 셈이다. 軍丁戶의 선상과 田丁의 지급은 동시절차이고 상호조건이었다. 이른바 '選軍給田'이 이것이다.[48] 選軍과 給田은 함께 이루어짐이 원칙이었

'是月 元行中書省移牒征東軍事 牒曰……今將元降聖旨全文抄錄 在前幷樞密院 定到條畵開坐 請照驗欽依所奉聖旨事意及照依樞密院條畵區處 更爲行下 合屬於軍人屯住去處 常切明白開讀 嚴功好漢 ——……一軍人對陣相殺 就陣亡沒者 仰本管頭目 從實供報 保結呈復 依例給賞 本戶軍役 擬依舊例 存恤一年 若病死者 亦以存恤半年 限外 句起戶下 其次人丁補役'

46) 주 40과 同.
　　본 조준 상서의 기사 속 '甲士'는 조선초기의 '甲士'와 호칭은 동일하나, 조선초의 甲士가 특정 兵種이었던 것과 달리, 고려말 이 시기까지 아직은 武裝·軍裝한 兵士라는 일반 군사의 의미를 띤 지칭이다(金鍾洙, 〈高麗時期 府兵制의 軍營과 그 原則〉, 《歷史教育》 73, 2000, p. 80 참조). 한편 공양왕 원년(1389) 12월 憲司의 상소에선 '四十二都府之兵 十有二萬'이라고 하고 있다(《高麗史》 81, 兵 1, 兵制, 恭讓王 원년 12월, 中冊, p. 791). 이것과 조인옥 양측이 거론한 숫자 비율은 대략 2.9:1 정도이다.
47) 《高麗史》 81, 兵 1의 序 및 兵制, 二軍六衛, 中冊, p. 775.
　　鄭景鉉, 주 44의 논고, pp. 96~97.
　　《增補文獻備考》 116, 兵考 8, 衛兵, 中冊, p. 374.
　　金鍾洙, 〈高麗·朝鮮初期의 府兵〉, 《歷史教育》 69, 1999, pp. 115~118.
48) 고려시기의 選軍給田 내지 그와 관련한 軍制에 관해서는 아래의 여러 논고를 참고할 필요가 있다.
　　姜晋哲, 〈高麗初期의 軍人田〉, 《淑明大論文集》 3, 1963, pp. 144~161.
　　姜晋哲, 〈軍人田〉, 《高麗土地制度史研究》, 高麗大學校出版部, 1980.
　　李基白, 〈高麗 軍役考〉, 《高麗兵制史研究》, 一潮閣, 1968.

다. 그러나 세가의 토지겸병이나 장기간에 걸친 전란 등으로 인한 토지
의 황폐와 부족, 재정의 경리조정에 따른 용도 변경, 군호의 逃散 등 그
때그때의 정치·경제·사회의 여건 변화에 따른 軍事上의 훼손·피해로 인
하여 실제는 모든 軍戶가 빠짐없이 그리고 항상 受田하지 못하고, 또 정
해진 액수대로 절급받지도 못하였다. 顯宗 7년(1016) 12월, 당시 吏部尙
書였던 姜邯贊은 자신이 開寧縣에 가지고 있던 良田 12結을 임금에게 상
주하여 군호에게 절급하도록 요청하여 허락받았다.49) 開寧縣은 경상도의
고을로 현종 9년(1018)에 尙州牧에 소속시키고, 明宗 2년(1172)에 監務
를 둔 곳이다.50) 강감찬이 이곳에 가지고 있던 良田 12결은 그의 소유
지가 아니고 科田이나 賜田 등 田柴科上의 수조지였을 것이다. 吏部尙書
로서 국왕에게 특별히 上奏하여 허락을 받고 軍戶에게 절급하게 하고 있
는 까닭이다. 강감찬이 각별히 자기가 점유하고 있는 수조지를 軍戶에게
절급한 것은, 軍戶 가운데 아예 受田하지 못하였거나 혹 수전하였더라도
원래 정해진 액수에 미치지 못하는 이가 적지 않았고 이로 인하여 군호
사이에 불만·갈등 역시 그치지 않았기 때문일 것이다. 현종조 이 무렵은
군인이 이미 받은 전토까지 회수하여 큰 난리가 일어나기도 했었다. 강
감찬의 처사가 있기 바로 두해 전 현종 5년(1014) 11월, 그간 거란과 오
랜 전쟁을 치루면서 軍額이 늘어 관리의 祿俸이 부족해지자 조정에선 京
軍의 永業田을 몰수하여 녹봉에 충당하였는데, 이에 격분한 上將軍 金
訓·崔質이 諸衛의 軍士와 함께 변란을 도모한 것이다.51) 강감찬의 처사
는 이런 사정 후에 있은 美行이다.

　靖宗 2년(1036) 조정에선 諸衛의 군인 가운데 집안은 빈궁한데 名田마

　　鄭景鉉, 주 44의 논고, pp. 142~160.
　　金鍾洙, 〈高麗·朝鮮初期의 府兵〉, 《歷史敎育》 69, 1999.
　　안명수, 〈고려시기 《선군급전제》에 대한 고찰〉, 《력사과학》 3, 2001.
49) 《高麗史節要》 3, 顯宗 7년 12월, p. 84(亞細亞文化社 影印本, 1971-以下同).
　　'吏部尙書 姜邯贊奏 臣於開寧縣 有良田十二結 請給軍戶 從之'
　　《高麗史》 94, 列傳 7, 姜邯贊, 下冊, p. 100.
　　'吏部尙書 姜邯贊有良田十二結 在開寧縣 白王 給軍戶'
50) 《高麗史》 57, 地理 2, 慶尙道, 尙州牧, 開寧縣, 中冊, p. 279.
51) 《高麗史》 94, 列傳 7, 皇甫兪義, 下冊, pp. 102~103.
　　《高麗史節要》 3, 顯宗 5년 11월 癸未, p. 81.

저 부족한 자가 제법 많고 변경의 방비는 진정되지 못한 형편이 계속되
자, 이들을 구제하는 방편으로 호부에서 公田을 더 나누어 주도록 하는
제칙을 내리고 있다.52) 名田은 不足도 하고 그리하여 充給도 하여 주어
야 할 토지, 곧 국가가 이미 절급하였고 또 할 수도 있는 토지임에서도
알 수 있듯이, 이는 수조지이다. 따라서 나누어 주도록 하는 公田 역시
田丁으로서의 공전이었을 것이다. 고려에선, 鎭人 하나에 국한된 사례지
만, 진인으로서 歸鄕罪를 범한 자는 그대로 해당 鎭에 留配하게 하되,
만약 田丁을 받은 자이면 그 전토는 몰수하여 다른 사람에게 주도록 하
는 것을 확정한 판지가 있었다.53) 진인 가운데 田丁을 받은 이가 있는가
하면 받지 못한 이도 있었다. 이상의 사례들은 어느 것이나 軍戶와 受田
이 결합되지 못한 일반 형세를 반영하고 있다.

　고려말, 안팎에서 전란·난리가 연속 겹쳐 발발하던 공민왕 때에는 그
간 토지겸병이 극심해진 관계로, 이미 받아 連立하여 내려오는 전토를
다른 이에게 탈취당한 이들도 수다하였으며, 뿐만 아니라 특히 軍戶 가
운데 受田하지 못하거나 수전을 하여도 규정액에 미달인 채 있는 이가
무척 많아져 커다란 병폐로 지목되고 있을 지경이었다.54) 연립전토를 겸
병당한 군인에 대한 토지환급, 受田이 부족하거나 아예 이루어지지 못한
군인, 그리고 元 간섭의 배격과 각종 전란의 수습에 앞서 새로 충원·모
집되는 군인에 대한 전토절급은 고려정부로서 매우 시급하고 중요한 일

---

52)《高麗史》81, 兵 1, 兵制, 靖宗 2년 7월, 中冊, p. 777
　　'制 諸衛軍人 家貧而名田不足諸頗衆 今邊境征戍未息 不可不桖 其令戶部 分公田加給'
53)《高麗史》84, 刑法 1, 公式, 職制, 中冊, p. 841.
　　'判 鎭人犯歸鄕罪者 仍留配本處 若受田丁者 收其田與地'
54) 李齊賢,《益齋亂藁》9(下), 策問(《高麗名賢集》2冊, pp. 332~333).
　　'國家服事皇元 中外無虞 閭閻櫛比 行路如織 民日以殷 野日以闢 化斥鹵以水耕 刊薈
蔚以火耘 豈非庶矣乎 而受名田供賦役者 百無二三焉'
　　《高麗史》85, 刑法 2, 禁令, 恭愍王 7년 4월, 中冊, p. 866.
　　'都評議使上言 比來 按廉守令 紀綱不立 諸道鄕吏 縱逞其欲 點兵則不及富戶 收租則
私作大斗 匿京丁爲其田 聚良人爲其隷 誅求於民 靡有紀極'
　　《高麗史》81, 兵 1, 兵制, 恭愍王 20년 12월, 中冊, p. 785.
　　'教曰 選軍給田 已有成法 近年田制紊亂 府兵不得受田 殊失募軍之意 其復舊制 兵興
以來 戰亡將士 悉加褒贈官 其子孫卒伍則存恤其家'
　　안명수, 주 48의 논고.

이었다. 공민왕 5년(1356) 6월의 본 下敎記事 (1)에서, 무릇 군호가 평소 連立하여 온 전지 足丁을 남에게 빼앗긴 자는 신고하여 돌려받게 함은 전자의 경우이고, (2)에서 간사한 무리가 兒息도 없는데 閑人이라고 속여 토지를 연립하고 있는 것을 철저히 찾아내어 戌卒을 모집하여 이들에게 주게 하고, 또 몰수한 역적의 전토도 結을 계산하여 丁으로 지어 역시 모집한 군졸에게 절급하게 함은 후자의 경우이다. 고려조정은 최말기까지, 힘이 닿는 한 그리고 군정의 확보가 절박할 때, 選軍과 給田을 일치시키는 조처를 지속하여 취하였다.

군호가 1족정을 연립한다는 것에는, 군 1정을 공급하는 1족정의 田丁에선 군호만이 계속 이어가면서 立役한다는 점이 원칙으로 자리 잡고 있다. 職役이 家格·身分·班列을 축으로 각종 부문으로 구획되고 等次되는 속에서 설정되고 또 담당하도록 하는 고려사회에서, 군호를 출급하는 족정은 군호만을 출급하도록 하여야 軍役의 책정 및 확보가 수월하고 軍丁의 파악이 용이하며, 그리하여 군호층을 안정시키고 유지할 수 있었다. 1족정에서 출급되는 軍戶는 番上·遞迭하는 그러한 군호였다. 1족정 속에는 군호가 여럿 책정되어 있었다. 이들은 자신의 소유지를 丁田으로 量給받고 있었다. 宣宗 10년(1093) 6월, 遼와 인접해 있는 北方邊城의 將士가 대부분 山 남쪽 고을에서 選上되고 充補된 이들이라 丁田이 먼 곳에 있고 資産은 貧乏하여, 그 구호책으로 건장한 자를 入遼使臣의 傔從으로 뽑아 강역의 정세를 정찰시키고 또 互市의 이득도 얻게 한 적이 있는데 여기서 보이는 丁田, 그리고 明宗 18년(1188) 3월 制勅에서 각 지역 富强兩班이 빚을 미처 갚지 못한 빈약한 백성들의 古來丁田을 겁탈하는 행위를 금지시키고 해당 정전을 원소유주에게 다시 돌려주도록 특별 조치를 취하였을 때의 丁田이 바로 이런 토지이다.55) 군호는 이 정전을

---

55) 《高麗史節要》 6, 宣宗 10년 6월, p. 169.
　　'邵台輔奏 北路邊城將士 多自山南州郡選補 丁田在遠 資産貧乏 若有兵事 並爲先鋒 請自今令入遼使臣 揀取其壯健者以爲傔從 因使覘察疆域事體 且有互市之制 人必競勸 從之'
　　《高麗史》 79, 食貨 2, 借貸, 明宗 18년 3월, 中冊, p. 747.
　　'下制 各處富强兩班 以貧弱百姓 賖貸未還 劫奪占來丁田 因此 失業益貧 勿使富戶兼 幷侵割 其丁田 各還本主'

양급받으면서 그 세역으로서 군역을 책정받고 軍籍에 등록되었다. 군호
의 선상과 출급은 이에 근거하여 이루어졌다.

　고려말, 元天錫은 儒者에 마음을 두고 공민왕 4년(1355) 27세 되던
해 정월 국자감시에 응시하여 進士가 되었으나 뜻밖에 관찰사가 軍籍에
올려 이름이 '鍊兵人', 곧 군인으로 '移屬'되었다.56) 원천석의 이 사건은,
그 전후 사정을 전하는 자료가 아직 보이지 않아 구체적인 사유는 알 수
없으나, 혹 아마 앞서 말한 공민왕 5년(1356) 6월에 국왕의 하교로 내려
진 軍戶와 田丁의 확보 지시와 상관이 있는지도 모르겠다. 원 간섭 이후
고려에선 일본정벌을 위시하여 크고 작은 派兵이 계속되고, 뒤이어 홍건
적·왜구의 침입, 원과의 군사 대립 등으로 군인의 수요가 끊임없었다.
정부는 부족분을 文武散職, 白丁, 雜色·僧徒·宮司奴·私奴로써 군인과 연
호군을 작정하여 충당하고 있었다.57) 훗날 우왕 11년(1385) 원천석이
자신이 군적에 등록된 사실과 상관되는 기록을 詩 1首 속에 간략히 남긴
것이 전해오고 있어, 토지와 군호의 위와 같은 관계를 추측할 수 있게
한다.

　　伊城南面有磽田　此地名爲大谷員　民部公文來祖上　選軍朱筆至吾傳58)

---

56)　元天錫,《耘谷時史》1, 余自小有志於儒名者久矣　今按部公幷錄於軍籍　作詩以者寬
　　　(《高麗名賢集》, 5冊, p. 280).
　　　　'生來只學兎如新　方寸常希據要津　才業未同題杜客　姓名移屬鍊兵人
　　　　杏壇風月魂空斷　楡塞烟塵夢已頻　自古行藏皆有分　但將天命語諸隣'
　　　　원천석이 軍籍에 幷錄된 것은, 이 일을 직접 읊은 시가《耘谷時史》속에서 공민왕
　　　4년(1356) 정월 그가 國子監詩에 응시하여 진사가 된 이후에서 공민왕 8년(1359)
　　　11월에 있던 紅巾賊의 난리를 듣고 지은 시 사이에 있음을 보면, 그의 나이 27세에
　　　서 30세 사이에 있었던 일이었을 것이다. 원천석이 국자감시에 나아가 진사가 된 것
　　　과 이름이 군적에 올라 군인으로 移屬된 것, 이 두 사건의 先後 및 相關에 관해선 일
　　　찍부터 논란이 있다. 이에 관해선 李仁在,〈元天錫의 생애와 사회사상〉,《耘谷 元天
　　　錫研究論叢》, 原州文化院, 2001, pp. 39~44에 李 교수의 소견과 함께 정리되어 있
　　　으므로 참고 바람.
57)　金塘澤,〈武人政權時代의 軍制〉,《高麗軍制史》(陸軍本部), 1983, pp. 263~264.
　　　閔賢九,〈高麗後期의 軍制〉, 同上, pp. 328~331.
　　　《高麗史》81, 兵 1, 兵制, 辛禑 9년 8월, 中冊, p. 790.
58)　元天錫,《耘谷詩史》2, 乞恩俚言二首 呈牧兵馬使周相君, 同上, p. 316.
　　　　'伊城南面有磽田　此地名爲大谷員　民部公文來祖上　選軍朱筆至吾傳
　　　　未聞自古稱裨補　何故于今審實全　願以科科推實狀　若陳虛語有靑天
　　　　又茅屋苫扉與石田　凄凉活計魄諸員　一筆疏來隨吾分　滿架經書是父傳'

伊城 남면에 자갈밭이 있는데 그 소재처 이름은 大谷員이라는 것, 이 토지는 民部(戶曹)의 公文이 조상 적부터 내려오고 있는 바이고 자기에 이르러 選軍朱筆이 전해지고 있다는 것이다. 이 시구에서 원천석은 이 전토가 조상 때부터 내려와 자신이 전해 받은 자기 소유의 것이란 사실을 민부에서 확인해 준 公文과, 관찰사가 選軍 대상임을 朱筆로서 표기한 것 두 가지를 근거로 밝히고 있다. 여기서 선군은 위에서 말한바, 원천석의 성명이 군적에 올라 군인으로 차정된 사실을 가리키는 것이겠다. 원천석이 이성 남면의 이 척박지가 자기 소유지라고 소유 내력과 근거를 밝힌 사유는, 이 토지가 禪補의 땅이라고 하여 조사받게 되었기 때문인 듯하고, 그래서 그는 그 부당함을 牧兵馬使 周相君에게 하소연하였다.59)

원천석 소유의 大谷員 전토와 원천석이 選軍으로 되어 있는 것이 구체적으로 어떤 관계와 연유로 얽힌 일인지, 이 시구만으론 알 수 없다. 다만 양자가 깊은 연관이 있다는 것만은 분명하다. 아마 원천석의 이 토지는 丁田으로 파악되어 왔고, 그리하여 그는 선군되는 軍戶(鍊兵人)로 편제되고 있었을 것이다. 選軍朱筆의 주필은 軍籍에 그가 군호로서 실제 군인으로 차출되는 대상임과, 그 사정을 붉은 색의 글씨로 특별히 표기하여 놓은 것을 지칭하는 것이겠다. 원천석의 이 소유지는 정전으로서 1족정 속에 들어가 그 한 부분을 차지하고 있었을 것이다. 그러나 원천석은 실제 衛戍는 하지 않은 듯하다. 변방의 수비군으로 뽑혀 복무한 흔적이 기록에 보이지 않는다. 그가 군인에 실제 차출되어 복무하였다면 詩에라도 이 사실을 남겼을 것이다. 원천석은 선군의 대상으로 軍籍에 올라 朱筆로 이 사실이 표기되기는 하였지만, 실제는 士籍에 오른 進士로서 선비의 일생을 보냈다. 그의 家系는 鄕職家門에서 출발하여 父代에 이르러서는 宗簿寺令(정 3품), 그리고 兄弟, 姪, 子들은 고을 수령을 역임하며 벼슬살이를 하였다.60) 選軍別監에서는 원천석이 進士인 처지와 가문의 이러한 점을 배려하여, 그의 실제 差役을 유보해주었던 것은 아

壯歲已能心不動 衰年豈患命難全 餘生浩氣憑何養 未盡忘筌有二天
59) 同上, 2行句節 참조.
60) 李仁在, 주 56의 논고.

닐까 한다.

其人 - 기인의 선상·출급도 군인과 마찬가지로 족정에서 이루어졌다. 其人은 鄕吏의 子弟를 뽑아 서울에서 볼모로 삼고, 겸하여 그 鄕邑의 일을 顧問하는 데 대비하게 한 직역인이었다.[61] 이들은 事審官을 擧望하였고, 사심관과 함께 本鄕의 중요 일에 자문하였다.[62] 기인의 대상은 향리 자제 가운데 호장·부호장 등 상급 향리의 자제였다.[63] 州·府·郡·縣의 吏가 대상이었고, 鄕·部曲·津·驛의 吏는 해당되지 않았다. 鄕·部曲 등이 屬縣과 더불어 중앙조정과 지방고을 사이의 직접관계 속에 부속된 처지[64]였던 데다가, 성종 2년(983) 州·府·郡·縣의 吏職을 고치면서 堂大等은 '戶長'으로 大等은 '副戶長'으로 하였던 것, 현종 13년(1022) 4월 州縣의 長吏의 호칭이 혼잡하다 하여 郡縣 이상에선 종전 그대로 '戶長'이라 하고 鄕·部曲·津·驛에선 단지 '長'이라고 하게 한 것 등[65]에서도 그렇게 사료된다.

기인의 선상수효는 고을마다 1인씩 하였음이 원칙이었던 것으로 보인다. 충렬왕 때에 一然禪師가 신라에서 매양 지방 각 州의 吏 1인씩 서울의 행정부서에 上守하게 하였다는 사실을 적고, 이를 당시 고려의 其人이라고 注釋하고 있는 것,[66] 조선 성종 5년(1474) 12월 經筵 뒤에 임금

---

61) 《高麗史》 75, 選擧 3, 其人, 中冊, p. 652.
  '國初 選鄕吏子弟 爲質於京 且備顧問 其鄕之事 謂之其人'
  《高麗史》 84, 刑法 1, 職制, 忠烈王 22년 5월, 中冊, p. 843.
  '諸州之吏 留京聽候 謂之其人'
62) 《高麗史》 75, 選擧 3, 事審官, 顯宗 10년(1019), 中冊, p. 652.
  《高麗史》 73, 選擧 1, 科目 1, 睿宗 11년(1116), 中冊, p. 591.
63) 金成俊, 〈其人의 性格에 대한 考察〉(上)·(下), 《歷史學報》 10·11, 1958, 1959 (同, 《韓國中世政治法制史研究》 수록, 一潮閣, 1985, p. 56).
  韓㳓劤, 〈麗初의 其人選上規制〉, 《歷史學報》 14, 1961, p. 5(同, 《其人制研究》 수록, 1992, p. 75).
  姜恩景, 〈高麗後期 戶長層의 變動研究〉, 연세대학교 박사학위논문, 1997, pp. 28~29.
64) 임건상, 《조선의 부곡제에 관한 연구》, 과학원출판사, 1963.
  朴宗基, 《高麗時代 部曲制研究》, 서울大學校出版部, 1990.
  具山祐, 《高麗前期 鄕村支配體制研究》, 혜안, 2003.
65) 《高麗史》 75, 選擧 3, 鄕職, 成宗 2년, 顯宗 13년 4월, 中冊, p. 653.
66) 《三國遺事》 2, 文虎王 法敏.

과 신하가 정사를 논의하던 가운데 여진의 내왕길에 있는 新安·高山驛이 매우 凋殘해져 폐단이 심하여 강원도의 其人과 鄕吏로 날을 정해 역리 대신 입역시켜 회복하게 하자는 의견이 제시되었을 때, 領事 洪允成이 이에 반대하고 기인을 설립한 것은 役을 부과하려는 것이 아니라 멀리 떨어진 지방 사람이 혹 梗化할까 염려되어 諸邑에서 매년 향리 한 사람씩을 서울에 보내어 統屬의 뜻을 보이게 한 데 있을 뿐이라고 한 것67) 등에서 고을마다 기인을 한 명씩 선상시킴이 본래 규정이었음을 전해주고 있다. 그리고 공양왕 3년(1391) 兼典醫寺丞 房士良이 時務 11사항을 올리는 가운데 그간 기인의 고통과 피폐사유를 말하면서 그 첫머리에 其人의 제도에 관해선 세상에 史傳이 없다 하고, 忠烈王 때에 5道의 州郡에서 300명을 뽑아 版圖司와 造成都監에 150명씩 나누어 통속시키고 常額으로 삼았다는 사실을 들고 있다.68) 충렬왕 때 5도의 고을에서 뽑은 其人 數가 300명인 것도, 對몽골 전란 및 강화를 겪은 후 其人의 처지가 퇴락하고 있긴 하지만,69) 그 선발은 여전히 고을마다 1명씩 하는 원칙에 준하여 이만큼 수효가 된 것이 아닐까 추찰된다.

이러한 기인의 선발 역시 족정·반정에 입각하여 수행되었다. 이에 관해선 널리 알려진 유일한 자료가 있다. 文宗 31년(1077)에 있은 아래 判旨이다.

凡其人 (1) 千丁以上州則足丁 年四十以下 三十以上者 許選上 以下州 則半足丁勿論 兵倉正以下 副兵倉正以上 富强正直者選上 (2) 其足丁限十五年 半丁限十年立役 (3) 半丁至七年 足丁至十年 許同正職 役滿加職70)

<hr>

'國之制 每以外州之吏一人 上守京中諸曹 注今之其人也'
67)《成宗實錄》50, 成宗 5년 12월 乙巳, 9冊, p. 175.
　　'其人設立 非爲役之也 遠方之人 慮或梗化 使諸邑歲遣吏一人于京 以示統屬之意也'
68)《高麗史》46, 世家 3, 恭讓王 3년 3월 甲辰, 上冊, p. 889.
　　'其人之制 世無史傳 憲廟(忠烈王)至元(元 世祖)之間 五道州郡 抄得三百名 令屬版圖司·造成都監 各一百五十名 爲常額'
69) 金成俊, 姜恩景, 주 63의 논고.
70)《高麗史》75, 選擧 3, 銓注, 其人, 文宗 31년, 中冊, p. 652.

본 판지는 내용이 기인선상의 준거와 구체대상(1), 선상된 기인의 立役年限(2), 그리고 기인의 입역에 대한 報償待優(3) 등 셋으로 구성되어 있다. 이 기사는 鄕吏·其人의 성격, 同正職, 足丁·半丁 등 여러 부면의 연구에서 기초자료로 이용되고 많은 분석이 가해지고 있는데, 고려의 토지조세의 운영체계에서 유의되는 것은 기인선상의 준거 및 대상(1)은 물론, 입역 연한(2)과 보상 대우(3) 등이 모두 족정 및 반정에 입각하고 있는 사실이다.

우선 기인은 선상하여야 하는 고을을 千丁 이상의 주와 이하의 주로 양분하고, 전자의 경우는 족정에서 나이 40세 이하 30세 이상인 자를 선상할 수 있게 하고, 후자는 반정·족정은 따지지 말고 兵倉正 이하 副兵倉正 이상으로 富强正直한 자를 선상하게 하였다. 현종 9년(1018)에 군현 행정체계를 主縣과 屬縣체계로 정비·완성하면서71) 아울러 州·府·郡·縣 및 東西諸防禦使·鎭將·縣令官의 각급 향리 수를 작정한 기록이 전해오는데, 이에 의하면 戶長·副戶長의 수는 주·부·군·현의 경우 각각 千丁 이상 8·4, 五百丁 이상 7·2, 三百丁 이상 5·2, 百丁 이하 4·1명씩이었다. 그리고 兵正·倉正·副兵正·副倉正의 수는 각각 千丁 이상 2·2·2·2, 五百丁 이상과 三百丁 이상은 2·2·2·2, 百丁 이하 1·1·1·1이었다.72) 이를 기준으로 보면 기인은 1000丁 이상 州에선 戶長 8, 副戶長 4 모두 12명의 호장·부호장의 子弟 가운데 기인역의 부담으로 책정한 ‘足丁’ 하나에서 1인을 선발하였을 것이다. 半丁은 해당되지 않았다. 선상이란 표현에는 기인으로 선발되어 올릴 대상자들이 이미 정해져 있고, 이들 가운데서 한 사람이 족정을 단위로 하여 役務를 제공하게 한다는 형국이 담겨져 있다.

반면에 1000丁 이하 주, 예컨대 500丁 이상 300丁 이상 100丁 이하의 고을에선 반정·족정을 가리지 않고 어느 丁에서든 兵倉正 이하 副兵倉正 이상으로서 富强正直한 자이면 선상하였다. 이 문종조엔 병창정 이

---

71) 尹京鎭, 〈高麗 郡縣制의 構造와 運營〉, 서울大學校大學院 博士學位論文, 2000, pp. 109~179.
72) 《高麗史》 75, 選擧 3, 銓注, 其人, 顯宗 9년, 中冊, p. 653.

하 부병창정 이상의 사이에 戶正·副戶正의 향직이 있으나,73) 앞에 현종 9년의 기록에는 없다. 이에 의하면 300丁 이상 고을에선 8명, 100丁 이하의 고을에선 4명으로 이루어진 병창정·부병창정 급의 향리 가운데 부강정직한 자로서 1인이 선상되는 것이다. 1000丁 이하의 고을에선 기인을 족정에만 국한하지 않고 족정·반정 어느 丁에도 상관없이 병창정 이하 부병창정에서 富實强健한 자로 한 사유는 직접 알 수 없다. 추정하건대 두 방면에서 생각해 볼 수 있지 않을까 한다. 하나는 병창정 이하 부병창정 이상의 향직이 갖는 직급상의 위치와 그 직임자의 구성과 연관해서 이고, 다른 하나는 신라말에서 고려 문종조에 이르는 시기 향리 전반에 대한 규제의 정비·강화에 수반하여 있었을 기인의 처지 변화와 상관해서이다.

우선 전자 향직 측면의 경우, 병창정 이하 부병창정 이상은 상급향직자이고, 弓科의 試選을 거쳐 각각 一品軍의 校尉와 隊正 군직에도 겸임하여 진출할 수 있었다.74) 兵正·倉正은 한번 승급에 부호장이 되고 다시 승급하면 호장의 지위에 오를 수 있었고, 부병창정 이상은 등급상 그 家格이 이른바 '累世有家風子息', 즉 여러 대 가풍이 있는 집 자손이어야 임명될 수 있었다.75) 그리고 이와 같은 직급의 향직에는 주로 호장·부호장의 자제가 진출하였다. 호장·부호장의 자제는 선발되어 서울에서 學業에 종사하거나 製述·明經科에 赴試하여 관직에 진출하거나 醫科에 나가는 경우가 아니면, 고을에서 향직을 맡아 鄕吏職을 담당하여야 했다.76) 이때 대개 진출하는 직임이 倉正까지였던 듯하다.77) 그러므로 千丁 이하의 고을에선 호장·부호장의 자제로서 병창정 이하 부병창정 이상에 있는

---

73) 《高麗史》 75, 選擧 3, 銓注, 其人, 文宗 5년 10월, 中冊, p. 654.
74) 《高麗史》 81, 兵 1, 兵制, 五軍, 文宗 23년 3월, 中冊, p. 779.
　　《高麗史》 75, 選擧 3, 銓注, 鄕職, 文宗 23년 3월, 中冊, p. 654.
75) 주 72와 同.
76) 《高麗史》 74, 選擧 2, 學校, 成宗, 中冊, p. 625.
　　《高麗史》 73, 選擧 1, 科目 1, 文宗 2년 10월, 中冊, p. 590.
　　《新增東國輿地勝覽》 29, 慶尙道, 善山都護府, 人物, 金宣弓, p. 489.
77) 韓㳫劤, 주 63의 논고, pp. 8~11.
　　許穆, 《眉叟記言》 18, 中, 丘墓 2, 耘谷先生銘.

이를 기인으로 선발하는 규정을 마련한 것이 아닐까 한다.

　다음 향리 규제의 정비·강화 측면의 경우, 신라말 고려초 지방세력이 중앙귀족에 대등할 만한 사회적 위세를 가진 상태에서 이들을 견제하기 위해 인질정책으로 上守시키던 이가 기인이었는데, 성종 초 外官파견 이후 고을의 지방세력을 향리의 명목하에 중앙의 吏屬格으로 정비하고 이후 현종·문종조에 더욱 격하시키는 가운데 기인의 선상규준도 이에 따라 조정·변경하여,78) 千丁 이상 주와 이하 주로 나누어 각기 선상기준을 달리하게 하였을 것이다. 그리고 그 구체조치로서 千丁 이하 주에선 그 이상 주와 달리 족정에서 뿐만 아니라 半丁에서도 기인을 선상하게끔 변경시키되, 대신 병창정 이하 부병창정 이상의 향직자 가운데서도 부강정직한 자로 제한하게 한 듯하다. 足丁·半丁을 가리지 말고 병창정 이하 부병창정 이상의 향리급으로 하되 그중 부강정직자로 선상하게 하게 한 것을 보면, 足丁·半丁 속에는 貧弱者도 있었겠다. 곧 족정·반정에는 생활상 세력상 다기한 편차를 갖는 여러 층이 선상대상의 향리호로 미리 책정되어 있었으며, 선상은 이 가운데서 한 사람으로 이루어졌을 것이다.

　기인의 출급·선상의 단위가 족정·반정이었으므로 그 立役의 年限, 입역에 따른 보상 등의 규정 역시 족정·반정을 중심으로 마련하고 있었다. 기인으로 선상된 개인 하나하나가 직접 규정 대상이 아니었다. 입역 연한은 '足丁限十五年 半丁限十年'이었다. 족정·반정에 따라 입역 연한 차이를 둔 것은 족정 혹은 반정에서 기인역을 공급하고 지원하는 인적 물적 규모의 차이, 곧 족정·반정을 구성하고 있는 人丁 數와 田結 數의 차이에서 연유하는 것일 것이다. 입역 연한이 족정이 15년, 반정이 10년이라 함은 족정에선 15년 그리고 반정에선 10년 동안 其人役을 공급한다는 것으로 사료된다. 앞에 몇몇 기사 자료에서 보았듯이 기인의 복무·선발을 표현하여 '上守', '選上', '歲遣' 등의 어휘를 사용하고 있는데, 이렇게 되려면 기인이 족정·반정을 통해서 공급되되 입역 연한 동안 실제 기

---

78) 金成俊, 주 63의 논고.
　　趙榮濟, 〈高麗初期 鄕吏職 由來에 對한 小稿〉, 《釜山史學》 4, 1980.
　　　〃　, 〈고려전기 鄕吏制度에 대한 一考察〉, 《釜山史學》 6, 1982.

인역을 담당하는 기인 개개인은 番上하며 복무하는 것이 순리이여야 한
다. 기인 한 사람이 번상입역하는 기간은 아마 1년씩이었을 것이다.[79]
한 고을에선 기인을 1년마다 선상·교체하면서 1족정 1반정에 책정된 총
입역 연한 15년 혹은 10년을 채웠을 것이다. 同正職의 許與도 '半丁至七
年 足丁至十年'에 이루어지게 끔 하고 또 '役滿加職'하고 있었다. 이 경우
기인은 향리계통의 동정직으로 진급하고 역을 마친 뒤 還鄕하면 그에 따
라 향리직을 加給받는 것이었다.[80] 그런 만큼 이러한 입역 연한을 거치
고 난 향리로서 동정직을 제수받는 자는 '戶長同正', '副戶長同正'[81] 등의
직함에서 보이듯이, 결국 戶長·副戶長급뿐이었다. 족정·반정이 표현상
입역 연한이나 報償과 상관하여서도 사용된 것은, 족정·반정이 稅役出給
의 단위이고 기초여서, 이를 번상하여 담당하는 稅役者 전체에 관한 호
칭으로도 代用될 소지를 갖추고 있었을 것이기 때문이었다.[82]

  군인·기인의 출급은 1족정을 중심 단위로 하여 수행되었다. 반정은 족
정보다 전결의 규모가 작아서 丁戶를 출급할 丁田 수효도 적은 정으로
서, 족정을 보조 혹은 보완하는 위치에 있었을 것으로 여겨진다. 군인·
기인의 선상만 이렇지는 않았을 것이다. 고려시기 정호는 수적으로는 군
인·기인이 대개 중심을 이루고 있었겠지만, 직역자가 이들만 있던 것은
아니었다. 所丁, 津江丁, 部曲丁, 驛丁 등도 있었으며 이들도 정호였
다.[83] 이 가운데 驛丁은 사례로서 대표되는 층이다.

---

79) 주 66·67의 인용기사 가운데, '毎', '歲'의 표현도 이런 사실을 전한다고 하겠다.

80) 金光洙, 〈高麗時代의 同正職〉, 《歷史敎育》 11·12合輯, 1969, pp. 157~158.

81) 《新訂 三國遺事》(崔南善 編) 4, 寶讓製木, p. 185.

82) 본 其人選上規準의 기사 하나만 놓고 보면 足丁·半丁의 용어는 문구상 사람으로
   간주해도 아무 語弊가 없다. 이런 까닭에 일찍부터 足丁·半丁을 '人丁'으로 파악하여
   足丁은 '壯丁', 半丁은 '半壯丁'(20세 미만)으로 추정하였고(白南雲, 《朝鮮封建社會經
   濟史》(上), 改造社, p. 255), 나아가 족정은 '壯丁, 즉 成年(州)', 半丁은 '半壯丁,
   즉 未成年(州)'로 이해하기도 하며(金成俊, 주 78의 논고, pp. 67~68), 또는 足丁
   은 만 20세 이상 59세까지, 半丁은 16세 이상 만 20세 전까지 對入稱이라고 확정하
   는(韓沽劤, 주 63의 논고) 견해가 있게 되었다.

83) 고려 현종 5년(1014)에서 10년(1019) 이전 사이에 작성된 것으로 파악되고 조선
   《文宗實錄》에 전하는 이른바 《高麗式目形止案》이 밝히는 北界의 軍額에는 龜州城,
   寧州城, 猛州城, 麟州城 및 諸城 41개의 각종 軍額의 내역과 수효를 기록한 다음, 별
   도로 '雜尺' 항목을 마련한 뒤 그 내역을 '所丁一千二百六十八 津江丁六百二十四 部曲
   丁三百八十二 驛丁二千五百八十五 白丁軍七萬九百六十人 計隊二千八百九十五 此前期

驛戶 - 역은 구성원이 운영요원인 驛長·驛吏·驛丁 및 驛奴婢, 그리고 白丁을 위시한 驛民으로 이루어져 있었다. 고려는 전국의 역을 교통량과 군사 및 경제의 중요성 등 그 역할·기능이 차지하는 비중의 大小에 따라 크게 大路驛·中路驛·小路驛으로 나누어 운영하였다.84) 大·中·小路의 역이 각각 갖는 행정적 기구로서의 비중은 직접 알 수 없다. 다만 성종 2년(983)에 제정한 驛公廨田 가운데 대다수를 점하는 公須田이 각각 60·40·20결씩이었는데, 이 액수는 일반 州·府·郡·縣 가운데 100丁 이하 고을, 60정 이상 고을, 그리고 30정 이상 고을에 배정한 公須田의 결수와 각각 동일하다.85) 이를 기준으로 하면 大·中·小路로 등분한 驛의 운영 규모는 일반 군현 가운데 中·小고을의 경우와 같은 급이었다.

驛도 束丁하여 등급이 책정되었다. 대·중·소로의 驛이 실제 얼마만한 숫자로 束丁된 것인지 현재로선 그 구분을 바로 알 수는 없다. 그러나 각 역에 설치하는 驛長의 수효를 대·중·소로역별로 그 丁數를 참작하여 차등을 두어 작정하고 있는 데서, 역참 역시 束丁하여 등급을 정하고 있었음을 알 수 있다. 역시 성종 2년의 사례인데, 대로로 40丁 이상이면 역장 3, 중로로 10丁 이상이면 2, 소로는 중로의 예를 쫓아 각기 차정함86)이 그것이다.

한편 고려는 전국의 諸路를 驛路 가운데 특별히 南京-西京-寧州(安北府)-興化鎭을 잇는 북계 방면의 여러 역은 성종 15년(996) 江東 6주의 축성에서 顯宗 3년(1012) 사이에 거란 침입 후 군사적 외교적 필요에서 6科로 구분하였는데,87) 이때 구분의 기준을 원칙상 驛丁戶에 두었다. 1科 소속 역은 丁75, 2과는 63, 3과는 45, 4과 30, 5과 12, 6과 7씩이

盛時西北軍額之大略也'(《文宗實錄》 4, 文宗 즉위년 10월 庚辰, 6冊, pp. 302~303) 라고 하여 所丁 1268, 津江丁 624, 部曲丁 382, 驛丁 1585, 白丁軍 70960人 計隊 2895라고 적고 있다.

84) 劉善浩, 〈高麗郵驛制研究〉, 檀國大學校大學院 博士學位論文, 1992, pp. 114~130.
85) 《高麗史》 78, 食貨 1, 田制, 公廨田柴, 成宗 2년 6월, 中冊, p. 712.
86) 《高麗史》 82, 兵 2, 站驛, 成宗 2년, 中冊, p. 802.
    '諸驛長 大路四十丁以上 長三 中路 十丁以上 長二 小路亦依中路例 差定'
87) 劉善浩, 주 84의 논고, pp. 66~77.
    정요근, 〈高麗前期 驛制의 整備와 22驛道〉, 《韓國史論》 45, 2001, pp. 22~26.

었다.88) 1~6과는 역을 業務의 많고 적음에 따라 역정호의 수를 차등 있게 두어 분간한 것으로,89) 대·중·소로역이 교통량과 군사 및 경제의 중요성에 의한 구분이었던 것과는 기준이 다르다. 이 여섯 개의 과역과 그 역정호 수와 위의 대·중·소로별 驛長 數를 연계하여 살피면, 1·2·3科 이상의 역은 일단 驛長 3을 설치하는 대로역, 4·5과는 역장 2를 설치하는 중로역이고 5·6과는 역장 1을 두는 소로역에 준할 수 있겠다는 개연성이 있다.

驛長은 館驛행정의 총책임자로서 武散階를 사여받았고, 역리·역정을 지휘하여 역무 전반을 감독·수행하며, 국가는 이 직무에 대해 州縣 및 鄕·部曲의 사례처럼 長田을 지급하되 2결씩으로 하였다. 驛吏는 驛務를 세습하여 전담하는 吏族으로서 역장 휘하에서 立馬役의 책무, 馬位田의 경영, 公須田·紙田·長田 및 柴地 등 公廨田柴에서 田租와 柴炭貢의 수취·관리, 驛民의 요역 징발 등을 책임지고 집행하고, 국가는 이러한 驛務에 대해 位田을 절급하여 주었다. 역장은 역리 가운데 선발되기도 하였다. 한편 역정은 문서의 전달, 驛馬의 관리, 使行의 수행 및 물자의 운반 등과 같은 勞役을 신체적으로 담당하였다.90) 驛丁은 驛丁戶이고, 따라서 驛戶의 주축이었다. 그리고 驛吏 역시 역호였다. 역리도 정호로서 역무를 세전하여 담당하는 까닭이다. 그러므로 충숙왕 때의 嬖幸 申靑의 행적을 전하는 기록에서 그의 본 신분을 '驛吏'라고도 하고 '驛戶'라고도 하고 있다.91)

대·중·소로역의 40丁 이상 혹은 10丁 이상이라고 한 것의 '丁'은 주·부·군·현 등 일반 고을의 1000丁 이상 500丁 이상 20丁 이하라고 하

---

88) 주 86과 同, 中冊, pp. 801~802.
　　'分各驛丁戶爲六科……一科 丁七十五 二科 丁六十三 三科 丁四十五 四科 丁三十 五科 丁十二 六科 丁七'
89) 劉善浩, 주 84의 논고, pp. 114~116.
90)《高麗史》24, 世家 24, 高宗 40년 6월 辛亥, 上冊, p. 481.
　　劉善浩, 同上論文, pp. 124~130.
91)《高麗史》124, 列傳 37, 嬖幸 2, 申靑, 中冊, pp. 698~699.
　　'申靑一名松 多仁縣伐里驛吏……忠肅薨 忠惠立 令權省·洪彬 囚靑于理問所 命耆老府院君權溥等 疏靑罪 告行省曰……靑本驛戶 變名逃役 冒受大職 罪一也 靑將遠近親屬 除免站役 又影占人戶 聚作莊舍 私其貢役 罪二也'

는 束丁으로서의 丁과 내용·형태가 같은 것이라고 추찰된다. 세역을 책정하고 부과하는 전초작업인 束丁의 기준을 행정기구마다 달리 할 리는 없었겠으며 실제 그렇게 해서는 안 되는 것이었다. '均賦均役'은 적어도 이념상으로라도 왕조정치의 근본방침이었다. 역정호는 군정호·기인호 등과 等列이었을 것이다. 그러므로 이들 역정호 역시 족정을 단위로 선출되었을 것이다. 실제 역을 6과로 편제하고 그에 따라 丁數를 작정하여 주면서, 혹 부족할 수 있는 역정호를 충당하는 지침을 함께 제시하여, 田은 있는데 驛丁이 부족하면 해당 역에 속해 있는 白丁의 子枝로써 자원하는 이로 충당하여 입역시키게 하도록 하고 있는데[92] 이 배후에는 바로 백정에게 토지를 절급하여 그를 정호, 즉 驛丁戶로 만들어 驛役에 종사시킨다는 원칙이 있다. 성종 9년(990) 9월 6道에서 孝子·順孫·義夫·節婦를 찾아 특히 효행·절의가 뛰어난 남녀 7인을 표창하여, 이들에게 門閭에 旌表하고 徭役을 면제함과 아울러 '白丁給公田爲丁戶' 하여 백정은 公田을 주어 丁戶로 삼는 혜택을 내렸다. 이때 주·현의 백성이 아닌 驛·島民에 대해선 각각 驛役을 면제하고 出陸시켜 주·현에 編籍하는 조처가 앞섰다.[93]

백정이 役務와 관련하여 토지를 받는다고 하여 항상 丁戶가 되는 것은 아니었다. 白丁이 丁戶가 되려면 수득 토지는 위와 같이 足丁·半丁의 田丁이어야 했다. 정호나 백정이나 족정·반정이 아닌 토지 實田 자체를 받는 것은 별개의 사정이었다. 毅宗 3년(1149) 8월 西北面兵馬使 曹晋若의 상주로, 烽燧의 법식으로서 平時에 그리고 事時의 緩急 정도에 따라 煙火를 올리는 횟수를 정함과 함께 다음과 같이 봉수소마다 운영인원인 防丁·白丁의 수효 및 이들에 대한 일정 면적의 토지를 절급하였다. 이 토지절급 역시 관례에 따른 것이다.

每所 防丁二 白丁二十人 各例給平田一結[94]

---

92) 주 86과 同.
  '若有田而丁口不足 以本驛白丁子枝自願者充立'
93)《高麗史節要》2, 成宗 9년 9월, p. 55(亞細亞文化社 影印本, 1971-以下同).

　　매 봉수소에 防丁 2과 白丁 20인씩 두고 각기 전례대로 平田 1결씩을 주는 것이다. '防丁二'의 방정은 봉수대에서 烽役을 실제 담당하고 책임지는 이로서 丁戶이고, '白丁二十人'의 백정은 봉수소 부근의 민인으로 이곳에 差役되어 각종 勞役雜事를 담당하는 이였을 것이다. 그러므로 백정의 수효에는 '人'이란 표시를 붙이는 것이다.95) 백정은 직역이 없는 이였지만, 그도 차역되면 대가로 토지를 받았다. 平田 1결이 이런 토지이다. 이 토지는 방정·백정이 실제 그 供役·勞役의 복무를 수행하는 동안 생계 및 소요물자를 조달하는 용도로 배려하여 절급하는 것이었다.

　　봉수소의 백정이 받는 이 평전 1결은 그가 정호가 되는 조건의 토지가 아니었다. 평전 1결을 받은 백정은 백정 자체로서 봉수소에 사역하는 것이다. 이 평전 1결은 성질상 계통이 고려 최말 전제개혁 논전 때 趙浚이 1차 상소에서 제시한 토지개혁안 가운데 한 조목을 이루는 '白丁代田'의 代田 1결에 이어지는 토지이다. 백정은 無職役이면서 差役되는 층으로, 丁戶가 되지 않는 한 항상 餘分·豫備·代理의 처지에서 立役하였기 때문에 차역 때 지급하는 토지를 일러 '代田'이라고 하였다. 代田의 代는 更·替·遞·代로서의 白丁 差役의 성격을 표시한 것이다.96) 봉수소 소속의 방정 2와 백정 20인에게 절급하는 평전 1결은 방정·백정이 각기 입역기간 동안 이들의 所耕田으로 마련하여 준 것으로, 이를테면 自耕無稅에 해당하는 토지이다. 소경전을 평전으로 절급함은 常耕田을 주어 대우하는 것이다.97)

　　軍戶, 其人戶, 驛丁戶 등 정호와 족정·반정의 이와 같은 관계에서 보면, 군현을 구분할 때 千丁 이상·이하 혹은 五百丁 이상 云云하는 束丁

---

94)《高麗史》81, 兵 1, 兵制, 毅宗 3년 8월, 中冊, p. 781.

95) 이 점과 관련해선 주 83의 인용문 가운데 '白丁軍七萬九百六十人'이란 표기도 함께 유의할 것.

96) 拙稿,〈高麗末期의 白丁代田〉,《學藝誌》3, 陸軍士官學校 陸軍博物館, 1993. 《高麗史》78, 食貨 1, 田制, 祿科田, 辛禑 14년 7월, 趙浚上書, 中冊, pp. 717〜718. '一白丁代田 百姓付籍當差役者 戶給田一結 不許納租 其在公私賤人當差役者 亦許給之 明白書籍'

97) 拙稿,〈高麗前期의 平田과 山田〉,《李元淳教授華甲紀念 史學論叢》, 敎學社, 1986.

制 상의 '丁'은 고려가 지방 고을에 대해 해당 고을이 부담하여야 할 稅役을 배정·책정하고 이를 출급·공급하게 하는 단위이고, 숫자는 그 규모를 나타낸다. 丁은 足丁·半丁으로 구획되었으며 그것이 田結로서는 田丁이며 稅役으로선 職役戶로 출급되는 丁戶였다. 고려는 이렇게 하여 고을의 등격·처지·책무를 제정하였다. 속정제는 이미 신라가 州縣을 설치할 때도 있었다. 置邑, 즉 고을을 설치할 때 당해 주현이 담당할 稅役의 규모·범주를 이로써 책정하였다. 그러나 置邑하여도 그 田丁·戶口가 아직 縣으로서의 역할·처지·위치를 감당할 수 없는 곳[其田丁戶口未堪爲縣者]은 鄕·部曲으로 하고 그 소재처 고을에 소속시켰다.98) 縣은 나라에서 부과한 그리하여 그 足·半丁 및 民戶가 담당하는, 현으로서의 고정된 그리고 고유의 稅役이 있었다. 그리고 이를 감당할 수 없는 곳은 鄕·部曲으로 삼아 束丁하여 稅役을 부과하였다. 이런 곳의 丁은 鄕丁·部曲丁·所丁·津江丁 등의 처지에서 이를 부담하고 수행하였다. '其田丁戶口未堪爲縣者'라는 구절은 통상 田丁·戶口의 足·不足이나 多寡에 따라 전자는 현이 되고 후자는 향·소·부곡이 되는 것을 전하는 사실이나 의미로서 독해하고 또 이해하여 오고 있으나,99) 내용은 그렇지 않은 것이었다. 千丁 이상 혹은 五百丁 이상 云云하는 향·부곡이 있게 되는 사연은 이러하였다. 앞서 언급한 성종 9년(990) 9월 조정이 각 도에서 孝行 卓別者를 골라 표창할 때, 그 가운데 雲梯縣의 祇佛驛民 車達 3형제 및 南海 狼山島民 能宣의 딸 咸富 등 4인에 대해선, 일반 縣民에 대해 벼슬을 내려줌과는 달리 '免出驛島 隨其所願 編籍州縣' 하였다.100) 驛役을 면제해 주고 섬에서 나오

---

98)《新增東國輿地勝覽》7, 驪州牧, 古跡, 登神莊.
　　'今按 新羅建州郡時 其田丁戶口未堪爲縣者 或置鄕 或置部曲 屬于所在之邑 高麗時 又有稱所·金所……薑所之別而各供其物 又有稱處者 又有稱莊者 分隷于各宮殿·寺院及 內莊宅 以輸其稅 右諸所 皆有土姓吏民 金富軾撰三國史地理志不復具錄……故周官六翼而質之'
99) 旗田 巍,〈고려시대의 천민제도「部曲」에 대해서〉,《和田博士還曆紀念 東洋史論叢》, 1951(同, 주 2의《朝鮮中世社會史의 研究》收錄, p. 58).
　　임건상,《조선부곡제에 관한 연구》, 과학원출판사, 1963(서울版,《임건상저작집》수록, 혜안, 2001, p. 33).
　　具山祐,〈고려시기 부곡제의 연구성과와 과제〉,《釜大史學》12, 1988, p. 50.
　　朴宗基,《高麗時代 部曲制 研究》서울大學校出版部, 1990.
　　金琪燮,〈高麗時期 田丁制 研究〉, 釜山大學校大學院 博士學位論文, 1993, p. 74.

게 하여, 그 소원에 따라 일반 州縣에 編籍하게 하였다. 驛·島는 縣과
이렇게 할 만큼 민의 처지가 달랐다. 職役이 달랐던 것이다. 驛이나 島
나, 향·부곡 바로 그 사례는 아니지만, 현이 아니고 그에 소속되어 있던
처지에서 특히 驛은 束丁에 의해 그 등급이 분간되고 있는 점에서 향·부
곡과 같다.

束丁의 '丁'은 통상 課戶를 편성하는 壯丁으로서의 '丁'과는 내용·의미
가 전혀 달랐다. 과호로서의 丁은 기준이 人丁·人戶로서 이른바 16~60
세의 男丁이었다. 이 丁은 出生·死亡·流移·戰爭·災害 등으로 항상 그 수
에 增減이 있을 수밖에 없어, 이로써는 곧바로 주현의 격을 분간하는 기
준으로 삼기가 부적합하였다. 속정의 丁이 이런 丁이어서는 안 되었다.
이와 같은 課戶의 丁은 다음의 경우에서 명확히 알 수 있다. 太祖 18년
(935) 고려가 신라를 통합할 때 신라를 慶州로 州號를 삼고 千丁 이상으
로 묶어 堂祭 10을 두었다.101) 경주는 1000丁 이상의 고을인 것이다.
한편 이때 태조는 경주를 그대로 敬順王 金傳에게 식읍으로 사여하였는
데, 그 封戶(課戶)는 8,000戶였고102) 景宗 즉위년(975)에 가서는 加增하
여 '通前爲一萬戶'로 하여 주었다.103) 2000호를 더 늘려 준 것이다. 이
봉호 1萬이 경주의 모든 민호는 더욱 아니었다. 그 일부였다. 봉호인 課
戶는 3丁 1戶의 편호로 추정된다.104)

속정제의 丁은 人丁이나 編戶·課戶가 아니었다. 이것은 전정, 즉 족·
반정이며 그 중심은 足丁이었다. 본디 족정을 주축으로 束丁하고 이를
단위로 하여 규모를 따졌던 듯하다. 17결을 1족정으로 하고 이로써 군정
1을 공급한다고 한 표현에서나, 기인을 千丁 이상 주에선 족정에서 선상
하고 千丁 이하의 주에선 족·반정을 따지지 않고 병창정 이하 부병창정

---

100) 주 93과 同.
101) 《慶州府戶長先生案》 慶州司首戶長行案(盧明鎬 외, 주 24의 《韓國古代中世古文書研
   究》(上), pp. 340~345).
102) 《高麗史》 2, 世家 2, 太祖 18년 12월, 上冊, p. 52.
   《高麗史節要》 1, 太祖 18년 12월, p. 25.
103) 《高麗史》 2, 世家 2, 景宗 즉위년 10월, 上冊, p. 63.
104) 拙稿, 〈古代·中世의 食邑制의 構造와 展開〉, 《孫寶基博士停年紀念 韓國史學論叢》,
   지식산업사, 1998.

이상에서 부강정직한 이로 선상한다는 판지에서나, 중심은 어디까지나 족정에 놓여 있는 것이다. 반정은 족정을 보완하는 장치로 마련한 듯하다. 아마도 족정 半 정도 규모의 丁도 토지조세의 운영체계상 필요했고 稅役도 그만큼만 부과되었을 것이다. 이런 점은 田租徵輸의 사례에서 유추할 수 있다.

4. 田租의 徵輸

족정·반정은 구체부문에선 여러 가지 모호하고 막연한 데가 많지만, 田結의 作丁 및 丁戶의 選上에서 살폈듯이 토지를 소출 및 징세에 입각하여 전결로 파악하고 작정을 통해 租·布·役의 조세를 收納하며 각종 職役을 充立하는 기초단위였다. 족정·반정이 이러한 기능을 갖는 것은 족정·반정의 丁이 본시 土地와 稅役이 일치한 상태의 田結임이 그 前提로 성립하고 있는 까닭이었다. 그러므로 田租의 徵收·輸納은 당연히 족정·반정을 통해 이루어졌다. 이와 같은 사실은 여러 사례에서 확인 할 수 있지만, 특히 顯宗朝의 기사에 전하는 州縣義倉米의 收斂을 각 고을의 都田丁數를 사용하여 집행한다는 규정, 恭愍王 때 경상도에서 田稅의 京倉輸納價가 다른 지역보다 과중하여 원래 정한 1足丁·1半丁에 입각하여 田結을 더 절급하여 줌으로써 부세 균등을 꾀하는 조처 등을 통해 명확히 알 수 있다.105)

의창은 고래로 흉년·재해·전쟁·농촌 분화 등 여러 원인으로 끊임없이 발생하는 재생산의 위협·파괴 사태에 대비하는 방편의 하나로, 역대 집권 왕조국가에서 시행하여 온 救恤制度의 하나였다. 이미 고구려 초기 故國川王 16년(181) 賑貸制度가 恒式으로 공포된 예가 전한다. 고려 이 시기에 의창제도는 진대제도로선 가장 중요한 구휼정책 역할을 하였다. 고려에선 태조 즉위 초(918) 개경에 黑倉을 마련하고 성종 5년(986) 7월

---

105) 주 108·114 참조.

이를 義倉으로 개칭하면서 지방 州·府에도 의창을 설치하기 시작하여 이후 점차 확대되고 정비되었다. 의창의 진대 및 구휼 활동에 필요한 의창곡은 당초 개경의 경우 국가가 稅入으로 들어오는 官穀으로 그 자본을 만들었으나, 점차 지방으로 의창이 확대되면서 租稅收入만으로 중앙·지방의 의창을 운영할 수 없게 되어 州·府·郡·縣·鎭 각 고을에서 의창의 자본곡을 義倉租로 징수하여 마련하였다.106) 이와 같은 의창 자본곡의 마련은 현종 14년(1023) 윤 9월의 判旨에 그 방법·액수 등 收斂規定이 전해온다. 이에 의하면 의창조의 징수는 田丁에 입각하여 이루어졌다. 이 규정은 현종조 당시에 처음 제정한 것이 아니라 이전부터 정해져 내려오고 있는 것으로, 이때에 거듭 시달한 것이 현재 전하는 기록으로 남은 것이다. 현종조는 태조 이후 성종조에 걸쳐 제정·정비된 중앙 및 지방의 각종 정치기구 행정제도가 다시 정리·정돈되던 때였다.107)

의창조의 수렴규식의 내역은 아래와 같다.

凡諸州縣義倉之法　用都田丁數收歛　一科公田一結租三斗　二科及宮寺院兩班田租二斗　三科及軍其人戶丁租一斗　已有成規　脱遇歲歉　百姓阻飢　以此救急　至秋還納　毋得濫費108)

우선 의창조의 수렴은 '都田丁數'를 써서 집행하였다. 의창조 징수의 기초 근거는 전정의 수였다. 전정은 앞서 누차 말하였듯이, 作丁한 田結이었다. 전정은 고을마다 파악하고 있었다. 각 고을에선 量田 때 작성하는 量案과 함께 이를 바탕으로 作丁帳籍(田丁柱貼)을 만들었다. 여기에는

---

106)《三國史記》16, 高句麗本紀 4, 故國川王 16년.
　　《高麗史》80, 食貨 3, 常平義倉, 中冊, p. 760.
　　《高麗史》54, 五行 2, 太祖 원년 8월 戊辰, 中冊, p. 231.
　　林基形,〈義倉巧〉,《歷史學研究》Ⅱ, 全南大, 1964.
　　朴鍾進,〈高麗前期 義倉制度의 構造와 性格〉,《高麗史의 諸問題》(邊太燮 編), 三英社, 1986.
107) 邊太燮, 주 11의《高麗政治制度史研究》.
　　尹京鎭, 주 71의〈高麗 郡縣制의 構造와 運營〉.
　　具山祐, 주 64의《高麗前期 鄕村支配體制研究》.
108)《高麗史》80, 食貨 3, 常平義倉, 顯宗 14년 윤 9월 癸亥, 中冊, p. 761.

田丁의 授受·傳受·遞受·還收·沒收·加給·補給 등 여러 변동사항을 그 배정처 내지 수득자의 名儀와 더불어 정리되어 있었다.109) 都田丁數란, ‘都’라는 표현으로 보아 고을이 작성·관리하고 있는 田丁帳籍에 모아 실은, 수조상 세역상의 각종 전토 명목과 해당 전결 수를 망라한 총수일 것이다. 作丁과 이를 통해 파악한 전결 즉, 田丁이 전조를 배정·징수하는 실제 부세행정의 작업이고 그 단위였으므로, 의창의 자본곡을 租로 收斂하는 데 고을의 총 전정 수를 사용하여 행하는 것은 당연하다고 하겠다.

　수렴의 대상·액수의 기준은 1결당 1科公田 조 3두, 2과공전 및 宮院田·寺院田·兩班田 2두, 3과공전 및 軍人戶丁·其人戶丁 1두씩이었다. 1결당 수렴액은 모든 토지에 균일하지 않았다. 토지조세의 경리상 그리고 그 대상자의 신분상, 성질을 함께하는 地目別로 분간하여 결당 징수액에 차등을 두어 집행하였다. 토지명호의 분간과 그에 따른 차등수렴은 의창조를 수렴하는 토지가 實田 자체가 아니라 실전의 수조권을 수조지로서 용도별 직역별로 분간하여 배정한 것이기 때문에 취하게 되는 것이다. 실전을 수렴의 직접 대상으로 하였다면 토지의 소유결수 및 그 비척도가 기준이 되어야 했을 것인데, 그렇지 않은 것이다. 이 地目의 구분, 곧 公田 1·2·3과의 세부류, 궁원·사원·양반전, 군·기인호정은, 한 기관·한 개인의 사유지와 그 수득하는 수조지가 겹치게 되는 경우도 있었겠으나, 수렴의 기준은 어디까지나 田丁이었다. 1·2·3科의 공전은 國·官有地 및 각급 公廨田, 國用·祿俸田, 軍須田 등 국가·행정 및 군사에 그 설정의 용도와 그에 따른 토지의 경영·수세에 입각하여 각기 경리하여 배속한 전정이며,110) 궁원전·사원전·양반전은 宮院·寺院 및 兩

---

109) 拙稿, 주 2의 논고.

110) 본 義倉租 수감 규정에 보이는 公田 1·2·3科의 실질 내역에 관해선 현재 ① 地目別 구획 ② 田品의 上·中·下 등급 ③ 收租의 地代的(1/2), 地代와 地稅의 중간 (1/4), 地稅的(1/10)의 성질 차이 등 3가지 견해가 있다. 대표되는 논고는 아래와 같다.

　① 說: 旗田 巍, 〈高麗의 公田〉, 《韓國中世社會史의 硏究》, 法政大 出版局, 1972.
　　　姜晋哲, 〈公田의 經營形態〉, 《高麗土地制度史硏究》, 高麗大學校出版部, 1980.
　② 說: 朴禮在, 〈高麗 顯宗朝의 義倉租規에 엿보이는 公田의 三科區分에 대하여〉,

班官僚의 전정이고, 군·기인호정은 軍人戶·其人戶를 선상하는 전정인 것이다. 의창조는 1결당 3·2·1두씩 등차를 두어 수렴한다고 하지만, 이것은 결당 추렴하는 표준 액수이고 실제 수렴은 田丁에 입각하였다. 즉, 足丁·半丁이 수렴의 실질단위였다. 고려는 의창의 자본곡을 부세징수 방식에 입각하고 租로서 수렴하여 마련함으로써, 그 수렴을 조세 차원에서 취급하고 있었다.

　의창조 수렴을 都田丁數를 써서 행하였다 하고, 그 구체방식에서 공전 1·2·3과의 등분, 궁원·사원·양반전의 분류 및 2과공전의 等值, 군인·기인의 戶丁의 분간과 3과공전의 등치 등 그 구획 및 배치를 보면, 고려는 田丁의 배분·절급 및 그 관리를 公田은 각종 해당 토지 하나하나마다 하지 않고 1·2·3과로서 序列化하고 系列化하는 속에서 類分하여 수행하고 있었다.111) 그리고 통치질서에 직간접으로 참여하는 집단 및 직역층에

─────────────

《論文集》13, 空軍士官學校, 1981.
　③ 說: 朴鍾進, 〈高麗初 公田·私田의 性格에 대한 재검토〉, 《韓國學報》 37, 1984.
참고삼아 ①說과 ③說에서 추정하는 1·2·3科 公田의 내역을 表로 작성하면 아래와 같다.

	旗田 巍	姜晋哲	朴鍾進
1科公田	庄宅田 (莊·處 포함한 王室御料地)	庄宅田	公有地 (국가·왕실 소유지)
2科公田	公廨田 (中央·地方官衙의 부속지)	公廨田(국가 共有地, 中央·地方官衙의 경비충당), 屯田, 學田, 籍田	莊·處田, 屯田, 公廨田, 學田, 籍田
3科公田	民田 (國庫 收租地)	民田, 莊處田(庄宅公廨田, 宮院公廨田)	私有地 (국가 수조지)

111) 이 사정을 좀 더 구체적으로 추정하면, 아마 고려·조선에서 公處折給田地의 '諸田'을 '自耕無稅', '無稅', '各自收稅'의 세 가지 유형으로 분간하고 있던 사실에 연계되고 있는 것이 아닐까 한다. '公田'의 1·2·3科는, 예컨대 자료가 정돈되어 전하는 조선초기의 《經國大典》 사례에 견주면, 1科公田은 官屯田·馬田·院田·津夫田·氷夫田·水陵軍田 등의 自耕無稅田이, 2科는 國行水陸田·祭享供上諸司茱田·內需司田·惠民署種藥田 등 無稅田이, 그리고 3科는 寺田·衙祿田·公須田·渡田·崇義田殿田·水夫田·長田·副長田·急走田 등의 各自收稅田이 각각 해당하는 것으로 보인다. 고려에서 義倉米의 수렴 액수를 公田 1·2·3科에 따라 차이를 둔 것은 해당 공처절급처 소속 토지의 실체 및 경영·수취방식, 요컨대 각 諸田이 그 소유관계 내지 점유 지배관계에서 차이가 있음에서 연유하는 것으로 사료되는 까닭이다. 이들 3개 부문 속의 諸田은 각기 그 설정토지가 國有 내지 準國有와 民有로 구별되며, 세종 27년(1415) '國用田' 제도가 마련되기 전에는 地目數가 이보다 훨씬 많았다(廣興倉位田·豊儲倉位田, 京中各司位田, 軍資位田 등). 고려시기에는 더욱 그러하였겠으며, 地目이나 기능이 조선초의 것과 동일 혹은 유사하여도 경영이나 수세형태가 다른 토지가 있었음은 물론이겠다. 국용·녹봉전, 군수전은 3科公田 즉 各自收稅田과 같이 취급하

대해선 그 신분·직역에 입각하여 왕실·사원·양반·군인·기인 등마다 구별하여 각각 별개로 파악하였다. 사실 국가의 재정경리나 국가활동에 참여하는 이의 그 職役·職務·官職의 수행·계승·체수·연계가 신분계급적 상하관계 속에서 질서 있고 계통 있게 유지되고 운영되게 하려면, 田丁의 관리를 이와 같이 분명한 구획 속에서 수행하는 것이 가장 현실적이고 효과적이었다. 전정의 절급·전수·환급은 원칙상 그리고 가능한 같은 職役 내지 동일 계열에서 이루어지도록 해야 신분계급적으로 직무의 봉공이 질서 있게 이루어지고 지속될 수 있는 것이다.

고려의 田丁에 관한 배분·절급·회수·환급 등의 관리가 신분직역의 계열별로 이루어짐이 원칙이었으므로, 전정연립의 원칙을 밝힐 때 '諸田丁 連立 無嫡子則嫡孫……無男系則女孫'[112]이라 하여 그저 전정이라 하지 않고 '諸田丁', 곧 여러 전정이라고 표현하는 것이었다. 그리하여 고려 최말 조준이 田制改革과 토지의 재배분을 극력 상소하고 말미에 그 구상을 피력하는 가운데, 이를 위해 작정방식과 함께 '天字字號'에 의거한 새로운 作丁方式과 함께 종래 作丁의 일체 폐기를 주장하면서 '凡作丁 公私之田 一切革去'[113]라고 하는 것이었다. 지금까지 내려오는 公田 및 私田에 소속되는 모든 地目의 田丁, 곧 모든 作丁된 足丁·半丁을 혁파하라는 것이다. 한 고을 안의 농토는 여러 계열 여러 부류의 田丁地目으로 경리되고 편성·배정되어 파악·관리되고 있어서 이 모두를 총괄하고 분류하여서 의창조를 징수하는 까닭에, '都田丁數'의 '都'는 다름 아니라 각종 각급의 田丁을 통칭하는 뜻이다.

足丁·半丁이 전조징수의 기초단위로 사용되고 있었음을 한층 직접 알

였을 것으로 예측된다. 이상의 諸田 및 國用田에 관해선 아래의 자료와 논고를 참조할 것.

《經國大典》 2, 戶典, 諸田 및 《經國大典註解》 戶典, 諸田.

千寬宇, 《近世朝鮮史硏究》, 一潮閣, 1979, pp. 195~207.

拙稿, 《韓國 中世 土地制度史-高麗》, 서울대학교출판문화원, 2011, pp. 107~119.

拙稿, 《韓國 中世 土地制度史-朝鮮前期》, 서울대학교출판문화원, 2006, pp. 39~106.

112) 《高麗史》 84, 刑法 1, 戶婚, 靖宗 12년, 中冊, p. 853.

113) 《高麗史》 78, 食貨 1, 田制, 祿科田, 辛禑 14년 7월, 趙浚上疏, 中冊, p. 718.

려주는 것은 고려말 공민왕 11년(1362) 慶尙道 田租의 漕運價가 다른 도에 비해 高額이어서 田夫의 부담을 비슷하게 맞추어 주고자 족정·반정에 田結을 加給하고 있음을 전하는 기사이다. 密直提學 白文寶가 國定, 특히 농업·농촌에 관해 箚子로서 조목별로 간단히 사실만 적어 올려 재가받은 것 가운데 한 대목이다.

(1) 國田之制 取法於漢之限田 十分稅一耳 (2) 慶尙之田 則稅與他道雖一 而漕輓之費亦倍其稅 故田夫之所食十八 (3) 其一元定足丁則七結 半丁則三結加結 以充稅價[114]

이 차자조목의 요지는 셋이다. 나라의 토지제도는 漢의 限田에서 본을 따서 10分稅 1일 뿐이라는 것(1), 경상도 전토의 稅는 다른 도와 같지만 漕輓費用이 그 稅를 倍가 되게 하고 있으며, 그러므로 이곳에서는 田夫가 取食하는 바가 열에 여덟이라는 것(2), 그리하여 ‘그 하나 원래 정한’ 족정에 7결을, 반정에 3결을 더 주어 稅價에 충당하도록 한다는 것(3)이다. 이 기사 (1), (2), (3) 전체는 고려 전세제도의 기본원칙을 세 가지 사실로써 전해주고 있다. 첫째, 고려시기 전세수취에서 그 稅率은 수확의 10분의 1, 곧 什一稅率이며 이는 전국이 모두 동일하다는 점, 둘째, 그러나 이 稅穀을 漕運하는 漕輓費, 곧 전세를 京倉으로 수송하는 조운가는 지역마다 차이가 있다는 점, 셋째, 전세 및 그에 부수하는 附加稅額의 책정·징수는 足丁·半丁에 입각하여 행한다는 점이다. 요컨대 족정·반정은 세율 1/10에 따라 조세를 징수하고 수송하는 전세운영의 기본단위였다. 그러므로 이 세 가지 점을 구체적으로 살피면 족정·반정이 고려시기 田制에서 갖는 기능을 세율, 조운삯, 규모 등에서 대강이나마 좀 더 분명히 이해할 수 있다.

우선 첫째, 고려의 토지제도는 漢의 限田에서 본보기를 취하여 10분의 1을 세로 받을 따름이라는 구절은, 고려의 전조율이 什一稅가 원칙이고

---

114) 《高麗史》 78, 食貨 1, 田制, 租稅, 恭愍王 11년, 中冊, p. 728.
　　白文寶, 《淡庵文集》, 論時政箚刺(《高麗名賢集》 5冊, p. 226).

법제라는 사실과 함께 이 세율은 낮은 것이라는 점을 어감으로 전달하고 있다. 고려가 토지제도로서 말 그대로 限田, 곧 토지소유의 상한제를 실시했다는 표현은 아니다. 漢에서도 前·後漢을 통틀어 限田制를 실제 시행한 적은 없었다.115) 이 표현은 고려가 국초에 토지제도를 재정비할 때 국내외와 古今의 여러 나라 토지제도를 검토하는 가운데, 한전제가 漢에서 前漢 때부터 일각에서 논의되고 한때 詔書로서 시달된 적이 있던 사실에 착목하고, 나아가 이것이 논의·검토되고 있던 배경·사연을 수긍하고 공감하면서, 이 점도 함께 참작하였다는 정도를 말하고 있는 것이라고 생각된다. 漢에서 한전제의 시행을 논의한 배경은 대토지 소유의 등장, 토지겸병의 성행으로 인한 益富益貧의 사태가 확산되고 있던 점과 국가가 이를 조정할 필요가 절실하였다는 점이다. 그리고 이와 같은 사태와 필요는 漢이나 高麗뿐만 아니라 어느 시기 어느 왕조에서나 정도의 차이가 있을 뿐 항상 야기되고 있었다. 후삼국기 고려 건국 초도 유사한 상황이었다.116) 그러면서도 고려는 漢과 다른 점이 있었다. 그것은 전세의 과중과 그 제도 혼란이었다.117)

漢은 전한 때 대토지 겸병의 진전사태를 일각에서 문제 삼고 한전을 통해 제어하고자 논의하여 이를 시달한 적도 있었지만, 왕조 존속 내내 농업개발, 새로운 농지개척을 지주층의 힘에 의존하여 수행하고 있었기 때문에 田稅를 적게 매겨 주고 있었다. 기록에 의하면 漢 초기 高祖는 田租를 수확량의 1/15로 정했고 그 후 증가한 듯하나 惠帝 즉위(B.C.

---

115) 《漢書》 24上, 食貨志 4上, 武帝代 董仲舒, 哀帝代 師丹·孔光·何武, 平帝後 王莽의 記事(《二十四史》 2冊, pp. 1137~1144).
　　金鐸民, 《中國土地經濟史研究》, 고려대학교출판부, 1998.
　　平中苓次, 《中國古代의 田制와 稅法》, 東洋史研究會(京都大), 1967.
　　西嶋定生, 《中國古代의 社會와 經濟》, 東京大出版會, 1981.
116) 金昌錫, 〈新羅統一期 田莊에 관한 研究〉, 《韓國史論》 25(서울大), 1991.
　　李炳熙, 〈三國 및 統一新羅期 寺院의 田土와 經營〉, 《國史館論叢》 35, 1992.
　　李仁在, 〈新羅統一期 田莊의 形成과 經營〉, 《韓國 古代·中世의 支配體制와 農民》, 지식산업사, 1991.
　　李仁哲, 〈統一新羅期 私的 土地所有關係의 展開〉, 《歷史學報》 165, 2000.
　　拙稿, 〈羅末麗初의 土地問題와 田柴科의 始定〉, 주 3의 논저(본서 Ⅱ편).
117) 金容燮, 〈結負制의 展開過程〉, 주 1의 논저.
　　拙稿, 同上論考.

195) 후 다시 1/15로 복귀하였다. 그리고 文帝 2년(B.C. 178) 및 12년
(B.C. 168)에 半減하고 다시 이듬해 13년에 全免하였고, 이후 11년간
전조징수 기사가 보이지 않는다. 景帝 원년(B.C. 156) 田租稅率을 1/30
로 정했다가 後漢初 復舊期에 軍事上 필요에서 1/10로 증가시켰으나, 정
국이 안정되자 光武帝는 建武 6년(A.D. 30) 다시 옛 제도로 환원하여
1/30으로 삼았는데 이후 변경 없이 제도상 그대로 지속하였다.118) 漢代
에 가장 고율의 田租가 부과되던 때의 세율은 1/10이었고, 그것도 잠시
였다. 한대의 이러한 전조율은 周代의 제도라고 일컬어 오는 什一稅에
비하면 극히 낮은 것으로, 대토지 소유자·지주·토지소유자에게는 利益으
로 작용하고 소농민·빈농에게 별 혜택이 없었다. 농민에 부과하는 조세
에서 전조는 그 일부분일 뿐 이른바 算賦·口賦·更賦 등 人頭稅와, 算訾
등 재산세 쪽에 중점이 놓여 있었기 때문이다.119)

  그러나 고려 건국기의 사정은 한과 달랐다. 고려 건국기에 전세는 부
세제도 혼란으로 극히 무거웠다. 심한 경우 1결에 6석이나 된다는 개탄
까지 나오고 있었다. 고려로선 이런 토지조세의 수탈적 난국사태에 당면
하여, 한전의 원칙·정신에 공감하고 시행도 검토하여 보았겠으나 아울러
한전의 집행이 곤란하고 불가하다는 점 역시 절감하였을 것이다.120) 토
지소유의 규모 및 권리에 대한 제한은 토지의 사적 소유 원칙에 배반되
고 모순되는 까닭이었다. 대토지 소유의 확산과 몰락농민의 증가, 토지
의 집적과 상실은 착상과 구상 속에선 한전의 시행으로 조정·방지할 수
있지만, 현실과 실행에서 한전이 시도되기는 극히 어려웠다. 고려조정으
로서 한전의 理想을 통해 달성하고자 하는 목표, 곧 토지겸병의 저지·완
화, 대토지 소유자에 대한 압박은 부세제도 특히 田稅에 입각하여 도모
하는 길뿐이었다. 그것은 고려초의 현실을 前漢의 현실과 대조할 때, 대

---

118) 《漢書》 24上, 食貨志 4上〔《二十四史》 2冊 pp. 1135~1146(295~297)〕.
    平中苓次, 西嶋定生, 金鐸民, 주 114의 논저.
119) 同上.
120) 《高麗史》 78, 食貨 1, 田制, 祿科田, 辛禑 14년 7월, 趙浚上書, 中冊, p. 715.
    《高麗史》 78, 食貨 1, 田制, 租稅, 太祖 원년 7월, 中冊, p. 726.
    拙稿, 〈高麗時期의 土地改革論議〉(본서 Ⅴ편).

토지 소유의 확산, 지주제의 진전을 전제로 하고 전세를 대토지 소유자·
지주에게는 漢代에 비해 가능한 무겁게 부과하고 자영농민에 대해선 전
세과중의 사태를 진정시켜 줄 수 있는 전세율을 채택하는 일이었다.

고려는 이런 차원에서 전세율의 기준선을 논의·연구하였고, 그 결과
정부는 태조 왕건의 '取民有度'의 표방 아래 이미 열국기 및 삼국·신라·
발해에 걸쳐 사용하여 왔을 '舊法', 어진 정사의 보편이념인 '天下通法'의
실현으로서 1/10세제121)를 채택하게 된 것으로 사료된다. 백문보가 나
라의 토지제도가 漢의 限田에서 본을 따서 什一稅일 따름이라고 한 말
은, 이와 같이 건국기 고려 조정이 전세율을 1/10로 재천명·재확정하고
다른 잡세는 없이 하였다는 것, 그리고 이렇게 함으로써 전체 농민층에
게는 낮은 세율을 택하고 대토지 소유자·지주에 대해선 漢의 경우에 비
해 부담을 늘렸다고 하려는 의도의 표현이고, 그리하여 여기서 限田의
이상을 실현하고 있을 뿐이라는 뜻을 피력하려는 것이겠다고 추찰된다.

둘째, 경상도 전토의 稅는 다른 도와 한가지이나, 이 전세의 조운삯이
세를 倍나 되게 하여 田夫가 취득하는 몫이 열에 여덟이라는 구절이다.
이는 1/10세율은 전국이 균일이고 따라서 납조자 농부의 몫은 9/10이나
문제가 되는 것은 京倉으로 세곡을 수송하는 漕運船價이며, 가장 부담이
무거운 곳은 경상도로 이 지역에선 전세의 액수만큼이나 된다는 불균형
한 사정을 지적하고 있다. 전세곡의 수송값은 군현 안에 있는 각 浦에서
京倉까지 거리의 遠近에 따라 액수에 差等이 있었다. 浦는 군현에서 징
수한 세곡을 경창으로 수송하기 위해 집적시키는 곳으로 세곡운송의 基
點이었다.122)

세곡의 漕船輸京價는 성종 11년(1480)에 제정한 것이 현재 전해온다.
이것은 고려초 군현 내의 호족에 의해 좌우되던 수경값을 중앙에서 다시

---

121) 同上.
  《高麗史節要》 33, 昌王 즉위년 7월, p. 829.
122) 孫弘烈, 〈高麗漕運考〉, 《史叢》 21·22合輯.
  北村秀人, 〈高麗初期의 漕運에 대한 考察〉, 《古代 東아시아 論集》上, 1978.
  〃   , 〈高麗時代의 漕倉制에 대하여〉, 《朝鮮歷史論集》上, 1979.
  崔完基, 〈高麗朝의 稅穀運送〉, 《韓國史研究》 34, 1981.

策定하여 이에 준하도록 내놓은 지침일 듯하다. 이에 의하면 수경삯은
수송거리에 따라 浦를 10개 범주로 묶어 구분하고, 수경가 1石을 기준으
로 각 범주마다 수송할 수 있는 세곡의 양을 책정하고 있다. 이에 의하면
수경삯 1石으로 수송할 수 있는 세곡량으로 가장 적은 것, 다시 말해 수
경삯이 가장 비싼 것은 5석이고, 이하 浦의 위치에 따라 6(8浦)·8(7浦)·
9(8浦)·13(3浦)·15(3浦)·21(8浦)·10(11浦)·18(4浦)·20(5浦)석 순으로 매
겨져 있다. 가장 싼 수경삯은 21석이다. 전국을 산술평균하면 12.5석 정
도이다. 조운세곡량 5석당 수경가 1석을 公定한 곳은 通潮浦(옛 未潮浦,
지금 慶南 四川郡), 螺浦(옛 骨浦, 지금 慶南 馬山市)의 두 개 포다. 이 두
개 포는 바로 경상도의 漕運稅穀을 집산하는 곳이다.123) 백문보가 箚子
에서 경상도의 전토가 부담하는 조운삯이 과중하다고 말한 까닭은, 성종
조에 책정한 이 공정수경가로도 알 수 있다. 경상도의 조운가는 산술평
균한 전국 조운가의 약 2.5배가 된다. 경상도를 제외하고 산술평균한 전
국 조운가에 비해도 약 2.4배로, 비중은 거의 마찬가지이다. 각 포가 갖
는 공통부담수를 제하면 실제 과중부담은 倍 안팎일 것이다. 경상도의
田賦는 다른 도에 비해 수확의 8/10만 실제 자기 수입이 된다고 하는
지적124)은 이런 사정에서 나오는 계산에 의거한 것이었겠다.

---

123)《高麗史》79, 食貨 2, 漕運, 成宗 11년 7월, 中冊, p. 749.
　　　고려시기 조운과 관련된 浦의 명칭과 현재의 위치 그리고 輸京船價에 관해서는 崔
　　完基 교수의 위 논고에서 표를 통해 정밀하게 조사하여 제시하고 있으므로 참고할
　　것(pp. 35~38).
124) 이 대목의 문구는 그간의 연구에선 본고와 달리, 통상 '故田夫之所食 十八其一'이라
　　고 읽고 풀이도 하고 있다. 특히 아래의 논고들이 그러하다. 문제는 이에 관한 句讀
　　方式이 단지 문구 해석의 차이에 머물지 않고 고려시기 田稅率의 이해 및 足丁·半丁
　　의 파악을 좌우하고 있는 점이다.
　　深谷敏鐵,〈高麗 足丁·半丁考〉,《朝鮮學報》15, 1960. pp. 3~4.
　　　〃　,〈高麗 足丁·半丁再考〉,《朝鮮學報》102, 1982, pp. 170~177.
　　오일순,〈高麗前期 部曲民에 대한 一試論〉,《學林》(延世大), 1985, pp. 8~9.
　　尹漢宅,〈고려 전시과 체제하에서의 농민신분〉,《泰東古典硏究》5, 1989, pp. 76~77.
　　金琪燮,〈高麗前期 田丁制 硏究〉, 釜山大學校 博士學位論文, 1993, pp. 183~184.
　　　〃　,〈高麗前期 戶等制와 농업경영규모〉,《釜大史學》18, 1994, pp. 392~393.
　　李仁哲,〈高麗時代 足丁·半丁의 新解釋〉,《東方學志》85, 1994, pp. 13~18.
　　權斗奎,〈高麗時代 足丁과 半丁의 規模〉,《한국중세사연구》5, 늘함께, 1998, p. 25.
　　이상의 연구 가운데 '十八其一'로 句讀하는 데에 그치지 않고, 이에 대한 해석과 설
　　명을 하고 있는 것은 深谷 씨의 두 논고와 金琪燮 교수의 後考이다. 深谷 씨는 '十八
　　其一'로 구독하되 前考에선 '八'을 '人'의 잘못이라고 보고 농민소득분을 10分의 1로

셋째, 수송비를 과중하게 부담하고 있는 경상도의 전토에 대해 '그 하나 원래 정한 足丁'[其一元定足丁]은 7결씩, 半丁은 3결씩 더 보태주어 稅價에 충당하자는 방안125)은 본시 고려에서 田租는 족정·반정 하나씩, 곧 1족정, 1반정을 단위로 책정·부과하고 징수하였다는 사실에 바탕을 두고 있다. 하나의 족정, 하나의 반정 안에는 보통 적게는 數人 많게는 數十人에 달하는 田夫(토지소유자)의 농지가 원래 정한 丁의 전결 수를 채우고 있었고, 이들 토지소유자는 각자 자기 소유지의 결부 수에 즉하여 그 소속된 족정·반정 내에 배당된 총세액을 고을 守令·村典 등의 주관하에 계산하고 나누어 납부한다. 1족정 1반정에는 조세징수 책임자로서 養戶가 있어, 각 토지소유자의 세곡을 징수·수합하고 浦까지 輸納하는 실무를 담당하였다.126) 이러한 조세수납의 방식과 절차 속에서 경상도 전토가 과중하게 부담하고 있는 세곡수경삯을 경감하여 타도와 비슷하게 하려면, 족정·반정에 일정 結負 數를 더해 주어서 나라의 조세징수단위인 1足丁·1半丁의 稅價 부담을 감축시켜 주는 것이 가장 적절하고 타당한 방법이었다. 백문보는 加給 田結 數가 1足丁에 7결, 1半丁에 3결씩이면 과중한 세가부담을 해소시킬 수 있다고 보았다. 원래 정한 1

생각하였고, 後考에선 이를 수정하여 '10分의 1 혹은 8分의 1'로 풀이하고, 이것은 실은 公田租率 1/4의 백문보식 오해라고 단정하였다. 한편 金 교수는 그의 後考에서 농민 부담은 田稅 관련 세금이 전세 1/10과 조운경비 2/10을 합쳐 전체 수확의 3/10에 해당한다고 보고, 아울러 여기에 常搖·雜貢 및 種子·借貸 경비 등을 제하고 나서 실제 농민에게 남는 것은 전체 수확의 1/10이나 1/8 정도 밖에 안 되는, 즉 17결의 1/10이나 1/8이 되는 셈이라고 풀이하였다(p. 15). 深谷 씨의 해석은 백문보가 고려의 田租率을 제대로 알고 있지 못하였다는 것을 전제하고 있고, 金 교수의 경우는 백문보가 田稅 외에 常搖·雜貢 및 종자·차대의 경비까지 계산하였으며 그 총액은 전체 수확의 8/10에서 9/10에 달한다는 가정이 앞서 있다.

125) 이 문구의 원문 '其一元定足丁'의 구절도 위와 같이 '田夫之所食 十八其一'로 구독하는 연구에선 '元定足丁'이 된다. 문맥만으론 足丁에 7결을 加給한다는 뜻이 되며, '其一元定足丁'으로 구독하는 경우와 해석 및 이해는 별 차이 없어 보인다. 그러나 '元定足丁'이라 하면 加給의 대상·범위가 불분명해질 뿐만 아니라 足丁의 실체·기능에 대한 이해가 모호해진다. '其一元定足丁……半丁', 즉 '그 하나의 원래 정한 足丁·半丁'이라고 표현하여야 뜻이 분명해진다. 足丁·半丁은 각기 하나하나가 단위이므로 족정 자체를 거론하거나, 특히 田結·出役에 변동이 생기거나 가해질 때 한 개 족정, 족정 하나 등 그 數詞를 분명히 밝혀서 '一足丁'이라고 明記하여야 뜻이 확실히 통한다. '其'는 指事詞이면서 發語詞로, 여기서는 조치를 취하여야 할 대상을 말하고자 미리 발어하는 처지의 字句이다.

126) 拙稿, 주 2의 논고.

족정·1반정에 전결을 각각 7결·3결씩 더 보태준다고 하지만, 실제 實田
이나 收稅田 자체를 해당 결부 수만큼 떼어주는 것은 아니고, 그럴 수
도 없었다. 계산상으로만 田結를 더 지급하는 형식으로써 부담을 상쇄
시키는 것이었다.

　백문보의 이 加給案은 數値上 매우 구체적이고 실질적이다. 1족정을
17결로 보면, 여기에 7결을 加給하여 田夫의 부담과 손실을 완화·보충
한다는 것은 다음의 算術法에 입각한 것으로 추론된다. 원래 정해진 1
족정＝17결에 7결을 가급할 때 그 1결당 가급되는 결부 수는 0.418결
정도(7결÷17결), 곧 41부 1속 8파로 실제는 41부 1속 정도이다. 한편
이 1족정의 田稅額은 田結로 치면 1.7결이다(17결×1/10). 이 1족정의
전세액 1.7결이 가급으로 얻게 되는 결부 수는 0.7결(1.7×0.4118≒
0.7)＝70부이다. 그리고 원래 정한 1족정의 이 전세액 1.7결의 조운가
는, 경상도에선 운수세곡 5석당 조운배삯이 1석이므로, 0.34결＝34부
이다(1.7결×1/5). 1족정의 전세액 결수가 그 1결당 가급받는 70부는 원
래 1족정의 전세곡의 조운배삯 34부의 약 倍이다. 원래 정한 1반정에 3
결을 가급함도 마찬가지이다. 1족정은 17결이고 1반정의 전결수는 직접
알 수 없으나 전자와 후자에 각각 7결·3결씩 더해 주어 田夫의 세곡조
운삯을 덜어주고 있으므로 1반정은 약 7.3결로 계산된다(17결:7결＝1半
丁:3결, 1반정＝7.2857결). 이 원래 정한 1반정≒7.3결에 3결씩 가급할
때 그 1결당 더 절급되는 결부 수는 약 0.410～0.411결(3결÷7.3결), 곧
41부 정도이다. 그리고 1반정의 전세액은 전결로 환산하면 0.73결(7.3
결×1/10) 곧 73부이며, 이 7.3결이 가급으로 얻게 되는 결부 수는 약
0.3결(0.410×0.73≒0.29930, 0.411×0.73≒0.30003)로서 30부 정도다. 한
편 이 전세액 0.73결의 운송비는 약 0.146결＝14부 6속(0.73결×1/5)이
다. 1반정의 경우도 1결당 가급받는 30부는 원래 정한 1반정 전세곡
조운가 14부 6속의 약 倍이다. 1족정의 경우와 같은 비중이다.[127) 그

─────────────

127) 尹漢宅, 주 124의 논고(p. 9)에서는, 본 자료를 통해 경상도 토지에서 그 田稅輸
　　京漕運삯이 전세액의 倍가 된다고 해석·전제하고, 이 해석을 본 자료를 이용하여 수
　　치로 밝히려 함으로써, 본고와 계산법이 다르고 1족정에 7결을 가급하는 이유 및 실
　　제 방식에 설명이 없다.

러므로 원래 정한 1족정·1반정에 각각 7결·3결씩 가급하면, 전세수경
조운가가 '倍其稅'하던 경상도의 농지의 과중한 세부담이 덜어지고, 그리
하여 '以充稅價'하게 되는 것이다.

백문보가 경상도 전토에서 전세곡 조운삯의 과중함을 타개하는 방편으
로 제시한 이 족정·반정에 입각한 전결의 가급안은, 공민왕대 이 시기에
처음 강구하여 시행한 것은 아니었겠다. 이것은 족정·반정이 제정·사용
되기 시작한 때부터 있던 오랜 관례였을 것이다. 공민왕 때에 취한 이
조치는 옛적부터 시행하여 오던 방식의 되풀이로 보인다. 뿐만 아니라
이러한 전결세액의 조정 방식은 田租의 輸運에서만 사용하지도 않았을
것이다. 田租의 災免·徵收·輸納 등 수납의 전 과정과 公田·私田 모두에
서 이와 같은 加給, 혹은 반대로 減縮할 상황이 발생할 때면 통상 이용
하는 방법이었을 것으로 사료된다.

足丁·半丁이 고려왕조의 田稅結負制 운영에서 차지하는 기능·역할의
실제는 이와 같았다. 그리고 족·반정의 이러한 기능은 국가 수조지나 전
조의 수납에서만이 아니라 모든 수조지와 부세에 걸쳐 두루 발휘되었을
것이다. 중앙·지방의 각급 행정·군사기구나 국정에 참여하는 개인이 자
기 몫으로 배당·절급받은 토지의 조세수취에서, 그리고 그 布·役의 稅役
에서 그 부담액이 형평의 차이가 심하게 발생하여 조정할 필요가 있을
경우 족·반정에 산술상 일정액의 結數를 加給하거나 減縮시킴으로써 사
태를 수습하고 타개하여 나갔을 것이다.

5. 結 語

고려시기의 足丁·半丁은 이 시기 토지조세체계의 운영에 입각점으로
자리 잡고 있었다. 우리는 이것을 본시 稅役을 담당하는 人丁을 뜻하는
丁이 고려에선 토지도 지칭하게 된 사정과 족·반정의 설정, 족·반정과
군인·기인·역리 등 특정하게 고정된 丁戶의 出給관계 및 白丁差役과의
차이, 족·반정과 諸經理田土의 절급·관리 및 전조의 징수·수납과 加減의

방식 등에 초점을 두고, 관련 자료를 해석하면서 추적하여 보았다. 그 결과 한편으론 지금까지 있은 연구 성과를 재삼 확인하고 나아가 보완할 수 있었으며, 다른 한편으로 새로운 측면을 찾아냄으로써 견해차를 갖게 되는 부문도 있게 되었다. 전체를 정리하면 아래와 같다.

고려는 토지파악과 부세운영을 作丁을 통해 丁을 바탕으로 수행하였으며, 이 丁이 田結로서의 田丁을 뜻하기도 하는 것은 작정 대상인 所耕田에 人丁과 결부하여 稅役이 책정된 丁田이 量給되어 있는 까닭이었다. 이것은 이전 시기, 예컨대 신라에도 있던 전통이었다. 그러므로 租·布·役의 부세 전체를 아울러 하나의 부담단위로 하는, 그러한 규모의 전결을 丁으로 구획하여 토지분급, 전조수취, 세역의 배정 등에 응용할 單位物의 설정이 필요하였고, 이 소산이 족정·반정이었다. 足丁의 '足'은 '給足'의 뜻으로 새겨진다.

이러한 토지조세 원칙의 마련 속에서, 족·반정은 각종 직역을 담당하는 諸丁戶選上의 기본단위로도 기능하였다. 향촌의 중견층을 丁戶로 묶어 향리·군인·역리 등 供役人을 확보하고, 족정·반정에 입각한 전정의 절급과 遞立의 원칙하에 해당 家系가 해당 직역을 遞襲하게 하였다. 직역의 수행에 소요되는 경비는 족·반정에서 조달되고 지원되었다. 복무 자체는 직역을 책정받은 이들이 순차로 交遞하며 이행하였다. 白丁이 그 자체로서 차역되고, 이때 그가 절급받는 '代田'과는 役 및 토지의 성질이 전혀 달랐다. 백성은 丁戶가 아니었고 대전은 田丁이 아니었다.

고려는 족정·반정의 田丁을 배분하고 절급하고 관리함에 있어 國·官有地, 公廨田, 祿俸田, 軍須田, 津·館·驛田 등 용도별 귀속별로 달리하고, 宮院田·寺院田·兩班田, 軍人戶丁·其人戶丁·驛戶丁 등 신분·직역에 입각하여 각기 별개로 파악하였다. 그리고 軍人·其人·驛丁 등에 지급한 족·반정의 丁은, 그것이 出役의 전토임을 각별히 나타낼 필요가 있을 때는 단지 丁이라고만 표시하였다. 전정의 절급·체수·할급은 원칙상, 그리고 가능한 같은 계열 동일 직역 안에서 이루어지도록 유의하여 직무의 봉공이 신분직역적으로 질서 있게 수행되고 지속될 수 있게 하였다. 전조의 징수 및 수납 때 고을이나 地目에 따라 그 부담액에 서로 多少가 심하여 형평을 맞추어 주어야 할 사태가 발생하면, 收租權者인 국가나 각급 기구나 개인은 원래 정해진 결수의 足·半丁에 算術上 結을 加給하거나 減縮시켜 조정하였다.

고려시기 토지 조세의 운영체계에서 족정·반정은 田結의 편제, 丁戶의 職役的 選上, 租·布·役의 배정과 수납, 부세배정의 균등 등을 꾀하는 기초단위였다. 이러한 점은 군현 내 향촌 사회가 민인이 여러층으로 분화된 상태에서 신분직역적 상하관계로 엮여 있고, 이를 재지세력(호족, 향리, 군인 등)이 주도하고 있는 형세에선 중앙권력이 토지 농민에 대한 지배·수취·관리 및 보호를 향촌세력과 연대하여서만 수행할 수 있는 조건에서, 족정·반정이 租·布·役의 배정·징수를 공동책임지는 또 이를 대표하는 단위로서 만든 절충의 소산임을 시사하여 준다. 족정·반정이 丁田·丁戶를 바탕으로 운영되고 있는 까닭도 여기에 있었다. 따라서 고려의 집권봉건체제는 내부에 이만큼의 분권성을 가지고 있는 셈이다. 고려시기의 족·반정을 이상과 같이 살펴보면, 足·半丁은 그 운용과 기능이 갖는 원칙·원리는 그대로 준수되고 있었기 때문에, 이 시기 토지조세의 제도는 사회변동 정치변화 경제변천에 따라 前後期에 커다란 차이가 있고 그리하여 田丁과 職役의 괴리 등 족정·반정이 해체될 요인과 여건은 말기로 갈수록 충만하면서도, 고려 쇠망까지 지속될 수 있었다. 이와 같은 족정·반정의 등장 시점은 늦어도 田丁制, 佃舍法, 丁田制, 戶等制가 운영되던 삼국시기 초반쯤으로 소급되리라고 본다.

(2008. 新稿, 2011. 補)

高麗時期의 丁田制

1. 序 言

　우리나라 中世의 토지제도는 賦稅制와 결부하여 두 계열로 수립·운영되고 있었다. 하나는 왕실·귀족·양반 및 각급 통치·군사기구에 收租權을 차등 있게 배분하는 수조지 분급제도이고, 다른 하나는 농민의 소유지에 稅役을 작정하여 줌으로써 농민과 토지를 긴박시키는 제도였다. 전자는 祿邑·田柴科·科田制 등이고 후자는 丁田制가 해당한다. 수조권 분급제가 국가 및 그 활동을 담당하는 각종 기관과, 이를 주도하고 참여하는 층의 농민·토지에 대한 신분적 정치적 지배 수취의 구조를 인식하게 하는 토지조세 체계임에 대해 정전제는 그 기초조직으로서 이 시기 농민층의 토지소유와 그 처지를 파악하게 하는 제도이다. 우리의 토지제도를 구조적으로 이해하자면 이 丁田에 관해서도 검토가 이루어져야 한다.

　정전제는 삼국시기에 시행되어 고려시기까지 운영되었다. 그간 관심은 신라의 정전에 집중하였고 반면에 고려의 정전에 관해서는 단지 신라 정전제의 遺制·遺習 정도로 미루어 두는 데 그치거나, 足丁·半丁의 실체를 구명하는 데 부수하여 추정하는 정도였다. 우리나라 古代에서 中世로의 移行問題 및 中世前期의 사회상을 체계 있게 인식하려면, 신라 정전제에 대한 정리와 함께 고려시기의 정전제에 대해서도 구체적인 이해가 필요하다. 더욱이 정전제의 시행을 기준으로 고려사회를 그 前後의 사회와 대조하여 보면, 신라와 공통되고 조선과 차별된다. 이 점은 田柴科와 科

田制를 통해서 고려사회와 조선전기 사회가 공통되는 것과는 차이를 갖
는다. 고려는 토지제도로 볼 때 그에 先後하는 王朝國家와의 연속성과
차별성, 일반성과 개별성을 단계적으로 가지고 있는 사회였다.

그러므로 이러한 맥락에서 고려의 丁田을 稅役의 배정과 결부하여 정
리하면, 그 실체와 기능에 접근할 수 있을 뿐만 아니라 신라의 정전에
관해서도 한층 밝게 이해할 수 있다. 아울러 고려말기에 정전이 소멸한
과정을 살피면 고려와 조선 두 왕조국가가 토지와 농민을 연계하여 지배
하는 방식의 차이, 곧 사회변동을 구체적으로 전망할 수 있다.

2. 丁田과 稅役

丁田制는 고려에서도 시행하였다.[1] 이는 下代 新羅는 물론이고 後三
國 각국에서도 운영하고 있던 제도였다. 이 점은, 이 시기 丁戶가 존재
하고 있었던 사실에서 짐작할 수 있다. 신라말 李忩言이란 이가 도적이
극성함에도 碧珍郡(星州)을 잘 고수하고, 또 고려 태조의 후백제 정벌전
에 아들 永에게 군대를 인솔시켜 참가하는 등 협력하자 태조가 그를 本

---

1) 그간 고려시기의 丁田에 관해선 신라하대에 丁田이 有名無實하였다는 관점에서 그
   遺制 정도로 가볍게 간주하거나(①), 혹은 이전 시기의 丁田과의 연계를 차단한 채
   다만 足丁·半丁의 究明에 부수하여 언급한 것(②)이 전부이다.
   ① 說: 허종호, 《조선토지제도발달사》[1], 과학백과사전종합출판사, p. 203(서울
      版, 민족문화사, 1997).
   ② 說: 深谷敏鐵, 〈高麗 足丁·半丁 再考〉, 《朝鮮學報》 102, 1982.
      오일순, 〈高麗前期 部曲民에 관한 一試論〉, 《學林》 7, 1985(① 논문).
      〃 , 〈高麗前期 足丁의 성격과 그 변화〉, 《韓國 古代·中世의 支配體制와
         農民》, 1997(② 논문).
   深谷 씨는 足丁·半丁은 足丁田·半丁田이며 '戶別之丁'으로서, '役口之分'이 地主(田
   主)的 土地保有인데 대해, 百姓的 保有地이며, 이 보유지의 多少에 따라 基準의 丁戶
   에게 足丁을, 半丁의 丁戶에게는 半丁의 丁田을 지급하는 형식이었을 것으로 추정하
   고, 軍人田·其人田은 이 丁田에 收租權이 허여된 私田이라고 파악하였다. 한편 오 씨
   도 足丁·半丁은 足丁田·半丁田임에서 '戶別之丁'이고 '役口之分'(田柴科 계통)과는 설
   정기반이 다르다고 보는 점에서 기본 시각이 같다(①, ② 논문). 다만 이 足·半丁이
   고려초기 지방세력을 국가 직역체계 속에 편제하면서 그들 조상 전래의 丁田, 즉 私
   有地에 대해 10분의 1租를 면제해 준 免租地이고, 이는 직역자의 분산된 소유지를
   17결 규모로 묶어서 作丁(혹 내외족친의 토지도 포함)했을 것이며, 郡縣民의 民田과
   는 다른 토지라고 보고 있다(② 논문).

邑將軍으로　除拜하면서　아울러

加賜傍邑丁戶二百二十九[2]

하였던　丁戶　229가　그것이다.　이웃　고을[傍邑]의　정호　229를　더　주고　있
는　행위는,　벽진군　本邑에도　정호가　편성되어　있고　또　복속　지역의　민호
를　이와　같이　편제하는　제도가　있어야　이루어질　수　있는　것이었다.　후삼
국기에도　토지에　人丁을　묶고　그　稅役을　정해주는　정전제가　지속되고　있
었다.　정전은　농민　소유지에　세역이　책정된　토지이고,　정호는　정전으로
편성된　농민　소유지를　일정　면적의　結數로　구획하여　만든　田丁　위에서
出給되는　稅役擔當者가　형성하는　戶였다.　정호는　특정　國役　내지　職役을
담당하였다.[3]
　　이　시기에　丁戶를　‘本邑’,　‘傍邑’　등의　표현처럼　고을별로　작정하고　파악
하고　있었음을　보면　丁田의　지급　역시　그러하였을　것으로　생각된다.　정
호·정전은　세역의　규모와　그　조달을　직접　표현하고　구현하는　것이어서
이의　多少는　바로　고을의　형세,　즉　邑勢의　富微를　표시하였다.　그러므로
州縣을　설치하고　稅役과　관련해　그　규모를　제정할　때,　그　방식은　이　丁
戶　數　달리　표현하면　丁戶出給　단위　田丁(足·半丁)의　數爻,　예컨대　1000
丁·500丁·200丁·100丁,　그리고　50丁·20丁　등　여러　단위로　차등지어　놓
고　해당　고을을　이　등급　가운데　비추어　그에　적정한　일정　‘丁’　數　이상을
기준으로　묶어줌[束丁][4]으로써　시행하였다.　가령　고려　태조가　三韓을　통

---

2)《高麗史》92,　列傳　5,　王順式　附　李悤言,　下冊,　p.　75.
3) 拙稿,〈新羅時期의　丁田制〉,《歷史敎育》82,　2002(본서　Ⅰ편).
4)　주　10,　11　참조.
　　고려시기의　이　‘丁’數　역시　한　고을의　모든　개개　家戶와　개별　人丁을　망라한　수는
아니었다.　신라에서처럼　부세　부과의　원칙상　해당　고을의　總稅役額을　상정하고　그에
소요되는　量만큼을　丁戶로　책정한,　곧　‘束丁’한　수였다(拙稿,　同上論文,　p.　79).
　　그간　이　丁數의　‘丁’에　관한　해석은,　연구자마다　確言은　유보하고　있지만,　대략　①
人丁(戶口法),　②　田丁,　③　丁戶(人丁과　田丁의　결합),　④　丁戶(足丁戶와　半丁戶)와
白丁戶의　포괄　네　가지로　분간할　수　있다.　그리고　②와　③은　서로　융통한다.　각기　대
표되는　논고는　아래와　같다.
　①　說:　韓沽劤,〈麗代　足丁考〉,《歷史學報》10,　1958,　pp.　101～103.
　　　　朴時亨,《조선토지제도사》(상),　1960,　pp.　245～246(서울版,　신서원,　1994).

합한 후 新羅의 京號는 그대로 東京留守官으로 하고 州號는 慶州로 하면
서 이 고을을

千丁以上束給敎是遣 堂祭十乙爻定敎是良[5]

하여, 1000丁 이상으로 묶어 주고 堂祭 10을 두도록 하였는데 이는 경
주를 丁戸, 따라서 단위 田丁 1000 이상에 해당하는 稅役을 담당하는
고을로 삼고, 이의 집행을 위시하여 고을 안의 제반 행정실무를 담당할
당제 10인을 두는 조처였다.

  고려에서도 정호는 족정·반정 등 전정에서 出給되어 특정 국역 내지
직역을 담당하였다. 丁戸는 編戸로서의 戸나 그것을 구성하고 일반 稅役
을 담당하는 丁이 아니었다. 睿宗 3년(1107) 2월 東女眞을 征討한 후 咸
州(咸興)에 大都護府, 英州·福州(端川)·雄州·吉州·公嶮鎭에 防禦使를 두
고 宜三鎭·通泰鎭·平戎鎭에 城을 쌓고 남녘의 백성을 옮겨 채워 살게 하
였다. 이른바 尹瓘의 九城設置이다. 이때 각 城별로 徙居시킨 민인의 규

　　　　姜晋哲,《高麗土地制度史研究》, 高麗大學校出版部, 1980. pp. 196~198.
　　　　濱中 昇,〈高麗初期의 邑의 丁數〉,《年報 朝鮮學》3, 1993.
　② 說: 韓沽劤,〈麗初의 其人選上規制〉,《歷史學報》14, 1961. pp. 11~12.
　　　　姜晋哲,〈韓國土地制度史 上〉,《韓國文化史大系-政治·經濟史》Ⅱ, 高大民族文
　　　　　　化研究所, 1965. pp. 1287~1291.
　　　　金容燮,〈高麗時期의 量田制〉,《東方學志》16, 1975. p. 94(同,《韓國中世
　　　　　　農業史研究》수록, 지식산업사, 2000).
　　　　盧明鎬,〈羅末麗初 豪族勢力의 經濟基盤과 田柴科體制의 成立〉,《震檀學報》
　　　　　　74, 1992. p. 41.
　　　　허종호, 주 1의 논저, p. 263, p. 277.
　③ 說: 安秉佑,〈高麗前期 地方官衙 公廨田의 設置와 運營〉,《李載龒博士還曆紀念
　　　　　　韓國史學論叢》, 1990. pp. 179~182.
　　　　〃 ,〈地方官衙의 財政構造와 公廨田〉,《高麗前期의 財政構造》, 서울대학
　　　　　　교출판부, 2002. pp. 300~302.
　　　　蔡雄錫,《高麗時代의 國家와 地方社會》, 서울대학교출판부, 2000. pp. 112~
　　　　　　115.
　④ 說: 具山祐,《高麗前期 鄕村支配體制 研究》, 혜안, 2003. p. 236.
　　　　金琪燮,《高麗前期 田丁制研究》, 釜山大學校 博士學位論文, 1993. pp. 108~
　　　　　　120.
　5) 盧明鎬 외,《韓國古代中世古文書研究》(上), 慶州司首戸長先生案序, 서울대학교출판
　　　부, 2000. p. 341.

모에 관한 《고려사》의 기록을 보면, 都領轄 林彦의 《英州(廳壁)記》에는 이제 새로 6城을 설치한다 하고 바로 뒤에 이어 함주는 兵民 1,948丁戶, 영주 병민 1,238정호, 웅주 병민 1,436정호, 길주 병민 680정호, 복주 병민 632정호, 공험진 병민 532정호라고 하였고, 閔漬의 《編年綱目》에서는 윤관이 9성을 쌓고 남녀의 민인을 옮겨 채웠다 하고는 곧이어 함주는 戶 13,000, 영주·웅주에 각각 호 10,000, 복주·길주·의삼전에 각각 호 7,000, 공험진·통태진·평융진에 각각 호 5,000였다고 하였다.6) 전자와 후자 사이의 숫자 차이는 간단히 어느 한 편의 오류이거나, 혹은 후자가 원래 계획상의 수효였던 데서 연유하는 것으로 추측할 수도 있겠지만, 그런 것이 아니었다. 양자는 모두 사실이고 따라서 서로 상충되는 것이 아니었다. 다만 전자는 職役戶, 구체적으로 軍丁戶로서의 丁戶의 數를 말한 것이고, 후자는 編戶로서 民戶의 數를 가리킨 것이다. 함주 고을을 예로 들면 이곳의 徙民戶는 모두 1만 3천 호였고 이 가운데 선발하여 출급한 丁戶는 1,948이었다.

　徙民에는 農具·農糧·粮食 등 각종 물자와 牛·馬 등 畜力, 그리고 人力과 土地의 절급도 따랐다. 忠烈王 5년(1279) 6월 元에서 고려와 내왕하는 朝聘路次에 伊里干(聚落)을 두고 使行을 供役하게 하였다. 그 구체조치로서 瀋州와 遼陽 사이에 그 토지와 경계(四至)를 확정하고, 압록강 이

---

6) 《高麗史》 58, 地理 3, 咸州大都護府, 中冊, p. 311(延世大學校 東方學研究所 影印本, 1961-以下同).
　'睿宗三年二月　都鈴轄林彦作英州記云　今新置六城　一曰鎭東軍咸州大都督府　兵民一千九百四十八丁戶　二曰安嶺軍英州防禦使　兵民一千二百三十八丁戶　三曰寧海軍雄州防禦使　兵民一千四百三十六丁戶　四曰吉州防禦使　兵民六百八十丁戶　五曰福州防禦使　兵民六百三十二丁戶　六曰公嶮鎭防禦使　兵民五百三十二丁戶　又閔漬所撰綱目云　尹瓘築九城　徙南界民實之　號咸州曰　鎭東軍　置戶一萬三千　號英州曰　安嶺軍　雄州曰寧海軍　各置戶一萬　福吉宜三鎭　各置戶七千　公嶮通泰平戎三鎭　各置戶五千'
　《高麗史》 96, 列傳 9, 尹瓘, 睿宗, 下冊, p. 146.
　'瓘又使林彦　記其事　書于英州廳壁曰……女眞　本勾高麗之部落　聚居于盖馬山東　世脩貢職　被我祖宗恩澤深矣……是其地方　三百里　東至于大海　西北介于盖馬山　南接于長定二州　山川之秀麗　土地之膏腴　可以居吾民　而本勾高麗之所有也　其古碑遺跡　尙有存焉夫勾高麗失之於前　今上得之於後　豈非天歟　於是　新置六城　一曰鎭東軍咸州大都督府　兵民一千九百四十八丁戶　二曰安嶺軍英州防禦使　兵民一千二百三十八丁戶　三曰寧海軍雄州防禦使　兵民一千四百三十六丁戶　四曰吉州防禦使　兵民六百八十丁戶　五曰福州防禦使　兵民六百三十二丁戶　六曰公嶮鎭防禦使　兵民五百三十二丁戶　選其顯達而有賢材能堪其任者　鎭撫之　詩所謂于蕃于宣以蕃王室者也'

남에는 고려 자체로 2곳의 이리간에 각 100戶씩 두게 되었다. 당시 고려는 潘州와 遼陽 사이 이리간(營城)에는 각 도에서 '富民 二百戶'를 뽑아 옮겨 살게 하되 副戶長·別將급을 골라서 두목으로 삼아 각각 50인씩 관할하게 하고, 이주호마다 일정 수효의 각종 물자·용구·가축과 함께 兩界의 亡丁·投化丁 그리고 田土를 각각 4結씩 절급하였다.[7] 徒民戶는 5년마다 교체하였으며, 丁과 田은 교체되는 이가 돌려받았다. 망정·투화정은 보조 인력의 農軍으로 배정한 것이고, 전토 4결은 각 戶의 생활안정을 위한 농토로서 배급한 것이다. 아마도 이 분급전토 4결은 기준이 伊里干을 구성하는 개별 민호 내의 평균 丁數(대략 2~3丁), 따라서 그 稅役의 책정과 결부하여 그만한 부담을 질 수 있게 산정한 면적의 토지, 곧 丁田이었을 것이다. 이 4결은 신개척지 임에서 본래 정전 기준 결수보다 넉넉히 하여 대략 배 정도로 책정한 액수였을 것이다. 伊里干에서 직접 供役의 직역을 맡는 丁戶는 200호 가운데 田丁을 단위로 일정 수를 선발하여 조성하였을 것이다.

束丁制는 고려시기 주현의 설치·운영에 있어서 큰 원칙이었다. 그러므로 고려후기 충렬왕 24년(1298) 忠宣王 즉위 下敎에서도

凡州府郡縣 先王因丁田多少 以等差之[8]

라고 하여 이 점을 일러주고 있다. 州·府·郡·縣의 等差를 정전의 다소에 따라 매겼다 하여, 그 기준이 정전에 있었음을 명확히 지적하고 있는 것이다. 주현의 설치 때 집행하는 이러한 속정제는 이전부터 있어 온 오랜 전통이고 관례였다. 신라에서 州郡을 설치할 때 田丁과 戶口로 하였다는 것은[9] 바로 토지와 인정을 稅役을 매개로 하여 묶은 사실, 이점을 전달

---

7) 《高麗史》 29, 世家 29, 忠烈王 2, 忠烈王 5년 4월 乙未, 上冊, p. 589.
  《高麗史》 29, 世家 29, 忠烈王 2, 忠烈王 5년 6월 癸卯, 上冊, p. 590.
  《高麗史》 82, 兵 2, 站驛, 忠烈王 5년 6월, 中冊, pp. 802~803.
8) 《高麗史》 84, 刑法 1, 職制, 忠烈王 24년 정월, 忠宣王 卽位下敎, 中冊, p. 843.
9) 《新增東國輿地勝覽》 7, 驪州牧, 古蹟, 登神莊(古典刊行會 影印本, 1958-以下同).
  '今按 新羅建置州郡時 其田丁戶口 未堪爲縣者 或置鄕 或置部曲 屬于所在之邑'

해 주고 있는 표현으로 사료된다. 전정과 호구로써, 곧 양자의 엮음을
통해 현이 될 수 있는 행정기구로의 자격체를 제정한 것이기 때문이다.

　이러한 ‘丁’이 갖는 역할과 기능은 매우 중요하였다. 고려는 일정 수효
의 丁 이상을 기준으로 하여 州·府·郡·縣 및 館·驛의 규모를 작정하고,
이에 근거하여 公須田柴·紙田·長田 등 公廨田의 액수를 차등 있게 배정
하고 있었다.10) 또 事審官의 人員, 戶長·副戶長 이하 諸鄕職의 수, 貢擧
의 정원수 등도 차별하여 제정하였고, 各驛의 科等策定과 諸驛의 大路·
中路·小路의 구분 및 그에 따른 驛長의 수효 배정도 丁에 의거하여 집행
하였다.11) 丁田制는 고려시기의 군현제와 부세제 운영의 총단위이고, 실
제 지표인 束丁制에 근본이 되는 토지제도였다.

　이러한 점에서 고려시기의 丁田도 기능과 내용은 前代와 동일하였다.
사실 고려초 결부제의 운영은, 삼국기·통일신라기에 地積을 염두에 두되
把 단위의 소출에 중심을 두던 데에서, 소출을 고려하되 步 단위의 地積
에 중심을 두는 것으로 변화하였다. 이 과정에서 종전 통일신라에서 촌
락·주거지역은 步로, 田野·農作地域은 結負束으로 각각 打量하던 두 원
칙이 하나로 통합되는 등의 변모가 있지만, 지역차 군현차를 전제로 한
單一量田尺에 의한 田品別 差等收租는 신라와 같았다.12) 田丁制도 그대
로 시행되었다.13) 부세행정이 租·布(調)·役의 三稅를 바탕으로 운영되는
점도 같았다.14) 그리고 編戶가 9等戶制임도 신라시기와 마찬가지였

---

10)《高麗史》78, 食貨 1, 田制, 公廨田柴, 成宗 2년 6월, 中冊, p. 713.
11)《高麗史》75, 選擧 3, 銓注, 事審官, 成宗 15년, 中冊, p. 652.
　　《高麗史》75, 選擧 3, 鄕職, 顯宗 9년, 中冊, p. 653.
　　《高麗史》75, 選擧 1, 科目 1, 顯宗 15년 12월, 中冊, p. 590.
　　《高麗史》82, 兵 2, 站驛, 中冊, p. 801.
　　《高麗史》82, 兵 2, 站驛, 成宗 2년, 中冊, p. 802.
12) 金容燮,〈結負制의 展開過程〉, 주 4의 논저.
　　〃 , 주 4의〈高麗前期의 量田制〉, 同上書.
　　〃 ,〈高麗前期의 田品制〉,《韓㳓劤博士停年紀念 史學論叢》, 知識産業社, 1981,
　同上書.
13) 呂恩暎,〈高麗時代의 田丁〉,《嶠南史學》3, 1987.
　　尹漢宅,〈고려 전시과 체제하에서의 농민의 신분〉,《泰東古典硏究》5, 1989.
　　拙稿,〈高麗時期의 作丁制와 祖業田〉,《李元淳敎授停年紀念 歷史學論叢》, 敎學社,
　1991(본서 Ⅲ편).
　　金琪燮, 주 4의 논고.

다.15) 이뿐만이 아니었다. 建國 고려는 고구려의 토지제도, 그리고 고구려 멸망 후 그 영역·주민과 문물·제도를 이어서 大帝國을 건설하고 있던 渤海의 토지제도에도 익숙하였을 것이다. 고구려나 발해도 結負式 量田制를 택하고 있어서 토지파악, 부세운영이 신라나 고려와 크게 다를 바 없었을 것이다. 실제 고구려의 佃舍法이나 발해의 井田制는 신라의 丁田制와 원칙과 성격이 같은 토지제도로 간주된다.16) 더구나 고려는 옛 고구려 강역에서 일어났고, 또 고구려의 계승을 표방한 나라였다.

그러므로 고려에서 丁田을 운영함은 자연스러운 현실이고 당연한 일이었다. 成宗 10년(991), 신라 文武王 원년(661) 3월에 加耶國의 始祖 首露王의 王位田으로 배속시킨 30結 가운데 15결은 옛 法例대로 두고 나머지 15결을 金海府의 役丁에게 나누어 주었는데,17) 이 조처는 바로 이러한 정전 지급의 한 사례로 사료된다. 王位田 30결은 아마 無稅役地, 곧 免稅免賦의 토지로서 首露王 陵廟 소속의 소유지였을 것이다. 이 王位田의 마련은, 고려 성종 때에 이르러 그 半인 15결을 김해부 量田使(節使)가 조정의 허락을 얻어 이 고을 役丁에게 나누어 주고 있음으로 보아, 나라에서 능묘 근처에 이미 소유주가 있는 토지 가운데서 上上田을 지목하여 買入 혹은 換地의 방법으로 受容함으로써 이루어졌을 것이다. 그리고 그간 경작은 守陵軍, 혹은 능묘에 배속된 奴婢 및 인근 민인(農軍), 혹은 並作人 등 여러 형태의 인력으로 이루어져 이때까지 내려왔으

---

14) 朴鍾進, 《고려시기 재정운영과 조세제도》, 서울대학교출판부, 2000.
15) 崔南善 編, 《增補 三國遺事》, 附錄 新羅帳籍零簡, 民衆書館, 1954.
   주 32 참조.
16) 허종호, 주 1의 논저, pp. 179~181.
   金容燮, 주 12의 〈結負制의 展開過程〉, pp. 197~198.
   拙稿, 주 3의 논고.
17) 《三國遺事》 2, 駕洛國記.
   '首陵王廟……洎新羅第三十王法敏 龍朔元年(文武王 원년, 661)辛酉三月日……遣使 於黍離之趾 □近廟上上田三十頃 爲供營之資 號稱王位田 付屬本土 王之十七代孫賡世 給干 祇稟朝旨 主掌厥田……淳化二年(成宗 10년, 991) 金海府 量田使 中大夫趙文善 申省狀稱 首露陵王廟屬田結數多也 宜以十五結仍舊貫 其餘分折於府之役丁 所司傳狀奏聞 時廟朝宣旨曰 天所降卵 化爲聖君……崩後自先代俾屬廟之壟畝 而今減除 良堪疑懼 而不允 使又申省 朝廷然之 半不動於陵廟中 半分給於鄉人之丁也 節使〔量田使稱也〕受朝旨 乃以半屬於陵園 半以支給於府之徭役戶丁也'
   金容燮, 주 12의 논고.

리라고 짐작된다. 후삼국을 통합한 새 나라 고려로서 정치·산업·관제·군사·등에서 개편·수선·정비해야 할 부면은 수다하지만, 그 중심에는 항상 토지와 인정에 대한 정확한 파악과 부세의 균분 배정, 아울러 수입 확대가 자리하였다. 租·布·役의 균등한 배정·수취와 財政收入의 확장을 꾀하려면 기초작업으로, 고을 내 稅役負擔의 불균등이 커져 폐해가 클 때마다 세역담당자인 丁을 토지의 결부 수와 관련하여 정돈하되 될 수 있는 한 그 수도 늘려야 했다. 그리고 이때 사정에 따라서는 토지도 절급해 주어야 할 경우도 적지 않아, 이의 조성도 수반되어야 했다. 이러한 모든 작업은 量田을 통해서 이루어졌다.[18] 위의 조치로 미루어 보건대 성종 10년에도 量田이 거행되었던 듯하다. 이때 金海府도 稅役負擔力을 높여야 할 사정은 마찬가지였고, 특히 그 사세가 매우 심각하였던 듯하다. 그러므로 토지 조달의 방편으로 김해부의 量田使는 수로왕릉의 位田이 30결씩이나 됨은 과다하다고 여기고, 이에 착목하여 그 半을 府의 役丁〔鄕人之丁, 徭役戶丁〕몫으로 떼어 주는 방도까지도 택한 것으로 사료된다. 애초 양전사가 이 奏請을 올렸을 때 조정에서는 先王의 제도를 훼손함을 미안한 일이라 하여 거절하였었다. 그러나 재차 申省을 하자 허락하였는데, 사정상 15결은 주청대로 하는 것이 타당하다고 판단한 듯하다. 역정에게 배분한 15결의 전지는 이들의 소유지인 동시에 稅役地로서 양급한 丁田이 됨은 물론이다.

　이와 같이 고려의 정전은, 그 세역이 책정·부과되는 구체절차나 방식은 지금으로선 불분명하지만, 신라시기의 정전과 마찬가지로 소유지를 田結로 파악하고 여기에 세역을 결부시켜 부담하게 한 토지였다. 이 정전은 마치 고려 공민왕 때 승려가 되고자 하는 이에게 그 세역 면제의 대가로 포 50匹을 징수하고 度牒을 내려주는 제도를 수립하면서 이 면제료를 '丁錢'이라고 함[19]과 대비된다. 아마 丁錢은 세역을 田이 아닌 錢을 통해 갈음하였다는 뜻이겠다. 丁田이 일정 면적에서 丁, 곧 세역을 내는 것임은 다음의 예로써도 분명하다. 고려시기의 稅役은 租·布·役 3세 중

---

18) 주 27~30 참조.
19)《高麗史》84, 刑法 1, 職制, 恭愍王 20년 12월, 中冊, p. 847.

심이었고, 그 실제 운영은 農作의 損分率이 4푼이면 租를 면제하고 6푼이면 租·布를, 7푼이면 租·布·役 모두 면제함이 규칙이었다.[20] 田損에 따른 3稅의 순차 감면은, 다름 아니라 토지에 이 모든 세역을 책정·부과하고 있기 때문이다. 토지를 전결로 묶어 파악한 田丁과 세역을 책정하여 준 丁田이 이상과 같이 연계되어 있어야 수립·실행할 수 있는 부세정책이었다. 또한 睿宗 3년(1108) 2월 王太后를 봉하면서 그 경축으로 여러 주군현에서 進奉하는 長吏·從卒의 각 '田丁稅布'를 전부 방면하였는데,[21] 이 '田丁稅布'라는 표현도 세역의 하나인 稅布(調)가 부과 형식상 정전으로 편성된 농민 소유지를 일정 결수로 묶은 田丁 위에서 出給하도록 되어 있는 까닭에 나오는 용례였을 것이다. 이 稅布는 전정 안에 묶여 있으면서 정전으로 파악된 烟戶의 田地에서 일정액씩 징수하여 收納되었을 것이다.

고려의 정전도 신라에서처럼 민인의 소유지에 세역이 연계되어 量給되고 있었으며, 이를 근거로 정호가 설정되고 각종 國役이 책정되고 있었다. 이에 관해서는 분명한 자료가 한두 개 전한다. 아래 기사는 그 가운데 하나이다.

宣宗十年六月 邵台輔奏 北路邊城將士 多自山南州郡選補 丁田在遠 資産貧乏
若有兵事 並爲先鋒 請自今令入遼使臣 揀取其壯健者以爲傔從 因使覘察彊域
事體 且有互市之制 人必競勸 從之[22]

宣宗 10년(1093) 6월, 그간 參知政事, 權判西北面兵馬使兼中軍兵馬使를

---

20) 《高麗史節要》 2, 成宗 7년 12월, p. 53.
　　《高麗史》 80, 食貨 3, 賑恤, 災免之制, 成宗 7년 12월, 中冊, p. 764.
　　《高麗史》 78, 食貨 1, 田制, 踏驗損實, 文宗 4년 11월, 中冊, p. 726.
21) 《高麗史》 80, 食貨 3, 賑恤, 恩免之制, 睿宗 3년 2월, 中冊, p. 763.
22) 《高麗史節要》 6, 宣宗 10년 6월, p. 169(亞細亞文化社 影印本, 1971-以下同).
　　위 기사와 동일한 내용이 《高麗史》에도 실려 있다. 다만 몇 군데 字句表記에 차이가 있다.
　　'北路邊城將士 多自山南州縣充入 故丁田在遠 賫産貧乏 脫有兵事 並爲先鋒 請自今令入遼使臣 揀壯健者爲傔從 因使偵察彊域事勢 且有互市之利 人必競勸 制從之'(《高麗史》 95, 列傳 8, 邵台輔, 下冊, p. 129)

역임하고 이해 5월 中書侍郞平章事判刑兵部事에 오른 邵台輔[23]란 이가, 遼와 접해 있는 北方邊城 지역에 選補되어 있는 將士들의 資産形便이 貧寒窮乏한 사정을 말하고 그 수습책을 건의한 것으로, 고려시기 정전의 이해에 중요한 단서를 제공하여 준다.

이에 의하면, 해당 정전은 將士, 곧 將帥 및 士卒이 소지하고 있으며 그 소재처는 將士들의 元居住 州郡이어서 鎭戍處에서 隔遠하다는 것, 정전이 특별히 거론됨은 여기에는 軍役이 정해져 있고 이와 관련하여 將士들이 北路邊城에 選補·充入되어 있기 때문일 것이라는 점, 그리고 將士 貧乏의 타개책으로 전토를 더 加給하는 방안이 아니라 그중 强健者를 遼에 들어가는 使臣이 傔從으로 뽑아 강역의 사태를 엿보아 살피면서 互市의 이득도 얻게 하는 방식이 건의되고 있음을 보아 이 정전은 수조지, 즉 田丁이 아니라는 것 등을 알 수 있다. 그리고 이 모두를 종합하여 추정하면 정전은 將士의 소유지였다는 사실을 확인할 수 있다.

신라와 마찬가지로 고려시기의 정전도 세역 제공자의 소유지에 丁을 量給한 토지였다. 이 점을 한층 분명히 하여 주는 것이 다음의 기록이다.

明宗十八年三月下制 各處富强兩班 以貧弱百姓 賒貸未還 劫奪古來丁田 因此失業益貧 勿使富 戶兼幷侵割 其丁田 各還本主[24]

明宗 18년(1188) 빚을 미처 갚지 못하였다고 예부터 내려오는 정전을 강제로 빼앗는다는 것, 이로써 빈약한 백성들이 業을 잃고 더욱 가난하여진다는 것, 따라서 富戶가 토지를 몰아 차지하고 빼앗지 못하게 하며 겁탈한 정전은 각각 본래의 소유주에게 돌려주도록 하라는 것이 要旨이다. 부채는 물론 갚아야 했을 것이다.

여기서 정전은 百姓이 가지고 있으며, 이 중 貧弱한 이는 이를 富强兩班에게 저당 잡혀 借貸하고 있는 점, 나라에서 富戶가 겁탈한 정전을 本主에게 환급하도록 강제하고 있는 점 등은 모두 이 정전이 소유지이어야

---

23) 《高麗史節要》 6, 宣宗 9년 2월·4월, 10년 5월, p. 164.
24) 《高麗史》 79, 食貨 2, 借貸, 明宗 18년 3월, 中冊, p. 747.

있을 수 있는 행위였다. 정전의 성질이 이러한 까닭에 정전은 백성의 業이었고 이의 탈취는 業의 상실, 곧 '失業'으로 이어지는 것이었다. 그러므로 '古來丁田'이라고 표현하고 있는 것이었다. '古來丁田'의 古來는 이 정전이 祖業의 家田이고 父祖田이며, 따라서 民田임을 특히 소유권상에서 강조하고 있는 표기이다.

이 기사에서 이들의 소유지를 田地·土田·民田 등 통상적인 용어로 표현하지 않고 각별히 '古來丁田'이라고 지목한 것은, 세역이 책정된 토지로서 오랫동안 이를 부담하여 온 농지임을 부각시켜 강조하고자 하는 의도의 소치일 것이다. 세역이 정해진 정전으로서의 소유지가 부강양반에게 점탈당하면, 그 세역부담자도 함께 소멸되는 사정 때문이었다. 그리고 이로 인하여 세역징수처도 그만큼 축소되는 것이었다. 명종정부는 稅役의 부담자 내지는 부담 농지의 감축·퇴훼를 토지겸병이 가져오는 병폐로서 심각하게 제기하고 있는 것이다. 조정으로서는 세역담당자가 토지겸병에 휩쓸려 失業益貧하는 사태가 만연함을 그대로 방치할 수 없었다. 실제 명종조에는 토지겸병이 전보다 더 극심하여 그 수습책도 매우 절실하였다.25) 그러므로 이 제칙에서 조정은 이 丁田劫奪에 두 개의 토지문제를 더하여, 각 州縣에 있는 京外兩班·軍人의 家田·永業田을 權勢家가 吏民·守令과 결탁하여 閑地라고 妄稱하여 탈점함으로써 원성이 衝天하니 그 使喚과 吏民을 窮極推罪하라는 조처, 그리고 京人으로서 鄕邑에 農場을 크게 벌여놓고 작폐하는 자는 농장을 몰수하고 법에 의해 그들을 서울로 돌려보내고 道門의 승려가 각처의 農舍에서 貢戶와 良人을 함부로 차지하여 부리고 질이 나쁜 종이와 피륙을 억지로 대여하여 이득을 꾀하는 것을 모두 금지하는 조치도 함께 시달하고 있었다.26)

---

25) 《高麗史》 129, 列傳 42, 叛逆, 崔忠獻, 明宗 26년, 下冊, p. 791.
26) 《高麗史》 78, 食貨 1, 田制, 明宗 18년 3월, 中冊, p. 711.
　　'下制 凡州縣 各有京外兩班軍人家田永業田 乃有姦黠吏民 欲托權要 妄稱閑地 記付其家 有權勢者 又稱爲我家田 要取公牒 卽遣使喚 通書屬托 其州員僚 不避干請 差人徵取 一田之徵 乃至二三 民不堪苦 赴訴無處 寃忿衝天 灾沴間作 禍源在此 捕此使喚 枷械申京 記付吏民 窮極推罪'
　　《高麗史》 85, 刑法 2, 禁令, 明宗 18년 3월, 中冊, p. 862.
　　'制曰 京人於鄕邑盛排農場作弊者 破取農場 以法還京 道門僧人 諸處農舍 冒認貢戶

3. 丁田의 量給과 位置

　정전은 소유지였고, 각 군현은 이로써 세역을 책정받고 있어서 結負나 田品 등에 큰 변동이 생기면 새로 量給함이 원칙이었다. 세역을 바로 잡아야 하는 까닭이다. 靖宗 7년(1041) 정월 戶部에서 尙州 管內의 中牟縣, 洪州 관내의 楹城郡, 長湍縣 관내의 臨津·臨江縣 등 여러 고을의 民田이 結負의 多寡, 田品의 膏堉이 실제와 달라져 고르지 않자

　　　請遣使量之　均其食役[27]

하여 재가를 받고 있음이 그 예이다. 해당 고을에 양전사를 파견하여 量田을 다시 하여 食役을 고르게 한다는 것인데, 결국 稅役을 균등히 하는 처사였다. '均其食役'한다는 食役의 '食'은 '出食'의 食이며 이는 '稅', '田租'의 의미이다.[28] 식역은 바로 세역을 이름이었다. 당초 이들 고을에는 각기 나라에서 束丁하여 준 丁數만큼 부담하는 稅役總額이 있고, 이것을 각 민인의 소유지에 적절히 배정하고 부담하도록 운영하여 왔다. 그러나 정종 7년 이때에 이르러선 그간의 여러 사정으로 결부의 다과, 전품의 비척이 不均하게 되어 군현 전체로서는 본래 배정된 세역총량을 조달하는 데 무리가 따르고, 민인 개개인의 부담도 이전과 달라져 郡·民 모두 폐해를 입고 있는 까닭에, 다시 양전하여 세역을 고르게 책정하는 것이었다.

　이와 같이 양전사업에 동반한 稅役均定의 작업이 곧 '量給'이었다. 그러므로 文宗 13년(1059) 3월, 安北都護 및 그 귀속 龜·泰·靈·渭州와 通海縣에서 같은 조처를 취할 때, 그 사정을 가리켜

　　　民田量給已久　肥堉不同　請遣使均定[29]

　　　良人以使之　又以麤惡紙布　强與貧民　以取其利　悉皆禁止'
　27)《高麗史》78, 食貨 1, 田制, 經理, 靖宗 7년 정월, 中冊, p. 706.
　28) 拙稿, 주 13의 논고, p. 184 참조.

이라고 하였다. 양전에 수반한 結負策定과 이와 함께 작정되는 稅役賦課를 ‘民田量給’이라고 표현하고 있는 것이다.30) 충렬왕 34년(1308) 11월, 忠宣王이 복위 후 國用의 예비를 조성하고 祿俸을 넉넉히 지급하며 民産을 풍족히 하고자 취했던 조치, 즉 民田을 點數하여 租賦를 均定함31)도 같은 경우이다.

丁田量給에 의한 稅役作定은 신라와 마찬가지로 上上~下下의 9等戶로 나눈 編戶를 기준으로 하였을 것이다.32) 그리고 이 위에서 軍人戶·其人戶, 驛戶 등 각 丁戶, 즉 丁人戶의 설정과 軍人丁, 其人丁, 驛丁 등 丁人의 抄出이 수행되었을 것이다.33) 가령 軍人의 경우 田 17결을 묶어 1足丁이라 하고 여기서 軍 1丁을 供給하는, 곧 出給하는 것이 원칙이었다. 이것이 田賦였다. 토지에서 兵民, 즉 軍을 공급하는 까닭이다.

國家以田十七結 爲一足丁 給軍一丁 古者田賦之遺法34)

---

29) 《高麗史》 78, 食貨 1, 田制, 經理, 文宗 13년 3월, 中冊, p. 706.

30) 文宗 13년(1059) 2월 楊州界內의 見州가 置邑(光宗 5년, 954)한 지 105년이 지나, 고을 民人의 田畝가 누차 水旱을 겪어 膏塉不同하여 量田使를 보내 ‘均定’하고 있는 것(《高麗史》 78, 食貨 1, 田制, 經理, 文宗 13년 2월, 中冊, p. 706)도 마찬가지 내용이다. 당초 見州를 置邑할 때 束丁을 통해 일정 규모의 丁으로 고을 等差가 작정되었겠는데, 그 후 농지상태가 위와 같이 되어 束丁한 丁數만큼 稅役을 조달할 수 없게 되어 이때에 와서 量田을 시행하고 다시 均定하게 하는 것이다.
　위의 民田量給에 관한 기사들은 과거 한동안 日本學者들이 고려시기 土地國有制論의 전제 위에서 그 用語와 字句에 구애하여, 고려시기 均田制 내지 公田制 시행說의 근거자료로 간주하기도 하였다. 아래의 논고가 그러하다.
　旗田 巍, 〈高麗朝의 寺院經濟〉, 《史學雜誌》 43-5, 1932.
　有井智德, 〈高麗初期의 公田制〉, 《朝鮮學報》 13, 1958.
　深谷敏鐵, 〈高麗時代의 民田에 대한 考察〉, 《史學雜誌》 69-1, 1960.
　深谷씨의 足·半丁에 관한 이해(주 1의 논고)도 이 선상에서 오는 것이다.

31) 《高麗史》 33, 世家 33, 忠宣王 1, 忠烈王 34년 11월 辛未, 上冊, p. 680.
　《高麗史節要》 23, 忠烈王 34년 11월, 忠宣王 復位, p. 595.

32) 《高麗史》 84, 刑法 1, 戶婚, 中冊, p. 852.
　‘編戶 以人丁多寡 分爲九等 定其賦役’

33) 한 예로 주 6의 자료에 보이는 ‘丁戶’는 軍人戶를 지칭하는 것이다.

34) 《高麗史》 81, 兵 1, 兵制, 恭愍王 5년 6월, 中冊, p. 783.
　본 文句 가운데 ‘給軍一丁’의 구절은 통상 ‘軍 1丁에게’ 혹은 ‘軍에게’ 足丁의 토지를 주는 의미로 해석한다. ‘給’字를 지급, 절급, 분급으로 풀이하는 것이다. 그러나 이럴 경우 뒤의 ‘田賦’와 의미가 제대로 통하지 않는다. 田賦와 의미가 상통하고 文脈 전체도 순리를 갖추려면, 여기서 ‘給’字는 ‘供給’ ‘出給’의 뜻으로 새겨 실제는 17결 1足丁에서 ‘軍 1丁을 낸다’는 내용으로 이해하여야 하지 않을까 한다. 주 35의 논고 참조.

이른바 '田賦出兵'이다.35) 李奎報는 高宗 21년(1234) 자신이 출제한 策問에서 당시 軍隊가 허술하고 부실하다고 개탄하면서, 본래 군대는 '皆各有所受分田'하다 하여 각기 받은 바의 分田이 있다고 하고, 그러므로 지금 그들이 어디에 있던 隊伍가 차지 않겠는가 하고 逆問한 후, 그러나 그 田地가 있는 곳으로 흩어 돌려보내고 만약 有司가 일이 있어 갑자기 돌아오게 하면, 오직 飢寒에 기댈 곳 없는 자만 이르렀다가 도리어 役이 고되고 먹을 것이 궁핍해지면 후한을 돌보지 않고 도망하는 자가 많다고 토로하고 있다.36) 이 역시 丁田 속에서 이루어지는 丁田量給에 입각한 田賦出兵의 제도 및 그 붕괴를 두고 하는 지적이다. 소유농지에 대한 稅役의 배정은 軍務에 소집된 군인이 군무를 마친 뒤 자신의 농지가 있는 집으로 귀향함을 바탕으로 하여 이루어지는 것인데, 이제는 군의 소집에 응하지 않는다 함은 토지가 군인징집의 기반으로 작동하지 않고 있는 세태를 가리키는 것이었다.

軍 1丁을 내는 戶는 丁戶이되 軍丁戶로서, 17결 1족정의 田丁을 그 差役의 대가 및 供役에 소요되는 경비조달로 수득하는 형태로 받았을 것이다. 정호는 軍人 혹은 其人·驛子에 差役되어 전정 단위로 出給되고 또 전정을 立役期限 동안 소지하는 이들이었고, 이런 점에서 役이 없어 田丁이 없는 이들, 곧 白丁과 서로 구분되었다. 정호는 連立·遞立하면서 世傳하였다. 토지와 丁이 연계되어 있는 것도 이 때문이었다. 혹 전란·기근이나 도망·실업·絶戶 등 여러 사유로 闕戶가 발생하거나 또는 丁人 자체를 증가시켜야 하면 종종 白丁에서 뽑아 田丁을 連立시키거나 公田을 지급함으로써 토지를 주고 정호로 삼아 해결하였다. 혹 백정을 포상하는 경우에도 이와 같이 하였다.37)

---

35) 拙稿, 〈高麗時期의 稅役運營과 足丁·半丁〉(본서 Ⅲ편).

36) 李奎報, 《東國李相國集》, 後集 11, 同前(甲午年)禮部試策問次望不行(《高麗名賢集》 1冊, pp. 556~557, 成均館大學校 大東文化研究院, 1973-以下同).
　　'近年已來 軍隊僅虛而不實……以軍隊言之 皆有所受分田 今忽安往而隊伍之不充耶 必散歸其田所在 若有司考而逼還 則獨飢寒援者至焉 顧役若食乏則不慮後患逃還者衆矣 古當不爾而今之至是 其故何也'

37)《高麗史》81, 兵 1, 兵制, 靖宗 11년 5월 丙子, 中冊, p. 777.
　　'比經禍亂丁人多闕……今…宜令一領 各補一二百名 京中五部坊里 除各司從公令史·主

정전은 각종 役戶를 出給하는 稅役地를 뜻하고, 이것이 여러 개 모여 일정 표준 결수를 짓고 여기서 실제 丁戶가 출급되었다. 이 일정 표준 단위와 여기서 선상되는 丁戶를 일러 戶丁이라고도 불렀다. 현종 14년 (1023) 윤 9월의 판지에 義倉米法으로서 都田丁數를 써서 義倉米를 收歛하는 규정 가운데 一科公田, 二科公田 및 宮·寺院·兩班田과 함께 열거되어 있는 '三科及軍·其人戶丁 租一斗'한다38) 함에서 軍·其人戶丁이 그 예이다. 고려시기 의창미의 수렴은 토지를 수 결 혹은 수십 결씩 作丁하여 세역 징수단위로 묶은 田丁[足丁]을 표준으로 하였다. 이때 田丁은 모든 地目에 획일적으로 배정한 것이 아니고, 성질을 달리하는 토지의 名目別로 작정하였다. 즉, 公田 3부류, 宮院田·寺院田·兩班田 및 軍·其人戶丁 등으로 구획하여 분류하였다. 그러므로 이 전정의 부류 모두를 망라하여 '都田丁'이었다. 주현의 田土를 정리하여 公田을 3科로 등분하고, 궁원전·사원전·양반전 및 군인호정·기인호정으로 등급을 매긴 것은 고려전기의 결부양전제, 결부조세법의 특징과 田丁의 운영에서 기인하는 것이라고 추정된다.

　고려는 농지마다 그 田品等第를, 지역차를 전제한 9등급으로 정하고 이에 입각하여 등급별 同一所出 同一收租의 원칙을 관철시키는 것을 바탕으로 농지의 結實積을 파악하고 있었다. 同一實積에 差等收租, 즉 '同積異稅'였다. 그리고 田柴科상의 농지 경리 내지 분급 등은 結을 기준으로 하되 이 結을 수 개 혹은 십수 개씩을 구역으로 묶은 丁을 단위로 분급하였다. 이 丁은 조세 부과를 위한 區域으로서의 토지 단위이고, 이른바 田丁이었다.39) 收租는 이 田丁으로서의 結數에 따라 집행하는데, 이

事·記官·有蔭品官子 有役賤口外 其餘兩班及內外白丁人子 十五歲以上五十歲以下 選出充補 令選軍別監 依前田丁連立'
　《高麗史》82, 兵 2, 站驛, 中冊, p. 802.
　'分各驛丁戶爲六科……若有田而丁口不足 以本驛白丁子枝自願者充立'
　《高麗史節要》2, 成宗 9년 9월, p. 55.
　'敎曰……其咸富等男女七人 並令旌表門閭 免其徭役 白丁給公田爲丁戶'
38)《高麗史》80, 食貨 3, 常平義倉, 顯宗 14년 윤 9월 癸亥, 中冊, p. 761.
　'判 凡諸州縣義倉之法 用都田丁數收斂 一科公田一結租三斗 二科及宮寺院兩班田租二斗 三科及軍其人戶丁租一斗 已有成規 脫遇歲歉 百姓阻飢 以此救急 至秋還納毋得濫費'
39) 고려시기의 量田, 田品, 田丁에 관한 이러한 이해에 대해선 다음의 논고를 참고할 것.

때 田品의 차등에 따른 結當 田租額의 等差로 인해 발생하는 收益上의 불균형을 조정해야 했다. 방법은 경리·분급 결수에 상응하는 收租額에 초점을 두어 전시과의 토지를 田丁의 형태로 실제 경리·분급하는 것이 최상이었다. 그리고 이럴 경우 되도록이면 한 사람, 한 기관의 분급전지는 같은 田品의 농지로 묶인 丁으로 주고, 또 기관별, 궁원·사원, 양반, 군인·한인별로 나누어 마찬가지 방식으로 하지 않았을까 한다.

따라서 1科公田의 전품, 2과공전 및 궁원·사원·양반전의 전품, 3과공전 및 軍人·其人戶丁의 전품은 각기 차등이 있게 되며, 의창미 징수에서 결당 租額을 달리하는 것이었다. 그리하여 각 지목마다 그 田丁에서 결당 제정한 의창미의 租額을 징수하였다. 예컨대 軍·其人戶丁의 경우 해당 전정 한 단위마다 여러 소유주의 농지로 구성되어 있었고, 각기 1결당 義倉租 1斗씩을 징수하는데 그 한 수조단위 田丁이 17결이라면 총 17두를 수납하는 것이다. 이런 까닭에 여기서 거론하고 있는 軍人戶丁 및 其人戶丁은 결국 軍人戶·其人戶의 田丁이기도 한 셈이다. 고려 건국 초 太祖 22년(939) 赤牙縣(慶北 醴泉郡 上里面) 鷲山(鳴鳳山)에 境淸禪院의 설립을 허가하는 都(廣)評省의 帖文에서, 이 절터의 부지마련에 관한 문구 가운데 '敎旨然丁(乎)戶丁矣地段'[40) 云云하는 구절의 '戶丁矣地'도 마찬가지로 戶丁의 땅, 곧 丁戶를 출급하는 세역지로 새겨진다. 아울러 戶丁도, 丁이 그러하듯이, 田丁과 人丁 두 뜻을 가졌다. 成宗 10년(991), 加倻國의 始祖 首露王의 王位田 가운데 15결을 金海府의 壯丁몫으로 떼어 줄 때 그 대상을 지칭하여 '府之役丁', '鄕人之丁', '府之徭役戶丁' 등 여러 가지로 표현하고 있다.[41)

戶丁은 국가가 사유지를 세역과 연관하여 田丁으로 묶고, 이를 丁田을 통해 파악하고 통제하는 만큼 國田으로 간주되었다. 고려 최말 私田革罷

金容燮, 〈高麗時期의 量田制〉, 주 4의 《韓國中世農業史硏究》.
　　 〃 , 〈高麗時期의 田品制〉, 同上.
　　 〃 , 〈結負制의 展開過程〉, 同上, pp. 201~232.
　　拙稿, 주 13의 논고.
40) 《譯註 羅末麗初金石文》(上)·(下), 境淸禪院 慈寂禪師 凌雲塔碑 陰記, 혜안, 1996.
　　p. 103, p. 141.
41) 주 17과 同.

與否를 놓고 朝野에서 論戰하던 때 諫官 李行 등은 고려 전래의 토지제도를 설명하는 가운데 특히 私田類의 토지를 언급하면서

謹按祖宗田制 役口之分 戶別之丁 皆爲國田[42]

이라고 하였다. 여기서 '役口之分'은 役分田·口分田으로 대표되는 전시과의 分給私田을 지목하는 것이고, '戶別之丁'은 軍丁戶, 其人戶, 驛丁戶 등 각종 諸丁戶에 엮인 백성층의 토지, 즉 丁戶別로 그 출급의 구성원으로 세역이 책정되어 있는 戶丁으로서 파악되고 있는 田丁을 지칭함이었다.[43] 李行 등이 戶丁을 國田이라 함은, 이 토지가 國有地라거나 分給收租地로서의 私田이라는 의미가 아니었다. 전정이되 정전을 바탕으로 하여 丁戶의 出給·遞受 및 그 職役의 連立, 백성의 세역부담 등이 행해지고 있는 토지임에서, 이것이 국가관리 속에 있다는 사실관계를 지목함이었다.

그러므로 李行은 戶丁田도 役分·口分의 전시과와 마찬가지로 감히 사사로이 처분하거나 세전할 수 없는 것이라고 하였다.

---

42) 《高麗史》 78, 食貨 1, 田制, 祿科田, 禑王 14년 7월, 中冊, p. 719.

43) 현재 '戶別之丁'은 연구자에 따라 ① 戶丁田과 別丁田으로 나누고 전자는 軍·其人戶田으로 보되 후자는 (ⅰ) 軍資田, 祿轉田, 科田으로 혹은 (ⅱ) 樂工·工匠 등 有役賤口에 지급된 토지로 이해하는 것, ② 戶마다 나누어 주는 丁으로 보되, 이 丁을 (ⅰ) 田丁·足丁 등으로 보거나 (ⅱ) 足·半丁이며 백성의 보유지로서 丁田으로 파악하는 것, (ⅲ) 足·半丁田이되, 軍人·其人·鄕吏 등 직역자 본인의 소유지 내지 그 내외 족친의 소유지까지 포함하여 17결 혹은 그 절반 정도의 단위로 묶어 職役을 부과하고 1/10의 免租權을 부여한 토지 등 해석이 다양하다.
　①-(ⅰ) 說: 深谷敏鐵, 〈朝鮮에서 近世的 土地所有의 成立過程〉, 《史學雜誌》 55-2·3, 1944.
　　(ⅱ) 說: 李佑成, 〈閑人·白丁의 新解釋〉, 《歷史學報》 19, 1962.
　　　姜晋哲, 주 4의 《高麗土地制度史研究》 제8장 Ⅱ절.
　　　朴京安, 〈高麗時期 田丁연립의 構造와 存在形態〉, 《韓國史研究》 75, 1991, p. 19.
　②-(ⅰ) 說: 旗田巍, 〈高麗時代에 土地의 嫡長子相續과 奴婢의 子女均分相續〉, 《東洋文化》 22, 1957(同, 《朝鮮中世社會史의 연구》 收錄, 法政大學出版局, 1972).
　　(ⅱ) 說: 深谷敏鐵, 주 1의 논고.
　　(ⅲ) 說: 오일순, 주 1의 〈高麗前期 足丁의 성격과 그 변화〉.

父不得與之子 必告有司而與之 如其無子且或有罪 則必歸於公 不敢私也[44]

戶丁이, 분급 수조지와는 계통과 성질이 다르지만 세역담당과 결부하여 계승되는 까닭에 父子間의 授受도 절차상 公的으로 집행되어야 하고, 그리하여 稅役 의무가 파기되거나 중단되는 사태가 야기되면 管理가 公家로 돌려져야 하는 형식과 정신을 피력하고 있는 것이다.[45] 이는 새로운 세역 담당자를 책정하여 그 세역이 계속 제공되도록 조처를 취한다는 의미였다. 이와 같이 戶丁이 國田인 만큼 그 근거인 丁田 또한 국전의 범주 속에서 통제와 보호를 받음은 물론이었다.

고려시기 丁田量給과 그 國田的 성격은 이웃 宋나라 使臣의 고려 見聞記나 그 史書에서도 살필 수 있다. 宋使 徐兢이 고려 兵制 속의 軍人에 대하여

民十六以上 充軍役 其六軍上衛常留官府 餘軍皆給田受業 有警則執兵赴敵 任事則執役赴勞 事已 則復歸田畝 偶合前古鄕民之制[46]

라고 한 것, 특히 이 중에서 餘軍이 '皆給田受業'한다고 함이 그것이다. 이는 田賦出兵의 명분하에 이루어지는 農民番上兵의 抄出, 곧 田地를 내어 業을 받는, 다시 말하면 자기 소유지에 稅役으로서 軍役을 받는 사정을 지적한 것이다. 그러므로 邊警이 있으면 병기를 잡고 적진에 나아가고, 일을 맡으면 公役을 지고 노무에 나아가며, 일이 끝나면 다시 田畝로 복귀하는 사정을 뒤에 이어서 소개하는 것이었다.

徐兢은 다른 기록에서

其俗不敢有私田 略如丘井之制[47]

---

44) 주 42와 同.
45) 明宗 18년 3월 富强兩班이 부채 未償還을 빌미로 겁탈한 貧弱百姓의 丁田을 다시 本主에게 돌려주도록 한 制勅(주 24)에 작용한 근거도 바로 이 國田의 관념에 있었다 하겠다.
46) 徐兢, 《宣和奉使高麗圖經》 11, 仗衛 1.

하다는 기술을 남기고 있다. 이 기사는 아마 위의 사실과 함께, 이러한 丁田의 量給을 보고 이렇게 표현한 것으로 사료된다. 문구는 습속에 감히 私田을 가질 수 없고 이는 대략 丘井制와 같다는 것이다. 丘井制는 본시 井田制를 기반으로 일정 수의 戎馬·兵車를 마련·운영하던 軍賦徵集의 조직으로, 이로써 '稅以足食 賦以足兵'을 기함을 목표로 하고 있었다.48) 고려의 토지제도가 물론 井田制는 아니었으나, 군현별로 田丁制에 의해 사유지를 파악하고 丁田制로서 세역을 양급하고 있어, 宋人으로선 이 속에서 이루어지는 田賦出兵에 의한 軍役의 징발을 井田制下의 丘井法처럼 이해함은 적절한 파악이라 하겠다. 고려에서는 토지의 사적 소유제가 없다는 표현이 아니었다.《宋史》에서

國無私田 民計口授業 十六以上則充軍49)

한다고 기술하고 있음도, 서긍의 기록과 마찬가지 선상에 있는 내용이다. 다만 徐兢이 民人을 주체로 기술하고 있는데 반해 이 史書는 '計口授業', 즉 民人을 丁口로 헤아려 稅役을 책정하여 주고 16세가 되면 군인에 充入시키는 고려왕조 측의 행위에 즉하여 서술하였을 뿐이다. 어느 쪽이나 軍賦와 연관하여 나타나는 丁田의 國田的 성질, 즉 稅役的 성질을 전하고 있다.

---

47) 徐兢,《宣和奉使高麗圖經》23, 雜俗 2, 種蓺.
48)《漢書》23, 刑法志 3(《二十四史》2冊(北京, 中華書局, 1997-以下同), pp. 1081～1083(281).
　　'夏有甘扈之誓 殷·周以兵定天下矣 天下旣定 戢臧干戈 教以文德 而猶立司馬之官 設六軍之衆 因井田而制軍賦 地方一里爲井 井十爲通 通十爲成 成方十里 成十爲終 終十爲同 同方白里 同十爲封 封十爲畿 畿方千里 有稅有賦 稅以足食 賦以足兵 故四井爲邑 四邑爲丘 丘 十六井也 有戎馬一四 牛三頭 四丘爲甸 甸 六十四井也 有戎馬四匹 兵車一乘 牛十二頭 甲士三人 卒七十二人 干戈備具 是謂乘馬之法 一同百里 提封萬井 除山川沈斥 城池邑居 園囿術路 三千六百井 定出賦六千四白井 戎馬四百匹 兵車百乘 此卿大夫采地之大者也 是謂百乘之家 一封三百一十六里 提封十萬井 定出賦六萬四千井 戎馬四千匹 兵車千乘 此諸侯之大者也 是謂千乘之國 天下畿方千里 提封百萬井 定出賦六十四萬井 戎馬四萬匹 兵車萬乘 古稱萬乘之主'
49)《宋史》487, 列傳 246, 外國 3, 高麗(《二十四史》16冊, p. 14054(3573)).

4. 丁田의 頹毁·消滅

정전제는 單一量田尺에 의한 결부 산출과 同一實積의 전품등제에 따른 差率收租, 곧 지역차가 전제된 同積異稅의 結負制, 그리고 이를 바탕으로 9等戶制에 근거하여 丁戶를 중심으로 稅役을 부과·차출하는 데서 수립된 제도였다. 그러므로 사회변동에 따라 농민이 安堵하지 못하고, 그 所有地에서도 이탈하는 데 겹쳐서 결부제, 군현제, 신분제까지 동요·변화하면, 丁田制는 마비되고 끝내 퇴락할 수밖에 없었다. 사실 소유지는 항상 水旱 등 天災, 飢饉, 戰亂, 絶戶 또는 兼幷, 典當, 賣買 등으로 황폐되거나 그 所有主에 변동이 일어나고 있었고, 그리하여 稅役 부담을 지속할 수 없는 사태가 야기되기도 하였다. 국가는 이에 대해 그때마다 새로 丁田을 量給하거나 丁戶를 조성하여 대처하였다. 그러나 형세가 광범히 그리고 연속하여 일어나면 丁田은 폐퇴가 심해지고, 이에 근거한 稅役徵發이 쇠미하여져 마침내 토지와 稅役이 괴리되고 끝내 소멸로 이어지지 않을 수 없었다. 이런 형세에서 고려는 지금까지 운영하던 결부제, 호등제를 변경하여 새로운 세역 부과 방식을 강구하게 되고, 여기에 丁田의 용도 자체가 불필요하게 되는 사태가 겹쳐 그 소멸은 한층 급속하여졌다. 실제 이 모두는 고려후기에서 말기에 이르는 사이에 진행되었다.

농촌 현실에서 농민의 성장과 몰락은 끊임없이 지속되었고, 이는 생산의 증가와 더불어 토지의 겸병과 상실, 인구의 散亡과 集轄를 동반하며 전개되었다. 특히 契丹·女眞 등 外賊과 연속 전쟁을 치르면서 人力은 현저히 감축되고 丁戶도 상당히 감소된 데다,[50] 仁宗朝에 오면 李資謙 및 그 일파의 財富畜積[51]이 상징하듯이, 세력가의 토지겸병과 농민압박 그리고 王朝의 농민수탈 군현침탈은 격증하여 한 추세를 이루었다.

仁宗 5년(1127) 3월, 이자겸 세력이 축출된 후 국왕이 妙淸·鄭知常 등

---

50) 《高麗史》 81, 兵 1, 兵制, 靖宗 11년 5월 丙子, 中冊, p. 777.
51) 《高麗史》 127, 列傳 40, 叛逆 1, 李資謙, 下冊, p. 763, 767.
　　《高麗史》 15, 世家 15, 仁宗 5년 10월 丁卯, 上冊, p. 311.

과 함께 西京遷都를 도모하던 때,[52) 國政維新의 方略이 詔勅을 통해 선
포되었다. 이 조칙은 全 10조목으로 구성되어 있는데, 목표는 주로 農民
安定에 두고 있다. 직접 관련된 조항을 살피면 그간의 실정을 확연히 짐
작할 수 있다.

> 一勸農力田 以給民食 一務儲官穀 以待救民 一取民有制 常租調外 母得橫斂
> 一撫民安土 無使逃流…… 一無以官庫陳穀 抑配貧民 强取其息 又無以陳朽之
> 穀 强民舂米 一山澤之利 與民共之 母得侵牟[53)

勸農의 적극 추진을 통한 民食의 풍족, 규정한 租·調 외의 부세횡렴
금지, 民人·土地의 안정을 통한 逃流의 방지, 官庫의 陳穀을 이용한 민
인에 대한 강제적 高利貸 수탈과 舂米强制의 금지, 山林川澤의 民人共
用 재천명 등 내용은 모두 농민의 安定에 귀착되는 사안이었다. 이 중
丁田과 연관해서 각별히 유의되는 것은 '撫民安土 無使逃流'의 조항이다.
민인이 토지에 연계되지 못하여 安着하지 못하고 도망하며 유랑하는 사
태는 바로 丁田의 피폐이고, 그에 입각한 토지·농민에 대한 파악체계의
소란으로 곧 이어지는 사태였다. 정부는 이듬해(1128) 3월에도 조칙을
통해 守令에게 재차 農桑勸勵와 衣食足給이 聖王의 急務임을 표명하면
서, 고을 수령이 聚斂만 일삼고 민인을 慰撫하는 이가 적어 백성은 곤
핍하고 게다가 力役까지 겹쳐 群盜를 이루어 官에 항거하는 세태를 책
망하고 있다.[54)
　토지겸병, 농민의 몰락·유리·투탁 사태는 진정되지 않았다. 오히려 妙
淸亂의 진압 후 革新의 운동과 풍조마저 좌절하면서 더욱 성행하였고,
뒤이어 武臣執權과 농민항쟁의 격동을 겪으면서 극성하였다. 이러한 사

---

52) 申采浩, 〈朝鮮歷史上 一千年來 第一大事件〉, 《朝鮮史研究草》, 1929(서울, 硏學社,
　　1946).
　　金庠基, 〈妙淸의 遷都運動과 稱帝建元論〉, 《국사상의 제문제》 6, 1960.
53) 《高麗史》 15, 世家 15, 仁宗 5년 3월 戊午, 上冊, p. 310.
54) 《高麗史》 79, 食貨 2, 農桑, 仁宗 6년 3월, 中冊, p. 735.
　　'詔曰 勸農桑 足衣食 聖王之所急務也 今守令多以聚斂爲利 鮮有勤儉撫民 倉庚空虛
　黎庶窮匱 加之以力役 民無所措手足 起而相聚爲盜賊 甚非富國安民之意'

세에서　丁田은　겸병되고　퇴락하여　갔다.　이미　明宗　18년(1188)　3월　조칙에서,　각　처에서　일어나는　富强兩班의　貧弱百姓　소유　古來丁田에　대한　劫奪,　이로　인한　丁田農民의　失業益貧이　심각하게　지적[55]되는　데는,　이런　커다란　배경이　있었다.　농민항쟁기이기도　하였던　이　시기에　난리·유리·투탁의　대열에　선　이들은　郡縣民,　鄕·部曲·所民,　賤隷였다.[56]　이들　가운데는　業이　軍人인　층이　적지　않았으며,[57]　여기에는　정전농민이　다수　포함되어　있었음은　말할　나위도　없겠다.　민인의　유이·투탁은　대몽전쟁기·원간섭기에　계속　이어지고　심해져　일반사가　되었다.　전란　중　수다한　민인이　山城·海島로　피난하고,　유망·전사·기근을　겪으며　山野로　방랑하였다.　전란　후에는　고려　관료·민인에　대한　몽골의　분열책동과　투항유발로　西北·東北界　수천의　民戸와　십수　곳의　山城이　投蒙하였고,　몽고의　각종　수탈과　징렴은　부세과중으로　이어졌다.　또한　농민부담이　엄청나　농민은　향촌을　떠나　유망의　길로　나섰으며,　토지겸병은　만연하여　이에　동반하여　민인의　농장투탁　등　민호겸병도　그만큼　성행하는　것이었다.[58]

　토지의　겸병과　人丁의　冒占은　소유지에서는　말할　것도　없고,　收租地를　통해서도　심하게　전개되었다.　公私　수조지의　겸병도　佃客,　곧　稅役者의

---

55)　주　24와　同.

56)　朴宗基,　〈武人政權期　農民抗爭論硏究〉,　《韓國學論叢》(國民大),　1989.
　　　〃　,　〈12,　13세기　農民抗爭의　原因에　대한　考察〉,　《東方學志》　69,　1990.
　　李貞信,　《高麗　武臣政權期　農民·賤民抗爭硏究》,　高麗大學校　民族文化硏究所,　1991.
　　金錫亨,　《봉건지배계급에　반대한　농민들의　투쟁 - 고려편》,　1960(서울版,　열사람,　1989).

57)　金塘澤,　〈武人政權時代의　軍制〉,　《高麗軍制史》,　陸軍本部,　1983,　pp.　267~271.

58)　朴時亨,　《조선토지제도사》(상),　과학원　출판사,　1960,　pp.　289~322.
　　梁元錫,　〈麗末의　流民問題〉,　《李丙燾博士回甲紀念論叢》,　一潮閣,　1956.
　　蔡雄錫,　〈12·13세기　향촌사회의　변동과　'민'의　대응〉,　《역사와　현실》　3,　1985.
　　申安湜,　〈대몽항쟁기　민의　동향〉,　《14세기　고려의　정치와　사회》(한국역사연구회),　민음사,　1994.
　　金順子,　〈원　간섭기　민의　동향〉,　同上書.
　　有井智德,　〈高麗朝에　있은　土地奪占에　대하여〉,　《高麗李朝史의　硏究》,　國書刊行會,　1985.
　　姜晋哲,　〈高麗農莊에　대한　一硏究〉,　《史叢》　24,　1980.
　　拙稿,　〈高麗末期의　私田問題〉,　《朝鮮前期　土地制度硏究》,　一潮閣,　1986.
　　朴京安,　《高麗後期　土地制度硏究》,　혜안,　1996.
　　허종호,　《조선토지제도발달사》[1],　과학백과사전종합출판사,　1991,　pp.　312~346(서울版,　민족문화사,　1997).

동요와 冒占을 동반하고 더 나아가 해당 소유지에 대한 겸병으로도 이어
졌다.59) 이 모두는 결국 세역 자체의 消去現象을 야기하는 데로 귀결되
었다. 對元講和 後 忠烈王 22년(1296) 6월 中贊 洪子蕃은 정치·경제상의
여러 개혁방안을 上書하면서 그 하나로 貢賦의 정비를 들어, 이와 관련
한 폐단의 하나로 바로 稅役消去의 사태를 지목하였다.

> 田無役主 亡丁多矣 民無恒心 逃戶衆矣 凡有貢賦 仍令遺民當之 此所以日益
> 彫弊也60)

그는 이 문제를 田에는 役主가 없고 亡丁이 多數이며, 民에는 恒心이
없고 逃戶가 衆多하다 하여, 田地와 民人 두 방면에서 지적하고 있었다.
전자는 토지의 겸병과 상실로 인해 田土에 작정된 稅役을 담당하는 소유
주〔役主〕가 없어져 그 토지는 亡丁, 즉 丁이 亡失된 亡丁田이 된 지경을
가리키는 것이고, 후자 또한 토지 등 恒産을 잃은 民人이 안도할 恒心이
없어져 逃戶가 무리를 이루는 형편을 표현하는 것이었다.

정전의 쇠락은 田結과 稅役의 乖離였다. 이는 정호의 감소와 몰락을
동반하였다. 軍人戶의 彫弊는 가장 두드러진 사태였다. 예컨대 고려 중
앙군의 골격인 2軍 6衛의 군인은 選軍에 의거하는 府兵과, 田賦出兵하는
番上農民兵인 府衛兵으로 구성되어 있었다.61) 그러나 전자는 전시과 운

---

59) 拙稿, 同上論考.
　　李仁在, 〈高麗 中·後期 收租地奪占의 類型과 性格〉, 《東方學志》 93, 1996.
　　　〃　, 〈高麗 中·後期 農莊의 田民確保와 經營〉, 《國史館論叢》 71, 1997.
60) 《高麗史》 79, 食貨 1, 田制, 貢賦, 忠烈王 22년 6월 丙申, 中冊, p. 729.
61) 현재 고려시기의 軍兵制에 대해선 ① 軍班制說, ② 府兵制說, ③ 軍班·府兵二元說
　　이 있다. 각각 대표되는 논고는 아래와 같다.
　　① 說: 李基白, 《高麗兵制史硏究》, 一潮閣, 1968.
　　　〃　外, 《高麗軍制史》, 陸軍本部, 1983.
　　洪承基, 〈高麗初期 京軍의 二元的 構成論에 대하여〉, 《李基白先生古稀紀念
　　　韓國史學論叢》(상), 1994.
　　② 說: 姜晋哲, 〈高麗初期의 軍人田〉, 《淑明女子大學校 論文集》 3, 1963.
　　　〃　, 〈軍人田〉, 《高麗土地制度史硏究》, 高麗大學校出版部, 1980, pp.
　　　109~134.
　　③ 說: 洪元基, 〈高麗二軍·六衛制의 性格〉, 《韓國史硏究》 68, 1990.
　　鄭景鉉, 〈高麗前期 二軍六衛制硏究〉, 서울大學校 博士學位論文, 1992.

영의 마비와 토지겸병의 성행과 함께 選軍給田法이 훼손되면서, 그리고 후자는 1족정에서 軍 1丁을 출급하는 田賦法이 不實하여지면서 田丁과 丁田에 입각한 軍丁戶의 조달은 갈수록 난관에 봉착하였다.

군인의 抄出에서 보면, 벌써 對蒙抗爭期 그리고 元干涉期에 '軍民元來無別'하다거나 '有民無軍'62)하다 하여, 軍과 民이 따로 없다든가 民은 있으나 軍은 없다고 하는 형편이었다. 따라서 軍士의 동원은 '發民爲兵'63) 함이 통상이었다. 토지와 결부하여 보면, '受名田而供賦役者 百無二三焉'64)하고 급기야 '從軍之士……反不得一畝之田'65)하다는 듯이 賦役者, 軍士와 田地의 연계는 이미 궤멸의 길로 들어섰다. 그리고 이와 같은 軍과 田의 괴리는 마침내

> 兵與田俱亡……戶削而邑亡66)

하는, 곧 田制와 兵制가 함께 毀亡하여 끝내 戶가 頹削하고 邑이 廢亡하는 국면을 맞는 데 이르는 것이었다. 더욱이 고려후기 정부는 이러한 사회 경제의 변동에 처하자 결부제의 운영을 大變革하여 上·中·下의 3等田尺에 의한 異積同稅로, 아울러 부역 책정의 근거인 9等戶制를 3等戶制로 변화시키는 등67) 새로운 대책을 마련하여 재정확보를 꾀하고 있어서, 丁

　　　〃 , 〈高麗前期의 保勝軍과 精勇軍〉, 《韓國史研究》 81, 1993.
　　　吳永善, 〈고려전기 군인층의 구성과 圍宿軍의 성격〉, 《韓國史論》 28(서울大), 1992.
　　　③說 가운데 특히 토지와 관련에 관해서는 朴京安, 〈高麗前期 田丁連立의 構造와 存在形態〉, 《韓國史研究》 75, 1991; 金鍾洙, 〈高麗·朝鮮初期의 府兵〉, 《歷史教育》 69(1999) 및 〈高麗時期 府兵制의 運營과 그 原則〉, 《歷史教育》 73(2000)이 참고된다.
62)《高麗史》 27, 世家 27, 元宗 15년 2월 甲子, 上冊, p. 560.
　　《高麗史》 27, 世家 30, 忠烈王 14년 2월 戊寅, 上冊, p. 618.
63)《高麗史》 79, 食貨 2, 戶口, 忠烈王 5년 9월, 中冊, p. 732.
64) 李齊賢, 《益齊亂藁》 9(下), 策問(《高麗名賢集》 5冊, p. 333).
65)《高麗史》 78, 食貨 1, 田制, 祿科田, 辛禑 14년 7월, 趙仁沃 等 上疏, 中冊, p. 720.
66) 同上, 趙浚 等 上書, 中冊, p. 715.
67) 金容燮, 주 12의 논고.
　　李貞熙, 〈高麗後期 徭役收取의 實態와 變化〉, 《釜大史學》 9, 1985.

田의 용도 자체도 미약해져 가는 것이었다.

조정에서는 누차 選軍給田制의 복구에 노력하고 田賦出兵制의 회복도 꾀하여 보았으나 성과는 거의 없었다.[68] 選軍給田과 田賦出兵이 마비되고 폐기되어 가는 가운데, 군인의 선발·보충은 다른 방면에서 다른 방식으로 강구되고 수행되었다. 元干涉期에는 日本征伐을 위시한 크고 작은 派兵이 계속되고, 뒤이어 紅巾賊·倭寇의 침략, 元과 軍事對立 등에 따른 군인의 수요는 그치지 않았다. 고려정부는 부족분을 文武散職·白丁·雜色·僧徒·奴婢 등으로 충당하기 시작하였고,[69] 말엽에 이르러선 兩班·百姓·才人·禾尺과 人吏·驛子·官寺倉庫宮司奴·私奴로써 각각 軍人과 烟戶軍을 작정하였다.[70] 이 가운데 군인은 農民侍衛軍과 官人閑散軍으로 구성하였다. 전자는 농민 가운데 上層을 軍戶로 작정하여 道別로 파악하여 京城에 番上하는 것이었고, 후자는 散職者를 馬兵으로 편성하여 軍役을 책임지게 한 것이었다.[71]

이와 같은 추이에서 恭愍王 5년(1356) 軍戶의 편성방식이 새롭게 작정되었다. ‘三家爲一戶’방식의 제정이었다.

　　　以先王丙申之敎 以三家爲一戶 以百戶統主 隷於帥營 無事則三家番上 有事則
　　　俱出 事急則悉發家丁[72]

出軍原則은 평시에는 3家에서 1家에 1丁씩 番上하여 立役하고, 유사시는 3家의 3丁이 모두 出軍하며, 事勢가 위급하면 3家의 家丁 모두를 發役하는 것이었다. 單丁은 동원을 금지하였고, 雙丁에게는 1丁을 歛加하여 주

---

68) 閔賢九, 〈高麗後期의 軍制〉, 《高麗軍制史》(陸軍本部), 1983, pp. 328~331.
　　拙稿, 〈高麗末의 私田捄弊策과 科田法〉, 주 58의 논저, pp. 56~66.
　　金鍾洙, 주 61의 〈高麗·朝鮮初期의 府兵〉.
　　　〃 , 〈朝鮮初期 府兵制의 改編〉, 《歷史敎育》 77, 2001, pp. 35~44.
69) 金塘澤, 주 57의 논고, pp. 263~264.
70) 《高麗史》 81, 兵 1, 兵制, 辛禑 3년 12월, 中冊, p. 788.
71) 閔賢九, 주 68의 논고.
72) 《高麗史》 81, 兵 1, 兵制, 辛禑 9년 8월, 中冊, p. 790.
　　※ 丙申은 공민왕 5년(1356).

었다.73) 그러나 單丁까지 從役되는 사태가 있어 그 失業을 방지하고자 助役을 절급하기도 하였다.74) 고려 최말 禑王 9년(1383) 8월 李成桂는 安邊策으로서 공민왕 대에 있던 이 三家一戶의 방식에 의해 軍戶를 更定할 것을 요청하고 있다.75) 軍人抄出은 이제 兵農一致의 番上制가 축으로 자리 잡았다.

고려말, 군역을 위시한 각종 賦役의 부과는 田地에 세역을 책정하는 방식이 사라진 상태에서 이루어졌다. 그리하여 우왕 14년(1388) 8월, 전제개혁과 과전제정의 전초 공사가 되는 소위 己巳量田이 착수될 때 民田量給의 절차는 사라지고 田丁의 作定方式이 字丁制로 바뀌어 足·半丁도 폐기되었다.76) 아울러 지금까지 토지에 집중하여 책정되어 收稅時 田損의 비율에 따라 순차로 면제하던 租·布·役의 稅役도 恭讓王 3년(1391) 私田革罷와 科田制度의 시행을 거치면서 租 하나로 국한되었다.77) 제도상 丁田制의 완전 소멸이었다. 그러나 田丁은 그대로 존속하였다. 결부제에 의해 토지조세제도가 운영되는 속에서 收租單位로서의 기능, 곧 收稅, 科田 분급, 出軍, 賦役 등 여러 방면에서 여전히 유용한 까닭이었다. 그러므로 조선의 전정으로 그대로 이어졌다.78)

科田制를 통과하면서 전정에 입각한 諸丁戶의 출급제도는 사라졌다. 종래 있던 軍人田의 절급은 軍田의 명목으로 6道 關良官에게 그 本田의 多少에 따라 그리고 새로운 字丁制에 근거하여 10결 혹은 5결씩 분급하는 것으로 대체되었고,79) 1족정에서 軍 1丁을 출급하는 방식은 소멸되었다. 전자는 지방유력 양반층에 대한 신분적 우대 조치로 자리 잡았고, 후자는 이러한 사정과 함께 이제는 군역을 人戶의 많고 적음에 근거하여 배정·징발함으로써 良人의 身役으로 획일화시켜 가는 첫걸음이었다.

---

73) 《高麗史》 81, 兵 1, 兵制, 恭愍王 5년 6월, 中冊, p. 783.
74) 《高麗史》 79, 食貨 2, 戶口, 恭愍王 20년 12월, 中冊, p. 732.
75) 주 72와 同.
76) 拙稿, 주 13의 논고.
77) 《高麗史》 78, 食貨 1, 田制, 踏驗損實, 恭讓王 3년 5월, 中冊, p. 726.
78) 《世宗實錄》 106, 世宗 26년 11월 戊子, 4冊, p. 594.
79) 《高麗史》 78, 食貨 1, 田制, 祿科田, 恭讓王 3년 5월, 中冊, p. 724.
　　拙稿, 《韓國 中世 土地制度史-朝鮮前期》, 서울대학교출판부, 2006, pp. 101~106.

軍役은 兵農一致의 番上兵制가 주축이 되어 소유지와 일단 상관없이 人丁의 多寡로 軍戶를 편제하는 속에서 징발하였다. 조선에서 人丁을 기준으로 한 軍丁作定의 원칙, 곧 戶首·奉足制의 골격은 여기서 마련되었다. 다만 徭役丁의 抄出은 計丁과 計田 사이를 내왕하거나 절충하다가 세종조에 計田制로 傾斜하고, 뒤이어 '田結出夫'하는 형태로 정착한다.[80] 세종 27년(1445) 入吏位田이 폐지되고 성종조에 가선 驛吏의 人位田이 各自收稅地化함[81]도 같은 궤도에서 연속하여 취해지는 조치였다.

그러나 丁田制가 소멸되었다 하여 세역과 소유지의 相關性마저 일거에 단절된 것은 아니었다. 役부담자의 失業을 방비하고 그 立役을 원만히 확보할 수 있기 위해서는 토지와 연계조치가 여전히 필요하였다. 토지와 인정에 기반을 둔 집권봉건국가에서, 이제 정전제는 다시 복구할 수 없는 현실이지만, 그 정신·원칙마저 포기할 수는 없었다. 정부는 私的 토지소유 권한의 일부인 소유주 임의 처분의 권리에 통제를 가하여 군역부담과 전토소유가 일치하게끔 강제하는 방침을 꾀했다.

세종 7년(1425) 8월 京畿監司는 爭訟田地決折의 3조건을 啓達하여 재가받았다. 이때 그 하나가 지금부터 船軍·都府外·侍衛·別牌·皂隷·螺匠 등 '有軍役人田地 勿令任意放賣'라 하여, 이들의 전지는 임의로운 放賣를 금지하고 만일 喪葬, 宿債, 家貧 등의 사유로 부득이 방매하는 이는 이웃에게 眞僞를 조사시켜 立案을 받게 하였으며, 혹 避役·逃亡하고자 이런저런 핑계를 대어 매매하려는 자는 그에게 通同한 이웃과 誣證人까지 아울러 科罪하고, 그 放賣田地는 '移給無田地人'하여 전토없는 사람에게 移給한다는 것이었다.[82] 軍役人 전지의 임의 매매에 대한 통제는 세종 초 이때에 와서 처음 제정된 규정이 아니었다. 전토의 임의 매매에 대한 통제는 과전제도와 관련해서 경기 안에서는 고려말·조선초에도 있던 것이었다.[83] 단지 爭訟田地를 처리하는 기준을 작정함에 미쳐 준칙으로서

---

80) 金鍾哲,〈朝鮮初期 徭役賦課方式의 推移와 徭役民의 確立〉,《歷史敎育》51, 1992.
　　《經國大典》2, 戶典, 徭賦.
81)《世宗實錄》109, 世宗 27년 7월 乙酉, 4冊, p. 625.
　　拙稿, 주 79의 논저, pp. 196~202.
82)《世宗實錄》29, 世宗 7년 8월 丙申, 2冊, p. 691.

재삼 강조하고 있는 것뿐이었다.

토지의 임의 방매에 대한 통제는 토지의 매매·이동이 실제 자유롭던 현실에서는 형식적인 조처였다. 그러나 이 방침은 군역자의 전토는 軍役者가 이어가야 한다는 오랜 관례의 반영이고, 그 세역을 계승·연립을 통해 지속시킨다는 정신의 구현이며, 軍役과 田地의 긴박시책의 발현이었다. 그러므로 매매 통제의 형식마저 폐기된 후84)에도 無主田에서는 그대로 준행되었다. 《經國大典》에서 '無主田 移給他人'한다고 明記하고 다시 挾注로

有軍役者 死亡·移徙 則給遞立者 無役人 則給田少者85)

하도록 附記하여 놓고 있음은 이 원칙의 천명이고, 成宗 8년(1477) 水軍 가운데 絶戶의 田地를 '移給繼戶之人'86)하고 있는 것은 그 한 예이다. 군역자가 소유하던 토지는 그 役의 遞立者 내지 繼戶人에게 이급하게 되어 있는 것이다. 丁田은 벌써 소멸되었지만 그 정신은 조선에서 이러한 형태로 계승되고 있었다.

---

83)《高麗史》78, 食貨 1, 田制, 祿科田, 恭讓王 3년 5월, 定給科田法, 中冊, p. 725.
  '京畿公私田……佃客 毋得將所耕田 擅賣擅與別戶之人'
  《世宗實錄》23, 世宗 6년 3월 己亥, 2冊, p. 589.
  '京畿監司啓 凡田地放賣人 或因父母喪葬 或因宿債收贖 或因家貧不能自存 皆緣不得已之事 而其價錢 並皆沒官 冤抑不小 且京中造家基地菜田 猶許放賣 獨外方田地 禁其買賣未便 請毋禁買賣 其不稅契不過割者 依律施行 命依律文施行 其限年放賣田宅 從明文決給'
  拙稿,〈科田의 占有와 그 原則〉, 주 58의 논저, pp. 136~137.
   〃 ,〈朝鮮前期 土地의 私的 所有問題〉,《朝鮮前期土地制度研究》[Ⅱ], 지식산업사, 1998, pp. 192~194.
84)《成宗實錄》77, 成宗 8년 윤 2월 戊申, 9冊, p. 426.
  '古之時 船軍之田 人不得買賣……今則無此令 故因以流亡'
85)《經國大典》2, 戶典, 田宅.
86)《成宗實錄》77, 成宗 8년 윤 2월 己酉, 9冊, p. 426.

5. 結 語

　　고려시기의 丁田制를 田結과 稅役 그리고 丁戶를 결부시켜 파악하고, 그 쇠락·소멸과정을 살피면 이상과 같다. 건국 초에 고려의 토지정책이나 부세행정은 新羅나 渤海와 다소 차이가 있었겠지만 기본원칙은 같았다. 결부제의 운영은 여전히 지역차가 전제된 同積異稅의 差等收租였고, 田丁制도 계속 시행하였고, 부세제도도 여전히 租·布(調)·役의 三稅가 중심이었으며, 編戶制 역시 9等戶에 입각하고 있었다. 같은 시기의 渤海나 고려가 계승을 표방한 고구려 역시 토지·부세제도가 結負式 量田制였고, 井田制·佃舍法 등 신라 丁田制와 유사한 방식을 시행하고 있었다.

　　그러므로 정전제는 消長盛衰는 있지만 後三國 및 통합 후 고려에서도 그대로 운영하였다. 고려에서도 丁田은 농민 소유지에 稅役을 배정한 토지였다. 그리고 이 정전으로 파악한 농민 소유지를 일정 수의 結로 엮어 田丁으로 하고, 이 위에서 稅役擔當戶로 出給한 것이 丁戶였다. 정전의 역할과 위치는 중대하였다. 정전, 그리하여 정호는 각 고을별로 제정하였고, 이는 稅役의 규모와 그 조달을 직접 구현하고 있어 州縣을 설치하고 稅役과 관련하여 그 邑勢를 정해 等差를 매길 때, 일정 수효의 丁 以上으로 '束丁'하여 이를 근거로 집행하였다. 그리고 각 고을 및 館·驛에 대해 행하는 公廨田柴의 결수 배정, 事審官·鄕職·貢擧의 人員 제정, 각 驛의 科等과 大·中·小路의 구분 및 이에 따른 驛長의 수효 작정도 이에 의거하였다. 丁田制는 고려시기 郡縣制와 賦稅制의 운영에 근본이 되는 토지제도였다. 이러한 束丁制의 방식은 고려 이전 신라시기에도 있던 오랜 관습과 전통이었다. 아마 신라에서 정전제가 시행되던 때도 그러하였을 것이다.

　　고려의 軍人戶·其人戶·驛戶 등 각종 丁戶의 설정과 軍人丁·其人丁·驛丁 등 丁人의 抄出이 丁田을 통해 집행되었다. 군인 가운데 農民 上番兵인 府衛兵의 경우 田 17결을 1足丁으로 하고, 여기서 軍 1丁을 出給시켰다. 田賦出兵, 田賦差役인 것이다. 17결 1족정 안에는 稅役을 책정받아 丁田으로 파악된 다양한 규모의 민인 소유지가 포괄되어 있어, 여

기서 軍丁戶를 작성하고 軍 1丁을 공급하도록 한 것으로 사료된다. 이
러한 丁田制는 田丁制와 함께 稅役均等, 什一稅 등을 지향하고 운영되
는 것이어서 이념상 均田·井地의 구현으로 대표되고 또 그렇게 이해하
기도 하였다.

  각종 丁戶의 出給地는 일정 표준 결수로 작정되었다. 이를 戶丁이라고
도 불렀다. 그리고 이런 사정에서 私有地는 國田으로 파악하고 통제되었
다. 稅役이 量給되어 있는, 따라서 이 稅役의 授受·遞受가 국가와 농민
의 公式關係로 정립되어 있는 토지인 까닭에 원칙상 父子·兄弟·親戚間의
授受도 공적으로 집행되어야 하고, 逃亡·絶戶 등으로 인하여 그 稅役提
供이 지속될 수 없어 파기되거나 중단되면 국가의 간여가 있어야 한다는
思惟에서였다.

  丁田은 토지의 사적 소유제를 전제로 하는 까닭에 토지겸병을 위시하
여 이 밖에 각종 災害 및 戰亂 등으로 소유주가 변동하고 田品 또한 변
화하고 있어, 국가는 늘 이 점에 유의하고 심하면 새로 量田하고 稅役을
고르게 조정하여 주어야 했다. 그러므로 民田量給이라고도 하였다. 그러
나 고려후기에서 말기에 걸치면서 소유지·수조지의 겸병이 큰 조류를 이
루는 가운데 정전의 겸병과 상실이 광범히 진행되고, 아울러 전시과의
운영이 마비됨과 함께 결부제는 三等田尺에 의한 異積同稅, 편호제는 3
等戶制 등으로 부세 부과 방식이 새로워지면서 정전 자체는 소멸하고 그
기능마저 퇴락하여 갔다. 稅役과 田地는 괴리되고 人丁과 結負의 연계는
파괴되었다. 이런 사태 속에서 고려말 정부는 軍人의 징발은 軍民一致에
의한 三家一戶의 番上兵制의 제정을 통해 해결하여 나갔다. 그리하여 고
려 최말 전제개혁 당시 행한 己巳量田 때 民田量給은 사라지고 田丁作定
도 字丁制로 바꾸면서, 그리고 科田制 시행 때 그간 토지에 모두 결부시
켜 부과하던 租·布·役의 稅役 가운데 租만은 그대로 田結에 묶고 布·役
의 調·庸은 田結에서 차단하면서, 마침내 丁田制는 제도상 영영 폐기되
었다. 조선식의 人丁을 기준으로 한 戶首·奉足制 및 軍戶編成 그리고 田
結을 기준으로 한 ‘田八結出一夫’의 徭役丁 抄出 방식, 조선식 田丁制의
특징 등은 이러한 변화·개정과정의 소산이었다.

丁田은 소멸·폐기되었지만 이것이 가진 관례와 전통, 즉 그 정신인 人丁과 土地의 緊迫, 곧 稅役과 結負의 연계 원칙마저 함께 일거에 파쇄하지는 않았다. 토지와 인정에 기반을 둔 집권봉건국가로서는 새로운 긴박책을 강구하여야 했다. 그것은 私的 토지소유권의 일부인 임의 처분의 권리에 통제를 가하여, 세역부담과 전토소유의 일치를 강제하는 방침의 구사였다. 조선 건국 초 軍役人田地의 임의 매매 통제, 그 위반자에 대한 治罪와 해당 토지의 無田者에 대한 지급이 그 법규였다. 그리고 그 후 《經國大典》 제정 때, 이미 軍役人 田土의 임의 매매에 대한 통제가 폐기된 후에도, 無主田은 他人에게 移給하되 그것이 有軍役者가 死亡 혹은 移徙하여 발생한 경우는 해당 遞立者에게 이급하도록 규정하고 있어, 여파는 오랜 기간 계속되었다.

정전은 농민이 세역을 매개로 토지에 긴박되는 관계 및 그 추이를 발현하고 있는 우리나라 中世前期의 특징적인 토지세역제도였다.

(2005. 新稿, 2011. 補)

高麗末期의 白丁代田

1. 序言

　고려시기에 분급전지는 兩班·軍·閑人田 및 外役田, 登科田, 投化田, 宮院·寺社田, 公廨田, 籍田, 學田, 驛田, 屯田 등 여러 가지가 있었다. 이들 토지는 명칭 자체를 통해서 그 기능이나 용도를 짐작할 수 있고 또 일찍부터 연구되어 대략 내용과 실체는 잘 알려져 있다. 그러나 이 가운데 호칭이 특이하고 윤곽조차 파악 되지 않는 토지가 하나 있다. 고려말기에 보이는 白丁代田이다. 이 전지 역시 늘 관심은 가져 왔다. 白丁의 身分을 검토하는 과정에서, 혹은 土地制度를 고찰하는 가운데서였다. 그러나 아직 단순한 해설 수준에 머물고 있고 이해 실체는 불투명한 상태이다. 관련 자료가 극히 희소한 데다 代田과 白丁이 각각 별개로, 즉 토지제도와 신분제도로 분리한 채 검토한 가운데 관심이 쏠린 까닭이다.

　고려말기의 백정대전은 농민의 처지 및 이와 연관한 토지의 소유 내지 배분의 문제를 파악하는 데 매우 중요한 전토이다. 이에 대한 해명은 우선 백정대전의 명칭이 내포하는 내용, 白丁의 差役 및 代田分給의 관계, 백정대전의 授受 및 運營 등 기본 사항들이 추구되어야 수행될 수 있다. 그러자면 백정과 대전 양자의 관련에서 고찰하여야 한다. 그리고 이렇게 하면 백정대전 자체만이 아니라, 이를 통해 분급전지와 신분과 직역 3자의 관계를 하나로서 이해할 수 있다. 더욱이 이 백정대전이 고려시기 전 기간 운영되었다면 그 중요성은 더욱 크다. 이런 까닭에, 기왕의 해석들

과 마찬가지로 類推의 범위를 넘어서기 어렵고 또 억측이 따르는 위험을
안고 있지만, 정면에서 작업을 시도하여 볼 필요가 있다.

2. 代田의 用例와 白丁代田

白丁代田에 관한 자료는 唯一하다. 주지하듯이 禑王 14년(1388) 7월
대사헌 趙浚 등의 전제개혁상서 속에서 田制를 바로잡는 요목〔正田制之目〕
가운데 분급전토의 한 조목으로 제시하고 있는 백정대전의 기사이다. 조
준은 祿科田柴, 口分田, 軍田, 投化田, 外役田, 位田, 寺社田, 驛田, 外祿
田, 公廨田 등의 순서로 여러 전토를 열거하면서, 본 백정대전을 位田과
寺社田 사이에서 거론하고 있다. 그리고 作丁方式과 田土의 授受, 還收
및 收租時의 非理에 대한 처벌 규정을 제시하는 데서 한 번 더 언급하고
있다. 해당 구절은 아래와 같다. (1)이 전자이고 (2)가 후자이다.

(1) 一 白丁代田 百姓付籍當差役者 戶給田一結 不許納租 其在公私賤人當差

役者 亦許給之 明白書籍…… (2) 受代田白丁 匿傍田一結者……杖一百[1]

백정대전은 ‘百姓付籍當差役者’에게 戶에 田 1결을 분급하고 納租시키
지 않으며, ‘其在公私賤人當差役者’에게도 역시 분급하되 帳籍에 명백히
적는다는 것(1), 그리고 代田을 받은 白丁으로서 傍田 1결을 隱匿한 자
는 杖一百한다는 것이다(2). 백정대전의 실체에 접근하기 위해서는 이
기사의 문구 하나하나에 대해 稠密하게 검토하고 찬찬히 음미하지 않을
수 없다.

우선 백정대전의 代田이 갖고 있는 語義를 파악하는 일이 필요하다.
대전이란 용어 일반이 표현하는 의미는 하나가 아니므로 그 용례를 살피
고 백정대전과 견주어 보는 게 순서겠다. 대전이란 토지의 명의에는 우

---

1) 《高麗史》 78, 食貨 1, 田制, 祿科田, 辛禑 14년 7월, 趙浚上書, 中冊, pp. 717~
718.

선 '家代田'의 의미가 있었다. 조선 世宗朝 중반의 한 기록에

國俗 謂造家之地 爲家代[2]

라 하여, 造家地를 나라 풍속에서 '家代'라 한다고 할 때의 家代이다. 가대는, 곧 家垈로서 가옥의 垈地 혹은 이와 이에 부속한 園林이나 田土의 총칭이다.[3] 垈로서의 家代가 갖는 의미가 이러하여 특별히 집터로서 垈地만을 한정할 때는 보통 '家基'[4]라 표기하였고, 그 부속 園林, 田土를 지칭할 때는 '田'字를 붙여 '人家代田', '家代田'이라고 함으로써 의미를 분명히 하였다. 조선 太宗朝 초에 河崙이 고려조 이래의 民弊 및 그 타개방안 수 개조를 건의하면서, 그 한 조목으로 민간의 菓實에 대한 수세건을 말하는 가운데

人家代田外 山野所種菓實 十分稅一 令戶主自納[5]

하라고 하고 있는 데의 人家代田, 고려후기 通度寺의 庄土經營을 전하고 있는 문서의 기사 가운데

裨補長生標十二者 分塔排於四境 各置直干十 每給位田畓及家代田[6]

에서 直干에게 位田畓과 함께 절급하고 있는 家代田이 그런 토지였다.[7]

---

2)《世宗實錄》69, 世宗 17년 9월 庚午, 3冊, p. 650.

3) 李熙昇,《국어대사전》, 民衆書館, 1961, p. 7.
　《조선말사전》上, 과학원출판사, p. 13(서울版 동광출판사, 1990).

4)《高麗史》85, 刑法 2, 禁令, 恭讓王 4년 3월, 中冊, p. 869.
　《太宗實錄》11, 太宗 6년 4월 丁卯, 1冊, p. 353.
　《太宗實錄》11, 太宗 6년 5월 辛卯, 1冊, p. 356.

5)《太宗實錄》12, 太宗 6년 11월 己卯, 1冊, p. 379.

6)《通度寺事蹟記》, 寺之四方山川裨補.

7) 家代田으로서 代田에 관한 자료는 이외에도 수다하다. 고려말 조선초 江華, 喬桐에 있던 長番水軍의 代田도 이런 家代田이었을 것이다. 이들은 고려 禑王 6년(1380) 전라도에서 온 정예수군으로 他水軍과 달리 특별히 口分田 1결 50부를 절급했는데(《太宗實錄》3, 太宗 2년 2월 戊午, 1冊, p. 225), 太宗 17년(1417) 9월 잠시이긴 하나

텃밭인 것이다.

한편 대전은 農法 특히 토지이용 방식과 연관된 특정 전토를 지칭하는 용어이기도 하였다. 隔年으로 休閑하거나 互相陳起하며 경작하는 토지, 곧 易田으로서 대전이다. 조선후기의 자료이지만 강원도 峽中의 농사 형편을 전하면서 농지를 몇 년 묵혔다 한 차례 경간하는 경우와 함께, 갈아 畝(壟)를 만들 때 이 畝幅만 하거나 혹은 그보다 더 넓은 畝間(溝)의 농지(2~3배)를 남기는 作畝法이 있음을 말하여

有陳之屢年 方可一耕……又或有溝 廣於壟二三倍者[8]

이라고 하고 이를 '息土而代墾'[9]이라 설명하고, 또 '間年代田'[10]이라 풀이하는 토지가 바로 이 代田이다. 지력의 회복을 꾀하여 그마만한 畝間을 휴식시켰다가 이듬해에 그해 경작한 畝와 교체하여 畝로 만드는 田畝制度인 것이다. 고려초 量案記錄(光宗 5년, 955)을 옮겨 적은 것으로 추정되는 한 寺刹의 石塔造成記(顯宗 22년, 1031)에 전하는 기록

代下田 長廿七步 方廿步 北能召田 南東渠 西葛頸寺田 承孔伍百肆拾 結得肆拾玖負肆束[11]

의 代下田 역시 이러한 대전이었다. 대하전은 대전으로서 田品이 下等인 것, 곧 再易田이 아닐까 한다.[12] 그리고 조선 세종 28년(1446) 당시 이전부터 전해오는 《慶尙道地理志》에는 이 지방 平田의 전품이 上, 中, 下

'只給代田五十卜 而餘皆公收'(《世宗實錄》 1, 世宗 즉위년 9월 乙亥, 2冊, p. 271)한 적이 있었다. 倭寇도 숙어 들고 다른 水軍과 형평을 고려하여 취한 조처였는데 다만 家垈로서 代田만 남긴 듯하다. 이들의 구분전은 세종 27년(1445) 7월 소위 國用田 제도가 확립되는 때 혁파된다(《世宗實錄》 109, 世宗 27년 7월 乙酉, 4冊, p. 625).

  8) 《備邊司謄錄》 41, 肅宗 13년 10월 20일, 4冊, p. 80.
  9) 同上.
 10) 《備邊司謄錄》 66, 肅宗 37년 10월 10일, 6冊, p. 607.
 11) 李基白編, 《韓國上代古文書資料集成》, 〈若木郡 淨兜寺石塔造成記〉, 一志社, 1987.
     武田幸男, 〈淨兜寺五層石塔形止記의 研究(1)〉, 《朝鮮學報》 25, 1962.
 12) 金容燮, 〈高麗時期의 量田制〉, 《東方學志》 16, 1975, p. 77.

3등과 함께 '平地一甲田'이 하나 더 첨가되어 모두 4등으로 구분되어 있었는데,13) 여기의 平地一甲田도 역전으로서 대전이다. 평지전토 가운데 토질이 척박하여 하등전도 안 되는, 그리하여 1년 휴한하는 一易田으로 역시 대전인 것이다.14) 易田을 지칭하여 대전이라 함은 易田이 '趙過之 代田',15) 곧 이웃 漢代의 搜栗都尉 趙過가 새로 개발하였다는 대전과, 播種處를 교체한다는 점에서 공통된 까닭이겠다.16)

　대전 일반의 용례는 이러하다. 家代田 혹은 易田의 의미 외에 다른 용례는 아직 찾아 볼 수 없다. 그러나 白丁代田은 이상의 어느 대전에도 해당한다고 보기 어렵다. 家代田이라고 할 경우 백정의 差役에 대해 垈地 내지 부속 텃밭을 지급한다는 내용이 되겠는데 선뜻 수긍이 가지 않는다. 家代는 私的 소유지로서 白丁만이 아니라 奴婢・人吏・軍人・閑人・兩班 등 사회 여러 신분직역층 누구에게나 그 소유자, 비소유자는 있게 마련이다. 유독 백정에게만 분급한다는 것은 매우 어색하다. 더구나 지급하는 1결이 텃밭으로선 지나치게 큰 면적이다. 이뿐이 아니다. 田制의 大體를 세우고 있는 조준 등 私田改革派의 구상엔 적합하지 않다. 모든 분급전지의 명칭이 受得者의 신분 및 그 직역과 직결되어 정해짐이 오랜 전통이고, 또 이 점은 그대로 준수하면서 전제개혁을 추진하고 있는 이들로서 이러한 일관성과 배치되는 내용의 대전을 분급전토의 명칭으로 설정할 리는 없었을 것이다.

---

13)《世宗實錄》113, 世宗 28년 7월 戊辰, 4冊, p. 685.
14) 拙稿,〈高麗前期의 平田과 山田〉,《李元淳教授華甲記念 史學論叢》, 教學社, 1986.
　　易田을 뜻하는 代田의 예는 더 있다. 조선 태종 원년(1401) 5월, 당시 貢賦의 數를 詳定할 때 諸倉庫宮司, 戶曹, 工曹, 內府, 廣興倉 등에 소속한 布貨雜物田 예컨대 收布田, 收蜜田, 收蠟田, 收白苧布田, 收苧布田, 收油田의 일부가 收米田과 더불어 代田으로 定屬되어 조정되고 있는데 이 대전도 마찬가지였다. 그것은 이 조치에 부수하여 '上項收米田內代田 以布貨雜物定賦 在前收布貨雜物田內實田 收其米 各其數准收納'이라 하여 收米田 내의 代田은 布貨雜物로 貢賦를 정하고 이전부터 있던 布貨雜物田內의 實田은 收米하도록 한다는 방침을 세우고 있음(《太宗實錄》1, 太宗 원년 5월 辛卯, 1冊, p. 203)에서 짐작된다. 여기서 '實田'은 '常耕田'이고 '代田'은 이와 대비되어 사용하고 있음에서 山地 및 平地의 易田이겠다. 대전은 척박지이므로 그 貢賦를 布貨雜物로 징수한 게 아닐까 사료된다.
15)《世宗實錄》105, 世宗 26년 윤 7월 壬寅, 4冊, p. 579.
16) 金容燮, 주 12의 논고, p. 76.

易田으로서 대전도 마찬가지이다. 역전은 地廣人稀한 지역의 농지 아니면 平地의 瘠薄田이나 沙石으로 되어 있는 山田이 대부분이었다. 이런 토지를 오직 백정대전에 한해서 절급한다는 것은 납득되지 않는다. 이러한 척박지는 각종 分給田地에 비옥지와 더불어 항상 섞여 있었다. 功臣賜田, 科田 등 양반사대부의 토지부터도 그러하였다. 이성계는 고려말에 功臣田을 받았는데 '皆磽薄不用'하다고 할 만큼 척박하였고, 그리하여 즉위 직후 諸功臣에 대한 賜田은 비옥처로 하도록 특별히 당부할 정도였다.[17] 科田도 그러하였다. 과전수득자 사이에선 척박지와 비옥지의 交易努力이 끊이지 않았고 이로 인한 訟事도 적지 않았다.[18] 더구나 고려 毅宗 3년(1149)의 '烽燧式'에선 烽燧 所마다 '防丁二 白丁二十人 各例給平田一結'[19]함으로써, 防丁 2인과 함께 白丁 20인에게 각각 平田 1결씩을 절급하고 있는 터였다. 이 平田은 常耕田이었다.[20] 그리고 이는 이전부터 있어 온 관례였다. 부자연스러운 바는 더 있다. 家代田의 경우에 그러하듯이, 백정에 대해서만 농법상의 토지 명칭을 그 분급전토의 호칭으로 삼아 田制大綱의 일관성에서 벗어나 유난하게 할 이유 역시 없었다.

백정대전은 해당 조문이나 조준 상소의 전체 문맥에서 살필 때 家代田, 易田 그 어느 代田과도 상관없는 대전이었다. 설혹 관련이 있다 하더라도 적어도 백정대전의 대전이 그것을 직접 지칭하는 표현일 수는 없겠다. 白丁의 差役과 결부되어 분급되는 전토의 명칭이 代田인 이유는 다른 데서 찾아야 한다. 조준 등의 正田制之目을 보면 특정 國役의 세습 담당자는 外役田, 驛田 등으로 명명한 토지를 지급하고 있는데, 그 명목은 모두 口分田으로 총칭하고 있다.[21] 이 차역되는 白丁은 저들과 처지

---

17) 《太祖實錄》 2, 太祖 원년 9월 甲辰, 1冊, p. 31.
18) 拙稿, 〈科田의 占有와 그 原則〉, 《朝鮮前期土地制度硏究-土地分給制와 農民支配》, 一潮閣, 1986.
19) 《高麗史》 81, 兵 1, 兵制, 毅宗 3년 8월, 中冊, p. 781.
20) 拙稿, 주 14의 논고.
21) 주 1과 同.
 '一 外役田 留守州府郡縣吏 津郷所部曲庄處吏 院館直口分田 前例分給 皆終其身 一位田 城隍郷校紙匠墨尺水汲刀尺等位田 前例折給 一 白丁代田……一 驛田 其馬位口分田 前例折給 皆終其身'
 이 가운데 位田도 口分田이었다. 外役田, 位田, 驛田은 모두 구분전의 명목으로 절

면에서 비교될 수 있는 층이었다. 백정의 差役과 연계되어 지급되는 토지는 이들 국역 담당자의 口分田 및 그 호칭과 분급조건상에서 구분되고, 또 그럴 필요가 있어 대전이라고 한 것으로 사료된다. 아마 白丁의 처지와 그 差役의 성격 그리고 양자의 관계가 저들 특정 국역의 세습 담당자층과 다른 데서 기인하는 것이겠다.

3. 白丁의 差役과 白丁代田

고려시기의 白丁은 농민의 한 부류이며 특정 직역의 부담이 없어 有役者가 아닌 이들로 이해하고 있다.[22] 조준의 正田制之目에서도 백정은 侍中에서 庶人에 이르는 관료, 時散을 막론한 1품에서 9품까지의 兩班士大夫, 軍人, 留守·州·府·郡·縣의 吏 및 津·鄕·所·部曲·庄·處의 吏, 그리고 院·館의 直, 紙匠·墨尺·水汲·刀尺類, 驛吏·驛丁과 특별히 구별되어 있다.[23] 兩班·軍人層과는 말할 것도 없고 鄕吏 및 특정 國役의 세습 담당자층 일반과 구분되는 층임을 짐작할 수 있다. 이런 점에서 일단 '無職役人'을 지칭한다고 보겠다.

그러나 백정에 대한 이 정도의 이해로는 백정대전의 내용을 파악하는 데 한계가 크다. 이 같은 백정의 처지를 差役과 결부시켜 좀 더 분명하게 살피지 않으면 안 되겠다. 여기에는 우선 아래의 기사가 도움이 된다.

議政府六曹議啓 和人心條目 一二品以上 婢妾所生 已蒙上許 限品受職 三品以下 婢妾所生 未蒙幷許 三品所生 限六品……七八品所生 限九品 九品 權務

급하는 것이다. 이른바 '鄕吏·津尺 驛子雜口分位田'(《高麗史》 78, 食貨 1, 田制, 祿科田, 忠穆王 원년 8월, 中冊, p. 714)인 것이다.
22) 백정의 이러한 정의에 관해선 아래의 연구를 참고할 것.
　　白南雲, 《朝鮮封建社會經濟史》上, 改造社(東京), 1937, pp. 304~307.
　　旗田巍, 〈高麗時代의 白丁〉, 《朝鮮中世社會史의 研究》, 法政大學出版局, 1972.
　　李佑成, 〈閑人 白丁의 新解釋〉, 《歷史學報》 19, 1962.
　　文喆永, 〈高麗末 朝鮮初 白丁의 身分과 差役〉, 《韓國史論》 26(서울大), 1991.
23) 주 1과 同.

所生 限學生 庶人所生 限白丁······從之[24]

이는 조선 태종 15년(1415) 3월 人心和睦의 한 조처로, 정부에서 兩班·庶人의 婢妾所生에 대해 補充軍에 일정 기간 立役시킨 후 限品受職할 수 있게 한 특별 우대시책이다.[25] 백정과 직접 연계되는 대목은 '九品權務所生 限學生 庶人所生 限白丁'이다. 9품 權務와 婢妾 사이의 소생은 학생으로 限하고, 庶人과 婢妾 사이의 소생은 백정으로 限한다는 내용이다. 이 백정은 고려 때 있어 온 백정이다.[26]

이에 의하면 白丁은 學生 다음에 자리하는 층이었다. 학생 자체는 조선 태조 3년(1394) 고려말의 과전제도를 損益하면서 제일 마지막 科인 18과에 속하여 令同正과 함께 5결의 과전을 분급받고 있는 이들로서, 出仕할 수 있는 準官僚의 대우를 받는 층이었다.[27] 백정은 이러한 학생 다음 서열에 있되, 科田授受 대열에 들지 못하였다. 이러한 백정이 9품 權務 및 庶人의 婢妾所生에 대한 우대처리에서 학생과 함께 각각 그 기준이 되고 있는 것이다. 조선초에 限白丁은 補充軍立役[28]에 들어갈 수 있는 맨 마지막 층이었고, 그 바로 위가 限學生이었다.[29] 이로써 보면 백정은, 학생이 그러하듯이, 신분보다는 職役과 관련이 깊은 표현이었다.

이런 점은 고려시기에도 마찬가지였다.

---

24) 《太宗實錄》 29, 太宗 15년 3월 丙午, 2冊, p. 54.
25) 2품 이상과 婢妾 사이의 所生에 대해서는 이보다 한 해 전 太宗 14년(1414) 정월에 限五品하여 受職한다는 방침이 세워졌다(《太宗實錄》 27, 太宗 14년 정월 己卯, 2冊, p. 1).
26) 조선시기의 白丁, 곧 才人·禾尺이 新白丁으로 명명되는 것은 世宗 5년(1423) 10월 이후이다(《世宗實錄》 22, 世宗 5년 10월 乙卯, 2冊, p. 559).
27) 《龍飛御天歌》 第72章.
    고려시기의 學生에 관해서는 許興植, 《高麗科擧制度史研究》, 一潮閣, 1981, pp. 69~72. 및 同, 《高麗社會史研究》, 亞細亞文化社, 1981, p. 91을 참고할 것.
28) 補充軍 및 그 구성에 대해서는 다음의 논고를 참고.
    有井智德, 〈李朝補充軍考〉, 《高麗李朝史의 研究》, 國書刊行會, 1985.
    全炯澤, 〈補充軍立役規例를 통하여 본 朝鮮初期의 身分構造〉, 《歷史教育》 30·31合輯, 1982.
29) 限學生, 限白丁은 '婢妾産內 限學生 限白丁補充軍及勿問是非身良水軍 稱干稱尺等 各色補充軍子孫'(《世宗實錄》 63, 世宗 16년 3월 癸巳, 3冊, p. 549)함에서 알 수 있듯이, 일종의 용어로 사용되었다.

重房調散職 學生 白丁 充東征軍 往往有撤屋而逃 重房請奪田丁 以與從軍者
四隣不告 徵白金一斤 舍匿者二斤[30]

忠烈王 9년(1283) 3월 重房에서 散職·學生·白丁을 조사하여 東征軍에 補
充하면서, 도망자 및 그 不告者 隱匿者에 대한 처벌방식을 제의한 내용
이다. 유의할 부분은 充軍對象을 거론하면서 그 순서를 散職, 學生, 白丁
순으로 하고 있다는 점이다. 여기서도 백정은 학생 다음에 자리하고 있
고 충군대상의 순서에서 마지막에 서있다. 학생 앞의 산직은 고려말의
과전제도에서 權務와 함께 18과에 속하여 10결의 과전을 받는 최하의
受田者였다.[31]

  白丁이 兩班, 軍人, 鄕吏, 直, 匠人, 尺 등과 구별되고 있는 것, 學生
다음에 자리하고 있는 것, 庶人과 婢妾 사이의 所生을 우대하면서 그 기
준으로 되고 있는 것 등의 사실로 보면, 이들은 兩班官職에 出仕할 수
없는 층이며 동시에 특정의 고정된 國役을 세습하여 담당하는 층도 아니
었다. 그리고 身分은 良人이지만 賤役人 바로 위쯤에 자리하는 이들이었
다. 조선 태종 11년(1411) 정월 河崙의 蘗子 永의 從良事案을 논의하는
자리에서 永의 母祖가

  於久遠帳籍 以白丁施行 五十年以後 乃稤尺施行[32]

하였다는 사실도 이런 점을 알려 준다. 永 母親의 祖父는 옛 帳籍에 白
丁으로 있다가 50년 전부터는 稤尺으로 있었다는 것이다. 稤尺은 각 宮,
곧 왕실의 雜務에 사역되는 役人으로 보인다.[33] 백정에서 賤役인 稤尺으

---

30)《高麗史》81, 兵 1, 兵制, 五軍, 忠烈王 9년 3월, 中冊, p. 783.
31)《高麗史》78, 食貨 1, 田制, 祿科田, 恭讓王 3년 5월, 中冊, p. 724.
32)《太宗實錄》21, 太宗 11년 정월 甲子, 1冊, p. 572.
33) 稤尺의 '稤'은 우리식 漢字로 곱은 '숙'이다. 稤은 宮의 所任을 말한다. 각 宮에는
    사무를 맡은 稤宮이 있었다. 稤宮은 稤奴였다(한글학회, 《우리말큰사전》 2, 어문각,
    1992, p. 2489). 稤尺도 같은 부류로 추측된다. 본고 발표 수년 뒤 간행된 《韓國漢
    字語辭典》 3, 稤, 稤宮, 稤奴, 稤尺〔檀國大學校附設 東洋學研究所, 1997(3쇄), pp.
    670~671〕의 풀이에도 이와 동일하게 되어 있다. 그러나 稤을 창고의 뜻이라 하여

로 바뀌고 있음은 백정 본래의 처지가 위와 같았기 때문이겠다.

이러한 백정은 '百姓付籍當差役者'로서 차역대상이었다. 사례로 보면, 이들의 차역은 여러 가지였다. 주로 軍人에 充補되었으나 正軍과는 구분되어 '白丁隊'로 독립하여 편성되었다. 한편 正軍의 闕員時에 혹은 有事時 편성되는 군대, 예컨대 神步班 東征軍 등에 충보되는 예도 많았다. 그리고 兵馬員吏의 衛身從卒로 率行하기도 하였다.[34] 조선 태종 6년(1406) 西北面 土官의 縮小가 시도되었는데 그 이유가 당시 平壤府司의 土官元 數가 600여 인이나 되고 모두 祿을 받고 있어 '近處各官及平壤府外村接白丁 請托受職 規免軍役'하다는 데 있었다.[35] 평양부 근처 각 고을 및 평양부의 外村에 인접하고 있는 白丁까지 그 職받기를 청탁하여 軍役을 면하고자 꾀한다는 것이다. 역시 백정이 담당하는 차역이 대개 軍役이었음을 알 수 있다. 한편 군역 補充 외에 驛의 丁戶 부족 시 해당 역의 白丁子枝 가운데서 自願하면 充立하기도 하였고,[36] 烽燧所에도 차역되어 防丁과 함께 役使되었다.[37] 또한 守墓에 고정되기도 하고 寺院에 소속하여 力事에 동원되는 이도 있었다.[38]

白丁은 혹 軍戶·驛戶 등 丁戶가 되기도 하였다. 고려초 成宗 9년(990) 孝子·烈女를 訪求할 때 京·縣·島·驛에서 파악한 咸富 등 남녀 7명을 표창하여 모두 旌表門閭하고 요역을 면제하면서 아울러 '白丁給公田爲丁戶'하였음은 그런 예였다.[39] 그러나 대개는 白丁隊의 존재, 充軍, 驛丁, 烽燧丁 등 여러 예에서처럼 백정 자체의 처지에서 차역되었다. 睿宗 4년

稤尺을 '창고직의 일종'으로 보는 견해도 있다. '창고'의 뜻을 가리키는 경우 믑은 '수'이다(劉承源, 〈朝鮮初期의 身良役賤階層〉, 《韓國史論》 1(서울大), 1973, p. 98 및 文喆永, 주 22의 논고, p. 63).

34) 李基白, 〈高麗軍人考〉, 《高麗兵制史研究》, 一潮閣, 1960.
   李佑成, 주 22의 논고.

35) 《太宗實錄》 11, 太宗 6년 6월 癸亥, 1冊, p. 359.
   土官職은 주로 土着人 가운데 千戶, 百戶, 鎭撫, 知印, 令史 등으로 敍用하였다(李載槷, 〈李朝初期의 土官職〉, 《朝鮮初期社會構造研究》, 一潮閣, 1984).

36) 《高麗史》 82, 兵 2, 站驛, 中冊, p. 802.

37) 주 19와 同.

38) 《朝鮮金石總覽》上, 靈通寺大覺國師碑陰記, 景仁文化社, 1969.

39) 《高麗史節要》 2, 成宗 9년 9월, p. 55(亞細亞文化社 影印本, 1971-以下同).

(1109) 神步班에 속하는 백정의 充補資格에 관한 판지 내용도 이런 사실을 담고 있다.

神步班屬諸白丁 願受內外族親田者 田雖在他邑 名隷本邑者 許令充補 樂工及犯奸盜者 良賤未辨者 勿許40)

여기서 諸白丁이라고 한 것은, 백정이 여러 직역층에 고루 있었기 때문이다. 이들은 樂工에도 있었고 또 良賤이 未辨되는 자에도 있었다. 이 판지는 백정이 백정의 이름으로 차역되고 충군된다는 사실을 바탕으로 신보반에 속할 수 있는 백정의 자격요건을 정하고 있는 내용이다.

백정의 구분과 차역방식이 이러하여, 이들은 각각 해당 差役帳籍에 白丁으로서 載錄되어 파악되었다. 이는 아래의 사례를 미루어 알 수 있다.

永樂十二年六月二十八日以後 宣德七年六月二十九日以前 其間十九年內 公私婢者嫁良夫所生有限 非繼而出 又皆貧寒 其嫁有職人所生 依補充軍例 立役限品受職 已曾受敎 其嫁平民所生 居外方者 定爲津尺·倉庫直·牧子干·急唱等役 居京者 有實人 則定爲闕內差備 已曾受敎 其餘人 則定爲繕工監營繕干 載籍 稱白丁 女孫勿並錄41)

조선 세종 14년(1432) 9월, 兵曹에서 태종 14년(1414) 6월 28일 이후 있던 公私婢와 有職人 및 平民의 交嫁所生에 대해, 전자는 各品賤妾子孫의 예에 따라 보충군에 입역시켜 限品受職할 수 있게 하고 후자는 前朝判定百姓例에 따라 차역하되 從仕受職하지 못하도록 하였는데, 役處를 언급하지 않았으므로 이들은 '稱爲續白丁'하고 正役 奉足을 정하여 四番으로 나누어 보충군의 예에 따라 서울에서 輪次立役하도록 하자는 안을 내어올 때, 詳定所에서 한 답변이다.

---

40)《高麗史》81, 兵 1, 兵制, 五軍, 睿宗 4년, 中冊, p. 781.
41)《世宗實錄》57, 世宗 14년 9월 丙辰, 3冊, p. 414.
　　永樂 12년은 태종 14년(1414)이고, 宣德 7년은 세종 14년(1432)임.

주목되는 것은 '其餘人 則定爲繕工監營繕干 載籍 稱白丁'한다는 구절이다. 公私婢와 平民의 交嫁所生 가운데 外方居住者는 津尺·倉庫直·牧子干·急唱 등의 役에 정한다는 受敎가 이미 있고, 居京者 가운데 有實人은 闕內差備로 정한다는 것 역시 수교로 작정되어 있었는데 그 나머지 不實人에 대한 후속조처로 이렇게 한다는 것이다. 이 餘人은 이제 營繕干으로 정하고 載籍해선 白丁으로 칭하게 되었다. 이들은 差役에서 형식상 營繕干이지만, 본체는 干이 아니라 白丁 그 자체였다.

이러한 조처는 백정이 본시 차역에서 餘分·豫備·代理의 처지에 있고 또 그렇게 파악되는 층이었음을 알려준다. 그리하여 다른 곳으로 移役될 여지도 안고 있었다.42) 이들이 지는 力役 또한 예비·보조·대리·임시의 위치에 있었다. 이런 점에서 丁戶와 구분되고, 따라서 無職役人이면서 差役對象者였다. 말 그대로 白丁이 지닌 것이다. 그러므로 나라에서 이들을 파악하기 위해서는 定式役戶의 籍과는 별도로 籍을 두고, 그 표기를 백정으로 하여 분간하는 방침이 필요하였다.43)

백정의 처지와 그 차역 그리고 국가의 파악 방식은 이와 같았다. 이런 사정에서 이들에 대해 행하는 분급전지의 명칭은 代田일 수밖에 없었다. 鄕吏·尺·直·驛丁 등 國役世傳人 및 軍人 등의 토지처럼 外役田·位田·驛田이나 軍田 등 직역을 그대로 표시하는 용어를 사용하여 호칭할 수는 없는 것이다. 白丁의 無職役人으로서의 처지 및 그 차역의 성질을 전하는 분급전지의 명칭, 그 餘分·豫備·代理·臨時의 의미를 나타내는 명의이어야 했다. 그것은 다름 아닌 代田으로 표현하는 방법이었겠다. 代田의

---

42) 최근 文喆永, 주 22의 논고, p. 69에서 李佑成 씨의 白丁說 '丁戶가 될 수 있는 百姓層에서 토지를 못 받아 정호가 되지 못한 축들'(주 22의 논고, p. 89)에 대해 是正論을 펴고, 白丁을 '일반 백성 중에서 장차 군역이든 정역이든 차역을 위하여 따로 부적하여 대기하면서 일정 정액 이외의 역을 지고 있는 계층'이라고 정의하였는데, 이런 경우에 해당하는 설명이라고 하겠다.

43) 白丁의 事例는 아니지만 세종 8년(1426) 驛屬婢子로서 良夫에 출가하여 낳은 所生을 '稱驛屬日守百姓 別籍錄名'하고 驛役에 補充하여 助力하게 하던 처사나(《世宗實錄》 32, 世宗 8년 5월 壬子, 3冊, p. 28), 《經濟續六典》에서 각 도 牧場 內의 牧子 役力의 마련책으로 父子相傳付籍外에 '以無役百姓 充定者 並稱爲軍 亦別成籍'하여 牧子軍으로 하고 牧子와 구분함(《世宗實錄》 40, 世宗 10년 4월 己未, 3冊, p. 123)도 같은 방식이겠다. '驛屬日守百姓', '牧子軍'이라 지칭하여 別籍錄名하고 別成籍하는 점은 白丁의 別籍과 같은 것이다.

‘代’는 ‘更’·‘替’·‘遞’의 의미로서, 이는 백정의 처지에 걸맞는 표현이었다. 백정대전은 백정의 차역이 이런 처지에서 수행되고 집행됨을 나타내는 뜻에서 代田이었다고 생각된다.

그러나 백정의 차역과 결부하여 절급하는 토지를 모두 白丁代田으로 호칭하지는 않았을 것이다. 가령 軍丁戶에 충보된 백정은 軍人田을 연립하게 되므로 이는 백정대전일 수 없었다. 백정대전은 백정으로서 烽燧役, 驛役, 기타 雜役 등 특정 國役에 丁戶로서가 아니라 그 예비·보조·대리로 차역되는 이들을 대상으로 절급하는 토지에 한하였을 것이다. 이것은 백정이 차역과 결부하여 분급받는 토지를 살펴보면 짐작할 수 있다.

고려시기에 백정의 차역에 대해 국가가 분급하는 토지는 두 계통이 있었다. 담당하는 차역의 종류에 따라 내역이 달랐던 것이다. 하나는 田丁이고 다른 하나는 實田이었다.

(1) 宜令一領 各補一二百名 京中五部坊里 除……外 其餘兩班及白丁人子 十五歲以上 五十歲以下 選出充補 令選軍別監 依前田丁連立[44]

(2) 烽燧式 每所 防丁二 白丁二十人 各例折給平田一結[45]

(1)은 전자의 예이다. 各領의 軍戶에 充補되는 백정에게 田丁連立을 하도록 하고 있다. 東征軍에 충당된 백정도 田丁을 받았다.[46] 新步班에 속한 백정의 田[47]도 아마 田丁이었을 것이다. 이들의 전정은 軍人田으로서 17결 그것이겠다. (2)는 후자의 예이다. 烽燧所에서 사역하는 백정에게 平田 1결을 관례에 따라 절급하고 있다. 토지 자체의 분급인 것이다. 각 驛에서 丁口가 부족하여 ‘若有田而丁口不足 以本驛白丁子枝自願者充立’[48] 할 때의 田도 이런 토지였고, 규모도 비슷하였겠다. 역전은 후술하듯이 토지 자체가 분급되는 것이었다.[49] 그리고 역리가 받는 長田이

---

44) 《高麗史》 81, 兵 1, 兵制, 靖宗 11년 5월, 中冊, p. 777.
45) 주 19와 同.
46) 주 30과 同.
47) 주 40과 同.
48) 주 36과 同.

2결이었다.[50) 驛丁에게 이보다 많은 結數를 지급할 리는 없었다. 분급전
토 및 그 결수의 이러한 차이는 전시과제도에 의해 役處에 따라 정해진
규례에 즉한 것임은 물론이겠다.

백정 차역에 대한 이와 같은 급전제도는 고려말에 이르러 거의 파괴되
었다. 특히 田丁分給이 그러하였다. 전시과의 운영마비, 토지겸병과 壓良
爲賤의 극성, 농민층 분화 속에서 田丁·丁田과 職役이 분리되고 軍制도
폐퇴하면서였다. 選軍給田, 田丁連立은 붕괴되었다. 정경은 '不踐行伍者
冒受軍田'하고 '選軍之法廢 而兼幷遂起'하는 형세였다.[51) 백정층 자체도
각종 직역 담당자층 내지 여러 신분층으로 분해되어 감소하였을 것이
다.[52) 私田兼幷, 農場擴大의 추세에서 投托民, 壓良民은 주로 이들이었
을 것이다. 전제개혁이 추진되면서 이에 대한 정비도 의당 뒤따라야 했
다. 전정연립의 군인전은 軍田으로 대체되었다. 그러나 軍制, 軍役制의
변동에 짝하여 마련된 것이므로, 내용은 종래의 군인전이 아니었다. 백
정에 대한 給田問題로는 하나만 남아 있었다. 烽燧役, 驛役, 기타 雜役에
종사하는 백정에 대한 給田件이었다. 조준 상서 속 백정대전의 조항은
바로 이에 연관되는 조처였을 것이다. 白丁代田은 고려전기에도 분급하
여 오던 토지였고, 실제 토지명칭으로도 사용하지 않았을까 한다.

4. 白丁代田의 授受와 運營

白丁의 차역 및 代田分給과의 관계를 검토하면 이상과 같다. 그리고
이에 입각하면 대전을 지급받는 백정, 곧 '百姓付籍當差役者'는 軍戶 등
을 제외하고, 백성으로서 백정으로 付籍되어 차역을 당하는 자라는 의미
로 이해된다. 종래 平田을 받고 立役하던 白丁을 이름이었다. 이러한 白

---

49) 주 62 참조.
50) 《高麗史》 78, 食貨 1, 田制, 公廨田柴, 成宗 2년 6월, 中冊, p. 713.
51) 《高麗史》 78, 食貨 1, 田制, 祿科田, 辛禑 14년 7월, 中冊, p. 715, p. 719.
52) 주 32 참조.

丁 가운데는 驛役, 烽燧役 등 외에 公私의 賤役을 지는 이들도 있었다. 조준 등이 백정대전의 절급 대상으로 百姓付籍當差役者를 들면서, 이어

其在公私賤人當差役者 亦許給之 明白書籍

이라고 함으로써, '其在公私賤人當差役者'도 함께 거론함은 이런 형편에서였겠다. 이 公私賤人은 公私奴婢를 지목하는 게 아니었다. 백정으로서 干尺의 역을 위시한 제반 천역을 담당하는 이들을 말함이었다. 앞서 말한바 백정으로서 營繕干 같은 이들이다. 干尺에도 公私의 구분이 있었다. 鹽干을 式干·私干 혹은 公干·私干으로 구분하고 있었음이 그 예이다.53) 이들에게도 대전은 마땅히 절급하여야 했다. 다만 각별히 '明白書籍'하는 조치가 따라야 했다. 공사천역에 차역되지만 원형은 백정이라는 사실을 밝혀, 대전을 분급하는 사유를 분명히 하는 것이었다.

백정대전의 수수와 운영에 대해 간접으로나마 시사하고 있는 것은 百姓付籍當差役者에게

戶給田一結 不許納租

하도록 한다는 기사이다. 백정대전의 실체를 파악하자면 우선 '戶'의 내용부터 추구할 필요가 있다. 戶가 田 1結을 절급하는 대상 단위가 되고 있는 까닭이다. 요체는 이 호가 자연호인지 아니면 役制運營을 위해 편제된 編戶인가 하는 점이다. 예측하건대 아마 편호였겠다. 차역과 연계되어 대전 1결이 절급되는 호라면 자연호일 수 없다는 생각이다. 그리고 보면 백정의 차역과 관계가 깊은 驛吏·驛丁의 역, 干尺의 역 등 여러 國役은 役戶로서 편호에 입각하여 이루어짐이 원칙이었다. 한 예로 조선초 각 역의 驛吏·驛奴의 경우 3丁 1戶의 役戶를 구성하여 입역하였다.54)

---

53) 劉承源, 주 33의 논고, p. 87.
54) 拙稿, 〈朝鮮前期 驛田의 經營變動〉, 《邊太燮博士華甲紀念 史學論叢》, 1985, pp. 357~358.

백정의 차역도 이러하였을 것이다. 이는 앞서 언급한바 조선초에 公私婢와 平民의 交嫁所生을 津尺, 倉庫直, 牧子干, 急唱, 闕內差備, 營繕干 등으로 정하고 立役시킬 때 사용하던 방식을 보면 더욱 그렇게 생각된다. 이들 중에서 특히 營繕干은 백정으로 載錄되어 있는 사람들이었다.

其立役者 正役一名 奉足二名 年十六始役 至六十除役 一依補充軍例[55]

이들의 입역은 正役 1명에 奉足 2명을 단위로 하여 이루어졌다. 3丁 1戶인 것이다. 또한 세종 6년(1424) 외방에 산재한 新白丁을 別牌, 侍衛, 守城軍 등에 充定할 때 正役·奉足의 나눔을 敎旨에 따라 하도록 강조하고 있는데, 그 내용 역시 같은 원칙이었다. 즉 편호를

其元有農業居計有實者 三丁爲一戶 始爲農業居計不實者 五丁爲一戶[56]

라 하여, 원래 농업이 있어 사는 게 충실한 자와 처음 농사를 지어 사는 게 부실한 자를 구분하여, 전자는 3정 1호로 후자는 5정 1호로 엮는 기준에서 하게 하는 것이다. 전자는 원칙이고 후자는 변칙이다. 新白丁의 입역을 3정 1호의 편호로서 함을 원칙으로 삼고 있는 것은 본시, 백정의 차역이 그러했기 때문이었겠다.

대전 1결의 분급대상 단위인 호는 바로 이러한 내역으로 짜인 편호였을 것이다. 그러므로 분급의 실제 대상은 차역에 종사하는 正役이었다. 그리고 이런 기준에서 授受하는 대전은 '不許納租'하는 토지였다. 田 1결을 지급하고 납조시키지 않는다는 이 기사의 내용 여하는, 분급의 대상 단위가 編戶로서 戶였다는 점과 함께, 백정대전이 갖는 토지의 성질을 이해하는 데 매우 중요하다.

不許納租의 내용은 여러 가지를 假定할 수 있다. 우선 하나는 免租 쪽이다. 이 경우 차역된 백정의 私的 소유지가 전제된다. 곧 백정이 당

---

55) 주 41과 同.
56) 《世宗實錄》 26, 世宗 6년 10월 辛亥, 2冊, p. 629.

초 소유하고 있는 사유지 가운데 1결에 한하여 代田으로 하고 전조를
면제한다는 게 된다. 그러나 이런 내용이라면 문제가 있다. 토지를 전혀
소유하지 못하고 있거나 혹은 1결 미만의 토지만 소유하고 있는 이들은
代田을 받을 수 없거나 제대로 받지 못하는 사태가 발생하는 것이다.
이는 給田制度의 정신 및 원칙에 위배된다. 給田한다 하고 이를 免租로
한다는 것도 사리에 닿지 않는다. 급전은 수조지 내지 토지 자체를 실
제 떼어 주는 행위이고, 면조는 토지의 사적 소유자가 국가에 납부할
전조를 면제하는 것이다. 면조는 토지의 소유를 전제로 하여, 즉 급전이
라는 조건 없이 이루어지는 게 일반이고 또 그런 경우에 사용되는 용어
이다. 가령 ‘放三年役 除一年租’,[57) ‘自丁丑 至今年 租稅徭貢 皆免之’[58)
하고 ‘除田稅 減徭役’[59) 한다 함에서 보이는 부세의 면제가 그런 것이다.
白丁代田은 해당 백정의 소유지 소유를 그것도 1결 이상의 소유를 전제
로 하고 1결에 한해서 전조를 면제하는 내용의 토지는 아니었다. 그래
서 표현도 ‘不許納租’라고 하고 있는 것이다. 백정대전의 不許納租는 전
지 1결의 분급과 병행해서 부여되는 조처로서 代田分給 이 자체와 상관
되는 내용이다.

　다음 收租地의 급여 쪽으로 볼 수도 있다. 분급전지 일반, 즉 토지분
급제의 원리가 수조권을 급여하는 수조지의 절급이었다는 점에서 이렇게
추측할 수가 있다. 그러나 여기서도 불합리한 점이 있다. 우선 수조지로
백정에게 지급하는 田結로서 1결은 너무 약소하다. 전지 1결의 수조액은
米豆 30斗였고, 특히 조준 등의 본 개혁안에선 20斗로 책정하고 있었
다.[60) 그리고 이 액수는 損分이 사상된 최고량이었다. 백정의 차역에 대
한 급부로선 매우 적은 수였다. 또한 수조지의 분급이라면 구태여 不許
納租 라는 표현을 添記할 이유가 없다. 그뿐만 아니라 더 큰 문제가 있
다. 수조지는 田主와 佃客의 신분적인 지배예속의 상하관계가 기반이 되

---

57) 《高麗史》 80, 食貨 3, 賑恤, 恩免之制, 成宗 16년 2월, 穆宗卽位, 中冊, p. 762.
58) 同上, 忠烈王 4년 4월, 中冊, p. 764.
59) 《世宗實錄》 53, 世宗 13년 9월 甲申, 3冊, p. 342.
60) 주 1과 同.

고 있는 것인데, 백정이 田主로서 사적 소유주 위에 자리하는 조처를 국가가 방침으로 수립할 리는 없겠다. 신분계급제와 이에 입각한 수조권의 분급을 통해 농민과 토지에 대한 지배를 관철하고 있는 집권봉건의 고려 국가의 원리상 있을 수 없는 바였다.

白丁代田이 전조 면제의 부여도 아니고 수조지의 절급도 아니라면, 남은 하나는 토지 자체의 절급뿐이다. 백정대전은 바로 이로써 지급되는 토지로 추찰된다. 앞에서 언급한 바도 있지만 고려시기 烽燧所의 백정에게 平田 1결씩 절급함은 바로 이런 것이겠다. 실제 토지 분급제에서 분급전토는 수조지가 중심이지만 부수하여 때로는 토지 그것, 즉 實田으로 이루어지기도 하였다. 이는 양반의 科田·功臣田에서도 있으나[61] 특히 특정 國役의 세습 담당자의 수득전지에 많았다. 가령 조선초의 驛吏·驛奴·驛卒은 3丁 1戶를 단위로 2결 혹은 1결 50부, 1결 내지 50부씩 口分田을 절급받았다. 이는 立役處 근처의 軍資田, 즉 平民의 所耕田 자체로 이루어졌다. 그리고 역노·역졸로서 소경전이 없는 奉足에게는 流亡絶戶人田, 閑田, 多占田地人의 陳荒田, 근처의 公田 등의 토지로 50부씩 지급하였다. 경작은 어느 경우나 수득자가 自耕함이 원칙이었다. 그리고 無稅였다. 그러므로 구분전에선 그것이 분급전지이면서도 실제는 民田侵奪이 되어 논란이 분분하고 소송 또한 적지 않았다. 그러나 조선 정부에선 前朝의 舊例이며 舊慣이라 하여 그대로 묵인하였다. 즉 고려시기에 이미 있었던 관례였다. 이러한 토지분급 방식은 職田制의 시행, 《經國大典》 제정 때까지 지속 되었으며, 해당 驛이나 官에서 집행하였다.[62] 각 官의 人吏位田이나[63] 水夫位田 및 院位田 등도 마찬가지 내용을 가진 토지였다.[64]

백정대전도 3정 1호의 戶를 단위로 하여 民田 자체나 緣故가 없거나

---

61) 拙稿, 주 18의 논고, pp. 110~111.
62) 拙稿, 주 54의 논고.
63) 《世宗實錄》 86, 世宗 21년 9월 乙卯, 4冊, p. 236.
   《世宗實錄》 109, 世宗 27년 7월 乙酉, 4冊, p. 625.
64) 《成宗實錄》 4, 成宗 원년 4월 甲寅, 8冊, p. 485.
   《成宗實錄》 189, 成宗 17년 3월 乙亥, 11冊, p. 116.

상실된 전토로 1결씩 분급하는 토지였을 것이다. 그리고 가능하면 원소유자에겐 다른 토지를 換給하여 주었을 것이다. 換受 절차도 실제는 소속 입역처에서 집행하였을 것이고, 국가는 다만 공인하는 데 그쳤을 것이다. 경작도 마찬가지로 이들이 自耕하게 하였겠다. 그리고 입역의 대가로 받는 토지여서 무세였을 것이다. '不許納租'라는 구절은 이 사실을 이르는 것이겠다. 白丁代田은 이를테면 '自耕無稅'의 토지인 셈이었다. 고려·조선초에 自耕無稅에 해당하는 토지는 적지 않았다. 官屯田, 馬田, 院田, 津夫田, 氷夫田, 守陵軍田은 후에까지도 자경무세였고,[65] 《經國大典》에 各自收稅地로 기재된 水夫田, 長田, 副長田, 急走田도 본래는 자경무세의 토지로서 水站干, 馬吏, 急走奴의 분급전토였다.[66] 자경무세의 토지는 公田이었다.[67] 所有權은 국가에 있고 이를 수득한 자는 立役하는 한 그 耕作收益權을 향유하는 그런 토지였다. 그러므로 處分權이 없었다.[68] 백정대전이 이런 조건의 토지라면 그 1결의 소출은 적은 게 아니어서 입역의 대가로도 적절한 것이었다고 생각된다. 물론 自耕이 곤란한 경우 유사한 성질의 다른 토지들처럼 타인에게 경작시키고 並作半收하거나, 단지 收租하는 방식으로도 운영하였을 것이다.[69]

백정대전이 이러한 내용과 성격의 토지였으므로 조준 등은 授田·環田에서 발생하는 奸僞에 대해 여러 처벌 규정을 제정하면서, 이 토지에 관해서는 특별히 언급하여

　　受代田白丁 匿傍田一結者 杖一百

한다고 적고 있다. 다른 분급전토에 대해서는 일괄하여 그저 '還田 匿一結者 奪他人田一結以上 匿公田一結者 皆處死'[70]라 하고 있음과는 달랐

---

65) 《經國大典》 2, 戶典, 諸田.
66) 拙稿, 주 54의 논고.
67) 《經國大典註解》, 戶典, 諸田.
68) 주 66과 同.
69) 同上.
70) 同上.

다. 白丁代田의 경우를 따로 적고 있는 것도 그러하지만, 특히 '匿傍田一
結者'라 하여 은닉 전토를 '傍田'이라고 표기하고 있는 점이 그러하다. 白
丁代田이 위와 같은 내용과 조건하에 절급되는 實田 자체여서 傍田이 있
을 수 있는 것이다. 즉, 代田 1결을 自耕無稅地로 받고 옆의 토지를 침
해하여 代田으로 하는 사태가 야기될 수 있었다. 수조지 계통의 분급전
지라면 '匿一結' 혹은 '匿公田一結'이라고 하면 그만이고, 특별히 傍田이라
고 할 필요는 없었다.

白丁代田의 수수 및 운영은 이러하였을 것으로 사료된다. 고려 최말,
조준 등은 私田革罷와 田制釐正을 추진하면서 이러한 내용의 백정대전에
대한 정비를 꾀하였으나, 개혁이 과전제도로 귀결되면서 시도는 안에 그
쳤다. 이유는 여러 가지였겠으나 고려말에 白丁은 이미 대부분 여러 職
役層 身分層으로 분해되어 해소되고 있었으므로 백정 자체를 통한 差役
方式이 어려운 데다, 그럴 필요도 별로 없게 된 사정이 큰 요인이었을
것이다.71) 백정대전은 백정층의 해소, 그리고 고려의 멸망과 더불어 사
라져 갔다. 그리고 이제는 이에 후속하는 새로운 白丁政策이 등장하고
있었다. 조선 건국 직후에 이미 추진되고 세종조에 와서 있게 되는 新白
丁의 제정과, 이들에 대한 給田이72) 바로 그것이었다고 사료된다.

5. 結 語

고려말 趙浚 등의 전제개혁 상소에 보이는 白丁代田을 名稱, 白丁의
差役, 授受와 運營에서 類推하여 정리하면 이상과 같다. 수다한 假定을
전제로 검토하여 무리가 많겠고, 따라서 견해를 달리 할 수 있는 여지도
그만큼 클 것이다. 하나의 試論에 그칠 수밖에 없겠다.

백정대전은 백정의 差役에 대해 절급하는 분급전지였다. 명칭이 代田

---

71) 이 점은 고려시기의 白丁 자체에 관해 새로운 검토가 수행되어야 확연히 해명될 수
　　있다. 다만 이 推移에 관해선 文喆永, 주 22의 논고에 설명되어 있으므로 참고 바람.
72) 姜萬吉, 〈鮮初白丁考〉, 《史學硏究》 18, 1964.

임은 백정의 처지 및 차역이 갖는 특징에서 연유한다고 생각하여 보았다. 백정은 고려, 조선의 사회 경제상의 우대 대상인 양반 지배층 가운데 최하위인 學生 다음에 서는 층이었다. 또한 軍人 및 人吏나 驛丁·防丁·干尺 등 諸國役의 세습 담당자층과 구분되었다. 그리고 庶人, 平民 일반보다 처지가 낮았다. 奴婢는 물론 아니었다. 이런 점에서 無職役人層이었으나 차역의 대상이었다. 무직역이면서 차역되는 층인 것이다.

백정의 차역은 軍役, 驛役, 烽燧役, 干尺役 등 종류가 많았다. 그리고 丁戶나 定役戶가 되지 않는 이상 백정 자체의 자격으로 立役하였다. 白丁은 餘分·豫備·代理의 처지에 있었고, 또 그렇게 파악되는 층이었다. 백정의 차역도 역시 이런 위치에 있었다. 그러므로 이들에게 분급하는 전토의 명칭을 國役 일반을 표현하는 용어로 할 수 없었다. 更·替·遞·代로서의 백정 차역의 성질을 나타내는 명칭이어야 했다. 그래서 代田이라고 하였을 것이다.

물론 백정의 차역에 대해 절급하는 토지가 모두 백정대전은 아니었다. 가령 고려시기 軍丁戶에 充補되는 백정에게는 田丁으로 지급하였고 烽燧役에 차출되는 백정에게는 平田으로 절급하였다. 분급전토는 차역의 종류에 따라 내역상 두 가지가 있었다. 전시과제도에 의해 정해진 규례였을 것이다. 백정대전은 이 중 후자의 것을 이름이었다. 전자 같은 경우는 軍人田을 連立하는 까닭이다. 그러므로 烽燧役, 驛役, 기타 雜役에 차역되는 백정에게 지급되는 토지만이 백정대전이었다. 백정대전은 고려시기에 실재하였고, 말기에는 田制, 役制, 身分制의 폐퇴와 변동 속에서 이 역시 크게 훼손되었을 것이다. 고려말 조준의 상서에 있는 白丁代田 조항은 이 부문에 대한 조치이고 정비였겠다.

백정대전의 분급대상 단위는 戶였고 전조는 납부시키지 않았다. 이 호는 자연호가 아닌 役戶, 즉 役力動員의 편제로서 編戶라고 추정된다. 차역과 직결하여 분급하는 이상 호는 편호이어야 한다는 생각이다. 그것은 正役 1명과 奉足 2명으로 구성되는 3丁 1戶의 호였을 것이다. 그러므로 실제는 正役에게만 급여되었겠다. 代田은 토지 자체, 곧 實田으로서 지급되었을 것이다. 백정의 처지와 차역은 양반층의 그것과 질이 달랐다.

그러므로 아마 民田이나 혹은 閑田, 多占田地한 이의 陳荒田, 국가 소유지로서의 公田이 아니었을까 한다. 경영은 해당 백정이 직접 경작하는 自耕이 원칙이었다고 추측된다. 그러므로 不許納租, 즉 無稅로 하였을 것이다. 따라서 소유관계상 공전이어서 사용수익권만 허용되고 처분권은 없었을 것이다. 백정대전은 분급의 대상 단위가 편호이고 내역이 토지 자체이며 경작원칙이 自耕이고 無稅인 점에서 驛吏·驛丁의 口分田이나 院主田, 水夫田 등 국역 담당자의 분급전토와 속성이 같았다고 하겠다.

　고려 최말 私田革罷와 田制釐正이 추진되는 단계에서 조준 등은 이러한 내용의 백정대전을 재차 정비하려 하였으나, 개혁이 과전제도로 귀착되면서 시도는 안에 그쳤다. 백정층이 이미 여러 직역 담당층 신분으로 분해되고 해소되어 가는 추세에서 백정층 자체를 설정하고 차역하는 방식이 어려워졌고, 또 필요하지 않게 된 사정이 큰 이유였을 것이다. 조선으로 넘어오면서 새로운 白丁政策이 才人·禾尺을 대상으로 추진됨은 이런 추세의 반영이었다. 그리하여 代田의 용례도 家代田, 易田을 지칭하는 것만 남게 되었다. 백정대전은 백정층의 해소 추이 그리고 고려의 쇠망과 더불어 우리 역사에서 사라졌다. 고려말기 조준 등 上書에서 보이는 백정대전은 고려시기 토지제도, 신분제도, 부역제도의 한 특징과 변동 추이를 반영하고 있는 것이다.

(《學藝誌》 3(陸軍士官學校 陸軍博物館), 1993. 12. 揭載, 2010. 補)

Ⅳ 農業生産과 農民

高麗前期의 平田과 山田

1. 序 言

고려시기의 토지제도에 관해서는 많은 성과가 축적되어 있는 편이다. 田柴科·公私田·民田·農莊·量田制·農法 등 여러 부문에 걸쳐 많은 검토가 행하여지고, 이 중에서 새로운 문제제기를 하고 있는 연구도 적지 않다. 이러한 여러 主題는 이 시기 사회경제의 실태를 파악하는 데 불가결한 것들임은 말할 나위도 없다. 그러면서도 한편으론 이런 문제에 대해 좀 더 깊이 있는 천착이 가하여지기 위해서나 현재 이해되고 있는 내용이 한층 명확하게 되기 위해서는, 이에 부수하여 별도로 究明되어야 할 사실들이 몇 가지 있다. 특히 現傳하는 자료가 극히 소략하고 零星한 高麗 前期 社會의 연구에서는 이런 사실에 대한 해명의 비중이 생각보다 큰 것이다. 平田과 山田의 문제도 그중의 하나이다.

고려전기의 평전과 산전에 대해서는 일찍부터 여러 연구자들이 검토하여 연구 결과는 多樣多岐하다. 그 理解 如何에 따라 이 시기 農地制度· 農法水準·田品等第에 관한 견해가 여러 가지로 갈리고, 이는 다시 당시 사회의 성격을 파악하는 데도 현격한 차이를 가져오는 등 깊은 영향을 미치고 있다. 관련 자료가 극히 적고 그나마 내용도 불투명하여 理解 方 向에 따라 土地制度·租稅制度·農法段階에 대한 인식이 달라지는 까닭이 다. 필자는 이 부면에 대해 기왕의 연구와 견해를 달리하는 부분이 있고, 특히 그 가운데서도 土地利用方式과 관련해서는 다시 점검하여 볼 필요가 있다는 생각이 들어 本 작업을 하게 되었다.

　이 작업은 現傳하는 직접 관계 자료를 主로 하여 수행하여야 함은 물론이지만, 불투명한 부분의 해명을 위해서는 다소 無理가 따르긴 하겠지만 조선초기의 자료 중 이와 연계되는 것이거나 고려시기의 사정을 전하고 있는 것도 援引하여 검토하는 방법을 아울러 취하였다.[1] 이와 같은 검토 방식을 통해 첫째, 고려전기 平田과 山田의 용어상의 구분 대상을 살펴보고, 둘째, 양쪽 전토를 租稅制度運用과 결부시켜 파악함으로써 그 田品策定의 기준을 추구하고, 셋째, 이상의 검토에 부수하여 歲易農法의 보급 범위와 그 의미를 규명하여 보면, 고려전기 평전과 산전의 실체 및 이 구분이 갖는 의의를 어느 정도 해명할 수 있으리라 믿는다.

2. 平田과 山田의 區分

　고려전기 平田과 山田에 관해선 文宗 8년(1054) 3월의 田品關係 判旨가 가장 직접 자료이고, 그런 점에서 唯一한 기록이라 할 수 있다.

　　(1) 凡田品 不易之地爲上　一易之地爲中　再易之地爲下　(2) 其不易山田一結
　　　准平田一結　一易山田二結　准平田一結　再易田三結　准平田一結[2]

---

1) 물론, 이러한 작업방식에는 위험부담이 따르게 됨을 부인할 수 없다. 그러나 史實을 해명하는 데 있어서 직접 자료·일차 자료로 부족하면 관련되는 간접자료·2차 자료를 보완하여 보는 작업도 필요하다. 조선초기의 자료가 고려시기, 그것도 前期의 것을 이해하는 데 얼마만큼 도움이 될 것인가 하는 史料價値上의 한계를 배려하면서, 援引資料로 이용하면 위험은 예상보다 줄어들 것이다.

2) 《高麗史》 78, 食貨 1, 田制, 經理, 文宗 8년 3월. 中冊, p. 706. (1), (2)의 표시는 편의상 붙인 것임.
　본 판지상 田品 규정 山田 부분의 기사가 《高麗史節要》 4, 文宗 8년 條에는 '其不易山田一結 准平田一結 一易田准二結 再易田准三結'로 되어 있다. 이 기록은 본문 《고려사》의 기사와 대조하여 통상 이해하듯이 표현부족 혹은 정리착오라고 볼 수도 있으나, 달리 음미하면 같은 사실을 기준을 달리한 데서 오는 기술방식의 차이라고도 생각된다. 즉 ① 고려전기에 '結'은 田品에 따라 토지의 實積을 다르게 하고 田租 징수는 '同積異稅'하고 있었으므로(주 15의 논고), 이에 입각하고 《고려사》의 기사를 참작하면, 경리상 山田은 平田에 대해 '不易山田 1결은 平田 1결에 준하고 一易山田 1결은 平田 2결에, 再易山田 1결은 平田 3결에 각각 준하게' 된다. 山田, 즉 그 不

이에 의하면 平田은 山田經理의 기준이 되고 있다. 전품은 이미 平田의 것, 곧 그 肥堉程度가 일반화되어 있는 것이다. 이러한 사실은 고려전기 국가의 收租基盤이 평전에 근거하고 있고, 나아가 산전도 그에 준하여 收稅의 대상으로 파악되고 있었음을 말하여 준다. 그러면서도 산전은 평전처럼 田品이 책정되지 못하고 있다. 歲易耕墾하는 토지였기 때문이다. 이 판지는 바로 산전의 이러한 사정으로 인하여 그 전품을 별도로 정하고, 아울러 이를 평전과 대비하여 경리하는 기준을 제시하고자 제정된 것이라 하겠다. 즉, (1)·(2)의 규정은 모두 山田에 관계되는 것으로 (1)은 (2)의 조항에 직접 결부되는 사항이었다.3) 혹, 본 판지의 기사만 가지고 보면 (1)의 구절은 평전에도 해당하는 게 아닐까 생각될 수도 있다. 하지만 그렇다면 (2)의 산전의 평전에 대한 경리기준이 수립될 수 없다. 만일 (1)이 이러하다면, (2)는 不易山田 1결＝不易平田 1결 혹은 平田上等 1결, 一易山田 1결＝一易平田 1결 혹은 平田中等 1결, 再易山田 1결＝再易平田 1결 혹은 平田下等 1결의 관계로 처리되어야 한다. 그러나 실제는 不易·一易·再易의 산전 각각 1·2·3결이 모두 평전 1결에 준하여 경리하도록 되어 있다. (1)의 조항은 결국 山田의 田品을 歲易頻度에 따라 上·中·下로 3등분한다는 의미이다.4) 고려전기에 산전은 불

易·一易·再易山田 모두 실적 1결로 고정하여, 그 田品等級別로 이에 상당하는 平田의 결수를 산정하면 이와 같이 되는 까닭이다. 이에 반해 《高麗史》의 기사는 平田 1결을 고정시키고 이에 해당하는 山田 不易·一易·再易의 田品別 결수를 산정한 것으로 이해할 수 있다. 《고려사》와 《고려사절요》 양측의 山田과 平田에 관한 이러한 표현 차이와 실제 동일은 본 판지가, 위 본문에서 논술하듯이, 고려시기 田品制 일반이 不易·一易·再易의 3등이었음을 전하는 것이 아니고, 단지 山田의 전품도 일정 비례하에 平田과 같이 하고 있었다는 부분적 사실을 전한다고 하겠다.

3) 上記한 判旨의 記事에 대해서는 해석이 다양하다. 그러나 크게는 (1)이 平田의 田品을 (2)가 山田의 田品策定 方式을 가리킨다고 보는 견해와, (1)·(2) 모두 山田에 관계되는 조항이라고 이해하는 견해의 두 가지로 나누어진다(주 14~20의 諸論考 참고).

4) 이 점과 연관하여 본 기사의 (1)이 갖는 의미를 좀 더 음미할 필요가 있다. 이 기사는 구절 자체가 고려 田品制의 구체적인 내용을 바로 지목하는 것이 아니다. 이는 古代初에 농작이 토지의 肥堉·饒薄에 따라 年年常耕, 一年休耕, 二年休耕의 형태로 이루어지고, 이로 인하여 不易田, 一易田, 再易田 자체가 토질의 등급, 즉 上田·中田·下田으로 구별되던 초보의 그리고 자연의 농업사정을 담고 있는 농지이용법을 전하고자 한 대목으로 이해된다. 즉, 經史에 전하는 上古期 井田制下 농민의 受田方式과 연관된 田品說明 기록, 예컨대 《漢書》 食貨志 上의 ‘歲耕種者爲不易上田 休一歲者爲一易中田 休二歲者爲再易下田’이나 《春秋公洋傳解註》 宣公 15년 東漢의 何休의 注에 ‘上田一歲一墾 中田二歲一墾 下田三歲一墾’ 등의 표현과 같은 것이다.

역·일역·재역에 따라 상·중·하로 등급을 매겼고, 각 등급의 산전은 평전 1結에 대해 각기 1·2·3배로 계산하여 所出量과 收租額을 모두 一律로 맞추도록 하고 있었다.

山田이 平田과 같은 기준하에 전품이 정해지지 못함은 朝鮮初에도 마찬가지였다. 世宗 12년(1430) 結負法과 田品等分을 폐지하고 頃畝法에 의거하여 토지의 實積을 기준으로 收租額을 단일화하려는 방안이 검토될 때, 이에 반대하는 여론 중에 그렇게 되면 척박한 산전도 평전의 例로 논하게 되어 큰 폐단이 된다는 점이 거론되고 있었음은 그 한 예였다.

埇薄山田 必不得每年而耕 互相陳荒 而與平田例論 則實爲巨弊5)

山田은 반드시 每年 경작할 수 없어 互相陳荒하는 토지여서 平田과 같이 처리될 수 없었다. 山田이 互相陳荒하면서 경작됨은 상례였다.6) 互相

이 단계의 田品은 歲易與否 및 그 頻度에 따른 分等(가)과 토질 일반의 上·中·下 등급(나)이 일치되어 파악되고 있다. 그리고 농업발달에 수반하여 前者(가)는 常耕田을 중심으로 새로운 田品制가 마련되고 이 과정에서 後者(나)는 전자와 분리되어 특정 왕조 내지 일정 사회단계의 田品制와 상관없이 自然의 田品區分의 성질을 그대로 지닌 채 이 자체로 의미를 지니면서 남게 된다. 그러나 모든 耕地가 常耕化되는 시기나 국가는 현실상 있을 수 없어, 저러한 一致性이 완전히 상실되는 것은 아니다. 즉, 後者의 초보적 자연적 田品區別은 前者의 사정이 존속하는 토지나 그럴 사정에서는 그대로 田品等級으로 작동하는 것이다.

山田은 그 대표되는 경우이다. (1)의 기사는 곧 이 後者에 해당하는 것이다. 서두가 '凡田品' 云云으로 시작하는 것도 이러한 사정을 시사하는 것으로 보인다. 즉, 기사 (1)은 ① 표현의 由來上으로는 농지 전반의 肥埇度는 常耕與否 및 歲易頻度에 따라 上·中·下로 나누는 自然性의 田品을 뜻하면서, ② 동시에 구체적으로 그리고 시대적으로, 즉 본 判旨의 요체와 연관해서는 이것이 실제 적용되는 토지, 곧 山田의 品等區分 기준임을 밝히고 있는 조항이다.

(補) 본고 발표 얼마 뒤, 浜中 昇, 〈高麗田品制의 再檢討〉, 《朝鮮 古代의 經濟와 社會》(1986)라는 논고를 볼 수 있었다. 浜中 씨는 기사 (1)이 《漢書》 食貨志의 기록에 입각한 것이며 中國 古典的 制度가 土地換算規定의 서두로 기록된 것뿐이고 고려의 전품제도와는 연계가 없는 것이라고 하였다(p. 334). 사실 농업환경이 다르고 토지조세의 제도·연혁이 다른 고려에서 周代·漢代의 것을 참고는 하였겠으나 이를 모범으로 할 수는 없는 일이었다. 다만 이런 표현이 나오게 하는 토지의 이용 빈도에 따른 전품 이 자체는 원시농경이 진전하여 고대국가를 형성·발달하게 하는 단계에서 있게 되는 자연적이고 보편적인 것이다.

5) 《世宗實錄》 49, 世宗 12년 8월 戊寅, 3冊, p. 252.
6) 한 가지 사례로 京畿一帶의 山田耕墾의 형편을 들 수 있다.
   '楊州東北面·楊根·砥平·永平·加平·抱川·連川·麻田·積城·朔寧·長湍·坡州東面·廣州

陳荒, 곧 농지를 해를 번갈아 가며 묵힌다는 것은 전지를 年年歲耕하지
않고 一易·再易 등 歲易耕墾함을 이름이었다. 고려전기의 산전이 歲易頻
度로 등급이 정해지고 평전과 같은 기준하에 等第되지 못하고 있음도,
조선초의 이러한 山田耕作과 같은 형편에 있는 토지였기 때문이다.

　문종 8년의 판지를 통해서 알 수 있는 사실은 이상의 것뿐이다. 平田
과 山田의 용어가 어떤 의미로 사용되고 있는지 이 기사만으로는 불분명
하다. 더욱이 본 자료의 내용을 파악함에 있어서, 평전의 경우는 극히
애매하고 구체적으로 어떤 토지를 가리키는지는 더욱 모호하다. 그러므
로 고려전기에 山田과 平田이 田品區分의 기준이 서로 달랐다는 점, 그
리고 이는 山田이 歲易耕墾의 與否 및 그 頻度로 田品이 정하여지고 있
음과 상관되고 있는 점, 이 두 가지를 항상 염두에 두면서 현재로서는
한걸음 우회하여, 마찬가지로 평전과 산전을 田品上에서 구분하고 있던
조선초기의 유사한 관련 기사를 통해 사실을 추정하여 볼 수밖에 없다.

　조선초의 그러한 자료 중에는 도움이 되는 내용들이 적지 않게 전한
다. 江原道 지방 농경지 일반의 실태를 전하고 있는 아래의 기사도 그
하나이다.

　　本道 山田多而平田少 雖山上·山腰之田 地勢不甚傾側 土品肥厚 累年耕治處
　　則打量續案施行 其餘年年換耕火田 則勿錄續案 每秋審覈 隨耕隨稅[7]

　강원도는 산전이 많고 평전이 적으므로 비록 山上·山腰의 田이라도 傾
斜가 심하지 않고 土品이 비후하여 累年 耕作하는 곳은 打量하여 續案으
로 시행하고, 나머지 매년 換耕하는 火田은 起耕에 따라 收稅한다는 요
지이다. 續案으로 시행한다 함은 續田으로 처리한다는 뜻이다. 고려전기
의 평전과 산전을 이해하는 데 있어서, 이 기사는 다음과 같은 점이 도
움된다. ① 여기서도 平田과 山田은 구분되고 있다는 점, ② 山田은 山

　　東面 類皆山田 民不得歲耕 互相陳荒(《世祖實錄》 28, 世祖 8년 3월 甲辰, 7冊, p.
　525)
　7)《成宗實錄》 71, 成宗 7년 9월 癸酉, 9冊, p. 383.

上·山腰田이고 따라서 山下田도 있겠으며, 전자는 후자보다 토질이 일반적으로 척박하다는 점, ③ 그러나 山田이 많고 平田이 적기 때문에 山下·山腰의 田 중에서 토질이 肥厚하여 몇 해 연거푸 가는 토지를 續田으로 처리하여 收入增大를 꾀하고 있는 점 등이다.

여기서 보면 平田은 山田과 구분됨은 물론, 續田이나 火田과도 다른 토지였다. 속전으로 처리되는 토지는 토질이 火田보다도 나은 토지이지만 平田보다는 못한 토지였다. 속전은 조선초기에는 加耕田과 함께 隨起收稅하는 토지였다.8) 이러한 속전이 고려전기에도 地目上 있었는지는 현전 자료로 확인할 길이 없으나, 末期에는 문헌상에도 보이고 있다.9)

平田은 속전으로 처리되지 않는 토지이고 용어상으로도 기본적으로 그런 의미를 포함하고 있는 토지였다. 平田이 이런 토지라면 그것은 正田일 수밖에 없다. 아래의 두 사례를 보면 이점은 분명하여진다.

(1) 大典云 續田隨起收稅 則正田雖荒 當例收其稅矣 山上·山腰 非年年可耕
    之地 而皆號正田 雖草荒木茂 亦皆收稅 豈不寃哉10)
(2) 江原道 其山田 皆以正田施行 百姓訴悶11)

(1)은 續田은 隨起收稅하고 正田은 비록 陳荒되어도 으레 그대로 徵稅하도록 法典에 규정되어 있는데, 年年可耕이 불가능한 山田은 모두 正田으로 하여 草木이 荒茂한 데서도 모두 稅를 걷고 있어 民寃이 있다는 것, 그리고 (2)는 이런 실정이 江原道에서 일어나고 있었음을 사례로서 보여

---

8) 《經國大典》 2, 戶典, 收稅. '續田·加耕田 隨起隨稅'
9) 이런 사실은 고려말 昌王 원년(1386) 己巳量田 때, 陳地를 打量하지 않고 續字丁으로 묶어 '續字丁田'이라고 부르고 있던 데서 확인된다(《太宗實錄》 4, 太宗 2년 9월 丙戌, 1冊, p. 245). 그리고 恭讓王 3년(1391) 5월의 給科田法의 조문 중 己巳年에 打量하지 못한 海濱·海島의 田, 打量時의 脫漏田, 打量이 규정대로 되지 않아 남아 있는 餘剩田, 그리고 新墾田에 대해서 各道의 都觀察使가 매년 즉시 差官하여 踏驗作丁하여서 이를 '續書于籍'하도록 하고 있음(《高麗史》 78, 食貨 1, 田制, 祿科田, 恭讓王 3년 5월, 中冊, p. 725)도 다름 아니라 해당 토지를 田籍에 이어서 적게 하고 일단 續田으로 처리하라는 의미겠다.
10) 《成宗實錄》 13, 成宗 2년 11월 己酉, 8冊, p. 609.
11) 《成宗實錄》 227, 成宗 24년 5월 癸未, 12冊, p. 315.

주고 있다. 모두가 조선초기 徵稅行政의 과도성을 전하고 있는 내용이지만 분명한 점은 ① 山田이 正田이 되기는 어렵다는 점, ② 正田은 續田과 달라 陳荒時에도 收稅하는 토지라는 점이다. 여기서 山田과 기본에서 대비되는 正田은 年年收稅地, 즉 常耕田이었다. 收稅爲主의 土地地目으로서 耕作頻度로 보면 앞서 나온 '山田多而平田少'의 平田 바로 그것이었다.

平田은 正田으로 간주되는 토지임에서, 이는 단순히 平地의 田地라는 의미로만 쓰이는 용어가 아니었다. 正田의 의미가 함께 포함되어 있는 표현으로 보아야 한다.

　　　平安道……人耕山上 更歲迭休 而平疇正田 僅十分之一[12]

하다는 기록은 이점을 확실하게 보여 준다. 평안도에서 민인들은 山上을 경작하는데 해를 건너가며 休閑시키고, 平疇正田은 10분의 1에 불과하다는 구절 역시 山郡地帶의 농지 상태가 흔히 '山田多而平田少'하다는 식의 표현과 같은 것이다. 平疇正田은 平地의 田이며 동시에 正田이라는 의미이다. 平田은 바로 이 두 가지 의미, 곧 平疇와 正田이라는 토지의 위치와 성질을 모두 함축하고 있는 용어였다.

평전이란 용어는 정전으로서 年年收稅하고 또 그렇게 할 수 있다고 간주되는 토질의 토지, 곧 상경전의 의미를 내포하고 있는 토지에 사용되는 것이었다. 그러므로 歲易耕墾을 위주로 하는 山田과 항시 대비되고 있었던 것이다. 까닭에 평전은 常田이었다. 평전이 이런 성질의 토지이므로 조선초에도 산전은 늘 평전에 대해 倍數로 계산되어 경리되었다.

　　　前此……山上·山腰·山下之田 比常田 倍數計之[13]

---

12)《成宗實錄》196, 成宗 17년 10월 己卯, 11冊, p. 147.
13)《世宗實錄》109, 世宗 27년 7월 乙酉, 4冊, p. 624.
　　이 기록은 議政府가 당시 제정된 貢法의 弊端을 거론하면서, 그 이전의 田品算定方式을 소개하고 있는 구절의 일부이다. 山田을 常田의 倍數로 계산함은 田制上의 대원칙이었으나 전국에 걸쳐 모두 준수되지는 않았다. 지역차가 있었다. 예컨대 '下三道雖山田或不用倍數 其法不一'(同上)하다 듯이 下三道에서는 일반적으로 통용되고 있지 않았다.

　　평전과 산전의 구분, 그리고 이들 용어가 뜻하는바 토지의 성질은 고려전기의 평전·산전에도 그대로 해당된다고 하겠다. 고려전기 그리고 그 후기 및 조선초 모든 시기에서 平田과 山田이 ① 용어상 구분됨은 물론, ② 田品策定의 기준에서 서로 다르고, ③ 그뿐만 아니라 平田에 준하여 山田의 경리가 1·2·3 등 倍數로 산정되고 있는 점 등이 모두 공통된 바임에서 그렇게 이해되는 것이다. 用語의 사용이 같고 田品區分의 기준과 의미가 같고 經理의 방식이 같은 터에, 고려전기라 하여 平田과 山田의 실체가 고려후기나 조선초의 그것과 다를 수 없는 것이다.

　　문종 8년의 判旨에 나타나는 평전과 산전의 실체가 이러함은 고려전기의 田品策定이 다음과 같은 농지경작의 단계에서 마련되고 있는 것임을 말하여 준다. 즉 이 시기 田品의 책정은 일반적으로 토지를 肥塉에 따라 몇 등급으로 나누는 일이지만, 이는 또 하나의 구분이 병행되는 작업을 바탕으로 이루어지고 있었다. 平地의 경작지와 山地의 경작지가 구분되어 田品이 별도로 정해지는 것이었다. 이미 모든 耕作地가 단지 肥塉度에만 의거하여 같은 범주 내에서 單一系統으로 等第될 수 없는 단계였다. 土地兼幷의 압박으로 혹은 沒落農民의 생활 타개책으로 山地開發이 활발해져 산전이 이미 널리 보급되어 있는 사정이라 나라에선 산전 그 자체로 肥塉을 산정하는 법을 마련하고 있었다. 요컨대 山田 자체가 掠奪式 火田이 아니라 定住式 耕作地로 治田되어 농민이 안정된 경작을 하는 단계에서, 그 田品策定의 방식을 평지 경작지와는 범주와 기준을 달리하여 제도로서 설정하고 있는 것이 이 판지의 요체였다. 고려전기의 우리나라 田品制는 이미 이러한 農耕段階를 전제로 마련된 것이었다.

　　현재 이 판지상의 平田과 山田에 대해서는 여러 갈래로 해석이 가해지면서, 이 위에서 제각기 연구가 진행되고 있다. 즉 ① 구체적인 논증을 가하고 있지는 않지만, 常耕·休閑의 농지이용 빈도에 의거한 田品의 上·中·下 구분은 산전에만 적용되고 평전에는 적용되지 않는다고 보거나,14) 혹은 이와 비슷한 이해를 하면서도 平地田에도 常耕田 외에 一易田·再易

___

14) 白南雲,《朝鮮封建社會經濟史》上, 東京, 改造社, 1937, p. 147.
　　金載珍,〈田結制研究〉,《慶北大論文集》2, 1958, p. 76.

田도 있었다고 보는15) 견해들, ② 평전은 水田이고 산전은 旱田이며, 이 水田은 一易田, 곧 1년 休閑하는 토지로 보거나,16) 혹은 평전과 산전을 水田과 旱田의 구분으로 보는지는 불분명하나 평전을 역시 一易田으로 보고,17) 그리하여 모두 고려 全 시기의 農法을 休閑法으로 단정하고 있는 견해들,18) ③ 平田에는 歲易農法과 田品의 三等級第가 동시에 모두 존재하고 있었다고 보아 ①의 처지에 의문을 가져 결국은 ②의 주장에 동조하게 되는 견해,19) ④ 平田을 連作地, 곧 常耕田으로 보고 ②의 주장에 반대하지 않지만, 농지로서는 不安定하여 數年耕作하면 황폐되어 陳田化되는 단계의 저급한 토지로 이해하여 조선시기의 續田과 같은 정도의 토지로 획일화시키는 견해20) 등 다양다기한 견해와 주장이 제기되고 있는 것이다.

그러므로 고려전기의 평전과 산전을 지금까지 살펴본 바와 같이 파악할 때, 既往의 이들 諸 見解 가운데는 그대로 의견을 함께하기 어렵거나 혹은 전혀 그럴 수 없는 점들이 발견된다. 사실 문종 8년의 판지 기사 자체만으로도 不易山田 1結이 平田 1結에 준하게 되어 있음에서 平田 자체는 不易田, 즉 常耕의 田地임이 자연스럽게 확인된다. 다만 不易山田 1결에 같은 1結로써 等値되는 平田이 어떤 田品等第의 平田일까 하는 점

---

15) 金容燮, 〈高麗時期의 量田制〉, 《東方學志》 16, 1975, pp. 75~79.
　　　 〃 , 〈高麗前期의 田品制〉, 《韓沽劤博士停年紀念 史學論叢》 1981, 知識産業社, p. 189, p. 204.
16) 李泰鎭, 〈畦田考-統一新羅·高麗時代 水稻作法의 類推-〉, 《韓國學報》 10, 1978, pp. 126~128(《韓國社會史研究-農業技術 발달과 社會變動-》 所收, 1986).
　　　 〃 , 〈14·15세기 農業技術 발달과 新興士族〉, 《東洋學》 9, 1979, pp. 329~343 (同上書 所收).
　　　 〃 , 〈世宗代의 農業技術政策〉, 《世宗文化研究》 II, 1984, pp. 19~20.
17) 宮嶋博史, 〈朝鮮農業史上에 있어서 15世紀〉, 《朝鮮史叢》 3, 1980, pp. 19~20.
　　　 〃 , 〈朝鮮史研究와 所有論〉, 《人文學報》 167, 1984, pp. 52~56.
18) 이 점에선 위에 李泰鎭·宮嶋博史 교수의 논고 외에 金泰永, 〈科田法體制下의 土地 生産力과 量田〉, 《韓國史研究》 35, 1981, pp. 46~52(《朝鮮前期土地制度史研究-科田法體制》 수록, 1983) 및 地理學界 측의 연구로서 金相昊, 〈李朝前期의 水田農業研究〉(文教部研究報告書, 1969, p. 30), 同, 〈李朝前期의 旱田農業研究〉(文教部研究報告書, 1973, p. 10), 그리고 同, 〈韓國農耕文化의 生態學的 研究〉, 《社會科學論文集》 IV(서울大), 1979, pp. 86~91도 포함된다.
19) 姜晋哲, 〈田結制의 問題〉, 《高麗土地制度史研究》, 1980, pp. 375~376.
20) 浜中 昇, 〈高麗前期의 小作制와 그 條件〉, 《歷史學研究》 507, 1982, pp. 6~9.

이 궁금한 것이다. 이제 우리가 파악한 평전과 산전의 구분을 더욱 분명히 하고, 아울러 이러한 의문에도 답을 얻기 위해서는 평전과 산전의 田品等第와 田品區分의 근거, 그리고 이에 포함되는 토지의 종류 등 기본적인 문제를 규명할 필요가 있다.

3. 平田과 山田의 田品

世宗 26년(1444) 貢法이란 이름하에 田分6等法이 제정되기 전까지, 조선은 고려의 田品制를 그대로 답습하고 있었다. 통상 3等田品制라고 부르는 것이었다.

> 本國 因高麗之舊三等之田 皆用方面之數 不計實積 地之膏堉 南北不同 而其田品分等 不通計八道 只以一道分之 故三等之田 膏堉不同21)

여기서 말하는 3등田品은 고려시기 平田의 田品等分 그것이었다. 그러나 山田의 田品等分은 이와 달랐다.

> 我國 平田旣分三等 其山上·山腰 則又有一甲·二甲·三甲·四甲之法 此乃盡曲我國土地之法也22)

山田은 당시 1甲·2甲·3甲·4甲 등 甲品制에 의해 田品이 매겨졌다. 당시 이러한 평전과 산전의 전품 구분방식은 우리나라 土地의 法으로선 최선을 다한 것으로 이해되고도 있었다.

평전의 3등전품은 上等·中等·下等이었으며 이는 山田의 甲品制와 병용되면서 전국 토지의 田品이 산정되었다.

---

21)《世宗實錄》106, 世宗 26년 11월 戊子, 4冊, p. 593.
22)《世宗實錄》113, 世宗 28년 7월 戊辰, 4冊, p. 685.

我國 土地肥堉各異 其上·中·下及二甲·三甲之品 則已曾打量 定其高下[23]

上·中·下의 等品制는 평전에서, 그리고 一甲·二甲·三甲·四甲 등의 甲品制는 산전에서 운용되는 전품법이었다. 甲品制에 의한 전품산정의 예는 세종 원년(1420)에 시행된 濟州道 量田에서 발견된다. 당시까지 이 지방에는 아직 收租하여 儲備하는 법이 없었는데, 이 해에 兩界의 예에 따라 量田하고 收租法을 세우게 되었을 때의 일이다.

> 濟州子弟文忠德·高得宗等上言……其打量之際 山田·沙田 雖依本朝田制 悉降三甲 然人心安於舊習 猶以爲重……伏望下令有司 其沙田·山田 或降以五甲·六甲打量 以寬其稅……上乃命隨宜打量[24]

山田은 물론 이와 土品이 비슷한 沙田도 갑품제로 打量하고 있었으며, 濟州道는 토질이 특히 척박하여 三甲을 매기다가 이것도 尤重하여 아예 五甲·六甲으로 쳐서 打量收租하고 있는 것이다. 一甲·二甲의 ‘甲’은 休閑·歲易의 뜻이다. 이점은 우선 甲品制가 歲易耕墾이 주농법인 山田 등 척박지역에서 주로 운용되는 제도임에서 그렇게 추정할 수 있으나, 다음의 사례로 더욱 확실하다. 成宗 24년(1493) 8월 濟州道 출신 前開城府留守 高台弼은 濟州에선 禁伐禁耕의 養木地나 牧場을 제외한 남은 토지가 농지로 이용되고 있다는 점, 그리고 그 토질이 심히 척박하여 貢法에 의한 打量은 피하여 줄 것 등을 피력하면서, 그 경작 형편을 일러 ‘皆地脉浮薄 一耕之後 須陳五六年 休其地力 乃得耕食’[25]하다고 표현하고 있다. 한 해 경작하고는 모름지기 5·6년은 묵혀야 다시 농사를 지을 수 있는 사정, 이것이 바로 세종 초 이 지역이 沙田·山田을 5·6甲으로 打量收租하게 하는 이유였다. 甲은 이와 같이 地力을 休息시키는 상태 및 그런 토지를 지칭하는 용어였다.[26] 갑품제는 上·中·下의 평전의 전품분등으로

---

23) 《世宗實錄》 49, 世宗 12년 8월 戊寅, 3冊, p. 252.
24) 《世宗實錄》 5, 世宗 원년 9월 癸丑, 2冊, p. 336.
25) 《成宗實錄》 281, 成宗 24년 8월 丁卯, 12冊, p. 378.

는 처리할 수 없는 山田 및 沙田 등 척박지에 적용하는 分等制였다.

 이처럼 평전과 산전의 전품법이 달랐지만, 그 중심이 되고 기본이 되고 있던 토지는 말할 것도 없이 평전이었고, 따라서 田品도 평전의 것이 늘 기준이 되었다. 전품하면 으레 평전의 田品等第로서 上·中·下의 3등 전품이 일반적으로 거론될 정도였다. 이러한 3등의 전품등제는 평전의 膏堉에 의한 구분이었다. 그리고 이 膏堉의 구분은 평전이 常耕田임을 전제로 해야 가능한 것이었다. 貢法 이전의 조선초기나 고려시기에 田品은 3등으로 限定하였으므로, 山田은 常田의 倍數로 계산하였다는 지적도 이상의 사정에서 기인하는 바였다.

　　前此 田品 限以三等 故山上·山腰·山下之田 比常田 倍數計之[27]

평전과 산전의 이러한 전품구분과 그 기준은 적어도 고려후기에서는 사실로 확인된다. 조선초기 기록 중 당시의 遵用하던 3등전품과, 이에 입각한 隨等異尺制가 前朝의 제도였다고 밝혀주는 사례들은 수다하게 散見되고 있는 것이다.

 이상의 사실들은, 이제부터 검토하는 자료와 더불어 고려전기의 平田을 이해하는 데 열쇠가 된다. 이 시기 평전의 전품구분이나 그 기준을 직접 알려주는 자료는 발견되지 않았으나 간접으로나마 그 실체를 규명할 수 있게 하는 중요한 근거가 하나 전해오고 있다. 다름 아니라, 文宗 8년(1054)의 전품관계 판지보다 60년가량 앞서는 成宗 11년(992)의 '公田租四分取一' 한다는 판지에 나타나는 水田·旱田의 田品區分과 1結當

---

26) 실제 '甲'은 원래 字義 자체를 '人頭空'의 뜻, 곧 사람의 髑髏〔해골〕로 풀이한다(《說文解字注》, 14篇下, 甲部, 上海古籍出版社, 1981, p. 740). 그러므로 農地로서 休耕하는 상태나 그런 토지를 人의 髑髏에 비유하고, 이를 甲으로 표현함 또한 자연스러운 바라 하겠다.
　　한편 甲이 休閑·歲易을 뜻하므로 山田 가운데 不易田, 곧 常耕田은 이 甲品法으로 等第하지 않았을 것이다. 아마 正田에 준하여 처리하였을 것이다. 산전 가운데 비옥지는 예컨대 '嶺西 則山田所出倍於正田'(《世宗實錄》 74, 世宗 18년 7월 壬寅, 4冊, p. 22)하다고 할 정도의 표현이 있을 정도였고, 그러므로 때로는 歲易地까지 正田으로 하는 과도한 田品策定이 생기기도 하는 것이었다(주 10·11 참조).
 27) 주 13과 同.

收租額의 기사가 그것이다.[28) 이 자료 역시 公田·私田의 性格, 農民收取의 실태, 田品制 등을 검토하는 데 있어서 여러 연구자에 의해 다각도로 이용되고 있는 터이지만, 平田·山田의 문제를 해명하는 데도 중요한 실마리를 던져 준다. 우선 그 내용을 表로 정리하면 아래와 같다.[29)

〈표 1〉　　　　公田의 田品別 結當 租額 및 所出

地目	田品	本 文		細 註	
		租 額	所 出	租 額	所 出
水田	上	3石11斗2升5合	15石	4石7斗5升	18石
	中	2石11斗2升5合	11石	3石7斗5升	14石
	下	1石11斗2升5合	7石	2石7斗5升	10石
旱田	上	1石13斗1升2合5勺	7.5石	2石7斗7升5合	9石
	中	1石5斗6升2合5勺	5.5石	1石11斗2升5合	7石
	下	13斗1升2合5勺	3.5石	1石3斗7升5合	5石

　위의 내역을 우리가 추구하고자 하는 문제와 연관하여 살펴보면, 租額은 다음과 같은 두 개의 특징을 갖는 收租法下에서 책정된 것임을 알 수 있다.

　첫째, 本文이건 細註이건 各群을 가릴 것 없이 수전·한전 모두 上·中·下 3등으로 그 전품이 책정되어 있다. 그리고 群別로 각등의 전지 사이에는 1결당 租額이 일정 비율로 차등 있게 산정되어 있는데, 이는 所出에서도 그러하다. 각 등급 간에는 수전은 결당 4석차, 한전은 2석차로 균일하게 遞減되면서 소출이 책정되어 있는 것이다. 또한 各群의 同一田品의 전지 사이에는 수전이 3석차, 한전이 1.5석의 차이를 나타내고 있다. 水田·旱田을 막론하고 상·중·하등전의 1결은 해당면적에서 징수되어

---

28)《高麗史》78, 食貨 1, 田制, 租稅, 成宗 11년, 中冊, p. 726.

29) 이 표는 姜晋哲 교수가 새로 복원한 것에 의하여 작성하였다. 본래 原文에 誤字·缺字가 있어 그대로 이용하기 어려운 바임은 周知의 사실이다(姜晋哲, 〈高麗前期의 公田·私田과 그의 差率收租에 對하여〉, 《歷史學報》29, 1965, pp. 2~7 및 同, 《高麗土地制度史硏究》, 1980, pp. 389~400).

야 할 租額, 따라서 생산되는 所出을 달리하는 것을 바탕으로 산정된 1
결이었다. 즉, 1결의 實積은 群別이나 群內 상·중·하의 등급과 상관없이
同一하였다. 전품에 관계없이 일정 면적의 토지를 일률적으로 1결로 하
고 있는 것이다. 말하자면 고려초기의 收租法은 同積異稅의 수조법이었
고, 上·中·下의 등분은 여기에 대응하는 전품구분이었다. 結負式 토지파
악과 조세운영의 원칙하에선 당연한 사정이었다.

둘째, 群別로 상·중·하등의 田마다 같은 전품 내에서 한전 1결의 조액
이 수전 1결 조액의 半으로 책정되고 있는 점이다. 소출 또한 계산상 그
리될 것임은 말할 나위도 없다. 그러므로 이 수치를 그대로 받으면, 같
은 田品 內의 水田 1결과 旱田 1결에서 나오는 실제의 所出量에는 折半
의 차이가 있고, 따라서 租額도 그리되는 것이라고 이해할 수도 있다.30)
그런데 사실이 이러하다면, 고려전기의 수조법은 結負制의 원칙에서 크
게 背致되어 운영된 셈이 된다. 그러나 수조법이 결부제를 떠나 이에 배
치되어 수립되고 운영될 수 없는 일이다. 결부제는 同一收穫量을 기준으
로 토지면적을 파악하고, 국가는 이 위에서 토지제도·조세제도를 마련하
고 양반층 및 국가 기구에 대해 土地分給을 행하고 있는 까닭에, 적어도
수조법은 같은 群內의 同一田品에서 수전 1결과 한전 1결의 수확량, 곧
所出만은 반드시 동일함을 전제로 하고 수립되고 있어야 한다. 이 기사
는 이러한 결부제의 대원칙·대전제 속에서 음미되어야 한다.

사실 이 기사는 오히려 水田과 旱田이 田品이 같고 면적이 같은 경우
각 전지의 租額, 따라서 所出도 그 量이 같은 것이었음을 전하고 있는
내용이다. 그럼에도 불구하고 同一田品 내의 수전과 한전에서 結當租額,
따라서 소출이 2:1의 비율로 되어 있음은 별개의 사정이 있어서였다.
여기서의 '租'는 米로 징수되는 租였다. 고려시기에도 수조하는 곡물의
기준은 '米'였다.31) 한전의 穀은 수전의 米에 비해 가치가 떨어졌다. 黃
豆 등은 同量의 米에 대해 가치상 半으로 折價되고 있었다.32) 그러므로

---

30) 李泰鎭, 주 16 및 宮嶋博史, 주 17의 논고들.
31) 金容燮, 주 15의 〈高麗前期의 田品制〉, pp. 205~207.
32) 《世宗實錄》 104, 世宗 26년 甲申, 4冊, p. 561.

결부제의 원칙상 한전 1결에서 수취하는 實收取量은 수전 1결의 그것과 同量으로 같지만, 米를 기준으로 하여 租로 환산하면 그 半으로 책정되어야 함은 의당한 일이었다. 전품이 동일한 수전 1결과 한전 1결의 租額 比가 2:1임은 이상과 같은 원칙의 수조기준과 방식에서 그리되는 것이었다. 수조법은 水田을 중심으로 하고 米를 기준으로 하여 제정·운영하였다.

　고려전기 수전·한전에서 租額策定의 원칙이 이와 같았음은 肅宗 8년 (1103) 官屯田의 收租額規定에서도 잘 나타난다. 당시 정부는 州鎭屯田軍 1隊의 전지를 1결씩 절급하고, 아래의 액수대로 수조하도록 하였다.

　　　田一結收一石九斗五升 水田一結三石 十結出二十石以上 色員褒償[33]

田, 곧 한전에서는 1결당 1石 9斗 5升을, 수전에서는 3石을 收租하되 10결에 20석 이상을 내면 그 色員을 포상하는 방침이었다. 여기서도 수전·한전의 수조원칙은 같다. 각각 45斗와 24斗 5升씩 거둬 대략 1:0.544의 비율로 나타나는 것이다. 이 둔전은 국가 소유지로서의 公田으로 바로 4분의 1의 수취가 적용되는 토지였다.[34]

　이러한 수조방식이 조선초에도 그대로 이어지고 있음은 물론이다. 그리고 세종 26년(1444)의 貢法도 우선 水田을 기준으로 6등전까지의 소출을 설정한 후, 旱田은 여기에 근거하여

　　'黃豆三十斗 折糙米十五斗 則水田旱田租稅相去遠……若論所出 黃豆與糙米 其實則同也'
33) 《高麗史》 82, 兵 2, 屯田, 肅宗 8년, 中冊, p. 812.
34) 논자에 따라서 屯田은 토질이 척박하였다고 보아서, 이 수치를 실제 생산해야 할 소출 그 자체로 이해하는 이도 있다(姜晋哲, 〈高麗時代의 農業經營形態-田柴科體制下의 公田의 경우-〉, 《韓國史研究》 12, 1976, p. 42; 同, 《주 29의 논저》 수록, p. 247). 그러나 설사 둔전이 아무리 토질이 척박하였다고 가정하더라도, 국가 公田의 1결당 총소출이 2석 내지 3석에 불과할 수는 없고, 또 이를 기준으로 포상까지 할 리도 없었다. 이런 점에 근거하여 安秉祐, 〈高麗의 屯田에 관한 一考察〉, 《韓國史論》 10, 1984, pp. 54~57에서는 이를 수조액으로 이해하여 필자와 같은 견해를 표명하고 있다. 여기서 수전과 한전의 租의 比가 정확하게 2:1로 나타나지 않는 것은 일차적으로 同一田品의 水田과 旱田이 아니었을 것이기 때문이라고 생각한다.

旱田所出 准水田之數 依前例折半爲定 假令 上上年 水田之稅 收米二十斗 則
旱田之稅 黃豆則二十斗 田米則十斗之類[35]

함으로써, 前例에 따라 折半하여 黃豆이면 同量으로 田米이면 그 半으로
하여 산출하고 있었다. 旱田 1결과 水田 1결의 田品이 같을 때 그 所出
量이 같고, 수조 시 米를 기준으로 하여 旱田의 租를 그 折半으로 함은
오래전부터 있어 오던 사정이고 관행이었다. 고려초기 한전의 생산량은
수전과 동일한 수준에 있었다. 이는 당시 한전의 곡물재배법이 조선초와
기본적으로 같았음을 말함이기도 하다.

성종 11년의 판지를 통해 확인되는 이상의 두 가지 점에서 볼 때, 고
려초기의 收租法은, 同一田品 내에서 同一結負의 수전과 한전은 그 實生
産量이 동일하였던 생산력 수준을 바탕으로, 旱田·水田別로 그리고 各田
의 상·중·하의 田品別로 질서 정연하게 소출을 산정하고 조액을 책정한
위에서 수립되고 결부제의 원칙으로 운영되는 同積異稅의 제도였다. 일
정 생산량을 기준으로 하여 토지면적을 파악하는 결부제도하에서는 1결
이 최소한 田品 間의 實積이 동일하든가 아니면 收租額이 동일하든가 두
가지 가운데 어느 하나는 劃一되어야만 조세제도가 운영될 수 있었다.
그렇지 않으면 租稅賦課·賦役徵發·土地分給 등이 모두 결부제를 기초로
하여 운영되던 고려의 부세체계·농민지배는 대단한 亂脈을 야기하게 되
는 터였다.

고려초기에는 수조법이 同積異稅였으므로 量田尺도 單一尺이었다. 文
宗 23년(1069) '定量田步數'의 기사에 보이는 1결 方33步는 그 기준이었
고, 실제 양전은 6尺 1步의 '步尺'으로 행하였다.[36] 사실 이 양전척은
30指를 1尺으로 하는 手指尺으로서,[37] 위로는 文宗 훨씬 이전 新羅時期
에도 그대로 사용되었던 것이었고, 아래로는 고려말·조선초까지 여전히
遵用되던 것이었다.[38] 고려전기나 신라시기에 頃과 結이 일치하고 있었

---

35)《世宗實錄》106, 世宗 26년 11월 戊子, 4冊, p. 593.
36)《高麗史》78, 食貨 1, 田制, 經理, 文宗 23년, 中冊, p. 706.
37) 宮嶋博史, 주 17의〈朝鮮農業史上에 있어서 15世紀〉, p. 19.

음도39) 이 시기의 수조법이 單一量田尺하의 同積異稅였기 때문이다. 이러한 田結制는 고려후기로 넘어가 어느 시기엔가는 상·중·하 3등전마다 양전척을 각각 달리하는 異積同稅로 변경되었고 세종 26년(1444)의 貢法 制定 때까지 지속된다. 隨等異尺制의 등장이었다.

수조법이 單一量田尺에 의한 同積異稅에서 隨等異尺制에 의한 異積同稅로 변경됨에는 여러 가지 사정이 개재하였지만, 한 가지 명백한 사실은 이것이 量田方法의 개편이라는 점이다. 基準量田尺이 어느 시기에나 변동 없이 쓰이고, 상·중·하의 전품구분도 변경이 없음에서 가장 분명한 점이 이것이다. 이 변경과정의 배후에서는 고려의 토지 파악·농민 지배의 사정이 변화하고 있었음을 類推할 수 있다. 고려초 중앙정부에 의한 토지·농민에 대한 파악이 土豪層을 매개로 하여 이루어지고 있었음을 생각하면, 각 지방마다 토질의 肥墝差를 상·중·하로 나누고 다시 그에 해당하는 지역 내의 토지를 역시 肥墝別로 상·중·하로 나누는 방법이 택하여졌겠다. 전국의 토지를 획일적으로 상·중·하의 3등으로 나누어 전품을 統一하기는 거의 불가능하였을 것이다. 그리고 이런 사정은 고려 이전도 마찬가지였겠다. 그러므로 田品制는 면적을 일률로 고정하고 지역별로 그리고 다시 지역 내의 토지별로 각각 3등분하는, 곧 3등급이 기본이 되면서도 전체적으로는 9등급이 되는 9등전품제가 마련되는 것이다.40) 고려후기에 頃과 結이 괴리되는 속에서, 국가는 수조증대책을 세워 하등전은 고정하고 상등전·중등전의 實積을 줄여 隨等異尺의 量田法과 異積同稅의 收租法으로 바꾸고 있지만 지역차가 전제된 3등전품제, 곧 9등전품제는 여전히 不變이었다. 조선초까지도 마찬가지였다. 세종 26년(1444), 현재 조선이 답습하고 있는 고려의 3등전품제가 8道를 通計하지 않고 단지 1道로만 分等하여 3等制의 膏墝이 같지 않고 納稅의 輕重이 심히 다

---

38) 朴興秀, 〈新羅 및 高麗의 量田法에 關하여〉, 《學術院論文集》 11, 1972.
　　 〃 , 〈한국 고대의 量田法과 量田尺에 관한 연구〉, 《한불연구》 1, 1974.
　　金容燮, 주 15의 〈高麗時期의 量田制〉, pp. 68~74.
39) 同上.
40) 고려전기의 田品9等制의 구성에 대해서는 金容燮, 주 15의 〈高麗前期의 田品制〉를
　　 참고할 것.

르다고 하면서,[41] 이제 貢法을 통해

通考諸道田品 分爲六等 則庶幾田品得正 收稅以均[42]

한다고 함은 이런 사실을 전한다.[43] 諸道의 田品을 6개의 등급으로 通考하여 배정한다는 이 貢法 田分六等法은 장구한 세월 운영되던 지역차가 전제된 3등전품제를, 이제 전국을 통괄하여 6등급의 單一田品體系로 변경시킨 데 중요한 의미가 있다.[44]

그러므로 고려 전 시기를 통하여 同積異稅나 同積同稅나 모두 결부제를 기초로 한 위에서 기준 양전척이 같고 또한 전품등제가 같음에서, 서로 본질이 다른 수조법은 아니었다. 동일조건, 동일기준에서 양전방식이 달라지고 있을 뿐이었다. 고려전기의 同積異稅는 마치 세종 26년의 전분 6등제에 의한 貢法이 본래는 고려시기의 下田 1結 57畝를 기준으로 하여 각 토지에 대해 등급에 따라 소출량을 정하고 差等收租하려고 하였던 것과 같은 방식의 수조법이었다.[45]

지금까지의 검토를 통해서 우리는 성종 11년 判旨 내에 3등전품으로 구분되어 있는 水田·旱田의 실체를 파악함과 연관하여 다음과 같은 3가지의 사실을 특징으로 지적할 수 있다. ① 고려후기·조선초의 田品區分

---

41) 주 21과 同.

42) 同上.

43) 그리고 조선초의 田品制가 이러하였던 實例로는 주 66의 인용기사 및 그 아래 관련 도표 〈표 2〉를 참고할 것.

44) 실제 당시까지 이러한 田品等第의 관습으로 田分6등법을 통해 전국의 전품을 다시 일괄하여 책정하는 데 미쳐서도 실무 담당자 일각에서는 京畿의 1등전과 下三道의 1등전을 그 지역 내의 最膏腴地로 삼고 있어, 世宗은 그렇게 하지 말고 通計하여 처리하도록 극구 敎諭할 정도였다. '諭忠淸·全羅·慶尙道都巡察使鄭麟趾曰 議政府啓…… 於下三道 以種一升 收一石之田 爲一等 於京畿 以種一斗 收一石之田 爲一等 則實爲未可 此則不然 京畿與下三道 俱以種一斗 收一石之田爲一等 而京畿少一等 膏腴不同亦可見'(《世宗實錄》 103, 世宗 26년 정월 庚申, 4冊, p. 535)

45) 이에 관해서는 아래 두 개의 表가 참고된다. 이 두 표는 모두 57畝 1結을 단위로 하고 上上年의 水田의 경우에서 책정한 所出의 내역이다. 단 〈표 I〉은 世宗 26년 8월에 구상되었던 것이고(《世宗實錄》 105, 世宗 26년 8월 庚午, 4冊, p. 582), 〈표 II〉는 같은 해 11월에 재구상하였던 것이다(《世宗實錄》 106, 世宗 26년 11월 戊子, 4冊, p. 593). 旱田은 앞에서 언급하였듯이 '准水田之數 依前例折半爲定'(同上)하게 되어 있었다.

으로서 上·中·下 3등제는 平田, 곧 常耕의 수전·한전에 적용되는 田品等分이었다. ② 이 기준과 불가분의 연결을 갖고 수립되어 있는 이 시기의 수조법·양전법은 고려전기와 운영의 원리나 기준에서 동일하였다.[46] ③ 그런데 고려전기의 전품구분도 그 자체는 상·중·하의 3等第로서 고려후기나 조선초의 田品等分과 같았다는 점이다.

그러므로 성종 11년의 이 판지에서 상·중·하의 3등전품으로 구획되고 있는 水田·旱田도 ①·②·③의 사정이 모두 순리대로 엮어지는 그러한 토지여야만 했다. 즉, 常耕田으로서의 平田인 것이다. 고려초기의 同積異稅의 수조법도 常耕하는 수전·한전을 그 토질의 肥塉에 의해 3등급으로 전품을 구분하는 위에서 수립된 제도였다. 만약 이 등분이 上等田은 不易平田, 中等田은 一易平田, 下等田은 再易平田으로 함을 뜻한다면, 山田의 田品에서 나타나는 等値, 곧 不易山田 1결=1易山田 2결=再易山田 3결의 비례관계가 나타나야 하겠으나 실제는 그렇지 않았다. 수전·한전의 結當所出이 동일하게 파악되고 同積異稅의 수조법이 결부제로 운영되는 속에서 더욱 그러하여야 하는 것이다. 이 판지상의 상·중·하의 田品等第는 歲易, 곧 농지이용상의 頻度에 따른 게 아니었다.

고려초기에 이미 平田은 常耕하는 수전·한전이었고, 그 田品도 상·중·하의 3등급으로 매기고 있었다. 이 상·중·하 3등전의 肥塉程度를 추정하는 데는, 역시 조선초의 기록에 고려시기의 上等田·中等田의 책정기준에 관한 기사가 전해지고 있어 그 윤곽을 파악할 수 있다. 조선 건국 초,

<표 I>

田品	所出
1等田	40石
2 〃	34 〃
3 〃	28 〃
4 〃	22 〃
5 〃	16 〃
6 〃	10 〃

<표 II>

田品	所出
1等田	80石
2 〃	68 〃
3 〃	56 〃
4 〃	44 〃
5 〃	32 〃
6 〃	20 〃

46) 조선초 사람들 가운데는 '或曰 用尺三等 而定爲結負 同科收租 自三國已有之'(주 32와 同)라 하여, 3등의 田尺을 사용하여 結負를 정하고 同科收租하는 현행의 收租法은 三國時期에 이미 있어 온 것이라고 이해하는 이들이 있었는데, 이런 인식은 이상과 같은 사정과 무관한 것이 아니었다고 보겠다.

下三道의 수전·한전 가운데 上等·中等의 전지는 매우 비옥한 토지였다.

> 下三道 旱田·水田之曾定上中等者 則乃以勿論水旱禾穀茂盛者 而分其等也[47]

水災나 旱魃 등 天災에 관계없이 늘 禾穀이 茂盛한 최상급의 토지, 이것이 上等의 水田·旱田 그리고 中等의 水田·旱田이었다. 그리고 이런 산정기준은 고려 본래의 법이었다. 貢法制定 당시, 세종은 이와 같은 종래의 田品算定의 기준을 '高麗貢法'이라고 표현하고 있었으며, 여기서 그 형편이 좀 더 분명하게 드러난다.

> 高麗貢法 不論損實 故以水旱勿論之田爲上田 收其全租 中田地品雖腴 而隨年高下之田也[48]

上田은 水·旱災에 상관없이 토지로서 租 전액을 거뒀으며, 中田도 地品은 膏腴한데 다만 年事의 豊凶에 따라 高下가 생기는 토지였다. 상등·중등의 田이 이런 地品의 토지였다면, 하등전은 이보다는 척박하였겠으나 그렇다고 歲易하는 토지일 수는 없었다. 고려초기의 하등전은 常耕田이면서 다만 상등·중등의 토지보다 土品이 떨어지는 토지였다. 아마 磽瘠한 데다 水旱의 피해도 있는 농지였을 것이다.

고려초기 평전의 구성이 이러하였음에서, 不易山田 1결, 一易山田 2결, 再易山田 3결을 각각 平田 1결에 준하여 정리하도록 한 文宗 8년 判旨 內의 平田은 常耕의 수전·한전 가운데 下等田이었다고 보겠다. 不易山田 1결을 平田 중 上等·中等의 膏腴田 1결에 비길 수는 없었을 것이다. 그리고 下等田은 전체 전지 가운데 압도적으로 많았을 것이다. 조선초 세종 27년(1445) 貢法의 폐단을 거론하고 이의 개선을 요구하던 관료 가운데 한 사람이 山田을 예로 들어

---

47) 《世宗實錄》 102, 世宗 25년 11월 丙申, 4冊, p. 522.
48) 《世宗實錄》 103, 世宗 26년 정월 庚申, 4冊, p. 535.

今三等之下　又加三等　假令以山上田爲六等[49]

이라 하여, 田分6等 가운데 제일 밑의 6등전에 이를 비교하고 있음도
이런 형편을 반영하는 것이라 하겠다. 실제 6등전은 종래의 下等田과
山田이 절대다수를 이루고 있었다.[50] 고려전기에 산전을 비교하고 경리
하던 기준으로서의 평전은 一易平田도 一易水田도 아니었다. 下等의 常
耕하는 수전·한전이었다. 그리고 보면 산전에도 수전·한전 모두 있었다
고 보겠다. 특히, 不易山田 중에는 陸稻作은 물론 水稻作도 행해지는 토
지가 있었을 것이다. 우리의 稻作이 반드시 平野田에서만 이루어지는
것은 아니다.

　이상과 같은 평전과 산전의 구분, 그에 따른 전품등제와 경리방식, 그
리고 이를 바탕으로 운영되어 오던 수조법은 이 자체로서 매우 整然한
체계였다. 세종 28년(1446), 당시 새로 시행되던 貢法에 반대하던 한 관
리에 의하면, 이미 고려초에 시행되고 있었고 조선초까지 답습되어 오던
종전의 이 收租法은

宋元以來　中朝收稅之法　固不如本國昔日都田審驗之制也[51]

하다고 評할 정도였다. 宋·元 이후 中國의 收稅法은 실로 우리의 이것만
못하다고 自矜하고 있는 것이다.

4. 平田·山田과 歲易農法

　고려전기의 平田이 平疇正田이고 常耕하는 水田·旱田으로 이해되어야

---

49) 주 13과 同.
50) 朴時亨, 〈李朝田稅制度의 成立過程〉, 《震檀學報》 14, 1941.
　　金泰永, 〈朝鮮前期 貢法의 성립과 그 전개〉, 《東洋學》 12, 1982(同, 주 18의 논저).
51) 주 22와 同.

할 이유는 이상에서 살핀 대로이다. 고려초 성종 11년의 '公田租四分取
一'의 판지보다 20년 거슬러 올라가는 光宗 24년(973)에 陳田開墾에 관
한 규정이 判旨로 시달되고 있는데, 이 역시 평전이 이런 단계의 토지였
기에 제정될 수 있는 것이었다.

陳田墾耕人 私田 則初年所收全給 二年始與田主半分 公田 限三年全給 四年
始依法收租[52]

이 판지는, 본래 광종정부가 신라말에서 고려초에 걸쳤던 오랜 內戰이
어느 정도 수그러지면서 그간 농민층의 생산활동으로 陳田開墾이 활발하
여지고 이에 수반하여 원소유주와 개간경작자 사이에 收益配分을 둘러싸
고 분쟁도 분분하여지자, 그 收益配分 및 免稅年限의 원칙·기준을 법제
로 제정하면서 頒示하는 것으로 생각된다. 아마 종전의 관례가 법제화된
것이겠다.

원래 진전 자체는 量田時에 이미 오랫동안 황폐되어 있어서, 또는 戰
亂으로 인민이 死亡·流散하여 자연히 버려져서, 혹은 天災를 심하게 입
어 정부가 給陳함으로써 발생하는가 하면,[53] 納稅의 重壓으로, 家內의
인력이 死亡·疾病으로 부족하여, 또는 토질 자체가 척박하여 休閑·遞耕
하여야 하는 등의 이유로 경작이 포기되는 데서도 발생하였다.[54] 그러므
로 正田이건 續田이건 山田이건,[55] 또한 常耕田이건 歲易田이건 어느 토
지에서 어느 때나 늘 발생하였다. 陳田은 이와 같이 여러 가지 사정에서
발생하고 있었는데, 특히 續田이나 山田에서는 항상적인 현상이었다. 토
질이 척박하여 年年耕墾이 불가능한 이 토지들은 농법상 필요에 의해 묵
히는 것이었다. 그러므로 농민이 개간하려 할 때 그리고 국가가 이의 개
간을 장려할 때 대상이 되는 陳田은, 기본적으로 正田으로 陳廢된 토지

---

52) 《高麗史》 78, 食貨 1, 田制, 租稅, 光宗 24년 12월, 中冊, p. 726.
53) 《備邊司謄錄》 6, 仁祖 9년 7월 4일, 1冊, p. 485.
54) 《世宗實錄》 112, 世宗 28년 6월 甲寅, 4冊, p. 679.
55) 《成宗實錄》 13, 成宗 2년 11월 己酉, 8冊, p. 609.

가 주종이어야 했다.

광종 24년(973)의 이 판지는 실로 이처럼 常耕할 수 있는 진전에 대해 내려지는 것이라 하겠다. 이에 의하면 진전은 그것이 私田, 즉 소유권자가 있는 토지일 경우 타인이 개간하면 2년째부터 개간경작자, 즉 佃戶와 地主는 수확을 半分하게 되어 있고, 所有權者가 없는 無主의 陳田, 곧 公田을 開墾하면 3년 면세의 혜택이 주어진 이후 法에 따라 租를 거두게 되어 있었다. 私田에서 ‘所收’를 半分한다고 표현하는 것은 이 토지가 私的 소유지인 까닭이며, 따라서 지주가 받고 전호가 내는 所收의 半分은 국가 조세제도상의 ‘租’는 아니었다. 이 규정은 睿宗 6년(1111)에 와서 1年 陳田·2年 陳田·3年 陳田으로 진황전을 구분하고 그에 따라 지주와 전호 사이의 收益配分도 달리하는 것으로 바뀌고 있지만, 그것은 일정 연한만 그러하였고 기한이 지나면 모두 半分收益하게 됨은 마찬가지였다[56]

有主의 진전이건 無主의 진전이건, 그것이 개간되어 半分打作하거나 依法收租하자면 이들 진전은 常耕可能地, 곧

　　　正田內 陳荒之田 皆每年可耕之地[57]

의 조건을 갖춘 토지이어야만 했다. 山田은 물론 平田도 그것이 歲易耕墾되는 토지였다면 진전은 필연적으로 발생하지만, 이를 타인이 개간하여 수익을 半分하거나 3년 후에 依法收租하는 일만은 불가능하였다. 그런가 하면 설사 平田이 歲易田은 아니라 하더라도 農地로서 불안정하여 數年耕作한 뒤에는 자연히 陳荒되는 토지라면, 여기서 생기는 陳田 역시

---

56) 《高麗史》 78, 食貨 1, 田制, 租稅, 睿宗 6년 8월, 中冊, p. 727.
　　‘判 三年以上陳田墾耕 所收兩年全給佃戶 第三年則與田主分半 二年陳田四分爲率 一分田主 三分佃戶 一年陳田 三分爲率 一分田主 二分佃戶’
　　여기서는 光宗朝와 달리 公田에 대해 언급이 없다. 이는 이 公田이 개간하면 3년 후에 ‘依法收租’하는 無主陳荒地 혹은 國·官有地인 까닭에 다시 再論할 필요가 없었기 때문이겠다. 收益配分의 如何는 항상 사적 소유지에서 지주와 전호 사이에 문제되는 바였다.
57) 《世宗實錄》 106, 世宗 26년 11월 戊子, 4冊, p. 594.

타인이 개간·경작하고 半分 혹은 納租하기는 어려웠다. 광종조의 판지에
서 개간이 勸勵되고 있는 진전은 常耕地로서의 진황지였다. 山田일 수
없는 것이다. 더욱이 예종대에는 개간 대상 진전이 1년·2년·3년의 陳田
으로 세분되고 있는데, 여기서 그 실체가 常耕段階에 있는 平田의 진황
지임은 한층 분명해진다. 이 1년·2년의 진전이 一易·再易하는 歲易田에
서 주기적으로 隔年마다 발생하는 진전일 수는 없는 것이다.

  고려전기의 平田을 이와 같이 이해할 때, 고려시기 官纂資料 중 앞서
검토한 문종 8년의 田品記事 외에 唯一하게 平田의 기록을 담고 있는 毅
宗 3년(1149) 다음 기사의 내용도 좀 더 확실하게 파악된다.

  西北面兵馬使曹晋若奏 定烽燧式……每所 防丁二人 白丁二十人 各例給平田一
  結[58]

西北面은 군사의 요충지로서 항시 중요한 지역이었다. 이 지방의 烽燧所
에서 役을 담당하는 防丁·白丁에게 그 力役遂行을 위해 토지를 지급함은
관례상으로도 당연하였다. 그리고 지급된 토지는 肥沃地이어야 했다. 마
치 驛役에 종사하는 驛吏에게 膏腴地를 절급하여 驛務에 차질이 없도록
하였듯이,[59] 이들에게도 그렇게 하여 安業할 수 있도록 배려하여야만 했
던 것이다. 그런데 이 지방은 山이 많고 平地가 적은 곳이었다. 그러므
로 관례대로 平田이 지급되도록 특별히 강조하고 있는 것이었다.

  또한 고려후기 李齊賢이 우리나라의 地品을 중국과 비교하여

  鴨綠以南 大抵皆山 肥膏不易之田 絶無而僅有也[60]

라고 한 표현도, 평전과 산전의 실체 및 그 전품등제가 이상과 같음에서

---

58) 《高麗史》 81, 兵 1, 兵制, 毅宗 3년 8월, 中冊, p. 781.
59) 拙稿, 〈朝鮮前期의 驛田의 經營變動〉, 《邊太燮博士華甲紀念 史學論叢》, 1985.
60) 李齊賢, 《益齋亂藁》 9(下), 史贊, 景王(《高麗名賢集》 2冊, p. 324, 成均館大學校
  大同文化研究院, 1973).

다시 吟味된다. 이 표현은 으레 고려말기까지도 平田의 절대다수가 歲易田이고 따라서 歲易農法이 主流였음을 전하고 있는 내용으로 이해하고 있다.[61] 그러나 '肥膏不易之田 絶無而僅有'라는 구절은 앞에 제시된 山이 매우 많다는 표현에 부속하는 의미로 쓰고 있는 것이며 이 내용 자체도 肥膏地는, 곧 不易田이며 이 不易田이 거의 없다는 뜻은 아니다. 가장 비옥한 不易田, 이를테면 앞에서도 말한 바 있는 수재·한발에도 상관없이 禾穀이 무성한 水旱勿論의 膏腴田이 적다는 의미이다. 平田, 즉 不易田 가운데 肥垮이 相半하거나 상대적으로 垮薄한 토지는 얼마든지 있었다. 오히려 대다수가 이런 토지였다. 肥膏田만이 不易田이고 平田인 것은 아니었다.

이제현의 표현은 조선초에 우리나라 농경지가 國土上에서 차지하는 비중을 일러 '國家介山海之間 其丘陵藪澤不耕之地 十居八九'[62]하다거나, 혹은 농지의 肥垮狀態를 일반적으로 말하여 '膏腴之田 十常一二 垮薄之田 十常八九'[63]하다는 등의 발언과 같은 것으로, 좀 더 구체적으로는

三等之田 差等不遠 且上等之田 惟慶尙·全羅等道 於千結 僅有一二結焉 中田 於百結 亦一二結焉 其餘各道 只有中田 亦於千結 僅有一二結焉[64]

한 실정을 한마디로 기술한 것이었다. 나라가 산과 바다 사이에 있어 丘陵·藪澤 등 경작할 수 없는 땅이 열에 여덟·아홉이고, 이런 농업환경에서 기름진 농토는 열에 하나·둘이고 거친 농지는 열에 여덟·아홉이며, 상·중·하 3등전은 차등이 멀지 않은 데다 상등전은 오직 경상·전라도에서나 1천 결에 겨우 1·2결이고 중등전은 1백 결에 1·2결뿐이며, 나머지 각도는 단지 중등전이 1천 결에 겨우 1·2결이라는 등 농지 전반의 척박성을 극단으로 강조하는 선상에서 上田·中田 등 膏腴田의 분포 사정을

---

61) 주 15~18의 李泰鎭, 宮嶋博史, 金泰永, 金相昊, 姜晋哲 등 諸敎授의 논고.
62) 鄭道傳, 《三峯集》 7, 朝鮮經國典 上, 賦典, 軍資.
63) 《世宗實錄》 49, 世宗 12년 8월 戊寅, 3冊, p. 253.
64) 同上, 3冊, p. 252.

한마디로 표현하면, 그것은 이제현의 표현대로 '肥膏不易之田 絶無而僅有'
라고 할 수밖에 없는 것이다. 下田이 모두 一易·再易의 歲易田이었음을
말하는 것도 아니었고, 肥膏田만이 不易田임을 지적한 것도 아니었다.
이러한 경지의 형세가 趙浚 등에 의해서 倭寇侵入으로 인한 재정고갈,
농지황폐로 표현될 때는 다소 완화되어 나타나기도 한다.

　　　三韓　自鴨綠以南　大抵皆山　肥膏之田　在於濱海　肥膏不易之田　沃野數千里之
　　　稻田　陷于倭奴[65]

肥膏田은 濱海에 있고, 이는 沃野數千里의 稻田으로 설명되는 것이다.
　　물론 고려전기의 平地田이 모두가 常耕田은 아니었다. 歲易耕墾이 주
였던 山田에도 不易田이 있었듯이 평지전 중에 歲易田도 없지는 않았다.
歲易農法은 토질 자체가 척박한 지역에서 地力回復을 위해 쓰거나, 혹
은 토질이 비옥하여도 地廣人稀한 지방에서 人力이 부족하여 사용되는
방법이다. 이는 조선초에도 마찬가지 현상이었다. 그러므로 歲易耕作은
地域差에 따라 여전히 이용되는 곳도 있었고, 반대로 거의 소멸된 곳도
있었다.
　　고려전기에 歲易耕墾되던 平地田의 존재를 이해하는 데도 고려말·조선
초의 사정을 전하는 아래의 한 기록이 도움이 된다.

---

65)《高麗史節要》33, 辛禑 14년 8월, p. 837(亞細亞文化社 影印本, 1971).
　　이와 동일한 내용이《高麗史》82, 兵 2, 屯田, 辛禑 14년 8월, 中冊, p. 815의 기
　사에서는 약간 달리 표현되어 '三韓 自鴨綠以南 大抵皆山 肥膏不易之田 在於濱海 沃野
　數千里之稻田 陷于倭奴'로 기재되어 있다. 우선《高麗史節要》의 '肥膏之田'이《高麗史》
　에서는 '肥膏不易之田'으로 표기되어 있다. 이는 不易田이 그대로 田, 즉 일반적인 常
　耕田을 뜻하므로 별 문제가 되지 않는다. 오히려 문제는 다른 데 있다. 전자에서의
　'稻田'이 후자에서는 '稻田'으로 되어 있는 점이다. '논'과 '수수밭'으로 달리 기록되어
　있는 것이다. 이는《高麗史》의 修纂 내지 刊行過程에서 생긴 誤記·誤植으로 보인다.
　沃野數千里에 펼쳐진 肥膏한 不易田이 수수밭이었다고는 도저히 생각할 수 없는 까닭
　이다. 그러나 연구자 가운데《高麗史》의 기록만을 취하여 수수밭으로 보고 이를 干拓
　事業의 진행성과로 풀이하기도 한다(李泰鎭,〈16세기 沿海地域의 堰田 개발〉,《金哲
　埈博士華甲紀念史學論叢》, 1983, pp. 425~426; 同, 주 16의《韓國社會史研究-農業
　技術발달과 社會變動-》, pp. 225~227 및〈世宗代의 農業技術政策〉, p. 68).

臣妄謂 考其地理志 以土地爲肥者 十分爲率 上田三分 中田三分 下田三分餘
又有平地一甲田二十分一 土地肥埼相半者 上田一分 中田三分 下田五分 平地
一甲田一分 土地埼者則 上田二十分一 中田十分之二 下田六分 平地一甲田二
分[66]

　　이것은 세종 28년(1446) 成均館注簿 李甫欽이란 이가 貢法의 폐를 논
하면서 과거의 平田 3等法과 山田의 甲品法이 良法임을 말하고, 이에 의
해 田品이 구분되어 있던 경상도 지방의 사정을 실례로서 들고 있는 내
용이다. 내역을 表로 작성하면 다음과 같다.

〈표 2〉　　　　　慶尙道 肥埼別·田品別 農地의 分布(單位: 十分爲率)

肥埼 ＼ 田品	上田	中田	下田	平地一甲田
肥膏地	3分	3分	3分餘	1/20分
肥埼相半地	1分	3分	5分	1分
埼薄地	1/20分	2/10分	6分	2分

　　이에 의하면 고려후기·조선초의 田品制 특성이 잘 나타나고 있다. ①
전품은 우선 土地를 肥膏地·肥埼相半地·埼薄地의 셋으로 구분하고, 이
속에서 다시 각기 上·中·下田 및 平地一甲田으로 등분하고 있다. 田品은
上·中·下의 3등이지만, 전체로서는 9등전품 내에서 上·中·下田이 책정되
고 있는 셈이다. ② 상·중·하의 전품등제는 어디까지나 常耕田에 대해서
사용하고 있고, 그렇지 않은 토지는 平地田으로 표현하고 甲品制로 등분
하고 있다. ③ 平地一甲田은 平地田이긴 하나 평전 일반, 즉 平疇正田에
는 속할 수 없는 사정의 토지였다. 一甲, 즉 一易하여 1년 休耕하는 토
지였다.
　　고려전기의 平地田에 歲易田이 있었다는 사실은 여기서도 분명하여진
다. 이 시기 平地一甲田으로 처리되는 토지는 不易山田만도 못한 토지였

---

66) 주 22와 同.

다. 그러므로 상·중·하 3등급의 平田 어느 곳에도 포함할 수 없었을 것이다. 이런 토지는 별개의 地目으로 처리되지 않았을까 추측되는데, 그러고 보면 代田으로 지목되고 있는 토지가 그것이었다고 생각된다. 代田은 현재 歲易田으로도 이해되고 있다.67) 代田도 田品이 있었을 것이다. 고려초에 이미 '代下田'이 있음을 보면, 이들 토지도 상·중·하의 등제로 전품이 책정되었으리라고 추측된다. 고려전기에는 平田도 상·중·하, 山田도 상·중·하, 그리고 代田도 상·중·하로 등분되고 있었던 셈이겠는데, 상·중·하의 구분기준은 평전과 산전이 서로 달랐듯이 대전의 그것도 달랐을 것이다. 歲易頻度가 그 기준이겠는데, 산전처럼 평전에 준하여 경리하는 방법이 있었을 것이다. 代田은 平地甲田이었다.

그러나 고려전기에 平地田에서 歲易耕墾은 한 개인이 소유지를 多占하고 佃戶經營이 아닌 互相陳荒하며 경작하거나 토질이 현저하게 척박한 토지를 경작하거나 하는 등 특별한 사정을 제외하면,68) 요컨대 직접 생산자인 農民의 耕作水準과 能力에 즉하여 볼 때 '農法'으로서는 훨씬 전에 비중이 낮아진 바라 하겠다. 고려초에 이미 平田이 常耕하는 수전·한전으로서 상·중·하의 3등전품으로 나누어져 있고, 陳田開墾時 지주와 전호의 수익배분이 半分打作이었음은 그 단적인 실례가 된다. 사실 농경지를 平田과 山田으로 구분하여 打量하고 田品을 구분하며 조세를 책정하던 경리방식은 고려초에 비롯한 것은 아니었다. 아주 일찍부터 있던 제도였다. 자료상으로도 통일 신라기를 거슬러서 三國 및 伽倻가 병립하던 때에 이미 平田이 있었다. 금관가야국 시조 金首露王의 8代孫 銍知王(金銍王)이 즉위 이듬해(452) 수로왕과 許王后가 혼인하던 땅에 王后寺라는

---

67) 고려시기 '代田' 記事로는 光宗 7년(956) 당시의 量田事業을 적고 있는 〈若木郡淨兜寺石塔造成記〉 중에 '代下田'이 나타난다. 이 代田에 대해서는 ① 易田, 곧 歲易遞耕의 토지로 이해하기도 하고(金容燮, 주 15의 〈高麗前期의 量田制〉, p. 77), ② 이와는 달리 家垈의 垈地로 보기도 한다(浜中昇, 〈高麗前期의 量田에 대하여〉, 《朝鮮學報》 109, 1983, pp. 6~7). 본고에서는 上述한 이유에서 ①과 해석을 함께 한다.

68) 가령 조선초에 '多占田地 互相陳荒 禁他人耕作者'(《太祖實錄》 5, 太祖 3년 4월 庚申, 1冊, p. 6)나 京畿·下三道의 豪俠之家에서 '廣占良田 或互相陳荒 或代人佃作'(《世祖實錄》 9, 世祖 3년 9월 壬子, 7冊, p. 231)하고 있던 데서의 互相陳荒이 이런 예이다. 이런 경우는 農法水準에서 기인하는 것이 아니라 土地兼幷의 결과로 그렇게 되는 것이다.

절을 짓고 田 10결을 시납하였다. 이 전토는 왕이 사람을 보내 절 근처의 농지를 打量하여 마련해 준 것인데, 그 실체가 '平田十結'[69]로 전해온다. 5세기 중반 금관가야의 田制에도 結負式 量田과 더불어 平田이라고 부르는 농지 명칭이 있었다. 山田 역시 당연히 있었을 것이다. 아마 三國 모두 이러하였을 것이다. 이 평전은 수로왕과 허왕후의 명복을 빌고자 세운 왕후사의 供億할 비용 밑천으로 시납한 토지였다. 그런 만큼 토질이 膏腴한 농지였을 것이고 당연히 상경전이었을 것이다. 신라 文武王이 즉위(661)하여 수로왕릉에 공양하고자 절급한 농지가 '上上田'[70]이었듯이 이 平田도 그러하였을 것이다.

歲易耕墾은 주로 山田에서 행하던 경작농법이었다. 당시 산전의 개발이나 그 보급 정도는 仁宗代에 宋使 徐兢이 우리나라의 農地利用實態를 말하여

少平地 故治田於山間 因其高下 耕墾甚力 遠望如梯磴[71]

하다고 한 데서 그 대세를 짐작할 수 있다. 山田의 보급은 상당한 지경에 이르고 있었고, 그런 이유의 하나는 平地가 적은 데도 있었다. 이런 山田이 年年遞耕하며 歲易으로 경작되고 있었지만 不易山田도 적지 않았다. 그리고 이 不易山田은 이미 고려전기에 熟田化된 정도가 상당하여 동일한 結負의 平田과 같이 경리될 만큼 그 소출도 多大하였다. 이러한 여러 山田은 시대가 지남에 따라 人口의 壓迫, 土地兼幷의 성행 등으로 인하여 갈수록 개발이 촉발되었을 것이다. 그리고 이 과정에서 종전에 歲易하던 산전 중에는 常耕化되어 不易田으로 바뀌어 가는 토지도 있었겠고, 동시에 歲易山田의 종류 또한 다양하여졌겠다. 고려후기 및 조선초에 산전의 등급이 1甲·2甲·3甲·4甲으로, 때로는 5甲·6甲으로 구분되

---

69) 《三國遺事》 2, 駕洛國記, '又有古今所嘆息者' 구절.
　　《三國遺事》 2, 駕洛國記, 銍知王.
70) 《三國遺事》 2, 駕洛國記, '泊新羅第三十王法敏' 구절.
71) 徐兢, 《宣和奉使高麗圖經》 23, 雜俗 2, 種蓺.

고 있음은, 山田의 이러한 개발과 보급에 병행하여 그 전품에 새로운 등분이 필요하게 된 데서 연유하였을 것이다.

　歲易耕墾의 산지 이용법은 이 당시 그 자체로서는 안정된 농법이었다. 歲易農法은 본래 平地耕墾에서도 이용되었겠지만, 고려초 훨씬 이전 어느 시기에 平地田에서는 農法上으로 소멸하고 山地耕作에 주로 응용되어, 그 일부는 不易田으로 熟治되면서 농민경제에 안정을 기할 수 있게끔 하고 있었다. 고려전기의 농민들도 이러한 전통을 바탕으로 이 농법을 구사하여 生計를 安堵시키고 있었다. 이를테면 勞力이 많이 들었겠지만, 平田을 借耕하거나 그 陳田을 개간하여 수익을 半分함은 동일 면적의 一易山田을 自耕하는 것과 수입면에서 같았다. 그리고 不易山田을 自耕함은 平田의 並作佃戶보다 오히려 소득이 나은 편이었겠다. 이 시기 우리나라의 농민층분화 속에서 빈농·몰락농민은 佃戶나 傭作農民이 됨과 함께, 山地를 안정된 경작지로 治田할 수 있게 하는 이 세역농법을 이용하여 山田의 耕墾을 통해서도 家內經濟를 재생산하여 나갈 수 있었던 것이다. 고려초, 세역농법이 갖는 의미는 이상에 있었다.

5. 結 語

　고려전기의 토지제도나 농지경영을 이해하는 데, 平田과 山田에 대한 검토 이 자체는 그다지 큰 주제가 아니다. 그러나 序言에서 밝혔듯이 직접 관련되는 자료가 한두 개만 現傳하고 그 내용조차도 田品制·農地利用法의 기사가 중심이 되고 있어, 현재로선 그 理解方向의 如何에 따라서 租稅制度·田品制·結負制·農法 등 기본 부면에 대한 인식에 커다란 견해차가 있고, 이는 다시 고려시기의 사회 성격을 설정하는 데 깊은 영향을 미치고 있는 것이다. 그러므로 이에 대한 전면적인 검토를 하여 보았다. 그 결과를 종합하면 아래와 같다.

　고려전기에 평전은 平地田 가운데 常耕田, 곧 平疇正田의 토지였고, 산전은 山地耕作地로서 歲易田이 주였다. 평전에는 水田·旱田 모두 포함됨은 말할 나위도 없었고 山田, 특히 不易山田은 그러하였을 것으로 보인다. 평전의 田品은 膏堉에 따라 상·중·하의 3등으로 산정하였고, 山田은 歲易與否 및 그 頻度, 즉 不易·一易·再易에 따라 역시 상·중·하 3등으로 등분하였다. 각기 田品等第의 기준이 달랐던 것이다. 국가의 收租基盤은 平田에 있었다. 各等의 山田은 각기 平田 1결에 대해 1·2·3倍數로 경리되었다. 평전의 상·중·하 3등전은 地域差가 3등분된 속에서의 3등전으로서, 이는 고려시기의 田品制가 전체적으로 9등전품임과 연결되는 것이었다. 平田 가운데 상등전과 중등전, 특히 상등전은 水災·旱魃 등 天災의 영향을 받지 않고 늘 禾穀이 茂盛한 매우 膏腴한 토지로 책정되었다. 하등전은 상대적으로 척박한 토질의 토지였으나 歲易田은 아니었다. 山田經理의 기준이 되고 있던 평전은 바로 이 하등전이었다고 추정된다. 물론 平地田이라고 하여 모두가 常耕田은 아니었다. 山田에 不易田이 있듯이 그 가운데는 歲易하는 토지도 있었다. 당시 代田이라는 이름으로 불리던 토지가 이런 토지였을 것으로 생각된다. 그리고 이들 토지도 상·중·하의 田品으로 區分되고 있었다고 추측된다. 이런 토지는 平田 일반은 아니고 '平地平田'이라 하겠다.

이런 사정에서 '農法'으로서 歲易耕墾이 이용되던 토지는 山田이었다. 歲易農法은 그 자체로서 안정된 農地 이용법이었다. 고려초 훨씬 이전 시기에 平地田에서는 이미 농법상으로 소멸한 경작법이었다. 이는 농민의 농업생산 수준과 능력이 향상된 결과였다. 그러면서 세역농법은 山田開發의 보급에 수반하여 山地耕作에 응용되면서 농민경제에 새로운 활로를 찾아 주고 있었다. 그리하여 고려초에 이미 산전의 일부는 不易田화하여 국가의 收租對象이 될 만큼 熟治되고 보급되고 있었다. 不易山田이나 一易山田을 自耕하는 농민들은 같은 면적의 평전을 借耕하여 收益을 半分하는 佃戶農民에 비하여 형편이 나은 편이거나 같은 편에 설 수 있었다.

豪族과 寺院, 王室과 貴族官僚 등이 주축이 되어 진행되던 토지겸병의 와중에서, 몰락한 貧農·無田農民 가운데선 借耕農民이나 傭作農民이 되지 않고도 생계를 유지할 수 있었다. 세역농법을 통하여 산전을 개발하

고 耕墾함으로써였다. 고려초의 세역농법은 이와 같이 山田開發과 연결
되어 있음에서 의미를 갖는 것이며, 이는 동시에 이 시기 세역농법 자체
가 갖고 있는 사회경제적 의의이기도 하다.

(《李元淳敎授華甲紀念 史學論叢》, 1986. 11. 揭載, 1999. 補, 2011. 追補)

高麗前期의 勸農과 田柴科

1. 序 言

고려전기 전시과제도는 고려의 농업증진책과 긴밀하게 연계되어 운영되었다. 이 시기 농업생산의 증대는 後三國期의 건국과정 및 통합 후 국가체제의 정립과 함께 대단히 중요한 과제였다. 고려는 장기간에 걸쳐 온 지방할거, 권력분산의 상태를 여러 지방세력을 규합하고 연대하여 후삼국의 통합으로 일단락 지으면서, 중앙·지방의 諸般 통치제도 및 기구를 행정·신분·본관·군사 등 여러 방면에서 개편하고 신설하며 정비해 나갔다. 이 작업은 순탄하지 않았다. 안으로는 여러 정치사회세력의 상충되는 이해관계를 조정하고 타개해 가면서, 아울러 밖으로는 女眞·契丹 등의 遼·金 그리고 宋과 軍事的 外交的 대결과 갈등 속에서 수행해 나가야 했다. 고려로서 국가의 건설 및 유지에는 막대한 재정이 소요되었고, 따라서 財源의 파악, 군사조달 및 군수물량의 확보는 항상 目前의 急務였다. 정부시책의 중심은 농업의 생산성을 고양하고 부세의 수입원을 확대하는 데 놓였다. 그 방식은 다양하지만 어느 것이나 방향은 민인의 安堵를 통한 산업증진과 인구증대로 귀착되었고, 이는 일련의 農業政策으로 집약되었다.

농업정책은 크게 두 방면으로 정립·추진하였다. 하나는 量田制의 정비와 田柴科의 시행을 통해 새롭게 토지의 소유관계를 확정·공인하고 이 위에서 租·布·役의 부세제도를 정비하여 토지와 농민을 파악하고 관료신분층에게도 수취를 보장하는 것이었다. 생산체제는 토지제도·조세제도로써 통제하는 것이었다. 또 하나는 이러한 목적과도 관련하여 별도의 생산 촉구책으로써 민인의 생산활동을 안정시켜 농업생산을 증대시키고 租稅源을 확충하는 것이었다. 곧, 勸農政策이었다. 양자 모두 농업생산과 상관있지만 특히 직결되는 것은 후자이다.

권농은 국가·사회의 산업기반이 농업·농민이고 더욱이 국가체제가 집권왕조국가이면 어느 시기에나 항상 요청되는 바였지만, 고려전기에는 이상과 같은 창건과정과 정립과정으로 인하여 매우 절실하였다. 권농행정은 중앙과 지방의 정부기관 및 통치기구를 통하여 목표가 구상되고 조직이 편성된 위에서 추진되었다. 그러므로 고려전기 권농은 지방의 城主·將軍과 그 휘하에 재지 관반층이 장악하고 있었을 농업독려, 부세행정의 주도권을 정부가 직접 파악·관장하고, 농민의 생산활동을 국가로 재편입하는 과정을 동반하였다. 고려왕조는 권농과 징세를 동시에 그리고 일원적으로 수행하고, 나아가 이로써 집권체제를 정비해 나가고 있는 것이었다. 여기서 고려 집권봉건국가의 勸農的 특징이 齎來한다.

이러한 점에서 고려전기에 권농은 정치적 경제적으로 커다란 위치를 갖는다. 그런 만큼 실제 운영에서 항상 전제되고 배려되어야 할 것이 여러 가지 있었다. 그 가운데서 으뜸은 고려의 토지 조세체계를 구현하고 있는 田柴科였다. 전시과는 수조권 수조지 차원에서 넓게는 전국의 토지를 經理上 구획한 토지배속제도이고, 좁게는 중앙·지방의 각급 통치기구 및 그에 종사하는 職役者에게 토지·농민에 대한 지배와 수취를 割讓한 토지분급제로서 성립내용은 田主佃客關係였다. 고려왕조는 신분직역제와 함께 전시과제도를 兩大柱軸으로 하여 수립되고 있었다. 고려의 권농정책, 권농운영은 목표로나 체제로나 收租權者, 곧 왕실·양반·군인 등 지배층의 수익을 지원하고 배려하면서 시행되었고, 그러는 속에서 해당 '田主'의 신분적 정치적 서열이나 위계의 貴賤·上下에 따라 그 지원과 배려에 先後와 重輕이 있었다. 실제 농지의 소유경작자인 농민 '佃客'(佃戶)에 대한 안정·안녕의 조처는 이 범위 내에서 취해지는 것이 일반이었다. 권농은 運用上 전시과제도의 운영과 상관하고 있는 것이다.

　그러므로 고려전기의 勸農과 田柴科를 권농조직과 그 행정, 권농의 내용과 그 重心, 그리고 권농의 운용과 전시과제도의 관계에서 검토하면, 권농이 농업정책으로서 갖는 토지제도상의 의미, 田柴科의 정치경제적 특성을 한층 새롭게 인식할 수 있다. 나아가 고려국가 성립·발전의 사회경제적 특징도 전망할 수 있다.

2. 勸農組織과 그 行政

　집권왕조국가에서 권농은 단순한 농사권장이 아니었다. 외형은 그러하였으나 실제는 나라 政事의 首先이었다.[1] 고려는 이를 위해 안에는 專擔하는 官司를 설치하고, 밖으로는 郡縣의 행정기구를 집행기관으로 삼아 권농조직을 편성하였다. 권농의 기본원칙과 시행방침은 중앙에서 각급 관련 기관의 구상과 국왕의 裁可로 작정되었다. 정부의 권농촉구는 으레 詔書(敎書), 制勅 등의 형식으로 반포·하달되었다. 태조가 즉위하면서 먼저 境內에 조서를 내려, 3년간 田租를 면제하여 민인에게 農桑을 勸課한 것은 그 한 예이다.[2]

　중앙에서 勸農事項을 관장하는 기관은 司農寺였다. 사농시는, 처음 설치된 시기는 정확히 알 수 없으나, 穆宗代에 이미 있었다.[3] 목종 이전에

───────────────

1)《高麗史》78, 食貨 2, 農桑, 中冊, p. 733(延世大學校 東方學硏究所 影印本, 1961-
　以下同).
　'農桑 衣食之本 王政所先'
2) 同上, 太祖卽位, 中冊, p. 733.
3)《高麗史》76, 百官 1, 典農寺, 中冊, p. 675.
　'典農寺 掌供粢盛 穆宗時 有司農卿 後廢之 忠宣王 置典農司 其司員吏 出使者 皆稱
務農塩鐵使 尋改爲儲積倉 恭愍王五年 復置司農寺 判事 秩正三品 卿 從三品 少卿 從
四品 丞 從五品 注簿 從六品 直長 從七品 十一年 改典農寺 改卿爲正 少卿爲副正 革
直長 十八年 復稱司農寺 又改正副正爲卿·少卿 復置直長 十九年 置籍田官 令一人 隷
本寺 二十一年 復稱典農寺 仍復爲正·副正'
　이에 의하면 穆宗 때 司農卿이 있었다고 하였다. 이 기록은《高麗史》편찬 시 이미
司農寺의 始置에 관한 기록이 없어졌거나 혹 미처 살피지 못하거나 하여 다만 '司農
卿'(司農寺의 卿)이란 職掌 기록만 있음을 확인하여 이를 적고, 이로써 司農寺의 존재
도 함께 전하고 있는 것으로 생각된다. 후반부에 恭愍王 5년(1356) '復置司農寺'하였
다는 기사도 忠宣王 때 典農司 설치 이전에 司農寺가 있었음을 전제로 한 표현이다.

도 중앙의 직제에 권농을 전담하는 기구는 물론 있었다. 구체 사실은 전하지 않지만 成宗 3년(984) 刑官의 문설주에 벼락이 친 책임을 물어 御事 이하 員外郎 등을 파면하고, 후임을 임명할 때 刑官御事에 李謙宜란 이를 임명하였는데 당시 그의 관직이 '主農卿'이었다.4) 主農卿이 어느 관서의 직함인지 확인할 수는 없지만, 명칭으로 보아 중앙의 勸農 관련 기관 속의 직제이거나 적어도 그와 상관한 직무를 담당하는 위치의 관명이었을 것이다. 아마 司農하는 직무였겠다. 그리고 자료상 이러한 司農을 담당하는 관직의 존재는 시기상 더 소급된다. 光宗 11년(960) 3월 大相 俊弘과 佐丞 王同 등이 謀逆한다고 참소하여 폄출시킨 權信이란 관리가 있었다. 이때 그의 관직이 '評農書史'였다.5) 이 직제는 評農書史라는 표현으로 보건대 評農을 담당하는 吏屬으로서의 書史였겠으며, 혹 현전 기록에는 없지만 評農省이란 권농 관련기관이 있었고 여기에 이속직의 하나로 있던 書史일지도 모르겠다. 권농과 관련한 官名임은 틀림없을 것이다.

司農寺의 역할을 구체적으로 파악할 수 있는 자료는 아직 보이지 않는다. 다만 사농시의 후신인 典農寺의 직무를 '掌供粢盛'이라고 한 것,6) 공민왕 때 復置한 司農寺의 직무를 '率其籍田·典廐 以備粢盛·酒醴·犧牲'이라 한 것,7) 籍田의 親享儀 및 耕作禮에 소속관원인 司農卿·司農少卿이 主務員으로 참여하고 있는 것,8) 그리고 처음 설치 후 어느 시기에 폐지되었다가 忠宣王代 典農司로 설치되었을 때 그 員吏로서 出使되는 이들은 모두 務農·鹽鐵使라고 호칭하였다는 것9) 등으로 보아 크게 두 방면으로 이루어졌다고 추정된다. 하나는 籍田을 관장하는 일이고, 다른 하나는 그 관원이 務農使 등 使臣으로도 파견되어 각 지방의 권농을 규찰하고 독려하는 일에도 참여하는 것이다.

---

4) 《高麗史》 3, 世家 3, 成宗 3년 5월 庚戌, 上冊, p. 68.
5) 《高麗史》 2, 世家 2, 光宗 11년 3월, 上冊, p. 61.
6) 주 3의 인용문.
7) 《高麗史》 43, 世家 43, 恭愍王 20년 12월 己亥, 上冊, p. 843.
8) 《高麗史》 62, 禮 4, 吉禮中祀, 籍田, 親享儀 및 耕籍, 下冊, pp. 381~382, pp. 386~387.
9) 주 3의 인용문 참조.

전자, 籍田은 국가 소유지로서 이의 설치 및 운영은 권농의 모범을 보이기 위한 것으로, 기능은 상징적이나 의미는 중요하였다. 국가가 重農하고 農本하는 뜻을 국왕이 百官을 거느리고 親耕籍田함으로써 中外에 널리 보인다는 理念의 표상이었다. 이는 成宗 2년(983) 정월, 국왕이 ‘躬耕籍田 祀神農 配以后稷’하고, 동왕 7년(988) 2월에 左補闕兼知起居注 李陽의 封事에서 ‘躬耕帝籍 寔明王重農之意’라고 한 데서10) 잘 나타난다. 耕籍行事를 위해서 정부는 국왕의 親享儀 및 有司攝事儀 그리고 이에 관한 각종 事目을 마련해 놓고 있었으며, 때때로 국왕이 儀注에 따라 親耕하기도 하였다.11) 친경은 의례의 절차상 국왕이 밭에 나와 犁柄을 잡고 始推로 밭을 5번 밀어[5推] 갈아 볼 뿐 자신이 농사를 짓는 것은 아니었다. 뒤이어 百官의 推耕禮式이 있고, 이것이 끝나면 司農少卿이 미리 편성해 놓은 평민[庶人] 40명과 소 80필을 인솔하여 천이랑[千畝]을 가는 것이었다.12) 그리고 이러한 국왕의 親耕儀禮가 매년 계속되는 것도 아니었다. 실제 적전을 경작하는 이는 적전을 관할하는 관아의 소속 노비 및 해당 고을 부근에서 賦役勞動으로 동원되는 일반농민이었겠고, 혹 형편에 따라서는 이를 借耕한 佃戶農民도 있었을 것이다. 이러한 상징성과 더불어 작물은 九穀[黍, 稷, 秫, 稻, 粱, 大豆, 小豆, 大麥, 小麥]을 모두 재배하고 새 품종 및 묵은 곡식의 실험 재배도 하였을 것이다.

후자, 務農使 등 使臣의 파견은 지방의 권농행정을 규찰하고 부세징수도 독려하는 것으로, 전자와 같이 籍田으로 상징되는 국왕·국가의 중농·농본이념이 농촌사회에서 차질 없이 관철되고 준행되게 하여 농업생산을 提高하고, 나아가 중앙정부의 집권력을 강화하여 확고히 해 간다는 목적에서 시행하는 것이었다. 무농사는 고려전기의 직제는 아니고 앞에서 잠시 언급한 바 있지만, 忠宣王이 復位한 후 典農司를 설치하고 그 官員을 諸道에 사신으로 파견할 때의 호칭이었다.13) 충선왕의 전농사 설치 명분

---

10) 《高麗史》 3, 世家 3, 成宗 2년 정월 乙亥, 上冊, p. 66.
　　《高麗史》 3, 世家 3, 成宗 7년 2월 壬子, 上冊, p. 72.
11) 《高麗史》 62, 禮 4, 吉禮中祀, 籍田, 成宗 2년 정월, 顯宗 22년 정월, 仁宗 22년 정월 乙亥, 恭愍王 19년 3월 乙巳, 下冊, pp. 390~391.
12) 주 8과 同.

은 백성과 더불어 穀物을 糶糴하여 위급함에 대비한다는 것이었는데, 이 때의 務農使는 국왕의 특명을 받고 있어 豪强에 隱匿한 자가 날로 부유하고 殘民이 賦斂에 고통을 겪는 사태를 방관·유발하는 관원을 처결할 수 있었고,14) 田租를 不納·未納하는 勢家田地에 대한 수색과 徵租를 하는 등15) 권한이 컸다. 이러한 명분과 권한은 賦斂·收稅를 통한 積穀을 목표로 제시·부여된 바로서 一見 권농과 상관없는 듯하나 그런 것이 아니었다. 務農·勸農의 독려 및 규찰은 부세수취의 안정에 큰 목적이 있었고, 따라서 권농은 부세의 균일, 수세의 균등을 동반할 때 그 입지가 단단해지는 것이었다. 이러한 사신의 파견은 고려초에도 있었으며,16) 司農寺의 관원도 관계하였을 것이다.

　권농을 상징하고 관장하는 중앙기구가 司農寺였음에 대해, 실제 권농을 수행하는 곳은 郡縣 등 지방행정기구였다. 그러나 군현이라 하더라도 고려왕조 수립부터 군현제의 정비 및 그에 병행한 군현통제에 몇 차례 단계가 있어, 권농행정도 세월의 진전에 따라 집행에 차이가 있었다. 크게 두 단계로 구분할 수 있다. 첫째, 후삼국기 내지 고려 건국 후에서 성종 초까지 군현은 한 개 혹 드물게는 몇 개의 城邑으로 분립된 채 성읍마다 城主·將軍으로 호칭하는 지방세력이 독립적으로 통치하면서, 동시에 군현을 단위로 정치적 결합을 보이고 있었다. 고려는 이러한 상태에서 행정상 혹은 군사상의 주요지역에 州 또는 府를 설치하여 그 주변지역을 편제·관리하고, 아울러 지방세력에 대한 통합과 제어를 도모해 나갔다. 태조 23년(940) 邑號改定을 통해 城邑으로 분립하고 있던 지방사회를 제도상 군현으로 구획·확정하였으며,17) 光宗 즉위년(943)에는 州

---

13) 주 3의 인용문 참조.
14) 《高麗史》 33, 世家 33, 忠烈王 34년 10월 庚子, 忠宣王 復位, 上冊, p. 676.
15) 《高麗史》 33, 世家 33, 忠烈王 34년 11월 辛未, 忠宣王 復位, 上冊, p. 682.
16) 이에 관한 사항은 주 42~50의 서술 부분을 참조.
17) 《高麗史節要》 1, 太祖 23년 3월, p. 29(亞細亞文化社 影印本, 1971-以下同).
　　尹京鎭, 〈高麗 郡縣制의 構造와 運營〉, 서울大學校 博士學位論文, 2000, pp. 66~69.
　　具山祐, 〈高麗 太祖代의 地方制度 개편양상〉, 《釜山史學》 22, 1998.
　　金日宇, 《고려초기 국가의 地方支配體系 연구》, 일지사, 1998.
　　崔鍾奭, 〈羅末麗初 城主·將軍의 정치적 위상과 城〉, 《韓國史論》 50(서울大), 2004.

縣歲貢額을 제정하였다.[18] 각 군현의 행정은 干, 大等, 侍郎, 卿 등의 官位로 짠 在地官班이 담당하였다. 관반은 지방 鄕豪層의 지배기구를 기반으로 구축한 것이었다. 고려는 鄕豪의 지방지배 힘과 능력에 의존하고, 이들의 협조와 참여를 통해 지방을 통치해야 하는 처지였다. 아직 중앙정부가 자신의 官吏로서 外官은 파견하지 못하고 있었다. 군현제는 이들의 행정기구를 官班으로 설정하고 이를 바탕으로 운영하였다.[19] 관반이 군현을 통해 고려정부와 공식적인 담당자의 처지에서 군현행정을 수행하였다. 이러한 정치사회적 여건 속에서 농민 개개인의 농업생산은 촌락단위, 나아가 군현단위로 편성하고 파악하였으며 이 위에서 軍事·力役의 사무를 집행하였다.[20] 勸農組織 및 그 행정 역시 이러하였을 것이다. 아마 권농은 堂大等, 大等 예하의 戶部, 兵部, 倉部의 부서 가운데 戶部 및 倉部가 담당 기구였겠고, 그 소속원인 侍郎·卿-郎中-員外郞-執事의 체계 속에서 독려하고 추진하였을 것으로 생각된다. 주로 戶部는 농사를 권려하고 倉部는 種糧의 대여, 賑恤穀의 분급 등을 관장하였을 듯하다.

향촌사회의 독자성 및 관반의 통치력을 공식 용인하고 이를 매개로 군현제를 정비하고 운영하면서 집권봉건의 관료국가를 재건하고 있는 고려에서, 정부가 중앙 차원에서 조세의 징수와 수납에 안정과 원활을 기하고자 통상 취할 수 있던 방도는 使臣의 파견이었다. 郡界里審使의 파견, 今有·租藏의 운영, 轉運使의 설치 등이 그런 것이었다. 郡界里審使는 태조 26년(943) 청도군의 都田帳에 근거하여 柱貼公文을 작성하여 雲門寺 소속의 토지 규모를 공인해 준 '淸道郡界里審使 順英'의 예가 있다.[21] 권농사 내지 그 직무담당 사신의 존재와 상관성이 깊다고 추정되는 것은

---

18)《高麗史節要》2, 光宗 7년, p. 36.

19) 金光洙,〈羅末麗初의 豪族과 官班〉,《韓國史硏究》23, 1979.
　　　蔡尙植,〈淨土寺址 法鏡大師碑 陰記의 分析〉,《韓國史硏究》36, 1982.
　　　姜恩景,〈高麗初 州官의 形成과 그 構造〉,《한국중세사연구》6, 1997.
　　　河日植,〈고려초기 지방사회의 州官과 官班〉,《역사와 현실》34, 1999.
　　　尹京鎭, 주 17의 논고, pp. 85～94.

20) 朴鍾進,〈조세제도의 구조〉,《고려시기 재정운영과 조세제도》, 서울대학교출판부, 2000.

21)《三國遺事》4, 義解 5, 寶讓梨木.

今有·租藏이다. 今有·租藏은 그 명칭과 함께 모두 外邑 使者의 호칭이었
다는 것과 태조 때 全州의 鄕豪 柳潤謙이 檢務租藏의 벼슬을 지낸 점으
로 보아, 그 직능 가운데 가장 중요한 것은 지방에서 조세징수 및 이와
관련한 각종 시책을 수행하는 것이었겠다.22) 轉運使는 군현에서 징수·수
집한 租賦를 開京으로 운수하는 직무를 맡고 있었던 듯하다.23) 고려왕조
초기 농민파악과 조세징수의 형세가 이러한 현실에서 정부의 권농진작
욕구는 매우 간절하였겠지만, 그만큼 권농정책의 시행은 극히 제한적일
수밖에 없었다.

　이러한 상태에서 국초에 정부가 생산증대를 위해 취할 수 있는 실제적
이고 효과적인 권농책은 하나였다. 군현단위로 취할 수 있는 방안, 요컨
대 租賦의 면제 내지 감면, 혹은 그 조정과 정비였다. 조부의 감면·면제
조처는 권농시책 바로 그것은 아니지만, 농민의 擔稅過重을 덜어주어 생
산에 종사할 여력을 제공한다는 점에서 권농과 깊이 관계되는 바였다.
조부를 군현단위(鄕·部曲 포함)로 배정하여 징수하고 있고, 군현 안에서
직접적인 권농책을 펼 수 없는 여건에서 고려정부가 권농을 독려한다면
길은 이것이었다. 태조 원년(918) 7월 국왕이 그간 1結(頃)에 6石이나
징수하던 田租를 '舊法'·'天下通法'에 준하여24) '自今宜用什一 以田一負
出租三升'함으로써25) 2석으로 작정하도록 한 조처, 이에 따라 다음 달 8
월 궁예의 퇴폐한 運籌를 이어받아 租稅를 감면하고 農桑을 권려하여 人
家가 給足하도록 한다는 명분하에 3년간 민간의 租役을 면제하고 아울러

---

22)《高麗史》77, 百官 2, 外職, 今有·租藏, 中冊, p. 696.
　　'今有·租藏 並外邑使者之號 國初有之 成宗二年罷'
　　金龍善 編,《改正版 高麗墓誌銘集成》, 柳邦憲墓誌銘, 翰林大學校出版部, p. 16.
　　'父諱潤謙 字受益 爲人亮直 賤毫爲事 仕爲檢務租藏 至大監'
　　邊太燮,〈高麗前期의 外官制〉,《高麗政治制度史硏究》, 一潮閣, 1971, pp. 119~120.
　　河炫綱,〈高麗初期의 地方統治〉,《韓國中世史硏究》, 一潮閣, 1988, pp. 187~188.
　　朴鍾進,〈조세제도의 성립과 조세체계〉, 주 20의 논저, pp. 36~37.
23)《高麗史》77, 百官 2, 外職, 轉運使, 中冊, p. 696.
　　邊太燮, 同上論考.
24)《高麗史》78, 食貨 1, 租稅, 太祖 원년 7월, 中冊, p. 726.
　　《高麗史節要》1, 太祖 원년 7월, p. 11.
25)《高麗史》78, 食貨 1, 祿科田, 辛禑 14년 7월, 中冊, p. 715.
　　《高麗史節要》33, 昌王 卽位年 7월, p. 829.

사방으로 떠돌던 민인도 田里로 귀환하도록 大赦를 내린 조치26) 모두 신왕조 창건에서 취해진 국왕의 善政的 國政宣言이면서, 아울러 저러한 여건에서 도모할 수 있는 권농적 정책이다. 그러나 租賦의 감면이나 면제, 더구나 이와 같은 전국적인 대대적 감면을 항시 취할 수는 없었다. 그만큼 국가수입에 손실이 되는 까닭이다. 조부의 조정·정비의 예로는 태조 때에 있던 什一稅의 준행표방, 光宗 즉위년(949)에 취한 州縣의 歲貢額 제정 등이 있다. 특히 州縣歲貢額의 제정은 고려조정이 전국 규모에 걸쳐 각 고을별로 歲貢의 액수를 책정하여 부과하고 이를 납입하게 함으로써 在地勢力을 왕조국가의 행정체계 속으로 한층 밀착시키고, 賦稅運營의 均等·均分도 적절히 하는 지표를 제공함으로써 勸農의 효과를 거둘 수 있었다.

고려정부가 권농을 정치적으로 선도하고 정책으로 수행하려면 관료제에 의해 전국의 군현을 한층 직접 파악하고 그리하여 중앙에서 파견한 관료가 이에 간여하고 개입할 수 있어야 했다. 권농조직 둘째 단계의 시발이다. 고려는 이 작업을 서서히 그러나 과감히 진척시켜 나갔다. 光宗 9년(958) 5월 科擧制 시행, 11년(960) 3월 百官公服制의 확정,27) 그리고 본격적으로는 成宗 2년(983) 2월 12牧의 설치와 12월 鄕吏職制의 개편 및 14년(995) 7월에 군현제의 재편과 州-縣體系의 수립28) 등 일련의 과정을 수행하였다.

광종조의 두 시책 가운데 과거제를 통해서는 종래 城主·將軍 등을 칭

---

26)《高麗史》80, 食貨 3, 賑恤, 恩免之制, 太祖 원년 8월, 中冊, p. 762.
　　'承前主之坥運 苟不蠲租稅 勸農桑 何以臻家給人足乎 其免民三年租役 流離四方者 令歸田里 仍大赦與之休息'
　　한편 이 조처를 다른 기록에서는 '高麗太祖卽位 首正田制 取民有度 而惓惓於農桑'(《高麗史》78, 食貨 1, 序, 中冊, p. 705), 혹은 '太祖卽位之初 首詔境內 放三年田租 勸課農桑 與民休息'(《高麗史》79, 食貨 2, 農桑, 中冊, p. 733)이라고 기술하고 있다.
27)《高麗史》2, 世家 2, 光宗 9년 5월, 上冊, p. 61.
　　《高麗史》72, 興服 1, 公服, 光宗 11년 3월, 中冊, p. 565.
28)《高麗史》3, 世家 3, 成宗 2년 2월, 上冊, p. 67.
　　《高麗史》75, 選擧 3, 鄕職, 成宗 2년, 上冊, p. 653.
　　《高麗史節要》2, 成宗 2년 12월, p. 50.
　　《高麗史節要》2, 成宗 14년 7월, pp. 59~60.

하던 鄕豪와 그 통치조직인 堂大等·大等 및 그 예하의 戶部·兵部·倉部의 관부 및 侍郞·卿·郞中·員外郞·執事 등의 관반조직을 관료제 속으로 흡수·편제하면서, 그간 이미 차등 있게 질서화한 지방세력의 官班的 배치를 이들 간에 적어도 형식에서는 等距離에서 동등한 처지로 만듦으로써 관료로 진출할 수 있는 기회와 원칙이 일원화되고 체신의 떳떳함도 과시할 수 있게 되었다. 또 公服制의 제정을 통해서는 이러한 관료층이 그동안 文班·武班·雜業 및 軍人·鄕吏 등 여러 계통으로 분화되어 오던 추세를 다시 貴賤과 尊卑에서 辨別하여 계통화하고 차별화하였다.29) 이로써 고려의 중앙·지방관제는 지배세력을 職務上에서 계열화하여 관료성과 服務性의 지향을 확연히 해 가는 것이었다.

　成宗朝에 와서 군현제를 정부가 직접 파악하는 행정체계로 一新하는 조치는 이의 연속이었다. 성종 2년(983) 12牧의 설치는 이제까지 在地官班인 鄕豪·長吏 등의 公務遂行에 의존해 오던 지방행정이, 牧과 그 外官을 통해 이들을 휘하에서 지휘·감독하고 민인과 토지에 간여하는 광역단위 속에서 이루어지게 하였다. 이어 군현의 대소에 따라 분화 정도가 달랐던 官班의 직제를 일원화하는 정리작업이 뒤따랐다. 같은 해 12월에 있던 鄕吏職制의 개편이 그것이다. 이 개편은 다양하던 각 고을 재지관반의 직제를 戶長·副戶長 등 새로운 직함을 도입하여 통일함으로써 지방세력을 군현 운영에서 실질적 복무를 수행하는 위치, 즉 실무자로 정리하고 이 위에서 저간의 관반체계와 군현의 관계를 중앙정부 차원에서 상하관계로 관장·통제하면서 체제를 강화하고 일률화하였다. 성종 14년(995)에 가서는 開州를 開城府로 고치고 赤縣 6고을, 畿縣 7고을을 관할하도록 하는 한편, 전국은 10道로 구획하고 浿西道의 鎭을 제외한 군현을 州와 縣으로 구성하여 종래 州·府·郡·縣으로 다양하던 邑格을 州와 縣으로 정돈하여 총 580고을로 하고, 節度使·團練使·刺史 등의 外官을 파견하였다. 이러한 추세는 顯宗代로 넘어가서 主縣·屬縣體制로 수정되면서 지속된다.30) 물론 군현까지 중앙의 관리가 파견되었다 하여 중앙권

---

29) 金光洙, 〈中間階層〉, 《한국사》 5, 國史編纂委員會, 1975, pp. 227~228.
　　黃善榮, 〈고려초기 公服制의 성립〉, 《나말려초 정치제도사 연구》, 국학자료원, 2002.

력이 그의 관리로서 군현민, 향촌민 하나하나를 직접 파악하고 통치하는 것은 아니었다. 지방유력자를 鄕職體系 속에 묶고 이를 하위조직으로 삼아 향촌사회와 군현을 장악하고 지배하는 형태였다.

고려왕조의 勸農政策은, 이상과 같이 둘째 단계 곧 成宗朝를 기점으로 하여 顯宗朝에 이르는 사이 군현제를 조정·재편하고 外官을 속속 파견하여 종래 지방의 유력자 및 그 官班機構를 국가의 鄕職·吏職 속으로 흡수하고 戶長層을 정부가 파악해 가는 가운데, 이에 동반하여 중앙 차원에서 전국 규모로 수립하고 추진해 나갈 수 있었다.

실제 12牧의 정비, 10도의 편성 등 군현제의 정비작업에 동반하여 파견하는 外官에게 고려정부가 그 임무로서 가장 우선 강조하던 사항은 다름 아닌 勸農이었다. 12牧을 설치하기 바로 한 달 전인 성종 2년(983) 정월, 국왕은 圓丘에 나가 祈穀하고 太祖神位를 모셨으며, 籍田에 나가 躬耕하고 神農에게 제사하며 后稷의 신위를 함께 모시는 등 祈穀籍田의 禮를 시행함으로써[31] 권농의지를 천명하였다. 뒤이어 2월에 12牧을 설치하면서 내린 詔書에서, 그 所懷를 밝히는 가운데 '百姓이 貧寒하게 산다는 것을 들으면 심정 깊이 자신을 책망한다'[32]고 하였다. 권농을 통해 백성의 貧寒을 구제한다는, 곧 王政의 牧民的 표명이다. 성종 5년(986) 5월 敎書를 통해 만백성의 인심을 얻고자 하면 그것은 오직 三農의 시기를 빼앗지 않는 일이라고 하고, 이어 12牧 및 諸州鎭使에게 추수까지 모두 雜務를 정지하고 '專事勸農'하도록 이르는 한편, 使臣을 보내어 田野의 耕墾과 牧守의 勤勉 여부를 살펴 포상하고 책벌하겠다고 하였다. 9월에도 역시 敎書를 통해 목민관에게 '勸課農桑'을 獄訟의 疏決, 倉廩의 충실, 窮民의 진휼, 徭役의 輕薄, 處事의 공평 등과 함께 責務로서 강조하고 있고,[33] 이듬해 6년(987) 6월에는 州郡의 兵器를 거두어 農具를 주

---

30) 邊太燮, 주 22의 《高麗政治制度史研究》.
　　 河炫綱, 주 22의 《韓國中世史研究》.
　　 金甲童, 《羅末麗初의 豪族과 社會變動研究》, 高麗大學校 民族文化研究所, 1990.
　　 尹京鎭, 주 17의 〈高麗 郡縣制의 構造와 運營〉.
31) 주 10의 상단과 同.
32) 《高麗史》 3, 世家 3, 成宗 2년 2월 戊子, 上冊, p. 67.
33) 《高麗史》 79, 食貨 2, 農桑, 成宗 5년 5월, 中冊, p. 733.

조하였다.34) 이어 7년(988) 2월 左補闕兼知起居注 李陽이 封事 3條로서
立春前에 土牛를 내어 농사의 早晩을 알게 하고, 躬耕帝籍하여 임금이
重農하는 뜻을 밝히고, 시절의 변화에 통달하여 계절에 따른 禁令과 하
늘의 常道를 알도록 하자는 요지를 품의하자, 국왕이 이를 賀納하고 교
서를 내려 이 내용을 兩京 百司 및 12牧·州縣鎭使에게 반포하여 모두 알
고 실행에 힘써 자신의 뜻을 체현할 것을 각별히 신칙하였다.35)

이러한 조치는 고려조정의 군현에 대한 파악 범위가 확대되고 능력이
깊어지면서, 역대 왕조에서 더욱 수시로 시달하고 집행하였다.《高麗史》
列傳 良吏篇의 序에서, 성종조에 10道를 나누고 군현을 새로 설정하고
수령을 둔 이후부터 廉問黜陟하는 使臣을 파견하여 누누이 勸農·蠲租하
는 조서를 내렸다고 기술하고 있는 것은 바로 전후의 이러한 사정에 관
한 개관이다.36)

이제 권농은 지방행정의 주요 업무가 되었고, 군현의 官長인 수령의
직무로서 자리 잡아 갔다. 수령의 권농관으로서 업무는 갈수록 더하였고
그만큼 책임도 강조되었다. 그리고 마침내 牧守의 직임과 함께 아예 勸
農使의 직함까지 공식 兼帶하기에 이르렀다. 文宗 20년(1066) 4월, 制勅
으로써 農桑의 중요함을 일러 書經의 '食哉惟時'라는 글귀의 인용과 함께
농부 한 사람이라도 농사를 짓지 못하면 반드시 굶는 사람이 있다고 하
고, 행정시책으로써

郡牧之職 農桑爲急 諸道外官之長 皆令帶勸農使37)

하게 하였다. 郡牧의 직무는 農桑이 急務이므로 外官의 長은 모두 勸農

《高麗史》 3, 世家 3, 成宗 5년 9월, 上冊, p. 70.
34)《高麗史》 79, 食貨 2, 成宗 6년 6월, 中冊, p. 733.
　　'收州郡兵 鑄農器'
35) 주 10의 하단과 同.
36)《高麗史》 121, 列傳 34, 良吏, 序, 中冊, p. 642.
　　'高麗太祖 初定三韓 事尙草創 未遑置州縣官 成宗始分十道 定郡縣置守令 自是厥後
　　遣廉問黜陟之使 屢下勸農蠲租之詔'
37)《高麗史》 79, 食貨 2, 農桑, 文宗 20년 4월, 中冊, p. 734.

使를 겸대하도록 한 정책이다. '諸道外官之長'은 각 도 군현의 수령을 지칭한다.[38] 지방수령이 권농사라는 직함을 兼帶하게 함은 지방관의 권농사무가 갈수록 중시되고, 그리하여 시간이 지나면서 고려조정은 이를 특별히 별도의 직무로 떼어서 국왕의 使臣으로서 권농을 지휘하고 독려해야 할 위치를 부여함으로써 권농의 행정적 수행을 강조하고 강화해 가는 추세에 있음을 전한다. 뿐만 아니라 수령으로서도 지방행정에서 그만큼 권한과 지위가 견고해지고 있음을 짐작하게 한다. 그런데 수령의 권농사직 겸대가 문종 20년 이때에 와서 처음 취해진 것은 아니었다. 이미 문종 13년(1059) 이전에 北界의 寧德城(鎭)判官이 권농사를 겸대하고 있는 예가 보인다.[39] 문종 20년의 본 제칙은 이전 어느 때에 시행되어 오던 정책을 새삼 강조하고 분명히 할 사유가 있어서 嚴命하는 선상에서 재차 시달한 것이 아닐까 한다.[40] 수령의 권농사 겸대는 고려 최말까지 지속되었다. 이는 해당 군현에만 그치는 것이 아니었다. 수령은 자기 군현에 영속하고 있는 屬縣 혹은 鄕·部曲의 권농사를 겸대하였고, 거리관계 등 사정에 따라서 다른 外官의 管下에 있는 속현·부곡의 권농사도 겸대하였다.[41]

한편 고려는 수령에게 권농사의 職을 겸대시켜 군현 내의 농업생산을 독려하고 이에 간여하는 것에 머물지 않았다. 이와는 별도로 중앙에서 奉命使臣으로서 諸郡縣의 권농이행과 그에 수반한 제반 사안을 지원하는

---

38) 金南圭,〈勸農使와 그 機能〉,《高麗兩界地方史硏究》, 새문사, 1989. p. 153.

39) 金龍善 編,《改正版 高麗墓誌銘集成》, 李隴西公 墓誌銘, p. 19.
　　'隴西公……有二男一女 一男前國子進士·將仕郎·寧德□判官兼勸農使·良醞令同正幹方'
　　여기서 幹方의 본 官職은 그의 父 隴西李公 卒年의 것이겠다. 이해는 文宗 13년[淸寧(遼)5년] 己亥이다(金南圭, 同上論考).

40) 이러한 추측과 관련해서 金南圭 교수의 견해도 참고할 필요가 있다. 金 교수는 同上論考에서 寧德城이 北界의 州鎭임에 특히 유의하여 外官의 권농사 겸대는 兩界에선 이미 문종 13년 이전에 시행하고 있었다고 보고, 따라서 문종 20년의 본 제칙은 '諸道外官之長'의 諸道, 그리고 앞 구절의 '郡牧之職'의 郡牧에 주목하여 이 해에는 양계 이외의 諸道에서 외관의 권농사 겸대를 시작하는 자료로 이해한다. 그리고 양계에서 먼저 외관의 권농사 겸대가 시행된 이유로서 양계의 조세가 양계 내에서만 사용됨이 원칙임에도 불구하고 靖宗·文宗代에만도 여러 차례 이곳으로 양곡을 漕轉해 주지 않을 수 없던 사정이 고려정부가 이 지역 권농에 관심을 일찍부터 갖게 했던 것으로 臆斷한다고 하였다.

41) 金南圭, 同上論考, pp. 155~158.

권농사도 설치·운영하였다. 국초에 외관을 파견하기 이전부터 外邑의 使臣으로 今有·租藏을 두고 租稅收納과 함께 재지관반의 對農民 권농사무에도 간여하게 하던[42] 고려는, 성종조 12牧 설치를 통해 외관을 파견하고 금유·조장을 폐지한 뒤 외관의 農桑勸獎 여부 및 牧守勤怠 상태를 살피고 그에 대한 포상·벌책을 보고하게 하는 廉問·黜陟의 使臣을 따로 설치하여 운영하였다.[43] 사실 권농을 통해 정부 및 국왕의 농업생산 증대의 의지를 정책으로 구현하려면 籍田儀禮나 圓丘祀典 등 이념적·상징적 행사만으로는 부족하였다. 이에 병행하여 군현의 권농을 파악 지원하고 수령의 근면을 점검하는 절차가 있어야 함은 당연한 일이었다. 이러한 廉問·黜陟의 직무는 이후 勸農使라는 전담 직제를 통해 고정된 범주로 구획하고, 이 직제를 諸道·兩界에 파견하는 七道 按察使 및 五道 監倉使가 겸대하도록 하여 지방수령의 권농활동과 군현의 농사형편에 대한 점검과 대책을 제도적으로 수행하고 수립하는 형태로 진전하였다.

奉命 권농사의 이러한 顚末과 관련해서는 다음의 기록이 있다.

勸農使 五道兩界皆有之 明宗三年 七道按察使〔慶尙州道 晉陜州道 全羅州道 忠淸州道 楊廣州道 西海道 春州道〕 五道監倉使〔北界 雲中道 興化道 東界 溟州道 朔方道 沿海道〕 皆兼勸農使 後別置勸農使 忠烈王十三年 以各道勸農使 聚斂傷民 罷之 以按廉使兼其任[44]

이에 의하면, 明宗 3년(1173) 전국의 7道 按察使, 5道 監倉使가 권농사를 겸임하였다.[45] 그러나 이 기록 역시, 外官이 겸대하는 권농사에 관한 기사와 마찬가지로, 奉命使行으로서 권농사의 연혁과 始置年代를 바로 전하는 것은 아니다. 使命 권농사의 존재는 이미 靖宗 5년(1039) 4월 制勅에서 전년에 東北路의 諸州가 큰 水害를 입어 농사를 망치고 백성이

---

42) 주 22의 자료 및 논고 참조.

43) 주 33·36과 同.

44)《高麗史》77, 百官 2, 外職, 勸農使, 中冊, p. 697.

45) 이 사실을《高麗史》79, 食貨 2, 農桑, 中冊, p. 735에서는 ‘明宗三年閏正月 以七 道按察使 五道監倉使 皆兼勸農使’하다고 하여 이해 윤 정월의 일로 전한다.

빈핍해지자 '東北路勸農使'에게 倉米·倉鹽을 내어 진휼하도록 한 사실에서도 보인다.[46] 동북로 권농사는 本職이 언급되지 않은 것으로 보아 東北路의 外官이 겸대한 권농사가 아니고, 중앙에서 파견하는 使命으로서 東北路에 파견한 권농사이다.

이러한 奉命(使命)의 권농사는 성종조부터 외방 守令의 권농을 독려하고 그 勵行與否를 점검하도록 파견한 '廉問黜陟'의 使臣이, 수령의 賢否를 살펴 黜陟하는 직무를 위시하여 民生의 疾苦를 탐문하고 刑獄의 審治, 租賦의 收納, 軍事의 업무 등을 맡은 안찰사가 靖宗 전후 道의 정비와 함께 外職의 행정기구로 등장하면서,[47] 그리고 兩界에 종래 兵馬使와는 별도로 그 分道의 租稅업무와 倉廩의 관리·감독을 위시하여 통치 일반에도 간여하던 監倉使를 文宗朝 전후부터 파견하면서,[48] 이후 '勸農使'로서 그 직임이 고정된 채 별도로 존속하여 운영되어 온 듯하다. 그리고 外官의 勸農使 겸대 등 수령의 권농직무가 증대해 가는 것에 수반하여 봉명 권농사로서의 직책 또한 비등해졌겠으며, 그리하여 明宗 3년에 와서 안찰사·감창사가 겸대하도록 한 것으로 추찰된다. 안찰사·감찰사의 봉명 권농사 겸임조치는, 권농사의 직무는 분간하되 그 직임은 항구적 고정적으로 정리함으로써 국가의 권농행정이 일원적으로 한층 원활하게 이루어지도록 한 것이었다.

奉命 권농사는 이후 더욱 위치가 상승하였다. 高宗朝에 그간 장기간의 對蒙戰亂을 치르면서 안찰사·병마사 간의 직무가 번잡하고 기능은 마비되어 갔던 데 반해, 농민의 피난과 정착, 토지의 배분, 조세징수, 민정탐문, 그리고 終亂 뒤 元의 物量收奪 충당 등 국가의 새롭고 큰 사안이 폭증하여 절박한 문제로 대두하였다. 고려조정은 高宗朝 전쟁을 수행하는 가운데 이 문제를 처리하는 행정기구로서 勸農使를 활용하였다. 고려는

---

46)《高麗史》80, 食貨 3, 賑恤, 水旱疫癘賑貸之制, 靖宗 5년 4월, 中冊, p. 769.
　'東北路諸州 去年大水 漂沒禾稼 百姓貧乏 其令本路勸農使 發倉米塩 賑之'
47) 邊太燮, 〈高麗按察使考〉, 주 22의 논저.
　河炫綱, 〈高麗 地方制度의 硏究〉, 주 22의 논저.
48) 邊太燮, 〈高麗兩界의 支配組織〉, 同上書.
　金南圭, 〈兩界의 監倉使와 그 機能〉, 주 38의 논저.

권농사를 안찰사·감창사의 겸대에서 분리하여 별개의 독립된 기구로 삼고, 명의를 국왕 휘하의 실무기관으로 만들어 이를 담당하게 하였다.[49] 권농사는 講和 후 忠烈王 때까지 권농의 직무와 함께 정상 租賦 외에 별도의 聚斂을 본격적으로 담당하는 등 국왕의 수탈기구로 되어 갔고 民怨이 고조하였다. 그리하여 동왕 14년(1288) 世子이던 忠宣王의 요청으로 폐기하고 다시 안찰사가 겸대하게 하였다.[50]

고려는 이상과 같은 勸農組織과 行政을 통하여 군현의 농업생산을 독려·지원하고 부세징수에 안정과 원활을 꾀해 나갔다. 정부는 수령에게 권농사항을 지시하고 일임하는 선에 머물지 않았다. 감독·지시와 함께 포상·처벌도 동반하였다. 권농은 수령의 治積 가운데 가장 중요한 부문으로 취급하였다. 수령의 권농이행에 대한 감독과 조처는 중앙에서 司農寺(典農寺)·御史臺 등이, 지방에서는 勸農使·按察使·兵馬使 등이 담당하였다. 成宗 5년(986) 12牧 및 諸州鎭使에게 권농에 전심하도록 이르고 褒貶을 田野의 荒闢, 牧守의 勤怠로써 하겠다고 한 것[51]은 수령의 권농에 대한 규찰과, 그 결과에 대한 이러한 처리방침을 천명한 것이다. 文宗 원년(1047) 2월 西北路 兵馬使 楊帶春이, 連州(价川) 防禦副使 蘇顯이 農桑勸課하고 民庶를 存恤한 政積이 뛰어나 중앙에 보고하여 법례에 따

---

49) 《高麗史》 79, 食貨 2, 農桑, 高宗 30년 2월, 42년 5월, 46년 2·3월, 中冊, p. 735.
　《高麗史》 24, 世家 24, 高宗 43년 4월 戊辰, 上冊, p. 491.
　金南圭, 주 38의 〈勸農使와 그 機能〉, pp. 159~160.

50) 《高麗史》 27, 世家 27, 元宗 12년 정월 丙子, 上冊, p. 539.
　《高麗史》 28, 世家 28, 忠烈王 즉위 12월 乙巳, 上冊, p. 566.
　《高麗史》 79, 食貨 2, 農桑, 忠烈王 3년 2월, 18년 정월, 中冊, p. 735.
　《高麗史》 28, 世家 28, 忠烈王 4년 2월, 上冊, p. 578.
　《高麗史》 29, 世家 29, 忠烈王 9년 10월, 上冊, p. 610.
　《高麗史》 30, 世家 30, 忠烈王 14년 3월 戊戌, 上冊, p. 619.
　《高麗史節要》 21, 忠烈王 14년 8월, p. 545.
　'世子 以各道勸農使 聚斂爲事 傷民害財 白王罷之 以按廉使 兼其任'
　이 권농사가 폐지되는 시기는 앞의 자료(주 44)에는 충렬왕 13년이지만, 이곳에는 충렬왕 14년으로 되어 있다.
　《高麗史》 30, 世家 30, 忠烈王 15년 9월 丁丑, 上冊, p. 622.
　《高麗史》 32, 世家 32, 忠烈王 27년 9월 乙亥, 上冊, p. 656.
　《高麗史》 123, 列傳 36, 嬖幸 1, 朱印遠, 忠烈王, 中冊, p. 682.
　《高麗史》 123, 列傳 36, 嬖幸 1, 權宜, 忠烈王, 中冊, p. 679.

51) 《高麗史》 79, 食貨 2, 農桑, 成宗 5년 5월, 中冊, p. 733.

라 참작 등용하게 한 것,52) 동왕 3년(1049) 3월 東北路 監倉使가 交州 (淮陽) 防禦判官 李惟伯이 그 통솔하에 있는 連城·長楊의 吏民 등이 李가 부임 이래 오직 勸農恤民하였다는 進言을 듣고 임기가 차서 교대할 때가 되었지만 그대로 유임하도록 보고하였고, 국왕이 이를 가상히 여겨 尙書 吏部에 회부한 것,53) 같은 해 12월 東北路 兵馬使가 永興鎭將 尙舍直長 丁作鹽이 농상을 권려하고 賦役을 고르게 하며 城廓을 수선하고 戰具를 잘 갖추었으며 또한 沙石이 덮여 경작할 수 없는 땅에 잡곡을 심도록 권 고하여 한 해에 200여 斛를 거둔 치적으로 功果가 '最'이므로 더 留任시 킨 것54) 등은 褒獎에 관한 사례이다. 睿宗 11년(1116) 3월 국왕이 西京 에 幸御하면서 지나가는 治路에 田地가 耕墾되지 않은 곳은 반드시 수령 을 불러 책망한 것55)은 責罰에 관한 예이다.

고려에서 권농은 정치의 일반 사항이면서도, 그 속에서 별도로 구획하 여 각별히 중시할 부분으로 설정하고 운영하였다. 권농조직과 그 행정은 농업생산의 시기와 인력, 물자와 설비(종자, 농구, 축력, 수리), 그리고 농 사조직에 정부가 간여하여 참섭함으로써 생산체계와 생산력을 전국 규모 에서 집권적으로 관리하고 도모해 나간다는 방침에 서 있었다. 그러므로 이의 착수와 추진은, 종래 고려의 농업생산에 대한 관리가 城主·將軍 등 지방 유력자의 官班組織에 의존하여 이에 예속되어 있던 군현의 農民과 그 土地를 收取線上에서만 파악하던 형세가 점차 약화·쇠퇴하고, 그만큼 농민의 公民的 生産者로서의 사회적 위치가 이들의 생산활동 고양과 그 중요성이 강화됨으로 인하여 한층 더 상승하고 부상하는 것과 병행하고 또 이를 촉진하는 것이었다. 지방 유력자가 점차 집권국가의 군현제 속 의 실무 담당자로서 정착해 가는 큰 여건의 하나는 이러한 권농과 상관 하여서도 조성되고 있었다.

---

52) 《高麗史》 7, 世家 7, 文宗 원년 2월 丙午, 上冊, p. 142.
　　《高麗史》 79, 食貨 2, 農桑, 文宗 원년 2월, 中冊, p. 734.
53) 《高麗史》 7, 世家 7, 文宗 3년 3월 癸巳, 上冊, p. 147.
　　《高麗史》 79, 食貨 2, 農桑, 文宗 3년 3월, 中冊, p. 734.
54) 《高麗史》 79, 食貨 2, 農桑, 文宗 3년 12월, 中冊, p. 734.
55) 《高麗史》 14, 世家 14, 睿宗 11년 3월, 中冊, p. 281.

군현 내 향촌사회에서 실제 권농행정이 수행되는 과정을 직접 전하는 자료는 아직 없다. 그러나 간접으로나마 추정해 볼 수는 있다. 文宗 4년 (1050) 11월, 각 郡縣에 시달한 災傷田의 조사·보고 및 그 減稅의 절차에 관한 判旨이다. 租稅徵收는 권농과 함께 그리고 권농의 결과·실현으로, 수령·안찰사의 중요 직무이며, 양자는 바로 상관된 위치에 있는 것이다. 특히 재상전의 파악과 그 조세감면은 후술하듯이(3절) 권농과 직결되는 토지·조세정책이다. 그 과정과 순차는 이러하다.

> 凡州縣 水旱虫霜 禾穀不實田疇 村典告守令 守令親驗 申戶部 戶部送三司 三司移牒 檢覈虛實後 又令其界按察使 差別員審檢 果災傷 租稅蠲減56)

이 규례에 따르면, 災傷田의 實況 및 그 租稅蠲減의 보고 및 처리절차는 두 단계였다. 첫째는 지방 향촌에서 村典이 守令에게 보고하고 수령은 親審하여 戶部에 申報하며, 호부는 이를 살펴 三司에 송부하는 단계이다. 村典은 통상 村長·村正으로 호칭하는 이57) 가운데 특히 권농·수세의 사무를 맡고 있는 자로 사료되며, 鄕村事務에 鄕吏組織과 서로 상관하겠고 촌락의 형세나 형편에 따라 鄕吏도 촌전을 담당하기도 했겠지만, 촌전이 반드시 군현 백성만이 혹은 반드시 향리만이 담당하는 직책은 아니었겠다. 첫 단계에서 農形을 직접 살피는 이는 村典 및 守令이다. 둘째는 중앙의 처리로, 三司에서 공문을 실무 소관부서로 移牒하여 그 虛實을 검토하고 조사한 뒤 또 다시 그 군현을 담당하는 道界의 按察使가 따로 관원을 뽑아 보내어 자세히 살펴보도록 하고, 과연 災害로 입은 피해이면 조세를 감면하는 절차이다. 둘째 단계에서 農形을 살피는 이는 안찰사 책임하에 있는 差官員이다.

군현은 중앙에서 파악하는 조세의 배정 및 징수의 단위였다. 守令·按察使의 기본직무는 貢賦를 제대로 내게 하는 일이었다.58) 그러므로 작정

---

56) 《高麗史》 78, 食貨 1, 踏驗損實, 文宗 4년 11월, 中冊, p. 726.
57) 村典과 村長·村正의 관계에 관해서는 李佑成, 〈高麗時代의 村落과 百姓〉, 《韓國中世社會史研究》, 一潮閣, 1991이 참고된다.

되어 배정받은 조세가 규정액에 차지 않을 경우, 수령이 파면되는 예도 많았다. 이 액수를 充實하게 하는 데는 吏民의 협력과 노고가 반드시 동반되어야 했다. 高宗 때 韓康이란 이는 金州(金海)의 수령이 되어, 그간 田賦가 항상 규정액에 차지 않아 많은 수령이 파면되었으나, 폐허가 된 屯田을 다스려 곡식 2,000여 석을 얻어 鄕吏와 民人이 모두 편안해졌다는 일화,[59] 후기의 예이지만 忠肅王 5년(1318)에 州郡에서 田稅를 정해진 액수대로 징수하는 데 權勢家의 拒納으로 鄕吏·百姓이 꾸어서 그 수를 채우는 것이 끝이 없어 失業·流亡한다는 개탄이 나오고 있는 사정[60] 등은 모두 군현의 부세징수에서 향촌 吏民의 책임과 그 이행에 따른 고충을 전하고 있다.

村典이 災傷田의 실상을 점검하여 수령에게 보고하는 것, 按察使가 인원을 따로 뽑아 實狀을 검핵하는 것, 요컨대 村典과 수령, 守令과 안찰사가 연계되고 있는 이 절차와 담당은 권농행정에서도 마찬가지였을 것이다. 문종 원년(1047) 2월 西北路 兵馬使가 連州防禦副使 蘇顯의 勸課農桑을 政績의 으뜸으로 조정에 上申한 근거는 해당 고을의 長吏·軍·民 등 80여 인의 신고였고,[61] 동왕 3년(1049) 3월 東北路 監倉使가 交州防禦判官 李惟伯의 勸農恤民을 중앙에 칭찬함은 李의 관할인 連城·長楊의 吏民의 보고에 입각한 것이다.[62] 같은 해 12월 東北路 兵馬使가 永興鎭將 丁作鹽의 勸農을 포함하여 賦役·修備上의 치적을 들어 功果를 最로 한 것 역시 이 고을 鎭軍成厚 등 320여 인의 狀告에 근거한 바였다.[63] '長吏·軍·民', '吏民', '鎭軍' 등이 소재 고을 外官의 권농치적을 기리고자 한 배후에는 이들 고을 민인의 公論을 묶고 申告할 수 있게 한 조직이

---

58) 주 124 참조.

59)《高麗史》107, 列傳 20, 韓康, 高宗, 下冊, p. 353.
　　'韓康……高宗時登第 累遷監察御史 出守金州 前此 田賦常不滿額 守多坐罷 康始至理 屯田之廢者 得穀二千餘石 吏戢民安以最 徵爲禮部郎中'

60)《高麗史》78, 食貨 1, 田制, 租稅, 忠肅王 5년 5월, 中冊, p. 728.
　　'巡訪使所定田稅 每歲州郡 據額收租 權勢之家 拒而不納 鄕吏百姓 稱貸充數 無有紀極 失業流亡 其不納稅者 勿避權貴糾察以聞'

61) 주 52와 同.

62) 주 53과 同.

63) 주 54와 同.

있었겠고, 그것은 아마 鄕里에 있는 村典을 포함한 향촌의 자치기구였겠다. 그러므로 수령 권농의 治積報告 및 그 褒償의 근거가 이러하였을 것이다. 권농행정은 수령의 책임하에 농촌현장에서 村典 및 鄕村自治機構, 예컨대 官班組織 내지 鄕職組織에 의지하고 아울러 그의 참여를 조건으로 이루어지고 있었다.

3. 勸農의 內容과 그 重心

권농의 일차 목표는 농업생산의 증진과 그에 입각한 조세수취의 증대 및 원활이었다. 그러므로 권농은 농업생산의 담당자이고 조세징수의 대상자인 직접 생산자 농민이 농업생산의 활동에서 안정하고 또 이를 훼손하고 위협하는 요인에 영향을 받지 않도록 함을 주요 內容으로 삼아야만 했다. 그리고 그 重心은 적어도, 명분상 '勸農力田 以給民食'[64] 한다는 표현이 있듯이, 농민의 재생산 활동과 상관한 시간·노력·물자 면에서 안정의 보장에 있었다.

明宗 18년(1188) 3월, 국왕이 하달한 한 農桑制勅에는 이 점이 大綱으로 잘 제시되어 있다.

> 以時勸農 務修堤堰 貯水流潤 無令荒耗 以給民食 亦以桑苗 隨節栽植 至於漆
> 楮栗栢梨棗菓木 各當其時 栽以興利[65]

이에 의하면, 권농의 내용은 크게 세 부문으로 이루어져 있다. 첫째는 農時에 따른 農作物 栽培의 작업과정에 안정을 기하는 것이고, 둘째는 水利의 개발·보존이고, 셋째는 衣料作物의 재배와 직결한 養蠶, 기타 漆·楮木 및 栗·栢·梨·棗 등 果木의 식재이다. 목표는 '給民食'이고 '興利'이다.

---

64) 《高麗史》 15, 世家 15, 仁宗 5년 3월 戊午, 上冊, p. 310.
65) 《高麗史》 79, 食貨 2, 農桑, 明宗 18년 3월, 中冊, p. 735.

첫째, 농사철에 따른 농작물 재배작업의 안정이란, 다름 아니라 농지의 起耕에서부터 收穫에 이르는 농작업의 全過程이 때맞추어 순조롭게 진행되게 하는 문제였다. 농사는 그때그때 節候가 있어 이 시기를 놓치지 않도록 각별한 유의가 필요하다. 국왕의 勸農敎書나 制勅에서 으레 먼저 강조하여 목민관에게 '不奪三農' 혹은 '不奪三時' 하라고 함도66) 바로 이 때문이었다. 三農, 三時는 春耕, 夏耘, 秋收를 이름이었다. 그러나 농시가 이것만은 아니었다. 이는 春·夏·秋에 따른 작업 순차상의 農時이고, 이 속에서 다시 穀種에 따라 節候에 따라 早晩이 달랐다. 이러한 농사철에 失期하지 않도록 농민의 생산활동을 보장·보호하는 일이 수령 권농의 최우선 사항이었다. 成宗 7년(988) 李陽이 권농 관련 封事 3條에서 '君知稼穡之艱難 民識農桑之早晩'67)이라 함은 君民을 아울러 이 같은 점을 강조한 것이었다. 三農·三時 가운데 특히 중심이 되는 작업은 耕種과 耡治였다.

둘째, 水利의 개발·보존은 堤堰, 防川, 海澤, 洑 등의 수축·증설을 통한 貯水 및 灌漑에 관한 사항이었다. 농사에서 물의 적절한 관개와 배수 여부는 農形의 풍흉을 좌우하는 것이었다. 이 부문 역시 農時의 보호와 함께 古來로 권장하고 시행하여 오던 권농사항으로서, 고려에 와서 더욱 강조되었다.68) 시기가 다소 지나지만, 문종조의 南大池(臥龍池) 再築,69) 舊來의 碧骨堤를 현종대에 舊制대로 수리하고 인종 21년(1143)에도 增修한 것,70) 명종 25년(1195) 司錄 崔正份의 恭險堤 再築,71) 비슷한 시기 崔甫淳이 安南大都護副使 때 堤防을 쌓고 灘澮를 터서 水禍를 없앤 일,72) 인종 12년(1134) 張文緯란 이가 樹州(富平)의 수령으로서 2,500

---

66) 주 33.
　　《高麗史》5, 世家 5, 德宗 3년 3월 庚辰, 上冊, p. 120.
67)《高麗史》3, 世家 3, 成宗 7년 2월 壬子, 上冊, p. 72.
68) 李光麟,《李朝水利史研究》, 韓國研究圖書館, 1961. pp. 1~13.
　　《조선기술발전사》3(고려편), 과학백과사전종합출판사, 1994(서울版, 白山자료원),
　　 pp. 222~223.
　　李宗峯,〈고려시기 수전농업의 발달과 이앙법〉,《韓國文化研究》6(釜山大), 1993.
69)《新增東國輿地勝覽》43, 黃海道, 延安都護府, 山川, 臥龍池.
70)《新增東國輿地勝覽》33, 全羅道, 金堤郡, 古跡, 碧骨堤重修碑文.
71)《高麗史》57, 地理 2, 慶尙道, 尙州牧, 中冊, p. 279.

여 步를 堀地하고 물길을 내어 水害를 막은 것,73) 毅宗朝 溟州 수령에
나간 林民庇가 浚渠灌田하고, 李文著가 의종 6년(1152) 洪州의 수령이
되어 浚渠하여 5~6천 頃에 달하는 田地에 관개한 것,74) 동왕 14년
(1160) 靈光郡 수령에 부임한 吳元卿이 堤堰을 防築하여 田土를 비옥하
게 한 것75) 등의 여러 사례가 전한다.

셋째, 養蠶은 蠶業으로 農事와는 구별되지만, 農家의 중요 산업이었다.
양잠의 장려 역시 농작물 재배의 권장과 함께 上古期 일찍부터 있어 왔
으며, 고려시기에는 한층 재배기술이 발달해 있었다.76) 중심은 種桑이었
다. 권농을 말할 때면 으레 '勸課農桑'77) 혹은 '勸農桑'78)이라 하고, '農
桑'이라는 용어 자체가 勸農·勸課를 뜻하기도 하였다.79) 그리하여 '農桑
衣食之本'80)이라고 하는 것이었다. 국가는 種桑의 권장과 보급을 위해
군현의 役制편성을 이용하는, 매우 조직적이고 체계적인 방식을 취하였
다. 말 그대로 勸課였다. 顯宗 19년(1028) 정월 判旨로서, 諸道 州縣에
매년 桑苗를 丁戶는 20그루, 白丁은 15그루씩 밭머리에 種植하여 蠶事
에 이바지할 것을 시달하고 있음81)이 그것이었다. 또한 農地를 이룰 수
없는 토질의 땅에는 뽕[桑]과 함께 밤[栗]·옻[漆]·닥[楮] 등을 土性에 따라
栽植할 것을 권과하였다.82)

권농의 內容構成은 이러하였다. 이 세 부문 가운데서 重心은 물론 농

---

72) 《朝鮮金石總覽》上, 崔甫淳墓誌銘, 景仁文化社, 1974, p. 455.
73) 金龍善 編, 《改正版 高麗墓誌銘集成》, 張文緯 墓誌銘, p. 58(翰林大學校出版部,
    1997-以下同).
74) 《高麗史》 99, 列傳 12, 林民庇, 下冊, p. 204.
    金龍善 編, 《改正版 高麗墓誌銘集成》, 李文著 墓誌銘, p. 235.
75) 金龍善 編, 《改正版 高麗墓誌銘集成》, 吳元卿 墓誌銘, p. 237.
76) 주 68의 《조선기술발전사》 3(고려편), pp. 228~230.
77) 주 34, 52와 同.
78) 《高麗史》 79, 食貨 2, 農桑, 仁宗 6년 3월, 中冊, p. 735.
79) 《高麗史》 79, 食貨 2의 '農桑'條(中冊, pp. 733~736)가 대표되는 예이다.
80) 《高麗史》 5, 世家 5, 德宗 3년 3월, 上冊, p. 120.
    《高麗史》 79, 食貨 2, 農桑, 德宗 3년 3월, 中冊, p. 734.
81) 《高麗史》 79, 食貨 2, 農桑, 顯宗 19년 정월, 中冊, p. 734.
    '今 諸道州縣 每年桑苗 丁戶二十根 白丁十五根 田頭種植 以供蠶事'
82) 《高麗史》 79, 食貨 2, 農桑, 仁宗 23년 5월, 中冊, p. 735.
    '輸養都監奏 令諸道州縣 地品不成田畝 桑栗漆楮 隨地之性 勸課栽植'

업생산활동 자체였고, 따라서 권농은 농작물의 재배에 집중하였다. 수리
의 설비나 양잠·재식은 이와 병행하거나 부수하는 위치였다. 사실 후자
는 전자의 안정 속에서 제대로 착수할 수 있고 그래야만 성과도 얻을 수
있는 부문이었다. 권농에서 항상 그리고 우선 유의하고 배려해야 할 것
은 농경작업이 節候를 놓치지 않고 農時를 적절히 맞추도록 하는 일이었
다. 그러려면 春耕·夏耘·秋收를 失期함이 없게 권려하고, 때로는 농가·
농민이 그렇게 할 수 있도록 여건을 조성해 주어야 했다. 권농의 重心은
農時不奪 및 이와 상관한 農家安定을 위해 지원하고 보조하는 것이었다.

　고려전기에도 농사철에 농가안정을 위한 조치를 여러 방면에서 여러
형태로 시행하였는데 크게 네 가지였다. 첫째, 농사철에 수령이 民人의
勞役을 수고스럽게 하거나 農事 외의 雜務에 종사함을 배격하여 官民이
농사에 전력하게 하는 것, 둘째, 耕種에 소요되는 物資 가운데 결핍하거
나 부족한 부문을 보충하는 일, 셋째, 농민이 부실하고 피폐하여 재생산
이 어려운 경우 이를 회복시켜 充實을 기하게 하는 것, 넷째, 농민의 피
폐사정이 극심하여 이상의 지원만으로 난관을 헤쳐 나가기 어려울 때 국
왕·정부 차원에서 租稅를 減免 내지 免除하는 일이었다. 이 가운데 지방
관의 권농직무로서 직접 자리 잡고 있는 부문은 첫째와 둘째이며, 나머
지 셋째와 넷째는 권농 자체, 특히 지방수령의 권농 직임과는 일단 거리
가 있었다.

　첫째, 국가가 官民의 勞力이 농사에 전력하게 하는 방침으로서 우선
그리고 항시 되풀이하여 강조하던 바가 있었다. 다름 아니라 民人의 役
力을 때 없이 동원·사역하여 農事를 방해하지 않도록 하라는 지시였다.
靖宗 2년(1036) 정월, 御史臺에서

　　諸道外官 使民不時 有妨農事 請遣使審察黜陟[83]

이라 하고 왕이 재가한 예가 그 하나이다. 수령이 민인을 때 없이 사역

---

83)《高麗史》79, 食貨 2, 農桑, 靖宗 2년 정월, 中冊, p. 734.

하여 농사에 방해가 되고 있어 使臣을 파견하여 審察하여 黜陟한다는 것
이었다. 정부는 농사에서 農時不奪을 사신을 파견하여 감찰하고, 그 결
과를 수령 考課査定의 준거로 삼고 있을 정도였다. 민인을 때 없이 역사
하지 말라는 지시의 취지는 앞에서 살핀 바처럼 三時·三農에 충실하도록
하라는, 이를테면 '無奪三時 以寧百姓'[84]이라 하듯이, 農時에 인력을 使
役하지 말아 제때에 耕種·耘籽하게끔 百姓이 安寧하게 하라는 것이었다.

군현에서 민인 노력의 使役은 여러 경우에 걸쳐 잡다하였다. 그 가운
데서 가장 비중이 크고 정기적이던 것은 現物租稅의 조달과 운반이었다.
또한 城廓·官衙·寺院의 營造와 修葺, 橋梁의 수축, 수리·관개설비의 신
축·증수, 道路의 건설, 農地의 개발 등 제반 토목공사, 그리고 각종 각급
使臣의 迎送과 待接도 빈번하였다. 이런 여러 사업에는 늘 민인의 노력
이 사역될 수밖에 없었다. 나라에서는 郡縣賦役은 원칙상 농사철을 피하
고 농한기에 시작하여 농한기에 마무리하도록 시기와 기간을 한정하였
다.[85] 그러나 事案의 성질, 규모, 소요시간 등과 수령 및 勢家의 恣意가
작용하여 수시로 과도한 징발이 발생하고, 급기야 농사를 망치는 사태가
적지 않게 야기되고 있는 것이 현실이었다.

그러므로 국가에서는 틈만 있으면 군현의 수령에게 이 점을 준행할 것
을 강조하고 있었다. 또 국가 스스로의 役事에서도 이러한 배려를 틈틈
이 취하였다. 성종 5년(980) 5월 국왕의 敎書로서 12牧과 諸州鎭使에게
가을 추수까지 모든 雜務를 정지 폐기하고 '專事農業'하라고 한 것, 그리
고 9월에 牧民의 遵行事務로서 勸課農桑과 함께 '輕徭薄賦'를 들고 있는
것[86] 모두 그런 것이다. 현종 16년(1025) 3월, 각종 營造工事를 정지하
고 동원하였던 농민을 돌려보냈으며,[87] 문종 즉위년(1046) 大赦令과 함

---

84) 주 80의 下段과 同.
85) 이 民力의 役使와 관련해 그간의 연구에서는 徭役制를 검토하는 가운데서 언급하
    고 있으며, 아래의 논고가 참조된다.
    李惠玉, 〈高麗時代 稅制研究〉, 梨花女子大學校 博士學位論文, 1985.
    李貞熙, 《고려시대 세제의 연구》, 國學資料院, 2000.
    朴鍾進, 《고려시기 재정운영과 조세제도》, 서울대학교출판부, 2000, pp. 131~157.
86) 주 33과 同.
87) 《高麗史》 5, 世家 5, 顯宗 16년 3월 庚寅, 上冊, p. 108.

께 토목공사를 일체 3년간 정지하게 하였고, 이에 저촉하며 民役을 동원하여 廢農까지 되게 하던 大雲·大安 두 사찰의 건축공사를 농한기로 미루게 하였다.88)

農時勿奪은 농번기에 농민이 요역에 동원되지 않도록 하는 데만 머물지 않았다. 民事關係의 訟事도 농사철은 피하여 연기하도록 하는 조처도 취하였다. 停訟이었다. 현종 16년(1025) 3월 外方人으로 開京에 와서 소송하고 있는 자는 3월 초하루부터 모두 고향으로 돌아가 農事를 짓도록 判旨가 반포된 예,89) 靖宗 3년(1037) 정월 역시 判旨로 立春後 각 도의 外官은 모든 獄訟을 중단하고 농사에만 힘써 백성이 시끄럽지 않게 할 것과 위반하는 자는 안찰사가 규명하여 다스리도록 한 예90)가 그런 것이다. 실제 지방수령은 獄訟과 관련하여서는 항시 '無滯獄訟'함이 직무의 한 요령으로 되어 있었다. 또한 '恤刑勸農'할 것을 시달하기도 하였다.91) 고려는 수령을 통해 이러한 여러 가지 배려를 함으로써 농민이 心身을 다하여 농사에 종사하고, 失業田荒하는 사태가 발생하지 않도록 기대하였다.

둘째, 농민이 농사철에 적절히 농경을 할 수 있으려면 노력과 절기가 일치되도록 독려하고, 力役·獄訟에서 배려하는 것만으로 부족한 경우가 항상 있었다. 勞力과 時候만으로 농사가 수행될 수 없는 사정이 빈번하였다. 농사는 이에 소요되는 각종 物資가 있어 이것이 제때에 조달될 수 있어야 했다. 그 가운데서 가장 중요한 것은 耕種에 쓸 種子 및 春窮期 農節期를 넘길 糧食의 구비, 耕墾과 耘耔에 필요한 農牛·農具의 마련이었다. 그런데 이 물자가 항상 구비·마련되는 것은 아니었다. 그렇지 못

　　'停諸營作 放農民'
88)《高麗史》7, 世家 7, 文宗 즉위년 6월 丁卯 및 文宗 2년 3월 庚子, 上冊, p. 141,
　　pp. 145~146.
89)《高麗史》79, 食貨 2, 農桑, 顯宗 16년 3월, 中冊, p. 734.
　　'判 外人來京訴訟者 自三月初一日 並令歸農'
90)《高麗史》79, 食貨 2, 農桑, 靖宗 3년 정월, 中冊, p. 734.
　　'立春後 諸道外官 並停獄訟 專務農事 勿擾百姓 如有違者 按察使糾理'
91)《高麗史》79, 食貨 2, 農桑, 靖宗 7년 2월, 中冊, p. 734.
　　'郡縣 比年不登 民常艱食 實由方岳 官吏政不合民心 刑不順天意 致傷和氣 以至於此
　　請下令恤刑勸農 以救民瘼 制可'

한 경우가 많았다. 우선 전해 농사가 凶荒이 심하였거나 혹은 戰亂이 연속할 경우, 때로는 부채나 체납조세의 상환 등 여러 잡다한 사정으로 농사철에 種子·糧食을 저축·준비하지 못하는 사태가 종종 발생하였다. 정부가 이를 그대로 방치하면 농사는 失期하고 급기야 폐지하게 되는 지경에 이르고, 심하면 농가는 廢毁하고 국가는 곤궁에 이르렀다. 고려는 농자의 不足·不備에 대해 군현 혹은 중앙정부 차원에서 지원하고 보조하여 농사가 지속되도록 해야 했다.

顯宗 7년(1016) 정월 江南道의 군현이 작년 농사가 안 되어 민인 대부분이 饑饉이 들어 소재 관아에서 糧食과 種穀을 절급하여 농경을 권려하게 한 것[92]은 농사의 흉작과 관련하여 취한 시책이고, 동왕 3년(1012) 2월 西北州鎭이 그간 현종 원년부터 연속한 契丹의 침입·노략으로 이 지역 민인들이 資糧이 궁핍해져 농사철을 맞고도 耕墾할 수 없게 되자 本道의 관리가 糧食과 種穀을 지급하여 失業을 방지하게 하고, 10년(1019) 4월 洞州[瑞興] 관내 遂安, 谷州[谷山] 관내 兎山·峽溪, 岑州 관내 新恩 등 여러 고을 역시 그간 거란군의 침략으로 말미암아 고통을 받았으므로 관아에서 양식과 종곡을 지급한 것[93]은 전란과 상관하여 시행한 조치이다. 피해 규모가 매우 크고 심하여 군현에서 해결할 수 없는 경우는 정부가 중앙 차원에서 수행하였다. 州縣의 倉穀, 義倉穀 등을 사용하였고, 때로는 다른 고을의 倉穀을 옮겨 피해 고을에 種穀으로 지급하기도 하였다. 州縣의 倉穀은 해당 고을에서 보관·관리하지만, 재정으로서는 정부 소속이고 사용처 또한 그러하였다. 의창은 말할 것도 없다.[94] 穆宗 9년 (1006) 2월 흉년이 겹쳐 민인이 끼니를 잇기 어려워지자 국왕은 有司에 일러 동왕 6년(1003) 이래 貢賦를 未納한 자는 모두 면제시키고 아울러 絶食無穀種者에게 창고를 열어 賑給하도록 하였으며,[95] 문종 8년(1054) 4월에는 전년에 水災를 심하게 입은 文·湧·登의 3州와 鎭溟縣·長平鎭에

---

92) 《高麗史》 79, 食貨 2, 農桑, 顯宗 7년 정월, 中冊, p. 734.
93) 《高麗史》 79, 食貨 2, 農桑, 顯宗 3년 2월, 10년 4월, 中冊, p. 734.
94) 安秉佑, 〈中央財政의 구성과 財政源〉, 《高麗前期의 財政構造》, 서울대학교출판부, 2002.
95) 《高麗史節要》 2, 穆宗 9년 2월, p. 64.

대해 義倉을 열어 진휼하고 아울러 春·交·東州의 倉粟을 옮겨 종자와 양식을 대주었다.96) 또한 현종 9년(1018) 2월 興化鎭[義州]이 거란의 寇亂을 겪어 民戶의 소와 가축이 모두 없어지자 都兵馬使의 奏請에 따라 官牛를 빌려주어 농경을 도와주도록 한 것97)은 農牛지원의 예이며, 성종 6년(987) 6월 州郡의 兵器를 거두어 農器로 주조한 것98)과 현종 9년(1018) 11월 于山國이 東女鎭의 侵寇를 받아 농업이 황폐되자 李元龜를 보내어 농기를 사여한 것99) 등은 농구지원의 예에 속한다. 이상과 같은 種穀 및 糧食, 農牛와 農具의 원조는 실제 전국적으로 항상 있는 일이었음은 물론이겠다.

셋째, 흉작 및 전란 등으로 인한 농사의 피폐가 種糧의 원조 정도로는 회생이 불가능한 형세일 때 중앙정부 차원에서 강구하는 것, 賑恤과 常平義倉의 운영이 이에 속한다. 賑恤은 지방에 있는 의창곡과 창곡을 주요 재원으로 하여 시행하는 貧民救護策으로서 이의 행사결정은 정부의 권한이었다. 진휼에는 賑貸, 賑濟, 物價調整 등이 있었다. 중심은 賑貸였다. 진대는 봄철에 종자와 양식이 없는 빈민에게 대여하고 가을에 수납하며 利息은 없었다.100) 군현단위로 시행할 때는 중앙정부의 승인하에 해당 수령이 집행하고, 여러 군현에 걸치는 경우는 해당 道를 관할하는 上級의 按察使·兵馬使·監倉使·勸農使가 담당하였으며 때로는 宣撫使를 따로 파견하여 파악하게 하기도 하였다.101)

의창곡 사용의 예로는 靖宗 5년(1039) 3월 東南海 諸道의 주현이 전해에 곡식이 여물지 못하여 민인 대다수가 기근에 허덕일 때, 그리고 6년(1040) 靈光郡 및 臨陂郡이 기근을 겪자 義倉을 열어 진대하였으며,102) 文宗 8년(1054) 5월 전국 諸道 주·군이 기근에 허덕여 流移失業

---

96)《高麗史節要》4, 文宗 8년 4월, p. 129.
97)《高麗史》79, 食貨 2, 農桑, 顯宗 9년 2월, 中冊, p. 734.
98)《高麗史》79, 食貨 2, 農桑, 成宗 6년 6월, 中冊, p. 733.
99)《高麗史》79, 食貨 2, 農桑, 顯宗 9년 11월, 中冊, p. 734.
100) 朴鍾進,〈高麗前期 義倉制度의 構造와 性格〉,《高麗史의 諸問題》, 三英社, 1986.
　　　安秉佑, 주 94의 논고 가운데 '賑恤의 시행과 義倉'.
101) 金南圭, 주 38의 논저.
　　　《高麗史》80, 食貨 3, 賑恤, 水旱疫癘賑貸之制, 文宗 5년 2월, 中冊, p. 769.

하는 이가 많아 각 州의 通判 이상 관리가 巡問하면서 진대하게 하고, 동왕 15년(1061) 2월 黃州·鳳州가 전년에 큰 수해를 만나 농지가 떠내려가고 묻혀 居民이 굶주리자 西海按察使의 요청으로 진대할 때 의창곡을 사용한 사실[103]이 전한다.

주현의 倉穀을 이용한 진대로는 顯宗 7년(1016) 9월 江南道에 기근이 들어 關內道의 倉穀을 사용하고, 靖宗 5년(1039) 4월 東北路 諸州가 전년에 큰 물난리로 禾稼가 떠내려가 민인이 빈핍하여 本路 勸農使에게 倉米·鹽을 내어 주게 한 것,[104] 文宗 5년(1041) 2월 지난해 곡식이 여물지 못하여 민인이 굶주림에 허덕이자 關內道·西道 및 北界에 宣撫使를 뽑아 보내어 發倉하여 진대하고, 동왕 22년(1058) 3월 開京 北部의 군현이 전년 농사가 곡식이 여물지 않아 민인이 굶주려 역시 창고를 열어 진대한 예[105]가 있다.

이러한 과정에서 義倉과 州縣倉 두 곳의 미곡을, 경리를 달리하여 진대하는 경우도 적지 않았다. 文宗 4년(1050) 4월 關內道와 浿西道 諸州縣이 전년 농사가 잘 되지 않아 민인이 굶주리자 주현 司倉의 公廨粟을 내어서 耕耘에 원조하고, 빈한하여 제힘으로 살 수 없는 이에게는 의창을 열어 진대하였고, 동왕 8년(1054) 4월에 文·湧·登의 3州와 鎭溟縣·長平鎭이 지난해 수재를 입어 의창을 열어 진대하고, 아울러 春州·交州·東州의 창고 곡식을 옮겨와 종곡과 식량으로 지급한 것도 그런 예였다.[106] 이 밖에 중앙의 軍需財源 중 예비재원으로 설정된 龍門倉穀을 전용하기도 하고[107] 大倉 및 右倉의 穀粟도 사용하였으며,[108] 漕倉에서

---

102) 《高麗史》 80, 食貨 3, 賑恤, 水旱疫癘賑貸之制, 靖宗 5년 3월, 6년 2월, 中冊, p. 769.

103) 《高麗史》 80, 食貨 3, 賑恤, 水旱疫癘賑貸之制, 文宗 8년 5월, 15년 2월, 中冊, p. 769.

104) 《高麗史》 80, 食貨 3, 賑恤, 水旱疫癘賑貸之制, 顯宗 7년 9월, 靖宗 5년 4월, 中冊, p. 769.

105) 《高麗史》 80, 食貨 3, 賑恤, 水旱疫癘賑貸之制, 文宗 5년 2월, 22년 3월, 中冊, pp. 769, p. 770.

106) 《高麗史》 80, 食貨 3, 賑恤, 水旱疫癘賑貸之制, 文宗 4년 4월, 8년 4월, 中冊, p. 769.

107) 《高麗史》 80, 食貨 3, 賑恤, 水旱疫癘賑貸之制, 文宗 6년 4월, 仁宗 9년 6월, 中冊, pp. 769, p. 771.

보관하는 곡식도 이용하였다.109)

　賑濟는 東西大悲院, 濟危寶, 惠民局 등의 기관이나 臨津縣의 普通院 등에서 人馬의 내왕이 많은 곳에 대략 3월에서 7월까지 혹은 보리가 익을 때까지 春窮期에 주로 自存不能한 이에게 무상으로 음식을 제공하거나 소금·된장을 급여하였다. 물가조절은 물가가 급등하면 정부 보유곡을 싼값에 방출하여 빈민이 곡식을 시중 가격보다 싸게 구입하도록 하는 것으로 그 財源은 상평창곡이었고, 常平倉과 平市署가 담당기관이었다.110) 진제와 물가조절은 양자 모두 구휼에 속하는 부문이지만 넓게는 권농에 이어짐은 말할 것도 없다.

　넷째, 권농과 상관되는 또 다른 정책은 租稅의 免除·減免이다. 이것은 조세정책이지만 진휼이 그러하듯이, 그 효과가 권농에 연결되는 시책이다. 조세의 면제·감면은 동기에 따라 恩免과 災免이 있다. 恩免은 국왕의 행차나 외국 사신의 내왕 때 혹은 국왕의 즉위, 王后·太后冊封, 외적의 격퇴 등 특별한 국가경사 때 군현 혹은 전국에 걸쳐 租·布·役의 전부 또는 일부를 감해 주는 것으로, 전자는 해당 군현이 소요 경비와 노력을 부담한 데 따른 조치이고 후자는 善政 및 同樂의 표시였다. 太祖가 즉위 후 태봉의 과도한 조세수취에 제동을 걸고 什一稅의 준행과 3년간 租稅의 免除를 통해 農桑의 장려와 민인의 휴식을 꾀하였던 것111)은 恩免의 대표적인 예이다. 이 중에서도 권농과 바로 관련되는 것은 災免이었다. 災免은 水旱災, 蝗災, 疫癘 혹은 외적의 침략 등으로 농사가 피해를 입었을 때 규정에 따라 조세의 전부 혹은 일부를 면제해 주는 것이다.112)

　　安秉佑, 주 94의 논고.
108)《高麗史》80, 食貨 3, 賑恤, 水旱疫癘賑貸之制, 文宗 21년 4월, 中冊, p. 770.
　　《高麗史》102, 列傳 15, 宋彦琦, 高宗, 下冊, p. 254.
109)《高麗史》80, 食貨 3, 賑恤, 水旱疫癘賑貸之制, 文宗 21년 4월, 中冊, p. 770.
110) 安秉佑, 주 94의 논고, pp. 153~156.
111) 주 2, 26과 同.
112) 安秉佑, 주 94의 논고, pp. 156~158.
　　《高麗史》80, 食貨 3, 賑恤, 恩免之制, 中冊, pp. 762~765.
　　《高麗史》80, 食貨 3, 賑恤, 災免之制, 中冊, pp. 765~768.

고려정부는 조세의 감면, 특히 災免은 국가세입의 감소·감축과 직결되므로 農形의 보고나 답험에는 세심한 절차를 제정해 놓았다. 成宗 7년 (788) 判旨로서, 禾穀이 實稔하지 못한 고을에서 그 사정을 戶部에 보고하는 기한을 近道는 8월, 中道는 9월, 遠道는 9월 15일까지로 각각 작정하여 恒式으로 삼았으며113) 災免의 집행은 田損 4分 이상은 租를, 6分 이상은 租·布를, 7分 이상은 租·布·役 모두 면제하는 원칙을 수립하였다. 災田의 損分은 1結을 단위로 하여 '田一結 率爲十分'한 것이었다.114) 절차는 앞에서 언급한 바처럼 村典이 수령에 보고하면 수령은 親審하여 戶部에 申報하고, 호부가 이를 三司에 보내면 三司는 소관부서로 移牒하여 그 虛實을 조사하고 또 해당 道의 안찰사를 시켜 자세히 살펴도록 한 후 집행하도록 하였다.115)

고려전기 권농정책의 내용과 重心은 이러하였다. 요체는 농민의 농경활동이 節期, 勞力, 物資 등에서 차질 없고 圭角이 나지 않게 하여, 정상적으로 안정되게 수행되도록 독려하고 배려하고 지원하는 것이었다. 지방수령이 政事로서 권농에서 가장 유의할 사항이, 농민에게 農時不奪하고 이들이 務農力田하도록 하는 일이었음은 극히 당연하였다. 권농을 통한 민인의 안정, 국가의 안녕은 自耕農 및 借耕農民 등 생산자가 농민으로서 존재하도록 그 처지를 고정하고 원조함으로써 조정의 재원충실을 도모하는 데 있었다. 이는 고려의 체제, 곧 신분계급제의 안정, 그리고 이와 밀접해 있는 토지의 소유·점유관계의 안녕과도 직접 상관되는 것이었다. 권농의 수립·운용은 이러한 사회관계와 경제관계를 전제·근거로 하고 있었으며, 여기에 그 정치적·경제적 특성이 집약되었다.

---

113)《高麗史》78, 食貨 1, 踏驗損實, 成宗 7년 2월, 中冊, p. 726.
114)《高麗史》80, 食貨 3, 賑恤, 災免之制, 成宗 7년 12월, 中冊, p. 765.
　　《高麗史》78, 食貨 1, 踏驗損實, 文宗 4년 11월, 中冊, p. 726.
115) 주 56 참조.

4. 勸農의 運用과 田柴科

고려에서 권농의 대상은 국가가 파악하는 토지와 농민이었다. 권농은 국가의 토지·조세제도와 상관하여 운영되게 되어 있었고, 실제도 그러하였다.

고려전기 토지는 두 가지 측면에서 존재하였다. 하나는 所有權의 차원으로 所有의 私的 원리 속에서 私的 소유지로 존재하는 것이고, 그 소유규모·경영형태는 다양하였다. 숫자로 조사할 자료는 전하지 않지만 무전자, 소소유자, 중소소유자, 대소유자가 공존하고 借耕, 自作, 自作 겸 借耕, 地主經營 등이 병존하였다. 그리고 중심은 自作과 地主經營이었다. 이러한 소유·경영형태는 신분계급적으로 이루어져 상위신분, 상급지배층으로 갈수록 통상 대소유자, 중소소유자이고 지주층이었다. 田庄은 이 상징이었다. 다른 하나는 收租權의 차원으로서 국가는 위와 같은 토지의 私的 所有 및 그 경영을 원칙과 법제로 승인한 위에서 이 사적 소유지를 수조권·수조지로 망라하고 파악하여 대강 公田과 私田으로 구분하고, 이 범주에서 國用, 軍需, 祿俸, 國王 및 王室財用 등에 배정하고 아울러 국가의 행정·군사기관 및 兩班, 軍人, 閑人 및 鄕吏 등 여러 職役 담당층에게 절급하였다. 이 속에서 私的 소유지는 所耕田으로, 그리고 농민 및 피지배층은 일반적으로 납조자로 존속하였다. 제도상 수조권과 소유권, 수조자와 납조자는 신분계급적으로 구획되었다. 이른바 田柴科의 토지·조세체계였다.

권농은 대상이 전국의 모든 토지와 농민이어서 公正性과 普通性을 가졌다. 그러면서도 이상의 토지소유·점유관계의 신분계급성, 그리고 조세체계를 통한 토지·농민에 대한 지배와 수취를 바탕으로 수행되어 실제 행정과 내용은 신분직역적으로 작용하고 편성되었다. 권농의 독려와 지원은 차등성·차별성을 띠며 진행되는 것이었다. 이러한 사정은 이 시기 권농의 내용과 상관된 여러 부문에서 살필 수 있다.

우선, 農時不奪과 관련하여 왕실·권세 양반의 수조지 및 소유지 그리고 그 경작농민은 요역 및 조세 부과에서 아예 제외하거나 혹은 헐하게

감면하고 유보하는 게 일반이었다. 顯宗 12년(1022) 2월의 일로서, 泗州
[泗川]에서 이 고을이 豐沛地여서 이곳의 民田을 抽減하여 宮庄에 소속시
켜 고을 민인이 征稅를 견디지 못하므로, 戶部의 奏請에 쫓아 公田을 審
量하여 추감한 수만큼 상환해 준 적이 있는데,116) 이는 민전을 떼어 宮
庄에 소속시킴으로 인해 지금까지 정세를 부담한 民田과 民人의 수가 줄
었고 그만큼 남은 민전과 민인의 세 부담이 늘어 고통이 컸기 때문이었
다. 토지의 배속·분급에서 宮院田을 우선하는 경리방식, 일반 민전에 대
한 賦稅課徵의 한 관습을 볼 수 있다. 동왕 20년(1030) 9월, 宮院에 소
속된 莊戶가 요역이 번다하고 무거워 살기가 어렵다는 하소연이 들리자
殿中省이 나서서 檢覈하고 存恤하도록 하였다.117) 궁원 측의 부담과중을
즉각 조정하는 조처이다. 후기의 예이지만, 忠烈王 때 전란을 거친 뒤
流亡民이 많아 民戶를 點審하고자 郭汝弼과 朱悅을 각각 전라도·경상도
의 計點使로 삼아 민인을 招集하게 할 때, 국왕이 왕실재정기구인 內庫
의 處干은 사역시키지 말라고 명하고 이를 따르지 않은 朱悅은 罷職시켰
던 일118) 역시 왕실 소속 處干의 力役免除, 요역 부과의 신분적 권력적
차등 등 마찬가지 사정을 전한다.

　이상은 宮院田 및 그 莊戶農民에 관한 사례로서 국왕·왕실이 부세행정
에서 혜택을 받았음을 알려준다. 양반의 경우도 권세의 강약, 처지의 우
열에 따라 정도의 차이는 있었겠으나 사정은 같았다. 高宗 15년(1228)
臨陂縣令 田承雨는 上將軍 金鉉甫가 田園을 널리 설치한 것을 미워하여
그 토지 모두에서 또박또박 租를 거두어 관아에 들이고 또 토지는 백성
에게 주었다가 金이 안찰사 崔宗裕에게 청탁하여 그 租를 도로 거두어
반환시켰고, 田은 이 두 사람을 法司에 탄핵하였으나 崔怡가 중지시켰

---

116)《高麗史》78, 食貨 1, 田制, 經理, 顯宗 12년 2월, 中冊, p. 705.
　　'戶部奏 泗州 是豐沛之地 前此 抽減民田 屬之宮莊 民不堪征稅 乞於州境內 審量公
　　田 如數償之 從之'
117)《高麗史》5, 世家 5, 顯宗 20년 9월 乙亥, 上冊, p. 112.
　　'敎曰 近聞 宮院所屬莊戶 徭役煩重 民不聊生 殿中省 檢覈存恤'
118)《高麗史》106, 列傳 19, 朱悅, 忠烈王, 下冊, p. 334.
　　'忠烈卽位 重悅才名 授翰林學士 遷三司使 時累經兵亂 民多流亡 遣悅于慶尙 郭汝弼
　　于全羅 爲計點使招集之 命勿役內庫處干 悅等不從 坐罷 居無何 拜版圖判書 遷軍簿'

다.119) 元宗 11년(1270)경 金方慶이 三別抄의 난리로 珍島를 공격하게
되어 전라도에서 調軍하게 되었을 때, 그간 아첨을 하지 않아 金 자신과
일가에 야박하게 대하던 兪千遇의 田莊이 長沙縣[茂長]에 있었지만 이러
한 관계에 介意하지 않고 부하에게 '勿擾'하도록 훈계하였다는 것이 美談
으로 전한다.120) 김은 調軍이 兪의 田莊民戶에 미쳐서 소요하지 않도록
타이른 것이다. 양반관료의 田莊에서 田租의 징수나 軍人招募는 통상 피
하든가 헐겁게 이루어짐이 관례였을 것이다.

　田租, 力役·軍役의 부과나 징수에서 그렇듯이, 水旱災, 虫霜이나 戰亂
등으로 種穀·農穀의 분급, 農牛·農器具의 지원 또한 국왕·왕실 내지 군
사·행정기구, 양반·군인·향리 등의 토지에 우선하거나 혹은 집중하여 이
루어졌을 것이다. 農資物을 배급하고 원조하는 궁극 목표는 田野가 陳荒
된 곳 없이 모두 墾闢되도록 함이었다. 수령·권농사는 이 집행에서 국
왕·왕실 또는 양반의 토지를 우선 배려하였을 것이다. 高宗朝에 羅裕의
부친 羅得璜은 崔沆에게 아첨하여 長興副使로 있었는데, 최항이 자신의
농장이 臨陂에 있어서 羅를 승급시켜 全羅按察使로 삼았다.121) 농장의
관리와 운영에 편의와 혜택이 돌아가게 하기 위함이었겠고, 여기에는 각
종 조세 부과의 편의, 농자의 지원도 포함되었을 것이다.

　賑貸 및 義倉의 운영, 災免의 집행도 정황은 같았겠다. 국왕·왕실, 양
반층, 국가기관의 수조지나 소유지 및 그 경작부터 관심을 가졌을 것이
다. 더구나 賑恤과 직결되는 義倉米의 收斂 자체가 1결당 액수가 1科公
田은 3斗, 2科公田 및 宮院·寺院田, 兩班田은 2斗, 3科公田 및 軍·其人
戶丁은 1斗씩 차등 짓는 규정하에서 이루어졌다.122) 田丁을 科等으로

---

119)《高麗史》129, 列傳 42, 崔怡, 下冊, p. 806.
　　'臨陂縣令田承雨 疾上將軍金鉉甫廣植田園 悉收其租入官 又以其田與民 鉉甫托按察
　　使 崔宗裕 徵還其租 承雨忿恚 償以官銀器 報法司 法司劾鉉甫宗裕 怡奪其狀 止之'
120)《高麗史》104, 列傳 17, 金方慶, 下冊, p. 281.
　　'金方慶……元宗四年 知御史臺事 左承宣兪千遇久執政柄 士大夫皆趨附……凡方慶之
　　族求仕者輒抑之 方慶不以介意 後攻珍島 至全羅調兵 千遇田莊在長沙縣 方慶戒勿擾'
121)《高麗史》104, 列傳 17, 羅裕, 下冊, p. 300.
　　'羅裕 羅州人 三韓功臣大匡聰禮十世孫也 父得璜剝民聚斂 詔事崔沆 爲長興副使 沆
　　農莊在臨陂 以故陞爲全羅按察使'
122)《高麗史》80, 食貨 3, 常平義倉, 顯宗 14년 윤 9월, 中冊, p. 761.

나누고 그 배속에 따라 결당 징수액수를 1斗씩 차등을 두어 의창미를 수렴하는 것은, 일단 그 점유자의 신분·富力 및 役 부담의 차이에 준한 바로 추측되며, 실제 진휼 시 의창미를 분배할 때 바로 이것이 고려될 공산은 컸을 것으로 예상된다.

권농행정이 국왕·왕실, 국가기구 및 양반, 군인, 향리 등의 소유지 및 수조지 모두에서 우선 배려되어 운용됨은 이상의 사례에서 넉넉히 짐작할 수 있다. 그러면서도 국가권력 내지 통치행정과 직결하여 관심을 갖고 유의하게 되는 것은 수조지, 곧 田柴科의 분급전지였다. 전시과를 권농행정에서 우선 배려하는 데는 두 가지 커다란 이유가 있었다. 하나는 전시과의 토지·농민에 대한 수취와 지배의 원칙에서이다. 전시과를 조세 수납상에서 보면 그 公田·私田 및 그 수득자는 收租地·收租者였고, 이에 망라된 실제 토지 및 그 소유경작자인 농민은 納租地·納租者였다. 그러나 단순한 수조지·수조자와 납조지·납조자가 아니었다. 고려왕조, 국왕 및 양반층과 생산자 농민은 그 관계가 정치적 지배예속관계, 신분계급적 귀천관계, 경제적 수취피탈관계에 있었고, 이러한 제반 관계가 私的 소유지에 대해 작용하는 가운데서 수조권이 소유권의 上位로 설정되고 행사되고 있는 것이었다. 분급전토의 수득자＝수조자는 占有하고 있는 자기 수조지＝科田과 그 소유자＝납조자에 대해 소유주, 곧 田主의 위치로, 소유자＝납조자는 상대적으로 이 田主의 收租地 科田을 경작하고 전조를 납부하는 농민, 곧 佃客(佃戶)의 처지로 간주되었다. 수조권은 소유권이 아니고 따라서 수조권상의 田主가 소유권을 취득한 이가 아님에도, 그리고 수조권상의 佃客이 자기 경작지의 借耕者가 아니라 소유주이므로 地代納付者가 아니었으나, 수조자가 국가·양반지배층으로서 납조자인 농민

'判 凡諸州縣 義倉之法 用都田丁數收斂 一科公田 一結租三斗 二科及宮寺院兩班田 租二斗 三科及軍其人戶丁 租一斗 已有成規 脱遇歳歉 百姓阻飢'

본 자료 및 자료 내의 토지지목, 특히 公田의 실체에 관해서는 다음의 연구가 있어 참고된다.

姜晋哲, 〈公田의 經營形態〉, 《高麗土地制度史研究》, 高麗大學校出版部, 1980.

朴禮在, 〈高麗 顯宗朝의 義倉租規에 엿보이는 公田의 三科區分에 대하여〉, 《空士論文集》 13, 1981.

朴鍾進, 〈高麗初期 公田·私田의 性格에 대한 再檢討〉, 《韓國學報》 37, 1984.

旗田 巍, 〈高麗의 公田〉, 《朝鮮中世社會史의 研究》, 法政大出版局, 1972.

을 정치적 신분적 경제적으로 지배하고, 이에 입각하여 無償으로 그 생산물의 일부를 租의 명의로 수취함으로써 토지·농민을 파악·점유하고 있는 상태였다.123)

고려왕조에서 토지는 田柴科를 통해 신분계급적으로 점유되고 있었으며, 이는 국가지배체제의 근간을 구성하고 있었다. 고려정부가 갖고 있는 정치의 중요 사안과 행정의 중대 부면은, 국가의 토지·농민파악이 수조지와 납조지, 田主와 佃客 등 조세의 수취·납부, 농지의 지배·경작을 기저로 하고 있어서, 우선 조세의 원활한 징수와 그 여건의 조성이었다. 안렴사·수령의 직무는 貢賦를 제대로 내게 하는 것이라는 지적124)이 이런 점을 극명하게 斷言하고 있다. 租, 布, 役 등 부세제도를 제대로 운영하고 또 그렇게 되도록 관리하는 일은 전시과제도 유지에 직접 상관되는 것이며, 곧바로 고려의 토지조세적 체제 安危에 연결되는 바였다. 부세행정은 국가 및 그 기관, 그리고 지배층의 재정 및 수입과 직결되어 있는 점과 함께, 이러한 사정과 관련하여서도 매우 중요한 바였다. 고려의 토지조세행정은 전시과의 신분계급적 점유관계와 그 현실에서 수립되고, 그 집행과정 역시 이러한 관계와 현실을 결부하여 전개되는 소지를 원천적으로 가지고 있는 것이었다.

고려전기의 勸農은 이와 같이 토지조세체계, 신분계급적 점유를 전제로 하고, 이와 유기적으로 작동하고 있는 정치기구·행정체제가 수행하는 農政策의 일환이었다. 그러므로 토지의 私的 소유주이고 직접 경작자인 농민의 경작상의 희생과 조세상의 수취를 전제로 성립하고 존속하는 田柴科, 곧 고려왕조의 정치경제적 체계가 무리 없이 운영되고 평안히 하는 데 있어서 생산자·납조자인 농민이 이른바 佃客의 위치에서나마 그

---

123) 拙稿, 〈科田의 占有와 그 原則〉, 《朝鮮前期土地制度硏究-土地分給制와 農民支配》, 一潮閣, 1986, pp. 125~141.
　　〃, 〈高麗前期 田柴科의 運營原則〉(본서 Ⅱ편).
　　金載名, 〈전시과 체제〉, 《한국사》 14, 國史編纂委員會, 1993.
124) 《高麗史》 104, 列傳 17, 金士衡, 下冊, p. 296.
　　'士衡……恭愍時爲考功散郎 與直郎劉慶元言 按廉守令職掌貢賦 近來州縣 多闕貢 或至三四年 請論如法 從之'
　　주 59·60 참조.

생산활동이 안정되도록 농업생산을 권장하고 그 저해요소를 제거하는 公
的 行政, 곧 권농은 의의가 각별하였다.

또 하나의 사정은 전시과의 설치 및 운영이 갖는 屬性에 필연한다. 전
시과는 군현제에 입각해서 설치·운영할 수 있었다. 당초 군현제는 앞에
서 말하였듯이 在地官班이 주축이 되고, 정부는 이들을 통해 통치를 수
행하는 형태로 시행되었다. 이러한 여건에서, 太祖 23년(940) 役分田의
제정을 거쳐 景宗 원년(976)에 始定되는 各品田柴科는, 光宗 초부터 시
작된 州縣 貢賦額의 제정과 科擧制의 시행으로 상징되는 중앙에 대한 지
방의 臣屬關係의 公共化, 중앙 官人 중심의 官僚制 추진 등이 적극 진전
해 가는 가운데 文武兩班 및 雜業을 人品에 준하여 수조권을 분급한 것
이다. 이는 재지관반이 관장하고 주도하는 향촌의 농업·농민 및 私的 토
지소유 관계를, 田丁의 구획과 배분을 통해 경리함으로써 국가의 조세제
도 및 토지제도의 범주에서 제약하고 흡수하는 기구이기도 하였다. 役分
전 및 전시과의 始定은 이런 점에서 정치적·집권적 封建의 재건이라는
의의와 기능을 갖는다.125)

군현제 속에서 官班的 조직과 그 구성층인 재지세력은 이제 전시과의
시행을 맞아 고려 집권왕조의 통치기구 및 그 관료층·지배층이 수조지를
통해 전국의 토지·농민에 대해 구사하는 지배와 수취에 좀 더 본격적으
로 협조하고, 나아가 그 일익을 담당해야 하는 책무가 가중되었다. 더욱
이 자신들이 중앙의 官僚로 진출하고 있음에서 이는 이해가 상통하는 바
이기도 하였다. 成宗朝로 들어와 고려조정이 12牧을 파견하고 鄕職制를
개편·정돈함에 따라 이런 추세는 더하여 갔다. 이와 아울러 중앙관료제
를 정비해 가면서 전시과제도도 다시 개선하고 개정해 나갔다. 그리하여
文宗朝에 일단락을 짓는다. 국가, 국왕 및 지배기구, 그리고 지배층이 전
시과를 통해 토지·농민을 지배하고 수취함에 있어, 군현의 관반층 내지
鄕職층이 협조할 사항 중 가장 큰 것은 역시 수조지에서 조세징수가 원
활히 이루어지게끔 하는 일이었다. 이와 상관되는 사항이 여러 가지이지

---

125) 《高麗史》 78, 食貨 1, 田制, 田柴科, 中冊, p. 707.
　　　拙稿, 〈羅末麗初의 土地問題와 田柴科의 始定〉(본서 Ⅱ편).

만, 직접 관련되는 중요한 것의 하나는 농사의 독려였다. 고려왕조의 권
농시책에 농촌현장에서 실무자로 참여하고 이행하는 일, 이것은 收租를
위한 선제업무였다.

　권농이 전시과제도하에서 갖는 역할과 처지는 이렇게 특별한 바가 있
었다. 전시과 가운데서도 특히 배려하게 되는 것은 왕실, 국가기관, 권세
양반 등의 분급 수조지였다. 고려왕조의 집권봉건적 토지·조세제도의 구
조상, 권농은 수조지 점유자가 갖고 있는 국가적 위치의 高下, 정치적
위세의 上下 등에 따라서 운영상 관심과 염려에 先後·厚薄의 차이를 가
지게 됨은 당연한 바이기도 하였다. 그리하여 그 정도가 심하면 收租地
사이에 혹은 收租權者 사이에서 田租의 收入額에 편차가 크고 輸納에도
차질이 커져 불만과 반목이 야기되고, 더 나아가선 국가의 중요 문제로
되어 정부가 그 調整作業에 직접 나서는 데까지 이르기도 하였다.

　睿宗 3년(1108) 2월에 있던 아래의 制勅은 바로 이러한 권농과 전시
과의 상관, 그 실제 운용과 이로 말미암는 사태, 그리고 그에 대한 정부
의 조치를 배경으로 하고 있다.

(1) 近來 州縣官 祇以宮院朝家田 令人耕種 其軍人田 雖膏腴之壤 不用心勸

稼 亦不令養戶輸粮 因此 軍人飢寒逃散 (2) 自今 先以軍人田 各定佃戶 勸稼

輸粮之事 所司委曲奏裁[126]

문맥상 내용은, 근래 州縣官이 다만 宮院田·朝家田에서만 '令人耕種'하고
軍人田은 아무리 비옥한 땅이라도 마음 써서 농사짓기를 勸勵하지 않으
며, 또한 養戶가 輸粮하게 하지도 않아 이로 인하여 軍人은 굶주리고 추
워서 도망하여 흩어진다는 것(1), 그러므로 지금부터는 우선 軍人田부터
'各定佃戶'하고 勸稼·輸粮하는 일은 해당 관청에서 상세히 奏達하고 결재
받도록 한다는 것(2)이다.[127]

---

126)《高麗史》79, 食貨 2, 農桑, 睿宗 3년 2월, 中冊, pp. 734~735.
　　引用文의 번호는 서술의 便宜를 기하고자 필자가 임의로 添記한 것임.
127) 여기서 '令人耕種', '各定佃戶'를 원문대로 인용한 것은 이 구절의 해석을 놓고 논의

이 제칙은 주현 고을 官員의 '勸稼', 곧 勸農行政이 宮院·朝家의 田地
에만 미치고 軍人田에 대해서는 관심을 갖지 않으며 게다가 養戶가 군인
에게 輸粮,128) 즉 稅粮을 운수하도록 하지도 않아 군인이 逃散하는 지경
에 이른 사태에서 나온 것이다. 이러한 사태를 초래한 원인은 수령의 권
농행정이 地目마다 균등하게 집행되지 않는 實情에 있었다. 위 기록에
의하면 권농은 軍人田이 宮院田·朝家田에 비해 덜하고 稅粮의 운수 또한
그러하였다. 궁원전은 전국 여러 고을에 산재해 있는 왕실의 분급 수조
지이고, 조가전은 국가기관의 수조지로서 중앙各司 및 지방官衙의 公廨
田 및 學田 등으로 추정된다.129) 지방수령은 자기 관할 고을 내에서 왕
실 및 국가행정·군사 통치기관의 분급토지에 대해서만 이 해당 수조지에
편성된 토지의 민인이 耕種하도록 독려하고[令人耕種], 이보다 신분·가문
의 위계가 낮고 직역의 순위가 하급인 軍人의 수조지는 비옥지일지라도
마음을 써서 권농하지(農時不奪, 種糧·農具·農牛의 지원 등) 않았다. 뿐만
아니라 수조지를 구성하고 있는 田丁마다 그 속에 편재되어 있는 개인

가 다양하기 때문이다(주 136 참조).

128) 이 輸粮의 '粮'은 흔히 말하는 食物로서의 곡식 일반, 곧 粮食의 의미가 아니다. 이
粮은 토지에서 稅로 징수하는 '稅粮'으로서 조세, 즉 田租를 말한다. 이러한 점은 위 제
칙의 기사 문맥으로도 알 수 있지만, 같은 때 같은 제칙 가운데 하나였을 다음의 기사
'諸州縣 公私田 川河漂損 樹木叢生 不得耕種 如有官吏 當其佃戶及諸族類隣保人 徵斂稅
粮 侵害作弊者 內外所司 察訪禁除'(《高麗史》 78, 食貨 1, 租稅, 睿宗 3년 2월, 中冊,
p. 727)와 그 가운데 '徵斂稅粮'의 문구에서도 확인할 수 있다. 고려·조선에서는 이 稅
粮·田租를 행정상 '出', '出食'이라고 吏文表記로 썼다(拙稿, 〈高麗時期의 作丁制와 祖業
田〉, 《李元淳敎授停年紀念 歷史學論叢》, 敎學社, 1991, pp. 183~184 및 《大明律直
解》 5, 戶律, 田宅).

129) 위 기록에 보이는 宮院·朝家田이 표현만으로는 이 두 토지가 수조지인지 소유지인
지 확정할 수 없으나, 다음과 같은 몇 가지 점을 고려하면 수조지가 분명하다. 우선,
이 두 토지와 함께 열거하고 있는 軍人田이 수조지가 분명한 까닭이다. 표현이 '養戶'
가 稅糧을 輸納하고 '佃戶'가 경작하는 점에서 그렇다. 養戶와 佃戶 두 용어가 함께
사용될 수 있는 토지는 田柴科의 收租地이다. 둘째, 이러한 軍人田에 대비하는 宮院
田·朝家田은 기준상 같은 성질의 토지여야 함이 또한 순리이겠다. 이 경우 朝家田에
는 아마 公廨田類가 큰 부문으로 자리할 것이다. 셋째, 朝家田이 소유지라면 이는 國
有地로서 그 실체는 屯田 혹은 準國有地인 驛田 등이겠는데, 이들 토지는 어느 것이
나 軍人·驛吏가 自耕하고 稅는 無稅인 이른바 '自耕無稅'가 원칙이다. 宮院田의 경우
도 그것이 소유지라면 그곳 소재 주현관이 권농을 통해 혹 物資·課役에서 우선 배려
할 수는 있겠으나 '令人耕種'하게 할 필요까지는 없는 일이다. 宮院 등 왕실 私有地의
경영은 자체의 관리기구와 농장조직이 담당하고 있어, 경작도 이 지휘 아래 이루어진
다. 이 점은 朝家田이 국유지인 경우도 마찬가지이다.

소유지별로 납부해야 할 田租米, 곧 稅糧을 作丁制·徭役制의 운영과 결
부하여 총괄하여 收租者에게 도달하도록 輸納 책임을 지게 한 養戶[130)]
에게 稅運마저 지시하지 않아 군인전의 경작 및 수세에 큰 차질이 빚어
지고 있는 것이다. 요컨대 조정은 수령의 권농태만으로 군인전의 수조지
로서의 운영이 피폐한 상태에 이르렀다고 개탄하는 것이다.

군인전에 대해 수령이 '用心勸稼'하지 않는다 함은 지방관의 권농 독
려, 지원 등 농업생산활동의 진작·고취가 저조하고 관심이 박약함을 지
적하는 것으로, 이는 바로 군인전으로 설정한 實田의 소유경작자이고 납
조자인 農民=佃戶가 생산에서 安定·安寧되지 못한 상태에 놓인 사태를
야기하는 문제였다. 여기에 겹쳐서 수령이 양호를 통한 輸粮조차 제대로
관리하지 않아, 군인은 그나마 稅粮의 收入조차 얻지 못하여 飢寒·困窮
에 시달려 급기야 逃散하는 지경에까지 빠졌다.

군인전은 분급 수조지 가운데서 신분계급적 위치가 低劣하여 국가에
서 경리 차원에서 수조지 배속에 調整을 할 때 종종 피해를 받는 대상
이 되곤 하였다. 顯宗朝에 백관의 祿俸이 부족하자 군인전 일부를 떼어
녹봉전으로 전환하였다가 이것이 빌미가 되어 金訓·崔質의 武臣亂이 발
발한 적도 있었다.[131)] 科의 定額대로 지급되지 못하는 경우도 많았다.
그러므로 靖宗 2년(1036) 7월, 정액에 미달하게 군인전을 소지하고 있
는 군인에겐 특별히 이를 公田으로 보충하는 시책도 폈다.[132)] 이뿐 아
니라 수조지 兼幷 과정에서 勢家에게 쉽게 被奪되는 대상도 대개 군인
전이었다.[133)]

---

130) 주 123의 拙稿, pp. 118~123.
　　　拙稿, 주 128의 〈高麗時期의 作丁制와 祖業田〉, pp. 175~187.
131) 《高麗史》 94, 列傳 7, 皇甫兪義, 下冊, pp. 102~103.
132) 《高麗史》 81, 兵 1, 兵制, 靖宗 2년 7월, 中冊, p. 777
133) 《高麗史》 78, 食貨 1, 田柴科, 明宗 18년 3월, 中冊, pp. 711~712.
　　　'凡州縣 各有京外兩班軍人家田永業田 乃有姦黠吏民 欲托權要 妄稱閑地記付其家 有
權勢者 又稱爲我家田 要取公牒 卽遣使喚 通書屬托 其州員僚不避干請 差人徵取 一田
之徵 乃至二三 民不堪苦 赴訴無處'
　　　《高麗史》 129, 列傳 42, 叛逆 3, 崔忠獻, 明宗 26년, 下冊, p. 791.
　　　'忠獻與忠粹上封事曰……先王制土田除公田外 其賜臣民 各有差 在位者貪鄙 奪公私
田 兼有之 一家膏沃 彌州跨郡 使邦賦削而軍士缺'

정부는 군인의 군인전 점유상태가 이와 같이 열악하여 이들이 동요하고 피폐하는 데 수반하여 이 사태를 수습하고 해소하고자 노력을 기울였다. 고려로선 군인이 하급이나마 지배층으로 자리하고 있고 또한 잦은 전란을 치르고 있어, 이들의 처지와 대우에 늘 유의하여야 했다. 고려후기에도 마찬가지였다.[134] 예종 3년 2월의 이 조치도 군인전의 경작·수세에서 야기되는 부실사태를 수령의 勸農·輪粮 임무의 태만에서 원인을 지적하고 대책을 시달한 것이다. 특히 이때는 尹瓘 등이 女眞征伐을 완수하고 9城의 축조가 끝나던 시기였다.[135] 대책은 궁원전 조가전에 앞서 먼저 군인전부터 '各定佃戶'하고, 勸稼·輪粮의 사항은 소관 관아에서 자세히 주달하여 재가받게 한 것이었다. 군인전부터 '各定佃戶'하라는 명령은, 수령이 궁원·조가전에서만 사람들이 경종하도록 하고 군인전에는 마음 써서 농사짓기를 권려하지 않아 왔으나 이제는 우선 군인전에 관심을 갖고 배려하라는 뜻이다. '各定佃戶'는 군인이 수득하여 점유하고 있는 각 군인전이 설정되어 있는 實田의 소유경작자이고 납조자인 민인, 곧 군인전 소지자 田主인 군인에 대해 佃戶의 처지에 있는 농민을 권농을 통해 安定(安堵·安寧)시키라는 의미이다. 농사일에 전념하도록 군인전의 경작농민을 안정시켜서 군인전의 耕種이 제대로 이루어지게끔 지시함이 본색이다. 그리하여 收租의 원활, 궁극에는 食租安定을 꾀하는 데로 이끌어간다는 의도가 담겨 있다. 예종조 고려조정의 이 의지는 굳건하였다. 이 지시사항이 군인전에서 철저히 실행되도록 그 勸稼·輪粮의 일을 보고받고 결재하는 확인절차까지 마련하고 있는 것이었다.[136]

고려전기의 권농이 田柴科 제도를 위시한 토지의 점유관계, 소유관계 속에서 수행될 때, 실제 운용의 大體는 이러하였다. 田主佃客制, 地主佃戶制가 토지의 점유·소유 및 그 경영관계의 중추를 이루고, 이것이 신분

---

134) 李基白, 〈高麗軍役考〉, 《高麗兵制史研究》, 一潮閣, 1968. pp. 153~155.
　　　金鍾洙, 〈高麗時期 府兵制의 運營과 그 原則〉, 《歷史敎育》 73, 2000.
　　　拙稿, 〈高麗末의 私田捄弊策과 科田法〉, pp. 61~63.
135) 金庠基, 〈女眞關係의 始末과 尹瓘의 北伐〉, 《국사상의 제문제》 4, 1959(同, 《東方史論叢》, 서울대학교출판부, 1974, 改正版 1986).
136) 본 제칙에 관한 이러한 해석을 자료와 상관하여 좀 더 분명히 하기 위해서는 본고 後尾의 附論을 참조할 것.

계급적으로 구성되어 있는 속에서 고려의 권농이 신분계급적으로 운용됨은 체제상 당연하고 자연스러운 바였다. 고려 집권봉건국가·사회의 구성 및 그 발전과정에서 권농으로 표현되는 농업시책이 차지하는 위치는 농업생산의 고양과 그 촉발·독려라는 점 하나만이 아니었다. 이를 통해서는 고려의 농업·농민·농촌에 대한 정부의 정치적 이념적 실제가 발현하고 있었다.

5. 結 語

고려전기의 勸農을 田柴科와 연관하여 검토하면, 이 시기의 권농은 고려왕조의 농업·농민·토지에 대한 정치적·신분적 이념이 집권봉건적으로 발현하고 있는 것임을 인식하게 된다.

권농은 고려에서 政事의 首先이었다. 중앙에는 그 전담기관으로 司農寺(典農寺)를 두고 밖으로는 郡縣 등 지방행정기구를 실제 집행기구로 삼았다. 이러한 권농조직은 국초부터 있어 온 군현제 정비의 진전, 外官의 설치와 확장에 따라 권농이 지방행정·수령업무의 주요 부문으로 정착해 가고, 아울러 중앙에서 이를 廉聞·黜陟하는 사신의 파견도 상례로 되어 가면서 차츰 짜여 온 것이었다. 그리하여 文宗朝에 이미 지방관이 勸農使의 직함까지 함께 兼帶하고 있었고 이는 고려말까지 지속되었으며, 廉察·黜陟하는 奉命 권농사 역시 靖宗朝에 이미 按察使, 兵馬使 등이 겸대하고 있고 明宗 초에는 按察使(7道), 監倉使(5道)가 겸대하는 것으로 확정됨에 이르렀다. 수령의 직무로서 권농이 부각되고 이를 감찰하는 직책 또한 비등해진 것이었다.

정부는 수령의 권농행정에 대해 감찰과 함께 포상·처벌도 동반하였다. 권농의 성과는 수령의 治績을 考課함에 가장 중요한 부분의 하나였다. 지방군현에서 권농은 지방관 책임 아래 鄕村 一線에서 農事·徵稅의 실무를 담당하는 村典 및 官班 내지 鄕職의 조직에 의지하고, 이들 및 기구의 참여를 바탕으로 하여 수행되었다. 고려전기에 권농은 정부가 농업의 생산체계와 생산력을 전국 규모에서 집권적으로 관리해 나간다는 방침의 구현이었고, 그리하여 신라말·후삼국기 동안 지방세력의 통제 아래 있던 농민을 고려왕조의 人丁, 군현적 질서 속의 民人으로서의 처지로 刻印하여 감으로써 그만큼 公民的 生産者로서 재편성하여 파악해 나가는 農政策의 실현이었다.

권농의 실제 핵심은 농민의 생산활동이 農節期, 勞力, 物資 등에서 안정되도록 지원하고 보장하는 것이었다. 그 내용은 첫째, 농작물 재배작업의 안정으로서 節候에 맞춘 농사의 순조로운 진행, 둘째, 水利施設의 개발·보존으로서 堤堰·防川·海澤·洑 등의 修築·增設을 통한 貯水 및 灌漑의 증진, 셋째, 衣類作物의 조달과 직결된 養蠶, 漆·楮木 및 果樹木의 植栽 등이 주였다. 이 가운데서도 重心은 농작물의 재배에 두었다. 고려는 농작물 재배작업의 원활한 진행을 위해 크게 네 방면에서 방침을 세워 운영하였다. 첫째는 농사철에 수령이 민인의 勞役을 수고스럽게 하거나 농사 외에 訴訟·獄訟 등 雜務에 종사하지 않도록 수시로 지시·감독하여 官民이 농사에 전력하게 하는 것, 둘째는 耕種에 소요되는 물자(種子, 糧食, 農具, 農牛) 가운데 결핍하거나 부족한 것을 보충하고 원조하는 일, 셋째는 凶作·戰亂 등으로 인해 농민의 피폐가 種糧授助 정도로는 회생이 불가능한 형세일 때 군현 혹은 정부 차원에서 賑恤과 常平義倉 등의 운영을 통해 강구하는 것, 그리고 넷째는 농민피폐의 정도와 규모가 극심하여 道 내지 全國 단위로 대처해야 할 때 국왕·정부 차원에서 恩免 혹은 災免의 형식으로 租稅를 減免 내지 免除하는 조처였다. 이 중 지방관의 권농직무로 직접 자리하고 있는 것은 첫째와 둘째이며 셋째와 넷째는 이와 거리가 있는 별개의 사항이긴 하나, 모두 귀결은 고려가 농민의 농업생산이 차질 없이 안정하여 수행될 수 있게끔 하는 데 모아졌다.

권농은 對象이 국가에 의해 파악되는 토지와 농민인 점에서 公共性과 普通性을 가지면서도 토지의 신분계급적 소유 및 점유, 토지·농민에 대한 수취와 지배에 입각한 신분계급적 조세체계 속에서 집행되고 있어, 실제 내용과 행정은 신분계급적으로 그리고 지배수취적으로 운용되어 差等性과 先後性을 띠었다. 이른바 農時不奪과 직결된 勸農의 독려나 徭役

徵發과 租稅輸納에서, 種子·農糧의 지급 또는 農具·農牛의 지원에서, 賑貸 및 義倉의 운영, 恩免·災免의 집행에서 왕실·권세 양반·국가기관의 수조지·소유지 그리고 그 경작농민을 우선하였다. 특히 이와 같은 권농 운용이 직접 두드러지게 표출되는 것은 田柴科의 운영에서였다.

고려는 전시과를 통해 왕실·양반·군인·향리 및 군사·행정의 국가기관 등 지배층 및 그 기구에 수조지를 차등 있게 분급하고 이로써 국가체제를 구성하고 있었으므로, 권농은 이 토지분급제가 무리 없이 운영되게 배려하여야 했다. 그러자면 그 방식은, 생산자이고 납조자인 농민이 수조자가 田主임에 대해 그 佃客(佃戶)으로 파악되는 위치였으므로, 그 생산활동이 안정되어 궁극에는 조세수납에 차질이 빚어지지 않게 여러 저해요소와 방해요인을 제거하는 것이 되어야 했다. 권농은 이런 점에서 公的 行政으로서의 의의가 각별하였다. 전시과의 분급전지 가운데서도 우선 관심을 갖고 배려하게 되는 것은 왕실, 국가기관 및 권세양반 등의 수조지였다. 권농은 수조지 점유자의 국가적 위치의 高下, 정치적 위세의 上下 등에 따라서 운용상 先後·厚薄의 차이를 가지게 되는 것이다. 그리하여 그 정도가 심하면 수조지 사이에서 혹은 수조권자 사이에서 田租의 收入에 多少가 발생하고 輸納에서도 適時 여부와 履行 여부로 분란과 반목이 야기되어, 급기야 국가의 중대 사안으로 되어 정부가 그 조정에 직접 나서야 하는 지경에 이르기도 하였다. 睿宗 초, 군현 지방관의 권농이 宮院田·朝家田에 대해서만 배려하고 軍人田에 대해선 무심한 데다 輸粮조차 제대로 독려하지 않는 현실이 중앙에서까지 문제되어, 차후는 군인전부터 먼저 각각 그 佃戶를 농사에 안정시키도록 하고 그 권농 및 군인에게 稅粮을 운수하는 일을 보고하도록 시정조치를 시달한 것도 이런 사태의 하나였다.

이러한 권농도 고려후기 군현제의 진전과 발달, 중앙정치제도의 변동, 전시과 운영의 마비 등으로 그 조직과 여건이 변모함에 따라 다시 변화해 갔다.

〔附 論〕(註 136)

1.

이상과 같은 검토의 근거인 睿宗 3년 2월의 이 制勅은, 주지하듯이 고려시기의 사회경제 특히 토지의 소유·경영형태 및 그 변동을 추구하는 데 일찍부터 항상 음미되고 분석되는 자료이다. 이 기록은, 현전하는 고려시기의 자료가 거의 《高麗史》에 한정되어 있고 그나마 이 책의 修纂 당시에는 고려전기 가운데서도 顯宗朝 이전은 實錄을 위시한 각종 문헌의 燒失·散逸·不傳이 극심하여 기사가 매우 엉성하고 단편이어서, 그 내용파악과 이로써 인식하는 역사상은 고려시기의 사회경제는 물론 우리나라 역사의 전개과정을 조직적으로 이해하는 데 깊이 간여할 만큼 비중이 크다. 특히 고려의 토지제도를 농업경영, 경작농민의 처지 등에서 論考하고자 할 때, '自今 先以軍人田 各定佃戶'의 대목은 현재까지의 여러 연구에서 본 자료의 이해에 가장 영향을 주는 구절이다. 특히 논점이 되는 곳은 '各定佃戶'의 부분이다. 그러므로 이곳에서는 장황하지만 그간 이 자료에 입각하여 이루어져 온 연구의 과정과 특징을 간략하게나마 정리하고, 아울러 본고의 論旨를 자료면에서도 좀 더 명료히 하고자 한다.

고려시기의 토지·농민·농업을 검토한 內外의 논고 가운데 본 제칙을 주요 자료로 이용하고 있는 것을 연도순으로 열거하고 논점과 특히 관계된 해당 項數를 적으면 다음과 같다.

① 가 姜晋哲, 〈高麗初期의 軍人田〉, 《淑大論文集》 3, 1963, pp. 42~43.

　　나 ＿＿＿＿, 〈軍人田〉, 《高麗土地制度史研究》, 高麗大學校出版部, 1980, pp. 126~130.

② 李佑成, 〈高麗의 永業田〉, 《歷史學報》 28, 1965(同, 《韓國中世社會研究》, 一潮閣, 1991).

③ 李基白, 〈高麗軍役考〉, 《高麗兵制史研究》, 一潮閣, 1968, pp.

　　　　　149～151.

④ 가 浜中 昇, 〈高麗 田柴科의 一考察〉, 《東洋學報》 63-1·2,
　　　　　1981(同, 《朝鮮 古代의 經濟와 社會》, 法政大出版局,
　　　　　1986, p. 142).

　나 ＿＿＿＿, 〈高麗前期의 小作制와 그 條件〉, 《歷史學研究》
　　　　　507, 1982(同上書).

⑤ 木村 誠, 〈高麗前期의 田柴科制度와 小作制를 둘러싼 二·三의 문
　　　　　제-浜中 昇氏의 所說에 붙여서〉, 《碧史李佑成教授停年退
　　　　　職紀念論叢》(上), 1990, pp. 188～193.

⑥ 가 安秉佑, 〈왕실재정과 莊·處〉, 《高麗前期의 財政構造》, 서울대
　　　　　학교출판부, 2002, pp. 260～262.

　나 ＿＿＿＿, 〈高麗時期 民田의 經營〉, 《韓國 古代·中世의 支配體
　　　　　制와 農民》, 지식산업사, 1997, p. 206.

⑦ 李榮薰, 〈高麗佃戶考〉, 《歷史學報》 161, 1999. pp. 53～56, 62.

⑧ 魏恩淑, 〈고려시대 토지개념에 대한 재검토〉, 《韓國史研究》 124,
　　　　　2004, pp. 92～98.

2.

　이상의 논고에는 모두 우선 커다란 공통점 세 가지가 있다. (1) '各定
佃戶'의 구절에 대한 讀解를 축으로 하여 자료 전체의 성질을 이해하고자
하는 점, (2) '各定佃戶'를 '각각 佃戶를 定하다'로 해석하되, '定'을 決定,
作定, 配定, 差定 등의 字意로 새기는 것, (3) 그리하여 본 제칙은 군인
전 및 궁원전·조가전의 경영형태 내지 토지제도의 변모를 전한다고 파악
하는 것이다. 그러면서도 후자, 즉 경영형태 및 토지제도의 내용에 관해
서는 견해가 갈라진다. 크게 두 부문으로 정리할 수 있다.

　첫째, 이 자료를 예종 3년 이전에 宮院田·朝家田·軍人田의 경영은 佃
戶制와는 별개의 형태였던 것으로 예종 3년 이전과 이후는 단계를 달리

하고 있는 사정을 전하는 것으로 이해하되, 그 구체내용에 가서는 (1) 고려전기에 군인전은 본래 養戶制가 시행되었다가 佃戶制로 전환한다는 것(①. ③), (2) 궁원전·조가전(科田)과 함께 군인전도 주현관에 의해 동원되는 地方農民의 集團勞動에 의해 이루어지던 경작이 이때에 와서 군인전만은 각기 佃戶를 定할 것을 지시하여 佃戶制로 전환한다는 것(②)으로 갈린다. 그리고 (1)은 다시 (i) 궁원전·조가전은 요역노동에 의한 直營制가 고려의 전기·후기 모두 지속되며, 군인전 경작은 본시 기본 형태가 軍戶를 구성하는 正丁의 집과 養戶의 공동노동에 입각하고 있던 것이 佃戶制로 넘어가기 시작하는 결정으로서(①-가) 실제 시행은 의문이지만 養戶制에서 佃戶制로 전환을 의미한다는 해석(①-나)과, (ii) 州縣官이 군인전의 경작을 勸督하고 輸糧시켜야 하는 여건에서 그 경작은 본시 養戶가 담당하다가 佃戶制로 전환하는 것이며, 이 전환은 국가에 의한 경작자의 配定에서 軍人 자신에 의한 것으로 바뀌는 것으로 생각하고 양호제의 내역, 위치는 달리 설정하는 견해(③)로 나뉜다. 어느 견해나 근본 논지는 고려에서 전호제가 이때를 기점으로 하여 확대·발전하며 후기의 並作半收制로 전개해 나간다는 것이다.

둘째, 12세기 이전 고려전기 田柴科의 경영형태를 전하는 자료로 파악하되, 그 구체내용은 (1) 궁원전, 조가전, 군인전 등 고려시기의 '私田'(宮院田·軍人田) 및 '國家直屬地'(朝家田)는 田租免除의 특권이 부여된 土地 자체의 지급(특히 私田의 경우 실제는 王室·兩班·軍人들이 保持하는 토지가 그들의 私有地=永業田이라는 것을 전시과의 규정액의 범위 안에서 국가가 인정한 것 - 이 점이 ②의 견해와 동일)이며, 그 경영은 田主 및 州縣官이 自作地가 부족한 농민을 每年 筆地마다 佃戶를 모집하여 경작하는 小作制였고, 이 소작제는 농민의 계층분화가 거의 진전되지 않은, 즉 共同體로서 토지를 소유하는 단계의 것으로 並作半收와 비교하여 地主에 대한 佃戶의 예속은 거의 없었으며, 그 성립조건은 토지생산성의 낮음과 항상 陳田을 만들어내는 連作農法이었다. 이 소작제는 12세기(예종 직후)부터 쇠퇴하는 것으로 보이는데, 이 속에서 自小作農이 自作農으로 성장하여 小作人不足이라는 문제에 직면한다. 예종 3년의 이 기사는 우선 이 무렵 佃戶

不足의 현상이 심하게 발생한 군인전부터 이러한 佃戶를 모집하여 作定
하라는 것으로 확정하는 견해(④-가, 나), (2) 궁원전·조가전에서는 이전
부터 전호제가 시행되고 있었으나 군인전에서는 예종조에 와서 비로소
전호제가 도입된 것(후자 군인전 경작의 형태는 ①, ②, ③의 견해와 같음)을
전하는 자료로서, 주현관이 궁원전·조가전의 경영에만 간여할 뿐 出征中
인 군인의 전토에 대한 대책에는 소홀하여 군인전의 황폐화와 군인의 도
산이 발생하여 그 응급조치로 우선 군인전부터 전호를 확보하도록 하는
명령이라는 것(⑤), (3) 궁원전·조가전·군인전의 경작민은 佃戶라고 부
른 농민으로서 권력기관의 토지인 궁원전이나 국가 토지인 조가전은 佃
戶를 差定하였지만, 군인전은 그렇지 않아 佃戶 부족 현상이 심각하게
발생하여 그 때문에 지방관이 佃戶差定에 적극적으로 독려하도록 한 것
이라거나(⑥-가), 궁원전·조가전의 경작민 역시 주현관이 차정한 이들로
서 역시 佃戶라고 불렀을 것인데 이들 佃戶가 그 토지의 소유자는 분명
히 아니며 小作人이었다는 추정(⑥-나), (4) 군인전 등 私田의 佃戶經營
이 점차 부실해져 감을 표현하는 자료로서 본시 고려의 私田(국가분급지,
1/2租)은 佃戶制 경영이며, 각 지방에 흩어져 있는 私田을 지방관의 주도
하에 공권력을 통해 일반농민을 佃戶로 동원하여 경영하고 그 田租를 국
가의 조운망과 수송망을 통해 수립하고 均給하는 것이었다고 보는 것
(⑧), (5) 고려시기 기록에 전하는 佃戶 자료로서 주목하되, 이 기록상의
佃戶를 학계에서는 小作農으로 이해함이 일반이라고 想定하여 비판하면
서, 궁원전·군인전 등 私田의 경작농이 佃戶이고 이 전호는 전국의 토지
를 國田으로 간주하는 관념에 기초한 농민 규정이며, 軍人田의 佃戶差定
을 우선하도록 독려한 이 제칙은 國田制의 이념 표방으로서, 늦어도 12
세기 초에는 백성들이 이 국전을 佃作하고 있다는 관념이 보편화함과 이
를 바탕으로 한 토지제도가 정비되고 있음을 확인하게 하는 자료의 하나
로 보고, 이러한 이념은 고려후기 및 조선초기로 이어진다고 보는 견해
(⑦) 등 다섯 가지로 나뉜다.

3.

그간의 연구에서 이 자료를 놓고 진행된 독해 및 내용파악의 대체는 이상과 같다. 이러한 諸硏究가 갖는 공통점은 본 자료의 要諦를 '各定佃戶'라는 문구에 두되, 이를 지방수령이 佃戶를 作定·差定·配定·決定한다고 풀이한 데서, 그리고 혹은 이와 아울러 養戶制를 대비시키는 데서 연유하며, 차이점은 이러한 파악 위에 농민층의 분화여부, 농법수준, 佃戶의 실체 등에 대한 연구자의 이해정도가 겹쳐서 발생하는 것이다. 그러나 이러한 독해와 내용이해에는 커다란 無理와 缺陷이 있다.

우선 본 자료의 내용은 지방관의 '勸稼', 곧 勸農에 관련된 것이다. 그러므로 자료 전체를 고을 수령의 권농행정과 직결해서 음미해야 내용을 올바르게 이해할 수 있다. 조선초 《高麗史》 修纂에서 이 제칙을 食貨志 가운데 '農桑'條에 넣은 것도 자료의 내용 및 성질이 이러한 것임을 익히 알고 있었기 때문이다. 다음, 이런 점과 상관하여 '各定佃戶'에서 '定'의 字義는 作定, 差定, 配定, 決定 등으로 새길 수 없다. '定'의 字義는 권농과 연계하여 새겨져야 순리이다. 그리고 보면 '定'은 작정·차정·배정·결정의 뜻이 아니라, 그 본래의 의미 '安',[1] 즉 '安寧'·'安定'으로 새겨야 격에 맞는다.

그러므로 본 자료는 궁원전, 조가전, 군인전 등 田柴科에 의해 경리되어 배분·분급된 諸分給田의 田丁 속에 묶인 實田의 소유경작자이고 납조자인 농민에 대해 이루어지는 지방관의 권농행정이 세력 있고 이해관계가 직결된 궁원전, 조가전 등에만 집중되고 상대적으로 미약한 군인전에는 극히 소홀해 왔는데, 이제는 궁원전과 조가전에 앞서 군인전부터 먼저 관심을 갖고 배려하여 각각 농작물 재배에 농민이 安定·安寧하도록 하라는 내용으로 자연스럽게 이해된다. '各定佃戶'의 定은 '高麗太祖初 定三韓',[2] '貴不以逼 而賤不敢踰 人心定矣',[3] '西土復定',[4] '正疆界 以定民

---

1) 《說文解字注》 7篇 下, '定'(上海古籍出版社, 1981, p. 339).
　《中文大辭典》, '定部', 9冊, p. 435.
2) 《高麗史》 121, 列傳 34, 良吏, 序, 中冊, p. 642.

心’,5) ‘一正君而國定’,6) ‘皆驚駭 久之乃定’,7) ‘上下之情以通 宗社之計以
定’8)의 定과 같다. 用例上 平定·安定·安寧의 뜻이다. 이 ‘定’은 德宗 3년
(1034) 3월의 勸農教 가운데 ‘農桑 衣食之本 諸道州縣官 勉遵朝旨 無奪
三時 以寧百姓’9)이라는 구절에서 ‘以寧百姓’의 ‘寧’과 완전히 같은 용법이
고 의미이다. ‘自今 先以軍人田 各定佃戶’는 이제부터는 군인전에 먼저
마음 써서 권농을 독려하여 그 농민(佃戶)을 안정시키라는 뜻이며, 그리
하여 농업생산이 순조롭게 진행되고 이것이 정상적인 收稅로 이어져 군
인 또한 도산 위험에서 벗어나 안정하게끔 도모하는 방책이었다.

　이 제칙은 자료의 성질상 지방수령의 권농행정이 분급전지의 地目이
갖는 신분계급적 위치와 경중에 따라 선후와 배려에 차등을 두고 이루어
지는 관례에 제동을 걸고, 공평성과 보통성에 입각하여 그간 소외되었던
군인전에 우선 배려하도록 촉구하고 있는 내용이다. 고려시기 전시과 계
열 토지의 경작형태 및 그 변동을 전하는 것이 아니고 이를 시도하는 것
도 아니다. 즉 예종 3년을 前後하여 養戶制 경영이나 지방농민에 의한
집단적 경작에서 佃戶制로 전환하는 것을 말해 주는 것이 아니며, 고려
전기까지 이들 토지의 경작이 지방관의 주관하에 佃戶를 모집·차정하고
작정하는 小作制이거나 적어도 그런 방식이었다고 추정할 수 있는 근거
가 되는 것도 아니고, 또한 國田制가 확고해진다는 논거를 제시하는 것
도 아니다. 실제 이곳의 養戶는, 군인전 田丁에 묶여 있는 實田의 소유
경작자이며 납조농민이 佃戶이듯이, 군인전 田丁 속에 설정되어 있는 納
租責任者이다.10) 이 제칙 역시 고려시기 田柴科의 諸分給田地는 收租權
에 입각하여 할급한 수조지이며, 그 수취는 田主佃客(佃戶)關係 속에서
이루어지고 있는 것임을 전하고 있는 자료의 하나이다. 仁宗 원년(1123)

---

　3)《高麗史》16, 世家 16, 仁宗 2년 5월 甲辰, 上冊, p. 321.
　4)《高麗史》17, 世家 17, 仁宗 18년 4월 丁卯, 上冊, p. 345.
　5)《高麗史》25, 世家 25, 元宗 원년 4월 丙寅, 上冊, p. 507.
　6)《高麗史》46, 世家 46, 恭讓王 2년 5월 庚戌, 上冊, p. 893.
　7)《高麗史》132, 列傳 45, 叛逆 6, 辛旽, 下冊, p. 858.
　8)《高麗史》137, 列傳 50, 辛禑 원년 9월, 下冊, p. 966.
　9)《高麗史》79, 食貨 2, 農桑, 德宗 3년 3월, 中冊, p. 734.
10) 본고의 주 130 참조.

宋使 徐兢은 고려 官員의 所受田이 外方 고을에 있다고 하고, 뒤이어 그 경작 및 수취방식에 관해 언급하여 '佃軍耕蒔 及時輸納 而均給之'[11) 한다 하였다. 佃軍은 농사지어 때에 맞추어 날라 들여 고루 급여한다는 것으로, 바로 이와 같은 분급 수조지 科田 일반의 경작·운영의 원칙을 말해 준다. 佃軍은 佃戶의 群稱으로서의 佃軍이고 그 실체는 말할 것도 없이 實田의 소유경작자이며 이 자기 토지 위에 설정된 수조지의 소지자, 즉 수조권자에게 납조하는 농민이다.

(《高麗時期의 田柴科》, 2007. 8. 수록, 2011. 補)

---

11) 徐兢,《宣和奉使高麗圖經》16, 官府, 倉廩.

高麗時期의 '佃戶' 農民

1. 序 言

고려시기의 토지의 소유·경영·수취 및 농업생산의 형태에 관해선, 科田·公廨田을 위시한 여러 분급전토, 토지경리의 기본구도인 公·私田, 민인 소유지 民田의 실체, 農莊·農法 등 토지의 경영 및 생산기초, 量田制·田品制 및 足·半丁制 등 토지세역제도의 운영방식 등 여러 방면에서 일찍부터 직접 간접으로 많은 검토가 이루어지고 있고 지금은 깊게 천착된 부분도 적지 않다. 이러한 여러 주제는 하나하나만으로도 중요하지만, 동시에 이 모두가 고려의 토지·농업 체계를 구명하는 데로 集轘되는 하나의 문제이기도 하다. 그리고 이 시기 토지·농업의 기본체계를 집약된 형태로 갖추고 위의 여러 주제를 함유하는 것의 중심에 자리 잡고 있는 것은 사회적 諸階層 특히 農民의 존재이다. 농민은 직접생산자로서 비교적 광범하게 토지의 경리 및 소유·경영, 부세, 농법 등을 생산과 수취에서 體現하고 있는 까닭이다. 여기서 다루고자 하는 '佃戶'도 그 하나이다. 고려시기 佃戶로 凡稱하던 농민은 토지·농업의 생산과 수취관계에서 생산자 및 납조자로서, 고려의 토지제도를 농업생산의 특징 속에서 이해하게 한다.

필자는 그간, 우리 역사상 '佃戶'는 고려시기는 물론 조선전기 그리고 소급해 삼국기 일정 시점까지는 토지분급제와 토지의 사적 소유 양자와 결부되어 있는 稅役제도 속에서 複合的 重疊的으로 연계되어 있고, 따라서 우리나라 舊來의 集權封建制下에서 토지·농민의 존재원리도 여기에 함축되어 있다고 이해하면서, 이 시기 토지·농업에 관해 몇몇 방면에서 정리하여 왔다.[1] 그리고 佃戶에 대한 필자의 이러한 이해는 지금까지 전호에 관한 견해나 주장과는 간격이 크고, 그런 점에서도 전호에 관한 검토는 고려사회를 체제적으로 파악하는 데 있어 매우 요긴한 문제라고 생각하고 있었다. 이 간격은 佃戶의 어휘와, 이와 함께 기술되어 있는 토지·농사·부세 관련 기사가, 연구자가 갖는 전호의 개념 내지 실체에 대한 이해 여하에 따라서 수조권과 소유권, 토지소유 관계, 농법수준에 관한 인식을 여러 갈래로 나뉘게 하고, 혹은 반대로 후자에 대한 이해 여하가 전자 전호에 대한 像을 여러 행태로 형성시키고 있는 데서 말미암는다. 이제 고려시기 농업생산의 인적 편성의 해명과도 관련하여, 종래 피력한 필자의 소견과 겹치는 부분도 있지만, 이를 정면으로 정리할 단계라고 생각하여 이에 착수하는 것이다.

2. ‘佃戶’의 字義 및 用例

농업이 산업의 기간이고 토지소유 원칙이 私的 所有이던 고려에서 민인의 토지소유 형태는 다양하였다. 數値로 파악할 수 있는 자료는 전하지 않지만 크게 보아 대토지 소유, 중·소토지 소유, 영세토지 소유, 무토지 소유 등으로 대별되며, 각 소유의 규모에서 다시 대소의 차이가 있었

---

1) 拙稿, 《朝鮮前期 土地制度研究-土地分給制와 農民支配》Ⅱ·Ⅲ·Ⅳ장, 一潮閣, 1986.
　　〃 , 〈高麗前期의 平田과 山田〉, 《李元淳教授華甲紀念 史學論叢》, 教學社, 1986(본서 Ⅳ편).
　　〃 , 〈古代·中世의 食邑制의 構造와 展開〉, 《孫寶基博士停年紀念 韓國史學論叢》, 知識産業社, 1988(본서 Ⅰ편).
　　〃 , 〈高麗時期의 兩班口分田과 柴地〉, 《歷史教育》 44, 1988(본서 Ⅱ편).
　　〃 , 〈高麗時期의 作丁制와 祖業田〉, 《李元淳教授停年紀念 歷史學論叢》, 教學社, 1991(본서 Ⅲ편).
　　〃 , 〈高麗末期의 白丁代田〉, 《學藝誌》 3, 陸軍士官學校 陸軍博物館, 1993(본서 Ⅲ편).
　　〃 , 《高麗前期의 田柴科》, 서울대학교출판부, 2007(본서 Ⅱ편 1·2논고 및 Ⅳ편 2논고).

음은 틀림없다.2) 이런 소유형태에서 경영형식은 地主·大農, 家作地主, 自作, 自作 겸 佃作, 純佃作 등이 있었다. 소유 규모의 차이만큼 경영 규모에도 차이가 있었다. 고려는 지주·대농경영과 소농경영이 생산의 축으로서 병존하고, 이 속에서 사회적 주도는 전자에 있었다. 지주 및 대농은 대소유자인 데다 정치적 有力者이고 신분은 상급이며, 소농은 소소유자에다 정치적 有力者이며 신분은 하급으로서 양측은 서로 상하관계에서 主流와 從流의 위치에서 움직였다. 그러면서도 지주·대농경영도 그 바탕은 소농적 생산형태에 두고 수행되고 있었다. 이런 점에서 소농경영, 소농민은 전체적으로 고려사회의 생산적 기초였다. 그리고 이 지주·대농경영 내에서는, 그 운영자인 소유주와 경작자인 농민 사이에 정치적 신분적 상하 질서가 수취자·소유자와 경작자·납조자라는 구체관계 속에 직접 작용함으로써 사회관계와 생산관계가 서로 엮여 생산활동의 형태로 전개되게 되어 있었다.

'佃戶'는 바로 이 소농경영의 실질 생산자의 한 모습이다. 후대 조선시기와 같이, 그 어휘 및 용례 혹은 이를 추구할 수 있는 각종 기록이나 규정이 중앙·지방 곳곳에 있었을 텐데, 지금은 정리된 史書 두 책과 잔존하는 몇몇 고려후기의 詩文集 안에 한두 구절 조각으로만 전하고 있어 용례나 실체의 파악이 어렵고, 그만큼 고려 토지제도 및 그 발달 정도를 가늠하는 데 커다란 아쉬움을 갖게 한다. 현재 고려의 '佃戶'에 관해선 연구자 사이에 다소 차이가 있으나, 위와 같은 상태로 전해오는 史料를 문헌 一邊度에서 전시과의 분급토지와 연관해서 해석하는 가운데, 크게 ① 12세기 초반(예종 3년, 1108) 전후하여 養戶制 경영이나 지방농민의 집단적 경작에서 佃戶制로 전환하는 과정에서 수령이 差定하는 소작인, ② 고려전기까지 지방관이 공권력으로 差定하여 주는 小作人, ③ 小作人

---

2) 金容燮, 《韓國中世農業史研究》, 지식산업사, 2000, pp. 3~232.
　　魏思淑, 《高麗後期 農業經濟研究》, 혜안, 1998, pp. 69~177.
　　허종호, 《조선토지제도발달사》[1], 과학백과사전출판사, 1991, pp. 231~348(서울版, 민족문화사, 1997).
　　拙稿, 〈高麗時期 土地의 私的 所有〉(본서 Ⅴ편).
　　有井智德, 〈高麗朝에 民田의 所有關係에 대하여〉, 《高麗李朝史의 研究》, 國書刊行會, 1985.

이 아닌 國田制下의 差定農民 등 세 방면으로 나뉘어 있다.[3] 그러나 ‘佃戶’ 관련 자료의 기사와 내용을 면밀히 살피고 음미하면, 고려시기의 佃戶가 고을 수령에 의해 분급전토 사전에 差定된 소작농민이나 國田制 속의 差定農民으로 간주하기에는 납득할 수 없는 곳이 여러 군데이다. 이런 난관은 위와 같은 일방적 해석을 떠나 사적 토지소유의 발달이 사실이고 분급전토는 이를 바탕으로 경리한 토지가 그 실체라는 점에서 보아야 뚫리고, 아울러 서로 상충되는 자료도 연결되며, 그간에 있어온 무리한 해석과 異見도 해소될 것으로 사료된다. 우선은 佃戶의 어휘와 용례에서부터 시작해야 하겠다.

낱말로서 ‘佃戶’는 漢字語彙이며, 우리나라와 중국에선 고래로 최근까지 사용한 단어이다. 이 말의 의미 중심은 ‘佃’에 있다. 佃의 字義는 몇 가지 되지만 농사·토지와 관련해선 두 가지이다. 하나는 ‘治田’, ‘治土’이

---

3) 고려의 佃戶에 대한 이러한 견해를 대표하는 논고로는 아래의 것이 있다.
　① 說: 姜晋哲, 〈高麗初期의 軍人田〉, 《淑大論文集》 3, 1963, pp. 42~43.
　　　　 〃 , 〈軍人田〉, 《高麗土地制度史硏究》, 高麗大學校出版部, 1980, pp. 126~130.
　　　 李佑成, 〈高麗의 永業田〉, 《歷史學報》 28, 1965(同, 《韓國中世社會硏究》, 一潮閣, 1991).
　　　 李基白, 〈高麗軍役考〉, 《高麗兵制史硏究》, 一潮閣, 1968, pp. 149~151.
　② 說: 浜中 昇, 〈高麗 田柴科의 一考察〉, 《東洋學報》 63-1·2, 1981(同, 《朝鮮 古代의 經濟와 社會》, 法政大出版局, 1986, p. 142).
　　　　 〃 , 〈高麗前期의 小作制와 그 條件〉, 《歷史學硏究》 507, 1982(同上書).
　　　 木村 誠, 〈高麗前期의 田柴科制度와 小作制를 둘러싼 二·三의 문제-浜中 昇氏의 所說에 붙여서〉, 《碧史李佑成敎授 停年退職紀念論叢》(上), 1990, pp. 188~193.
　　　 安秉佑, 〈왕실재정과 莊·處〉, 《高麗前期의 財政構造》, 서울대학교출판부, 2002, pp. 260~262.
　　　　 〃 , 〈高麗時期 民田의 經營〉, 《韓國 古代·中世의 支配體制와 農民》, 지식산업사, 1997, p. 206.
　　　 魏恩淑, 〈고려시대 토지개념에 대한 재검토〉, 《韓國史硏究》 124, 2004, pp. 92~98.
　③ 說: 李榮薰, 〈高麗佃戶考〉, 《歷史學報》 161, 1999, pp. 53~56, p. 62.
　이들 연구에 공통된 사항은 ① 고려, 특히 전기까지 사적 토지소유가 미숙하다고 가정하고 있는 점, ② 농경은 休閑, 혹 常耕이라도 陳荒田이 수시로 발생하는 단계로 추정하는 점, ③ 分給私田의 收租率을 1/2로 보고 있는 점이다. 이런 연구 동향의 좀 더 구체적인 내용에 관해선 拙稿, 〈高麗前期의 田柴科와 勸農〉 주 1의 논저(본서 Ⅳ편), 특히 그 附論(pp. 178~184)을 참고할 것. 그리고 3가지 說 가운데 시기상 ① 說은 고려후기의 병작반수제로 진전한다는 것 ②說은 고려후기 일정 기간까지 그러하다는 것에서 차이가 있다.

고 또 하나는 '代耕農'이다.4) 전토를 다스리는 것, 곧 논밭을 일구어 농
작하는 행위와, 다른 사람의 소유농지를 대신 농작하여 주는 행위 혹은
그 농부이다. 佃의 이 두 가지 字義는 서로 공통과 차이를 갖는다. 공통
은 어느 쪽이든 실제 농사, 곧 耕農5)한다는 사실이고, 차이는 농작 행위
를 하는 주체의 상대가 전자는 '田'이고 후자는 '田主'라는 것이다. '佃戶'
는 이런 경농을 직접 수행하는 사람이다. 그러므로 佃戶는, '佃'이 그러하
듯이, 경농을 전제로 또 범주로 하는 가운데서 두 가지 字義를 각기 개
별로 뜻한다. '佃戶'가 표현하고 지칭하는 어의 및 그 범주가 이러하지만,
통상 경농하는 사람을 가리킬 때에는 '田夫' 혹은 '農夫', '農者'라고 하였
다. 成宗 9년(990) 10월 국왕이 西京을 순행하며 내린 교시에서 농사가
풍성하고 나라가 평안하여 沿路의 고을에서 관리와 함께 환호하는 민인
을 일러 '田夫野老'라고 한 것, 예종 2년(1107) 3월 초하루, 때 없이 사
냥하고 火耕하여 生命을 없애는 일이 없도록 금하는 교서에서 '農夫火耕'
이라고 한 것, 忠惠王代 三峴에 궁전을 신축할 때 주민·장정·우마 및 각
종 물자의 징발이 끊이지 않아 민심이 들끓어 농사까지 짓지 못하게 된
광경을 가리켜 '農者輟耕'이라고 한 것 등이 그런 사례이다.6) 이웃 唐·宋
에서도 용례가 같았다.7) 田夫·農夫·農者의 어휘 역시 경농하는 이와 경
농을 대신하는 이 모두를 아우른다.

    그러면서도 농사짓는 이를 田夫나 農夫 대신에 '佃戶'라고 호칭할 때,
이 농민은 특별한 범주의 농민을 가리킨다. 이럴 경우에 전호는 治田·治
土하는 농민임에서 田夫·農夫·農者이되 그 실체는 '代耕農'하는, 즉 田主
와 상관하고 병립하는 경영관계로서의 '佃耕'을 하는 처지에 있는 농민,

---

  4) 《漢韓大辭典》, 人部, 佃, 1冊, p. 1015(檀國大學校出版部, 1999-以下同).
     《中文大辭典》, 人部, 佃, 1冊, p. 913(中國文化大學, 1993-以下同).
  5) 《中文大辭典》, 耒部, 耕, 7冊, p. 870.
     '耕農 耕田之農夫也 又謂農耕之事'
  6) 《高麗史》 3, 世家 3, 成宗 9년 10월 甲子, 上冊, p. 75(延世大學校 東方學研究所
     影印本, 1961-以下同).
     《高麗史》 3, 世家 12, 睿宗 2년 3월 丁亥, 上冊, p. 252.
     《高麗史》 124, 列傳 34, 嬖幸 2, 盧英瑞, 附朴良衍, 宋明理, 下冊, pp. 703~704.
  7) 周藤吉之, 《唐宋社會經濟史研究》, 東京大學校出版會, 1965.

즉 '佃農'임을 명기하는 것이다. 어휘상 佃農은 '佃丁', '佃人', '佃夫', '佃民' 등과 함께 並用한다. 이 여러 호칭 역시 모두 農夫와 代耕農民을 並稱하며 '佃戶'의 별칭이다.[8] 특별한 범주의 佃戶는, 田과 佃이 상대하듯이, 田主에 대해 佃夫이고 佃農이다. 타인 소유의 전토를 빌려 경작하고 수확의 일부를 사용수익료 '佃租', 곧 地代로서 소유주에게 납부하는 처지의 농민이 그 실체이다. 그러므로 우리는 이러한 처지의 농민을 佃農과 같은 語義에서 佃戶農民 혹은 借耕農民이라고 부르기도 한다.

토지의 私的 소유 및 경영이 일찍부터 성립하고 발달한 우리나라나 중국은 토지소유 규모의 多少·有無가 家戶마다 民人마다 다른 상태에서 농업생산이 이루어져 왔으며, 그만큼 오랜 세월 토지가 없거나 영세하여 남의 농지를 빌려 경작하고 지대를 납부하여 생계를 영위하는 농민을 보통 '佃戶'라고 불렀다. 이에 관해선 현재 唐·宋·元·明 및 漢代·三國·兩晉 시기 당대의 사례가 官纂·私纂의 書冊에 다수 전하고 있고, 그 部類와 구체내용에 관해 검토·연구한 성과도 넉넉하여 이에 의해서 대강을 살필 수 있다.

농지의 貸與·借耕은 漢代資料에 '假作'·'客耕'·'客農' 등의 어휘로 나타나는데, 이는 토지사유제의 성립·발달로 인한 것이다.[9] 後漢末·三國 부터는 '田客'·'佃客'의 용어가 등장한다.[10] 田客·佃客은, 客은 본래 他鄕에서 와 寄居하는 이를 말하는 것으로, 이들을 收容하여 농작에 투여함으로써 생긴 호칭이라고 하는데,[11] 그 근본은 '田'에 대한 '佃', '主'에 대한 '客'으로서 田·田主에 대칭하는 위치임을 분명히 표현한 데 있다. 佃客은 佃戶와 같은 의미 같은 어휘이다.[12] 兩晉과 南北朝시기에는 이러한 전객

---

8) 《漢韓大辭典》, 人部, 佃, 1冊, pp. 1015~1016(檀國大學校出版部, 1999).
   《中文大辭典》, 人部, 佃, 1冊, pp. 913~914(中國文化大學, 1993).
9) 侯外盧, 〈中國封建社會土地所有形式的問題〉, 《中國封建社會論》, 北京, 1979.
   胡如雷, 《中國封建社會形態研究》, 三聯書店, 北京, 1979.
   平中苓次, 《中國古代의 田制와 稅法》, 東洋史研究會, 1967.
   西嶋定生, 《中國古代의 社會와 經濟》, 東京大學出版會, 1986.
10) 藤家禮之助, 《漢三國兩晉南朝의 田制와 稅制》, 東海大學出版會, 1989, p. 32, p. 93.
11) 加藤繁, 〈唐宋時代의 莊園의 組織 아울러 그의 聚落으로서 發達에 대해서〉, 《支那經濟史考證》上, 東洋文庫, 1952, p. 234.
12) 星斌夫, 《中國社會經濟史語彙》(正篇), 佃客·佃戶, 光文堂書店(日), 1975, p. 306.

의 숫자 비중이 이전보다 대체로 증가한다. 그리고 사료에는 자주 ‘奴婢’·
‘僮僕’·‘部曲’·‘佃客’ 등으로 호칭하고 있다. 이는 戶籍上의 관점으로 본 데
서 나온 표현들이다. 당시 戶籍登記와 賦稅帳簿는 합치된 것이었으므로,
호적에 있는 사람은 국가에 대해 납세의 의무가 있었다. 위에서 열거한
부류의 佃戶는 大戶·富戶의 私屬이나 陰附人으로서 독립된 호적이 없고
납세의 의무 또한 없었으며 신분도 각기 달랐다. 이들 가운데 佃客은 곧
田客이다. 漢代에 客耕에는 두 가지 형태가 있었다. 하나는 佃農이고 다
른 하나는 雇農으로, 이후 兩晉·南北朝에서 대체를 이룬다. 晉 이후 전
자의 전농은 戶를 단위로 하고, 후자의 고농은 口數를 단위로 하여 官品
官員의 개인별 陰附人口를 제한하였다.13)

  唐·宋代에 들어와선 대토지 소유가 확장되고 莊園이 두드러지게 발달
하면서 無田農이 늘어 佃戶도 현저히 증가한다. 그리고 宋代에는 佃戶經
營이 제도로서 크게 확산하였다. 송대에 전호는 특히 官戶·形勢戶 등 官
僚·豪族·富家·大姓의 소유지를 경작하고 租를 내고 役에 종사하는 까닭
에, ‘客戶’·‘佃客’·‘莊客’·‘租戶’·‘種戶’·‘地客’·‘浮客’·‘火客’ 등 부류나 명칭이
여러 가지였다. 主戶·田主와 客戶·佃戶는 호칭도 다양하고 해석도 다기
하지만, 양자의 관계는 신분적 경제적 지배예속이 사회적으로 질서화되
어 있었고, 이러한 상하질서는 主戶와 客戶, 田主와 佃戶 관계의 가장
큰 특징으로서 이의 발현은 ‘借耕’ 속에서 이루어지고 있었다. 통념상 主
人과 奴婢의 관계에 준하는 것으로 간주되었다.14) 主戶와 客戶는 대략
신분처지 및 차경지와의 연계관계에서 비롯한다.15) 戶口登記上에선 주로

《中文大辭典》, 人部, 佃戶, 佃客, 中華學術院, 1993, 1冊, pp. 913~914.
13) 趙岡·陳鍾毅, 〈歷史上的 租佃制度〉, 《中國土地制度史》, 臺北, 聯經出版公司, 1982,
  pp. 246~248.
   林炳德, 〈魏晋南北朝의 良賤制〉, 《歷史學報》 142, 1994.
14) 高奭林, 〈宋代의 隨田佃戶에 대한 小考〉, 《大邱史學》 1, 1969.
   〃 , 〈宋代 佃戶의 諸類型과 그 性格〉, 《大邱史學》 10, 1976.
   申採湜, 〈宋代의 土地制度와 佃戶·主戶·客戶 問題〉, 《東洋史學研究》 22, 1985.
   周藤吉之, 〈宋代의 佃戶制〉, 《中國土地制度史研究》, 東京大學出版會, 1954.
   仁井田 陞, 〈奴隷農奴法〉, 《中國法制史研究-奴隷農奴法·家族村落法》, 東京大學出版會,
  1962.
   宮崎市定, 〈部曲에서 佃戶로〉, 《아시아史論考》中, 朝日出版社(東京), 1976.
15) 加藤繁, 주 11의 논고.

主戶와 客戶로 크게 兩分하였다. 송대의 主戶·客戶의 구분은 唐에 있던 土戶·客戶의 구분과 유사하지만, 후자는 원칙적으로 籍貫으로 구분한 것으로서 本地의 토착인과 他地로 移住하여 온 僑民을 양분한 것이 차이이다. 송대에 主戶·客戶의 호적 분류는 田産의 有無를 기준으로 한 것으로 有産者는 主戶, 無産者는 客戶였다. 主戶는 토지소유의 규모가 다양하여 대토지 소유부터 소토지 소유까지 여러 층이 있었으며 自作農도 많았다. 이 主戶 가운데 下戶는 대개 自作 겸 佃作을 하는 층이었다. 또한 客戶 가운데는 佃農 외에 雇農이나 임시로 主家에 僑居하는 浮客 등의 부류가 더 있었다.16) 지금도 학계에선 이런 여러 부류를 통칭하여 대개 佃戶 혹은 佃客이라고 하고 있다.17)

고려에서도 '佃戶'·'佃客'이란 어휘를 썼다. 뿐만 아니라 이런 농민의 우리식 표현의 하나로 '處干'이란 용어가 있었다.18) 그러나 唐·宋·元·明에서와 같이 佃戶·佃客 등 漢字語로 쓰고 있었지만, 客戶의 범주에 포함된 부류의 어휘 모두는 사용하지 않았을 것이다. 농업환경과 토지제도가 다르고 호적제도 및 세역제도가 다른 까닭이다. 일본에선 이런 용어 자체가 없었지만 우리나 중국에서 佃農에 속하는 층을 佃戶·佃客이라고 불러왔으므로, 우리나라 및 중국역사를 연구할 때 해당 자료의 표기와 그 悠久性을 존중하여 차경농민을 전호라고 불러주고 있고, 이를 自國에선 借耕農을 지칭하고 현대에 와서 우리나 중국에서도 쓰게 된 '小作'·'小作人'으로 설명하고 있다.19)

佃戶의 字義와 用例는 이러하다. 그러면서도 고려에선 '佃戶'라는 표현을 借耕農民뿐만 아니라 다른 계통의 농민에 대해서도 사용하였다. 이

申採植, 同上論文.

16) 趙岡·陳鍾毅, 주 13의 논고, pp. 252~253.

17) 주 9~14의 여러 논고.
桂栖鵬, 〈元代佃客法律地位辨析〉, 《折江師大學報》(社會科學版), 1994年 第3期.

18) 《高麗史》28, 世家 28, 忠烈王 4년 7월 乙酉, 上冊, p. 581.
《高麗史節要》20, 忠烈王 4년 7월 乙酉, p. 518(亞細亞文化社 影印本, 1971-以下同).

19) 深谷敏鐵, 〈朝鮮의 土地慣行 並作半收 試論〉, 《社會經濟史學》11-9, 1941.
浜中 昇, 주 3의 논고.
주 9~14의 여러 논고.

점은 중국 역대왕조에는 없는 다른 용법이었다. '田主'라는 어휘의 용례
역시 마찬가지였다. 전시과상의 경리·분급토지로 설정되어 그 수득 및
수득자에게 전조를 납부하는 實田의 소유주(田主)도 '佃戶'라고 하였고,
이 선상에서 분급전토를 소지하고 전조를 취득하는 이를 '田主'라고 한
것이 그것이다. 이는 고려, 나아가 우리 중세시기 토지의 존재형태, 생산
방식 및 부세제도의 특징에서 연유한다. 이 사정과 실제를 생산자 농민
의 처지에서 이해하려면, 借耕農民으로서의 전호와 納租農民으로서의 전
호 양편에서 하나하나 추구하여야 한다.

3. 田土借耕과 '佃戶'

고려시기 타인이 소유한 농지의 耕墾과 관련하여 현재 '佃戶'라는 낱말
이 자료로서 처음 보이는 것은 睿宗 6년(1111) 8월의 다음 判旨이다.

> 判 三年以上陳田 墾耕所收 兩年 全給佃戶 第三年 則與田主分半 二年陳田
> 四分爲率 一分田主三分佃戶 一年陳田 三分爲率 一分田主 二分佃戶[20]

진전의 경간은, 3년 이상 묵은 진전의 경우 간경 2년 동안은 수확 전
액을 佃戶에게 주고 3년째부터 田主와 分半하며, 2년 묵은 진전은 수확
을 4分하여 1분은 전주가 3분은 전호가, 1년 묵은 진전은 수확을 3분하
여 1분은 전주가 2분은 전호가 몫으로 한다는 것이다. 3년 진전이 그렇
듯이, 2년 진전과 1년 진전 모두 간경한 지 3년째부터는 전주와 전호가
수확을 반씩 나누어 갖는 것은 물론이다. 진황전의 개간을 독려하고자
광종조와 달리 진전을 묵은 햇수별로 구분하여 熟田이 된 후 分半打作이
궤도에 오를 때까지 개간자인 전호에게 몫을 더 취득하게 한 것으로서,
아마 '今陳', '舊陳', '久遠陳'의 명의에 서로 상당하였을 것이다.

---

20) 《高麗史》 78, 食貨 1, 田制, 租稅, 睿宗 6년 8월, 中冊, p. 727.

이 판지상의 田主는 해당 陳田의 소유권자이고 佃戶는 이 진전의 경간
자이다. 여기서 거론하는 진전은 有主의 진전이므로 이 토지의 간경인은
해당 토지의 借耕人으로서 농지를 빌려 경작하는 것이므로 수확을 半分
하여 한 몫을 사용수익료로 진전소유주에게 납부하는 것이다. 판지의 문
맥상 진전개간과 그 수확배분에서 전주와 전호 양측 가운데 주체가 되고
있는 것은 당연히 토지소유주 전주이다. 그래서 3년 이상 진전을 경간할
때 처음 두 해 동안은 수확을 모두 佃戶의 몫으로 하는 것을 표현하여
'준다'는 뜻의 '給', 곧 지급·공급한다고 한 것이다.

본 판지는 진황농지의 개간이 해당 토지의 소유권자가 아닌 타인에 의
해 이루어질 경우, 소유주 전주와 간경자 전호 사이 수익배분에 관해 예
종 정부가 취한 조정시책이다. 농지의 常耕과 진황농지의 起耕田化는 어
느 시기에나 권농책으로 독려되고 있는 사항이었다. 고려도 마찬가지였
다. 그리고 때때로 농지의 황폐가 장기간의 전란이나 天災로 어느 때 보
다 심하여 민인생계가 위급하고 부세수입은 급감하여 농지회복이 시급한
과제로 대두하면, 나라에선 농지개간에 각별히 유의하고 그 독려책의 일
환으로 특별히 田租를 일정기간 전액 혹은 일부를 면제하는 혜택을 부여
하는 한편, 진황전의 소유주와 그 간경인 사이에 이루어지는 私家經營에
대해서도 그 수확배분의 방식과 비율을 규정으로 분명히 제시하여 줌으
로써 소유주만이 아니라 타인도 농지의 경간에 적극 참여할 수 있게 하
여 개간의 성과를 높이는 것이 관례이고 방도였다. 예종 6년(1111) 이때
는 그동안 수년에 걸쳐 遼·女眞과 전란이 그치지 않았고 더욱이 尹瓘의
여진정벌과 9城 철수 등 일련의 군사 조치를 거쳐서,21) 생산증대의 도
모가 여러 방면에서 각별히 요구되는 시기였다.

이 판지는 '佃戶'와 관련하여, 자료로선 전호의 호칭과 그 차경인으로
서의 존재를 직접 전하고 있는 사실과 함께, 다음 두 가지 점을 더 알려
주고 있다. 하나는 고려시기 佃戶란 어휘가 처음 사용된 것이 예종조 이
시기에 와서가 아니라는 점이다. 오히려 이 시기 사회가 田主·佃戶라는

---

21) 金庠基, 〈女眞關係의 始末과 尹瓘의 北征〉, 《東方史論叢》(改正版), 서울大學校出版
    部, 1986.

낱말, 그리고 그 존재가 종래부터 있어와 관습·관례로 되어 있는 형세임을 전해준다. 본 판지의 초점은 경간 3년째 들어서 전주와 전호가 수확을 분반하기 전까지 2년 동안 양자 사이의 수확배분율에 있다. 수확의 분반 자체는 토지의 대여·차경에서 이미 당연한 규례이고 관습임을 전하고 있다. 3년째부터 전주와 전호가 수확을 반씩 나눈다는 구절이 이런 사정을 시사하여 준다. 또 하나는, 이런 시사와 연계되는 것이기도 하지만, 진황농지가 아닌 일반 起耕田의 대여·차경이 관습으로서 당연히 이루어지고 있던 慣行임도 알려준다. 진황농지의 전주는 이 토지가 기경전일 때도 田主였다. 그리고 이를 차경하는 이를 佃戶라고 하는 것 역시 본시 타인 소유의 농지를 빌려 경작하는 이를 전호라고 불러왔고, 또 부르고 있었던 데서 비롯한 것이다.

실제 토지의 소유주와 차경자가 서로 일정 규준에서 수익을 배분하는 조건으로 토지를 대여하고 차경하는 농지경영형식은 예종 6년(1111) 이전의 자료에도 전한다. 光宗 24년(973) 12월에 있은 判旨,

判 陳田墾耕人 私田 則初年所收全給 二年始與田主分半 公田 限三年全給 四年始依法收租[22]

이것이 그 예이다.

예종조의 판지 내용과 같은 유로서, 진전을 간경하는 사람은 해당 토지가 私田이면 첫해는 수확의 전부를 주고 2년째 비로소 田主와 分半하며, 公田이면 3년 동안 수확 전액을 지급하고 4년째 비로소 법에 따라 田租를 거둔다는 것이다. 이는 앞에 예종 6년의 조치와 같은 점과 다른 점이 있다. 같은 점은 광종조의 이 조치 역시 그 기본이 진전 간경 때 田主가 엄연히 있는 토지를 다른 사람이 경간할 경우 양자 사이의 수확배분에 관한 조치이며 이는 分半을 전제로 하고 있는 점, 그리고 역시 고려가 농지개간을 독려하는 권농시책의 하나라는 점이다. 다른 점은 전

---

22)《高麗史》78, 食貨 1, 田制, 租稅, 光宗 24년 12월, 中冊, p. 726.

주와 간경인 사이에 간경 후 수확의 半分을 시작하기 이전 진황 연한의
遠近, 곧 3·2·1년 진전의 구분과 그에 따른 수확배분의 비율이 언급되고
있지 않다는 점, 그리고 진전이 私田·公田 여하에 따라 그 간경인의 처
지가 달라져 전자의 경우엔 수확을 전주와 반씩 나누는 위치가 되지만,
후자의 경우는 3년 뒤에 법규에 따라 田租를 징수한다는 점이다. 이 가
운데 기본바탕이 되는 것은 공통점이다. 차이점은 공통점을 전제로 한
것이다. 차이점 가운데 첫 번째 진전의 遠近年限 구분과 그에 따른 경간
시작 후 2년간의 수확배분율의 有無는 개간 장려 대상농지의 범위 확장
여부로서 개간 독려의 시급성 정도, 개간 참여의 가능성 여하 등에 좌우
되는 것이며, 두 번째 진황농지의 私田·公田의 區別有無는 예종조에도
公田으로서 진전개간과 그에 대한 조치가 당연히 있었으나 이때의 판지
에선 특별히 언급할 필요가 없고 田主가 있는 진전에 대해서만 조정하면
되는 정황이었기 때문이겠다. 아마 公田에선 광종조 판지의 3년 후 법에
의해 收租하는 규칙이 그대로 적용되고 있었을 것이다. 이러한 사정은
광종조 개간시책의 내용을 음미하면서 예종조의 것과 대비하면 자연스럽
게 이해된다.

　광종조의 본 판지에서 진전개간 때 그 토지를 私田인지 公田인지로 분
간한 것은 당연한 조치이다. 우선 여기서 私田은 田主, 곧 私的 소유권
자가 엄연히 있는 토지를 지칭한다. 사전이 사유의 농지이므로 간경인은
당연히 전주의 농지를 이용하는 대가로 수확을 반분하는 조건을 준수해
야 하되, 다만 개간 첫해는 수확을 分半하지 않고 전액 자기 몫으로 받
는 혜택이 허용되고 있는 것이다. 진황전 간경에 소요되는 물력과 노력
이 起耕田에 비해 다대하고 처음에는 수확이 적어 이 점을 배려해 주어
야 진전개간의 성과를 기대할 수 있는 까닭이다. 다음 公田은 소유주가
질병·전란·재해·부채 등 여러 원인으로 사망·유리·도망·이산하여 無主化
한 토지이거나 경작 가능한 閑曠地이다. 고려시기 무주진전이나 한광지
는 원초적으로 국가가 소유권을 갖지 않았다. 즉, 국유지가 아니었다. 이
런 토지는 원칙상 山林川澤의 범주에서 파악하여 나라의 민인이 그 용익
을 '與民共之'하고 '所共利者'하는,23) 즉 公共으로 하는 것이 법제이고 관

례였다. 이는 원시공동체가 해체되는 가운데 邑落·小國이 발달하고 이를 바탕으로 국가가 성립·발전하면서부터 내려오는 오랜 전통이었다.[24] 이런 속에서 農耕地化하는 경우에는 개간자에게 소유권을 승인하였다.

물론, 公田으로 지칭하는 토지 가운데는 이와는 계통이 다른 국가 행정·군사기구의 소유지로서 國有·準國有 내지 官有의 토지, 예컨대 屯田·籍田·驛田·津田 등이 있었다. 이들 토지가 진전화되고 타인이 개간할 수도 있겠고 그럴 경우 각 소속기구 및 배정받고 있는 직역자에 의해 수확의 배분방식이 정해져 있었을 것이다. 이들 행정·군사기구 및 그 직역자 소속의 농지는 경작농민이 이미 배속되어 있거나 원칙상 직역자가 경작하게 되어 있는 까닭이다. 고려후기 李穡은 벼슬자리에 있으면서 家計支持를 위해 '借種官田'도 하였다.[25] 구체적으로 어느 기관의 무슨 농지를 借耕하였고 수확 분배는 어떠하였는지 알 수 없으나, 국가 소유지로서의 公田을 빌려 경작하였던 예이다. 혹 성종 11년(992) 판지에 보이는 '公田租 四分取一'[26]의 1/4세는 이런 경우에도 적용되는 수취율이 아닐까 한다. 그러므로 '依法收租'하면 되는 것이었다. 국가 각급 기구의 소유지 및 직역자의 공공토지는 말하자면 '無稅' 혹은 '自耕無稅'의 전토였다. 혹 해당기관이 여러 사정으로 소유를 폐기한 無主의 진황지이면 무주진전의 개간과 같은 혜택을 부여하였을 것이다.

광종조 판지 속의 私田과 公田이 이러한 성질의 토지였으므로, 사전에선 간경인과 전주가 '所收半分'이라 하여 '수확'을 반씩 나누어 갖는다고 표현하고, 공전에선 '依法收租'한다 하여 田租의 징수로서 거론하는 것이었다. 전조수취의 주체는 말할 것도 없이 公家, 곧 나라이다. 무주진전이나 한광지를 간경하는 데 수확을 分半하는 조건은 제시할 수는 없다. 고려의 田租는 什一稅였다. 전조는 모든 有田者, 즉 토지소유자가 납부하여야 하는 나라의 기본조세로서 의무사항이었다.[27] 이 경우 간경인은 해

---

23) 《高麗史》 85, 刑法 2, 禁令, 忠肅王 12년 2월, 中冊, p. 865.
　　《太祖實錄》 11, 太祖 6년 5월 丁未, 1冊, p. 105.
24) 拙稿, 〈山地公有의 傳統과 그 倒壞〉, 《社會科學敎育》 3(서울大), 1999, pp. 4~7.
25) 李穡, 《牧隱詩稿》 30, 田出甚小.
26) 《高麗史》 78, 食貨 1, 田制, 租稅, 成宗 11년, 中冊, p. 726.

당 개간토지의 소유권을 취득하고 田主가 되는 것이다. 예종조의 판지에
公田에 관해 언급이 없는 것은, 진황토지에서 私田에 대해 公田이 이러
한 성질의 토지이고 그 진황지의 개간 시 간경인에 대해 조세수취를 3년
간 면제하여 주고 있으므로 새삼 거론할 필요가 없기 때문이다.

  혹 본 판지의 사전이 전시과상의 분급전토, 곧 文武班의 科田으로서
兩班田을 위시한 軍·閑人田, 功蔭田 등이 아닐까 하는 생각이 일어날 수
도 있지만 그렇게 볼 수는 없다. 우선, 전시과의 私田이 설정된 때는 이
판지보다 시기가 늦다. 전시과가 처음 제정되는 것은 경종 원년(976) 11
월 '職散官各品田柴科'이며, 軍·閑人田의 등장은 각각 穆宗 원년(998) 3
월에 改定하는 '文武兩班及軍人田柴科', 德宗 3년(1034) 4월에 개정하는
'兩班及軍閑人田柴科'이고, 功蔭田은 顯宗 12년(993) 10월 判旨에 명칭이
보인다. 광종 24년(973)의 이 판지는 경종조의 직산관각품전시과의 제정
보다 시기가 3년 앞선 것으로, 체계적인 과전제도로서 兩班田이 절급되
기 이전이다.28)

  다음, 진황지는 원리상 분급전토가 될 수 없다. 과전은 분급 수조지인
데, 이를 묵정밭으로만 골라서 준다면 경작농민이 없어 食租의 실질과
의미 모두 없다. 전시과는 常耕田을 바탕으로 하여 그 수조권을 배분·절
급하는 토지조세의 체계이다. 더욱이 분급전토로서 과전이라면 그 진황
전의 간경인과 소지자가 '所收分半'한다는 표현이 격에 맞지 않는다. 당
연히 '依法收租'라고 하여야 한다. 수확을 전주와 간경인인 반씩 나누어
갖는다는 것은 私家에서 농지소유주와 그 간경인 사이에서 말미암은 간
경조건인 것이다.29)

  이 사전은 예컨대 신라하대에 智證大師가 出家 전부터 가지고 있다가
출가 후 鳳巖寺에 희사한 '莊十二區 田五百結'을 '我田'이라고 한 것30)과

---

27) 朴鍾進,〈조세제도의 구조〉,《고려시기 재정운영과 조세제도》, 서울대학교출판부,
    2000.
28)《高麗史》78, 食貨1, 田制, 田柴科, 功蔭田柴, 中冊, pp. 707~712.
      이 점은 허종호,〈사적 토지소유의 발전, 소작제의 보편화〉, 주 2의 논저, pp. 304~
    305에서도 지적하고 있다.
29) 이 광종 24년(973) 진전개간의 판지내용 및 공·사전의 실체에 관한 좀 더 상세한 논
    의는 拙稿,〈高麗前期 土地의 私的 所有〉(본서 Ⅴ편)의 4장 및 각주 84를 참조할 것.

같은 성질의 토지로서 사유지이다. 그러므로 이 판지에서 말하는 진전 간경인 역시 그 처지는 예종조의 판지에 보이는 佃戶 그것이다. 광종조 의 판지에서 진전 간경인이라고만 하고 전호라는 표현이 없는 것은 이들 이 전호가 아니어서 그런 것이 아니고, 전호라는 어휘를 이 무렵 고려에 서 아직 쓰고 있지 않아서도 아니었다. 진전개간을 장려하는 판지에 굳 이 전호라는 표현만을 써야 하고 이로써만 호칭할 이유는 없다.

　분반타작과 借耕佃戶의 존재와 보급은 직접 자료의 湮滅과 史書記事의 零星으로 현재 확인이나 검토는 할 수 없지만, 간접으로나마 열국기 및 삼국초기에 이미 있었다고 추정하게 하는 근거가 전한다. 그것은 片鱗이 나마 적지 않게 散見되는 無田農·零細貧農, 그리고 大家·豪富家의 토지 에서 勞力을 제공하고 품을 받거나 토지 약간을 받고 있는 傭作農民 傭 田農民의 존재이다. 고구려 故國川王 16년(194), 賑貸法 시행의 계기로 전하는 용작민, 곧 집이 빈궁하여 늘 傭力하여 升斗의 양식을 얻어 어미 를 봉양하던 이의 일화, 즉위 전 왕실의 政亂을 피하여 떠돌다가 水室村 陰牟家에서 용작하며 생계를 부지하던 美川王(299~330) 乙弗,[31] 신라 때 出家하기 전 군대에 있으면서 집이 가난하여 여가에 용작하며 곡식을 얻어 홀어미를 봉양한 眞定法師, 통일신라기에 牟梁里 사람으로 생계가 어려워 貨殖하는 福安家에서 役傭하며 田土 세고랑을 傭田으로 얻어 衣 食의 밑천으로 삼고 있는 金大城,[32] 그리고 금강사 논 한 뙈기의 暗耕에 생계를 매달던 沙梁部의 어느 부부, 父 혹은 母 한 사람과 자신 두 식구 가 연명하고자 처절하게 살던 景德王 때의 舍知 向德과 聖覺, 興德王 때 의 孫順, 眞聖王 때의 知恩 등이 그런 예이다.[33]

---

30) 《譯註 韓國古代金石文》Ⅲ, 鳳巖寺 智證大師塔碑, 韓國古代社會硏究所, 1992, p. 189.
31) 《三國史記》16, 高句麗本紀 4, 故國川王 16년 10월.
　　《三國史記》17, 高句麗本紀 5, 美川王.
32) 《三國遺事》5, 孝善 9, 眞定師孝善雙美.
　　《三國遺事》5, 孝善 9, 大成孝二世父母 神文王代.
33) 《三國遺事》5, 感通 7, 善律還生.
　　《三國史記》9, 新羅本紀 29, 景德王 14년.
　　《三國遺事》5, 孝善 9, 向德舍知割腹供親, 景德王代.
　　《三國史記》48, 列傳 8, 向德, 聖覺.

　　빈농·무전농·용작농은 대소유와 소소유, 유전자와 무전자의 분화 속에서 발생하는 층이었다. 토지 사적 소유의 원칙과 그 경영의 원리에서 自家耕作의 능력 규모를 넘게 토지를 소유하고 있는 왕실·귀족·부호는 소토지소유 농민이나 빈농·영세농을, 현물지대를 받거나 품삯용 곡물로 지급하는 조건하에 借耕佃戶나 傭作農民의 처지로서 그 노력을 빌려 여유농지를 경작하였을 것이다.[34] 용작·용전농민은 노비로 전락하거나 그 직전에 있는 층이었다. 용작·용전이 있는 터에 借耕은 의당 있었을 것이다. 용작·용전은 차경과 병존하고 있는 것이었다. 차경농민은 고구려 고국천왕(178~196)때 乙巴素가 아직 國相이 되기 전 西鴨綠谷 左物村에서 '力田自給'하던 것[35]처럼 자영소농과 저들 용작농민 사이에 자리 잡는 이들이었다.

　　列國期·三國初期에 차경 및 차경농민을 지칭하는 한자어 '佃' 및 '佃戶'가 사용되고 있었는지 직접 확인할 수 있게 하는 자료는 아직 보이지 않는다. 그러나 '佃'·'佃戶'라고 하였을 것이고, 우리식 표현도 있었을 것이다. 이 당시 우리 측의 직접 기록은 아니고 이웃 외국인이 남긴 기록이지만, 고구려 초기의 농업실정을 전하는 짧은 기사에 '佃作'이란 어휘가 전한다. '良田이 없어서 비록 힘써 佃作을 해도 넉넉히 口腹을 채우지 못한다'거나 '大家는 佃作을 하지 않고 坐食者가 만여 명이다. 下戶가 멀리서 米粮·魚鹽을 날라다 공급한다'[36]함에서 '佃作'이다. 이 기사 속의 전작은 治田·農事의 字義로 해석함이 일반이고,[37] 문맥상 借耕의 의미로만

　　《三國遺事》5, 孝善 9, 孫順埋兒, 興德王代.
　　《三國史記》48, 列傳 48, 孝女知恩.
　　《三國遺事》5, 孝善 9, 貧女養母.

34) 拙稿, 《韓國 古代·中世初 土地制度史-古朝鮮~新羅·渤海》, 서울대학교출판부, 2005,
　　 pp. 82~83.

35) 《三國史記》16, 高句麗本紀 4, 故國川王 13년 4월.

36) 《三國志》30, 魏書 30, 烏丸·鮮卑·東夷傳 30, 高句麗.
　　 '無良田 雖力佃作 不足以實口腹'
　　 '其國中 大家不佃作 坐食者 萬餘口 下戶遠擔米糧'

37) 《漢韓大辭典》, 人部, 佃, 佃作, 1冊, p. 1016.
　　 《中文大辭典》, 人部, 佃, 佃作, 1冊, p. 914.
　　 《大漢和辭典》, 人部, 佃, 佃作, 1冊, p. 684.
　　 李民樹 譯, 《朝鮮傳》, 三國志, 東夷傳, 高句麗, 探求堂, 1974, p. 83, p. 85.

이해하기도 어렵다. 그러나 佃作이란 어휘를 사용하여 고구려 초기의 농경사정을 전하고 있는 것을 보면, 고구려를 비롯하여 여러 列國에서도 차경·차경농을 漢字語로 명기할 경우 '佃', '佃戶(客)'의 용어를 썼겠으며, 아울러 借耕이 있었을 상황에선 이를 가리키는 낱말로도 사용하였을 것이다.

삼국기 이후, 전호농민은 사회성원의 분화, 농지소유 규모의 분화가 시간이 갈수록 확장되면서 점차 증가하였을 것이다. 국가나 각급 행정·군사기관, 세가 및 귀족은 변경의 군사주둔처나 신개척지에 농지를 조성하고 간경할 때 이들을 이용하여 佃作도 하였을 것이다. 6세기 초 신라 眞興王代 赤城(丹陽)에서 여전히 활용하던 고구려의 '佃舍法'은 실제 내용은 알 수 없지만 字義上, 아마 이런 여건에서 행하는 농지의 경영 및 관리·운영의 법식이었을 듯하다. '佃舍'는 莊·屯土로서 田舍이며, 佃舍의 '佃'은 佃作 내지 佃戶·佃客과 상관되는 것으로 사료되는 까닭이다.[38] 통일기 신라에 오면 정치·사회가 안정되어 농업생산이 증진하고 수공업·상업, 대외교역이 확장되는 가운데 농지개척이 촉발되면서 대토지 소유는 더욱 발달하여 갔다. 이에 병행하여 莊舍를 중심으로 하는 田莊經營이 佃戶農民을 통해 이루어지는 양상도 급속히 늘어났다. 노비공급원이 막히고 부곡 등 특수지역의 민인이 감축되면서 무전농·몰락농을 전호로 이용하는 방도가 주류를 이루었고, 이런 가운데 이들 농민도 自由民으로서 생계를 유지할 기회가 크게 열렸다.[39] 下代로 가면서는 豪族의 토지·농

《국역 中國正史 朝鮮傳》, 三國志, 魏書東夷傳, 高句麗, 國史編纂委員會, 1986, pp. 34~35.

38) 《譯註 韓國古代金石文》II, 丹陽赤城碑, 韓國古代社會研究所, 1992, p. 35.
　　〈丹陽 新羅赤城碑 特輯號〉, 《史學志》 12, 1978.
　　拙稿, 〈新羅時期의 丁田制〉, 《歷史教育》 82, 2002, p. 83(본서 III편).

39) 金容燮, 〈土地制度의 史的 推移〉, 《韓國中世農業史研究》, 知識産業社, 2000.
　　金昌錫, 〈新羅統一期 田莊에 관한 研究〉, 《韓國史論》 25(서울大), 1991.
　　金琪燮, 〈新羅統一期 田莊의 經營과 農業技術〉, 《新羅文化祭學術發表論文集》 13, 1992.
　　李炳熙, 〈三國 및 統一新羅期 寺院의 田土와 經營〉, 《國史館論叢》 35, 1992.
　　李仁在, 〈新羅統一期 田莊의 形成과 經營〉, 《韓國古代·中世의 支配體制와 農民》, 知識産業社, 1997.
　　李仁哲, 〈統一新羅期 私的 土地所有關係의 展開〉, 《歷史學報》 165, 2000.

민지배가 부상함으로써 더욱 만연하였다.40)

광종대 진전간경에 관한 이 조치는 田主·佃戶의 농지경영관계로서의
分半打作이 이미 사회적 관습이고 범례였음을 바탕으로 한 권농책의 하
나였다. 광종정부가 公田에 대해 취한 3년간 전조면제의 혜택이 私田에
도 적용됨은 말할 나위도 없다. 공전만 3년 면세한다면 전국 농지의 대
부분이 민인의 사유지인 고려에서 진전개간 장려책의 효과는 매우 제한
적일 수밖에 없겠으며, 정부로서도 이렇게 할 까닭이 없었다. 본 판지
역시 예종조의 판지가 그렇듯이, 전주와 전호 사이에 수확반분은 관례이
고 법규인 전통을 전제로 개간자에게 3년 면세의 혜택을 부여하고 사전
에선 간경 첫 해에 한해서 수확 전부를 취득하도록 전주측이 양보하여
진전개간이 제대로 이루어지도록 함에 초점을 둔 조치이다.

이러한 借耕農民으로서 전호의 존재는 忠肅王 때 관리이고 선비이던
崔瀣가 자신의 처지를 전하는 글의 한 구절에서 분명히 보인다. 최해는
생계가 빈한하여 만년엔 獅子岬寺란 절의 승려에게서 ‘借田而耕’하여 전
토를 빌려 경작하며 지냈는데, 평소 浮屠를 좋아하지 않던 자신을 희롱
하여 ‘卒爲其佃戶’하다고 하였다. 기어이 부처의 ‘佃戶’가 되었다는 것이
다.41) 고려말 鄭道傳은 그의 벗 宋因이란 이가 漢陽府判官을 제수받은
것을 기리는 詩序에서, 송인이 처음 전라도 寶城에 살다가 倭寇의 소란
이 심하여 양친을 모시고 楊光道 果州(果川)로 이사하고 생활은 ‘賃田宅
以居 課僮僕農耕’42)하며 꾸렸다고 하였다. 밭과 집을 값을 주고 빌리고
노복을 시켜 농사를 짓게 한 그 역시 최해와 같은 전호였다. 고려시기
士大夫 가운데, 비록 직접 농사를 짓지는 않는다 하더라도 佃戶는 있었
고, 그런 처지를 크게 부끄럽게 여기지 않았다.

고려조정의 이러한 농지개간 시책 아래서, 다른 왕조에서도 그러하였

---

40) 拙稿,〈羅末麗初의 土地問題와 田柴科의 始定〉, 前揭《高麗前期의 田柴科》, pp.
   14~16(본서 Ⅰ편).

41) 崔瀣,《拙藁千百》2, 猊山隱者傳(《高麗名賢集》2冊, p. 421, 成均館大學校 大東文
   化研究院 影印本, 1973).
   《高麗史》109, 列傳 22, 崔瀣, 中冊, p. 396.

42) 鄭道傳,《三峯集》3, 序, 送宋判官赴任漢陽詩序.

지만 소농민 개개인의 개간 규모는 작았을 것이고, 대규모의 개간은 물력·인력의 소지나 동원이 우세한 세가 및 부호에 의해 이루어졌을 것이다. 고려는 농지개간을 통한 농업생산의 고양을 이들을 축으로 이들의 힘에 입각하여 꾀하고 있는 셈이었다. 이와 같이 수확의 分半打作을 조건으로 한 토지의 대여·차경 속에서 이루어지는 田主와 佃戶의 관계를 우리는 自作經營 및 그 田主와 구분하여 범주를 분명히 하고자, 이 田主를 地主로 지칭하여 地主·佃戶의 경제적 사회관계로 이해하고 있다. 地主佃戶制인 것이다.

고려시기에 佃戶農民의 부류는 농경관습, 농지개간의 여건과 방식, 농민의 신분적 사회적 처지에 따라 여러 형태가 있었겠고, 그 호칭도 다양하였을 것으로 추측되나 구체사실은 알 수 없다. 다만, 크게 보면 대략 두 가지 유형으로 나눌 수 있겠다. 하나는 그간 살폈듯이 농지개간을 계기로 하여 주로 발생하는 所收分半의 並作佃戶이다. 병작반수제는 지주는 농지를 대여하고 경간인은 노동력을 투하하며 수확은 반반씩 나누는 형식이어서, 그 佃戶는 지주의 奴婢나 私屬人보다는 예속도가 덜하였을 것이다. 그러나 병작제가 외형적 주관적으론 전호농민의 의사가 개재되어 맺어지는 농지경영이고 지대책정이지만 수확을 半打作하여 高率의 지대를 授受하고 있는 점 자체부터 경제외적인 신분계급적 지배예속성을 함유하고 있는 것이다. 병작전호는 순전히 차경만하는 純佃作農도 있고, 자기 농지를 경작하면서 佃作을 겸하는 自作 겸 佃作農도 있었을 것이다.

이와 더불어 농지개간에서 간경인 자신이 物力과 人力을 조달·마련하고 지주와 水利·灌漑 및 地代 등 개간·경작·배분에 따른 여러 세부사항을 작정한 뒤 대규모 개간을 주도하여 착수하고, 공사에 참여시킨 인력이나 혹은 流亡民을 모아 실제 전호로 삼아 경작하게 하고 자기는 이들을 관리·감독하는 한편, 半打作하여 징수한 지대 가운데 일정 몫을 지주에게 납부하고 나머지를 자기 몫으로 하는 그러한 전호도 있지 않았을까 한다. 앞에서 살핀 예종 4년의 판지에서 3·2·1년 진전의 개간 때 간경한 전호가 각기 개간 당초부터 지주의 수확의 전액·3/4·2/3를 취하도록 한 조처를 보아, 생산성이 높은 토지에선 物力을 들이고 전호를 모집하여 개간하고 농지를 관리하는 간경인은 실제 경작전호가 납부한 분반지대의 3/4, 2/3, 1/2만 취하고 나머지 1/4, 1/3, 1/2은 지주에게 내는 수익분배방식이 택해졌을 수도 있겠다. 충렬왕 24년(1298) 정월, 충선왕 즉위 下敎에선 豪猾한 무리가 遠陳이라고 칭탁하여 山川으로 四標를 삼아 賜牌를 받아 자기 소유로 하고 公租를 내지 않아 田野가 비록 개간되어도 나라의 貢賦가 매해 준다고 하고, 뒤이어 더욱 심한 것은 '房庫·宗室之田'을 칭탁하여 그 租에서 1分은 納公하고 2分은 자기에게 돌리며 아예 전혀 들이지 않는 자도 있어 이 폐해가 막대하다고 각별히 거론하고 있다.43) 여기서 후자의 지적도 진황지 개간과 관련하여 지주전호 사이에 병작반수를 기초로 하되 위와 같은 중간지주의 존재를 시사하여 준다. 이 지적은 대강 豪猾輩가 房庫·宗室의 田土, 곧 房庫 및 宮院의 전토를 托稱하여, 왕실기구가 賜牌로 받은 陳荒田을 人力·物資를 조달하여 개간하고는 실제 경작전호에게서 받은 수확의 半分額에서 1/3은 房庫·宮院에 드리고(納公), 2/3는 자신이 취하는 實狀을 말하는 것이 아닐까 한다. 房庫는 內房庫를 이르는 것으로서 충렬왕 15년(1289) 이전에 국왕이 따로 설치한 御庫이다. 黃門 1인이 관장하고 조정의 신료를 각 도에 파견하여 勸農使라고 칭하며, 公私의 良田을 택하여 민인을 모아 경작하고 그 貢賦를 면제하여 물의가 컸었다.44) 이상 각종 경작방식과 지대분배방식은 그 규모나 지대배분의 내역으로 보아 규모가 큰 황무지나 무주진전에서 개간권만 취득하고 있는 이와 실제 간경인 사이에서 주로 행해졌을 것으로 추찰된다.

또 하나의 유형은 수확을 반분하는 병작전호와 달리 주로 왕실·사원, 중앙·지방의 위세기관 및 권세가에 專屬 혹은 私屬한 상태에서 佃作하는

---

43)《高麗史》78, 食貨 1, 經理, 忠烈王 24년 정월, 忠宣王 卽位下敎, 中冊, p. 707.
　　'先王制定內外田丁 各隨職役 平均分給 以資民生 又支國用 邇來 豪猾之徒 托稱遠陳 標以山川 冒受賜牌 爲己之有 不納公租 田野雖闢 國貢歲減 又甚者 托以房庫宗室之田 其於租稅 一分納公 二分歸己 或有全不納者 玆弊 莫大 宜令諸道按廉及守令 窮詰還主 如無主者 其給內外軍閑人 立戶充役'
44)《高麗史》79, 食貨 2, 科斂, 忠烈王 15년 3월, 中冊, p. 745.

이들이다. 地主家에 投托·占匿되어 役使에 종사하며 租·布·役을 납부하는 형식이거나 혹은 私耕田을 받고 자기 생계를 부지하며 主家 토지의 경간에 종사하는 이른바 作介式으로서, 勞役佃戶라고 하겠다. 忠烈王 4년(1278) 7월에 高官級 회의의 한 논의를 전하는 아래의 기사는 본래의 전호 차경농민과 함께 이러한 專屬·私屬된 佃戶의 존재를 알려준다.

(1) 王在元 哈伯平章謂康守衡·趙仁規曰 昨有勅 其議可以安集百姓者來奏 王遂命宰樞與三品以上議之 (2) 皆曰 上下皆撤處干 委以賦役 可也 (3) 處干 耕人之田 歸租其主 庸調於官 佃戶也 (4) 時權貴多聚民 謂之處干 以逋三稅 其弊尤重 (5) 守衡曰 必以點戶奏45)

내용을 축조하면, (1) 이 무렵 百姓安集策을 논의하여 보고하라는 元의 요구를 받아, 국왕이 宰樞와 3品 이상의 관원에게 의논하게 하였을 때, (2) 모든 관료가 上下 모두 處干을 철폐하여 賦役을 부과함이 옳다고 하였다는 것, (3) 처간은 다른 사람의 전토를 경작하고 租는 그 田主에게 돌리고 庸·調는 官에 내는데 바로 佃戶라는 설명,46) (4) 당시 權貴가 민인을 많이 끌어 모아 처간이라고 부르고 三稅(租·庸·調)를 포탈하여 그 폐단이 더욱 심하다는 지적, (5) 이런 처간을 철폐하려면 반드시 點戶가 이루어져야 한다는 것 등이다. 위 기사에서 처간의 실체와 관련해서 주목되는 바는 두 가지 사항이다. 하나는 본래 형태의 처간이고, 다른 하나는 上下에서 모두 철폐하고 부역을 지워야 한다는 처간, 곧 租·庸·調 3稅를 징수하지 못하여 폐가 크다는 문제의 처간이다.

첫째 본래의 처간은 타인 소유의 전토를 빌려서 경작하고 租를 해당 토지의 소유주인 田主에 돌리고(보내고) 庸·調를 官에 보내는 이로서 佃

---

45) 《高麗史》 28, 世家 28, 忠烈王 4년 7월 乙酉, 上冊, p. 581.
  《高麗史節要》 20, 忠烈王 4년 7월 乙酉, 上冊, p. 518.
46) '處干'에 관한 본 해설은, 이 구절이 《高麗史》와 《高麗史節要》 두 正史冊에 모두 있는 것으로 보아, 조선초에 와서 이 두 史書를 찬술할 때 찬술자 측에서 添附한 것이라기 보다는 원래 충렬왕 당시 史官이 이 논의사항을 기록하면서 添補한 것이 아닐까 사료된다.

戶 그것이었다. 租를 전주에 보낸다는 것은 토지 사용 및 수익의 대가로
서 수확의 일부를 전주에게 지불하는 사실관계를 설명하는 것으로, 여기
서 ‘租’는 漢字語彙식 표기이며 토지소유주가 국가에 의무로서 납부하는
‘田租’가 아니고 해당 토지의 차경자가 직접 그 토지소유주에게 내는 이
를테면 ‘佃租’·‘私租’이다. 田租는 토지소유자에게 부과하는 것이고,47) 따
라서 代耕을 하게 한 전주는 처간이 납부한 수확의 일부 佃租(地代)에서
전조를 떼어 나라에 내는 것이다. 處干은 고려시기 借耕農民을 지칭하는
우리식 표기이고, 漢字語로는 佃戶였다. 처간은 ‘곳한’의 吏讀表記로 이해
하고 있는데, 곳한은 作人으로서 남의 전답을 맡아 농사짓는 사람이
다.48) 처간이 전호인 것은 조선초 《大明律直解》에서 《大明律》에 있는
‘佃客’을 처간으로 직해하고 있는 데서도 분명하다.49) 용례상 의미상 전
객과 전호는 앞에서 살핀 대로(2장) 같은 어휘이다. 佃客이란 낱말도 고
려에서 사용하였다.50) 처간이 남의 땅을 부치고 도조를 내는 작인들 여
러 부류를 통칭하는 뜻의 전호를 곧바로 통칭하였는지 여부는 지금으로
선 확정하기 힘드나, 적어도 그 중심에 分半打作하는 전호가 자리 잡고
있는 것은 틀림없겠다.

　둘째, 문제의 처간은 본래의 전호, 즉 借耕農民으로서의 처간과는 달
랐다. 이들 처간은, 위의 논의가 있기 8일전 韃靼人으로서 몽고군을 지
휘하며 고려에 와 있던 忻都란 이가 元帝에게 고려의 宰相이 ‘多匿民戶
免避賦役’51)한다 하듯이, 많은 민호를 차지하고 은닉하여 부역을 면제하
고 회피하도록 하고 庸·調는 물론 租까지 3稅 전부를 자신에게 바치게
한 그러한 처간이었다. 즉, 수조권·수조지에 의거한 토지겸병에 수반하

---

47) 주 72·73 참조.

48) 장지영·장세경, 《이두사전》, 處干, 정음사, 1976, p. 61, p. 312.
　　홍기문, 《리두연구》, 處干, 과학원출판사, 1957, p. 94(서울版, 한국문화사, 1995).
　　오희복, 《리두》, 處干, 김일성종합대학출판사, 1999, p. 160(서울版, 亦樂, 2002).

49) 《大明律直解》, 律 第 1, 名例律, 應議者之父祖有犯.
　　《大明律直解》, 律 第 17, 兵律, 私役民夫擅徭.

50) 《高麗史》 78, 食貨 1, 田制, 辛禑 14년 7월, 中冊, p. 716.
　　《高麗史》 78, 食貨 1, 田制, 恭讓王 3년 5월, 中冊, p. 725.

51) 《高麗史》 28, 世家 1, 忠烈王 4년 6월 丁丑, 上冊, p. 580.

여 점거당하고 아울러 국가의 통치력이 배격되고 거부되는 속에서 존재
하는 처간이었다. 이들을 철폐하여 민인을 安集시키자면 우선 반드시 취
하여야 할 조치가 있었다. 點戶의 시행이 앞서야 했다. 점호는 戶口·戶
籍을 점검하여 권세가 귀척가에 투탁하거나 은닉되어 있는 민호를 적발
하여 다시 編戶하고 貢戶로 돌리는 절차였다.52) 나라의 부세파악 대상에
서 완전히 잠적되어 있는 이들이었던 까닭이다. 충렬왕 15년(1289) 9월,
宦官·權貴는 모두 賜田을 받아 많은 이는 2·3천 결에 이르렀는데, 이를
기화로 '各占良民 皆蠲賦役'53)함으로써 제각기 양민을 점닉하고 모두 부
역을 면하게 해주었다. 忠烈王 자신도 內房庫라는 별개의 御庫를 따로
설치하여 黃門 1인에게 관장시키고, 朝臣을 각 도에 파견하고 勸農使를
칭하여 公·私의 良田을 택하고 '聚民耕種 免其貢賦'하여 민인을 모아 耕
種하고 그 貢賦를 면제함으로써 물의가 컸다.54) 개간활동에 국왕도 참여
하고 있는 것이다. 그 방식은 權貴와 같되 黃門·朝臣이 공공연히 機構로
서 동원되고 있음에서 형세의 거대함을 보여준다.

　권귀가 양민을 점닉하고 투탁시킬 때 처간에 빗대어 한 데는 그럴 만
한 素地가 있었다. 처간 가운데는 기관이나 인물에 소속이 편제되어 있
는 이가 있었다. 예컨대 국왕의 內庫에는 소속처간이 있었다. 충렬왕 때
조정은 몇 차례 民戶計點을 꾀하였는데, 그 가운데 한번은 朱悅과 郭汝
弼이란 관리를 각각 경상도·전라도 계점사로 파견하여 流亡人을 招集하
게 할 때 국왕이 이들에게 '勿役內庫處干'하도록 명을 내리고 있다.55) 내
고의 처간은 내고소속의 처간으로 별도의 장적에 편적되어 있어 그들을
점검하여 점닉된 자를 발각하여 부역에 내몰지 말도록 한 은밀한 청탁이
다. 당시 두 계점사는 국왕의 명을 거역하여 잠시 좌천되었다.56) 충렬왕
은 耽羅民戶를 編籍하여 내고에 소속시키려 하다가 李混이란 관리가 옳

---

52) 北村秀仁,〈高麗時代의 貢戶에 대하여〉,《大阪市立大學 人文研究》32-9, 1981.
　　　蔡雄錫,〈지방제도의 변화와 '貢戶'의 파악〉,《高麗時代의 國家와 地方社會》, 서울
　大學校出版部, 2000.
53)《高麗史》28, 世家 30, 忠烈王 15년 9월 丁丑, 上冊, p. 622.
54) 주 44와 同.
55)《高麗史》106, 列傳 19, 朱悅, 下冊, p. 334.
56) 同上.

지 않다고 반대하여 그만둔 적도 있었다.[57] 내고에서만 소속민인을 편적하고 일반민인과 구분하여 관리하였던 것은 아니었다. 충렬왕 4년(1278) 嘉林(林川)縣 사람들이 達魯花赤에게 고을의 村落이 元成殿 및 眞和院, 將軍房·忽赤·巡軍에 分屬되고 오직 金所 1개 촌만 남았는데, 鷹房의 迷刺里가 이마저 빼앗아 가져 본현이 단독으로 賦役을 바칠 수 없게 되었다고 하소연하였다. 달로화치는 이 고을만 그런 것이 아니라 이런 곳이 많다고 하였고, 宰樞에선 대책으로 王旨와 宮旨를 모두 거두어들이고 '籍民歸本役'하라 하여 민인을 編籍하여 本役에 돌려야 한다고 하였다.[58] 권귀의 민호점닉에는 王旨·宮旨 등이 따랐으며 그 민호는 별도의 帳籍에 登載되었다. 王旨·宮旨에는 점유한 소속처간의 수효가 정해져 있었을 것이다. 그러나 이 수효는 그대로 준수되지 못하였다. 투탁·점닉을 통해 정한 수효를 넘는 경우가 많았다. 정한에 넘는 처간은 數外處干이 되었을 것이고 아마 원래의 처간장적 외에 별개의 장적에 등록하여 관리하였을 것이다.[59] 이런 과정과 처지에 있는 處干이 통상의 일반 佃戶農民으로서 처간일 수는 없었다.

고려시기의 國屯田으로 조선 太宗 初에 와서 혁파되는 陰竹 國農所의 경작민을 '干農夫'라고 하였는데, 이들 역시 이러한 勞役處干의 한 부류로 사료된다. 음죽 국농소의 干농부는 음죽고을에 소재한 국농소에 專屬되어, 公田인 국둔전 경작에 종사하는 한편 국농소에서 자기 몫의 '所耕田'을 절급받아 그 수확으로 가계를 꾸려가는 농민이었다. 간농부가 받아가지고 있는 소경전은 私耕田으로서 私田이었다. 국농소 혁파 뒤에도 이 소경전은 간농부의 사전, 곧 私有田畓으로 남았다.[60] 이들 간농부는 국

---

57)《高麗史》108, 列傳 21, 李混, 下冊, p. 373.

58)《高麗史》89, 列傳 2, 后妃, 齊國大長公主, 下冊, p. 22.

59) 고려시기에 '數外處干'의 존재를 직접 전하는 자료는 현재 보이지 않는다. 그러나 처간은 朝鮮에서도 지속하고 있었다. 中宗 원년 9월에 前王(燕山君) 때 있은 弊政의 정리를 논의하는 자리에서, '前王時 忽於軍政 咸鏡道本宮屬數外處干 盡屬內需司 今宜還屬軍政 以實邊鄙'(《中宗實錄》1, 中宗 원년 9월 辛卯, 14冊, p. 77)하고 있음에서 本宮 소속의 처간과 數外處干을 확인할 수 있다. 고려에서는 더 유행하였을 것이다.

60)《太宗實錄》9, 太宗 5년 3월 癸亥, 1冊, p. 323.
　《世宗實錄》10, 世宗 2년 11월 己巳, 2冊, p. 424.

농소의 처간이었을 것이다. 고려시기에 왕실·사원 및 각종 기관 그리고
세력가의 처간에는 이와 같은 전호도 있었을 것이다. 私家에서 奴婢나
자기 私屬人에게 私耕田을 주고 自家의 농토를 경작시키는 방식, 이른바
作介經營도61) 이런 형태가 소규모화한 것으로 추측된다.

음죽 국농소 및 그 소속 干농부에게서 보이는 토지경작방식은 국둔전
경영의 한 형태로서 일찍부터 있었을 것이다. 顯宗 15년(1024) 정월 都
評議使司에선 西京畿 안에 있는 河陰 部曲民 100여 戶를 내어 嘉州(嘉
山) 南屯田所에 옮겨 '佃作'에 충당하자고 奏達하고 있다.62) 하음은 江華
島에 있는 고을이고, 嘉州는 淸川江 북단에 있고 光宗 때 濕忽을 축성하
여 이 호칭으로 승격하고 성종 14년(995)에 防禦使가 되었으며, 조선 태
종 13년(1413) 嘉山郡이 된 곳이다.63) 이 가주 남둔전소에 이사한 100
여 호의 하음 부곡민은 음죽 국농소의 干농부처럼 이곳 둔전소에서 所耕
田을 받아 定住하면서 둔전경작에 力役하며 종사하는 처간으로서 전호가
되었을 것이다. 이런 점에서 佃作인 것이다.

타인의 농지를 경작하는 佃戶·處干의 부류는 여러 가지였지만, 그 本
型 그리고 中心은 分半打作하는 並作佃戶였다. 그러므로 나라에서 농지
개간을 장려할 때면 私田의 경우 으레 수확반분을 관례로 기준으로 삼고
있는 것이다. 그리고 內庫나 國農所에 소속한 처간이나 혹은 이런 형태
를 假托하고 빙자하여 투탁·점닉된 민호라고 모두 위와 같은 勞役佃戶나
作介佃戶만 있는 것은 아니었다. 이러한 처간은 특수하거나 일시적인 형
태였다. 농민을 처간에 빗대어 지배·수취하여 三稅를 포탈하는 행위는
집권왕조국가의 체제를 위협하는 행위여서 개인의 대토지 경영에선 원리
상 용인될 수 없었다. 뿐만 아니라 투탁·점닉된 농민으로서도 자기 농지

---

61) 盧明鎬 外,《校勘譯註 韓國古代中世古文書硏究》(上), 太祖土地賜給文記, 서울대학
    교출판부, 2000, pp. 132~137.
    安承俊,〈1554년 在京士族의 農業經營文書〉,《季刊 書誌學報》8, 1992.
    金建泰,《조선시대 양반가의 농업경영》, 역사비평사, 2004, pp. 57~83.
    李仁在,〈高麗 中·後期 農莊의 田民確保와 經營〉,《國史館論叢》71, 1997, p. 216.
62)《高麗史節要》3, 顯宗 15년 정월, p. 92.
63)《高麗史》58, 地理 3, 北界, 安北大都護府, 嘉州, 中冊, p. 315.
   《新增東國輿地勝覽》52, 平安道, 嘉山郡, 建置沿革.

와 타인의 농지가 時空上에서 분리된 상태에서 경작하고 田主＝地主에게
사사로이 예속되고 있는 데서 오는 비능률성과 불편도 컸을 것이다. 처
간 철폐가 공론화된 것은 이런 배경에서였다.

　농업생산에서 자영소농과 함께 직접 생산자 층을 구성한 것은 借耕農
民, 주로 並作佃戶였다. 조선초에 고려 이래의 토지문제 가운데 품관·향
리가 土田을 널리 점거하고 流亡民을 불러 들여 並作半收하는데 그 폐단
이 私田보다 심하다고 한 것, 力多者, 勢强者가 所耕田을 널리 점거하고
세약자는 이들에 붙어 농지를 借耕하고 소출의 半을 나누며, 富益富 貧
益貧이 갈수록 심해지는 가운데 이 조차 할 수 없는 이들은 游手·末業·
盜賊으로 나간다고 한 것64)은 이런 형세에서 연유하는 사태이다. 충렬왕
초에 한 史官은 鷹房·怯怜口 및 內竪의 賤者들까지 賜田을 많게는 수백
결 적어도 3·40결을 내려가지 않게 받고는 '誘齊民爲佃'하고, 사패전 부
근에 있는 人(民)田에서까지 '並收租'하여 고을의 부세가 들어오지 않는다
고 탄식하였다.65) 전자는 나라 민인[齊民]을 유인하여 佃民(戶)로 삼아
사패받은 토지를 墾耕하는 모습으로 並作半收의 예이고, 후자는 三稅를
포탈하는 예이다. 齊民을 꾄 것은 아마 부역의 감축이나 면제 등 나라의
수취를 차단하여 보호하는 혜택의 제공이었을 것이다. 이리하여 貧者는
富人의 전토를 借耕하는 데 일 년 내내 힘써 고생하여도 양식은 오히려
부족하였고, 富者는 앉아서 농사를 짓지 않고 傭田人을 부려 그 소출의
半을 먹는다는 형국이 조성되는 것이었다.66)

　각종 부류의 佃戶는, 통상 토지의 대소유주와 영세소유주 내지 무전자
가 대개는 大家와 小民 혹은 貴와 賤으로서 서로 엮이는 사회경제의 현
실에서, 정도의 차이는 있었겠지만 地主와 신분적 상하관계 예속적 귀천
관계에 놓였다. 세가와 농민의 투탁·은닉 관계를 일러 흔히 '冒良人爲隷'

---

64)《太宗實錄》12, 太宗 6년 11월 己卯, 1冊, p. 379.
　　鄭道傳,《三峯集》7, 朝鮮經國典 上, 賦典, 經理.
65)《高麗史》123, 列傳 36, 嬖幸 1, 廉承益, 下冊, p. 675.
　　《高麗史節要》20, 忠烈王 8년 8월, p. 534.
　　이 본문의 기술은 위 두 史書의 해당 기사를 종합하여 정리한 것임.
66) 주 64의 하단.

하다든지, '壓良爲賤'하다든가, '聚良人爲其隸'하다고 하여[67] 양인을 압박하여 자기 奴婢처럼 복속시킨다는 지적은 이런 사정의 극단을 전한다. 地主와 佃戶의 관계는 主奴關係에 빗댈 만큼 지배예속성이 긴밀하였다.

4. 土地經理와 '佃戶'

이상에서 살핀 고려시기의 佃戶는, 타인 농지의 차경 내지 그에 私屬하여 物資 혹은 勞役의 납부·제공을 매개로 이루어지는 경제적 신분적 사회관계로서 지주전호제의 차경자예속자인 점에서, 唐·宋·元代의 전호와 같다. 그리고 그 존재가 삼국기 초반 이전으로 소급된다고 추정되는 점에서 역시 漢·三國·兩晉시기의 전호와 다르지 않았겠다고 사료된다. 우리나라와 중국은 지주전호제가 일찍부터 사회경제의 중요한 한 축을 형성하고 있다는 점에서 체제상 공통성을 갖는다. 그리고 日本의 中世, 특히 근세 중기 이후에 현저히 발달하는 地主小作制와도 기본형식이 같았다. 그러나 이와 더불어 中·日과 차이점이 있었다. 고려에선 이런 전호와는 다르게, 한편으론 田夫로서의 田主를 '佃戶'로 간주하여 호칭하고 이를 田制로서 갖추고 있었다. 이는 중국에도 없고 일본에도 없는 제도이고 관습이었다.

睿宗 3년(1108) 2월의 制勅에 보이는 아래의 기사는 이런 사실을 바탕으로 하고 있다.

諸州縣 公私田 川河漂損 樹木叢生 不得耕種 如有官吏 當其佃戶及諸族類隣保人 徵斂稅粮 侵害作弊者 內外所司 察訪禁除[68]

---

67)《高麗史》91, 列傳 4, 宗室 2, 丹陽府院君 珛, 下冊, p. 57.
　　《高麗史》85, 刑法 2, 奴婢, 忠烈王 24년 정월, 中冊, p. 878.
　　《高麗史》85, 刑法 2, 禁令, 恭愍王 7년 4월, 中冊, p. 866.
68)《高麗史》78, 食貨 1, 田制, 租稅, 睿宗 3년 2월, 中冊, p. 727.

여러 고을의 公田·私田에서 냇물 강물에 휩쓸려 손실을 입거나 나무가
빽빽이 솟아서 농사를 지을 수 없는 토지인데, 만일 관리가 그 佃戶 및
族類·隣保人에게서 稅粮을 거두어 해를 끼치고 폐단을 일으키면 중앙과
지방 관할 기관(관원)이 살피고 찾아서 금지하도록 하라는 칙명이다. 이
제칙은 앞서 살핀(3장 주 20) 타인 농지를 경작하는 '佃戶'의 어휘가 보이
는 동왕 6년(1111) 8월의 判旨보다 햇수로 3년 앞선다.

　여기서 유의하게 되는 사항은 '佃戶'와 '公私田' 두 가지이다. 우선은 전
호에 관해 살펴보면, 이 제칙의 '전호'는 판지의 '전호'와 처지가 다른 농
민이다. 양측 모두 '전호'라는 어휘를 쓰고 또 경작농민을 지칭하고 있음
도 같지만, 예종 6년 판지의 '전호'가 남의 토지를 경작하고 그에게 지대
로서 수확의 반을 납부하는 자임에 비해 이 제칙의 '전호'는 이런 농민이
아니었다. 그것은 본 제칙의 요지를 음미하고 고려시기 조세 부과의 원
칙을 살피면 분명히 드러난다. 본 제칙의 핵심은 公田·私田 구별 없이
모두 水災로 인해 漂損되고 숲이 되어버려 경작할 수 없게 된 토지에서
관리가 종전대로 稅粮, 곧 전조를 징수하는 폐단이 있으므로 이를 살펴
금지하라는 데 있다. 고려의 법제에서 이런 토지는 災傷田으로서 그 정
도에 따라 부분 혹은 전부 면세함이 법제였다. 곧, 農形을 10등분하여
損實을 답험하고 1결당 손이 4분에 이르면 租를, 6분이면 租·布를, 7분
이면 租·布·役 모두 면제하도록 하고 있었다.[69] 그리고 災傷 정도가 심
하여 이듬해 진황되어 진전이 되면 계속 면세함이 법규였다.[70] 본 제칙
에서 말하는 농지는 하천에 휩쓸리고 수목이 빽빽이 자라서 농사지을 수
없는 公·私田으로서 이미 진황전이 되고 그렇게 처리된 곳이다.

　고려는 이런 법규를 마련하여 농사피해로 인한 농민의 손실을 조세운
영에서도 배려하고 있었지만, 제칙에서 지적하듯이 실제 농촌 조세징수
의 현장에선 혹 이 규정을 어겨가며 조세를 징렴하고 있어 민폐가 일어

---

69) 《高麗史》 80, 食貨 3, 賑恤, 災免之制, 成宗 7년 12월, 中冊, p. 765.
　　《高麗史》 78, 食貨 1, 田制, 踏驗損實, 文宗 4년 11월, 中冊, p. 726.
70) 《高麗史》 84, 刑法 1, 職制, 睿宗 16년, 中冊, p. 842.
　　《高麗史》 78, 食貨 1, 田制, 租稅, 忠肅王 5년 5월, 中冊, p. 727.
　　《高麗史》 85, 刑法 2, 禁令, 忠穆王 원년 5월 中冊, p. 866.

나는 것이었다. 사실 정부나 고을에선 진전의 면세를 법규대로만 무작정 따를 수는 없었다. 진전을 면세하면 그만큼 公·私田에서 들어올 세입은 줄고 고을 역시 수입이 감소하는 것이었다. 이런 이유로 진전에서 전조 징렴이 지속되기도 하고, 이 폐단으로 원성이 커지면 때로는 이의 금지가 새삼 지시되기도 하였다.71)

이런 조세징수 운영에서, 실제 전조를 부담하는 이는 말할 것도 없이 토지의 소유주 田主였다. 전조는 토지, 따라서 그 토지의 소유주에게 부과하는 부세였다. 남의 땅을 경작하는 이는 토지의 소유주가 아니므로 전조부담의 의무자가 아니었다. 이런 처지의 농민, 특히 농장에 소속된 이들은 전주 측에서 種子는 물론 때때로 農具·糧食까지 지원받기도 하였다.72) 고려후기 賜牌田을 빙자하여 타인의 농지까지 겸병하는 폐단의 하나로서 겸병자가 원래 田主를 몰아내고 '官租'를 내지 않거나, 稅는 그대로 '本主'에게 내게 하는 행위가 수시로 문제로 지적되고 있는데,73) 어느 경우나 전주의 納租責務 이를테면 '有田則有租'의 원칙에 어긋나는 까닭이었다.

본 제칙에서 관리가 전조를 징렴하는 대상은 '佃戶' 및 그의 '族類·隣保人'이다. 전조징렴의 대상은 우선 전호이고 그 다음이 족류·인보인 순이다. 족류와 인보인, 곧 족친과 이웃에게서 전조를 징렴하는 것은 당초 부세 부과는 중앙에서 군현 고을 별로 액수를 배정하고 고을에선 촌락별로 다시 이를 배분하고 촌락에선 이를 田丁 단위로 징수하여 공동책임제로 운영함이 원칙인데, 혹 해당 전호가 전조를 납부하지 못할 경우, 이에 입각하여 수행하는 族徵·隣徵의 행위였다. 여기서 말하는 전호는 조세부담자, 곧 實田을 자기 사유지로 가지고 있는 田主이다. 이는 공민왕 11년(1362) 密直提學 白文寶가 나라의 田稅가 1/10인데 경상도에선 漕輓하는 비용이 이 세에 맞먹어 '田夫之所食十八'이라고 한 데서의 田夫74)

---

71) 同上.
72) 《高麗史》 130, 列傳 43, 叛逆 4, 金俊, 下冊, p. 825.
73) 《高麗史》 78, 食貨 1, 經理, 忠烈王 24년 정월, 中冊, p. 707.
　　《高麗史》 78, 食貨 1, 田制, 功蔭田柴, 忠肅王 12년 10월, 中冊, p. 712.
74) 《高麗史》 78, 食貨 1, 田制, 租稅, 恭愍王 11년, 中冊, p. 728.

이고, 충렬·충선왕 때 宦者로서 元왕실의 총애 덕분에 출세한 方臣祐와
李大順의 위세를 업고 方의 사위 朴呂, 李의 아우 公甫가 '以田夫暴貴'하
여 田夫로서 벼락같이 貴人에 오르고 宰相의 酒宴 자리에서 우스개 놀이
로 '挾未耕田狀'하여 따비를 잡고 밭갈이하는 형용으로 좌중을 웃겼던 그
런 田夫75)이다. 즉, 농사를 짓고 추수하며 田稅와 漕運價를 납부하고 남
은 수익으로 가계를 영위하는 토지소유주이다. 전주를 전호라 한 것을
제칙의 誤謬라거나 《高麗史》 편찬할 때 誤記라고 상상할 수 없다. 이는
田租收取의 차원에선 전주를 '佃戶'라고 하여도 수세대상의 지목에 혼란
이 빚어지지 않으며, 오히려 나라의 토지조세제도상 이렇게 호칭함이 자
연스러운 바가 있었기 때문일 것이다. 토지의 소유주를 '田主'로 공인하
면서도 수세대상으로선 '佃戶'로 파악하는 것이 고려 토지조세의 체계적
특징인 것이었다.

　둘째, 이상의 사실과도 상관하여, 살필 사항은 '公·私田'이다. 공전, 사
전은 고려의 모든 토지가 크게 나라의 것과 개인의 것에 귀속되어 있는
형편에서 사용하는 토지의 명칭이다. 그러면서도 전호가 그러하듯이, 이
역시 앞에서 검토한(3장 주 22) 광종 24년(973) 12월에 있은 진전개간장
려 판지의 公田·私田과 어휘는 같으나 그 실체는 다르다. 광종조 판지
속의 공전·사전은 實田의 간경과 그 간경자 권한의 차원에서 파악하는
농지명칭으로서 전자는 한광지나 무주진황전, 후자는 유주진전으로서 개
인 소유주 田主가 엄연히 있는 사적 소유지임에 대해, 본 제칙의 공전·
사전은 收稅대상지로서 징세자를 주체로 하였을 때의 호칭이다. 수세대
상지로서 공·사전의 호칭은 이들 토지가 고려의 토지파악 및 토지경리
선상에서 제정한 命名이다. 明宗 26년(1196) 崔忠獻·忠粹 형제는 시무책
으로 上奏한 封事의 한 조목에서, 先王의 제도에 토지는 公田을 제외하
고 臣民에게 각각 차등 있게 사급하였으나 벼슬자리에 있는 자들이 탐욕
스럽고 야비하여 '公·私田'을 탈취하여 겸병한 까닭에 나라의 賦稅가 깎
이고 軍土가 결핍한다고 지적하였는데,76) 여기서 거론하는 公田, 私田이

---

　75) 《高麗史》 122, 列傳 35, 宦者, 方臣祐, 李大順, 下冊, p. 666.
　　　《高麗史節要》 23, 忠宣王 2년 10월, p. 599.

다름 아닌 수세 차원의 공·사전이다. 공·사전의 겸병으로 인해 나라의 부세가 감축하고 군사가 줄어드는 병폐는 국가의 祿俸·軍須·供上 내지 중·지방의 각급 행정·군사기관 公廨에 배속된 토지 公田, 그리고 臣民 개인에게 사급한 분급전토 私田을 탈점한 데서 야기되는 사태였다. 분급 사전 가운데 특히 탈점의 주 대상은 세력이 약하고 지위가 낮은 군인의 軍人田이었다.77) 위 조목은 이 점을 각별히 지목하여 군사의 허약, 국방의 허술을 경계한 것이다. 수세 차원에서 그 징세주체, 조세용도의 여하에 의해 지칭하는 '公·私田'은 첫 번째에서 살핀 수세대상 차원의 '佃戶' 와 밀접하며 역시 고려 토지조세 체계의 한 실현체이다.

고려시기 實田 및 實田主는 私的 소유 토지 및 그 소유권자로서 엄연히 확립·공인되어 있으면서도 독립적 유일적이 아니라, 토지조세의 체계 속에서 상관하고 파악되는 범위 내에 있었다. 이 체계는 다름 아니라 結負量田制, 結負賦稅制에 의한 토지의 파악 및 授受, 요컨대 전국의 농지를 收稅 중심의 결부식 전토로 재파악하여 이것을 收租地·收租權으로서 조정하고 배분하는 전시과 체제였다. 우리의 역대 王朝는 이런 원칙과 기준에서 '田制'를 마련하고 이에 입각한 조정작업을 '經理'라고 불렀다. 고려도 마찬가지였다. 《高麗史》 食貨志의 제1순위는 田制의 항목이고, 이 가운데 제일 首位가 經理이다. 여기에선 토지의 배속과 이전, 부세운영, 田品策定, 民田의 改量, 토지의 절급, 각종 전토의 調整 등이 내용을 이루고 있다. 그리고 이 모든 것의 중심은 量田制·田品制를 골자로 한 토지의 분급과 배정이다.78) 시종 부세 차원의 田制企劃이다. 정도전도 《朝鮮經國典》上, 賦典에서 經理條를 설정하고 고려의 田柴科와 조선의 科田制를 그 원리에서 설명하되, 분급전토와 사적 소유지 두 계통을 배

---

76) 《高麗史》 129, 列傳 42 叛逆 3, 明宗 26년, 下冊, p. 791.
77) 《高麗史節要》 3, 顯宗 5년 11월 癸未, p. 81.
　　《高麗史》 57, 列傳 7, 皇甫兪義, 下冊, pp. 734~735.
　　《高麗史》 81, 兵 1, 兵制, 恭愍王 20년 12월, 中冊, p. 785.
　　《高麗史》 78, 食貨 1, 田制, 辛禑 14년 7월, 趙仁沃上疏, 中冊, p. 720.
　　姜晋哲,〈田柴科體制의 崩壞〉,《高麗土地制度史研究》, 高麗大學校出版部, 1980, pp. 315~319.
78) 《高麗史》 78, 食貨 1, 田制, 經理, 中冊, pp. 705~757.

려하며 기술하고 있다.79) 경리는 크게는 사물을 다스리는 이치 혹은 방법, 적게는 나라의 재정 및 수입의 파악, 용도별 배정 등의 원칙이라는 의미겠는데,80) 전제를 그렇게 한다는 뜻이다.

고려의 전제에서 토지경리의 원칙은, 實田의 田·田主는 결부식 토지·조세파악을 통해 각기 왕조국가에 대해 토지소유에 수반한 責務와 負擔을 지고 있었고, 반면에 국가 및 국가로부터 결부로서의 전토를 배속·분급받은 측은 이로써 實田과 實田主를 지배하고 수취할 권한을 소지하는 데서 성립하는 것이었다. 이런 원칙·원리에서 實田은 '所耕田'으로서의 私的 소유지였다. 국가·기관·개인 등 그 소유의 귀속처를 직접 표기하지 않는 이상 보통 소경전이라고 하였다. 민인의 소유지는 '民之所耕', '所耕田'이었다.81) 그러므로 '民田'이라고도 하였다.82) 소경전은 實田이 所耕, 곧 '治田'이고 그리하여 '佃'이어야 함을 전제로 삼고 있는 표현이며, 이런 상태를 책무로서 가진 이가 田主이고 그 사적 소유권도 이에 근거하고 있는 것이었다. 그러므로 天災·戰亂·人力不足 등 여러 사정으로 陳荒되어도 전주로서의 소유권이 부정될 수 없었다.83) 治田은 전주의 책무이고 納稅는 전주 소유권의 보장이었다. 이런 까닭에 전주는 稅役履行과 관련해선 '役主'84)라고도 불렀다.

고려의 모든 민인이 소유경작하는 토지, 소경전은 민전으로서 부세징수 차원의 전시과 체계 속에서 크게는 公田과 私田, 세분하면 祿俸·軍須·供上 및 公廨田 등과 兩班田·功蔭田·軍人田·閑人田·鄕吏田 등 국용,

---

79) 鄭道傳,《三峯集》7, 朝鮮經國典 上, 賦典, 經理.
　　　조선 仁祖 17년(1639)에 紀傳體로 착수하여 몇 년 뒤 완성한 洪汝河의 고려사 《彙纂麗史》에서도 이와 같은 내용을 食貨志, 田制, 經理의 항목에서 기술하고 있다 (驪江出版社 影印本, 1986, pp. 246～251).
80)《漢韓大辭典》, 糸部, 經, 經理, 10冊, p. 1328.
　　　《中文大辭典》, 糸部, 經, 經理, 7冊, p. 425.
81)《高麗史》85, 刑法 2, 禁令, 忠烈王 11년 3월, 中冊, p. 863.
　　　《高麗史》79, 食貨 2, 戶口, 辛禑 14년 8월, 中冊, p. 733.
　　　《高麗史》78, 食貨 1, 田制, 恭讓王 3년 5월, 給科田法, 中冊, p. 725.
82) 有井智德, 주 1의 논고.
　　　拙稿, 주 2의 논고.
83) 拙稿, 同上論考.
84)《高麗史》78, 食貨 1, 田制, 貢賦, 忠烈王 22년 6월 丙申, 中冊, p. 729.

각종 행정·군사기구 및 직역자에게 배정 혹은 분급되었다. 그러므로 이를 배정·분급받은 측에겐 '所受田'이었다. 과전분급과 상관하여 犯罪者는 '不得受永業田'[85]하듯이 '受田'의 표현이 있음도 그래서였다. 분급전토가 實田 자체가 아니고 조세수취권의 절급, 요컨대 수조지·수조권이 실체이며 이를 수득한 所受者는 토지소유주가 아니고 이들이 징수하는 전조도 토지소유권의 실현형태인 地代가 아니고 국가권력의 발현으로서 租稅이지만, 자기 몫으로 사여·분급받은 소경전 및 그 전주를 지배하고 수취하는 위치에서 이 田土의 '主', 곧 田主로서 自他가 공인하고 있었다. 元宗 10년(1269) 2월, 당시 田民辨整事業을 통해 金俊 일파 및 崔氏家 등 權臣의 토지를 몰수하여 兵糧에 소속시킨 적이 있었다. 몰수한 토지는 원래 宮院, 寺院이나 兩班, 軍人, 閑人이 世傳하여 오던 전토로서 권신에게 탈취당한 것이었으며, 변정도감의 推辨이 철저하지 못하여 '或有給非其主'한 것이 있어서 원성이 파다하였다. 전주가 아닌 엉뚱한 이에게 돌아가기도 한 것이다. 정부는 원종 14년(1273) 12월 兵糧都監에서 다시 조사하여 공정하게 처결하라는 명을 制勅으로 내렸다.[86] 이 문제의 世傳土地는 분급전토, 곧 수조지였는데[87] 그 원래 소지자를 '其主'라 하여 田主라고 칭하고 있다. 또한 고려후기 양반층 사이의 수조지 겸병으로 인한 혼란을 지적할 때 나오는 '其田之主　一則幸矣　或有三四家者　或有七八家者' 하다거나 '一人所耕之田　其主　或至於七八'하며 '或於一田　田主多'하다는 개탄 속의 田主 역시[88] 하나의 소경전을 수조지로 받은 수조권자를 이렇게 표현하고 있다. 소수전의 전주는 통치·행정의 권력기구이거나 이에 참여하는 인물들로 상급기구 상위신분으로서, 이와 상관하여서 소경전의

---

85) 《高麗史》 78, 食貨 1, 田制, 田柴科, 靖宗 7년 정월, 中冊, p. 711.

86) 《高麗史節要》 18, 元宗 10년 2월, p. 478.
　　《高麗史》 77, 百官 2, 諸司部監各色, 田民辨正都監, 中冊, p. 693.
　　《高麗史》 27, 世家 27, 元宗 14년 12월, 上冊, p. 559.

87) 拙稿, 〈高麗末期의 私田問題〉, 《朝鮮前期土地制度研究-土地分給制와 農民支配》, 一潮閣, 1986, p. 11.

88) 《高麗史》 125, 列傳 38, 李穡, 恭愍王 원년, 下冊, p. 522.
　　鄭道傳, 《三峯集》 7, 朝鮮經國典 上 , 賦典, 經理.
　　尹汝衡, 〈橡栗歌〉, 《東文選》 7(太學社 影印本, 1975, 1冊, p. 192).

전주는 佃戶로 파악되고 인식되었다. 수조권은 토지·농민에 대한 지배·수취권이되 이런 위치에서 田主權으로 존재하는 것이었다. 수조지·수조권은 고려의 田制經理의 원칙, 즉 전시과의 토지조세체계에서 소경전 및 그 소유권의 上位에 자리하고 또 그런 槪念이었다.

그러므로 田主權은 단순한 전조수취의 권한이 아니었다. 소수전의 전주는 전조 외에 藁草 및 雜物을 징수하게 되어 있었고, 수조과정은 전주 측의 직접 답험, 직접 수취로 이루어졌다. 해당 소경전의 전주는 농지의 경작에서 추수까지 경작인력으로 존재하면서 春精한 米 혹은 豆 등 잡곡을 전주가 지정한 곳까지 무상으로 운반하고 서울로 漕輓하는 데 드는 경비도 부담하였다. 배정·절급받은 소수전은 특별한 사고가 없는 한 그대로 부지하여 자손에 傳授할 수 있었으며, 양반은 양반의 과전을 군인·향리는 군인·향리전을 받는 등 직역별로 授受함이 운영원칙이었다. 소경전이 한번 일정 소수전으로 정해지면 다른 소수전으로 옮겨지는 경우는 드물었다. 수조지 전주의 民田에 대한 지배권 수취권은 이만큼 강하였다.89)

소수전은 국가·국왕과 관계에서 수득자의 국가·국왕에 대한 직역봉공을 통해 忠信을 기대하고 또 요구하는 매개물이며 대우물이었고, 이를 대대로 이어가도록 한 世臣의, 世祿의 정신이 담긴 것으로서 名分은 상고기의 封地 및 采地·圭田에 계보가 닿는 것이었다. 고려는 이런 정신과 계통에서 朝家·王室·寺院·臣僚를 용도별, 직무별, 직역별로 편재하고 世祿·世業의 賜稅田을 절급하면서 이들을 封建의 諸侯 및 그 卿·大夫의 격에서 대우하고 있었다.90) 소수전은 '所以代耕'91)이라 하듯이 世臣의 처지, 직무이행에 대한 대우·보상을 농경을 대신하여 절급한 것이고 따라서 世祿인 것이었다. 祿은 국가·국왕이 사대부가 '以養廉恥'하고 직역자가 '以代其耕'하게 하는 취지에서 마련한 것이었다.92) 그러므로 소수전은

---

89) 拙稿, 〈高麗前期 田柴科의 運營原則〉, 주 1의 《高麗前期의 田柴科》, pp. 115~125 (본서 Ⅱ편).
　　　　〃 , 〈高麗王朝의 土地觀과 農政〉(본서 Ⅴ편).
90) 同上, pp. 73~89.
91) 《高麗史》 75, 列傳 28, 李穡, 恭愍王 원년, 下冊, p. 522.

수득자에겐 '食田'이고 '食租'였다.93) 반면에 소경전의 소유주 田夫는 농
사에 몸을 힘써 각기 그 힘을 먹는, 곧 '食力'하는 위치였다.94) 수조지로
서 경리한 公田·私田은 '代耕', '食田', '食租'하는 처지의 농지였고, 소경
하는 實田은 소수전의 이런 처지를 부지하고 봉양하는 농지였다. 그러므
로 소경전은 '民田'이고, 그 전주는 田夫·農夫·農者로서의 책무를 지녀95)
소주전의 수득자를 田主로 지탱하는 농민, 곧 '佃戶'인 것이었다.

　고려에서 나라의 水土가 聖上의 소유라는 '王土' 관념이나,96) 役分·口
分과 각종 丁戶의 田丁이 모두 '國田'이라는 인식은97) 이런 토지경리체계
의 표상이었다. 단순한 擬制나 幻像이 아니었다. 王土, 國田은 나라의 통
치력이 미치는 疆域 내에 있는 토지이고, 이것을 국가가 토지조세의 경
리체계 속에서 배정하고 분급한 전토임을 천명하는 것이었다. 분급전토
는, 조선후기 磻溪 柳馨遠이 상기 卿·大夫家의 采地·世祿을 封建과 연관
하여 파악한 표현을 빌려 설명하면, '公稅'를 '食租'하는 '稅田'이었다.98)
소경전 民田에 대한 所受田의 우위, 곧 田主의 佃戶支配라는 인식의 실
제에는 君臣과 民의 통치적 지배 피지배관계, 그리고 貴와 賤의 신분적
상하관계와 함께 정치경제적 수취 납부관계가 자리하고 있었다.

　그러나 전주권이 강력하기는 하지만, 소경전 실전의 소유권을 부정하
고 무시할 수는 없었다. 소수전의 전주는 領主가 아니었다. 분급받은 전
토의 소유주가 아니었고 통치적 법률적 군사적 지배자도 아니었다. 수
조지 公田·私田은 실체가 결부제에 의해 인위적 제도적으로 조성한 수
조단위 '田丁'이었다. 이 '田丁'을 '田'이라고 불렀다. 분급전토의 수득은
직역봉공이 전제여서 이것이 훼손되는 사태가 발생하면 나라에서 회수·

---

92)《高麗史》80, 食貨 3, 祿俸, 序, 中冊, p. 751.

93)《高麗史》79, 食貨 1, 田制, 辛禑 14년 7월, 趙浚·李行 上疏, 中冊, p. 715, pp.
　718~719.
　　鄭道傳,《三峯集》7, 朝鮮經國典 上 , 賦典, 經理.

94)《世宗實錄》87, 世宗 21년 11월 庚戌, 4冊, p. 250.

95) 주 80·81 참조.

96)《高麗史》93, 列傳 6, 崔承老, 成宗 원년, 下冊, p. 84.

97)《高麗史》78, 食貨 1, 田制, 辛禑 14년 7월, 李行上疏, 中冊, p. 719.

98) 柳馨遠,《磻溪隨錄》1, 田制 上, 分田定稅節目, p. 6(古典刊行會 影印本, 1958).

몰수하였고, 자손이나 다음 후손이 傳受하는 경우 반드시 官에 신고하여 遞受節次를 밟아 文書로 확증하여야 했다. 또한 수득전토의 규모 및 지역에 제한이 있었으며, 수취물의 종류와 양에도 한정이 있었다. 수조지의 田主權에는 질적 양적 시간적 공간적 신분적으로 각종 제한이 따랐다. 이는 고려가 경리토지에 대해 행사하고 있던 관리·운영 차원의 규제였다.

이상과 같은 '所耕田'과 '所受田', '食力'과 '代耕'·'食田'·'食租'의 분간과 조화 속에서 민전의 소유주는 稅役의 부담자·납부자로서 '役主'이고, 田夫·田主로서 '佃戶'였다. 아래의 기사는 이러한 '佃戶'의 호칭 및 실체를 알려주는 다른 몇 가지 자료이다.

(1) 制 近來 州縣官 祇以宮院·朝家田 令人耕種 其軍人田 雖膏腴之壤 不用心勸稼 亦不令養戶輸粮因此 軍人飢寒逃散 自今 先以軍人田 各定佃戶 勸稼輸粮之事 所司委曲奏裁99)

(2) 祖宗授田收田之法旣壞 而兼幷之門一開……內而版圖·典法 外而守令·廉使 廢其本職日聽田訟不避寒暑 揮汗呵筆 勾稽文卷 檢覆證左 訊之佃戶 訊之故老100)

(3) 兼幷之家 收租之徒 稱兵馬使·副使·判官 或稱別坐 從者數十人 騎馬數十匹……自秋至夏 成群橫行 縱暴侵掠 倍於盜賊 外方由此凋弊 及其入佃戶 則人厭酒食 馬厭穀粟101)

(1)은 睿宗 3년(1108) 2월에 있던 제칙조항으로서, 앞에서 살핀(주 68) 진전간경 장려의 제칙조항과 반포연월이 같다. 동일 제칙 속에 함께 있던 것인 듯하다. 내용은 근래 고을의 수령이 다만 宮院田·朝家田에서만 사람들이 耕種하게 하고 軍人田은 비옥한 땅이라도 마음 써서 농사짓기를 권려하지 않고, 또 養戶가 稅糧을 운수하여 납부하게 하지도 않아

---

99) 《高麗史》 79, 食貨 2, 農桑, 睿宗 3년 2월, 中冊, pp. 734~735.
100) 《高麗史》 78, 食貨 1, 田制, 辛禑 14년 7월, 趙浚上書, 中冊, p. 714.
101) 同上.

서 군인이 굶주리고 추워서 도망하고 흩어진다는 것, 그러므로 지금부터
는 우선 군인전부터 각각 그 '佃戶'를 安定시켜서 경작이 제때에 제대로
이루어지게끔 하고, 勸稼·輸糧하는 일은 해당 관청에서 상세히 奏達하고
결제 받도록 하라는 것이다. 본 제칙은 고을수령의 책무인 권농행정이
궁원·조가·군인의 처지·위세에 경중·선후를 두며 이루어지고 있어 군인
이 피해를 보고 있는 실정이며, 그 대책으로 이제부터는 각 군인전이 설
정되어 있는 實田의 소유경작자이고 납조자인 민인, 다시 말하면 군인전
의 수득자 田主인 군인에 대해 佃戶의 처지에 있는 농민을 우선 권농하
여 농업생산에 차질이나 곤란이 생기지 않게 安寧시키고, 그 권농·조세
납부의 사항을 보고하여 결제 받게 하는 조치이다. 이 제칙의 전호는 지
금까지 살핀 전호, 바로 그 호칭으로서 수조지 군인전의 납조자 농민이
었다. 군인전만이 아니라 궁원전, 조가전의 전호도 마찬가지였다.102)

　다음, (2)와 (3)은 모두 고려말 禑王 14년(1388) 7월 田制改革論戰
당시 조준 상소(1차) 속의 기사로, (1)과 같은 수조지·수조권 차원의 佃
戶를 한층 직접 전해준다. 먼저 (2)는 고려말 전시과에 의한 토지의 분
급과 회수의 法式이 무너지고 兼幷의 문이 한번 열린 후, 안에선 판도사
와 전법사에서 밖에선 고을 원과 안렴사가 본래 직무는 버려두고 날마다
田訟만 聽理하는 데 文卷의 구절을 상고하고, 證左를 따지기를 되풀이
하며, 또 佃戶에게 묻고 老農에게 묻는다는 것이다. 쟁송토지는 분급전
토이고 '佃戶'는 이 전토가 설정된 소경전의 납조자 田主이다. (3)은 소
수전 수득자 측의 收租行列과 收租形勢를 극도의 수탈성으로 묘사한 구
절로서, 지방 고을이 이들로 인해 피폐해지며 이들이 그 佃戶에게 들어
가서는 사람은 술과 음식을 싫증나게 먹고 말은 곡물을 싫도록 먹는다는
것이다. 이 대목의 전호 역시 수조권자가 징조하는 實田의 소유주이다.

　이상의 전호는 實田의 田主에게서 수확반분을 조건으로 그 농지를 차
경하는 並作佃戶나, 별도의 所耕田을 받고 私屬 혹은 專屬하며 役耕하는

---

102) 拙稿,〈高麗前期의 勸農과 田柴科〉, 주 1의《高麗前期의 田柴科》, pp. 170~174,
　　pp. 178~184(본서 Ⅳ편).
　　　이 제칙에서 지칭하는 佃戶는 고을 수령이 분급사전에 差定해 준 小作農도 아니고
　　國田制下에 差定해 준 전호도 아니다(주 3 여러 논고 및 同上論考 참고).

作介·干農夫 같은 勞役佃戶가 아니었다. 이들은 모두 전시과의 분급 수
조지상의 전호였다. 이 수조권 차원의 전호 역시 당연히 佃客이라고도
호칭하였다. 조준의 1차 전제개혁상소가 있은 후, 오랜 격론 끝에 전시
과의 私田을 혁파하고 그 田租를 3년간 公收하면서 이 사이 전국 규모로
量田을 수행한 뒤, 恭讓王 3년(1391) 5월 새로 科田折給法을 제정·공포
할 때 그 기본 조항의 일부로 작정한 아래 두 기사가 그 예이다.

> (1) 田主奪佃客所耕田 一負至五負 笞二十 每五負 加一等 罪至杖八十 職牒
> 不收 (2) 佃客毋得 將所耕田 擅賣擅與別戶之人[103]

(1)은 수조권자가 자신이 所受한 분급전토의 실전, 곧 所耕田을 빼앗
았을 때 처벌 규정으로서 수조권자를 田主 소경전의 소유주를 '佃客'으로
적고 있으며, (2)는 소경전의 소유주가 자기 소유의 소경전을 멋대로 別
戶의 사람에게 매도하거나 증여하지 않도록 주의하는 사항으로서 역시
소경전의 주체를 '佃客'이라고 지칭하고 있다. 현전하는 고려 전·중기의
기사에서 佃戶와 佃客을 서로 混用하는 문구나, 혹은 이 기사보다 앞선
시기에 佃客이란 어휘를 전하는 자료는 아직 보지 못하였다. 그러나 이
렇다고 하여 佃戶와 佃客의 어휘가 고려시기에는 혼용하지 않았으며, 고
려말 과전제도 제정 때 비로소 佃客으로 대치하여 획일화한 것이라고 풀
이하기도 하나,[104] 이렇게 속단할 수는 없다. 아직 그런 자료를 보지 못
하였을 뿐이다. 과전제도가 공포되기 4년 남짓 전, 우왕 14년(1388) 7월
조준의 전제개혁상소에서 보이듯이 '訊之佃戶', '乃其佃戶'라 하여 전호로
표기하고 있고, 역시 조준이 적극 참여하여 제정한 이 공양왕 3년(1391)
과전절급법의 조항에서 전객이라고 한 것을 보면, 佃戶와 佃客 양자는
고려시기에 서로 혼용하고 있었다고 보겠다. 공포된 과전절급법의 초안
을 마련하고 조정하는 시기는 늦어도 공양왕 원년쯤이었을 것이므로[105]

---

103)《高麗史》78, 食貨 1, 田制, 恭讓王 3년 5월, 給科田法, 中冊, p. 725.
104) 李榮勳,〈朝鮮佃戶考〉,《歷史學報》142, 1994, pp. 83~85.
105)《高麗史》78, 食貨 1, 田制, 辛昌 원년 12월, 恭讓王 즉위, 趙浚上疏, 中冊, pp.

더욱 그렇게 추찰되는 것이다. 그뿐만 아니라 고려는 法律運用에 唐·宋·元·明의 여러 法典을 두루 참작하여 왔는데,106) 이들 법전에선 ‘佃戶’·‘佃客’을 並用하여 표기하고 있어107) 고려에서도 이점에 익숙하여 마찬가지로 혼용하고 있었을 것이다.

과전절급법에서 ‘佃客’이란 용어를 쓴 것은, 과전절급의 여러 조항이 기본법규이고 그 범위가 과전 외에도 여러 분급전토를 포괄하고 있어 이들 전토의 實田主이며 경작납조자를 ‘佃客’으로 일괄해서 표기함으로써, 佃戶·佃客의 並稱·兼用과는 상관없이 표현상의 편의를 도모한 듯하다. 그리고 佃戶·佃客 가운데 표현의 편의상 전객을 택한 데는 아마 다음 두 가지 점이 작용하였을 것으로 추찰한다. 첫째, 전객은 主·客관계를 분명히 하는 字義여서 수조권·수조지를 소유권·소유지의 上位에 놓고 있는 고려의 토지·조세 체계의 전통에서 이편이 적절하다는 논의도 있지 않았을까 하는 추측이고, 둘째는 고려말 전제개혁파의 관료들이 元律에 대체하던 《大明律》에서 佃客이란 어휘를 쓰고 있는 점108)도 참작한 것이 아닐까 하는 추정이다. 사실 과전법 시행 당초에도, 그리고 이후에도 여러 자료에서 佃戶와 佃客의 어휘는 서로 섞여 병용하며 내려온다. 수조지 상의 公田·私田 어느 곳에서도 그러하였고 아울러 ‘田主’·‘佃夫’·‘作者’·‘佃者’ 등의 호칭도 함께 사용하였다.109) 그리고 수조지 분급제가 없어지고 수조권이 소멸되어 私的 토지소유 및 그 관계만이 남은 조선후기에도 그러하였다.110) ‘佃戶’·‘佃客’의 한자어를 지칭하는 우리식 용어 ‘곳한〔處干〕’

　　722~723.
　　《高麗史》78, 食貨 1, 田制, 恭讓王 2년 9월.
　　　‘焚公私田籍于市街 數日不滅’
106) 李貞薰, 〈고려시대 支配體制의 변화와 中國律의 수용〉, 《韓國史論》 33, 국사편찬위원회, 2002.
　　　金仁昊, 〈고려의 元律 수용과 高麗律의 변화〉, 同上.
107) 주 8~13의 여러 논고.
　　　桂栖鵬, 주 17의 논고.
108) 주 49 참조.
109) 《太宗實錄》 12, 太宗 6년 윤 7월 戊午, 1冊, p. 365.
　　　《太宗實錄》 15, 太宗 8년 3월 癸亥, 1冊, p. 432.
　　　《太宗實錄》 30, 太宗 15년 11월 戊申, 2冊, p. 91.
　　　《太宗實錄》 31, 太宗 16년 5월 신해, 2冊, p. 116.

역시 소경전의 소유주에게도 물론 사용하였을 것이다.111)

　전시과의 公田·私田을 구성하는 각종 분급전토의 佃戸(佃客)는 해당
전토의 민호로서 編籍되어 있었다. 다음의 사례에서 이를 짐작할 수 있
다. 우선 신라말·고려초 祿邑의 納租農民을 일러 '祿邑編戸之氓'112)이라
고 한 구절이 전하고 있는데, 이 표현은 公卿將相이 수득·소지한 녹읍에
編籍된 민인이라는 의미이다. 禑王 원년(1375) 2월에 근년 이래 '軍須田
戸'가 조세징수가 거듭되고 운수길도 멀어 밭을 갈지 못하여 묵힌 곳이
많으니 군수전에서 받을 양을 1/3을 줄여 받도록 하라는 宥旨를 내린 적
이 있다.113) 여기서 지목하는 '軍須田戸' 역시 軍須의 戸, 곧 田夫라는
뜻으로 軍須田에 편적된 民戸, 곧 佃戸이고 佃客이다. 그런가 하면 고려
공양왕 3년(1391) 5월 제출된 과전절급법의 조문 가운데 佃客은 그 소경
전을 '別戸之人'에게는 마음대로 매도하거나 증여하지 말도록 주의시키는
내용이 있는 것114)도 전객을 편적하고 있던 사정 때문으로 사료된다. 자
세히 알 수는 없지만, 여기서 '別戸'란 해당 전객이 있는 일정한 분급전
토 속에 함께 전객으로 編籍된 戸가 아니고 그 외곽에 있는 별개의 호이
겠다. 전객이 자기 소유지라 하여 별호에게 멋대로 팔거나 증여하는 등
처분하면, 해당 田主는 토지·농민에 대한 지배 및 수취에 차질이 생길
수밖에 없는 것이다. 전호(전객)가 이렇게 분급전토 소속의 민호로서 편
적되어 있어서, 宮院田의 전호(전객)는 '莊戸'라고 부르기도 하는 것이고,
처간도 '內庫處干'이라는 호칭이 있듯이 소속기구의 처간으로 편적되어
있었으며, 部曲民이 屯田의 '佃作'戸가 되기도 하는 것이다.115)

　소수전과 소경전, 전주와 전호(전객)의 관계는 고려 전시과에서 典型으

110）金容燮,《新訂增補版 朝鮮後期農業史硏究-農業과 農業論의 變動》〔Ⅱ〕, 지식산업사,
　　2007, pp. 321~333, p. 609.
　　　〃 ,《新訂增補版 韓國近代農業史硏究-農業改革論·農業政策(2)》〔Ⅱ〕, 지식산업
　사, 2004, p. 61.
111)《睿宗實錄》6, 睿宗 원년 6월 辛巳, 8冊, p. 396.
112)《高麗史》2, 世家 2, 太祖 17년 5월, 上冊, p. 50.
113)《高麗史》80, 食貨 3, 賑恤, 恩免之制, 辛禑 원년 2월, 中冊, p. 765.
114) 주 103과 同.
115)《高麗史》5, 世家 5, 顯宗 20년 9월, 上冊, p. 112.
　　주 99·55·56·57·62와 同.

로 발달하고 구현되는 것이며, 이 시기 이 제도에서 비로소 형성·성립한 것은 아니다. 토지·농민지배를 전제로 한 토지 授受上 이의 연원은 古朝鮮·辰國 및 列國期 諸加의 邑落統主 및 下戶支配 그리고 이에 기반을 둔 食邑에 더 위로는 封國·封地로 소급하며, 三國期 齊民的 집권국가 단계로 진전하면서 이러한 원리를 국왕을 꼭대로 한 새로운 관료제와 군현제, 그리고 일정량의 소출을 기준으로 토지면적을 파악하고 조세징수액을 책정함을 원리로 하는 結負量田制·結負田品制의 전국 범위로 개편에 조응하여 마련한 녹읍의 녹읍주와 녹읍민에 연결된다.116)

이와 같은 수조지 차원의 토지경리 및 토지조세의 체계속에서 형성되는 田主佃戶(佃客) 關係를, 우리는 오늘날 역사학의 방법상, 實田의 借耕과 地代의 收納을 조건으로 이루어지는 田主佃戶(佃客)를 '地主佃戶制', '地主佃戶關係'라는 호칭으로써 개념을 정리하듯이, '田主佃客制', '田主佃客關係'라는 표현으로 그 개념을 정돈함으로써 소유지상의 전주와 전호(전객), 수조지상의 전주와 전호(전객) 양자를 混用·兼稱하는 데서 오는 혼선을 피하고자 구분하여 쓰고 있는 것이다. 전주전객제는 토지소유자의 자작경영 및 전호경영을 현실로서 전제하고 긍정한 위에서, 전국 규모의 농업생산과 수취관계를 公田·私田의 구획, 분급전토의 직역별 계열화와 질서화를 통해 조직화한 것이다. 이런 점에서 고려 농업생산의 한 틀을 차지하고 있었으며, 이는 권농정책을 통해서 지원되고 조정되었다.117) 전주전객제는 신분직역제와 더불어 우리나라 중세 집권 봉건국가의 兩大 柱梁이었다.

---

116) 우리나라 토지분급제 및 전주전호(객)제의 이러한 연원·계통에 관해 필자는 신라 시기 祿邑을 검토하면서 推定하여 본 적이 있다. 아래의 논고를 참고 바람.
　　拙稿, 〈新羅時期 祿邑制의 施行과 그 推移〉, 《歷史敎育》 72, 1999, pp. 10~18(본서 Ⅰ편).
　　〃, 《韓國 古代·中世初期 土地制度史-古朝鮮~新羅·渤海》, 서울대학교출판부, 2005.
117) 拙稿, 주 102의 논고.

5. 結 語

고려시기 자료에 보이는 '佃戶'를 字義와 系列, 토지의 소유경영과 토지조세체계에서 살피면 이상과 같다. 이제 검토내용을 정비하면서 몇 마디 부언하는 것으로 작업을 마치고자 한다.

'佃戶'는 한자어로서 우리나라와 중국에서 고래부터 최근까지 함께 사용한 낱말이다. '佃'은 농경과 관련하여선 전토를 다스리는, 곧 농작하는 것과 다른 사람 농지의 경작을 대신하는 것 두 개의 뜻을 가지고 있으며, 경작 자체를 지목함에서 양측 모두에 공통된다. 佃戶는 일차 이런 경작농민이다. 그러면서도 농작민 자체를 가리키는 경우는 통상 田夫·農夫·農者라고 하였다. 그러므로 농사짓는 사람을 일러 田夫·農夫 등의 호칭 대신 佃戶라고 하면, 이 농민은 후자로서 佃農을 직접 지목하는 것이 된다. 토지의 私的 所有가 원칙이고 관계인 국가·사회에서 타인 소유의 농토를 빌려 경작하고 수확의 일부를 佃租, 즉 地代로서 田主에게 납부하고 생계를 꾸려가는 그러한 농민이다. 借耕農民, 佃戶農民이다. 여기서 田主와 佃戶는 소유지·소유권상에서 토지의 제공과 노동의 제공, 지대의 수취와 납부로 맺어진 경제적 사회관계이다. 佃戶는 佃客 혹은 佃夫, 佃人, 佃僕, 作人 등 여러 명칭으로도 불렀으며, 이 밖에 그 처지와 귀속처에 따라 여러 부류가 있었다. 고려왕조와 이웃 漢代 이후 唐·宋·元·明 등 역대 왕조가 두루 이러하였다. 이 가운데 佃客은 佃戶의 처지를 田·田主와의 관계에서 확고히 하여 주는 호칭으로서 田과 佃, 主와 客으로 분명히 구별하여 각자의 위치를 명료하게 하며, 主戶와 客戶로서 田主와 佃戶를 戶籍把握에서 확실히 분간하는 데까지 이어진다. 우리식 표현도 있었는데, 고려에선 '處干'이 그 한 예로 전해 온다.

한편, 고려시기에 '佃戶'는 이와 같이 借田·借耕農을 지칭하는 데 사용하면서 아울러 전시과 토지분급제하의 토지조세체계, 이른바 수조지·수조권의 경리 차원에서 實田을 소유하고 수조권자에게 納租하는 민인도 佃戶라고 칭하고 있었다. 公處折給田이건 私處折給田이건 마찬가지였다. 물론 '佃客', '處干'이란 어휘도 함께 썼다. 그리고 이 체계 안에선 분급전토의 소지자·수득자를 ‘田主’라고 하였다. 여기서 田主와 佃戶는 전조의 수취·납부 및 각종 지배·피지배의 권리·의무에서 비롯하는 신분적 수취관계였다. 이런 차원 이런 뜻의 佃戶·田主의 어휘사용은 중국역사에도 없고 일본역사에선 더 말할 나위가 없다. 이러한 田主·佃戶制는 고려 나아가 우리나라 중세 농민의 존재형태 및 토지제도의 전통을 전형으로서 집약하여 발현하는 사실 가운데 하나이다.

　고려에서 ‘佃戶’는 토지의 사유 및 소유권상의 것과 분급전토의 점유 및 수조권상의 것 양측 모두에 사용하였다. ‘田主’ 역시 그러하였으며, ‘田’ 그리고 ‘公田·私田’ 또한 그러하였다. 지금 근현대시기의 기준에서 얼핏 보면 하나의 어휘로 별개의 두 사항을 지목하는 데 쓰고 있어서 혼선이 일어나고 납득하기도 어렵지만, 이런 식의 표현방식이 지속되던 당대에는 실제로 혼선이 야기되지 않았으며, 간혹 혼선이 있다 하더라도 그로 인한 불편보다 타당성과 편의성이 훨씬 컸고 그리하여 자연스럽게 쓰고 있었던 것이다. 고려를 지나 조선전기 후반에 토지분급제, 즉 수조권 授收制가 폐기될 때까지 연속하고 있었던 것, 그리고 그 사이 양자를 구별하는 별도 용어의 제정은 고사하고 불편하고 애매하니 그렇게 하여 보자는 의견제시나 논의조차 없었던 것은 모두 사정이 이러하였음을 전하여 준다.

　이와 같은 사정은 고려왕조에서 농민, 그리하여 민인 일반의 사회경제적 존재, 정치신분적 처지에서 연유하고 동시에 그러한 존재·처지를 반영하는 데서 오는 것으로 사료된다. 이는 두 가지 점에서 그렇다. 첫째, 농민, 민인은 田夫·農夫라는 어휘로서 그 존재·처지가 대표되고 있는 점이다. 田夫·農夫는 농사에 즉하여 보면 농지를 借耕佃戶 및 노비·용작에 의존하여 경작하는 대토지 소유주나 중토지 소유주를 제외하고 대다수의 田主＝自營小農과 借耕農民 전부를 포괄한 직접생산자 농민을 가리킨다. 이 점은 田夫·農夫가 그저 農作民, 요컨대 밭 가는 이란 의미에만 머무는 것이 아니라, 田主든 借耕佃戶든 경제적 사회관계 속의 자영소농 혹은 차경농민으로서 직접생산자층, 곧 士·農·工·商에서 農民級의 범주임을 전제하고 또 한정하고 있다. 둘째, 반면에 이들을 통해 자신의 수조지 및 소유지에서 田租 혹은 佃租를 取食하는 이들은 왕실, 귀족·관료, 군인, 향리 등으로서 士級의 범주라는 점이다. 이들은 상급신분층이고 정치참여층으로서 수조권과 소유권 모두에서 혹은 어느 한편에서 토지·농민의 수익·봉공을 받을 수 있었다. 고려 상급신분층의 정치적 경제적 기반은 이만큼 견고하였다.

　현재, 우리가 고려시기 역사상의 이런 사실과 특성을 역사학의 일반성과 개별성에서 적절히 파악하려면 양자를 구분하여 인식할 개념장치가 필요하다. 그리하여 소유지·소유권상의 田主佃戶(客) 관계를 地主佃戶制로, 그리고 수조지·수조권상의 田主佃戶(客) 관계를 田主佃客制로 부르고 있는 것이다. 전자는 본체가 토지의 私的 所有 및 地代에 근거한 토지의 소유경영형태이고, 후자는 본색이 封土·采地·圭田 등 봉건의 정신과 租稅에 입각하는 토지·농민에 대한 지배·수취형태인 까닭이다.

(2009. 新稿, 2011. 補)

V 土地所有와 土地·農業論

高麗前期 土地의 私的 所有

1. 序 言

　고려시기의 토지소유에 관해선 일찍부터 그 원리·원칙에 초점을 두고 많은 검토가 이루어졌고 관련 論著도 수다하다. 토지의 소유관계는 경영 형태의 본질을 신분계급 국가권력과 연계하여 집약하여 반영하고 있는 까닭이다. 이러한 성과에 의해 지금은 누구나 이 시기 토지소유의 본질 과 특징은 私的 所有이고 또 이에 근거한 소유관계 경영관계가 일반이고 보통인 것으로 이해하고 있다. 그러나 실제 형태와 내용, 나아가 성격을 둘러싸고서는 여러 견해가 피력되어 있고 논란도 분분하다. 특히 高麗前 期의 토지소유에 관해선 그 주장의 상이함이나 이해의 판이함이 극심하 다. 이 논란의 핵심에는 公田과 私田, 收租權과 所有權 및 이에 부수하 여 田租率, 耕地利用方式에 관한 자료를 解得하는 방향과 그로 인한 역 사상의 차이가 자리 잡고 있다.

　이 가운데서 논란을 風靡하고 따라서 주목하게 하는 것은, 연구자마다 세부사항에선 다소 차이가 있지만, 사적 토지소유를 田柴科의 분급전토 와 混融시켜 양자를 不可分의 소유형태로 파악하는 인식과 동향이다. 이 논의는 전시과의 개인 분급전토는, 그것이 그 수득자 家系의 職役遞受와 결부되어 世祿으로 전수되는 사정에서 나온 지칭인 '永業田'을 신라말 호 족의 私有地를 국가가 회수하여 전시과의 체제 속에 다시 배분하면서 그 私有的 성질을 승인한 토지로서 兩班功蔭田柴와 鄕吏·軍人田이 이것이고

佃戶制(小作制)에 의해 경영된다고 해석한 것[1]에서 출발하여, 이후 宮院田·兩班科田·軍人田 등은 왕실·양반·군인 등 개인에 분급한 私田인데 이는 본시 이들이 종래 상속·취득하여 온 私有地(田莊)를 국가가 전시과 지급 규정액 내에서 분급전토로 인정하고 할급한 것으로 追認한 혹은 免租한 농지 또는 수조권이 아닌 토지 자체의 지급이고 전조면제의 특권을 부여한 농지이며, 역시 경영은 收益半分(1/2租率)의 地代를 납부·수취하는 佃戶制(小作制)에 의해 운영되는 점에서 사적 토지소유권이 강력한 토지라는 것, 반면에 이러한 토지소유와 함께 사적 소유가 未熟하고 未分化한 토지가 광범히 존재하였는데 농민의 보유지가 그것이며 이른바 '民田'이라고 부르는 농지로서 이는 '公田'의 일종을 구성하고 1/4租를 납부하며 규모는 20~30만 결로 추정된다는 것, 이와 같은 민전의 존재는 전체적으로 고려전기 私的 토지소유의 미성숙을 말하며, 이 미성숙은 공동체적 성격을 가진 촌락이 집단적으로 왕조권력에 예속되어 族團的 血族的 집단으로 존재하는 가운데 토지 사유는 아직 미숙한 까닭임에서, 또는 이 시기의 農法 특히 농지이용이 歲易休閑 단계, 혹은 連作이라 하더라도 私田(지배층의 토지)은 확실하나 公田(농민층의 토지)은 그렇지 못하였을 것으로 陳荒田을 항상 발생시키는 농작수준인 데서, 혹은 아예 私田은 休閑段階이고 民田＝公田은 休耕段階에 있었음에서 기인한다고 정리함에 이르고 있다는 것 등으로 대략 종합하여 정돈할 수 있다.[2] 한

---

1) 李佑成, 〈高麗의 永業田〉, 《歷史學報》 28, 1965(同, 《韓國中世社會研究》 수록, 一潮閣, 1991).

2) 旗田 巍, 〈高麗의 民田에 대하여〉, 《朝鮮學報》 48, 1968(同, 《朝鮮中世社會史의 研究》 수록, 法政大出版局, 1972).
　　〃 , 〈高麗의 公田〉, 《史學雜誌》 77-4, 1968(同上書 所收).
　　姜晋哲, 〈高麗前期의 公田·私田과 그의 差率收租에 대하여〉, 《歷史學報》 29, 1969.
　　〃 , 〈高麗時代의 農業經營形態〉, 《韓國史研究》 12, 1976.
　　〃 , 〈公田支配의 諸類型〉, 《高麗土地制度史研究》, 高麗大學校出版部, 1980.
　　〃 , 〈公田·私田의 差率收租의 問題〉, 同上書.
　　〃 , 〈高麗前期의 地代에 대하여〉, 《韓國中世土地所有研究》, 一潮閣, 1989.
　　浜中 昇, 〈高麗田柴科의 一考察〉, 《東洋學報》 63-1·2, 1981(同, 《朝鮮 古代의 經濟와 社會》 수록, 法政大出版局, 1986).
　　〃 , 〈高麗前期의 小作制와 그 條件〉, 《歷史學研究》 570, 1982(同上書 수록).
　　〃 , 〈高麗後期의 賜給田에 대하여〉, 《朝鮮史研究會論文集》, 1982(同上書 수록).
　　〃 , 〈高麗民田의 租率에 대하여〉, 同上書 수록.

편 여기서 한 단계 진전하여 고려전기의 토지소유가 사적 소유임은 승인
하여, 전시과의 분급사전이 실제로는 과전 수득자가 본시 소유하고 있는
개인 사유지 위에 免租措置한 것이라고 보는 견해를 따르되, 수전 자격
자가 소유한 사유 토지가 전시과의 분급 규모에 미치지 못할 경우에 한
하여 公田을 가급하거나 절급하였으며 이때에 수조권(1/10租)을 지급하
였다는 추정3)도 있으나, 休閑農法 위에서 농민층의 자립적 성장이 제한
되고 있다는 데 입각하고 있는 점에서 전자와 같은 줄기이다. 모두 근본
논지는 의식이든 무의식이든 고려전기의 토지소유는 私的 소유이되 미분
화 또는 미숙한 단계의 소유라는 것이고, 결국 古代的 사회 성격의 발현
이라는 인식에 귀결된다.

이러한 연구동향은 고려 토지제도의 연구계통에 즉하여 보면, 이 이
전부터 있어 온 연구방향의 커다란 主流, 즉 전시과는 토지의 收租權을
배분·분급하는 제도로서 그 귀속처가 국가 및 통치기관 혹은 개인에 따
라 公田·私田으로 분간되고 전자는 1/4租 후자는 1/2租를 수취하여 公·
私田 모두 국가소유지로 간주함으로써, 고려시기에 사적 토지소유는 不
在 내지 극히 未熟하다는 이른바 公田論＝土地國有論4)이 갖는 자료해득
의 무리를 비켜서 이 논지의 결함을 비판하며 土地私有制論의 형태로서
등장하고 전개되어 온 것이다.5) 이 두 계열의 논의는 私有制論와 國有

　　　〃 , 〈高麗前期의 土地利用方式에 대하여〉, 《朝鮮學報》 176·177合輯, 2000.
　　宮嶋博史, 〈朝鮮農業史上에서 十五世紀〉, 《朝鮮史叢》 3, 1980.
　　　〃 , 〈朝鮮史研究와 所有論〉, 《人文學報》 167, 東京都立大, 1984.
　　六反田 豊, 〈科田法의 再檢討〉, 《史淵》 134, 九州大學文學部, 1997.
　　李榮薰, 〈高麗佃戶考〉, 《歷史學報》 161, 1999, pp. 70~75.
　　魏恩淑, 〈고려시대 토지개념에 대한 재검토〉, 《韓國史研究》 124, 2004, pp. 80~89.
3) 金琪燮, 〈高麗前期 農民의 土地所有와 田柴科의 性格〉, 《韓國史論》 17(서울大), 1987.
　　朴國相, 〈高麗時代의 土地分給과 田品〉, 《韓國史論》 18(서울大), 1988.
　　李相國, 〈高麗時代 兩班田 分給의 一樣相〉, 《韓國史研究》 128, 2005, pp. 94~98.
4) 白南雲, 《朝鮮封建社會經濟史》上, 改造社, 1937.
　　今掘誠二, 〈高麗賦役考畋〉, 《社會經濟史學》 9-3·4·5, 1939.
　　朴時亨, 《조선토지제도사》(상), 과학원출판사, 1960(서울版, 신서원, 1994).
　　周藤吉之, 〈麗末鮮初에 農莊에 대하여〉, 《靑丘學叢》 17, 1934.
　　　〃 , 〈高麗朝에서 李朝初期에 이르는 田制의 改革〉, 《東亞學》 3, 1940.
　　深谷敏鐵, 〈高麗의 私田租率에 관한 의문〉, 《社會經濟史學》 11-11·12合輯, 1942.
　　　〃 , 〈高麗時代의 民田에 대한 考察〉, 《史學研究》 69-1, 1960.
　　有井智德, 〈高麗初期의 公田制〉, 《朝鮮學報》 13, 1958.

制論이라는 論点에서만 보면 서로 對極에 자리하고 있지만, 그 立論과
논지의 근본에선 공통점이 있다. 다름 아니라 모든 관련 자료를 전시과
를 통해서 해석하고 이 속에서 私的 토지소유의 有無 및 强弱을 가늠하
고 있는 점, 토지의 사적 소유문제를 '公田'·'私田'·'民田' 등 토지의 명칭
내지 地目 자체에 치중하여 접근하고 있는 점이다. 결국 전시과의 수조
권·수조지에 사적 소유권·소유지가, 자료와 논지에서 혼합된 채 고려전
기의 토지제도를 파악하고 있는 것이다. 고려시기 토지제도에 대하여
논란이 심한 것은 관련 자료가 극히 희소하고 기록마저 매우 엉성하게
남아있는 데서 말미암지만, 근본 이유는 이상과 같은 역사상과 접근시
각에 있다.

고려전기에 토지의 소유는 사적 소유이지만 미숙하고 미분화한 단계의
것이라고 보는 이 私有制論은, 이 시기 토지의 사적 소유는 인정하되 그
것이 공동체적 토지소유 내지 토지지배가 여전히 강력한 단계에서 겨우
성장하고 있다는 범주의 사유제론이다. 이러한 인식과 방법은 당시 토지
소유, 농업사정, 농민존재 및 이것과 전시과의 관계에서 살필 때, 크게
세 가지 점에 難件이 있다. 첫째, 公·私의 사적 소유 토지와 전시과의
분급전토 양자의 실체가 未分揀되어 각기 애매한 처지에 놓이고 이로 인
하여 여러 중요한 관련 자료가 曲解되어 토지소유 내지 토지제도의 實像
과 虛像이 중첩·혼선됨으로써 實狀이 모호한 상태에 있게 되는 것, 둘째,
검토가 항상 公田·私田, 民田 등 토지 명칭의 분석에서 始終되어 토지소
유 및 그 경영 관계가 정면으로 숙고되지 못하는 것, 셋째, 이 두 가지

---

5) 고려 토지제도 연구의 이러한 동태를 좀 더 구체성 있게 이해하기 위해선 이 시기
  토지제도의 연구성과를 전체 혹은 개별로 개괄하여 검토하고 있는 아래의 여러 논고
  를 참고할 필요가 있다.
  李成茂, 〈高麗·朝鮮初期의 土地所有權에 대한 諸說의 檢討〉, 《省谷論叢》 9, 1978.
  金容燮, 〈前近代의 土地制度〉, 《韓國學入門》, 大韓民國學術院, 1983.
  姜晋哲, 〈公田支配의 諸類型〉, 주 2의 《高麗土地制度史研究》.
  　〃　, 〈高麗前期의 '地代'에 대하여〉, 주 2의 《韓國中世土地所有研究》.
  　〃　, 〈麗代의 陳田에 대한 權利問題〉 同上書.
  盧明鎬, 〈田柴科體制下 白丁 農民層의 土地所有〉, 《韓國史論》 23(서울大), 1990.
  拙稿, 〈朝鮮前期 農莊研究論〉, 《國史館論叢》 32, 1992.
  金載名, 〈전시과체제〉 1·2·3장, 《한국사》 4, 國史編纂委員會, 1993.
  李炳熙, 〈전시과제도와 농장〉, 《한국사연구입문》 2, 풀빛, 1995.

문제가 交錯된 채 收租率, 耕地利用, 農民의 처지에 관한 이해가 이루어
져 고려사회의 정치경제적 체계와 실체가 박약하게 되는 것이다.

　고려전기 특히 초기는 신라말의 녹읍제 정전제 등 그간 국가가 부세제
도와 상관하여 제정하였던 각종 토지제도가 훼손·파괴된 상태에서 소유
권 계통의 토지소유 관계를 바탕으로 고려왕조의 문물제도가 정비되면
서, 뒤이어 수조권 계통의 전시과가 점차 마련되고 정리되어 가는 때였
다. 이런 과정에서 고려의 토지제도는 다시 새롭게 소유권과 수조권 두
계통의 토지소유가 긴밀하게 조화·대립하면서 성립하였다. 토지의 사적
소유는 地主佃戶制, 田主佃客制, 그리고 身分職役 및 國家權力이 밀접하
고 상관하는 가운데서 존재하고 실현되었다. 그러므로 고려의 토지제도
나 그 地目은 이런 모든 것을 배려하여 역사 형태로서 인식하여야 그 실
체와 성격을 제대로 밝혀 나갈 수 있다. 이런 점에서 필자는 기왕의 저
와 같은 연구 및 견해와는 시각과 견해를 달리하는 바가 있으므로, 여기
서는 이것을 토지의 私的 所有問題로서 검토하고 정리하여 보고자 한다.

　그러자면 작업은 다음과 같은 내용으로 수행하여야 할 것으로 판단하
였다. 첫째, 토지의 사적 소유를 신라·고려초의 公·私 소유지와 연결하
여 계통을 세우고, 둘째, 소유권의 귀속 여하 및 수익 분배 형식이 두드
러지게 표출되는 陳田 및 그 墾耕 속에서 소유권의 성질과 소유관계의
본질을 이해하고, 셋째, 자료의 이해와도 관련하여 公田·私田의 실체를
이 과정에서 파악하여 보며, 넷째, 그리하여 民田의 본체에 새삼 접근하
는 것이다. 이와 같이 검토하면 이에 부수하여 논란이 분분한 田租率,
佃戶, 歲易田 등의 기사에 관한 해석과 이해도 한층 사실에 가깝게 다가
갈 것이다.

2. 土地의 私的 所有와 그 權利

　고려전기 토지는 누구나 개별적 주체적으로 自己의 것으로 할 수 있었
다. 농업생산에 참여하든 안 하든 상관없었다. 토지는 규모, 지역, 시간

에 제약 없이 자유롭게 소유하고 처분할 수 있었고, 신분계급에도 구애 없이 임의로웠다. 이 모두는 관습과 법제로서 승인되고 보장되었던 사실에서 확인할 수 있다.

토지의 取得을 사사로이 수행하는 경로는 개간·매득·상속·증여·저당·탈점 등 여러 가지였다. 이 가운데서 토지를 원초적으로 자신의 것으로 하는 중요한 방도는 閑曠地의 개간 내지 田土의 매득이었다. 한광지의 개간은 토지의 원시취득이며 토지취득이 사적으로 실행됨을 보여주는 대표 사례이다. 이는 明宗 18년(1188) 3월, 다소 시기가 늦은 자료이지만, 무릇 고을에는 서울 및 지방의 兩班·軍人의 家田, 永業田이 있는데 간사한 吏民이 權要에 의탁하고자 '妄稱閑地 記付其家'하고 권세가는 '又稱爲我家田 要取公牒'한다는 사태가 지적되고 있는 데서 살필 수 있다.[6] 각 고을의 吏民과 權要가 결탁하여 서울·지방에 거주하는 양반·군인의 사유지(家田)와 과전·군인전 등 분급전지(永業田)를 거짓으로 閑地라고 말하여 권세가의 것으로 적어 놓고, 또 권세가는 자기집 땅이라고 칭하며 公牒을 얻고자 하는 이 행위에서 다음과 같은 사실을 알 수 있다.

첫째, 각 고을에는 고을 내에 거주자 개개인의 소유지는 물론 외방 거주인의 소유지도 있다는 점, 둘째, 閑地는 그것을 취득한 이의 땅이 된다는 점, 셋째, 자기 토지의 증명은 吏民이 '記付其家'함과 권세가가 '要取公牒'함으로써 이루어진다는 것, 곧 향촌의 吏民이 주민의 거주사항, 토지의 분포 및 소유 상황을 기록하여 파악하는 帳簿가 있어 이에 적는 작업을 거침으로써, 그리고 취득자가 이 사실에 의거하여 관아에 증빙하여 줄 공식 문서를 발급받음으로써 이루어진다는 점이다. 이와 같은 사실은 몽골과 전쟁이 종식된 후, 고려에서 농지개간책의 하나로 陳荒田 등 閑地를 賜牌形式으로 諸王·宰樞·扈從臣僚·宮院·寺社 등 권세 있는 이나 기관·기구에게 절급한 사례에서도 분명하다. 그리고 이때 사패를 빙

---

6)《高麗史》78, 食貨 1, 明宗 18년 3월, 中冊, pp. 711~712.
　'下判 凡州縣 各有京外兩班軍人家田永業田 乃有姦黠吏民 欲托權要 妄稱閑地 記付其家 有權勢者 又稱爲我家田 要取公牒 卽遣使喚 通書屬托 其州員僚 不避干請 差人徵取 一田之徵 乃至二三 民不堪苦 赴訴無處 寃忿衝天 灾沴閒作 禍源在此 捕此使喚 枷械申京 記付吏民 窮極推罪'

자하여 주인이 있는 농지도 점탈하여 이를 바로 잡게 하는 조처도 종종 시달하였고, 그 하나로서 본래 閑田이었더라도 백성이 이미 개간한 토지이면 탈점을 금지하도록 하고 있었다.7) 사패 역시 토지 취득의 증명 문서의 하나였다. 사패라 하여 법적 형식에서조차 여타의 토지취득 증명문권보다 우월한 것은 아니었다. 閑地·閑田의 개간은 이와 같이 토지의 원시취득이며, 상급신분이 아니라 일반 민인에게도 허용된 오랜 관습이고 법이었다.8)

토지의 사적 취득은 매득을 통해서도 이루어졌다. 자기의 토지와 남의 토지가 엄연히 재산으로서 구획되고 분별되어 있는 사회에서, 남의 토지를 정당하게 취득하는 길은 그에 상당하는 값을 교역 형식에 좇아 지불하는 방법뿐이었다. 토지매매에 관해서 현전하는 고려초의 기록은 아직 보지 못하였다. 그러나 신라말 眞聖王 5년(891) 開仙寺의 승려 人雲이란 이가 公書·俊休 두 사람에게 京租 100碩을 주고 水田 14結을 구득한 예가 전하고,9) 시기를 훨씬 소급하는 삼국시기 고구려 平岡王의 공주가 溫達家에 들어가 살며 금팔찌를 팔아 노비·소·말·살림살이와 함께 田宅을 매득한 예10)가 전한다. 매득자가 승려·온달가임을 보아 평민·농민도 물론 토지를 매매할 수 있었다. 이러한 토지매매가 고려전기에 없을 리가 없다. 오히려 추세상 이전 시기보다 더욱 성행하였을 것이다.

토지의 취득이 이와 같이 취득자 자신의 物力과 의사로 이루어지고 있었을 뿐만 아니라 그에 수반하는 제한이나 규제도 원칙상 없었다. 우선 규모에 상관없었다. 면적의 多寡에도 구애받지 않았다. 그러므로 민인 전체가 각각 개별 취득하고 있는 토지 규모는 다양하였다. 수백 결의 토지를 가지고 田莊으로 운영하는 이에서부터 토지가 없어 傭作하며 생계를 부지하는 이에 이르기까지 처지가 천차만별이었다.11) 지역에 따른 제

---

7)《高麗史》78, 食貨 1, 田制, 經理, 忠烈王 11년 3월, 中冊, p. 707.

8) 삼국시기 신라 眞興王 시절, 加羅國 정벌 때 큰 功을 세운 斯多含은 국왕이 그에게 賜田하려 하자 끝내 고사하고, 마지못해 '請賜閼川不毛之地而已'하여 알천변에 있는 不毛地를 받았다는 故事도 閑地 개간을 통한 토지의 원시취득이 오랜 전통임을 전한다(《三國史記》44, 列傳 4, 斯多含).

9)《譯註 韓國古代金石文》Ⅲ, 開仙寺石燈記, 韓國古代社會研究所, 1992, pp. 290~291.

10)《三國史記》45, 列傳 45, 溫達.

한 역시 없었다. 전국 어느 고을 어느 촌락에서 토지를 취득하던 상관없이 허용되었다. 이 역시 토지취득 자유의 상징이었다. 신라하대 경주에 소재한 世逵寺라는 절의 莊舍 하나는 멀리 溟州(江陵) 㮽李郡에 있었다.12) 莊舍는 농지관리하고 경영하는 곳이었다. 세규사의 전토가 내리군, 더 나아가 그 주변 이웃 고을까지 포함한 지역에 있었기 때문일 것이다. 고려 光宗 때, 光州 谷城 고을에 있던 大安寺는 田畓이 총 500결이었는데, 이는 전라도 靈光 2개 현, 羅州 1개 현, 寶城 1개 현, 昇州 1개 현 그리고 경상도 晋州 2개 현, 陜川 1개 현에 많게는 110여 결에서 적게는 18여 결에 달하는 농지 규모로 분포되어 있었다.13) 대규모 토지를 집적하고 있는 왕실, 사찰의 경우 거의 농지분포는 이와 같이 여러 고을 여러 곳에 散在하였을 것이다. 권세가나 양반·군인 역시 그러함은 앞에서 살핀 대로이다. 토지의 취득이 사사로이 이루어지고 취득한 토지가 자신의 것이기 때문이다. 일반 평민도 거주지 아닌 다른 고을에 토지를 가지고 있는 예가 적지 않았다. 睿宗 4년(1109), 肅宗 9년(1104) 12월에 설치한 別武班의 한 부대로서 無馬者로 편성한 神步班의 소속 군인을 充補할 때, 그 대상으로 白丁으로서 '願受內外族親田地者'와 함께 '田雖在他邑 名隷本邑者'한 사람도 거론하는 정도였다.14) 전토가 백정 본인이 거주하고 編籍하여 있는 고을이 아닌 다른 고을에 있더라도, 그 名儀는 본 고을에 속해 있는 자 역시 보충대상으로 삼아야 할 만큼 토지 소재지와 그 소유주 편적지의 분산은 적은 것이 아니었다.

토지취득은 어느 신분층에게나 허용되었다. 국왕, 왕실, 사찰을 위시하여 양반·향리·군인에서 백정·노비 등에 이르기까지 누구나 법적 제약이나 관습상의 제재도 없었다. 신분과 관계없이 사회구성원 누구든지 능력

---

11) 拙稿,《韓國 古代·中世初期 土地制度史-古朝鮮~新羅·渤海》, 서울대학교출판부, 2005, pp. 134~142.
12)《三國遺事》3, 塔像 4, 洛山 二大聖 觀音正取調人言.
13)《譯註 韓國古代金石文》Ⅲ, 大安寺 寂忍禪師塔碑, 韓國古代社會硏究所, 1992, pp. 40~41.
14)《高麗史》81, 兵 1, 兵制, 睿宗 4년, 中冊, p. 781.
    '判 神步班屬諸白丁 願受內外族親田地者 田雖在地邑名隷本邑者 許今充補 樂工及犯奸盜者 良賤未辨者 勿許'

만 갖추면 할 수 있었다. 明宗 18년(1188) 5월 妻 상전 일가를 멸살시킨 일로 귀양간 平亮이란 이는, 본시 少監 王元之의 婢壻이고 平章事 金永寬의 私奴로서 見州에 살면서 權勢要路에 뇌물을 넣어 免賤한 뒤 良人이 되었는데, 그 물적 배경은 '務農致富'였다.15) 노비로서 재력이 이 정도이려면 자기 농지를, 그것도 상당한 규모로 가지고 있었을 것이 틀림없다. 자기 토지를 소규모라도 가진 노비는 다른 신분층에 비해 그 수나 비율이 훨씬 열세였을 것으로 추정되지만, 이 현실은 노비 신분이 토지를 자기 것으로 하는 데 법적 제약이 직접 있는 것에 연유하는 바는 아니었다. 신라 景德王(741~764)대의 大相 金大城은 前生에선 가난한 집에 태어나 貨殖하는 福安家에 役傭하였는데 주인집에서 그 대신 衣食 밑천으로 삼게 하여 준 傭田數畝(三畝)가 있었고 이것을 興輪寺라는 절에 시주하였다.16)

　토지취득의 임의로움은 토지처분의 임의로움과 안팎이었다. 토지의 처분, 예컨대 자손·친족 간의 分與·相續, 타인에 대한 贈與, 借貸에 따른 抵當 등 어느 행위나 어느 방면에서나 구속은 없었다. 신라 憲康王 5년(879) 승려 智證은 12구역의 田莊에 500여 결이나 되는 자기 전토를 자신의 門徒僧이 있는 安樂寺에 기증하였다. 그리고 이 사실을 관아에서 문서로 작성하였다.17) 睿宗 17년(1122) 무릇 父母田을 나누어 가질 때, 그 내역을 摘記한 文契가 없으면 嫡長부터 먼저 決給하라는 判旨가 내려진 적이 있다.18) 토지의 자손분여나 상속은 관아의 구속 없이 임의로 하되, 長幼·男女의 제한 및 차별 없이 균등하게 분배함이 관례이고 원칙이었다. 이 예종조의 판지는 분여·상속자가 배분·상속의 유언이나 문서 없이 사망하였거나 어떤 연고로 이러한 상속 분배에 관한 내역을 적은 문기가 없는 상태에서 피분여·상속자 사이에 和會가 되지 않고 혹 자손 사이에 爭訟이 발생하는 경우, 그 처리의 지침으로써 균분상속의 원칙은

---

15)《高麗史》20, 世家 20, 明宗 18년 5월 癸丑, 上冊, pp. 413~414.

16)《三國遺事》5, 孝善 9, 大成孝二世父母, 神文王代(鄕傳 및 讚).

17)《譯註 韓國古代金石文》Ⅲ, 鳳岩寺智證大師塔碑, 韓國古代社會研究所, 1992, pp. 188~189.

18)《高麗史》85, 刑 2, 訴訟, 睿宗 17년, 中冊, p. 874.

준수하게 하되 적통과 연장을 우선하여 순차에 따라(嫡子女, 承重子, 長幼, 良賤 등) 決訟하여 절급하라는 시달이다.[19)]

  토지의 抵當 역시 自在였고 실제 활발하였다. 토지의 저당은 放賣와 더불어 買得과 상호 관련이 있고 또 병존하는 행위였다. 실제 토지의 매득도 토지의 저당과 방매를 전제로 가능한 것이었다. 토지의 방매는 貧窮, 納稅, 喪債, 婚事, 負債, 移舍 등 부득이한 처지에서 기인하는데, 처음부터 하는 경우도 있겠으나 대부분 우선 저당의 과정을 거치고도 채무상환이 정녕 여의치 못할 때 하는 것이 순서였다. 고려에선 高利貸에 대해 수시로 이식율, 이식 포기의 시점 등 여러 부면에서 통제를 가하고 있었다.[20)] 때로는 저당으로 연유하여 해당 토지를 탈점하는 행위를 법으로 금지시키는 시책까지도 폈다. 그만큼 토지의 저당에 따른 민인의 피폐는 심하였다. 明宗 18년(1188) 3월 정부는, 閑地를 빙자한 토지탈점을 금지함과 함께 富戶가 백성의 丁田을 고리대를 통해 겸병하고 侵割하지 말도록 이르고 이와 함께 이미 취득한 丁田은 각각 本主에게 돌려주도록 하는 제칙도 내리고 있다. 여러 고을에서 부유하고 세력 있는 兩班이 가난하고 힘이 약한 百姓이 賒貸를 갚지 않았다고 예부터 전해 가지고 내려오는 丁田을 강제로 빼앗아 백성이 생업을 잃고 더욱더 가난해짐을 개탄한 것이다.[21)] 정부가 농민층의 토지상실이 국정운영에 심각한 피폐로 이어진다고 볼 정도로 사태는 심각하였다. 그러면서도 토지의 저당이나 방매를 법제로 막을 수는 없었다. 토지의 취득과 처분을 금지할 수는 없었고, 그래서도 안 되었다. 고려왕조는 원천적으로 稅

---

19) 李樹健, 〈古文書를 통해 본 時代的 演變〉, 《慶北地方 古文書集成》, 嶺南大學校出版部, 1981.
  崔在錫, 〈高麗朝에 있어서의 土地의 子女均分相續〉, 《韓國史硏究》 35, 1981.
  　〃 , 〈高麗時代 父母田의 子女均分相續再論〉, 《韓國史硏究》 44, 1984.
  李義權, 〈高麗의 財産相續形態에 관한 一考察〉, 《韓國史硏究》 41, 1981.
  盧明鎬, 〈高麗時代의 土地相續〉, 《中央史論》 6(中央大), 1989.
  　〃 , 〈田柴科體制下 白丁 農民層의 土地所有〉, 《韓國史論》 23(서울大), 1990.
20) 《高麗史》 93, 列傳 6, 崔承老, 成宗 원년, 下冊, p. 84.
  《高麗史》 79, 食貨 2, 借貸, 中冊, pp. 747~748.
  徐吉洙, 〈高麗時代의 借貸關係 및 利子에 관한 硏究〉, 《國際大學論文集》 9, 1981.
  金三守, 〈高麗時代의 經濟思想〉, 《淑明女大論文集》 13, 1973.
21) 《高麗史》 79, 食貨 1, 田制, 借貸, 中冊, 明宗 18년 3월, p. 747.

收의 원활을 기하여야 하는 데다 대토지 사유자이고 상급신분인 양반층 내지 부호의 세력과 조직을 바탕으로, 또 그 협력을 통해 국가를 운영하고 있는 처지였다.

고려전기 토지는 이상과 같이 취득·규모·지역·신분·처분 등에서 小家族 내지 그 구성원 개개인에 의해 자유롭게 이루어졌다. 家戶마다 개인마다 토지에 대해 자기의 것으로 관계하고 있었다. 한 개 家戶에서 토지의 분여·상속이 자손 간에 均等分割을 관습과 원칙으로 이루어지고 있음은 그 표징이었다. 토지는 생산자이건 비생산자이건 하위신분이건 고위신분이건 상관없이 자신의 것으로 가질 수 있었다. 토지는 남의 것과 자기의 것이 분명히 구별되었다. 그러므로 토지대장인 量案에는 자기의 토지가 본인의 성명과 함께 면적〔結負 數, 步尺 數〕이 상세히 적혔고, 이 筆地와 구획되는 이웃 경계를 東·西·南·北의 四標로 표시하고 그 處所의 내역을 분명히 적어, 만일 標處가 田畓이면 해당 농지의 귀속을 개별로 분간하여 ‘金某畓’·‘朴某畓’·‘某寺畓’·‘某軍畓’ 등 소유주체를 확실히 기재하였다. 이와 함께 토지의 취득 및 증여·매매·상속 등 처분에는 그 사실관계를 밝히는 文卷이 작성·교환되었다. 문권을 통해 소속처를 분명히 하고 혹 事端이 발생하였을 때는 증빙문서로 이용하였다.[22] 문권은 향촌과 관아에서 公認받음으로써 신뢰성을 완전히 하였다.[23]

자신의 토지는 타인의 奪取에서 법제상 완벽하게 보호받았다. 詐欺, 劫掠, 威壓 등을 통해 不當·不法으로 토지를 취득·처분하는 행위는 처벌되었다. 현전 기록에 남아 전해오는 土地의 奪占, 妄認·盜貿賣, 盜耕 등에 관한 몇몇 처벌 규정은 이러한 원칙의 존재를 명백하게 알려준다.

(1) 在官侵奪私田　一畝杖六十……十五畝一百　二十畝徒一年……三十五畝二年半　園圃加一等[24]

---

22) 金容燮, 〈高麗時期의 量田制〉, 《韓國中世農業史硏究》, 지식산업사, 2000.
　　旗田 巍, 〈新羅·高麗의 田卷〉, 《朝鮮中世社會史의 硏究》, 法政大學出版局, 1972.
23) 주 6·7·29 참조.
24) 《高麗史》 84, 刑法 1, 職制, 中冊, p. 840.

(2) 妄認公私田井盜貿賣者 一畝笞五十五 五畝杖六十……二十五畝一百 三十
　　畝徒一年半 妄認未得 准妄認財物未得論[25]

(3) 盜耕公私田 一畝笞三十……十畝五十 十五畝杖六十……三十五畝一百 四
　　十畝徒一年 五十畝一年半 荒田減一等 强加一等[26]

　(1)은 관직에 있으면서 위세를 부려 백성의 토지를 빼앗은 자에 대한
처벌 조항이다. 1畝에서 35畝 사이는 그 경중에 따라 杖과 徒의 형으로
처리하고 탈점한 토지가 園圃, 곧 과실밭이나 텃밭이면 한 등급 더 올린
다는 내용이다. 농촌 현실에서 남의 私田을 침탈하는 행위에는 권력·권
세 특히 벼슬자리를 배경으로 이루어짐이 빈번하므로 고려는 이러한 금
령을 운영하고 있는 것이다. (2)는 公田이나 私田, 즉 나라 땅이나 남의
땅을 속여 자기의 것이라고 欺稱하거나 혹은 몰래 교역하거나 판매하는
자에 대한 처벌 규정이다. 1畝에서 50畝 사이에 경중을 좇아 笞·杖·徒의
형으로 다스리고, 자기 것으로 하려다 못한 소행은 재물을 자기 것으로
삼으려다 미처 이루지 못한 경우의 罪와 같이 처리한다는 것이다. 妄忍
및 盜貿賣에 대한 금지와 위반 시의 형벌이다. (3) 역시 公田이나 私田
등 임자가 나라이건 개인이건 엄연히 있는 토지를 몰래 경작한 자를 죄
로 다스리는 조항이다. 1畝에서 50畝 사이에 경중에 의해 笞·杖·徒의 형
벌로 처벌하며 해당 토지가 荒田, 곧 陳荒田이면 형을 한 등급 감하고,
강제로 경작하였을 경우는 한 등급을 더하여 처벌한다는 내용이다. 盜耕
을 금지하는 것이다. 고려에선 국가 및 개인의 소유 토지를 타인이 奪占
하고 妄認·盜貿賣하며 盜耕하는 행위에 대해 대단히 엄격하게 처벌함으
로써, 자기의 것으로서의 토지를 법제로서 분명히 보호하는 제도를 갖추
고 있었다. 범죄의 정도를 가늠하는 전토 면적의 단위 畝는 중국의 척도

---

25) 《高麗史》 85, 刑法 2, 禁令, 中冊, p. 857.
　　　본문 '妄認公私田井盜貿賣者' 가운데 '井'字에 관해 辛虎雄 교수는 唐律의 해당 문구
　　'諸妄認公私田若盜貿賣者'(《唐律疏義》 13, 戶婚中, 妄認盜賣公私田, 3冊, p. 284, 中
　　華書局, 1985-以下同)과 대비하여 '若'字의 誤植인 것으로 생각된다고 하였다(辛虎
　　雄, 《高麗刑法史硏究》, 東國大學校 博士學位論文, 1986, p. 93).
26) 同上.

이고 고려는 옛 전통대로 結負制로서 농지면적을 계산하고 있었으므로,
실제 형집행에서는 中朝의 畝를 結負로 셈하는 기준을 별도 세칙으로 마
련하여 운영하였을 것이다.27)

---

27) 이상 살핀 《高麗史》 刑法志의 公·私田 및 그에 대한 侵奪, 妄認·盜貿賣, 盜耕 등
　　금지조항을 唐律과 견주어 음미할 때 다음의 몇 가지 점이 고려되어야 하겠다. 고려
　　의 이 형법 조항 하나하나는 唐律에 전하는 조항과 항목·내용이 거의 같아서 고려의
　　토지관련 규율은 당률을 일방적으로 수용한 것이라고 간단히 단정하기 쉽다. 그리고
　　이런 선상에서, 연구자에 따라선 고려 公·私田의 의미도 관련 자료를 당의 것에 견주
　　어 상이하다고 추정하기도 한다. 고려시기 所有權에 근거한 공·사전의 개념은 존재하
　　지 않았으며, 고려의 공·사전은 수조권상의 공·사전이라거나(李榮薰, 주 2의 논고,
　　pp. 63~64), 혹은 직역을 매개로 국가로부터 분급받거나 그렇게 관념지워진 토지
　　가 私田이고 반면에 왕실이나 관청의 경비로 주어진 토지와 농민적 토지소유인 민전
　　이 公田(魏思淑, 주 2의 논고)이라고 정의하기도 함이 그런 경우이다.
　　　그러나 자연스럽고 당연한 바이지만, 토지제도에서 고려의 형법은 당의 律令을 그
　　대로 받지 않았으며, 그뿐만 아니라 유사한 해당 조항도 편제와 내역이 달랐다. 이는
　　대강 다음 두 가지 사항에서 살필 수 있다. ① 고려는 당률에서 해당 조항과 함께 열
　　거하고 있는 '賣口分田', '占田過限' 및 '部內田疇荒蕪', '里正授田課農桑'(《唐律疏議》
　　13, 戶婚 上·中, 3冊, pp. 282~288) 등은 채택하지 않고 있었으며, ② 위의 처벌
　　조항을 당률에선 '戶婚'條에서 다루었으나, 고려는 '在官侵奪私田'은 '職制'條에서 그리
　　고 '妄認公私田幷盜貿賣者'·'盜耕公私田'은 '禁令'條에서 취급하고 있는 것이다. 이는
　　조선초 《고려사》 纂者의 소행으로 볼 수 없다. 고려의 이러한 항목 분류는 현재 《고
　　려사》의 것이지만 이 자체는 본시 고려시기에 그러하였고 그리하여 편찬자도 이에
　　입각하여 그대로 분간한 것으로 사료된다. '戶婚'條는 고려에도 있었으나 여기서 토지
　　관련 처벌 규정은 어느 것도 취급하지 않고 있다.
　　　이러한 사실은 고려가, 唐과 같이 원칙상 토지의 사적 소유를 전제로 토지제도를
　　운영하되, 토지의 경리·지목배정·조세징수 등은 모두 田柴科 제도 속에서 이루어가고
　　있어서 그 실체는 전혀 달랐으므로 당연한 일이다. 고려의 토지제도는 당과 같은 均
　　田制·職(分)田制가 아니었다. 따라서 '口分田', '占田'의 사항은 상관없었다. 구분전이
　　란 地目은 고려에도 있었으나, 당과는 성질 및 분급대상이 전혀 달랐다(拙稿, 〈高麗
　　時期의 兩班口分田과 柴地〉, 《歷史敎育》 44, 1998). 또한 당의 均田·職(分)田처럼
　　토지가 鄕村·里正·戶口 등을 매개 내지 단위로 하여, 그것도 實田을 授受하고 있던
　　것도 아니어서 '戶婚'으로 다룰 이치가 없었다. '田疇荒蕪'나 '里正授田課農桑' 역시 참
　　작할 사정조차 아니었다. 고려와 당 두 나라 사이 토지제도의 相異가 이러하여, 고려
　　에선 '在官侵奪私田'의 조항 하나는 관리에 대한 처벌 규정인 '職制'로 다루고, 다른
　　모든 조항('妄認公私田幷盜貿賣者', '盜葬公私田'과 함께 '盜葬他人田·墓田', '盜耕人墓
　　田' 등)은 '禁令'으로 취급하고 있는 것이었다.
　　　고려시기 형법 기사에 보이는 公·私田의 실체 및 개념도, 이상과 같이 토지관련
　　처벌 규정이 갖는 여러 차이를 이해하고 또 따로 떼어 놓고, 唐의 그것과 共通點·同
　　一性이 될 수 있는 요소로써 근본의미를 추구하는 데서 파악하여야 하겠다. 그것은
　　소유권의 귀속에 따른 公田과 私田, 곧 官田(국·관유지)과 民田(개인 소유지)이다.
　　고려에서 '盜耕'하고 '妄認'하며 '盜貿賣'하는 대상토지로서 '公·私田'은 소유권자로서의
　　소유주가 엄연히 있는 國·官有田 및 私有田이지 수조지일 수는 없는 것이다. 그러므
　　로 荒田도 함께 언급하고 있는 것이다. 고려의 수조지는 '奪占'하고 '冒占'은 하되 '盜
　　耕'하거나 '貿賣'할 수는 없는 分給田丁이다.
　　　우리나라 고려 卒 시기에는 아직 사적 토지소유로서의 公·私田의 개념이나 용어가

고려전기에도 전토의 侵奪, 妄認·盜貿賣, 盜耕은 토지에 대한 권리 침해 가운데 가장 중대한 사안이었다. 그러므로 고려에선 농사장려를 위해서 春耕, 夏耘, 秋收까지 農時를 잃지 않고 오로지 農事에 힘쓰도록 지방관아의 업무 가운데 농사철에는 雜務를 정지시키는 정책이 수행되는 속에서도28) 위와 같은 사안은 이 권농시책에 구애받지 않고 그대로 聽訟하였다. 이 禁令事項이 雜務일 수는 없었다. 토지권리를 침해한 사안에 관한 소송은 사건발생에서 소송제기까지의 소송時限도 없었다. 곧 무기한이었다. 이것은, 우선 사안의 중대성을 위와 같이 법식과 관습에서 인정하고 있는 데서 그렇게 추정되지만, 상속토지를 子孫 사이에 均分하지 않아 송사가 일어났을 때의 경우로서 확인할 수 있다. 父母家産相續分爭에 얽힌 두 男妹의 일화이다. 高宗朝에 있던 일로서, 孫抃이라는 경

없었다는 견해는 그 근거로서 다음 몇 가지를 들고 있다. ① 唐律에 공·사전의 盜耕者를 처벌하는 규정 뒤에 부수하는 '苗子'의 귀속처리에 관해 '苗子歸官主' 한다는 문구가 《고려사》 해당 금령구절에는 없다는 점, ② 苗子를 생산물로 파악하는 점, ③ 이에 더하여 조선초 《大明律》을 直解할 당시(太祖 4년, 1395) 明律 '盜耕官民田'의 官田·民田의 어휘를 각각 公田·私田으로 직해하고 있다는 점, ④ 이러한 논거제시에는 고려시기에 唐律에서 지적하는 實田으로서의 '官田', '民田'의 용례가 없으며 《高麗史》에 나타나는 公田·私田 자료는 모두 '수조지'라고 단정하는 발상이 바탕으로 자리잡고 있는 점 등이다(李榮薰, 同上論考). 그러나 '苗子歸官主'라는 부수문구의 유무가 토지의 사적 소유 존재 유무를 근본에서 좌우하는 필수 어구가 아니며, 이에 상당하는 고려 측의 처리방식이 현재 직접 자료로서 보이지 않을 뿐, 없을 리 없다. 苗子 자체도 정확하게는 몰래 경작한 농지에 있는 모(싹, 모종)와 종자를 뜻한다고 보겠다. 明律의 官田·民田을 직해한 公田·私田은, 고려시기의 해당 律과 함께 사적 소유지의 존재를 명확히 하여 주는 증거이다(주 40~49에 걸친 본문). 고려시기 사적 토지소유의 존재를 부정하는 견해에선 이 공·사전도 곧 수조지로 간주하고 그 근거로서 조선 태조 4년(1395) 과전제도에 의한 토지의 경리 및 배분 내역을 열거한 뒤 이와 관련하여 사용한 公田·私田의 기사를 들고 있으나 사례가 타당하지 않다. 같은 시기 다른 자료에서 사적 토지소유의 존재를 전하는 공전·사전 사례가 '田主'와 '佃客'(佃戶)과 함께 곳곳에서 散見할 수 있다(拙稿, 〈朝鮮前期 土地의 私的 所有問題〉, 《朝鮮前期土地制度研究》〔Ⅱ〕, 지식산업사, 1998, p. 186). 아울러 고려시기에도 민인 개개인의 소유지가 '民田'의 이름으로 존재하였듯이 國·官有地로서의 소유지 '官田'도 용어로서 사용하고 있었다(본고의 주 76 참조).

28) 《高麗史》 79, 食貨 2, 農桑, 成宗 5년 5월, 中冊, p. 733.
 '敎曰 國以民爲本 民以食爲天 若欲懷萬姓之心 惟不奪三農之務 咨爾二十牧諸州鎭使 自今至秋 並停罷雜務 專事勸農'
 《高麗史》 5, 世家 5, 德宗 3년 3월 庚辰, 上冊, p. 120.
 '敎曰 農桑衣食之本 諸道州縣 官勉遵朝旨 無奪三時 以寧萬姓'
 拙稿, 〈高麗前期의 勸農과 田柴科〉, 《高麗前期의 田柴科》, 서울대학교출판부, 2007 (본서 Ⅳ편).

상도 按察副使가 사건을 균분의 관습과 원칙에서 판단하고 처리함으로써 널리 알려져 전해오는 美談이다. 소송의 발단은 이렇다. 어느 집에서 父가 사망하기 전에 家産을 모두 누이에게 주었고 남동생에게는 緇衣 한 벌, 繩鞋 한 켤레, 그리고 兩紙 한 권만 남겼다. 이에 관한 文契도 작성해 주었다. 재산상속 때 누이는 이미 시집가서 家를 이루고 있었고 남동생은 아직 머리 딴 어린애였다. 소송은 남동생이 성장한 뒤에 제기하였으며, 손변이 송사를 맡았을 때는 벌써 '積年未決'한 상태였다. 이에 손은 남동생에게 남겨준 父의 물품은 그 뜻이 동생이 장성하면 관청에 나가 신고하여 사려깊은 판결을 받으라고 한 것이라고 하여 均分하도록 함으로써 남매를 감복시켰다.29) 두 남매가 분쟁한 부친의 가산 가운데 대부분은 田土였을 것이다. 이 사건에서 토지권리와 상관하여 분명한 점은 세 가지이다. 첫째, 토지송사에서 문권은 증빙과 근거의 기본이 된다는 것, 둘째, 처음 소송이 제기된 때는 가산의 상속이 시작된 시점부터 상당한 기간이 흘렀다는 것, 그리고 셋째, 송사 자체도 몇 년씩 끌고 결판이 날 때까지 지속하고 있다는 것이다.

　고려전기 국가에서는 자기 것으로의 토지, 자기 몫으로의 토지는 이만큼 소중하게 취급하였다. 관습상 법례상 자기 몫으로 토지를 분여·증여·상속받을 자격이 있는 자는 해당 토지에 대한 사실 지배로부터 이탈되고 분리된 채 그 기간이 오래 지나 현재 아무런 실질관계를 갖고 있지 못하고 있다 하더라도 자신의 것으로 보장되고 있었다. 형제 자손 사이의 田訟이 이러한 터에 전토를 다른 사람에게 奪占, 妄認·盜貿賣, 盜耕당한 경우는 더욱더 엄히 취급함은 당연하였다. 토지권리에 대한 관례와 법속의 원칙이 이러하여 국가라 하더라도 개인의 토지를 임의로 수용하거나 탈점할 수 없었다. 肅宗 7년(1102) 3월 朝庭은 새로 南京을 지으면서 山水의 형세를 쫓아 건설하도록 하는 방침을 세웠다. 다름 아니라 그렇게 하지 않으면 '度地必廣 多奪民田'하게 되는 까닭이었다.30)

---

29)《高麗史》102, 列傳 15, 孫抃, 下冊, p. 253.
　　李齊賢,《櫟翁稗說》, 前集 2(《高麗名賢集》, 2冊, p. 353, 成均館大學校 大東文化研究院 影印本, 1973-以下同).

필요한 땅이 넓어서 백성의 전토를 많이 침탈하게 되는 사태를 피하여야 하는 것이었다.

이상 토지의 취득, 처분, 소송에 관한 각종 법적 사실은 토지에 대한 개인의 권리가 그 실질적 지배와 관련하여 자기와 타인 사이에 발생하는 갖가지 관계에서 排他·獨占이었음을 말하여 준다. 이러한 관계는 所有이며, 그 권리는 바로 所有權인 것이다. 所有와 非所有는 토지의 취득 및 그에 입각한 농업생산과 연관해서 발생하는 사람과 사람의 관계에서 명확히 성립되어 있었다. 有田者는 토지소유자로서 그것도 私的 소유주로서 농업생산과정에서 자신의 의지에 의거하고 자기의 이익을 위해 他人 혹은 無田者를 토지에서 배제시키고 있었고, 이들에 의해 방해받지 않았다. 고려왕조는 이미 이러한 권리관계가 관습과 법제, 그리하여 國俗으로 정립되어 있는 선상에서 건립된 나라였다.

소유의 권리를 바탕으로 토지소유자는 자신의 토지를 이용하고 처분하는 데 타인을 참여시킬 수 있었다. 토지소유의 자유는 토지경영의 자유를 동반하는 것이다. 奴婢使役, 並作半收, 傭作 등이 그런 것이었다. 이 경우에 토지소유자는 자기 토지를 점유하고 이용하는 권한을 奴婢·並作人·傭作人에게 일정 기간, 경우에 따라서는 영구히 양여하는 것이었다. 노비·병작인·용작민은 당해 기간 동안 '農奴', '佃戶', '傭人'으로서 이 토지에 대해 이용 및 사용의 권리를 합법적으로 가졌다. 그러나 이 권한을 소유자의 이익에 반하거나 그 의사에 어긋나게 행사할 수 없고, 소유자가 토지를 처분하는 행위에 대항할 수도 없었다. 耕作·並作·傭作을 중단시키는 권리, 토지 자체를 경영하고 처분하는 권리는 소유자 고유의 것이었다.

고려전기에 토지에 대한 이러한 권리관계 사실관계는 사회적으로 법률적으로 개인적으로 '所有', '己有'로 인식하고 표현하였다. 이는 자료의 燒失·逸散의 심하기가 전기에 비해 다소 사정이 나은 후기의 예에서 확인할 수 있다. 忠烈王代에 忽剌歹 등의 田民奪占이 극심하여 물의가 클 때

---

30)《高麗史》11, 世家 11, 肅宗 7년 3월 庚辰, 上冊, p. 236.

그 사정을 말하면서 '所有田民 多是强呑勢奪'이라 하고, 忠肅王 또한 당시 柳淸臣 등 몇몇 관리의 兼併土田을 일러 '淸臣等田地 皆奪他所有 非其傳於祖父者'라고 하는 것[31]은 전자 '所有'의 경우이며, 忠宣王이 즉위 下敎에서 前王代에 豪猾들이 遠陳을 청탁하여 다른 사람의 전토를 賜牌를 冒受하여 '爲己之有'한다 함[32]은 후자 '己有'의 사례이다. 이 所有·己有의 주체는 '主'라고 불렀다. 곧, '田主'였다. 전주는 토지소유권 행사의 唯一한 주체였다. 전주의 권리는 소유권한으로서 소유권이다. 그러므로 소유권의 소유자가 田主였다.

토지의 소유는 철저히 個人 및 그 家의 소유였다. 이런 사실에서 사적 소유지는 我田이었고 我家田이었다. 신라하대 지증대사는 자신이 安樂寺에 기증한 전토 500여 결을 '我田'이라고 하였고,[33] 고려 明宗 18년(1188) 3월의 제칙에서, 간사한 吏民이 양반·군인의 家田 및 永業田을 閑地라고 사칭하고 권세가의 家에 記付하면 권세가는 다시 官衙에서 公牒을 받아 자기 것으로 확실히 하면서 해당 토지를 '我家田'이라고 우긴다고 개탄하고 있었다.[34] 이 我田·我家田은 바로 소유권에 근거한 私田이다. 私的 토지소유의 주체는 개인만이 아니었다. 국가 및 각급 행정·군사상의 통치기구도 당연히 소유권으로서 토지를 소유하였다. 屯田·驛田 등은 대표적인 공공기관 소유의 전토였다. 전술한 금령에서 侵占, 妄認·盜貿賣, 盜耕의 대상으로 거론된 '公私田'의 公田·私田은 모두 이런 성질의 토지이다. 신라 元聖王 14년(798)에 국왕이 스스로 자기 葬禮에 대해 내린 遺敎에 쫓아 鵠寺라는 절의 寺基를 葬地로 삼게 되어 陵墓를 조성할 때, 해당 토지가 '雖云王土 且非公田'이므로 稻穀 2千苫〔섬, 蚪除一斗爲苫 十六斗爲蚪〕으로 값을 치르고 100결을 마련하였다. 鵠寺는 貴族 金元良이라는 이가 자기의 別莊을 희사하여 만든 사찰로서 이때 자리를 옮겨 다른 곳에 開創하였다.[35] 여기서 '公田이 아니다'라는 표현은 나라가

---

31)《高麗史》32, 世家 32, 忠烈王 27년 5월 庚戌, 上冊, pp. 645~655.
　　《高麗史》35, 世家 35, 忠肅王 15년 7월 己巳, 上冊, p. 717.
32)《高麗史》78, 食貨 1, 田制, 經理, 忠烈王 24년 정월, 忠宣王 卽位下敎, 中冊, p. 707.
33) 주 17과 同.
34) 주 6과 同.

임의로 처리할 수 없는 토지, 곧 국가 소유지가 아니라는 의미이다. 이 시기에도 公田은 국·관유지도 지칭하였다. 공전이 이러하였다면 私田은 더 이를 것이 없다.

고려전기 우리나라에서 토지의 사적 소유 및 그 소유권은 水平性의 원칙 속에서 법제상 主體性과 客體性, 平等性과 完全性을 갖추고 있었다. 이는 당시에 벌써 아주 오랜 관습이고 전통이었다. 물론 이 사적 토지소유·소유권은 사회구성의 단계적 진전에 병행하여 법제적으로나 경영형태에서나 그리고 국가권력, 특히 조세제도에 입각하여 운영되는 토지분급제와의 관계에서나 정도와 성질에 차이가 있었다. 이 시기 私的 土地所有도 그러하였다.

3. 農地陳荒과 所有權

고려전기 토지의 사적 소유는 法的 形式에서 배타성, 평등성, 완전성을 갖추고 있었다. 그러나 그렇다 하여 무조건 絶對所有일 수는 없었다. 생산의 중추가 농업이고 그 기반이 토지이며 그 활동의 주축이 농민인 사회, 그리하여 국가의 성립이 농업·농민을 바탕으로 土地와 人丁을 기초로 이루어진 고려왕조에서 토지는 원칙상 항상 농지로서 경작되고 있어야 했다. 더욱이 토지의 경작, 농업의 생산에 직접 참여하는 계층과 이들을 지배하고 수취하는 계층이 職役과 身分으로 구분되어 있는 체제에서, 이 점은 국가로서나 사회로서나 극히 중요한 사안이었다. 이러한 사정 속에서 토지의 私有는 그 경작 여부와 관련하여 권한 행사에 다소 강약이 있게 되고 또 간섭을 받기도 하였다. 토지소유상의 이러한 국면은 현재 토지가 소유주는 엄연히 존재하고 있으면서 각종 사고나 연고로 인하여 廢耕되고 抛荒되어 농지로서 陳荒된 상태에 처하여 있을 때, 이에 대한 국가의 소유권 시책 내지 개간 정책을 통해 가장 잘 드러나고

---

35)《譯註 韓國古代金石文》Ⅲ, 崇福寺碑, 韓國古代社會研究所, 1992, p. 253.

있다.

　농지의 常耕은 당위이고 이상이었지만 실제 농촌에서 농지는 황폐되거
나 묵혀지는 사태가 항상 발생하였다. 농지의 陳廢 原因은 다양다기하지
만 대략 세 가지이다. 우선 戰亂, 凶荒, 疾病, 負債 등으로 인한 것, 그
리고 人力이 부족하거나 인력에 비해 농지가 넘쳐서 혹은 이런 여건에서
地力保藏을 꾀하여 농지의 일부만 경작하고 일부는 묵힘으로써 '互相陳
荒'하는 데서 발생하는 것, 이 밖에 주로 山田이나 일부 平田의 척박지처
럼 토질 자체가 메마르고 거칠어 起耕과 陳荒을 번갈아 교대하며 농작하
는 농법상에서 오는 것 등이다. 농지가 진황되었다 하여 다 같은 진황지
는 아니었다. 그러면서 첫째와 둘째는 농지진황의 원인으로는 구별될 수
있지만, 실제 진전을 놓고는 부분적으로 서로 분간할 수 없는 바도 적지
않았다. 소유주의 人力所持의 多寡를 비롯하여 농지진황의 고의성 여부
를 현황만으로 파악하기에는 한계가 크기 때문이다. 토질의 척박으로 일
어나는 셋째의 진황 역시 둘째의 진황과 서로 황폐한 사유를 부분적이나
마 분간하기 어려운 바가 있었을 것이다. 외면상 歲易의 양상이 같은 까
닭이다.

　고려가 진황농지를 다시 경작지로 환원시키는 대상의 중심으로 삼고
있는 토지는 첫째와 둘째의 진황전이었다. 정부나 농민이 재정확보나 생
업조성에서 우선 관심을 갖는 것은 본시 常耕連作하거나 할 수 있어 不
易田의 正田으로 파악한 농지에서 발생한 진황인 것이다. 진황농지는 원
래 토지를 墾耕하여 田畓으로 조성하고 量案 등 토지대장에도 등록되어
조세도 납부하던 농지가 현재 묵혀진 채 경작되지 않고 있는 상태의 것
을 지칭한다. 荒田인 것이다. 셋째의 진황도 유의할 바였지만 이는 농법,
施肥, 인력 등의 여건이 함께 개선되어야 하는 까닭에 장구한 과제였고
단기간에 해소할 수 있는 사항은 아니었다. 고려는 이와 같은 진황농지
를 토지의 사적 소유의 원칙에서 파악하였다. 해당 농지의 소유권자를
그대로 승인하여 농지는 황폐되어도 일단 소유주의 소유권은 보장하였
다. 이러한 사실은 고려정부가 진황농지에 대해 취하고 있던 한두 가지
시책에서 확인할 수 있다.

첫째, 진황농지는 免租하고 있었다.

   (1) 制曰 官吏因緣公法 苛刻作弊 或以腐朽之穀 强給取息 或徵荒田之租 或
      興不急之役者 令中外攸司 一切禁治[36]

   (2) 下敎 一大尉王(忠宣王) 軫念州縣稅額日減 民生日殘 遣使巡訪 均定貢賦
      今於荒田 徵銀及布 以充貢額 不惟貢賦無實 士民怨咨 自今勿收荒田租[37]

  (1)은 예종 16년(1121)의 제칙이고 (2)는 충숙왕 5년(1318) 5월에 있
던 下敎로서, 모두 荒田에서 田租를 징수하지 않도록 徵租禁止를 하달하
고 있다. 전자는 관리 가운데 불법으로 폐단을 짓는 자에 대한 처벌사항
으로 특히 법을 다루면서 그 위세로 썩고 문드러진 곡식을 민인에게 강
제로 대여하고 이식을 취하는 것, 시급하지 않은 工役을 일으키는 일 등
과 함께 荒田의 田租를 징수하는 행위를 금하는 처사이며, 후자는 충선
왕 때 고을의 貢賦를 均定하였는데 지금은 황전에서 銀·布를 징수하여
貢賦에 충당하고 있어 공부의 실질이 없어질 뿐만 아니라 士·民이 원망
하니 荒田의 租를 거두지 말라는 지시이다. 어느 조치나 황전에선 收租
하지 않는 것이 법식인데 이를 위반하고 있어 폐단으로 지목하고 이를
금지하고 있는 것이다.

  황전에 대한 면조조치는 원래 고려의 租稅法의 정신과 운영방침에서
연유하는 법식이었다. 고려는 부세를 토지 1결당 田租 2석을 푯대로 하
는 1/10세법에 布·役을 함께 징수하는 제도를 운영하였다.[38] 그리고 실
제 收租時에는 그해 農形을 災傷結負와 實結負로 분간하여 査定하는 踏
驗損實을 행하였다. 損實査定과 그에 따른 조치는 損分率로 쳐서 損이 4

---

36) 《高麗史》 84, 刑法 1, 職制, 睿宗 16년, 中冊, p. 842.
37) 《高麗史》 78, 食貨 1, 田制, 租稅, 忠肅王 5년 5월, 中冊, p. 727.
    또한 忠穆王 원년(1345) 5월 整理都監에서 올린 狀啓 가운데 '今忽只等 冒受賜牌
遣無賴人 將在逃人 陳荒田 計年徵之 其弊莫甚 今後禁之'(《高麗史》 85, 刑法 2, 禁令,
忠穆王 원년 5월, 中冊, p. 866)하도록 함도 같은 내용을 전하는 자료이다.
38) 《高麗史》 78, 食貨 1, 田制, 租稅, 中冊, pp. 726~729.
    《高麗史》 78, 食貨 1, 田制, 祿科田, 中冊, p. 715.
    《高麗史節要》 23, 昌王 卽位年 7월, p. 829.

分에 이르면 租를, 6分에 이르면 租·布를, 7分에 이르면 租·布·役 모두 면제하는 것이었다. 이러한 손실답험 기준이 기록에 처음 전하는 것은 성종 7년(988)의 판지이지만, 이는 예전부터 있던 것을 확인하고 조정한 것으로 사료한다.39) 답험손실을 통한 災傷結負의 사정과 그에 수반하는 토지조세의 면제는 진황농지에 대한 면조와는 일단 거리가 있지만, 같은 形狀에 같은 원칙이 적용되고 있는 점에서 연계성이 있다. 起耕田에서 손이 4푼 이상이면 免租되는 터에 진황전의 면세는 당연한 것이었다. 惰農의 가능성을 우선 그리고 정면으로 문제 삼지 않는 이상 그러하였다. 진황농지의 田租免除는 법제이고 원칙이었다. 그러나 실제 수세행정과 농촌 현실에서는 그대로 징수되는 경우가 많았다. 진전은 법대로 면세한 채 방치하면 惰農을 조장하기 십상이고, 收稅에 그만큼 손실을 자초하는 까닭에 법제대로 조치하는 데는 난국이 컸다. 예종조 및 충숙왕대에 시달하고 있는 荒田에서 전조징수 행위에 대한 금지조처는 진황농지에서 법제와 어긋나게 수세되고 있는 현실을 곧바로 알려주고 있다.

진황농지에서 전조의 면제나 징수는 어느 쪽이나 그 대상이 일차 해당 토지의 소유권자였다. 황전이 소유권·소유주가 그대로 유지되고 여전히 승인되고 있는 위에서, 전조의 면제와 징수도 시행되고 있는 것이었다. 이러한 소유권의 유지·보장은 그 소유주가 누구이건 신분에 상관없이 또 벼슬에 관계없이 양반이건 일반 민인이건 마찬가지였다. 그러므로 충숙왕 때의 하교에서처럼 荒田에서 徵租로 인하여 士와 民 모두에서 원망이 일어나는 것이었다. 진황농지는 그 소유자가 양반사대부건 농민이건 상관없이 소유권을 상실하지 않았다. 양반층이라 하여 소유권이 더 강력하고 농민층이라 하여 소유권이 미약한 것이 아니었다.

둘째, 진황농지는 타인에 의한 盜耕 또한 금지되었다. 진황농지에 대한 수조시책이 해당 토지의 사적 소유권을 인정하는 위에서 수행되고 있는 형세에서, 그 소유자의 의사에 어긋나거나 소유권을 무단으로 침략하

---

39) 《高麗史》 80, 食貨 3, 賑恤, 災免之制, 成宗 7년 12월, 中冊, p. 765.
　　《高麗史節要》 2, 成宗 7년 12월, p. 53.
　　《高麗史》 78, 食貨 1, 田制, 踏驗損實, 文宗 4년 11월, 中冊, p. 726.
　　《高麗史》 80, 食貨 3, 賑恤, 災免之制, 肅宗 7년 3월, 中冊, p. 766.

는 행위는 나라에선 법으로 금지하고 이를 위반하면 처벌하였다. 앞에서 언급한 고려의 刑法 가운데 公私田의 盜耕禁令 및 위반 시 처벌에 관한 조항은 이 점을 명백히 전해준다.

　　　盜耕公私田 一畝笞三十……五十畝(徒)一年半 荒田減一等40)

다만 荒田, 즉 진황농지의 경우 기경농지에 비해 처벌만 一等씩 감할 뿐이었다.

　고려에서는 진황농지에 대한 배려가 이러하여, 이와 같이 소유주가 있고 연년 경작하는 토지로서 황폐한 채 묵혀 있는 농지를 일컬을 때 荒田이라는 표기와 더불어 '陳田'이라는 용어를 썼다. 경작농지가 荒廢·荒蕪한 채 경작되지 않고 있는 것을 荒田이라고 함은 본시 漢唐式 漢文表記(唐律에선 熟田에 대비하여 쓰는 용어)이다. 위의 盜耕禁令 기사는 唐律과 표기와 내용이 거의 같다.41) 예종조의 제칙이나 충숙왕대의 하교에선 이 표현을 그대로 쓴 것이다. 그러나 고려에선 이 용어를 사용하면서도 때로는 특히 행정·실무에서는 陳田이라는 용어를 써서 각별히 진황농지를 표현하고 표기하였다. 光宗 14년(973) 12월 농지개간 관련 判旨에 보이는 '陳田墾耕人' 云云의 '陳田'은 그런 예의 典型이다.42) 토지관련 문서의 기록, 가령 量田時에 墾耕하지 않고 묵힌 채 있는 농지는 量案에 '陳'이라고 표기하여 경작지와 명백히 분간하였다. 현재 경작하고 있는 토지는 '起'라고 표시하였다.43) 우리의 '묵다', '묵은'의 뜻을 표현하는 한자어로 '故', '久'의 의미로 陳字를 이용한 것으로44) 사료된다.

---

40) 주 26과 同.

41) 《唐律疏議》 13, 戶婚中, 盜耕種公私田, 3冊, pp. 283~284.
　　辛虎雄, 주 25의 논고, pp. 93~94.
　　蔡雄錫, 《『高麗史』 刑法志 譯註》, 刑法 2, 禁令, 신서원, 2009, p. 388.

42) 주 73 참조.

43) 李基白, 《韓國上代古文書資料集成》, 若木郡淨兜寺五層石塔造成形止記, 一志社, 1987.
　　黃壽永編, 《韓國金石遺文》, 高城三日浦理香碑, 一志社, 1981.
　　金容燮, 주 22의 〈高麗時期의 量田制〉.
　　旗田 巍, 주 22의 〈新羅·高麗의 田券〉.

44) 《中文大辭典》, 阜部, 陳, 9冊, p. 1113(中國文化大學, 1992, 第一次修正版-以下同).

　진전이란 단어는 묵정논밭, 곧 묵은(무근) 논밭[묵밭]을 지칭할 때 쓰는 우리식 漢文表記이다. 후대 고려말 조선 건국 직후의 사례이지만, 위에서 살핀 '盜耕公私田' 조항과 문구는 유사하고 법제로서의 정신이 같은 《大明律直解》 戶律 '盜耕種官民田'의 조목과 그에 대한 우리식 直解에서도 이 사실을 찾을 수 있다. 위의 것은 대명률의 원래 조항이고 아래의 것은 직해한 조문이다.

· 〔盜耕種官民田〕凡盜耕種他人田者　一畝以下　笞三十　每五畝　加一等　罪至杖八十　荒田減一等
· 他人田地等乙　偸取耕作爲在乙良　一畝以下　笞三十　每五畝　加一等　杖八十爲限齊　陳田是去等　減一等齊[45]

漢人式 한문 표현인 荒田을 우리식 한문으로 풀어 陳田이라고 직해하여 표기하고 있는 것이다. 본 직해에서는 이 밖에 다른 조문에서 쓴 '荒蕪田地', '荒田'도 한결같이 '陳荒田地', '陳荒田', '陳田' 등으로 譯解하고 있다.[46]

　이와 같이 고려에선 묵밭과 묵정밭을 한자 낱말로 표기할 때 荒田과 陳田을 섞어 사용하면서도 특히 토지대장이나 일선 행정에서는 陳田이라는 용어를 썼다. 그 구체사례는 우선 元宗 3년(1262) 6월 尙書都官에서 4년 전 高宗 45년(1258) 최씨 무인정권을 전복시킬 때 참여한 有功者를 포상하는 내용을 적어 樞密院使 柳璥에게 발급한 貼文 가운데서 볼 수 있다. 崔怡의 庶子 沆이 저지른 병폐와 살육을 비난하고 그 탐욕상도 함께 열거하는 가운데, 兩班·軍人·閑人이 祖父 때부터 전해 가져오는 田丁을 침탈하였음을 거론하는 한편 조세징수 때 묵정전답에서까지 조세를 걷었는데, 그것도 풍년의 세액과 같은 양으로 높게 징수하였다는 사실을 표현하는 구절에서이다.

---

45) 《大明律直解》5, 戶律, 田宅, 盜耕種官民田.
46) 《大明律直解》5, 戶律, 田宅, 欺隱田根, 荒蕪田地.

荒年及遠年陳田畓出乙 豊年例同亦 高重捧上爲沙餘良[47]

여기에 보이는 ‘荒年及遠年陳田畓’이 그것이다. 이는 荒年, 즉 凶年荒歲[48]에 水災·旱災 및 蟲災 등으로 인해 경작하지 못하고 또 遠年, 곧 多年[49] 농사를 버려두어 몇 년씩 묵혀진 토지로서 陳田·陳畓이란 의미이다.

묵정농토를 한자로 진전이란 낱말로 표기함은 고려초에 시작된 것은 아니었을 것이다. 이전부터 일찍이 있어 온 관례이고 법식이었을 것이다. 늦어도 畓과 같은 우리식 한자가 표기되고 吏讀式 문장이 사용되던 때[50]에도 그러하지 않았을까 한다. 묵정밭을 漢唐式으로 荒田이라고 표현하면서도 또 굳이 陳田이라는 용어로 표기하는 이유는 바로 알 수 없다. 그러나 荒田이라는 漢唐式 표현으로는 우리의 묵정밭이 갖는 의미를 제대로 나타내지 못하기 때문이었을 것만은 분명하다. 더 추측하면 우리는 진전이라는 용어를 荒田이라는 용어보다 시간적으로 더 앞서서 이용하여 왔을지도 모르겠다. 황전은 용어가 갖는 의미만 보아도 묵정밭이라는 현황과 그 소유권자의 존속 사실을 완벽하게 전달하지 못한다고 판단된다. 황전은 荒廢한 田地(荒廢之田地)의 뜻[51]이며 荒廢는 ‘荒蕪廢棄’한 상태이고 荒蕪 또한 ‘不耕謂之荒 不鋤謂之蕪’[52]한 사정, 농지로 말하면 ‘田無主則荒(廢)’[53]라 하듯이 소유주가 없는 荒地나 閑地와 구별이 없이

---

47) 盧明鎬 외, 《韓國古代中世古文書硏究》(上), 尙書都官貼, 서울대학교출판부, 2000, p. 6.
　　許興植, 〈1262년 尙書都官貼의 자료비판〉, 《韓國의 古文書》, 民音社, 1988.
48) 《中文大辭典》, 艸部, 荒年, 7冊, p. 1473.
49) 《中文大辭典》, 辵部, 遠年, 9冊, p. 186.
50) 黃元九, 〈說畓〉, 《人文科學》 14·15合輯(延世大), 1966.
　　《譯註 韓國古代金石文》Ⅱ, 昌寧 眞興王拓境碑, 韓國古代社會硏究所, 1992, p. 53.
　　홍기문, 《리두연구》, 과학원 출판사, 1957(서울版, 한국문화사, 1995).
　　류열, 《세나라 시기의 리두에 대한 연구》, 과학·백과사전출판사, 1983(서울版, 한국문화사, 1995).
　　오희복, 《리두》, 김일성종합대학출판사, 1999(서울版, 亦樂, 2002).
51) 《中文大辭典》, 艸部 荒田, 7冊, p. 1473.
52) 同上, 荒廢, p. 1477.
　　《唐律疏議》 13, 戶婚中, 部內田疇荒蕪, 3冊, p. 286.
53) 《禮記》(鄭注) 9, 禮運 9(《漢文大系》17, 新文豊出版公司, 臺北, 1978, p. 12).
　　‘人情以爲田 故人以爲奧也’

범주가 포괄적인 데가 있다. 곧 有主와 無主가 애매한 것이다. 우리의
경우 소유주가 있고 경작되는 토지 起耕田이 묵은 것을 荒田이라고 표기
하면 閑田·荒地와 묵정밭이 서로 분간이 되지 않으며, 특히 有主와 無主
는 애매모호하여져 구별이 서지 않는다. 따라서 正田으로서 그 起耕과
陳荒의 상태를 분별하고 소유주를 그대로 승인한다면 묵정밭 본래의 지
칭인 陳田을 그대로 사용하는 것이 습속으로나 의미로나 자연스러웠을
것으로 사료된다.

　상서도관첩의 '荒年及遠年陳田畓'이란 표현에 의하면 고려에선 진전을
荒年으로 인한 것(荒年陳田畓)과 遠年이 된 것(遠年陳田畓)을 구별하면서
도, 전자나 후자 모두를 진전으로 파악하고 있었음을 알 수 있다. 이와
같은 荒年 및 遠年의 진황농지를 통칭하여 '荒遠田'이라고도 불렀다. 고
려 최말 恭讓王 3년(1391) 5월 科田折給의 기준과 법식을 도평의사사에
서 奏謂할 때, 이른바 田制改革을 위한 기초공사로서 禑王 14년(1388) 8
월에 착수한 경기·6도의 양전사업(己巳量田)의 성과와 내역을 설명하면서
전국의 농지를 '實田'과 '荒遠田'으로 갈라서 각각 액수를 따로 산출하여
보고하고 있다.54) 이 荒遠田이 '荒年及遠年陳田'이겠음은 말할 나위도 없
다. 고려에서 水田·旱田의 전지를 경작과 진황 여부에 따라 '實田'과 '荒
遠田', 곧 '起'과 '陳'으로 구별하여 파악하고 있음은 오랜 전통이었다.

　황원전과 달리 歲易耕作으로 인하여 1년 혹은 2년마다 주기적으로 起
陳이 되풀이 되어 진황이 발생하는 농토는 진전이 아니었다. 진황상태에
처하였을 때만도 꼭 짚어 진전이라고 표현하는 데 포함시키지 않았다.
이 상태의 진황은 주로 산전이나 혹은 平田 가운데 일부에서 토질이 척
박하여 농지를 年年耕墾할 수 없어 매년 起耕과 休耕을 갈마하는 歲易農
法으로 治田함에서 연유하므로, 廢耕이라는 현상이 같다하여 陳田으로
삼을 수는 없었다. 세역농지는 애초 正田으로 간주하지 않았고 공식명칭
도 따로 있었다. 토지대장에서도 일반 常耕田과 구분하여 관리하고 파악
하였다. '續田' 및 '代田'은 이런 농지를 표현하는 명칭이었을 것으로 사료

---

54) 《高麗史》 78, 食貨 1, 田制, 祿科田, 恭讓王 3년 5월, 中冊, p. 723.

된다. 특히 代田에 관련해선 光宗 7년(956) 당시의 양전사정을 전해주는 한 기록에 '代下田'[55]이란 토지가 보인다. 이것은 代田, 곧 歲易의 전토로서 그 田品이 上·中·下 3등 가운데 하등, 즉 再易田에 해당하는 농지로 예측된다. 산전의 경우 수세 및 결부는 不易田은 1결, 一易田은 2결, 再易田은 3결을 각각 平田(平疇正田) 1결에 준하여 행하였다.[56] 우리의 歲易은 농지를 수년 묵혔다가 한번 경작하는 火田式 休閑의 방법과 함께 이랑과 이랑 사이를 休息과 耕作으로 교대하며 治田하는 '息土代墾' 두 가지가 일반적이었으며, 이러한 토지이용 방식과 농지제도는 오랜 농법상의 관습으로 자료상 위로는 삼국시기에 이미 이용되고 있고 아래로는 조선후기 강원도 山谷地帶의 경지에서 행하고 있었다.[57]

이상과 같이 여러 부면을 통해서 볼 때, 고려전기 전황농지는 일차적으로 그리고 제도적으로 소유권이 그대로 인정되고 유지되는 것이 원칙이었다. 毅宗 24년(1170) 鄭仲夫의 庚寅亂 때 간신히 목숨을 건진 문인 林椿은 湍川에서 강을 두른 奇巖絶壁 동쪽에 있는 한 빈터를 매입하고 싶어 했다. 이 빈터는 이 고을 농민의 땅인데, 官租와 私契가 쌓여 여러 차례 팔아서 마름하여 禍를 느슨히 하고자 하였으나 그때까지 팔리지 않은 채 묵혀 있었던 모양이다.[58] 임춘이 매득하길 원한 이 토지는 陳田이되 소유자 있는, 곧 有主陳田이었다. 진전이지만 소유권자는 엄연히 원

---

55) 주 43의 若木郡淨兜寺五屋石塔造成形止記.
　　金容燮,〈高麗時期의 量田制〉, 주 22의《韓國中世農業史研究》, pp. 71~73.
　　拙稿,〈高麗前期의 平田과 山田〉,《李元淳教授華甲紀念 史學論叢》, 敎學社, 1986(본서 Ⅳ편, p. 430, p. 452).

56)《高麗史》78, 食貨 1, 田制, 經理, 文宗 8년 3월, 中冊, p. 706.
　　拙稿, 同上.

57) 서울大學校 博物館編,《美沙里》4, 1994, pp. 208~214.
　　金基興,〈미사리 삼국시기 밭유구의 농법〉,《歷史學報》146, 1995.
　　金容燮,〈農事直說의 編纂과 그 農業技術〉,《新訂增補版 朝鮮後期農學史研究》, 지식산업사, 2009.
　　拙稿,〈朝鮮後期의 火田農業과 收稅問題〉,《韓國文化》10(서울大), 1989, pp. 167~168.

58) 林椿,《西河集》4, 書簡, 寄山人悟生書(民族文化推進委員會, 1995, p. 247).
　　'嗚呼 既困而後知歸 不可謂見幾而作也 然欲買土一廛 爲耕農氓 亦足以老死而無戚戚者 嘗游湍川 山川信美 可以卜居 環江石壁奇絶 其東有一遺墟 訪之 乃郡氓之田也 以官租私契之委積 屢欲貨財以緩禍而不售 僕聞而樂之 無貲可買 且無經營之費'

소유주 농민이고 따라서 임춘은 이 땅을 자기의 것으로 하자면 매입하는 길뿐이었다. 고려에서 이는 당연한 관습이고 또한 법례였다.

그러나 모든 진전이 소유주가 있는 것은 아니었다. 원래는 소유주가 있었겠지만 진황된 채 세월이 지나고, 그사이 소유주가 전란·흉황·조세 체납·부채·질병이나 그 밖에 여러 사고로 인하여 사망·도망·유이하여 전주가 없는 진전도 발생하였는데, 이른바 無主陳田이다. 이러한 진전이 대개 이른바 遠年陳田이고 久遠陳田이었다. 원년진전이 모두 무주진전은 아니고 그 가운데 有主의 진전도 상당히 있었겠지만, 무주진전의 대부분은 원년진전이었을 것이다. 농지가 진황되었다고 소유주가 아주 피치 못할 형편이 아니면 즉시 소유권을 포기하거나 폐기하는 행위를 할 리는 없는 것이다. 고려는 몽골과 오랜 전란이 종식된 후 농업재건의 차원에서 농지개간을 대대적으로 추진하면서, 정부에선 개간장려책의 일환으로 諸王·宰樞 및 扈從臣僚, 그리고 諸宮院과 寺社 등이 無主의 荒蕪地나 陳荒地를 개간하여 갖기를 희망하면 賜牌로서 허용하여 개간과 소유를 승인하는 제도를 시행하였다.59) 賜牌田의 실시이다. 이때 절급하는 황무지와 진황지는 각각 '閑田'과 '遠陳'이었다. 다음의 자료는 그 예이다.

(1) 諸王宰樞及扈從臣僚 諸宮院寺社 望占閑田 國家亦以務農重穀之意賜牌60)

(2) 邇來豪猾之徒 托稱遠陳 標以山川 冒受賜牌 爲己之有 不納公租 田野雖闢 國貢歲減61)

(1)은 閑田 (2)는 遠陳의 경우이다. 한전은 글자 그대로 閑曠地로서 無主荒蕪地이다. 그리고 '托稱遠陳'의 원진은 소유주가 없는 遠年陣田, 久遠陳田으로서 한전에 포함되고 그렇게 취급되는 진전이다. 그러므로 久遠

---

59) 拙稿, 〈高麗末期의 私田問題〉, 《朝鮮前期土地制度研究-土地分給制와 農民支配》, 一潮閣, 1986.
　　朴景安, 〈祿科田 및 賜田의 지급〉, 《高麗後期 土地制度研究》, 혜안, 1996.
　　李淑京, 〈高麗後期 賜牌田의 분급과 그 변화〉, 《國史館論叢》 49, 1993.
60) 주 7과 同.
61) 주 32와 同.

陳田을 칭탁하여 사패를 받아 내는 것이다. 앞서 말하였듯이 閑田은 이를
개간하여 취득하고자 하는 사람이 향촌의 吏民이 이 사실을 장부에 확인
하고 고을의 수령이 문권으로 승인하는 절차를 거쳐 자기 소유로 하는 것
이 본래 있어 온 절차였다.62) 사패는 여기에 공로의 표창과 면세의 혜택
두 가지가 더 동반되는 것이었다. 권세가는 閑曠地나 久遠陳田을 사패로
받는 과정에서 때때로 소유주가 있는 토지(有主付籍之田)도 점거하였고,
이로 말미암아 소유권 분쟁이 심하였다. 그러므로 정부에서는 수시로 起
耕田, 陳荒田을 막론하고 그 眞僞를 조사하여 원소유주 및 우선 개간자가
있으면 그에게 소유권을 환급하도록 하는 정책을 취하고 있었다.63)

소유주가 없는 無主陳田은 量案에 다만 ‘陳田’·‘陳畓’으로 표기하여 陳
荒의 논밭인 것만 분명히 하였다. 이러한 無主陳田은 토지취득의 대상이
었다. 그런 만큼 寄進의 대상도 되었다. 忠宣王 원년(1309)에 작성한 碑
銘으로 전하는 〈高城三日浦 埋香碑〉에 기재된 陳田畓의 施納 기록은 이
런 사정에 바탕을 둔 내용이다.

彌勒□□□寶 通州副使金用卿施納 襄州副使朴瑛施納 壤原代下坪員畓二結陳

東北陳畓大冬音 南道　　　　　　　　　東北州軍陳畓 南軍　　　　　　　東南吐 西陳地
　　　北反伊員畓二結陳　　　　　　　同員田二結陳
西白丁于達起畓　　　　　　　　西彌勒寺畓　　　　　　　　北鐘伊川64)

요지는 미륵불과 관련 있는 寶에 通州副使 金用卿과 襄州副使 朴瑛이
壤原 大下坪員에 있는 畓二結陳, 北反伊員에 있는 畓二結陳, 같은 곳에
있는 田二結陳을 施納한다는 것이다.

시납의 주체는 통주(通山)·양주(襄陽)의 副使 2인이고 이들이 기진한

---

62) 주 6과 同.

63) 예컨대 위의 (1)에 대해서 ‘擇人差遣窮推辨覈 凡賜牌付田起陳勿論 苟有本主 皆令還
給 且本雖閑田 百姓已曾開墾 則並禁奪占’(주 59)하고, (2)에 대해서 ‘宜令諸道按廉及
守令 窮詰還主 如無主者 其給內外軍·閑人 立戶充役’(주 60)함도 그런 시책이었다. 어
느 경우나 일차 査覈하여 本主가 있으면 환급시키고 있다.

64) 黃壽永 編,《韓國金石遺文》, 高城三日 浦埋香碑, 일지사, 1976.

진전답은 세 덩어리로 똑같이 2결씩이다. 시납전토가 모두 결수가 같고 진전인 데다 덩어리 하나의 규모가 2결이나 되고 있음으로 보아, 이 농지들은 위의 지방관리가 계획적으로 마련한 것으로 짐작된다. 현재 이 시기 1결의 면적은 대략 17,000坪으로 추산된다.65) 아마 행정관이 해당 보의 밑천으로 삼고자 관할 구역에서 자신의 권한으로 처리할 수 있는 농토를 탐색하였겠고, 마침 無主의 久遠陳田이 몇 개 員에 있어 여기서 떼어 시납한 것으로 파악된다. 시납한 진전을 소유주가 없는 구원진전으로 판단하는 이유는, 그것이 지방관에 의해 시납되고 있는 점에서 우선 그렇게 생각된다. 명종·고종조의 문신 李奎報는 일찍이 樞密相國 朴文備가 예전에 固城의 원으로 나가있었을 때 이곳에 水嵓寺라는 절을 창건하고 이에 田地로 경간할 수 있는 空曠陂澤을 시납한 사실을 전하고 있다.66) 실제 수령 등 지방관은 해당 고을의 권농책임을 지고 있었고 그리하여 無主地의 개간이나 처분, 水利의 설비 등을 주관할 권한을 지녔다.67) 겹쳐서 더 분명하게 하는 것은 이들 전답의 起陳 표기가 단지 '陳'으로만 되어 있는 점이다. 소유주가 있는 有主陳田이면 '東北州軍陳畓' 등처럼 그 소속처 및 소유주를 명기하는 것이다. 소속처 내지 소유주가 기록 안 된 단순 '陳'은 無主의 陳田일 수밖에 없다. 이 銘文은 해당 고을이 소장하고 있는 토지대장에서 시납하는 진전의 소재처와 구역(四標) 및 소유주, 起·陳상태를 그대로 뽑아 적은 것일 것이다. 좀 더 추찰하면 忠烈王 18년(1292) 10월 '量戶口之贏縮 土田之墾荒 計定民賦'68)하는 작업이 있었으며, 동왕 34년(1308) 11월에 '點數民田 均租定賦 遵追前式'69)하는 조치도 있었는데, 시납된 이 무주진전은 이때의 이러한 작업

---

65) 金容燮, 주 22의 〈高麗時期의 量田制〉, p. 60.

66) 李奎報, 《東國李相國集》, 後集 12, 雜著, 水嵓寺華嚴結社文(《高麗名賢集》 1冊, p. 563).
　　'樞密相國 朴公文備 嘗出固城時 所創水嵓寺者 右州之艮隅 前臨澄溪 後負委嶺 林藪幽遼 薪水瞻足 寔釋子栖直之地 相國迺以空曠陂澤 可以爲田者 納于寺 申納私藏獲十殳納穀若干 期爲子母之法 永永不絶'

67) 李宗峯, 〈高麗後期 勸農政策과 土地開墾〉, 《釜大史學》 15·16合輯, 1992.
　　李正浩, 〈高麗前期 勸農策에 관한 一考察〉, 《史學研究》 46, 1993.
　　拙稿, 주 28의 논고(본서 Ⅳ편).

68) 《高麗史》 79, 食貨 2, 戶口, 忠烈王 18년 10월, 中冊, p. 732.

과 조치에서 파악된 농토일 것이다. 더욱이 이 시기는 賜牌田의 절급과 함께 그에 수반한 有主田畓의 피탈도 매우 심해지던 무렵으로 대몽골 전란 끝에 진전이 여전히 수다하였을 때였다.[70]

고려전기에 진황농지는 소유주가 있는 한 그 소유권이 그대로 공인되고 유지되었지만, 起耕田이었을 때에 비해 소유권 상실의 위험이 컸다. 遠陳이나 閑田으로 간주되어 無主로 처리되기 십상이었다. 특히 상하의 신분계급관계 권력적 지배복속관계가 체제로서 자리 잡고 있는 사회에서, 賜牌田의 사례에서 보이듯이, 왕실·양반의 소유권은 유리하고 평민·노비의 소유권은 불리하였다. 이러한 속에서 진황농지를 無主로 간주할 수 있는 경우도 진전발생, 소유주의 처지 등 구체사정에 따라 여러 가지였을 것이고, 이를 둘러싸고 적지 않은 분쟁이 있었을 것이다. 그리고 그 처결의 원칙은 항상 本主 기준이었다. 그러면서도 이러한 사정 속에서 진전의 개간과 결부하여선 有主陳田의 소유권·소유주는 권한 및 행사에서 한정된 범위나마 간섭과 제제를 받았다.

4. 陳田墾耕과 地主佃戶制

토지의 사적 소유는 해당 농지가 진황되고 소유주체가 死亡, 流移, 逃亡하여 장기간 無主의 상태에 있지 않은 이상 권한 자체가 말소되거나

---

69) 《高麗史》 33, 世家 33, 忠宣王 1, 忠烈王 34년 11월, 忠宣王 下敎, 上冊, p. 682.

70) 이 〈高城三日浦 埋香碑〉의 '陳'에 관한 기록을 통해 고려시기 陳田 및 그 權利를 검토하고 이해함에 있어 본고와 다른 견해가 있다. 예컨대 旗田 巍 교수는 이 銘文에서 陳田 가운데 소유 주체가 명확한 것은 私田(田主의 소유지)이고 소유 주체가 기록되지 않은 것은 民田(公田, 국가 수조지)이며, 이 민전은 '起'의 경우만 소유권리가 인정되고 '陳'으로 화하면 소유의 귀속이 모호해져 버린다고 추론하였다(旗田 巍, 주 22의 〈新羅·高麗의 田券〉). 그리고 고려시기 민전은 미분화 상태에 있는 농민의 경작지로서 年年常耕하긴 하나 생산성이 매우 저열하여 늘 陳田化되기 쉬운 불안정인 상태라는 추정(浜中 昇, 주 2의 〈高麗前期의 小作制와 그 條件〉, pp. 173~174)이나 혹은 私田(科田)은 '陳' 상태에서도 소유권이 여전히 인정되나 公田(民田)은, 농민층이 아직 휴한농법의 전단계인 휴경농법 단계에 머무는 경우가 많아 휴경지 상태로 陳田化된 농토가 넓어, 일단 진전화와 동시에 민전주는 토지에 대한 권리를 상실한다는 단정(宮嶋博史, 주 2의 〈朝鮮史研究와 所有論〉, pp. 49~56) 등도 旗田 교수의 견해를 계승하고 확대한 것이다.

상실되진 않았으나, 이 범위 안에서 직간접으로 통제와 간섭을 받을 소지는 지니고 있었다. 이 통제·간섭은 陣田의 개간과 관련하여 그리고 개간 후의 조세 부담 및 개간이 타인에 의해 이루어지는 경우에 발생하는 경영관계로서 구현되었다. 여기에는 정부의 개간정책이 크게 작동하였다.

　농지의 황폐, 곧 진전에 대해 고려로서 취할 바는 농사의 勸課와 督責, 즉 耕作督勵 耕作强制였다. 경작강제는 국가의 토지·민인에 대한 관리 및 운영능력의 발휘형태였다. 그러므로 토지의 사적 소유의 원칙과 법례 속에서 정부의 경작독려의 전제와 방향은 애초부터 自明하였다. 그것은 향촌사회 내에서 민인 간에 사사로이 보급되고 이용되어 오는 농업경영의 관습을 바탕으로 하되, 이 위에서 고을 단위로 수령과 향리를 통해 郡縣制와 官班制·鄕職制에 입각하여 수행하는 권농독책이었다. 정부가 취할 수 있는 경작독려의 방도는 두 가지였다. 하나는 권농책의 일환으로서 향촌 자체 및 수령의 책임하에 耕墾되도록 하는 것이다. 실제 고려에서는 농지의 이용에 빠짐이 없게끔 항상 수령을 독책하고 耕墾多少에 따라 考課하고 償罰도 하였다. 睿宗朝의 기록에 국왕은 幸御 때 지나가는 治路에 경간되지 않은 농지가 있으면 반드시 수령을 불러 책망하였다고 한다.71) 이때 수령이 할 수 있는 통상적인 방법은 진전소유주의 친족이나 이웃이 경작하게 하는 것이었다. 이는 농업생산, 부세행정이 고을단위로 파악되고 그 실제 운영은 마을단위로 이루어지는 농촌 현실에선 자연스러운 방식이었다. 진황전의 조세를 해당 농지소유주의 친족이나 隣保 등에게 징수하는 등 族徵·隣徵으로 꾀하고 있는 것72)도 진전개간에 이와 같은 향촌부담의 방식을 강제하는 수단의 하나가 되기도 하는 것이었다. 친족이나 이웃의 노동력을 이용하여 개간할 때, 혹 어느 한 집 한 사람이 도맡아서 할 수도 있는데, 이 경우 소유주와 사이에 秋收後 수확배분의 방식이 당연히 있었을 것이다.

　다른 하나는 이러한 권농정책과 병행하여 개간을 장려하고 유인하는 혜택을 부여하는 것이었다. 즉, 개간권장책으로서 그 혜택은 개간의 주

---

71)《高麗史》14, 世家 14, 睿宗 14년 3월, 中冊, p. 281.
72) 주 105와 同.

체가 중앙 및 지방의 관아가 아니고 대규모 新田開發이 아닌 이상, 자유로운 개간 현실을 그대로 두고 단지 개간 농지에 대해 일정 年限 면세조치를 내려 주는 것, 그리고 토지가 無主인 경우 개간자에게 耕作權 내지 所有權을 허여하는 것이었다. 무주진전과 달리 有主의 진전에선 田主와 墾耕人이 각자일 경우, 양측 사이의 수익배분에 지침을 마련하여 간여하는 수도 있었겠지만, 이에 관해선 이미 농촌관행이 있고 그것이 고을 관례로 자리 잡고 있어 이에 일임하고 그 처리 역시 관례로 승인하되, 다만 개간 농지가 본시 진황된 햇수의 長短에 따라 개간 초 1·2년간 수확의 전부 혹은 반 이상을 墾耕人이 차지하도록 지대징수에서 전주의 소유권에 기한과 몫을 일정 기간 간섭하는 정도였다. 진전을 다른 사람이 주인과 협약 아래 경간함을 권장하고, 혹 소유주가 이를 금지하면 제제를 가하는 것이었다.

농지경작의 능력을 기준으로 보면, 陳田은 전주의 故意로 인해 발생한 것일 수도 있어 경작을 우선하는 정부로선 起耕田과 마찬가지로 부세를 그대로 부과하거나 타인의 개간을 적극 권장하고 유도하여 경작강제의 시책을 발동하였을 것이다. 소유권은 부인하지 않지만 정신은 遠陳을 취급하는 궤도에 있는 처사였다. 진전이라도 납세를 하여야 한다면 田主로선 다른 사람의 墾耕을 허용하여야 했을 것이다. 다만 농지의 多占者·廣占者가 거의 왕실이나 권세양반 혹은 토호·향리여서 세력과 위세로 이러한 시책에 대항하거나 혹은 歲易田이라고 핑계를 댈 경우 제제의 실효가 있기는 어려운 형세였겠으나, 다른 한편으론 부세행정이 고을을 단위로 하여 束丁에 의해 총액제·배당제로 운영되고 있고 또 토지 없는 무전농민이나 빈농이 적지 않게 발생하고 있어 진황농지가 조금이라도 경작되는 것이 바람직하고 원칙상 지지도 받았을 소지가 있었다. 정부는 이런 현실을 배경으로 이웃이나 친족의 助耕 내지 墾耕을 독려하고 있었다.

그러므로 陳田開墾과 연관하여서도 토지소유권자의 측면에서 고려왕조에서 유의하던 진전은 소유주가 있는 有主陳田이었다. 고려는 건국 초부터 이에 관한 규칙을 마련하고 또 지침으로 遵行하게 하였다. 이에 관해선 현재 光宗 24년(973) 12월의 判旨記事가 가장 앞선 시기의 자료로서 남아 전해온다.

判 陳田墾耕人 私田則初年所收全給 二年始與田主分半 公田限三年全給 四年
始依法收租[73]

여기서 진전의 소유권 행사와 상관하여 유념되는 사항은 다음 두 가지이
다. 진전을 원칙상 소유주가 있는 경우의 토지를 우선 중심 대상으로 하
고 있는 점, 그리하여 墾耕人과 田主 사이의 수익배분과 면세 연한을 언
급하고 있는 점이다.
　이 판지의 陳荒된 公田과 私田은 앞에서 언급한 고려 형법에 보이는
'在官侵奪私田' 및 '妄認公私田', '盜耕公私田' 조항[74]의 公田·私田 바로
그것이다. 이 '妄認·盜耕公私田'의 공전·사전은 실체가 각각 전자는 官田,
후자는 民田이다. 국·관유지와 개인 소유지이다. 이러한 사실은 본 刑律
이 唐律과 공통되고 또 侵奪, 妄認·盜貿賣, 盜耕에 관한 것이어서 문맥
에서부터 명확하다(주 27 참조). 그리고 이 공전·사전의 실체가 이러하여
역시 앞서 거론한 바 있는 《大明律直解》의 '盜耕種官民田' 조항 속에선
明律의 官田과 民田을 각각 公田과 私田으로 직해하고 있다. 즉 남의 전
지를 몰래 경작하는 자에 대한 처벌조항 및 그 토지가 荒田일 경우 1등
을 감하고 강제로 경작한 경우면 1등을 더한다는 규정에 뒤이어 후속하
는 구절의 한 토막

係官者 各又加二等 花利歸官主

한다는 문구를 직해하여,

公田是去等又加二等爲乎矣 邊利乙良 公田是去等 納官齊 私田是去等 給主爲
乎事

---

73)《高麗史》78, 食貨 1, 田制, 租稅, 光宗 24년 12월, 中冊, p. 726.
74) 주 24·25·26과 同.

라고 적고 있다.75)《大明律直解》의 원래 明律 조목이 ‘盜耕種官民田’임에서 ‘係官者’는 官田에 연계되고 花利의 귀속처 ‘官主’ 가운데 ‘主’는 民田과 연결된다. 이 官田과 民田을 각각 公田과 私田으로 직해하고 있는 것이다. 고려시기 사적 소유지상의 公田은 국가·관아에서 소유하고 경영하는 官田이고, 私田은 민인 개개인이 소유하고 경영하는 民田이었다.76) ‘盜耕公私田’으로서 ‘荒田’＝陳田도 당연히 그러하다. 광종조 진전개간에 관한 판지에서 거론하는 陳田으로서의 公田·私田은 모두 일단 이러한 사적 소유지이다.

광종조 판지의 진전은 소유주의 有無 양자를 모두 포괄하고 있지만 그 중심은 어디까지나 有主에 있다. 진전개간에 따른 수익분배 및 조세징수를 해당 토지가 ‘私田’인지 ‘公田’인지에 따라 달리하고 있는 사실이 그것이다. 여기서 私田은 소유주가 개인인 토지, 곧 民田이다. 그러므로 그 소유주를 ‘田主’라고 표현하고 있는 것이다. 이른바 ‘有主付籍之田’으로서의 陳荒田77)으로 有主陳田이다. 이 판지에서 우선 유주진전부터 언급하고 있는 것은 토지의 소유가 사적 소유가 원칙이고, 그 소유관계가 절대다수였음에서 당연한 순서이다. 소유자 자신에서 보면 바로 ‘我田’이고 ‘我家田’인 것이다.78) 私田이 이러한 토지여서, 같은 기준에서 ‘公田’ 역

---

75) 주 45와 同.

76)《大明律直解》는 조선 太祖 4년(1395)에 출간되었다. 直解는 政丞 趙浚의 命에 의해 金祗(跋文)와 高士褧이 하였다. 潤色한 이는 鄭道傳과 唐誠이다. 이때는 麗末鮮初의 交替期로서 고려시기 전시과와 녹과전을 분급 수조지 私田의 혁파와 재분배라는 차원에서 과전제도로 재정리하여 운영하던 초기였다. 그러므로 ‘公田’·‘私田’의 용어도 고려시기와 마찬가지로 收租權 귀속처의 公·私 구분에 따른 호칭으로도 썼고, 아울러 소유권 소유처의 公·私 구분에 따른 호칭으로도 썼다. 이 시기에 소유권 차원, 곧 토지의 사적 소유 선상에 있는 국가 및 각급 통치기구의 소유 토지는 통상 ‘公田’, ‘國田’ 혹은 ‘官田’ 등으로 불렀고, 개인의 소유 토지는 보통 ‘民田’ 혹은 ‘私田’이라고 불렀다.《대명률직해》에서 明律에 보이는 官田을 公田, 民田을 私田으로 직해한 바의 公田·私田은 바로 이 소유지로서의 公田·私田이다. 이상에 관해서는 다음의 논고를 참고할 것.
    鄭肯植, 趙志晩,〈大明律解題〉,《大明律直解》, 서울大學校奎章閣, 2001.
    拙稿, 주 27의〈朝鮮前期 土地의 私的 所有問題〉, pp. 180~181, pp. 186~187.
    ‘民田’이라는 용어는 고려시기 기록에 여기저기 산견되며 일찍부터 썼다(5장 참조). 고려시기에 民田이 있었으므로 ‘官田’은 당연히 있었다. 고려말 李穡이 남긴〈田出甚少〉라는 詩에 ‘借種官田歲取禾 來言減少不增多’(《牧隱集》詩稿 30, 古典刊行會 影印本, p. 722)하다 하여 ‘官田’이 보인다.

77)《高麗史》78, 食貨 1, 田制, 經理, 忠烈王 11년 3월, 中冊, p. 707.

시 우선 사적 소유지로서의 公田이어야 순리이다. 公家의 사유지라면 그
것은 중앙 및 지방 州·縣, 津·館·驛, 鎭 등 각급 행정·교통·군사기관의
소유농지가 대다수를 점한다. 예를 들어 屯田·驛田 등 국유지·관유지가
중심일 것이다. '국가가 매입하지 않고도 사용할 수 있는 토지'79)로서 신
라시기의 '官謨畓'·'內視令畓'·'屯田'·'驛土' 등의 토지와80) 계열이 같다.

　소유권의 위치·귀속과 결부된 陳荒公·私田의 속성이 이러하였던 까닭
에, 다른 사람이 이런 토지를 경작하였을 때 이에 수반한 수확물의 처리
또한 다른 부면이 있었다. 陳荒公田은 '依法收租'함이 私田은 '初年所收全
給 二年始與田主分半' 함이 원칙이었다. 진황공전은 國·官有地이고 이 밖
에 王土로서의 無主陳田도 이 범주에 포함되겠는데, 어느 쪽이든 '租'로
서 수확의 일부를 징수하는 것이었다. 租는 원리상 국가기관의 公的 私
有 내지 국가권력의 실현형태로서, 국가가 公土·公民에 부과하는 公租였
다. 왕실 및 중앙·지방 각급 관아의 內庄田·屯田 등 특정 소유지 및 公
廨田 등 收稅地, 특정 직역자의 自耕無稅地인 驛田·館田·津院田 등의 진
전을 타인이 개간할 경우, 그 토지 자체는 어디까지나 官田＝公田으로서
국가·관아 등 그 관할 기관의 소속 소유지인 것, 그리고 해당 守令·鎭將
및 驛吏·主人 등 본래 연고권자가 각기 소속 토지의 收租權者 내지 使用
收益者로서의 처지에 있는 것, 이런 점이 서로 합쳐지고 여기에 농지조
성의 구체사정이 겹쳐서 公田의 租 수취액이나 수취율은 기관별로 농지
별로 적절히 작정되어 있어서, 실제로는 몇 가지 유형으로 구분되어 있
었을 것이다. 그러므로 '依法收租'하면 되는 것이었다. 徵租는 개간 경작
후 3년은 면제하고 4년째부터 이루어지도록 혜택을 부여하였다. 본 光宗
24년(973)의 판지가 하달된 뒤 열아홉 해 지나 成宗 11년(992) 역시 판
지로서, '公田租 四分取一'의 구절과 이에 준하여 水田·旱田 별로 上·中·
下의 3等田品으로 나누어 각기 수조액수를 계산하여 놓은 기록이 本文과

---

78) 주 33·34 참조.
79) 주 35 참조.
80) 崔南善 編,《增補 三國遺事》, 附錄 新羅帳籍零簡, 民衆書館, 1954.
　　拙稿, 주 11의《韓國 古代·中世初期 土地制度史-古朝鮮~新羅·渤海》.

浹注 각각 1개씩 두 개가 전해오고 있는 것은81) 바로 이러한 공전 가운데서 국·관유지로서의 公田에 해당하는 租稅類型의 하나일 것으로 사료된다.

국·관유의 진전과 달리 無主陳田이나 閑田을 개간 경작할 경우, 개간자는 개간 후 3년 동안 수확 모두를 取食하고 4년째부터 納租하면 되었다. 무주진전이나 한전은 公共의 토지, 이른바 王土의 범주에 직접 들어오는 토지였다. 개간하면 우선 자연스럽게 왕토로서의 公田으로 간주되는 토지였다. 이 公田은 소유개념상의 國有 농지가 아니었다. 고려에서도 無主地는 국·관유지가 아니었다. 무주진전·한전은 개간하면 개간자에게 3년 면세의 조처가 취해지고 있었고 소유권이 인정되었다. 개간자가 田租를 납부함은, 그가 '田主'로 공인된 사실을 바탕으로 성립하는 행위이다. '依法收租'라는 규정은 有田則有租의 원칙에서 수립되고 행사될 수 있는 것이었다. 이러한 경우 그 租額은 고려 太祖가 舊法·天下通法으로 준행을 표방한 什一租率82)에 의해 田品에 따라 遞減되었다.

陳荒私田, 곧 소유주가 개인인 有主陳田은 타인이 경간하면 개간 첫해는 개간자가 소출 전액을 갖고 이듬해인 2년째부터 田主와 소출을 半分하는 조건이었다. 진황처 사전에서 우선 논의하여야 할 중요한 사항은 토지의 소유권자인 田主와 해당 토지를 개간 경작하는 墾耕人 사이에 '所收', 곧 수확의 배분에 관한 것이다. 이러한 점은 문맥에 잘 드러난다. 다름 아니라 본 판지의 핵심은 농지를 다른 사람에게 대여하여 그 노력을 이용할 경우, 소유권자와 개간경작자는 관습상 일찍부터 통용하여 오는 수확의 分半打作을 기정사실로 삼아 기준조건으로 하되, 다만 이 조건이 발효되는 시점과 그때까지의 수확물 처리내역에 중심을 두고 이에 관한 지침을 분명히 전달하는 데 있다. 수확을 分半하여 田主가 수취하고 개간자가 납부하는 것, 이는 公租가 아니었다. 그러므로 公田과 달리

---

81) 《高麗史》78, 食貨 1, 田制, 租稅, 成宗 11년, 中冊, p. 726.
82) 金容燮, 〈高麗前期의 田品制〉, 주 22의 논저.
　　金載名, 〈고려시대 什一租에 관한 一考察〉, 《淸溪史學》2, 1985.
　　허종호, 《조선토지제도발달사》[1], 과학백과사전출판사, 1991, pp. 235~241, pp. 334~337(서울版, 민족문화사, 1997).

租라고 표현하지 않고 所收를 分半한다고 정확히 언명하고 있는 것이다.

이 陳荒私田의 개간에 관한 기록에는 '租'에 관한 직접 표현이 보이지 않는다. 納租開始의 時限, 곧 免稅年限에 관한 언급이 없는 것이다. 이는 私田이 개인이 田主인 사유지임에서 당연한 바이기도 하다. 租의 부담은 토지의 본 소유주 전주의 몫인 까닭에 굳이 언급할 필요가 없는 것이다. 더구나 이 판지의 기사는 原文의 핵심만 縮約한 것으로 극히 간략한 문구로 내용을 집약하여 전하고 있다. 진전개간을 독려하고자 전주와 간경인 사이의 수확배분에 대해서 간여하고 있는 광종 정부가 이에 대해 조치를 취하지 않을 리 없었다. 본래부터 사전의 경우 수조시책 내지 면세 조치 등 租와 관련한 어떤 방침도 제정하고 있지 않았던 것이 아니고, 본 판지와는 별도로 진전개간 전반에 걸쳐 장려하는 시책을 펴는 가운데 이미 마련되어 있었을 것이다. 이러한 추측은 본 관련기사 다음에 陳荒公田의 개간 시 3년간 田租를 면제한다는 구절을 보면 확실하다. 이 혜택은 私田의 경우도 법제상의 원칙으로는 동일하게 지켜져야 하는 것이었다. 私的 토지소유가 원칙인 고려에서 田租정책을 私田과 公田에서 까닭 없이 달리 하여서는 안 되는 것이었다.

公田으로서의 陳田을 개간할 때 田主와 간경인 사이의 수익배분은 큰 문제가 아니었다. 屯田・驛田・館田・津田 등 국유・관유의 토지는 결당 전조액이 田品에 따라 차등 지워 책정되어 있고, 특정 소유기관이나 직역자가 없는 無主의 陳田이나 閑田이면 什一租率에 의해 田品에 따라 역시 차등 있게 제정되어 있었겠으므로, 私田의 예처럼 수확을 田主와 어떻게 할 것인가 하는 논란은 불필요한 것이었다. 公田의 경우 3년 후에 '依法收租'한다고 천명한 것으로서 판지는 소임을 다한 것이다. 본 판지는 3년 동안 개간자가 수확 전체를 취득하고 4년째부터 법에 따라 收租하는 규정으로써 살펴보면, 광종조에 국가에선 陳荒田은 公田・私田을 막론하고 개간 장려책으로 3년 면세의 혜택을 부여한다는 것, 다만 私田에선 전주와 간경인 사이에 수확의 分半은 2년째부터 적용하도록 조정하고 간여하겠다는 것, 이 두 가지가 그 의지이다.

고려초기 정부는 진전개간에 따른 혜택을 이와 같이 크게 부여하면서

개간을 촉진시키고, 후삼국의 오랜 전란과 사회불안에서 위축된 농업생
산을 다시 재건하고 고양시켜 나갈 수 있었다. 뿐만 아니라 이와 병행
하여 토지의 私的 所有權에 즉하여서는 지금까지 애매하던 陳田의 소유
주 및 그 有主·無主를 상당부분 가려낼 수 있게 되었다. 虛名의 有主陳
田은 無主陳田이 됨으로써 그 개간경작인은 명실상부한 소유권자, 그리
하여 납조자가 되고 그 토지는 일단 王土＝公田이 되었다. 신라말 고려
초의 전란기와 혼란기에 이러한 陳田은 수다하였을 것이다. 光宗 6년
(955)경 고려는 見州 및 若木郡을 위시하여 전국 규모의 量田事業을 실
시하면서 이러한 陳田의 소유상황과 분포정도를 파악하여 갔고,83) 더
나아가서 이 위에서 위와 같은 진전개간정책을 수립하고 운영하고 있는
것이었다. 그리하여 소유주를 한층 실정에 맞게 밝힘으로써 새로운 지
주층·소농민층을 육성시킬 수 있었다. 이것은 기왕에 있던 재지세력의
토지·농민에 대한 호족적 지주적인 지배와 수취에 또 한 번 제동을 걸
고 변경을 가하면서, 소유관계를 物的 관계와 人的 관계에서 소유권을
주축으로 재정리함을 도모하는 작업이었다. 광종정부의 조치는 토지의
사적 소유 원칙과 현실을 그대로 존중하면서 진전의 상태에 처한 私田
에서 그 소유주가 안고 있는 소유권의 원초적 제약, 농지경작의 우선방
침을 이용하여, 文卷上의 田主에 대해선 그들이 토지와 관계에서 실질
과 자격이 없는 경우 이들과 그 농지를 경작 및 소유 대열에서 배제하
고 경간자에게는 그의 처지를 分半打作人, 耕作人, 所有主 등으로서 명
확히 하여 주는 셈이었다.84)

---

83) 《高麗史》 78, 食貨 1, 田制, 經理, 文宗 13년 2월, 中冊, p. 706.
　　　주 43의 若木郡淨兜寺五層石塔造成形止記.
　　　金容燮, 주 22의 〈高麗時期의 量田制〉.
　　　浜中昇, 〈高麗時期의 量田制에 대하여〉, 주 2의 《韓國 古代의 經濟와 社會》.
84) 그동안 이 광종 24년(973) 陳田墾耕 관련 判旨 내의 ‘公田’과 ‘私田’의 실체를 놓고
　　(1) 본고와 같이 국·관유지 및 무주진전·閑田과 개인 사유지로 이해하는 견해와 (2)
　　이와는 달리 전자와 후자를 각각 民田과 전시과의 분급전토(科田)로 간주하는 견해
　　가 있다.
　　(1) 說: 金容燮(주 55·82의 논고), 李成茂(주 5의 논고), 盧明鎬(주 5의 논고),
　　　　金載名(주 5·82의 논고), 허종호(주 82의 논저)
　　(2) 說: 李佑成(주 1의 논고), 姜晋哲, 旗田巍, 浜中昇, 宮嶋博士, 六反田豊, 李榮
　　　　薰, 魏思淑(이상 주 2의 논고).

　간략하게나마 서언에서 언급하였지만, (2)說의 요지를 좀 더 구체적으로 지적하면 이러하다. 私田을 수조지이되 양반·군인·향리 등에게 이들이 본래 소유하고 있는 사유지를 전시과에 의해 宮院田·兩班田·軍人田·鄕吏田으로 승인한 것이거나, 소유지가 없을 경우 實田을 절급하고 수조권을 준 것, 혹은 아예 수조권이 아닌 토지 자체를 지급한 것으로 여기에 전조면제의 특권을 부여한 것. 그리하여 나아가선 고려전기 田柴科의 개인 분급전지 私田이 해당자의 개인 사유지에 면조한 免租地라는 주장으로 이어지고 있고, 경영은 수령이 작정(차정)한 佃戶에 의한 경작과 수확의 1/2를 받는 小作制로 운영되며 그만큼 受田者 측의 토지소유권이 강력하다는 것이다. 반면에 公田은 토지소유권이 미숙하고 광범히 존재하는 농민의 토지, 즉 民田으로 구성되는 수조지로서 수확의 1/4을 租로 징수한다는 것이다. 이러한 견해는 전시과의 분급전지가 가진 '傳遞'하는 성질을 신라말의 소유지가 고려에 의해 회수되었다가 다시 전시과에 의해서 그 사유적 성질이 승인된 것으로 해석하고, 이 광종조 이 판지의 '私田'을 전시과에 의해 경리된 分給私田(科田)으로 預度하여 단정한 위에서 양자를 일치시켜 인식한 데서 始發한다. 이 논의는 입론에 두 가지 결함이 있다. ① 고려가 전시과를 시행하면서 개인 소유지 특히 豪族의 사유지(田莊)를 회수하였다거나 實田을 절급하였다면, 토지국유제 정책을 단행하였다는 것이 되는데 이는 역사현실상 불가능하였으며 실제 事實도 아니라는 점. ② 전시과의 개인 절급전토는 그것이 士大夫의 世祿으로서 국가 승인 아래 자손·친척을 위시한 職役継行者에게 遞受되는 것이며, 이는 사유지의 贈與 및 相續과는 절차·양상 그리고 성질이 다른 것이라는 점이다.

　신라말 고려초는 사회격동기였지만 기왕의 토지소유권 및 소유관계가 국가권력에 의해 제도적으로 부정되고 새롭게 재정리되지는 않았다. 고려는 신라 文武王 때 首路王陵廟의 王位田 30결(《三國遺事》 1, 紀異 2, 駕洛國記), 眞平王 때 嘉西寺 占察寶가 시납받은 東平郡 田土 1백 결의 古籍(同 4, 義解 5, 圓光西學), 늦어도 景德王 이전부터 있어 온 所夫里郡田丁柱貼(同 2, 南夫餘 前百濟), 그리고 신라가 고려에 歸付할 때 '封府庫 籍郡縣'한 것(《三國史記》 12, 新羅本紀 12, 敬順王, 論贊) 등의 사례에서 짐작할 수 있듯이, 종전 신라시기에 있어 온 토지소유 및 그 관계를 '舊貫', '舊籍' 그대로 존중하고 승인하면서 이 위에서 군현의 조정, 量田의 시행, 부세의 징수, 전시과의 운영 등을 꾀하였다.

　(2)說의 견해는, 이것이 갖고 있는 이러한 자료이해 및 立論의 無理는 차치하고서, 그대로 받아들인다 하여도 신라말 고려초의 토지·조세·농업 관련 자료, 사실, 정황 등과 여러 부면에서 어긋난다. ① 지금까지 살핀 것처럼 陳田이라고 표현되는 토지의 실체 및 그 귀속처의 지칭인 公田·私田과 신라시기 公田·私田(我田)의 연계가 단절된다. ② 더욱이 본 판지는 전시과가 始定(景宗 원년, 976)되기 이전 햇수로 4년 전의 것이다. 전시과에 의해 전국의 농지가 수조권상의 공·사전으로 경리되는 시점은 경종조를 지나야 상정할 수 있다. ③ 설사 수조권 귀속에 의한 공·사전의 구분이 당시 정비되어 있었다 하더라도 陳田 자체를 수조지 분급제의 원칙상 왕실·양반·군인·향리 등 관료층 지배층의 분급 수조지로 삼을 수는 없다. 수조지는 소유경작자가 있어서 항상 농지로 경작되고 따라서 조세를 징수할 수 있는 토지 위에 설정되어야 하는 것이다. ④ 혹 수조지가 분급된 후 해당 實田이 황폐되어 陳田化한 경우라 한다 하여도, 收租關係의 사실과 부합하지 않는다. 고려에서 진전은 收租하지 않음이 법적 방침이고, 혹 재정상 관습상 수조하여도 그 수조율이나 수취액은 일반 起耕田과 같은 기준에서 집행되었다.(주 35·36·37·38 참조) 1/2租에 입각한 소작제나 1/4租의 수취가 아니었다. 특히 '私田'이 租로서 1/2租를 수취하는 농지는 아니었다. ⑤ 이런 까닭에 본 판지의 기사에서도 私田은 '所收'를 分半한다고 하였고, 公田만 '依法收租'한다고 하였다. '所收分半'의 田主 몫은 租가 아닌 것이다. ⑥ 이 판지는 한 해가 저무는 섣달, 절기로 보면 한 달 혹은 한 달 반 정도 지나면 解土되어 농지를 墾耕할 채비를 차려야 하는 때를 앞두고 시달되고 있다. 私田이 분급전토이고 게다가 수령이

광종조에 마련한 진전개간의 구체조건은 언제까지나 같을 수가 없었다. 농지가 회복되고 농업활동이 안정되면 그간의 면세 연한을 위시하여 수확배분의 방침이 변경되는 것이 常事이고, 다시 농지황폐가 극심하여 국가재정이나 농민경제에 타격이 커지면 재차 진전개간을 독려하는 시책이 강구되는 것이 상례였다. 개간에 관해 취하는 정부의 혜택이나 시책은 그때그때의 형편에 따라 달랐다. 이뿐이 아니었다. 사유지 私田에서는 分半打作하는 時俗도 변동되었다. 농지의 진황 연수에 따라서 달리하였다. 公田의 경우는 '依法收租'하므로 면세 연한의 多少에 차이가 있을 정도였겠으나 私田의 경우는 그럴 수 없었다. 私田에서는 개간활동을 둘러싸고 전주와 간경인이 다를 경우 수익배분의 몫은 이해관계가 컸다. 睿宗 6년(1111) 8월에 하달되는 陳田開墾에 관한 판지는 이런 사정을 담고 있는 사례이다.

판 三年以上陳田墾耕 所收兩年全給佃戶 第三年則與田主分半 二年陳田 四分爲率 一分田主 三分佃戶 一年陳田 三分爲率 一分田主 二分佃戶[85]

내용은 진전을 진황 연한에 따라 3년 이상, 2년, 1년으로 분간하고, 전주와 간경인 사이의 수익배분 관행인 分半打作은 개간 경작한 지 3년째부터 시작하되, 그 이전 2년 동안은 3년 이상 진전의 경우 간경인이 수확의 전액을, 2년 진전은 수확의 3/4을, 1년 진전은 수확의 2/3를 각각 취하도록 한다는 방침으로 이해된다.

광종조와 예종조의 진전개간에 대한 이 두 판지는 고려전기 정부의 진전개간정책 및 그 기반인 농업실정 내지 관습이 一貫됨을 여러 부면에서 보여준다. 첫째, 개간대상으로서의 진전으로 중시되는 것은 항상 私田이

佃戶를 작정해 주고 이른바 小作制로 경작되는 토지라면, 이와 같은 권농 차원의 개간시책이 하달될 까닭이 없다. 그나마 섣달에 이르러서 시달할 필요도 없는 것이다. 참고로 (2)說이 私田(科田)은 佃戶를 관에서 차정·작정하여 주고 전호제(소작제)에 의해 경작하는 토지라고 인식하는 데 준거로 삼고 있는 기본 자료 역시 制勅인데, 이는 2월에 내려지고 있다(본서 Ⅳ편 2논고의 주 136 및 본고의 주 105·106 참조). 절기도 서로 맞지 않는다.

85)《高麗史》78, 食貨 1, 田制, 租稅, 睿宗 6년 8월, 中冊, p. 727.

라는 점이다. 광종·예종조 판지에서 공통으로, 그리고 세밀하게 개간에 따른 규정을 마련하고 있는 토지는 개인의 사유농지이다. 고려의 농지분포에서 그만큼 개인 토지가 대다수를 차지하였고 또 그 소유권이 우선 중요시되고 있었기 때문이다. 둘째, 진황사전 소유권자의 지대수취를 보장함이 중심이 되고 있고, 개간자에 대한 혜택은 이 범주 안에서 시달되고 있다는 점이다. 광종조 예종조 모두 농촌 관행으로서 오랜 전통인 分半打作 並作半收를 전제로 하고 있다. 셋째, 고려전기 국가에서 개간 대상으로 중시하고 유의하던 진전은 대체로 1년, 2년 된 진전 및 3년 이상의 진전이라는 점이다. 광종조 진전개간은 첫 해에는 개간자가 수확 전부를 취득하고 이듬해부터 田主와 분반하는 데 비해, 예종조의 경우 3년 이상 묵은 진전의 개간 시 개간한 지 2년간은 수확 전부를 차지하고 3년째부터 반분하며, 2년 진전은 수확의 3/4을, 1년 진전은 2/3를 처음 2년간 취하되 3년째부터는 역시 반분하도록 하고 있는 것이다. 아마 예종조의 이 산출은 分半打作하기 전까지, 곧 개간 착수 2년 동안은 간경인의 수확 취득 몫을 산술평균하여 각기 배분함으로써 전체로서는 광종조의 개간 첫 해에 간경인이 수확전액을 취득하는 것과 실제로는 별 차이가 없게 하는 선에서 이루어졌을 것이다. 가령 한 해 수확 총량을 1로 쳤을 때 2년 동안 3년 이상 진전은 $2(1+1)$를, 2년 진전은 $1\frac{1}{2}(3/4+3/4)$을, 1년 진전은 $1\frac{1}{3}(\frac{2}{3}+\frac{2}{3})$을 취득하는 셈으로서, 광종조에 대비하면 3년 이상 진전은 1/2을 더 취득하고, 2년 진전은 마찬가지이고, 1년 진전은 1/6을 덜 취득하는 폭이다. 이는 예종조에 그간 진황 햇수의 다소에 따라 있었을 전주와 간경인 사이의 수확배분 다툼을 완화하고자 광종조에 비해 진황의 연한을 3등분으로 세분하여 조정한 것으로 추측된다. 즉, 토지소유주와 개간경간자 사이의 地代배분은 각기 2分取1의 分半이 원칙이지만, 농지가 묵은 햇수에 비례하여 熟田이 되는 데는 시간과 노력이 더 소요되고 투여되어야 하므로 3년·2년·1년으로 구획하여, 개간경작자인 佃戶農民의 물자나 노력이 평상시 佃作보다 더 많이 투입되는 데 따른 배려로서 토지소유주인 지주 측에서 地代를 경감하여 일정기간 3分取1이나 4分取1 하도록 하는 제도였다. 아마 이 무렵의 농업 관습이 이러하였을 것이다. 公田은 별도 규정이 없는 것으로 보아 광종 때의 제칙사항이 여전히 관례였을 것이다.

이러한 사실과 더불어 또 하나 중요한 사항은 광종·예종조의 판지에서 개간독려 대상으로 삼은 陳田은 농지이용의 농법상으로는 年年 경작하는 常耕地의 진전이라는 점이다. 이 진전은 地廣人稀한 지역이나 土質膌薄한 지방 등의 농지에서 1년간 혹은 2년간 간격을 두고 정기적으로 1년 경작 후 休閑을 거듭하는 농작, 곧 歲易田에서 발생하는 一易田·再易田으로서의 休閑田이 아니었다. 광종조 판지상에서 거론하는 陳田이 歲易農法下의 休閑田이라면 간경인이 개간 첫 해에 소출 전액을 취하고 이듬해부터 田主와 수익을 반분하여 나가는 농작업은 불가능하다. '二年始與田主半分'이라고 하고 있음은 분반타작을 앞으로 매년 관행으로 定式으로 한다는 사실이 묵시되어 있다. 만일 歲易下의 休閑田이라면 진전개간은 이루어질 수 없고 국가도 이러한 규정을 제정할 수가 없다. 예종조 판지의 진전 역시 마찬가지였다. 더욱이 여기서는 진전을 3년 이상, 2년, 1년으로까지 세분하고 있다. 고려전기 진전은 3년 이상 진황된 것이라도 개간 뒤 2년이 지나면 田主와 수확을 半分하여 並作半收하며 간경인이 생계를 부지하여 갈 수 있는 농지, 곧 熟田＝正田이 되는 그러한 농지였다.

고려전기, 이상과 같은 개간정책과 농촌관행 그리고 농작법의 여건과 수준에서, 진황농지의 개간을 둘러싸고 田主와 墾耕人 사이에는 소출을 分半하는 사회경제관계가 성립하고 보급되고 있었다. 하나의 농지는 그 소유주에 의해 타인에게 대여되고, 타인에 의해 借耕되는 셈이다. 소유주는 농지를 제공하고 경작자는 노동을 투하하는 형태로서 分半打作은 농업경영의 일반적 관행으로 자리 잡고 있었다. 이러한 사회경제관계에서 田主는 땅 주인이면서 성질상 分半地代를 간경인에게서 수취하는 地主였고, 墾耕人은 성질상 소출의 半을 地主에게 지대로 납부하는 作人, 곧 佃戶였다. 예종조의 판지에선 陳田墾耕時 토지소유주와 개간자 사이 수익배분의 조건을 열거하는 가운데, 광종조 판지상의 '墾耕人'을 '佃戶'라고 호칭하고 있다. 다른 사람 소유의 토지를 治田하는 자로서의 佃戶인 것이다. 진전개간을 통해서는 그 사적 소유권의 범주에서 지주와 전호의 경제적 사회관계 地主佃戶制가 수립되고 보급되어 나가는 것이었다.

　진전의 간경 나아가선 농지의 경작을 貸借하는 형태, 곧 소유주가 직접 수행하지 않고 타인의 노동을 통해 이룰 때 田主와 耕墾人, 즉 佃戶가 소출을 분반하는 並作半收制는 고려 광종조 이 시기에 陳田開墾에서 그것도 국왕의 判旨로서 처음 성립하고 제정된 것이 아니었다. 이미 일찍부터 있어 온 농업관행이었다. 광종조의 이 판지는 농촌사회에서 농업경영의 주요형태로 地主制 경영, 곧 借耕制, 佃戶制가 널리 자리 잡고 보급되어 있었던 현실을 바탕으로 하달한 것이었다. 이 점은 본 판지의 목적이 수확을 分半하기 이전 단계에서 간경자인 전호농민에게 돌아가는 몫과 수확분반의 개시 시점을 확정시키는 데 있었음을 유의하면 잘 알 수 있다. 고려초 이 시기의 사회·국가는 농지경영 토지소유가 자영소농제와 함께 지주제를 또 하나의 축으로 하여 운영하고 존재하는 그러한 사회이고 국가였던 것이다. 지주전호제에서 지주 혹은 전호로서 참여하는 층은 신분계급상 어느 층에나 있었겠지만, 소유와 경영 차원에서 체제적으로 이것을 주도하고 인솔하는 층은 지주층이고 대다수가 王室·兩班을 위시하여 軍人·鄕吏 등 지배신분계급이었으며, 반면에 생산과 경작 차원에서 주도하고 유지시켜 나가던 층은 전호층으로 대부분이 平民·賤民 등 피지배신분계급 가운데 토지가 부족하거나 아예 없는 貧農·無田農이었을 것이다.

　양반 등 지배층은 정치권력상, 그리고 신분계급상으로 우위를 차지하고 있으면서 아울러 토지의 私的 소유에서도 우월한 위치를 점거하고 있었다. 이러한 여건은 이들이 토지의 소유 규모에서만이 아니라 경영 규모에서도 유리한 처지에 있게 하였다. 우선 토지의 田品에서 상등전, 중등전 등 비옥지는 대개 이들이 차지하고 있었다. 이는 진전개간 때 分半打作이 토지소유자와 개간경작자 사이에 수확배분의 지표가 되고 있는 점, 그리고 현종조에 이미 운영하고 있던 각 고을 의창미의 收斂法이 公田을 1·2·3科로 나누고 宮院·寺院·兩班의 田土는 2科에 그리고 軍人·其人戶의 田土는 3科에 등치시켜 각기 1결당 3斗, 2斗, 1斗씩 차등 있게

거두고 있었던 점86)에서 대강 짐작할 수 있다. 이 두 사례가 곧바로 왕
실·사원·양반 등이 주로 비옥지를 차지하고 있었다는 점을 전하는 것은
아니지만, 並作半收가 행하여 질 수 있는 진전은 토질이 척박한 농지일
수는 없으며, 결당 의창미 수렴을 3·2·1斗씩 차등을 두고 집행하였던 것
도 대체로 향촌사회에서 토지소유 관계는 田品의 高低가 사회신분계급의
上下와 비례관계로 얽여 있던 데서 마련할 수 있는 규정이다. 忠穆王 원
년(1345) 극심하여진 토지탈점을 수습하고자 설치한 整理都監에서 환관
족속 및 권세가를 특히 지목하여 이들이 田地가 비옥한 곳에 다투어 농
장을 설치한다87)고 하고 있는데, 이는 새삼스러운 현상이 아니고 예부터
있어 온 양상의 후속이었다.

농사에 소요되는 人力·農牛의 소지도 다른 신분에 비해 대부분 넉넉
하였을 것이다. 이들의 일부는 수백 혹은 백수십에 달하는 막대한 수의
노비를 지녔다.88) 堤堰이나 洑 등 관개·수리시설도 이용을 독점하거나
우선하고 있었겠다. 고을이나 향촌의 각종 役事가 이들의 주도하에 이
루어지는 것이 일반이었음을 보면89) 관개·수리시설의 수축 역시 그러하
였을 것은 자연스러운 양상이었다. 농업생산을 보조하고 농가생활을 부
지하는 데 필요한 각종 물자를 조달할 수 있게 하는 山場·柴場의 이용
또한 이들이 독점 용익하거나 우선 이용하였을 것이다.90) 농지의 소유
규모 경영 규모가 多大하고 우세함은 동일한 기후·풍토 및 年事條件에
서 상대적으로 農形의 豊實로 이어진다. 뿐만 아니라 양반 지주층의 농
지는 정부의 勸農政策, 賑貸 및 義倉의 운영, 災免의 집행 등에서 우선

---

86) 《高麗史》 80, 食貨 3, 田制, 常平義倉, 顯宗 14년 윤 9월, 中冊, p. 711.
　　'判 凡諸州縣義倉之法 用都田丁數收歛 一科公田 租三斗 二科及宮寺院兩班田 租二
　斗 三科及軍其人戶丁 租一斗 已有成規'
87) 《高麗史》 85, 刑法 2, 禁令, 忠穆王 원년 5월, 中冊, p. 865.
　　'整理都監狀 宦官族屬及權勢之家 於田地沃饒處 爭設農庄 奸吏因祿用事 奪占人田
　却取牛馬 今後 推考痛懲'
88) 洪承基, 《高麗貴族社會와 奴婢》, 一潮閣, 1983.
89) 朴鍾進, 《고려시기 재정운영과 조세제도》, 서울대학교출판부, 2000, pp. 131~157.
90) 《高麗史》 15, 世家 15, 仁宗 5년 3월 戊午, 上冊, p. 310.
　　'詔曰……一 山澤之制 與民共之 毋得侵牟'
　　《高麗史》 28, 世家 28, 忠烈王 3년 2월 己巳, 上冊, p. 574.
　　'僉議府言 公主怯怜口及內僚 廣占良田 標以山川 多受賜牌 不納租稅'

배려받았고91) 賦稅行政에서도 혜택을 받았다.92) 그리고 이들 가운데선 이러한 여러 우세요소를 바탕으로 농지확장·토지겸병에서 또 다시 앞장서 나갔다. 소유지의 확대가 토지매득과 농지개간 이 두 가지를 주요 기초로 하여 이루어지는 원칙 속에서 유리한 위치에 있는 것이었다. 더욱이 규모가 큰 황무지 및 진황전의 개간, 그리하여 物資와 勞力의 투하가 일시에 장기간 多大하게 소요되는 사업은 이들이나 할 수 있는 일이었다. 일반 민인은 농민으로서 이들과 더불어 自營小農, 佃戶, 傭作民의 처지에서 생활하였다.

　이러한 사실은 고려전기 토지의 사적 소유가, 그 법제적 형태에 사회경제 및 정치적 국면을 결부시켜 전체로서 파악할 때, 그 소유관계는 신분계급적 지주전호제적 소유가 자영농민의 소토지 소유와 함께 주축을 이루고 있었다고 인식하게 한다. 지주 한 사람 한 사람이 모두 양반이 아니고 전호 한 명 한 명이 평민이고 천민인 것은 아니었으나, 지주층의 중추는 양반이고 전호층의 중심은 평민·천민 가운데 빈농·무전농이었다. 현전하는 자료로선 이 점을 數値로 제시할 수 없으나, 그러한 情況을 전하는 기록은 위와 같이 다소 남아 있다. 고려전기 사적 토지소유가 소유권의 관습적 법적 형태로서 평등성과 자유성을 가졌으나 동시에 그 소유관계가 신분계급적이고 지주전호적임에서, 소유의 평등성과 자유성은 신분성의 제약을 받고 계급성의 압박을 받지 않을 수 없었다. 그리고 실제 그런 처지에서 존재하였다. 고려는 이러한 체제를 중앙집권의 권력형태 통치체계로 구현한 왕조로서 집권봉건관료국가였다. 그러므로 政爭이나 變亂 때 심하면 그 패배하는 형편이나 정도에 따라 때로는 왕실·양반조차도 토지를 위시한 家産·人力을 籍沒당하였다.93) 적몰된 토지는 국왕과 승자 양반 사이에 재분배되기도 하였다. 토지매득 농지개간 등에 작동하는 권력의 위세는 籍沒·奪占을 통한 토지취득에서는 적나라하게 발휘되

---

91) 拙稿, 주 28의 〈高麗前期의 勸農과 田柴科〉(본서 Ⅳ편).
92) 朴鍾進, 주 89의 논저, pp. 13~157.
93) 주 47.
　　《高麗史》 27, 世家 27, 元宗 13년 3월 己亥, 上冊, p. 552.
　　《高麗史》 29, 忠烈王 5년 11월 壬申, 上冊, p. 591.

598 V 土地所有와 土地·農業論

고 있는 것이었다.

고려전기 토지의 사적 소유는 신분성과 계급성을 가졌다. 그리고 이러한 신분성과 계급성은 지주전호제적 소유관계에서만 연유하는 것이 아니었다. 그것은 고려왕조의 토지분급제, 즉 광종조의 뒤를 이은 景宗朝에 들어와 始定되는 田柴科에 의해 토지의 사적 소유권이 수조권에 의해 체제적으로 제약받기 시작함으로써 그 완전성에도 한계가 있었다. 고려에서 사적 소유지는 농지로서 파악하고 수세지로서 인식하는 속에서 존속하는 그러한 사유지였다.

5. 國家의 土地把握과 田主佃客制

고려전기, 국가는 토지의 사적 소유원칙 속에서 항상 陳田의 발생에 유의하고 墾耕을 권장하고 독려하였다. 토지는 늘 墾田, 즉 起耕田이고 또 그래야 했다. 농지는 정부의 수세 차원에서나 소유경작자의 처지에서나 '所耕田'으로 파악되었다. 사적 토지소유주 田主는 所耕田의 '主'였다. 한 예로

外方人吏等 以所耕田 賂諸權勢 干諸別常 謀避其役者 有之94)

하다 하여, 지방의 人吏 등이 그 役을 피하고자 권세가에게 別常을 간청하면서 뇌물로 주는 자기의 소유경작지 '所耕田'이 그것이다. 바로 '盜耕公私田'條에서 말하는 私田이다. 고려 최말 辛禑 3년(1377) 6월 매우 늦은 때의 기사이긴 하나, 閑散軍으로 뽑힌 이들 가운데 말을 마련하고자 子息·家産과 함께 방매한다는 '已耘之田'95)도 소경전의 이러한 위치에서

---

94) 《高麗史》85, 刑法 2, 禁令, 忠烈王 11년 3월, 中冊, p. 863.
95) 《高麗史》81, 兵 1, 兵制, 辛禑 3년 6월, 中冊, p. 787.
　　'各道抄軍使等 抄閑散子弟 無馬者畏刑 至有鬻子易馬 盡賣家産 又賣已耘之田 以求馬匹 雖名閑散 其實農民及戍 邊鎭者居半'

나올 수 있는 표현이다. 동왕 14년 8월(1381) 대사헌 趙浚이 호적제도가 무너져 그 부실을 수습하는 방안으로 당시 실시하던 量田을 통해 各戶가 가지고 있는 '所耕'의 多寡로써 그 호를 上·中·下 3등급으로 구분하여 작정하고 良人·賤人 및 生口도 분간하여 成籍할 것을 제안하고 있는 것[96]도 이런 전통에 입각한 조치였다. 소경전의 대다수는 국민 개개인의 소유지였다. 물론 官院·寺社·官衙도 소유하고 있었다. 양전은 이 所耕田, 곧 민인과 농지를 일치시켜 소유주와 그의 소유지를 하나로 조사하고 파악하는 고려왕조 토지조세정책의 한 절차였다.

　민인의 소경전은 보통 民田이라고 불렀다. 국가나 민인의 처지에서 개인의 소유지는 官衙·宮院·寺院 등 기관의 소유지인 公田(官田)·宮院田·寺院田과 大別해서 民田인 것이다. 顯宗 13년(1022) 2월 戶部의 다음 奏達은 이러한 사실을 함유하고 있다.

　　泗州 是豊沛之地　前此　抽減民田　屬之宮莊　民不堪征稅　乞於州境內　審量公田
　　如數償之　從之[97]

泗州 고을의 民田을 抽減하여 宮莊에 소속시킨 적이 있었고, 이제 추감한 민전만큼 公田을 審量하여 상환하자는 것이다. 여기서 民田의 民은 宮莊과 대비되고 公과도 대비되고 있다. 추감한 민전은 궁장에 귀속됨으로써 宮莊田이 되었다. 이 민전의 원소유주는 宮莊田戶, 곧 莊戶의 처지가 되었을 것이다. 이로 인하여 泗州의 民田, 즉 국가에 租賦를 담당하여야 하는 부분이 그만큼 감축되어 해당 몫의 征稅는 남은 민전, 곧 잔여 민인이 부담하게 되었는데 그 정도가 감당하기 어려울 만큼 무거웠다. 정부는 그 해결책으로써 추감한 양만큼을 公田으로 상환하여 주고

---

96)《高麗史》118, 列傳 31, 趙浚, 下冊, p. 593.
　　'計口籍民……近來 此法一毁……願令當量田 審其所耕之田 以田多寡 籍其戶 爲上中下
　　又分良賤'
　　《高麗史》78, 食貨 2, 戶口, 辛禑 14년 8월, 中冊, p. 733.
　　'近來 戶籍法壤……願今當量田 審其耕作之田 以所耕多寡 定其戶上中下三等 良賤·生
　　口 分揀成籍'
97)《高麗史》78, 食貨 1, 田制, 經理, 顯宗 13년 2월, 中冊, p. 705.

있다. 이 公田은 경리상 收稅地로서의 民田과 等値될 수 있는 그러한 공
전이어야 했다. 그것은 중앙 및 지방기구 소속의 수조지로서의 공전이었
다. 民田은 국·관유지 公田(官田)과 구획되는 그런 유의 농지였다.

　民田이 민인 일반의 전토, 곧 민인의 소유경작지임은 아래의 몇 기사
로 한층 분명히 알 수 있다.

　(1)　尙書戶部奏　楊州界內見州　置邑已百五年　州民田畝　累經水旱　膏堉不同
　　　　請遣使　均定　制可98)

　(2)　西北面兵馬使奏　安北都護及龜·泰·靈·渭等州　通海縣民田　量給已久　肥堉
　　　　不同　請遣使　均定從之99)

　(3)　戶部奏　尙州管內中牟縣　洪州管內槽城郡　長湍縣管內臨津·臨江等縣民田
　　　　多寡膏堉不均　請遣使　量之　均其食役　從之100)

　(1)·(2)는 文宗 13년(1059) 2월과 3월에 각각 尙書戶部와 西北面兵馬
使의 上奏에 따라 田品의 膏堉이 전과 같지 않은 고을의 민전에 양전사
를 파견하여 다시 양전하고 균등하게 작정하는 경리작업이다. (3) 역시
이보다 앞서 靖宗 7년(1041) 정월 戶部의 주달에 따라 多寡膏堉이 예전
과 같이 고르지 않아 양전을 하여 食役을 균등하게 제정하는 것이다.
(1)의 기사 가운데 보이는 '州民田畝'는 州의 민인이 소유경작하는 전토
의 뜻으로, 이것이 바로 民田이다. 뒤이은 (2)의 '州·縣民田'은 이 점을
명백히 하여준다. '州·縣의 민인이 소유경작하는 전토'라는 의미이다. (3)
의 '郡·縣民田' 역시 마찬가지이다. 민전은 민인의 전토이다. (1)·(2)·
(3)의 조치는 해당 각 고을의 民田을 다시 審量하여 당초 책정받은 田品
의 膏堉과 結負의 多寡가 뒤바뀌고 변해버린 상태를 바로 잡고 그 食役,
즉 租賦를 균등하게 量給하는 작업이었다. 田租와 賦役의 불균등으로 직
접 피해를 입은 이는 해당 전토에서 이 부세를 부담하는 사람, 즉 이 민

────────────────────────

98)《高麗史》78, 食貨 1, 田制, 經理, 文宗 13년 2월, 中冊, p. 706.
99)《高麗史》78, 食貨 1, 田制, 經理, 文宗 13년 3월, 中冊, p. 706.
100)《高麗史》78, 食貨 1, 田制, 經理, 靖宗 7년 정월, 中冊, p. 706.

전의 소유주였다. 이런 내용에서 보면, 민전은 개인 소유지 私田을 전조와 부역을 담당하는 토지로서 인식하는 데서, 그리고 나라에선 이 田地와 賦稅를 하나로 묶어 파악하고 있는 데서 사용하는 명칭이었다. 民田은 田地와 人戶, 土地와 人丁이 함께 결착되어 있는 상태, 아울러 그렇게 파악하는 위에서 사회체제가 구성되고 국가조직의 존립기반이 설정되는 실체였다.

소경전의 소유자 민인은 사회·국가의 모든 구성원 개개인임은 말할 나위도 없다. 위의 기사(1·2·3)에 양전대상으로 열거된 여러 고을의 민전 및 그 소유주가 平民田 내지 平民만일 수 없고, 자영소농민일 수도 없다. 여기에는 왕족·양반·군인·향리·백정·노비 등 사회의 모든 신분직역자 및 그 소유지가 분포되어 존재하고 있는 것이다. 明宗 18년(1188) 3월의 기사에 보이는, 무릇 고을에는 각기 서울 및 지방의 양반·군인의 永業田과 함께 '家田'이 있다는 지적,101) 忠穆王 2년(1346) 11월 중앙에서 楊廣·全羅·慶尙·西海·平壤·江陵·交州 등 전국 諸道에 양전사를 파견하여 양전하는 것을 '令度民田'이라고 표현102)하고 있는 것은 민전의 소유주와 그 내용이 이와 같은 까닭이다. 이러한 民田은 국가라 하여도 함부로 소유권을 침해할 수 없었다. 그렇게 하면 이는 '侵奪民田', '奪人土田'103)하는 행위, 곧 민전침탈이었다. 민전침탈은 國法으로 금지되어 있었다. 肅宗 7년(1102) 3월 당시 南京을 새로 창설하려 할 때 山水形勢를 쫓아 地境을 삼은 것도, 이렇게 하지 않으면 '多奪民田'하게 되기 때문이었다.104)

민전은 그것이 소경전으로 인정되고 있는 한 起耕·陳荒을 물론하고 사적 소유지로서 그 소유권이 법제와 관습으로 확고하게 공인되고 보증되었다. 이 법제와 관습은 민전이 租賦의 원천이고 그 田主가 부담자라는 점에 입각하는 것이었다. 신분계급적인 지주전호의 소유관계를 떠나서도,

---

101) 주 6과 同.

102)《高麗史》37, 世家 37, 忠穆王 2년 11월 辛卯, 上冊, p. 745.

103)《高麗史節要》20, 忠烈王 11년 정월 乙酉, p. 538.
　　《高麗史》123, 列傳 36, 嬖幸 1, 印侯, 下冊, p. 686.

104) 주 30과 同.
　　주 24·25·26 참조.

소유권은 성질상 唯一 絶對의 소유일 수 없었다. 고려초 田柴科가 설정되고 운영되는 것은 바로 그 실상이었다. 주지하듯이 전시과는 전국의 토지를 수조권·수조지 차원에서 경리하여 供上, 祿俸, 軍須, 兩班·軍·閑人科田, 功蔭, 公廨 등 용도별로 구획하고 이를 크게 公田과 私田으로 大別한 토지배속제도로서, 그 중심은 중앙 및 지방의 각급 각종의 행정·군사·교통 등 통치관련기관 및 그 지배층·직역자에게 토지·농민에 대한 지배와 수취권한을 割讓한 토지분급제였다. 實田 자체가 절급되는 경우도 있지만 중심은 수조권의 할양이었다. 소유권·소유지는 그만큼 수조권·수조지의 下位에 자리하고 이의 제약을 받았다. 소경전으로서의 민전 일반 위에 수조권이 행사되고 수조지가 설정되는 것이다.

고려시기 토지제도에서 민전, 곧 소유지의 이러한 처지를 가장 잘 집약하여 표출하는 것은 민전의 소유권자가 수조권과의 관계에선 '佃戶'(佃客)로 간주되고 있는 사실이었다. 소유지 민전의 소유자가 엄연히 '田主', '主', '本主'로서 소유권자이고 국가도 이를 승인하고 보장하고 있는 가운데, 이것이 수조권·수조지와의 관계에선 表裏·上下로서 '佃戶', '佃客'으로 지칭되어 해당 수조지의 治畝者로서 그리하여 作人으로서 파악되고 있는 것이다. 이는 수조권상 私田으로 절급된 소유지나 公田으로 절급된 소유지나 마찬가지였다. 다음 睿宗 3년(1108) 2월에 있던 두 制勅

(1) 諸州縣 公私田 川河漂損 樹木叢生 不得耕種 如有官吏 當其佃戶及諸族
　　類隣保人 徵歛稅粮 侵害作弊者 內外所司 察訪禁除[105]

(2) 近來 州縣官 祇以宮院朝家田 令人耕種 其軍人田 雖膏腴之壤 不用心勸
　　稼 亦不令養戶輸糧 因此軍人飢寒逃散 自今先以軍人田 各定佃戶 勸稼輸
　　粮之事 所司委曲奏裁[106]

는 고려 토지제도가 갖고 있는 이러한 사실관계를 바탕으로 취하고 있는 시책이다.

---

105) 《高麗史》 78, 食貨 1, 租稅, 睿宗 3년 2월, 中冊, p. 727.
106) 《高麗史》 79, 食貨 2, 農桑, 睿宗 3년 2월, 中冊, p. 735.

(1)은 전국 여러 고을의 公田·私田에 냇물이 들어와 쏠려 손실하고 나무가 빽빽이 들어서 경간하거나 파종할 수 없는 상태인데, 만일 관리가 그 佃戶 및 전호의 族類·隣保人에게 稅糧, 곧 田租를 징수하여 침해하고 병폐를 지으면 중앙 및 지방의 소관 관청에서 살펴 금지하라는 것, (2)는 근래 고을에선 수령이 궁원전 조가전에서만 사람들이 경작하도록 독려하고 군인전에 대해선 비록 토질이 비옥하여도 마음 써서 勸稼하지 않고 양호가 輸糧, 즉 稅糧을 운반하게 하지도 않아 군인이 굶주리고 추위에 떨다 도망하여 흩어지니 지금부터는 군인전부터 각각 佃戶가 경작에 安定하게끔 권농하고 그 勸稼 및 輸糧의 일은 담당 관청에서 소상히 보고하여 결재 받도록 하라는 것이다. (1) 기사 속의 '稅糧'은 구실〔租稅〕, 곧 田租이며 고려·조선에선 통상 행정상 吏文으로 '出', '出食' 혹은 '貢稅'라고 우리식 표현을 썼다. (2)의 '輸糧'의 粮 역시 稅糧으로서의 粮이다. 여기서는 粮食의 뜻이 아니다.107)

(1)의 공전·사전은 수조지로서의 공사전이다. 그것은 무엇보다도 官吏가 稅糧을 징수하는 토지인 점에서 그렇다. 뿐만 아니라 징세대상이 '佃戶' 및 族類·隣保인 점에서 그러하며, 川河漂損하고 樹木叢生하여 진황되면 원칙상 면세되어야 하는 점에서도 그렇다. 앞에서 살폈듯이 고려에서 陳田免稅, 곧 荒田免租는 법제였다. 양반·군인·한인 등 개인 수조지 私田의 收租도 원칙은 수득자의 직접답험과 직접징수이되, 여기에도 군현의 행정적 권농적 지원과 배려가 없어서 이루어지는 것이었다.108) 혹 이 기록만으론 이곳의 公·私田이 소유지라고 하더라도 관리가 稅糧을 징수

---

107) '稅糧', '輸糧'의 '糧'은 우리 이두식 표기로는 '出', '出食'이라 하고 혹은 '貢稅'라고도 표기하였으며 그 뜻이 구실, 조세, 특히 田租임에 관해선 아래의 논고 및 자료를 참고할 것.

　　拙稿,〈高麗時期의 作丁制와 祖業田〉,《李元淳敎授停年紀念 歷史學論叢》, 敎學社, 1991, pp. 183~184(본서 Ⅲ장).

　　　〃, 주 28의 논고, p. 170.

　　《大明律直解》5, 戶律, 田宅, 欺隱田粮, 功臣田土, 荒蕪田地 및 同書 7, 戶律, 多收稅粮斛面, 攬納稅粮.

　　《訓蒙字會》下, 雜語, 租, 稅(檀國大學校 東洋學硏究所刊, 叡山文庫本, p. 116, p. 1971).

108) 拙稿,〈高麗前期 田柴科의 運營原則〉, 주 28의 논저(본서 Ⅱ편).

하고 소유경작자를 佃戶라고 지칭하는 현상은 수조지일 경우와 일치하여, 공·사전이 국·관유지 및 사유지로서 소유지 쪽으로 파악할 수 있기도 하다. 그러나 이는 私田에선 해당되나 公田에선 해당되지 않는다. 여기서 公田이 국·관유지라면 無稅, 自耕無稅인 까닭에 징세행정이 수립될 수 없다. 더욱이 사유지까지 포함하여 그 조세징수 대상인 佃戶가 타인소유의 농지를 借耕하고 並作하는 作人佃戶일 수 없으니 하물며 그의 족류·인보가 조세징수 대상이 될 수는 없다. 조세징수 대상을 佃戶라고 표현하는 것은 이 公·私田이 수조지이거나, 혹은 소유지라도 수조권의 위치에서 조세를 징수할 경우에 합당한 까닭이다. 조세를 납부하는 주체로서의 佃戶가 다른 사람의 소유지를 借耕하는 作人으로서의 佃戶일 수는 없는 것이다. 여기의 佃戶는 그 실질이 수조지 공사전의 實田, 곧 所耕田의 田主였다. 조세징수 대상이 이 佃戶를 넘어서서 족류·인보까지도 미치는 것도 다른 이유가 아니었다. 고려에서는 조세는 군현단위로 그 田丁 및 戶口를 감안하여 총량이 작정되고, 이 총액을 군현에서 책임지고 납입하여야 하는 징수방식하에서 배정·수취하게 하는 것이 일반이었다. 그러므로 때로 토지소유주가 사정이 있어 부담하지 못하면 족친·인보 등에 부과하여 조세의 총량을 메우는 사태로 이어졌다. 族徵·隣徵인 것이다. 수조권상의 公田·私田 그리고 佃戶는 이런 의미이고 실체였다. 이러한 사정은 (2)의 내용을 음미하면 한층 분명하다.

(2)의 요점은 여러 고을에는 수조권 분급상의 公田과 함께 각종 개인 절급전토가 두루 분포되어 있는데, 권농책임자인 수령이 신분이 우월하고 지체가 높거나 나라의 중요 재원이 되는 宮院이나 朝家의 전토에 대해서만 마음을 써서 그 경작을 독려하고 그렇지 못한 군인 등의 전지에서는 권농을 극히 소홀히 하고 稅粮의 운반·조달마저 독책하지 않아 군인의 고충·유이가 심해지고 있다는 것, 그리하여 이제부터는 군인이 逃散하지 않도록 군인전부터 권농에 힘써 그 佃戶가 농사에 安業·安定하도록 하게 하라는 것이다. 여기서 宮院田·朝家田·軍人田은 분급 수조지이고 佃戶는 이들 토지를 구성하고 납조하는 實田의 소유경작자인 田主이다. 궁원전·조가전 그리고 군인전이 궁원·국가 및 군인의 사적 소유지라

면 여기서 거론되는 전호는 각기 왕실·국가·군인을 地主로 하고 分半打
作 등 地代를 납부하는 조건하에 해당 농지를 借耕하는 作人農民인 셈이
었다. 그러나 이들 농지가 소유지이고 전호가 作人佃戶라면, 수령이 특
별히 養戶에게 輸粮시키거나 그 전호가 경작에 안정하도록 할 의무와 책
임은 없다. 왕실·국가·군인의 사유지는 해당 소유주가 사사로이 農莊 혹
은 별도의 형태로서 관리하고 경영하는 것이 관습이었다.109) 私的 토지
소유는 私的 농업경영과 병존하는 것이다.

   소경전인 민전의 소유권자 田主가 수조권과 상관 속에서 佃戶로 간주
되고 호칭되는 것은, 그가 분급 수조지에 그 實田의 소유주이되 동시에
납조자이며 경작자로서 治田하고 있는 상태 그리하여 무상으로 자신의
토지와 인신을 부세제도를 통해 現物로써 수취당하고 있는 처지였던 까
닭이다. 그러므로 이런 선상의 佃戶는 '田戶'로써 표기하기도 하였다. 고
려말 辛禑 원년(1375) 2월 軍須田의 조세량을 1/3로 줄여 받게 한 적이
있었다. 당시 그 이유를 말하여

        近年以來 軍須田戶 困於重歛遠輸 多致荒舍110)

하다고 하였다. 근년 이래 軍須田戶가 조세의 거듭되는 重歛과 먼길 운
반으로 인해 밭이 묵혀졌기 때문이었다. 여기서 '軍須田戶'란 軍須田의
佃戶이다. 이 戶는 그 실체가 국가 수조지로서의 公田인 군수전이 설정
된 사유지 민전을 소유하고 있는 家戶였다. 군수로서의 조세를 바치고
이를 지정된 수납처까지 운반하는 책무가 부과되어 있는 戶였다. 이 납
세 및 역무가 무겁고 힘겨워 농지를 제대로 경작하지 못하여 묵정된 곳
이 많아지고 원성도 고조되고 항거가 두드러지자 수조자인 나라에서 稅
量을 2/3로 감축시켜 주는 조치를 취하는 것이었다. 이 군수전의 '田戶'

---

109) 이 제칙이 이러한 사정을 배경으로 하여 제정·시달된 것임은 拙稿, 주 28의 〈高麗
    前期의 勸農과 田柴科〉(본서 Ⅳ편)에서 상세히 검토한 바 있어 여기서는 요점만 피
    력하였음.
110) 《高麗史》 80, 食貨 3, 賑恤, 恩免之制, 辛禑 원년 2월, 宥旨, 中冊, p. 765.

가 分半打作 내지 一定額의 지대를 납부하는 作人佃戶라면 위와 같은 책무도 없고 나라는 나서서 이런 조치를 취할 권한도 없었다.

佃戶는 佃客이라고도 하였다. 어휘의 뜻으로 살피면, 전호는 그 상대편에 田主가 있고 그의 전토를 借耕하는 처지이므로, 전주의 田에 대해 佃의 위치에 있고 전주의 主에 대해선 客의 처지에 있어 佃客이었을 것으로 사료된다. 현재 전하는 기록에서는 고려 최말 공양왕 3년(1391) 5월 과전제도 시행에 관한 기본골격[給科田法]이 발표될 때, 과전 등 각종 분급전토의 수득자에 대해 납조하는 소경전의 소유자를 일컬어 佃客으로 호칭하고 있다. '田主奪佃客所耕田 一負至五負 笞二十'한다거나 '佃客毋得將所耕田 擅賣擅與別戶之人'한다 함 등이다.111) 용례상 佃戶와 佃客은 두루 섞어 사용하고 있었다. 주지하듯이 과전제도의 골자는 趙浚, 鄭道傳 등이 주동하여 제정한 것이다. 과전제도 공포 3년 남짓 전 禑王 14년(1388) 7월, 조준 등은 科田革罷를 핵심으로 하는 전제개혁을 요청하면서 그 상소에서 田訟의 번잡함을 말하는 가운데 담당관리가 증거를 찾기 위해 '訊之佃戶'한다고 하고, 또 수조권자의 濫租狀況을 말하는 가운데 그 대상을 표현하여 '及其入佃戶'라 하여 과전법 조항상의 佃客과 완전히 동일한 대상을 佃戶라고 부르고 있었다.112) 고려전기 수조권 차원의 佃戶 그것인 것이다.

과전법에서 佃客이라는 표현을 쓴 것은, 아마 과전절급의 조항은 그것이 법규이고 또 과전을 위시한 여러 분급전토를 주축으로 하고 있으므로 이들 전지 實田의 소유주이고 동시에 경작자·납조자인 그를 '佃客'으로 一括하여 표기함으로써, 용례상 佃戶·佃客의 어의가 자기 토지의 소유경작자와 타인 토지의 차경자 양쪽 모두 並稱하고 또 混稱하고 있는 데서 발생할 수 있는 지칭대상의 애매함과 혼잡함을 피하고, 최소한 과전절급 조문에서나마 일괄하여 구분하고자 나온 것은 아닐까 추정되기도 한다. 佃客이란 표현이 佃戶에 비하면 사용 빈도가 덜하였겠고 의미상 主客의 관계설정이 분명하여 수조권허의 소유권·소유권자의 처지를 한층 명백히

---

111) 《高麗史》 78, 食貨 1, 田制, 祿科田, 恭讓王 3년 5월, 給科田法, 中冊, p. 725.
112) 《高麗史》 78, 食貨 1, 田制, 祿科田, 辛禑 14년 7월, 趙浚 上書, 中冊, p. 716.

표현할 용어로서 택한 것일 수 있겠다는 짐작이다. 전객을 토지, 특히
지배층의 수조지에 부속한 농민으로서의 존재를 가리키는 낱말로는 佃戶
보다 일층 적절하다고 보았을지도 모르겠다.

　확실한 것은 적어도 佃客이란 용어는 과전제도에서만 그것도 이의 제
정 시점에서 처음으로 쓴 것은 아니었다는 점이다. 실제 무릇 佃戶·佃客
의 용어 자체는 이웃 왕조(漢, 三國·兩晋, 唐, 宋, 元, 明)에서 일찍부터 사
용하였다.113) 우리도 현재 이러한 사실을 직접 전하는 분명한 자료가 아
직 보이지 않을 뿐, 그대로 고려 전 시기에 걸쳐 쓰고 있었을 것이다.
그리고 사정이 이와 같았으므로, 공양왕대의 과전제도 규정에선 전객으
로 획일하여 표현하였으나 전제개혁 논란 때, 그리고 과전법 실시 당초
에나 혹은 그 뒤에도 '佃客'과 '佃戶'는 여전히 混用하고 있는 것이었다.
이 밖에 '佃夫', '作者', '佃者' 등으로도 지칭하였다. 수조권상 私田으로
절급된 소유지나 公田으로 경리된 소유지나 모두 같았다.114) 의미가 같
은 터에 표현·표기를 엄히 구별하는 것은 실생활에선 부자연스러운 일이
었다. 고려시기 田柴科제도가 시행되는 시기에도 佃戶와 佃客은 실제 혼
용하고 있었을 것이 틀림없다. 고려·조선에서 '佃戶'와 '佃客'을 실제에선
혼용하고 있던 사정은 '租'와 '稅'의 구분과 혼용에서도 마찬가지로 나타
난다. 과전절급법규에서 소경전의 소유주 佃客이 수조권자 田主에게 납
부하는 1결당 糙米(旱田은 黃豆) 30말은 '租'로, 수조권자 田主가 취득한
田租에서 국가에 1결당 白米(旱田은 黃豆) 2말씩 납부하는 것은 '稅'로 표

---

113) 星斌夫, 《中國社會經濟史語彙》(正·續篇), 光文堂書店, 1972, pp. 306~307(正), p.
　　121(續).
　　　본서 Ⅳ편 3논고 2절.
114) 拙稿, 〈科田의 占有와 그 原則〉, 《朝鮮前期土地制度研究-土地分給制와 農民支配》,
　　一潮閣, 1986.
　　　〃 ,주 27의 논고.
　　《太宗實錄》 12, 太宗 6년 윤 7월 戊午, 1冊, p. 365.
　　《太宗實錄》 15, 太宗 8년 3월 癸亥, 1冊, p. 432.
　　《太宗實錄》 30, 太宗 15년 11월 戊申, 2冊, p. 91.
　　《太宗實錄》 31, 太宗 16년 5월 辛亥, 2冊, p. 116.
　　《世宗實錄》 1, 世宗 즉위년 9월 壬申, 2冊, p. 270.
　　《世宗實錄》 13, 世宗 3년 9월 丁卯, 2冊, p. 450.
　　《世宗實錄》 49, 世宗 12년 8월 戊寅, 3冊, p. 251.

현하여 구분하였다. 그러나 실제에서 田租와 田稅는 이러한 구분대로 準用하지 않고 田租를 田稅로 混用함도 적지 않았다.115)

　수조권 분급제도 아래에서 분급전지의 所耕田 소유주가 佃戶·佃客으로 간주되고 있는 현실은 다른 한편으론 수조권자로서 절급받은 전지가 '田'이고 수조하는 주체가 '主'의 위치였음을 전해준다. 수조권자는 '田主'였다. 元宗 14년(1273)에 내린 한 제칙에는 이 점이 분명하다.

　　下制　今屬兵糧之田　元是諸宮寺院所屬及兩班·軍·閑人之世傳而權臣所取者也　己巳年　辨整都監推　辨不究　或有給非其主　由是　怨者願多　其兵糧都監　詳考兩造文案　公正以決116)

　지금 兵糧, 곧 軍須에 소속시킨 전토는 원래 여러 궁원·사원에 속했거나 양반·군인·한인이 대대로 전수하여 오던 것이 勸臣에게 탈취당한 것으로, 己巳年(원종 10년, 1269)에 田民辨整都監에서 조사하여 바로 잡았으나 끝내 정확히 구명하지 못하여 혹 '其主'가 아닌 이에게 잘못 돌려준 것도 있어 이로 말미암아 원망하는 이들이 자못 많으니 변량도감에서 양측의 문건을 상세히 살펴 공정하게 판결하라는 내용이다. 군수에 속한 이들 여러 명목의 토지는 해당 기관과 개인이 수득하여 소지하고 있는 분급 수조지였다. 이들 토지가 권세가에게 넘어갔다가 군수전으로 귀속되고 있는 점에서나, 또 일반 농민의 민전은 전혀 거론되고 있지 않은 점에서 소유지일 수는 없다. 만일 소유지라면 처음부터 의당 소유권자에게 돌아가야만 했다. 그러나 그렇지 않고 군수전으로 귀속되고 있는 것이다. 군수전은 수조지로서의 公田이다. 더욱이 여기서 문제 삼는 것은 일부가 '給非其主'한 사태였다. 其主, 곧 원래의 本主가 아닌 이에게 지급

---

115) 朴鐘進, 〈고려시기 稅目의 용례〉, 주 89의 논저 부록.
　　《高麗史》78, 食貨 1, 田制, 祿科田, 恭讓王 3년 5월, 給科田法, 中冊, p. 725.
　　《太宗實錄》2, 太宗 원년 12월 甲戌, 1冊, p. 220.
　　《太宗實錄》30, 太宗 15년 10월 庚辰, 2冊, p. 87.
　　《太宗實錄》13, 世宗 3년 9월 丁卯, 2冊, p. 450.
116)《高麗史》27, 世家 27, 元宗 14년 12월, 上冊, p. 559.

하였다는 것은 이들 여러 기관 및 개인이 각각 전시과제도에 의해 宮院田·寺院田·科田 등 분급전지의 수조권자인데 바로 이 자격이 '主'였음을 의미하는 지적이다. '田主'로서의 처지에 있었던 것이다. 수조권이 소유권이 아니고 분급전지가 實田이 아닌 수조지였지만, 수조권이 설정된 所耕田의 소유주 田主가 '佃戶', '佃客'으로 간주되는 체계에서 수조지는 '所受田'이고 수조권자는 '田主'가 되는 것이었다. 고려왕조는 전국의 토지와 농민을 부세제도의 차원에서 통치영역을 소유·지배의 관념으로 파악하고 있었다. 고려 집권왕조관료국가의 봉건체제는 여기서 성립하고 있었다. 고려시기 우리나라는 田主·佃戶(佃客)라는 용어가 수조권과 소유권 어느 쪽에 입각하여 사용하여도 그 토지의 귀속관계 지배관계를 설명하는 데 크게 불편하다거나 무리가 있다고는 여기지 않았던 것으로 보인다. 소유권의 실질·원칙과는 그만큼 간격이 있고 단계가 달랐다.

그리하여 고려후기에 전시과제도의 운영이 마비되고 결부제가 혼란됨에 수반하여 公私收租地의 겸병이 극심해지면서, 그 혼란과 수탈의 양상을 한 구절로 '一田三兩其主 各徵其租'하다든지 '收租者已至 若其田之主 一則幸矣 或有三四家者 或有七八家者'하다고 하여 한 개 토지(민전)에 수조권자 田主가 2·3, 3·4 심하면 7·8씩 있다고 지적하게 되는 것이다.117) 수조권자 田主의 소유권자 佃客 및 그 소유지에 대한 지배와 수취는 강력하였다.118) 수조권은 단순한 조세징수권의 소지가 아니었다. 그것은 타인의 소유지 및 생산물에 대한 정치적 권력적 사실지배인 점에서 일종의 占有였다. 소경전의 소유권은 불완전하였고 그 소유주의 존재 역시 그만큼 인격적으로 불안하였다. 소유권과 수조권을 모두 가진 경우도 그것이 별개의 권리여서 고려왕조 집권봉건체제에 연대하여서만 안정할 수 있었다.

토지분급제, 곧 고려 토지제도의 중추인 전시과의 설정·운영은 민전의 존재를 전제하고 이를 바탕으로 이루어지고 있었다. 수조권과 소유권의

---

117) 《高麗史》 78, 食貨 1, 田制, 稅制, 辛禑 9년 2월, 中冊, p. 728.
　　《高麗史》 15, 列傳 28, 李穡, 恭愍王 원년, 下冊, p. 522.
118) 拙稿, 주 108의 논고.

상관 속에서 분급전토의 수득자와 사유지 민전의 소유자는 田主와 佃戶(佃客)의 지배예속관계로 엮였다. 그리고 이 田主와 佃戶는 지배와 피지배라는 신분직역의 상하예속관계와 중첩되는 조건에서 국가·사회의 제도로 고정되는 존재였다. 전시과제도는 체제상 집권통치기구 및 그 지배층과 생산자 피지배층인 농민을 정치적 경제적으로 田主佃戶關係로서 결성시키고 있는 것이다. 이 전주는 자기 농지를 借耕시키고 그 作人(佃戶)에게서 지대를 징수하는 地主가 아니고, 佃戶(佃客) 역시 이 전주의 소유지를 차경하고 지대를 납부하는 그러한 作人佃戶가 아닌 점에서, 소유권을 기반으로 이루어지는 地主制下의 田主佃戶關係와는 소유관계의 본체 경영관계의 본질이 달랐다. 소유권상의 전주전호관계와 수조권상의 전주전호관계는 개념과 실체가 엄연히 다르다. 그러므로 현재 우리는 전자, 즉 소유권에 근거한 전주전호(전객)관계를 地主佃戶制로 호칭하고, 아울러 수조권에 입각한 토지·농민의 지배·수취관계로서의 전주전호(전객)관계를, 용어상 田主佃客制라고 부르고 있는 것이다.

소경전으로서 민전은 지주전호관계에 입각한 지주적 토지소유에 의해서 지대수취와 납부관계를 통해 직간접으로 지배예속적 처지에 있었고, 아울러 전주전객관계에 의한 전주적 토지점유에 의해서 租稅의 수취와 납부관계를 통해 지배예속적 처지에 있었다. 고려전기의 민전은 지주전호제와 상관해서는 소유관계의 身分性을, 전주전객제와 관련해서는 소유권으로서 不完全性을 가지고 있는 것이었다. 地主와 田主 두 처지 모두 차지하고 있는 이들은 왕실·양반·군인·향리 등 지배신분계급이었다. 그러나 지배신분계급 전체가 그런 것은 물론 아니었다. 이들 내부에서는 地主와 田主 가운데 어느 한쪽의 처지에만 있는 이가 적지 않았다. 또 아예 두 경우 어느 쪽도 아닌 이도 있었다.

고려전기 전시과가 제정·수정·정비되는 시기에 田主의 권한은 후기 보다 강하였을 것이다. 고려정부가 이러한 전주전객제, 곧 토지분급제를 안정되게 운영하려면 민전을 수조지로 파악하여 田丁으로 묶고, 이로써 전토를 지급하는 방식을 적절히 유지하여야 했다. 이런 가운데서 고려전기 양반층을 위시한 각종 직역담당자는 그 봉건성과도 연관하여 수조권

만 소지하고서도 取食할 수 있었다. 이것이 世祿이었다. 그러므로 고려
왕조는 이 민전을 수조지 田丁 차원에서 만이 아니라 소유지 차원에서
농민을 稅役과 묶어 토지에 긴박시키고 있었다. 민전을 人丁과 田土의
결합으로, 다시 말해 稅役과 田結의 일치로써 파악하는 것이 그것이었다.
이 제도 역시 신라시기 더 소급하면 삼국시기에도 있어 온 방식이었다.
고려는 토지분급제와 함께 이 제도도 계승하여 운영하고 있었다. 丁田制
가 바로 이것이다.119)

6. 結 語

　고려전기에도 토지는 누구나 신분, 남녀, 長幼에 구애받음 없이 규모·
지역·시간에 자유롭게 취득하고 소유하고 경영하고 처분할 수 있었다.
이러한 제반 행위는 관습과 법제로서 보장되었다. 그러므로 다른 사람의
盜耕, 妄認·盜貿賣, 侵奪 등에서 완벽하게 보호받았다. 국가 및 정부의
각급기구도 마찬가지였다. 토지의 소유는 私的 소유가 원칙이었고 주체
성과 객체성, 평등성과 완전성을 갖추었다. 물론 무조건 絶對私有는 아
니었다. 고려는 土地와 人丁을 기반으로 수립된 왕조였고, 농업생산에
직접 참여하는 계층과 이들을 지배하고 수취하는 계층이 職役과 身分을
통해 분별되어 상호 대립·조화하는 사회여서, 토지는 항상 농지로서 경
작되고 있어야 한다는 당위가 여기에 작용하였다. 농지경작은 국가 조세
수입의 안정과 직결되는 중요한 사안이었다.
　고려에서 농지는 戰亂·凶荒·疾病·負債 등 각종 사고로 폐경되어 陳田
이 되어도 일단 소유권은 보장하였다. 진황농지는 免租함이 원칙이었다.
그러나 실제는 그대로 징수하는 경우가 허다하였다. 법대로만 하면 수
입이 그만큼 감소되는 까닭이었다. 진전에서 전조의 면제나 징수는 어
느 쪽이나 대상은 일차 해당 토지의 소유권자였다. 진황 햇수가 多年이

---

119) 拙稿, 〈高麗時期의 丁田制〉(본서 Ⅲ편).

지나면 遠陳이라 하였는데, 그 가운데 소유주가 散逸·流移·死亡한 지 오래된 채 방치되어 있으면 無主陳田이 되었고 이는 閑田과 같이 처리되었다. 토지의 소유권은 起耕狀態가 아니고 진황상태에 있을 때 상실할 위험이 컸다. 陳田의 有主·無主 여부는 판별이 힘든 경우가 적지 않았으며 특히 久遠陳田에서 심하였다. 그런 만큼 소유분쟁도 많았다. 농법상 1년 혹은 2년씩 隔年 休閑하여 주기적으로 진황상태가 발생하는 농지는 陳田의 범주에 들지 않았다. 이런 토지는 歲易田으로서 '代田'으로 표현하였다.

진전의 소유권은 소유 주체가 死亡·流移·逃亡하여 토지가 無主인 상황에 있지 않은 이상 그 권한이 말소되거나 상실되지 않았으나, 이 범주에서 직접 간접 간섭을 받았다. 이 간섭은 국가권력이 추진하는 耕作强制, 곧 권농정책에서 그리고 진전의 開墾에 따른 개간 후의 조세부담 및 개간이 타인에 의해 이루어지는 경우에 발생하는 지대수취에서 야기되고 구현되었다. 전자 정부의 경작강제는 수령을 督責하여 소유주의 친족이나 이웃이 耕墾하게 하고 진황농지의 多少·有無로써 考課하고 償罰하는 것이다. 아울러 진황전에서 조세를 징수하고 이를 族徵·隣徵 등 연대책임으로 부과하는 것도 그 하나였다. 후자는 개간 유인책으로 개간농지에 대해 일정 연한 면세혜택을 부여하는 것 그리고 토지가 국·관유지이거나 無主인 경우 개간자에게 耕作權 내지 所有權을 허여하는 것이다. 면세는 개간이 적극 장려되는 시기에는 대략 3년이었다. 陳荒公田〔官田〕은 '依法收租'함이 이것이었다. 陳荒私田〔民田〕 가운데 有主의 진전에서 전주와 개간자 사이의 수익배분은 分半打作〔並作半收〕하는 농촌관행을 그대로 쫓되, 다만 역시 개간권려책의 하나로 본시 진황되었던 햇수의 長短에 따라서 개간 뒤 첫 한두 해는 수확의 전부 혹은 반 이상(3/4, 2/3 등)을 墾耕人이 차지하도록 함으로써 나라는 전주의 소유권에 대해 지대징수의 기한과 몫을 일정기간 일정량으로 간여하였다. 고려전기 진전으로 파악되는 토지는 熟田이고 常耕田이었다.

이런 여건에서 사회의 주요 토지소유·경영관계는 自耕小農制와 함께 地主佃戶制였다. 이 지주전호제는 병작반수를 매개로 陳田開墾을 통해서

田主와 墾耕人 사이에서 본격 발현되고 있었다. 지주층은 거개가 왕족·
양반·군인·향리 등 상급신분층이고 전호층은 대부분 평민·천인 가운데
빈농이나 무전농민이었다. 지주전호제는 신분계급, 권력과 연계되어 있었
다. 토지의 사적 소유는 소유관계 경영관계에서는 신분계급적 지주전호
제적 소유가 주축의 하나를 결성하고 이는 자영농민의 소토지 소유에도
힘을 미쳤다. 토지의 사적 소유가 갖는 평등성은 사회경제적으로는 신분
적 제약과 지주적 압박을 받는 동시에 그러한 우월과 위세가 행사되는
가운데서 존재하였다.

　토지의 사적 소유를 규정하는 것은 이뿐만이 아니었다. 토지의 사적
소유는 고려왕조의 토지분급제 田柴科를 통해 구현되는 收租權에 의해
그 소유권이 제약받음으로써 完全性에서도 한계를 지녔다. 수조권은 소
유권과의 상관에서 上位에 있었다. 수조권자는 '田主'로서 행세하고 반면
에 소유권자 田主는 '佃戶(佃客)'로 간주하였다. 수조권 제도 아래서 사적
소유 토지는 '所耕田'이었고, 이 소경전의 田主는 諸分給田土의 田戶, 예
컨대 軍須田戶·公廨田戶·科田戶·軍人田戶여서 수조권자에 대해선 佃戶였
다. 수조권은 국가의 조세징수권을 각종 행정·군사기구 및 양반관료에게
할양한 것이었으나 단순한 조세징수를 행사하는 것이 아니었다. 이것은
조세를 위시하여 그에 수반하는 각종 지배와 수취를 신분계급적 국가권
력적으로 수행하는 것이었다. 그러므로 민인의 소유지 일반은 통상 民田
이라고 불렀다. 수조권자가 절급받은 토지의 실질 田主가 아니고 소유권
자가 자기 토지의 佃戶·佃客이 아니지만, 전시과제도 안에선 그 형식관
계가 田主佃戶(佃客)로 대비되고 간주되고 있음이 현실이었다. 수조권은
이런 위치에서 타인의 소유지 및 생산물에 대한 사실상 지배권에 들어가
며 이러한 점에서 일종의 占有였다. 그러므로 소유권상의 地主佃戶制와
구별하여 田主佃客制로써 호칭하고 있는 것이다.

　수조권자 전주는 收租 때 직접 답험 및 직접 수조, 租 이외에 調·布의
면제 여부에 간여 등 권한 행사에서 군현제·요역제·조운제 등 각종 국가
제도의 지원도 받았다. 아마 전객농민이 조세를 체납·미납하거나 소경전
을 폐경시켰을 때는 사정에 따라 해당 농지의 소유권을 탈취하는 지경에

다다를 수도 있었을 것이다. 이러한 수조권의 수득자는 거의 정부기관 및 양반층이고 이들의 전객으로 편성된 소유권자의 대부분은 평민·천인 등 농민층이었다. 토지의 사적 소유는 수조권 제도 아래서 不完全所有였다. 고려에서 토지분급제의 운영은 재정·조세 차원에서는 물론이고 사적 토지소유와 신분제·직역제의 안정이라는 점에서 대단히 중요하였다. 그러므로 전시과제도를 제대로 안정시켜 운영하기 위해선 수조권의 분급·회수 및 그 권한행사에 대한 제반 감찰·규제와 더불어 사적 소유지, 곧 소경전인 民田에 대해서도 그 소유권자와 稅役을 하나로 묶어 적절히 파악하는 장치를 운영하고 있었다. 丁田制는 그 가운데 하나였다.

(2006. 新稿, 2011. 補)

高麗時期의 土地改革論議

1. 序 言

　우리나라 중세의 토지소유는 私的 所有를 전제로 또 원칙으로 하고 있었고, 그 소유관계는 地主的 土地所有와 小農民的 土地所有가 주축이 되어 병존·발달하고 있었다. 이 시기 경영관계의 중심, 소유관계의 기본은 이러한 소유형태에 있었다. 지주적 토지소유는 王室, 兩班·土豪 등 지배층 및 중앙·지방의 各級 행정·군사기관 등 통치기구의 토지소유 典型으로서 농민에 대한 정치적 신분적 지배의 기반이었다. 이는 지주전호제를 생산관계로 하여 수립되고 있어 양자 사이의 對立을 부단히 야기하고 있었다. 그리고 소농민적 토지소유는 국가가 公的으로 지배하고 수취하는 중심대상으로서 농민 일반이 自營小農, 즉 농민가족경영을 기반으로 하여 정립되는 소유관계였다. 그러므로 이 두 개의 소유형태는 체제상 상호 補助關係에 있었다.

　그러나 이 같은 보조는 양자의 대립관계 모순관계 속에서의 일이었다. 토지의 겸병과 상실이 끊임없이 되풀이되는 속에서 경향상 지주적 토지소유는 확대되고 소농민적 토지소유는 그만큼 축소되고, 이로 인하여 貧富의 차가 현저하여지는 사태가 恒存하는 게 현실이었다. 地代徵收 및 이에 수반한 각종 强制를 둘러싸고 地主와 佃戶의 갈등·대립이 야기함과 함께, 토지의 소유 규모에서는 田多者와 田少者, 有田者와 無田者, 富農과 貧農 간의 갈등이 심화하고 정도가 심하여지면 소유의 不均을 둘러싸고 양반·토호 속에서 相爭이 격심하여졌으며, 몰락 위험에 직면한 농민의 抗爭은 사회적 쟁투를 격발하였다. 그리하여 政情의 불안, 社會의 분란, 經濟의 파산, 綱紀의 붕괴 등 체제 파탄으로 치달리기도 하였다. 이러한 관계로 국가는 항상 지주층의 이해관계를 우선 배려하면서도 아울러 後者의 확보와 그 안정에도 늘 유의하였다. 체제문제의 궁극은 농민의 土地問題였다.

고려시기에도 사정은 마찬가지였다. 더욱이 이 시기의 토지문제는 단순한 소유권 차원에서만 始終되는 사태가 아니었다. 고려시기의 소유권은 사적 소유권이면서도 시대상의 특징, 곧 사적 소유의 封建性·不完全性을 전형으로 구현하고 있었다. 이러한 특징은 국가권력이 私的 소유에 대해 행하는 부세 부과와 이와 관련한 각종 규정을 收租權으로 定立하고, 이것을 여러 군사·통치기구 및 양반지배층과 諸奉役人에게 배분함으로써 田主의 처지에서 토지와 농민을 所耕田과 佃客의 상태에서 지배하고 수취하는 토지조세의 체계에서 연유하는 것이었다. 이러한 토지조세 체계는 田柴科를 기본으로 祿邑과 祿科田·科田 등의 형태로 앞뒤로 修整·交替되면서 고려 전 기간에 걸쳐 존속하였다.

고려시기에 토지문제는 여기서도 야기되었다. 田主의 수조권에 입각하여 행하는 지주·소농민의 소유지에 대한 규정 이상의 지배, 탈점의 위험은 항시 있었다. 특히 戰亂 이후나 田制가 마비되었을 때는 더욱 그러하였다. 이뿐만이 아니었다. 수조지 배분의 質量面에서 불균형, 양반층 사이에 分給私田의 탈점·은루 및 公田의 침탈과 이를 통한 수조지 겸병 등으로, 항상 크고 작은 물의가 빚어졌고 심하면 국가와 양반, 多占者와 少占者, 受田者와 無受田者 등 양반층 간에 대립이 극렬하여져 으레 政爭으로 치달았다. 문제는 전주와 전객의 대립에도 있었다. 田主의 田租 濫收, 수조지 겸병의 混雜, 정부의 부세제도의 수시 調整 등으로 인하여 收租의 과중과 중복이 일상화되어 佃客의 도망·항거가 만연함으로써 전주전객제가 기저에서부터 와해되는 것이었다. 수조권 차원의 토지문제 역시 종국은 농민 소유지 문제 해결에 열쇠가 있는 것이었다.

고려시기 토지문제는 이와 같은 소유권상의 토지문제와 수조권상의 토지문제가 각기 별개로 제기되기도 하고, 혹은 서로 얽혀 진행되기도 하였다. 그 實狀은 심히 번잡하였다. 그리고 고려말기에 이르면 이런 상태에서 전자와 후자의 두 문제가 모두 분출하고 있었다. 토지문제가 심각하여질 때마다 朝野에서는 직간접으로 여러 수습책이 제의되고 강구되었다. 역대 어느 朝廷에서나 이 문제는 나라의 安危를 좌우하는 중대한 사태였다. 수습대책은 문제의 심각성과 그 현실여건 그리고 이에 대한 인식의 깊이와 방식에 따라 내용과 정도에 차이가 있었지만, 그 理想은 토지소유 규모의 균등을 통한 소농민의 안정이었다. 곧 토지개혁론으로 귀착하고 있었다. 소유지에서도 수조지에서도 모두 마찬가지였고, 전자에서 제기되어 후자로 마무리되기도 하고 후자에서 시작하여 전자까지 강조되기도 하였다.

그러므로 고려시기의 토지·농민문제를 그 이념과 사상에서 이해하자면 이러한 토지개혁론에 관해 검토하되, 이는 소유권을 축으로 하면서 수조지의 측면을 배려하여 수행하지 않으면 안 된다. 이렇게 함으로써 이 시기 토지·농민문제의 특징과 그 所在 및 추이, 조선시기 토지개혁론과의 연계성과 차이성, 즉 단계성도 파악할 수 있다. 우리나라 中世前期의 사회경제를 土地論을 통해서도 인식할 수 있는 것이다. 이런 까닭에 고려시기의 토지개혁론에 관하여 現傳하는 자료가 지극히 빈약하나마 수집하여 유추·정리하여 보는 것이다.

2. 高麗前期의 田柴科와 井田·限田論議

우리나라에서 토지개혁론이 제기될 때, 논의의 骨幹은 토지의 均分均占이고 그 방략은 井田制, 限田制, 均田制 등에서 찾았다. 立論의 근거, 改革의 목표, 實現 방안 모두 여기서 始終하였다. 정전과 한전·균전은 儒家의 經典, 史書를 통해 三代의 至治 내지 그 遺意로서 經國濟民의 이상적인 실현체로 云謂되어 새로 토지제도를 강구하거나 토지문제를 수습하려 할 때면 으레 여기에 입각하여 궁리하는 것이 오랜 전통이었다.

토지개혁론은 論者에 따라 그리고 시대 조건에 따라 달랐다. 井田과 限田·均田 가운데 어느 하나를 始終一貫 제시하는 이도 있었고, 어느 하나를 理想으로 삼아 終局에 도달하여야 할 제도로 설정하되 현실을 감안하여 次善策으로 다른 것을 제의하는 이도 있었다. 또한 시대에 따라 단계 단계 중심이 되는 논의가 변동하기도 하였다. 대개 시대가 내려올수록 限田·均田論이, 시대가 올라가고 개혁의 목표·이상에 투철할수록 井田論이 강조되었다.

이러한 토지개혁론의 특징과 추이는 고려시기에도 잘 나타난다. 고려시기에 정부가 토지개혁의 시행을 계획하고 논의하였던 적은 한두 번이 아니었다. 初期부터 여러 차례 있었다. 이러한 사실은 忠烈王代에서 恭愍王代 7朝에 걸쳐 官界에서 활약한 李齊賢이 남긴 한 글을 음미하면 짐작할 수 있다. 이제현이 景宗朝에 대한 史贊에서 유명한 孟子의 經界論·井田論을 거론하고 우리나라는 생산이 주로 농업에 의존하고 있어 중국에 비해 經界의 중요성이 훨씬 크다고 말한 다음,[1] 太祖代의 役分田과 景宗代의 田柴科에 대해 설명하고 있는 구절이다.

(1) 太祖繼新羅衰亂泰封奢暴之後 萬事草創 日不暇給 止爲口分之法 歷四世景宗 作田柴之科 雖有疏略 亦古者世祿之意也 (2) 至於九一而助 什一而賦 與夫所以優君子小人者 則不暇論也 (3) 後世累欲理之 終於苟而已矣 (4) 盖其初 不以經界爲急 撓其源而求流之淸 何可得也 惜乎 當時群臣未 有以孟子之言 講求法制 啓迪而力行之也[2]

요지는 (1) 太祖代의 口分(役分田)의 제도를 거친 후 5대 景宗朝에 작정한 田柴科는 옛 世祿의 정신이라는 것, (2) 그러나 井田制 실현에는

---

1) 《高麗史節要》 2, 景宗 6년, pp. 40~41(亞細亞文化社 影印本, 1971·以下同).
  '李齊賢贊曰 滕文公 問井地於孟子 孟子曰 仁政必自經界始 經界不正 井地不均 穀祿不平 是故暴君汚吏 必慢其經界 經界旣正 分田制祿 可坐而定也 三韓之地 非四方舟車之會 無物産之饒 貨殖之利 民生所仰 只在地力 而鴨綠以南 大抵皆山 肥膏不易之田 絶無而僅有也 經界之正若慢 則其利害比之中國 相萬也'
2) 同上. ( )는 便宜上 添記.

이르지 못하였다는 것, (3) 그리하여 후세에 여러 차례 이를 理治하고자
하였으나 끝내 구차하게 되었다는 것, (4) 이는 애초 經界의 시급함을
생각지 않은 것이니, 당시 群臣이 미처 맹자의 말로써 法制를 강구하고
임금을 이끌어 힘써 행하지 않은 까닭이라는 것이다.

　이 史贊 가운데 토지개혁론과 연관하여 특히 주목되는 것은 (2)와 (3)
의 구절이다. 田柴科를 통하여 士大夫 兩班의 ‘世祿’은 제정하였으나(1),
‘九一而助’, ‘什一而賦’를 시행하여 君子와 小人을 모두 대우하도록 經界를
정리하지는 못하였기 때문에 후세에 이를 다스려 보려고 여러 번 시도하
였으나 끝내 실행하지 못하였다는 대목이다. 世祿은 국가가 養士·待士의
명분으로 臣僚에게 절급하여 주는 世業田을 이름이었다. 본시 세록은 井
田制下의 采田·圭地(田)을 뜻한다.[3] 이제현은 고려의 전시과는 이 정신
을 구현하여 제정한 分給田土라고 설명하고 있다. 아울러 ‘九一而助’, ‘什
一而賦’ 역시 井田制下의 助法과 徹法을 말하는 것이었다. 助法은 토지
국유제를 전제로 농지를 1井9區의 井井方方으로 구획하여 농가 8戶를
단위로 각 호에 100畝씩을 私田으로 분여하고 8家가 한 組가 되어 공동
으로 公田을 경작하여 그 수확을 稅로 납부하는 것이고, 徹法은 公田의
설정 없이 각 농가에게 역시 일정 면적(100畝 기준)의 농지를 배분하고
그 수확의 1/10을 稅로 제공하게 하는 것이다. 역사상 조법과 철법은 전
국 범위의 실제 시행 여부를 놓고 긍정 부정의 兩論이 있고, 긍정론 속
에서도 조법은 野에서 철법은 國都에서 시행하였다는 견해가 있는가 하
면, 조법과 철법을 정전제의 발달과정에 나타나는 先後形態로 이해하는
의견도 있는 등 논자에 따라 다양하다.[4] 그러나 이 史贊에서 중요한 것
은 助·徹을 통한 經界의 정리가 정전제에 입각한 토지배분, 곧 소유지·

---

3) 拙稿, 〈科田의 占有와 그 原則〉, 《朝鮮前期土地制度研究－土地分給制와 農民支配》,
　一潮閣, 1986, pp. 97~104.
　　〃, 〈高麗王朝의 土地觀과 農政〉 3장(본서 Ⅴ편).
4) 趙岡, 陳鍾毅, 《中國土地制度史》, 臺北 聯經出版社業公司, 1982.
　李埏, 武建國 編, 《中國古代土地國有制史》, 雲南人民出版社, 1997, pp. 1~34.
　堀敏一, 《均田制의 研究》, 岩波書店, 1975, pp. 3~18.
　曾我靜部雄, 《中國社會經濟史의 研究》, 吉川弘文館, 1978, pp. 526~529.
　拙稿, 同上의 〈高麗王朝의 土地觀과 農政〉 2·3장.

소유권의 均等調整을 강조하고 있는 사실 이 자체이다.

井田制는 上古期 封侯建國하던 封建制 속의 경제제도였다. 이는 後代에 항상 君子와 小人, 곧 治者와 被治者, 士와 農 모두를 적절히 대우하는 理想的인 제도로 간주되었다. 사실 정전제에는 이렇게 생각할 만한 논거가 있었다. 다름 아니라 관념상 이론상 정전제는 治者인 卿大夫에게 封邑으로서 采邑(采地)를 분여하고 祭田으로서 圭田을 분급하고 있어 代代로 封建과 治者의 家格을 유지하도록 世祿을 보장하여 주는 기반이면서, 被治者인 농민에게는 일정 규모의 농지를 균등히 배분하고 8家1井〔助〕이나 什一稅〔徹〕로 운영하여 경작민으로서 안정을 꾀하도록 하는 까닭이었다. 즉, 采地·圭田의 世祿과 8家1井·什一稅의 耕地는 서로 긴밀히 연관된 하나의 토지제도로 파악하고 있는 점에 근거하는 것이었다.5)

토지개혁 논의의 내용·모범은 정전제였다. 그러나 이 논의가 어느 시기에 있었는지는 애매하다. 이와 관련되는 사항, 즉 위의 문장 중 (3)의 經界를 바로 다스리려고 여러 차례 시도하였고, 그것을 助法·徹法의 시행을 통해 하려고 했다는 구절은 표현상으로만 보면 이제현이 고려전기의 사실을 역사적으로 지목한 것인지 혹은 당대인 고려후기에 있었던 일을 거론한 것인지 모호한 바가 있다. 그러나 위의 井田制 논거에 의거하면 고려전기의 사실로 유추하게 된다. 그것은 다음과 같은 이유에서이다. 고려는 後三國 통일 후 祿邑制를 田柴科로 대체하고 정비하였으나, 이 두 제도 모두 수조권의 분급인 점에서 원리상 같은 토지제도였다. 그리고 녹읍이나 전시과 모두 建國封侯하는 봉건의 계승, 곧 정전제에 근거하여 운영되는 采地·圭田의 명분을 그 정신으로 한 것으로서 世祿의 意

---

5) 采田·圭田 및 井田에 관해서는 다음의 문헌과 논고가 참고된다.
　《禮記》上, 王制.
　《孟子》(朱子集註) 5, 滕文公章句 上.
　《書經》, 殷傳, 盤庚.
　《漢書》23, 刑法志 3〔《二十四史》2冊(中華書局, 北京, 1997-以下同), pp. 1079~1083(281)〕.
　尹乃鉉,《商周史》, 民音社, 1984.
　林耀曾,《周禮賦稅考》, 臺北 學海出版社, 1977.
　加藤繁,〈支那古田制의 研究〉,《支那經濟史考證》(上), 東洋文庫, 1952.
　拙稿, 同上論考.

義로 표명되는 바였다.6) 그러나 녹읍이 그러하듯이 太祖朝의 役分田, 景宗朝의 田柴科는 농민에 대한 소유지의 均等配分을 전제로 하거나 이 위에서 제정된 것이 아니었다. 오히려 신라하대·후삼국기에 발달하던 豪族농민지배의 경제기초인 대토지 소유 및 지주전호제의 현실에 병존해서, 다만 賦稅次元의 토지·농민 지배를 結負制의 조정과 田丁制의 재정비를 통해 수조권·수조지를 새롭게 편성하여 배분한 것이었다.

　신라하대 지역적이나 전국 규모의 농민반란을 야기하고 호족의 割據를 초래하여 신라의 통치력을 약화·분할시켜 후삼국의 성립으로 이어지는 大動亂의 배경이었던 토지문제7)는 그대로 고려에 이어졌다. 그리고 정치적 통일 후 토지·농민문제가 정치의 초점이 되면 王朝國家의 理念上 그리고 그 토지제도의 理想으로도 농민 소유지의 均等調整이 수행되어야 한다는 점이 과제로 제기되지 않을 수 없었다. 따라서 토지소유 규모의 不均이 심하고 이것이 身分階級과 결부되어 富益富 貧益貧의 계급갈등이 격화되는 현실을 다스리고자 할 때, 그 방략으로서 理念上 우선 井田에서부터 그 타당성을 수립하고 구체방안을 모색하게 됨은 자연스러운 일이었다. 田柴科가 仕者의 世祿으로서 그 古典으로 삼고 있는 采田·圭田이 바로 井田制에 입각하고 있는 까닭이었다. 더욱이 당시 우리나라에는 이러한 理念·理想의 논거와 함께 井田制에 대해 역사적 경험이 있다고 인식하는 전통이 있었다. 그것은 멀리는 고구려의 고조선 箕子에 대한 崇尙, 渤海의 井田制 시행 등에 잘 드러난다.8) 그리고 太祖王建 이래 16대 睿宗代에 이르기까지 있었던 西京의 巡駐와 천도 계획, 分司制度 실시, 箕子墓의 祭祀 등9)과 平壤의 箕子井田의 믿음10)은 더욱 신뢰를

---

6) 拙稿, 〈新羅時期 祿邑制의 施行과 推移〉, 《歷史敎育》 72. 1999. pp. 7~9.

7) 白南雲, 《朝鮮社會經濟史》, 改造社, 1933. pp. 430~442.
　金容燮, 〈土地制度의 史的 推移〉, 《韓國中世農業史研究》, 지식산업사, 2000.
　拙稿, 〈羅末麗初의 土地問題와 田柴科의 始定〉, 《高麗前期의 田柴科》, 서울대학교 출판부, 2007(본서 Ⅱ편).

8) 《三國史記》 33. 志 1, 祭祀.
　〈渤海國王世略史〉, 《陝溪太氏族譜》.

9) 金庠基, 〈妙淸의 遷都運動과 稱帝建元論에 대하여〉, 《국사상의 제문제》 6. 1960(《東方史論叢》, 서울大學校出版部, pp. 66~78).

10) 《高麗史》 58. 地理 3. 西京留守官 平壤府, 中冊, p. 313(延世大學校 東方學研究所

갖게 하였을 것이다.

이러한 사정에서 景宗朝에 전시과 始定 이후 토지소유의 불균등과 겸병, 농민몰락, 지주전호 사이의 알력 등이 생산활동에 큰 차질을 초래하고, 부세징수에 곤란을 야기하며, 나아가 사회문제 정치문제화 될 때 井田의 시행안이 몇 차례 더 제의되고 논의되었을 것이다. 采田·圭田으로서의 전시과에 정전으로서의 농민 소유지의 균등이 연계되어야 비로소 토지제도는 완벽을 기할 수 있고, 따라서 君子와 小人이 모두 우대받는 사회를 조성할 수 있는 것이었다.

이제현의 史贊은 이와 같은 논의를 사실로 확인하고서 기술한 것으로 사료된다. 이제현은 공민왕 6년(1357)경 白文寶, 李達忠 등과 함께 國史를 편찬하였는데, 자신은 太祖에서 肅宗朝까지를 담당하여 집필하였다.11) 이때 그는 고려전기 田制에 관한 여러 자료를 접하고 정리하면서, 井田的인 소유권 차원의 토지개혁 논의에 관한 기사도 확인하였던 듯하다. 사실 본 贊記도 이 집필과 관련하여 작성한 것으로 보인다.12)

고려전기 井田制의 시행논의는 논란에 그쳤다. 井田의 시행은 이 시기 私的 토지소유권과 그에 의한 자유로운 토지의 소유 및 이에 근거한 토지소유 관계에 대변혁을 전제로 하는 것이어서, 국가권력이 체제상 행할 수 있는 여건도 아니었고 그럴 힘도 없었다. 당시 권력의 실체는 국왕·왕실 그리고 이와 연대하여 왕조국가를 구축하고 정치에 참여하고 있는 양반·토호였다. 이들은 지주층이면서 현실의 최대 受惠者였다. 대개는 井田施行을 반대하거나 혹은 지세상, 현실상 실행하기 어렵다고 거부하였을 것이다.

고려 건국 초나 그 이후 전시과가 개정될 때마다 있었을 토지소유 규모의 격차, 토지겸병에 대한 마련책으로선 井田만이 아니라 限田도 논의

影印本, 1961-以下同).

11) 《高麗史》 110, 列傳 23, 李齊賢, 恭愍王, 下冊, pp. 418~419.

12) 金哲埈, 〈益齋 李齊賢의 史學〉, 《東方學志》 8, 1967.
　이제현의 太祖~肅宗朝의 紀年原稿는 공민왕 10년(1361) 紅巾賊亂으로 조정이 安東에 피난한 때 散逸되었다. 조선초 고려사 편찬 시에는 《太祖紀年》만 남아 있었다 (주 11).

되었다. 고려말 공민왕 11년(1362) 密直提學 白文寶가 고려의 전제에 대해서 남긴 다음의 기사에서 이러한 사실과 정황을 유추할 수 있다.

國田之制 取法於漢之限田 十分取一[13]

나라의 토지제도는 漢의 限田에서 본보기를 취하여 10分稅1일 뿐이라는 것이다. 이 내용은 고려는 한전 자체를 시행하지는 않았지만 그 稅法 1/10은 한전의 정신을 이어 받았다는 의미를 전달하려는 것으로 간주된다. 고려는 토지소유 상한제인 한전제를 시행한 적이 없었다. 漢도 前·後漢을 통틀어 한때 논의는 있었지만 실시한 경험은 없었다.[14] 이런 사실을 염두에 두고 이 기사에서 백문보가 표현하고자 하는 바를 살피면, 그것은 語感上 고려가 국초에 토지제도를 마련할 때 국내외 및 古今 여러 나라의 토지제도를 검토하고 참작하였겠는데, 이때 한의 限田도 검토하였다는 것, 그리고 실제 시행한 것은 한에서도 실시한 적이 있던 稅法과 같은 1/10稅의 조세제도이고 이는 균등한 전세제도라는 것 등으로 추찰된다.

漢에서 한때 한전의 실시를 논의한 배경은 대토지 소유·토지겸병의 성행으로 빈부의 차이가 현격하여지는 사태와 그리하여 이를 조정하고 수습할 필요가 절실한 과제였다는 점이다. 이러한 사태와 요구는 후삼국기 고려의 농촌에서도 유사하였다. 그리고 고려조정에선 한전의 원칙·정신에는 공감하였겠으나 다른 한편으로 실제 실행은 극히 어렵다는 것 역시 절감하였을 것이다. 한전은 지주의 토지소유를 일정 선까지 배려하고 이 가운데서 농민의 토지소유를 보장·확대하도록 하는 것이 골자여서 토지의 사적 소유를 부정하지 않아, 井田을 위시한 다른 어떤 전제개혁안보

---

13)《高麗史》78, 食貨 1. 田制, 租稅, 恭愍王 11년, 中冊, p. 728.
　　白文寶,《淡庵文集》2, 論時政箚子, 5冊, p. 226(《高麗名賢集》, 成均館大學校 大同文化硏究院, 1973–以下同).
14)《漢書》24上, 食貨志 4上[《二十四史》2冊, pp. 1137~1144(295)].
　　金鐸民,《中國土地經濟史硏究》, 고려대학교출판부, 1998, pp. 40~45.
　　平中苓次,《中國 古代의 田制와 稅法》, 東洋史硏究會(京都大), 1967.
　　西嶋定生,《中國 古代의 社會와 經濟》, 東京大出版會, 1981.

다 현실성은 있었다. 반면에 그만큼 이상에서 멀고 철저성이 적었다. 그러나 한전 역시 토지소유에 上限을 두어 토지겸병을 저지·억제하는 조처는 토지소유권에 대한 제약으로서 현재의 대토지 소유자는 물론 중소토지 소유자에 대한 압박으로 이어지게 되어 있어, 실제 시행을 하자면 바로 이들의 참여와 협조를 얻어내던가 아니면 고려왕조가 국가권력으로 이들의 힘을 누르고 有償으로든 無償으로든 강제로 집행할 수 있어야 했는데 모두 불가능하였다. 그런 만큼 고려가 한전이나 혹은 정전이라도 이를 통해 달성하고자 하는 기대, 곧 토지겸병과 농민안정에 대한 방책은 부세제도, 곧 田稅制의 선상에서 도모하는 길뿐이었다. 그리고 여기서 택한 방도가 결과적으로 1/10세제였겠다.

한대에 什一稅는 가장 高率의 전세가 부과되던 때의 세율이었다. 한대의 세율은 초기에 1/15이었고 그 후 半減·全免되기도 하였다가, 景帝 원년(B.C. 168) 1/30으로 하강하였다. 이어 후한초 군사적 필요에서 1/10으로 증가시켰으나 光武帝 建武 6년(A.D. 30) 다시 1/30으로 환원하였고 이후 변경 없이 지속하였다.15) 한대의 전세는 周代의 세제로 전해오는 什一稅에 비하면 세율 자체는 전반적으로 극히 낮은 것이며, 대토지 소유자와 지주에게는 유리하게 작용하고 빈농에게는 별 혜택이 없는 것이었다. 더욱이 농민에게 한대의 부세는, 그나마 전조는 일부분이고 이른바 人頭稅(算賦·口賦·更賦) 및 財産稅(算緡) 쪽에 중심이 놓여 있어 이 부담은 항상 과중하였다.16) 고려는 이러한 漢과 사정이 달랐다. 건국 초 전세는 과중하고 부세행정은 혼란스러웠다. 심한 경우 1결에 6석씩이나 징수하는 사태도 빚어졌다.17) 이런 사정과 관련하여 고려 전제에 관한 위의 기사를 음미하면, 여기서 백문보가 말하고 싶은 것은 井田·限田 등 토지개혁은 시도할 수 없고 부세제도 차원에서 농민안정을 꾀할 수밖에 없던 고려정부로선 漢과 비교하여 전세를 정상화하되 대토지 소유자·지

---

15) 同上.
16) 同上.
17) 《高麗史》 78, 食貨 1, 田制, 祿科田, 辛禑 14년 7월, 趙浚上書, 中冊, p. 715.
　　《高麗史》 78, 食貨 1, 田制, 租稅, 太祖 원년 7월, 中冊, p. 726.

주에게는 다소 무겁게 하고 아울러 자영소농민에게는 전세의 과중의 사태를 진정시켜 주고 다른 부세의 부담은 없게 함으로써 단지 1/10의 전세법만을 택하는 선에서 가닥을 잡았다는 것이었겠다.

　사실 고려는 소유지·소유권에 대해서는 初期부터 什一稅의 준행을 표방하여 때때로 이의 준수를 강제하고, 지주적 토지소유에 관해서는 농촌 관행인 並作半收를 승인하되 陳田開墾을 둘러싸고 발생하는 地主·佃戶 간의 수익배분 문제, 즉 地代의 수취·납부 액수 및 田租免除에 관해서 法制로서 간여하는 길을 열었다. 太祖 즉위 초 ‘舊法’·‘天下通法’의 ‘什一稅’ 준행을 통한 取民有度의 선언,[18] 祿邑主가 祿邑民에 행하는 과도한 수취에 대한 엄중한 경고,[19] 光宗 24년(973) 12월 陳田開墾에서 免稅年限의 부여와 지주·전호 사이의 수익배분을 첫해는 佃戶가 수확의 전액을 갖되 이듬해부터는 地主와 半分하고, 稅는 3년간 면제한다는 判旨[20] 등이 그 예이다. 특히 후자는 직접적으로는 陳田開墾을 장려하기 위한 조처이지만, 소유권·소유지에 대한 고려왕조의 방침이 분명히 나타난다.

　고려정부는 이 이상 어떤 시책도 취하지 않았다. 그리고 이제현의 지적처럼 토지개혁에 관해 누차 논란이 있긴 하였으나 결국은 항상 田柴科 차원의 정비에 머물렀다. 고려조정으로서는 관료제·군현제를 정비하여 가면서 수조권·수조지를 균등하게 배분하고 운영하는 일이 소유권·소유지의 소유관계를 조정하는 것 못지않게 중대한 문제였다. 집권봉건국가의 大支柱는 전시과와 지주제에 근거하고 있었으므로 양반층의 公的인 토지문제를 정돈하는 작업이 우선이었다. 하물며 전시과가 이념상 전통상 世祿으로서 采地·圭田의 정신을 계승하고 있다 하더라도, 上古의 采地·圭田이 아니고 입각하고 있는 기반 또한 토지의 公有가 아니고 私有였다. 고려는 前代와 마찬가지로 私的 소유지 및 그 소유관계를 그대로 두고 이를 田丁制, 丁田制를 통해 토지·농민 및 부세를 결합시켜 收租

---

18)《高麗史節要》1, 太祖 원년 秋 7월, p. 11.
　　《高麗史》78, 食貨 1, 租稅, 太祖 원년 7월, 中冊, p. 726.
　　《高麗史節要》33, 辛昌 卽位年 秋 7월, 趙浚上書, p. 829.
19)《高麗史》2, 世家 2, 太祖 17년 5월, 上冊, p. 50.
20)《高麗史》78, 食貨 1, 田制, 租稅, 光宗 24년 12월, 中冊, p. 726.

地·稅役地로 다시 파악하여 田制로서 운영하면서 이로써 稅役均等·田賦
出兵·什一稅 등 井田의 원리, 限田의 정신을 살리고 있다고 생각하는 것
이었다.21) 그리하여 전시과는 景宗 원년(973)에 始定된 이후 다시 穆宗
원년(998), 德宗 3년(1034)에 각각 改定되고 文宗 30년(1076)에 更定되
는 등22) 수차에 걸쳐 수정되면서 정비되었다.

3. 高麗後期의 限田論議와 田政釐整

　　토지의 겸병과 상실이 되풀이 하는 가운데 奴婢制 내지 幷作制에 의한
田莊經營은 계속 발달하였고 이는 중소지주의 불안, 농민의 몰락, 농촌
의 피폐를 동반하였다. 田柴科의 운영 또한 제대로 될 리 없었다. 그리
하여 仁宗 5년(1127)에 이르면 농업부흥, 농촌쇄신을 목표로 國政維新이
거창하게 선포되기에 이르렀다.23) 토지겸병, 농촌피폐, 농민도산은 그만
큼 심각하였다. 이 시기는 국왕이 李資謙 세력을 정계에서 축출한 후 妙
淸·鄭知常 등과 함께 西京遷都를 도모하던 때였다.24) 인종조 妙淸派의

---

21) 拙稿, 〈高麗時期의 丁田制〉(본서 Ⅲ편).
　　〃 , 〈高麗時期 土地租稅의 運營體系와 足丁·半丁〉(본서 Ⅲ편).
　　姜晋哲, 〈均田制 施行與否에 관한 問題〉, 《高麗土地制度史硏究》, 高麗大學校出版部,
　1980. 참조.
　　朴京安, 〈高麗後期 土地問題와 '祖宗田制'〉, 《韓國 古代·中世의 支配體制와 農民》, 지
　식산업사, 1997.
22) 《高麗史》 78, 食貨 1, 田制, 田柴科, pp. 707~711.
　　姜晋哲, 〈田柴科制度의 制定 및 그 內容〉, 同上書.
　　金基雄, 〈高麗 景宗代의 政治構造와 始定田柴科의 성립기반〉, 《震檀學報》 59, 1985.
　　黃善榮, 〈고려 始定田柴科의 再檢討〉, 《釜山史學》 10, 1986.
　　〃 , 〈고려 始定田柴科의 分析〉, 《考古歷史學誌》 7, 1991.
　　李鎭漢, 〈高麗時代 土地制度의 變化와 鄕吏〉, 《東方學志》 125, 2004.
　　拙稿, 주 7의 논고.
23) 《高麗史》 15, 世家 15, 仁宗 5년 3월 戊午, 上冊, p. 309.
　　'詔曰……惟新之敎 布告中外 咸使聞知 一方澤祭地 祗四郊迎氣 一車服制度 務從儉約
　一除冗官不急之務 一勸農力田 以給民食 一務儲官穀 以待救民 一取民有制 常租調外
　毋得橫歛 一撫民安土 無使逃流 一濟危鋪大悲院厚畜積 以救疾病 一無以官庫陳穀 抑配
　貧民 强取其息 又無以陳朽之穀 强民舂米 一山澤之利 與民共之 毋得侵车'
24) 申采浩, 〈朝鮮歷史上 一千來 第一大事件〉, 《朝鮮史硏究草》, 1929(서울, 硏學社, 1946).
　　金庠基, 주 9의 논고.

革新運動과 動亂, 뒤이은 毅宗·明宗朝의 武臣亂과 農民叛亂은 이러한 배경에서 야기되는 무력 항거이기도 하였다.25) 토지문제로 인한 貧富隔差는 이제 농업생산·농민안정의 문제를 넘어서 양반층 간의 爭鬪로, 아울러 지배층과 피지배층의 계급적 相爭으로 전화하기 시작하였다. 불원간 정면으로 수습책이 논의되어야 할 여건이었다.

이러한 형세를 염두에 둘 때, 주의를 끄는 자료 두 가지가 전한다. 조선전기의 기록으로 다음의 기사이다.

(1) 夫限田爲之不易 前朝欲行而論議不一 終不爲也 我太祖亦欲行之而未果26)

(2) 限田……漢朝行之而未終 前朝(高麗)試之而未就27)

(1)은 조선왕조 中宗 12년(1517) 당시 조정에서 토지개혁 논의가 성행하고 그 방안으로 限田制의 시행이 심각하게 토의될 때, 領事 申用漑의 의견 가운데서 나온 지적이고, (2) 역시 조선 明宗 3년(1548) 같은 사안이 再論되던 때 侍講官 鄭惟吉이 소견을 피력하는 가운데 있던 발언이다. 어느 기사나 고려시기에 국가가 限田制를 시행하려 하였고 고려말 李成桂도 추진하였었다는 점, 그러나 모두 끝내 성취하지 못하였다는 점을 전해 주고 있다.

조선전기 중종조에서 명종 초에 걸쳐 조정에서는 여러 차례 토지소유 규모의 격차를 조정하자는 논의가 있었고, 그 결과 한전제가 방침으로까지 확정된 적이 있었다. 당시에도 토지개혁은 커다란 문제로서 각계각

---

25) 白南雲, 《朝鮮封建社會經濟史》(上), 改造社, 1937, pp. 185~201, pp. 596~641.
　　金錫亨, 《봉건지배계급에 반대한 농민들의 투쟁》(고려편), 1960(서울版, 1989).
　　邊太燮, 〈高麗武班研究〉, 《高麗政治制度史研究》, 一潮閣, 1971.
　　　〃　, 〈萬積亂 發生의 社會的 素地〉, 同上書.
　　洪承基, 〈高麗武人政權時代의 奴婢叛亂〉, 《高麗貴族社會와 奴婢》, 一潮閣, 1983.
　　李貞信, 《高麗 武臣政權期 農民·賤民抗爭 研究》, 高麗大學校 民族文化研究所, 1991.
　　金塘澤, 《高麗武人政權研究》, 새문사, 1987.
　　金庠基, 〈庚癸의 亂과 武臣政治〉, 《新編 高麗時代史》, 서울大學校出版部, 1985.
　　채웅석, 〈명종대의 권력구조와 정치운영〉, 《역사와 현실》 17, 1995.
26) 《中宗實錄》 28, 中宗 12년 7월 癸卯, 15冊, p. 300.
27) 《明宗實錄》 7, 明宗 3년 3월 癸卯, 19冊, p. 579. ※( )는 浹注.

층의 이해가 대립되었고 그 방법 또한 어려웠으므로, 논의는 심각하고 번잡하였으며 장기간에 걸쳐 支離하게 지속되었다.28) 이때 논자들은 제 각기 古今의 각종 토지제도에 관해 조사하고 연구하면서 당연히 그 일환으로 前朝 고려시기의 사정을 살폈을 것이다. 그리고 이 과정에서 좀 더 많은 관료가 고려시기에 있던 토지개혁 논의 사실과 내용을 새삼 알게 되고 나아가 구체적으로 습득하였을 것이다. 申·鄭 두 관료가 언급한 이 내용도 이런 사정에서 얻은 소산이겠다.

위의 두 기사에 의하면 고려는 그 최말에 앞서 이미 후기에도 중앙에서 토지개혁론을 시행을 전제로 진지하게 토론하였다.29) 그 시기가 언제쯤이었는지 분명히 알 수 없으나 대략 蒙古와 戰爭(1231~1259)이 종식되고 三別抄 항쟁(1270~1273)을 수습한 후 고려의 토지제도·부세제도가 어느 정도 재정돈되고 난 뒤가 아니었을까 한다. 그 시기는 대략 忠烈王代에서 忠穆王代(1275~1348) 사이였을 것으로 예상된다. 이 무렵은 田柴科는 이미 파탄되어 운영이 마비되고 祿科田이 경기 8현 내에 새로 설치되어 시행되고 있었고, 토지의 사적 소유를 전제로 왕실, 세가, 양반 등 지주층의 힘에 의거하여 戰後 복구사업을 추진하고 있었으므로,30) 토지의 국유화를 전제로 왕실, 세가, 양반 등 지주층의 힘에 의거하여 井田이 논의될 여건은 아니었다. 혹 약간의 제안은 있었겠으나 衆論을 이루지는 못하였을 것이다. 그러므로 대세는 현실성 있는 限田이 주로 논의되었을 것이다. 그리고 이 한전은 한전제라기보다 '制限田産' 정도의 의미를 포괄하고 있는 표현으로 이해된다. 그러므로 均田의 내용도 함께

---

28) 拙稿, 〈朝鮮前期의 土地改革論議〉, 《朝鮮前期土地制度研究》[Ⅱ], 지식산업사, 1998.
29) 상기한 조선시기의 두 자료에만 의하면, 고려조정에서 限田 시행논의가 이루어진 때가 반드시 고려후기였다고 확정할 근거는 박약하다. 더구나 限田 등 토지개혁의 논의·제안 자체는 어느 시기에나 토지문제가 심각하게 인식되면 있을 수 있는 것이다. 다만, ① 본 자료가 조선조 中宗·明宗代 16세기 전반의 기록이고, 특히 자료 (1)은 고려시기 限田 논의를 고려 최말 이성계 측의 限田시행구상(후술. 4장 참조)과 분리하여 기술하고 있는 점, ② 고려前期에도 전술한 바처럼 井田과 더불어 限田의 論議가 있었다고 보는 점, 이 두 가지 점을 연관시켜 볼 때 고려후기의 일로 추정함이 개연성이 있다고 사료된다.
30) 拙稿, 〈高麗末期의 私田問題〉, 주 3의 《朝鮮前期土地制度研究》, pp. 16~29.
　　朴京安, 〈祿科田 및 私田의 지급〉, 《高麗後期 土地制度研究》, 혜안, 1996.
　　魏恩淑, 〈高麗後期 農業經營에 대한 研究〉, 釜山大學校大學院 博士學位論文, 1994.

내포하여 서로 混稱되는 의미의 한전이 아니었을까 추정된다. 한전과 균전이 서로 제도가 같은 것은 물론 아니었으나, 용례상 토지의 사적 소유를 균등히 한다는 점에서 섞어서 사용하는 경우도 적지 않았다.[31] 중국에서도 마찬가지였다.[32]

이러한 정도의 限田을 중앙정부에서 논의하고 시도하려고까지 하였다면, 그 시기는 그만큼 토지겸병이 극심하고 국가재정 또한 현저히 약화되어 국가수입을 확충하여야 할 때, 그리고 새롭게 토지문제를 정리할 여건과 그럴 기회가 정치여건으로 조성되어 있던 때여야 했다. 고려정부는 對蒙講和 이전 高宗 44년(1257)에 '議分田代錄 遂置給田都監'하였고,[33] 元宗 10년(1269)에 와선 貢賦를 定額하고[34] 田民辨正都監을 설치하여 終戰 後 폭발하는 토지·노비의 紛爭에 대한 처리에 착수하고, 12년(1271) 2월에는 京畿 8縣에 녹과전을 설치하여 文武官에게 절급하였다.[35] 忠烈王 때 가서는 4년(1278) 12월 녹과전을 再折給하고[36] 5년(1279) 3월에는 諸道에 稅額을 다시 책정하는 작업을 추진하고 있었다.[37] 이러한 一連의 조처는 武臣亂·農民叛亂 그리고 對蒙戰亂 등 장기간의 혼란으로 파탄된 토지분급제와 부세제도를 우선 행정상에서나마 다시 조정하여 골격을 세우는 것으로서 그 중심은 祿科田의 운영과 稅額조정에 있었다. 고려왕조는 이를 통해 오랜 동안의 피폐 상태에서 회복의 궤도로 오르고 있었다. 限田을 위시한 토지개혁 논의는 이 이후 朝野에서 여러 계통에서 여러 사람에 의해 제기되어 시도단계까지 이르고 있었던 듯하다.

실제 忠烈王 중반부터 조정에서는 토지소유의 不均이 심각한 문제로 다루어지고 있었다. 이 무렵에는 그간의 토지겸병 폐단이 누적되고 오래

---

31) 拙稿, 주 28의 논고, p. 481 참조.

32) 金裕哲, 〈均田制와 均田體制〉, 《講座 中國史》Ⅱ, 지식산업사, 1989, p. 138 참조.

33) 《高麗史》 78, 食貨 1, 田制, 祿科田, 高宗 44년 6월, 中冊, p. 713.

34) 《高麗史》 78, 食貨 1, 田制, 貢賦, 忠肅王 원년 2월, 中冊, p. 730.

35) 《高麗史》 78, 食貨 1, 田制, 祿科田, 高宗 12년 2월, 中冊, p. 714.

36) 《高麗史》 78. 食貨 1, 田制, 祿科田, 忠烈王 4년 12월, 中冊, p. 714.

37) 《高麗史》 29, 世家 29, 忠烈王 5년 3월, 上冊, p. 589.

된 데다 새로운 폐해마저 대두·확산하고 있어 양상은 격렬하였다. 賜牌
田의 폐단이 그것이었다. 더구나 토지겸병의 형세는 소유지는 물론이고
이를 넘어서서 수조지에도 극성스럽게 진행되고 있었다.

 소유지의 겸병은 仁宗朝의 維新運動이 좌절되어 이미 對蒙戰爭 이전
明宗 末에는 큰 정치문제로 되어 있었다. 그것은 명종 18년(1183) 백성
이 빈약하여 소유지인 丁田이 私債 未상환으로 富豪兩班에게 넘어가는
사태, 양반·군인의 家田·永業田이 勢家에 탈점되는 세태, 각 도에서 京
人·寺院의 農莊 및 高利貸의 극성 등 토지문제에 관한 세 가지 커다란
사안이 한꺼번에 지목되고 각각 本主還給, 窮極推罪, 沒收와 禁止 등 엄
중한 조치가 制勅으로 시달되는 데서38) 그 형세를 충분히 짐작할 수 있
다. 수조지의 집적 역시 顯宗 5년(1014) 京軍 永業田을 회수하여 부족해
진 百官 祿俸에 충당하였다39)는 기사를 시작으로, 武臣執權期에는 崔忠
獻 스스로가 公私田의 겸병이 심하여 一家의 膏沃地가 州郡에 彌夸한 형
편이라고 탄식할40) 만큼 성행하였다.

 이와 같은 사세는 시기가 지날수록 정도를 더하였고, 몽골과의 戰亂
과 그 長期化는 이 기세를 더욱 촉발시켰다. 그리고 終亂 직후부터 시
행된 사패전의 분급은 이러한 사태를 기정사실로 고착시켰다. 田土의
사패는 終戰 後 고려조정이 전시과의 운영이 마비되고 농토는 처참하게
황폐된 지경에서 王室·宰樞·文武兩班 등 兩班地主層에게 王의 인가로
荒蕪地를 절급하여 개간 경작하게 함으로써 녹봉 부족에 대신하되, 마
비된 전시과의 토지분급을 보완하는 祿科田과 아울러 戰後 복구사업의
일환으로 추진하던 토지정책이고 농업정책이었다. 그러나 이 제도가 순
리대로만 진전할 수는 없었다. 국왕, 왕비, 瀋陽王, 元왕실 등에 제각각
권력을 대고 있던 勢家들은 이를 근거로 토지의 확대는 물론 소유지의
탈점, 수조지의 점탈까지 不辭하였다.41) 사패전을 빙자한 토지점탈의

---

38) 《高麗史》 79, 食貨 1, 田制, 借貸, 明宗 18년 3월 戊申, 中冊, p. 747.
　　《高麗史》 78, 食貨 1, 田制, 田制, 明宗 18년 3월, 中冊, p. 711.
　　《高麗史》 85, 刑法 2, 禁令, 明宗 18년 3월, 中冊, p. 862.
39) 《高麗史節要》 3, 顯宗 5년 11월, p. 81.
40) 《高麗史》 130, 列傳 42, 崔忠獻, 下冊, p. 791.

폐해는 벌써 충렬왕 3년(1277)에 심각한 腐敗問題로 조야에서 논란을 일으키고 있었다.42)

이러한 형편과 함께, 限田論議와 관련하여 각별히 유의할 사실이 두세 가지 있다. 충렬왕 4년(1278) 元의 民人安集講究의 지시를 계기로 조정 大臣이 합의하였던 處干革罷方針43)과 26년(1300) 征東行省의 平章政事 闊里吉思가 고려정부를 강박하여 큰 소동을 일으켰던 奴婢世傳法의 變革 要求이다. 후자는 元宗 10·11년(1270·1271) 出陸 직후에도 元의 세력을 업고 제기된 적이 있었고, 元 자체에서도 몇 년 전에 요구하였다가 그만 둔 바 있었다.44) 전자는 실행되지 않았고 후자는 고려 왕실·양반의 반발이 거세어 철회되었지만, 양자는 서로 부분적으로 깊이 연계되어 있는 사안이었다. 處干革罷案은 당시 토지겸병과 더불어 또 하나의 중대한 사회문제였던 民人冒占의 폐해를 수습하는 방도로서 宰樞三品 이상의 高官이 '皆曰 上下皆撤處干'하자고 함으로써 마련한 것이었고, 후자는 아예 良·賤 區別 및 奴婢世傳의 폐지, 곧 世祿奴婢 문제의 근원을 봉쇄하고 고려왕실 및 그 연대 세력인 양반층의 기반을 박멸하려고 구상한 것이었다.

元은 이 시책들을 통해서 民人冒占의 형세를 차단함으로써 均賦均役을 시도하고 궁극에는 良人確保를 통해 財政供給源을 확장하여 對高麗收奪을 공고히 하자는 데 목적이 있었다. 그러나 실제 그대로 집행되었을 때 야기되는 사태는 여기에 머무는 게 아니었다. 이는 일정한 범위 내에서 토지겸병에도 제동을 거는 처사였다. 토지의 兼幷과 민인의 冒占은 함께 연계되어 전개되던 현상이었던 까닭이다. 토지의 겸병은 그 耕作勞力, 곧 경작농민의 占匿을 동반하지 않으면 겸병 자체가 소용이 없었다. 민인모점은 이런 사정과도 깊이 연관되어 일어나는 양상이었다. 소유지에서나 수조지에서 모두 마찬가지였다. 대토지 소유는 왕실·신료층에게는 신분적 토지소유의 한 형식이었고, 이는 경작민에 대해 부과한 국가의

---

41) 주 30의 논고 참조.
42) 《高麗史》 28, 世家 28, 忠烈王 3년 2월, 上冊, p. 574.
43) 《高麗史》 28, 世家 28, 忠烈王 4년 6월 乙酉, 上冊, p. 581.
44) 《高麗史》 31, 世家 31, 忠烈王 26년 10·11월, 上冊, pp. 648~650.

賦役을 합법이든 비합법이든 감면시키거나 아예 면제시키고, 심하면 자기부담으로 전환하면서 달성할 수 있는 것이었다. 당시 토지겸병과 맞물려 수다하게 散見되는 '冒占良民', '壓良爲賤', '奪人田民' 등의 기록은 이런 행위를 지칭함이었다. 가령 문제의 處干은 대부분 權貴로 지칭되는 地主·田主의 농장에서 役使되는 경작농민이었다. 그러므로 이들의 폐지는 농장주로서는 경작노동력의 대폭 감축이고 토지겸병을 추진하는 측으로선 그 행위를 鈍化시키는 셈이 되었다. 처간의 철폐 나아가서 노비법의 변혁은 곧바로 大土地의 소유와 그 경영을 곤란하게 하는 국면으로 이어지는 조치였다.

그러므로 이러한 내용의 안이 조정에서 작정되거나 강제되고 또 그것이 모두 좌절되고 있음을 보면, 이보다 상대적으로 왕실·양반지주층에 피해가 덜한 제안이 後續할 수 있었을 것이고 그에 대한 논란도 다소 적극적일 수 있었다. 그리고 그것은 토지소유의 규모를 일정범위 안에서 제약하여 균등히 하는 방안, 즉 限田이었을 공산이 크다.

民人冒占 대책과 더불어, 限田論議와 결부하여 또 하나 유의할 것은 고려에서 限田·均田과 유사한 토지정책이 틈틈이 지역과 여건에 따라 시행되고 있었던 사실이다. 가령 肅宗 8년(1103) 州鎭屯田을 軍 1隊에 1結씩 할당하여 경작하도록 한 것45)이 그런 예이다. 屯田을 軍人勞動力과 비교하여 均耕하도록 하는 처사로서, 限田은 아니나 耕作規模의 균등한 배분이라는 점에서는 정신이 같았다. 또한 국초부터 국가가 수시로 추진하던 徙民開墾의 경우나 民力을 동원하여 이주한 新開拓地의 경우도 둔전식 개발을 하는 게 일반이었고, 따라서 토지 배분은 民戶의 노동력을 참작하여 대체로 균일한 면적으로 집행되었을 것이다. 太祖 원년(918) 平壤이 황폐하여 鹽州·白州·黃州·海州·鳳州 등 여러 州의 民人 일부를 이곳으로 徙民시켜 개척하였을 때46) 농지분급은 이러하였을 것이다. 이는 소농민·자영농민의 확보를 전제로 추진하는 시책으로, 고려로서도 오랜 전통으로 가지고 내려오는 방식이었다.47) 사실 고려시기에 운영되던

---

45)《高麗史》82, 兵 2, 屯田, 肅宗 8년, 中冊, p. 812.
46)《高麗史》58, 地理 3, 西京留守官, 太祖 원년, 中冊, p. 312.

丁田量給 가운데 토지분급이 동반되는 경우도 이와 같은 것이었다.[48]

　이러한 農地均給이 시책으로 널리 시행되기는 高宗 末年 對蒙戰爭이 진행되는 때였다. 장기간의 전쟁으로 생산활동이 위기에 처하자 이 난국을 타개하기 위하여 고려정부는 고종 41년(1254) 2월 忠·慶·全 3道 및 東州·西海道에 使臣을 보내어 山城 및 海島 등 피난처에서 '量給土田'하고 있었고,[49] 43년(1256) 12월에는 流移民을 위하여 諸道에서 피란소가 本邑과 거리가 1日程인 곳은 오고가며 경작하도록 권려하는 한편 그 나머지 島嶼에서는 '量給土田' 하였으며, 만일 토지가 부족하면 沿海의 閑田 및 宮院田·寺院田을 量給하도록 하는 시책을 취하고 있었다.[50] 이때 無主田이나 荒閑地는 그 소유권을 승인하는 과정이 뒤따랐을 것이고, 有主田이면 양급받은 해당 民戶를 佃戶로 삼는 조건이 붙었을 것이다. 그러므로 토지겸병 및 이로 인한 각종 토지·농업·농민문제를 본격 수습하고자 한다면 저와 같은 여러 전통과 이 무렵 土田量給하던 관례에서 한 전적인 토지개혁안은 당연히 제안되고 토의되어 시도도 되었을 것이다.

　고려후기에는 이상과 같은 배경과 사정하에 限田시행이 논의되었을 것이다. 이때 논의의 구체내용은 현재로선 알 수 없다. 그러나 2·3결 혹은 5결 정도의 上限을 작정하는 철저한 中小農 위주의 한전, 요컨대 均田的인 한전론이거나, 혹은 수십 결 등 큰 규모로 上限을 정하여 주로 중소지주와 대지주의 대립을 완화하고 이 속에서 耕作佃戶의 안정과 小農民의 보호도 생각하는 한전론이었을 것이다. 그러나 국가재정이 박약하고 농민은 배당토지의 값을 상환할 능력이 없는 상태에서, 전자와 같은 소규모 면적의 한전제를 시행할 수는 없었으리라 본다. 한전이 논의가 한결같지 않았고 또 끝내 실행에 이르지 못하였다는 자료 (1), (2)의 지적에 유의하면, 아마 전자가 목표로 되었다가 점차 방향이 후자로 기울어 결국 논의 자체가 흐지부지되는 지경에 이르렀을 게 십상이었다. 더욱이

---

47) 安秉佑, 〈高麗의 屯田에 관한 一考察〉, 《韓國史論》 10, 1984.
48) 拙稿, 주 21의 〈高麗時期의 丁田制〉.
49) 《高麗史》 78, 食貨 1, 田制, 經理, 高宗 41년 2월, 中冊, p. 706.
50) 《高麗史》 78, 食貨 1, 田制, 高宗 43년 12월, 中冊, p. 706.

限田案은 통상 그 시행을 결정하여 착수하여도 소기의 성과를 거두기까지는 십수 년 나아가 수십 년의 상당히 장구한 세월이 소요되는 것으로 계획함이 일반이었음을 고려하면 더욱 이러하였을 것이다.

한전적인 토지개혁이 이루어지려면 勢家나 兩班·土豪 등 지주층이 양보하거나 아니면 양보를 강제할 만큼 국가권력이 강력해야 했다. 그러나 세가나 지주층이 양보하고 찬동할 리는 거의 기대하기 어렵고, 국가는 이를 강제할 힘이 더욱 없었다. 당시 勢家兩班은 京畿 8縣 안에서 祿科田제도를 운영하는 데도 심하게 방해하고 있는 지경이었다.51) 이에 반해 국가권력은 元의 간섭과 왕실·신료의 분열로 정통성과 자주성이 박약하였다. 원의 操縱離間하에서 고려왕실에선 父子間의 대립, 조정에선 群臣간의 王派·世子派로의 분리와 갈등, 여기에 다시 王妃(蒙古出身)派의 책동, 高麗王派·瀋陽王派의 대립이 錯綜되고, 또 겹쳐서 附元하는 宦官과 通譯官, 元王室과 元高官에게 納女하여 勢를 횡포하는 權臣이 이리저리 연결되어 政爭이 끊임없이 激發하였다.52) 이런 가운데 토지개혁 논의를 지지하고 후원할 세력은 극히 미약할 수밖에 없었다. 국왕과 일부 지식관료가 한때 문제를 제기하고 개혁을 추진하고자 하여도 반대세력의 위협과 공갈로 곧 좌절되는 것이었다. 改革路線의 作定조차 힘들었다.

토지소유의 조정이나 균등 논의가 거부되는 속에서 고려정부는 이 문제를 宿題로 안은 채 별도의 방향에서 조처하여 갔다. 그것은 結負制·田品制·貢賦·役制 등 부세제도 차원의 개편과 정리를 軸으로 수세원을 확보하고, 부수하여 농민의 안정을 간접으로나마 꾀하는 길이었다. 당시 고려의 賦稅行政과 운영은 극도로 문란하였는데,53) 戰亂과 뒤이은 元의

---

51) 白南雲, 주 25의 《朝鮮封建社會經濟史》(上), pp. 237~239, pp. 250~254.
　　深谷敏鐵, 〈高麗祿科田考〉, 《朝鮮學報》 48, 1968.
　　閔賢九, 〈高麗의 祿科田〉, 《歷史學報》 53·54, 1971.
　　拙稿, 주 30의 〈高麗末期의 私田問題〉, pp. 56~60.
　　오일순, 〈고려후기 토지분급제의 변동과 祿科田〉, 《14세기 고려의 정치와 사회》, 민음사, 1994.
52) 金庠基, 〈對元關係와 國內의 動態〉(下), 주 25의 《新編 高麗時代史》.
　　한국역사연구회, 《14세기 고려의 정치와 사회》, 민음사, 1994.
　　李益柱, 〈高麗·元關係의 構造와 高麗後期 政治勢力〉, 서울大學校 博士學位論文, 1996.
53) 朴鍾進, 《고려시기 재정운영과 조세제도》, 서울대학교출판부, 2000.

수탈과 政情의 혼란 속에서 이의 정비만도 정부로서는 힘에 부쳤다. 그러나 이는 부세수입의 확보는 말할 것도 없고 언젠가 예상되는 토지개혁을 위해서라도 우선 정돈하지 않으면 안 되는 문제이기도 하였다. 고려후기 역대의 어느 정부나 이 문제를 중요한 1級사안으로 다루었고, 고려최말까지 계속되었다.

커다란 사업만 瞥見하여도, 이미 元宗 10년(1269) '計點民戶 更定貢賦'[54]함을 필두로 忠烈王 18년(1289) '量戶口之嬴縮土田之墾荒 計定民賦'하고 34년(1308)에 '點數民田 均租定賦'하는 것,[55] 忠宣王 2년(1310) '更定稅法',[56] 忠肅王 원년(1314) '量田制賦' 및 貢戶擴充, 賜牌田 濫執의 추쇄와 支給額 100결 限定[57] 등이 연이었다. 이 시기에 있던 祿科田의 유지와 가능한 범위 내에서 田柴科의 부지, 각종 都監의 置廢를 거듭하면서 지속되는 田民辨整의 事業,[58] 量田制의 변경과 結實積의 축소[59] 등은 이와 같은 고려정부의 부세정책의 시도와 함께 추진된 것이었다. 고려후기 정부의 이러한 정책은 종합하면 결국 田制矯整·田政釐整의 작업인 셈이었다.[60]

이러한 현실에서 이 정책 입안자나 건의자, 국왕은 시책 자체가 토지소유의 均分의 선상에서 실행하고 있지는 못하지만, 限田·均田 및 井田 등 토지균분이 가지고 있는 또 하나의 이념, 즉 什一稅의 원칙에 입각한

---

54)《高麗史節要》21, 元宗 10년(忠烈王 18년 10월 기사), p. 556.
55)《高麗史節要》21, 忠烈王 18년 10월, p. 556.
　　《高麗史節要》23, 忠烈王 34년 10월, p. 596.
56)《高麗史》78, 食貨 1, 田制, 租稅, 忠宣王 2년 11월, 中冊, p. 727.
57)《高麗史》78, 食貨 1, 田制, 貢賦, 忠肅王 원년 2월, 中冊, p. 730.
　　《高麗史》34, 世家 34, 忠肅王 원년 정월 甲辰, 上冊, p. 698.
　　《高麗史》78, 食貨 1, 田制, 功蔭田柴, 忠肅王 5년 5월 및 12년 10월, 中冊, p. 712.
58) 拙稿,〈高麗末의 私田捄弊策과 科田法〉, 주 3의 논저, pp. 61~66.
　　 〃 ,〈田制釐正의 努力과 推進〉,《韓國 中世 土地制度史-高麗》, 서울대학교출판문화원, 2011.
　　閔賢九,〈整治都監의 設置經緯〉,《國民大論文集》11, 1976.
　　 〃 ,〈整治都監의 性格〉,《東方學志》23·24, 1980.
　　변은숙,〈고려 忠穆王代 整治都監과 정치세력〉,《명지사론》14·15合輯, 2004.
　　이강한,〈整治都監 운영의 제 양상에 대한 재검토〉,《역사와 현실》67, 2008.
59) 金容燮,〈高麗時期의 量田制〉,《韓國中世農業史研究》, 지식산업사, 2000.
　　 〃 ,〈結負制의 展開過程〉, 同上書.
60) 朴京安,〈田制釐正政策의 推進〉, 주 30의 논저, pp. 161~256 참조.

租稅의 징수, 균등균일한 貢賦의 수취 등 仁政으로서의 租賦均配 정신은 구현시키고 있고 또 그것을 도모하고 있다고 자부하기도 하였다. 부세제도가 10분의 1세 원리를 관철하도록 운영을 개선하면 정전·한전·균전과 다를 바 없다는 생각이었다. 예컨대 忠穆王 3~4년(1347~1348) 整治都監의 설치·활동과 관련하여 이제현이 국왕의 토지문제를 위주로 한 求言策問을 작성하면서, 그 속에서 '經界·井田·什一稅'는 天下의 국가가 우선 힘써야 할 것이라고 전제하고, 고려에서 400년이나 내려온 經國之謨 取民之制의 요체가 모두 옛것에 합치하여 後代에 전할 만한 것[61]이라고 評하고 있음이나, 恭愍王 11년(1362) 密直提學 白文寶가 時政을 논하는 箚子에서 경상도 지방의 租稅 운반비용이 他道의 倍나 되어 그 시정을 건의하면서 고려의 田制를 '取法於漢之限田 十分稅一耳'[62]라 하여 限田의 什一稅에 마련한 것이라고 밝힘은 모두 그런 예이다.[63] 고려의 부세제도는 수조지 차원의 토지분급제와 긴밀히 연결되어 있었으므로 이와 같은 思惟는 한층 자연스럽게 조성될 수 있었을 것이다.

4. 高麗末의 計民受田論과 科田制度

井田 및 限田·均田을 모범으로 하는 토지개혁 논의와 이념상 均租均賦를 목표로 추진하는 田政釐整 작업은, 고려후기의 토지문제와 연관하여 그 처리의 방향으로만 보면, 전자는 소유지 계통에 후자는 수조지 계통에 각기 연결되는 것이었다. 그러나 어느 쪽에서도 토지겸병을 직접 대상으로 한 정부의 조처가 不在한 가운데 末期로 갈수록 전자의 문제는 더욱더 심각하여지고, 후자의 문제 또한 전자와 밀착되어 폐단은 한층

---

61) 李齊賢, 《益齋亂藁》 9(下), 史贊, 策問(《高麗名賢集》 2冊, p. 331).

62) 주 13과 同.

63) 이런 점과 연관하여, 李穀이 唐의 租·庸·調法이 '庶幾井田之遺意'(《稼亭集》 13, 程文, 《高麗名賢集》 3冊, p. 85)라 함도 '高麗田制 大抵倣唐制'(《高麗史》 78, 食貨 1, 田制, 序, 中冊, p. 705)하다는 표현과 결부시키면 역시 마찬가지 생각임을 알 수 있다.

누적됨으로써 이른바 '私田問題'로 집약되고 있었다. 토지의 겸병과 소유의 不均問題는 소유지와 수조지 어느 계통에서나 정면으로 再論될 소지만 확산시켜 나갔다.

토지겸병의 폐해가 다시 직접 논의되고 그 개혁이 촉구되는 때는 고려 최말에 가서였다. 忠穆王代의 田民辨正 사업이 흐지부지 끝나자,[64] 고려 정부의 토지문제에 대한 수습능력은 완전히 한계가 드러났다. 반면에 토지문제는 고려의 국가·사회를 체제파탄으로 몰아가고 있었을 뿐만 아니라, 장구히 연발하여 오고 이 무렵에 와서는 부쩍 극성하여진 倭寇의 猖獗과 擄掠, 元·明交替에 따른 군사·외교상의 알력과 부담, 紅巾賊의 침입과 약탈, 그리고 이러한 정세변화에 가속되는 臣僚 간의 派爭 등 정치군사적 위기까지 겹쳐 국가의 존립을 위협하는 중차대한 과제로 浮上하였다. 그리고 이와 함께 그간 오랜 세월 틈틈이 제기되었던 토지개혁 논의가 이제 좀 더 본격화 될 수 있는 여건도 성숙하고 있었다. 그 하나가 反元政策의 추진과 附元權門勢力의 척결작업이었다.[65] 토지겸병의 중추세력이 附元輩였고, 田制矯整을 가장 앞서서 반대하던 층의 하나도 이들이었으며 그 배후세력이 元이었던 까닭이다.

고려 최말에 양반관료를 위시한 지배층으로서 토지겸병·토지문제를 거론하는 이들은 이 문제를 표면상 '私田'문제에 집중시켜 수조지 선상에서 파악하는 경우가 절대다수였다. 이미 恭愍王 원년(1352) 李穡의 수조지 겸병폐해의 矯捄策이 제기되는 것[66]은 그 첫 사례였다. 이들이 公論化할 수 있는 자신들의 이해득실은 우선 수조지의 占有與否에 걸려있었다. 그러므로 구폐책, 즉 개혁안의 초점 역시 家産化한 분급사전의 占有不均을 어떤 방식으로 재조정하는가 여부에 놓여 있었다. 그러나 토지문제의 핵심은 소유지의 집적·겸병과 이로 인한 소유 규모의 不均, 농민층 분화의 격심, 그 소산인 益富益貧과 여기서 야기하는 알력이 기저에 자리 잡고

---

64) 閔賢九, 〈整治都監의 設置經緯〉, 《國民大 人文科學論文集》 11, 1977.
　　　 〃 , 〈整治都監의 性格〉, 《東方學志》 23·24合輯(延世大), 1980.
65) 閔賢九, 〈辛旽의 執權과 그 政治的 性格〉(上)·(下), 《歷史學報》 38·40, 1968.
66) 《高麗史》 115, 列傳 28, 李穡, 下冊, p. 522.

있는 것이었다. 私田問題도 소유지의 이러한 문제와 연계되어 야기되는
분쟁이 적지 않았다. 양상도 그만큼 복잡하고 번잡하였다. 1개 소유지의
收租權者가 3·4家, 7·8家되는 사태, 田租의 過徵과 3·4에 이르는 濫徵
등은 그런 예였다. 여기에 結負制의 변경에 수반한 結積의 축소로 인해
이러한 혼란은 더욱 가중되고 있었다.67) 토지문제 해결의 捷徑은 소유지
차원의 토지개혁에 있었다.

  鄭道傳은 이러한 사정을 극명하게 밝히고 있다. 그는 고려 토지제도의
대강을 설명하면서 전시과 계통의 토지와 그 겸병·수조폐단과 함께 이
점을 지목하고 있다. 내용은 (1) 인민은 자유롭게 토지를 개간하고 자유
롭게 점거하여 소유지로 할 수 있으며 官에서 이에 간섭하지 않았다는
것, (2) 그러므로 힘 많고 권세가 큰 자는 田地를 넓게 개간하고 많이
점거하며, 약자는 이들에게서 농지를 借耕하고 所出을 半分한다는 것,
(3) 그리하여 富者는 더욱 부유해지고 貧者는 한층 빈궁하여져 마침내
自存할 수 없어 游手가 되고, 末業者·盜賊으로 轉顚하고 있어 그 폐단은
형언할 수 없다는 것이다.68) 소유지의 겸병이 사적 소유의 무제한 방임
에서 기인한다는 점, 이로 인한 폐단이 益富益貧의 격차, 농민의 佃戶化
와 沒落化, 非生産者化, 盜賊化 등이라는 점을 핵심으로 거론하고 있다.
一言하여 사적 토지소유의 모순에 사태의 근원이 있음을 지적하고 있는
것이다.

  並作半收에 입각한 지주전호제의 확산, 그리고 이것과 强者와 弱者 곧
권력·세력의 多少有無에 따른 신분계급적 연계, 이로 말미암은 사회경제
상의 파탄은 수조지 점유의 有無多少에 따른 臣僚 사이의 정쟁, 田主와
佃客의 대립과 함께 고려말 체제문제의 근본이었다. 國防·政治·民生과
관련해서도 이 문제의 해결은 절실하였다. 清廉剛直으로 일관한 崔瑩은
禑王 10년(1384) 門下侍中일 때 都堂에 나가 宰相에게 백성의 재산을 강

---

67) 金容燮, 주 59의 논고.
68) 《三峯集》 7, 朝鮮經國典 上, 賦典, 經理.
  '民之所耕 則聽其自墾自占 而官不之治 力多者墾之廣 勢强者占之多 而弱者又從强有
  力者借之耕 分其所出之半 是耕之者一而食之者二 富者益富 貧者益貧 至無以自存 去而
  爲游手 轉而爲末業 甚爲盜賊 嗚呼 其弊有不勝言者'

탈하고 토지를 겸병하는 폐해를 극구 논하고 마침내 다 같이 금지하겠다
는 誓約書를 작성하여 일제히 署名하게 한 적이 있었고,69) 어떤 이는 戲
劇을 꾸며 극렬한 勢家가 백성을 약탈하며 收租하는 형상을 연출하는 일
도 있었다.70)

　　토지개혁의 논의는 明의 鐵嶺衛 설치건을 계기로 착수한 遼東征伐이
威化島回軍으로 낙착되고, 이로써 정치적 실권을 李成桂 세력이 장악하
면서 본격화된다.71) 논의의 요체는 均田的 限田案이었다. 앞에서 지적한
바, 고려에서 限田을 시도하였으나 끝내 이루어지지 못하였고 뒤이어 '我
太祖亦欲行之而未果'하였다는 표현72)은 바로 이때의 사실을 지칭함이었
다. 정도전이 私田革罷 이후 올린 상소에서 애초에는 國用을 넉넉히 하
고 軍糧을 충족하게 하며 官吏의 녹봉을 주고 軍役에 廩給하여 上下가
모두 결핍이 없도록 하고자 토지를 '皆屬公家'하려 하였다고 한 것,73) 昌
王 즉위년(1388) 9월 右常侍 許應 등이 私田改革을 요구하는 가운데 '初
有均田之議'하였었다는 발언74) 등도 같은 사실을 가리키는 것이었다.

　　고려말 소유지 차원에서 있었던 토지개혁 논의는 그 전후 사정과 주요
골격을 파악할 수 있다. 정도전이 그에 관해 약간 내용을 述懷한 것이
남아 있는 까닭이다. 이에 의하면, 私田革罷가 추진되기 이전에 본시 전
제개혁 추진자들은

　　蓋欲盡取境內之田　屬之公家　計民授田　以復古者田制之正75)

하려 하였다. 무릇 나라의 전지를 전부 거두어 公家, 즉 王土的 이념하

---

69) 《高麗史》 113, 列傳 26, 崔瑩, 辛禑 10년, 下冊, p. 490.
　　　'瑩赴都堂 極言諸相 侵奪兼幷之害 遂具禁約 共署之 目諸相曰 後復有如前日者乎'
70) 《高麗史》 126, 列傳 39, 廉興邦, 辛禑, 下冊, p. 745.
71) 고려 최말의 토지개혁 논의에 관해서는 필자가 오래전에 朝鮮前期의 토지개혁논의
　　를 검토하면서 대강을 소개한 적이 있는데(拙稿, 주 28의 논고), 본고에서는 고려시
　　기 전체의 사정을 다루는 속에서 새롭게 정리하여 보는 것이다.
72) 주 26과 同.
73) 《高麗史》 119, 列傳 32, 鄭道傳, 下, p. 617.
74) 《高麗史》 78, 食貨 1, 田制, 祿科田, 辛禑 14년 昌王 즉위 9월, 中冊, p. 721.
75) 주 68과 同.

에 公的 토지로 삼고 이를 計民授田함으로써 옛날 田制의 正道를 복구한다는 것이었다. 전국의 토지를 몰수하여 公田으로 한 다음 民戶를 헤아려 재배분하는 구상이었다.

이 방안은 均田에 가까운 限田이었다. 이대로 하면 소위 私田問題도 자연스럽게 해소됨은 물론이었다. 실제 시행의지의 강약 여부가 어떠했는지 구체적인 실행방략까지 마련하고 있었는지는 알 수 없고, 사전개혁을 끌어내고자 이보다 더 큰 개혁안을 내세워 엄포를 놓을 것인지도 알 수 없다. 다만 표현문구로만 보면, 그 목표는 지주전호제를 해체하고 자영소농층을 생산의 기축으로 삼아 국가의 기반으로 한다는 데 있다 하겠다. 토지개혁론의 이념으로서는 철저하고 혁신적인 구도였다. 그런 만큼 현실적으로는 실현하기 힘들고 착수조차 至難한 안이었다. 혁명기이고 南北으로 外賊의 침입이 그치지 않던 절박한 때여서 권력을 통해 강행할 수 있는 시기인 만큼 입안세력 쪽의 의지는 강력하였겠으나, 대지주·중소지주는 물론 자영소농 조차도 참여·수긍할 리 없었다. 토지의 사적 소유 및 경영의 부정 내지 제한으로 이어지는 이 방안은 노동활동, 생산활동의 통제를 동반하는 까닭에 토지소유자의 불만·저항이 격렬할 수밖에 없는 것이다. 특히 주도세력의 반발이 정치적 사회적으로 극심할 것은 말할 나위도 없었다. 더구나 오랜 전통인 수조권 분급의 혜택마저 사라지는 터였다. 특히 지주이면서 수조지를 다수 점유하고 있는 王室·高官·勢家·寺院 등의 반대투쟁이 야기될 것은 明若觀火하였다. 실제 대세는 그러하였다.

　　而當時舊家世族　以其不便於己　交口謗怨　多方沮毁　而使斯民不得蒙至治之澤
　　可勝嘆哉[76]

舊家·世族이 자신에게 불편하여 극구 비방하고 원망하며 여러 방면으로 저지하고 훼방하여 끝내 이루지 못하였다는 것이다.

---

76) 同上.

　소유지의 개혁구상 대신에, 次善으로 착수한 것은 전국 규모의 量田, 이에 병행한 私田의 혁파, 곧 分給收租地의 몰수와 結負制·田丁制에 의해 국가기관 및 양반관료에게 재배분하는 작업이었다. 고려의 토지문제는 수조지·수조권의 선상에서 정리하는 방향으로 귀착되었고,[77] 恭讓王 3년(1391) 5월 科田制度의 公布는 그 결말이었다.[78]

　과전제도는 전주전객관계를 전제로 토지의 수조권을 기반으로 이루어지는 제도임에서 전시과·녹과전과 본질이 같았다. 그러면서도 국가가 토지분급제의 운영을 장악함으로써 종래 분급전토를 家産化하여 사사로이 世傳하던 길을 봉쇄하고, 양반관료를 위시한 諸職役者 및 각급 행정기구에 再給하여 국가 수조지 公田을 확대하고, 田租濫收의 억제 등 전주권에 제약을 가한 점에서 집권권력의 변동, 곧 王朝의 革命을 필연적으로 동반하였다. 애초 私田革罷案이 제기되었을 때 논의에 참석한 百官이 53명이었는데, 찬성자는 18·9명에 지나지 않고 반대자는 모두 巨室子弟였다.[79] 그러므로 私田의 혁파와 재배분을 주장하던 개혁론 측에서는 이 전제개혁을 '復均田之舊制'하는 길이라고 역설하였고,[80] 조선 건국 후에는 '復均田之制'하였다고 自讚도 하였다.[81] 과전제도로 실현한 수조지 점유관계의 개혁을 均田의 구현으로 표방하고 있는 것이다.

　양반층의 수조지 점유를 일제히 정돈하고 국가의 田制를 다시 수립한 것으로 보면 과전제도를 이렇게 표현함도 무리가 아니었다. 과전제 시행 후 趙浚이 中興功臣錄券을 받고 朝鮮郡忠義君에 봉해질 때, 그 敎書에서

---

77) 정도전이 計民授田의 구상과 그 不能의 결과를 말한 뒤, 이어서 '然與二三大臣同志者 講求前代之法 叅酌今日之宜 打量境內之田 得田以結計者 幾分上供之田 國用·軍資之田 文武役科之田 而閑良之居京城衛王室者 寡婦之守節者 鄕·驛·津·渡之吏 以至庶民·工匠 苟執公役者 亦皆有田'(同上)하였다고 함은 이 사실을 지적하는 것이다.
78)《高麗史》78, 食貨 1, 田制, 祿科田, 恭讓王 3년 5월, 中冊, p. 723.
79)《高麗史》118, 列傳 31, 趙浚, 下冊, p. 589.
80)《高麗史》78, 食貨 1, 田制, 祿科田, 辛禑 14년 7월, 中冊, p. 722.
81)《龍飛御天歌》8, 72章.
　　鄭道傳 역시 太祖 3년(1394)에 撰述한 《朝鮮經國典》上, 賦典, 經理에서 科田制度의 시행을 평하여 '其授民以田 雖不及於古人 而整育田法 以爲一代之典 下視前朝之弊法 豈不萬萬哉'라 하여 計民授田으로는 옛 사람에 못 미치지만, 고려의 문란한 제도에 견주면 여러 배는 낫다 하였다.

> 革私田 而復三韓……厚官祿 給圭田[82]

하였다 하여, 私田을 혁파하여 三韓을 다시 일으키고 官僚의 녹봉을 후히 하고 士大夫의 圭田을 공급하였다고 功을 찬사하고 있음도 이런 기준에서 나올 수 있는 평이었다.

그러나 당시 사적 소유지의 公田化를 통해 소유지의 개혁을 추구하던 목표나 토지소유 규모의 불균등, 지주적 토지소유의 폐단 등 농촌 현실에서 보면, 과전제는 收租地 한 부면에 국한한 것이었다. 과전제도는 조선 건국자들로서는 양반지배층의 이해관계를 배려하여 부득이하게 제정한 타협책이었다. 훗날, 世祖 말년 科田을 폐지하여 職田으로 하자 이에 반대하고 科田의 복구를 요구하는 여론이 朝廷 안에 비등하였을 때, 鄭麟趾, 鄭昌孫 이하 여러 高官이 이를 무마하고 科田復舊의 어려움을 설명하는 가운데 이런 사연을 시사하고 있다.

> 科田 自太祖革私田後 不得已立法 以示漸革之意 亦有不均虐民之弊 世宗欲盡革給田……而不得行[83]

과전은 太祖가 私田을 혁파한 뒤 부득이 立法한 것으로 차츰 폐지하려는 뜻을 보였으며, 또 不均과 虐民의 폐해가 있어 世宗은 給田 자체를 모두 폐지하려고 하였다는 것이다.

고려 전 기간에 걸쳐 제기되어 온 소유지의 겸병과 상실, 이에 따른 농민·농촌문제는 그대로 조선에 숙제로 넘겨졌다. 그러나 그에 앞서 착수하여야 할 과제는 수조권의 약화, 나아가 그 폐지였다. 수조권의 소멸 이후에 가서야 地主的 토지소유의 개혁은 진지하고 절실하게 검토될 수 있는 것이었다.[84] 고려 전 시기에 걸친 토지개혁 논의는 이를 웅변하고 있다.

---

82) 《高麗史》118, 列傳 31, 趙浚, 下冊, p. 603.
83) 《成宗實錄》32, 成宗 4년 7월 己未, 9冊, p. 47.
84) 이상의 구체사항에 관해서는 拙稿, 주 28의 논고 및 주 3의 논저 Ⅳ·Ⅴ장 참조 바람.

5. 結 語

우리나라에서 토지제도의 개선·개혁은 고조선 國家形成 이래 수차 십
수차 있었을 것이다. 그것은 사회발전 단계와 국가체제의 정비·발달, 토
지·농민문제의 양상에 따라 강역확장, 부세운영, 興農시책, 토지겸병 등
여러 방면에서 제기되었겠으나, 어느 경우나 항상 과제가 되던 바는 대
토지 소유의 억제와 소농민 토지소유의 보장이었다. 그리고 이 점은 일
정 시기, 요컨대 지주적 토지소유와 소농민적 토지소유가 서로 병존하고
대립하는 단계에 이르러선 토지제도 개혁의 핵심 사안으로 자리 잡았다.
고려시기의 토지개혁 논의도 이미 이 단계에서 제기되는 바였다.

고려시기 토지개혁 논의는 前期에는 田柴科의 제정·정비에 짝하여 논
의되었다. 내용은 井田制였다. 전시과는 신라하대·후삼국기 豪族의 농민
지배 기초인 대토지 소유 및 지주전호제와 병존하면서 祿邑制에 뒤이어
마련한 收租地의 새로운 편성과 배분으로서, 이념상 采地·圭田의 계승이
고 世祿의 구현이었다. 그러므로 농민 소유지의 均分이 강구되고 이것이
토지제도의 理想, 왕조국가의 명분으로 제기될 때, 방안으로 주목하게
되는 제도는 정전이었다. 채지·규전은 본시 정전제 위에서 운영되는 封
建의 토지여서, 채지·규전으로서의 田柴科에 井田으로서의 농민 소유지
의 均分耕作이 연계되어야 비로소 토지제도는 완벽을 기할 수 있다는 논
거도 세울 수 있었을 것이다. 정전은 토지겸병의 폐단과 농민 소유지의
균등만을 생각하여서도 제의될 수 있는 것인데, 전시과가 그 명분까지
제공하고 있어 그 타당성만은 확고하였을 것이다. 그러나 정전은 私的
토지소유를 否定하여야 실현될 수 있는 제도여서 현실상 시행이 불가능
하였다. 하물며 전시과 자체가 근거하고 있는 현실 기초가 토지의 사적
소유 그것이었다. 그러므로 토지의 사적 소유는 긍정하되 그 소유 규모
에 제한을 가하여 토지소유의 불균등을 조정하는 방안으로서 限田이 검
토되기도 하였다. 그러나 이 역시 현실적으로 극히 실행하기 어려웠다.
토지소유자 특히 대지주는 물론 중소지주도 참여할 수 없었다. 따라서
현실에서 채택할 수 있는 것은 부세 차원에서 균등을 시도하는 길이었

다. 사실 고려는 前代와 마찬가지로 田丁制, 丁田制를 통해 사적 소유지
를 收租地, 稅役地로 파악하여 여기서 井田의 이념 限田의 정신을 살리
고 있다고 생각하고 있었다. 수차에 걸친 전시과의 수정과 정비는 이런
선상에서 진행된 것이다.

그러므로 토지의 겸병과 상실, 농민의 零落과 이산은 방임된 채 끊임
없이 되풀이되었다. 仁宗朝를 넘어서면 토지소유의 不均과 隔差는 지배
층 서로의 대립을 야기하는 데까지 이르고, 여러 형태의 정치·사회문제
로 표면화하였다. 妙淸亂·武臣亂·農民亂 그리고 對蒙戰爭 등 一聯의 大
動亂을 거친 후 토지개혁 문제는 다시 浮上하였다. 대략 忠烈王代 후반
에서 忠穆王代에 걸치는 시기로 추측된다. 논의의 요체는 限田이었다.
당시 전시과는 운영이 파탄·마비되고 경기 8현에 祿科田이 절급되었으
며, 소유권 취득을 전제로 한 賜牌田의 사여가 만연하였다. 그러므로 私
的 토지소유를 원칙상 용인하되 일정 규모로 한정하는 방안이 제기된 것
이다. 더구나 이 무렵 고려는 元에게 奴婢法의 변혁까지 강요받고 있어
차선의 대안으로라도 限田論議는 필요하였을 것이다. 그러나 사태의 절
박성에 비해 토지개혁을 반대하는 세력은 넓고 컸으며, 반면에 국가권력
은 극도로 미약하여 이들을 억압하고 강제할 힘이 없었다. 그러므로 제
기와 논의는 형식에 그쳤을 것이다. 애초는 2·3결 정도의 작은 규모를
上限으로 하는 均田的 限田, 수십 결 등 큰 규모 限田 등 여러 내용이
거론되었겠고, 점차 전자에서 시작하여 후자로 귀착하다가 결국은 흐지
부지되었을 것이다. 이런 형편에 당시 고려정부가 택할 수 있던 길은 賦
稅制度의 정비, 田民辨整의 추진이었다. 즉, 田政釐整의 방향이었고 이
속에서 종전처럼 1/10세제를 관철하면 정전·한전의 정신을 발현하는 것
이라고 여기기도 하였다. 이러한 사유는 부세제도가 수조권 분급제와 연
계되어 있어 어느 정도 자연스러운 바가 있었다.

고려말 토지겸병은 소유지는 물론 수조지에서도 극성하였다. 당시 양
반관료층은 토지문제를 소위 '私田' 問題에 집중시켜 파악할 정도였다.
이들은 관료이면서 지주여서 자신들에게 이해득실이 절박한 것은 우선
수조지 점유의 불균등이었다. 토지개혁이 본격 거론되는 때는 禑·昌王

때 특히 威化島回軍으로 정치·군사적 실권이 李成桂 일파에 장악되면서
였다. 더욱이 그간 恭愍王代에 反元政策의 수행, 元·明交替, 紅巾賊·倭寇
의 침략 속에서 진행된 附元權門勢力의 제거·도태는 토지개혁 반대세력
을 약화시켜 논의는 어느 때보다도 강력하였다.

이 시기, 당초 토지문제의 해결책은 소유지 차원에서 구상되었다. 입
안자들의 의도는 소토지 소유농민의 육성과 이를 통한 국가재원의 공적
인 확보를 기하는 데 있었고, 따라서 計民授田의 均田的인 限田論을 주
창하였다. 이에 대해 世家勢族이 이끄는 반대여론은 극심하였다. 田制改
革論者는 부득이 私田개혁론으로 기울어 수조지를 배분하는 개혁 수조권
의 조정으로 돌아섰고 科田制度로 종결지었다. 그러나 이들로서는 수조
권 분급제도는 장차 폐지하겠다는 것이 목표였다. 이로써 소유지의 不均
事態, 지주적 토지소유의 矛盾 등의 현실은 그대로 조선에 넘겨졌다. 토
지개혁의 과제도 마찬가지였다. 이 宿題는 현실적으로 수조권의 폐기 이
후에나 본격 거론되고 착수될 수 있는 것이었다. 그리고 이러한 여건은
농민의 성장과 저항에서 마련되는 것이어서 좀 더 시간이 필요했다.

요컨대 고려시기의 토지개혁 논의는 수조권과 소유권이 병존하고 대립
하는 가운데서, 前期에는 전자의 존속에서 이를 合一하는 형식으로 井田
이 그리고 아울러 限田도, 後期에는 전자의 운영이 파탄·마비된 가운데
후자의 소유 규모를 제한하는 限田이, 그리고 末期에는 전자와 후자 모
두 척결하는 均田的 限田이 제기되고 구상되었다. 그리고 실질상으로는
분급 수조지 私田의 몰수와 재배분을 골자로 하는 과전제도로 귀착되었
다. 이런 점에서 고려시기에 토지개혁론은 우리나라 中世前期 토지문제
의 특징과 그 전개를 土地論 속에서도 이해하게 한다.

(2004. 新稿, 2011. 補)

高麗王朝의 土地觀과 農政

1. 序 言

고려시기 농업의 생산·경영형태를 집약하는 소유관계 및 그 권리는 토지의 私的 소유 및 사적 소유권이었다. 이는 오랜 전통으로 내려오고 있는 원칙이며 관습이고 법제였다. 토지는 고려의 민인이면 누구나 개별적 주체적으로 自己의 것으로 할 수 있었으며, 이는 농업생산에 직접 참여하든 안 하든 관계없었다. 사회구성원 모두 규모, 지역, 시간 그리고 신분, 남녀, 노소에 제약 없이 자유롭게 소유하고 처분할 수 있었으며, 경영 역시 그러하여 농민 가족경영으로서의 소농경영과 함께 지주경영, 곧 佃作을 비롯하여 傭作·作介 등도 널리 보급되고 있었다. 토지의 사적 소유는 모든 민인에게 水平의 원칙, 平等의 원리를 제공하고 있었고 사회 변동의 추진력은 여기에 있었다.

소유 및 경영의 관계에서 자영소농이나 지주 혹은 전호는 신분계급상 어느 층에나 있었지만, 이를 체제적으로 주도하고 인솔하던 층은 지주층이었고 대다수는 왕실·사원·양반을 위시하여 군인·향리 등 상급신분이었다. 반면에 생산과 경작활동에서 중추를 이루고 유지시켜 나가던 층은 자영소농과 전호농민이었고 거의 평민·천민 등 보통신분이었다. 이 가운데 전호는 토지가 부족하거나 아예 없는 貧農·無田農이었다. 토지의 사적 소유는 평등의 원리와 함께 신분성과 계급성을 띠고 있었다. 그리하여 농촌 현실에선 토지의 겸병과 상실이 끊임없이 되풀이되고 그 정도가

심하여 사회경제문제를 넘어서서 정치문제로 진전하기도 하였다. 고려조
정에선 대토지 소유의 억제와 자영소농의 안정·확보를 꾀하는 여러 조치
를 안팎에서 취하고 나아가 井田·均田·限田 등 토지개혁안도 제기하고
논의하기까지 하였다.

한편, 토지의 사적 소유와 생산활동은 士와 農이 구별되고 토지소유자
에겐 그에 따른 의무와 책임이 부여되고 강제되는 속에서, 전시과의 수
조권을 통해 체제적으로 제약받음으로써 그 完全性에 한계가 있었고, 이
로 인해서도 신분성과 계급성이 조성되었다. 전시과는 토지의 사적 소유
관계와 경영관계를 바탕으로 토지경리 및 수조지 차원에서 국가 및 각급
행정·군사기관 그리고 그 운영자 및 참여자가 토지와 농민에 대해 無償
의 지배와 수취를 수행할 수 있게 한 토지분급제로서 고려의 토지조세
체계였다. 수조지는 그 수득자의 통치성 직역성과 함께 지역, 시간, 질,
양에서 권리상의 제한이 있었다. 이런 체계에서 전시과는 규정상 갖추어
야 할 분급·배정의 公正性과 실제 현실에서 벌어지는 수득·점유의 不均
性이 상충하고 이로 말미암아 국가기구와 양반사대부 내부의 불만과 대
립이 야기 혹은 고조되는 사태를 항상 동반하였다. 이뿐만이 아니었다.
이와 함께 수조자의 수취상 收奪性과 납조자의 납조상 適正性이 규각을
일으키거나 충돌하며 여기서 상급신분과 하급신분 사이의 불안과 갈등이
수반되었다. 고려조정은 전시과를 운영하면서 이러한 불만·대립을 무마·
완화하고 불안과 갈등을 정리·조정하는 조치를 법제 혹은 시책을 통해
취하고 있었으며, 사태가 심각하여지면 전시과의 수정 및 개정하고 나아
가선 새로운 토지분급제도 시행하여 갔다.

고려시기 이러한 토지소유 관계의 특질과 정책에는 고려왕조가 전체
토지·농업에 관해 갖는 田土觀·農事觀이 國政의 차원에서 理念으로 관철
되고 있었다. 전국 전토에 대한 均田觀, 분급전토에 대한 世祿觀, 수조지
및 소유지 두 계통에 대한 農政的 基調와 力農的 重農觀은 그 발현이었
다. 그러므로 고려시기 토지의 사적 소유 및 전시과의 수조권적 토지농
민지배를 이와 같은 세측면에서 살피면 고려왕조의 토지·농업관, 즉 토
지론 및 농업론을 國政路線에서 파악할 수 있다. 고려왕조의 역사성을

사회경제 사상에서도 이해하게 되는 것이다.

2. 田土把握과 均田觀

고려가 왕조국가로서 나라 전체의 토지·농사에 관해 정립하고 있는 국정이념의 基底에 자리하고 있는 것은 전국 田土에 대한 '均田'의 인식이었다. 均田觀이다. 이 점은 우선 무엇보다도 고려말 禑王 14년(1388) 9월 전제개혁 논쟁이 한창일 때, 右常寺 許應의 上疏에서 직접 그리고 분명히 전한다. 허응의 본 상서는, 앞서 이해 6월 위화도회군 뒤 昌王의 교지로 田制捄弊策 강구지시가 하달되고 7월에 가서 大司憲 趙浚을 비롯하여 諫官 李行, 版圖判書 黃順常, 典法判書 趙仁沃 등의 전제개혁 요구 특히 量田擧行과 私田革罷의 상소가 연이으면서 사전개혁과 재배분을 둘러싼 論戰이 발발하고,[1] 8월에 들어 都評議使司의 議定을 거쳐 확정한 사전혁파와 재배분, 사전전조의 3년 全額公收, 그리고 이의 전 초작업으로서 6道量田의 거행, 세 가지 조치 가운데 昌王의 교지로 사전전조의 전액공수조치가 재차 半額公收로 선회하자[2] 이에 반대하면서 올린 것이다.

허응은 이 상소에서 그간 있던 전제개혁의 요구를 일러 '均田之議'라고 지적하고 그 확정을 '先王均田之制'의 복구라고 하며, 사전전조의 반액공수령은 균전의 법제를 다시 폐지하려는 巨家世族의 계책이고 따라서 전액공수령의 회복이 '均田之舊制'를 복설하는 길이라고 주창하였다.

---

1) 《高麗史》 78, 食貨 1, 田制, 辛禑 14년 6·7월, 中冊, pp. 714~721(延世大學校 東方學硏究所 影印本, 1961-以下同).
2) 《高麗史》 118, 列傳 31, 趙浚, 下冊, p. 589.
　　《高麗史》 137, 列傳 50, 辛禑 5, 辛禑 14년 8월, 下冊, p. 960.
　　《高麗史》 78, 食貨 1, 田制, 辛禑 14년 7월, 趙浚上書, 中冊, p. 717.
　　《高麗史》 78, 食貨 1, 田制, 辛禑 14년 8월, 中冊, p. 721.
　　拙稿, 〈高麗末의 私田捄弊策과 科田法〉, 《朝鮮前期土地制度硏究-土地分給制와 農民支配》, 一潮閣, 1986.

臣等近與司憲府·版圖·典法　交章申聞　請復先王均田之制　而殿下依允　四方聞

者　莫不欣悅　惟巨家世族　獨以爲不便　曉曉多言　變亂衆聽……此必有唱之　以

起廢法之端者　不日果有半收之命……近來以國用軍需俱不足　故初有均田之議

今若信浮言　行之未竟……伏惟殿下　任衆口之煩囂　復均田之舊制　使軍國之須

皆有嬴餘　士大夫　無不受田　則國家幸甚　昌遂寢私田半收之令3)

　　허응이 말하는 ‘先王均田之制’, ‘均田之舊制’, ‘均田之議’ 등의 ‘均田’은 고려에서 그간 운영하여 온 田制 전반을 가리키는 것이었다. 전시과로 지칭하는 토지조세의 파악과 관리 그리고 용도별 배정, 분급의 법식과 그 원칙, 곧 토지경리의 체계 전체를 지목하는 말이다.

　　고려는 토지경리를 원칙상 대략 두 방면에서 수행하고 있었다. 첫째, 전국의 토지를 나라 전체 영역에 걸쳐 집권적으로 수조권에 입각하여 용도별 지역별로 구획하여 배정하였다. 용도별 내역은 크게 네 부문이었다. (1) 국가 공식 재정지출 부문으로서 公處折給田(供上·祿俸·軍須田 및 賑恤 등), (2) 중앙 및 지방 각급통치기구의 행정경비부문으로서 公廨折給田(庄宅·宮院·百司 및 州·府·郡·縣, 鄕·部曲, 津·館·驛의 각종 公廨田 등) (3) 문무양반을 비롯하여 군인·한인·잡류·향리, 기타 武散階(老兵士·鄕吏·耽羅王族·女眞酋長, 工匠·樂人) 및 僧·地理業 그리고 紙匠·墨尺·水汲·刀尺 등 여러 職役層의 신분적 훈공적 및 역무적 대우부문으로서 私處折給田(科田, 功蔭田, 賜田, 軍閑人田, 口分田, 鄕吏田, 投化田, 登科田, 別賜田, 位田 등), (4) 內莊宅·宮院 등 국왕·왕실 내지 寺院의 물적 기반부문으로서 莊·處田 및 각종 전토 등이다. 소유지로서 국가 및 행정·군사기관이 할급받아 소유 혹은 경작하는 國·官有地(籍田, 驛田, 屯田, 學田, 城隍田, 代田 등)가 있었으나, 수조지와는 계통이 달랐다.4)

　　통상 공처절급전은 公田, 사처절급전은 私田이라고 하였다. 사전이라고는 하지만 물론 완전히 개인의 사적 소유인 것이 아니고 나라 수조지의 일부를 수득자 본인의 직역부담과 직결시켜 절급하되 그 소지에 여러

____

　3) 《高麗史》 78, 食貨 1, 田制, 辛禑 14년 9월, 中冊, p. 721.
　4) 拙稿, 〈土地의 經理와 運用〉, 《韓國 中世 土地制度史-高麗》, 서울대학교출판부, 2011.

제한을 가하는 조건 아래 할양한 것이었다. 이웃 宋나라 사신이 고려의 문물을 살피고 '나라에 私田이 없다'거나 '나라의 습속에 감히 사전을 가질 수 없다'고 지적하였는데,5) 분급사전의 이런 특성을 관찰한 데서 오는 소견이었다. 공전과 사전은 그 용도를 감안하여 지역별로 배치가 고려되었다. 공전은 우선 京畿를 위주로 편성하고 사전은 원칙상 경기 이남의 下道에 설정하였으며, 兩界에선 사전을 아예 설치하지 않고 공전으로만 하되 조세도 해당 고을에서 징수·비치하여 軍須에 곧바로 사용하도록 하였다. 다만 경기 안에 양반의 과전 가운데 약간의 액수를 떼어 口分田의 명의로 柴地와 함께 절급하여 양반사대부의 居京生活에 소요되는 양식·땔감 조달처로 삼게 하였다. 고려왕조의 집권국가로서의 편제, 곧 중앙집권적 관료제 군현제는 위와 같은 토지경리와 짝하고 있었다.6)

둘째, 토지는 田結로서 관리하였다. 전결은 結負量田制를 통해 제정하고, 이 전결을 실체로 수조지·수조권을 설정·운영하였다. 그러나 단순히 결부로써 토지의 경리·분급 및 수세를 수행한 것이 아니었다. 수조지·수조권은 토지경리의 준거로서 국가의 토지·인정파악과 부세운영의 권력적 실현체였다. 그 기초는 전토와 농민을 田結과 人丁으로 파악하고 전결을 바탕으로 양자를 엮어 지은 '丁'이었다. 이러한 丁은 이전 시기부터 있어 왔으며 人丁과 구분하여 '田丁'이라고 불렀다. 고려에서 丁은 稅役을 부담하는 토지와 함께 세역담당자를 칭하였다. 전시과의 각종 분급전토의 실체는 바로 이 田丁이었으며, 이것을 그저 '田'이라고도 불렀다. 전정이 부세의 부과 및 징수기능을 발휘하는 데는 고을 단위로 각각 부담할 세역량을 변별하여 차등 지워 매겨 놓은 束丁制, 이것을 인정의 세역으로서 계산하여 토지에 量給하여 주는 丁田制가 동반하였다. 토지·인정·부세 모두가 전결을 매개로 불가분의 처지로 얽혀 있게 한 것이다. 전정은 足丁과 半丁으로 운영단위를 구분하여 실제에 활용하였다. 족정·반정의

---

5) 《宋史》 487, 列傳 246, 外國 3, 高麗〔《二十四史》 16冊(中華書局, 北京, 1997-以下同), p. 3573〕.
　　徐兢, 《宣和奉使 高麗圖經》 23, 雜俗 2, 種藝.
6) 拙稿, 〈高麗時期의 兩班口分田과 柴地〉, 《歷史敎育》 44, 1988(본서 Ⅱ편).

丁은, 군현 고을 내 향촌의 민인이 다양하게 분화되어 신분적 직역적 상하관계로 편제되어 있는 형세에서, 그리고 재지세력이 향촌을 주도하고 중앙권력은 이들과 협조와 연대를 통해서만 토지·농민에 대한 통치를 수행할 수 있는 여건에서, 租·布·役 부세의 배정·징수를 공동책임지며 또 이를 대표할 단위의 필요성에서 만든 절충의 소산이었다.7) 고려 중앙집권의 사회는 내부에선 이만한 遠心性을 가지고 있었다.

고려왕조의 집권관료국가 운영의 커다란 골격은 이러한 토지의 경리 및 田丁의 법식이었다. 전국 전토에 대한 이상과 같은 관리·운영을 一言하여 均田이라고 한 것이 고려말에 이르러 비로소 그것도 전제개혁론의 주창자들이 조작한 관념이나 호칭은 아니었다. 이것은 先王의 제도이고 舊制였다. 명종 26년(1196) 崔忠獻 형제가 당시 토지겸병으로 인해 公·私田이 피탈되고 나라의 부세가 감축하며 군사가 없어져 모자라는 현실을 걱정하면서 '先王의 제도에 土田은 公田을 제외하고는 臣民에게 사여하였는데 각각 차등이 있었다'고 한 것, 辛禑 14년(1388) 7월 조준이 '나라 命의 길고 짧음, 백성 삶의 고됨과 즐거움은 田制의 均否에 있다'하고 '太祖 이후 田制를 제정하여 臣民·百官·士大夫·府兵 및 州·郡·津·驛吏에게 분급함으로써 그 생활을 도탑게 하고 그 인심을 묶어 나라 千萬世의 元氣를 이루었다'고 한 것8)도 이런 사실이 밑에 자리 잡고 있다. 전제개혁론자 측의 均田 표현은 전제개혁 여부를 놓고 사전개선론자 측과 격렬한 논전을 벌리는 상황에서 欺罔이나 虛飾일 수 없었다.

고려는 전국 토지를 田結로 경리하고 배정·분급하는 전시과의 토지조세제도의 원칙 및 그 정상적 관리를 均田이라고 하였다. 이러한 균전은 이웃 北魏에서 시작하여 隋를 거쳐 唐代에 완성·붕괴되었다는 給田制度, 곧 관료의 職(分)田制와 병행하여 운영한 소위 均田制下의 均田,9) 요컨

---

7) 拙稿, 〈高麗時期의 作丁制와 祖業田〉, 《李元淳敎授停年記念 歷史學論叢》, 敎學社, 1991(본서 Ⅲ편).
　　〃, 〈高麗時期의 稅役運營과 足丁·牛丁〉(본서 Ⅲ편).
　　〃, 〈高麗時期의 丁田制〉(본서 Ⅲ편).
8) 《高麗史》 129, 列傳 42, 叛逆 3, 崔忠獻, 下冊, p. 791.
　《高麗史》 78, 食貨 1, 田制, 辛禑 14년 7월, 中冊, p. 715.
9) 金裕哲, 〈均田制와 均田體制〉, 《講座中國史》Ⅱ, 지식산업사, 1989.

대 口分田·永業田과 같은 전토분급의 제도가 아니고 또 그런 토지도 아
니었다. 고려왕조의 이 균전은 이 낱말이 본래 가진 語義 그대로 균전이
었다. 균전의 田은 나라·조세·민인·산업이 체제적으로 집약된 政治社會
的 토지, 즉 田制로서의 田이다. 전제를 고르게 하여 ‘正田制’한다[10]는
의미로서 균전인 것이다. 그러므로 이 균전으로 표현하는 田制는 토지조
세에 관한 제도·법제의 의미와 함께 나아가선 이 제도·법제에 의해 顯現
되어 ‘經界’로까지 확대하여 經濟 자체를 포괄한다. 經世濟民이 본체인
것이다.

고려에서 토지조세체계로서의 전시과는 균전의 표상으로서, 이 바탕에
는 균전 본래의 이런 의미를 함유하는 先行作業이 있었다. 다름 아니라
토지의 파악·관리·배정·분급에 앞서 있는 토지에 대한 기초 조사와 이
조사의 公正이었다. 그것은 농지를 ‘括墾田數 分膏塉’[11]하는 일이었다.
전자의 경간한 전토 액수를 총괄한다는 것은 전국의 농지를 量田을 통해
量田步尺으로써 개개 민인의 소유농지 民田 및 국·관유의 농지를 헤아리
되 이를 結負로써 환산하고 이로써 소유주별, 촌락별, 군현별, 도별 그리
고 전국 규모로 그 면적을 확정하여 墾田, 곧 所耕田의 액수를 파악하는
작업이었다. 그리고 후자의 膏塉을 구분한다는 것은 이렇게 농지를 파악
하되 이 과정에서 토지의 비옥함과 척박함을 분간하고 이를 田品으로 등
급을 지워 나누는 작업이었다. 특히 고려전기에는 농지를 결부로 환산하
면서도 이것이 單一量田尺으로 조사한 實積을 전제하고 있어서 收稅는
同積異稅였다. 이러한 결부양전과 징세방식에선 토지의 비척도를 제대로
살펴 田品을 타당성을 갖추어 차등 있게 구분하여 주는 것이 납조자인
토지소유주는 물론이고 이를 분급전토로 배정·분급받은 수전자인 수조권

金聖翰,《中國 土地制度史 研究: 中世의 均田制》, 신서원, 1998.
金鐸敏,《中國 土地經濟史 研究》, 고려대학교출판부, 1998.
堀 敏一,《均田制의 研究》, 岩波書店, 1975.
鈴木 俊,《均田, 租庸調制度의 研究》, 刀水書房, 1980.

10)《高麗史》78, 食貨 1, 田制, 辛禑 14년 7월, 趙浚上書, 中冊, p. 714.
  ‘夫仁政 必自經界始 正田制而足國用 厚民生 此當今之急務也 國祚之長短 出於民生
  之苦樂 而民生之苦樂 在於田制之均否’

11)《高麗史》78, 食貨 1, 田制, 序, 中冊, p. 705.

자에게 이해득실을 고르게 해주는 일이어서 納租와 收租 모두에 均等을 기하는 중요한 절차였다. 이 두 작업이 부실하면 납조자와 수조자 어느 한쪽에 혹은 양쪽 모두에 불만이 일고, 그 정도가 심해져 장기화하면 정치적 사회적 갈등과 혼란을 야기하게 되어 있었다. 따라서 토지의 비척 분간은 田品査定에 그치는 것이 아니고, 실제 전토의 배정·분급에 앞서서 분급전토의 결수가 나타내는 예상 收租量을 수취하도록, 분급할 각급 品等의 농지를 조정·비교하여 가능한 한 受田者 사이에 不均衡을 적게 하고 이로 인하여 발생할 損實 역시 최소화 되도록 하는 조절작업으로 이어졌다.12) 전시과상의 경리전토는 墾田을 括結하고 그 膏塉을 品等한 토지였다. 고려왕조 均田觀의 시작과 실제는 여기서 출발하고 성립하고 있었다.

고려왕조의 균전관이 가진 이상과 같은 내용·실제는 靖宗 7년(1041) 정월 조정에서 당시 尙州·洪州·長端縣 관내 몇몇 고을의 民田이 多寡膏塉이 고르지 않아 사신을 보내 헤아려 그 食役을 고르게 하도록 하는 조처에서 구체적으로 살필 수 있다.

戶部奏 尙州管內中牟縣 洪州管內槥城郡 長湍縣管內臨津臨江等縣民田 多寡膏塉不均 請遣使量之 均其食役 從之13)

여기서 그 食役을 고르게 한다는 '均其食役' 구절 속의 '食'은 '出食'이란 용어의 食이다. 출식은 고려시기 田租·稅粮·貢稅 등 租稅를 뜻하는 우리식 표기이다.14) 식역의 식은 식량·양식 등을 가리키는 통상의 표현이 아

---

12) 拙稿, 〈高麗前期 田柴科의 運用原則〉, 《高麗前期의 田柴科》, 서울대학교출판부, 2007 (본서 Ⅱ편).
13) 《高麗史》 78, 食貨 1, 田制, 經理, 靖宗 7년 정월, 中冊, p. 706.
14) 盧明鎬외, 《韓國 古代中世 古文書硏究》(校勘譯註篇), 尙書都官貼, 서울대학교출판부, 2000, p. 4.
　　 同上, 張戩所志, pp. 129~133.
　　 許興植, 《韓國의 古文書》, 淸州牧官文書, 民音社, 1988, p. 300.
　　 《大明律直解》 5, 戶律, 田宅, 欺隱田粮, 功臣田土, 荒蕪田地.
　　 拙稿, 주 7의 〈高麗時期의 作丁制와 祖業田〉(본서 Ⅲ편).

니라 토지에 부과하여 징수하는 조세이고 세량이다. 다음 '役'은 글자 그
대로 賦役이다. 본 구절의 식역은 전조와 부역으로서 租賦를 지칭하는
어휘인 것이다. 고려에선 토지에 대한 지배가 민인의 지배를 함께 수반
하고 있어서 조부는 하나의 부세체계로 묶여 있었다. 이 조부를 고르게
하는 방도는 민전의 '多寡膏塉이 不均'한 상태를 헤아려[量], 곧 量田하여
바르게 제정하여 주는 것이다.15) 조부는 농지의 田品을 작정하고 이에
즉하여 稅役을 책정할 기준인 結負額數를 매겨주는 절차를 거쳐 부과되
기 때문에, 이 과정은 원칙상 반드시 전토의 實狀에 맞추어 공정하게 집
행해야만 했다. 이렇게 하여야 조부는 재원이 가능한 한 낱낱이 조사되
며 내역과 액수의 책정은 고르게 되어, 나라의 세입이 안정되고 증가하
며 납조자의 부담도 공평해질 수 있었다.

이런 까닭에 결부의 多寡, 전품의 膏塉이 고르지 못한 전토의 상태를
양전으로 바로 잡아 食役을 고르게 정해주는 조치를 일러 '均定'이라고도
하였다. 그리고 결부의 多少 및 전품의 高下를 헤아려 식역을 매겨주는
것을 '量給'이라고 하였다. 다음 文宗 13년(1059) 2월과 3월의 두 기사는
이런 사실을 전한다.

(1) 尙書戶部奏 楊州界內見州 置邑已百五年 州民田畝 累經水旱 膏塉不同
    請遣使 均定 制可
(2) 西北面兵馬使奏 安北都護及龜泰靈渭等州通海縣民田 量給已久 肥塉不同
    請遣使 均定 從之16)

자료 (1)은 楊州 관내의 見州가 고을을 둔 지 105년이 되었는데 그사
이 이 고을 백성의 전토가 수차 거듭하여 水·旱災를 겪어 토지대장의 田

---

15) '遣使量之'의 '量'이 量田을 뜻함은 문맥의 앞뒤를 살피면 충분히 알 수 있지만, 다
   음의 사례에서 더 확실히 파악할 수 있다. 文宗 18년(1064) 11월 당시 量田이 거행
   되고 있었는데, 戶部에서 廣州牧과 鳳州 두 고을에 대해 전자는 우박의 피해로, 후자
   는 大水의 피해로 각각 수확이 없고 백성이 살 수 없어 '請停兩官轄下 發使量田 從之'
   한 기사이다(《高麗史》 78, 食貨 1, 田制, 經理, 文宗 18년 11월, 中冊, p. 706).
   두 고을 관내에 사신을 보내 양전하는 것을 멈춘 것이다.
16) 《高麗史》 78, 食貨 1, 田制, 經理, 文宗 13년 2·3월, 中冊, p. 706.

品과 膏堉이 달라져서 사신을 보내 量田하는 것이고, (2)는 安北都護 및 龜·泰·靈·渭州 그리고 通海縣의 民田이 量給한 지 이미 오래되어 역시 비척이 원래와 달리 변하여 사신을 보내 바로잡게 하는 내용인데, 양쪽 모두 이 행위를 '均定'이라고 하고 있다. 食役을 均定하게 한다는 뜻임은 말할 나위도 없다. 균정은 예전에 책정하여 준 세역이 세월이 지나면서 자연재해, 전란, 농민이산, 인구집중 등 여러 사정으로 변화와 괴리가 생겨, 실제와 不均·不同하게 되어 부세행정이 매우 불공정해져서 改量田을 하여 결부 수와 전품등급을 제대로 조사하고 적절하게 작정하여 주는 것이다. 요컨대 結稅를 고르게 하여 주는 것이었다. 그리고 자료 (2)에선 이 균정을 목표로 하고 원칙으로 삼아 결부의 다소 및 전품의 고하를 헤아려 食役, 즉 稅役을 책정하여 주는 절차를 '量給'이라고 하고 있다. 양급은 전결·세역을 매기는 행위였다.

고려말 전제개혁론에서 '先王均田之制', '均田之舊制', '均田之議'라는 표현 속의 均田은 토지분급제 전시과의 정상운영과 함께, 이와 같이 稅役策定의 정확을 기하는 것이었다. 고려에서 唐式의 均田制를 시행했다는 것도 아니고 그것을 다시 복구하자는 것도 아니었다. 先王대에 전토의 多少·肥堉을 살펴 식역을 均定하고, 이 위에서 제정한 토지제도 전시과의 정신·원칙을 복구하고 복설하자는 주장으로서의 균전이었다. '正田制', 즉 문란해진 田制를 개혁·개선하여 다시 바로 잡아야 한다는 의지를 의미상 정확하게 한 표현이 균전인 것이다. 고려로선 전시과로서의 토지의 경리와 배분이 문란해지면 항상 이를 바로 정리하여 개선·개혁하는 것이 선왕이 균전한 제도의 복구이고 전토를 고르게 한 옛 제도의 복설이었다.

고려왕조의 均田觀은 이러하였다. 그러므로 고려에선 균전이란 표현과 더불어, 때때로 이와 같은 내용과 뜻을 '井地'란 용어로도 사용하여 표현하였다. 恭愍王 원년(1352) 2월에 내린 한 교지 가운데 이런 사실을 직접 전하는 한 구절이 보인다.

下旨 重祿勸士 國初盖有成法 中世以降 井地不均 公府漸耗 官吏不足養廉 欲望其礪節難矣 有司袪 不急之官 禁兼幷之家 以實倉廩 以增俸祿[17)

먼저 거론하는 내용은 녹봉을 넉넉히 하여 선비를 권려함이 나라 초에 법으로 있었는데, 中世 이후 井地가 不均하여져 관아의 비축이 점차 줄고 관리는 염치를 기르기에 넉넉지 못하여 그 절개를 연마하길 바라기 힘들다는 것이다.

이 기사 속의 '井地'는, 위에서 살핀 균전의 용법이 그러하듯이, 토지를 井井方方으로 구획하여 민인에게 배분하였다는 상고기의 토지제도 혹은 신개척지에서 농토의 배분·경작제도로서 사용하던 井地, 곧 井田制의 형태 및 방식을 가리키는 것이 아니었다. 이 井地란 용어 역시 經界의 바름=田制의 安定이란 의미로서 쓰고 있는 것이다. 경계의 어휘는 본시 땅을 다스리고 전지를 나누어 도랑과 길을 내고 둑을 쌓고 나무를 심어 그 경계를 구획한다는 데서 나온 것으로서[18] 토지의 劃分·界域·疆界를 지칭하는데, 이로써 田制를 가리키고 나아가 이로 인하여 經世濟民의 기틀이 세워진다는 점에서 의미가 여기까지 이른다.[19] 井地를 이와 같은 목표·의지를 나타내는 표현으로서 사용할 수 있는 것은 井井方方의 井田이, 즉 그 농토의 구획과 분급 자체가 阡陌을 명료하게 함으로써 經界를 바로 세워 田制를 고르게 한다고 상정한데서 연유한다. 《孟子》에서 仁政은 經界에서 시작한다는 것, 경계가 바르지 않으면 井地가 고르지 않고 穀祿이 균평하지 않다고 한 것, 그리고 경계가 이미 바르니 전토의 배분, 녹봉의 제도가 앉아서 정해진다고 한 것[20]이 그 근거이다.

공민왕 교지의 본 구절은 고려후기에 들어서 토지제도가 매우 문란하여 나라의 세입이 줄고, 특히 관료 녹봉 몫의 전토 및 그 조세징수가 감

---

17) 《高麗史》80, 食貨 3, 祿俸, 恭愍王 원년 2월, 中冊, p. 759.
18) 《孟子》(朱子集註) 5, 滕文公章句 上, p. 549(《經書》, 成均館大學校 大同文化研究院, 1968-以下同).
   '井地 卽井田也 經界謂治地分田 經畫其溝塗封植之界也 此法不修 則田無定分 而豪强得以兼幷'
19) 《漢韓大辭典》, 糸部, 經, 10冊, pp. 1325~1326(단국대학교 동양학연구소, 2007-以下同).
   《中文大辭典》, 糸部, 經, 7冊, pp. 419, 424(中國文化大學, 1973-以下同).
20) 《孟子》(朱子集註) 5, 滕文公章句 上, p. 549.
   '滕之公問爲國……使畢田間井地 孟子曰……夫仁政 必自經界始 經界不正 井地不均 穀祿不平 是故暴君汚吏 必慢其經界 經界卽正 分田利祿 可坐而定也'

축된 사태를 지적하여 '井地不均'이라고 표현한 것이다. 그러므로 뒤이어 그 대책으로써 긴요하지 않은 벼슬자리는 없애고 토지겸병하는 집안은 禁壓하여 倉廩을 채워 祿俸을 늘리라고 지시하고 있다. 井地는 不均하면 井田의 정신을 잃은 것이다. 井地는 均定하여야 井地였다. 그러므로 井地는 바로 均地였다. 明宗조에서 高宗조 중반에 걸쳐 살았던 李奎報는 고종 12년(1225)에 지은 〈大倉泥庫上梁文〉이란 글 한 구절에서, 민인에게서 거두는 것은 매우 가벼워 비록 公田什一이 稅이지만 나라 토지에서 낳아 公家에 들어오는 세입은 百千을 헤아린다고 하면서 이 나라 토지를 표현하여 '均地'라고 적고 있는데 이런 뜻에서였다.21) 結稅, 곧 食役, 租賦가 고르게 배정·운영되고 있다는 王政의 명분·원칙에서 전국의 토지는 '均地'인 것이었다. 均田이란 의미와 동일한 것이다.

　고려왕조의 이러한 均田觀 井地觀은 나라의 水土가 聖上의 소유라는 '王土' 관념이나,22) 役分·口分과 각종 丁戶의 田丁이 모두 '國田'이라는 인식23)과 같은 궤도에 있는 사유체계의 한 형태였다. 왕토·국전의 표방과 인식은 그것이 고려의 통치력이 미치는 강역 안에 있는 토지이고, 이것을 왕조가 토지조세의 경리체계 속에서 관리하고 배정하고 분급하는 전토임을 천명하는 자세였다. 단순 假托이나 憑藉로서가 아니었다. '均田'·'井地'는 고려가 토지를 일차 국토·강역 차원, 그리고 조세의 부과·징수 차원에서 결부제 전품제로 파악하고 이를 경리하며 분급·배정할 때에 그 목표·이상을 均定의 당위와 그 실현에 둔 것이고, 이런 점에서 모든 전토는 사적 소유지이되 '國田'이었다. 아울러 국전이므로 이 범주 안에선 이와 같은 균전·정전적인 인식 자세와 관리 태도 역시 자연스러운 것이었다.

---

21) 李奎報,《東國李相國集》19, 雜著, 乙酉年大倉泥庫上梁文(《高麗名賢集》1冊, p. 204. 成均館大學校 大同文化研究院, 影印本, 1973-以下同).
　　'取人也薄 雖公田什一而征 均地所生 尙歲計百千以數'
22)《高麗史》93, 列傳 6, 崔承老, 成宗 원년, 下冊, p. 84.
23)《高麗史》78, 食貨 1, 田制, 辛禑 14년 7월, 李行上疏, 中冊, p. 719.

3. 分給田地의 世祿觀

고려에선 전국의 전토에 대해 결부의 다과, 전품의 비척을 바르게 산
정하고 책정하여 이로써 세역을 균등하게 하고 이 위에서 토지제도를 원
칙대로 작정하여 운영하는 것도 均田이고 井地라고 보았다. 수조권·수조
지의 배정·분급은 이런 이념과 시각에서 시행하였다. 實田으로서 均田·
井地를 민인 일반에게 분배토지의 일환으로 절급한 적은 없었다. 고려왕
조의 균전·정지는 경계의 바름을 나타내는 대표어였고 그런 정치의 이
상·목표를 구현하는 체계의 가치였다. 經世濟民을 結負量田制·田品制·稅
役制, 田柴科 등 토지경리 차원에서 仁政의 名實로서 수행하는 것이 균
전이고 정전이었다. 이러한 토지관에서 토지제도의 중심을 이루는 전시
과의 분급전지인 科田 일반은 '世祿'으로 인식하고 간주하였으며 실제 그
런 제도의 계승으로 생각하였다. 李齊賢이 景宗朝에 관한 論贊에서 경종
원년(976)에 처음 제정한 전시과가 비록 소략하나마 역시 옛 世祿의 뜻
은 있으나, 助法·徹法이나 君子와 小人을 모두 넉넉하게 하는 여유에는
미치지 못했다고 애석해 하고 있음이 이런 사례이다.

> 太祖繼新羅衰亂泰封奢暴之後 萬事草創 日不暇 給止爲口分之法 歷世 景宗作
> 田柴之科 雖有疎略亦古者世祿之意 至於九一而助 什一而賦 與夫所以優君子
> 小人者 則不暇論也 後世屢欲理之終於苟而已矣[24]

전시과에 관한 이제현의 이 논찬은 고려의 전제가 井地·井田을 잣대로
할 때 經界가 완전히 바르게 되는 데는 이르지 못하였다는 지적이다. 그
는 이 구절에 앞선 서두도 《孟子》 가운데 滕文公이 맹자에게 井地에 관
해 물었다는 것과 이에 대해 맹자가 仁政, 經界, 井地, 君子·小人의 관계
및 위치를 극히 簡要하게 밝힌 대목을 인용하는 것으로 시작하고 있
다.[25] 이제현이 '九一而助 什一而賦'라고 한 구절 속의 助와 賦는 정전제

---

24) 《高麗史》 2, 世家 2, 景宗, 李齊賢贊, 上冊, p. 65.
　　李齊賢, 《益齋亂藁》 9(下), 史贊, 景王(《高麗名賢集》 2冊, p. 324).

의 세법이라고 전해오는 것이다. 助는 殷(商)의 세법이고 賦는 周가 鄕遂
에선 夏의 貢法을 쓰고 都鄙에선 助法을 써서 徹이라고 한 세법인데,[26]
貢·助·徹 모두 什一稅法임에서 같았다는 것으로, 이 역시 經界의 바름을
형상한다.[27] 아울러 君子와 小人을 넉넉히 함이라는 발언은 정전제를 통
해 군자(卿大夫, 士)는 세록으로서 采地·圭田을 받고 소인(野人, 農)은 정
전을 고르게 나누어 받았다는 것[28]을 염두에 둔 표현이었다. 농민에 대
한 井田의 분배와 이를 전제로 한 助·徹의 세법을 두 기준에서 보면, 고
려는 전시과를 통해 科田을 절급함으로써 군자의 世祿은 마련하고 있지
만 소인에 대한 토지배분이나 助·徹의 세법은 결여하고 있어 經界는 충
분히 바로 섰다고 할 수 없는 셈이 된다. 정전제의 본체, 곧 井田에 해
당하는 제도가 없는 까닭이다. 정전제는 전하는 바에 의하면, 農民의 井
田, 仕者의 采地·圭田, 助·徹法과 公田·私田을 모두 하나의 체계로 엮어
서 제정하고 운영한 정치·경제의 제도였다.[29]

　이제현은 상고기 정전제에 견주어 전시과를 평가하고 고려후기 田制의
문란과 폐단을 이해하고자 하였다. 그의 이러한 사고는 그가 忠穆王 3·4
년(1347·8)에 있던 整治都監의 설치 및 활동과 연관하여 작성한 국왕의

---

25) 同上 및 주 20 참조.
26)《孟子》(朱子集註) 5, 滕文公章句 上, p. 549.
27) 同上, p. 546, p. 550.
　　'夏后氏五十而貢 殷人七十而助 周人百畝而徹 其實皆什一也 徹者徹也 助者藉也'
　　이 貢·助·徹의 稅法內容에 관해선 崔潤晤,〈世宗朝 貢法의 原理와 그 性格〉,《韓國
　　史硏究》 106, 1999 및〈조선시기 토지개혁론의 原理와 貢法·助法·徹法〉,《역사와
　　실학》 32, 2007에서 조선초 세종대의 田稅制度의 제정 및 조선시기에 있던 토지개
　　혁론을 그 정신배경에서 추구하면서 그 일환으로 검토·논의하고 있어 참고된다. 그리
　　고 貢·助·徹의 실체에 대해선 논란이 다양다기한데 특히 徹法의 내용에 관해선《孟
　　子》에서 명백히 설명하지 않아 고래로 많은 의논이 있어 온다(加藤繁,〈支那古田制
　　의 硏究〉,《支那經濟史考證》上, 東洋文庫, 1952, pp. 564~586).
28) 同上, p. 548.
　　《周禮》(鄭玄 注) 3, 地官大司徒, p. 65(中華書局(北京), 1985-以下同).
　　《周禮》(鄭玄 注) 4, 地官小司徒 下, p. 83.
　　《漢書》 23, 刑法志 3(《二十四史》 2冊, p. 281).
29)《孟子》(朱子集註) 5, 滕文公章句 上, p. 548.
　　'孟子嘗言 文王治岐 耕者九一 仕者世祿 二者王政之本 今世祿滕已行之 惟助法未行
　　故取於民者 無制耳 蓋世祿者 授之土田 使之食其公田之入 實與助法相爲表裏 所以使君
　　子小人 各有定業 而上下相安者也 故下文 遂言助法 詩云 雨我公田 遂及我私 惟助爲有
　　公田 由此觀之 雖周亦助也'

求言策問에서도 井田什一制와 고려의 토지조세제도의 요체, 즉 足半之丁, 轉祿之位, 役分口分加給給之名, 租稅之數, 肥饒磽薄九等之品, 五種之宜, 結負, 斗石 등을 대비하면서 폐단 및 개혁의 당부를 묻고 있는 데서 두드러진다. 이제현은 고려 토지조세제도의 이러한 골격이 '이것이 옛 經界와 井田·什一制와 같은가 다른가 법제가 행해진 지 400년이 넘은 지가 이미 오래되었다. 폐단이 없을 수 없으니 혹 그대로 두는 게 가한가 고치는 게 가한가'하고 질문하였고, 본 책문의 머리말 역시 《孟子》의 井田論으로 시작하고 있다.30)

이제현은 우리나라에서 田制의 바름이 특히 중요한 이유와 고려의 전제가 이에 미치지 못하는 연유로서 '우리나라는 물산도 풍부하지 않고 장사하는 이익도 없어 백성이 먹고 사는 데 쳐다보는 것은 地力뿐인데, 압록강 이남은 대개 산이요 비옥한 땅은 극히 드물어 경계의 바름이 만약 흐트러지면 그 손해는 中國에 비해 몇 배나 된다'는 점, 그런데 '애초에 경계를 바르게 함을 급선무로 하지 않아 나중에 바로 잡을 수 없게 되었다'는 점을 들었다.31) 그러나 이제현의 이런 비교 평가도 고려의 田制가, 이것이 世祿으로서 君子를 기르고 있다는 사실에서 그리고 고조선·열국기 우리나라 상고기의 토지·조세제도에 관한 자료가 煙滅·소실·훼손되어 실체를 해명하기 무척 힘든 상태서 비유하자면, 井地이고 井田制의 정신이라고 간주하는 데서 나오는 것이었다.

토지제도 운영의 국정이념상, 고려는 결부식의 양전제·전품제·토지분급·세역제 등 토지조세제도 운영의 基幹을 均田·井地의 균등한 토지분급, 적절한 부세운영, 경계의 확실을 골자를 '正田制'의 관념 및 정신으로 보고 이에 두었다. 그리고 이런 정신을 수조지·수조권의 배정·분급으로써 실현하고 그 구체제도는 전시과로 마련하였다. 그것은 바로 '世祿', 곧 封侯建國하던 때의 封土, 예컨대 상고기 이웃 왕조에 있던 采地·圭田의

---

30) 李齊賢, 《益齋亂藁》 9(下), 策問(《高麗名賢集》 2冊, pp. 331~332).
　　閔賢九, 〈整治都監의 設置經緯〉, 《國民大論文集》 11, 1977.
　　　〃　 , 〈整治都監의 性格〉, 《東方學志》 23·24合輯, 1980.
31) 주 24와 同.

정신, 이른바 ‘分茅胙土’하던 것과 같은 정신의 계승이며 발현이었다. 고려 태조가 즉위 후 개국공신을 포상하면서 그 뜻이 奇略·高勳한 忠臣에게 ‘分茅胙土’하던 常典·宏規에 있다고 선언하고, 고려말 조준이 科田折給法에 의한 田制를 멀리는 ‘采地·圭田’의 법에 이어진다 하고 이를 士族을 우대하는 것이라 하여 周나라 文王이 행했다는 ‘仕者世祿’의 정신에 견준 것은,32) 겉치레나 헛된 말이 아니고 이와 같은 인식·자세의 표명이었다.

　세록은 상고기 封建의 국가운영에서 井田이 정치·경제·군사·산업의 기본이고 핵심이었다는 속에서, 나라가 그 卿大夫 및 士에게 이들이 農事 대신에 治者의 소임과 염치를 수행·연마할 수 있게 토지로써 절급한 것이다. 세록이란 先王 때에 벼슬한 이의 자손을 가르쳐서 材木이 되면 벼슬을 시키고, 벼슬자리에 쓰기 부족하면 그 祿을 잃지 않게 한 것으로, 그 先世에 일찍 백성에 功德이 있어 그 보답하기를 이와 같이하는 것이니 忠厚의 극진함을 담고 있음을 표현한다.33) 우리나라 및 중국 역대 왕조에서 采地·圭田, 仕者世祿 등에 관해선, 井田이 그러하듯이 《孟子》에 전하는 기사가 그 像 및 의의를 이해하고 인식하는 데 중추이고 여기에 《周禮》, 《禮記》 및 《漢書》 刑法志의 기록, 그리고 몇몇 書冊의 기사가 더하여 진다. 그 대강은 아래와 같다.34)

---

32) 《高麗史》1, 世家 1, 太祖 원년 8월 辛亥, 上冊, p. 39.
　　《高麗史》78, 食貨 1, 田制, 辛昌 원년 12월, 恭讓王 卽位, 中冊, p. 722.
　　‘殿下中興卽位旬日……遠述成周圭田·采地之法　近遵文廟開廣京畿之制　京畿則給居京侍衛者之田 以優士族 卽文王仕者世祿之義意也’
33) 柳馨遠, 《磻溪隧錄》5, 田制攷說, 經傳所論井田制, p. 102(古典刊行會 影印本, 1958- 以下同).
34) 《孟子》(朱子集註) 5, 滕文公章句 上, pp. 546~548(《經書》).
　　夏·殷·周 3代의 토지제도였다는 井田制에 관해선 實在與否에서부터, 내용·형식·운영·사회단계와 관련하여 크게 ① 完全肯定 ② 全面否定 ③ 部分認定 등으로 나누어지며, 이 속에서도 여러 견해가 산적하여 있다(鄭在覺, 〈井田問題의 新展開〉, 《史叢》1, 1955; 李成珪, 〈井田制研究의 諸問題〉, 《東洋史學研究》21, 1985). 여기서는 이의 虛實·眞僞 여부 논의를 떠나 과거 역대의 왕조 및 관료·학자들이 《孟子》 및 《周禮》, 《漢書》 등에 전하는 정전제 관계기사를 정치·경제의 理想像 내지 改革型과 연계하여 검토하고 이해한 그 思想과 情操를 살피고자 하는 것이다.
　　井田, 采地, 圭田, 世祿 등에 관한 역사적 이해에는 특히 아래의 논저에서 도움을 얻었음.
　　李普國, 《『周禮』的經濟制度與經濟思想》, 中國古籍出版社, 河南省, 1987.

우선, 맹자는 井田과 世祿을 '文王治岐 耕者九一 仕者世祿 二者 王政之
本也'[35)]라 하여 정치의 요체로 들었다. 주나라 문왕이 岐 땅에서 나라를
다스릴 때 농사짓는 이는 9분의 1세를 내고 벼슬하는 사람은 세록을 준
것, 이 두 가지가 왕정의 근본이라는 지목이다. 耕者九一은 殷에서 시작
하였다는 助法下의 井田으로서, 630畝(周制 900畝)의 땅을 井字로 9구획
하여 1구를 70무(周制 100무)로 하고 그 가운데 전토를 公田으로 삼고
그 밖에서 8家에 각 1구씩 私田으로 주며 公田은 이들의 힘을 빌려서 도
와 경작하게 하되 사전에선 稅는 받지 않는 것, 따라서 九一稅로써 운영
하는 것을 대표하고 있다.[36)] 다음, 仕者世祿의 세록은 이런 토지제도 속
에서 '世祿者 授之土田 使之食其公田之入 實與助法相爲表裏'라고 하였다.
벼슬하는 이에게 토지를 주어 그 公田의 수입을 먹게 한 것으로서 실로
助法, 곧 井田과 서로 표리가 된다. 九一과 世祿 둘이 왕정의 근본이 되
는 것은 각각 君子와 小人(野人)이 일정한 業이 있어 上下가 서로 안정하
는 까닭이다.[37)] 군자와 소인이 갈등 없이 직분에 쫓아 조화하여 平常의
처지에 있는 것이다. 군자와 野人(小人)의 業이 군자는 벼슬하고 야인은
밭을 갈며, 군자는 야인을 다스리고 야인은 군자를 기르므로 井田과 世
祿, 곧 '分田制祿'은 어느 한쪽을 없앨 수 없는 常法이다.[38)] 九一과 世祿
의 표리관계, 公田과 私田의 설정이 分田制祿이다.[39)] 私田은 야인이 받
는 것이고 公田은 군자의 祿이 된다. 公이 먼저이고 私가 뒤인데, 군자
와 야인의 분수가 따로 인 까닭이다.[40)] 토지라고는 하지만 군자가 받는
公田은 收稅地이고, 야인이 받는 私田은 耕作地이다. 野는 '郊外都鄙'의

王逎 , 張華, 鄭振華,《先秦兩漢經濟思想史略》, 海洋出版社, 北京, 1991.
陝西歷史博物館,《西周史論之集》上, 陝西人民敎育出版社, 1993.
中華文化通志編委會編,《土地賦役志》,〈土地制度(上)〉, 上海人民出版社, 1998.
杜正勝,《周代城邦》, 聯經出版社業股份有限公司, 台北, 2003版.
貝塚茂樹,〈周代의 土地制度〉,《貝塚茂樹著作集》2, 中央公論社, 東京, 1977.

35) 同上, p. 548, 주 29 참조.
36) 同上, p. 546.
37) 同上, p. 548, 주 29 참조.
38) 同上, p. 594.
39) 同上, p. 594.
40) 同上, p. 550.

땅으로서 九一稅를 助로 하여 公田으로 삼아 조법을 행하는 곳이다. 나라 안 郊內 안은 鄕遂다.[41]

이 都鄙가 王子弟, 公卿大夫의 采地였다. 채지는 井田을 제정하는 데 鄕遂와 달랐다. 都鄙 가운데도 家邑은 大夫, 小都는 卿의 채지이고, 大都는 公의 채지이니 王子弟의 食邑이다.[42] 采는 벼슬이니, 벼슬로 인하여 토지에서 나오는 수입을 취식하므로 采地(邑)라 한 것이다. 채지는 경대부의 封邑으로서 관직에 따라 절급되었으며, 토지와 인민에 대한 직접 지배는 허락되지 않았고 다만 租稅收取만 허여되었다. 井田에 의해서 軍賦를 제정하였는데 地方 1里를 井, 方 100里를 1同으로 삼아 10,000井의 지경에서 山川·沈斥(水田鳥鹵)·城池·邑居·街路로 3,600井을 제외하고 賦를 내는 땅을 6,400井으로 하여 戎馬 400匹에 兵車 100乘으로, 이는 卿大夫의 采地로는 큰 규모이다. 이것을 百乘之家라고 한다. 316里가 1封이고 井은 10만에 賦를 내는 땅을 64,000井으로 정하여 戎馬 4,000匹, 兵車가 1,000乘이니 諸侯의 채지로는 큰 것이다. 千乘之國이라고 한다. 天子는 畿가 方 1,000里이고 100만 井이며 賦는 64만 井에 戎馬 4만 필 兵車 1만 승이니 萬乘의 主라고 한다.[43] 채지는 이런 점에서 世祿이며 公稅를 취식할 뿐이다.[44] 圭田은 이 세록의 경상제도 외에 卿에서 士에 이르기까지 祭祀의 봉공을 위해 지급한 토지로 50畝였다. 군자를 후대하고자 한 것이다. 圭는 깨끗함(潔)이니 경대부의 德行이 결백함을 일러 祭田을 圭田이라 칭한 것이며, 아울러 圭는 圭玉으로서 경대부의 爵位를 뜻하고도 있어 작위에 해당하며 사급하는 토지였다.[45] 이는 경·대부·사의 家에서 스스로 가는 밭으로 농부의 힘을 빌리지 않는다.

---

41) 《孟子》(朱子集註) 5, 滕文公章句 上, p. 549.

42) 《周禮》(鄭玄 注) 3, 地官大司徒, p. 65, p. 70.
　　《周禮》(鄭玄 注) 4, 地官小司徒 下, p. 83.
　　《禮記》, 禮運, 祭法.

43) 《尙書大傳》 1, 殷傳, 盤庚, p. 46(中華書局(北京), 1985).
　　《漢書》 23, 刑法志 3(《二十四史》 2冊, p. 281).

44) 柳馨遠, 《磻溪隨錄》 1, 田制 上, 分田定稅節目, p. 6.

45) 《孟子》(朱子集註) 5, 滕文公章句 上, p. 550.
　　《禮記》, 王制.

임금이 籍田을 둔 것과 같다. 스스로 농사를 지어 奉祭祀하고 供粢盛하니 뜻이 매우 깊다.46)

전시과의 분급전토는 殷·周代 '建國封侯'하던 때 井田制下의 采地·圭田에 이어지고, 따라서 양반관료를 위시한 그 수득자는 봉건에 비견하는 위치로 간주되었다. 조선초의 양반사대부도 고려말에 전시과에 뒤이어 제정한 과전제도 역시 忠信·重祿하는 의리는 隋·唐의 職田에 견줄 것이 아니고 바로 周나라 文王의 仕者世祿의 遺意라고 自矜하고 있었다.47) 고려의 과전 등 田丁 분급의 형태는 수조권한의 할양이며 분급이지만, 현실에선 전토의 절급으로서 옛 '世祿'에 견주고 그 수득자는 田主로 간주하였다. 전시과의 분급전토는 사실 隋·唐의 職田이나 均田과 형식, 내용, 운영이 달랐다. 그러므로 고려의 田制는 '唐制'가 아니었고 이에 비할 것도 아니었다.48) 세록은 대대로 祿秩을 누리는 世臣·世家의 녹으로서 국왕·국가가 사대부의 忠信을 物的으로 우대하는 표시였다. 신료가 그 직무와 상관하여 수득하는 녹봉과는 계통과 성질에 차이가 있었다. 그러므로 '代耕'이고 '食田'이었다.49) 물론 과전 등 분급사전이 殷·周대의 封邑과 실체가 동일한 것은 아니었다. 사회조건의 차이와 시대의 변화, 사회의 변동으로 그럴 수 없었다. 토지의 사적 소유와 그 권리가 관습이고 법제이며 정치체계가 집권의 관료제 군현제인 나라에서 토지·민인 내지 촌락을 분할하여 줄 수는 없었다. 그러나 토지분급제의 설정과 운영이 갖는 정신·의미에선 같았다. 고려에서 그 토지제도, 특히 전시과의 분급전토를 주나라 문왕의 仕者世祿의 遺意에 비긴 것은 고려의 田制가 隋·唐·宋·元과 다르고 그 정신이 三代에 이어지고 있는 것이라 함으로써 독

---

46) 柳馨遠, 《磻溪隨錄》 5, 田制攷說, 經傳所論井田制, p. 102.

47) 朴崇吉, 《六先生遺稿》 3(奎4058), 河先生遺稿, 第六.

48) 洪汝河, 《彙纂麗史》 16, 食貨志, 序, p. 245(驪江出版社 影印本, 1986).
   '高麗略倣唐制 文武百官府衛軍吏胥徒 凡執國役者 皆授以田 然唐授民口分而取之以租
   庸調之法 非代祿之意也 高麗受田者 皆無稅 至於百官俸祿之外 別有授田 皆非唐制也'
   拙稿, 〈羅末麗初의 土地問題와 田柴科의 始定〉, 주 12의 논저(본서 Ⅱ편 1논고, 주
   119 참조).

49) 《高麗史》 32, 世家 32, 忠烈王 27년 5월 庚戌, 上冊, p. 655.
   《高麗史》 78, 世家 1, 辛禑 14년 7월, 趙浚上書, 中冊, p. 715, p. 718.

자성을 자부하고 仁政의 오랜 구현임을 넌지시 우회하여 자랑함이었다. 사실이 반드시 그렇다는 주장이 아니었다. 이는 유교의 사회·정치·사상·문화가 갖는 보편의 원리와 이상을 제도의 현실·목표가 함유하고 구현하고 있음을 과시하는 자세였다. 실제 고려의 전제는, 삼국기의 祿邑이 그러하듯이, 멀리 고조선에서 열국기에 이르는 우리나라 고대국가시기에 諸加가 邑落을 統主하고 下戶가 租賦를 부담하던 사회단계 및 여기에서 성립·운영하던 '封地', '封國'의 제도에 기원과 계보를 둔 것이다.[50] 그리고 이 단계의 고대국가가 집권왕조의 齊民國家로 전환하면서, 제가의 읍락·하호에 대한 統主體系가 정치운영은 중앙에선 諸加評議會에서 大等, 和白, 都堂[51] 등 귀족·관료의 평의회로 그리고 지방에선 재지세력의 향촌주도를 전제로 한 郡縣制로 변동하는 과정에 수반하여, 田丁 형태의 수조지를 祿邑·田柴科의 형식으로 마련하며 그 처지를 새로운 모습으로 유지·보전하여 온 것이다.[52] 이런 점에서 이웃의 世祿, 오랜 采地·圭田에도 빗댈 수 있는 공통의 성격과 원칙을 지녔다고 하겠다.

　고려의 균전·정전관은 世祿論과 결부되어 있었고 이 속에서 그 실체와 사유와 의의가 한결 분명하고 확고하여진다. 세록의 균등은 食役의 均定으로, 식역의 균정은 전토 다과비척의 公正으로, 그리고 이는 다시 결부·전품의 均平으로 이어진다. 逆도 그러하다. 田制를 바로 세운다는 이 균전관에 수반해선 농민의 생산활동과 부세수입이 안정을 기하도록

---

50) 拙稿,《韓國 古代·中世初期 土地制度史-古朝鮮～新羅·渤海》, pp. 38～41, p. 100.
51) 李基白,〈大等考〉,《新羅政治社會史研究》, 一潮閣, 1974.
　　　〃 ,〈上大等考〉同上.
　　金光洙,〈高句麗 古代 集權國家의 成立에 관한 研究〉, 延世大學校大學院 博士學位論文, 1983.
　　　　〃 ,〈新羅 官名 '大等'의 屬性과 그 史的 展開〉,《歷史敎育》59, 1996.
　　　　〃 ,〈羅末麗初의 豪族과 官班〉,《韓國史研究》23, 1979.
　　李仁哲,〈新羅의 君臣會議와 宰相制度〉,《韓國學報》65, 1991.
　　姜鳳龍,〈新羅 地方統治體制 研究〉, 서울大學校大學院 博士論文, 1994.
　　邊太燮,〈高麗都堂考〉,《高麗政治制度史研究》, 一潮閣, 1971.
52) 拙稿, 주 50의 논저, pp. 94～98.
　　《高麗史節要》17, 高宗 44년 6월, p. 449 및《高麗史》24, 世家 24, 高宗 44년 7월, 上冊, p. 493에 전하는 '分田代祿', '分田制祿', 그리고 李奎報,《東國李相國集》, 後集 11, 甲午年禮部試策問(《高麗名賢集》1冊, p. 557)에 보이는 '所受分田'은 이른바 井田制의 '分田制祿'의 정신을 구현한다는 의미가 담겨 있다.

하는 각종 農政策이 뒤따랐다. 고려는 이것을 대략 두 방면에서 수행하여 갔다. 하나는 토지관계를 농업생산의 관계와 연관하여서 조정하는 것이었고, 다른 하나는 농업생산을 고양하도록 농경개선을 도모하는 것이었다. 전자는 수조지·소유지를 생산의 측면에서 조정하는 토지정책의 基調問題였고, 후자는 소농민 경영의 생산성 강화를 도모하는 力農의 振作問題였다.

4. 生産의 土地關係基調와 力農理念

고려는 전국의 토지를 稅役 차원의 均田, 수조지 분급 차원의 世祿으로 파악하는 토지관을 바탕으로 토지경리와 전시과를 운영·시행하고 있었으므로, 토지의 관리·점유 및 소유의 원칙을 유지하고 그 多寡·有無로 말미암는 정치적 사회적 갈등을 조정하는 시책을 항상 農政의 基調로 하고 있었다. 이런 시책의 강구·시행은, 구체방도는 그때그때 토지문제 농사형편에 따라 여러 형태로 수행하고 있었지만, 어느 것이든 궁극에 생산증대와 소농민경영의 안정·확대를 지표로 하고 있어서 그 방향은 농업생산을 토지관계의 조정과 영농작업의 고양을 통해 유지·증대시키는 데로 집중하였다. 생산의 토지관계 조정은 고려 토지제도의 기본편제상 수조지와 소유지 두 계통에서 취하되 전자를 상위로 하고 후자를 하위로 하는 선에서 이루어졌으며, 영농작업의 고양은 생산노동의 집약·극대를 도모하는 力農振作에 경주하였다. 고려왕조는 농업생산의 토지정책적 기조와 역농적 이념을 골자로 하는 農政을 여기서 定立하고 있었다.

우선, 농업생산과 관련하여 수조지에 대한 관계조정은 수조권의 保全과 수조지의 占有가 量과 質에서 직역별로 적절하게 균등을 이루도록 함을 전제로 삼았다. 이것은 고려 토지제도의 기본골격이고 운영원칙이었다. 수조권의 보전과 수조지의 점유균등은 나라의 토지제도라는 公的 위치 속에서 治者의 토지·농민의 소유 욕구를 토지지배·농민수취라는 형식과 형태로 충족·허용하여 士大夫의 ‘食田’·‘食租’를 보장함으로써, 그 起源

으로 지녀오는 諸加的 처지와 역할 그리고 현실에서 차지하는 在地的 위치와 권위를 官僚制와 郡縣制의 틀 가운데서 관철시키고 승인하는 대전제였다. 고려는 사회변화에 따라 田柴科, 祿科田, 科田 등 토지분급제를 개선·보완·개혁하면서 유지하여 갔다.

　전국 토지에 대한 전시과의 경리와 배분은 수조지의 구분과 경계를 확실히 하는 한편, 수득기관 및 수득자의 명의를 붙여 名田으로 관리함으로써 수조권자를 분명히 하여주고, 건국 초부터 수조액은 什一稅에 즉하되 1결당 최고 米 30두의 定額稅制로 한정하여 수조권의 범주를 확정하여53) 납조자 농민이 수탈에 휩쓸리지 않고 농사에 힘쓸 수 있게 하고 생산량이 늘어도 자신의 수익이 되도록 제도상 인정하여 주었다. 태조 왕건이 즉위 후의 큰 치적으로서 먼저 田制부터 바로잡아 '取民有度而惓惓於農桑'하여 정사의 근본을 알았다는 칭송을 두고두고 받은 것은 이런 연유이다.54) 백성에게서 걷는 데 정도가 있고 농사에 정성을 다 한 까닭이다.

　전시과에 의해 배정·절급되는 전토는 용도만큼 수다하였지만 그 중심은 양반관료 및 사대부의 科田을 위시한 각종 分給私田이었다. 이 사전은 양반사대부에게 '代耕'의 명분, '優待'의 명의로 절급한 것이다. 권농의 독려·지원시책에서도 宮院·朝家田과 함께 우선 배려하였다.55) 그런 만큼 實田, 곧 사유지의 집적·집중을 통한 대토지 소유 및 수조지의 점거·탈점에 의한 대토지 점유의 시도, 다시 말해 토지겸병의 恣行과 그런 욕망을 사대부의 廉恥·義理의 연마·준수라는 大義에서 삼가하고 억제시키는

---

53) 拙稿, 주 14의 논고(본서 Ⅲ편).
　　金容燮, 〈高麗前期의 田品制〉,《韓國中世農業史研究》, 지식산업사, 2000.
　　李成茂, 〈高麗·朝鮮初期의 土地所有權에 대한 諸說의 檢討〉,《省谷論叢》9, 1978.
　　金載名, 〈고려시대 什一租에 관한 一考察〉,《淸溪史學》2, 1985.
　　朴鍾進, 〈조세제도의 구조〉,《고려시기 재정운영과 조세제도》, 서울대학교출판부, 2000, pp. 71~106.
54)《高麗史》78, 食貨 1, 序, 中冊, p. 705.
　　《高麗史》78, 食貨 1, 田制, 辛禑 14년 7월, 趙浚上書, 中冊, p. 715.
　　《高麗史》78, 食貨 1, 田制, 租稅, 太祖 원년 7월, 中冊, p. 726.
　　《高麗史》79, 食貨 2, 農桑, 序, 中冊, p. 733.
　　《高麗史》80, 食貨 3, 賑恤, 思免之制, 太祖 원년 8월, 中冊, p. 762.
55) 拙稿, 〈高麗前期의 勸農과 田柴科〉, 주 12의 논저(본서 Ⅳ편).

기능도 지녔다. 공민왕 즉위 이듬해(1352) 초에 내린 교지에서 중세 이후 井地가 고르지 못하고 이로 인해 관리가 염치를 기를 수 없게 되었으니 겸병을 금지하여 봉록을 증대하라 하고, 昌王 즉위 이후 私田革罷 및 田制改革이 주창자마다 한결같이 나라의 부유, 병력의 강건, 녹봉의 후대, 민생의 안정 등을 이루어 염치가 礪行되고 禮義가 興隆한다고 하였던 것도56) 이런 명분 및 사실에 근거한 지적이고 주장이다.

수조지 차원의 토지파악과 토지경리의 원칙하에서, 籍田, 學田, 屯田, 驛土, 津·館田 등 國有·準國有·官有의 토지를 제외한 모든 私的 소유지는 원칙상 租·布·役 등 賦役徵收의 대상이었다. 민인 일반의 소유지는 물론 국왕·왕실·사원·관료 내지 군인·한인·향리 등의 소유지도 모두 마찬가지였다. 왕실·양반의 소유지 가운데 田租·力役·軍役의 징수나 부과 징수에서 면제 내지 감면의 혜택을 받는 경우가 있었지만 법제상의 면세전은 아니었다. 충렬왕 때 內房庫·宗室의 전토가 전조를 나라에 납부하고 內庫 소속의 처간이 力役을 부담하고 있던 예,57) 고종조 臨陂縣令 田承雨란 이가 上將軍 金鉉甫의 田園에서 조세를 징수하고, 元宗朝 全方慶이 전라도에서 調軍할 때 兪千遇란 양반의 소유 田莊 소속 民戶를 군인의 抄出에서 제외하도록 각별히 훈령하였던 예58) 등은 이런 원칙을 전한다. 전국의 토지와 민인은 집권왕조국가 고려의 王土이고 齊民이었다. 제민적 왕토적 토지조세체계 속에 망라하고 있었고 이런 처지에서 모든 토지와 민인은 일차 공정성과 보통성을 가졌다. 그리고 이 공정성과 보통성은 신분직역적 사회편성과 권력적 토지소유 관계 구조에 의해 운영상에선 차등성과 귀천성을 띠며 발현되었다.

물론 고려의 토지경리나 배분, 세역운영 등 토지조세제도가 위와 같은

---

56) 주 17과 同.
　　《高麗史》78, 食貨 1, 田制, 辛禑 14년 7월, 趙浚上書 및 李行, 黃順常, 趙仁沃上疏, 中冊, p. 717, p. 719, p. 720.
57)《高麗史》78, 食貨 1, 田制, 經理, 忠烈王 24년 정월, 忠宣王 즉위하교, 中冊, p. 707.
　　《高麗史》106, 列傳 19, 朱悅, 忠宣王, 下冊, p. 334.
58)《高麗史》129, 列傳 42, 崔怡, 下冊, p. 806.
　　《高麗史》104, 列傳 17, 金方慶, 下冊, p. 281.

체계와 원칙만으로 존속하거나 시행된 것은 아니었다. 그럴 수 없었다. 균등·공정의 표방 및 이상은 차등·차이의 현실에 엮여서 작동하는 것이었고 후자로 인한 모순·갈등이 심하여지면 원리로서의 제도가 허약해지고 심하면 파탄에 이르는 것이었다. 고려중기 이후 왕실·사원, 양반·토호 등 상급신분에서 분급사전을 家産化하면서 公·私 수조지의 점거·확장에 나서고 소유지의 확대에 종사하여 田民兼幷이 극성하는 추세가 커다란 조류를 이루어 나갔다. 전시과의 운영은 마비되어 갔다.59) 이에 당면하여 고려조정은 祿科田을 신설하여 경기 안에서 절급하고 투탁·은닉한 전토 및 민인을 計點·辨整하며 끝내는 전시과 사전의 혁파와 재배분 등 여러 국면에서 정리를 꾀하였다.60) 그리고 고려왕조의 이러한 여러 정책의 立論과 根據는 위와 같은 수조지·수조권의 균전적 세록적 설정원칙과 토지조세의 제민적 부과원리였다.

수조지의 보전과 수조지 점유의 균등, 그리하여 전시과 전반의 운영에 안정을 기하기 위해선 수조권의 기반이고 성립전제인 소유권·소유지의 안전이 앞서야 했다. 특히 소유권의 보증, 소토지 소유농민의 육성·보호, 농지개발을 통한 무전농·빈농의 토지소유 지원 등은 고려로서 항상 유의하고 노력하여야 할 사항이었고, 실제 그렇게 하고 있었다. 이것은 대략 세 방면에서 진행하였고 여기에 네 번째로 혁신책이 논의로서 더해졌다.

첫째, 신라에서 시행하던 丁田制를 계승하여 田結로 파악한 농민의 소유농지에 稅役을 책정하여 주어 농민이 토지에서 이탈함을 방지하고, 아울러 왕실·사원, 양반·토호 등 상급신분의 토지침탈과 겸병을 완화하는 장치로도 이용하였다. 정전은 목적이 부세의 파악과 징수를 제대로 운영하고자 제정한 것이지만, 이런 목표를 달성하기 위해서는 부세책무를 토지와 민인에게 분명히 묶어 주어야 했다. 이 점이 농민이 토지에서 탈각하고 외부에서 이를 침탈·겸병하는 사태를 억제하는 역할도 다소 발휘할

---

59) 姜晋哲,〈高麗의 權力型 農莊에 대하여〉,《高麗中世土地所有研究》, 一潮閣, 1989.
　　　拙稿,〈高麗末期의 私田問題〉, 주 2의 논저.
　　　朴京安,〈田柴科制의 動搖〉,《高麗後期 土地制度研究》, 혜안, 1996.
60) 拙稿,〈高麗末의 私田捄弊策과 科田法〉, 同上書.
　　　朴京安,〈田制釐正政策의 推進〉, 同上書.

수 있었다.[61] 명종조의 刺勅에선 富强兩班에게 진 빚을 갚지 못해 丁田을 넘긴 貧弱百姓에게 다시 돌려주도록 한 조치가 전한다.[62]

둘째, 사적 소유지는 그 田主의 소유권이 법제와 관습으로 공인·보호되었다. 그뿐만 아니라 소유경작지가 천재지변이나 전란 혹은 소유주의 인력부족 등으로 인해 묵혀져 陳荒田이 되었을 경우에도 해당 소유주의 소유권, 곧 田主權은 그대로 보장하였다. 無主의 진황전은 간경하면 개간경작자가 해당 토지의 소유권을 취득할 수 있었고, 나라 역시 이것을 법제로 공인하여 토지소유주, 곧 有田者가 될 수 있는 길을 보장하였다. 그리고 혹 有主의 진전을 경간하였을 때는 수확을 半分하여 소유주와 개간경작자가 각기 한 몫씩 차지하게끔 하였다. 이는 分半打作의 오랜 관습이었는데 역시 법제로써도 확실히 하였다. 농지개간에는 고려의 민인이면 신분·남녀·노소의 구별이나 제한 없이 누구나 참여할 수 있었다. 농민은 토지의 소유 내지 확대에 참가할 수 있는 조건과 기회가 있었다.[63]

셋째, 나라나 도·군현 단위로 수행하는 水利·灌漑施設의 보수·신축에는 대개 농지개발을 병행하는데, 이때 개발·조성한 신개척지는 통상 해당 농지의 개발공사에 참여한 민인에게 특히 무전농에게 할당·절급하여 경작하는 방식을 취하였다. 이런 방식은 고을의 수령이 권농 차원에서 시행하였으며, 특히 규모가 큰 것은 州鎭이나 州縣에서 착수하는 屯田開拓에서 두드러졌을 것이다. 둔전은 변방지대나 고을 안에서 대규모의 황무지나 閒曠地를 軍人, 또는 주현에서 徙民한 丁戶 혹은 部曲民의 노력을 동원하여 둔전으로 개척·개간한 뒤 이 농지의 전부 혹은 일부를 이들 간경민에게 사유지로 절급하여 주고 생계를 부지하게 하면서 아울러 둔전도 경작하게 함으로써 소속기관의 자영농민[干農夫]으로 안정시켜 주기도 하였다. 아마 무전농민이나 빈농도 참가시켰을 것이다. 그런가 하면 고을의 官屯田 가운데 定限을 넘는 농토, 곧 數外屯田이나 사정이 있어

---

61) 拙稿,〈高麗時期의 丁田制〉(본고 Ⅲ편).
62)《高麗史》79, 食貨 2, 借貸, 明宗 18년 3월, 中冊, p. 747.
63)《高麗史》78, 食貨 1, 田制, 租稅, 光宗 24년 12월, 中冊, p. 726.
  《高麗史》78, 食貨 1, 田制, 租稅, 睿宗 6년 8월, 中冊, p. 727.
  拙稿,〈高麗前期 土地의 私的 所有〉(본서 본편).

서 운영을 폐기한 둔전은 민인에게 분급하여 민전으로 하였을 것이다.
肅宗 4년(1099) 당시 州縣屯田의 정한은 5결이었다.64) 이 경우도 빈농
이나 무전농민이 우선 대상이었을 것이다. 규정상으로라도 그렇게 해야
할 것이었다. 분급대상으로서 대토지 소유자나 자영농민을 우선으로 할
수는 없었다.

　그러나 이런 여러 시책은, 할 수만 있다면 빈농·무전농이 토지소유의
우선이 되도록 하여야 한다는 當爲的 公論이나 仁政的 指標는 조성하고
있었지만, 성과는 간헐적이고 부분적이었다. 토지의 사적 소유가 원칙·
법제·관습인 국가·사회에서 토지의 확대·이동·상실은 항상 일어나는 필
연적인 양상이어서, 위와 같은 시책으로 이루어진 농민소유의 토지가 언
제까지나 그대로 온전할 리는 없었다. 무인집권기 특히 몽골강화 이후
왕실·세가양반·토호 가운데 租·布·役 부세의 不納·滯納·逋脫, 농민의 隱
慝, 타인 토지의 점탈과 겸병이 성행하고 점차 커다란 정치·사회문제로
서 비등하였다. 정부각급기관에선 토지·노비의 所有爭訟의 處決로 번잡
해지고 稅源의 색출로 분주해졌으며, 이런 속에서 이들의 토지확장·전민
겸병을 해체 또는 억제하는 방편으로써 元宗朝에서 禑王代 말년까지 田
民의 計點·辨整事業을 수시로 그리고 특별히 착수·시행하였다.65) 이 시
기엔 전시과의 운영이 옹체되고 마비되어, 토지문제는 수조지 부세운영
과 결부되어서도 야기하고 아울러 이것이 소유지·소유관계와 묶여서 진
행하고 있어 사태는 亂胍이었다.66)

　지주층의 성장과 몰락, 농민층의 증가와 감소, 이에 병행한 토지의 겸
병과 상실은 항시 그리고 시대가 진전할수록 확대되는 사태였다. 그리하
여 그 정도가 심각하여져 불균형이 깊어지고 빈부의 격차가 커져 소농민
의 몰락이 극심하여지면, 사회문제는 정치현안으로 진전되어 朝野에서

---

64)《高麗史》79, 食貨 2, 農桑, 肅宗 4년 4월, 中冊, p. 734.
　　安秉祐,〈高麗의 屯田에 관한 一考察〉,《韓國史論》10(서울大), 1984.
65) 拙稿, 주 59의 논고.
　　〃 ,〈高麗後期 田制의 紊亂과 田民兼幷〉, 주 4의 논저《韓國 中世 土地制度史-高麗》.
66) 朴京安,〈田制釐正政策의 推進〉, 주 59의 논저《高麗後期 土地制度研究》.
　　拙稿,〈田制釐正의 努力과 推進〉, 同上書.

토지소유 규모의 균등조정이 수행되어야 한다는 여론이 제기되는 적도 적지 않았다. 이런 때는 소유지의 재배분, 곧 토지개혁 차원에서 타개방안이 논의되고 검토되기도 하였다. 고려에서 이런 논의는 여러 차례 있었던 것으로 추정되며, 그 구체방안으로 제시된 것은 주로 限田이었다. 아마 井田·均田의 토지배분도 방법으로 거론된 듯은 하다.67) 한전론은 토지의 사적 소유와 그 원칙을 유지하여 토지소유 규모의 다과·대소를 어느 정도 인정하고 승인하는 속에서 토지균등을 도모하는 안이었다. 토지개혁은 제기될 때마다 늘 논의에 그쳤지만, 농지의 私有制 속에서 지주전호제와 자영소농의 비중이 적절한 선에서 조정되어야 하고 그러려면 무전농민·빈농의 자경농민화, 그리고 자영소농의 안정이 필수이고 그만큼 나라가 유의하고 도모하여야 할 중요한 과제라는 점을 부각시키는 것이었다.

토지조정의 정책기조를 수조지와 소유지 두 계통에서 수립하고 시행함에 있어서, 전자 수조지 쪽은 그때그때 양반층의 이해대립의 정도, 조정의 정리의지의 강약, 수조자와 납조자 사이의 갈등고하 등에 의해서 여러 가지 수습의 방도·방책을 강구·시행하였는데, 어느 경우나 수조지의 성격상 정치적 선상에서 이루어졌고 이것이 본체였다. 후자 소유지 쪽은 이것이 신분구성, 소유관계, 경영형태 등 사회경제의 근원에 직결하고 있어서 정치적으로만 처리되기는 至難한 것이었다. 위에서 살폈듯이 자영소농의 보호·확대와 상관한 첫째·둘째·셋째의 조처, 곧 정전제에 의한 토지파악이나 소유권 보증 속의 농지개간책, 그리고 농지개발에 수반한 농지절급은 지주전호제와 자영소농제의 두 가지 소유·경영관계를 함께 긍정하고 보호하는 가운데서 마련할 수 있는 현실책으로서 실행할 수 있었으나, 토지개혁안은 사적 토지소유를 제약하거나 완전 폐기를 전제로 하면서 지주전호제를 부정하고 자영소농의 농업경영만을 인정하는 데서 강구하는 혁신책으로서 실행은 그만큼 遼遠하였다. 토지

---

67) 《高麗史》 2, 世家 2, 景宗, 李齊賢贊, 上冊, p. 65.
　　鄭道傳, 《三峰集》 7, 朝鮮經國典 上, 賦典, 經理.
　　《中宗實錄》 28, 中宗 12년 7월 癸未, 15冊, p. 300.
　　拙稿, 〈高麗時期의 土地改革論議〉(본서 Ｖ편).

의 사적 소유 및 경영을 부정하거나 그렇지는 않더라도 이를 제한하는
조치는 소유·경영의 독립과 자유를 금압하고 생산활동을 통제하는 데로
이어지는 까닭에, 이것이 실현되려면 토지소유자의 저항·반발을 억누를
힘이 사회적으로 있어야 했다. 그러나 고려왕조로선 그럴 수 없었다. 사
적 토지소유 관계가 사회경제의 기반이고, 더욱이 均田觀, 世祿觀, 封建
論의 土地·王政觀하에선 토지의 소유 및 경작의 규모 획일화를 통한 균
등화는 仁政의 無常이었다.

　현실이 이러하므로 고려는 토지 차원에서 기조로 삼고 있는 농업생산
의 관계조정과 함께 力農振作, 곧 농업생산의 고양 및 생산력 증대를 소
농경영에서 독려하여 농민생계의 안정 부세징수의 안전을 도모하는 것이
최선의 실질책이었다. 고려는 농업생산의 안정·고양을 이념과 권농 두
방면에서 추진하여 나갔다. 전자로선 왕조정치의 으뜸이 농사임을 항상
최고의 생산이념으로 천명하고, 후자로선 이 이념을 실제 농촌 현실에서
농민의 생산활동으로 구현되도록 여러 조처를 취하는 것이었다.

　농사가 政事의 으뜸임을 최고의 정치이념으로 함은 重農의 農政原則으
로서 발현되었다. 태조 원년(918) 8월, 임금이 조칙을 내려 민인에게 3
년치의 租·役을 면제하고 사방으로 떠도는 이를 田里로 돌아가게 하고
대대적으로 赦令을 내려 휴식을 갖도록 하여 농사를 책임 지워 권장한
것, 그리고 26년(943) 4월 訓要10조에서 백성을 부리되 때에 맞추어 하
고 요역과 부세를 가볍고 얇게 하며 농사가 고되고 힘듦을 알면 이것이
國富安民하게 되는 것이라고 후손에게 경계시킨 것 등은68) 이런 자세였
다. 고려는 우선 중농의 이념, 중농정치의 의지를 유교의 儀式하에 圓丘
에 祈穀하고 太祖의 神位를 모시며, 籍田에 나가 躬耕하고 神農에 제사
하는 등 后稷의 신위를 함께 모시는 농경의례로써 天地 간에 드러내었
다.69) 그리고 각 고을 수령에게 나라는 백성으로써 근본을 삼고 백성은
먹는 것을 하늘로 삼으니, 민인이 春·夏·秋 세 계절 농사짓는 책무에 힘

---

68) 《高麗史》80, 食貨 3, 賑恤, 思免之制, 太祖 원년 8월, 中冊, p. 762.
　　《高麗史》2, 世家 2, 太祖 26년 4월, 上冊, p. 55.
69) 《高麗史》3, 世家 3, 成宗 2년 정월 乙亥, 上冊, p. 66.

쓸 수 있게 오로지 권농에 종사할 것을 시달하였다.70) 요체는 月令에 따라 '勿奪農時', 즉 농사철에 백성의 노력을 빼앗아 다른 데 쓰지 말고 농사의 適期에 온 노력을 기울이라는 것이었다.71) 월령에 쫓아 농사를 짓게 함은 天道를 奉常하여 人時를 敬授하고 農桑의 早晩을 알게 하는 데서 始終하는 것으로 인식하였다.72) 중농이념의 기본구도와 발현골격은 이러하였다.

농정방향은 이와 같은 중농이념에서 수립하였고, 크게 두 계통으로 수행하였다. 하나는 力農·力田의 독려이고, 또 하나는 農業開發의 추진이었다. 역농·역전은 주로 농민의 생산활동에 관한 것과 권농임무를 띤 안찰사·수령에 대한 것 두 부면이었다. 농민의 생산활동에 관한 것은 농민의 力農을 보조·지원하며 때로는 강조하는 조처였다. 농사철을 넘길 農糧과 파종에 소요되는 穀種이 부족한 곳에 곡물지원,73) 농지의 耕墾에 필요한 농기구의 주조 및 지급 그리고 官牛의 대여,74) 桑苗 재배의 독책과 蠶業의 지원,75) 堤堰·관개설비의 보수·수축 및 그 권장,76) 농사철에 大土木役事의 중지77) 등이 그 대강이다. 안찰사·수령 등 행정관리에 대한 것으로는 春耕·夏耘·秋收의 三時不奪 및 墾田增損 등 권농직무의 수행 여부와 그 勸勵勤慢 조사 및 그에 따른 포상·문책,78) 그리고 勸農使

---

70) 《高麗史》 79, 食貨 2, 農桑, 成宗 5년 5월, 中冊, p. 733.
71) 《高麗史》 3, 世家 3, 成宗 5년 9월, 上冊, p. 70.
　　《高麗史》 5, 世家 5, 德宗 3년 3월 庚辰, 上冊, p. 120.
　　《高麗史》 79, 食貨 2, 農桑, 靖宗 2년 1월, 中冊, p. 734.
　　《高麗史》 79, 食貨 2, 農桑, 文宗 20년 4월, 中冊, p. 734.
　　《高麗史》 79, 食貨 2, 農桑, 明宗 18년 3월, 中冊, p. 735.
　　韓政洙, 《한국중세 유교정치사상과 농업》, 혜안, 2007.
72) 《高麗史》 3, 世家 3, 成宗 7년 2월 壬子, 上冊, p. 72.
73) 《高麗史》 79, 食貨 2, 農桑, 顯宗 3년 2월, 7년 1월, 10년 4월, 中冊, pp. 733~734.
74) 《高麗史》 79, 食貨 2, 農桑, 成宗 6년 6월, 顯宗 9년 2·11월, 中冊, pp. 733~734.
75) 《高麗史》 79, 食貨 2, 農桑, 顯宗 19년 1월, 仁宗 23년 5월, 明宗 18년 3월, 中冊, p. 735.
76) 金龍善 編, 《改訂版 高麗墓誌銘集成》, 張文緯, 吳元卿 墓誌銘, p. 58, p. 237(翰林大學校出版部, 1997-以下同).
77) 《高麗史》 7, 世家 7, 文宗 2년 3월 庚子, 5년 4월 庚子, 7년 8월 丁酉, 上冊, p. 145, p. 150, p. 153.

의 兼帶79) 등이 주요사항이다. 이러한 역농독려에 병행해선 牛의 牧養·
增殖을 꾀해 그 임의 屠殺을 절대 금지하여 위반자는 鈒面하여 형기가
끝나면 遠方에 充入하는 律을 준거하고, 나아가 殺人罪로까지 다스렸으
며80) 사태가 심각하면 전담기구로 禁殺都監을 설치81)하기도 하였다. 그
리고 沙汰 방지 및 水源 보존을 위해 山野에서 立春 後엔 불필요한 伐
木, 火耕을 금지하고 나아가 造林·營林을 권장·추진하였다.82) 이 밖에
農書의 간행·보급도 뒤따랐다. 仁宗 연간 京山府通判을 거처 雜織署令
太府丞 등을 역임한 林景和란 관리가 五代 때 孫光憲의 《孫氏蠶經》이란
蠶書를 方言으로 해석·출간한 예가83) 있음을 보아도, 행정기구나 민간
차원에서 우리의 전통농법이나 이웃 농서의 정리·해석과 그 출간·보급은
당연히 있었을 것이다.

　力農·力田의 독려와 더불어 정부가 본격 힘 쏟은 농정은 農業開發이었
다. 농업개발 가운데서도 특히 주력한 것은 水田開發을 통한 畓의 보급,
歲易田의 常耕化, 先進地域 농작물 및 농업기술의 후진지역에 보급, 그
리고 農地開拓 등이었다. 수전개발은 대개 수리·관개시설을 축조하여 海
澤地를 논으로 개발하고 저습한 閑地나 陳荒田 혹은 종전의 旱田을 畓으

---

78) 《高麗史》 79, 食貨 2, 農桑, 靖宗 2년 1월, 3년 1월, 7년 2월, 中冊, p. 734.
　　《高麗史》 79, 食貨 2, 農桑, 睿宗 3년 2월, 中冊, p. 735.
　　《高麗史》 14, 世家 14, 睿宗 14년 3월 乙卯, 中冊, p. 281.
　　李正浩, 〈高麗前期 勸農策에 대한 一考察〉, 《史學研究》 46, 1993.
　　　〃 , 〈원간섭기 勸農政策의 추진방향〉, 《民族文化論叢》 28(嶺南大), 2003.
　　韓政洙, 주 71의 논저.
　　拙稿, 주 55의 논고(본서 Ⅳ편).
79) 《高麗史》 79, 食貨 2, 農桑, 文宗 원년 2월, 3년 3월, 3년 12월, 中冊, p. 734.
80) 《高麗史》 85, 刑法 2, 禁令, 中冊, p. 859.
　　《高麗史》 85, 刑法 2, 恤刑, 仁宗 14년 5월, 中冊, p. 872.
　　《高麗史》 85, 刑法 2, 禁令, 忠烈王 22년 정월, 忠肅王 12년 2월, 恭愍王 20년 12
　　월, 中冊, p. 864, p. 866.
81) 《高麗史》 77, 百官 2, 諸司都監各色, 禁殺都監, 中冊, p. 693.
　　《高麗史》 118, 列傳 31, 趙浚, 恭讓王, 下冊, p. 601.
82) 《高麗史》 85, 刑法 2, 禁令, 成宗 6년 정월, 顯宗 4년 3월, 忠烈王 22년 정월, 中
　　冊, p. 860, p. 864.
　　《高麗史》 38, 世家 38, 恭愍王 원년 2월 丙子, 上冊, p. 756.
　　《高麗史》 12, 世家 12, 睿宗 2년 3월 丁亥, 上冊, p. 252.
83) 金龍善 編, 《改訂版 高麗墓誌銘集成》, 林景和 墓誌名, p. 177.

로 작성하는 데서 이루어졌다.84) 또한 수리시설의 신축·보수를 통해 天水에 의존하는 劣惡畓을 관개가 가능한 良畓으로 만듦으로써도 수행되었다.85) 수리작답은 여러 면에서 利點이 크고 많았다. 우선 蒙利畓은 水災나 旱災 어느 것에서도 농사피해를 적게 받았다. 이뿐만이 아니었다. 수전의 米는 부세의 징수·납부 및 교역에서 기준이고 척도였으며, 가치는 밭곡식의 倍로 쳤다.86) 식생활에서 차지하는 효용도도 제일 높았다. 이러한 수리·관개시설의 수축·보수·증축은 관아의 안찰사나 수령의 지휘하에 농민의 요역노동이나 지방유력자의 주도하에 향촌민의 힘으로 이루어졌다.

歲易田의 상경화는 고래로 우리 농업이 추진하고 지녀오는 커다란 과제였다. 고려시기에도 여전하였다. 농지의 歲易은 토지가 넓고 인구는 적은 지역에서 토질보존 및 증진의 방식으로 이용되기도 하고, 혹은 토질 자체가 척박하거나 수리·관개의 혜택이 없는 농토가 많은 山地에서 대개 사용하는 농지이용방식이었다. 고려초기엔 이전부터 오랜 농작업의 개선을 거쳐 와서, 상경전은 平田에서 대다수였고 세역전은 山田에 주로 있었다. 물론 평전에도 세역전은 있었고 산전에도 상경전은 있었다.87) 이런 형세에서 고려왕조는 우선 상경을 전제로 하여 권농책을 마련하고 추진하였다. 토지를 多占하여 경작능력이 넘치거나 혹은 노동인력이 부족하여 농지를 묵혀 陳荒된 농지를 다른 사람이 개간할 수 있도록 하고, 추수 뒤 수확분배방식을 관습에 즉하여 법제로서 공인하되 이를 年年耕

---

84) 주 76.
　　金龍善 編,《改訂版 高麗墓誌銘集成》, 李文著, 崔甫淳 墓誌名, p. 235, p. 352.
　　《高麗史》99, 列傳 12, 林民庇, 下冊, p.204.
　　李正浩,〈高麗後期의 農法〉,《國史館論叢》98, 2002.
85)《新增東國輿地勝覽》43, 黃海道, 延安都護府, 山川, 臥龍池(古典刊行會 影印本, 1958-이下同)
　　《新增東國輿地勝覽》33, 全羅道, 金堤郡, 古跡, 碧骨堤重修碑文.
　　주 76 가운데 吳元卿 墓誌銘.
86) 金容燮,〈高麗前期의 田品制〉,《韓國中世農業史研究》, 지식산업사, 2000, pp. 133~134.
　　拙稿,〈高麗前期의 平田과 山田〉,《李元淳教授華甲紀念 史學論叢》, 教學社, 1986, p.31(본서 IV편).
87) 拙稿, 同上論考.

作을 前提로 마련하고 있었으며,88) 수령의 殿最에선 墾田의 多少를 중요 기준으로 삼았다.89) 이에 더하여 상경을 가능하게 하는 농작물이나 농업기술을 세역농법을 주로 행하는 지대에 보급하고, 새로운 작물의 재배나 시비법의 개선 등 농업개량을 계몽하고 권려하였다. 세역전의 상경화는 늘상 있는 것이지만 몽골항쟁기 및 그 이후의 혼란정세에서 생산증대가 매우 절박하여진 가운데 급속히 진행되었고, 이 과정에서 특히 歲易山田의 상경화는 널리 보급되어 갔다.90)

水利作畓 및 歲易田의 상경화 추진과 함께, 고려가 항상 노력을 기울인 것은 農地開拓이었다. 농지개척은 고려에게 두 가지 점에서 의의가 컸다. 하나는 고려는 국초부터 항상 농지가 부족하여 山田이 널리 개발되고 있을 정도였다. 새로운 농지 요컨대 平田의 개척·확장은 어느 때나 늘 필요하였다. 또 하나는 疆域의 회복 및 확장과 직결하여 농지개척이 반드시 수반되어야 했다. 강역의 회복·확장은 민인의 정착, 촌락의 조성에 기초를 두고 있는 것이다. 그만큼 북방강역의 수복과 방어에 농지개척과 그에 동반한 開拓村의 건설, 민인의 이주 곧 徙民은 절대조건이었다.91) 고려조정은 이러한 농지개척의 과제를 솔선하여 규모를 갖추어 타개하여 나갔다. 우선 屯田開發을 통해서 추진하였다. 정부는 東西의 兩界에 屯田司를 설치하고 屯田을 설치함으로써 농지개척을 조직적으로 도모하여 갔다.92) 아울러 州鎭의 둔전 경영에서 일정 수확량 이상을 올리

---

88)《高麗史》78, 食貨 1, 田制, 租稅, 光宗 24년 12월, 中冊, p. 726.
　　《高麗史》78, 食貨 1, 田制, 租稅, 睿宗 6년 8월, 中冊, p. 727.
89)《高麗史》79, 食貨 2, 農桑, 成宗 5년 5월, 中冊, p. 733.
　　《高麗史》14, 世家 14, 睿宗 11년 3월 乙卯, 上冊, p. 281.
90) 金容燮,〈高麗時期의 量田制〉, 주 86의《韓國中世農業史研究》, pp. 70~78.
　　魏恩淑,〈농업생산력의 발전〉,《高麗後期 農業經濟研究》, 혜안, 1998.
　　李泰鎭,〈14·15세기 農業技術의 발달과 新興士族〉,《韓國社會史研究》, 知識産業社, 1986.
91) 李基白,〈高麗 太祖時의 鎭〉,《高麗兵制史研究》, 一潮閣, 1968.
　　金光洙,〈高麗建國期의 浿西豪族과 對女眞關係〉,《史叢》21·22合輯(高麗大), 1977.
　　安秉祐,〈高麗의 屯田에 관한 一考察〉,《韓國史論》10(서울大), 1984, pp. 21~28.
　　李樹健,〈高麗時代 北方徙民에 대하여〉,《露汀徐廷德敎授華甲紀念 學術論叢》, 1970.
92)《高麗史節要》3, 顯宗 15년 정월, p. 92.
　　《高麗史節要》11, 毅宗 19년 3월, p. 297.
　　《高麗史》6, 世家 6, 靖宗 8년 4월 壬寅, 上冊, p. 134.

면 포상하는 시책을 펴기도 하였으며, 州縣에선 5결 규모로 둔전을 설치
하게끔 지시하기도 하였다.93) 대규모의 농지개척은, 둔전개발과 더불어
道와 州縣의 주도를 통해서도 수행되었다.94)

농지개척은 특히 몽골전란을 치루면서 그리고 강화 이후 혼란 속에서
전쟁 복구·재건사업의 일환으로 각별히 요청되고 진전되었다. 전란 중에
는 피난처·이산처에서 살아가고 적군에 대항하기 위해서 전란 뒤에는 荒
遠田이 수다하게 널리고 流移民이 대거 유발된 까닭이다. 이 과정에서
力農·力田에 더욱 힘써야 했다.95) 이에 동반하여 지주층의 확대가 진행
되어 지주전호제가, 자영소농의 성장과 함께 확산되어 갔다.

5. 結 語

고려는 전국의 전토를 '均田'이란 시각에서 파악하고 관리·운영하였다.
이 균전은 나라 안의 농지를 結負式 量田·田品制를 통해 田結로서 파악
하고 이것에 稅役을 적절히 책정하여 주며, 아울러 이렇게 파악·책정한
전국의 전결을 수조지로 삼아 크게 公田과 私田으로 분간하여 나라의 國
用·供上·祿俸, 각급기관 및 직역 등 용도별로 적당히 배정·분급하고 그
授受·回收·沒收 등을 등차에 따라 차질 없이 균등히 한다는 의미였다.
토지경리 차원에 따른 國政理念上의 토지관이었다. 토지경리에는 籍田·
屯田·學田 및 驛田 등 國有·準國有의 소유지로서 배정되는 것도 있었지
만 중심은 수조권을 할양한 수조지였다.

---

93) 《高麗史》 82, 兵 2, 屯田, 肅宗 8년, 中冊, p. 812.
　　《高麗史》 79, 食貨 2, 農桑, 肅宗 4년 4월, 中冊, p. 734.
94) 《高麗史》 79, 食貨 2, 農桑, 文宗 3년 12월, 中冊, p. 734.
　　《高麗史》 82, 兵 2, 屯田, 文宗 27년 4월, 中冊, p. 812.
　　주 76.
95) 《高麗史》 79, 食貨 1, 田制, 農桑, 高宗 12년 4월~恭愍王 5년 6월, 中冊, pp.
　　735~736.
　　李奎報, 《東國李相國集》, 後集 11, 問答, 甲午年禮部試策問(《高麗名賢集》 1冊, p.
　　556).
　　魏恩淑, 주 90의 논고.

　고려왕조의 균전관은 '正田制'하는, 즉 田制를 바르게 한다는 것으로서 王政의 의지, 仁政의 표징이었다. 그러므로 종종 井地·井田이라고도 표현하였다. 상고기 井地·井田이 經界, 곧 田制의 바름으로써 실현되는 것이었다는 점에서 역시 田制均正의 均田과 같은 뜻으로 援用하고 있었다. 고려조정이 표방한 均田·井地는 이웃 周나 唐에 있었다는 井田制下의 井地나 均田制下의 均田(永業田, 口分田)이 아니었다. 고려의 이러한 토지경리체계와 토지관에서 강역 내의 모든 토지는 사적 소유지이되, '國田'으로 간주되었다. 그리고 토지분급의 체계인 전시과의 분급전토 科田 일반을 '世祿'의 계승·실현으로서 정의하였다. 이른바 周代 文王의 仕者世祿에 비긴 것이다.

　우리나 이웃에 있던 역대 왕조에서 세록은 殷·周代에 井田과, 이와 짝이었다는 封建에서 采地·圭田의 명의로 卿大夫의 관직에 따라 封邑 및 祭田으로 절급하되 토지·인민에 대한 직접 지배는 아니고 租稅收取만 허여한 것, 그리고 그 뜻은 이의 수득자가 先王 때에 벼슬하고 일찍이 백성에 功德이 있어 후손이 벼슬을 못하더라도 그 祿을 잃지 않게 함으로써 그에 보답하여 忠厚의 극진함을 담고 있는 것으로 이해하고 또 인식하여 오고 있었다. 고려가 전시과의 토지조세체계로서의 田制를 은·주의 封邑에 비교하고 있던 것은 내용·형태·운영이 동일하여서가 아니라 역할·정신에서 그렇다는 것이었다. 역사적으로 계통적으로 전시과의 토지분급은 고조선에서 열국기에 이르는 상고기 諸加가 읍락을 統主하고 下戶가 부세를 부담하던 사회단계에서 운영하던 封地·封國의 제도에 기원을 두고 있다고 추찰되며, 이것이, 이 단계의 고대국가 집권왕조의 齊民國家로 전환하면서 제가의 읍락·하호에 대한 통주체제가 정치운영은 諸加評議會에서 大等·和白·都堂 등 귀족·양반의 貴族評議會로, 그리고 중앙조정이 재지세력이 주도하는 鄕村을 전제로 하고 이 위에서 이들과 연대하여 전국을 통치하는 郡縣制로 변동하는 과정에 수반하여, 전국의 농지를 祿邑·田柴科의 제도 속에서 田丁의 형태로 파악하여 배분·절급함으로써 그 처지를 새로운 형식으로 유지·변모하며 계승하여 온 것으로서 정리된다. 이런 점에서 이웃 殷·周에 있었다는 世祿, 采地·圭田과 빗대지는 내력·기능의 공통성이 있었다.

　균전·세록의 관념은 고려왕조 정치경제의 체제와 그 基幹을 방향성에서 대표하는 것이었다. 그러므로 이러한 국정관이 늘 온존하고 표방되는데, 고려의 토지조세제도가 기초로 하는 농민의 생산활동과 이에 입각하는 부세수입이 안정을 기하도록 토지관계를 농업생산관계에서 조정하고 아울러 농업생산의 고양을 지원하고 독려하는 정책을 동반하였다. 그것은 수조지·소유지를 생산의 측면에서 조정하는 토지관계의 基調問題이고, 소농민 경영의 생산성 강화를 도모하는 力農의 振作問題였다. 이는 고려왕조의 농업·농사관으로서 발현되었다. 전자, 곧 토지관계 조정사항으로선 什一稅의 준수표방으로 수조권의 실질과 범위, 농민의 납조한도를 명료히 하고, 수조지의 점유불균에 대해선 전시과의 재정리, 새로운 토지분급제의 마련과 田民의 計點·辨整, 전제개혁을 꾀하였다. 이런 가운데 모든 소유지는 원칙상 租·布·役의 부세를 납부하도록 함으로써 濟民的 國民的 정책을 수행하여 나갔다. 토지조세제도는 공정성과 보통성 속에서, 신분계급적 권력적 토지점유 및 소유의 구조에 의해 운영상 차등성과 귀천성을 지녔다. 수조권·수조지가 건전하려면 생산의 안정과 소유권·소유지의 안전·확장이 먼저 앞서야 했다. 소유지의 소유권 보장, 지주전호 간의 並作半收, 丁田制에 의한 稅役主의 확정, 농지개발을 통한 빈농·무전농의 자경농민화는 이에 결부되는 시책이기도 하였다. 이런 조처는 토지의 사적 소유가 원칙인 고려에서 토지의 겸병과 상실이 끊임없이 진행되는 만큼, 부수적 효과나 단기적 성과에 머물렀다. 그리하여 토지겸병이 심해지고 빈부격차가 커져 소농민의 몰락·동요 및 유리가 확대되면 限田 내지 均田·井田 등의 토지개혁론이 제기되고 논의되기까지 하였다.

　수조권에 의한 토지점유관계와 농민지배관계, 소유권에 의한 소유관계의 조정노력이 이와 같은 한계를 지닌 채 수행되는 현실에서, 농업생산을 고양하는 또 하나의 실질직인 방도는 소농경영을 독려하여 수확을 증대시키는 것이었다. 고려는 이것을 두 방면에서 추진하였다. 하나는 농사가 민인의 왕조의 으뜸임을 최고의 생산이념으로서 천명하는 것이었고, 다른 하나는 이 이념을 농민의 생산활동과 직결하여 구현하는 것이었다. 전자로선 구래의 전통 농경의례를 유교정치 형식에 입각하여 국왕자신이 圓丘에 祈穀하고 籍田에 躬耕함과 함께 고을 수령에게 農時를 빼앗지 않도록 당부·지시함이 대표되는 시책이었다. 후자 농정의 실제방침도 여기에서 착수하였으며 크게 두 계통에서 이루어졌다. 力農·力田의 독려와 農業開發의 추진이었다. 역농·역전의 독려는 농민생산활동의 지지·보호조치로서 농사철 農糧·穀種의 지원, 농기구의 주조·지급 및 官牛의 대여, 桑苗재배의 독책, 堤堰·灌漑設備의 보수·수축 및 그 권장, 농사철 대규모 토목공사의 중지 등이 그 대강이었고, 농업개발은 안찰사·수령 등 행정기구의 권농관에게 대해 권농직무의 수행여부 조사와 포상·문책, 권농사 직임의 겸대 등이 중요사항이었다. 이 밖에 農書의 정리·간행도 뒤따랐다. 후자 농업개발은 水利開發을 동반한 畓의 보급·확장, 歲易田의 常耕化, 국내외 先進地域 농작물 및 농업기술의 후진지역에 보급, 그리고 農地開拓 등이었다. 이 가운데 농지개척은 농지부족을 타개함과 함께 고려 강역을 회복·보존·확장하는 기초작업으로서, 앞의 농업개발요소와 더불어 극히 중요하였다. 이런 여러 과정과 시책 속에서 力農·力田은 더욱 증진하고 소농민 경영은 발달하였으며, 이를 기반으로 地主佃戶制 또한 한층 성장하고 확산되어 갔다.

　소략하나마, 고려왕조의 토지·농업관을 국정이념의 차원에서 그 대강을 분석·검토하면 이와 같이 정리할 수 있다. 고려는 수조지와 소유지를 분간·조화시키는 가운데 토지경리의 선상에서 均田·世祿의 농업생산체계를 수립하였다. 그리고 이 위에서 力田·力農振作을 목표로 重農의 農業·農事觀을 정립하였다. 농정이념, 권농기구와 제도, 농경의례, 力農·力田의 지원, 농업개발 등 이 모두는 어느 것이나 농사에 힘 쏟고, 이 盡力이 天時에 대한 人力의 다함이라는 곳으로 集轅하였다. 이러한 사유체계 관념형태는 농경을 생산의 보편으로 삼고, 이것과 민인의 토지소유 내지 그 긴박에 따른 勞動·賦稅의 책무를 엮어 자연과 사회를 조화·일치시키되, 여기에 上下·貴賤의 신분관계와 수취관계를 합치시킴으로써 생산관계와 생산력이 天理的이나 소유·경영관계의 私的 자유가 이것을 可變的

이고 變革的인 데로 轉化시키는 힘으로 작동할 수 있게 하는 것이었다.
고려시기 왕조의 토지·농업론은 이러한 속에서 구현되고 있었다.

(2010. 新稿, 2011. 補)

STUDIES ON THE AGRARIAN SYSTEM
IN THE KORYEO DYNASTY
—The Land Base Tax and Service System and the
Agricultural Production—

Lee Kyŏng-Sik

Abstract

This book aims to show the history of Koryeo Dynasty, focusing on the agrarian system that contained the transformation of the lordship-tenure of land, the agricultural production and the ownership.

Many authors have contributed to this topic. Their studies are classified into the theoretical approaches, the criticism of the evidences and the characterization of the facts. Of course there is much discrepancy between the authors because of the scarcity of the historical sources besides their different attitudes and methods. The main issues are about the forms and management of field-wood granting system named Jeon-shigwa, the degree of the peasant's property, their level of living condition, the proportion of the sharecrop, the situation of manors in the later Koryeo Dynasty, the operation of the fief land system, and the nature of the dynasty.

These trials are not just confined to institutional investigation of the agrarian history of Korea. They are also expected to reveal the nature and dynamics of Korean culture from the later Shilla Dynasty to the early Chosen Dynasty. They are providing a developmental perspective of comprehending the basic structure and characteristics of the Korean history. By reviewing these studies, we can compare and contrast medieval periods of Korea, China, Japan, and even further across the world. For that object, I composed this book, which has five parts dealing with my main concerns, that is, the land granting system, the constitution of tax and services, the agrarian typology, the treatments of land and agriculture considering the peasant's status and finally the vicissitudes of agrarian system from the archaic period to this dynasty.

The part I figures out the situation of the period prior to this dynasty with rather fragmentary sources about the land and tax system. Its main theme is the growth of the private ownership of the peasants on one hand and the lordship relations above them on the other hand. Article I-1 investigates origin and lineage of the fief land granted to the bureaucrats, called Sigeup and analyzes the relation both between feudal provinces and villages and between local rulers and dependents, comparing the feudal land from the Archaic Chosen. The article I-2 aims to show the background of the feudal land system, named Nogeup shaped with the advance of the land ownership and the taxation in the political organization. Next article treats the capitation system of consolidating liturgical burden on the peasant.

The Second part shows the essential features of the

field-wood granting system in this dynasty, arguing that the acquisition of land, its distribution and the dues over the tenants were regulated by this agrarian constitution. The first two articles explain the origin and principle of the agrarian system in interrelationship of the state, the noble and the peasant from the later Shilla to the early Koryeo. The next one treats the agrarian policy of the centralized dynasty for the bureaucrats lodging in the capital city.

In the next part, I observed the *capitatio* or *jugatio-capitatio* operated in the agrarian system, which bound people and land in a consistent collection system of tax and services. The article III-1 shows that the capita called Jeong were inevitable for tilling the granted land and the grantee gradually became the owner of the land. The second article reveals that the dues was composed of tax, cloth and services and the taxation was connected with the method of capitation, grading full caput or half caput according to the ability of tax payers. The article III-3 shows the content, the management and the decline of the *jugatio-capitatio* and the article III-4 treats the special category of common people called Baekjeong, who were exploited as substitute labor force on the land outside the regular capitation and household.

The fourth part was based on the idea that the effectiveness of taxation and liturgical system depended on the agricultural productivity, government's policy of promoting the production and the condition of the peasants-producers. The article IV-1 examines the conditions of plain and mountainous fields and the technical advance of keeping the field always arable and rotating the crops. The next articles reveal the practice of the promotion policy in the agrarian system and the condition of the possessors-peasants called Jeonho, which was sometimes harmonious and sometimes not with the taxation.

The last part argues that the prerequisite of the economic system and agricultural production was the ideological attitude of the possessors relating to their arable land. I made a synthetical analysis of institutions, custom, management, and policy of the private land ownership in the first article. The Article V-2 shows the divergent comprehensions and treatments in relation to the scale of the field. The last one helps us to know what idealism and policies the Koryeo Dynasty had in relation to the agrarian problems.

I conclude as follows. The upper class of this dynasty had a double status of both landlords and landowners. They could influence upon land and peasants by using this privileges case by case. The commercial activities were possible on this stabilized relationship. The peasants lived their lives regulated under this condition. The Koryeo Dynasty tried to establish a feudal state with centralized bureaucracy on one hand and shaped a society composed of the small dependent peasants on the other hand. These characteristics were revealed concretely in the capitation, the *jugatio-capitatio*, the provincial organization and tax-services system with the king on the summit of feudal pyramid. In sum the Koryeo Dynasty can be characterized as a feudal state and society in terms of its distribution of land and services according to the status of orders and duties.

索　引